TREINANDO PARA CONCURSOS
OBJETIVIDADE PARA estudar e treinar

LEIS PENAIS ESPECIAIS

QUESTÕES DE CONCURSO & JURISPRUDÊNCIA RESUMIDA

Respeite o direito autoral

TREINANDO PARA CONCURSOS

OBJETIVIDADE PARA ESTUDAR E TREINAR

ORGANIZADORES
LEONARDO GARCIA & ROBERVAL ROCHA

LEIS PENAIS ESPECIAIS

QUESTÕES DE CONCURSO & JURISPRUDÊNCIA RESUMIDA

ACACIO MIRANDA DA SILVA FILHO

- Excertos da Constituição Federal e de 32 Leis Especiais
- 1.100 questões de diversos concursos públicos
- Mais de 1.500 excertos de jurisprudência do STF e do STJ
- Súmulas de jurisprudência do STF, do STJ e dos TRFs
- Informativos Resumidos do STF, do STJ e de Teses do PGR/MPF
- Enunciados FONACRIM

2017

EDITORA
*jus*PODIVM
www.editorajuspodivm.com.br

www.editorajuspodivm.com.br

Rua Mato Grosso, 164, Ed. Marfina, 1º Andar – Pituba, CEP: 41830-151 – Salvador – Bahia
Tel: (71) 3045.9051
• Contato: https://www.editorajuspodivm.com.br/sac

Copyright: Edições *Jus*PODIVM

Conselho Editorial: Eduardo Viana Portela Neves, Dirley da Cunha Jr., Leonardo de Medeiros Garcia, Fredie Didier Jr., José Henrique Mouta, José Marcelo Vigliar, Marcos Ehrhardt Júnior, Nestor Távora, Robério Nunes Filho, Roberval Rocha Ferreira Filho, Rodolfo Pamplona Filho, Rodrigo Reis Mazzei e Rogério Sanches Cunha.

Capa e Diagramação: Marcelo S. Brandão (*santibrando@gmail.com*)

Todos os direitos desta edição reservados à Edições *Jus*PODIVM.

É terminantemente proibida a reprodução total ou parcial desta obra, por qualquer meio ou processo, sem a expressa autorização do autor e da Edições *Jus*PODIVM. A violação dos direitos autorais caracteriza crime descrito na legislação em vigor, sem prejuízo das sanções civis cabíveis.

APRESENTAÇÃO

O objetivo da coleção **TREINANDO PARA CONCURSOS (QUESTÕES DE CONCURSO & JURISPRUDÊNCIA RESUMIDA)** é disponibilizar os diplomas normativos mais exigidos nos certames públicos, com artigos anotados com os excertos mais significativos de jurisprudência, para que o leitor possa aprimorar seus conhecimentos, resolvendo os questionamentos propostos pelas bancas, e também possa rememorar qual é o posicionamento dos tribunais frente aos temas em estudo.

Ao fornecer ferramentas úteis, objetivas e sistemáticas para a preparação a diversos concursos públicos, a coleção incentiva o leitor a aprender verdadeiramente "treinando", enfrentando os problemas propostos e fixando melhor o que aprendeu.

Assim, de modo estruturado e pedagógico, o candidato terá a oportunidade de estudar minuciosamente a jurisprudência e as súmulas aplicáveis dos Tribunais Superiores referentes a cada artigo de lei, e, principalmente, detectar se, e como, os temas foram cobrados nas provas anteriores.

As questões objetivas **não são comentadas** e visam estimular o leitor a **treinar para as provas**. As questões discursivas são apresentadas também com esse intuito e não contém gabaritos oficiais das bancas (que normalmente não divulgam "espelhos" para esse tipo de teste).

Esperamos, assim, propiciar ao leitor melhores condições na árdua preparação para ocupar os mais almejados cargos, visando ingressar em carreiras prestigiadas do serviço público brasileiro.

Contem sempre conosco.

Leonardo Garcia
Roberval Rocha

SUMÁRIO

CONSTITUIÇÃO FEDERAL 37

- Proibição de Tribunal de Exceção *(art. 5º, XXXVII)* 37
- Princípios Constitucionais do Tribunal do Júri *(art. 5º, XXXVIII)* 39
- Princípio do "Nulla Poena Sine Lege" *(art. 5º, XXXIX)* 42
- Princípio da Irretroatividade Penal *(art. 5º, XL)* 44
- Atentado aos Direitos e Liberdades Fundamentais *(art. 5º, XLI)* 45
- Vedações no caso de racismo *(art. 5º, XLII)* 46
- Crimes Hediondos *(art. 5º, XLIII)* 48
- Crimes contra o Estado Democrático *(art. 5º, XLIV)* 51
- Pessoalidade da Pena *(art. 5º, XLV)* 53
- Individualização da Pena *(art. 5º, XLVI)* 55
- Penas Vedadas *(art. 5º, XLVII)* 58
- Individualização da Pena *(art. 5º, XLVIII)* 61
- Garantias ao Preso *(art. 5º, XLIX)* 62
- Amamentação pela Condenada Mulher *(art. 5º, L)* 64
- Não Extradição de Brasileiro Nato *(art. 5º, LI)* 65
- Não Extradição por Crime Político *(art. 5º, LII)* 67
- Juiz Natural *(art. 5º, LIII)* 68
- Devido Processo Legal *(art. 5º, LIV)* 70
- Contraditório e Ampla Defesa *(art. 5º, LV)* 74
- Vedação às Provas Ilícitas *(art. 5º, LVI)* 76
- Presunção de Inocência *(art. 5º, LVII)* 78

- Identificação Civil *(art. 5°, LVIII)* 79
- Decadência *(art. 5°, LIX)* 80
- Publicidade Processual *(art. 5°, LX)* 80
- Fundamentação da Prisão *(art. 5°, LXI)* 83
- Publicidade de Prisão *(art. 5°, LXII)* 85
- Direitos do Preso *(art. 5°, LXIII)* 87
- Identificação do Responsável pela Prisão *(art. 5°, LXIV)* 90
- Relaxamento da Prisão Ilegal *(art. 5°, LXV)* 92
- Concessão da Liberdade Provisória *(art. 5°, LXVI)* 93
- Da Prisão Civil *(art. 5°, LXVII)* 95
- "Habeas Corpus" *(art. 5°, LXVIII)* 99
- Mandado de Segurança *(art. 5°, LXIX)* 117

ABUSO DE AUTORIDADE (LEI 4.898/65) 127

- Abuso de Autoridade *(art. 1°)* 127
- Direito de Representação *(art. 2°)* 128
- Configuração do Abuso de Autoridade *(art. 3°)* 128
- Configuração do Abuso de Autoridade *(art. 4°)* 135
- Conceito de "Autoridade" *(art. 5°)* 140
- Sanções *(art. 6°)* 142
- Procedimento *(art. 7°)* 150
- Efeitos Extrapenais *(art. 8°)* 151
- Responsabilização Penal/Civil *(art. 9°)* 152
- Ação Civil *(art. 11)* 152
- Ação Penal *(art. 12)* 152
- Denúncia *(art. 13)* 154
- Infração Penal não Transeunte *(art. 14)* 154
- Arquivamento *(art. 15)* 154
- Ação Penal Privada Subsidiária da Pública *(art. 16)* 155
- Análise Judicial da Denúncia *(art. 17)* 156
- Da Prova Testemunhal *(art. 18)* 157
- Audiência *(arts. 19 a 23)* 157
- Sentença *(art. 24)* 158

- Lavratura da Ata *(art. 25)* 158
- Assinatura *(art. 26)* 158
- Prazo em Dobro *(art. 27)* 158
- Aplicação Subsidiária do CPP *(art. 28)* 159
- Revogações *(art. 29)* 159

CONSUMIDOR (LEI 8.078/90) 161

- Título II – Das Infrações Penais 161
  - Crimes contra as Relações de Consumo *(art. 61)* 161
  - Omissão de Informações sobre Nocividade/Periculosidade *(art. 63)* . 163
  - Omissão de Informação às autoridades *(art. 64)* 164
  - Execução Irregular de Serviço Perigoso *(art. 65)* 165
  - Afirmação Falsa ou Omissão de Informação Relevante *(art. 66)* 165
  - Publicidade Enganosa ou Abusiva *(art. 67)* 166
  - Publicidade Abusiva *(art. 68)* 166
  - Falta de Fundamentação da Publicidade *(art. 69)* 166
  - Utilização Indevida de Produtos Usados *(art. 70)* 166
  - Cobrança Abusiva *(art. 71)* 167
  - Impedir o acesso a informações do consumidor *(art. 72)* 169
  - Deixar de Corrigir Imediatamente Informação Inexata *(art. 73)* 169
  - Omissão na entrega de termo de garantia *(art. 74)* 169
  - Coautoria ou Participação nos Crimes contra as Relações de Consumo *(art. 75)* 170
  - Agravantes Específicas *(art. 76)* 170
  - Multa *(art. 77)* 171
  - Penas Restritivas de Direitos *(art. 78)* 171
  - Fiança *(art. 79)* 172
  - Assistentes de Acusação *(art. 80)* 173

CRIANÇA E ADOLESCENTE (LEI 8.069/90) 175

- Título VII – Dos Crimes e Das Infrações Administrativas 175
  - Capítulo I – Dos Crimes 175
    - Seção I – Disposições Gerais 175
      - Disposições Gerais *(art. 225)* 175

- Aplicação Subsidiária do CP e do CPP *(art. 226)* 176
- Ação Penal Pública Incondicionada *(art. 227)* 177

- **Seção II – Dos Crimes em Espécie** 179
    - Omissão de Registro ou de Informações *(art. 228)* 179
    - Omissão de Identificação e Omissão de Exame *(art. 229)* 180
    - Apreensão Ilegal *(art. 230)* 180
    - Omissão de Informação Acerca da Apreensão *(art. 231)* 181
    - Abuso de Poder *(art. 232)* 181
    - Constrangimento Ilegal *(art. 234)* 182
    - Constrangimento Legal *(art. 235)* 182
    - Impedimento Indevido *(art. 236)* 182
    - Subtração de Criança ou Adolescente *(art. 237)* 183
    - Comercialização de Filho *(art. 238)* 184
    - Envio Irregular ao Exterior *(art. 239)* 185
    - Exploração Sexual *(art. 240)* 187
    - Exploração Sexual *(art. 241)* 190
    - Exploração Sexual *(art. 241-A)* 195
    - Exploração Sexual *(art. 241-B)* 196
    - Simulação de Exploração Sexual *(art. 241-C)* 197
    - Aliciamento *(art. 241-D)* 198
    - Norma Penal Explicativa *(art. 241-E)* 198
    - Fornecimento Indevido de Arma *(art. 242)* 198
    - Fornecimento Indevido de Bebida Alcoólica *(art. 243)* 199
    - Fornecimento Indevido de Fogos *(art. 244)* 200
    - Submissão à Prostituição *(art. 244-A)* 201
    - Corrupção de Menores *(art. 244-B)* 201

CRIME HEDIONDO (LEI 8.072/90) 205

- Rol Exaustivo de Crimes Hediondos *(art. 1º)* 205
- Genocídio *(art. 1º, p. ú.)* 218
- Vedações aos Crimes Hediondos e Equiparados *(art. 2º)* 220
- Regime de Cumprimento de Pena e Progressão *(art. 2º, § 1º)* 226
- Frações de Cumprimento de Pena para a Progressão *(art. 2º, § 2º)* .. 230

- Apelação em Liberdade *(art. 2º, § 3º)* 240
- Prisão Temporária *(art. 2º, § 4º)* 243
- Presídios Federais *(art. 3º)* 245
- Alteração ao Código Penal *(art. 5º)* 246
- Alteração ao Código Penal *(art. 6º)* 247
- Alteração ao Código Penal *(art. 7º)* 251
- Associação Criminosa Qualificada *(art. 8º)* 252
- Colaboração Premiada *(art. 8º, p. ú.)* 255
- Causa de Aumento de Pena *(art. 9º)* 258
- Causa de Aumento de Pena *(art. 10)* 260
- Vigência *(art. 12)* 262
- Revogações *(art. 13)* 262

DESARMAMENTO (LEI 10.826/03) 263

- **Capítulo IV – Dos Crimes e das Penas** 263
    - Posse Irregular de Arma de Fogo de Uso Permitido *(art. 12)* 263
    - Omissão de Cautela *(art. 13)* 269
    - Conduta Equiparada *(art. 13, p. ú.)* 270
    - Porte Ilegal de Arma de Fogo de Uso Permitido *(art. 14)* 271
    - Crime Inafiançável e ADIN *(art. 14, p. ú.)* 284
    - Disparo de Arma de Fogo *(art. 15)* 286
    - Posse/Porte Ilegal de Arma de Fogo de Uso Restrito *(art. 16)* 290
    - Condutas Equiparadas *(art. 16, p. ú.)* 296
    - Comércio Ilegal de Arma de Fogo *(art. 17)* 304
    - Norma Explicativa *(art. 17, p. ú.)* 307
    - Tráfico Internacional de Arma de Fogo *(art. 18)* 307
    - Causa de Aumento de Pena pelo uso proibido ou restrito *(art. 19)* ... 309
    - Causa de Aumento de Pena pela Condição do Sujeito Ativo *(art. 20)* ... 309
    - Não Concessão da Liberdade Provisória e ADIN *(art. 21)* 311

DISCRIMINAÇÃO COM PORTADORES DE HIV (LEI 12.984/14) 313

- Crime de Discriminação aos Portadores de HIV *(art. 1º)* 313
- Regra de Vigência *(art. 2º)* 314

GENOCÍDIO (LEI 2.889/56) 315

- Do Crime de Genocídio *(art. 1º)* 315
- Associação para o Genocídio *(art. 2º)* 317
- Incitação ao Genocídio *(art. 3º)* 317
- Causa de Aumento pela Condição de Funcionário Público do Sujeito Ativo *(art. 4º)* 318
- Tentativa *(art. 5º)* 318
- Extradição *(art. 6º)* 318
- Revogações *(art. 7º)* 318

IDENTIFICAÇÃO CRIMINAL (LEI 12.037/09) 319

- Civilmente Identificado *(art. 1º)* 319
- Identificação Civil *(art. 2º)* 319
- Identificação Civil em Caso de Dúvida *(art. 3º)* 320
- Não Constrangimento *(art. 4º)* 321
- Métodos de Identificação *(art. 5º)* 321
- Perfil Genético *(art. 5-A)* 321
- Vedação *(art. 6º)* 322
- Retirada *(art. 7º)* 322
- Exclusão do Perfil Genético *(art. 7º-A)* 323
- Banco de Dados *(art. 7º-B)* 323
- Regra de Vigência *(art. 8º)* 323
- Revogações *(art. 9º)* 323

IDOSO (LEI 10.741/03) 325

- **Título VI – Dos Crimes** 325
  - **Capítulo I – Disposições Gerais** 325
    - Aplicação Subsidiária da LACP *(art. 93)* 325
    - Aplicação das Regras Despenalizadoras da Lei 9.099/95 *(art. 94)* 325
    - Ação Penal Pública Incondicionada *(art. 95)* 326
  - **Capítulo II – Dos Crimes em Espécie** 326
    - Discriminação pela Condição de Pessoa Idosa *(art. 96)* 327

- Omissão de Socorro *(art. 97)* 328
- Abandono *(art. 98)* 328
- Exposição a Perigo *(art. 99)* 329
- Tratamento Diferenciado *(art. 100)* 330
- Omissão em Processo *(art. 101)* 330
- Apropriação *(art. 102)* 330
- Negativa *(art. 103)* 332
- Retenção *(art. 104)* 333
- Exposição dos Idosos *(art. 105)* 333
- Estelionato ao Idoso *(art. 106)* 333
- Coação *(art. 107)* 334
- Lavrar Ata Notarial *(art. 108)* 334

IMPROBIDADE ADMINISTRATIVA (LEI 8.429/92) 335

- **Capítulo VI – Das Disposições Penais** 335
  - Representação Caluniosa *(art. 19)* 335
  - Efeitos Posteriores ao Trânsito em Julgado *(art. 20)* 336
  - Afastamento Cautelar *(art. 20, p. ú.)* 338
  - Sanções *(art. 21)* 339
  - Requerimento do Ministério Público *(art. 22)* 340

INTERCEPTAÇÃO TELEFÔNICA (LEI 9.296/96) 341

- Meio de Prova *(art. 1º)* 341
- Vedações à Interceptação *(art. 2º)* 348
- Legitimados *(art. 3º)* 357
- Necessidade e Adequação *(art. 4º)* 362
- Prazo de Duração da Interceptação *(art. 5º)* 367
- Procedimento *(art. 6º)* 371
- Realização *(art. 7º)* 377
- Autos Apartados *(art. 8º)* 378

- Destruição *(art. 9º)* 383
- Crime *(art. 10)* 385
- Vigência *(art. 11)* 389
- Revogações *(art. 12)* 389

INVESTIGAÇÃO CRIMINAL POR DELEGADOS (LEI 12.830/13) 391

- Escopo da Lei *(art. 1º)* 391
- Atribuições do Delegado *(art. 2º)* 391
- Requisitos do Cargo *(art. 3º)* 393
- Regra de Vigência *(art. 4º)* 393

JUIZADOS ESPECIAIS CRIMINAIS (LEI 9.099/95) 395

- **Capítulo I – Disposições Gerais** 395
  - Juizados Especiais *(art. 1º)* 395
  - Princípios Orientadores *(art. 2º)* 396
- **Capítulo III – Dos Juizados Especiais Criminais – Disposições Gerais** 398
  - Competência *(art. 60)* 398
  - Aplicação das Medidas Despenalizadoras *(art. 60, p. ú.)* 399
  - Infrações Penais de Menor Potencial Ofensivo *(art. 61)* 401
  - Princípios Informadores do JECRIM *(art. 62)* 408
  - **Seção I – Da Competência e dos Atos Processuais** 409
    - Competência pela Atividade *(art. 63)* 409
    - Atos Processuais *(art. 64)* 410
    - Instrumentalidade das Formas *(art. 65)* 410
    - Instrumentalidade das Formas e Prejuízo *(art. 65, § 1º)* 411
    - Atos em Outras Comarcas *(art. 65, § 2º)* 412
    - Oralidade *(art. 65, § 3º)* 412
    - Citação Pessoal *(art. 66)* 412
    - Conversão de Procedimento *(art. 66, p. ú.)* 414
    - Intimação *(art. 67)* 415
    - Ciência *(art. 67, p. ú.)* 416
    - Acompanhamento por Advogado *(art. 68)* 416

- **Seção II – Da Fase Preliminar** 417
  - Termo Circunstanciado *(art. 69)* 417
  - Comparecimento Imediato a juízo *(art. 69, p. ú.)* 418
  - Audiência Preliminar *(art. 70)* 419
  - Intimação *(art. 71)* 419
  - Audiência Preliminar *(art. 72)* 421
  - Conciliação *(art. 73)* 423
  - Conciliadores *(art. 73, p. ú.)* 423
  - Composição Civil dos Danos *(art. 74)* 424
  - Renúncia *(art. 74, p. ú.)* 425
  - Representação *(art. 75)* 426
  - Prazo Decadencial *(art. 75, p. ú.)* 426
  - Transação Penal *(art. 76)* 427
  - Multa *(art. 76, § 1º)* 429
  - Vedações à Transação Penal *(art. 76, § 2º)* 430
  - Aceitação da Proposta *(art. 76, § 3º)* 433
  - Impedimento a Nova Transação Penal *(art. 76, § 4º)* 434
  - Apelação *(art. 76, § 5º)* 436
  - Não Reincidência *(art. 76, § 6º)* 437
- **Seção III – Do Procedimento Sumariíssimo** 438
  - Denúncia Oral *(art. 77)* 438
  - Materialidade *(art. 77, § 1º)* 440
  - Procedimento Sumário *(art. 77, § 2º)* 441
  - Queixa Oral *(art. 77, § 3º)* 442
  - Audiência *(art. 78)* 442
  - Citação *(art. 78, § 1º)* 443
  - Presença do Ofendido *(art. 78, § 2º)* 443
  - Testemunhas *(art. 78, § 3º)* 444
  - Tentativa de Conciliação *(art. 79)* 444
  - Realização dos Atos *(art. 80)* 444
  - Audiência *(art. 81)* 444
  - Provas em Audiência *(art. 81, § 1º)* 445
  - Termo *(art. 81, § 2º)* 447

- Sentença *(art. 81, § 3º)* 447
- Apelação *(art. 82)* 447
- Prazo para a Apelação *(art. 82, § 1º)* 449
- Contrarrazões de Apelação *(art. 82, § 2º)* 451
- Gravação *(art. 82, § 3º)* 451
- Intimação do Julgamento *(art. 82, § 4º)* 451
- Confirmação pelos Próprios Fundamentos *(art. 82, § 5º)* 451
- Embargos de Declaração *(art. 83)* 452
- Prazo dos Embargos de Declaração *(art. 83, § 1º)* 452
- Suspensão do Prazo *(art. 83, § 2º)* 453
- Erros Materiais *(art. 83, § 3º)* 453

> **Seção IV – Da Execução** 454

- Pagamento da Pena de Multa *(art. 84)* 454
- Extinção da Punibilidade *(art. 84, p. ú.)* 454
- Insolvência *(art. 85)* 455
- Execução *(art. 86)* 456

> **Seção V – Das Despesas Processuais** 457

- Redução *(art. 87)* 457

> **Seção VI – Disposições Finais** 457

- Representação nos Casos de Lesão Corporal Leve ou Culposa *(art. 88)* 457
- Suspensão Condicional do Processo *(art. 89)* 461
- Aceitação *(art. 89, § 1º)* 466
- Condições Extraordinárias *(art. 89, § 2º)* 470
- Revogação *(art. 89, § 3º)* 471
- Revogação Facultativa *(art. 89, § 4º)* 473
- Extinção da Punibilidade *(art. 89, § 5º)* 477
- Suspensão do Prazo Prescricional *(art. 89, § 6º)* 479
- Não Aceitação *(art. 89, § 7º)* 480
- Não aplicação aos novos processos *(art. 90)* 481
- Não Aplicação à Justiça Militar *(art. 90-A)* 483
- Intimação *(art. 91)* 484

- ▸ Aplicação Subsidiária do Código Penal e do Código de Processo Penal *(art. 92)* 486
- ▸ Lei Estadual *(art. 93)* 488
▸ **Capítulo IV – Disposições Finais Comuns** 488
  - ▸ Serviços de Cartório *(art. 94)* 488
  - ▸ Criação dos Juizados Especiais *(art. 95)* 488
  - ▸ Prazo para a criação *(art. 95, p. ú.)* 489
  - ▸ "Vacatio Legis" *(art. 96)* 489
  - ▸ Revogações *(art. 97)* 490

LAVAGEM DE CAPITAIS (LEI 9.613/98) 491

▸ **Capítulo I – Dos Crimes de "Lavagem" ou Ocultação de Bens, Direitos e Valores** 491
  - ▸ Tipificação *(art. 1º)* 491
  - ▸ Condutas Equiparadas *(art. 1º, § 1º)* 498
  - ▸ Condutas Equiparadas *(art. 1º, § 2º)* 502
  - ▸ Tentativa *(art. 1º, § 3º)* 504
  - ▸ Causas de Aumento de Pena *(art. 1º, § 4º)* 505
  - ▸ Causas de Diminuição de Pena *(art. 1º, § 5º)* 507
  - ▸ Aspectos Procedimentais *(art. 2º)* 508
▸ **Capítulo II – Disposições Processuais Especiais** 508
  - ▸ Autonomia Relativa *(art. 2º, § 1º)* 512
  - ▸ Não Suspensão do Processo *(art. 2º, § 2º)* 514
  - ▸ Medidas Assecuratórias *(art. 4º)* 514
  - ▸ Alienação Antecipada *(art. 4º, § 1º)* 515
  - ▸ Liberação do Bem *(art. 4º, § 2º)* 517
  - ▸ Comparecimento Pessoal *(art. 4º, § 3º)* 517
  - ▸ Medidas Assecuratórias *(art. 4º, § 4º)* 518
  - ▸ Alienação Antecipada *(art. 4º-A)* 518
  - ▸ Requerimento de Alienação *(art. 4º-A, § 1º)* 518
  - ▸ Avaliação dos Bens *(art. 4º-A, § 2º)* 518
  - ▸ Avaliação dos Bens *(art. 4º-A, § 3º)* 519
  - ▸ Leilão *(art. 4º-A, § 4º)* 519

- Depósito *(art. 4º-A, § 5º)* 519
- Controle dos Valores Depositados *(art. 4º-A, § 6º)* 520
- Dedução *(art. 4º-A, § 7º)* 520
- Depósito *(art. 4º-A, § 8º)* 520
- Efeito dos Recursos *(art. 4º-A, § 9º)* 520
- Perdimento dos Bens *(art. 4º-A, § 10º)* 521
- Adjudicação *(art. 4º-A, § 11º)* 521
- Registro Público *(art. 4º-A, § 12)* 521
- Alienação Antecipada *(art. 4º-A, § 13)* 521
- Prisão *(art. 4º-B)* 522
- Administrador de Bens *(art. 5º)* 522
- Administração dos Bens *(art. 6º)* 522
- **Capítulo III – Dos Efeitos da Condenação** 522
  - Efeitos da Condenação *(art. 7º)* 522
  - Destinação dos Bens *(art. 7º, § 1º)* 524
  - Instrumentos do Crime *(art. 7º, § 2º)* 525
- **Capítulo IV – Dos Bens, Direitos ou Valores Oriundos de Crimes Praticados no Estrangeiro** 525
  - Bens no Estrangeiro *(art. 8º)* 525
- **Capítulo X – Disposições Gerais** 526
  - Aplicação Subsidiária do CP e do CPP *(art. 17-A)* 526
  - Dados Cadastrais *(art. 17-B)* 526
  - Respostas *(art. 17-C)* 526
  - Indiciamento de Servidor Público *(art. 17-D)* 527
  - Conservação dos Dados Fiscais *(art. 17-E)* 527
  - Vigência *(art. 18)* 527

LICITAÇÕES (LEI 8.666/93) 529

- **Capítulo IV – Das Sanções Administrativas e da Tutela Judicial** 529
  - **Seção I – Disposições Gerais** 529
    - Recusa Injustificada *(art. 81)* 529
    - Responsabilidade do Agente Administrativo *(art. 82)* 530
    - Efeitos aos Servidores Públicos *(art. 83)* 530

- Norma Explicativa *(art. 84)* 532
- Norma Explicativa *(art. 85)* 532
- **Seção II – Das Sanções Administrativas** 532
  - Atraso Injustificado *(art. 86)* 532
  - Sanções *(art. 87)* 534
  - Sanção *(art. 88)* 537
- **Seção III – Dos Crimes e das Penas** 539
  - Dispensa ou Inexigibilidade Indevida *(art. 89)* 539
  - Equiparação *(art. 89, p. ú.)* 543
  - Fraudar o caráter competitivo do procedimento *(art. 90)* 545
  - Advocacia Administrativa *(art. 91)* 548
  - Alteração Indevida *(art. 92)* 549
  - Perturbação *(art. 93)* 551
  - Devassar o Sigilo *(art. 94)* 552
  - Afastar Licitante *(art. 95)* 552
  - Fraude à Licitação *(art. 96)* 553
  - Contratar Empresa Inidônea *(art. 97)* 554
  - Obstar Inscrição de Interessado *(art. 98)* 554
  - Multa *(art. 99)* 554
- **Seção IV – Do Processo e do Procedimento Judicial** 555
  - Ação Penal Pública Incondicionada *(art. 100)* 555
  - "Notitia Criminis" *(art. 101)* 555
  - "Delatio Criminis" *(art. 102)* 556
  - Ação Penal Privada Subsidiária *(art. 103)* 556
  - Defesa *(art. 104)* 556
  - Alegações Finais *(art. 105)* 556
  - Sentença *(art. 106)* 557
  - Apelação *(art. 107)* 557
  - Aplicação Subsidiária do CP e do CPP *(art. 108)* 557

MEIO AMBIENTE (LEI 9.605/98) 559

- **Capítulo I – Disposições Gerais** 559
  - Autoria nos Crimes Ambientais *(art. 2º)* 559

- ▸ Responsabilização Penal da Pessoa Jurídica *(art. 3º)* 569
- ▸ Desconsideração da Personalidade Jurídica *(art. 4º)* 585

▸ **Capítulo II – Da Aplicação da Pena** **593**
- ▸ Dosimetria *(art. 6º)* 593
- ▸ Penas Restritivas de Direitos *(art. 7º)* 600
- ▸ Espécies de Penas Restritivas de Direitos *(art. 8º)* 602
- ▸ Prestação de Serviços à Comunidade *(art. 9º)* 605
- ▸ Interdição Temporária de Direitos *(art. 10)* 606
- ▸ Suspensão de Atividades *(art. 11)* 606
- ▸ Prestação Pecuniária *(art. 12)* 606
- ▸ Recolhimento Domiciliar *(art. 13)* 607
- ▸ Atenuantes *(art. 14)* 608
- ▸ Agravantes *(art. 15)* 615
- ▸ "Sursis" Processual *(art. 16)* 621
- ▸ Laudo de Constatação *(art. 17)* 624
- ▸ Multa *(art. 18)* 625
- ▸ Perícia *(art. 19)* 626
- ▸ Reparação do Dano *(art. 20)* 628
- ▸ Penas Aplicáveis à Pessoa Jurídica *(art. 21)* 629
- ▸ Penas Restritivas de Direitos Aplicáveis às Pessoas Jurídicas *(art. 22)* 632
- ▸ Prestação de Serviços à Comunidade Aplicável à Pessoa Jurídica *(art. 23)* 638
- ▸ Extinção da Pessoa Jurídica *(art. 24)* 638

▸ **Capítulo III – Da Apreensão do Produto e do Instrumento de Infração Administrativa ou de Crime** **641**
- ▸ Apreensão *(art. 25)* 641

▸ **Capítulo IV – Da Ação e do Processo Penal** **646**
- ▸ Ação Penal Pública Incondicionada *(art. 26)* 646
- ▸ Composição Ambiental e Transação Penal *(art. 27)* 648
- ▸ Suspensão Condicional do Processo *(art. 28)* 649

▸ **Capítulo V – Dos Crimes contra o Meio Ambiente** **652**
- ▸ **Seção I – Dos Crimes contra a Fauna** **652**

- Caça de Animal Silvestre *(art. 29)* 652
- Exportação Ilegal *(art. 30)* 665
- Introdução Indevida de Espécime Animal *(art. 31)* 667
- Maus-tratos *(art. 32)* 668
- Emissão de Efluentes com Resultado Lesivo *(art. 33)* 672
- Pesca Ilegal *(art. 34)* 674
- Pesca Predatória *(art. 35)* 680
- Norma Penal Explicativa da Pesca *(art. 36)* 681
- Causas Excludentes de Antijuridicidade *(art. 37)* 684

- **Seção II – Dos Crimes contra a Flora** **688**
  - Destruição de Floresta de Preservação Permanente *(art. 38)* 688
  - Destruição de Vegetação *(art. 38-A)* 693
  - Corte Ilegal de Árvores *(art. 39)* 694
  - Dano à Unidade de Conservação *(art. 40)* 698
  - Norma Penal Explicativa da Unidade de Conservação *(art. 40-A)* 703
  - Incêndio Florestal Doloso *(art. 41)* 704
  - Balonismo Ilegal *(art. 42)* 707
  - Extração Mineral Indevida *(art. 44)* 708
  - Extração Indevida de Madeira de Lei *(art. 45)* 709
  - Armazenamento Irregular *(art. 46)* 710
  - Impedimento de Regeneração Vegetal *(art. 48)* 713
  - Destruição de Plantas Ornamentais *(art. 49)* 716
  - Destruição de Vegetação *(art. 50)* 717
  - Desmatamento Ilegal *(art. 50-A)* 719
  - Comercialização ou Utilização Indevida de Motosserra *(art. 51)* 719
  - Penetração em Unidade de Conservação *(art. 52)* 721
  - Causas Especiais de Aumento de Pena *(art. 53)* 721

- **Seção III – Da Poluição e outros Crimes Ambientais** **723**
  - Poluição *(art. 54)* 723
  - Extração Ilegal de Recursos Minerais *(art. 55)* 731
  - Substância Tóxica *(art. 56)* 736
  - Causas Especiais de Aumento de Pena *(art. 58)* 740
  - Funcionamento de Estabelecimentos Ilegais *(art. 60)* 741

- Disseminação de Doença *(art. 61)* 744
- **Seção IV – Dos Crimes contra o Ordenamento Urbano e o Patrimônio Cultural** 744
  - Destruição de Bem de Valor Cultural *(art. 62)* 744
  - Alteração de Bem de Valor Histórico *(art. 63)* 748
  - Inobservância de Valor Histórico *(art. 64)* 749
  - Pichação *(art. 65)* 750
- **Seção V – Dos Crimes contra a Administração Ambiental** 752
  - Crime Próprio contra a Administração Ambiental *(art. 66)* 752
  - Concessão Ilegal de Licenças *(art. 67)* 754
  - Descumprimento de Obrigação Ambiental *(art. 68)* 756
  - Impedimento de Fiscalização *(art. 69)* 758
  - Falsidade Documental *(art. 69-A)* 760
  - Revogações *(art. 82)* 768

ORDEM TRIBUTÁRIA / ECONÔMICA / RELAÇÕES DE CONSUMO (LEI 8.137/90) 769

- **Capítulo I – Dos Crimes contra a Ordem Tributária** 769
  - **Seção I – Dos Crimes Praticados por Particulares** 769
    - Sonegação Fiscal *(art. 1º)* 769
    - Conduta Equiparada *(art. 1º, p. ú.)* 787
    - Sonegação Fiscal Privilegiada *(art. 2º)* 790
  - **Seção II – Dos Crimes Praticados por Funcionários Públicos** 797
    - Crimes Próprios *(art. 3º)* 797
- **Capítulo II – Dos Crimes contra a Economia e as Relações de Consumo** 803
  - Crimes contra a Ordem Econômica *(art. 4º)* 803
  - Crimes contra as Relações de Consumo *(art. 7º)* 806
  - Crimes Culposos *(art. 7º, p. ú.)* 811
- **Capítulo III – Das Multas** 812
  - Cálculo da Pena de Multa *(art. 8º)* 812
  - Conversão da Pena Privativa de Liberdade em Multa *(art. 9º)* 813

- Critérios de Graduação da Multa *(art. 10)* 813
- **Capítulo IV – Das Disposições Gerais** 813
  - Coautoria e participação *(art. 11)* 813
  - Agravantes Específicas *(art. 12)* 816
  - Ação Penal Pública *(art. 15)* 817
  - "Delatio Criminis" *(art. 16)* 818
  - Atuação Administrativa *(art. 17)* 819
  - Alterações no Código Penal *(arts. 19 a 21)* 819
  - Regra de Vigência *(art. 22)* 820
  - Revogações *(art. 23)* 820

ORGANIZAÇÕES CRIMINOSAS (LEI 12.850/13) 821

- **Capítulo I – Da Organização Criminosa** 821
  - Conceito de Organização Criminosa *(art. 1º)* 821
  - Crime *(art. 2º)* 826
  - Consultas Equiparadas *(art. 2º, § 1º)* 827
- **Capítulo II – Da Investigação e dos Meios de Obtenção da Prova** .. 832
  - Meios de Prova *(art. 3º)* 832
  - **Seção I – Da Colaboração Premiada** 833
    - Colaboração Premiada *(art. 4º)* 833
    - Colaborador *(art. 5º)* 841
    - Termo de Acordo *(art. 6º)* 842
    - Homologação do Acordo *(art. 7º)* 842
  - **Seção II – Da Ação Controlada** 845
    - Ação Controlada *(art. 8º)* 845
    - Transposição de Fronteiras *(art. 9º)* 849
  - **Seção III – Da Infiltração de Agentes** 849
    - Infiltração de Agentes *(art. 10)* 849
    - Requisitos *(art. 11)* 851
    - Pedido *(art. 12)* 852
    - Proporcionalidade na Atuação do Agente Infiltrado *(art. 13)* 852
    - Direitos do Agente *(art. 14)* 852

- **Seção IV – Do Acesso a Registros, Dados Cadastrais, Documentos e Informações** 853
  - Acesso aos Dados *(arts. 15 a 17)* 853
- **Seção V – Dos Crimes Ocorridos na Investigação e na Obtenção da Prova** 855
  - Revelar a Identidade do Infiltrado *(art. 18)* 855
  - Falsa Imputação de Crime *(art. 19)* 855
  - Descumprimento do Sigilo *(art. 20)* 855
  - Omissão de Dados *(art. 21)* 856
- **Capítulo III – Disposições Finais** 857
  - Procedimento Ordinário *(art. 22)* 857
  - Sigilo *(art. 23)* 857
  - Alteração ao Código Penal *(art. 24)* 859
  - Alteração ao Código Penal *(art. 25)* 859
  - Revogação *(art. 26)* 860
  - Vigência *(art. 27)* 860

ORGANIZAÇÕES CRIMINOSAS – JULGAMENTO COLEGIADO (LEI 12.694/12) 861

- Requisitos *(art. 1º)* 861
- Norma Explicativa *(art. 2º)* 863
- Segurança dos Tribunais *(art. 3º)* 863
- Alteração ao Código Penal *(art. 4º)* 864
- Alteração ao Código de Processo Penal *(art. 5º)* 864
- Alteração ao Código de Trânsito Brasileiro *(art. 6º)* 865
- Alteração ao Estatuto do Desarmamento *(art. 7º)* 865
- Alteração ao Estatuto do Desarmamento *(art. 8º)* 866
- Escolta *(art. 9º)* 867
- Vigência *(art. 10)* 867

PORTADORES DE DEFICIÊNCIA (LEI 7.853/89) 869

- Dos Crimes *(art. 8º)* 869

PRISÃO TEMPORÁRIA (LEI 7.960/89) 873

- Requisitos para a Decretação *(art. 1º)* 873
- Vedação à Decretação de Ofício e Prazo de Duração 878
- Representação do Delegado de Polícia *(art. 2º, § 1º)* 881
- Fundamentação da Decisão *(art. 2º, § 2º)* 881
- Apresentação do Preso *(art. 2º, § 3º)* 882
- Mandado de Prisão *(art. 2º, § 4º)* 883
- Mandado de Prisão *(art. 2º, § 5º)* 883
- Direitos do Preso *(art. 2º, § 6º)* 883
- Vencimento do Prazo *(art. 2º, § 7º)* 883
- Presos em Separado *(art. 3º)* 884
- Alteração da Lei de Abuso de Autoridade *(art. 4º)* 884
- Plantão Judiciário *(art. 5º)* 885
- Vigência *(art. 6º)* 885
- Revogações *(art. 7º)* 885

Propriedade Intelectual De Programa De Computador (LEI 9.609/98) 887

- **Capítulo V – Das Infrações e das Penalidades** 887
  - Violação *(art. 12)* 887
  - Aspectos Procedimentais *(art. 13)* 889

PROTEÇÃO A TESTEMUNHAS (LEI 9.807/99) 891

- **Capítulo I – Da Proteção Especial a Vítimas e a Testemunhas** 891
  - Medidas de Proteção *(art. 1º)* 891
  - Acordos *(art. 1º, § 1º)* 892
  - Supervisão *(art. 1º, § 2º)* 892
  - Medidas *(art. 2º)* 893
  - Admissão *(art. 3º)* 893
  - Conselho Deliberativo *(art. 4º)* 894
  - Solicitação *(art. 5º)* 894
  - Conselho Deliberativo *(art. 6º)* 895
  - Programas *(art. 7º)* 895

- Conselho Deliberativo *(art. 8º)* 896
- Alteração do Nome *(art. 9º)* 897
- Hipóteses de Exclusão do Programa *(art. 10)* 897
- Duração da Proteção *(art. 11)* 898
- Órgão de Controle *(art. 12)* 898

- **Capítulo II – Da Proteção aos Réus Colaboradores** 898
  - Efeitos Penais *(art. 13)* 898
  - Perdão Judicial *(art. 13, p. ú.)* 900
  - Voluntariedade *(art. 14)* 901
  - Benefícios *(art. 15)* 902

- **DISPOSIÇÕES GERAIS** 903
  - Alteração Legislativa *(art. 16)* 903
  - Alteração Legislativa *(art. 17)* 903
  - Alteração Legislativa *(art. 18)* 904
  - Estabelecimentos Especiais *(art. 19)* 904
  - Prioridade na Tramitação *(art. 19-A)* 904
  - Despesas *(art. 20)* 905
  - Regra de Vigência *(art. 21)* 905

RACISMO (LEI 7.716/89) 907

- Conceito de Racismo *(art. 1º)* 907
- Impedimento Indevido *(art. 3º)* 910
- Negar Emprego *(art. 4º)* 910
- Impedir Acesso de Cliente *(art. 5º)* 911
- Recusar Ingresso de Aluno *(art. 6º)* 912
- Recusar Hospedagem *(art. 7º)* 912
- Recusar Atendimento *(art. 8º)* 913
- Recusar Atendimento em Estabelecimentos Esportivos *(art. 9º)* 913
- Recusar Atendimento em Salões de Cabeleireiro *(art. 10)* 913
- Impedir Acesso a Entrada Social *(art. 11)* 914
- Impedir Acesso/Uso de Transporte Público *(art. 12)* 914
- Impedir Acesso às Forças Armadas *(art. 13)* 914
- Impedir Acesso a casamento *(art. 14)* 914

- Efeitos da Condenação *(art. 16)* 915
- Efeitos Não Automáticos *(art. 18)* 917
- Incitação ao Racismo *(art. 20)* 918
- Divulgação do Nazismo *(art. 20, § 1º)* 922
- Racismo Qualificado *(art. 20, § 2º)* 923
- Medidas Cautelares *(art. 20, § 3º)* 924
- Destruição do Material *(art. 20, § 4º)* 924
- Vigência *(art. 21)* 924
- Revogações *(art. 22)* 924

SIGILO BANCÁRIO (LC 105/01) 925

- Dever de Sigilo *(art. 1º)* 925
- Instituições Financeiras *(art. 1º, § 1º)* 926
- Instituições Equiparadas *(art. 1º, § 2º)* 927
- Práticas Admitidas *(art. 1º, § 3º)* 928
- Admissibilidade da Quebra *(art. 1º, § 4º)* 930
- Banco Central do Brasil *(art. 2º)* 932
- Atuação do Bacen *(art. 2º, § 1º)* 933
- Prerrogativas das Comissões *(art. 2º, § 2º)* 933
- CVM *(art. 2º, § 3º)* 934
- Convênios *(art. 2º, § 4º)* 934
- Extensão do Dever de Sigilo *(art. 2º, § 5º)* 934
- COAF *(art. 2º, § 6º)* 935
- Caráter Sigiloso *(art. 3º)* 935
- Autorização Judicial *(art. 3º, § 1º)* 936
- Exceção *(art. 3º, § 2º)* 937
- Defesa da União *(art. 3º, § 3º)* 937
- Cessão ao Poder Legislativo Federal *(art. 4º)* 938
- Regulamentação *(art. 5º)* 938
- Da Necessária Existência de Procedimento *(art. 6º)* 940
- Preservação do Sigilo *(art. 6, p. ú.)* 942
- CVM *(art. 7º)* 942
- Comprovação das Exigências e Formalidades *(art. 8º)* 943

- "Notitia Criminis" *(art. 9º)* 943
- Crime *(art. 10)* 944
- Conduta Equiparada *(art. 10, p. ú.)* 946
- Responsabilização do Servidor Público *(art. 11)* 946
- Vigência *(art. 12)* 946
- Revogações *(art. 13)* 947

SISTEMA FINANCEIRO NACIONAL (LEI 7.492/86) 949

- Conceito de Instituição Financeira *(art. 1º)* 949
- **Dos Crimes** contra o Sistema Financeiro Nacional 953
  - Falsa Emissão de Título *(art. 2º)* 953
  - Informação Falsa *(art. 3º)* 954
  - Gestão Fraudulenta *(art. 4º)* 954
  - Apropriação Indevida *(art. 5º)* 957
  - Fraude Operacional *(art. 6º)* 960
  - Gestão Fraudulenta *(art. 7º)* 965
  - Comissionamento Indevido *(art. 8º)* 968
  - Fraude *(art. 9º)* 968
  - Inserção ou Omissão Indevida *(art. 10)* 970
  - "Caixa Dois" *(art. 11)* 971
  - Omissão de Informação *(art. 12)* 972
  - Subtração Indevida *(art. 13)* 973
  - Falsa Declaração *(art. 14)* 973
  - Falsa Manifestação *(art. 15)* 973
  - Gestão Irregular *(art. 16)* 973
  - Concessão Indevida *(art. 17)* 976
  - Violação de Sigilo *(art. 18)* 978
  - Empréstimo Fraudulento *(art. 19)* 979
  - Aplicação Indevida de Recurso Público *(art. 20)* 982
  - Falsa Identidade *(art. 21)* 985
  - Operação de Câmbio com Vistas à Evasão *(art. 22)* 986
  - Omissão *(art. 23)* 989

- **Da Aplicação e do Procedimento Criminal** 989
  - Responsabilidade Penal *(art. 25)* 989
  - Ação Penal *(art. 26)* 993
  - Representação ao PGR *(art. 27)* 996
  - Representação ao MPF *(art. 28)* 996
  - Requisições do MPF *(art. 29)* 997
  - Prisão Preventiva *(art. 30)* 998
  - Fiança e Apelação *(art. 31)* 999
  - Fixação de Multas *(art. 33)* 1000
  - Vigência *(art. 34)* 1000
  - Revogações *(art. 35)* 1000

TORTURA (LEI 9.455/97) 1001

  - Tortura Própria *(art. 1º)* 1001
  - Condutas Equiparadas *(art. 1º, § 1º)* 1007
  - Tortura Imprópria *(art. 1º, § 2º)* 1009
  - Tortura Preterdolosa *(art. 1º, § 3º)* 1011
  - Causas Especiais de Aumento de Pena *(art. 1º, § 4º)* 1012
  - Efeitos da Condenação *(art. 1º, § 5º)* 1015
  - Vedações à Tortura *(art. 1º, § 6º)* 1018
  - Regime Inicial *(art. 1º, § 7º)* 1019
  - Extraterritorialidade *(art. 2º)* 1020
  - Vigência *(art. 3º)* 1022
  - Revogação *(art. 4º)* 1022

TRÁFICO DE DROGAS (LEI 11.343/06) 1023

- **Título I – Disposições Preliminares** 1023
  - Objetivos da Lei *(art. 1º)* 1023
  - Substâncias Consideradas Drogas – Norma Penal em Branco Heterogênea *(art. 1º, p. ú.)* 1024
  - Substâncias e suas Vedações *(art. 2º)* 1026
  - Fins Medicinais *(art. 2º, p. ú.)* 1026

▶ **Capítulo III – Dos Crimes e das Penas** 1026
  ▶ Penas *(art. 27)* 1026
  ▶ Porte para Consumo Pessoal *(art. 28)* 1027
  ▶ Condutas Equiparadas *(art. 28, § 1º)* 1038
  ▶ Critérios Objetivos para a Determinação do Consumo Pessoal *(art. 28, § 2º)* 1039
  ▶ Prazo Máximo das Penas *(art. 28, § 3º)* 1039
  ▶ Reincidência *(art. 28, § 4º)* 1040
  ▶ Prestação de Serviços à Comunidade *(art. 28, § 5º)* 1041
  ▶ Medidas Educativas *(art. 28, § 6º)* 1042
  ▶ Tratamento de Saúde *(art. 28, § 7º)* 1044
  ▶ Medida Educativa *(art. 29)* 1044
  ▶ Fundo Nacional de Drogas *(art. 29, p. ú.)* 1045
  ▶ Prazo Prescricional *(art. 30)* 1045
▶ **Título IV – Da Repressão à Produção não Autorizada e ao Tráfico Ilícito de Drogas** 1046
  ▶ **Capítulo I – Disposições Gerais** 1046
    ▶ Licença Prévia *(art. 31)* 1046
    ▶ Destruição das Plantações Ilícitas *(art. 32)* 1047
    ▶ Cautelas no caso de Queimada *(art. 32, § 3º)* 1047
    ▶ Expropriação *(art. 32, § 4º)* 1047
  ▶ **Capítulo II – Dos Crimes** 1047
    ▶ Tráfico de Drogas *(art. 33)* 1047
    ▶ Condutas Equiparadas *(art. 33, § 1º)* 1059
    ▶ Apologia às Drogas *(art. 33, § 2º)* 1063
    ▶ Tráfico pelo Oferecimento Eventual (Privilegiado) *(art. 33, § 3º)* 1066
    ▶ Tráfico Privilegiado Segundo o STF *(art. 33, § 4º)* 1068
    ▶ Apetrechos para o Tráfico *(art. 34)* 1083
    ▶ Associação para o Tráfico *(art. 35)* 1085
    ▶ Associação para o Financiamento *(art. 35, p. ú.)* 1092
    ▶ Financiamento do Tráfico *(art. 36)* 1092
    ▶ Informante Colaborador *(art. 37)* 1094
    ▶ Prescrição Culposa *(art. 38)* 1098

- Comunicação ao Conselho Federal *(art. 38, p. ú.)* 1098
- Conduzir Embarcação ou Aeronave *(art. 39)* 1098
- Penas *(art. 39, p. ú.)* 1098
- Causas Especiais de Aumento *(art. 40)* 1099
- Colaboração Premiada *(art. 41)* 1114
- Circunstâncias Preponderantes *(art. 42)* 1117
- Multa *(art. 43)* 1123
- Concurso de Crimes e Multa *(art. 43, p. ú.)* 1125
- Vedações ao Tráfico de Drogas *(art. 44)* 1125
- Livramento Condicional *(art. 44, p. ú.)* 1129
- Isenção de Pena – Excludente de Culpabilidade *(art. 45)* 1132
- Medida de Segurança Ambulatorial *(art. 45, p. ú.)* 1134
- Semi-imputabilidade do Dependente *(art. 46)* 1135
- Tratamento *(art. 47)* 1137

› **Capítulo III – Do Procedimento Penal** 1138
  - Aplicação Subsidiária do CP e do CPP *(art. 48)* 1138
  - Usuário e a Aplicação da Lei 9.099/95 *(art. 48, § 1º)* 1139
  - Não Imposição da Prisão em Flagrante *(art. 48, § 2º)* 1141
  - Lavratura do Termo Circunstanciado *(art. 48, § 3º)* 1141
  - Exame de Corpo de Delito *(art. 48, § 4º)* 1141
  - Transação Penal *(art. 48, § 5º)* 1141
  - Proteção à Testemunha *(art. 49)* 1142

› **Seção I – Da Investigação** 1142
  - Lavratura do Auto de Prisão em Flagrante *(art. 50)* 1142
  - Laudo de Constatação *(art. 50, § 1º)* 1142
  - Impedimento ao Perito *(art. 50, § 2º)* 1144
  - Armazenamento de Amostra *(art. 50, § 3º)* 1145
  - Destruição *(art. 50, § 4º)* 1145
  - Destruição *(art. 50, § 5º)* 1146
  - Incineração *(art. 50-A)* 1146
  - Prazo do Inquérito Policial *(art. 51)* 1147
  - Duplicação dos Prazos *(art. 51, p. ú.)* 1149
  - Relatório de Delegado de Polícia *(art. 52)* 1149

- Remessa dos Autos *(art. 52, p. ú.)* 1150
- Meios de Prova *(art. 53)* 1150
- Flagrante Esperado *(art. 53, p. ú.)* 1151
- **Seção II – Da Instrução Criminal** **1152**
  - Denúncia *(art. 54)* 1152
  - Procedimento Especial *(art. 55)* 1154
  - Procedimento Especial *(art. 55, § 1º)* 1156
  - Exceções *(art. 55, § 2º)* 1157
  - Defensor Dativo *(art. 55, § 3º)* 1157
  - Procedimento Especial *(art. 55, § 4º)* 1157
  - Apresentação do Preso *(art. 55, § 5º)* 1157
  - Procedimento Especial *(art. 56)* 1158
  - Afastamento Cautelar do Funcionário Público *(art. 56, § 1º)* 1160
  - Procedimento Especial *(art. 56, § 2º)* 1160
  - Debates Orais *(art. 57)* 1160
  - Encerramento *(art. 57, p. ú.)* 1163
  - Sentença *(art. 58)* 1163
  - Apelação *(art. 59)* 1163
- **Capítulo IV – Da Apreensão, Arrecadação e Destinação de Bens do Acusado** **1165**
  - Medidas Assecuratórias *(art. 60)* 1165
  - Comprovação da Origem Lícita *(art. 60, § 1º)* 1166
  - Decisão Judicial *(art. 60, § 2º)* 1167
  - Comparecimento Pessoal *(art. 60, § 3º)* 1167
  - Suspensão *(art. 60, § 4º)* 1167
  - Utilização dos Bens Apreendidos na Repressão às Drogas *(art. 61)* 1167
  - Veículos *(art. 61, p. ú.)* 1169
  - Custódia dos Bens *(art. 62)* 1169
  - Interesse Público *(art. 62, § 1º)* 1170
  - Intimação do Ministério Público *(art. 62, § 2º)* 1170
  - Conversão Cautelar *(art. 62, § 3º)* 1170
  - Alienação Cautelar dos Bens *(art. 62, § 4º)* 1171
  - Relação dos Bens Apreendidos *(art. 62, § 5º)* 1171

> Ação Incidental *(art. 62, § 6º)* 1171
> Conclusão (art. 62, § 7º) 1171
> Homologação do Valor *(art. 62, § 8º)* 1172
> Leilão *(art. 62, § 9º)* 1172
> Efeito Devolutivo dos Recursos *(art. 62, § 10)* 1172
> Veículos *(art. 62, § 11)* 1172
> Efeitos Secundários da Sentença *(art. 63)* 1173
> Reversão *(art. 63, § 1º)* 1173
> SENAD *(art. 63, §§ 2º a 4º)* 1174
> SENAD *(art. 64)* 1174
> Cooperação Internacional *(art. 65)* 1175

> **Título V – Da Cooperação Internacional** **1175**
> **Título VI – Disposições Finais e Transitórias** **1175**
>> Norma Penal em Branco Heterogênea *(art. 66)* 1175
>> Liberação *(art. 67)* 1177
>> Estímulos Fiscais *(art. 68)* 1177
>> Destinação *(art. 69)* 1177
>> Destinação *(art. 69, § 1º)* 1178
>> Destinação *(art. 69, § 2º)* 1178
>> Destinação *(art. 69, § 3º)* 1178
>> Competência da Justiça Federal no Ilícito Transnacional *(art. 70)* 1179
>> Vara Federal *(art. 70, p. ú.)* 1179
>> Destruição *(art. 72)* 1180
>> Convênios *(art. 73)* 1180
>> Vigência *(art. 74)* 1180
>> Revogações *(art. 75)* 1180

TRÂNSITO (LEI 9.503/97) 1181

> **Capítulo XIX – Dos Crimes de Trânsito** **1181**
>> **Seção I – Disposições Gerais** **1181**
>>> Aplicação Subsidiária do CP, do CPP e vedações à Lei 9.099/95 *(art. 291)* 1181
>>> Sanção de Suspensão/Proibição de Dirigir *(art. 292)* 1184

- Duração *(art. 293)* 1185
- Medida Cautelar *(art. 294)* 1187
- Comunicação *(art. 295)* 1188
- Reincidência *(art. 296)* 1188
- Multa Reparatória *(art. 297)* 1189
- Agravantes *(art. 298)* 1189
- Não Imposição da Prisão em Flagrante *(art. 301)* 1190
- **Seção II – Dos Crimes em Espécie** **1190**
  - Homicídio Culposo *(art. 302)* 1191
  - Causas de Aumento de Pena *(art. 302, § 1º)* 1197
  - Qualificadora pela Ingestão de Substância Alcoólica/Psicoativa *(art. 302, § 2º)* 1200
  - Lesão Corporal *(art. 303)* 1202
  - Causas de Aumento de Pena *(art. 303, p. ú.)* 1203
  - Omissão de Socorro *(art. 304)* 1203
  - Fuga do Motorista *(art. 305)* 1204
  - Embriaguez ao Volante *(art. 306)* 1205
  - Constatação da Alcoolemia *(art. 306, § 1º)* 1208
  - Amplitude Probatória *(art. 306, § 2º)* 1210
  - Certificação do Etilômetro *(art. 306, § 3º)* 1212
  - Violação à Proibição de Dirigir *(art. 307)* 1212
  - Crime de "Racha" *(art. 308)* 1213
  - Dirigir sem a devida habilitação *(art. 309)* 1215
  - Entregar Direção a não Capacitado *(art. 310)* 1218
  - Direção Perigosa *(art. 311)* 1220
  - Fraude Processual em Crimes de Trânsito *(art. 312)* 1221

VIOLÊNCIA DOMÉSTICA E FAMILIAR (LEI 11.340/06) **1223**

- **Título I – Disposições Preliminares** **1223**
  - Objetivos da Lei *(art. 1º)* 1223
  - Norma Explicativa *(art. 2º)* 1226
  - Direitos da Mulher *(art. 3º)* 1227
  - Condições Peculiares das Mulheres *(art. 4º)* 1228

▸ **Título II – Da Violência Doméstica e Familiar contra a Mulher** 1230

    ▸ **Capítulo I – Disposições Gerais** 1230

        ▸ Espécies de Violência Doméstica e Familiar *(art. 5º)* 1230

        ▸ Violação aos Direitos Humanos *(art. 6º)* 1242

    ▸ **Capítulo II – Das Formas de Violência Doméstica e Familiar contra a Mulher** 1243

        ▸ Formas de Violência *(art. 7º)* 1243

▸ **Título III – Da Assistência à Mulher em Situação de Violência Doméstica e Familiar** 1250

    ▸ **Capítulo I – Das Medidas Integradas de Prevenção** 1250

        ▸ Políticas Públicas *(art. 8º)* 1250

    ▸ **Capítulo II – Da Assistência à Mulher em Situação de Violência Doméstica e Familiar** 1252

        ▸ Assistência à Mulher *(art. 9º)* 1252

    ▸ **Capítulo III – Do Atendimento pela Autoridade Policial** 1254

        ▸ Medidas Assecuratórias *(art. 10)* 1254

        ▸ Medidas Assecuratórias *(art. 11)* 1254

        ▸ Medidas Assecuratórias *(art. 12)* 1256

▸ **Título IV – Dos Procedimentos** 1260

    ▸ **Capítulo I – Disposições Gerais** 1260

        ▸ Aplicação Subsidiária do CPP e do CPC *(art. 13)* 1260

        ▸ Competência *(art. 14)* 1262

        ▸ Foro Competente *(art. 15)* 1264

        ▸ Renúncia à Representação *(art. 16)* 1265

        ▸ Vedação às Medidas Despenalizadoras do JECRIM *(art. 17)* 1270

    ▸ **Capítulo II – Das Medidas Protetivas de Urgência** 1271

        ▸ **Seção I – Disposições Gerais** 1271

            ▸ Medidas Protetivas de Urgência *(art. 18)* 1271

            ▸ Concessão e Pedido *(art. 19)* 1273

            ▸ Prisão Preventiva *(art. 20)* 1275

            ▸ Notificação da Ofendida *(art. 21)* 1278

        ▸ **Seção II – Das Medidas Protetivas de Urgência que Obrigam o Agressor** 1279

            ▸ Medidas Protetivas de Urgência *(art. 22)* 1279

- Seção III – Das Medidas Protetivas de Urgência à Ofendida 1286
  - Proteção à Ofendida *(art. 23)* 1286
  - Proteção Patrimonial *(art. 24)* 1286
- Capítulo III – Da Atuação do Ministério Público 1286
  - Como Parte ou "Custos Legis" *(art. 25)* 1287
  - Atribuições *(art. 26)* 1287
- Capítulo IV – Da Assistência Judiciária 1289
  - Da Presença Obrigatória do Advogado *(art. 27)* 1289
  - Assistência Jurídica *(art. 28)* 1290
- Título V – Da Equipe de Atendimento Multidisciplinar 1291
  - Atendimento Multidisciplinar *(art. 29)* 1291
  - Equipe de Atendimento *(art. 30)* 1292
  - Atendimento Especializado *(art. 31)* 1293
  - Recursos Orçamentários *(art. 32)* 1293
- Título VI – Disposições Transitórias 1294
  - Competência *(art. 33)* 1294
- Título VII – Disposições Finais 1295
  - Curadoria *(art. 34)* 1295
  - Programas de Atendimento *(art. 35)* 1296
  - Adaptação *(art. 36)* 1296
  - Legitimidade Concorrente *(art. 37)* 1296
  - Estatísticas *(art. 38)* 1297
  - Lei de Diretrizes Orçamentária *(art. 39)* 1297
  - Obrigações *(art. 40)* 1297
  - Vedação a Aplicação das Medidas Despenalizadoras da Lei 9.099/95 *(art. 41)* 1297
  - Alteração ao Código de Processo Penal *(art. 42)* 1301
  - Alteração ao Código Penal *(art. 43)* 1301
  - Alteração ao Código Penal *(art. 44)* 1301
  - Alteração à Lei das Execuções Penais *(art. 45)* 1302
  - Vigência *(art. 46)* 1303

GABARITOS **1305**

CONSTITUIÇÃO FEDERAL

■ Proibição de Tribunal de Exceção {art. 5º, XXXVII}

> **Art. 5º** Todos são iguais perante a lei, sem distinção de qualquer natureza, garantindo-se aos brasileiros e aos estrangeiros residentes no País a inviolabilidade do direito à vida, à liberdade, à igualdade, à segurança e à propriedade, nos termos seguintes:
> (...)
> XXXVII – não haverá juízo ou tribunal de exceção;

Jurisprudência complementar (STF)

O julgamento proferido por turma composta majoritariamente por juízes convocados não acarreta violação ao princípio constitucional do juiz natural. (STF, AI 765205 ED, Rel. Min. Luiz Fux, 1ª T., DJ 1.2.2012)

Jurisprudência complementar (STJ)

O princípio do juiz natural foi encampado pelo ordenamento jurídico nas suas duas vertentes, uma proibindo a instituição de tribunais de exceção, e outra garantindo ao indivíduo o seu julgamento por autoridade judiciária com competência definida previamente no ordenamento jurídico. (RHC 29.078, Rel. Min. Jorge Mussi, 5ª T., DJ 1.8.2013)

O STJ, pela sua Terceira Seção, havia firmado entendimento no sentido de considerar nulos os atos decisórios emanados de órgãos colegiados formados, na sua maioria, por juízes de primeiro grau convocados, por ofensa ao princípio do juiz natural. Em recente julgamento o Plenário do STF entendeu que "não viola o postulado constitucional do juiz natural o julgamento de apelação por órgão composto majoritariamente por juízes convocados na forma de edital publicado na imprensa oficial". O princípio do juiz natural consiste na estrita prevalência de um julgamento imparcial e isonômico para as partes, levado a cabo por magistrados togados, independentes e regularmente investidos em seus cargos. A hipótese dos autos não se afasta dessas premissas. Isso porque a integração dos juízes de primeiro grau às Câmaras Extraordinárias se dá de forma aleatória e os recursos são distribuídos livremente entre eles. As convocações são feitas por ato oficial, prévio e público, não havendo, portanto, falar que os magistrados que integram as Câmaras Extraordinárias constituem juízes de exceção. (HC 153.492, Rel. Min. Celso Limongi, 6ª T., DJ 13.12.2010)

Questões de concursos

1. **(TRT/8R/Juiz/2013)** São garantias fundamentais:

   a) Ninguém será processado nem sentenciado senão pela autoridade competente; são a todos assegurados, independentemente do pagamento de taxas, o direito de petição aos Poderes Públicos em defesa de direitos ou contra ilegalidade ou abuso de poder; a lei não excluirá da apreciação do Poder Judiciário lesão ou ameaça a direito; não haverá juízo ou tribunal de exceção.

   b) A prática do racismo constitui crime inafiançável e imprescritível, sujeito à pena de reclusão, nos termos da lei; aos litigantes, em processo judicial ou administrativo, e aos acusados em geral são assegurados o contraditório e ampla defesa, com os meios e recursos a ela inerentes; são inadmissíveis, no processo, as provas obtidas por meios ilícitos; não haverá juízo ou tribunal de exceção.

   c) A prática do racismo constitui crime inafiançável e imprescritível, sujeito à pena de reclusão, nos termos da lei; ninguém será processado nem sentenciado senão pela autoridade competente; são a todos assegurados, independentemente do pagamento de taxas, o direito de petição aos Poderes Públicos em defesa de direitos ou contra ilegalidade ou abuso de poder; aos litigantes, em processo judicial ou administrativo, e aos acusados em geral são assegurados o contraditório e ampla defesa, com os meios e recursos a ela inerentes.

   d) São a todos assegurados, independentemente do pagamento de taxas, o direito de petição aos Poderes Públicos em defesa de direitos ou contra ilegalidade ou abuso de poder; a lei não excluirá da apreciação do Poder Judiciário lesão ou ameaça a direito; não haverá juízo ou tribunal de exceção; é garantido o direito de herança.

e) Ninguém será processado nem sentenciado senão pela autoridade competente; são a todos assegurados, independentemente do pagamento de taxas, o direito de petição aos Poderes Públicos em defesa de direitos ou contra ilegalidade ou abuso de poder; a lei não excluirá da apreciação do Poder Judiciário lesão ou ameaça a direito; aos autores pertence o direito exclusivo de utilização, publicação ou reprodução de suas obras, transmissível aos herdeiros pelo tempo que a lei fixar.

2. **(FMP/DPE/RO/Defensor/2010)** O art. 5º, XXXVII, da CF, dispõe que não haverá juízo ou tribunal de exceção. Levando em conta a sua eficácia, esta norma constitucional classifica-se como de aplicabilidade:

   a) limitada.
   b) contida.
   c) plena.
   d) reduzida.
   e) restringível.

■ Princípios Constitucionais do Tribunal do Júri {art. 5º, XXXVIII}

> XXXVIII – é reconhecida a instituição do júri, com a organização que lhe der a lei, assegurados:
> a) a plenitude de defesa;
> b) o sigilo das votações;
> c) a soberania dos veredictos;
> d) a competência para o julgamento dos crimes dolosos contra a vida;

Súmulas (STF)

Súmula Vinculante 45. A competência constitucional do Tribunal do Júri prevalece sobre o foro por prerrogativa de função estabelecido exclusivamente pela Constituição Estadual.

Súmula 603. A competência para o processo e julgamento de latrocínio é do juiz singular e não do Tribunal do Júri.

Súmula 721. A competência constitucional do Tribunal do Júri prevalece sobre o foro por prerrogativa de função estabelecido exclusivamente pela Constituição Estadual.

Jurisprudência complementar (STF)

A sentença de pronúncia visa à submissão do acusado ao Tribunal do Júri, não se exigindo elementos capazes de revelar, de forma concreta, a participação do acusado, sendo suficiente a existência, sob tal ângulo, de indícios. No tocante às qualificadoras, ante, até mesmo, o critério subjetivo, há de aguardar-se a manifestação do Tribunal do Júri, inclusive para definir-se a participação do autor intelectual do crime em prática a inviabilizar a defesa da vítima. (STF, HC 94280, Rel. Min. Marco Aurélio, 1ª T., DJ 14.5.2010)

É ilegal a decisão de pronúncia que emite desnecessário juízo de valor sobre provas que serão submetidas à livre apreciação do Tribunal do Júri. (STF, HC 94591, Rel. Min. Cezar Peluso, 2ª T., DJ 26.3.2010)

Não caracteriza constrangimento ilegal o excesso de prazo que decorra do direito do réu de, retardando a realização do júri, insistir no reexame da pronúncia mediante recurso em sentido estrito. (STF, HC 98388, Rel. Min. Ellen Gracie, 2ª T., DJ 16.4.2010)

Havendo respostas contraditórias a quesitos, o Juiz deve explicar aos jurados em que consiste a contradição e proceder a nova votação (art. 489 do CPP). (STF, HC 94479, Rel. Min. Eros Grau, 2ª T., DJ 14.8.2009)

Esta Corte tem entendido que a anulação de decisão do tribunal do júri, por manifestamente contrária à prova dos autos, não viola a regra constitucional que assegura a soberania dos veredictos do júri (CF, art. 5º, XXXVIII, c). Além disso, a análise da questão constitucional suscitada nas razões recursais demanda o reexame aprofundado dos fatos e provas que sustentaram o acórdão atacado, o que inviabiliza o conhecimento do extraordinário, ante a vedação contida na Súmula 279 do STF. (STF, AI 728023 AgR, Rel. Min. Joaquim Barbosa, 2ª T., DJ 28.2.2011)

Jurisprudência complementar (STJ)

A Constituição Federal, em seu artigo 5º, inciso XXXVIII, alíneas "b" e "c", conferiu ao Tribunal do Júri a soberania dos seus veredictos e o sigilo das votações, tratando-se de exceção à regra contida no inciso IX do artigo 93, razão pela qual não se exige motivação ou fundamentação das decisões do Conselho de Sentença, fazendo prevalecer, portanto, como sistema de avaliação das provas produzidas, a íntima convicção dos jurados. Dessa forma, observa-se que a Corte Popular, após a produção das provas pela defesa e pela acusação na sessão plenária, tão somente responde sim ou não aos quesitos formulados de acordo com a livre valoração das teses apresentadas pelas partes, tendo o Conselho de Sentença entendido que o paciente não seria inimputável. (HC 257.629, Rel. Min. Jorge Mussi, 5ª T., DJ 12.6.2013)

Os jurados julgam de acordo com sua convicção, não necessitando fundamentar suas decisões. Em consequência, é impossível identificar quais elementos foram considerados pelo Conselho de Sentença para condenar ou absolver o acusado, o que torna inviável analisar se o veredicto baseou-se exclusivamente em elementos coletados durante a investigação criminal ou nas provas produzidas em juízo. (HC 173.965, Rel. Min. Marco Aurélio Bellizze, 5ª T., DJ 29.3.2012)

A mera possibilidade jurídico-processual de o Tribunal de Justiça invalidar a decisão do Conselho de Sentença, quando esta estiver em evidente antagonismo com as provas existentes nos autos, não ofende a cláusula constitucional que assegura a soberania dos veredictos, justamente porque, em tal hipótese, a cassação do ato decisório não implicará a resolução do litígio penal, cuja apreciação continuará na própria esfera do Tribunal do Júri. A cláusula constitucional da soberania dos veredictos não se confunde, em nosso direito positivo, com a noção de absoluta irrecorribilidade das decisões proferidas pelo Conselho de Sentença; na verdade, refere-se à inalterabilidade, quanto ao mérito, pelo Tribunal ad quem, da decisão emanada pelos jurados. (HC 219.766, Rel. Min. Rogerio Schietti Cruz, 6ª T., DJ 7.3.2014)

Questões de concursos

3. **(FCC/TCE/AM/Analista/2013)** A competência constitucional do tribunal do júri para julgar os crimes dolosos contra a vida (art. 5, XXXVIII, d) afasta a competência do:

   a) Tribunal de Justiça, constante na Constituição Estadual, para julgar juízes estaduais pela prática de tais crimes.

   b) Supremo Tribunal Federal, definida pela Constituição Federal, para julgar Deputados Federais e Senadores pela prática de tais crimes.

   c) Superior Tribunal de Justiça, definida pela Constituição Federal, para julgar Governadores de Estado pela prática de tais crimes.

   d) Tribunal de Justiça, definida em Constituição Estadual, para julgar Vereadores pela prática de tais crimes.

   e) Supremo Tribunal Federal, definida pela Constituição Federal, para julgar Presidente da República após o fim de seu mandato, pela prática de tais crimes, quando ocorridos ainda durante a sua vigência.

4. **(Vunesp/TJ/RJ/Juiz/2013)** Considerando as disposições constitucionais relativas à competência dos órgãos do Poder Judiciário brasileiro, analise as seguintes situações:

   I. Crime de homicídio doloso cometido por militar contra um cidadão civil.

   II. Ação movida por agente público, oriunda de relação de trabalho, em face de ente público da Administração Direta Estadual.

   III. Causa jurídica entre organismo internacional e Município.

   IV. Habeas-corpus impetrado em face de ato coator praticado por juiz federal.

   Assinale a alternativa que contempla, correta e respectivamente, os órgãos do Poder Judiciário competentes para processar e julgar as ações relacionadas às situações elencadas.

   a) Justiça Militar; Justiça Comum Estadual; STJ; TRF.

   b) Tribunal do Júri; Justiça Comum Estadual; TRF; STJ.

   c) Justiça Militar; Justiça do Trabalho; TRF; TRF.

   d) Tribunal do Júri; Justiça do Trabalho; Juiz Federal; TRF.

5. **(Cespe/Anac/Analista/2012)** A CF reconhece a instituição do júri, assegurando a plenitude de defesa, a publicidade das votações, a soberania dos veredictos e a competência para julgar os crimes culposos contra a vida.

■ Princípio do "Nulla Poena Sine Lege" {art. 5°, XXXIX}

> XXXIX – não há crime sem lei anterior que o defina, nem pena sem prévia cominação legal;

Jurisprudência complementar (STF)

O concurso de pessoas é, no delito de furto, circunstância qualificadora, nos exatos termos do inciso IV do § 4° do art. 155 do Código Penal. Pelo que descabe considerar tal aspecto como causa de aumento de pena. Isso a bem da norma constitucional de que "não há crime sem lei anterior que o defina, nem pena sem prévia cominação legal" (inciso XXXIX do art. 5° da CF), consagradora da legalidade especificamente penal. (STF, HC 92399, Rel. Min. Ayres Britto, 1ª T., DJ 27.8.2010)

Jurisprudência complementar (STJ)

(...). Embora o Órgão Acusatório descreva o meio fraudulento utilizado pelo paciente para tentar a sua aprovação no certame, a conduta não é apta a causa prejuízo de ordem patrimonial, sendo inviável, inclusive, determinar quem suportaria o suposto revés, circunstâncias que impedem a configuração do delito descrito no art. 171 do Estatuto Repressivo. O STF, no julgamento do IP 1145, sufragou entendimento no sentido de que a conduta denominada "cola eletrônica", a despeito de ser reprovável, é atípica. (...). (HC 227.550, Rel. Min. Jorge Mussi, 5ª T., DJ 20.6.2012)

Questões de concursos

6. **(TRT/21R/Juiz/2010)** Assinale a alternativa correta, a partir das seguintes assertivas:

    I. o princípio constitucional da reserva legal confunde-se com o princípio da legalidade, uma vez que este último significa a exclusiva submissão e o respeito à lei formal, conforme estabelecido no âmbito do processo legislativo.

    II. a disciplina jurídica da remuneração dos agentes públicos em geral está sujeita ao princípio da reserva legal relativa, considerando a possibilidade excepcional de decisões judiciais garantidoras do direito a reajustes remuneratórios devidos a determinadas categorias.

    III. as hipóteses de reserva legal relativa são estabelecidas diretamente pela Constituição Federal, que, de forma excepcional, permite a complementação da legislação por atos normativos infraconstitucionais.

    IV. o princípio da reserva legal absoluta se materializa quando a norma constitucional exige, para sua integral regulamentação, a edição de lei formal, compreendida como ato normativo emanado do Congresso Nacional elaborado de acordo com o devido processo legislativo.

    V. a distinção doutrinária conferida à reserva legal absoluta e à reserva legal relativa fundamenta-se diretamente na aplicação dos princípios constitucionais da proporcionalidade e da razoabilidade.

    a) apenas as assertivas I, III, IV e V estão corretas.
    b) apenas as assertivas III e IV estão corretas.
    c) apenas as assertivas II, III e V estão corretas.
    d) apenas as assertivas II, III e IV estão corretas.
    e) apenas as assertivas III, IV e V estão corretas.

7. **(TJ/RO/Cartórios/Ingresso/2005)** O dispositivo constitucional que assegura não haver crime sem lei anterior que o defina nem pena sem prévia cominação legal apresenta dois princípios importantes, a saber:

   a) princípio de individualização da pena e princípio da anterioridade.
   b) princípio da reserva constitucional e princípio da anterioridade.
   c) princípio da legalidade e princípio da anterioridade da pena.
   d) princípio do contraditório e princípio da ampla defesa.

Princípio da Irretroatividade Penal {art. 5º, XL}

> XL – a lei penal não retroagirá, salvo para beneficiar o réu;

Súmulas (STJ)

Súmula 471. Os condenados por crimes hediondos ou assemelhados cometidos antes da vigência da Lei 11.464, de 2006, sujeitam-se ao disposto no art. 112 da Lei 7.210, de 1984 para a progressão do regime prisional.

Jurisprudência complementar (STF)

A regra constitucional de retroação da lei penal mais benéfica (inciso XL do art. 5º) é exigente de interpretação elástica ou tecnicamente "generosa". Para conferir o máximo de eficácia ao inciso XL do seu art. 5º, a Constituição não se refere à lei penal como um todo unitário de normas jurídicas, mas se reporta, isto sim, a cada norma que se veicule por dispositivo embutido em qualquer diploma legal. Com o que a retroatividade benigna opera de pronto, não por mérito da lei em que inserida a regra penal mais favorável, porém por mérito da Constituição mesma. A discussão em torno da possibilidade ou da impossibilidade de mesclar leis que antagonicamente se sucedem no tempo (para que dessa combinação se chegue a um terceiro modelo jurídico-positivo) é de se deslocar do campo da lei para o campo da norma; isto é, não se trata de admitir ou não a mesclagem de leis que se sucedem no tempo, mas de aceitar ou não a combinação de normas penais que se friccionem no tempo quanto aos respectivos comandos. O que a Lei das Leis rechaça é a possibilidade de mistura entre duas normas penais que se contraponham, no tempo, sobre o mesmo instituto ou figura de direito. Situação em que há de se fazer uma escolha, e essa escolha tem que recair é sobre a inteireza da norma comparativamente mais benéfica.

Vedando-se, por conseguinte, a fragmentação material do instituto, que não pode ser regulado, em parte, pela regra mais nova e de mais forte compleição benéfica, e, de outra parte, pelo que a regra mais velha contenha de mais benfazejo. A CF proclama é a retroatividade dessa ou daquela figura de direito que, veiculada por norma penal temporalmente mais nova, se revele ainda mais benfazeja do que a norma igualmente penal até então vigente. Caso contrário, ou seja, se a norma penal mais nova consubstanciar política criminal de maior severidade, o que prospera é a vedação da retroatividade. A retroatividade da lei penal mais benfazeja ganha clareza cognitiva à luz das figuras constitucionais da ultra-atividade e da retroatividade, não de uma determinada lei penal em sua inteireza, mas de uma particularizada norma penal com seu específico instituto. Isto na acepção de que, ali onde a norma penal mais antiga for também a mais benéfica, o que deve incidir é o fenômeno da ultra-atividade; ou seja, essa norma penal mais antiga decai da sua atividade eficacial, porquanto inoperante para reger casos futuros, mas adquire instantaneamente o atributo da ultra-atividade quanto aos fatos e pessoas por ela regidos ao tempo daquela sua originária atividade eficacial. Mas ali onde a norma penal mais nova se revelar mais favorável, o que toma corpo é o fenômeno da retroatividade do respectivo comando. Com o que ultra-atividade (da velha norma) e retroatividade (da regra mais recente) não podem ocupar o mesmo espaço de incidência. Uma figura é repelente da outra, sob pena de embaralhamento de antagônicos regimes jurídicos de um só e mesmo instituto ou figura de direito. (STF, RE 596152, Rel. p/ ac. Min. Ayres Britto, Pleno, DJ 13.2.2012)

Jurisprudência complementar (STJ)

A lei mais benéfica deve retroagir aos fatos anteriores à sua vigência, de acordo com o art. 5º, inciso XL, da CF, e art. 2º, parágrafo único, do Código Penal. Enquanto a Carta Magna não condiciona temporalmente a retroatividade da lei penal mais benigna, o Código Penal ressalva que, mesmo na hipótese de trânsito em julgado da decisão condenatória, de qualquer modo, a lei posterior mais favorável deve ser aplicada aos fatos anteriores. (HC 171.699, Rel. Min. Laurita Vaz, 5ª T., DJ 29.3.2012)

■ Atentado aos Direitos e Liberdades Fundamentais {art. 5º, XLI}

XLI – a lei punirá qualquer discriminação atentatória dos direitos e liberdades fundamentais;

Jurisprudência complementar (STJ)

A manutenção da prisão cautelar – decorrente de indeferimento de liberdade provisória – deve, necessariamente, ser calcada em um dos motivos constantes do art. 312 do CPP e, por força do art. 5º, XLI e 93, IX, da CF, o magistrado deve apontar os elementos concretos, mostrando-se ilegítimo fundamentar a medida extrema tão-só com base em imperativo legal. Não foi dado ao legislador ordinário legitimidade constitucional para vedar, de forma absoluta, a liberdade provisória quando em apuração crime hediondo e assemelhado. Ainda que o delito apurado em processo criminal seja catalogado como hediondo ou equiparado, o magistrado está obrigado a fundamentar a decisão que denega a liberdade provisória a partir dos motivos que autorizam a prisão preventiva, dada a natureza cautelar da prisão em flagrante. A interpretação do vocábulo "razoável" não comporta unicamente o convencimento do Juiz, mas também em critérios objetivos e legais, visto que todo acusado tem direito de ser julgado em prazo razoável, sem dilações indevidas e desnecessárias, ou ser posto em liberdade. (HC 50.108, Rel. Min. Paulo Medina, 6ª T., DJ 12.5.2008)

■ Vedações no caso de racismo {art. 5º, XLII}

> XLII – a prática do racismo constitui crime inafiançável e imprescritível, sujeito à pena de reclusão, nos termos da lei;

Jurisprudência complementar (STJ)

Além da tortura, ocorreu racismo, crime que a própria CF, em seu art. 5º, XLII, considera imprescritível. A Lei 7.716/85, com a redação dada pela Lei 9.459/97 (art. 20), tipifica o crime de racismo como "induzir ou incitar a discriminação ou preconceito de raça, etnia, religião ou procedência nacional".(REsp 797.989, Rel. Min. Humberto Martins, 2ª T., DJ 15.5.2008)

Não há ilegalidade na decisão que ressalta a condenação do paciente por delito contra a comunidade judaica, não se podendo abstrair o racismo de tal comportamento, pois não há que se fazer diferenciação entre as figuras da prática, da incitação ou do induzimento, para fins de configuração do racismo, eis que todo aquele que pratica uma destas condutas discriminatórias ou preconceituosas, é autor do delito de racismo, inserindo-se, em princípio, no âmbito da tipicidade direta. Tais condutas caracterizam crime formal, de mera conduta, não se exigindo a realização do resultado material para a sua configuração. Inexistindo ilegalidade na individualização da conduta imputada ao paciente, não há porque ser afastada a imprescritibilidade do crime pelo qual foi condenado. (HC 15.155, Rel. Min. Gilson Dipp, 5ª T., DJ 18.3.2002)

Questões de concursos

8. **(MPE/PR/Promotor/2016)** Assinale a única alternativa correta:

   a) A perda do cargo ou da função pública constitui efeito automático da condenação de servidor público, pela prática de qualquer um dos crimes resultantes de preconceito de raça ou de cor, previstos na Lei n. 7.716/1989;

   b) É constitucional a previsão de inafiançabilidade e imprescritibilidade do crime de racismo, previsto na Lei n. 7.716/1989;

   c) É constitucional a previsão de que os crimes hediondos são inafiançáveis; insuscetíveis de anistia, graça e indulto e de que a respectiva pena será cumprida em regime inicialmente fechado;

   d) A conduta do diretor de estabelecimento de ensino privado, consistente em recusar a matrícula de aluno portador de HIV, de modo justificado, não configura o crime previsto na Lei n. 12.984/2014;

   e) A mera conduta de deixar de notificar à autoridade sanitária a realização de esterilização cirúrgica, conforme a previsão da Lei n. 9.263/1993, não configura crime, mas infração administrativa.

9. **(FCC/DPE/SP/Oficial/2013)** Nos termos da Constituição Federal brasileira, detêm as características de "inafiançável e imprescritível" os crimes descritos em:

   I. Tortura.

   II. Terrorismo.

   III. Racismo.

   IV. Ação de grupos armados (civis ou militares) contra a ordem constitucional e o Estado Democrático.

   a) II e III, apenas.
   b) I, III e IV, apenas.
   c) III e IV, apenas.
   d) I e IV, apenas.
   e) I, II, III e IV.

10. **(Vunesp/TJ/SP/Advogado/2013)** Conforme dispõe a vigente Carta Magna brasileira, a prática do racismo constitui, nos termos da lei, crime

   a) inafiançável, imprescritível, insuscetível de graça ou anistia, sujeito à pena de reclusão.

   b) inafiançável e insuscetível de graça ou anistia, sujeito à pena de reclusão.

   c) inafiançável e imprescritível, sujeito à pena de detenção.

   d) inafiançável e imprescritível, sujeito à pena de reclusão.

   e) inafiançável, imprescritível, insuscetível de graça ou anistia, sujeito à pena de reclusão e vedada a progressão de regime.

■ Crimes Hediondos {art. 5°, XLIII}

> XLIII – a lei considerará crimes inafiançáveis e insuscetíveis de graça ou anistia a prática da tortura, o tráfico ilícito de entorpecentes e drogas afins, o terrorismo e os definidos como crimes hediondos, por eles respondendo os mandantes, os executores e os que, podendo evitá-los, se omitirem;

Súmulas (STJ)

Súmula 471. Os condenados por crimes hediondos ou assemelhados cometidos antes da vigência da Lei 11.464, de 2006, sujeitam-se ao disposto no art. 112 da Lei 7.210, de 1984 para a progressão do regime prisional.

Súmula 512. A aplicação da causa de diminuição de pena prevista no art.33, parágrafo 4°, da Lei 11.343, de 2006, não afasta a hediondez do crime de tráfico de drogas.

Jurisprudência complementar (STF)

1. O tráfico de entorpecentes privilegiado (art. 33, § 4°, da Lei 11.313/2006) não se harmoniza com a hediondez do tráfico de entorpecentes definido no caput e § 1° do art. 33 da Lei de Tóxicos. 2. O tratamento penal dirigido ao delito cometido sob o manto do privilégio apresenta contornos mais benignos, menos gravosos, notadamente porque são relevados o envolvimento ocasional do agente com

o delito, a não reincidência, a ausência de maus antecedentes e a inexistência de vínculo com organização criminosa. 3. Há evidente constrangimento ilegal ao se estipular ao tráfico de entorpecentes privilegiado os rigores da Lei 8.072/90. (STF, HC 118,533, Rel. Min. Carmen Lúcia, Pleno, DJ 23.06.2016).

O regime inicial fechado é imposto por lei nos casos de crimes hediondos, não dependendo da pena aplicada. (STF, HC 91360, Rel. Min. Joaquim Barbosa, 2ª T., DJ 20.6.2008)

Relativamente aos crimes hediondos e equiparados cometidos antes da vigência da Lei 11.464/07, como no caso em apreço, a progressão de regime carcerário deve observar o requisito temporal previsto no artigo 112 da Lei de Execuções Penais, aplicando-se, portanto, a lei mais benéfica. (STF, HC 98679, Rel. Min. Dias Toffoli, 1ª T., DJ 22.10.2010)

Jurisprudência complementar (STJ)

É firme a orientação da Quinta Turma deste STJ no sentido de que a vedação expressa da liberdade provisória e do apelo em liberdade nos crimes de tráfico ilícito de entorpecentes é, por si só, motivo suficiente para impedir a concessão da benesse ao réu preso em flagrante por crime hediondo ou equiparado, nos termos do disposto no art. 5º, inciso XLIII, da CF, que impõe a inafiançabilidade das referidas infrações penais. (HC 197.318, Rel. Min. Laurita Vaz, 5ª T., DJ 8.6.2011)

Questões de concursos

11. **(Cespe/PC/GO/Delegado/2017)** A respeito de crimes hediondos, assinale a opção correta.

   a) Embora tortura, tráfico de drogas e terrorismo não sejam crimes hediondos, também são insuscetíveis de fiança, anistia, graça e indulto.

   b) Para que se considere o crime de homicídio hediondo, ele deve ser qualificado.

   c) Considera-se hediondo o homicídio praticado em ação típica de grupo de extermínio ou em ação de milícia privada.

   d) O crime de roubo qualificado é tratado pela lei como hediondo.

   e) Aquele que tiver cometido o crime de favorecimento da prostituição ou outra forma de exploração sexual no período entre 2011 e 2015 não responderá pela prática de crime hediondo.

12. **(Vunesp/PC/CE/Escrivão/2015)** Assinale a alternativa que indica corretamente crimes que, de acordo com o texto constitucional, a lei considerará inafiançáveis e insuscetíveis de graça ou anistia, por eles respondendo os mandantes, os executores e os que, podendo evitá-los, omitirem-se.

   a) O tráfico ilícito de entorpecentes e drogas afins, o terrorismo, os definidos como crimes hediondos e o assédio sexual.

   b) A posse e o tráfico ilícito de entorpecentes e drogas afins, o terrorismo, os definidos como crimes hediondos e o racismo.

   c) A prática da tortura, o tráfico ilícito de entorpecentes e drogas afins, o terrorismo e os definidos como crimes hediondos.

   d) A prática da tortura, a posse e o tráfico ilícito de entorpecentes e drogas afins e o terrorismo.

   e) A prática da tortura, o terrorismo e os definidos como crimes hediondos e o assédio sexual.

13. **(MP/DFT/Promotor/2015)** Quanto aos crimes da Lei 11.343/06 (Lei de Entorpecentes), é correto afirmar que:

   a) Por ocasião da fixação da pena-base, o juiz considerará, de forma preponderante, a natureza e a quantidade da substância ou produto, mas não a personalidade e a conduta social do agente.

   b) Para o Supremo Tribunal Federal, a manifestação favorável à descriminalização ou legalização do uso de substância entorpecente, externada em artigo de jornal, configura o crime de induzir, instigar ou auxiliar alguém ao uso indevido de drogas.

   c) É atípica a conduta do médico que prescreve ou ministra drogas, de forma imprudente, sem que delas necessite o paciente.

   d) Se o agente se associa a outra pessoa para o fim de praticar o crime de produzir e fornecer drogas sem autorização legal e, além disso, efetivamente produz e fornece essas drogas sem autorização legal, comete apenas o crime de tráfico, ficando a associação para o tráfico por ele absorvido.

   e) Para o Superior Tribunal de Justiça, o crime de tráfico de drogas, ainda que na forma privilegiada, por ser o agente primário, de bons antecedentes, não dedicado a atividades criminosas nem integrante de organização criminosa, é considerado assemelhado aos hediondos.

14. **(Cespe/Câmara_Deputados/Analista_Legislativo/2014)** O delito de associação para o tráfico é considerado crime hediondo na legislação penal brasileira.

15. **(Cespe/MC/Direito/2013)** A concessão de anistia a criminoso estrangeiro, mediante critérios pré-estabelecidos, independe do crime que o estrangeiro tenha cometido em seu país de origem.

16. **(FCC/PGE/BA/Analista/2013)** Corrupção ativa e corrupção passiva podem em breve ser classificados como crimes hediondos. O Senado aprovou ontem o PLS 204/2011, que inclui tais delitos entre os crimes hediondos. (Diário do Senado, de 27 de junho de 2013) A transformação em lei do projeto ora referido, ante o tratamento constitucional destinado aos crimes hediondos, implica tornar as infrações de corrupção ativa e passiva:

    a) imprescritíveis e insuscetíveis de anistia, além de afastar a competência do Presidente da República para, nesses casos, conceder indulto e comutar penas.

    b) inafiançáveis e imprescritíveis.

    c) inafiançáveis e insuscetíveis de anistia, além de afastar a competência do Presidente da República para, nesses casos, conceder indulto e comutar penas.

    d) insuscetíveis de indulto e comutação de penas, mas sem afastar a competência do Congresso Nacional para, nesses casos, conceder anistia.

    e) insuscetíveis de anistia, mas sem afastar a competência do Presidente da República para, nesses casos, conceder indulto e comutar penas.

17. **(Vunesp/DPE/MS/2012)** Tércio cometeu o crime de tráfico ilícito de entorpecentes e Romeu, o de racismo. Considerando o disposto na Constituição Federal, é correto afirmar que

    a) Tércio cometeu delito inafiançável e está sujeito à pena de reclusão e Romeu, um crime inafiançável e insuscetível de graça ou anistia.

    b) ambos cometeram crimes inafiançáveis e imprescritíveis.

    c) ambos cometeram crime hediondo, inafiançáveis e insuscetíveis de graça ou anistia.

    d) Tércio cometeu crime inafiançável e insuscetível de graça ou anistia e Romeu, um crime inafiançável e imprescritível, sujeito à pena de reclusão.

■ Crimes contra o Estado Democrático {art. 5°, XLIV}

> XLIV – constitui crime inafiançável e imprescritível a ação de grupos armados, civis ou militares, contra a ordem constitucional e o Estado Democrático;

Questões de concursos

18. **(FCC/MPE/SE/Analista/2013)** Após 30 anos do cometimento de crime praticado por grupo civil armado contra a ordem constitucional e o Estado Democrático foram os autores finalmente identificados, tendo sido proposta a ação penal em face dos criminosos. Nesse caso:

    a) não poderá ser decretada a prescrição, uma vez que constituiu crime imprescritível a ação de grupos armados, civis ou militares, contra a ordem constitucional e o Estado Democrático.

    b) não poderá ser decretada a prescrição, uma vez que constituiu crime imprescritível, além da tortura, a ação de grupos armados, civis ou militares, contra a ordem constitucional e o Estado Democrático.

    c) não poderá ser decretada a prescrição, uma vez que constituiu crime imprescritível, além do terrorismo, a ação de grupos armados, civis ou militares, contra a ordem constitucional e o Estado Democrático.

    d) poderá ser acolhida a prescrição caso esteja configurada, uma vez que, em razão do princípio da segurança jurídica, não há crime imprescritível.

    e) poderá ser acolhida a prescrição caso configurada, uma vez que apenas o terrorismo e a tortura são crimes imprescritíveis.

19. **(FCC/TRT/11R/Analista/2012)** César, chefe de um determinado grupo armado civil, ordenou que seus comparsas controlassem uma determinada comunidade de pessoas carentes, agindo contra a ordem constitucional e o Estado Democrático. De acordo com a Constituição Federal tal ato constitui crime

    a) inafiançável e insuscetível de anistia ou graça, sujeito à pena de restrição da liberdade.

    b) insuscetível de graça ou anistia, apenas, sujeito à pena de restrição da liberdade.

    c) inafiançável, apenas, sujeito à pena de reclusão.

    d) imprescritível, apenas, sujeito à pena de reclusão.

    e) inafiançável e imprescritível.

20. **(FCC/TRE/RN/Técnico/2011)** De acordo com a Constituição Federal é crime inafiançável e imprescritível

    a) a ação de grupos armados, civis ou militares, contra a ordem constitucional e o Estado Democrático.

    b) o terrorismo, apenas.

    c) os definidos como crimes hediondos.

d) a tortura, apenas.
e) o terrorismo e a tortura.

Pessoalidade da Pena {art. 5°, XLV}

> XLV – nenhuma pena passará da pessoa do condenado, podendo a obrigação de reparar o dano e a decretação do perdimento de bens ser, nos termos da lei, estendidas aos sucessores e contra eles executadas, até o limite do valor do patrimônio transferido;

Jurisprudência complementar (STJ)

A pessoa jurídica tem existência distinta das pessoas de seus sócios, não se podendo presumir que entre elas exista solidariedade. O Princípio da Pessoalidade estabelece que a pena não pode passar da pessoa do condenado (art. 5º, XLV, da CF). Condenado apenas um dos sócios da pessoa jurídica pelo cometimento de fraude a licitação, a determinação de não pagamento, pelo ente público, à empresa contratada constitui inadmissível ampliação dos limites da lide. (STJ, RMS 25.848, Rel. Min. Moura Ribeiro, 5ª T., DJ 3.2.2014)

Cabe aos sócios responderem por crime que em nome da pessoa jurídica praticarem ou determinarem sejam cometidos. Nenhuma pena passara da pessoa do condenado (art. 5., XLV, da CF). Erro na capitulação normativa não conduz a nulidade. O réu se defende de fatos. (RHC 4.213, Rel. Min. Pedro Acioli, 6ª T., DJ 8.5.1995)

Questões de concursos

21. **(Cespe/CPRM/Advogado/2013)** João foi condenado criminalmente, além de ter que pagar uma indenização por danos materiais, por ter colidido seu veículo, estando alcoolizado, contra a casa de José. Entretanto, João faleceu no curso do processo judicial. Nessa situação hipotética, embora a pena não possa passar da pessoa do acusado, a obrigação de reparar o dano poderá ser estendida aos sucessores de João até o limite do valor do patrimônio transferido.

22. **(FCC/DPE/RS/Técnico/2013)** Suponha que um servidor público tenha sido condenado judicialmente, por sentença civil transitada em julgado, a reparar o dano que causou ao patrimônio público, em razão de prática de atos ilegais. Considerando

que o servidor público veio a falecer posteriormente ao trânsito em julgado da sentença condenatória, e tendo em vista as disposições da Constituição Federal brasileira, a obrigação de reparar o dano:

a) poderá ser, nos termos da lei, estendida aos sucessores do condenado e contra eles executada, até o limite do valor do patrimônio transferido.

b) poderá ser, nos termos da lei, integralmente estendida aos sucessores do condenado e contra eles executada, ainda que supere o valor do patrimônio transferido.

c) poderá ser estendida aos sucessores do condenado, mas não poderá ser executada contra eles, uma vez que, segundo a Constituição Federal brasileira, nenhuma pena passará da pessoa do condenado.

d) não poderá ser estendida aos sucessores do condenado e contra eles executada, uma vez que, segundo a Constituição Federal brasileira, nenhuma pena passará da pessoa do condenado.

e) não poderá ser estendida aos sucessores do condenado e contra eles executada, uma vez que não se trata de obrigação decorrente de prática de ilícito penal.

23. **(Cespe/PC/AL/Agente/2012)** No Brasil, a pena é personalíssima, não podendo passar da pessoa do condenado, razão por que a obrigação de reparar o dano não pode ser estendida aos sucessores do condenado ou contra eles executada.

24. **(FCC/TRE/AP/Analista/2011)** Pitágoras foi condenado a reparar os danos morais que causou à Libero por racismo. Porém, Pitágoras faleceu sem pagar a dívida, o que motivou Libero a pleitear de Tibério, filho do falecido, o pagamento. No tocante aos Direitos e Deveres Individuais e Coletivos previstos na Constituição Federal, tal cobrança em face de Tibério é

a) possível, desde que Pitágoras tenha deixado bens, ressalvando que a obrigação de reparar o dano e a decretação do perdimento de bens ser, nos termos da lei, estendidas aos sucessores e contra eles executadas, até o limite do valor do patrimônio transferido.

b) impossível, porque a obrigação de reparar o dano e a decretação do perdimento de bens jamais serão estendidas aos sucessores e contra eles executadas, mesmo se o falecido deixou bens.

c) impossível, porque a Constituição Federal veda expressamente.

d) possível, porque por força da Constituição Federal, mesmo não tendo praticado o racismo, é responsável solidário da obrigação de reparar o dano pelo simples fato de ser filho do condenado, sendo irrelevante se Pitágoras faleceu ou não e se deixou ou não bens.

e) impossível, porque a sentença de mérito que condenou Pitágoras à reparar os danos morais não condenou seu sucessor, Tibério, como responsável subsidiário da obrigação, mesmo havendo bens deixados pelo falecido à titulo de herança.

25. **(Vunesp/DPE/MS/Defensor/2008)** Considerando as diversas formas de expressão da liberdade individual garantida pelo texto constitucional, é correto afirmar que:

    a) todos podem reunir-se pacificamente, sem armas, em locais abertos ao público, desde que não frustrem outra reunião anteriormente convocada para o mesmo local, exigida apenas a prévia autorização da autoridade competente.

    b) a prática do racismo constitui crime inafiançável, imprescritível e insuscetível de graça ou anistia.

    c) não haverá penas, entre outras, de morte, de caráter perpétuo, de interdição de direitos e de banimento.

    d) nenhuma pena passará da pessoa do condenado, mas a decretação do perdimento de bens poderá ser estendida aos sucessores, até o limite do valor do patrimônio transferido.

■ Individualização da Pena {art. 5º, XLVI}

> XLVI – a lei regulará a individualização da pena e adotará, entre outras, as seguintes:
>
> a) privação ou restrição da liberdade;
>
> b) perda de bens;
>
> c) multa;
>
> d) prestação social alternativa;
>
> e) suspensão ou interdição de direitos;

Súmulas (STF)

Súmula Vinculante 26. Para efeito de progressão de regime no cumprimento de pena por crime hediondo, ou equiparado, o juízo da execução observará a inconstitucionalidade do art. 2º da Lei 8.072, de 1990, sem prejuízo de avaliar se o condenado preenche, ou não, os requisitos objetivos e subjetivos do benefício, podendo determinar, para tal fim, de modo fundamentado, a realização de exame criminológico.

Súmulas (STJ)

Súmula 527. O tempo de duração da medida de segurança não deve ultrapassar o limite máximo da pena abstratamente cominada ao delito praticado.

Jurisprudência complementar (STJ)

A via do "habeas corpus" não se presta para a discussão acerca da alegada inconstitucionalidade da pena de multa mínima cominada abstratamente ao delito previsto no art. 33, caput, da Lei 11.343/2006, tendo em vista que, em relação a essa matéria, não há nenhum risco à liberdade de locomoção do paciente, já que a pena pecuniária, acaso descumprida, não poderá ser convertida em sanção privativa de liberdade, nos termos do art. 51 do Código Penal. (HC 162313, Rel. Min. Sebastião Reis Jr., 6ª T., DJ 9.11.2011).

Considerando a favorabilidade de todas as circunstâncias judiciais previstas no art. 59 do CP, bem como a quantidade de pena finalmente irrogada – 2 (dois) anos de reclusão –, e que a substituição da sanção reclusiva mostra-se suficiente para a prevenção e repressão da conduta incriminada, há de se proceder a substituição, nos termos do art. 44, incisos I e III, do CP. Ordem concedida a fim de reduzir a pena do paciente para 2 (dois) anos de reclusão e pagamento de 10 (dez) dias-multa, substituindo-se a sanção reclusiva por duas restritivas de direitos, consistentes em limitação de final de semana e prestação de serviços à comunidade, ambas por igual período da pena reclusiva, a última em local e hora a serem designados pelo Juízo da Execução, mantidos, no mais, a sentença condenatória e o acórdão combatido. (HC 131.579, Rel. Min. Jorge Mussi, 5ª T., DJ 12.4.2010)

Questões de concursos

26. **(FCC/TJ/RR/Juiz/2015)** Em matéria de penas privativas de liberdade, correto afirmar que

    a) possível a fixação do regime inicial fechado para o condenado a pena de detenção, se reincidente.

    b) o condenado por crime contra a Administração pública terá a progressão de regime do cumprimento de pena condicionada à reparação do dano que causou, ou à devolução do produto do ilícito praticado, com os acréscimos legais.

    c) a determinação do regime inicial de cumprimento da pena far-se-á com observância dos mesmos critérios previstos para a fixação da pena-base, mas nada impede a opção por regime mais gravoso do que o cabível em razão da pena imposta, se a gravidade abstrata do delito assim o justificar.

d) inadmissível a adoção do regime inicial semiaberto para o condenado reincidente.

e) os condenados por crimes hediondos ou assemelhados, independentemente da data em que praticado o delito, só poderão progredir de regime após o cumprimento de 2/5 (dois quintos) da pena, se primários, e de 3/5 (três quintos), se reincidentes.

27. **(FGV/TJ/AM/Juiz/2013)** No tocante aos direitos e garantias individuais, é correto afirmar que a lei regulará a individualização da pena e adotará, entre outras, as seguintes:

a) privação ou restrição de liberdade, perda de bens e banimento.

b) multa, prestação social alternativa e interdição de direitos.

c) multa, interdição de direitos e trabalhos forçados.

d) suspensão de direitos, banimento e privação de liberdade.

e) privação de liberdade, trabalhos forçados e prestação social alternativa.

28. **(FCC/TRE/RN/Técnico/2011)** Considere as assertivas abaixo a respeito dos direitos e deveres individuais e coletivos.

I. A criação de associações e, na forma da lei, a de cooperativas independem de autorização, sendo lícita a interferência estatal em seu funcionamento.

II. As associações só poderão ser compulsoriamente dissolvidas por decisão administrativa, desde que devidamente fundamentada.

III. A lei regulará a individualização da pena e adotará, entre outras, a suspensão ou interdição de direitos.

IV. Conceder-se-á mandado de injunção sempre que a falta de norma regulamentadora torne inviável o exercício dos direitos e liberdades constitucionais e das prerrogativas inerentes à nacionalidade, à soberania e à cidadania.

De acordo com a Constituição Federal brasileira, está correto o que se afirma apenas em

a) I e IV.

b) I, III e IV.

c) II, III e IV.

d) I, II e III.

e) III e IV.

29. **(FGV/TRE/PA/Técnico/2011)** São admitidas no ordenamento constitucional brasileiro as penas

   a) de morte para crime hediondo.
   b) de banimento, para crimes políticos.
   c) de multa para crimes contra a vida.
   d) de suspensão de direitos.
   e) de castigos corporais.

Penas Vedadas {art. 5º, XLVII}

> XLVII – não haverá penas:
> a) de morte, salvo em caso de guerra declarada, nos termos do art. 84, XIX;
> b) de caráter perpétuo;
> c) de trabalhos forçados;
> d) de banimento;
> e) cruéis;

Jurisprudência complementar (STF)

O ordenamento positivo brasileiro, nas hipóteses de imposição do "supplicium extremum", exige que o Estado requerente assuma, formalmente, no plano diplomático, o compromisso de comutar, em pena privativa de liberdade não superior ao máximo legalmente exequível no Brasil (CP, art. 75, "caput"), a pena de morte, ressalvadas, quanto a esta, as situações em que a lei brasileira – fundada na Constituição Federal (art. 5º, XLVII, "a") – expressamente permite a sua aplicação, caso em que se tornará dispensável a exigência de comutação. (STF, Ext 1201, Rel. Min. Celso de Mello, Pleno, DJ 15.3.2011)

Jurisprudência complementar (STJ)

A extradição somente será deferida pelo STF, tratando-se de fatos delituosos puníveis com prisão perpétua, se o Estado requerente assumir, formalmente, quanto a ela, perante o Governo brasileiro, o compromisso de comutá-la em pena não superior à duração máxima admitida na lei penal do Brasil (CP, art. 75), eis que os pedidos extradicionais – considerado o que dispõe o art. 5º, XLVII, "b" da CF, que veda as sanções penais de caráter perpétuo – estão necessariamente sujeitos à autoridade hierárquico-normativa da Lei Fundamental brasileira. Novo entendimento derivado da revisão, pelo STF, de sua jurisprudência em tema de extradição passiva. (STF, Ext 855, Rel. Min. Celso de Mello, Pleno, DJ 1.7.2005)

Se se usa contêiner como cela, trata-se de uso inadequado, inadequado e ilegítimo, inadequado e ilegal. Caso de manifesta ilegalidade. Não se admitem, entre outras penas, penas cruéis – a prisão cautelar mais não é do que a execução antecipada de pena (Cód. Penal, art. 42). Entre as normas e os princípios do ordenamento jurídico brasileiro, estão: dignidade da pessoa humana, prisão somente com previsão legal, respeito à integridade física e moral dos presos, presunção de inocência, relaxamento de prisão ilegal, execução visando à harmônica integração social do condenado e do internado. Caso, pois, de prisão inadequada e desonrante; desumana também. Não se combate a violência do crime com a violência da prisão. "Habeas corpus" deferido, substituindo-se a prisão em contêiner por prisão domiciliar, com extensão a tantos quantos – homens e mulheres – estejam presos nas mesmas condições. (HC 142.513, Rel. Min. Nilson Naves, 6ª T., DJ 10.5.2010)

Questões de concursos

30. **(Cespe/Anac/Técnico/2012)** A pena de morte é admitida pela CF, mas apenas no caso de guerra declarada.

31. **(FCC/INSS/Perito/2012)** Segundo previsão expressa da Constituição Federal, a pena de morte
    a) não é admitida, em nenhuma hipótese.
    b) é admitida no caso de crimes hediondos.
    c) poderá ser substituída pela pena de banimento, no caso de crimes contra a segurança nacional.
    d) é admitida no caso de guerra declarada.
    e) é admitida, desde que não cause sofrimento ao condenado.

32. **(FCC/PGE/SP/Procurador/2009)** Proposta de emenda constitucional quer estabelecer a pena de morte para reincidentes em crimes hediondos, medida a ser referendada por plebiscito. A proposta deve ser considerada:
    a) constitucional porque o art. 1º, parágrafo único, da Constituição Federal, prevê o exercício direto do poder pelo povo, caso em que não há limites ao poder de reformar a Constituição.

b) constitucional porque a segurança pública é o princípio básico e norteador das garantias constitucionais e a proposta tende a otimizar esse princípio.

c) constitucional porque a vedação à pena de morte não é direito fundamental, uma vez que admitida em caso de guerra declarada nos termos do art. 84, inciso XIX, da Constituição Federal.

d) inconstitucional porque a proibição da pena de morte em tempo de paz é direito fundamental previsto no art. 5°, inciso XLVII, insuscetível de modificação por emenda, como estabelecido pelo art. 60, parágrafo 4°, da Constituição Federal.

e) inconstitucional porque a matéria relativa às colisões entre direitos fundamentais é prerrogativa do poder constituinte originário, e neste caso tem-se um conflito entre o direito à vida e o direito à segurança.

33. (FCC/TST/Analista/2012) Uma lei que considerasse a prática de racismo crime inafiançável, sujeitando o autor do crime à pena perpétua de reclusão e de trabalhos forçados seria inconstitucional,

a) apenas por ser vedada a instituição de penas perpétuas.

b) apenas por ser vedada a instituição de penas de trabalho forçado.

c) por ser vedada a instituição de penas perpétuas e de reclusão.

d) por ser vedada a instituição de penas perpétuas e de trabalhos forçados.

e) apenas por ser vedada a instituição de crimes inafiançáveis.

34. (Cespe/TJ/RR/Agente/2012) A CF proíbe a aplicação de penas de morte em tempo de paz, de penas cruéis, de penas de banimento, de penas de caráter perpétuo e de trabalhos forçados.

35. (FCC/TRT/9R/Técnico/2013) Magda, professora de introdução ao estudo do Direito da Faculdade Águas Raras, está ensinando para sua filha Claudete quais são os direitos e deveres individuais e coletivos previstos na Constituição Federal brasileira. Magda deverá ensinar a Claudete que

a) a proteção às participações individuais em obras coletivas e à reprodução da imagem e voz humanas, com exceção nas atividades desportivas, são assegurados, nos termos da lei.

b) a lei regulará a individualização da pena e adotará, entre outras, a suspensão ou interdição de direitos.

c) o direito de petição aos Poderes Públicos em defesa de direitos ou contra ilegalidade ou abuso de poder são a todos assegurados, mediante o pagamento de taxas pré-fixadas em lei ordinária.

d) para determinadas penas privativas de liberdade apenadas com reclusão haverá juízo ou tribunal de exceção.

e) a lei penal não retroagirá, seja para prejudicar ou beneficiar o réu, em razão do princípio constitucional da segurança jurídica.

■ Individualização da Pena {art. 5º, XLVIII}

> XLVIII – a pena será cumprida em estabelecimentos distintos, de acordo com a natureza do delito, a idade e o sexo do apenado;

Jurisprudência complementar (STF)

O inadimplemento, por parte do Estado, das obrigações que lhe foram impostas pela Lei de Execução Penal não pode repercutir, de modo negativo, na esfera jurídica do sentenciado, frustrando-lhe, injustamente, o exercício de direitos subjetivos a ele assegurados pelo ordenamento positivo ou reconhecidos em sentença emanada de órgão judiciário competente, sob pena de configurar-se, se e quando ocorrente tal situação, excesso de execução (LEP, art. 185). Não se revela aceitável que o exercício, pelo sentenciado, de direitos subjetivos – como o de iniciar, desde logo, porque assim ordenado na sentença, o cumprimento da pena em regime menos gravoso – venha a ser impossibilitado por notórias deficiências estruturais do sistema penitenciário ou por crônica incapacidade do Estado de viabilizar, materialmente, as determinações constantes da Lei de Execução Penal. Consequente inadmissibilidade de o condenado ter de aguardar, em regime fechado, a superveniência de vagas em colônia penal agrícola e/ou industrial, embora a ele já reconhecido o direito de cumprir a pena em regime semi-aberto. "Habeas corpus" concedido, para efeito de assegurar, ao sentenciado, o direito de permanecer em liberdade, até que o Poder Público torne efetivas, material e operacionalmente, as determinações (de que é o único destinatário) constantes da Lei de Execução Penal. (STF, HC 93596, Rel. Min. Celso de Mello, 2ª T., DJ 7.5.2010)

Incumbe ao Estado aparelhar-se visando à observância irrestrita das decisões judiciais. Se não houver sistema capaz de implicar o cumprimento da pena em regime semiaberto, dá-se a transformação em aberto e, inexistente a casa do albergado, a prisão domiciliar. (STF, HC 96169, Rel. Min. Marco Aurélio, 1ª T., DJ 9.10.2009)

Questões de concursos

36. **(FCC/DPE/RS/Técnico/2013)** Suponha que um Estado da federação pretenda instituir critérios para determinar o estabelecimento em que os condenados cumprirão pena. Para tanto, poderá ordenar, conforme a Constituição Federal brasileira, que os condenados cumpram pena em estabelecimentos distintos de acordo com:

   a) a natureza do delito, a idade e o sexo do apenado.

   b) o sexo, a nacionalidade do apenado e a natureza do delito.

   c) a idade do apenado, independentemente de seu sexo e da natureza do delito.

   d) a idade, cor e raça do apenado, independentemente de seu sexo.

   e) a cor, raça e o sexo do apenado, independentemente de sua idade.

■ Garantias ao Preso {art. 5º, XLIX}

> XLIX – é assegurado aos presos o respeito à integridade física e moral;

Súmulas (STF)

Súmula Vinculante 11. Só é lícito o uso de algemas em casos de resistência e de fundado receio de fuga ou de perigo à integridade física própria ou alheia, por parte do preso ou de terceiros, justificada a excepcionalidade por escrito, sob pena de responsabilidade disciplinar, civil e penal do agente ou da autoridade e de nulidade da prisão ou do ato processual a que se refere, sem prejuízo da responsabilidade civil do Estado.

Jurisprudência complementar (STF)

A concretude do regime aberto pressupõe casa do albergado estrita aos que estejam submetidos a essa espécie de cumprimento da pena, havendo de dispor o local de condições a assegurarem a integridade física e moral do preso – dever do Estado, consoante disposto no inciso XLIX do artigo 5º da CF. O rol normativo de situações viabilizadoras da prisão domiciliar não é exaustivo, cabendo observá--la, se houver falha do aparelho estatal quanto a requisitos a revelarem a casa do albergado. (STF, HC 95334, Rel. p/ ac. Min. Marco Aurélio, 1ª T., DJ 21.8.2009)

Jurisprudência complementar (STJ)

Acolhe-se o parecer ministerial para exasperar o valor da indenização por danos morais, porquanto revela-se ínfima e fora dos parâmetros adotados por esta Corte em casos análogos a condenação do Poder Público, tamanha a gravidade das lesões experimentadas pelo autor, menor custodiado em cadeia pública e que foi atacado pelos colegas de cela e submetido às mais variadas formas de tortura física e moral, tudo em decorrência da omissão de agentes do Estado, que não souberam bem administrar o estabelecimento prisional, nem cumpriram com o seu mister de garantir a integridade física dos que ali se encontravam. (STJ, REsp 1201326, Rel. Min. Castro Meira, 2ª T., DJ 11.10.2012)

O dever de ressarcir danos, inclusive morais, efetivamente causados por ato dos agentes estatais ou pela inadequação dos serviços públicos decorre diretamente do art. 37 § 6º da Constituição, dispositivo auto-aplicável, não sujeito a intermediação legislativa ou administrativa para assegurar o correspondente direito subjetivo à indenização. Não cabe invocar, para afastar tal responsabilidade, o princípio da reserva do possível ou a insuficiência de recursos. Ocorrendo o dano e estabelecido o seu nexo causal com a atuação da Administração ou dos seus agentes, nasce a responsabilidade civil do Estado, caso em que os recursos financeiros para a satisfação do dever de indenizar, objeto da condenação, serão providos na forma do art. 100 da Constituição. A aferição acerca da ocorrência do nexo causal entre o dano e a conduta do agente público demanda a análise do conjunto fático-probatório carreado aos autos, interditada em sede de recurso especial por força da Súmula 7/STJ. "in casu", o Juiz Singular e Tribunal local, com ampla cognição fático-probatória, concluíram pela obrigação de indenizar do Estado, ao argumento de que o ordenamento constitucional vigente assegura ao preso a integridade física (CF, art. 5º, XLIX) sendo dever do Estado garantir a vida de seus detentos, mantendo, para isso, vigilância constante e eficiente. (STJ, REsp 936.342, Rel. p/ ac. Luiz Fux, 1ª T., DJ 20.5.2009)

Questões de concursos

37. **(Cespe/TJ/AC/Técnico/2012)** A CF prevê expressamente o respeito à integridade física e moral dos presos.

Amamentação pela Condenada Mulher {art. 5°, L}

> L – às presidiárias serão asseguradas condições para que possam permanecer com seus filhos durante o período de amamentação;

Jurisprudência complementar (STJ)

Mesmo às presas provisórias devem ser garantidas condições de permanecer com o filho no período de amamentação (artigo 5º, L, CR). Não é razoável que a paciente fique presa em comarca diversa da que residia com a criança, ainda mais se já se encontra condenada em primeiro grau e não mais subsiste qualquer interesse probatório na sua proximidade física com o local dos fatos. (HC 115.941, Rel. Min. Maria T. A. Moura, 6ª T., DJ 3.8.2009)

Questões de concursos

38. **(Vunesp/PC/SP/Escrivão/2013)** Assinale a alternativa cuja afirmação está, expressamente, de acordo com a Constituição Federal brasileira.

    a) É inviolável o sigilo da correspondência e das comunicações telefônicas, salvo, em ambos os casos, por ordem judicial, nas hipóteses e na forma que a lei estabelecer para fins de investigação criminal.

    b) A lei penal não retroagirá, salvo para punir o réu nos casos de cometimento de crime hediondo ou de racismo.

    c) Às presidiárias serão asseguradas condições para que possam permanecer com seus filhos durante o período de amamentação.

    d) A casa é asilo inviolável do indivíduo, ninguém nela podendo penetrar sem consentimento do morador, salvo em caso de flagrante delito ou desastre, ou para prestar socorro, ou, durante o dia ou à noite, por determinação judicial.

    e) Todos podem reunir-se pacificamente, sem armas, em locais abertos ao público, desde que prévia e devidamente autorizado pela autoridade competente e não frustrem outra reunião anteriormente convocada para o mesmo local.

39. **(Cespe/Depen/Agente/2013)** Entre os direitos constitucionais garantidos às presidiárias incluem-se o respeito à integridade física e moral; as condições para que possam permanecer com seus filhos durante o período de amamentação; e o cumprimento da pena em estabelecimento distinto ao dos apenados do sexo masculino.

Não Extradição de Brasileiro Nato {art. 5°, LI}

> LI – nenhum brasileiro será extraditado, salvo o naturalizado, em caso de crime comum, praticado antes da naturalização, ou de comprovado envolvimento em tráfico ilícito de entorpecentes e drogas afins, na forma da lei;

Jurisprudência complementar (STJ)

Se a lei deve assegurar indiscriminadamente ao juiz o arbítrio para, no caso do tráfico ilícito de entorpecentes, substituir a pena privativa da liberdade pela pena restritiva de direitos, o próprio art. 44 do Código Penal seria inconstitucional ao excluir desse regime os crimes cometidos à base da violência ou de grave ameaça à pessoa – e com maior razão. Com efeito, as hipóteses excludentes do regime de substituição de penas, contempladas no art. 44 do Código Penal, tem como suporte unicamente o critério do legislador ordinário; já a inconversibilidade das penas quando a condenação decorre do tráfico ilícito de entorpecentes têm por si a vontade do constituinte, que em dois momentos destacou a importância da repressão a esse crime, a saber: – primeiro, no art. 5°, XLIII, já citado, a cujo teor a lei considerará inafiançável e insuscetível de graça ou anistia, dentre outros, o tráfico ilícito de entorpecentes; – segundo, no art. 5°, LI, que autoriza a extradição do brasileiro naturalizado comprovadamente envolvido no tráfico ilícito de entorpecentes e drogas afins. (AI no HC 120.353, Rel. p/ ac. Ari Pargendler, Corte Especial, DJ 18.12.2009)

Questões de concursos

40. **(Cespe/MPU/Técnico/2013)** A extradição de brasileiro, expressamente vedada em caso de brasileiro nato, é admitida em caso de brasileiro naturalizado que tenha cometido crime comum antes da naturalização ou cujo envolvimento em tráfico ilícito de entorpecentes ou drogas afins tenha sido comprovado, ainda que após a naturalização.

41. **(Cespe/PC/BA/Delegado/2013)** O brasileiro nato que cometer crime no exterior, quaisquer que sejam as circunstâncias e a natureza do delito, não pode ser extraditado pelo Brasil a pedido de governo estrangeiro.

42. **(Cespe/TJ/RR/Agente/2012)** Brasileiro naturalizado detido após comprovação de seu envolvimento com o tráfico de drogas pode ser extraditado.

43. **(Cespe/TJ/RO/Analista/2012)** Com base na CF, assinale a opção correta relativa a direitos e garantias fundamentais.

    a) Habeas corpus pode ser impetrado em favor de pessoa jurídica.

    b) Brasileiros natos não podem ser extraditados.

    c) A prática de improbidade administrativa pode ensejar a perda dos direitos políticos.

    d) Entre os fatores que implicam inelegibilidade relativa inclui-se o analfabetismo.

    e) Uma das características do direito de propriedade é seu caráter absoluto.

44. **(Cespe/MP/Analista/2012)** Por ser um país regido, em suas relações internacionais, pelo princípio da concessão de asilo político, o Brasil é impedido de extraditar estrangeiros.

45. **(FGV/OAB/Exame_VI/2012)** João, residente no Brasil há cinco anos, é acusado em outro país de ter cometido crime político. Nesse caso, o Brasil

    a) pode conceder a extradição se João for estrangeiro.

    b) pode conceder a extradição se João for brasileiro naturalizado e tiver cometido o crime antes da naturalização.

    c) não pode conceder a extradição, independentemente da nacionalidade de João.

    d) não pode conceder a extradição apenas se João for brasileiro nato.

46. **(Cespe/PC/AL/Escrivão/2012)** O brasileiro naturalizado poderá ser extraditado em caso de crime comum, ainda que praticado após a naturalização.

47. **(FCC/MPE/AP/Promotor/2012)** No caso de Estado estrangeiro requerer à República Federativa do Brasil a extradição de brasileiro nato que se encontre no território nacional, o pedido em questão

    a) será admitido apenas na hipótese de cancelamento de sua naturalização, por sentença judicial, em virtude de atividade nociva ao interesse nacional.

    b) será admitido somente na hipótese de a lei do Estado solicitante reconhecer igualmente nacionalidade originária ao extraditando.

    c) não poderá ser atendido, uma vez que a Constituição da República não admite a extradição de brasileiro nato, quaisquer que sejam as circunstâncias ou a natureza do delito.

    d) poderá ser admitido na hipótese de comprovado envolvimento em tráfico ilícito de entorpecentes e drogas afins, na forma da lei.

    e) poderá ser admitido, salvo na hipótese de condenação em virtude de crime político ou de opinião.

48. **(FCC/TCE/AP/Técnico/2012)** Em relação aos brasileiros natos, é correto afirmar que o texto constitucional

   a) adotou apenas o critério do local de nascimento para determinação da nacionalidade.

   b) estabeleceu um rol aberto com as hipóteses para aquisição da nacionalidade, o qual poderá ser ampliado por lei complementar.

   c) proíbe que sejam extraditados, ainda que haja comprovado envolvimento em tráfico ilícito de entorpecentes.

   d) adotou apenas o critério do parentesco sanguíneo para determinação da nacionalidade.

   e) reserva-lhes o cargo de Ministro do Superior Tribunal de Justiça.

49. **(FCC/TRT/23R/Analista/2011)** Homero obteve a cidadania brasileira, após processo de naturalização, porém seu país de origem, Jamaica, requereu ao Brasil sua extradição por crime comum. Segundo a Constituição Federal, sua extradição só será concedida no caso

   a) de crime de opinião praticado antes do processo de naturalização.

   b) de crime político praticado antes do processo de naturalização.

   c) do delito ter sido praticado antes da naturalização.

   d) de crime político praticado depois do processo de naturalização.

   e) de crime de opinião praticado depois do processo de naturalização.

■ Não Extradição por Crime Político {art. 5º, LII}

> LII – não será concedida extradição de estrangeiro por crime político ou de opinião;

Questões de concursos

50. **(Cespe/MS/Contador/2013)** A República Federativa do Brasil não pode conceder extradição de estrangeiro por crime político.

51. **(Vunesp/PC/SP/Investigador/2013)** Assinale a alternativa cujo conteúdo corresponde a um direito ou garantia fundamental previsto expressamente no texto constitucional.

a) Não será concedida extradição de estrangeiro por crime político ou de opinião.
b) Não haverá juízo ou tribunal de exceção, exceto quando se tratar de crime hediondo, inafiançável ou imprescritível, na forma da lei.
c) Ninguém será processado nem sentenciado senão pela autoridade policial competente.
d) A lei penal não retroagirá, salvo quando for para punir o réu.
e) Não poderá haver penas de morte, cruéis ou de interdição de direitos individuais.

52. **(Cespe/DPRF/Policial/2013)** O estrangeiro condenado por autoridades estrangeiras pela prática de crime político poderá ser extraditado do Brasil se houver reciprocidade do país solicitante.

53. **(FCC/DPE/MA/Defensor/2009)** Relativamente à possibilidade de extradição de indivíduos sujeitos a investigação ou processo criminal perante autoridades estrangeiras, a Constituição da República prevê que o estrangeiro que se encontrar em território nacional:

a) não será extraditado em hipótese alguma.
b) não será extraditado na hipótese de cometimento de crime político ou de opinião.
c) será extraditado apenas na hipótese de comprovado envolvimento em tráfico ilícito de entorpecentes e drogas afins, na forma da lei.
d) poderá ser extraditado, no caso de prática de crime comum, desde que a condenação seja anterior à sua entrada no país.
e) não poderá ser extraditado, exceto nas hipóteses de cometimento dos crimes de racismo ou tortura.

■ Juiz Natural {art. 5º, LIII}

> LIII – ninguém será processado nem sentenciado senão pela autoridade competente;

Súmulas (STF)

Súmula 704. Não viola as garantias do juiz natural, da ampla defesa e do devido processo legal a atração por continência ou conexão do processo do corréu ao foro por prerrogativa de função de um dos denunciados.

Jurisprudência complementar (STJ)

Conforme se extrai da regra do art. 5º, LIII, da Carta Magna, é vedado pelo ordenamento pátrio apenas a designação de um "acusador de exceção", nomeado mediante manipulações casuísticas e em desacordo com os critérios legais pertinentes – isto é, considera-se violado o princípio se e quando violado o exercício pleno e independente das funções institucionais. A ocorrência de opiniões colidentes – manifestadas em momentos distintos por promotores de Justiça que atuam na área penal e após a realização de diligências – não traduz ofensa ao princípio do promotor natural. (HC 132.544, Rel. Min. Sebastião Reis Jr., 6ª T., DJ 4.6.2012)

Questões de concursos

54. **(FCC/TRT/12R/Técnico/2013)** Sobre a disciplina das garantias processuais na Constituição Federal brasileira, considere:

   I. O contraditório e a ampla defesa, com os meios e recursos a ela inerentes, são assegurados aos litigantes tanto em processo judicial como em processo administrativo.

   II. São inadmissíveis no processo as provas obtidas por meios ilícitos, salvo ratificação posterior pela autoridade judiciária competente.

   III. Ninguém será processado senão pela autoridade competente.

   IV. A publicidade dos atos processuais somente poderá ser restrita por lei quando o interesse social o exigir.

   Está correto o que se afirma apenas em:

   a) I e III.
   b) II e IV.
   c) I, II e III.
   d) I, III e IV.
   e) II, III e IV.

55. **(Esaf/MF/AssistenteTécnico/2012)** Quanto à garantia constitucional do devido processo legal, é correto afirmar que:

   a) não há garantia de ampla defesa e contraditório nos processos administrativos.
   b) desde que comprovem a prática de crime, são admitidas as provas obtidas por meios ilícitos.

c) ninguém será processado nem sentenciado senão pela autoridade competente.

d) ninguém será considerado culpado até a confirmação da sentença condenatória de primeiro grau.

e) o princípio da ampla defesa não abrange o direito de interpor recurso.

56. **(FGV/TRE/PA/Técnico/2011)** Em relação aos direitos e garantias fundamentais dispostos no artigo 5º da Constituição da República, é correto afirmar que

a) ninguém será processado nem sentenciado senão pela autoridade competente.

b) jamais, em tempo algum, haverá pena de morte, de degredo e de castigos corporais.

c) é direito de todos perceber salário capaz de atender às necessidades vitais básicas e às da respectiva família.

d) a pequena propriedade rural, desde que trabalhada pela família, não será objeto de penhora, salvo para pagamento de débitos decorrentes de sua atividade produtiva.

e) exceto por ordem judicial, os sigilos de correspondência e das comunicações telegráficas, de dados e das comunicações telefônicas são invioláveis.

■ Devido Processo Legal {art. 5º, LIV}

> LIV – ninguém será privado da liberdade ou de seus bens sem o devido processo legal;

Súmulas (STF)

Súmula Vinculante 14. É direito do defensor, no interesse do representado, ter acesso amplo aos elementos de prova que, já documentados em procedimento investigatório realizado por órgão com competência de polícia judiciária, digam respeito ao exercício do direito de defesa.

Súmula Vinculante 35. A homologação da transação penal prevista no artigo 76 da Lei 9.099, de 1995, não faz coisa julgada material e, descumpridas suas cláusulas, retorna-se a situação anterior, possibilitando-se ao Ministério Público a continuidade da persecução penal mediante oferecimento de denúncia ou requisição de inquérito policial.

Súmula 704. Não viola as garantias do juiz natural, da ampla defesa e do devido processo legal a atração por continência ou conexão do processo do corréu ao foro por prerrogativa de função de um dos denunciados.

Súmulas (STJ)

Súmula 347. O conhecimento do recurso de apelação do réu independe de sua prisão.

Súmulas TRFs

TRF-4 128. É válida a instauração de procedimento investigatório com base em denúncia anônima, quando amparada por outro indício.

Jurisprudência complementar (STJ)

Na hipótese ora em foco, inocorre violação ao princípio do devido processo legal (art. 5º, LIV da CF) na medida em que a esposa do executado deve figurar no pólo passivo da demanda para o fim de exercer o direito constitucional do contraditório e ampla defesa, bem como em razão do disposto no artigo 10, incisos I e IV do CPC, haja vista prelecionar que ambos os cônjuges serão necessariamente citados para as ações relativas a direitos reais imobiliários, bem como sobre as que tenham por objeto o reconhecimento, a constituição ou a extinção de ônus sobre imóveis de um ou de ambos Apesar deste tipo de execução não ser considerada ação real, visa à expropriação de bem imóvel, razão porque ganha "feições" de ação real imobiliária, sendo, portanto, imprescindível a citação do cônjuge, sob pena de nulidade do procedimento. (EDcl nos EDcl no AgRg no REsp 1287135, Rel. Min. Marco Buzzi, 4ª T., DJ 23.10.2013)

Informativos (STJ)

Segredo de justiça e divulgação do nome do réu e da tipificação do crime em sítio eletrônico de tribunal.

No caso de processo penal que tramita sob segredo de justiça em razão da qualidade da vítima (criança ou adolescente), o nome completo do acusado e a tipificação legal do delito podem constar entre os dados básicos do processo disponibilizados para consulta livre no sítio eletrônico do Tribunal, ainda que os crimes apurados se relacionem com pornografia infantil. A CF, em seu art. 5º, XXXIII e LX, erigiu como regra a publicidade dos atos processuais, sendo o sigilo a exceção, visto que o interesse individual não pode se sobrepor ao interesse público. Tal norma é secundada pelo disposto no art. 792, caput, do CPP. A restrição da publicidade somente é admitida quando presentes razões autorizadoras, consistentes na violação da intimidade ou se o interesse público a determinar. RMS 49.920, Rel. Min. Reynaldo Soares da Fonseca, DJ 10.8.2016. 5ª T. (Info 587)

Questões de concursos

57. (Vunesp/MP/ES/Promotor/2013) Assinale a alternativa correta a respeito do devido processo legal.

   a) Se houve o competente parecer do Tribunal de Contas, por se tratar de ato político, pode ser dispensado o direito de defesa de Prefeito no julgamento de sua contas pela Câmara de Vereadores.

   b) Com base no princípio da autotutela, a anulação de ato administrativo que haja repercutido no campo de interesses individuais pode dispensar a observância do contraditório e da ampla defesa.

   c) A denúncia genérica, que não descreve de maneira adequada os fatos imputados ao denunciado, viola o princípio do contraditório e da ampla defesa.

   d) Não é violadora do devido processo legal a sentença que condena o réu, fundamentada exclusivamente em elementos obtidos no inquérito policial.

   e) A sustentação oral pelo advogado no julgamento do processo, após o voto do relator, não afronta o devido processo legal.

58. (Cespe/PC/AL/Escrivão/2012) Dado o direito à liberdade, um dos direitos fundamentais, a prisão de um indivíduo é medida excepcional.

59. (Cespe/PC/AL/Escrivão/2012) O direito à não produção de provas contra si decorre do princípio do devido processo legal, devidamente consagrado no nosso sistema constitucional.

60. (Esaf/RFB/Analista/2012) Sobre os direitos e deveres individuais e coletivos, assinale a única opção correta.

   a) A jurisprudência do Supremo Tribunal Federal firmou entendimento no sentido de que afronta o princípio da isonomia a adoção de critérios distintos para a promoção de integrantes do corpo feminino e masculino da Aeronáutica.

b) Enquanto os direitos de primeira geração realçam o princípio da igualdade, os direitos de segunda geração acentuam o princípio da liberdade.

c) O súdito estrangeiro, mesmo aquele sem domicílio no Brasil, tem direito a todas as prerrogativas básicas que lhe assegurem a preservação da liberdade e a observância, pelo Poder Público, da cláusula constitucional do devido processo legal.

d) O Supremo Tribunal Federal reconheceu a necessidade do diploma de curso superior para o exercício da profissão de jornalista.

e) As Comissões Parlamentares de Inquérito podem decretar a quebra do sigilo bancário ou fiscal, independentemente de qualquer motivação, uma vez que tal exigência está restrita às decisões judiciais.

61. (Ieses/TJ/MA/Cartórios/Ingresso/2011) Assinale a alternativa correta:

a) Quando a lei garante aos litigantes o contraditório e a ampla defesa, quer significar que tanto o direito de ação, quanto o direito de defesa são manifestações do princípio do direito de ação.

b) O devido processo legal, como princípio constitucional, significa o conjunto de garantias de ordem constitucional, que de um lado asseguram às partes o exercício de suas faculdades e poderes de natureza processual e, de outro, legitimam a própria função jurisdicional.

c) A igualdade das partes advém da garantia constitucional da qual goza todo cidadão que é a igualdade de tratamento de todos perante a lei, inclusive de tratamento desigual para os desiguais.

d) O princípio do Juiz Natural pode ser encontrado na Constituição federal no artigo onde expressa que ninguém será processado nem sentenciado senão pela autoridade competente ou por juízo ou tribunal de exceção.

62. (Fundep/TJ/MG/Cartórios/Ingresso/2011) Sobre o devido processo legal (art. 5º, LIV da Constituição da República), é incorreto afirmar:

a) que é um princípio que consubstancia vários outros princípios, os quais podem ser reunidos em um único grupo, denominado garantias processuais.

b) que a incursão sobre os bens e os direitos só é legítima quando respeitado um processo legal, no qual haja sido proferida uma decisão razoável ou proporcional.

c) que é um princípio que consubstancia vários outros princípios, os quais podem ser reunidos em dois grupos, um de garantias processuais e outro de garantias materiais.

d) que a privação dos bens e dos direitos só é legítima quando permear, tanto o aspecto procedimental, quanto o aspecto substancial do devido processo.

Contraditório e Ampla Defesa {art. 5º, LV}

> LV – aos litigantes, em processo judicial ou administrativo, e aos acusados em geral são assegurados o contraditório e ampla defesa, com os meios e recursos a ela inerentes;

Súmulas (STF)

Súmula Vinculante 5. A falta de defesa técnica por advogado no processo administrativo disciplinar não ofende a Constituição.

Súmula Vinculante 14. É direito do defensor, no interesse do representado, ter acesso amplo aos elementos de prova que, já documentados em procedimento investigatório realizado por órgão com competência de polícia judiciária, digam respeito ao exercício do direito de defesa.

Súmula Vinculante 21. É inconstitucional a exigência de depósito ou arrolamento prévios de dinheiro ou bens para admissibilidade de recurso administrativo.

Súmula 701. No mandado de segurança impetrado pelo Ministério Público contra decisão proferida em processo penal, é obrigatória a citação do réu como litisconsorte passivo.

Súmula 702. A competência do Tribunal de Justiça para julgar prefeitos restringe-se aos crimes de competência da Justiça comum estadual; nos demais casos, a competência originária caberá ao respectivo tribunal de segundo grau.

Súmula 703. A extinção do mandato do prefeito não impede a instauração de processo pela prática dos crimes previstos no art. 1º do Dl. 201/67.

Súmula 704. Não viola as garantias do juiz natural, da ampla defesa e do devido processo legal a atração por continência ou conexão do processo do corréu ao foro por prerrogativa de função de um dos denunciados.

Súmula 705. A renúncia do réu ao direito de apelação, manifestada sem a assistência do defensor, não impede o conhecimento da apelação por este interposta.

Súmula 712. É nula a decisão que determina o desaforamento de processo da competência do júri sem audiência da defesa.

Súmulas (STJ)

Súmula 347. O conhecimento de recurso de apelação do réu independe de sua prisão.

Súmula 373. É ilegítima a exigência de depósito prévio para admissibilidade de recurso administrativo.

Súmula 522. A conduta de atribuir-se falsa identidade perante autoridade policial é típica, ainda que em situação de alegada autodefesa.

Jurisprudência complementar (STJ)

Ao mesmo passo que a Constituição impõe à administração pública a observância da legalidade, atribui aos litigantes em geral, seja em processos judiciais seja administrativos, a obediência à garantia fundamental do contraditório e da ampla defesa (art. 5º, LV). Todavia, não se deve confundir o poder de agir de ofício, ou seja, de iniciar um procedimento independentemente de provocação das partes, com a tomada de decisões sem a prévia oitiva dos interessados. O contraditório e a ampla defesa são valores intrinsecamente relacionados com o Estado Democrático de Direito e têm por finalidade oferecer a todos os indivíduos a segurança de que não serão prejudicados, nem surpreendidos com medidas interferentes na liberdade e no patrimônio, sem que haja a devida submissão a um prévio procedimento legal. Os aludidos preceitos, desse modo, assumem duas perspectivas: formal – relacionada à ciência e à participação no processo – e material – concernente ao exercício do poder de influência sobre a decisão a ser proferida no caso concreto. (STJ, AgRg no MS 15.036, Rel. Min. Castro Meira, 1ª S., DJ 19.5.2010)

O STF assentou o entendimento de que o direito de defesa, consagrado no art. 5º, inciso LV, da CF, é irrenunciável, ou seja, as partes litigantes não podem dele dispor. O respeito aos princípios do devido processo legal e da ampla defesa interessa também ao Estado acusador, representado na figura do Ministério Público, que não perde, por isso, sua condição de custos legis. Por outro lado, é tarefa precípua do Estado-Juiz a busca do esclarecimento dos fatos e da verdade real. (HC 148.218, Rel. Min. Laurita Vaz, 5ª T., DJ 12.4.2010)

Tal inciso traduz-se no fato de poder o acusado propor suas razões em juízo ou na administração, sem nenhuma restrição, por não existir composição justa dos conflitos sem se ouvir uma e outra parte em litígio. A defesa ampla é a essência do contraditório e ela deve ser assegurada aos litigantes, tanto no processo judicial, quanto no administrativo. (STJ, AgRg no Ag 750.119, Rel. Min. José Delgado, 1ª T., DJ 23.6.2008)

Questões de concursos

63. **(Cespe/DPF/Agente/2012)** O direito ao silêncio, constitucionalmente assegurado ao preso, estende-se a pessoa denunciada ou investigada em qualquer processo criminal, em inquérito policial, em processo administrativo disciplinar e àquela que for convocada a prestar depoimento perante comissão parlamentar de inquérito.

64. **(PUC-PR/TJ/PR/Cartórios/Ingresso/2007)** O Devido Processo Legal é direito fundamental estatuído na Constituição Federal em uma dupla dimensão. Considerando esse aspecto, assinale a correta:

    a) O contraditório pressupõe a possibilidade de produzir provas.

    b) Os princípios do contraditório e da ampla defesa possui dimensão formal e material.

    c) Admite a verdade sabida em processos administrativos e em processos judiciais.

    d) Não pressupõe a influência do acusado na instrução probatória.

    e) Somente é aplicável em processos judiciais.

65. **(Esaf/PGDF/Procurador/2007)** Assinale a opção correta:

    a) Os direitos fundamentais, na ordem constitucional brasileira, não podem ter por sujeitos passivos pessoas físicas.

    b) Toda gravação de conversa telefônica realizada sem autorização da autoridade judicial competente constitui prova ilícita.

    c) O Ministério Público tem o poder de, em procedimento de ordem administrativa, determinar a dissolução compulsória de associação que esteja sendo usada para a prática de atos nocivos ao interesse público.

    d) A Constituição acolhe o duplo grau de jurisdição de modo geral como um direito fundamental dos indivíduos na Constituição Federal de 1988.

    e) A existência, em um processo administrativo ou penal, de prova ilicitamente obtida contamina necessariamente todo o feito, tornando-o nulo.

■ Vedação às Provas Ilícitas {art. 5º, LVI}

> LVI – são inadmissíveis, no processo, as provas obtidas por meios ilícitos;

Jurisprudência complementar (STJ)

Embora a denúncia anônima não sirva, por si só, para fundamentar a instauração de inquérito policial, pode a polícia realizar diligências preliminares para apurar a veracidade das informações obtidas anonimamente e, a partir daí, instaurar o procedimento investigatório propriamente dito, o que ocorre na espécie dos autos. Ainda que se tenha reputado como ilícitas as provas obtidas por meio do endereço eletrônico do recorrente, não há como concluir, por ora, pela inexistência de fonte independente apta a subsidiar a produção de demais provas que justifiquem a continuidade da ação penal instaurada em desfavor do recorrente. Na verdade, o curso normal da instrução probatória, ainda em trâmite, poderá conduzir à existência de elementos informativos que vinculem o recorrente aos fatos investigados. Nem sempre a existência de prova ilícita determinará a contaminação imediata de todas as outras constantes do processo, devendo ser verificada, no caso concreto, a configuração da derivação por ilicitude. Mostra-se inviável a análise diretamente por este Superior Tribunal da alegação de que a decisão que determinou a quebra do sigilo telefônico e de comunicação de linhas telefônicas de alguns acusados não estaria devidamente motivada, uma vez que essa matéria não foi analisada pela Corte estadual, sob pena de se incidir na indevida supressão de instância. (RHC 36.486, Rel. Min. Sebastião Reis Jr., 6ª T., DJ 11.11.2013)

Questões de concursos

66. **(Vunesp/TJ/RJ/Juiz/2013)** A Constituição Federal brasileira é expressa ao estabelecer que "... são inadmissíveis, no processo, as provas obtidas por meios ilícitos." Nesse sentido, assinale a alternativa correta a respeito dessa temática constitucional.

    a) A filmagem realizada pela vítima, em sua garagem, situada no edifício em que reside, com gravação de imagens feita com o objetivo de identificar o autor de danos praticados contra o seu patrimônio exige, para a sua validade processual penal, prévia autorização judicial.

    b) Dados de escutas ambientais, judicialmente autorizadas como prova em investigação criminal, podem ser usados em procedimento administrativo disciplinar, contra outros servidores cujos supostos ilícitos teriam despontado à colheita dessa prova.

    c) O Supremo Tribunal já cristalizou o entendimento de que não pode ser considerada prova lícita aquela consistente em gravação ambiental realizada por um dos interlocutores sem o conhecimento do outro.

d) Não é ilícita a juntada, em autos de processo penal ou de inquérito policial, de cópias de documentos confidenciais de empresa, obtidos, sem conhecimento desta, por ex-empregado.

67. **(InstitutoCidades/DPE/GO/Defensor/2010)** O Supremo Tribunal Federal entende que decorre da regra que veda a utilização no processo de provas obtidas por meios ilícitos a proibição de utilização também das provas derivadas das ilícitas – teoria que se tornou conhecida pela alcunha de "frutos da árvore envenenada". Entretanto, a jurisprudência daquele tribunal admite a utilização das provas derivadas das ilícitas:

a) em procedimento administrativo disciplinar, quando apenado somente com pena de repreensão.

b) em processo penal, quando se tratar de crimes hediondos, em atendimento ao princípio da proporcionalidade.

c) em processo penal, quando existir confissão do acusado.

d) em processo penal, quando a acusação demonstrar que as provas derivadas advêm de uma fonte independente.

e) em processo civil, como prova emprestada, independentemente da validade da prova no processo original.

Presunção de Inocência {art. 5º, LVII}

> LVII – ninguém será considerado culpado até o trânsito em julgado de sentença penal condenatória;

Jurisprudência complementar (STF)

(...). A execução provisória de acórdão penal condenatório proferido em grau de apelação, ainda que sujeito a recurso especial ou extraordinário, não compromete o princípio constitucional da presunção de inocência afirmado pelo artigo 5º, inciso LVII da Constituição Federal. (...). (HC 126.292 / SP, Rel. Teori Zavascki).

Jurisprudência complementar (STJ)

Tendo o Acusado permanecido solto durante a instrução criminal e não havendo qualquer alteração processual a revelar necessidade de encarceramento cautelar, deve-se reconhecer que não se afigura plausível a privação da liberdade antes do trânsito em julgado da condenação. (HC 281.870, Rel. Min. Regina Helena Costa, 5ª T., DJ 18.3.2014)

Viola o princípio da presunção de inocência a expedição de mandado de prisão pelo simples esgotamento das vias ordinárias, pois o STF, em razão do disposto no inciso LVII do art. 5º da CF, decidiu pela inconstitucionalidade da execução provisória da pena. Tratando-se de pacientes primários, que responderam ao processo em liberdade por decisão do Juízo singular – inclusive durante o processamento do recurso de apelação criminal –, resta caracterizado o constrangimento ilegal quando o Tribunal impetrado ordena a prisão cautelar antes do trânsito em julgado sem indicar os motivos concretos pelos quais, após o exame do recurso de apelação, seria necessário o recolhimento dos sentenciados ao cárcere, à luz do art. 312 do CPP. (HC 270.281, Rel. Min. Jorge Mussi, 5ª T., DJ 27.3.2014)

Ora, "em matéria de prisão processual, a garantia constitucional da fundamentação do provimento judicial importa o dever da real ou efetiva demonstração de que a segregação atende a pelo menos um dos requisitos do art. 312 do CPP. Sem o que se dá a inversão da lógica elementar da Constituição, segundo a qual a presunção de não-culpabilidade é de prevalecer até o momento do trânsito em julgado da sentença penal condenatória." (STF, HC 101705). (RHC 39.902, Rel. Min. Laurita Vaz, 5ª T., DJ 5.11.2013)

Identificação Civil {art. 5º, LVIII}

> LVIII – o civilmente identificado não será submetido a identificação criminal, salvo nas hipóteses previstas em lei;

Jurisprudência complementar (STJ)

Não havendo prova de que o réu seja civilmente identificado, não constitui constrangimento ilegal sanável pela via heróica, pois sequer atenta contra sua liberdade de locomoção, a determinação de identificação criminal pelo processo datiloscópico. (RHC 12.126, Rel. Min. José Arnaldo da Fonseca, 5ª T., DJ 25.3.2002)

Informativos (STJ)

Antecedentes criminais. Exclusão da informação em caso de prescrição da pretensão punitiva.

O reconhecimento do advento da prescrição da pretensão punitiva, com a consequente extinção da punibilidade, originou ao patrimônio libertário do recorrente o direito à exclusão de dados junto aos órgãos de persecução, restando às instituições de registros judiciais a determinação do efetivo sigilo. RMS 29.273, Rel. Min. Maria T. A. Moura, 20.9.12. 6ª T. (Info 505)

■ Decadência {art. 5º, LIX}

> LIX – será admitida ação privada nos crimes de ação pública, se esta não for intentada no prazo legal;

Jurisprudência complementar (STJ)

Impossível reconhecer a extinção da punibilidade pela perempção em ação penal privada subsidiária de ação penal pública. Em que pese a inércia do Ministério Público, o crime de estupro foi praticado com violência real e grave ameaça, exercida com emprego de arma, impossibilitando qualquer reação da vítima. Inteligência do art. 29 do CPP e da Súmula 608 do STF. De todo modo, a perempção pode ser reconhecida apenas em casos excepcionais, quando o querelante deixar de comparecer, sem motivo justificado, a qualquer ato do processo a que deva estar presente (art. 60, inciso II, do CPP), o que não ocorreu no caso. Não é obrigatória a presença do querelante ou seu procurador em audiência realizada no juízo deprecado ou para oitiva de testemunhas de defesa. (RHC 26.530, Rel. Min. Laurita Vaz, 5ª T., DJ 21.11.2011)

A ação penal privada subsidiária da pública, disciplinada nos arts. 29 do CPP e 5º, inciso LIX, da CF, pode ser intentada tanto nos crimes que devam ser processados mediante ação penal pública condicionada como incondicionada, desde que configurada a inércia do Ministério Público, ou seja, quando o parquet deixar de oferecer a denúncia ou de requerer o arquivamento do inquérito ou, ainda, de solicitar diligências, dentro do prazo previsto pelo art. 46 do CPP. (HC 46.959, Rel. Min. Arnaldo Esteves Lima, 5ª T., DJ 18.12.2006)

■ Publicidade Processual {art. 5º, LX}

> LX – a lei só poderá restringir a publicidade dos atos processuais quando a defesa da intimidade ou o interesse social o exigirem;

Jurisprudência complementar (STJ)

A despeito de o Relator haver deferido o pedido de vista dos autos do recurso em sentido estrito para a extração de cópias dos autos, tal como requerido pela defesa, não houve sequer publicação desse ato processual, de maneira que era impossível que o advogado, ao menos oficialmente, dele tivesse ciência. Neste caso, o despacho de deferimento do pedido de vista consubstanciou-se, em si mesmo, em um nada jurídico, já que a defesa dele não poderia ter notícia. Caracterizado está, na espécie, o constrangimento ilegal, porquanto foram malferidos, de forma direta, ao menos dois princípios do processo: publicidade e ampla defesa. Ambos com assento constitucional (art. 5º, incisos LV e LX, CF). O princípio da publicidade e, principalmente, o da ampla defesa, devem ser, no Estado Democrático de Direito, sempre prestigiados. Consoante demonstrado neste "writ", o objetivo do pedido de vista era o de permitir que o novo patrono constituído pelo paciente tivesse conhecimento do conteúdo dos autos, inclusive do próprio recurso do qual sequer era signatário, de modo que lhe fosse possível a preparação da sua sustentação oral. (HC 160.281, Rel. Min. Og Fernandes, 6ª T., DJ 23.5.2011)

O procedimento de investigação criminal, por regra, é sigiloso, buscando, com a restrição da publicidade, conferir maior resultado na apuração da prática criminosa. Não obstante, a c. Suprema Corte ao editar a Súmula Vinculante 14 assentou que "É direito do defensor, no interesse do representado, ter acesso amplo aos elementos de prova que, já documentados em procedimento investigatório realizado por órgão com competência de polícia judiciária, digam respeito ao exercício do direito de defesa." (STJ, RMS 29.872, Rel. Min. Felix Fischer, 5ª T., DJ 26.4.2010)

De acordo com o princípio da publicidade dos atos processuais, é permitida a vista dos autos do processo em cartório por qualquer pessoa, desde que não tramite em segredo de justiça. Hipótese em que o preposto do autor se dirigiu pessoalmente ao cartório para verificar se havia sido deferido o pedido liminar formulado. O Juiz indeferiu o pedido de vista dos autos do processo em cartório, restringindo o exame apenas aos advogados e estagiários regularmente inscritos na OAB. (STJ, REsp 660.284, Rel. Min. Nancy Andrighi, 3ª T., DJ 19.12.2005)

Questões de concursos

68. **(Cespe/TRF/5R/Juiz/2013)** Acerca dos direitos e garantias individuais e dos direitos constitucionais dos trabalhadores, assim como dos direitos relativos a família, educação e cultura, assinale a opção correta.

a) Como somente a lei pode restringir a publicidade dos atos processuais, é proibido aos tribunais vedar, por exemplo, a degravação de sustentação oral para divulgação em livro acadêmico.

b) Apesar de livre a associação sindical, o aposentado filiado não tem direito de ser votado nas organizações sindicais.

c) É direito dos trabalhadores urbanos e rurais a remuneração do trabalho noturno superior à do diurno, majoração essa não devida, na base de cálculo remuneratório, se houver escala de revezamento.

d) O princípio da gratuidade do ensino público não impede a exigência de taxa instituída, por universidade pública, como condição para a efetivação da matrícula do estudante.

e) O mandado injuncional é ação constitucional com a específica função de impedir que a mora legislativa frustre o exercício de direitos, liberdades e prerrogativas outorgados pela CF, não havendo, nesse caso, legitimidade coletiva.

69. **(FCC/MPE/PE/Analista/2012)** Jorginho, menor de impúbere, teria sido abandonado por sua mãe, Maria. Mediante tal alegação, Marcos, pai de Jorginho, ingressou com a ação competente e pediu a guarda de seu filho ao Poder Judiciário. Segundo o inciso LX do artigo 5º da Constituição Federal, a autoridade judicial:

a) não assegurará à Maria o contraditório e ampla defesa porque abandonou Jorginho.

b) admitirá, no processo, as provas obtidas por meios ilícitos no interesse do menor.

c) pode restringir a publicidade dos atos processuais em defesa da intimidade.

d) instituirá juízo de exceção e julgará Maria culpada sumariamente por ter abandonado Jorginho.

e) condenará Maria à pena de banimento por ter abandonado Jorginho.

70. **(FGV/Senado/TécnicoLegislativo/2012)** Com base no art. 5º da Constituição da República, assinale a afirmativa incorreta.

a) Será admitida ação privada nos crimes de ação pública, se esta não for intentada no prazo legal.

b) A lei só poderá restringir a publicidade dos atos processuais quando se tratar de crimes contra a família.

c) Ninguém será preso senão em flagrante delito ou por ordem escrita e fundamentada de autoridade judiciária competente, salvo nos casos de transgressão militar ou crime propriamente militar, definidos em lei.

d) A prisão de qualquer pessoa e o local onde se encontre serão comunicados imediatamente ao juiz competente e à família do preso ou à pessoa por ele indicada.

e) O preso será informado de seus direitos, entre os quais o de permanecer calado, sendo-lhe assegurada a assistência da família e de advogado.

71. **(FCC/MPE/CE/Promotor/2011)** Como medida de proteção aos direitos fundamentais do indivíduo, a Constituição da República veda à lei

a) restringir a publicidade de atos processuais, exceto quando a defesa da intimidade ou o interesse social o exigirem.

b) prever hipóteses em que o civilmente identificado seja submetido a identificação criminal.

c) estabelecer casos em que a pena passe da pessoa do condenado.

d) cominar pena de morte ou de caráter perpétuo, exceto no caso de guerra declarada.

e) estabelecer a possibilidade de se efetuar prisão senão por ordem escrita e fundamentada de autoridade judiciária competente.

Fundamentação da Prisão {art. 5°, LXI}

> LXI – ninguém será preso senão em flagrante delito ou por ordem escrita e fundamentada de autoridade judiciária competente, salvo nos casos de transgressão militar ou crime propriamente militar, definidos em lei;

Jurisprudência complementar (STJ)

A liberdade provisória para os crimes hediondos ou equiparados ainda reclama consolidação em seu entendimento, tanto neste STJ quanto no STF. Prevalece, nesta Turma, o posicionamento definido pela 3ª Seção do STJ que reconhece a vedação do benefício ao fundamento, em última análise, da inafiançabilidade prevista na Constituição Federal. Difícil, no entanto, aceitar o mero restabelecimento da prisão em flagrante para aquele que, posto em liberdade, não mais se encontra em estado de flagrância (art. 302 do CPP). O retorno à prisão somente se justificaria nos termos do art. 312 do CPP (prisão preventiva). De outra banda, a constante divergência entre julgados ocorrida tanto no âmbito desta Corte quanto no STF exige certa prudência no trato da matéria, sobretudo em situação como a presente, quando já ocorreu a desconstituição da prisão. Ausentes, no caso, os pressupostos da cautelar que são cumulativos, em especial, o perigo na demora, a mesma não deve prosperar. (MC 16.439, Rel. Min. Arnaldo Esteves Lima, 5ª T., DJ 2.8.2010)

"Habeas corpus" é, literalmente, ter a posse desse bem personalíssimo que é o próprio corpo. Significa requerer ao Poder Judiciário um salvo-conduto que outra coisa não é senão uma expressa ordem para que o requerente preserve, ou, então, recupere a sua autonomia de vontade para fazer do seu corpo um instrumento de geográficas idas e vindas. Ou de espontânea imobilidade, que já corresponde ao direito de nem, ir nem vir, mas simplesmente ficar. Autonomia de vontade, enfim, protegida contra ilegalidade ou abuso de poder parta de quem partir, e que somente é de cessar por motivo de flagrante delito ou por ordem escrita e fundamentada de autoridade judiciária competente, salvo nos casos de transgressão militar ou crime propriamente militar, definidos em lei (inciso LXI do art. 5º da Constituição)." (HC 110946). (STJ, AgRg no HC 244.313, Rel. Min. Laurita Vaz, 5ª T., DJ 14.9.2012)

Questões de concursos

72. **(Cespe/PM/AL/Soldado/2012)** Ao efetuar a prisão de determinado indivíduo, em decorrência do cumprimento de mandado judicial expedido por juiz competente, um policial militar decidiu algemar o preso, por considerar que suas reações, descontroladas, geravam perigo iminente para os agentes públicos envolvidos na prisão e também para o próprio detido, visto que uma tentativa de fuga poderia gerar resultados danosos ao preso. Nessa situação, o ato de algemar o preso

    a) é ato administrativo nulo, visto que a CF veda a utilização de algemas, exceto em presos condenados por decisão transitada em julgado.

    b) constitui ato administrativo praticado de ofício pelo policial.

    c) consiste em ato administrativo vinculado, porque vincula o cidadão preso.

    d) constitui ato de mero expediente praticado pelo policial em decorrência de mandado judicial.

    e) não é ato administrativo porque não se reveste de forma escrita.

73. **(FCC/TRF/1R/Técnico/2011)** Ninguém será preso senão em flagrante delito ou por ordem escrita e fundamentada de autoridade judiciária competente, salvo, além de outra hipótese, no caso de

    a) tráfico de drogas.

    b) tortura.

    c) racismo.

    d) terrorismo.

    e) transgressão militar, definida em lei.

74. (TRT/2R/Juiz/2010) Analise as proposições abaixo e assinale a alternativa correta.

I. A presunção decorrente da revelia constitui ofensa ao contraditório, ainda que em face dos chamados direitos indisponíveis.

II. O estrangeiro residente regularmente no Brasil, ainda que com visto provisório, pode sofrer prisão civil por dívida, salvo se responsável por inadimplemento de obrigação alimentícia.

III. No caso de improcedência de uma ação popular, o autor, necessariamente cidadão, está isento de custas e honorários advocatícios, a não ser que tenha acionado o Judiciário, de modo infundado e com fim procrastinatório.

IV. A prisão de natureza criminal, que tem finalidade punitiva, somente pode ser feita em flagrante delito ou por ordem escrita e fundamentada de autoridade competente.

V. A inconstitucionalidade por omissão representa um controle político pelo Judiciário com finalidade de apontar lacuna específica e de imediato criar lei para o caso concreto.

a) As alternativas I, II e IV estão corretas.
b) As alternativas IV e V estão corretas.
c) As alternativas II e III estão corretas.
d) As alternativas I e V estão corretas.
e) As alternativas III e IV estão corretas.

■ Publicidade de Prisão {art. 5º, LXII}

LXII – a prisão de qualquer pessoa e o local onde se encontre serão comunicados imediatamente ao juiz competente e à família do preso ou à pessoa por ele indicada;

Jurisprudência complementar (STJ)

A constituição da republica impõe que "a prisão de qualquer pessoa e o local onde se encontre serão comunicados imediatamente ao juiz competente e a família do preso ou a pessoa por ele indicada" (art. 5., LXII). A omissão, no entanto, por si só, não exclui a legalidade da prisão. (RHC 4.274, Rel. Min. Luiz Vicente Cernicchiaro, 6ª T., DJ 20.3.1995)

A troca dos nomes dos indiciados no auto de prisão em flagrante constitui-se em mera irregularidade, que não tem o condão de ensejar o relaxamento da segregação cautelar. (HC 168.585, Rel. Min. Felix Fischer, 5ª T., DJ 20.9.2010)

Na linha de precedentes desta Corte, não há que se falar em vício formal na lavratura do auto de prisão em flagrante se sua comunicação, mesmo tendo ocorrida a destempo da regra prevista no art. 306, § 1º, do CPP, foi feita em lapso temporal que está dentro dos limites da razoabilidade. (RHC 25.633, Rel. Min. Felix Fischer, 5ª T., DJ 14.9.2009)

Não constitui irregularidade apta a anular o auto de prisão a comunicação tardia feita à família do paciente quando de sua prisão em flagrante. É descabido o reconhecimento da nulidade referente à nomeação de um policial como curador, se inexistente a demonstração de prejuízo para a defesa. Pode, o condutor do preso, além de ser ouvido como testemunha, compor o número previsto no art. 304, § 2º, do CPP. (RHC 10.220, Rel. Min. Gilson Dipp, 5ª T., DJ 23.4.2001)

Questões de concursos

75. **(FCC/TRF/2R/Analista/2012)** Sebastião foi preso em flagrante e levado pela autoridade policial para a Delegacia de Polícia mais próxima do local do crime. Segundo a Constituição Federal brasileira,

    a) se não houver familiar, Sebastião poderá indicar pessoa para que seja avisada de sua prisão, aviso esse que será realizado pela autoridade policial até vinte e quatro horas do crime, oficiando o juiz competente no prazo de cinco dias.

    b) o juiz competente e a família apenas deverão ser avisados pela autoridade policial do local do crime, até vinte e quatro horas da prisão de Sebastião.

    c) a família deverá ser avisada pela autoridade policial até vinte e quatro horas da prisão de Sebastião e o juiz competente até quarenta e oito horas.

    d) o juiz competente deverá ser avisado pela autoridade policial até vinte e quatro horas da prisão de Sebastião e a família no prazo de quarenta e oito horas.

    e) a autoridade policial deve comunicar imediatamente ao juiz competente e à família do preso, ou à pessoa por ele indicada, sobre a prisão e a Delegacia de Polícia para onde Sebastião foi levado.

76. **(Vunesp/DPE/MS/2012)** Considerando o disposto na Constituição Federal acerca dos direitos e garantias fundamentais, assinale a alternativa que prevê direito(s) expressamente garantido(s) no texto constitucional.

    a) A prisão de qualquer pessoa e o local onde se encontre serão comunicados imediatamente ao juiz competente e à família do preso ou à pessoa por ele indicada, tendo o preso, ainda, direito de saber quem são os responsáveis por sua prisão.

b) Nenhuma pena passará da pessoa do condenado, podendo a obrigação de reparar o dano e a prestação social alternativa ser, nos termos da lei, estendidas aos sucessores e contra eles executadas, até o limite do valor do patrimônio transferido.

c) A pena será cumprida em estabelecimentos distintos, de acordo com a natureza do delito, a idade e o sexo do apenado, garantindo-se a prisão especial aos portadores de diploma de curso superior.

d) Nenhum estrangeiro será extraditado, salvo o naturalizado, em caso de crime comum, praticado antes da naturalização, ou de comprovado envolvimento em tráfico ilícito de entorpecentes e drogas afins, na forma da lei.

77. **(Vunesp/DPE/MS/Defensor/2012)** Considerando o disposto na Constituição Federal acerca dos direitos e garantias fundamentais, assinale a alternativa que prevê direito(s) expressamente garantido(s) no texto constitucional:

a) A prisão de qualquer pessoa e o local onde se encontre serão comunicados imediatamente ao juiz competente e à família do preso ou à pessoa por ele indicada, tendo o preso, ainda, direito de saber quem são os responsáveis por sua prisão.

b) Nenhuma pena passará da pessoa do condenado, podendo a obrigação de reparar o dano e a prestação social alternativa ser, nos termos da lei, estendidas aos sucessores e contra eles executadas, até o limite do valor do patrimônio transferido.

c) A pena será cumprida em estabelecimentos distintos, de acordo com a natureza do delito, a idade e o sexo do apenado, garantindo-se a prisão especial aos portadores de diploma de curso superior.

d) Nenhum estrangeiro será extraditado, salvo o naturalizado, em caso de crime comum, praticado antes da naturalização, ou de comprovado envolvimento em tráfico ilícito de entorpecentes e drogas afins, na forma da lei.

■ Direitos do Preso {art. 5º, LXIII}

LXIII – o preso será informado de seus direitos, entre os quais o de permanecer calado, sendo-lhe assegurada a assistência da família e de advogado;

Jurisprudência complementar (STJ)

Tal regra deve ser interpretada de forma extensiva, e engloba cláusulas a serem expressamente comunicadas a quaisquer investigados ou acusados, quais sejam: o direito ao silêncio, o direito de não confessar, o direito de não produzir provas materiais ou de ceder seu corpo para produção de prova etc. "Qualquer pessoa que sofra investigações penais, policiais ou parlamentares, ostentando, ou não, a condição formal de indiciado – ainda que convocada como testemunha –, possui, dentre as várias prerrogativas que lhe são constitucionalmente asseguradas, o direito de permanecer em silêncio e de não produzir provas contra si própria" (RHC 30.302, Rel. Min. Laurita Vaz, 5ª T., DJ 12.3.2014)

Segundo o art. 5º, LXIII, da CF, o preso será informado de seus direitos, entre os quais o de permanecer calado, sendo-lhe assegurada a assistência da família e de advogado. Apesar de ter sido formalmente consignado no auto de prisão em flagrante que o indiciado exerceu o direito de permanecer calado, existe, nos autos da ação penal, gravação realizada entre ele e os policiais que efetuaram sua prisão, momento em que não foi informado da existência desse direito, assegurado na Constituição Federal. As instâncias ordinárias insistiram na manutenção do elemento de prova nos autos, utilizando, de forma equivocada, precedente do STF no sentido de que não é considerada ilícita a gravação do diálogo quando um dos interlocutores tem ciência da gravação. Tal entendimento não se coaduna com a situação dos autos, uma vez que – além de a gravação estar sendo utilizada para sustentar uma acusação – no caso do precedente citado estava em ponderação o sigilo das comunicações, enquanto no caso em questão está em discussão o direito constitucional de o acusado permanecer calado, não se autoincriminar ou não produzir prova contra si mesmo. Admitir tal elemento de prova nos autos redundaria em permitir um falso exercício de um direito constitucionalmente assegurado, situação inconcebível em um Estado Democrático de Direito. (HC 244.977, Rel. Min. Sebastião Reis Jr., 6ª T., DJ 9.10.2012)

Nos termos do art. 5º, inciso LXIII, da Carta Magna "o preso será informado de seus direitos, entre os quais o de permanecer calado, sendo-lhe assegurada a assistência da família e de advogado". Tal regra, conforme jurisprudência dos Tribunais pátrios, deve ser interpretada de forma extensiva, e engloba cláusulas a serem expressamente comunicadas a quaisquer investigados ou acusados, quais sejam: o direito ao silêncio, o direito de não confessar, o direito de não produzir provas materiais ou de ceder seu corpo para produção de prova etc. É atípica a conduta de se atribuir falsa identidade perante autoridade policial com o intuito de ocultar antecedentes criminais, pois se trata de hipótese de autodefesa, consagrada no art. 5º, inciso LXIII, da CF, que não configura o crime descrito no art. 307 do Código Penal. "Habeas corpus" concedido, para absolver o Paciente do crime de falsa identidade. (HC 171.389, Rel. Min. Laurita Vaz, 5ª T., DJ 17.5.2011)

Questões de concursos

78. **(Vunesp/PC/SP/Investigador/2013)** Sansão Herculano, brasileiro, médico veterinário, maior de idade, foi preso em flagrante delito e levado à Delegacia de Polícia. Segundo o que estabelece a Constituição Federal, Sansão tem os seguintes direitos:

   a) a assistência da família e de um advogado, cela especial por ter curso superior e uma ligação telefônica para pessoa por ele indicada.

   b) ser criminalmente identificado, mesmo se possuir identificação civil, cela especial em razão de ter curso superior e assistência de um advogado.

   c) avistar-se pessoalmente com o promotor de justiça, entrar em contato com uma pessoa da família ou quem ele indicar e assistência de um advogado ou defensor público.

   d) relaxamento imediato de sua prisão se ela foi ilegal, permanecer calado e cela especial privativa.

   e) permanecer calado, identificação dos responsáveis por sua prisão e que o juiz e sua família sejam imediatamente comunicados sobre sua prisão.

79. **(Cespe/DPE/MA/Defensor/2011)** João foi preso em flagrante enquanto caminhava à noite, nas proximidades de sua casa. Antes de ser encaminhado à delegacia, João foi levado à sua residência pelos policiais, que a revistaram, lá encontrando trinta papelotes de cocaína, algumas pedras de crack, uma balança de precisão e três mil reais em espécie. Conduzido à delegacia, João foi interrogado e autuado por tráfico ilícito de entorpecentes. Considerando essa situação hipotética, assinale a opção correta.

   a) A polícia deverá comunicar a prisão ao juiz competente e ao MP no prazo máximo de quarenta e oito horas.

   b) João tem o direito de permanecer calado no interrogatório, bem como tem direito a assistência da família e de advogado.

   c) Por motivos de segurança, os policiais responsáveis pela prisão poderão omitir seus nomes a João, caso ele os indague.

   d) Caso detecte alguma ilegalidade na prisão, o juiz deverá conceder a João a liberdade provisória.

   e) Ainda que possua carteira de identidade em perfeito estado de conservação, João deverá ser identificado criminalmente, visto que foi preso em flagrante por crime hediondo.

Identificação do Responsável pela Prisão {art. 5º, LXIV}

LXIV - o preso tem direito à identificação dos responsáveis por sua prisão ou por seu interrogatório policial;

Questões de concursos

80. **(Vunesp/PC/SP/Escrivão/2013)** Analise as seguintes afirmativas e classifique cada uma como falsa ou verdadeira.

    I. A prisão de qualquer pessoa e o local onde se encontre serão comunicados imediatamente ao juiz competente e à família do preso ou à pessoa por ele indicada.

    II. Conceder-se-á mandado de segurança sempre que alguém sofrer ou se achar ameaçado de sofrer violência ou coação em sua liberdade de locomoção, por ilegalidade ou abuso de poder.

    III. O preso tem direito à identificação dos responsáveis por sua prisão ou por seu interrogatório policial.

    IV. Ninguém será levado à prisão ou nela mantido, quando a lei admitir a liberdade provisória, com ou sem fiança.

    Assinale a alternativa que corresponde à classificação correta das afirmativas em ordem de apresentação.

    a) F, F, V, V.
    b) V, F, V, V.
    c) V, F, V, F.
    d) V, F, F, V.
    e) F, V, F, V.

81. **(Cespe/PM/AL/Soldado/2012)** Considere que um cidadão alemão de vinte e um anos de idade, em viagem de turismo ao Brasil, tenha sido preso em flagrante delito, pelo crime de furto, por policial militar. Nessa situação,

    a) a CF garante ao referido cidadão o direito à identificação do policial responsável por sua prisão.

    b) a autoridade policial deve, conforme exigência constitucional, comunicar imediatamente à representação diplomática da Alemanha a ocorrência da prisão do referido cidadão, ainda que ele se oponha a tal comunicação.

c) o referido cidadão não poderá ser interrogado pela autoridade policial, conforme prevê a CF, sem o acompanhamento de defensor público ou de advogado regularmente constituído.

d) o referido cidadão não tem direito a impugnar essa prisão mediante "habeas corpus" porque a CF somente prevê esse tipo de garantia para prisões efetuadas mediante ordem judicial.

e) o referido cidadão não tem direito a impugnar essa prisão mediante "habeas corpus" porque ele não é cidadão brasileiro nem estrangeiro residente no país.

82. **(Cespe/PM/AL/Soldado/2012)** Considere que um cidadão alemão de vinte e um anos de idade, em viagem de turismo ao Brasil, tenha sido preso em flagrante delito, pelo crime de furto, por policial militar. Nessa situação,

a) a CF garante ao referido cidadão o direito à identificação do policial responsável por sua prisão.

b) a autoridade policial deve, conforme exigência constitucional, comunicar imediatamente à representação diplomática da Alemanha a ocorrência da prisão do referido cidadão, ainda que ele se oponha a tal comunicação.

c) o referido cidadão não poderá ser interrogado pela autoridade policial, conforme prevê a CF, sem o acompanhamento de defensor público ou de advogado regularmente constituído.

d) o referido cidadão não tem direito a impugnar essa prisão mediante "habeas corpus" porque a CF somente prevê esse tipo de garantia para prisões efetuadas mediante ordem judicial.

e) o referido cidadão não tem direito a impugnar essa prisão mediante "habeas corpus" porque ele não é cidadão brasileiro nem estrangeiro residente no país.

83. **(FCC/TRE/AP/Analista/2011)** Bernardino foi preso, porém os policiais que o prenderam estavam encapuzados sendo impossível identificá-los. Segundo a Constituição Federal, Bernardino

a) não tem direito à identificação dos responsáveis por sua prisão, porque no caso prevalece a segurança dos policiais.

b) tem direito à identificação dos responsáveis por sua prisão.

c) tem direito à identificação dos responsáveis por sua prisão apenas no ato do seu interrogatório em juízo e desde que a tenha requisitado à autoridade judiciária, sob pena de preclusão, medida essa preventiva à segurança dos policiais e para evitar a prescrição penal.

d) não tem direito à identificação dos responsáveis por sua prisão porque a Constituição Federal confere aos policiais o direito de sigilo independentemente do motivo.

e) tem direito à identificação dos responsáveis por sua prisão, desde que no seu depoimento pessoal prestado à autoridade policial, a tenha requisitado, sob pena de preclusão, porque é irrelevante saber quem o prendeu com o fim de evitar a ocorrência da prescrição penal.

84. **(Vunesp/TJ/MT/Juiz/2009)** Aristeu, cidadão naturalizado brasileiro, foi preso em flagrante por tráfico ilícito de entorpecentes. Nos termos do que estabelece a Constituição da República, Aristeu:

a) estará sujeito a pena da banimento, por não ser cidadão brasileiro nato.

b) não poderá ser extraditado, em decorrência desse crime.

c) somente poderia ser extraditado se o crime tivesse sido cometido antes da naturalização.

d) não poderá sofrer a pena de suspensão ou interdição de direitos.

e) terá direito à identificação dos responsáveis por sua prisão.

■ Relaxamento da Prisão Ilegal {art. 5º, LXV}

> LXV – a prisão ilegal será imediatamente relaxada pela autoridade judiciária;

Súmulas (STF)

Súmula 697 A proibição de liberdade provisória nos processos por crimes hediondos não veda o relaxamento da prisão processual por excesso de prazo.

Jurisprudência complementar (STJ)

Não caracteriza flagrante impróprio a hipótese em que o suposto autor do delito é encontrado dormindo em sua residência por agente policial em diligências, porquanto o inciso III do art. 302 do CPP pressupõe que o agente, após concluir a infração penal, ou ser interrompido por terceiros, empreenda fuga, e seja, logo após, perseguido pela polícia, pela vítima ou por qualquer do povo. "A prisão ilegal será imediatamente relaxada pela autoridade judiciária" (art. 5º, inciso LXV, da CF). (RHC 20.298, Rel. Min. Arnaldo Esteves Lima, 5ª T., DJ 23.6.2008)

As prisões provisórias ou processuais – aí incluídas as prisões em flagrante, preventiva, temporária, decorrente de sentença condenatória recorrível e decorrente de sentença de pronúncia – devem, sob pena de constrangimento ilegal, cingir-se, fundamentadamente, à órbita do art. 312 do CPP. A prisão decretada sem a devida fundamentação deve ser imediatamente relaxada, à luz dos arts. 5º, LXI e LXV, e 93, IX, da CF. Ordem concedida para relaxar a prisão cautelar dos pacientes, por não estar abrigada sob o pálio da legalidade, visto carecer de fundamentação, determinando a imediata soltura destes, se por outro motivo não estiverem custodiados. (HC 63.778, Rel. Min. Arnaldo Esteves Lima, 5ª T., DJ 23.10.2006)

A prisão ilegal, que há de ser relaxada pela autoridade judiciária, em cumprimento de dever-poder insculpido na CF (artigo 5º, inciso LXV), compreende aquela que perdura por prazo superior ao prescrito em lei e ofensivo ao princípio da razoabilidade. (HC 33.161, Rel. Min. Hamilton Carvalhido, 6ª T., DJ 11.4.2005)

■ Concessão da Liberdade Provisória {art. 5º, LXVI}

LXVI – ninguém será levado à prisão ou nela mantido, quando a lei admitir a liberdade provisória, com ou sem fiança;

Jurisprudência complementar (STJ)

A negativa do benefício da liberdade provisória encontra amparo, também, no art. 5º, inciso LXVI, da CF, que somente assegurou aos presos em flagrante delito a indigitada benesse quando a lei ordinária a admitir ou por decisão fundamentada do magistrado condutor do processo (art. 2º, § 2º, da Lei 8.072/90). Desse modo, a aludida vedação, por si só, constitui motivo suficiente para negar ao preso em flagrante por crime hediondo ou equiparado o benefício da liberdade provisória. Proferida a sentença condenatória, resta prejudicada a análise da tese de excesso de prazo para a formação. (HC 83.217, Rel. Min. Laurita Vaz, 5ª T., DJ 26.10.2009)

A vedação de concessão de liberdade provisória, com ou sem fiança, na hipótese de crimes hediondos, encontra amparo no art. 5º, LXVI da CF, que prevê a inafiançabilidade de tais infrações; assim, a mudança do art. 2º da Lei 8.072/90, operada pela Lei 11.464/07, não viabiliza tal benesse, conforme entendimento sufragado pelo Pretório Excelso e acompanhado por esta Corte. Em relação ao crime de tráfico ilícito de entorpecentes, referido óbice apresenta-se reforçado pelo disposto no art. 44 da Lei 11.343/06 (nova Lei de Tóxicos), que a proíbe expressamente. Ademais, no caso concreto, conforme bem consignado no acórdão impugnado, o indeferimento do pedido de liberdade provisória não se ressente de fundamentação, em face dos veementes indícios de autoria e materialidade do delito, além da necessidade de proteção da ordem pública, em razão da periculosidade da paciente, evidenciada pelo fato de ter sido flagrada em poder de 830,08g. de cocaína, bem como de balanças de precisão, lâmpadas, prensas, formas e quantia em dinheiro, tudo indicando a prática de traficância na modalidade de produzir a droga em laboratório. Além disso, foi encontrada carga de pisos furtada, uma garrucha de calibre 22, municiada com dois cartuchos intactos, e outras munições do mesmo calibre, uma espingarda cartucheira e, ainda, um cartucho de metralhadora militar, marca "BMW", calibre 44. Parecer do MPF pela denegação da ordem. (HC 111.041, Rel. Min. Napoleão N. Maia Filho, 5ª T., DJ 15.12.2008)

Questões de concursos

85. (TRT/8R/Juiz/2012) A respeito dos direitos e deveres individuais e coletivos, é correto afirmar:

    a) O Brasil submete-se à jurisdição de Tribunal Penal Internacional a cuja criação não tenha manifestado adesão.

    b) A Constituição Federal assegura aos reconhecidamente pobres apenas a gratuidade do registro civil de nascimento, transferindo para a lei a possibilidade de estabelecer outras espécies de registros gratuitos.

    c) Ninguém será levado à prisão ou nela mantido, quando a lei admitir a liberdade provisória, com ou sem fiança.

    d) Todos têm direito a receber dos órgãos públicos informações de seu interesse particular, ou de interesse coletivo ou geral, que serão prestadas no prazo da lei, sob pena de responsabilidade, sendo vedado o sigilo.

    e) No caso de iminente perigo público, a autoridade competente poderá usar de propriedade particular, assegurada ao proprietário, em qualquer caso, indenização ulterior.

86. (Vunesp/TJ/SP/Cartórios/Ingresso/2004) Das afirmativas, assinale a verdadeira:

    a) A Constituição Federal veda de forma absoluta a aplicação da pena de morte.

    b) Ninguém será levado à prisão ou nela mantido, quando a lei admitir a liberdade provisória, com ou sem fiança.

    c) Toda desapropriação se dará mediante justa e prévia indenização ao proprietário do bem expropriado.

    d) Nenhum brasileiro será extraditado, salvo o naturalizado, em caso de crime comum, praticado após a naturalização, ou de comprovado envolvimento em tráfico ilícito de entorpecentes e drogas afins, na forma da lei.

Da Prisão Civil {art. 5º, LXVII}

> LXVII – não haverá prisão civil por dívida, salvo a do responsável pelo inadimplemento voluntário e inescusável de obrigação alimentícia e a do depositário infiel;

Súmulas (STF)

Súmula Vinculante 25. É ilícita a prisão civil de depositário infiel, qualquer que seja a modalidade do depósito.

Súmulas (STJ)

Súmula 309. O débito alimentar que autoriza a prisão civil do alimentante é o que compreende as três prestações anteriores ao ajuizamento da execução e as que se vencerem no curso do processo.

Súmula 419. Descabe a prisão civil do depositário judicial infiel.

Jurisprudência complementar (STJ)

O pagamento parcial do débito não afasta a regularidade da prisão civil, porquanto as quantias inadimplidas caracterizam-se como débito atual, nos termos da Súmula 309/STJ. Ademais, está pacificado no âmbito da Segunda Seção desta Corte que o "descumprimento de acordo firmado entre o alimentante e os alimentados, nos autos da ação de alimentos, pode ensejar o decreto de prisão civil do devedor, porquanto a dívida pactuada constitui débito em atraso, e não dívida pretérita"(HC 250.587, Rel. Min. Raul Araújo, Rel. p/ ac. Marco Buzzi, 4ª T., DJ 12.11.2012)

Consoante entendimento do STF, comungado por este Tribunal Superior, a prisão civil do depositário infiel é inconstitucional, em qualquer modalidade, podendo a segregação civil por dívida se dar, apenas, nos casos de inadimplemento voluntário e inescusável de pensão alimentícia. (HC 137.337, Rel. Min. Vasco Della Giustina, 3ª T., DJ 7.12.2009)

Questões de concursos

87. **(Cespe/TRT/10R/Analista/2013)** A CF admite a prisão por dívida do responsável pelo inadimplemento voluntário e inescusável de obrigação alimentícia.

88. **(FCC/TRE/SP/Analista/2012)** Suponha que, num processo judicial, após a constatação do desaparecimento injustificado de bem que estava sob a guarda de depositário judicial, o magistrado decretou a prisão civil do depositário. Considerando a jurisprudência do Supremo Tribunal Federal sobre a matéria, a prisão civil foi decretada

   a) regularmente, uma vez que a essa pena está sujeito apenas o depositário judicial, e não o contratual.

   b) regularmente, uma vez que a essa pena está sujeito o depositário infiel, qualquer que seja a modalidade do depósito.

   c) irregularmente, uma vez que a pena somente pode ser aplicada ao depositário infiel que assuma contratualmente o ônus da guarda do bem.

   d) irregularmente, uma vez que é ilícita a prisão civil de depositário infiel, qualquer que seja a modalidade do depósito

   e) irregularmente, uma vez que é inconstitucional a prisão civil por dívida, qualquer que seja seu fundamento.

89. **(FCC/TRF/2R/Técnico/2012)** Mario, Marcos, Marcio, Mantovani e Marlei, por falta de recursos e involuntariamente, atrasaram os pagamentos, respectivamente, de três parcelas do financiamento do automóvel, de um mês de pensão alimentícia, da anuidade de cartão de crédito, de cinco parcelas do contrato de confissão de dívida oriundo de transação mercantil e doze parcelas do contrato de venda e compra da casa própria. Segundo a Constituição Federal brasileira, em regra, a prisão por dívida será possível APENAS para

   a) Marcos e Marlei.

   b) Marcio, Marcos e Marlei.

   c) Marcos.

   d) Mario e Mantovani.

   e) Marcos e Mantovani.

90. **(FGV/Sefaz/RJ/Auditor/2011)** Abelhudo, cidadão brasileiro, contrai casamento com Abelhudinha, tendo o casal três filhos. Infelizmente, o casal resolve divorciar-se, e o varão assume o dever de prestar alimentos à sua ex-esposa e aos seus filhos. Apesar de contar com boa remuneração, Abelhudo deixa de pagar várias prestações dos alimentos acordados judicialmente, vindo a sofrer processo de cobrança, tendo

sua ex-mulher requerido sua prisão caso não solvesse a dívida. O varão, apesar de regularmente comunicado do processo, não pagou a dívida nem justificou o não pagamento, vindo sua prisão a ser declarada pelo magistrado presidente do processo. A respeito da prisão civil, é correto afirmar que

a) é admissível quando o devedor contrai dívidas com fornecedores.
b) está restrita à dívida quando ela tem natureza de alimentos.
c) foi extinta após a edição da Constituição Federal de 1988.
d) é constitucionalmente prevista para homens inadimplentes de alimentos.
e) está preservada somente para militares em tempo de guerra.

91. **(TRT/2R/Juiz/2012)** Assinale a alternativa incorreta:

a) Nenhum brasileiro será extraditado, salvo o naturalizado, em caso de crime comum, praticado antes da naturalização, ou de comprovado envolvimento em tráfico ilícito de entorpecentes e drogas afins, na forma da lei.
b) O civilmente identificado será submetido à identificação criminal nas hipóteses previstas em lei.
c) Ante os termos da Constituição Federal não haverá prisão civil por dívida, salvo no estrito caso do responsável por inadimplemento voluntário e inescusável de obrigação alimentícia.
d) O mandado de segurança coletivo pode ser interpretado por partido político com representação no Congresso Nacional, organização sindical, entidade de classe ou associação legalmente constituída e em funcionamento há pelo um ano, em defesa dos interesses de seus membros e associados.
e) Será admitida ação privada nos crimes de ação pública, se esta não for intentada no prazo legal.

92. **(FCC/PGE/RO/Procurador/2011)** A prisão civil do inadimplente em se tratando de alienação fiduciária em garantia:

a) nunca foi admitida pelo Supremo Tribunal Federal, porquanto sempre se reconheceu a inconstitucionalidade superveniente do Decreto-Lei n. 911/69.
b) é possível, haja vista que a Constituição Federal de forma expressa equipara o alienante fiduciário à figura do depositário infiel, conforme sedimentado pela Súmula Vinculante n. 25.
c) não é mais admissível em razão de entendimento sumulado de forma vinculante pelo Supremo Tribunal Federal.
d) é admitida pelo Supremo Tribunal Federal, haja vista que o Decreto-Lei n. 911/69 não pode ser oposto ao texto expresso da Constituição Federal que admite a responsabilidade corporal do depositário infiel.

e) é possível, haja vista a recepção do disposto no Decreto-Lei n. 911/69, o qual equipara o devedor à figura do depositário infiel, conforme entendimento sumulado pelo Supremo Tribunal Federal.

93. **(Cespe/PGE/AL/Procurador/2009)** O Pacto de San José da Costa Rica estabelece de início, em seu preâmbulo, uma proteção aos direitos humanos fundamentais. Explicita que os direitos essenciais da pessoa humana devem ser observados unicamente com fundamento na própria atribuição de ser humano. Repudia qualquer discriminação em que pese a nacionalidade da pessoa, para que se confiram os direitos essenciais a ela inerentes. O pacto promove a todos o mesmo tratamento de proteção internacional que é estabelecido por parte dos Estados americanos. Reitera que o escopo pela busca da liberdade pessoal e da justiça social está esculpido na Carta da Organização dos Estados Americanos, na Declaração Americana dos Direitos e Deveres do Homem e na Declaração Universal dos Direitos do Homem. Em sua primeira parte, em que são tratados os deveres dos Estados e direitos dos protegidos, os vinte e cinco artigos retratam o panorama equivalente aos quatorze primeiros artigos da nossa Carta Maior. A discussão maior, após a recepção desse tratado, está no conflito entre o art. 5º da CF, cujo inciso LXVII prevê que não haverá prisão civil por dívida, salvo o devedor de pensão alimentícia e o depositário infiel, e o art. 7º, § 7º, do pacto, o qual estabelece que "ninguém deve ser detido por dívidas". A partir do texto acima e com relação aos direitos e garantias fundamentais e à disciplina constitucional dos tratados internacionais de direitos humanos, assinale a opção correta.

   a) Sabendo que o § 2º do art. 5º da CF dispõe que os direitos e garantias nela expressos não excluem outros decorrentes do regime e dos princípios por ela adotados, ou dos tratados internacionais em que a República Federativa do Brasil seja parte, então, é correto afirmar que, na análise desse dispositivo constitucional, tanto a doutrina quanto o STF sempre foram unânimes ao afirmar que os tratados internacionais ratificados pelo Brasil referentes aos direitos fundamentais possuem status de norma constitucional.

   b) A EC n. 45/2004 inseriu na CF um dispositivo definindo que os tratados e convenções internacionais sobre direitos humanos que forem aprovados no Congresso Nacional com quorum e procedimento idênticos aos de aprovação de lei complementar serão equivalentes às emendas constitucionais.

   c) Ao analisar a constitucionalidade da legislação brasileira acerca da prisão do depositário que não adimpliu obrigação contratual, o STF, recentemente, concluiu no sentido da derrogação das normas estritamente legais definidoras da custódia do depositário infiel, prevalecendo, dessa forma, a tese do status de supralegalidade do Pacto de San José da Costa Rica.

   d) O STF ainda entende como possível a prisão do depositário judicial quando descumprida a obrigação civil.

e) Caso o Brasil celebre um tratado internacional limitando substancialmente o direito à propriedade, após serem cumpridas todas as formalidades para sua ratificação e integração ao ordenamento pátrio, o Congresso Nacional poderá adotar o procedimento especial para fazer com que esse tratado seja recebido com status de emenda constitucional.

94. **(Cespe/DPE/AL/Defensor/2009)** De acordo com o entendimento do STF, constitui norma de eficácia restringível o preceito constitucional que veda a prisão civil por dívida, salvo a do responsável por inadimplemento voluntário e inescusável de obrigação alimentícia e a do depositário infiel.

■ "Habeas Corpus" {art. 5º, LXVIII}

> LXVIII – conceder-se-á "habeas-corpus" sempre que alguém sofrer ou se achar ameaçado de sofrer violência ou coação em sua liberdade de locomoção, por ilegalidade ou abuso de poder;

Súmulas (STF)

Súmula 690 Compete originariamente ao Supremo Tribunal Federal o julgamento de "habeas corpus" contra decisão de turma recursal de juizados especiais criminais.

Súmula 691. Não compete ao Supremo Tribunal Federal conhecer de "habeas corpus" impetrado contra decisão do Relator que, em "habeas corpus" requerido a tribunal superior, indefere a liminar.

Súmula 692. Não se conhece de "habeas corpus" contra omissão de relator de extradição, se fundado em fato ou direito estrangeiro cuja prova não constava dos autos, nem foi ele provocado a respeito.

Súmula 693. Não cabe "habeas corpus" contra decisão condenatória a pena de multa, ou relativo a processo em curso por infração penal a que a pena pecuniária seja a única cominada.

Súmula 694. Não cabe "habeas corpus" contra a imposição da pena de exclusão de militar ou de perda de patente ou de função pública.

Súmula 695. Não cabe "habeas corpus" quando já extinta a pena privativa de liberdade.

Súmulas TRFs

TRF-1 10. Compete ao Tribunal Regional Federal conhecer "habeas corpus" quando o coator for juiz do trabalho.

TRF-4 124. O "habeas corpus" não pode ser utilizado como substitutivo de recurso próprio, salvo em casos de flagrante ilegalidade.

Jurisprudência complementar (STJ)

A jurisprudência do STJ, buscando a racionalidade do ordenamento jurídico e a funcionalidade do sistema recursal, vinha se firmando, mais recentemente, no sentido de ser imperiosa a restrição do cabimento do remédio constitucional às hipóteses previstas na Constituição Federal e no CPP. Atento a essa evolução hermenêutica, o STF passou a não mais admitir "habeas corpus" que tenha por objetivo substituir o recurso ordinariamente cabível para a espécie. Contudo, devem ser analisadas as questões suscitadas na inicial, no intuito de verificar a existência de constrangimento ilegal evidente – a ser sanado mediante a concessão de "habeas corpus" de ofício –, evitando-se prejuízos à ampla defesa e ao devido processo legal. Não tendo sido as matérias objeto de exame pelas instâncias anteriores, também não é possível a esta Corte Superior aferir eventual ilegalidade perpetrada, porquanto estar-se-ia atuando em manifesta afronta à competência constitucional reconhecida ao STJ, no art. 105 da Carta Magna, qual seja, analisar tema "decidido em única ou última instâncias pelos Tribunais Regionais Federais ou pelos Tribunais dos Estados, do Distrito Federal e Territórios, quando denegatória a decisão". (HC 286.904, Rel. Min. Marco Aurélio Bellizze, 5ª T., DJ 26.3.2014)

Não tendo sido demonstrado nenhum constrangimento atual ou iminente ao jus ambulandi do Agravante, a quem foi reconhecido o direito de recorrer em liberdade na sentença condenatória, não se pode conhecer da impetração. A ameaça de constrangimento ao jus libertatis a que se refere a garantia prevista no rol dos direitos fundamentais (art. 5º, LXVIII, da Constituição República) há de se constituir objetivamente, de forma iminente e plausível, e não hipoteticamente, como na hipótese dos autos. (STJ, AgRg no HC 265.050, Rel. Min. Laurita Vaz, 5ª T., DJ 7.3.2014)

Condições pessoais favoráveis, mesmo não sendo garantidoras de eventual direito à liberdade, merecem ser devidamente valoradas quando demonstrada a desnecessidade da medida excepcional de prisão, como ocorre, ao menos por ora, no caso dos autos. Ordem não conhecida. "Habeas corpus" concedido de ofício a fim de revogar a prisão preventiva da paciente, se por outro motivo não estiver presa, mediante termo de compromisso de comparecimento a todos os atos do processo, a ser firmado perante o Juízo de primeiro grau, sendo-lhe vedado, sem prejuízo do afastamento cautelar da função pública já ordenado, manter contato com as testemunhas do processo e com os corréus, nos moldes do disposto no art. 319, III, do CPP, resguardado ao Magistrado singular a possibilidade de decretação de outras medidas cautelares diversas da prisão, se demonstrada sua necessidade, estendendo-se os efeitos da presente ordem, nos termos do art. 580 do CPP, aos demais corréus com idênticas imputações, com exceção do corréu Evanildo Oliveira, cuja acusação é diversa e, por isso, não aproveita os fundamentos desta decisão. (HC 281.854, Rel. Min. Marco Aurélio Bellizze, 5ª T., DJ 19.12.2013)

Informativos (STF)

Ação penal e "habeas corpus" de ofício

A alteração da competência inicial em face de posterior diplomação do réu não invalida os atos regularmente praticados, devendo o feito prosseguir da fase em que se encontre, em homenagem ao princípio "tempus regit actum". O regular oferecimento e recebimento da denúncia perante o juízo natural à época dos atos desautoriza o pedido de arquivamento formulado nesta fase processual, em homenagem ao princípio da obrigatoriedade da ação penal. Não demonstrado pela acusação o dolo do acusado na autorização da despesa e incluído no polo passivo exclusivamente em razão de sua posição hierárquica, fica evidenciada a ausência de justa causa para o prosseguimento da ação penal. No caso, delegado de polícia, hoje parlamentar, teria autorizado o pagamento de diárias a policial para viagens oficiais não realizadas. AP 905 QO, Rel. Min. Roberto Barroso, 23.2.2016. 1ª T. (Info 815)

Audiência de instrução e ausência de testemunha

Na via estreita do "habeas corpus" não se admite o exame de nulidade cujo tema não foi trazido antes do trânsito em julgado da ação originária e tampouco antes do trânsito em julgado da revisão criminal. RHC 124041, Rel. p/ ac. Min. Roberto Barroso, 30.8.2016. 1ª T. (Info 837)

"Habeas corpus": competência de juiz instrutor e foro privilegiado

Os juízes instrutores atuam como "longa manus" do magistrado relator e, nessa condição, procedem sob sua supervisão. Trata-se, portanto, de delegação limitada a atos de instrução, com poder decisório restrito ao alcance desses objetivos. HC 131164, Rel. Min. Edson Fachin, 24.5.2016. 1ª T. (Info 827)

"Habeas corpus" contra decisão monocrática

Não é cabível "habeas corpus" impetrado contra decisão monocrática de ministro da Corte. O tema está materializado na Súmula 606/STF. Não se trata de impedir a revisão do ato do relator, posto que há outro meio processual para tanto, conforme previsto no art. 38 da Lei 8.038/90 e no art. 21, § 1º, do RISTF. HC 105959, Red. p/ ac. Min. Edson Fachin, 17.2.2016. Pleno. (Info 814)

"Habeas corpus" e cabimento

O "habeas corpus", cuja finalidade é a tutela da liberdade de locomoção, não é cabível para o reexame de pressupostos de admissibilidade de recursos. HC 114293, Red. p/ ac. Min. Edson Fachin, 1.12.2015. 1ª T. (Info 810)

"Habeas corpus" e desclassificação

É incabível a utilização de "habeas corpus" impetrado com a finalidade de obter a desclassificação de homicídio com dolo eventual (CP, art. 121, c/c art. 18, I) para homicídio culposo na direção de veículo automotor (CTB, art. 302, § 2º), na hipótese em que discutida a existência de dolo eventual ou culpa consciente na conduta do motorista que se apresente em estado de embriaguez. HC 131029, Red. p/ ac. Min. Edson Fachin, 17.5.2016. 1ª T. (Info 826)

"Habeas corpus" e razoável duração do processo

Concedido HC para atribuir celeridade ao julgamento de mérito de REsp no STJ. O grande volume de trabalho do STJ permite flexibilizar, em alguma medida, o princípio constitucional da razoável duração do processo. No caso, contudo, a demora demasiada para o julgamento do recurso, em razão do elevado número de substituição de relatores – cinco substituições –, configura negativa de prestação jurisdicional e flagrante constrangimento ilegal sofrido pelo paciente. HC 136435, Rel. Min. Ricardo Lewandowski, j. 22.11.2016. 2ª T. (Info 848)

"Habeas corpus" e trancamento de ação penal

A Primeira Turma denegou a ordem em "habeas corpus" em que se pretendia trancar ação penal contra paciente acusado da prática de atividade clandestina de telecomunicação por disponibilizar provedor de internet sem fio. A defesa, ao sustentar a insignificância da conduta, ponderava que a atividade desenvolvida teria sido operada abaixo dos parâmetros objetivos estabelecidos pela Lei 9.612/98. Acrescentava, ainda, que não teria sido realizado, nos autos da ação penal, qualquer tipo de exame técnico pericial que comprovasse a existência de lesão ao serviço de telecomunicações. Porém, para o Colegiado, houve o desenvolvimento de atividade clandestina de telecomunicações, de modo que a tipicidade da conduta está presente no caso. (...). HC 118400, Rel. Min. Marco Aurélio, j. 4.10.2016. 1ª T. (Info 842)

"Habeas corpus" e trancamento de processo de "impeachment"

"Habeas corpus" não é o instrumento adequado para pleitear trancamento de processo de "impeachment". HC 134315 AgR, Rel. Min. Teori Zavascki, 16.6.2016. Pleno. (Info 830)

HC e desclassificação

É incabível a utilização do "habeas corpus" com a finalidade de se obter a desclassificação de imputação de homicídio doloso, na modalidade dolo eventual, para homicídio culposo, na hipótese em que apurada a prática de homicídio na direção de veículo automotor. Isso porque os limites estreitos dessa via processual impossibilitariam a análise apurada do elemento subjetivo do tipo penal para que se pudesse afirmar que a conduta do paciente fora pautada pelo dolo eventual ou pela culpa consciente. HC 132036, Rel. Min. Cármen Lúcia, 29.3.2016. 2ª T. (Info 819)

Visita a detento e impetração de "habeas corpus"

Não conhecido "habeas corpus" no qual pleiteada a realização de visita direta a interno em estabelecimento penal e não nas dependências de parlatório. No caso, fora vedada a manutenção de contato direto entre detento recluso em penitenciária de segurança máxima e sua mãe. Não sendo possível a realização dos movimentos exigidos no procedimento de revista íntima em razão de doença – artrose no joelho direito – de que seria portadora a visitante, o juiz de execução penal, com fundamento em norma regimental, recomendara a utilização de parlatório. Por não haver efetiva restrição ao "status libertatis" do paciente, o "habeas corpus" seria meio inidôneo para discutir direito de visita a preso. HC 133305, Rel. Min. Dias Toffoli, 24.5.2016. 2ª T. (Info 827)

Cabimento de HC em face de decisão de Ministro do STF e colaboração premiada

O Tribunal conheceu do "habeas corpus", que teria fundamento no art. 102, I, d, da CF, segundo o qual cabe "habeas corpus" contra atos do próprio STF. No mérito, definiu-se que a colaboração premiada é meio de obtenção de prova, destinado à aquisição de elementos dotados de capacidade probatória. Não constitui meio de prova propriamente dito e não se confunde com os depoimentos prestados pelo agente colaborador. É negócio jurídico processual que, judicialmente homologado, confere ao colaborador o direito de: a) usufruir das medidas de proteção previstas na legislação específica; b) ter nome, qualificação, imagem e demais informações pessoais preservados; c) ser conduzido, em juízo, separadamente dos demais coautores e partícipes; e d) participar das audiências sem contato visual com outros acusados. Deve ser feito por escrito e conter: a) o relato da colaboração e seus possíveis resultados; b) as condições da proposta do Ministério Público ou do delegado de polícia; c) a declaração de aceitação do colaborador e de seu defensor; e d) as assinaturas do representante do Ministério Público ou do delegado de polícia, do colaborador e de seu defensor. Por sua vez, esse acordo somente será válido se: a) a declaração de vontade do colaborador for resultante de um processo volitivo, querida com plena consciência da realidade, escolhida com liberdade e deliberada sem má-fé; e b) o seu objeto for lícito, possível, determinado ou determinável. A "liberdade" de que se trata é psíquica, não de locomoção. Assim, não há óbice a que o colaborador esteja custodiado, desde que presente a voluntariedade da colaboração. Ademais, no que se refere à eficácia do acordo, ela somente ocorreria se o ato fosse submetido à homologação judicial. Esta limitar-se-ia a se pronunciar sobre a regularidade, legalidade e voluntariedade do acordo. Não seria emitido qualquer juízo de valor a respeito das declarações eventualmente já prestadas pelo colaborador à autoridade policial ou ao Ministério Público, tampouco seria conferido o signo da idoneidade a depoimentos posteriores. Em outras palavras, homologar o acordo não implicaria dizer que o juiz admitira como verídicas ou idôneas as informações eventualmente já prestadas pelo colaborador e tendentes à identificação de coautores ou partícipes da organização criminosa e das infrações por ela praticadas ou à revelação da estrutura hierárquica e da divisão de tarefas da organização criminosa. Por fim, a aplicação da sanção premial prevista no acordo dependeria do efetivo cumprimento, pelo colaborador, das obrigações por ele assumidas, com a produção de um ou mais dos resultados legais (Lei 12.850/13, art. 4º, I a V). Caso contrário, o acordo estaria inadimplido, e não se aplicaria a sanção premial respectiva. O Colegiado assentou que eventual coautor ou partícipe dos crimes praticados pelo colaborador não poderia impugnar o acordo de colaboração. Afinal, se cuidaria de negócio jurídico processual personalíssimo. Ele não vincularia o delatado e não atingiria diretamente sua esfera jurídica. O acordo, por si só, não poderia atingir o delatado, mas sim as imputações constantes dos depoimentos do colaborador ou as medidas restritivas de direitos que viessem a ser adotadas com base nesses depoimentos e nas provas por eles indicadas ou apresentadas. Além disso, o Tribunal reputou que a personalidade do colaborador ou eventual descumprimento de anterior acordo de colaboração não invalidariam o acordo atual. Primeiramente, seria natural que o colaborador, em apuração de organização criminosa, apresentasse, em tese, personalidade desajustada ao convívio social, voltada à prática de crimes graves. Assim, se a colaboração processual estivesse subordinada à personalidade do agente, o instituto teria poucos efeitos. HC 127483, Rel. Min. Dias Toffoli, 27.8.15. Pleno. (Info 796)

Cabimento de "habeas corpus" e prequestionamento

É desnecessária a prévia discussão acerca de matéria objeto de "habeas corpus" impetrado originariamente no STJ, quando a coação ilegal ou o abuso de poder advierem de ato de TRF no exercício de sua competência penal originária. RHC 118622, Rel. Min. Roberto Barroso, 17.3.15. 1ª Turma. (Info 778)

"Habeas corpus" de ofício e recebimento de denúncia

Por falta de justa causa, concedeu-se, de ofício, "habeas corpus" e rejeitou-se denúncia de prática dos crimes de fraude à licitação e peculato. A justa causa consistiria na exigência de suporte probatório mínimo e se traduziria na existência de elementos sérios e idôneos que demonstrassem a materialidade do crime e a existência de indícios razoáveis de autoria. O acusado, à época da concorrência supostamente fraudada, da assinatura do contrato e de seus aditivos, da sua execução, das medições de obra e dos pagamentos à empresa contratada, não mais seria o chefe do Poder Executivo local, por haver renunciado ao seu mandato. Portanto, além de não subsistir relação de subordinação hierárquica com os responsáveis pela licitação, o acusado não mais deteria qualquer poder de mando sobre o curso do procedimento licitatório e a execução do contrato ora hostilizado. AP 913 QO, Rel. Min. Dias Toffoli, 17.11.15. 2ª T. (Info 808)

"Habeas corpus" e autorização para visitas

O "habeas corpus" não é meio processual adequado para o apenado obter autorização de visita de sua companheira no estabelecimento prisional. HC 127685, Rel. Min. Dias Toffoli, 30.6.15. 2ª T. (Info 792)

"Habeas corpus" e "reformatio in pejus"

A proibição da "reformatio in pejus", princípio imanente ao processo penal, aplica-se ao "habeas corpus", cujo manejo jamais poderá agravar a situação jurídica daquele a quem busca favorecer. HC 126869, Rel. Min. Dias Toffoli, 23.6.15. 2ª T. (Info 791)

Medida cautelar de afastamento de cargo público e cabimento de "habeas corpus"

As medidas cautelares criminais diversas da prisão são onerosas ao implicado e podem ser convertidas em prisão se descumpridas. É cabível a ação de "habeas corpus" contra coação ilegal decorrente da aplicação ou da execução de tais medidas.

Há excesso de prazo no afastamento cautelar de Conselheiro de Tribunal de Contas, por mais de dois anos, sem que a denúncia tenha sido admitida. HC 121089, Rel. Min. Gilmar Mendes, 16.12.14. 2ª T. (Info 772)

Exaurimento de instância e conhecimento de "writ"

Não se conhece de "habeas corpus" ou de recurso ordinário em "habeas corpus" perante o STF quando, da decisão monocrática de ministro do STJ que não conhece ou denega o "habeas corpus", não se interpõe agravo regimental. RHC 116711, Rel. Min. Gilmar Mendes, 19.11.13. 2ª T. (Info 729)

"Habeas corpus" e autodefesa técnica

O "habeas corpus" não é o instrumento processual adequado a postular o direito de exercer a autodefesa técnica, uma vez que não está em jogo a liberdade de locomoção do paciente. HC 122382, Rel. Min. Cármen Lúcia, 5.8.14. 2ª T. (Info 753)

"Habeas corpus" e impetração contra órgão do STF

Não cabe "habeas corpus contra decisão proferida por qualquer de suas Turmas, as quais não se sujeitam à jurisdição do Plenário, pois, quando julgam matéria de sua competência, representam o STF". A matéria já foi pacificada, nos termos da Súm. 606/STF. HC 117091, Red. p/ ac. Min. Roberto Barroso, 22.5.14. HC 117091 (HC-117091)

Prejudicialidade: prisão cautelar e superveniência de sentença condenatória

Não fica prejudicado "habeas corpus" impetrado contra decreto de prisão cautelar, se superveniente sentença condenatória que utiliza os mesmos fundamentos para manter a custódia do réu. HC 119396, Rel. Min. Cármen Lúcia, 4.2.14. 2ª T. (Info 734)

Recurso em "habeas corpus" e capacidade postulatória

Advogado com inscrição suspensa na OAB não possui capacidade postulatória para a prática de atos processuais. O recorrente deve possuir capacidade postulatória para interpor recurso ordinário em "habeas corpus", ainda que tenha sido o impetrante originário, por tratar-se de ato privativo de advogado. São nulos os atos privativos de advogado praticados por aquele que esteja com a inscrição suspensa (EOAB, art. 4º, parágrafo único). RHC 121722, Rel. Min. Ricardo Lewandowski, 20.5.14. 2ª T. (Info 747)

Art. 654, § 1º, do CPP e cognoscibilidade de HC

A circunstância de o STJ ter encaminhado os autos à DPU para que tomasse as providências que entendesse pertinentes, não a isenta de pedir informações à autoridade apontada coatora, com vistas a averiguar a veracidade de constrangimento ilegal em tese sofrido pelo paciente. 5. Impetrante que, na condição de preso, encontra-se em irretorquível situação de vulnerabilidade. (...). 6. Recurso provido para determinar que o STJ conheça do "habeas corpus" indeferido liminarmente naquela Corte e solicite informações ao Juízo das Execuções Criminais, apontado autoridade coatora, a fim de esclarecer as alegações contidas na inicial do "writ". RHC 113315, Rel. Min. Gilmar Mendes, 18.6.13. 2ª T. (Info 711)

Bacen e envio de informações individualizadas

Tendo o juízo declarado extinta a punibilidade, há o prejuízo de impetração voltada a questionar a licitude do acesso do MP, sem autorização judicial, a dados bancários de correntistas. HC 99223, Rel. Min. Marco Aurélio, 21.5.13. 1ª T. (Info 707)

Cabimento de HC e busca e apreensão

(...). 2. Busca e apreensão deferida em desfavor de empresa da qual o paciente é sócio. 3. Alegações de incompetência do juízo que deferiu a cautelar e ausência de justa causa para concessão da medida perante o não esgotamento da via administrativa, constituição definitiva do crédito tributário. 4. HC indeferido liminarmente pelo STJ, que entendeu não haver risco à liberdade de locomoção. 5. Na perspectiva dos direitos fundamentais de caráter judicial e de garantias do processo, é cabível o "writ", porquanto, efetivamente, encontra-se o paciente sujeito a ato constritivo, real e concreto do poder estatal. (...). HC 112851, Rel. Min. Gilmar Mendes, 5.3.13. 2ª T. (Info 697)

"Habeas corpus" e sigilo

Afirmou-se que, embora o CPC determinasse que na ação civil de alimentos se observasse o regime de segredo de justiça, não se poderia impor sigilo a "habeas corpus" em que controverso o "ius libertatis" do devedor alimentante. Frisou-se que não constaria, na autuação do presente recurso, o nome do alimentado, cuja não identificação somente se legitimaria quando se tratasse de processo de natureza civil. HC 119538 AgR, Rel. Min. Celso de Mello, 22.10.13. 2ª Turma. (Info 725)

HC: cabimento e organização criminosa

Concedeu-se a ordem de ofício. Sublinhou-se que o STJ deferira a ordem para trancar a ação penal apenas quanto ao delito de descaminho, porque ainda pendente processo administrativo, mas teria mantido as imputações relativas à suposta prática dos crimes de lavagem de dinheiro e de participação em organização criminosa. Rememorou-se julgado da Turma que assentara inexistir, à época, na ordem jurídica pátria, o tipo "crime organizado", dado que não haveria lei em sentido formal e material que o tivesse previsto e tampouco revelado a referida pena (HC 96007). Concluiu-se, diante da decisão do STJ e do aludido precedente, inexistir crime antecedente no que concerne à lavagem de dinheiro. HC 108715, Rel. Min. Marco Aurélio, 24.9.13. 1ª T. (Info 721)

HC: chefe da Interpol e competência

O STF não tem competência para julgar "habeas corpus" cuja autoridade apontada como coatora seja delegado federal chefe da Interpol no Brasil. HC 119056 QO, Rel. Min. Cármen Lúcia, 3.10.13. Pleno. (Info 722)

HC e decisão monocrática de ministro do STJ

Não cabe "habeas corpus" de decisão monocrática de ministro do STJ que nega seguimento a idêntica ação constitucional lá impetrada por ser substitutivo de recurso ordinário. HC 116114, Rel. Min. Dias Toffoli, 9.4.13. 1ª T. (Info 701)

HC e erronia no uso da expressão "ex officio"

É inadmissível o "habeas corpus" substitutivo de recurso ordinário. 2. Nada impede, entretanto, análise da questão, de ofício, nas hipóteses de flagrante ilegalidade, abuso de poder ou teratologia, o que não é o caso dos autos. HC 108444, Rel. Min. Dias Toffoli, 12.3.13. 1ª T. (Info 698)

HC em crime ambiental e reexame de fatos

Assentou-se o prejuízo da impetração ante a superveniência de notícia de que fora extinta a punibilidade do paciente, uma vez que se teria consumado a prescrição penal. HC 105908, Rel. Min. Gilmar Mendes, 24.9.13. 2ª T. (Info 721)

HC: empate e convocação de magistrado

Cumpre proclamar a decisão mais favorável ao paciente quando ocorrer empate na votação e, por isso, desnecessária a participação de magistrado de outra turma para fins de desempate. HC 113518, Rel. Min. Teori Zavascki, 26.2.13. 2ª T. (Info 696)

HC: tipificação e reexame fático-probatório

Comprovada a solicitação de vantagem indevida para pleitear perante a Administração Pública o reequilíbrio econômico-financeiro do contrato da vítima, a conduta do Recorrente amolda-se ao tipo previsto no art. 317 do CP (corrupção passiva). 2. Não prospera o pleito fundado em suposto equívoco na tipificação do delito pelas instâncias ordinárias, perante as quais a Defesa não apresentou essa tese, suscitada apenas quando da impetração do "habeas corpus" no STJ, via que não permite a ampla valoração dos fatos e provas necessária para seu acolhimento. RHC 116672, Rel. Min. Rosa Weber, 27.8.13. 1ª T. (Info 717)

Demora no julgamento de HC e paciente solto

O "habeas corpus" é medida cabível quando em jogo, direta ou indiretamente, o direito de locomoção. O "habeas corpus", pouco importando haver ou não o envolvimento direto da liberdade de ir e vir do paciente, deve merecer tramitação preferencial. HC 112659, Red. p/ ac. Min. Marco Aurélio, 29.5.12. 1ª T. (Info 668)

Extensão em HC e esclarecimento

Uma vez assentado o vício de procedimento no que indeferida diligência, tem-se como insubsistente a condenação imposta. HC 106272 Extensão, Rel. Min. Marco Aurélio, 18.9.12. 1ª T. (Info 680)

HC e necessidade de interposição de REsp

Este STF assentou não ser possível o conhecimento de "habeas corpus" quando não interposto o recurso cabível para provocar o reexame da matéria objeto da impetração. 2. Não se presta o "habeas corpus" para realizar novo juízo de reprovabilidade, ponderando, em concreto, qual seria a pena adequada ao fato pelo qual condenado o paciente. HC 110152, Rel. Min. Cármen Lúcia, 8.5.12. 1ª T. (Info 665)

HC e necessidade de interposição de REsp

O eventual cabimento de recurso especial não constitui óbice à impetração de "habeas corpus", desde que o direito-fim se identifique direta e imediatamente com a liberdade de locomoção física do paciente. HC 108994, Rel. Min. Joaquim Barbosa, 15.5.12. 2ª T. (Info 666)

HC e suspensão de prazo prescricional

O fato de o "habeas corpus" ser substituto de recurso ordinário não é fundamento suficiente para o não conhecimento do "writ". 3. Ordem deferida para que o STJ conheça e julgue o "habeas" lá impetrado. 4. Suspensão da execução da pena e do prazo prescricional até o julgamento do HC impetrado no STJ. HC 111210, Rel. Min. Gilmar Mendes, 7.8.12. 2ª T. (Info 674)

HC e tempestividade recursal

A Turma deferiu "habeas corpus" para que o STJ conheça de agravos de instrumento e se pronuncie sobre o seu mérito. Tratava-se, na espécie, de 2 "writs" impetrados de acórdãos daquele tribunal, que negara provimento a agravos regimentais, porquanto caberia aos recorrentes demonstrarem, no ato de interposição de agravo de instrumento – para a subida de recurso especial em matéria criminal –, não ter havido expediente forense na Corte de origem em razão de feriado local. Asseverou-se que as partes teriam comprovado a causa de prorrogação do prazo para recurso, não obstante o tivessem feito somente em sede de agravo regimental. HC 108638, HC 112842, Rel. Min. Joaquim Barbosa, 8.5.12. 2ª T. (Info 665)

HC: novo título e ausência de prejudicialidade

A superveniência de sentença condenatória que mantém preso o réu sob os mesmos fundamentos expostos no decreto de prisão preventiva não é causa de prejudicialidade de "habeas corpus". HC 113457, Rel. Min. Cármen Lúcia, 4.12.12. 2ª T. (Info 691)

HC substitutivo de recurso ordinário

É inadmissível impetração de "habeas corpus" quando cabível recurso ordinário constitucional. HC 109956, Rel. Min. Marco Aurélio, 7.8.12. 1ª T. (Info 674)

HC substitutivo de recurso ordinário e adequação

Provido recurso para determinar ao STJ que conheça de "writ" lá impetrado e, por conseguinte, se pronuncie quanto às alegações da defesa. No caso, o tribunal "a quo" não conhecera da ordem pleiteada por entender que consistiria em utilização inadequada da garantia constitucional, em substituição aos recursos ordinariamente previstos. Ressaltou-se que o acórdão ora impugnado contrariaria a jurisprudência desta 2ª Turma, porquanto deixara de conhecer do "habeas corpus" ajuizado naquela Corte, ao fundamento de tratar-se de substitutivo de recurso ordinário. RHC 114188, Rel. Min. Gilmar Mendes, 30.10.12. 2ª T. (Info 686)

INFORMATIVO DE TESES (PGR)

"Habeas corpus". STF. Ato de ministro. Órgão fracionário. Plenário.

Não é cabível "habeas corpus" originário para o Plenário contra ato de ministro ou órgão fracionário do STF, em observância de jurisprudência pacífica do STF. (HC 135221, Info 45/2016, Tese 356)

"Habeas corpus". Trancamento de processo de impeachment. Inadequação da via eleita. Inexistência de cerceamento da liberdade de ir e vir.

Não é cabível "habeas corpus" com o objetivo de evitar prosseguimento de Processo de Impeachment perante a Câmara dos Deputados, sob a alegação de que a paciente estaria sendo acusada da prática de crime do qual não constaria sequer indício, pois as consequências do andamento do referido processo, fundamentado no cometimento de crime de responsabilidade, previstas no art. 33 da Lei 1.079/50, não implicam restrição alguma ao direito de locomoção do paciente, sendo inadequada a via eleita para resguardar direitos políticos. (HC 134055, Info 31/2016, Tese 244)

"Habeas corpus". Trancamento de processo de impeachment contra a paciente. Inadequação da via eleita. Ausência de cerceamento da liberdade de ir e vir. Não aplicação do princípio da fungibilidade. Erro grosseiro.

Não é cabível o recebimento de "habeas corpus" como mandado de segurança com o objetivo de evitar prosseguimento de Processo de Impeachment perante a Câmara dos Deputados, sob a alegação de que a paciente estaria sendo acusada da prática de crime do qual não constaria sequer indício, pois as consequências do andamento do referido processo, fundamentado no cometimento de crime de responsabilidade, cujas consequências, previstas no art. 33 da Lei 1.079/50, não implicam restrição alguma ao direito de locomoção, caracterizando, dessa forma, erro grosseiro, sendo inaplicável o princípio da fungibilidade, conforme jurisprudência do STF. (HC 134055, Info 31/2016, Tese 245)

"Habeas corpus". Acesso de cidadãos ao parlamento. Cabimento.

É cabível "habeas corpus" para garantir o acesso pacífico de cidadãos às dependências da Câmara dos Deputados, pois atos que o impedem configuram, em tese, ofensa à liberdade de locomoção. (HC 129129, Info 13/2015, Tese 98)

Informativos (STJ)

HC e medidas protetivas previstas na Lei Maria da Penha.

Cabe "habeas corpus" para apurar eventual ilegalidade na fixação de medida protetiva de urgência consistente na proibição de aproximar-se de vítima de violência doméstica e familiar. HC 298.499, Rel. Min. Reynaldo Soares da Fonseca, DJ 9.12.2015. 5ª T. (Info 574)

Inadequação do "habeas corpus" para impugnar decisão que determina a busca e apreensão e o acolhimento de criança.

Não cabe "habeas corpus" para impugnar decisão judicial liminar que determinou a busca e apreensão de criança para acolhimento em família devidamente cadastrada junto a programa municipal de adoção. HC 329.147, Rel. Min. Maria Isabel Gallotti, DJ 11.12.2015. 4ª T. (Info 574)

Interposição de recurso ordinário contra decisão concessiva de ordem de "habeas corpus".

É admissível a interposição de recurso ordinário para impugnar acórdão de Tribunal de Segundo Grau concessivo de ordem de "habeas corpus" na hipótese em que se pretenda questionar eventual excesso de medidas cautelares fixadas por ocasião de deferimento de liberdade provisória. RHC 65.974, Rel. Min. Reynaldo Soares da Fonseca, DJ 16.3.2016. 5ª T. (Info 579)

Análise de "habeas corpus" a despeito de concessão de sursis.

A eventual aceitação de proposta de suspensão condicional do processo não prejudica a análise de "habeas corpus" RHC 41.527, Rel. Min. Jorge Mussi, DJ 11.3.15. 5ª T. (Info 557)

Cabimento de HC para análise de afastamento de cargo de prefeito.

É cabível impetração de "habeas corpus" para que seja analisada a legalidade de decisão que determina o afastamento de prefeito do cargo, quando a medida for imposta conjuntamente com a prisão. HC 312.016, Rel. Min. Felix Fischer, DJ 5.5.15. 5ª T. (Info 561)

Intervenção de terceiros em "habeas corpus".

Admite-se a intervenção do querelante em "habeas corpus" oriundo de ação penal privada. RHC 41.527, Rel. Min. Jorge Mussi, DJ 11.3.15. 5ª T. (Info 557)

Cabimento de "habeas corpus" em ação de interdição.

É cabível a impetração de "habeas corpus" para reparar suposto constrangimento ilegal à liberdade de locomoção decorrente de decisão proferida por juízo cível que tenha determinado, no âmbito de ação de interdição, internação compulsória. HC 135.271, Rel. Min. Sidnei Beneti, 17.12.13. 3ª T. (Info 533)

Inadequação de "habeas corpus" para questionar pena de suspensão do direito de dirigir veículo automotor.

O "habeas corpus" não é o instrumento cabível para questionar a imposição de pena de suspensão do direito de dirigir veículo automotor. HC 283.505, Rel. Min. Jorge Mussi, 21.10.14. 5ª T. (Info 550)

RHC que consista em mera reiteração de HC.

A análise pelo STJ do mérito de "habeas corpus" com o objetivo de avaliar eventual possibilidade de concessão da ordem de ofício, ainda que este tenha sido considerado incabível por inadequação da via eleita, impede a posterior apreciação de recurso ordinário em "habeas corpus" que também esteja tramitando no Tribunal, e que consista em mera reiteração do "mandamus" já impetrado (com identidade de partes, objeto e causa de pedir). Isso porque, nessa hipótese, estaria configurada a litispendência. RHC 37.895, Rel. Min. Laurita Vaz, 27.3.14. 5ª T. (Info 539)

Cabimento de "habeas corpus" substitutivo de agravo em execução.

É possível a impetração de "habeas corpus" em substituição à utilização do agravo em execução, previsto no art. 197 da LEP, desde que não seja necessário revolvimento de provas para a sua apreciação e que a controvérsia se limite à matéria de direito. HC 255.405, Rel. Min. Campos Marques, 13.11.12. 6ª T. (Info 509)

"Habeas corpus". Cabimento de "habeas corpus" substitutivo de agravo em execução.

Não é cabível a impetração de "habeas corpus" em substituição à utilização de agravo em execução na hipótese em que não há ilegalidade manifesta relativa a matéria de direito cuja constatação seja evidente e independa de qualquer análise probatória. HC 238.422, Rel. Min. Maria T. A. Moura, 6.12.12. 6ª T. (Info 513)

HC substitutivo de recurso ordinário. Nova orientação.

O STF, em recentes pronunciamentos, aponta para uma retomada do curso regular do processo penal, ao inadmitir o "habeas corpus" substitutivo do recurso ordinário. 2. Sem embargo, mostra-se precisa a ponderação no sentido de que, "no tocante a "habeas" já formalizado sob a óptica da substituição do recurso constitucional, não ocorrerá prejuízo para o paciente, ante a possibilidade de vir-se a conceder, se for o caso, a ordem de ofício." 3. Hipótese em que a decisão de primeiro grau, corroborada pelo Tribunal "a quo" no "writ" originário, não apresentou argumentos idôneos e suficientes à manutenção da prisão cautelar da ora Paciente, pois, apesar de afirmar a presença de indícios suficientes de autoria e materialidade para a deflagração da ação penal, não apontou elementos concretos extraídos dos autos que justificassem a necessidade da custódia, restando esta amparada, tão somente, na gravidade abstrata do delito e no seu caráter hediondo. HC 239.550, Rel. Min. Laurita Vaz, 18.9.12. 5ª T. (Info 504)

HC. Trancamento da ação penal. Falta de justa causa.

O trancamento da ação penal pela via de "habeas corpus" é medida de exceção, que só é admissível quando emerge dos autos, de forma inequívoca e patente, a inocência do acusado, a atipicidade da conduta ou a extinção da punibilidade. 2. No caso, nenhuma dessas três hipóteses se apresenta. Além de a denúncia conter elementos indiciários suficientes da autoria e da materialidade do delito, o acórdão impugnado, ao decidir pelo trancamento do feito, acabou por apreciar o próprio mérito da ação penal, devendo, por isso, ser cassado para que seja dado prosseguimento à "persecutio criminis". REsp 1.046.892, Rel. Min. Laurita Vaz, 16.8.12. 5ª T. (Info 502)

Questões de concursos

95. **(Cespe/CNJ/Analista/2013)** Será concedido "habeas corpus" àquele que sofrer ou se achar ameaçado de sofrer violência ou coação em sua liberdade de locomoção por ilegalidade ou abuso de poder.

96. **(Cespe/CNJ/Analista/2013)** Considere que um argentino tenha sido preso em flagrante em território brasileiro e que, com base no direito constitucional brasileiro, tenha impetrado "habeas corpus" redigido em língua espanhola. Nessa situação, a despeito de o pedido de "habeas corpus" destinar-se à salvaguarda de direito fundamental, o "writ" não deverá ser conhecido, pois é imprescindível o uso da língua portuguesa na redação dessa ação, consoante jurisprudência do STF.

97. **(Cespe/TC/DF/Procurador/2013)** Qualquer pessoa do povo, nacional ou estrangeira, independentemente de capacidade civil, política, idade, sexo, profissão ou estado mental pode fazer uso do "habeas corpus", em benefício próprio ou alheio, não sendo permitida, porém, a impetração apócrifa, sem a precisa identificação do autor.

98. **(Vunesp/FundaçãoCasa/Advogado/2013)** A Súmula n. 492 do Superior Tribunal de Justiça estabelece que "o ato infracional análogo ao tráfico de drogas, por si só, não conduz obrigatoriamente à imposição de medida socioeducativa de internação do adolescente". Assim, caso haja decisão contrária ao entendimento adotado pela súmula, poderá, o adolescente, na tutela de seu direito fundamental à liberdade,

    a) impetrar mandado de segurança.

    b) ajuizar ação anulatória.

    c) exercer seu direito de petição.

d) impetrar "habeas corpus".

e) invocar a assistência jurídica integral e gratuita por insuficiência de recursos.

99. **(Vunesp/MP/ES/Promotor/2013)** Segundo o regime constitucional do "habeas corpus" e o entendimento do Supremo Tribunal Federal sobre o tema, é correto afirmar que é cabível o "habeas corpus"

a) com o escopo de obter correção da dosimetria da pena imposta pelo magistrado.

b) em favor de preso com o objetivo de afastar decisão que o impede de receber visitas de familiares.

c) para discutir confisco criminal de bens do réu.

d) com a finalidade de atacar afastamento ou a perda do cargo de juiz federal.

e) contra decisão condenatória a pena de multa, ou relativo a processo em curso por infração penal a que a pena pecuniária seja a única cominada.

100. **(Cespe/PM/AL/Soldado/2012)** A garantia constitucional que protege o cidadão cuja liberdade de ir e vir seja cerceada por ato administrativo praticado sem a devida observância do princípio da legalidade é

a) o mandado de segurança.

b) a ação popular.

c) o pedido de liminar.

d) a antecipação de tutela.

e) o "habeas corpus".

101. **(Cespe/DPE/AC/Defensor/2012)** Acerca do entendimento sumulado do STF no que se refere a "habeas corpus", assinale a opção correta.

a) É cabível "habeas corpus" contra a imposição da pena de exclusão de militar ou de perda de patente ou de função pública.

b) Cabe o "habeas corpus" contra decisão condenatória a pena de multa.

c) É cabível "habeas corpus" contra omissão de relator de extradição, se fundado em fato ou direito estrangeiro cuja prova não tenha constado dos autos, mesmo não tendo havido provocação a respeito.

d) Não se conhece de recurso de "habeas corpus" cujo objeto seja resolver sobre o ônus das custas.

e) Esse remédio jurídico é cabível mesmo quando já extinta a pena privativa de liberdade.

102. (Cespe/MPE/PI/Promotor/2012) Assinale a opção correta com relação ao "habeas corpus".

a) Caracteriza-se como repressivo o "habeas corpus" impetrado por alguém que se julgue ameaçado de sofrer violência ou coação em sua liberdade de locomoção por ilegalidade ou abuso de poder.

b) Denomina-se doutrina brasileira do "habeas corpus" o entendimento atual do STF, reunido em diversas súmulas, acerca da aplicação e cabimento desse instituto.

c) A jurisprudência do STF não admite impetração de "habeas corpus" em favor de pessoa jurídica, ainda que esta figure como ré em ação de crime contra o meio ambiente.

d) Considere que um veículo de comunicação seja proibido, por decisão judicial, de divulgar matéria desfavorável ao autor da ação, sendo a proibição estendida a blogues, páginas pessoais, redes sociais e outros sítios da Internet. Considere, ainda, que um cidadão, sentindo-se coagido na sua liberdade de navegar na Internet, impetre "habeas corpus" a fim de garantir sua liberdade de locomoção nessa rede mundial de comunicação. Nessa situação, de acordo com o entendimento do STF, a referida decisão, de fato, viola o livre trânsito do impetrante no mundo virtual, estando a demanda no âmbito de proteção do "habeas corpus".

e) Segundo a jurisprudência dominante do STF, é cabível "habeas corpus" contra decisão condenatória à pena de multa.

103. (Cespe/PC/ES/Papiloscopista/2011) É possível a impetração de "habeas corpus" contra um hospital particular que esteja privando um paciente do seu direito de liberdade de locomoção.

104. (TRT/2R/Juiz/2014) Em relação às tutelas constitucionais, aponte a alternativa correta:

a) É cabível "habeas corpus" preventivo na Justiça do Trabalho, para evitar prisão de depositário infiel.

b) O mandado de segurança coletivo poderá ser ajuizado exclusivamente por partido político com representação no Congresso, por organização sindical de grau superior, por entidade de classe ou associação legalmente constituída e em funcionamento há pelo menos 2 (dois) anos).

c) Mediante comprovação de insuficiência econômica do autor são gratuitas as ações de "habeas corpus" e "habeas data".

d) O Estado prestará assistência jurídica gratuita integral exclusivamente aos que, estando no polo passivo da relação processual penal ou civil e ativo da relação processual trabalhista, comprovarem insuficiência de recursos.

e) A ação popular pode ser impetrada por qualquer pessoa física com a finalidade de anular ato lesivo ao patrimônio público ou de entidade de que o Estado participe, entre outras hipóteses.

105. **(PGE/PA/Procurador/2011)** No HC 82424-2 – "Caso Ellwanger" –, o Supremo Tribunal Federal julgou pedido de "habeas corpus" em favor de editor de obras que veiculavam ideias supostamente antissemitas. Analise as proposições abaixo e assinale a alternativa correta:

   I.   A ordem de "habeas corpus" foi deferida com fundamento, entre outros, no fato de que os livros publicados não poderiam instigar ou incitar a prática do racismo, dada a baixa repercussão de livros dessa natureza na sociedade brasileira.

   II. A ordem de "habeas corpus" foi deferida após a aplicação da regra da proporcionalidade, na qual a liberdade de expressão prevaleceu em virtude da inconsistência científica do conceito biológico de raça.

   III. A ordem de "habeas corpus" foi deferida após a aplicação da regra da proporcionalidade, na qual o valor essencial da liberdade de expressão para a participação na vida democrática prevaleceu sobre a tipificação penal do racismo.

   IV. A ordem de "habeas corpus" foi indeferida com fundamento, entre outros, de que o direito à liberdade de expressão não pode abrigar, em sua abrangência, manifestações de conteúdo imoral que implicam em ilicitude penal.

   V.   A ordem de "habeas corpus" foi indeferida com fundamento, entre outros, na prova científica de que há diferenças biológicas que caracterizam judeus, negros e índios; e que, por isso, tais raças devem ser protegidas contra o discurso odioso, sendo o racismo crime imprescritível:

   a) Apenas as proposições I, II e III estão corretas.
   b) Apenas as proposições II e III estão corretas.
   c) Apenas a proposição III está correta.
   d) Apenas a proposição IV está correta.
   e) Apenas as proposições IV e V estão corretas.

■ Mandado de Segurança {art. 5º, LXIX}

> LXIX – conceder-se-á mandado de segurança para proteger direito líquido e certo, não amparado por "habeas-corpus" ou "habeas-data", quando o responsável pela ilegalidade ou abuso de poder for autoridade pública ou agente de pessoa jurídica no exercício de atribuições do Poder Público;

Súmulas (STF)

Súmula 629. A impetração de mandado de segurança coletivo por entidade de classe em favor dos associados independe da autorização destes.

Súmula 630. A entidade de classe tem legitimação para o mandado de segurança ainda quando a pretensão veiculada interesse apenas a uma parte da respectiva categoria.

Súmula 631. Extingue-se o processo de mandado de segurança se o impetrante não promove, no prazo assinado, a citação do litisconsorte passivo necessário.

Súmula 632. É constitucional lei que fixa o prazo de decadência para a impetração de mandado de segurança.

Jurisprudência complementar (STJ)

O direito líquido e certo a que alude o art. 5º, LXIX da CF é aquele cuja existência e delimitação são passíveis de demonstração documental, não lhe turvando o conceito a sua complexidade ou densidade. Dessa forma, deve o impetrante demonstrar, já com a petição inicial, no que consiste a ilegalidade ou a abusividade que pretende ver expungida e comprovar, de plano, os fatos ali suscitados, de modo que seja despicienda qualquer dilação probatória, incabível no procedimento da ação mandamental. Assim, o Mandado de Segurança é meio processual adequado para verificar se a medida impugnativa da autoridade administrativa pode ser considerada interruptiva do prazo decadencial para o exercício da autotutela, ainda que se tenha de examinar em profundidade a prova da sua ocorrência; o que não se admite, no trâmite do pedido de segurança, porém, é que essa demonstração se dê no curso do feito mandamental; mas se foi feita a demonstração documental e prévia da ilegalidade ou do abuso, não há razão jurídica para não se dar curso ao pedido de segurança e se decidi-lo segundo os cânones do Direito. (MS 18.554, Rel. Min. Napoleão N. Maia Filho., 1ª S., DJ 7.2.2014)

Laudo médico particular não é indicativo de direito líquido e certo. Se não submetido ao crivo do contraditório, é apenas mais um elemento de prova, que pode ser ratificado, ou infirmado, por outras provas a serem produzidas no processo instrutório, dilação probatória incabível no mandado de segurança. (STJ, REsp 1115417, Rel. Min. Castro Meira, 2ª T., DJ 5.8.2013)

Para a demonstração do direito líquido e certo, é necessário que, no momento da sua impetração, seja facilmente aferível a extensão do direito alegado e que este possa ser prontamente exercido. (STJ, AgRg no RMS 39.506, Rel. Min. Herman Benjamin, 2ª T., DJ 9.5.2013)

Questões de concursos

106. **(Cespe/TJ/DFT/Analista/2013)** O mandado de segurança pode ser impetrado contra autoridade pública ou agente de pessoa jurídica no exercício de atribuições do poder público, como é o caso dos agentes de pessoas jurídicas privadas que executam, a qualquer título, atividades e serviços públicos.

107. **(FCC/TRT/1R/Analista/2013)** Tendo um cidadão formulado denúncia de suposto desvio de verbas públicas por dirigente de autarquia federal perante o Tribunal de Contas da União (TCU), requereu o dirigente em questão que lhe fosse revelada a identidade do autor da denúncia, a fim de que pudesse tomar as medidas eventualmente cabíveis em defesa de seus interesses, pedido este que, contudo, foi rejeitado pelo Presidente do TCU. Nesta hipótese, o remédio constitucional adequado para fazer valer a pretensão do dirigente da autarquia perante o TCU seria o

   a) mandado de injunção, de competência do Supremo Tribunal Federal.
   b) mandado de segurança, de competência do Superior Tribunal de Justiça.
   c) habeas data, de competência do Supremo Tribunal Federal.
   d) habeas data, de competência do Superior Tribunal de Justiça.
   e) mandado de segurança, de competência do Supremo Tribunal Federal.

108. **(FCC/TRT/1R/Técnico/2013)** Suponha que uma empresa tenha requerido ao Poder Executivo a emissão de certidão em que constem os dados e a situação atual do processo administrativo de que é parte. Indeferido o pedido sob o argumento de que o processo seria sigiloso, a empresa pretende obter ordem judicial para que a certidão seja expedida. Deverá deduzir sua pretensão por meio de

   a) ação popular.
   b) mandado de injunção.
   c) mandado de segurança.
   d) habeas data.
   e) habeas corpus.

109. **(Cespe/Serpro/AnalistaJurídico/2013)** Se determinado ministro de Estado autorizar a abertura de concurso público para preenchimento de cargos vagos na respectiva pasta, e, no edital do certame, houver restrição desarrazoada quanto à idade dos candidatos, os que forem prejudicados por tal restrição poderão ajuizar mandado de segurança no Superior Tribunal de Justiça contra o referido ministro do Estado.

110. **(Cespe/TC/DF/Procurador/2013)** É possível a impetração de mandado de segurança contra ato comissivo ou omissivo praticado por representantes ou órgãos de partido político e por administradores de entidades autárquicas, bem como por dirigentes de pessoas jurídicas e por pessoas naturais no exercício de atribuições do poder público.

111. **(Cespe/DPDF/Defensor/2013)** Os efeitos patrimoniais resultantes da concessão de mandado de segurança somente abrangem os valores devidos a partir da data da impetração mandamental, excluídas, em consequência, as parcelas anteriores ao ajuizamento da ação de mandado de segurança, que poderão, no entanto, ser vindicadas em sede administrativa ou demandadas em via judicial própria.

112. **(FCC/Sefaz/SP/AgenteFiscal-GT/2013)** Uma empresa pretende obter vista de autos de processo que tramita perante o Tribunal de Contas do Estado, do qual constam cópias de representação formulada por terceiros relativamente a contrato em que figura como prestadora de serviços de órgão da Administração direta estadual. O Presidente da Corte de Contas, que funciona como julgador singular no caso em tela, indefere o pedido. Nessa hipótese, a fim de ver sua pretensão acolhida, poderá a empresa valer-se, na esfera judicial, de:

   a) mandado de segurança, de competência do Tribunal de Justiça do Estado.
   b) mandado de segurança, de competência do Superior Tribunal de Justiça.
   c) "habeas data", de competência do Tribunal de Justiça do Estado.
   d) "habeas data", de competência do Superior Tribunal de Justiça.
   e) ação popular, de competência do Tribunal de Justiça do Estado.

113. **(FCC/TCE/AM/AnalistaMP/2013)** Um Deputado Federal pretende impedir que a Câmara dos Deputados delibere sobre Proposta de Emenda à Constituição que visa instituir pena de prisão perpétua para a hipótese da prática de atos de terrorismo, por considerá-lo incompatível com a Constituição da República. Nesta hipótese, o Deputado Federal:

   a) não dispõe de mecanismo para questionar judicialmente o trâmite da proposição legislativa.
   b) poderá impetrar mandado de segurança, perante o Supremo Tribunal Federal.
   c) poderá ajuizar ação direta de inconstitucionalidade, de competência do Supremo Tribunal Federal.
   d) poderá impetrar "habeas corpus", perante o Superior Tribunal de Justiça.
   e) poderá ajuizar ação popular, perante o Supremo Tribunal Federal.

114. (FCC/TRT/1R/Técnico/2013) Suponha que uma empresa tenha requerido ao Poder Executivo a emissão de certidão em que constem os dados e a situação atual do processo administrativo de que é parte. Indeferido o pedido sob o argumento de que o processo seria sigiloso, a empresa pretende obter ordem judicial para que a certidão seja expedida. Deverá deduzir sua pretensão por meio de:

a) ação popular.

b) mandado de injunção.

c) mandado de segurança.

d) habeas data.

e) habeas corpus.

115. (FCC/PGM/JoãoPessoa/Procurador/2012) Recentemente, um historiador que investiga a participação do Brasil na 2ª Guerra Mundial (1942-1945) solicitou ao Gabinete do Ministério da Defesa informações referentes ao material bélico adquirido pelo Brasil na ocasião do conflito. Como resposta, recebeu ofício assinado pelo Ministro da Defesa, recusando o acesso a tais informações, sob alegação de que se trata de tema sigiloso, em razão da preservação da segurança nacional. Inconformado diante de tal resposta, o historiador

a) nada poderá fazer, visto que o direito à informação não é absoluto, sendo que a Constituição determina a proteção das informações cujo sigilo seja imprescindível à segurança da sociedade e do Estado.

b) poderá ajuizar "habeas data" perante o Superior Tribunal Militar, apontando como autoridade coatora o Ministro da Defesa.

c) poderá ajuizar mandado de segurança perante o Superior Tribunal de Justiça, apontando como autoridade coatora o Ministro da Defesa.

d) poderá ajuizar arguição de descumprimento de preceito fundamental perante o Supremo Tribunal Federal, em face da União Federal, diante da violação direta de direito fundamental de acesso à informação.

e) poderá ajuizar mandado de injunção junto ao Supremo Tribunal Federal, por se tratar de direito fundamental dependente da edição de norma regulamentadora.

116. (Cesgranrio/EPE/Advogado/2012) João, cidadão brasileiro em pleno gozo dos direitos políticos, dirigiu-se a determinada autarquia federal a fim de ter acesso a informações sobre contratos por ela celebrados recentemente, supostamente sem a observância da lei de licitações. Tendo-lhe sido negado o acesso a tais informações, cabe a João ajuizar um(a)

a) "habeas data".

b) mandado de segurança.

c) mandado de injunção.

d) ação popular.

e) arguição de descumprimento de preceito fundamental (ADPF).

117. **(Cesgranrio/Liquigas/Advogado/2012)** O procurador da XYZP, associação civil constituída em 2005, nos termos da legislação em vigor, dirigiu-se a uma repartição pública a fim de obter uma certidão de débito negativa, necessária para que a associação pudesse participar de uma licitação promovida por uma empresa pública federal. Tendo sido negada, sem motivação, a certidão requerida pelo procurador da XYZP, cabe à associação ajuizar

a) "habeas data".

b) ação popular.

c) ação civil pública.

d) mandado de segurança coletivo.

e) mandado de segurança individual.

118. **(Cespe/PC/AL/Delegado/2012)** De acordo com o Supremo Tribunal Federal (STF), é possível questionar, através de mandado de segurança, proposta de emenda constitucional tendente a abolir a separação de poderes. Todavia, a legitimidade para o ajuizamento é exclusiva de parlamentar.

119. **(Cespe/Anatel/Técnico/2012)** Em nenhuma hipótese é cabível mandado de segurança contra ato de particular, mesmo que o particular esteja no exercício de atividade pública delegada.

120. **(FCC/MPE/AL/Promotor/2012)** Analise as situações apresentadas abaixo:

I. Tício deseja obter um financiamento para a aquisição de casa própria. Ao consultar cadastros pessoais no banco de dados de caráter público do Serviço de Proteção ao Crédito (SPC), descobriu que tais registros continham informações incorretas sobre sua pessoa. Solicitou a retificação dessas informações ao SPC, o qual negou o pleito decorridos vinte dias da entrega da solicitação.

II. Mévia, professora estadual aposentada, optou por discutir judicialmente o recebimento de reposição salarial, datada de período em que a inflação brasileira não estava controlada. Embora não haja irregularidades no julgamento do processo, sua tramitação já perdura por quinze anos e está aguardando julgamento final em última instância recursal. Em decorrência do longo tempo de espera por uma decisão judicial definitiva, Mévia se sente lesada em seu direito fundamental à razoável duração do processo.

III. Empresa estrangeira da indústria alimentícia, que realiza negócios no Brasil, tem mercadorias retidas na alfândega brasileira em decorrência de omissão ilegal de autoridade pública local. Os direitos violados da empresa podem ser comprovados documentalmente e configuram-se como líquidos e certos.

O mandado de segurança é remédio constitucional adequado na situação relatada em

- a) II, apenas.
- b) I e II, apenas.
- c) III, apenas.
- d) I, II e III.
- e) II e III, apenas.

121. **(FCC/TRT/4R/Juiz/2012)** Tendo sido noticiado pela imprensa que haviam sido formuladas denúncias contra si perante a Corregedoria-Geral da União, as quais afirma serem inverídicas, um indivíduo formula pedido junto ao órgão para obter, por meio de certidão, a identificação dos autores das referidas denúncias, a fim de que a certidão em questão possa ser utilizada, na defesa de direitos, como meio de prova em processo judicial. O pedido para obtenção da certidão é indeferido. Em tal situação, a fim de ver sua pretensão acolhida perante o órgão correicional, poderá o indivíduo valer-se judicialmente da impetração de

- a) mandado de injunção.
- b) ação popular.
- c) habeas corpus.
- d) habeas data.
- e) mandado de segurança.

122. **(TRT/14R/Juiz/2013)** Analise as assertivas abaixo e após marque a única alternativa correta.

I. Ao estrangeiro, residente no exterior, é assegurado o direito de impetrar mandado de segurança e "habeas corpus".

II. Segundo a jurisprudência pacífica do Supremo Tribunal Federal, em casos de ato complexo, a impetração do mandado de segurança, para defesa de direito líquido e certo, deverá necessariamente ocorrer em face da autoridade que com a sua vontade integrou o referido ato.

III. A finalidade do mandado de segurança é proteger direito subjetivo individual líquido e certo, sendo assente a constatação de que a liquidez e a certeza se relacionam à precisão ou certeza dos fatos que, articulados, conduzem à pretensão de direito afirmada em juízo, razão pela qual tal remédio constitucional não se compatibiliza com ordem judicial genérica.

IV. Segundo a pacífica jurisprudência do Supremo Tribunal Federal, é cabível recurso extraordinário quando se pretende discutir os requisitos de admissibilidade do mandado de segurança, justamente porque se trata de ação de garantia constitucional.

a) Apenas o item I é verdadeiro.
b) Apenas o item II é verdadeiro.
c) Apenas o item III é verdadeiro.
d) Apenas o item IV é verdadeiro.
e) Todos os itens são falsos.

123. **(TRT/3R/Juiz/2012)** Assinale a alternativa correta, após a análise das afirmativas a seguir:

I. As partes legítimas para propor ação de inconstitucionalidade de leis ou atos normativos estaduais ou municipais, contestados em face da Constituição Estadual, serão especificadas em cada Constituição Estadual.

II. Nos exatos termos da Constituição Federal, apenas os tratados internacionais sobre direitos humanos que forem aprovados, em cada casa do Congresso Nacional, em dois turnos, por três quintos dos votos dos respectivos membros, serão equivalentes às emendas constitucionais.

III. Conceder-se-á mandado de segurança para proteger direito líquido e certo, não amparado por "habeas corpus" ou "habeas data", quando o responsável pela ilegalidade ou abuso de poder for autoridade pública ou agente de pessoa jurídica no exercício de atribuições do Poder Público. O mandado de segurança coletivo pode ser impetrado por: (a) partido político com representação no Congresso Nacional; (b) organização sindical, entidade de classe ou associação, esta última, legalmente constituída e em funcionamento há mais de um ano, em defesa dos interesses de seus membros ou associados.

IV. No mandado de segurança, o "direito líquido e certo" é aquele que pode ser demonstrado de plano, mediante prova pré-constituída, sem a necessidade de dilação probatória, porque todo direito, se existente, já é líquido e certo, os fatos é que deverão ser líquidos e certos para o cabimento dessa ação.

V. O mandado de segurança pode proteger tanto direito individual, quanto metaindividual, podendo ser repressivo ou preventivo. O prazo é de cento e vinte dias para sua impetração, prazo prescricional, contado a partir da ciência pelo interessado, do ato a ser impugnado.

a) Somente as afirmativas I e II estão corretas.
b) Somente as afirmativas III e IV estão corretas.
c) Somente as afirmativas II e III estão corretas.
d) Somente as afirmativas I e IV estão corretas.
e) Todas as afirmativas estão corretas.

124. **(TRT/16R/Juiz/2011)** Sobre as ações previstas na Constituição Federal para defesa de direitos individuais, coletivos e/ou difusos analise as seguintes afirmações e marque a alternativa correta:

I. O mandado de segurança coletivo pode ser impetrado por organização sindical, entidade de classe ou associação legalmente constituída e em funcionamento há pelo menos um ano, em defesa dos interesses de toda a categoria, independentemente de filiação e/ou associação.

II. Conceder-se-á "habeas data" para assegurar o conhecimento de informações relativas à pessoa do impetrante, constantes de registros ou bancos de dados de entidades governamentais ou de caráter público, bem como para a retificação de dados. Neste último caso, apenas caberá "habeas data" quando a retificação não puder ser feita por processo sigiloso, judicial ou administrativo.

III. Conceder-se-á mandado de segurança para proteger direito líquido e certo, não amparado por "habeas corpus" ou "habeas data", apenas quando o responsável pela ilegalidade ou abuso de poder for autoridade pública.

IV. Qualquer cidadão é parte legítima para propor ação popular que vise anular ato lesivo ao patrimônio público ou de entidade de que o Estado participe, à moralidade administrativa, ao meio ambiente e ao patrimônio histórico e cultural. De modo a garantir o amplo acesso à Justiça, o autor é sempre isento de custas judiciais e do ônus da sucumbência, salvo desistência da ação e comprovada má-fé.

V. Segundo a Constituição Federal são gratuitas as ações de "habeas corpus", mandado de segurança e "habeas data", e, na forma da lei, os atos necessários ao exercício da cidadania.

a) Somente as afirmativas I e IV estão corretas.
b) Somente as afirmativas II e III estão corretas.
c) Somente as afirmativas II e V estão corretas.
d) Somente a afirmativa IV está correta.
e) Todas as afirmativas estão erradas.

125. **(TRT/6R/Juiz/2010)** Sobre a composição dos Tribunais e o processo de escolha de seus membros, é correto afirmar:

a) O provimento dos cargos de Ministro do Tribunal Superior do Trabalho, nas vagas reservadas aos advogados, depende de ato complexo, com a participação da Ordem dos Advogados do Brasil, do Tribunal Superior do Trabalho, do Presidente da República e do Senado Federal, do mesmo modo que ocorre no provimento das vagas de advogado nos demais Tribunais Superiores, à exceção do Tribunal Superior Eleitoral e do Supremo Tribunal Federal.

b) O prazo decadencial do direito à impetração de mandado de segurança para impugnar lista tríplice de candidatos a vaga Juiz do Tribunal Regional do Trabalho é contado da data da publicação do decreto do Presidente da República.

c) Se, para fins de atendimento ao "quinto constitucional", a divisão por cinco do número de vagas existentes no Tribunal resultar em número fracionado, e a fração for inferior a meio, o arredondamento ocorrerá para baixo.

d) Para o provimento das vagas do Superior Tribunal de Justiça reservadas aos juízes dos Tribunais de Justiça, cabe distinguir entre os Desembargadores oriundos da Magistratura e os que são originários da advocacia ou do Ministério Público.

e) A Constituição veda ao Procurador-Geral do Trabalho a possibilidade de concorrer a vaga do Tribunal Superior do Trabalho reservada a Membro do Ministério Público.

ABUSO DE AUTORIDADE (LEI 4.898/65)

Lei n. 4.898, de 9 de dezembro de 1965.

> Regula o direito de representação e o processo de responsabilidade administrativa civil e penal, nos casos de abuso de autoridade.

O Presidente da República: faço saber que o Congresso Nacional decreta e eu sanciono a seguinte Lei:

■ Abuso de Autoridade {art. 1º}

Art. 1º O direito de representação e o processo de responsabilidade administrativa civil e penal, contra as autoridades que, no exercício de suas funções, cometerem abusos, são regulados pela presente lei.

Questões de concursos

126. **(Cespe/TCE/PA/Auditor/2016)** O militar em serviço não responde pelos crimes de abuso de autoridade previstos na Lei n. 4.898/1965.

Direito de Representação {art. 2º}

> **Art. 2º** O direito de representação será exercido por meio de petição:
>
> a) dirigida à autoridade superior que tiver competência legal para aplicar, à autoridade civil ou militar culpada, a respectiva sanção;
>
> b) dirigida ao órgão do Ministério Público que tiver competência para iniciar processo-crime contra a autoridade culpada.
>
> Parágrafo único. A representação será feita em duas vias e conterá a exposição do fato constitutivo do abuso de autoridade, com todas as suas circunstâncias, a qualificação do acusado e o rol de testemunhas, no máximo de três, se as houver.

Questões de concursos

127. **(Cespe/TRT/8R/Analista/2016)** Com base na legislação penal, assinale a opção correta.

    a) A representação prevista na lei que trata dos crimes de abuso de autoridade é mera notícia do fato criminoso, inexistindo condição de procedibilidade para a instauração da ação penal.

    b) É facultado ao juiz determinar a cassação da licença de funcionamento do estabelecimento onde se verifique a submissão de criança ou adolescente à prostituição ou à exploração sexual, sem prejuízo das demais penas previstas para o crime.

    c) A perda do cargo ou função pública constitui efeito automático da condenação do servidor público acusado da prática de crimes resultantes de preconceito de raça ou cor.

    d) A coabitação entre os sujeitos ativo e passivo é condição necessária para a aplicação da Lei Maria da Penha no âmbito das relações íntimas de afeto.

    e) É crime hospedar em hotel, pensão, motel ou congênere criança ou adolescente desacompanhado dos pais ou responsável, ou sem autorização escrita destes ou da autoridade judiciária.

Configuração do Abuso de Autoridade {art. 3º}

> **Art. 3º** Constitui abuso de autoridade qualquer atentado:
>
> a) à liberdade de locomoção;

b) à inviolabilidade do domicílio;
c) ao sigilo da correspondência;
d) à liberdade de consciência e de crença;
e) ao livre exercício do culto religioso;
f) à liberdade de associação;
g) aos direitos e garantias legais assegurados ao exercício do voto;
h) ao direito de reunião;
i) à incolumidade física do indivíduo;
j) aos direitos e garantias legais assegurados ao exercício profissional.

Súmulas (STJ)

Súmula 172. Compete à justiça comum processar e julgar militar por crime de abuso de autoridade, ainda que praticado em serviço.

Jurisprudência complementar (STF)

(...). "Habeas corpus" contra ameaça de prisão pelo não-atendimento à solicitação de comparecimento ao gabinete do promotor de justiça. Acórdão pela inexistência de ameaça à liberdade de ir e vir. Promotor requer a instauração de procedimento criminal contra o impetrante. Prática do crime de calúnia. Lei 9.099/95. Audiência preliminar. Constrangimento ilegal. Inépcia. I. Configura constrangimento ilegal, passível de reparação por meio de "habeas corpus", a mera intimação para comparecimento à audiência preliminar para proposta de transação penal, se o fato é atípico. II. O exercício regular do "habeas corpus" não pode configurar o crime de calúnia, sendo certo que, se não havia ameaça à liberdade de ir e vir, tal como entendeu o acórdão do TJ/SE, a sanção se esgotaria no não-conhecimento do "writ". III. HC deferido, para trancar a ação penal. (HC 86162, Rel. Min. Carlos Velloso, 2ª T., DJ 3.2.2006)

(...). A proclamação constitucional da inviolabilidade do Advogado, por seus atos e manifestações no exercício da profissão, traduz significativa garantia do exercício pleno dos relevantes encargos cometidos, pela ordem jurídica, a esse indispensável operador do direito. A garantia da intangibilidade profissional do Advogado não se reveste, contudo, de valor absoluto, eis que a cláusula assecuratória dessa especial prerrogativa jurídica encontra limites na lei, consoante dispõe o próprio art. 133 da Constituição da República. A invocação da imunidade constitucional pressupõe, necessariamente, o exercício regular e legítimo da Advocacia. Essa prerrogativa jurídico-constitucional, no entanto, revela-se incompatível com práticas abusivas ou atentatórias à dignidade da profissão ou às normas ético-jurídicas que lhe regem o exercício. (...). Crimes contra a honra – elemento subjetivo do tipo. A intenção dolosa constitui elemento subjetivo, que, implícito no tipo penal, revela-se essencial à configuração jurídica dos crimes contra a honra. A jurisprudência dos Tribunais tem ressaltado que a necessidade de narrar ou de criticar atua como fator de descaracterização do tipo subjetivo peculiar aos crimes contra a honra, especialmente quando a manifestação considerada ofensiva decorre do regular exercício, pelo agente, de um direito que lhe assiste e de cuja prática não transparece o "pravus animus", que constitui elemento essencial à configuração dos delitos de calúnia, difamação e/ou injúria. "persecutio criminis" e ausência de justa causa. A ausência de justa causa, quando líquidos os fatos (...), expõe-se, mesmo em sede de "habeas corpus", ao controle jurisdicional, pois não se dá, ao órgão da acusação penal – trate-se do Ministério Público ou de mero particular no exercício da querela privada –, o poder de deduzir imputação criminal de modo arbitrário, notadamente quando apoiada em fatos destituídos de tipicidade penal. (...). (RHC 81750, Rel. Min. Celso de Mello, 2ª T., DJ 10.8.2007)

Jurisprudência complementar (STJ)

(...). "Operação anaconda". Juiz Federal. Condenação. Art. 350, parágrafo único, inciso IV (abuso de poder), e art. 314 (extravio, sonegação ou inutilização de livro ou documento), ambos do código penal. Atipicidade penal não configurada. Reexame do material fático-probatório. Impossibilidade. 1. A Lei 4.898/65 não trouxe dispositivo expresso para revogar o crime de abuso de poder insculpido no Código Penal. Assim, nos termos do art. 2º, §§ 1º e 2º, da Lei de Introdução ao Código Civil, aquilo que não for contrário ou incompatível com a lei nova, permanece em pleno vigor, como é o caso do inciso IV do parágrafo único do art. 350 do Código Penal. 2. O Réu, na condição de Juiz Federal, agiu com abuso de poder, determinando a inutilização de provas relevantes para a investigação criminal em andamento. Essa conclusão a que chegou a instância ordinária, soberana na análise do material fático-probatório, é insuscetível de revisão por este Superior Tribunal de Justiça na estreita via do "habeas corpus" em que, como se sabe, não se admite dilação probatória. 3. O verbete "documento", por certo, não está restrito à idéia de escrito, como em tempos passados. Fitas cassetes, que continham gravações oriundas de monitoramento telefônico em investigação criminal, se enquadram na concepção de "documento"para fins da tipificação do crime do art. 314 do Código Penal. Ausência de ofensa ao princípio da reserva legal. (...). (HC 65.499, Rel. Min. Laurita Vaz, DJ 28.4.2008)

(...). Difamação e injúria. Abuso de autoridade. Conduta praticada por juiz em audiência. Possibilidade de concurso de crimes. A Lei 4.898/65 não pode ser tida como especial em relação aos tipos do Código Penal de difamação e injúria (arts. 139 e 140), porquanto o seu texto não recepcionou todos os casos de agressão à honra das pessoas. O Juiz, na condução da causa, pode praticar tanto abuso de autoridade quanto crime contra a honra, já que no ambiente processual transitam vários sujeitos (partes, testemunhas, advogados, serventuários) e a conduta pode atingi-los de forma intencional diversa, ou seja, a objetividade jurídica da ação pode ser enquadrada em mais de um tipo penal. Recurso conhecido em parte e, nessa parte, provido para, afastada a ilegitimidade do querelante-recorrente, determinar o recebimento da queixa-crime pela difamação e seu julgamento na forma que bem entender o juízo competente, decretando-se, de ofício, a prescrição da ação quanto ao crime de injúria. (REsp 684.532, Rel. Min. José Arnaldo da Fonseca, DJ 14.3.2005)

Questões de concursos

128. **(Consulplan/TJ/MG/Cartórios/2016)** Segundo a Lei n. 4.898/1965, constituem abuso de autoridade, exceto:

   a) Qualquer atentado ao direito de reunião.

   b) Deixar a autoridade policial de ordenar o relaxamento de prisão ou detenção ilegal que lhe seja comunicada.

   c) Qualquer atentado à liberdade de associação.

   d) Prolongar a execução de prisão temporária, de pena ou de medida de segurança, deixando de expedir em tempo oportuno ou de cumprir imediatamente ordem de liberdade.

129. **(Cespe/TJ/AM/Juiz/2016)** Com base no disposto na Lei n. 4.898/1965, que trata do crime de abuso de autoridade, e na jurisprudência do STJ, assinale a opção correta.

   a) A pessoa física, mas não a pessoa jurídica, pode ser sujeito passivo do crime de abuso de autoridade.

   b) De acordo com o STJ, pode caracterizar abuso de autoridade a negativa infundada do juiz em receber advogado, durante o expediente forense, quando este estiver atuando em defesa do interesse de seu cliente.

   c) A representação da vítima, dirigida ao MP, é condição de procedibilidade para a instauração da ação penal referente ao crime de abuso de autoridade.

d) Constitui abuso de autoridade submeter pessoa sob sua guarda ou custódia a vexame ou a constrangimento, ainda que o procedimento adotado pela autoridade policial esteja previsto em lei.

e) Constitui crime de abuso de autoridade qualquer atentado à incolumidade física, psíquica e moral do indivíduo.

130. **(CAIP-IMES/CM/Atibaia/Advogado/2016)** Nos termos da Lei 4.898/65 que regula o direito de representação e o processo de responsabilidade administrativa civil e penal, nos casos de abuso de autoridade. Constitui abuso de autoridade qualquer atentado:

I. à liberdade de locomoção; à inviolabilidade do domicílio; à incolumidade física do indivíduo e aos direitos e garantias legais assegurados ao exercício profissional.

II. ao sigilo da correspondência; à liberdade de consciência e de crença e, levar à prisão e nela deter quem quer que se proponha a prestar fiança, permitida em lei.

III. submeter pessoa sob sua guarda ou custódia a vexame ou a constrangimento não autorizado em lei e ao livre exercício do culto religioso; à liberdade de associação.

IV. aos direitos e garantias legais assegurados ao exercício do voto e ao direito de reunião.

É correto apenas o que se afirma em:

a) IV, II e I, apenas.
b) III e II, apenas.
c) I, II, III e IV.
d) I e IV, apenas.

131. **(Cespe/TRE/RS/Analista/2015)** Ao participar de uma blitz, Marcelo, policial militar, solicitou que determinado condutor parasse o veículo que conduzia, para verificações de rotina. O condutor parou o veículo, mas recusou-se a apresentar os documentos do carro, contrariando, reiteradamente, as ordens de Marcelo, que, irritado, passou a agredir o motorista com socos e pontapés. Os envolvidos foram encaminhados à delegacia de polícia, onde foi aberto inquérito policial para apurar os fatos. Marcelo foi, então, ao Instituto Médico Legal e, sem qualquer autorização, preencheu um formulário de exame de corpo de delito que estava em branco, de forma a fazer nele constar a inexistência de lesões corporais no condutor, que, conforme apurado, se chamava José. Nessa situação hipotética, Marcelo cometeu os crimes de

a) abuso de autoridade e falsidade ideológica, e José praticou o crime de desobediência.

ABUSO DE AUTORIDADE (LEI 4.898/65)   Art. 3°

- b) abuso de autoridade e falsificação de documento público, e José cometeu o crime de desobediência.
- c) abuso de autoridade e falsidade ideológica, e José cometeu o delito de resistência.
- d) violência arbitrária e falsidade ideológica, e José praticou o delito de desobediência.
- e) violência arbitrária e falsificação de documento público, e José praticou a infração penal de resistência.

132. **(Funiversa/Secretaria_Criança/DF/Técnico/2015)** Caio, técnico socioeducativo, foi acusado pela prática de crime de abuso de autoridade. Com base nesse caso hipotético e no que dispõe a Lei n. 4.898/1965, é correto afirmar que Caio

- a) estará sujeito a sanções penais, como a suspensão do cargo, por prazo de cinco a cento e oitenta dias, com perda de vencimentos e vantagens.
- b) estará sujeito a sanções administrativas, como a perda do cargo e a inabilitação para o exercício de qualquer outra função pública, por prazo de até três anos.
- c) terá praticado crime de abuso de autoridade caso tenha cometido, sem competência legal, ato lesivo à honra ou ao patrimônio de pessoa jurídica.
- d) não estará sujeito a sanções administrativas caso seja condenado criminalmente.
- e) poderá ser acusado pela prática do crime de abuso de autoridade ainda que tenha agido culposamente.

133. **(Cespe/AGU/Advogado/2015)** Constitui abuso de autoridade impedir que o advogado tenha acesso a processo administrativo ao qual a lei garanta publicidade.

134. **(Cespe/Depen/Agente_Penitenciário/2015)** Situação Hipotética: O diretor de um estabelecimento prisional federal ordenou aos agentes penitenciários que proibissem o banho de sol e o recebimento de visitas nos horários regulamentares para constranger os presos e manter a disciplina. Assertiva: Nessa situação, se cumprirem a ordem dada, os agentes penitenciários deverão responder por crime de abuso de autoridade, mesma acusação que se deverá estender ao diretor.

135. **(MPE/RS/Promotor/2014)** Relativamente às assertivas abaixo, assinale a alternativa incorreta.

- a) A declaração falsa de pobreza para obter os benefícios da justiça gratuita não configura o crime de falsidade ideológica.

b) Os crimes contra o meio ambiente, previstos na Lei n. 9.605/98, admitem a forma culposa.

c) O crime de "embriaguez ao volante" é de perigo abstrato, e para sua comprovação basta a constatação de que a concentração de álcool no sangue do agente que conduzia o veículo em via pública era maior do que a fixada, não sendo necessária a demonstração da efetiva potencialidade lesiva de sua conduta.

d) A prática de novo fato definido como crime doloso no curso da execução de pena, constatada em procedimento administrativo disciplinar, consubstancia falta grave, independentemente de condenação transitada em julgado pelo novo delito, o que implica a regressão de regime, quando possível, perda de até um terço dos dias remidos e reinício da contagem do prazo a partir da data da infração disciplinar para concessão de benefícios afetados.

e) Constitui crime de abuso de autoridade a conduta do agente policial que priva a criança ou adolescente de sua liberdade, procedendo à sua apreensão sem estar em flagrante de ato infracional ou inexistindo ordem escrita da autoridade judiciária competente.

136. **(UESPI/PC/PI/Escrivão/2014)** Constitui abuso de autoridade, exceto,

a) atentado à inviolabilidade do domicílio e à liberdade de locomoção.

b) atentado ao sigilo da correspondência e à liberdade de consciência e de crença.

c) atentado ao livre culto religioso e ao direito de reunião.

d) atentado a fuga de preso e transgressão irregular de natureza grave.

e) atentado aos direito e garantias legais assegurados ao exercício do voto e ao direito de reunião.

137. **(FCC/TRT/18R/Juiz/2014)** No que concerne aos crimes de abuso de autoridade, é correto afirmar que

a) compete à Justiça Militar processar e julgar militar por crime de abuso de autoridade praticado em serviço, segundo entendimento sumulado do Superior Tribunal de Justiça.

b) é cominada pena privativa de liberdade na modalidade de reclusão.

c) se considera autoridade apenas quem exerce cargo, emprego ou função pública, de natureza civil ou militar, não transitório e remunerado.

d) não é cominada pena de multa.

e) constitui abuso de autoridade qualquer atentado aos direitos e garantias legais assegurados ao exercício profissional.

■ Configuração do Abuso de Autoridade {art. 4º}

Art. 4º Constitui também abuso de autoridade:

a) ordenar ou executar medida privativa da liberdade individual, sem as formalidades legais ou com abuso de poder;

b) submeter pessoa sob sua guarda ou custódia a vexame ou a constrangimento não autorizado em lei;

c) deixar de comunicar, imediatamente, ao juiz competente a prisão ou detenção de qualquer pessoa;

d) deixar o Juiz de ordenar o relaxamento de prisão ou detenção ilegal que lhe seja comunicada;

e) levar à prisão e nela deter quem quer que se proponha a prestar fiança, permitida em lei;

f) cobrar o carcereiro ou agente de autoridade policial carceragem, custas, emolumentos ou qualquer outra despesa, desde que a cobrança não tenha apoio em lei, quer quanto à espécie quer quanto ao seu valor;

g) recusar o carcereiro ou agente de autoridade policial recibo de importância recebida a título de carceragem, custas, emolumentos ou de qualquer outra despesa;

h) o ato lesivo da honra ou do patrimônio de pessoa natural ou jurídica, quando praticado com abuso ou desvio de poder ou sem competência legal;

i) prolongar a execução de prisão temporária, de pena ou de medida de segurança, deixando de expedir em tempo oportuno ou de cumprir imediatamente ordem de liberdade.

Súmulas (STF)

Súmula Vinculante 11. Só é lícito o uso de algemas em casos de resistência e de fundado receio de fuga ou de perigo à integridade física própria ou alheia, por parte do preso ou de terceiros, justificada a excepcionalidade por escrito, sob pena de responsabilidade disciplinar, civil e penal do agente ou da autoridade e de nulidade da prisão ou do ato processual a que se refere, sem prejuízo da responsabilidade civil do Estado.

Jurisprudência complementar (STF)

Algemas – utilização. O uso de algemas surge excepcional somente restando justificado ante a periculosidade do agente ou risco concreto de fuga. Julgamento –

acusado algemado – Tribunal do Júri. Implica prejuízo à defesa a manutenção do réu algemado na sessão de julgamento do Tribunal do Júri, resultando o fato na insubsistência do veredicto condenatório. (HC 91952, Rel. Min. Marco Aurélio, Pleno, DJ 19.12.2008)

(...). Abuso de poder: manutenção de prisão sem flagrante delito ou ordem fundamentada da autoridade judiciária competente. Denúncia inepta. Inocorrência. Membro do Ministério Público Estadual. Artigo 18, parágrafo único, da LC 73/95 e artigo 41, parágrafo único, da Lei 8.625/93. Investigação conduzida pelo parquet. Legalidade. Ação penal. Trancamento. Excepcionalidade. 1. A denúncia que descreve de forma clara, precisa, pormenorizada e individualizada a conduta praticada por todos e cada um dos corréus, viabilizando o exercício da ampla defesa, não é inepta. Está na peça acusatória que o paciente ordenou – verbo nuclear do tipo relativo ao delito de abuso de poder – que o Delegado de Polícia mantivesse, abusivamente, a prisão de pessoas, conduzindo-as à delegacia policial, sem flagrante delito ou ordem fundamentada da autoridade judiciária competente. 2. Sendo o paciente membro do Ministério Público Estadual, a investigação pelo seu envolvimento em suposta prática de crime não é atribuição da polícia judiciária, mas do Procurador-Geral de Justiça (artigo 18, parágrafo único, da LC 73/95 e artigo 41, parágrafo único, da Lei 8.625/93). (...). (HC 93224, Rel. Min. Eros Grau, 2ª T., DJ 5.9.2008)

Jurisprudência complementar (STJ)

(...). Militar. Crime de abuso de autoridade. Art. 4º, a, da Lei 4.898/65. Aplicação da súmula n. 172 do Superior Tribunal de Justiça – STJ. Competência da justiça comum. Na hipótese dos autos, os policiais militares agiram com abuso de autoridade, ao abordarem as vítimas, exigindo a apresentação da identidade civil, sob o argumento de que as identificações militares apresentadas somente teriam validade se exibidas junto com a identificação civil, além de terem detido as vítimas sob alegação de desobediência. O crime de desobediência ocorre quando há o descumprimento de uma ordem legal de funcionário público, o que não se verifica no caso concreto, uma vez que as determinações dos policiais não encontravam respaldo legal, restando caracterizado, em tese, o crime de abuso de poder por parte dos policiais militares. Não há falar em crime de constrangimento ilegal (art. 222 do Código Penal Militar – CPM), porquanto ausente a grave ameaça ou violência na conduta dos policiais, necessária para caracterização do referido crime militar. Pratica o crime de abuso de autoridade o agente que, em represália por justa cobrança de parte da vítima, faz-lhe exigências descabidas, culminando por conduzi-la à presença da autoridade policial. A falta de justa causa para o procedimento faz realçar a represália como único e condenável intuito o agente. O abuso de autoridade cometido em serviço, por policial militar, deve ser julgado pela Justiça Comum. Incidência da Súmula 172/STJ. (...). (AgRg no CC 102.619, Rel. Min. Ericson Maranho, DJ 30.4.2015)

Questões de concursos

138. **(Cespe/TCE/PA/Auditor/2016)** Durante fiscalização em sociedade de economia mista, policiais federais que acompanhavam a operação perceberam que um dos empregados daquela sociedade portava ilegalmente arma de fogo de uso permitido. Na delegacia de polícia, embora tenha verificado que se tratava de hipótese de arbitramento de fiança e que o flagrado se dispunha a recolhê-la, a autoridade policial preferiu não arbitrar a fiança, e remeteu o auto de prisão em flagrante delito para o juiz de direito competente. Nessa situação, a autoridade policial cometeu abuso de autoridade.

139. **(Cespe/PC/PE/Escrivão/2016)** Em relação à Lei de Abuso de Autoridade – Lei n. 4.898/1965 –, assinale a opção correta.

   a) Para os efeitos da referida lei, são considerados autoridade aqueles que exercem um múnus público, como, por exemplo, tutores e curadores dativos, inventariantes, síndicos e depositários judiciais

   b) Nessa lei, há condutas tipificadas que caracterizam crimes próprios e crimes impróprios, admitindo-se as modalidades dolosa e culposa.

   c) O particular coautor ou partícipe, juntamente com o agente público, em concurso de pessoas, responderá por outro crime, uma vez que a qualidade de autoridade é elementar do tipo.

   d) Se uma autoridade policial determinar a seu subordinado que submeta pessoa presa a constrangimento não autorizado por lei, e se esse subordinado cumprir a ordem manifestamente ilegal, ambos responderão pelo crime de abuso de autoridade.

   e) Não há crime de abuso de autoridade por conduta omissiva, já que, para tanto, deve ocorrer a prática de ação abusiva pelo agente público.

140. **(Vunesp/TJM/SP/Juiz/2016)** Analisando em conjunto as Leis n. 4.898, de 9 de dezembro de 1965 e n. 7.960, de 21 de dezembro de 1989, é correto afirmar que constitui abuso de autoridade

   a) decretar a prisão temporária em despacho prolatado dentro do prazo de 24 (vinte e quatro) horas, contadas a partir do recebimento da representação.

b) prolongar a execução de prisão temporária, de pena ou de medida de segurança, deixando de expedir em tempo oportuno ordem de liberdade.

c) executar a prisão temporária somente depois da expedição de mandado judicial.

d) decretar a prisão temporária pelo prazo de 5 (cinco) dias, e prorrogá-la por igual período em caso de comprovada necessidade.

e) determinar a apresentação do preso temporário, solicitar informações e esclarecimentos da autoridade policial e submetê-lo a exame pericial.

141. **(FCC/TRT/1R/Juiz/2015)** Constitui abuso de autoridade:

a) ordenar ou executar medida restritiva de liberdade individual, mesmo com as formalidades legais ou com excesso de autoridade.

b) submeter pessoa sob sua guarda ou custódia a vexame ou a constrangimento, mesmo que autorizado em lei.

c) cobrar o carcereiro ou agente de autoridade policial carceragem, custas, emolumentos ou qualquer outra despesa, desde que a cobrança não tenha apoio em lei, quer quanto à espécie, quer quanto ao seu valor.

d) deixar de comunicar, imediatamente, ao juiz competente a prisão, a busca e apreensão ou detenção de qualquer pessoa.

e) prolongar a execução de prisão em flagrante ou preventiva, ou de medida de segurança, deixando de expedir em tempo oportuno ou de cumprir imediatamente ordem de liberdade.

142. **(MPE/PR/Promotor/2014)** A Lei n. 4.898/65 regula o direito de representação e o processo de responsabilidade Administrativa, Civil e Penal, nos casos de abuso de autoridade. Basicamente, reprimem-se as condutas atentatórias aos principais direitos e garantias fundamentais do homem, protegendo o indivíduo contra eventuais abusos praticados pelo Estado, por meio de suas autoridades ou agentes, no exercício do poder. Considerando o texto acima e as assertivas a seguir, podemos afirmar que:

I. Os crimes de abuso de autoridade previstos nessa Lei Especial inserem-se entre os chamados crimes de responsabilidade próprios, ou seja, verdadeiras infrações penais, sancionadas com penas privativas de liberdade.

II. A natureza jurídica da representação prevista nos arts. 1º e 2º da Lei é a de condição de procedibilidade da ação penal, pois, como determina o art. 1º da Lei n. 5.249/67, a falta de representação do ofendido, nos casos de abuso de autoridade, obsta a iniciativa ou o curso de ação pública.

III. Os tipos penais incriminadores da Lei preveem dupla objetividade jurídica, pois, ao mesmo tempo defendem o interesse ao normal funcionamento da administração, a partir do exercício regular de seus poderes delegados pelo povo (objetividade jurídica imediata), e a plena proteção aos direitos e garantias fundamentais constitucionalmente consagrados (objetividade jurídica mediata).

IV. Terceiros que não exerçam funções públicas somente poderão ser penalmente responsabilizados a título de coautoria, nos termos do art. 29 do Código Penal, uma vez que a qualidade de autoridade é elementar dos tipos penais da Lei, o que impede a responsabilização pela participação.

V. As hipóteses previstas no art. 3° da Lei não admitem a forma tentada, pois seus tipos penais incluem-se entre os crimes de atentado, contudo, em tese, é possível a tentativa nos crimes previstos no art. 4°, da mesma Lei.

a) Somente as assertivas I e II são corretas.
b) Apenas as assertivas II e IV são incorretas.
c) Somente as assertivas III e V são corretas.
d) Apenas a assertiva IV é incorreta.
e) Somente a assertiva V é correta.

143. (CAIP-IMES/CM/São_Caetano_do_Sul/Procurador/2014) Constitui abuso de autoridade:

a) levar à prisão e nela deter quem não se proponha a prestar fiança, permitida em lei.
b) deixar o Juiz de ordenar o relaxamento de prisão ou detenção ilegal que lhe seja comunicada.
c) submeter pessoa sob sua guarda ou custódia a vexame ou a constrangimento, ainda que autorizado por lei.
d) deixar de comunicar, imediatamente, ao representante do Ministério Público, a prisão ou detenção de qualquer pessoa.

144. (Vunesp/PC/SP/Investigador/2014) Hércules, delegado de polícia, efetuou uma prisão em flagrante delito, mas deixou de comunicar ao juiz competente, de imediato, a prisão da pessoa, mesmo estando obrigado a fazê-lo. Segundo as leis brasileiras, essa omissão de Hércules constitui crime de

a) omissão delituosa.
b) tortura
c) omissão de socorro.
d) abuso de autoridade.
e) usurpação de poder

145. (Cespe/Câmara_Deputados/Técnico/2014) No que se refere ao crime de abuso de autoridade, admitem-se as modalidades dolosa e culposa.

146. (Cespe/Câmara_Deputados/Técnico/2014) O agente que retardar ou deixar de praticar, indevidamente, ato de ofício para satisfazer a interesse ou sentimento pessoal cometerá o crime de abuso de autoridade.

Conceito de "Autoridade" {art. 5º}

Art. 5º Considera-se autoridade, para os efeitos desta lei, quem exerce cargo, emprego ou função pública, de natureza civil, ou militar, ainda que transitoriamente e sem remuneração.

Questões de concursos

147. **(Consulplan/TRF/2R/Analista/2017)** Sobre a Lei de Abuso de Autoridade (Lei n. 4.898, de 9 de dezembro de 1965), analise as afirmativas a seguir.

    I. Quando o abuso for cometido por agente de autoridade policial, civil ou militar, de qualquer categoria, poderá ser cominada a pena autônoma ou acessória, de não poder o acusado exercer funções de natureza policial ou militar no município da culpa, por prazo de um a três anos.

    II. Considera-se autoridade, para os efeitos da lei de abuso de autoridade, quem exerce cargo, emprego ou função pública, de natureza civil, ou militar, ainda que transitoriamente e sem remuneração.

    III. A ação penal será iniciada, independentemente de inquérito policial ou justificação por denúncia do Ministério Público, instruída com a representação da vítima do abuso.

    Estão corretas as afirmativas

    a) I, II e III.
    b) III, apenas.
    c) I e II, apenas.
    d) II e III, apenas.

148. **(Nucepe/Sejus/PI/Agente_Penitenciário/2016)** Ticio, agente penitenciário, em determinado dia está trabalhando com Mevio, servidor administrativo cedido pela prefeitura, quando chegam policiais e entregam um preso de nome Pedro, informando que havia uma determinação administrativa de encaminhamento daquele preso. Ocorre que não apresentam nenhum documento, os policiais informam que iriam encaminhar em poucas horas a documentação. Ticio e Mevio recebem o preso. Como era hora do almoço, deixam o local na responsabilidade de Antônio que é amigo dos dois. Antônio é um lavador de carros que eventualmente faz a limpeza da viatura do presídio, mas, neste dia, estava sendo insultado pelo preso Pedro, aproveita então que está sozinho, causando lesão grave no preso. Marque a alternativa correta.

a) O agente penitenciário deve receber o preso, devendo fazer constar em livro o horário de recebimento do mesmo.

b) O agente deve receber o preso e providenciar a realização do exame de corpo de delito.

c) Para a lei de abuso de autoridade apenas Ticio é autoridade nesta situação descrita.

d) Antonio responde pelo abuso de autoridade mesmo não sendo funcionário público.

e) O abuso de autoridade sujeitará o seu autor à sanção administrativa e civil, sendo cabível ao caso apenas uma sanção administrativa de advertência a Antonio e a Ticio.

149. (Cespe/TJ/DFT/Juiz/2016) A respeito do crime de abuso de autoridade, assinale a opção correta à luz da atual legislação de regência.

a) Em caso de abuso de autoridade cometido por agente de autoridade policial, civil ou militar, poderá ser cominada pena autônoma ou acessória, consistente em não poder o acusado exercer funções de natureza policial pelo prazo de um a cinco anos.

b) O sujeito ativo do crime de abuso de autoridade é toda autoridade pública, considerada como tal o funcionário público que exerça cargo, emprego ou função em caráter efetivo e remunerado.

c) O mesário eleitoral exerce múnus público, motivo pelo qual não pratica o crime de abuso de autoridade, pois o encargo que lhe incumbe não é típico de autoridade pública.

d) O particular não pode ser sujeito ativo do crime de abuso de autoridade, salvo se praticar o fato criminoso em concurso com o funcionário público e se tiver consciência dessa condição elementar.

e) As ações penais relativas aos crimes de abuso de autoridade são públicas, condicionadas à representação da vítima.

150. (Cespe/Depen/Agente_Penitenciário/2015) O particular que atuar em coautoria ou participação com uma autoridade pública no cometimento de crime de abuso de autoridade não responderá por esse crime porque não é agente público.

151. (Funiversa/PC/DF/Delegado/2015) No que diz respeito ao direito de representação e ao processo de responsabilidade administrativa civil e penal nos casos de abuso de autoridade, assinale a alternativa correta, conforme o disposto na Lei n. 4.898/1965.

a) Configura crime de tortura, e não de abuso de autoridade, a execução de medida privativa da liberdade individual sem as formalidades legais.

b) O delegado de polícia que submete pessoa sob sua guarda a situação vexaminosa pratica crime de tortura, e não de abuso de autoridade.

c) A lei não prevê, como abuso de autoridade eventual, atentado ao livre exercício do culto religioso.

d) Para fins da lei mencionada, considera-se autoridade quem exerce cargo, emprego ou função pública, de natureza civil ou militar, ainda que transitoriamente e sem remuneração.

e) A conduta de um delegado de polícia que deixe de comunicar, imediatamente, ao juiz competente a prisão de determinada pessoa poderá configurar prevaricação, mas não abuso de autoridade.

152. **(MPE/SC/Promotor/2014)** A Lei n. 4.898/65, que prevê os crimes de abuso de autoridade, é aplicável inclusive aos que exercem cargo, emprego ou função pública de natureza civil, ainda que transitoriamente e sem remuneração.

Sanções {art. 6º}

Art. 6º O abuso de autoridade sujeitará o seu autor à sanção administrativa civil e penal.

§ 1º A sanção administrativa será aplicada de acordo com a gravidade do abuso cometido e consistirá em:

a) advertência;

b) repreensão;

c) suspensão do cargo, função ou posto por prazo de cinco a cento e oitenta dias, com perda de vencimentos e vantagens;

d) destituição de função;

e) demissão;

f) demissão, a bem do serviço público.

§ 2º A sanção civil, caso não seja possível fixar o valor do dano, consistirá no pagamento de uma indenização de quinhentos a dez mil cruzeiros.

§ 3º A sanção penal será aplicada de acordo com as regras dos artigos 42 a 56 do Código Penal e consistirá em:

a) multa de cem a cinco mil cruzeiros;

b) detenção por dez dias a seis meses;

c) perda do cargo e a inabilitação para o exercício de qualquer outra função pública por prazo até três anos.

§ 4° As penas previstas no parágrafo anterior poderão ser aplicadas autônoma ou cumulativamente.

§ 5° Quando o abuso for cometido por agente de autoridade policial, civil ou militar, de qualquer categoria, poderá ser cominada a pena autônoma ou acessória, de não poder o acusado exercer funções de natureza policial ou militar no município da culpa, por prazo de um a cinco anos.

Jurisprudência complementar (STF)

(...). 1. Crimes previstos nos artigos 147 c/c artigo 61, II, alínea "g", do Código Penal e artigo 3°, alínea "j", c/c artigo 6°, § 4°, da Lei 4.898/1965 (ameaça com a agravante genérica do abuso de poder ou violação de dever inerente a cargo, ofício, ministério ou profissão e abuso de autoridade). 2. Alegações: a) ausência de representação quanto ao crime de ameaça; e b) ausência de justa causa para a ação penal em face da denúncia não descrever as condutas típicas imputadas ao paciente. 3. No caso concreto, a denúncia limita-se a reportar, de maneira pouco precisa, os termos de representação formulada pelos policiais rodoviários federais envolvidos. Não narra o ato concreto do paciente que configure ameaça ou abuso de autoridade. A peça acusatória não observou os requisitos que poderiam oferecer substrato a uma persecução criminal minimamente aceitável. 4. Na espécie, a atividade persecutória do Estado orienta-se em flagrante desconformidade com os postulados processuais-constitucionais. A denúncia não preenche os requisitos para a regular tramitação de uma ação penal que assegure o legítimo direito de defesa, tendo em vista a ausência de fatos elementares associados às imputações dos crimes de ameaça e abuso de autoridade. 5. Ordem concedida para que seja trancada a ação penal instaurada contra o paciente, em face da manifesta inépcia da denúncia. (HC 86395, Rel. Min. Gilmar Mendes, 2ª T., DJ 6.11.2006)

Jurisprudência complementar (STJ)

(...). Crime de abuso de autoridade. Pena de perda do cargo público e de inabilitação para o exercício de qualquer outra função pública. Aplicação cumulativa com as penas de detenção e de multa. Prescrição da pretensão punitiva. Art. 118 do Código Penal. Analogia in bonam partem. (...). 1. As instâncias ordinárias cominaram a Waldeniz de Souza, condenado pelo crime de abuso de autoridade, cumulativamente, as penas de 5 (cinco) meses e 10 (dez) dias de detenção, multa e perda do cargo público, bem como a inabilitação para o exercício de qualquer outra função pública pelo prazo de 3 (três) anos, com fundamento no art. 6º, § 3º, da Lei 4.898/65. 2. Prescrita a pena privativa de liberdade e, por consequência, a pecuniária, deve ser declarada também a extinção da punibilidade, pela prescrição da pretensão punitiva, quanto à perda do cargo público. Com efeito, a Lei de Abuso de Autoridade não estabelece normas acerca da prescrição para a pena funcional nela cominada, assim, em benefício do Réu, impõe-se aplicar o mesmo prazo utilizado para a pena de detenção e/ou multa, isto é, 2 (dois) anos. 3. Quanto à inabilitação para o exercício de qualquer outra função pública, deve-se ter em conta o comando do art. 118 do Código Penal, que determina que as penas mais leves prescrevem com as mais graves. E não há dúvida que, no caso, a pena mais rigorosa é a de detenção, não podendo o prazo prescricional dessa pena exceder a prescrição prevista para a restritiva de direitos. (AgRg no REsp 982.271, Rel. Min. Laurita Vaz, DJ 28.6.2011)

(...). Lei 4.898/65. Abuso de autoridade. Prescrição. 1. A pena de detenção, porque privativa de liberdade, é a sanção de natureza penal mais grave cominada aos crimes de abuso de autoridade. 2. A prescrição da pretensão punitiva, para os crimes previstos na Lei 4.898/65, ocorre, in abstrato, em 2 anos, à luz do que determina o artigo 109, inciso VI, da lei material penal. 3. A pena de perda do cargo e inabilitação para o exercício de função pública, prevista no artigo 6º, parágrafo 3º, alínea "c", da Lei 4.898/65, é de natureza principal, assim como as penas de multa e detenção, previstas, respectivamente, nas alíneas "a" e "b" do mesmo dispositivo, em nada se confundindo com a perda do cargo ou função pública, prevista no artigo 92, inciso I, do Código Penal, como efeito da condenação. 4. Recursos especiais prejudicados, em face da declaração da extinção da punibilidade do crime. (REsp 279.429, Rel. Min. Hamilton Carvalhido, DJ 15.12.2003)

Questões de concursos

153. **(Consulplan/TRF/2R/Analista/2017)** De acordo com a Lei n. 4.898, de 9 de dezembro de 1965, o abuso de autoridade sujeitará o seu autor à sanção administrativa civil e penal. A sanção administrativa será aplicada de acordo com a gravidade do abuso cometido e não consistirá em:

   a) Advertência.

   b) Repreensão.

   c) Demissão, a bem do serviço público.

   d) Suspensão do cargo, função ou posto por prazo de trinta a trezentos e sessenta dias, com perda de vencimentos e vantagens.

154. (Funcab/PC/PA/Delegado/2016) Cuida a Lei n. 4.898, de 1965, do direito de representação e do processo de responsabilidade administrativa, civil e penal, nos casos de abuso de autoridade. Sobre o tema, analise as assertivas a seguir e assinale a correta.

a) Os crimes do art. 3º da Lei nº 4.898 são classificados como delitos de mão própria.

b) O abuso de autoridade praticado por militar em serviço é da competência da Justiça Militar, estadual ou federal.

c) Aos crimes previstos na Lei n. 4.898 não se aplica o instituto da transação penal, contemplado pelo art. 76 da Lei n. 9.099.

d) Sequer excepcionalmente os crimes previsto na Lei n. 4.898 admitem a modalidade culposa.

e) Somente será considerado autoridade para a finalidade de aplicação da Lei n. 4898 o ocupante remunerado de cargo, emprego ou função pública, de natureza civil ou militar.

155. (FCC/DPE/ES/Defensor/2016) A Lei Federal n. 4.898/1965 disciplina a responsabilidade em caso de abuso de autoridade. Tal diploma estatui que:

a) O processo administrativo para apurar abuso de autoridade deve ser sobrestado para o fim de aguardar a decisão da ação penal que apura a mesma conduta.

b) Quando o abuso for cometido por agente de autoridade policial, civil ou militar, de qualquer categoria, poderá ser cominada a pena autônoma ou acessória, de não poder o acusado exercer funções de natureza policial ou militar no município da culpa, por prazo de um a cinco anos.

c) Dentre as sanções penais que podem ser aplicadas está a perda do cargo e a inabilitação para o exercício de qualquer outra função pública por prazo de até oito anos.

d) Constitui abuso de autoridade qualquer atentado ao exercício dos direitos sociais.

e) Considera-se autoridade, para os efeitos da referida lei, apenas quem exerce cargo, emprego ou função pública, de natureza civil, ou militar, de natureza permanente.

156. (UFG/Prefeitura_Goiânia/Auditor/2016) O abuso de autoridade sujeitará o seu autor à sanção administrativa, civil e penal. A sanção penal poderá consistir em pena de

a) detenção por dez dias a seis meses.

b) detenção por três meses a um ano.

c) reclusão por dois a quatro anos.

d) reclusão por três a seis anos.

157. **(Cespe/TCE/PR/Auditor/2016)** Assinale a opção correta acerca da tipificação de condutas e das sanções penais constantes da Lei n. 4.898/1965 (abuso de autoridade).

   a) As sanções penais previstas no citado diploma para os crimes de abuso de autoridade limitam-se a detenção, perda do cargo e inabilitação para o exercício de qualquer outra função pública por prazo de até três anos.

   b) As sanções e os tipos penais previstos na referida lei não se aplicam aos militares, que se sujeitam somente à legislação militar.

   c) Constitui abuso de autoridade previsto na lei mencionada qualquer atentado ao sigilo de dados telefônicos constitucionalmente garantido.

   d) As sanções penais previstas no citado diploma para os crimes de abuso de autoridade restringem-se a multa pecuniária e detenção.

   e) Situação hipotética: José, suspeito da prática de homicídio, foi conduzido – algemado e submetido a violência física – à delegacia de polícia pela autoridade policial, sem mandado judicial, para prestar depoimento a respeito de fatos em apuração naquela delegacia, tendo sido liberado somente setenta e duas horas depois. Assertiva: Essa situação, além de constituir conduta criminosa da autoridade policial, com pena cominada pela lei em apreço, configura expressão concreta do que a doutrina moderna denomina Sistema Penal Subterrâneo.

158. **(Inst_Cidades/PGM/Itauçu/Procurador/2015)** Acerca do crime de Abuso de Autoridade, assinale a opção incorreta:

   a) Quando o abuso for cometido por agente de autoridade policial, civil ou militar, de qualquer categoria, poderá ser cominada somente a pena autônoma ou acessória, de não poder o acusado exercer funções de natureza policial ou militar no estado da culpa, por prazo de um a cinco anos.

   b) Apresentada ao Ministério Público a representação da vítima, aquele, no prazo de quarenta e oito horas, denunciará o réu, desde que o fato narrado constitua abuso de autoridade, e requererá ao Juiz a sua citação, e, bem assim, a designação de audiência de instrução e julgamento.

   c) Simultaneamente com a representação dirigida à autoridade administrativa ou independentemente dela, poderá ser promovida pela vítima do abuso, a responsabilidade civil ou penal ou ambas, da autoridade culpada.

   d) Constitui abuso de autoridade qualquer atentado à liberdade de locomoção, à inviolabilidade do domicílio, ao sigilo da correspondência, à liberdade de consciência e de religião, à liberdade de associação, aos direitos e garantias legais assegurados ao exercício do voto, ao direito de reunião, à incolumidade física do indivíduo e aos direitos e garantias legais assegurados ao exercício profissional.

159. **(Cespe/TCE/RN/Auditor/2015)** Conforme o entendimento do STJ, ao acusado de crime de abuso de autoridade pode ser feita proposta de transação penal.

ABUSO DE AUTORIDADE (LEI 4.898/65) — Art. 6º

160. **(Cespe/AGU/Advogado/2015)** O crime de abuso de autoridade, em todas as suas modalidades, é infração de menor potencial ofensivo, sujeitando-se seu autor às medidas despenalizadoras previstas na lei que dispõe sobre os juizados especiais cíveis e criminais, desde que preenchidos os demais requisitos legais.

161. **(Cespe/TJ/PB/Juiz/2015)** A condenação por crime previsto na lei de abuso de autoridade (Lei n. 4.898/1965) poderá importar na aplicação de sanção penal de

    a) inabilitação para contratar com a administração pública por prazo determinado.
    b) reclusão.
    c) inabilitação para o exercício de qualquer função pública por prazo determinado.
    d) advertência.
    e) prisão simples.

162. **(CAIP-IMES/PGM/Rio_Grande_da_Serra/Procurador/2015)** A Lei que prevê o crime de "abuso de autoridade" estabelece algumas sanções de natureza administrativa, dentre as quais pode ser enunciada:

    a) suspensão do cargo por prazo de cinco a cento e oitenta dias, com perda de vencimentos e vantagens.
    b) exoneração.
    c) perda do cargo e a inabilitação para o exercício de qualquer outra função pública por prazo até três anos.
    d) destituição de função, a bem do serviço público.

163. **(FCC/MPE/PB/Técnico/2015)** Ricardo, engenheiro civil, era noivo de Maria e rompeu o relacionamento no final do ano de 2014. Maria começou a namorar Pedro. Ricardo, inconformado com o término da relação com Maria tornou-se desafeto de Pedro. Ricardo resolveu, então, solicitar para seu primo Rodrigo, Policial Militar, abordar seu desafeto Pedro em plena via pública. No mês de abril deste ano, quando saía para trabalhar, Pedro foi abordado e algemado pelo Policial Militar Rodrigo, o qual realizou a busca pessoal e liberou Pedro algum tempo depois. Pedro apresentou representação ao Ministério Público apontando a prática de crime de abuso de autoridade prevista no artigo 4º, "a", da Lei n. 4.898/1965 ("ordenar ou executar medida privativa da liberdade individual, sem as formalidades legais ou com abuso de poder"). Neste caso, Ricardo

    a) praticou crime de abuso de autoridade em coautoria com Rodrigo, e estará sujeito às penas de detenção por 10 dias a 6 meses, multa, além de inabilitação para o exercício de função pública pelo prazo de até 3 anos, penas estas aplicadas de forma autônoma ou cumulativa.
    b) não praticou crime de abuso de autoridade em coautoria com Rodrigo, por se tratar de crime próprio.

c) praticou crime de abuso de autoridade em coautoria com Rodrigo, e estará sujeito às penas de detenção por 10 dias a 6 meses, multa, além de inabilitação para o exercício de função pública pelo prazo de até 3 anos, penas estas aplicadas obrigatoriamente de forma cumulativa.

d) praticou crime de abuso de autoridade em coautoria com Rodrigo, e estará sujeito às penas de detenção de 6 meses a 2 anos, multa, além de inabilitação para o exercício de função pública pelo prazo de até 5 anos, penas estas aplicadas de forma autônoma ou cumulativa.

e) praticou crime de abuso de autoridade em coautoria com Rodrigo, e estará sujeito às penas de detenção de 6 meses a 2 anos, multa, além de inabilitação para o exercício de função pública pelo prazo de até 5 anos, penas estas aplicadas obrigatoriamente de forma cumulativa.

164. **(Cespe/Depen/Agente_Penitenciário/2015)** Situação hipotética: Em seu local de trabalho, um servidor público federal, agente de segurança, se desentendeu com um cidadão e desferiu um soco na direção do rosto deste, mas, por circunstâncias alheias à sua vontade, foi bloqueado por outro colega de trabalho que segurou-lhe o braço. Assertiva: Nessa situação, o agente de segurança deverá responder pelo delito de tentativa de abuso de autoridade.

165. **(CAIP-IMES/Consórcio_Intermunicipal_Grande_ABC/Procurador/2015)** Apresenta-se como sanção administrativa passível de ser aplicada pela autoridade judiciária ao agente público condenado por crime de abuso de autoridade:

    a) exoneração a bem do serviço público.
    b) destituição de função.
    c) inabilitação para o exercício de qualquer outra função pública pelo prazo de até três anos.
    d) suspensão do cargo por prazo de até trinta dias.

166. **(Cespe/TJ/DFT/Juiz/2014)** Considerando as leis que tratam das contravenções penais, de abuso de autoridade, da tortura, dos crimes de trânsito e dos crimes contra a ordem tributária, assinale a opção correta.

    a) Dirigir veículo automotor, em via pública, sem a devida permissão ou habilitação, gerando perigo de dano, é classificado como delito de perigo abstrato.
    b) O prazo prescricional do delito material contra a ordem tributária começa a correr do dia da prática do fato reputado como criminoso.
    c) Na lei que trata das contravenções penais, não é previsto o instituto da suspensão condicional da pena.
    d) Entre as sanções penais previstas na lei que dispõe sobre abuso de autoridade, incluem-se a perda do cargo público e a inabilitação para o exercício de qualquer outra função pública por prazo de até três anos.

e) O crime de tortura que resulta em lesão corporal de natureza grave ou gravíssima é punível conforme as penas previstas para esse delito, acrescidas das referentes ao delito de lesão corporal grave ou gravíssima.

167. **(FCC/TJ/AP/Analista/2014)** Com relação às sanções do abuso de autoridade previstas na Lei n. 4.898/1965, considere o parágrafo 5º do artigo 6º da Lei de Abuso de Autoridade: "Art. 6º (...). § 5º Quando o... for cometido por agente de autoridade..., ... ou..., de qualquer categoria, poderá ser cominada a pena... ou..., de não poder o acusado exercer funções de natureza policial ou militar no município da culpa, por prazo de um a cinco anos. Completa correta e, respectivamente, a disposição:

a) crime – policial – civil – militar – alternativa – final

b) abuso – federal – estadual – municipal – principal – autônoma

c) crime – federal – portuária – rodoviária – autônoma – acessória

d) abuso – federal – estadual – municipal – alternativa – de reclusão

e) abuso – policial – civil – militar – autônoma – acessória

168. **(CAIP-IMES/CM/São_Caetano_do_Sul/Procurador/2014)** O abuso de autoridade sujeita o seu autor à sanção administrativa, civil e penal. Assinale a alternativa que não contempla uma possível penalidade administrativa em razão do cometimento desse tipo de delito:

a) demissão, a bem do serviço público.

b) cassação de aposentadoria.

c) destituição de função.

d) suspensão do cargo, função ou posto por prazo de cinco a cento e oitenta dias, com perda de vencimentos e vantagens.

169. **(Cespe/Câmara_Deputados/Técnico/2014)** A sanção penal, em abstrato, prevista para o crime de abuso de autoridade consiste em multa, detenção ou perda de cargo e inabilitação para o exercício de função pública.

170. **(Cespe/Câmara_Deputados/Analista_Legislativo/2014)** Em razão do patamar das penas cominadas na Lei de Abuso de Autoridade, não é possível a suspensão condicional da pena aplicada devido à prática de delito de abuso de autoridade.

171. **(IBFC/TRE/AM/Analista/2014)** Segundo a Lei Federal n. 4.898/1965, quando o abuso for cometido por agente de autoridade policial, civil ou militar, de qualquer categoria, poderá ser cominada a pena autônoma ou acessória, de:

a) Não poder o acusado exercer funções de natureza policial ou militar no município da culpa, por prazo de um a cinco anos.

b) Perda da função pública pelo prazo de até cinco anos.

c) Suspensão dos direitos políticos de cinco a dez anos.

d) Proibição de contratar com o Poder Público ou receber benefícios ou incentivos fiscais ou creditícios, direta ou indiretamente.

■ Procedimento {art. 7°}

Art. 7° recebida a representação em que for solicitada a aplicação de sanção administrativa, a autoridade civil ou militar competente determinará a instauração de inquérito para apurar o fato.

§ 1° O inquérito administrativo obedecerá às normas estabelecidas nas leis municipais, estaduais ou federais, civis ou militares, que estabeleçam o respectivo processo.

§ 2° não existindo no município no Estado ou na legislação militar normas reguladoras do inquérito administrativo serão aplicadas supletivamente, as disposições dos arts. 219 a 225 da Lei n. 1.711, de 28 de outubro de 1952 (Estatuto dos Funcionários Públicos Civis da União).

§ 3° O processo administrativo não poderá ser sobrestado para o fim de aguardar a decisão da ação penal ou civil.

Questões de concursos

172. **(CAIP-IMES/CM/Atibaia/Advogado/2016)** Nos termos da Lei 4.898/65 que regula o direito de representação e o processo de responsabilidade administrativa civil e penal, nos casos de abuso de autoridade assinale a alternativa incorreta.

    a) O processo administrativo poderá ser sobrestado para o fim de aguardar a decisão da ação penal ou civil.

    b) A sanção aplicada será anotada na ficha funcional da autoridade civil ou militar.

    c) Simultaneamente com a representação dirigida à autoridade administrativa ou independentemente dela, poderá ser promovida pela vítima do abuso, a responsabilidade civil ou penal ou ambas, da autoridade culpada.

    d) A ação penal será iniciada, independentemente de inquérito policial ou justificação por denúncia do Ministério Público, instruída com a representação da vítima do abuso.

173. (FCC/MPE/PA/Promotor/2014) A Lei Federal n. 4.898, de 9 de dezembro de 1965, regula o direito de representação e o processo de responsabilidade administrativa, civil e penal, nos casos de abuso de autoridade. Tal lei estatui que

a) dentre as penas cominadas no âmbito administrativo, está a de multa, limitada ao valor máximo de 90 (noventa) dias de remuneração.

b) o processo administrativo de apuração de abuso de autoridade não poderá ser sobrestado para o fim de aguardar a decisão da ação penal ou civil.

c) o direito de representação, no tocante à apuração da responsabilidade administrativa, será exercido por meio de petição à Chefia do Poder ao qual está subordinada a autoridade administrativa representada.

d) constitui abuso de autoridade impedir o gozo, pelo cidadão, de serviços públicos essenciais.

e) as sanções nela previstas não são aplicáveis aos militares, que possuem regime de responsabilidade estabelecido em legislação especial.

174. (FCC/TRF/4R/Técnico/2014) De acordo com a Lei n. 4.898/1965 (Lei de Abuso de Autoridade),

a) o direito de representação será exercido por meio de petição e dirigido somente ao órgão do Ministério Público que tiver competência para iniciar processo crime contra a autoridade culpada.

b) é considerada autoridade, quem exerce cargo, emprego ou função pública, apenas de natureza civil, ainda que transitoriamente e sem remuneração

c) é considerada autoridade, quem exerce cargo, emprego ou função pública, de natureza civil, ou militar, desde que remunerado.

d) o processo administrativo não poderá ser sobrestado para o fim de aguardar a decisão de ação penal ou civil.

e) o direito de representação será exercido por meio de petição e dirigido somente à autoridade que tiver competência legal para aplicar, à autoridade culpada, a respectiva sanção.

■ Efeitos Extrapenais {art. 8º}

Art. 8º A sanção aplicada será anotada na ficha funcional da autoridade civil ou militar.

Responsabilização Penal/Civil {art. 9º}

Art. 9º Simultaneamente com a representação dirigida à autoridade administrativa ou independentemente dela, poderá ser promovida pela vítima do abuso, a responsabilidade civil ou penal ou ambas, da autoridade culpada.

Art. 10. (Vetado).

Ação Civil {art. 11}

Art. 11. À ação civil serão aplicáveis as normas do Código de Processo Civil.

Ação Penal {art. 12}

Art. 12. A ação penal será iniciada, independentemente de inquérito policial ou justificação por denúncia do Ministério Público, instruída com a representação da vítima do abuso.

Jurisprudência complementar (STJ)

(...). Nulidade. Não ocorrência. Ação penal. Trancamento. Inépcia e falta de justa causa. Hipóteses inexistentes. (...). 1. O não comparecimento do advogado na data aprazada para o julgamento, em face de informação verbal equivocada da secretaria do Tribunal de origem, não rende ensejo a nulidade, pois prevalece a comunicação formal realizada e sobre a qual não pesa qualquer eiva. A ausência, na espécie, o foi por conta e risco do próprio causídico. 2. Suficientemente descritos os fatos, com todas as suas nuances, de modo pormenorizado, com indicação clara e precisa da conduta do denunciado, em ordem a viabilizar o exercício do direito de ampla defesa, nos moldes preconizados pelo art. 41 do Código de Processo Penal, não há falar em inépcia da denúncia. 3. Carece de fundamento a alegação de falta de justa causa para a ação penal, por crime de abuso de autoridade, motivada pelo fato de ter sido oferecida denúncia apenas com o depoimento da vítima, sem a realização de inquérito, se os denunciados são o próprio delegado de polícia da cidade e um de seus agentes, notadamente porque a Lei 4.898/65, nos arts. 12 e 13 é clara em dispensar os autos de investigação. (...). (RHC 22.716, Rel. Min. Maria Thereza de Assis Moura, DJ 11.10.2010)

Questões de concursos

175. **(Cespe/AGU/Advogado/2015)** De acordo com a legislação pertinente, a ação penal por crime de abuso de autoridade é pública incondicionada, devendo o MP apresentar a denúncia no prazo de quarenta e oito horas.

176. **(Cespe/Depen/Agente_Penitenciário/2015)** Nos crimes de abuso de autoridade, a ação é pública condicionada à representação da vítima, pois a falta dessa representação impede a iniciativa do Ministério Público.

177. **(IBFC/PC/SE/Escrivão/2014)** Segundo dispõe a Lei de Abuso de Autoridade (Lei n. 4.898/65), o direito de representação será exercido por meio de petição dirigida à autoridade superior que tiver competência legal para aplicar a respectiva sanção, ou ao órgão do Ministério Público que tiver competência para iniciar o processo-crime contra a autoridade. Desta feita, pode-se concluir que os referidos crimes são de:

    a) Ação penal pública incondicionada.

    b) Ação penal pública condicionada à representação da vítima.

    c) Ação penal pública de iniciativa privada

    d) Ação penal pública de iniciativa privada subsidiária da pública

178. **(Iades/Metrô/DF/Segurança/2014)** Acerca da Lei n. 4.898/1965, assinale a alternativa correta.

    a) Quando o abuso for cometido por agente de autoridade policial, civil ou militar, de qualquer categoria, não poderá ser cominada a pena autônoma ou acessória, de poder o acusado exercer funções de natureza policial ou militar no município da culpa, por prazo de um a cinco anos.

    b) Não existindo no município, no Estado ou na legislação militar normas reguladoras do inquérito administrativo, serão aplicadas, alternativamente, as disposições dos arts. 219 a 225 da Lei n. 1.711/1952 (Estatuto dos Funcionários Públicos Civis da União).

    c) O processo administrativo poderá ser sobrestado para o fim de aguardar a decisão da ação penal ou civil.

    d) À ação civil serão aplicáveis as normas do Código Civil brasileiro.

e) A ação penal será iniciada, independentemente de inquérito policial ou justificação por denúncia do Ministério Público, instruída com a representação da vítima do abuso.

■ Denúncia {art. 13}

Art. 13. Apresentada ao Ministério Público a representação da vítima, aquele, no prazo de quarenta e oito horas, denunciará o réu, desde que o fato narrado constitua abuso de autoridade, e requererá ao Juiz a sua citação, e, bem assim, a designação de audiência de instrução e julgamento.

§ 1º A denúncia do Ministério Público será apresentada em duas vias.

■ Infração Penal não Transeunte {art. 14}

Art. 14. Se a ato ou fato constitutivo do abuso de autoridade houver deixado vestígios o ofendido ou o acusado poderá:

a) promover a comprovação da existência de tais vestígios, por meio de duas testemunhas qualificadas;

b) requerer ao Juiz, até setenta e duas horas antes da audiência de instrução e julgamento, a designação de um perito para fazer as verificações necessárias.

§ 1º O perito ou as testemunhas farão o seu relatório e prestarão seus depoimentos verbalmente, ou o apresentarão por escrito, querendo, na audiência de instrução e julgamento.

§ 2º No caso previsto na letra a deste artigo a representação poderá conter a indicação de mais duas testemunhas.

■ Arquivamento {art. 15}

Art. 15. Se o órgão do Ministério Público, ao invés de apresentar a denúncia requerer o arquivamento da representação, o Juiz, no caso de considerar improcedentes as razões invocadas, fará remessa da re-

ABUSO DE AUTORIDADE (LEI 4.898/65) Art. 16

> presentação ao Procurador-Geral e este oferecerá a denúncia, ou designará outro órgão do Ministério Público para oferecê-la ou insistirá no arquivamento, ao qual só então deverá o Juiz atender.

Jurisprudência complementar (STJ)

(...). 1. O oferecimento de representação não obriga o Ministério Público – a quem pertence a titularidade privativa constitucional da persecução penal, nos termos do art. 129, I, da Constituição Federal, repetidas nos arts. 24 do Código de Processo Penal e 29 do Código de Processo Penal Militar – a oferecer a denúncia. 2. Aquele que oferece representação ao Ministério Público objetivando a instauração de procedimento investigatório acerca de eventual crime praticado não tem legitimidade ativa ad causam e interesse de agir para questionar, em juízo, o arquivamento do feito. 3. Tendo o arquivamento da representação sido ratificada pelo Procurador-Geral da Justiça Militar, torna-se inócua a providência de determinar o retorno dos autos ao Juízo competente para apreciação do pedido de arquivamento. (...). (REsp 1026159, Rel. Min. Arnaldo Esteves Lima, DJ 13.10.2009)

Questões de concursos

179. (Funiversa/SEAP/DF/Agente_Penitenciário/2015) Em se tratando de crimes de abuso de autoridade, se o órgão do Ministério Público, ao invés de apresentar a denúncia, requerer o arquivamento da representação, o juiz, se considerar improcedentes as razões invocadas, fará remessa da representação ao procurador-geral. Este oferecerá a denúncia, designará outro órgão do Ministério Público para oferecê-la, ou insistirá no arquivamento, ao qual, só então, deverá o juiz atender.

■ Ação Penal Privada Subsidiária da Pública {art. 16}

> **Art. 16**. Se o órgão do Ministério Público não oferecer a denúncia no prazo fixado nesta lei, será admitida ação privada. O órgão do Ministério Público poderá, porém, aditar a queixa, repudiá-la e oferecer denúncia substitutiva e intervir em todos os termos do processo, interpor recursos e, a todo tempo, no caso de negligência do querelante, retomar a ação como parte principal.

Questões de concursos

180. **(Funcab/Faceli/Procurador/2015)** Sobre o crime de abuso de autoridade, a legislação atinente a tal delito prevê:

    a) representação como condição de procedibilidade para a propositura da ação penal correspondente.

    b) possibilidade de ação penal privada subsidiária da pública.

    c) impossibilidade de ação penal pública incondicionada.

    d) necessidade de prova mínima advinda de Inquérito Policial para a propositura da ação penal correspondente.

    e) impossibilidade de transação penal em razão do grave potencial ofensivo do delito.

181. **(FGV/DPE/RO/Técnico/2015)** A Lei n. 4.898, de 9.12.1965, conhecida como Lei de Abuso de Autoridade, traz um procedimento próprio para apuração e julgamento dos crimes previstos nesse diploma legal. De acordo com as previsões dessa lei, é correto afirmar que:

    a) se o órgão do Ministério Público, por omissão, não oferecer denúncia no prazo fixado na lei, será admitida ação penal privada subsidiária.

    b) a ação penal depende necessariamente da existência de inquérito policial prévio.

    c) em regra, a audiência de instrução e julgamento não será pública, mas sim em segredo de justiça, já que envolve funcionário público.

    d) das decisões, despachos e sentenças proferidas no âmbito dos procedimentos da Lei n. 4.898/65 não caberão recursos, já que não previstos nesse diploma legal.

    e) caso o magistrado discorde da promoção de arquivamento da representação do Ministério Público, prosseguirá na ação independente de denúncia.

■ Análise Judicial da Denúncia {art. 17}

Art. 17. Recebidos os autos, o Juiz, dentro do prazo de quarenta e oito horas, proferirá despacho, recebendo ou rejeitando a denúncia.

§ 1º No despacho em que receber a denúncia, o Juiz designará, desde logo, dia e hora para a audiência de instrução e julgamento, que deverá ser realizada, improrrogavelmente. dentro de cinco dias.

§ 2º A citação do réu para se ver processar, até julgamento final e para comparecer à audiência de instrução e julgamento, será feita por mandado sucinto que, será acompanhado da segunda via da representação e da denúncia.

Da Prova Testemunhal {art. 18}

Art. 18. As testemunhas de acusação e defesa poderão ser apresentada em juízo, independentemente de intimação.

Parágrafo único. Não serão deferidos pedidos de precatória para a audiência ou a intimação de testemunhas ou, salvo o caso previsto no artigo 14, letra "b", requerimentos para a realização de diligências, perícias ou exames, a não ser que o Juiz, em despacho motivado, considere indispensáveis tais providências.

Audiência {arts. 19 a 23}

Art. 19. A hora marcada, o Juiz mandará que o porteiro dos auditórios ou o oficial de justiça declare aberta a audiência, apregoando em seguida o réu, as testemunhas, o perito, o representante do Ministério Público ou o advogado que tenha subscrito a queixa e o advogado ou defensor do réu.

Parágrafo único. A audiência somente deixará de realizar-se se ausente o Juiz.

Art. 20. Se até meia hora depois da hora marcada o Juiz não houver comparecido, os presentes poderão retirar-se, devendo o ocorrido constar do livro de termos de audiência.

Art. 21. A audiência de instrução e julgamento será pública, se contrariamente não dispuser o Juiz, e realizar-se-á em dia útil, entre dez (10) e dezoito (18) horas, na sede do Juízo ou, excepcionalmente, no local que o Juiz designar.

Art. 22. Aberta a audiência o Juiz fará a qualificação e o interrogatório do réu, se estiver presente.

Parágrafo único. Não comparecendo o réu nem seu advogado, o Juiz nomeará imediatamente defensor para funcionar na audiência e nos ulteriores termos do processo.

Art. 23. Depois de ouvidas as testemunhas e o perito, o Juiz dará a palavra sucessivamente, ao Ministério Público ou ao advogado que houver subscrito a queixa e ao advogado ou defensor do réu, pelo prazo de quinze minutos para cada um, prorrogável por mais dez (10), a critério do Juiz.

Sentença {art. 24}

Art. 24. Encerrado o debate, o Juiz proferirá imediatamente a sentença.

Lavratura da Ata {art. 25}

Art. 25. Do ocorrido na audiência o escrivão lavrará no livro próprio, ditado pelo Juiz, termo que conterá, em resumo, os depoimentos e as alegações da acusação e da defesa, os requerimentos e, por extenso, os despachos e a sentença.

Assinatura {art. 26}

Art. 26. Subscreverão o termo o Juiz, o representante do Ministério Público ou o advogado que houver subscrito a queixa, o advogado ou defensor do réu e o escrivão.

Prazo em Dobro {art. 27}

Art. 27. Nas comarcas onde os meios de transporte forem difíceis e não permitirem a observância dos prazos fixados nesta lei, o juiz poderá aumentá-las, sempre motivadamente, até o dobro.

Aplicação Subsidiária do CPP {art. 28}

Art. 28. Nos casos omissos, serão aplicáveis as normas do Código de Processo Penal, sempre que compatíveis com o sistema de instrução e julgamento regulado por esta lei.

Parágrafo único. Das decisões, despachos e sentenças, caberão os recursos e apelações previstas no Código de Processo Penal.

Revogações {art. 29}

Art. 29. Revogam-se as disposições em contrário.

Brasília, 9 de dezembro de 1965; 144º da Independência e 77º da República.

H. Castello Branco

CONSUMIDOR (LEI 8.078/90)

Lei n. 8.078, de 11 de setembro de 1990.

Dispõe sobre a proteção do consumidor e dá outras providências.

O Presidente da República: faço saber que o Congresso Nacional decreta e eu sanciono a seguinte lei:

Título II – Das Infrações Penais

■ Crimes contra as Relações de Consumo {art. 61}

Art. 61. Constituem crimes contra as relações de consumo previstas neste código, sem prejuízo do disposto no Código Penal e leis especiais, as condutas tipificadas nos artigos seguintes.

Art. 62. (Vetado).

Questões de concursos

182. **(MPE/SC/Promotor/2016)** Os crimes contra as relações de consumo previstos na Lei n. 8.137/90 são punidos, apenas, na modalidade dolosa.

183. **(Cespe/DPE/AC/Defensor/2012)** A respeito das infrações penais, assinale a opção correta.

    a) O fornecedor que deixa de organizar dados fáticos, técnicos e científicos que dão base à publicidade pratica crime contra as relações de consumo.

b) O CDC, assim como o CP e as leis extravagantes, prevê circunstâncias agravantes e atenuantes para os crimes que tipifica.

c) As condutas tipificadas no CDC constituem crime de dano, sendo imprescindível para a caracterização do delito a comprovação do efetivo dano ao consumidor.

d) Os crimes contra as relações de consumo estão previstos no CDC de forma exclusiva e taxativa.

e) O tipo penal consistente em fazer afirmação falsa ou enganosa, ou omitir informação relevante sobre a natureza de produto ou serviço inadmite a forma culposa.

184. **(Cespe/TJ/CE/Juiz/2012)** No CDC, são previstos diversos direitos que devem ser respeitados, na relação de consumo, sendo alguns deles, em razão da importância do bem jurídico tutelado, protegidos também na esfera criminal. A respeito das normas de direito penal e processual penal previstas no CDC, assinale a opção correta.

a) São circunstâncias agravantes dos crimes tipificados no CDC o fato de o delito ser cometido em época de deflação ou de guerra declarada, o de colocar em risco direito individual ou individual homogêneo e o de impingir coerção irresistível à vítima.

b) De acordo com o CDC, a pena privativa de liberdade e a de multa podem ser impostas cumulativamente com a interdição temporária de direitos, a publicação, em órgãos de comunicação de grande circulação ou audiência, às expensas do condenado, de notícia sobre os fatos e a prestação de serviços à comunidade, sendo vedado alterná-las.

c) No processo penal atinente aos crimes cometidos contra as relações de consumo, são vedadas a assistência ao MP e a propositura de ação penal subsidiária.

d) Os crimes contra as relações de consumo, dado o seu caráter especial, estão previstos exclusivamente no CDC, sendo necessária, para a inclusão de novo tipo penal, a alteração de seu texto mediante processo legislativo próprio.

e) Quem, de qualquer forma, concorrer para os crimes referidos no CDC está sujeito às penas a estes cominadas na medida de sua culpabilidade, bem como o diretor, administrador ou gerente da pessoa jurídica que promover, permitir ou por qualquer modo aprovar o fornecimento, oferta, exposição à venda ou manutenção de produtos em depósito ou a oferta e prestação de serviços nas condições por ele proibidas.

185. **(Cespe/TJ/BA/Juiz/2012)** A respeito das normas de direito penal e processo penal previstas no CDC, assinale a opção correta.

a) A pessoa jurídica pode ser responsabilizada criminalmente se os seus representantes legais ou até mesmo empregados cometerem crimes previstos no CDC.

b) O sujeito passivo dos crimes contra as relações de consumo é o consumidor pessoa física, sendo considerado o crime fato atípico se cometido contra consumidor pessoa jurídica ou consumidor por equiparação, em observância ao princípio da vedação à responsabilidade objetiva.

c) Observa-se a ocorrência de agravantes quando os crimes tipificados no CDC são cometidos em época de grave crise econômica ou por ocasião de calamidade ou quando causam grave dano individual ou coletivo.

d) O CDC tipifica como crime a conduta de empregar peças ou componentes de reposição usados na reparação de produtos, mesmo com autorização do consumidor.

e) Todos os legitimados para a defesa coletiva do consumidor podem prestar assistência ao MP e propor ação penal subsidiária.

Omissão de Informações sobre Nocividade/Periculosidade {art. 63}

Art. 63. Omitir dizeres ou sinais ostensivos sobre a nocividade ou periculosidade de produtos, nas embalagens, nos invólucros, recipientes ou publicidade:

Pena – Detenção de seis meses a dois anos e multa.

§ 1º Incorrerá nas mesmas penas quem deixar de alertar, mediante recomendações escritas ostensivas, sobre a periculosidade do serviço a ser prestado.

§ 2º Se o crime é culposo:

Pena – Detenção de um a seis meses ou multa.

Questões de concursos

186. **(MP/DFT/Promotor/2015)** Assinale a opção correta:

a) De acordo com a Lei 9.434/97, que "dispõe sobre a remoção de órgãos, tecidos e partes do corpo humano para fins de transplante e tratamento", é crime lançar apelo público, em meio de comunicação social, de anúncio com o objetivo de conseguir doação de sangue para pessoa determinada.

b) O Código Penal Militar prevê o furto de uso e o dano culposo, figuras típicas que não foram recepcionadas pela Constituição da República de 1988, de acordo com o Supremo Tribunal Federal.

c) O crime de expor à venda mercadorias impróprias para o consumo (Lei 8.137/90), tendo sido preservados vestígios do delito, exige, para a sua comprovação, a realização de perícia, segundo o Superior Tribunal de Justiça.

d) A cobrança de juros sobre dívidas em dinheiro superiores à taxa prevista em lei é prática criminosa usurária prevista na lei dos crimes contra a economia popular (Lei 1.521/51), desde que o fato se pratique em época de grave crise econômica.

e) No crime de gestão fraudulenta de instituição financeira (Lei 7.492/86), o prejuízo ao patrimônio da instituição financeira ou a investidores, poupadores e assemelhados, decorrente da gestão fraudulenta, é elemento do tipo.

■ Omissão de Informação às autoridades {art. 64}

Art. 64. Deixar de comunicar à autoridade competente e aos consumidores a nocividade ou periculosidade de produtos cujo conhecimento seja posterior à sua colocação no mercado:

Pena – Detenção de seis meses a dois anos e multa.

Parágrafo único. Incorrerá nas mesmas penas quem deixar de retirar do mercado, imediatamente quando determinado pela autoridade competente, os produtos nocivos ou perigosos, na forma deste artigo.

Jurisprudência complementar (STF)

Ação Penal. Crime contra a saúde pública. Colocação, no mercado, de duas garrafas de refrigerante impróprio para consumo. Art. 7º, inc. IX e pár. ún., cc. art. 11, caput, da Lei 8.137/90. Fato típico. Princípio da insignificância. Impossibilidade de reconhecimento em "habeas corpus". Delito que atenta de imediato contra as relações de consumo. (...). Constitui, em tese, delito contra as relações de consumo, por no mercado refrigerantes em condições impróprias para consumo. (HC 88077, Rel. Min. Cezar Peluso, 2ª T., DJ 16.2.2007)

Jurisprudência complementar (STJ)

(...). Código de Defesa do Consumidor (art. 64) e código penal (art. 132). Prescrição. Inexistência. Embora concluída a construção do prédio anteriormente a edição do CDC, os crimes previstos nos artigos 64, deste instituto e do art. 132, do Código Penal, somente se consumaram com a omissão do síndico em comunicar aos condôminos, o risco de vida a que estariam expostos, por falhas estruturais detectadas em laudo pericial realizado pela Caixa Econômica Federal, quando já em vigor a lei protecionista em apreço. Tendo os delitos se verificado em tal data, e daí que começa a fluir o lapso prescricional, que não completado, não ha como ser decretada a prescrição. (...). (REsp 46.187, Rel. Min. Cid Flaquer Scartezzini, 5ª T., DJ 18.12.1995)

■ Execução Irregular de Serviço Perigoso {art. 65}

> **Art. 65**. Executar serviço de alto grau de periculosidade, contrariando determinação de autoridade competente:
>
> Pena – Detenção de seis meses a dois anos e multa.
>
> Parágrafo único. As penas deste artigo são aplicáveis sem prejuízo das correspondentes à lesão corporal e à morte.

■ Afirmação Falsa ou Omissão de Informação Relevante {art. 66}

> **Art. 66**. Fazer afirmação falsa ou enganosa, ou omitir informação relevante sobre a natureza, característica, qualidade, quantidade, segurança, desempenho, durabilidade, preço ou garantia de produtos ou serviços:
>
> Pena – Detenção de três meses a um ano e multa.
>
> § 1º Incorrerá nas mesmas penas quem patrocinar a oferta.
>
> § 2º Se o crime é culposo;
>
> Pena – Detenção de um a seis meses ou multa.

Questões de concursos

187. **(Cespe/TJ/ES/Juiz/2011)** Rodrigo, gerente de uma loja de bicicletas, orientou Marcelo, de quem é chefe, a não entregar aos consumidores o termo de garantia referente aos produtos por ele vendidos. Nessa situação hipotética:

    a) Marcelo e Rodrigo poderão ser considerados agentes ativos de crime previsto no CDC.

    b) somente Marcelo poderá ser agente ativo de crime previsto no CDC.

c) somente Rodrigo poderá ser agente ativo de crime previsto no CDC.

d) não caberá, em relação à conduta descrita, ação penal subsidiária nem assistência.

e) o CDC não considera crime a conduta apresentada, mas infração administrativa.

■ Publicidade Enganosa ou Abusiva {art. 67}

Art. 67. Fazer ou promover publicidade que sabe ou deveria saber ser enganosa ou abusiva:

Pena Detenção de três meses a um ano e multa.

■ Publicidade Abusiva {art. 68}

Art. 68. Fazer ou promover publicidade que sabe ou deveria saber ser capaz de induzir o consumidor a se comportar de forma prejudicial ou perigosa a sua saúde ou segurança:

Pena – Detenção de seis meses a dois anos e multa:

■ Falta de Fundamentação da Publicidade {art. 69}

Art. 69. Deixar de organizar dados fáticos, técnicos e científicos que dão base à publicidade:

Pena – Detenção de um a seis meses ou multa.

■ Utilização Indevida de Produtos Usados {art. 70}

Art. 70. Empregar na reparação de produtos, peça ou componentes de reposição usados, sem autorização do consumidor:

Pena – Detenção de três meses a um ano e multa.

Questões de concursos

188. **(Cespe/PC/PE/Delegado/2016)** Ana contratou Cláudio, prestador de serviços, para consertar seu aparelho de televisão. Sem autorização de Ana e sem motivo justo, Cláudio utilizou, dolosamente, peças de reposição usadas na reparação do aparelho. Nessa situação hipotética, a conduta de Cláudio é considerada

    a) crime previsto no Código de Defesa do Consumidor (CDC).
    b) crime previsto no CP.
    c) crime previsto na Lei n. 8.137/1990, que define crimes contra a ordem tributária, econômica e contra as relações de consumo, e dá outras providências.
    d) atípica, pois não há lei que preveja essa conduta como crime.
    e) contravenção penal.

189. **(Consulplan/TJ/MG/Cartórios/2016)** São crimes contra as relações de consumo previstas na Lei n. 8.078/1990, exceto:

    a) Deixar de comunicar à autoridade competente e aos consumidores a nocividade de produtos cujo conhecimento seja posterior à sua colocação no mercado.
    b) Executar serviço de alto grau de periculosidade, contrariando determinação de autoridade competente.
    c) Empregar, na reparação de produtos, componentes de reposição usados, com autorização do consumidor.
    d) Fazer publicidade que sabe ser capaz de induzir o consumidor a se comportar de forma prejudicial a sua segurança.

190. **(Cespe/Adagri/CE/Fiscal/2009)** João, mecânico de automóveis, empregou peças de reposição já usadas ao efetuar o conserto de certo automóvel, sem autorização do proprietário do veículo. Nessa situação, João praticou crime contra as relações de consumo, estando sujeito a multa e a pena de três meses a um ano de detenção.

■ Cobrança Abusiva {art. 71}

> **Art. 71.** Utilizar, na cobrança de dívidas, de ameaça, coação, constrangimento físico ou moral, afirmações falsas incorretas ou enganosas ou de qualquer outro procedimento que exponha o consumidor, injustificadamente, a ridículo ou interfira com seu trabalho, descanso ou lazer:
>
> Pena – Detenção de três meses a um ano e multa.

Jurisprudência complementar (STF)

(...). Delito do artigo 71 do Código de Defesa do Consumidor. Alegação de que o inquérito policial foi requisitado para apurar a exigência de caução para internação hospitalar. Trancamento. Excepcionalidade. Investigação deflagrada pelos dois fatos. 1. Incontroverso que o inquérito policial foi deflagrado em razão de processo administrativo em que apurados fatos concernentes à exigência de caução para internação e à cobrança vexatória, descabe a pretensão de trancamento do inquérito policial ao argumento de que o Promotor de Justiça teria motivado o pedido de investigação apenas no que tange à exigência de caução para internação hospitalar. 2. Hipótese em que pessoa idosa, apesar de ter recebido alta às 10 horas da manhã somente foi liberada às 4 horas da tarde, mediante o pagamento de determinado valor: fato passível de configurar, em tese, o crime descrito no artigo 71 do Código de Defesa do Consumidor. (...). (HC 87607, Rel. Min. Eros Grau, 2ª T., DJ 12.5.2006)

Questões de concursos

191. **(Cespe/DPE/MA/Defensor/2011)** Tendo em vista que a lei brasileira de proteção ao consumidor se destaca no cenário internacional por buscar proteger o consumidor sob os mais diversos aspectos, assinale a opção correta com relação ao direito penal do consumidor, às sanções administrativas e às infrações penais contra as relações de consumo.

   a) Considere a seguinte situação hipotética. Afrânio, comerciante, afixou lista com nome de fregueses inadimplentes na porta externa de sua padaria, causando prejuízo a Raimundo, que perdeu o crédito perante os demais fornecedores de alimentos do bairro onde mora, o que comprometeu, inclusive, a subsistência e dignidade de sua família. Nessa situação, embora tenha praticado infração administrativa, Afrânio não praticou crime contra as relações de consumo.

   b) É crime omissivo puro deixar de comunicar à autoridade competente e aos consumidores a nocividade ou periculosidade de produto cuja colocação no mercado seja anterior ao conhecimento de sua condição nociva ou perigosa, razão pela qual é necessária a caracterização do efetivo dano ao consumidor.

   c) O fato de o fornecedor encaminhar cartão de crédito para a residência do consumidor, sem prévio requerimento, constitui prática abusiva que caracteriza infração administrativa, mas não infração penal.

   d) Na medida em que um fornecedor infringe normas de proteção do consumidor, a autoridade administrativa pode aplicar-lhe, cumulativamente, as sanções de multa e de suspensão de fornecimento de produto, as quais possuem, respectivamente, natureza pecuniária e subjetiva.

   e) O direito penal do consumidor cumpre função eminentemente preventiva; nesse sentido, faz distinção entre os crimes de dano e de perigo, havendo necessidade, nos crimes de perigo abstrato, de demonstração de que o bem jurídico esteja exposto a situação de risco como consequência da conduta do agente.

■ **Impedir o acesso a informações do consumidor {art. 72}**

> **Art. 72**. Impedir ou dificultar o acesso do consumidor às informações que sobre ele constem em cadastros, banco de dados, fichas e registros:
>
> Pena – Detenção de seis meses a um ano ou multa.

■ **Deixar de Corrigir Imediatamente Informação Inexata {art. 73}**

> **Art. 73**. Deixar de corrigir imediatamente informação sobre consumidor constante de cadastro, banco de dados, fichas ou registros que sabe ou deveria saber ser inexata:
>
> Pena – Detenção de um a seis meses ou multa.

Jurisprudência complementar (STF)

Código de Defesa do Consumidor. ART. 73. 1. Responsabilidade penal objetiva. Inadmissibilidade. Por eventual irregularidade na prestação de informações à autoridade judiciária sobre registros de consumidor, em banco de dados, deve ser responsabilizado, penalmente, o funcionário responsável, e não o presidente da instituição. 2. HC deferido para trancar a ação penal. (HC 84620, Rel. Min. Ellen Gracie, 2ª T., DJ 10.12.2004)

■ **Omissão na entrega de termo de garantia {art. 74}**

> **Art. 74**. Deixar de entregar ao consumidor o termo de garantia adequadamente preenchido e com especificação clara de seu conteúdo;
>
> Pena – Detenção de um a seis meses ou multa.

Coautoria ou Participação nos Crimes contra as Relações de Consumo {art. 75}

Art. 75. Quem, de qualquer forma, concorrer para os crimes referidos neste código, incide as penas a esses cominadas na medida de sua culpabilidade, bem como o diretor, administrador ou gerente da pessoa jurídica que promover, permitir ou por qualquer modo aprovar o fornecimento, oferta, exposição à venda ou manutenção em depósito de produtos ou a oferta e prestação de serviços nas condições por ele proibidas.

Agravantes Específicas {art. 76}

Art. 76. São circunstâncias agravantes dos crimes tipificados neste código:

I – serem cometidos em época de grave crise econômica ou por ocasião de calamidade;

II – ocasionarem grave dano individual ou coletivo;

III – dissimular-se a natureza ilícita do procedimento;

IV – quando cometidos:

a) por servidor público, ou por pessoa cuja condição econômico-social seja manifestamente superior à da vítima;

b) em detrimento de operário ou rurícola; de menor de dezoito ou maior de sessenta anos ou de pessoas portadoras de deficiência mental interditadas ou não;

V – serem praticados em operações que envolvam alimentos, medicamentos ou quaisquer outros produtos ou serviços essenciais.

Questões de concursos

192. **(MPE/SC/Promotor/2016)** Os crimes contra o consumidor previstos na Lei n. 8.078/90 tem, como hipóteses de circunstâncias agravantes, dentre outras, a condição econômico-social do autor manifestamente superior à da vítima e o qualificativo do consumidor como operário ou rurícola.

193. **(Consulplan/TJ/MG/Cartórios/2015)** É circunstância agravante dos crimes tipificados no Código de Defesa do Consumidor (Lei n. 8.078/1990):

    a) Ocasionarem os crimes pequeno dano coletivo.

    b) Quando os crimes forem cometidos por servidor público.

    c) Quando os crimes forem cometidos em detrimento de pessoa portadora de deficiência motora.

    d) Serem os crimes cometidos em época de suave crise econômica.

194. **(Cespe/Detran/DF/Advocacia/2009)** Considere que Tânia, que trabalha em uma entidade de cadastro de devedores inadimplentes, tenha impedido que Manoel tivesse acesso às informações que sobre ele constavam do referido cadastro. Nesse caso, Tânia praticou crime contra as relações de consumo, devendo incidir circunstância agravante, se Manoel for pessoa portadora de deficiência mental.

■ Multa {art. 77}

Art. 77. A pena pecuniária prevista nesta Seção será fixada em dias-multa, correspondente ao mínimo e ao máximo de dias de duração da pena privativa da liberdade cominada ao crime. Na individualização desta multa, o juiz observará o disposto no art. 60, § 1º do Código Penal.

■ Penas Restritivas de Direitos {art. 78}

Art. 78. Além das penas privativas de liberdade e de multa, podem ser impostas, cumulativa ou alternadamente, observado o disposto nos arts. 44 a 47, do Código Penal:

I – a interdição temporária de direitos;

II – a publicação em órgãos de comunicação de grande circulação ou audiência, às expensas do condenado, de notícia sobre os fatos e a condenação;

III – a prestação de serviços à comunidade.

Questões de concursos

195. (Cespe/PC/GO/Agente/2016) Com relação às infrações penais previstas na Lei n. 8.078/1990, que instituiu o CDC, assinale a opção correta.

a) No processo penal referente às infrações previstas no CDC, é vedada a atuação de assistentes do MP.

b) Todas as infrações tipificadas no CDC possuem pena máxima prevista de até dois anos.

c) Para que o infrator possa ser processado e julgado, é necessário que ele tenha agido com dolo.

d) A pena será agravada se a infração for cometida no período noturno.

e) A pena será agravada se a infração for cometida em domingo ou feriado.

196. (Ceperj/Procon/RJ/Advogado/2012) No âmbito dos crimes que podem surgir nas relações de consumo, existe um sistema de penalizações. Além da pena privativa de liberdade, pode ser aplicada ao infrator a pena de:

a) interdição temporária de direitos.

b) perda de direitos políticos

c) extinção da nacionalidade

d) expulsão do território nacional

e) prestação de serviços ao consumidor

■ Fiança {art. 79}

> **Art. 79.** O valor da fiança, nas infrações de que trata este código, será fixado pelo juiz, ou pela autoridade que presidir o inquérito, entre cem e duzentas mil vezes o valor do Bônus do Tesouro Nacional (BTN), ou índice equivalente que venha a substituí-lo.
>
> Parágrafo único. Se assim recomendar a situação econômica do indiciado ou réu, a fiança poderá ser:
>
> a) reduzida até a metade do seu valor mínimo;
>
> b) aumentada pelo juiz até vinte vezes.

Assistentes de Acusação {art. 80}

> **Art. 80**. No processo penal atinente aos crimes previstos neste código, bem como a outros crimes e contravenções que envolvam relações de consumo, poderão intervir, como assistentes do Ministério Público, os legitimados indicados no art. 82, inciso III e IV, aos quais também é facultado propor ação penal subsidiária, se a denúncia não for oferecida no prazo legal.
>
> (...)

Questões de concursos

197. **(MPE/SC/Promotor/2016)** A Lei n. 8.078/90 nada dispõe acerca do assistente do Ministério Público, de forma que, em todos os crimes e contravenções que envolvam relações de consumo, incide o regramento genérico previsto no Código de Processo Penal, donde inviabilizada a intervenção, como assistente do Ministério Público, de órgãos da Administração Pública sem personalidade jurídica.

198. **(Cespe/MPE/RR/Promotor/2012)** Assinale a opção correta a respeito das normas de direito penal e de processo penal previstas no CDC.

    a) No processo penal atinente aos crimes cometidos contra as relações de consumo, é vedada ao MP a assistência, porém lhe é facultada a propositura de ação penal subsidiária, se a denúncia não for oferecida no prazo legal.

    b) Assim como ocorre no direito ambiental, a pessoa jurídica pode ser responsabilizada criminalmente se os seus representantes legais ou até mesmo empregados cometerem fatos tipicamente previstos como crimes no CDC.

    c) A conduta de impedir ou dificultar o acesso do consumidor às informações que sobre ele constem em cadastros, banco de dados, fichas e registros é expressamente prevista como crime no CDC.

    d) O sujeito passivo dos crimes contra as relações de consumo é o consumidor pessoa física, considerando-se fato atípico o crime cometido contra consumidor pessoa jurídica ou consumidor por equiparação, em observância ao princípio da vedação à responsabilidade objetiva.

    e) Considera-se circunstância agravante nos crimes tipificados no CDC o fato de o agente cometer o delito contra os consumidores de instituições financeiras, de saúde e de ensino privados.

199. **(Cespe/TJ/CE/Juiz/2012)** A propósito das normas de direito penal e processual penal previstas no CDC, assinale a opção correta.

   a) O CDC prevê, expressamente, como crime a conduta de não entregar ao consumidor o termo de garantia adequadamente preenchido e com especificação clara de seu conteúdo.

   b) Assim como ocorre no direito ambiental, é prevista, no direito do consumidor, a responsabilização criminal da pessoa jurídica cujos representantes legais ou empregados cometam fatos tipicamente previstos na legislação específica como crimes.

   c) O CDC não prevê infração penal na modalidade culposa, de modo que, no âmbito do direito do consumidor, o infrator somente responderá criminalmente se agir dolosamente.

   d) O sujeito passivo dos crimes contra as relações de consumo é o consumidor pessoa física, considerando-se atípico o crime cometido contra consumidor pessoa jurídica ou consumidor por equiparação, em face do princípio da vedação à responsabilidade objetiva.

   e) Constitui crime contra as relações de consumo fazer ou promover publicidade manifestamente fantasiosa.

CRIANÇA E ADOLESCENTE (LEI 8.069/90)

Lei n. 8.069, de 13 de julho de 1990.

Dispõe sobre o Estatuto da Criança e do Adolescente e dá outras providências.

O Presidente da República: faço saber que o Congresso Nacional decreta e eu sanciono a seguinte Lei:

(...)

Título VII – Dos Crimes e Das Infrações Administrativas

Capítulo I – Dos Crimes

Seção I – Disposições Gerais

Disposições Gerais {art. 225}

Art. 225. Este Capítulo dispõe sobre crimes praticados contra a criança e o adolescente, por ação ou omissão, sem prejuízo do disposto na legislação penal.

Questões de concursos

200. **(Ieses/TJ/MS/Cartórios/2014)** Quanto ao Estatuto da Criança e do Adolescente é correto afirmar:

   a) A prestação de serviço comunitário, uma das medidas sócio educativas, consiste na realização de tarefas gratuitas de interesse geral por período não excedente a 1 (um) ano, junto a entidades assistenciais, hospitais, escolas e outros estabelecimentos.

   b) Considera-se criança, para os efeitos da Lei, a pessoa até doze anos de idade incompleto, e adolescente entre doze e dezoito anos de idade.

   c) São penalmente inimputáveis os menores de 18 (dezoito) anos, sujeitos às medidas previstas nesta Lei. Para os efeitos do Estatuto da Criança e do Adolescente deve ser considerada a idade do adolescente na data da sentença.

   d) O adolescente apreendido por força de ordem judicial será, desde logo, encaminhado à autoridade policial.

■ Aplicação Subsidiária do CP e do CPP {art. 226}

> **Art. 226.** Aplicam-se aos crimes definidos nesta Lei as normas da Parte Geral do Código Penal e, quanto ao processo, as pertinentes ao Código de Processo Penal.

Informativos (STJ)

Aplicabilidade de escusa absolutória na hipótese de ato infracional.

Nos casos de ato infracional equiparado a crime contra o patrimônio, é possível que o adolescente seja beneficiado pela escusa absolutória prevista no art. 181, II, do CP. HC 251.681, Rel. Min. Sebastião Reis Júnior, 3.10.13. 6ª T. (Info 531)

Jurisprudência complementar (STJ)

(...). Estatuto da criança e do adolescente. Ato infracional equiparado ao crime tipificado no art. 33, caput, da Lei 11.343/2006. Liberdade assistida pelo prazo de 12 (doze) meses, cumulada com prestação de serviços à comunidade pelo prazo de 03 (três) meses. Prescrição da pretensão executória. Ocorrência. 1. Consoante pacífico entendimento desta Corte, são aplicáveis, de forma subsidiária, as regras pertinentes à punibilidade da Parte Geral do Código Penal aos atos infracionais praticados por adolescentes, nos termos do art. 226 da Lei 8.069/90. Incidência da Súmula 338 do Superior Tribunal de Justiça. 2. Na hipótese, o prazo prescricional seria de 4 (quatro) anos, para a liberdade assistida, e de 2 (dois) anos, para a medida socioeducativa de prestação de serviços à comunidade, nos termos do art. 110, caput, c. c. o art. 109, incisos V e VI, ambos do Código Penal. Aplicando-se, contudo, a regra do art. 115 do mesmo Codex, que determina a redução dos prazos pela metade, é de rigor a declaração da extinção da punibilidade estatal pelo reconhecimento da prescrição da pretensão executória, porquanto transcorridos lapsos temporais superiores aos exigidos. 3. Ordem concedida, para declarar a prescrição da pretensão executória em relação às medidas socioeducativas aplicadas ao Paciente. (HC 150.380, Rel. Min. Laurita Vaz, 5ª T., DJ 28.3.2011)

1. Inexistindo qualquer fundamento apto a afastar as razões consideradas no julgado ora agravado, deve ser a decisão mantida por seus próprios fundamentos. 2. Esta Corte firmou entendimento de que é aplicável de forma subsidiária as regras pertinentes à punibilidade da Parte Geral do Código Penal em relação aos atos infracionais perpetrados por adolescentes, nos termos do art. 226 da Lei 8.069/90, tendo, inclusive, editado o verbete sumular n. 338. (...). (AgRg no AgRg no REsp 990.769, Rel. Min. Laurita Vaz, 5ª T., DJ 10.5.2010)

(...). 2. A multa prevista pela Lei 8.069/90 como sanção às infrações administrativas possui a mesma natureza administrativa e, como tal, sua cobrança sujeita-se ao lapso prescricional de cinco anos. Inaplicabilidade do prazo de dois anos previsto no art. 114, I, do Código Penal. O art. 226, caput, do ECA somente faculta a aplicação das normas da parte geral do Código Penal aos crimes nele definidos. 3. Embargos declaratórios acolhidos tão-somente para conhecer em parte do recurso especial e, nesta, negar-lhe provimento." (EDcl no AgRg no REsp 737054...) 3. Inexiste ofensa ao art. 535 do CPC, quando o tribunal de origem, embora sucintamente, pronuncia-se de forma clara e suficiente sobre a questão posta nos autos. Ademais, o magistrado não está obrigado a rebater, um a um, os argumentos trazidos pela parte, desde que os fundamentos utilizados tenham sido suficientes para embasar a decisão. (...). (REsp 850.227, Rel. Min. Luiz Fux, 1ª T., DJ 27.2.2008)

■ Ação Penal Pública Incondicionada {art. 227}

> **Art. 227.** Os crimes definidos nesta Lei são de ação pública incondicionada

Jurisprudência complementar (STJ)

(...). Art. 244-A da Lei 8.069/90. Estatuto da criança e do adolescente. Ação penal pública incondicionada. Art. 227 do ECA. Irretroatividade da norma. Fatos posteriores. (...). 1. A ação penal por crime previsto no art. 244-A da Lei 8.069/90 (Estatuto da Criança e do Adolescente) é pública incondicionada, por força do disposto no art. 227 do mesmo diploma legal. 2. O delito descrito no art. 244-A da Lei 8.069/90 foi criado pela Lei 9.975, de 23.06.00, não incidindo sobre fatos cometidos anteriormente à sua vigência, em razão da irretroatividade da lei penal mais gravosa. 3. Não há constrangimento ilegal se a denúncia narra que os fatos teriam ocorrido entre os anos de 2000 e 2003, cabendo ao magistrado de primeiro grau verificar a existência de conduta praticada antes da vigência da lei e afastar a incidência da norma penal, se for o caso. (...). (RHC 19.323, Rel. Min. Maria Thereza de Assis Moura, 6ª T., DJ 9.11.2009)

(...). Afasta-se o caráter particular inerente à titularidade da ação penal em hipótese de atentado violento ao pudor quando a criança ofendida vive na companhia do suposto agressor, em situação de dependência econômica, esta evidenciada por relação de emprego havida entre o paciente e a mãe da vítima (arts. 225, § 1º, inciso I, e 226, inciso II, do Código Penal). O evidente conflito entre o interesse do menor incapaz e a disposição contrária de seu representante legal implica a nomeação de curador especial, nos termos do art. 33 do CPP e 142, parágrafo único, da Lei 8.069/90. A persecução penal de crime cometido contra criança e/ou adolescente menor de 14 (catorze) anos dar-se-á por ação pública incondicionada, à luz do disposto no art. 227 da Lei 8.069/90, porquanto desprovidas de validez, diante da imperatividade dos dispositivos constitucionais (arts. 1º, 3º, 5º e 227, CRFB), as normas do art. 225 do Código Penal. É descabida a alegação de extinção da punibilidade pela decadência do direito de representação, em se tratando de ação penal de iniciativa pública incondicionada. Recurso ao qual se nega provimento. (RHC 14.924, Rel. Min. Paulo Medina, 6ª T., DJ 9.4.2007)

Questões de concursos

201. **(MPE/SC/Promotor/2016)** Nos termos da Lei n. 8.069/90, fixada atribuição ao Ministério Público para promover a ação civil pública para proteção dos interesses individuais de crianças e adolescentes, poderá o Promotor de Justiça promover ação de prestação de contas de administradores nas hipóteses em que os direitos patrimoniais dos incapazes forem ameaçados ou violados.

Seção II – Dos Crimes em Espécie

Omissão de Registro ou de Informações {art. 228}

Art. 228. Deixar o encarregado de serviço ou o dirigente de estabelecimento de atenção à saúde de gestante de manter registro das atividades desenvolvidas, na forma e prazo referidos no art. 10 desta Lei, bem como de fornecer à parturiente ou a seu responsável, por ocasião da alta médica, declaração de nascimento, onde constem as intercorrências do parto e do desenvolvimento do neonato:

Pena – detenção de seis meses a dois anos.

Parágrafo único. Se o crime é culposo:

Pena – detenção de dois a seis meses, ou multa.

Questões de concursos

202. (Cespe/PC/GO/Agente/2016) Gabriel, como dirigente de estabelecimento de atenção à saúde de gestantes, deixou de fornecer a uma parturiente, na ocasião da alta médica desta, declaração de nascimento em que constassem as intercorrências do parto e do desenvolvimento do neonato. Júlia, professora de ensino fundamental, teve conhecimento de caso que envolvia suspeita de maus-tratos contra uma aluna de dez anos de idade e deixou de comunicar o fato à autoridade competente. Alexandre hospedou, no hotel do qual é responsável, um adolescente que estava desacompanhado de seus pais ou de um responsável e sem autorização escrita deles ou de autoridade judiciária. Nessas situações hipotéticas, de acordo com o que prevê o ECA,

    a) somente Gabriel e Alexandre responderão por crime.

    b) somente Júlia e Alexandre responderão por infração administrativa.

    c) somente Gabriel e Alexandre responderão por infração administrativa.

    d) Gabriel, Júlia e Alexandre responderão por crime.

    e) somente Gabriel e Júlia responderão por crime.

■ Omissão de Identificação e Omissão de Exame {art. 229}

> **Art. 229.** Deixar o médico, enfermeiro ou dirigente de estabelecimento de atenção à saúde de gestante de identificar corretamente o neonato e a parturiente, por ocasião do parto, bem como deixar de proceder aos exames referidos no art. 10 desta Lei:
>
> Pena – detenção de seis meses a dois anos.
>
> Parágrafo único. Se o crime é culposo:
>
> Pena – detenção de dois a seis meses, ou multa.

■ Apreensão Ilegal {art. 230}

> **Art. 230.** Privar a criança ou o adolescente de sua liberdade, procedendo à sua apreensão sem estar em flagrante de ato infracional ou inexistindo ordem escrita da autoridade judiciária competente:
>
> Pena – detenção de seis meses a dois anos.
>
> Parágrafo único. Incide na mesma pena aquele que procede à apreensão sem observância das formalidades legais.

Questões de concursos

203. (Consulplan/TJ/MG/Cartórios/2016) Segundo a Lei n. 8.069/90, constituem crimes, exceto:

   a) Submeter criança sob sua vigilância a vexame.

   b) Deixar a autoridade competente, sem justa causa, de ordenar a imediata liberação de adolescente, tão logo tenha conhecimento da ilegalidade da apreensão.

   c) Registrar, por qualquer meio, cena pornográfica envolvendo criança.

   d) Privar o adolescente de sua liberdade, procedendo à sua apreensão estando em flagrante de ato infracional.

■ Omissão de Informação Acerca da Apreensão {art. 231}

Art. 231. Deixar a autoridade policial responsável pela apreensão de criança ou adolescente de fazer imediata comunicação à autoridade judiciária competente e à família do apreendido ou à pessoa por ele indicada:
Pena – detenção de seis meses a dois anos.

■ Abuso de Poder {art. 232}

Art. 232. Submeter criança ou adolescente sob sua autoridade, guarda ou vigilância a vexame ou a constrangimento:
Pena – detenção de seis meses a dois anos.
Art. 233. (Revogado).

Jurisprudência complementar (STJ)

(...). 1. Consoante farta jurisprudência deste Superior Tribunal de Justiça, o critério objetivo de número de crimes não é o único aplicável, porquanto, pela própria dicção do parágrafo único do artigo 71 do Código Penal, "(...) poderá o juiz, considerando a culpabilidade, os antecedentes, a conduta social e a personalidade do agente, bem como os motivos e as circunstâncias, aumentar a pena de um só dos crimes, se idênticas, ou a mais grave, se diversas, até o triplo, observadas as regras do parágrafo único do art. 70 e do art. 75 deste Código." 2. No caso dos autos, foi proferido um juízo condenatório porque, conforme apurado na instância a quo, em "reiteradas oportunidades" (não contabilizadas de forma precisa), o ora Paciente, já divorciado da ex-cônjuge, por ocasião das visitas de seus filhos menores – uma menina e um menino de apenas 5 e 4 anos de idade, respectivamente – os obrigava a com ele praticar sexo oral e outros atos libidinosos, detalhadamente descritos em seus depoimentos valorados pelo acórdão da apelação. Ou seja: "reiteradas vezes" deve ser interpretado como, pelo menos, mais de duas vezes com cada um dos menores, o que já totalizariam, no mínimo, seis condutas delituosas a ensejarem, sozinhas, um aumento de 1/2. Nessa perspectiva, o aumento de 1/3 foi até benevolente. 3. Se não bastasse, conquanto tenha sido a pena-base fixada no mínimo legal, o Tribunal a quo, ao estabelecer o patamar de aumento pela continuidade qualificada, fez referência às circunstâncias judiciais, tidas por desfavoráveis, as quais podem ser inferidas diante do evidente grau de reprovabilidade das condutas, o que denota irretorquível razoabilidade do patamar de aumento. Na verdade, o Réu foi, mais uma vez, beneficiado ao não ter sido também a pena-base majorada. 4. Excetuados os casos de patente ilegalidade ou abuso de poder, é vedado, na via do "habeas corpus", o amplo reexame das circunstâncias judiciais consideradas para a individualização da sanção penal, por demandar a análise de matéria fático-probatória. (...). (HC 231.576, Rel. Min. Laurita Vaz, 5ª T., DJ 5.3.2014)

■ Constrangimento Ilegal {art. 234}

Art. 234. Deixar a autoridade competente, sem justa causa, de ordenar a imediata liberação de criança ou adolescente, tão logo tenha conhecimento da ilegalidade da apreensão:

Pena – detenção de seis meses a dois anos.

■ Constrangimento Legal {art. 235}

Art. 235. Descumprir, injustificadamente, prazo fixado nesta Lei em benefício de adolescente privado de liberdade:

Pena – detenção de seis meses a dois anos.

■ Impedimento Indevido {art. 236}

Art. 236. Impedir ou embaraçar a ação de autoridade judiciária, membro do Conselho Tutelar ou representante do Ministério Público no exercício de função prevista nesta Lei:

Pena – detenção de seis meses a dois anos.

Jurisprudência complementar (STF)

(...). Estatuto da Criança e do Adolescente. Artigo 236. Alcance da Expressão "Autoridade Judiciária". A expressão envolve toda e qualquer autoridade judiciária no desempenho da função, não se restringindo à figura do juiz da Vara da Infância e do Adolescente. (...). (HC 84394, Rel. Min. Marco Aurélio, 1ª T., DJ 27.8.2004)

■ Subtração de Criança ou Adolescente {art. 237}

Art. 237. Subtrair criança ou adolescente ao poder de quem o tem sob sua guarda em virtude de lei ou ordem judicial, com o fim de colocação em lar substituto:

Pena – reclusão de dois a seis anos, e multa.

Jurisprudência complementar (STJ)

(...). 1. A possibilidade de quebra do sigilo das comunicações telefônicas fica, em tese, restrita às hipóteses de investigação criminal ou instrução processual penal. No entanto, o ato impugnado, embora praticado em processo cível, retrata hipótese excepcional, em que se apuram evidências de subtração de menor, crime tipificado no art. 237 do Estatuto da Criança e do Adolescente. 2. Não toca ao paciente, embora inspirado por razões nobres, discutir a ordem judicial alegando direito fundamental que não é seu, mas da parte processual. Possibilitar que o destinatário da ordem judicial exponha razões para não cumpri-la é inviabilizar a própria atividade jurisdicional, com prejuízo para o Estado Democrático de Direito. 3. Do contexto destes autos não se pode inferir a iminência da prisão do paciente. Nem mesmo há informação sobre o início do processo ou sobre ordem de prisão cautelar. Ausentes razões que fundamentariam o justo receio de restrição iminente à liberdade de ir e vir, não é cabível o pedido de "habeas corpus". (...). (HC 203.405, Rel. Min. Sidnei Beneti, Terceira Turma, DJ 1.7.2011)

Questões de concursos

204. **(Acafe/PC/SC/Delegado/2014)** Analise as afirmações a seguir, identifique as que podem ser consideradas práticas de crime contra a criança e assinale a alternativa correta.

I.   Deixar a autoridade policial responsável pela sua apreensão de fazer imediata comunicação à autoridade judiciária competente e à família do apreendido ou à pessoa por ele indicada.

II. Recusar fornecer autorização para viajar dentro do país, quando a criança viajar acompanhada apenas por um dos genitores.

III. Subtrair criança ou adolescente ao poder de quem o tem sob sua guarda em virtude de lei ou ordem judicial, com o fim de colocação em lar substituto.

IV. Vender, fornecer, ainda que gratuitamente, ministrar ou entregar, de qualquer forma, à criança ou adolescente, sem justa causa, produtos cujos componentes possam causar dependência física ou psíquica, ainda que por utilização indevida.

a)   Todas as afirmações estão corretas.
b)   Apenas I, II e III estão corretas.
c)   Apenas III e IV estão corretas.
d)   Apenas II e IV estão corretas.
e)   Apenas I, III e IV estão corretas.

■ Comercialização de Filho {art. 238}

Art. 238. Prometer ou efetivar a entrega de filho ou pupilo a terceiro, mediante paga ou recompensa:

Pena – reclusão de um a quatro anos, e multa.

Parágrafo único. Incide nas mesmas penas quem oferece ou efetiva a paga ou recompensa.

Jurisprudência complementar (STJ)

(...). 2. A denúncia descreve, com todos os elementos indispensáveis, a existência, em tese, de crime descrito no Estatuto da Criança e do Adolescente, bem como indícios de autoria, suficientes para a deflagração da persecução penal em desfavor do Paciente. 3. As alegações de inexistência de combinação ou ajuste entre os denunciados, de que o denunciado não prometeu vantagem aos pais da menor, bem como de que o processo de adoção seguiria seu rito regular requerem, para seu reconhecimento, o reexame de matéria fática que somente poderá ser discutida durante a instrução criminal. 4. Não se afigura viável em sede de "habeas corpus", sem o devido processo legal, garantido o contraditório e a ampla defesa, inocentar o Paciente da acusação, precipitando prematuramente o mérito. (...). (HC 79.873, Rel. Min. Laurita Vaz, 5ª T., DJ 3.3.2008)

Questões de concursos

205. **(MPE/SC/Promotor/2014)** Prometer ou efetivar a entrega de filho ou pupilo a terceiro, mediante paga ou recompensa, é crime previsto no artigo 238 do Estatuto da Criança e do Adolescente – ECA, classificado como próprio, sendo admissível a suspensão condicional do processo, prevista no artigo 89, da Lei n. 9.099/95.

■ Envio Irregular ao Exterior {art. 239}

> **Art. 239.** Promover ou auxiliar a efetivação de ato destinado ao envio de criança ou adolescente para o exterior com inobservância das formalidades legais ou com o fito de obter lucro:
>
> Pena – reclusão de quatro a seis anos, e multa.
>
> Parágrafo único. Se há emprego de violência, grave ameaça ou fraude:
>
> Pena – reclusão, de 6 (seis) a 8 (oito) anos, além da pena correspondente à violência.

Jurisprudência complementar (STF)

(...). Tráfico internacional de crianças. Artigo 239 da Lei 8.069/90. Nulidade do processo. Reconhecimento pretendido. Alegada incompetência funcional do juiz estadual que declinou da competência para a Justiça Federal. Questão não analisada pelo Superior Tribunal de Justiça. Apreciação "per saltum". Impossibilidade. Supressão de instância configurada. (...). Inexistência de flagrante ilegalidade ou teratologia que justifique a superação do apontado óbice processual. Hipótese de nulidade relativa, que não gerou prejuízo algum nem foi arguida em tempo oportuno, operando-se a preclusão. Questão, ademais, irrelevante e superada, diante da remessa do processo à Justiça Federal, competente para processar e julgar o delito (art. 109, V, Constituição Federal). "Habeas corpus" extinto. 1. Como o Superior Tribunal de Justiça não se pronunciou sobre a alegada nulidade do processo, sua apreciação, de forma originária, pelo Supremo Tribunal Federal, configura inadmissível supressão de instância. Com efeito, não pode esta Suprema Corte, em exame "per saltum", analisar questão não apreciada pelas instâncias antecedentes. 2. A suposta incompetência funcional do juiz estadual que, despachando processo de outra vara, determinou sua redistribuição à Justiça Federal, constitui nulidade relativa, a qual não gerou prejuízo algum ao paciente nem foi arguida em tempo oportuno, tornando-se preclusa. Questão, ademais, irrelevante e superada, diante da remessa do processo à Justiça Federal, competente para processar e julgar o crime descrito no art. 239 do Estatuto da Criança e do Adolescente (art. 109, V, Constituição Federal). Inexistência de flagrante ilegalidade ou teratologia que justifique a superação do óbice processual ao conhecimento da impetração. (...). (HC 121472, Rel. Min. Dias Toffoli, 1ª T., DJ 7.10.2014)

Jurisprudência complementar (STJ)

(...). I. O crime de tráfico internacional descrito no art. 239, do ECA, não exige, para a sua consumação, a saída da criança ou adolescente para o exterior, contentando-se com a execução de qualquer ato de promoção ou auxílio da efetivação de ato destinado ao envio da vítima ao estrangeiro, sem as formalidades legais, ou com o fito de obter lucro. II- Trata-se de crime formal, que se consuma com a simples prática de qualquer ato destinado ao envio de criança ou adolescente ao exterior, com ou sem obtenção de lucro, nas circunstâncias referidas no tipo penal. (...). (AgRg no AREsp 160.951, Rel. Min. Regina Helena Costa, 5ª T., DJ 23.9.2013)

(...). 2. O art. 239 do ECA pune quem promove ou auxilia o envio de criança ou adolescente para o Exterior com intuito de lucro independentemente da finalidade do envio, vale dizer, para fins lícitos ou ilícitos. E a fraude que qualifica o delito no seu parágrafo único pode se configurar na falsidade material e ideológica perpetrada para a consecução do objetivo criminoso, podendo ser empregada tanto contra a criança quanto contra a Administração Publica e seus agentes. (...). (REsp 1202292, Rel. Min. Maria Thereza de Assis Moura, 6ª T., DJ 14.6.2013)

(...). Tráfico internacional de crianças. Inépcia da denúncia. Inocorrência. Alegação posterior à prolação da sentença condenatória. Preclusão. Art. 239, ECA. Crime formal. 1. Não há falar em denúncia inepta quando a redação da peça inaugural é clara, dela depreendendo-se facilmente os fatos pelos quais a ré é acusada. 2. Após a prolação da sentença condenatória, não há que se falar em correção da inicial, tampouco em arquivamento da ação penal por inépcia da denúncia, estando precluso o exame do tema, visto que eventual nulidade deverá, agora, ser arguida contra a sentença. 3. O delito tipificado no art. 239 do Estatuto da Criança e do Adolescente é formal, porque consuma-se com a simples conduta de auxiliar na efetivação de atos destinados ao envio de criança ao exterior, sem a observância das formalidades legais ou com a finalidade de obter lucro, não sendo exigido o efetivo envio do menor ao exterior. (...). (REsp 1023002, Rel. Min. Alderita Ramos de Oliveira, 6ª T., DJ 27.8.2012)

(...). Estatuto da criança e do adolescente. Envio de menor ao exterior. Realização das formalidades legais. Consumação do delito. (...). 1. A promoção ou auxílio na prática de ato destinado ao envio de criança ou adolescente ao exterior, com inobservância das formalidades legais, é crime formal, do qual a obtenção do passaporte ou mesmo auxílio para a sua obtenção são apenas formas, entre múltiplas outras, do seu cometimento(...). (HC 39.332, Rel. p/ ac. Min. Hamilton Carvalhido, 6ª T., DJ 20.2.2006)

■ Exploração Sexual {art. 240}

> **Art. 240.** Produzir, reproduzir, dirigir, fotografar, filmar ou registrar, por qualquer meio, cena de sexo explícito ou pornográfica, envolvendo criança ou adolescente:
>
> Pena – reclusão, de 4 (quatro) a 8 (oito) anos, e multa.
>
> § 1º Incorre nas mesmas penas quem agencia, facilita, recruta, coage, ou de qualquer modo intermedeia a participação de criança ou adolescente nas cenas referidas no caput deste artigo, ou ainda quem com esses contracena.
>
> § 2º Aumenta-se a pena de 1/3 (um terço) se o agente comete o crime:
>
> I – no exercício de cargo ou função pública ou a pretexto de exercê-la;
>
> II – prevalecendo-se de relações domésticas, de coabitação ou de hospitalidade; ou
>
> III – prevalecendo-se de relações de parentesco consanguíneo ou afim até o terceiro grau, ou por adoção, de tutor, curador, preceptor, empregador da vítima ou de quem, a qualquer outro título, tenha autoridade sobre ela, ou com seu consentimento.

Informativos (STJ)

Tipificação das condutas de fotografar cena pornográfica e armazenar fotografias de conteúdo pornográfico envolvendo criança ou adolescente.

Fotografar cena e armazenar fotografia de criança ou adolescente em poses nitidamente sensuais, com enfoque em seus órgãos genitais, ainda que cobertos por peças de roupas, e incontroversa finalidade sexual e libidinosa, adequam-se, respectivamente, aos tipos do art. 240 e 241-B do ECA. REsp 1.543.267, Rel. Min. Maria Thereza de Assis Moura, DJ 16.2.2016. 6ª T. (Info 577)

Jurisprudência complementar (STF)

(...). I. O crime de atuação sexual por uma criança, previsto no Estatuto Penal do Estado da Flórida/EUA corresponde, no Brasil, ao crime previsto no art. 240 do Estatuto da Criança e do Adolescente, satisfazendo, assim, o requisito da dupla tipicidade. II. Extraditando considerado fugitivo pelo país requerente, o que autoriza a incidência do artigo 366 do codex processual penal, hipóteses de suspensão do prazo prescricional. Prescrição afastada sob a perspectiva de ambas as legislações. III. Presentes os requisitos formais do pedido. IV. Extradição deferida, ressalvada a detração, em caso de condenação do extraditando pelos crimes que motivaram o pedido. (Ext 1218, Rel. Min. Ricardo Lewandowski, 2ª T., DJ 15.8.2012)

Jurisprudência complementar (STJ)

(...). 1. O acórdão recorrido não possui as omissões apontadas pelo recorrente, pois analisou a controvérsia que lhe foi trazida em sua inteireza, tendo apenas rechaçado as alegações que foram por ele suscitadas em sua apelação. 2. Não prospera a alegação de ofensa aos arts. 240 e 241-E do Estatuto da Criança e do Adolescente, uma vez que demonstrada a presença do dolo específico na conduta do recorrente, consistente nos fins primordialmente sexuais, tendo em vista que as fotografias por ele tiradas têm conteúdo pornográfico, conforme concluíram as instâncias ordinárias. 3. As instâncias ordinárias afastaram a existência de consentimento da vítima na realização das fotografias, sendo que a revisão dessa conclusão demandaria reexame de matéria fático-probatória, vedado pela Súmula 7/STJ. 4. O consentimento da vítima, ainda que existente, não afastaria a ocorrência do delito do art. 240 do Estatuto da Criança e do Adolescente, que se consuma pelas condutas de produzir, reproduzir, dirigir, fotografar, filmar ou registrar, por qualquer meio, cena de sexo explícito ou pornográfica, envolvendo criança ou adolescente para fins sexuais. Isso porque a vítima não possui disponibilidade do bem jurídico tutelado pela norma penal em questão e, por essa razão, o crime se consuma com a realização das condutas, mesmo que consentidas. 5. A sentença e o acórdão recorrido afirmam que as fotografias tiradas identificavam a vítima, de forma que também não merece acolhida a tese de atipicidade da conduta, trazida sob o argumento de que não poderia ser individualizado quem estaria figurando nas aludidas fotos. Rever essa conclusão importa em reexame de provas, vedado em recurso especial. 6. Correto o acórdão recorrido ao manter a natureza hedionda do crime de estupro, bem como ao aplicar-lhe a causa de aumento do art. 9º da Lei 8.072/1990, uma vez que ambas não requererem a ocorrência de lesão corporal ou morte. De igual maneira, mostrou-se escorreito o procedimento do Tribunal de origem de aplicar as disposições da Lei 12.015/2009, por serem mais benéficas, tipificando a conduta no novel art. 217-A do Código Penal, afastando, porém, a incidência da causa de aumento sobre o novo tipo penal. (...). (REsp 1334405, Rel. Min. Sebastião Reis Júnior, 6ª T., DJ 15.10.2015)

(...). Conflito de competência. Pornografia infantil. Transnacionalidade. Indícios. Infração prevista em tratado ou convenção internacional. Competência da Justiça Federal. 1. A "internet" se constitui em um meio de comunicação que possibilita a divulgação de informações e imagens em todo o mundo, podendo ultrapassar as fronteiras de um país e produzir efeitos de âmbito internacional. 2. A Justiça Federal é competente, conforme disposição do inciso V, do art. 109, da Constituição da República, quando se tratar de infrações previstas em tratados ou convenções internacionais, como é caso do racismo, previsto na Convenção Internacional sobre a Eliminação de todas as Formas de Discriminação Racial, da qual o Brasil é signatário, assim como nos crimes de guarda de moeda falsa, de tráfico internacional de entorpecentes, de tráfico de mulheres, de envio ilegal e tráfico de menores, de tortura, de pornografia infantil e pedofilia e corrupção ativa e tráfico de influência nas transações comerciais internacionais. (...). (CC 132.984, Rel. p/ ac. Min. Moura Ribeiro, 3ª S., DJ 2.2.2015)

Questões de concursos

206. **(Funcab/PC/PA/Delegado/2016)** Leovegildo é integrante de grupo em um aplicativo de mensagens instantâneas para telefones celulares. Nesse grupo, os participantes corriqueiramente compartilham fotos e vídeos, por eles produzidos, de crianças em cenas pornográficas. Embora não concorde com a prática e sequer se manifeste no grupo, Leovegildo reluta em deixá-lo, por não querer melindrar o amigo que lá o adicionou, mas toma o cuidado de configurar o aplicativo para que não realize downloads automáticos dessas fotos e vídeos. Ao trocar de aparelho de telefonia celular, todavia, Leovegildo se esquece de repetir a configuração, de modo que, sem que Leovegildo saiba, um vídeo contendo filmagem de criança em cena de sexo explícito resta armazenado na memória do aparelho. Nesse mesmo dia, policiais que investigavam o grupo cumprem mandado de busca domiciliar na casa de Leovegildo, apreendendo seu telefone ao encontrá-lo. Perícia posterior revela a existência do vídeo. Assim, é correto afirmar que Leovegildo:

   a) comete o crime de armazenamento de vídeo de criança em cena de sexo explícito, previsto na Lei n. 8.069/1990, na forma dolosa.

b) comete o crime de armazenamento de vídeo de criança em cena de sexo explícito, previsto na Lei n. 8.069/1990, na forma culposa.

c) não comete crime previsto na Lei n. 8.069/1990.

d) é partícipe do crime de distribuir, por qualquer meio, fotografia, vídeo ou outro registro que contenha cena de sexo explícito ou pornográfica envolvendo criança ou adolescente, previsto na Lei n. 8.069/1990.

e) é partícipe do crime de produzir cena de sexo explícito ou pornográfica envolvendo criança ou adolescente, previsto na Lei n. 8.069/1990.

■ Exploração Sexual {art. 241}

Art. 241. Vender ou expor à venda fotografia, vídeo ou outro registro que contenha cena de sexo explícito ou pornográfica envolvendo criança ou adolescente:

Pena – reclusão, de 4 (quatro) a 8 (oito) anos, e multa.

Informativos (STJ)

Art. 241 do ECA, antes da redação dada pela Lei 10.764/03. Reprodução fotográfica de crianças e adolescentes em poses eróticas. Internet.

Inexiste no ordenamento jurídico norma penal não incriminadora explicativa que esclareça o conceito de pornografia infantil ou infanto-juvenil, razão pela qual a previsão contida no art. 241 do Estatuto da Criança e do Adolescente, antes da redação dada pelas Leis n. 10.764/03 e 11.829/08, não se limita à criminalização somente da conduta de publicar fotos de crianças e adolescentes totalmente despidas. Cabe ao intérprete da lei, buscando a melhor aplicação da norma ali contida, diante do caso concreto, analisar se a conduta praticada pelo paciente se amolda à prevista no dispositivo em questão, de modo que nada impede que se analise, além das fotos, isoladamente, o contexto em que elas estão inseridas (publicadas). 4. Deve o magistrado se valer dos meios de interpretação colocados à sua disposição para adequar condutas, preencher conceitos abertos e, por fim, buscar a melhor aplicação da norma de acordo com a finalidade do diploma em que ela está inserida, que, no caso dos autos, é a proteção da criança e do adolescente em condição peculiar de pessoas em desenvolvimento (art. 6º do ECA). 5. Dos documentos constantes dos autos, observa-se que foram publicadas na internet fotos de crianças e adolescentes seminuas, algumas de roupas de banho, outras mostrando partes do corpo e outras em poses relativamente sensuais, situação que reforça a impossibilidade de mudança do convencimento a respeito da conduta imputada ao paciente. HC 168.610, Rel. Min. Sebastião Reis Jr., 19.4.12. 6ª T. (Info 495)

Definição da competência para apuração da prática do crime previsto no art. 241 do ECA.

Não tendo sido identificado o responsável e o local em que ocorrido o ato de publicação de imagens pedófilo-pornográficas em site de relacionamento de abrangência internacional, competirá ao juízo federal que primeiro tomar conhecimento do fato apurar o suposto crime de publicação de pornografia envolvendo criança ou adolescente (art. 241 do ECA). CC 130.134, Rel. Min. Marilza Maynard, 9.10.13. 3ª S. (Info 532)

ECA: fotografia de atos libidinosos e causas especiais de aumento de pena

A conduta consubstanciada em "fotografar" cenas com pornografia envolvendo crianças e adolescentes amolda-se ao tipo legal previsto no art. 241 do ECA, notadamente à expressão "produzir fotografia", cujo valor semântico denota o comportamento de "dar origem ao registro fotográfico de alguma cena". A dosimetria da pena não é passível de aferição na via estreita do "habeas corpus", por demandar exame fático e probatório. O paciente teve sua pena majorada duas vezes ante a incidência concomitante dos incs. I e II do art. 226 do CP, uma vez que, além de ser padrasto da criança abusada sexualmente, consumou o crime mediante concurso de agentes. O art. 68, parágrafo único, do CP, estabelece, sob o ângulo literal, apenas uma possibilidade (e não um dever) de o magistrado, na hipótese de concurso de causas de aumento de pena previstas na parte especial, limitar-se a um só aumento, sendo certo que é válida a incidência concomitante das majorantes, sobretudo nas hipóteses em que sua previsão é desde já arbitrada em patamar fixo pelo legislador, como ocorre com o art. 226, I e II, do CP, que não comporta margem para a extensão judicial do "quantum" exasperado. A competência originária do STF para conhecer e julgar "habeas corpus" está definida, taxativamente, no artigo 102, I, "d" e "i", da CF, sendo certo que a presente impetração não está arrolada em nenhuma das hipóteses sujeitas à jurisdição desta Corte. HC 110960, Rel. Min. Luiz Fux, 19.8.14. 1ª T. (Info 755)

Jurisprudência complementar (STF)

1. A conduta consubstanciada em "fotografar" cenas com pornografia envolvendo crianças e adolescentes amolda-se ao tipo legal previsto no art. 241 do Estatuto da Criança e do Adolescente (Lei 8.069/90), com redação dada pela Lei 10.764/2003,

notadamente à expressão "produzir fotografia", cujo valor semântico denota o comportamento de "dar origem ao registro fotográfico de alguma cena". 2. "in casu", o paciente foi condenado à pena de 3 (três) anos e 9 (nove) meses de reclusão pela prática do crime previsto no art. 241 do ECA, em razão de ter fotografado sua enteada de seis anos de idade em cenas de sexo explícito. Tipicidade da conduta devidamente caracterizada e apenada. 3. A dosimetria da pena, bem como os critérios subjetivos considerados pelos órgãos inferiores para a sua realização, não são passíveis de aferição na via estreita do "habeas corpus", por demandar minucioso exame fático e probatório inerente a meio processual diverso. 4. Na espécie, o paciente teve sua pena majorada duas vezes ante a incidência concomitante dos incisos I e II do art. 226 do Código Penal, uma vez que, além de ser padrasto da criança abusada sexualmente, consumou o crime mediante concurso de agentes. Inexistência de arbitrariedade ou excesso que justifique a intervenção corretiva do Supremo Tribunal Federal. 5. É que art. 68, parágrafo único, do Código Penal, estabelece, sob o ângulo literal, apenas uma possibilidade (e não um dever) de o magistrado, na hipótese de concurso de causas de aumento de pena previstas na parte especial, limitar-se a um só aumento, sendo certo que é válida a incidência concomitante das majorantes, sobretudo nas hipóteses em que sua previsão é desde já arbitrada em patamar fixo pelo legislador, como ocorre com o art. 226, I e II, do CP, que não comporta margem para a extensão judicial do quantum exasperado. 6. A competência originária do Supremo Tribunal Federal para conhecer e julgar "habeas corpus" está definida, taxativamente, no artigo 102, inciso I, alíneas "d" e "i", da Constituição Federal, sendo certo que a presente impetração não está arrolada em nenhuma das hipóteses sujeitas à jurisdição desta Corte. Inexiste, no caso, excepcionalidade que justifique a concessão, "ex officio", da ordem. (...). (HC 110960, Rel. Min. Luiz Fux, 1ª T., DJ 24.9.2014)

(...). Crime de pornografia infantil (art. 241, caput, da Lei 8.069/90, com a redação dada pela Lei 10.764/03). Testemunha desconhecedora dos fatos e do réu. Indeferimento da oitiva. Decisão fundamentada (artigo 400, § 1º, do CPP): Testemunha habilitada em informática e/ou direito eletrônico. Oportunidade de juntada de documento pertinente a tais conhecimentos técnicos. Ausência de afronta à ampla defesa. Decisão monocrática que nega seguimento a pedido ou recurso em contrariedade com a jurisprudência do Tribunal (artigos 21, § 1º, e 192 do RISTF). (...). 1. O princípio do livre convencimento racional, previsto no § 1º do art. 400 do CPP, faculta ao juiz o indeferimento das provas consideradas irrelevantes, impertinentes ou protelatórias. 2. "in casu", o recorrente foi condenado a 2 anos e 11 meses de reclusão pela prática do crime de pornografia infantil (art. 241, caput, da Lei 8.069/90 com a redação dada pela Lei 10.764/03), sendo que a defesa arrolara três testemunhas, das quais duas figuraram como assistentes técnicos, restando apenas uma como testemunha na acepção do termo, tendo o magistrado indeferido sua oitiva, fundado em que "versaria exclusivamente sobre matéria de informática e/ou direito eletrônico", uma vez que não detinha conhecimento dos fatos e, por não conhecer o réu, não apresentaria informações relativas aos seus antecedentes, ressalvando, contudo, que o teor do seu relato, adstrito a conhecimentos técnicos em informática e/ou direito eletrônico, poderia ser documentado nos autos, à critério da defesa. 3. Deveras, tendo o magistrado indeferido fundamentadamente a oitiva, não cabe a esta Corte imiscuir-se em seu juízo de conveniência para aferir se a oitiva da testemunha era pertinente ou não ao interesse da defesa. 4. Os artigos 21, § 1º, e 192, do Regimento Interno do Supremo Tribunal Federal, preveem a atuação monocrática ao possibilitarem ao Relator negar seguimento a recurso ou pedido manifestamente contrário à jurisprudência do Tribunal ou a concessão de "habeas corpus" quando houver entendimento pacificado no sentido da tese exposta. 5. A "ratio essendi" desse entendimento, longe de constituir afronta ao princípio do colegiado, busca evitar o assoberbamento das Turmas e do Pleno com matérias pacificadas, cabendo ressaltar ainda a possibilidade de a parte interpor agravo regimental caso entenda que o "decisum" monocrático lhe causou prejuízo, prestigiando-se o princípio da ampla defesa (...). (RHC 126853 AgR, Rel. Min. Luiz Fux, 1ª T., DJ 15.9.2015)

(...). Divulgação de fotografias contendo cenas de sexo envolvendo criança ou adolescente. Tipicidade, em tese, do crime do art. 241 do ECA, na sua redação original, mesmo quando a divulgação das fotos eróticas foi feita por meio da internet. (...). Não se conhece, em "habeas corpus", de causa de pedir não apreciada pelo Superior Tribunal de Justiça, sob pena de supressão de instância. (...). Não resta dúvida de que a internet é um veículo de comunicação apto a tornar público o conteúdo pedófilo das fotos encontradas, o que já é suficiente para demonstrar a tipicidade da conduta. Ademais, a denúncia foi clara ao demonstrar que qualquer pessoa que acessasse o servidor de arquivos criado pelo paciente teria à disposição esse material. (HC 84561, Rel. Min. Joaquim Barbosa, 2ª T., DJ 26.11.2004)

"Crime de computador": publicação de cena de sexo infanto-juvenil (ECA, art. 241), mediante inserção em rede BBS/Internet de computadores, atribuída a menores: tipicidade: prova pericial necessária à demonstração da autoria: HC deferido em parte. 1. O tipo cogitado – na modalidade de "publicar cena de sexo explícito ou pornográfica envolvendo criança ou adolescente" – ao contrário do que sucede por exemplo aos da Lei de Imprensa, no tocante ao processo da publicação incriminada é uma norma aberta: basta-lhe à realização do núcleo da ação punível a idoneidade técnica do veículo utilizado à difusão da imagem para número indeterminado de pessoas, que parece indiscutível na inserção de fotos obscenas em rede BBS/Internet de computador. 2. Não se trata no caso, pois, de colmatar lacuna da lei incriminadora por analogia: uma vez que se compreenda na decisão típica da conduta criminada, o meio técnico empregado para realizá-la pode até ser de invenção posterior à edição da lei penal: a invenção da pólvora não reclamou redefinição do homicídio para tornar explícito que nela se compreendia a morte dada a outrem mediante arma de fogo. 3. Se a solução da controvérsia de fato sobre a autoria da inserção incriminada pende de informações técnicas de telemática que ainda pairam acima do conhecimento do homem comum, impõe-se a realização de prova pericial. (HC 76689, Rel. Min. Sepúlveda Pertence, 1ª T., DJ 6.11.1998)

Jurisprudência complementar (STJ)

(...). 5. A definição legal de pornografia infantil apresentada pelo artigo 241-E do Estatuto da Criança e do Adolescente não é completa e deve ser interpretada com vistas à proteção da criança e do adolescente em condição peculiar de pessoas em desenvolvimento (art. 6º do ECA), tratando-se de norma penal explicativa que contribui para a interpretação dos tipos penais abertos criados pela Lei 11.829/2008, sem contudo restringir-lhes o alcance. 6. É típica a conduta de fotografar cena pornográfica (art. 241-B do ECA) e de armazenar fotografias de conteúdo pornográfico envolvendo criança ou adolescente (art. 240 do ECA) na hipótese em que restar incontroversa a finalidade sexual e libidinosa das fotografias, com enfoque nos órgãos genitais das vítimas – ainda que cobertos por peças de roupas –, e de poses nitidamente sensuais, em que explorada sua sexualidade com conotação obscena e pornográfica. (REsp 1543267, Rel. Min. Maria Thereza de Assis Moura, 6ª T., DJ 16.2.2016)

(...). 1. Demonstrado que o crime de atentado violento ao pudor foi praticado para facilitar a prática do delito previsto no artigo 241 do ECA, resta configurada a hipótese de conexão e, confirmada a divulgação internacional das fotografias, a competência da Justiça Federal para o processamento dos crimes. 2. A incompetência "ratione loci" é relativa e, não arguida no momento próprio, opera-se a preclusão, com a prorrogação da competência. 3. A conduta imputada de praticar atos libidinosos com crianças, menores de 14 anos de idade, caracteriza em tese crime do art. 214, c/c o art. 224, alínea "a", ambos do Código Penal. A remessa de fotos dessas práticas, além de outras fotografias de crianças submetidas à prática de atos libidinosos, por meio eletrônico, configura o art. 241 da Lei 8.069/90, com a redação que lhe dá a Lei 10.764/2003 – não cabendo ressalva de sigilo à comunicação eletrônica, meio que foi para a imputada divulgação pornográfica. (...). (HC 46.444, Rel. Min. Nefi Cordeiro, 6ª T., DJ 17.9.2014)

(...). Fotografar pornografia infantil. Art. 241 do ECA, nos termos da Lei 10.764/2003. Atipicidade da conduta de fotografar. Inocorrência. Interpretação integral da norma. (...). 1. A alteração na redação do art. 241 do ECA pela Lei 10.764/2003, não descriminalizou a conduta de fotografar pornografia infantil. (...). 2. Embora o termo "fotografar" não constasse, literalmente, do caput do art. 241 do ECA – redação dada pela Lei 10.764/2003 –, a mera interpretação gramatical se mostraria suficiente para a compreensão do real sentido jurídico da norma em exame. 3. Ao intérprete, contudo, cabe considerar também a finalidade e o sistema (jurídico) no qual a norma está inserida, é a chamada interpretação integral, na qual o procedimento interpretativo passa obrigatoriamente, e nessa ordem, pela observação gramatical, lógica, sistemática, histórica e teleológica. 4. O termo "produzir fotografias", portanto, como definido pela Lei 10.764/2003, e em vigor ao tempo da conduta imputada ao paciente, deve ser considerado tal qual "fotografar"; expressões, inclusive, sinônimas, segundo os dicionários da língua portuguesa Aurélio e Houaiss. 5. Neste contexto, buscar na expressão "produzir fotografia" significado diverso a "fotografar", além de ilógico, diverge de forma radical do viés sistêmico da norma que ampara e protege crianças e adolescentes, tanto em sua face histórica (sempre fotografar pornografia infantil foi considerado crime) quanto teleológica (conduta repudiada pela sociedade). (...). (HC 177.472, Rel. Min. Jorge Mussi, 5ª T., DJ 1.8.2011)

■ Exploração Sexual {art. 241-A}

> **Art. 241**-A. Oferecer, trocar, disponibilizar, transmitir, distribuir, publicar ou divulgar por qualquer meio, inclusive por meio de sistema de informática ou telemático, fotografia, vídeo ou outro registro que contenha cena de sexo explícito ou pornográfica envolvendo criança ou adolescente:
> Pena – reclusão, de 3 (três) a 6 (seis) anos, e multa.
> § 1º Nas mesmas penas incorre quem:
> I – assegura os meios ou serviços para o armazenamento das fotografias, cenas ou imagens de que trata o caput deste artigo;
> II – assegura, por qualquer meio, o acesso por rede de computadores às fotografias, cenas ou imagens de que trata o caput deste artigo.
> § 2º As condutas tipificadas nos incisos I e II do § 1º deste artigo são puníveis quando o responsável legal pela prestação do serviço, oficialmente notificado, deixa de desabilitar o acesso ao conteúdo ilícito de que trata o caput deste artigo.

Questões de concursos

207. (FGV/MPE/RJ/Analista/2016) João, de forma livre e consciente, disponibilizou, por meio de publicação em seu site na internet, vídeo contendo cena de sexo explícito envolvendo adolescente. De acordo com o ordenamento jurídico, João cometeu crime previsto:

a) no Estatuto da Criança e do Adolescente, cuja pena é de reclusão de 3 (três) a 6 (seis) anos, e multa;

b) no Estatuto da Criança e do Adolescente, cuja pena é de detenção de 4 (quatro) a 10 (dez) anos, e suspensão do site;

c) no Código Penal por estupro, cuja pena é de reclusão de 6 (seis) a 12 (doze) anos, e suspensão do site;

d) na Lei do Marco Civil da Internet, cuja pena é de reclusão de 4 (quatro) a 10 (dez) anos, e suspensão do site;

e) na Lei do Marco Civil da Internet cuja pena é de detenção de 3 (três) a 6 (seis) anos, e multa.

■ Exploração Sexual {art. 241-B}

Art. 241-B. Adquirir, possuir ou armazenar, por qualquer meio, fotografia, vídeo ou outra forma de registro que contenha cena de sexo explícito ou pornográfica envolvendo criança ou adolescente:

Pena – reclusão, de 1 (um) a 4 (quatro) anos, e multa.

§ 1º A pena é diminuída de 1 (um) a 2/3 (dois terços) se de pequena quantidade o material a que se refere o caput deste artigo.

§ 2º Não há crime se a posse ou o armazenamento tem a finalidade de comunicar às autoridades competentes a ocorrência das condutas descritas nos arts. 240, 241, 241-A e 241-C desta Lei, quando a comunicação for feita por:

I – agente público no exercício de suas funções;

II – membro de entidade, legalmente constituída, que inclua, entre suas finalidades institucionais, o recebimento, o processamento e o encaminhamento de notícia dos crimes referidos neste parágrafo;

III – representante legal e funcionários responsáveis de provedor de acesso ou serviço prestado por meio de rede de computadores, até o recebimento do material relativo à notícia feita à autoridade policial, ao Ministério Público ou ao Poder Judiciário.

§ 3º As pessoas referidas no § 2º deste artigo deverão manter sob sigilo o material ilícito referido.

Questões de concursos

208. **(Cespe/TJ/DFT/Juiz/2014)** Em cada uma das opções seguintes, é apresentada uma situação hipotética, seguida de uma assertiva a ser julgada de acordo com as disposições incriminadoras contidas no CP e nas leis penais extravagantes. Assinale a opção em que a assertiva está correta.

a) Douglas adquiriu gratuitamente vídeo com cenas de sexo explícito envolvendo menores de idade, para a satisfação de seus próprios desejos sexuais, sem expô-lo a terceiros. Nessa situação, Douglas praticou crime tipificado no ECA.

b) Jeremias foi abordado na via pública portando arma branca na cintura. Nessa situação, dada a ausência de tipificação penal na legislação específica para porte de arma branca, a conduta de Jeremias deve ser considerada atípica, não configurando qualquer fato punível.

c) Felipe, durante período de livramento condicional, foi preso em flagrante por roubo, tendo então se identificado com o nome de seu irmão Ernesto, para evitar que a polícia descobrisse seus antecedentes criminais. Nessa situação, de acordo com a jurisprudência do STF, a conduta de Felipe caracteriza-se como atípica.

d) Abel, em conversa com vários colegas de trabalho, entre eles Emílio, seu desafeto, referiu-se a este dizendo "você é ladrão e hipócrita". Nessa situação, a frase proferida por Abel configura os delitos de calúnia e difamação em concurso formal, com causa de aumento de pena prevista na parte especial do CP.

e) Cláudio, empregado celetista de empresa pública estadual que explora atividades e serviços bancários, desviou, no exercício da função de gerente, da conta de uma cliente de oitenta anos de idade, cerca de R$ 10.000. Nessa situação, a conduta de Cláudio caracteriza-se como estelionato.

■ Simulação de Exploração Sexual {art. 241-C}

Art. 241-C. Simular a participação de criança ou adolescente em cena de sexo explícito ou pornográfica por meio de adulteração, montagem ou modificação de fotografia, vídeo ou qualquer outra forma de representação visual:

Pena – reclusão, de 1 (um) a 3 (três) anos, e multa.

Parágrafo único. Incorre nas mesmas penas quem vende, expõe à venda, disponibiliza, distribui, publica ou divulga por qualquer meio, adquire, possui ou armazena o material produzido na forma do caput deste artigo.

Aliciamento {art. 241-D}

Art. 241-D. Aliciar, assediar, instigar ou constranger, por qualquer meio de comunicação, criança, com o fim de com ela praticar ato libidinoso:

Pena – reclusão, de 1 (um) a 3 (três) anos, e multa.

Parágrafo único. Nas mesmas penas incorre quem:

I – facilita ou induz o acesso à criança de material contendo cena de sexo explícito ou pornográfica com o fim de com ela praticar ato libidinoso;

II – pratica as condutas descritas no caput deste artigo com o fim de induzir criança a se exibir de forma pornográfica ou sexualmente explícita.

Norma Penal Explicativa {art. 241-E}

Art. 241-E. Para efeito dos crimes previstos nesta Lei, a expressão "cena de sexo explícito ou pornográfica" compreende qualquer situação que envolva criança ou adolescente em atividades sexuais explícitas, reais ou simuladas, ou exibição dos órgãos genitais de uma criança ou adolescente para fins primordialmente sexuais.

Fornecimento Indevido de Arma {art. 242}

Art. 242. Vender, fornecer ainda que gratuitamente ou entregar, de qualquer forma, a criança ou adolescente arma, munição ou explosivo:

Pena – reclusão, de 3 (três) a 6 (seis) anos.

Fornecimento Indevido de Bebida Alcoólica {art. 243}

> **Art. 243**. Vender, fornecer, servir, ministrar ou entregar, ainda que gratuitamente, de qualquer forma, a criança ou a adolescente, bebida alcoólica ou, sem justa causa, outros produtos cujos componentes possam causar dependência física ou psíquica:
>
> Pena – detenção de 2 (dois) a 4 (quatro) anos, e multa, se o fato não constitui crime mais grave.

Jurisprudência complementar (STJ)

(...). Fornecimento de bebida alcoólica a menor. Impossibilidade de enquadramento no artigo 243 do Estatuto da Criança e do Adolescente. Caracterização da infração prevista no artigo 63 da lei de contravenções penais. Coação ilegal inexistente. 1. Pacificou-se nesta Corte Superior de Justiça o entendimento de que o fornecimento de bebida alcoólica a menor de 18 (dezoito) anos não configura o crime previsto no artigo 243 do Estatuto da Criança e do Adolescente, mas sim a contravenção tipificada no artigo 63 do Decreto-lei 3.688/1941. (...). 2. No caso dos autos, a denúncia narra que a paciente teria fornecido a adolescente bebida alcoólica, descrição que é suficiente para caracterizar a contravenção penal do artigo 63 do Decreto-lei 3.688/1941, razão pela qual não há qualquer ilegalidade no aresto impugnado, que desclassificou a conduta que lhe foi imputada para o referido ilícito. (...). (HC 329.786, Rel. Min. Jorge Mussi, 5ª T., DJ 15.2.2016)

(...). Fornecimento a criança ou adolescente, sem justa causa, de produto cujo componente possa causar dependência física ou psíquica. Art. 243 do ECA. Entrega de cigarro a menores. Caracterização do delito. Ocorrência. (...). 1. A redação do art. 243 do Estatuto da Criança e do Adolescente ("Vender, fornecer ainda que gratuitamente, ministrar ou entregar, de qualquer forma, a criança ou adolescente, sem justa causa, produtos cujos componentes possam causar dependência física ou psíquica, ainda que por utilização indevida"), pela peculiaridade que ostenta, não faz distinção entre produtos lícitos ou ilícitos. A norma penal, na verdade, pretende coibir a venda ou fornecimento de produtos que possam causar dependência física ou psíquica ao infante. 2. O cigarro, embora lícito, possui, sabidamente, substância que causa dependência, qual seja, a nicotina, circunstância essa reconhecida de forma expressa pelo inciso VII do § 2º do art. 3ºC da Lei 9.294/1995, sendo notório os malefícios que causa à saúde de seus usuários. Portanto, a conduta de fornecê-lo à criança ou adolescente adequa-se perfeitamente na descrição típica do art. 243 do ECA. 3. O delito em tela é de mera conduta (crime de perigo abstrato), sem a exigência de resultado naturalístico. Por isso, a condição da menor de usuária do produto não tem o condão de afastar a tipicidade da conduta de quem lhe forneceu maços de cigarros. (...). (REsp 1359455, Rel. Min. Laurita Vaz, 5ª T., DJ 22.8.2014)

(...). 1. "A distinção estabelecida no art. 81 do ECA das categorias 'bebida alcoólica' e 'produtos cujos componentes possam causar dependência física ou psíquica' exclui aquela do objeto material previsto no delito disposto no art. 243 da Lei 8.069/90; caso contrário, estar-se-ia incorrendo em analogia in malam partem" (REsp 942288). 2. A interpretação sistemática dos dispositivos nos arts. 81 e 243 do ECA, e do art. 63 da LCP, conduz ao entendimento de que a conduta de fornecimento de bebida alcoólica a menores de dezoito anos melhor se amolda àquela elencada na Lei das Contravenções Penais. (...). 3. Havendo corréus condenados pelo mesmo dispositivo, devem os efeitos da desclassificação ser também a eles estendidos. 4. Ordem concedida para, desclassificando a conduta prevista no art. 243 do Estatuto da Criança e do Adolescente para aquela descrita no art. 63 da Lei das Contravenções Penais, reduzir as penas recaídas sobre o paciente. Extensão dos efeitos da ordem aos corréus Aline Aparecida Borges e Tadeu Kuczar Filho, redimensionando, também em relação a eles, as penas aplicadas, além de permitir a substituição das privativas de liberdade por restritivas de direitos. (HC 113.896, Rel. Min. OG Fernandes, 6ª T., DJ 16.11.2010)

Questões de concursos

209. **(Cespe/TJ/DFT/Analista/2015)** Comete contravenção penal o comerciante que vende, fornece, serve, ministra ou entrega bebida alcoólica a criança ou a adolescente, conduta considerada, ainda, infração administrativa pelo Estatuto da Criança e do Adolescente.

■ Fornecimento Indevido de Fogos {art. 244}

Art. 244. Vender, fornecer ainda que gratuitamente ou entregar, de qualquer forma, a criança ou adolescente fogos de estampido ou de artifício, exceto aqueles que, pelo seu reduzido potencial, sejam incapazes de provocar qualquer dano físico em caso de utilização indevida:

Pena – detenção de seis meses a dois anos, e multa.

Submissão à Prostituição {art. 244-A}

Art. 244-A. Submeter criança ou adolescente, como tais definidos no caput do art. 2º desta Lei, à prostituição ou à exploração sexual:

Pena – reclusão de quatro a dez anos, e multa.

§ 1º Incorrem nas mesmas penas o proprietário, o gerente ou o responsável pelo local em que se verifique a submissão de criança ou adolescente às práticas referidas no caput deste artigo.

§ 2º Constitui efeito obrigatório da condenação a cassação da licença de localização e de funcionamento do estabelecimento.

Corrupção de Menores {art. 244-B}

Art. 244-B. Corromper ou facilitar a corrupção de menor de 18 (dezoito) anos, com ele praticando infração penal ou induzindo-o a praticá-la:

Pena – reclusão, de 1 (um) a 4 (quatro) anos.

§ 1º Incorre nas penas previstas no caput deste artigo quem pratica as condutas ali tipificadas utilizando-se de quaisquer meios eletrônicos, inclusive salas de bate-papo da internet.

§ 2º As penas previstas no caput deste artigo são aumentadas de um terço no caso de a infração cometida ou induzida estar incluída no rol do art. 1º da Lei n. 8.072, de 25 de julho de 1990.

(...)

Informativos (STJ)

Consumação no crime de corrupção de menores.

A simples participação de menor de dezoito anos em infração penal cometida por agente imputável é suficiente à consumação do crime de corrupção de menores – previsto no art. 1º da revogada Lei 2.252/54 e atualmente tipificado no art. 244-B do ECA –, sendo dispensada, para sua configuração, prova de que o menor tenha sido efetivamente corrompido. HC 159.620, Rel. Min. Maria T. A. Moura, 12.3.13. 6ª T. (Info 518)

Jurisprudência complementar (STJ)

(...). Corrupção de menores. Crime formal. Desnecessidade de comprovação da efetiva corrupção. Entendimento firmado pela terceira seção. Súmula 83/STJ. Alegada inexistência de elementos comprobatórios da materialidade e autoria da conduta. Necessidade de reexame do acervo probatório. Vedação da súmula 7/STJ. (...). 1. Este Superior Tribunal de Justiça tem o entendimento de que o crime em referência é delito formal, portanto, não se faz necessária a prova da efetiva corrupção do menor. 2. "Para a configuração do crime de corrupção de menores, atual artigo 244-B do Estatuto da Criança e do Adolescente, não se faz necessária a prova da efetiva corrupção do menor, uma vez que se trata de delito formal, cujo bem jurídico tutelado pela norma visa, sobretudo, a impedir que o maior imputável induza ou facilite a inserção ou a manutenção do menor na esfera criminal" (REsp 1.127.954) 3. Por outro vértice, a desconstituição do entendimento firmado pelo Tribunal de piso diante de suposta contrariedade a lei federal não encontra campo na via eleita, dada a necessidade de revolvimento do material probante, procedimento de análise exclusivo das instâncias ordinárias – soberanas no exame do conjunto fático-probatório –, e vedado ao Superior Tribunal de Justiça, a teor da Súmula 7/STJ. (...). (AgRg no AREsp 319.524, Rel. Min. Jorge Mussi, 5ª T., DJ 1.8.2013)

Questões de concursos

210. **(Vunesp/PC/CE/Escrivão/2015)** No que concerne ao crime de "corromper ou facilitar a corrupção de menor de 18 (dezoito) anos, com ele praticando infração penal ou induzindo-o a praticá-la" (corrupção de menores, art. 244-B da Lei n. 8.069/90),

    a) as penas são diminuídas de 1/3, no caso de infração cometida ou induzida em se tratando de contravenção penal.

    b) há entendimento jurisprudencial sumulado por Tribunal Superior no sentido de que se trata de crime formal

    c) por disposição legal não se configura se o menor, antes do contato com o agente, já era dado à prática de crimes

    d) as penas são aumentadas de 1/3, no caso de a infração, para a qual o menor foi cooptado, ser cometida com violência ou grave ameaça.

    e) as penas são aumentadas de 2/3, no caso de a infração cometida ou induzida estar incluída no rol dos crimes hediondos.

211. **(IBFC/PC/RJ/Papiloscopista/2014)** Segundo o entendimento sumulado pelo Superior Tribunal de Justiça, o delito de corrupção de menores, previsto no artigo 244-B do Estatuto da Criança e do Adolescente:

   a) É crime material e depende de prova da efetiva corrupção do menor.
   b) É crime formal e depende de prova da efetiva corrupção do menor.
   c) É crime de mera conduta e independe de prova da efetiva corrupção do menor.
   d) É crime formal e independe de prova da efetiva corrupção do menor.
   e) É crime material e independe de prova da efetiva corrupção do menor.

212. **(Cespe/TJ/SE/Analista/2014)** Para a configuração do crime de corrupção de menores, previsto no ECA, não se faz necessária prova da efetiva corrupção do menor, uma vez que se trata de delito formal.

213. **(Vunesp/TJ/RJ/Juiz/2014)** De acordo com entendimento recentemente sumulado pelo STJ, o crime de corrupção de menores do art. 244-B da Lei n. 8.069/90 (Estatuto da Criança e do Adolescente), é delito (___) e, portanto, para sua configuração, (___) da prova da efetiva corrupção do menor. Completam, correta e respectivamente, as lacunas as expressões contidas em

   a) formal ... depende
   b) material ... depende
   c) material ... independe
   d) formal ... independe

214. **(FCC/TJ/AP/Juiz/2014)** Com relação ao crime de corrupção de menor, hoje tipificado no Estatuto da Criança e do Adolescente, é correto afirmar que, no atual entendimento do

   a) Supremo Tribunal Federal, trata-se de crime habitual que, portanto, exige prova de sua reiteração no tempo.
   b) Superior Tribunal de Justiça, trata-se de crime material que, portanto, exige prova da concreta contaminação moral da vítima.
   c) Superior Tribunal de Justiça e do Supremo Tribunal Federal, trata-se de crime formal que, portanto, prescinde de prova da concreta contaminação moral da vítima.
   d) Supremo Tribunal Federal, trata-se de crime material que, portanto, exige prova da concreta contaminação moral da vítima.
   e) Superior Tribunal de Justiça, trata-se de crime permanente que, portanto, exige prova de sua persistência no tempo.

CRIME HEDIONDO (LEI 8.072/90)

Lei n. 8.072, de 25 de julho de 1990.

> *Dispõe sobre os crimes hediondos, nos termos do art. 5º, inciso XLIII, da Constituição Federal, e determina outras providências.*

O Presidente da República: faço saber que o Congresso Nacional decreta e eu sanciono a seguinte lei:

■ Rol Exaustivo de Crimes Hediondos {art. 1º}

Art. 1º São considerados hediondos os seguintes crimes, todos tipificados no Decreto-Lei no 2.848, de 7 de dezembro de 1940 – Código Penal, consumados ou tentados:

I – homicídio (art. 121), quando praticado em atividade típica de grupo de extermínio, ainda que cometido por um só agente, e homicídio qualificado (art. 121, § 2º, I, II, III, IV e V);

II – latrocínio (art. 157, § 3º, in fine);

III – extorsão qualificada pela morte (art. 158, § 2º);

IV – extorsão mediante sequestro e na forma qualificada (art. 159, caput, e §§ 1º, 2º e 3º);

V – estupro (art. 213, caput e §§ 1º e 2º);

VI – estupro de vulnerável (art. 217-A, caput e §§ 1º, 2º, 3º e 4º);

> VII – epidemia com resultado morte (art. 267, § 1º).
>
> VII-A – (Vetado).
>
> VII-B – falsificação, corrupção, adulteração ou alteração de produto destinado a fins terapêuticos ou medicinais (art. 273, caput e § 1º, § 1º-A e § 1º-B, com a redação dada pela Lei n. 9.677, de 2 de julho de 1998).
>
> VIII – favorecimento da prostituição ou de outra forma de exploração sexual de criança ou adolescente ou de vulnerável (art. 218-B, caput, e §§ 1º e 2º).

Informativos (STF)

Hediondez e tráfico privilegiado

A minorante do art. 33, § 4º, da Lei 11.343/06, não retirou o caráter hediondo do crime de tráfico de entorpecentes, limitando-se, por critérios de razoabilidade e proporcionalidade, a abrandar a pena do pequeno e eventual traficante, em contrapartida com o grande e contumaz traficante, ao qual a Lei de Drogas conferiu punição mais rigorosa que a prevista na lei anterior. RHC 118099, Rel. Min. Dias Toffoli, 4.2.14. 1ª T. (Info 734)

Jurisprudência complementar (STF)

(...). É também entendimento consagrado pela jurisprudência desta Corte o de que os crimes de estupro e de atentado violento (anteriores à Lei 12.015/2009), mesmo que praticados com violência presumida, constituem crimes hediondos. (...). (HC 114142, Rel. Min. Teori Zavascki, 2ª T., DJ 10.6.2014)

Não se pode conhecer, em sede de "habeas corpus", de matéria que demanda o revolvimento de fatos e provas. II. Também não pode ser conhecida matéria que não haja sido apreciada pelo Superior Tribunal de Justiça, sob pena de supressão de instância. III. Nos crimes contra os costumes, caracterizada a pobreza da vítima, a ação penal passa a ser pública condicionada, sendo o Ministério Público legitimado para sua propositura. IV. A vedação de liberdade provisória para crimes hediondos e delitos assemelhados provém da própria Constituição, que prevê sua inafiançabilidade (art. 5º, XLIII e XLIV). V. Não se pode conceder efeito suspensivo aos recursos de natureza especial e extraordinária, quando o paciente esteja segregado cautelarmente. (...). (HC 92932, Rel. Min. Ricardo Lewandowski, Pleno, DJ 25.9.2013)

(...). Crimes de homicídios e de roubos qualificados. Prática ocorrida antes da vigência da Lei 8.072/90 e da Lei 8.930/94 – indeferimento, pelo juízo da execução, de pedido de comutação da pena, pelo fato de tratar-se de crime hediondo, não obstante cometido em momento (1987) que precedeu a definição legal, como hediondo, do crime de homicídio qualificado (Lei 8.930/94) – inaplicabilidade de lei penal superveniente mais gravosa ("lex gravior") – vedação constitucional (CF, art. 5º, XL). (...). Revelam-se passíveis de indulto (total ou parcial), não obstante a regra inscrita no inciso XLIII do art. 5º da Constituição Federal, os crimes cujo caráter hediondo lhes tenha sido atribuído por legislação superveniente ao momento em que consumados ou tentados. (...). O sistema constitucional brasileiro impede a aplicação de leis penais supervenientes mais gravosas, como aquelas que afastam a incidência, sobre fatos delituosos cometidos em momento anterior ao da edição da "lex gravior", de causas extintivas da punibilidade (ou, ainda, daquelas que autorizam a substituição da sanção por outra mais benéfica). (HC 97700, Rel. Min. Celso de Mello, 2ª T., DJ 30.10.2014)

O delito de atentado violento ao pudor é classificado como hediondo por expressa previsão legal. Isso porque a Lei 8.072/1990, na redação em vigência à data do crime, não excepcionou a situação daquele que comete o delito em sua modalidade simples. 2. Nessa mesma linha interpretativa é a jurisprudência desta Casa de Justiça. (...). (HC 106668, Rel. Min. Ayres Britto, 2ª T., DJ 10.6.2011)

1. O paciente foi preso em flagrante pela prática do crime de extorsão mediante sequestro e permaneceu preso durante todo o processo. 2. A sentença condenatória, com imposição de pena de dez anos de reclusão, não se harmonizaria com a expedição de alvará de soltura de réu que permaneceu preso durante todo o processo, sendo consequência lógica a vedação do apelo em liberdade. 3. Ausente qualquer impugnação à prisão processual durante o trâmite da ação penal, não há de se falar em coação ilegal na manutenção da constrição cautelar pela sentença condenatória, vedando o apelo em liberdade. 4. Ausente motivo novo que tornasse ilegal a prisão do paciente, a partir da sentença condenatória, não há fundamento para a expedição do alvará de soltura. (...). (HC 93489, Rel. Min. Joaquim Barbosa, 2ª T., DJ 19.12.2008)

(...). Crime hediondo. Regime fechado. Impossibilidade do regime inicial semi-aberto. Denegação. 1. Em julgamento de outro "habeas corpus", esta Corte concedeu a ordem para, mantido o regime inicial fechado de cumprimento de pena por crime hediondo, afastar a vedação legal de progressão de regime, anteriormente prevista no § 1º, do art. 2º, da Lei 8.072/90. 2. A pretensão do paciente esbarra na literalidade da norma legal – seja na redação original, seja na redação atual –, eis que as penas privativas de liberdade aplicadas para os agentes que cometeram crimes hediondos ou equiparados terão obrigatoriamente que ser cumpridas em regime inicialmente fechado. 3. A pretendida requalificação do crime perpetrado pelo paciente – crime de estupro (CP, art. 213) – para considerá-lo "crime comum", em contraposição à noção de crime hediondo – não tem chancela no Direito brasileiro. 4. A regra do art. 33, § 2º, b, do Código Penal, não se aplica às hipóteses de condenação por práticas relacionadas aos crimes hediondos ou a eles equiparados. (...). (HC 92997, Rel. Min. Ellen Gracie, 2ª T., DJ 29.8.2008)

Homicídio duplamente qualificado. Crime hediondo. Liberdade provisória. Inadmissibilidade. Vedação Constitucional. Delitos inafiançáveis. Art. 5º, XLIII e LXVI, da CF. Sentença de pronúncia adequadamente fundamentada. Eventual nulidade da prisão em flagrante superada. I. A vedação à liberdade provisória para crimes hediondos e assemelhados que provém da própria Constituição, a qual prevê a sua inafiançabilidade (art. 5º, XLIII e XLIV). II. Inconstitucional seria a legislação ordinária que viesse a conceder liberdade provisória a delitos com relação aos quais a Carta Magna veda a concessão de fiança. III. Decisão monocrática que não apenas menciona a fuga do réu após a prática do homicídio, como também denega a liberdade provisória por tratar-se de crime hediondo. IV. Pronúncia que constitui novo título para a segregação processual, superando eventual nulidade da prisão em flagrante. V. (...). (HC 93940, Rel. Min. Ricardo Lewandowski, 1ª T., DJ 6.6.2008)

(...). 1. Crime de latrocínio (art. 157, § 3º, in fine, do Código Penal c/c o art. 1º, II, da Lei 8.072/1990 – crime hediondo). 2. O assistente de acusação requereu juntada aos autos de documento com o objetivo de aferir o tempo de percurso entre o quartel da Polícia Militar de Floriano e o local do sinistro, em decorrência de diligência efetuada pelo 2º Distrito Policial de Floriano/PI. 3. Alegação da defesa de que o acórdão atacado assumiu premissa errônea correspondente ao fato de que a referida juntada teria sido realizada ainda na fase do inquérito policial. 4. Ademais, o impetrante sustenta a falta de plausibilidade do acórdão recorrido (STJ) no que concerne ao argumento de que tal prova poderia ter sido amplamente discutida no decorrer da ação penal. 5. A rigor, de fato, verifica-se o equívoco do acórdão impugnado quanto à afirmação de que o documento teria sido apresentado na fase inquisitorial. A diligência na qual se mediu o tempo de percurso entre o quartel da polícia militar de Floriano e o local do sinistro foi realizada no bojo da ação penal. 6. O paciente tomou conhecimento do documento acostado aos autos, embora não intimado especificamente para tanto, e não apresentou impugnação ou demonstração de prejuízo para a defesa. 7. Ressalte-se ainda que a sentença foi fundamentada em outras provas suficientes à condenação do paciente. (HC 82955, Rel. Min. Gilmar Mendes, 2ª T., DJ 19.12.2006)

(...). 2. Estupro e atentado violento ao pudor praticado contra menores (arts. 213 e 214, ambos c/c art. 224, alínea "a", do Código Penal). 3. Alegação de que os crimes de estupro e atentado violento ao pudor, quando aplicada a regra do art. 224, alínea "a", do CP, não se caracterizam como hediondos. 4. Improcedência da alegação. 5. Incurso o paciente nos arts. 213 e 214, independentemente de a violência ter sido real ou ficta, a pena deverá ser cumprida em regime integralmente fechado, por força do art. 2º, § 1º, da Lei 8.072, de 1990. (...). (HC 82712, Rel. Min. Gilmar Mendes, 2ª T., DJ 27.6.2003)

(...). Impetrante/Paciente condenado a 28 anos de reclusão por duplo homicídio doloso, sendo um qualificado, praticado contra filha e cônjuge. Alegação de falta ou insuficiência de provas para a condenação. Necessidade de reexame probatório. Não cabimento do "writ". Afirmação de ausência de fundamentação na individualização da pena refutada pela própria sentença, que expôs de forma clara os motivos e circunstâncias agravantes que levaram ao aumento da pena base. Regime integralmente fechado de cumprimento da pena. Crime Hediondo. Impossibilidade de progressão. Firmou esta Corte que a Lei 9.455/97 somente admitiu a progressão da pena para o crime de tortura, não sendo extensível esta admissão aos demais crimes hediondos. (RHC 81967, Rel. Min. Ellen Gracie, 1ª T., DJ 30.8.2002)

(...). Atentado violento ao pudor. Ação penal pública condicionada. Representação. Prova de miserabilidade. Ministério Público. Legitimidade. Crime hediondo. Progressão de regime. Impossibilidade. 1. Nos crimes contra os costumes, a ação penal é privada (CP, art. 225). Entretanto, ela pode transformar-se em ação pública, quando o crime for cometido com abuso do pátrio poder, ou da qualidade de padrasto, tutor ou curador (CP, art. 225, § 1º, II). Ou em pública condicionada, quando a vítima ou seus pais não puderem prover as despesas do processo, sem prejuízo da manutenção própria ou da família (CP, art. 225, § 2º). Nessa última hipótese, é necessário a representação. No caso, a Reclamação oferecida pelo pai da ofendida atende aos requisitos da representação a que se refere o CP, art. 225, § 2º. A prova de miserabilidade que está na declaração de pobreza firmada pelo pai da ofendida é suficiente e tempestiva, pois feita antes do oferecimento da denúncia. Legitimidade do Ministério Público para oferecer denúncia por se tratar de ação penal pública condicionada. 2. Atentado violento ao pudor é considerado crime hediondo. O Tribunal já decidiu que a pena deve ser cumprida em regime integralmente fechado. Impossibilidade de concessão da progressão de regime.(...). (HC 81368, Rel. Min. Nelson Jobim, 2ª T., DJ 22.11.2002)

(...). Estupro. Comutação de pena. Exclusão do benefício, em relação aos autores de crimes hediondos (art. 2, inc. I, da Lei 8.072, de 26.07.1990, modificada pela Lei 8.930, de 06.09.1994). Decreto n. 3.226/99. "Habeas corpus". 1. O Plenário do Supremo Tribunal Federal firmou entendimento no sentido de que: a) não é inconstitucional o parágrafo 1º do art. 2º da Lei 8.072/90, quando impõe o regime integralmente fechado, no cumprimento de penas por crimes hediondos, nela definidos (HC 69.657); b) são válidos os Decretos de indulto coletivo, que beneficiam indeterminadamente os condenados por certos delitos e não os condenados por outros, conforme critérios razoáveis de política criminal do Presidente da República (HC 74.132); c) o crime de estupro é considerado hediondo, ainda que dele não resulte lesão corporal grave ou morte (HC 81.288). 2. O Decreto n. 3.266, de 29 de outubro de 1999, exclui do indulto, nele previsto, os condenados por crimes hediondos (art. 7º, inc. I), inclusive, portanto, os sentenciados por crime de estupro, ainda que sem lesão corporal grave, ou morte, como é o caso do ora paciente. 3. A comutação de pena é uma forma de indulto (indulto parcial) e por isso está abrangida por essa exclusão (HC 81.567 e HC 81.407). (...). (HC 81410, Rel. Min. Sydney Sanches, 1ª T., DJ 21.6.2002)

"Habeas corpus". Indulto e comutação. Latrocínio: Crime hediondo. Benefícios vedados pela Lei 8.072/90 e pelo Decreto Presidencial 3.226/90. Latrocínio. Pretensão de restabelecer a sentença que comutou a pena do paciente, reduzindo-a em 1/4. Impossibilidade. A Lei 8.072/90, em seu artigo 2º, inciso I, veda a concessão desse benefício, dispondo o Decreto Presidencial 3.226/96, artigo 7º, inciso I, que o indulto não alcança os condenados por crimes hediondos. "Habeas corpus" indeferido. (HC 81380, Rel. Min. Maurício Corrêa, 2ª T., DJ 1.3.2002)

Jurisprudência complementar (STJ)

(...). Atentado violento ao pudor. Violência presumida. Conduta anterior à Lei 12.015/2009. Caráter hediondo. Inexistência. Art. 2º, § 1º, Lei 8.072/1990. Inaplicabilidade. Regime inicial de cumprimento da pena prisional distinto do fechado. Possibilidade. 1. Nos termos do atual entendimento da Sexta Turma desta Corte, o delito de estupro, se praticado antes da Lei 12.015/09 e mediante violência presumida, como na hipótese, não possui caráter hediondo (HC 178.347). 2. Ainda que se tratasse de crime hediondo, deve-se observar que a edição da Lei 11.464/2007, que modificou o § 1º do art. 2º da Lei 8.072/1990, não afastou a ofensa ao princípio da individualização da pena, razão pela qual é possível a fixação de regime inicial para cumprimento da pena privativa de liberdade diverso do fechado, levando-se em consideração os parâmetros indicados no art. 33 do Código Penal. (...). 3. No caso, o Tribunal de origem afastou a valoração negativa de todas as circunstâncias judiciais previstas no art. 59 do Código Penal, não havendo justificativa, diante do quantum final de pena (2 anos de reclusão), para a fixação de regime distinto do aberto. (...). (AgRg no REsp 1244716, Rel. Min. Sebastião Reis Júnior, DJ 13.12.2013)

(...). Homicídio triplamente qualificado e formação de quadrilha. Prisão preventiva. Preservação. Sentença de pronúncia 1. Liberdade provisória. Impossibilidade. Decisão fundamentada em fatos concretos. Garantia da ordem pública. "modus operandi". Crime hediondo. Vedação constitucional da liberdade provisória. Constrangimento ilegal não configurado. (...). 1. Embora incida sobre os crimes hediondos e a eles equiparados a vedação constitucional insculpida no art. 5º, inciso XLIII, da Constituição Federal, que proíbe a fiança àqueles que praticam delitos dessa natureza, tal óbice não impede que o magistrado, diante do caso concreto, vislumbrada flagrante ilegalidade ou desnecessidade da medida, afaste a segregação cautelar. 2. No caso, há fundamentação sólida e concreta para a manutenção da custódia cautelar do paciente, preservada em sede de sentença de pronúncia e pelo Tribunal de origem. 3. As condições pessoais favoráveis do agente, tais como primariedade, emprego fixo e exercício de atividade lícita, não impedem a manutenção da segregação cautelar, quando presentes os requisitos legais, como se dá no caso dos autos. (...). (HC 233.626, Rel. Min. Marco Aurélio Bellizze, DJ 19.9.2012)

(...). Homicídio. Tentativa. Processo Penal. Prisão preventiva. Fundamentação. Inidoneida- de. Trâmite processual. Prazo. Excesso. 1. O caráter hediondo do homicídio qualificado, conforme previsto na Lei 8.072/90 (art. 1º, I), não é causa suficiente para a prisão preventiva, que deve estar amparada nas hipóteses previstas nos arts. 310, 311 e 312, do Cód. de Pr. Penal. (...). 2. A existência de processos em andamento não autoriza, per se, a custódia cautelar. 3. A prisão ilegal deverá ser imediatamente relaxada pela autoridade judiciária (art. 5º, LXV, da Constituição Federal); há constrangimento ilegal quando alguém estiver preso por mais tempo do que determina a lei (art. 648, II, do Cód.. de Pr. Penal). 4. Ordem concedida para que o réu responda ao processo em liberdade. (HC 164.874, Rel. Min. Celso Limongi, DJ 13.10.2011)

(...). Execução penal. Latrocínio tentado. Crime hediondo. Progressão de regime. Requisito objetivo. Necessidade de cumprimento de 2/5 (dois quintos) da pena, se primário, e de 3/5 (três quintos), se reincidente. (...). 1. Nos termos do art. 1º, inciso II, da Lei 8.072/90, o crime de latrocínio, consumado ou tentado, é considerado hediondo. (...). (RHC 35.003, Rel. Min. Laurita Vaz, DJ 6.3.2013)

(...). Latrocínio. Dosimetria. Pena-base. Culpabilidade. Acentuada reprovabilidade da conduta delituosa praticada. Motivos e circunstâncias do crime. Argumentação genérica. Consequências do delito. Morte da vítima. Elemento inerente ao próprio tipo penal violado. Atenuantes da confissão espontânea e da menoridade relativa. Matérias não apreciadas pelo tribunal de origem. Supressão de instância.

(...). 1. Não há constrangimento ilegal no ponto em que foi realizado o aumento da pena-base em razão da culpabilidade, haja vista a acentuada reprovabilidade da conduta delituosa praticada pelo paciente, bem evidenciada pelo "modus operandi" empregado no cometimento do delito. 2. A simples afirmação de que o motivo do crime seria repugnante, sem maiores considerações, não é suficiente a autorizar o aumento de pena realizado na primeira etapa da dosimetria, uma vez que se trata de argumento vago, genérico, que serviria para qualquer delito de latrocínio abstratamente considerado. 3. A morte da vítima não autoriza maior elevação da pena-base no crime de latrocínio, a título de consequências desfavoráveis do delito, uma vez que constitui elemento inerente ao próprio tipo penal violado, já tendo sido considerado pelo legislador justamente para qualificar o delito de roubo pelo resultado morte. 4. Inviável a análise, diretamente por este Superior Tribunal, do almejado reconhecimento da atenuante genérica da confissão espontânea em favor do paciente e da alegação de que o magistrado singular teria aplicado a atenuante da menoridade relativa de forma "irregular", tendo em vista que essas matérias não foram apreciadas pela Corte de origem, sob pena de incidir na indevida supressão de instância. 5. "Habeas corpus" parcialmente conhecido e, nessa extensão, concedida em parte a ordem, apenas para reduzir a pena-base do paciente, tornando a sua reprimenda definitiva em 20 anos e 9 meses de reclusão e pagamento de 10 dias-multa. (HC 197.136, Rel. Min. Sebastião Reis Júnior, DJ 6.8.2012)

(...). Estupro de vulnerável. Prisão cautelar. Gravidade concreta. "modus operandi". Elementos concretos a justificar a medida. Motivação idônea. Ocorrência. Prisão domiciliar. Desnecessidade. Reexame fático-probatório. Impropriedade da estreita via eleita. Recurso a que se nega provimento. 1. Não é ilegal o encarceramento provisório que se funda em dados concretos a indicar a necessidade da medida cautelar, especialmente em elementos extraídos da conduta perpetrada pelo acusado, demonstrando a necessidade da prisão para garantia da ordem pública. 2. "in casu", a custódia cautelar foi decretada e mantida, na sentença, para o resguardo da ordem pública, em razão das circunstâncias específicas do caso ora em exame, notadamente a gravidade concreta dos fatos. O crime de estupro de vulnerável, em continuidade delitiva, pelo qual o ora recorrente, amigo da família, restou condenado em primeiro grau de jurisdição, foi praticado contra a menor – nascida em outubro de 2000 – durante os anos de 2007 e 2013, e consistia na prática reiterada de beijos na boca, carícias, conjunção carnal e outros atos libidinosos. 3. "É inadmissível, na via angusta do "habeas corpus", o reexame aprofundado do conjunto fático-probatório" (HC 13.058...). (RHC 48.429, Rel. Min. Maria Thereza de Assis Moura, DJ 9.10.2014)

(...). Latrocínio tentado. Concurso formal. Dosimetria da pena. Sanção aplicada no mínimo legal. Obediência do critério trifásico. Constrangimento ilegal inexistente. Crime hediondo. Cumprimento da pena integralmente no regime fechado. 1. Tendo a sentença fixado a pena-base no mínimo legal e obedecido ao critério trifásico previsto no artigo 68 do Código Penal, não há qualquer constrangimento ilegal a ser sanado. 2. A pena aplicada ao condenado por latrocínio deve ser cumprida integralmente em regime fechado, a teor do disposto no artigo 2º, § 1º, da Lei 8.072/90, cuja constitucionalidade foi reconhecida pelo Supremo Tribunal Federal. (...). (HC 24.122, Rel. Min. Paulo Gallotti, DJ 25.9.2006)

(...). Crime de roubo circunstanciado. Prisão preventiva. Acusado revel. Necessidade da custódia cautelar não demonstrada. Ausência de motivação concreta. Constrangimento ilegal evidenciado. Recurso ordinário em "habeas corpus" provido. 1. A disposição prevista no art. 366 do Código de Processo Penal, inserida no ordenamento jurídico pela Lei 9.271/96, não constitui hipótese de custódia cautelar obrigatória. Assim, a decisão que decreta a prisão preventiva, quando o réu é revel, também deve fazer menção à situação concreta, de forma a justificar a necessidade da prisão preventiva, nos termos do art. 312 do Código de Processo Penal. 2. O roubo circunstanciado não é crime hediondo, nos termos do rol taxativo do art. 1º, da Lei 8.072/90, razão pela qual tal conclusão – inidônea – não pode justificar segregação cautelar. 3. É assente o entendimento nesta Corte de que a gravidade abstrata do delito em si não justifica a decretação de prisão processual (HC 178.830...). 4. A intenção de fuga, desde que concretamente demonstrada, pode justificar a necessidade da decretação da prisão preventiva para assegurar a aplicação da lei penal. Contudo, na presente hipótese, tal fundamentação não foi consignada pelo Juízo Processante, o qual decretou a custódia cautelar do Recorrente sem declinar quaisquer argumentos concretos. 5. Embora tenha o Parquet Federal, no Parecer oferecido no presente recurso, aduzido ser o Recorrente réu em mais de um processo-crime, tal fato não constou como fundamento do decreto constritivo ora impugnado. Portanto, não pode ser justificativa para desprover o recurso, sob pena de reforço de fundamentação em via de impugnação exclusiva da defesa. (...). (RHC 36.035, Rel. Min. Laurita Vaz, DJ 19.12.2013)

(...). Art. 214, caput, c. c. os arts. 224, a, e 226, inciso II, todos do Código Penal, na redação anterior à Lei 12.015/2009. Crime praticado mediante violência presumida. Caráter hediondo reconhecido. Embargos de divergência acolhidos. Os crimes de estupro e atentado violento ao pudor praticados anteriormente à Lei 12.015/2009, ainda que mediante violência presumida, configuram crimes hediondos. 2. Embargos de divergência acolhidos a fim de reconhecer a hediondez do crime praticado pelo Embargado. (EREsp 1225387, Rel. Min. Laurita Vaz, DJ 4.9.2013)

(...). Estupro e atentado violento ao pudor. Crimes hediondos. Regime de cumprimento de pena integral fechado. (...). 1. A inserção das formas básicas do estupro e do atentado violento ao pudor no elenco dos crimes hediondos, trazido à luz pela Lei 8.072/90, é questão, hoje, livre de divergência, correndo pacífica a jurisprudência deste Superior Tribunal de Justiça e do Excelso Supremo Tribunal Federal no sentido da natureza hedionda desses delitos. 2. Caracterizados, pois, os crimes cometidos, estupro e atentado violento ao pudor, como hediondos, obstada está a progressão de regime. (...). (HC 41.757, Rel. Min. Hamilton Carvalhido, DJ 29.8.2005)

Questões de concursos

215. **(Consulplan/TJ/MG/Cartórios/2016)** De acordo com a Lei n. 8.072/1990, é considerado crime hediondo:

   a) Estupro de vulnerável tentado.

   b) Epidemia com resultado lesão corporal de natureza grave.

   c) Concussão.

   d) Falsificação de selo público destinado a autenticar atos oficiais da União.

216. **(Funcab/Segep/MA/Agente_Penitenciário/2016)** São crimes hediondos, exceto:

   a) homicídio privilegiado.

   b) latrocínio.

   c) extorsão com resultado morte.

   d) estupro de vulnerável.

   e) epidemia com resultado morte.

217. **(Cespe/TJ/DFT/Analista/2015)** O crime de lesão corporal dolosa de natureza gravíssima é hediondo quando praticado contra cônjuge, companheiro ou parente consanguíneo de até terceiro grau, de agente da Polícia Rodoviária Federal e integrante do sistema prisional e da Força Nacional de Segurança Pública, em razão dessa condição.

218. **(FGV/TJ/PI/Analista/2015)** Constituem crimes hediondos, exceto:

   a) homicídio em atividade típica de grupo de extermínio praticada por um agente só.

   b) epidemia com resultado morte.

   c) favorecimento da prostituição ou de outra forma de exploração sexual de criança ou adolescente ou de vulnerável.

d) envenenamento de água potável ou substância alimentícia ou medicinal.

e) lesão corporal seguida de morte, quando praticada contra integrante do sistema prisional.

219. **(FGV/TJ/RO/Técnico/2015)** Leonardo foi condenado pela prática de um crime de roubo majorado pelo emprego de arma de fogo. No momento da execução da pena, o juiz verificou que Leonardo já ostentava em sua Folha de Antecedentes Criminais condenações pela prática de um crime de homicídio simples contra seu primo, ocorrido em razão de uma discussão familiar no ano de 2013; de um crime de estupro simples realizado no ano de 2012; e pela prática, no ano de 2011, do crime de extorsão qualificada pela morte. De acordo com a Lei n. 8.072/90, são considerados hediondos os seguintes crimes praticados por Leonardo:

a) roubo majorado pelo emprego de arma de fogo e extorsão qualificada pela morte.

b) homicídio simples, estupro simples e extorsão qualificada pela morte.

c) estupro simples e extorsão qualificada pela morte.

d) homicídio simples e extorsão qualificada pela morte.

e) homicídio simples e estupro simples.

220. **(Ieses/TJ/PA/Cartórios/2016)** De acordo com a Lei de Crimes Hediondos (8.072/90), é correto afirmar:

a) O crime de estupro (art. 213, do CP) somente é considerado hediondo caso praticado na sua forma qualificada.

b) Ao contrário do que ocorre com o crime de extorsão, que é considerado hediondo apenas se qualificado pelo resultado morte, o delito de extorsão mediante sequestro é etiquetado como hediondo independentemente da modalidade.

c) O crime de roubo, do qual resulta lesão corporal grave na vítima, é etiquetado como sendo crime hediondo.

d) O crime de Genocídio (Lei 2.889/56) é considerado equiparado a hediondo.

221. **(Vunesp/TJM/SP/Juiz/2016)** Nos termos da Lei n. 7.210, de 11 de julho de 1984, os condenados por crime praticado, dolosamente, com violência de natureza grave contra a pessoa, ou por qualquer dos crimes previstos no art. 1º da Lei n. 8.072, de 25 de julho de 1990.

a) serão submetidos, obrigatoriamente, à identificação do perfil genético mediante extração de DNA.

b) somente poderão ter a identificação de perfil genético verificada pelo Juiz do processo, vedado o acesso às autoridades policiais mesmo mediante requerimento.

c) não terão a identificação de perfil genético incluído em banco de dados sigiloso, mas de livre acesso às autoridades policiais, independentemente de requerimento.

d) não terão extraído o DNA, se submetidos à Justiça Militar, em razão da excepcionalidade da lei de execução.

e) não poderão ser submetidos à identificação do perfil genético, mediante extração de DNA, por falta de permissivo legal.

222. **(Cespe/PC/PE/Agente/2016)** A respeito do que dispõe a Constituição Federal de 1988 e a Lei n. 8.072/1990, assinale a opção correta.

a) O agente que pratica homicídio simples, consumado ou tentado, não comete crime hediondo.

b) A prática de racismo constitui crime hediondo, inafiançável e imprescritível.

c) A tortura é crime inafiançável, imprescritível e insuscetível de graça ou anistia.

d) O crime de lesão corporal dolosa de natureza gravíssima é hediondo quando praticado contra parente consanguíneo até o quarto grau de agente da segurança pública, em razão dessa condição.

e) A lei penal e a processual penal retroagem para beneficiar o réu.

223. **(Funcab/PC/PA/Escrivão/2016)** Nos termos da Lei n. 8.072, de 1990, é correto afirmar que constitui crime hediondo:

a) A epidemia sem o resultado morte.

b) Sequestro ou cárcere privado.

c) Extorsão simples.

d) Homicídio simples, em qualquer caso.

e) A lesão corporal seguida de morte, quando praticada contra cônjuge, de integrantes da Força Nacional de Segurança Pública, em razão dessa condição.

224. **(Funiversa/PC/DF/Delegado/2015)** A respeito dos crimes hediondos, assinale a alternativa correta com base na legislação de regência.

a) O crime de epidemia com resultado morte não é considerado hediondo.

b) Os crimes hediondos são insuscetíveis de anistia, graça e indulto, embora lhes seja admitida fiança.

c) A pena do condenado por crime hediondo deverá ser cumprida em regime integralmente fechado, apesar de haver precedente jurisprudencial em que se admite o cumprimento da pena em regime inicialmente fechado.

d) Se o crime hediondo de extorsão mediante sequestro for cometido por quadrilha ou bando, o coautor que denunciá-lo à autoridade, facilitando a libertação do sequestrado, será beneficiado com a redução da pena de um a dois terços.

e) Entre os crimes hediondos previstos na lei, apenas as condutas consumadas são consideradas hediondas; as tentadas configuram a modalidade simples de crime.

225. **(IBFC/PC/RJ/Papiloscopista/2014)** Aponte a alternativa que corresponde a um crime previsto no rol dos Crimes Hediondos do artigo 1º da Lei n. 8.072/90:
    a) Roubo com uso de arma de fogo (artigo 157, §2º, inciso I, do Código Penal).
    b) Extorsão praticada com restrição de liberdade da vítima (artigo 158, §3º, do Código Penal).
    c) Homicídio simples (artigo 121, "caput", do Código Penal).
    d) Favorecimento da prostituição ou de outra forma de exploração sexual de criança ou adolescente ou de vulnerável (art. 218-B, caput, e §§ 1º e 2º, do Código Penal).
    e) Associação criminosa (artigo 288 do Código Penal).

226. **(Funiversa/PM/DF/Soldado/2013)** Nos termos da Lei n. 8.072/1990, considera-se como crime hediondo:
    a) o homicídio simples.
    b) a alteração de produto destinado a fins terapêuticos.
    c) expor alguém, por meio de relações sexuais, a contágio de moléstia venérea de que sabe estar contaminado.
    d) a lesão corporal de natureza grave.
    e) o aborto provocado pela gestante.

227. **(FGV/TJ/AM/Juiz/2013)** A Lei n. 8.072/90 dispõe sobre os crimes hediondos, enquanto a Constituição Federal indica outros assemelhados, orientando o legislador a dar tratamento mais rigoroso a estas infrações. Atento à jurisprudência majoritária dos Tribunais Superiores, as alternativas a seguir apresentam crimes que ostentam essa natureza, à exceção de uma. Assinale-a.
    a) Estupro de vulnerável e tráfico de entorpecentes.
    b) Tráfico de entorpecente e extorsão mediante sequestro.
    c) Tráfico de entorpecentes e associação para o tráfico.
    d) Latrocínio e tortura.
    e) Homicídio qualificado e tortura.

228. **(Cespe/PRF/Policial/2013)** Considera-se crime hediondo o homicídio culposo na condução de veículo automotor, quando comprovada a embriaguez do condutor.

229. (Funcab/PC/ES/Perito/2013) São considerados crimes hediondos, exceto:

a) latrocínio.
b) estupro.
c) homicídio culposo.
d) extorsão qualificada pela morte.
e) epidemia com resultado morte.

230. (MPE/SC/Promotor/2013) A conduta do agente que expõe à venda e tem em depósito para vender produto, destinado a fins terapêuticos, falsificado ou alterado, na condição de ausência das características de identidade e qualidade admitidas para a sua comercialização ou com redução de seu valor terapêutico ou de sua atividade, é considerada crime de natureza hedionda, nos termos da Lei n. 8.072/90.

231. (UEG/PM/GO/2013) Sobre os crimes hediondos, o critério adotado de definição é o

a) legal.
b) convencional.
c) judicial.
d) misto.

■ Genocídio {art. 1º, p. ú.}

> Parágrafo único. Considera-se também hediondo o crime de genocídio previsto nos arts. 1º, 2º e 3º da Lei n. 2.889, de 1º de outubro de 1956, tentado ou consumado.

Jurisprudência complementar (STF)

(...). A Lei 8.072, de 26.07.1990, aponta, no art. 1º, os crimes que considera hediondos (latrocínio, extorsão qualificada pela morte, extorsão mediante sequestro e na forma qualificada, estupro, atentado violento ao pudor, epidemia com resultado morte, envenenamento de água potável ou de substância alimentícia ou medicinal, qualificado pela morte, e genocídio; tentados ou consumados). No art. 2º acrescenta: os crimes hediondos, a prática da tortura, o tráfico de entorpecentes e drogas afins e o terrorismo são insuscetíveis de: I. anistia, graça e indulto; II. fiança e liberdade provisória. E no § 1º: a pena por crime previsto neste artigo será cumprida integralmente em regime fechado. Inclusive, portanto, o de tráfico de entorpecentes, como é o caso dos autos. 4. A Lei 9.455, de 07.04.1997, que define os crimes de tortura e dá outras providências, no § 7º do art. 1º, esclarece: "o condenado por crime previsto nesta Lei, salvo a hipótese do § 2º, iniciará o cumprimento da pena em regime fechado". Vale dizer, já não exige que, no crime de tortura, a pena seja cumprida integralmente em regime fechado, mas apenas no início. Foi, então, mais benigna a lei com o crime de tortura, pois não estendeu tal regime aos demais crimes hediondos, nem ao tráfico de entorpecentes, nem ao terrorismo. Ora, se a Lei mais benigna tivesse ofendido o princípio da isonomia, seria inconstitucional. E não pode o Juiz estender o benefício decorrente da inconstitucionalidade a outros delitos e a outras penas, pois, se há inconstitucionalidade, o juiz atua como legislador negativo, declarando a invalidade da lei. E não como legislador positivo, ampliando-lhe os efeitos a outras hipóteses não contempladas. 5. De qualquer maneira, bem ou mal, o legislador resolveu ser mais condescendente com o crime de tortura do que com os crimes hediondos, o tráfico de entorpecentes e o terrorismo. Essa condescendência não pode ser estendida a todos eles, pelo Juiz, como intérprete da Lei, sob pena de usurpar a competência do legislador e de enfraquecer, ainda mais, o combate à criminalidade mais grave. 6. A Constituição Federal, no art. 5º, inc. XLIII, ao considerar crimes inafiançáveis e insuscetíveis de graça ou anistia a prática da tortura, o tráfico ilícito de entorpecentes e drogas afins, o terrorismo e os definidos como crimes hediondos, não tratou de regime de cumprimento de pena. Ao contrário, cuidou, aí, de permitir a extinção de certas penas, exceto as decorrentes de tais delitos. Nada impedia, pois, que a Lei 9.455, de 07.04.1997, definindo o crime de tortura, possibilitasse o cumprimento da pena em regime apenas inicialmente fechado – e não integralmente fechado. Pode não ter sido uma boa opção de política criminal. Mas não propriamente viciada de inconstitucionalidade. (...). (HC 76543, Rel. Min. Sydney Sanches, 1ª T., DJ 3.3.1998)

Jurisprudência complementar (STJ)

Nos crimes hediondos ou equiparados, é inviável a progressão de regime prisional, devendo a pena ser cumprida em regime integralmente fechado. (REsp 400.957, Rel. Min. Jorge Scartezzini, DJ 18.11.2002)

Vedações aos Crimes Hediondos e Equiparados {art. 2º}

Art. 2º Os crimes hediondos, a prática da tortura, o tráfico ilícito de entorpecentes e drogas afins e o terrorismo são insuscetíveis de:

I – anistia, graça e indulto;

II – fiança.

Súmulas (STF)

Súmula Vinculante 26. Para efeito de progressão de regime no cumprimento de pena por crime hediondo, ou equiparado, o juízo da execução observará a inconstitucionalidade do art. 2º da Lei 8.072, de 25 de julho de 1990, sem prejuízo de avaliar se o condenado preenche, ou não, os requisitos objetivos e subjetivos do benefício, podendo determinar, para tal fim, de modo fundamentado, a realização de exame criminológico.

Súmula 697. A proibição de liberdade provisória nos processos por crimes hediondos não veda o relaxamento da prisão processual por excesso de prazo.

Jurisprudência complementar (STF)

(...). Tráfico de entorpecente. Sentença condenatória. Pedido de aplicação da causa de diminuição em patamar máximo. Ausência de fundamentação na sentença. Procedência. Substituição da pena privativa de liberdade por restritiva de direitos: Possibilidade. Ordem concedida. 1. Na terceira fase de aplicação da pena, o juízo de primeiro grau reduziu a reprimenda em seu patamar intermediário, um meio, sem qualquer fundamentação, razão pela qual se deve aplicar a causa de diminuição em seu patamar máximo, ou seja, dois terços. 2. Não competia ao Tribunal de Justiça de Minas Gerais, em recurso exclusivo da defesa, complementar a sentença para acrescentar fundamento novo, não utilizado pelo juízo de primeiro grau, a fim de justificar a menor diminuição da pena. Essa decisão acabou por gerar "reformatio in pejus". 3. O Supremo Tribunal Federal assentou serem inconstitucionais os arts. 33, § 4º, e 44, caput, da Lei 11.343/2006, na parte em que vedavam a substituição da pena privativa de liberdade por restritiva de direitos em condenação pelo crime de tráfico de entorpecentes (HC 97.256...). (HC 105768, Rel. Min. Cármen Lúcia, 1ª T., DJ 1.6.2011)

(...). Crime hediondo ou equiparado. Impossibilidade de comutação de pena ou concessão de indulto. (RE 760226 AgR, Rel. Min. Cármen Lúcia, 2ª T., DJ 24.9.2013)

(...). Comutação de pena. Indulto. Inadmissibilidade. Crime equiparado a hediondo caracterizado. Impossibilidade. Aplicação do art. 8º, II, do Decreto n. 6.706/08. (...). 1. A comutação nada mais é do que uma espécie de indulto parcial (em que há apenas a redução da pena). Daí porque a vedação à concessão de indulto em favor daqueles que praticaram crime hediondo – prevista no art. 2º, I, da Lei 8.072/90 – abrange também a comutação. (...). (HC 103618, Rel. Min. Dias Toffoli, 1ª T., DJ 8.11.2010)

(...). Sentença condenatória. Comutação de pena. Indulto. Inadmissibilidade. Condenação por estupro e atentado violento ao pudor. Crime hediondo caracterizado. Violência presumida ante a menoridade da vítima. Irrelevância. (...). Aplicação do art. 10 do Decreto n. 4.011/2001. (...). Concessão de "habeas corpus" de ofício para possibilitar ao paciente a progressão de regime, nos termos do art. 128 da LEP. A circunstância de os crimes de estupro e atentado violento ao pudor serem praticados mediante violência presumida é irrelevante para descaracterizá-los como hediondos, que, como tais, impossibilitam a concessão de indulto. (HC 84734, Rel. Min. Cezar Peluso, 2ª T., DJ 26.3.2010)

Indulto (Dec. 3299/99): exclusão da graça dos condenados por crime hediondo, que se aplica aos que hajam cometido antes da L. 8072/90 e da Constituição de 1988, ainda quando não o determine expressamente o decreto presidencial: validade, sem ofensa à garantia constitucional da irretroatividade da lei penal mais gravosa, não incidente na hipótese, em que a exclusão questionada traduz exercício do poder do Presidente da República de negar o indulto aos condenados pelos delitos que o decreto especifique: precedentes (RHC 84572, Rel. p/ ac. Min. Sepúlveda Pertence, 1ª T., DJ 3.12.2004)

(...). Pena. Comutação. Indulto parcial. Caráter condicional. Legalidade reconhecida. Exclusão do benefício a condenado por crime hediondo. Ato discricionário do Presidente da República. (...). Aplicação dos arts. 2º, I, da Lei 8.072/90, e 7º, I, do Dec. 3.226/99. Anistia, indulto, graça e comutação de pena constituem objeto do exercício do poder discricionário do Presidente da República, cujo Decreto pode, observando as limitações constitucionais, prever a concessão do benefício apenas a condenados que preencham certas condições ou requisitos. (HC 96431, Rel. Min. Cezar Peluso, 2ª T., DJ 15.5.2009)

(...). O art. 2º, inc. II, da Lei 8.072/90 atendeu o comando constitucional, ao considerar inafiançáveis os crimes de tortura, tráfico ilícito de entorpecentes e drogas afins, o terrorismo e os definidos como crimes hediondos. Inconstitucional seria a legislação ordinária que dispusesse diversamente, tendo como afiançáveis delitos que a Constituição da República determina sejam inafiançáveis. Desnecessidade de se reconhecer a inconstitucionalidade da Lei 11.464/07, que, ao retirar a expressão "e liberdade provisória" do art. 2º, inc. II, da Lei 8.072/90, limitou-se a uma alteração textual: a proibição da liberdade provisória decorre da vedação da fiança, não da expressão suprimida, a qual, segundo a jurisprudência deste Supremo Tribunal, constituía redundância. Mera alteração textual, sem modificação da norma proibitiva de concessão da liberdade provisória aos crimes hediondos e equiparados, que continua vedada aos presos em flagrante por quaisquer daqueles delitos. (...). (HC 93302, Rel. Min. Cármen Lúcia, 1ª T., DJ 9.5.2008)

(...). Paciente preso em flagrante por receptação (art. 180 do CP), posse irregular de arma de fogo de uso permitido (Art. 12 da Lei 10.826/03) e tráfico de entorpecentes e respectiva associação (Arts. 33 e 35 da Lei 11.343/06). Pedido de liberdade provisória indeferido. Obstáculo diretamente Constitucional: inciso XLIII do art. 5º (inafiançabilidade do delito de tráfico de entorpecentes). Jurisprudência da primeira turma do Supremo Tribunal Federal. (...). 1. Se o crime é inafiançável e preso o acusado em flagrante delito, o instituto da liberdade provisória não tem como operar. O inciso II do art. 2º da Lei 8.072/90, quando impedia a "fiança e a liberdade provisória", de certa forma incidia em redundância, dado que, sob o prisma constitucional (inciso XLIII do art. 5º da CF/88), tal ressalva era desnecessária. Redundância que foi reparada pelo art. 1º da Lei 11.464/07, ao retirar o excesso verbal e manter, tão-somente, a vedação do instituto da fiança. 2. Manutenção da jurisprudência desta Primeira Turma, no sentido de que "a proibição da liberdade provisória, nessa hipótese, deriva logicamente do preceito constitucional que impõe a inafiançabilidade das referidas infrações penais: (...) seria ilógico que, vedada pelo art. 5º, XLIII, da Constituição, a liberdade provisória mediante fiança nos crimes hediondos, fosse ela admissível nos casos legais de liberdade provisória sem fiança" (HC 83468). 3. Correto esse entendimento jurisprudencial, na medida em que o título prisional em que o flagrante consiste opera por si mesmo; isto é, independentemente da presença dos requisitos do art. 312 do CPP. Há uma presunção constitucional de periculosidade da conduta protagonizada pelo agente que é flagrado praticando crime hediondo ou equiparado. A Constituição parte de um juízo apriorístico (objetivo) de periculosidade de todo aquele que é surpreendido na prática de delito hediondo, o que já não comporta nenhuma discussão. Todavia, é certo, tal presunção opera tão-somente até a prolação de eventual sentença penal condenatória. Novo título jurídico, esse, que há de ostentar fundamentação específica quanto à necessidade, ou não, de manutenção da custódia processual, conforme estabelecido no parágrafo único do art. 387 do CPP. Decisão, agora sim, a ser proferida com base nas coordenadas do art. 312 do CPP:

seja para o acautelamento do meio social (garantia da ordem pública), seja para a garantia da aplicação da lei penal. Isso porque o julgador teve a chance de conhecer melhor o acusado, vendo-o, ouvindo-o; enfim, pôde aferir não só a real periculosidade do agente, como também a respectiva culpabilidade, elemento que foi necessário para fazer eclodir o próprio decreto condenatório. 4. Isso não obstante, esse entendimento jurisprudencial comporta abrandamento quando de logo avulta a irregularidade do próprio flagrante (inciso LXV do art. 5º da CF/88), ou diante de uma injustificada demora da respectiva custódia, nos termos da Súmula 697 do STF ("A proibição de liberdade provisória nos processos por crimes hediondos não veda o relaxamento da prisão processual por excesso de prazo"). O que não é o caso dos autos. (...). (HC 103399, Rel. Min. Ayres Britto, 1ª T., DJ 20.8.2010)

(...). Tráfico de drogas. Prisão em flagrante. Relaxamento. Crime Hediondo. Liberdade provisória. Inadmissibilidade. Vedação constitucional. Delitos inafiançáveis. Art. 5º, XLIII, da Constituição Federal. Pressupostos do art. 312 do Código de Processo Penal. Demonstração. (...). I. A vedação à liberdade provisória para o delito de tráfico de drogas advém da própria Constituição, a qual prevê a inafiançabilidade (art. 5º, XLIII). II. Presentes os requisitos autorizadores da prisão cautelar previstos no art. 312 do Código de Processo Penal, em especial o da garantia da ordem pública, existindo sólidas evidências da periculosidade do paciente, supostamente envolvido em gravíssimo delito de tráfico de drogas. III. As condições subjetivas favoráveis do paciente não obstam a segregação cautelar, desde que presentes nos autos elementos concretos a recomendar sua manutenção, como se verifica no caso presente. IV. (...). (HC 98143, Rel. Min. Ricardo Lewandowski, 1ª T., DJ 5.3.2010)

Jurisprudência complementar (STJ)

(...). Tráfico de drogas. Crime hediondo. Decreto presidencial n. 6.706/2008. Indulto. Concessão. Impossibilidade. Matéria constitucional. Análise inviável na via eleita. 1. A Terceira Seção desta Corte Superior, em sede de recurso representativo da controvérsia, decidiu que a aplicação da causa de diminuição de pena prevista no art. 33, § 4º, da Lei 11.343/2006 não afasta a hediondez do crime de tráfico de drogas (REsp 1.329.088). 2. Se não é afastado o caráter hediondo da conduta, não há por que se afastar o regramento jurídico típico de crimes dessa natureza, inclusive a vedação ao indulto, numa espécie de gradação da hediondez do delito, por suposta razão de proporcionalidade. Trata-se de solução que não se extrai, explícita nem implicitamente, da legislação aplicável ao caso, sobretudo os arts. 44 da Lei 11.343/2006 e 2º, I, da Lei 8.072/1990, bem como o art. 8º, II do Decreto n. 6.706/2008. 3. A afronta a dispositivo constitucional não é passível de apreciação pelo Superior Tribunal de Justiça nesta sede recursal, ainda que para fins de prequestionamento, uma vez que se trata de matéria reservada à competência do Supremo Tribunal Federal. (...). (AgRg no REsp 1196202, Rel. Min. Sebastião Reis Júnior, DJ 20.11.2013)

(...). Descabimento. Tráfico de drogas. Pena pecuniária. Indulto. Vedação expressa. Ausência de constrangimento ilegal. (...). 2. Há expressa vedação legal ao benefício de indulto em se tratando de crimes hediondos ou a eles equiparados, e a Lei Antidrogas reforça tal proibição. Ausência de constrangimento ilegal a ser sanado de ofício. (...). (HC 271.537, Rel. Min. Moura Ribeiro, DJ 28.10.2013)

(...). Crime de estupro, praticado contra a própria enteada menor. Liberdade provisória. Indeferimento fundamentado na garantia da ordem pública. Periculosidade in concreto do agente. Vedação expressa contida na Lei 8.072/90. Fundamentação idônea e suficiente para justificar o indeferimento do benefício. Substituição da prisão por medidas cautelares diversas. Incompatibilidade na espécie. (...). 1. Tem-se por fundamentada a negativa do benefício da liberdade provisória, com expressa menção à situação concreta, em razão, essencialmente, do "modus operandi" empregado pelo agente na prática da conduta criminosa contra sua própria enteada menor, representando periculosidade ao meio social. 2. A vedação contida no art. 2º, inciso II, da Lei 8.072/90, acerca da negativa de concessão de fiança e de liberdade provisória aos acusados pela prática de crimes hediondos ou equiparados, não contraria a ordem constitucional, pelo contrário, deriva do seu próprio texto (art. 5º, inciso XLIII, da CF), que impõe a inafiançabilidade das referidas infrações penais. 3. A negativa do benefício da liberdade provisória encontra amparo, também, no art. 5º, inciso LXVI, da Constituição Federal, que somente assegurou aos presos em flagrante delito a indigitada benesse quando a lei ordinária a admitir ou por decisão fundamentada do magistrado condutor do processo (art. 2º, § 2º, da Lei 8.072/90). 4. Desse modo, a aludida vedação, por si só, constitui motivo suficiente para negar ao preso em flagrante por crime hediondo ou equiparado o benefício da liberdade provisória. (...). 5. No que diz respeito às medidas cautelares substitutivas do cárcere, segundo assentado no acórdão impugnado, não se mostram compatíveis, na espécie, ante o não-atendimento dos pressupostos legais, não se considerando adequadas e suficientes, em face da gravidade e das circunstâncias do crime. (...). (HC 226.104, Rel. Min. Laurita Vaz, DJ 21.5.2012)

(...). Crime contra a dignidade sexual. Estupro de vulnerável. Alegação de constrangimento ilegal. Pleito pela revogação da prisão preventiva. Circunstâncias autorizadoras presentes. Decisão fundamentada. Condições pessoais favoráveis e mudança dos testemunhos. Análise de matérias não debatidas na origem. Ocorrência de supressão de instância. 1. O fato de estar inserido no rol dos delitos hediondos ou equiparados não basta para a imposição da constrição cautelar, por ser necessária a existência de circunstâncias a demonstrar a adoção desta medida excepcional. 2. A prisão preventiva só deverá ser decretada quando devidamente atendidos os requisitos legais da garantia da ordem pública, por conveniência da instrução criminal ou para assegurar a aplicação da lei penal, quando houver prova da existência do crime e indício suficiente de autoria. 3. No caso concreto, a privação da liberdade do paciente encontra-se fundamentada na periculosidade e no desrespeito às normas legais, caracterizados pelo "modus operandi" do delito, revestido de abuso de confiança, visto que a vítima, de apenas 8 (oito) anos de idade, pertencia ao seu convívio familiar. 4. O objeto deste "mandamus", com relação à possibilidade de revogação da prisão cautelar, sob o argumento de que o paciente ostenta condições pessoais favoráveis que lhe permitem responder ao processo em liberdade, bem como pelo fato de as testemunhas de acusação terem mudado a versão dos fatos para isentarem o acusado, não é capaz de superar o óbice da ausência de debates na origem, sob pena de indevida supressão de um dos graus de jurisdição. (...). (HC 243.818, Rel. Min. Campos Marques, DJ 9.10.2012)

(...). Tráfico de drogas e associação para o tráfico. Prisão em flagrante. Pleito de liberdade provisória. Indeferimento. Fundamentos inidôneos. Vedação da Lei 11.343/2006. Gravidade abstrata do delito. Ausência de requisitos para a manutenção da custódia cautelar. 1. A Sexta Turma desta Corte vem decidindo no sentido de que, com o advento da Lei 11.464/2007, que alterou a redação do art. 2º, II, da Lei 8.072/1990, tornou-se possível a concessão de liberdade provisória aos crimes hediondos ou equiparados, nas hipóteses em que não estejam presentes os requisitos do art. 312 do Código de Processo Penal. 2. A vedação da liberdade provisória não pode estar fundamentada apenas na gravidade abstrata do crime, nem em meras conjecturas e nas suas consequências sociais. (...). 3. "Habeas corpus" concedido para deferir liberdade provisória à paciente. (HC 128.042, Rel. Min. Sebastião Reis Júnior, DJ 1.8.2012)

(...). Associação e tráfico ilícito de entorpecentes. Indeferimento de perícia grafotécnica. Fundamentação idônea. Livre convencimento motivado. Prisão em flagrante. Custódia cautelar. Liberdade provisória. Vedação legal. Lei 11.343/06. (...). 1. O magistrado, como destinatário direto da instrução probatória, pode, mediante fundamentação (princípio do livre convencimento motivado), indeferir a produção daquelas que entender impertinentes, desnecessárias ou protelatórias. 2. O inciso XLIII do art. 5º da Constituição Federal estabelece que o tráfico ilícito de entorpecentes constitui crime inafiançável. 3. Não sendo possível a concessão de liberdade provisória com fiança, com maior razão será a não concessão de liberdade provisória sem fiança. 4. A Terceira Seção do Superior Tribunal de Justiça consolidou o entendimento de que a vedação imposta pelo art. 2º, II, da Lei 8.072/90 é fundamento suficiente para o indeferimento da liberdade provisória (HC 76.779, Rel. Min. FELIX FISCHER, DJ 4/4/08). 5. A Lei 11.343/06, expressamente, fez constar que o delito de tráfico de drogas é insuscetível de liberdade provisória, cuja disposição não foi revogada pela Lei 11.464/07. (...). (HC 152.342, Rel. Min. Arnaldo Esteves Lima, DJ 2.8.2010)

Questões de concursos

232. **(DPE-PE/DPE/PE/Estagiário/2015)** Assinale a alternativa correta:

a) O tráfico internacional de entorpecentes é um crime imprescritível

b) Os crimes hediondos são imprescritíveis

c) A prática da tortura é um crime suscetível de anistia.

d) O terrorismo é um crime inafiançável.

e) A prática de racismo constitui crime afiançável.

■ Regime de Cumprimento de Pena e Progressão {art. 2º, § 1º}

§ 1º A pena por crime previsto neste artigo será cumprida inicialmente em regime fechado.

Súmulas (STF)

Súmula 718. A opinião do julgador sobre a gravidade em abstrato do crime não constitui motivação idônea para a imposição de regime mais severo do que o permitido segundo a pena aplicada.

Súmula 719. A imposição do regime de cumprimento mais severo do que a pena aplicada permitir exige motivação idônea.

Súmulas (STJ)

Súmula 269. É admissível a adoção do regime prisional semi-aberto aos reincidentes condenados a pena igual ou inferior a quatro anos se favoráveis as circunstâncias judiciais.

Súmula 440. Fixada a pena-base no mínimo legal, é vedado o estabelecimento de regime prisional mais gravoso do que o cabível em razão da sanção imposta, com base apenas na gravidade abstrata do delito.

Informativos (STF)

Lei 8.072/90 e regime inicial de cumprimento de pena

Tráfico de entorpecentes. Fixação de regime prisional inicial diverso do fechado. Pacientes no gozo de livramento condicional. "Writ" prejudicado. O alegado constrangimento ilegal imposto aos pacientes, em decorrência do regime prisional inicialmente estabelecido, restou superado, em razão da progressão dos pacientes a regime mais abrandado e da concessão do benefício do livramento condicional. HC 101284, Rel. Min. Dias Toffoli, 14.6.12. Pleno. (Info 670)

Lei 8.072/90 e regime inicial de cumprimento de pena

É inconstitucional o § 1º do art. 2º da Lei 8.072/90. HC 111840, Rel. Min. Dias Toffoli, 27.6.12. Pleno. (Info 672)

Jurisprudência complementar (STF)

(...). 2. Tráfico ilícito de entorpecentes. Prisão em flagrante convertida em preventiva. 3. Alegação de ausência dos requisitos autorizadores da custódia cautelar (art. 312 do CPP). 4. Demonstrada a necessidade da segregação provisória para garantia da ordem pública. Real possibilidade de reiteração delitiva. Paciente anteriormente preso em flagrante, traficando em mesmos local e "modus operandi". 5. Condenação superveniente. Ausência de prejuízo. Constrição cautelar mantida em idênticos fundamentos. 6. Permanecendo preso durante a instrução criminal e tendo o Juízo de primeiro grau entendido por sua manutenção no cárcere, em razão da presença dos requisitos previstos no art. 312 do CPP, não deve ser revogada a prisão cautelar se, após a sentença condenatória, não houve alteração fática apta a autorizar-lhe a devolução do status libertatis. (...). 8. Fixação de regime inicial fechado apenas por se tratar de crime equiparado a hediondo. Concessão de "habeas corpus" de ofício tão somente para determinar ao Juízo das execuções que, mantida a condenação e seus efeitos, proceda a nova fixação do regime inicial de cumprimento de pena, segundo os critérios previstos no art. 33, §§ 2º e 3º, do CP. (HC 126385, Rel. Min. Gilmar Mendes, 2ª T., DJ 27.3.2015)

(...). Tráfico de entorpecente. Ausência de impugnação dos fundamentos da decisão agravada. Súmula 287 do Supremo Tribunal Federal. Inviabilidade do Agravo interposto. Ordem concedida de ofício. Possibilidade de fixação de regime diverso do fechado para o início do cumprimento da pena. (...). 1. A fixação do regime fechado para início do cumprimento de pena, reportando-se somente à hediondez do delito, é contrária ao que decidido por este Supremo Tribunal no "Habeas corpus" n. 111.840 (...). Ordem concedida de ofício apenas para determinar ao juízo de 1º grau que reexamine, afastada a vedação do art. 2º, § 1º, da Lei 8.072/1990, a possibilidade de imposição ao Recorrente de regime inicial de cumprimento de pena menos gravoso, atendo-se ao previsto no art. 33, §§ 2º e 3º, do Código Penal. (ARE 844780, Rel. Min. Cármen Lúcia, 2ª T., DJ 10.3.2015)

(...). Tráfico internacional de drogas. Artigo 12, caput, c/c o art. 18, I, da Lei 6.368/76. Três toneladas e meia de maconha. Pena-base. Majoração. Valoração negativa da quantidade de droga. Admissibilidade. Circunstâncias e consequências do crime (art. 59, CP). Vetores a serem considerados na dosimetria. Pena inferior a 8 (oito) anos de reclusão. Regime inicial fechado. Imposição com fundamento exclusivamente no art. 2º, § 1º, da Lei 8.072/90, cuja inconstitucionalidade foi reconhecida pelo Plenário do Supremo Tribunal Federal. Inadmissibilidade. Constrangimento ilegal manifesto. (...). Ordem concedida de ofício. 1. Mesmo sob a égide da Lei 6.368/76, a grande quantidade de droga apreendida (3.520 kg de maconha) justifica a majoração da pena-base. 2. O art. 42 da Lei 11.343/06, ao prever que "o juiz, na fixação das penas, considerará, com preponderância sobre o previsto no art. 59 do Código Penal, a natureza e a quantidade da substância ou do produto, a personalidade e a conduta social do agente", não inovou no ordenamento jurídico. 3. A natureza e a quantidade da droga sempre constituíram vetores da dosimetria da pena, a título de "circunstâncias" e "consequências" do crime (art. 59, CP). 4. Não obstante se trate de condenação por tráfico de drogas a pena inferior a 8 anos de reclusão, o regime inicial fechado foi fixado com fundamento exclusivamente no art. 2º, § 1º, da Lei 8.072/90, cuja inconstitucionalidade foi reconhecida pelo Plenário do Supremo Tribunal Federal (HC 111.840...). Ordem de "habeas corpus" concedida, de ofício, para se determinar ao Tribunal Regional Federal que fixe, de forma fundamentada, nos termos do art. 33, §§ 2º e 3º, do Código Penal, o regime inicial de cumprimento da pena condizente. (RHC 123367, Rel. Min. Dias Toffoli, 1ª T., DJ 21.11.2014)

(...). 2. Tráfico de drogas. Condenação. Pena de 5 anos e 6 meses de reclusão, em regime inicial fechado. 3. Fixação na sentença do regime inicial fechado obrigatório, § 1º do art. 2º da Lei 8.072/90, com redação pela Lei 11.464/07. 4. Afastamento, no julgamento de apelação exclusiva da defesa, do regime inicial obrigatório. Fixação do regime inicial na forma do art. 33, § 3º, do CP. Invocação de circunstância judicial já reconhecida na sentença. Ausência de constrangimento ilegal. (...). (RHC 123115, Rel. Min. Gilmar Mendes, 2ª T., DJ 10.12.2014)

Jurisprudência complementar (STJ)

(...). Tráfico de drogas. Pleito de afastamento da minorante do § 4º do art. 33 da Lei 11.343/06. Necessidade de reexame fático-probatório. Regime inicialmente fechado. Art. 2º, § 1º, da Lei 8.072/90. Declaração incidental de inconstitucionalidade pelo STF. I. O recurso especial não será cabível quando a análise da pretensão recursal – aplicação da minorante do art. 33, § 4º, da Lei 11.343/06 – exigir o reexame do quadro fático-probatório, sendo vedada a modificação das premissas fáticas firmadas nas instâncias ordinárias no âmbito dos recursos extraordinários. (Súmula 7/STJ e Súmula 279/STF). II. O Supremo Tribunal Federal, nos autos do HC 111.840, reconheceu a inconstitucionalidade, de forma incidental, do § 1º, do art. 2º, da Lei 8.072/90, não sendo mais obrigatório o regime inicial fechado para os crimes hediondos. (...). (AgRg no AREsp 521.849, Rel. Min. Felix Fischer, 5ª T., DJ 15.5.2015)

(...). Alegação de nulidade. Artigo 212 do CPP. Ausência de demonstração do prejuízo. (...). Constrangimento ilegal. Regime inicial fechado. Vedação genérica e apriorística. Art. 2º, § 1º, da Lei 8.072/90. Inconstitucionalidade. "Habeas corpus" de ofício. 1. A jurisprudência desta Corte Superior posicionou-se no sentido de que eventual inobservância do art. 212 do CPP gera nulidade meramente relativa, sendo necessário, para seu reconhecimento, a comprovação do efetivo prejuízo. 2. Com a declaração de inconstitucionalidade do art. 2º, § 1º, da Lei 8.072/90, na redação dada pela Lei 11.464/2007, incidenter tantum, pelo Plenário do STF no julgamento do HC 111.840 (...), resta superada a análise da aplicabilidade ou não de seu regramento aos delitos praticados antes de sua vigência, porquanto afastada a previsão de obrigatoriedade de imposição de regime inicial fechado aos condenados por crimes hediondos ou equiparados, devendo ser observadas as regras do art. 33 do CP na fixação do regime prisional inicial dos crimes hediondos e equiparados. 3. Agravo regimental improvido, mas concedido "habeas corpus", de ofício, para determinar que o Tribunal a quo, analisando o caso concreto, proceda à individualização do regime inicial de cumprimento da pena, à luz do art. 33 e parágrafos do Código Penal, e do art. 42 da Lei 11.343/06. (AgRg no AREsp 415.488, Rel. Min. Nefi Cordeiro, DJ 14.5.2015)

(...). Tráfico de drogas. Regime fechado fundamentado no § 1º do art. 2º da Lei 8.072/1990. Declaração incidental de inconstitucionalidade. (...). A obrigatoriedade do regime inicial fechado (§ 1º do art. 2º da Lei 8.072/1990) para os condenados por tráfico de drogas foi incidentalmente declarada inconstitucional pelo Supremo Tribunal Federal. Assim, a fixação do regime prisional deve observar o disposto no art. 33, §§ 2º e 3º, c/c art. 59 do Código Penal. (...). Ordem concedida de ofício para restabelecer a sentença monocrática que fixou o regime inicial semiaberto. (HC 318.459, Rel. Min. Ericson Maranho, 06.5.2015)

Questões de concursos

233. **(Funiversa/SEAP/DF/Agente_Penitenciário/2015)** O STF afastou a previsão de obrigatoriedade de imposição de regime inicial fechado aos condenados por crimes hediondos ou a estes equiparados, devendo ser observadas as regras do CP no que se refere à fixação do regime prisional inicialmente previsto para os crimes hediondos e os a estes equiparados.

234. **(FGV/Susam/Advogado/2014)** A doutrina classifica os crimes, quanto à sua gravidade, como sendo de menor potencial ofensivo, de médio potencial ofensivo, de grave potencial ofensivo e hediondos. No tocante a estes de maior gravidade, de acordo com a Lei n. 8.072/90 e a Constituição Federal, atentando-se à jurisprudência majoritária dos Tribunais Superiores, assinale a afirmativa correta.

   a) O crime de associação para o tráfico é equiparado aos hediondos.

   b) O crime de homicídio híbrido (qualificado e privilegiado) ostenta a natureza de crime de hediondo.

   c) O crime de homicídio simples, em hipótese alguma, é considerado hediondo.

   d) O condenado pela prática de crime hediondo ou assemelhado pode iniciar o cumprimento da pena privativa de liberdade em regime mais brando do que o fechado.

   e) O apenado reincidente específico em crime hediondo deverá cumprir 2/3 da pena para ter direito ao livramento condicional e 3/5 da pena para ter direito à progressão de regime.

Frações de Cumprimento de Pena para a Progressão {art. 2º, § 2º}

> § 2º A progressão de regime, no caso dos condenados aos crimes previstos neste artigo, dar-se-á após o cumprimento de 2/5 (dois quintos) da pena, se o apenado for primário, e de 3/5 (três quintos), se reincidente.

Súmulas (STF)

Súmula Vinculante 26. Para efeito de progressão de regime no cumprimento de pena por crime hediondo, ou equiparado, o juízo da execução observará a inconstitucionalidade do art. 2º da Lei 8.072, de 25 de julho de 1990, sem prejuízo de avaliar se o condenado preenche, ou não, os requisitos objetivos e subjetivos do benefício, podendo determinar, para tal fim, de modo fundamentado, a realização de exame criminológico.

Súmula 715. A pena unificada para atender ao limite de trinta anos de cumprimento, determinado pelo art. 75 do Código Penal, não é considerada para a concessão de outros benefícios, como o livramento condicional ou regime mais favorável de execução.

Súmula 716. Admite-se a progressão de regime de cumprimento da pena ou a aplicação imediata de regime menos severo nela determinada, antes do trânsito em julgado da sentença condenatória.

Súmula 717. Não impede a progressão de regime de execução da pena, fixada em sentença não transitada em julgado, o fato de o réu se encontrar em prisão especial.

Súmulas (STJ)

Súmula 439. Admite-se o exame criminológico pelas peculiaridades do caso, desde que em decisão motivada.

Súmula 471. Os condenados por crimes hediondos ou assemelhados cometidos antes da vigência da Lei 11.464/2007 sujeitam-se ao disposto no art. 112 da Lei 7.210/1984 (Lei de Execução Penal) para a progressão de regime prisional.

Súmula 512. A aplicação da causa de diminuição de pena prevista no art. 33, § 4º, da Lei 11.343/2006 não afasta a hediondez do crime de tráfico de drogas.

Informativos (STF)

Progressão de regime em crimes hediondos e lei penal no tempo

A exigência de cumprimento de um sexto da pena para a progressão de regime se aplica a crimes hediondos praticados antes da vigência da Lei 11.464/07, que, ao alterar a redação do art. 2º da Lei 8.072/90, exigiria o cumprimento de dois quintos da pena, para condenado primário, e três quintos, para reincidente. RE 579167, Rel. Min. Marco Aurélio, 16.5.13. Pleno. (Info 706)

Informativos (STJ)

Progressão de regime do reincidente condenado por crime hediondo.

A progressão de regime para os condenados por crime hediondo dar-se-á, se o sentenciado for reincidente, após o cumprimento de 3/5 da pena, ainda que a reincidência não seja específica em crime hediondo ou equiparado. HC 301.481, Rel. Min. Ericson Maranho, DJ 11.6.15. 6ª T. (Info 563)

Jurisprudência complementar (STF)

Constitucional e Penal. "Habeas corpus". Atentado violento ao pudor – artigo 214, c/c artigos 224, a, 225, § 1º, e 71 (quatro vezes). Fatos ocorridos entre os anos de 1998 e 2001. Lei 11.464/07. Aplicação a fatos anteriores à sua vigência. Progressão de regime. Exigência de 2/5 e de 3/5 de cumprimento da pena. Lex gravior. Afronta ao princípio da irretroatividade da lei penal (art. 5º XL, da Constituição Federal). Impropriedade do "habeas corpus" para reanalisar requisitos de admissibilidade de recurso especial. Possibilidade de concessão da ordem de ofício (art. 654, § 2º, do CPP). 1. A Lei 11.464/2007 deu nova redação ao art. 2º, § 2º, da Lei 8.072/90, fixando os prazos de 2/5 e de 3/5 para a progressão do regime de cumprimento da pena, conforme se trate de réu primário ou reincidente, sendo vedada sua aplicação a fatos anteriores à sua vigência, por força do disposto no artigo 5º, inciso XL, da Constituição Federal, preceito consagrador da irretroatividade lei penal, ressalvada apenas a hipótese de aplicação da "lex in mellius". 2. "in casu", o paciente foi condenado, por fatos ocorridos entre os anos de 1998 e 2001, à pena de 18 (dezoito) anos de reclusão, em regime fechado, pela prática do crime de atentando violento ao pudor, tipificado no artigo 214, c/c artigos 224, a, 225, § 1º, e 71 (quatro vezes), impondo-se aplicar os artigos 33 do Código Penal e 112 da Lei 7.210/84, que preveem o cumprimento de 1/6 (um sexto) da pena como requisito objetivo para a progressão de regime. 3. A reanálise dos requisitos de admissibilidade do recurso especial é incabível em sede de "habeas corpus". 4. "Habeas corpus" extinto. Ordem concedida de ofício, com fundamento no § 2º do art. 654 do CPP, para afastar a aplicação da lex posteriori gravior, vale dizer, a Lei 11.464/07, e determinar a aplicação dos artigos 33, do Código Penal, e 112, da LEP. (HC 121910, Rel. Min. Luiz Fux, 1ª T., DJ 8.8.2014)

(...). Tráfico de drogas. Causa de diminuição do art. 33, § 4º, da Lei 11.343/2006. Circunstância que não afasta a hediondez da infração penal. 1. A minorante prevista no art. 33, § 4º, da Lei 11.343/2006 não tem o condão de descaracterizar a hediondez do delito de tráfico de drogas, porquanto não cria uma figura delitiva autônoma, mas, tão somente, faz incidir, na terceira fase de fixação da pena, uma causa especial de diminuição da reprimenda, de 1/6 (um sexto) a 2/3 (dois terços), desde que o agente seja primário, de bons antecedentes, não se dedique a atividades criminosas, nem integre organização voltada a esse fim. (...). (RHC 114842, Rel. Min. Rosa Weber, 1ª T., DJ 7.3.2014)

(...). Tráfico ilícito transnacional de droga. Aplicação da causa de diminuição prevista no § 4º do art. 33 da Lei 11.343/2006 em seu grau máximo (2/3). Sentença devidamente fundamentada para aplicar a redução em 1/6. Reprimenda adequada para reprovação e prevenção do crime. Impossibilidade de avaliar-se, na via do "Habeas corpus", a pena adequada ao fato pelo qual foi condenado o paciente. Benefícios da execução. Questão não examinada pelos tribunais antecedentes. Supressão de instância. (...). I. O magistrado sentenciante não incorreu em "bis in idem", como alegado na impetração, pois reconheceu, na sentença condenatória, que havia uma circunstância judicial desfavorável ao paciente (a quantidade de droga apreendida), fixando a pena-base em seis anos de reclusão, não tendo se utilizado dessa mesma circunstância para impedir a aplicação do redutor no patamar máximo, ou seja, na fração de 2/3. II. O juiz não está obrigado a aplicar o máximo da redução prevista, quando presentes os requisitos para a concessão desse benefício, tendo plena discricionariedade para aplicar a redução no patamar que entenda necessário e suficiente para reprovação e prevenção do crime, segundo as peculiaridades de cada caso concreto. Do contrário, seria inócua a previsão legal de um patamar mínimo e um máximo. III. O "habeas corpus" não pode ser utilizado como forma de determinar-se a pena adequada para os delitos pelos quais o paciente foi condenado, uma vez que representaria um novo juízo de reprovabilidade. IV. O pedido de afastamento do § 2º do art. 2º da Lei 8.072/1990, com a elaboração de novo cálculo das penas para fins de concessão dos benefícios próprios da execução, não pode ser conhecido, uma vez que esta questão não foi sequer analisada pelo Tribunal Regional Federal da 3ª Região, tampouco pelo Superior Tribunal de Justiça. V. O exame dessa matéria por esta Suprema Corte implicaria indevida supressão de instância e extravasamento dos limites de competência do STF descritos no art. 102 da Constituição Federal. (...). (HC 105950, Rel. Min. Ricardo Lewandowski, 1ª T., DJ 1.2.2011)

(...). Tráfico de entorpecentes. Decisão denegatória do apelo em liberdade. Artigo 2º, § 2º, da Lei 8.072/90. Fundamentos do artigo 312 do Código de Processo Penal. Idoneidade. Prisão preventiva. Relaxamento por excesso de prazo: circunstância que não impede a prisão cautelar decretada na sentença. 1. Crime de tráfico de entorpecentes. O § 2º do artigo 2º da Lei 8.072/90 requer decisão fundamentada para possibilitar ou não o apelo em liberdade. O Juiz, além de negar o recurso em liberdade, apontou hipótese do artigo 312 do Código de Processo

Penal como fundamento da prisão cautelar: garantia da ordem pública. Hipótese vinculada a fatos concretos e idôneos, tendo em vista a necessidade de resguardar a sociedade da prática de novos crimes da espécie, considerada a possibilidade concreta de reincidência ou de reiteração da prática criminosa pelo réu. 2. O relaxamento da prisão preventiva, por excesso de prazo, não impede sua decretação por outros fundamentos explicitados na sentença. (...). (HC 103881, Rel. Min. Dias Toffoli, 1ª T., DJ 22.10.2010)

Jurisprudência complementar (STJ)

(...). Execução Penal. Progressão de regime. Caráter hediondo do delito e reincidência. Necessidade de cumprimento de 3/5 da pena. Inexistência de distinção entre primeira e segunda progressão. Inevidente constrangimento ilegal. Parecer acolhido. (...). 2. O Superior Tribunal de Justiça não faz distinção entre a primeira e a segunda progressão para fins de aplicação do art. 2º, § 2º, da Lei 8.072/1990, o qual estabelece as frações de 2/5 e de 3/5 para a obtenção do benefício, conforme o apenado seja primário ou reincidente. 3. Sendo a hipótese de condenação por crime hediondo e estando caracterizada a reincidência da paciente, aplica-se a fração de 3/5 para a aferição do requisito objetivo, independentemente de se tratar de segunda progressão. (...). (HC 310.649, Rel. Min. Sebastião Reis Júnior, DJ 27.2.2015)

(...). Crime equiparado a hediondo (estupro contra menor). Progressão de regime. Delito praticado após a vigência da Lei 11.464/2007. Lapso temporal. Critério objetivo fixado no art. 2º, § 2º, da lei de crimes hediondos. Afastamento da hediondez do delito. Crime de grande repercussão. Inviabilidade. Ausência de constrangimento ilegal. (...). 2. A Lei 11.464, de 28 de março de 2007, estabeleceu como requisito para a progressão de regime prisional, no caso de condenação por crime hediondo ou equiparado, o cumprimento de 2/5 (dois quintos) da pena, se o apenado for primário, e de 3/5 (três quintos), se reincidente. 3. O crime foi praticado em 24/3/2007, ou seja, já na vigência da nova redação da Lei 8.072/90, não se vislumbrando, assim, qualquer ilegalidade nas decisões das instâncias ordinárias, pois não foi estabelecido período de "vacatio legis", aliado ao fato de que a publicação da citada lei se deu na data de 23/3/2007. 4. Ilegalidade do art. 2º da Lei 11.464/2007, que determinou a produção de efeitos na data da publicação, violando a regra geral de 45 dias para que a referida lei pudesse produzir seus efeitos nos termos do art. 19, § 1º, do Decreto n. 4.176/2002, por se tratar de norma de grande repercussão. 5. Cabe ao legislador ordinário definir os limites do que seriam leis com grande repercussão e, nesse passo, adotar o prazo entre a publicação e a vigência da lei que entender suficiente para conhecimento geral. Assim, mostra-se inviável a pretensão almejada. (...). (HC 301.057, Rel. Min. Walter de Almeida Guilherme, DJ 27.11.2014)

(...). Crimes de tráfico de drogas e receptação. Execução penal. Arguição de "bis in idem" na valoração negativa da reincidência para agravar a pena e para majorar a fração exigida para progressão de regime. Novel redação do art. 2º, § 2º, da Lei 8.072/1990, determinada pela Lei 11.464/2007. Conformidade com o ordenamento jurídico brasileiro. Instituto da reincidência recepcionado pela ordem Constitucional. I. O Supremo Tribunal Federal, no julgamento do RE 453.000, reconheceu o instituto da reincidência e seus múltiplos reflexos legais recepcionados pela nova ordem Constitucional. II. É compatível com o princípio da individualização da pena, a majoração da fração de cumprimento de pena exigida para réus reincidentes, definida em 3/5 pelo art. 2º, § 2º, da Lei 8.072/1990, com redação determinada pela Lei 11.464/2007. (...). (RHC 44.056, Rel. Min. Regina Helena Costa, DJ 25.3.2014)

(...). Tráfico de drogas. Aplicação da causa especial de diminuição de pena do art. 33, § 4º, da Lei 11.343/2006. Hediondez caracterizada. Progressão de regime prisional. Requisito objetivo. Frações do art. 2º, § 2º, da lei de crimes hediondos. 1. O tráfico de entorpecentes é, nos termos do art. 5º, XLIII, da Constituição Federal, equiparado a crimes hediondos, assim definidos na Lei 8.072/1990, sujeitando-se ao tratamento dispensado a esses delitos. 2. As circunstâncias que criam privilégios a determinado crime, da mesma forma que as qualificadoras, só constituem verdadeiros tipos penais quando contiverem preceitos primário e secundário, com novos limites mínimo e máximo para a pena em abstrato. Por sua vez, as causas de aumento ou diminuição estabelecem somente uma variação, a partir de quantidades fixas (metade, dobro, triplo) ou frações de aumento ou redução (1/6 a 2/3, por exemplo). 3. A incidência da causa de diminuição de pena prevista no art. 33, § 4º, da Lei 11.343/2006 interfere apenas na quantidade de pena e não na qualificação ou natureza do delito, não sendo apta a afastar a equiparação do tráfico de drogas aos crimes hediondos. (...). (AgRg no REsp 1415732, Rel. Min. Marco Aurélio Bellizze, DJ 10.2.2014)

Questões de concursos

235. **(Cespe/TJ/DFT/Juiz/2016)** Com fundamento na Lei n. 11.464/2007, que modificou a Lei n. 8.072/1990 (Lei dos Crimes Hediondos), assinale a opção correta acerca dos requisitos objetivos para fins de progressão de regime prisional.

   a) O regime integral fechado poderá ser aplicado no caso de prática de crime de tráfico internacional de drogas, em que, devido à hediondez da conduta, que atinge população de mais de um país, o réu não poderá ser beneficiado com a progressão de regime prisional.

b) Como exceção à regra prevista na legislação de regência, a progressão de regime prisional é vedada ao condenado, que deve cumprir regime integral fechado, pela prática de crime de epidemia de que resulte morte de vítimas.

c) Os condenados por crimes hediondos ou assemelhados cometidos antes da vigência da Lei n. 11.464/2007 sujeitam-se ao disposto no artigo 112 da Lei de Execução Penal para a progressão de regime, que estabelece o cumprimento de um sexto da pena no regime anterior.

d) A Lei dos Crimes Hediondos é especial e possui regra própria quanto aos requisitos objetivos para a progressão de regime prisional, devendo seus atuais parâmetros ser aplicados, independentemente de o crime ter sido praticado antes ou depois da vigência da Lei n. 11.464/2007, com base no princípio da especialidade.

e) Os requisitos objetivos da Lei n. 11.464/2007 devem ser aplicados para fins de progressão de regime prisional, pelo fato de essa lei ser mais benéfica que a lei anterior, que vedava a progressão de regime.

236. (Cespe/PC/PE/Delegado/2016) O ordenamento penal brasileiro adotou a sistemática bipartida de infração penal – crimes e contravenções penais –, cominando suas respectivas penas, por força do princípio da legalidade. Acerca das infrações penais e suas respectivas reprimendas, assinale a opção correta.

a) O crime de homicídio doloso praticado contra mulher é hediondo e, por conseguinte, o cumprimento da pena privativa de liberdade iniciar-se-á em regime fechado, em decorrência de expressa determinação legal.

b) No crime de tráfico de entorpecente, é cabível a substituição da pena privativa de liberdade por restritiva de direitos, bem como a fixação de regime aberto, quando preenchidos os requisitos legais.

c) Constitui crime de dano, previsto no CP, pichar edificação urbana. Nesse caso, a pena privativa de liberdade consiste em detenção de um a seis meses, que pode ser convertida em prestação de serviços à comunidade.

d) O STJ autoriza a imposição de penas substitutivas como condição especial do regime aberto.

e) O condenado por contravenção penal, com pena de prisão simples não superior a quinze dias, poderá cumpri-la, a depender de reincidência ou não, em regime fechado, semiaberto ou aberto, estando, em quaisquer dessas modalidades, obrigado a trabalhar.

237. (Funiversa/SEAP/DF/Agente_Penitenciário/2015) Não há óbice legal à substituição da pena privativa de liberdade por restritiva de direitos aos condenados por crime de tráfico de entorpecentes.

238. **(Cespe/TJ/DFT/Analista/2015)** Em observância ao princípio da individualização da pena, segundo o entendimento pacificado do STF, em se tratando do delito de tráfico ilícito de entorpecentes, a pena privativa de liberdade pode ser substituída por pena restritiva de direitos, preenchidos os requisitos previstos no Código Penal.

239. **(Vunesp/PC/CE/Delegado/2015)** A Lei n. 8.078/90 (Crimes Hediondos) tem como fundamento o artigo 5°, inciso XLIII, da Constituição Federal e:
    a) impõe aos condenados por crimes hediondos regime integralmente fechado.
    b) autoriza a progressão de regime ao condenado reincidente após o cumprimento de 2/5 da sua pena.
    c) impede em todos os casos a substituição da pena corporal por restritiva de direitos.
    d) considera como hediondo o crime de epidemia, desde que com resultado morte.
    e) tem no seu artigo 1° os crimes considerados hediondos pelo legislador, cujo rol é exemplificativo.

240. **(Funiversa/SapejusGO/Agente_Penitenciário/2015)** Valendo-se das prescrições estabelecidas na Lei n. 8.072/1990 (Lei dos Crimes Hediondos), assinale a alternativa correta.
    a) Os crimes hediondos, a prática da tortura, o tráfico ilícito de entorpecentes e drogas afins e o terrorismo são insuscetíveis de anistia e graça, mas admitem a concessão de indulto.
    b) A progressão de regime, no caso dos condenados aos crimes hediondos, dar-se-á após o cumprimento de 2 /5 da pena, se o apenado for primário, e de 3/ 5, se reincidente.
    c) Prevê a Lei n. 8.072/1990 que a pena dos crimes hediondos será cumprida inicialmente em regime fechado, salvo quando o réu for primário.
    d) O roubo qualificado pelas lesões corporais de natureza grave configura crime hediondo.
    e) O homicídio qualificado não é considerado um crime hediondo, todavia haverá a hediondez quando o homicídio for perpetrado em atividade típica de grupo de extermínio, ainda que cometido por um só agente.

241. **(Cespe/DPU/Defensor/2015)** Gerson, com vinte e um anos de idade, e Gilson, com dezesseis anos de idade, foram presos em flagrante pela prática de crime. Após regular tramitação de processo nos juízos competentes, Gerson foi condenado pela prática de extorsão mediante sequestro e Gilson, por cometimento de infração análoga a esse crime. Conforme entendimento dos tribunais superiores, tendo

sido condenado pela prática de crime hediondo, Gerson deverá ser submetido ao exame criminológico para ter direito à progressão de regime

242. **(Vunesp/PC/CE/Inspetor/2015)** Sobre a Lei n. 8.072/90 (Lei dos Crimes Hediondos), é correto afirmar que

   a) em relação ao crime de homicídio, com exceção do homicídio culposo, todas as demais formas são consideradas crimes hediondos.

   b) o tráfico de drogas, o roubo – desde que praticado com emprego de arma de fogo e com restrição à liberdade da vítima – e o estupro são considerados crimes hediondos.

   c) as penas dos crimes hediondos são fixadas em regime integralmente fechado.

   d) para obter progressão de regime, os condenados por crime hediondo, se reincidentes, devem cumprir ao menos 3/5 da pena.

   e) o latrocínio (artigo 157, parágrafo 3º, CP), na sua forma tentada (e não consumada), não configura crime hediondo.

243. **(Cespe/TJ/SE/Analista/2014)** Considere que um indivíduo tenha sido condenado por crime hediondo. Nesse caso, para que possa requerer progressão de regime de pena, esse indivíduo deve cumprir dois quintos da pena que lhe foi imputada, se for primário, e três quintos dessa pena, se for reincidente.

244. **(FCC/DPE/RS/Defensor/2014)** O sentenciado Mévio, reincidente, cumpre pena por crime hediondo e por crime comum (não hediondo), sem praticar falta grave nos últimos 24 meses. Considerando as disposições do Decreto n. 8.172/13, para atingir o requisito temporal para obtenção de comutação de pena (art. 2º), o apenado terá que, até 25 de dezembro de 2013, ter cumprido

   a) 2/3 (dois terços) da pena do crime hediondo e mais 1/2 (metade) da pena do crime comum.

   b) 1/2 (metade) da pena do crime hediondo e mais 1/3 (um terço) da pena do crime comum.

   c) toda da pena do crime hediondo e mais 1/3 (um terço) da pena do crime comum.

   d) 2/3 (dois terços) da pena do crime hediondo e mais 1/4 (um quarto) da pena do crime comum.

   e) 2/3 (dois terços) da pena do crime hediondo e mais 1/3 (um terço) da pena do crime comum.

245. **(Cespe/TJ/CE/Analista/2014)** Acerca de crimes hediondos, assinale a opção correta à luz da Lei n. 8.072/1990 bem como da jurisprudência e da doutrina.

a) Aquele que dá a conhecer a existência do crime de extorsão mediante sequestro sem indicar dados que permitam a libertação da vítima por ele sequestrada, ainda que coautor ou partícipe, será beneficiado pela delação.

b) É permitida a progressão de regime em crimes hediondos, sendo necessário, para isso, que o juízo da execução avalie se o condenado preenche os requisitos objetivos e subjetivos do benefício, podendo determinar, ainda, a realização de exame criminológico.

c) É admitido o indulto, graça e anistia a agente que praticou crime de natureza hedionda.

d) Os crimes de extorsão mediante sequestro e sequestro são equiparados ao hediondo.

e) Para que possa vir a obter o benefício do livramento condicional, o réu não poderá ser reincidente em qualquer crime, independentemente da natureza do crime anteriormente praticado.

246. **(Cespe/TJ/CE/Analista/2014)** A respeito dos crimes contra o patrimônio, dos crimes contra a fé pública, da Lei de Crimes Hediondos, da Lei Maria da Penha e da Lei Antidrogas, assinale a opção correta.

a) A pena privativa de liberdade imposta a um condenado primário, portador de bons antecedentes, sentenciado à pena de três anos de reclusão por tráfico ilícito de substâncias entorpecentes, não pode ser substituída por restritiva de direitos.

b) Crime de lesão corporal leve praticado em contexto de violência doméstica contra a mulher é de ação penal pública condicionada à representação da ofendida.

c) Um réu reincidente, condenado à pena de dez anos de reclusão em regime fechado pelo crime de estupro simples, somente poderá progredir de regime depois de cumpridos seis anos de pena.

d) Aquele que adultera fotocópia não autenticada comete o crime de falsidade ideológica.

e) Aquele que, à noite, subtrai coisa alheia móvel de residência desabitada pratica o crime de furto simples, sem causa de aumento de pena.

247. **(Cespe/PC/BA/Delegado/2013)** O indivíduo penalmente imputável condenado à pena privativa de liberdade de vinte e três anos de reclusão pela prática do crime de extorsão seguido de morte poderá ser beneficiado, no decorrer da execução da pena, pela progressão de regime após o cumprimento de dois quintos da pena, se for réu primário, ou de três quintos, se reincidente.

248. (Cespe/Depen/2013) No tocante à Lei n. 10.826/2003 e aos crimes hediondos, considere que um indivíduo, reincidente, seja condenado, definitivamente, a quinze anos de reclusão em regime inicial fechado, devido à prática de crime hediondo. Nessa situação, é correto afirmar que esse indivíduo somente progredirá de regime do cumprimento da pena após cumprir nove anos de reclusão.

■ Apelação em Liberdade {art. 2º, § 3º}

> § 3º Em caso de sentença condenatória, o juiz decidirá fundamentadamente se o réu poderá apelar em liberdade.

Jurisprudência complementar (STF)

Prisão preventiva. Exceção. Consubstanciando a prisão preventiva exceção ao princípio da não-culpabilidade, deve-se reservá-la a casos extremos, presente o disposto no artigo 312 do Código de Processo Penal. Prisão preventiva – gravidade da imputação. A gravidade da imputação, consideradas as qualificadoras do tipo penal, não serve à prisão preventiva, havendo de ser elucidada na sentença relativa à culpa. Prisão preventiva – crime hediondo – afastamento. Se a própria lei prevê que, em caso de sentença condenatória, o juiz decidirá fundamentadamente se o réu poderá apelar em liberdade, forçoso é concluir que o enquadramento do crime como hediondo não revela, por si só, base para a prisão preventiva. (HC 92299, Rel. Min. Marco Aurélio, 1ª T., DJ 19.9.2008)

"Habeas corpus". Objeto. Indeferimento de liminar em idêntica medida. Verbete n. 691 da Súmula do Supremo. A Súmula do Supremo revela, como regra, o não-cabimento do "habeas" contra ato de relator que, em idêntica medida, haja implicado o indeferimento de liminar. A exceção corre à conta de flagrante constrangimento ilegal. Prisão provisória. Investigação. Inviabilidade. Não se há de proceder a prisão provisória com a única finalidade de realizar investigações, não cabendo presumir o excepcional, ou seja, que, em liberdade, possível envolvido dificultará a atuação da polícia. Prisão provisória. A repercussão do crime no âmbito da sociedade, por si só, não respalda a prisão provisória. (HC 86375, Rel. Min. Marco Aurélio, 1ª T., DJ 25.11.2005)

Jurisprudência complementar (STJ)

(...). Crime de estupro. Direito de apelar em liberdade. Lei 8.072/90. Pacientes foragidos. Garantia da aplicação da lei penal. Fundamentação idônea e suficiente para justificar o indeferimento do benefício. (...). 2. A vedação contida no art. 2º, inciso II, da Lei 8.072/90, acerca da negativa de concessão de fiança e de liberdade provisória aos acusados pela prática de crimes hediondos ou equiparados, não contraria a ordem constitucional, pelo contrário, deriva do próprio texto constitucional (art. 5º, inciso XLIII), que impõe a inafiançabilidade das referidas infrações penais. 3. A negativa do benefício da liberdade provisória encontra amparo, também, no art. 5º, inciso LXVI, da Constituição Federal, que somente assegurou aos presos em flagrante delito a indigitada benesse quando a lei ordinária a admitir ou por decisão fundamentada do magistrado condutor do processo (art. 2º, § 2º, da Lei 8.072/90). 4. Desse modo, a aludida vedação, por si só, constitui motivo suficiente para negar ao preso cautelarmente por crime hediondo ou equiparado o benefício da liberdade provisória. (...). 5. Não se reconhece o direito de apelar em liberdade ao réu que não pode ser beneficiado com o direito à liberdade provisória, em razão do entendimento "de que não há lógica em permitir que o réu, preso preventivamente durante toda a instrução criminal, aguarde em liberdade o trânsito em julgado da causa, se mantidos os motivos da segregação cautelar" (STF – HC 89.824, Rel. Min. Carlos Britto, DJ de 28.8.08). 6. Especificamente quanto aos crimes hediondos, reza o art. 2º, § 3º, da Lei 8.072/90, que, "Em caso de sentença condenatória, o juiz decidirá fundamentadamente se o réu poderá apelar em liberdade". Tal determinação legal não pode ser exigida nos processos sentenciados antes da edição da Lei 11.464/2007 – que deu a redação do citado dispositivo –, como no caso. 7. Mostra-se imprescindível a manutenção do decreto de prisão cautelar de condenados que se encontram foragido, para assegurar a aplicação da lei penal. (...). (RHC 25.624, Rel. Min. Laurita Vaz, DJ 3.11.2009)

(...). Organização criminosa. Crime contra o meio ambiente, genocídio e formação de quadrilha. Decreto de prisão temporária. Segregação provisória justificada na existência de indícios de autoria de crimes elencados no inciso III do art. 1º da Lei 7.960/89. Imprescindibilidade não configurada. Fundamentação inidônea. Constrangimento ilegal evidenciado. Ordem concedida. 1. A prisão temporária, espécie de prisão provisória, é instrumento destinado exclusivamente à investigação realizada ainda na fase do inquérito policial, dispondo a legislação sobre o prazo limite de sua validade. 2. Por se tratar de delitos incluídos no rol dos crimes hediondos, o prazo máximo admitido pela legislação de regência para manter um suspeito detido sob prisão temporária é de 30 dias, "prorrogável por igual período quando extrema e absolutamente necessário" (art. 2º da Lei 7.960/89 c/c 2º, § 3º, da Lei 8.072/90). 3. Não há suporte fático para sustentar a imprescindibilidade da custódia cautelar a fim de preservar as investigações policiais, uma vez que decorridos mais de 2 anos e 6 meses do início das investigações, ainda não foram apurados quais os delitos praticados, com a respectiva individualização das condutas dos indiciados. 4. A necessidade da prisão cautelar deve ser demonstrada com base em fatos concretos e na existência de indícios suficientes de autoria. Decisão que se limita a fatos genéricos, sem indicar nenhum indício de participação ou autoria dos pacientes, na prática dos crimes investigados, não deve subsistir, pois desprovida de fundamentação idônea. 5. A mera referência aos dispositivos legais não é suficiente para autorizar a segregação provisória. Necessária se faz a efetiva demonstração de que a custódia dos indiciados é imprescindível para o êxito das investigações, o que não ocorreu na espécie. 6. Ordem concedida. (HC 60.425, Rel. Min. Arnaldo Esteves Lima, DJ 4.8.2008)

(...). Tráfico de drogas. Crime equiparado a hediondo. Prisão temporária. Prazo. Mandado não- cumprido. (...). O prazo de 30 (trinta) dias, estabelecido pelo art. 2º, § 3º da Lei 8.072/90 refere-se à duração da prisão temporária do paciente e não à validade do decreto prisional. O tempo determinado para a custódia temporária começa a fluir quando realizada a prisão do paciente, descabida a alegação de vencimento do decreto prisional pelo decurso do prazo ali estabelecido. (...). (HC 48.665, Rel. Min. Paulo Medina, DJ 25.9.2006)

(...). Prisão temporária. Liminar deferida em sede de cognição sumária. Prejudicialidade dos argumentos relativos à legalidade da medida cautelar. Manutenção dos efeitos produzidos. Ordem concedida. 1. A prisão temporária, como espécie de prisão provisória, é instrumento destinado exclusivamente à investigação realizada ainda na fase do inquérito policial, dispondo a legislação de regência que o prazo máximo para manter um suspeito detido com base nessa medida é de cinco dias, prorrogável por igual período quando extrema e absolutamente necessário (Lei 7.960/89, art. 2º), ressalvando-se os casos em que o delito investigado estiver incluído no rol dos crimes hediondos, hipótese de incidência do disposto no § 3º do art. 2º da Lei 8.072/90. 2. Assim sendo, ainda que se reconheça a legalidade da prisão temporária na hipótese em exame, não há como negar que a impetração encontra-se sem objeto, uma vez que não existe circunstância de extrema e comprovada necessidade que perdure pelo tempo decorrido desde a soltura dos pacientes (23/7/2005) até a presente data, sendo, indiscutível, que o seu cumprimento agora implicaria constrangimento ilegal, tendo em vista o inegável distanciamento de sua finalidade. 3. Portanto, para o julgamento do mérito deste "mandamus", prejudicada restou a análise dos argumentos deduzidos pelo impetrante em sua peça inaugural, restando para o Colegiado apenas confirmar a liminar concedida no exercício do juízo de cognição sumária, para preservar os efeitos por ela já produzidos e evitar, agora, a ocorrência de eventual constrangimento ilegal. 4. Ordem concedida. (HC 45.901, Rel. Min. Arnaldo Esteves Lima, DJ 14.11.2005)

Questões de concursos

249. (Vunesp/PC/CE/Escrivão/2015) O condenado por crime hediondo, de acordo com o texto legal (Lei n. 8.072/90),

a) pode, a critério do juiz, apelar em liberdade e, se primário, alcança o lapso temporal necessário à progressão do regime prisional cumpridos 2/5 da pena.

b) pode, a critério do juiz, apelar em liberdade e, se primário, alcança o lapso temporal necessário à progressão do regime prisional cumprido 1/6 da pena.

c) não pode apelar em liberdade e não tem direito à progressão de regime.

d) não pode apelar em liberdade e, se reincidente, alcança o lapso temporal necessário à progressão do regime prisional cumpridos 3/5 da pena.

e) pode, a critério do juiz, apelar em liberdade e, se reincidente, alcança o lapso temporal necessário à progressão do regime prisional cumpridos 2/3 da pena.

250. (Vunesp/TJ/PA/Analista/2014) Lei n. 8.072/90: na ação penal por crime hediondo a que o acusado responde preso, em caso de sentença de primeiro grau

a) absolutória, o recurso da acusação impede que se lhe coloque imediatamente em liberdade.

b) condenatória, o juiz decidirá fundamentadamente se ele poderá apelar em liberdade.

c) absolutória, deve-se aguardar o trânsito em julgado para que se lhe coloque em liberdade.

d) condenatória, ele deve ser imediatamente recolhido à prisão, iniciando o cumprimento de pena em regime fechado.

e) condenatória, a lei veda que ele aguarde o julgamento de eventual apelação em liberdade.

■ Prisão Temporária {art. 2º, § 4º}

§ 4º A prisão temporária, sobre a qual dispõe a Lei n. 7.960, de 21 de dezembro de 1989, nos crimes previstos neste artigo, terá o prazo de 30 (trinta) dias, prorrogável por igual período em caso de extrema e comprovada necessidade.

Jurisprudência complementar (STJ)

(...). Homicídio. Prisão temporária decretada com fundamento no art. 1º, I e III, a, da Lei 7.960/1989 combinado com o art. 2º, § 4º, da Lei 8.072/1990. Gravidade do delito. Indícios de autoria. Risco de intimidação de testemunhas. Prejuízo das investigações do inquérito policial. Fundamentos idôneos. I. A prisão temporária foi decretada e mantida pelas instâncias ordinárias com fundamento na gravidade do delito, na existência de fundadas razões de autoria do crime de homicídio e na necessidade de complementação das investigações do inquérito policial, nos termos do art. 1º, incisos I e III, a, da Lei 7.960/1989, combinado com o art. 2º, § 4º, da Lei 8.072/1990, havendo, ainda, elementos concretos de que o Recorrente estaria interferindo no rumo das investigações, ao influenciar e coagir testemunhas. (...). (RHC 41.049, Rel. Min. Regina Helena Costa, DJ 12.5.2014)

(...). Prisão temporária. Ausência de fundamentação. Fuga. Impossibilidade de embasar o decreto de prisão preventiva como forma de assegurar a aplicação da lei penal. Manifesto constrangimento ilegal evidenciado. (...). 3. O fato de o paciente não ter permanecido no distrito da culpa após o suposto cometimento do delito, diante da decretação da prisão temporária manifestamente ilegal, não se traduz em necessidade da custódia para o fim de assegurar a aplicação da lei penal. Antes, revela hipótese de exercício regular de direito, como forma de oposição do investigado ao arbítrio estatal, pois não se pode dele exigir que se submeta a decreto de prisão que se mostre absolutamente infundado. 4. Uma vez reconhecida a falta de fundamentação para a manutenção da custódia preventiva do paciente, fica prejudicada a análise do alegado excesso de prazo para o eventual oferecimento de denúncia. 5. Ordem não conhecida. "Habeas corpus" concedido de ofício, para revogar a prisão preventiva do paciente, ressalvada a possibilidade de haver nova decretação da prisão, se houver superveniência de fatos novos e concretos para tanto, sem prejuízo de lhe ser aplicada uma das medidas cautelares diversas da prisão, previstas no art. 319 do Código de Processo Penal, com nova redação dada pela Lei 12.403/2011, caso necessário. (HC 238.016, Rel. Min. Sebastião Reis Júnior, DJ 15.5.2013)

Questões de concursos

251. **(Vunesp/MPE/SP/Analista/2015)** A Lei n. 8.072/90 (crimes hediondos)

    a) define no seu artigo 1º os crimes considerados hediondos, todos previstos no Código Penal, sem prejuízo, contudo, de outros delitos considerados hediondos pela Legislação Penal Especial.

b) não permite a interposição de apelação antes do recolhimento do condenado à prisão, em razão do disposto no seu artigo 2°, § 1° (a pena será cumprida em regime inicial fechado).

c) prevê progressão de regime para os condenados pela prática de crime hediondo após o cumprimento de 1/6 da pena se o apenado for primário e 2/5 se for reincidente.

d) traz no rol do seu art. 1° o crime de roubo impróprio (art. 157, § 1°, CP), o roubo circunstanciado (art. 157, § 2°, I, II, III, IV e V, CP) e o roubo qualificado pelo resultado (art. 157, § 3, CP).

e) estabelece o prazo de 30 (trinta) dias (podendo ser prorrogado por mais 30 dias) da prisão temporária decretada nas investigações pela prática de crime hediondo.

■ Presídios Federais {art. 3°}

Art. 3° A União manterá estabelecimentos penais, de segurança máxima, destinados ao cumprimento de penas impostas a condenados de alta periculosidade, cuja permanência em presídios estaduais ponha em risco a ordem ou incolumidade pública.

Art. 4° (Vetado).

Jurisprudência complementar (STF)

(...). Presídios federais. Transferência e permanência. Excepcionalidade. Controle compartilhado entre o Juiz de origem e o Juiz responsável pelo presídio. Liderança de grupo criminoso organizado. 1. Os presídios federais são destinados a isolar presos de elevada periculosidade, especialmente aqueles extremamente violentos ou líderes de grupos criminosos. 2. Considerado o contexto no qual se insere o sistema carcerário brasileiro, com graves indisciplinas, fugas, rebeliões e prática de crimes por reclusos, o regime prisional em vigor nos presídios federais, embora rigoroso, constitui remédio amargo, mas necessário e válido. 3. Como a transferência e a permanência no presídio federal envolvem a imposição ao preso de um regime prisional mais gravoso, pela maior restrição da liberdade, são elas excepcionais e transitórias. Em caso de necessidade, é possível, em princípio, que a permanência no presídio federal, embora excepcional, se prolongue significativamente, quer por fato novo ou pela persistência das razões ensejadoras da transferência inicial. 4. Cabe ao Poder Judiciário verificar se o preso tem ou não o perfil apropriado para a transferência ou a permanência nos presídios federais, em controle compartilhado entre o juízo de origem solicitante e o juízo responsável pelo presídio federal, prevista expressamente em lei forma hábil para a solução de eventual divergência, o conflito de competência (art. 9º e art. 10, § 5º, da Lei 11.671/2008). 5. Não há falar, na espécie, em obstáculo ao exercício do poder jurisdicional conferido pela Lei Federal n. 11.671/2008 nem em supressão da competência da Justiça Federal, da mesma forma que inocorrente ofensa ao contraditório e à ampla defesa. Histórico de condenações e informações de inteligência da Secretaria de Segurança Pública que revelam profundo envolvimento do paciente no mundo do crime e posição de liderança em grupo criminoso organizado, a justificar a transferência e a permanência em presídio federal de segurança máxima. (...). (HC 112650, Rel. Min. Rosa Weber, 1ª T., DJ 30.10.2014)

Jurisprudência complementar (STJ)

(...). Roubos circunstanciados. Nulidade. Decisão que deferiu a prorrogação da transferência para estabelecimento federal justificada. Periculosidade do agente. Risco de dano à incolumidade pública. Constrangimento ilegal não-evidenciado. (...). 1. Demonstrada a periculosidade do recorrente, que exerce forte liderança dentro do presídio, mediante graves ameaças contra a vida dos demais detentos, além do cometimento de várias faltas graves, encontra-se devidamente justificada a prorrogação de sua permanência em estabelecimento federal de segurança máxima, fundada no risco de dano à incolumidade pública. 2. Não há falar em nulidade da decisão que deferiu a prorrogação de permanência do recorrente em estabelecimento prisional federal, por estar devidamente fundamentada. (...). (RHC 26.068, Rel. Min. Arnaldo Esteves Lima, DJ 1.2.2010)

■ Alteração ao Código Penal {art. 5º}

Art. 5º Ao art. 83 do Código Penal é acrescido o seguinte inciso:
"Art. 83. (...).
"V – cumprido mais de dois terços da pena, nos casos de condenação por crime hediondo, prática da tortura, tráfico ilícito de entorpecentes e drogas afins, e terrorismo, se o apenado não for reincidente específico em crimes dessa natureza."

Súmulas (STF)

Súmula 715. A pena unificada para atender ao limite de trinta anos de cumprimento, determinado pelo art. 75 do Código Penal, não é considerada para a concessão de outros benefícios, como o livramento condicional ou regime mais favorável de execução.

Súmula 716. Admite-se a progressão de regime de cumprimento da pena ou a aplicação imediata de regime menos severo nela determinada, antes do trânsito em julgado da sentença condenatória.

Súmulas (STJ)

Súmula 441. A falta grave não interrompe o prazo para obtenção de livramento condicional.

Jurisprudência complementar (STJ)

(...). Dilação probatória. Revisão da condenação. Inadmissibilidade na via eleita. Crime hediondo. Progressão de regime. Possibilidade. Inconstitucionalidade do § 1º do art. 2º da Lei 8.072/90 declarada pelo STF. I. No caso em tela, revisar a condenação do ora paciente, ao argumento de injustiça na decisão, demandaria, necessariamente, o amplo revolvimento da matéria fático-probatória, o que é vedado em sede de "habeas corpus". II. O Pretório Excelso, nos termos da decisão Plenária proferida por ocasião do julgamento do HC 82.959, concluiu que o § 1º do art. 2º da Lei 8.072/90, é inconstitucional. III. Assim, o condenado por crime hediondo ou a ele equiparado pode obter o direito à progressão de regime prisional, desde que preenchidos os demais requisitos. Petição recebida como "habeas corpus". (...). (Pet 5.339, Rel. Min. Felix Fischer, DJ 1.10.2007)

■ Alteração ao Código Penal {art. 6º}

> **Art. 6º** Os arts. 157, § 3º; 159, caput e seus §§ 1º, 2º e 3º; 213; 214; 223, caput e seu parágrafo único; 267, caput e 270; caput, todos do Código Penal, passam a vigorar com a seguinte redação:
> "Art. 157. (...)."

> "§ 3º Se da violência resulta lesão corporal grave, a pena é de reclusão, de cinco a quinze anos, além da multa; se resulta morte, a reclusão é de vinte a trinta anos, sem prejuízo da multa."
> "Art. 159. (...)."
> "Pena – reclusão, de oito a quinze anos."
> "§ 1º (...)."
> "Pena – reclusão, de doze a vinte anos."
> "§ 2º (...)."
> "Pena – reclusão, de dezesseis a vinte e quatro anos."
> "§ 3º (...)."
> "Pena – reclusão, de vinte e quatro a trinta anos."
> "Art. 213. (...)."
> "Pena – reclusão, de seis a dez anos."
> "Art. 214. (...)."
> "Pena – reclusão, de seis a dez anos."
> "Art. 223. (...)."
> "Pena – reclusão, de oito a doze anos."
> "Parágrafo único. (...)."
> "Pena – reclusão, de doze a vinte e cinco anos."
> "Art. 267. (...)."
> "Pena – reclusão, de dez a quinze anos."
> "Art. 270. (...)."
> "Pena – reclusão, de dez a quinze anos."

Jurisprudência complementar (STF)

(...). Crimes de estupro e atentado violento ao pudor. Arts. 213 e 214 do Código Penal. Forma simples. Configuração. Crimes hediondos. (...). 1. A jurisprudência deste Supremo Tribunal firmou entendimento no sentido de que, nos casos de estupro e atentado violento ao pudor, as lesões corporais graves ou morte traduzem resultados qualificadores do tipo penal, não constituindo elementos essenciais e necessários para o reconhecimento legal da natureza hedionda das infrações. 2. Em razão do bem jurídico tutelado, que é a liberdade sexual da mulher, esses crimes, mesmo em sua forma simples, dotam-se da condição hedionda com que os qualifica apenas o art. 1º da Lei 8.072/90. (...). (HC 88245, Rel. p/ ac. Min. Cármen Lúcia, Pleno, DJ 20.4.2007)

Crime de atentado violento ao pudor na sua forma simples (C. Penal, art. 214), ocorrido na vigência da L. 8.072/90: ainda que afirmado pelo STJ não se tratar de crime hediondo – o que não está em causa neste processo – aplica-se a pena privativa de liberdade cominada pelo art. 6º da L. 8.072/90 (HC 85072, Rel. Min. Sepúlveda Pertence, 1ª T., DJ 11.11.2005)

(...). Exacerbação da pena. Supressão de instância. Estatuto da Criança e do Adolescente e Lei dos Crimes Hediondos. Conflito de leis no tempo. Atentado violento ao pudor. Data da ocorrência dos fatos. Continuidade delitiva. Redução da pena. 1. O prazo para interposição do Recurso Ordinário em "Habeas corpus" é de 05 dias (L. 8.038/90, art. 30). O termo inicial é a data da publicação do acórdão no DJ. No caso, 25 de junho de 2001. Se o termo final incidir num sábado, o prazo projeta-se para segunda-feira ou no primeiro dia útil subsequente. Se essa data coincidir com as férias forenses, evento que suspende a contagem dos prazos (RISTF, art. 105, "caput" e § 1º e CPC, art. 179) o termo final projeta-se para o reinício dos trabalhos forenses, no caso 1º de agosto de 2001. O recurso foi protocolado no dia 06 de julho de 2001, tempestivamente, portanto. 2. Com relação à preliminar de exacerbação da pena. Esta matéria não foi objeto de "habeas" no STJ nem foi submetida ao exame do Tribunal de Justiça/SP. Impossibilidade de conhecimento neste Tribunal sob pena de supressão de instância. 3. A edição da Lei que instituiu o Estatuto da Criança e do Adolescente (L. 8.069/90) e a da Lei dos Crimes Hediondos (L. 8.072/90), gerou um aparente conflito de normas no tempo. O Tribunal resolveu o conflito. Decidiu que o art. 263 do ECA foi revogado, antes de entrar em vigor, pela Lei 8.072/90 ("Crimes Hediondos"), que fixou para o estupro, independentemente da idade da vítima, pena de 6 a 10 anos. 4. A condenação foi por atentado violento ao pudor continuado. Sobre a suscitada dúvida a respeito da data dos fatos, verificou-se que eles ocorreram entre os anos de 1990 e 1992. A jurisprudência do Tribunal é no sentido de que, ocorrendo continuidade delitiva, observa-se a lei em vigor na data do crime mais recente. No caso, o de 1992. Aplica-se, portanto, a L. 8.072/90, já vigente nessa época. 5. O Paciente não tem direito à redução da pena por tratar-se de crime hediondo (L. 8.072/90). (...). (RHC 81453, Rel. Min. Nelson Jobim, 2ª T., DJ 11.4.2003)

Jurisprudência complementar (STJ)

(...). Atentado violento ao pudor (crime praticado na vigência da Lei 11.464/07, mas antes da Lei 12.015/09). Delito praticado na forma simples. Hediondez. Caracterização. Regime diverso do fechado. Impossibilidade no caso concreto. 1. Consoante entendimento pacificado nos Tribunais Superiores, os crimes de estupro e atentado violento ao pudor, tanto na sua forma simples, como na forma qualificada pelo resultado lesão corporal grave ou morte, são considerados hediondos, mesmo antes da edição da Lei 12.015/09). 2. Ainda que considerada a jurisprudência atual desta Sexta Turma – que permite o estabelecimento de regime diverso do fechado mesmo após a superveniência da Lei 11.464/07 –, a ordem não comporta concessão. 3. De se ver que a pena-base imposta ao paciente foi fixada em patamar superior ao mínimo legal, em virtude da presença de circunstâncias judiciais desfavoráveis (no caso, as circunstâncias e consequências do crime). 4. Acresça-se, outrossim, que sobre o paciente também pesa a condenação pela suposta prática do crime de ameaça, perpetrada contra a vítima e outras duas testemunhas. Tais circunstâncias encerram maior juízo de reprovação, afastando o benefício ora pretendido. (...). (HC 198.548, Rel. Min. OG Fernandes, DJ 15.6.2011)

(...). Estupro na forma simples praticado antes do advento da Lei 12.015/09. Crime hediondo. Inteligência do art. 1º, V, da Lei 8.072/90, com redação dada pela Lei 8.930/94. Delito cometido na vigência da Lei 11.464/07. Obrigatória a fixação do regime fechado para início de cumprimento de pena. 1. Os crimes de estupro, ainda que em sua forma simples, já eram tidos por hediondos pela Lei 8.072/90, mesmo antes das alterações trazidas pela Lei 12.015/09. 2. Paciente condenado por crime hediondo praticado na égide da Lei 11.464/07 deve cumprir pena inicialmente em regime fechado. (...). (HC 126.919, Rel. Min. OG Fernandes, DJ 7.6.2010)

(...). Atentados violentos ao pudor cometidos contra menores de quatorze anos. Continuidade delitiva. Reexame de prova. Impropriedade da via eleita. Presunção de violência. Majorante prevista no art. 9º da Lei 8.072/90. Inaplicabilidade. "Bis in idem". Progressão de regime prisional possibilidade. 1. Reconhecer que as diversas condutas configuraram um único crime de atentado violento ao pudor, implicaria acurada avaliação probatória, o que, na angusta via do "habeas corpus", é vedado. 2. Mostra-se incabível o aumento de pena previsto pelo art. 9º da Lei 8.072/90 nos crimes de estupro ou atentado violento ao pudor, quando cometidos com violência presumida, se não sobrevier o resultado lesão corporal de natureza grave ou morte, pois sua ocorrência implicaria violação ao princípio do non "bis in idem". 3. Diante da declaração de inconstitucionalidade pelo Supremo Tribunal Federal do § 1º do art. 2º da Lei 8.072/90, fica afastado o óbice que impedia a progressão de regime aos condenados por crimes hediondos. 4. Ordem parcialmente concedida para, mantida a condenação, reformar a sentença no que diz respeito à dosimetria da pena, decotando-se do cálculo a majorante indevidamente considerada, e na parte relativa à imposição do regime integralmente fechado, ficando a aferição dos requisitos objetivos e subjetivos da progressão a cargo do Juiz da Execução Penal. (HC 72.835, Rel. Min. Laurita Vaz, DJ 14.5.2007)

■ Alteração ao Código Penal {art. 7º}

> **Art. 7º** Ao art. 159 do Código Penal fica acrescido o seguinte parágrafo:
>
> "Art. 159. (...)."
>
> "§ 4º Se o crime é cometido por quadrilha ou bando, o coautor que denunciá-lo à autoridade, facilitando a libertação do sequestrado, terá sua pena reduzida de um a dois terços."

Jurisprudência complementar (STF)

(...). Sequestro. Causa de aumento de pena (art. 159, § 1º, do Código Penal). Quadrilha (art. 288, parágrafo único). "bis in idem". Causa especial de diminuição de pena (art. 159, § 4º, do Código Penal, e art. 8º, parágrafo único, da Lei de Crimes Hediondos). (Lei 8.072, de 26.07.1990). 1. Se a causa de aumento de pena, prevista no § 1º do artigo 159 do Código Penal, é aplicada porque o delito teve duração superior a vinte e quatro horas, e não por ter sido cometido por quadrilha, nada impede a condenação, também, por este último delito, não se caracterizando, assim, o alegado "bis in idem". 2. Havendo o acórdão impugnado, mediante o exame das provas dos autos, negado a ocorrência da delação prevista no § 4º do Código Penal e no parágrafo único do art. 8º da Lei 8.072, de 26.07.1990, como causa de diminuição da pena, não é o "habeas corpus" instrumento processual adequado para propiciar o reexame de tais elementos de convicção. 3. Pedido indeferido. (HC 73925, Rel. Min. Sydney Sanches, 1ª T., DJ 13.9.1996)

Jurisprudência complementar (STJ)

(...). Crimes do artigo 184, § 1º e § 2º, do Código Penal e artigo 7º, IX, da Lei 8.078/90. Inépcia da denúncia. Inocorrência. Denúncia em parte geral. Narrativa satisfatória da conduta imputada aos pacientes. Inépcia da denúncia. Impossibilidade (...). I. É geral, e não genérica, a denúncia que atribui a mesma conduta a todos os denunciados, desde que seja impossível a delimitação dos atos praticados pelos envolvidos, isoladamente, e haja indícios de acordo de vontades para o mesmo fim. II. É impossível a alegação de constrangimento ilegal, por inépcia da denúncia, quando esta contém os requisitos necessários e possibilita ampla defesa à paciente. (...). (RHC 21.804, Rel. Min. Jane Silva, DJ 5.11.2007)

(...). Não se conhece de pedido que é mera reiteração de "habeas corpus" já examinado por esta Corte, tendo a ordem sido indeferida em razão da comutação da pena ser inviável nos crimes hediondos ou equiparados. (HC 30.950, Rel. Min. Jorge Scartezzini, DJ 24.5.2004)

Associação Criminosa Qualificada {art. 8º}

Art. 8º Será de três a seis anos de reclusão a pena prevista no art. 288 do Código Penal, quando se tratar de crimes hediondos, prática da tortura, tráfico ilícito de entorpecentes e drogas afins ou terrorismo.

Jurisprudência complementar (STF)

(...). Associação para o tráfico internacional de drogas. Exasperação da pena-base. Fundamentação idônea. 1. Há óbice ao conhecimento de "habeas corpus" impetrado contra decisão monocrática do Superior Tribunal de Justiça – em que rejeitados embargos de divergência opostos a agravo regimental no agravo em recurso especial –, cuja jurisdição não se esgotou. (...). 2. Compete constitucionalmente ao Superior Tribunal de Justiça o julgamento do recurso especial, cabendo-lhe, enquanto órgão ad quem, o segundo, e definitivo, juízo de admissibilidade positivo ou negativo deste recurso de fundamentação vinculada. Inadmissível a apreciação desses pressupostos de admissibilidade pelo Supremo Tribunal Federal, exceto nos casos de flagrante ilegalidade ou abuso de poder. (...). 3. A dosimetria da pena é matéria sujeita a certa discricionariedade judicial. O Código Penal não estabelece rígidos esquemas matemáticos ou regras absolutamente objetivas para a fixação da pena. Cabe às instâncias ordinárias, mais próximas dos fatos e das provas, fixar as penas e às Cortes Superiores, em grau recursal, o controle da legalidade e da constitucionalidade dos critérios empregados, bem como a correção de eventuais discrepâncias, se gritantes ou arbitrárias. 4. "Habeas corpus" extinto sem resolução de mérito. (HC 120095, Rel. Min. Rosa Weber, 1ª T., DJ 23.6.2014)

(...). Imputação de suposta prática dos delitos previstos nos arts. 159, § 1º, e 288 do Código Penal e arts. 1º, inc. IV, e 8º da Lei 8.072/90. 1. "Habeas corpus" que, em parte, é repetição literal de outra ação impetrada no Supremo Tribunal Federal: impossibilidade de conhecimento desta impetração nesta parte. 2. Alegação de excesso de prazo em razão da demora do término da ação penal em primeira instância. Paciente solto. Impossibilidade de se falar em excesso de prazo. Complexidade da causa. Demora razoável. (...). 3. Alegação de demora na conclusão do julgamento do "habeas corpus" pelo superior tribunal de justiça. Flexibilidade do princípio constitucional da duração razoável do processo. 1. Alegações de inexistência de fundamento idôneo para decretação da prisão preventiva do paciente; de inexistência de fundamentação da decisão de indeferimento do pedido de medida liminar nos autos do "habeas corpus" impetrado no Superior Tribunal de Justiça; e de flexibilização da Súmula 691 do Supremo Tribunal Federal. Repetição do que antes alegado em ação idêntica, com idêntico objetivo e os mesmos dados que foram objeto de apreciação e decisão. Não conhecimento desta impetração nesta parte. 2. Paciente solto em razão de liminar deferida no "Habeas corpus" n. 96.607 impetrado no Supremo Tribunal. Novo mandado de prisão expedido em razão da denegação da ordem no julgamento do mérito dessa impetração pela Primeira Turma do Supremo Tribunal; não cumprimento da nova ordem. Complexidade do feito. Inexistência de excesso de prazo. (...). 3. Tramitação regular do "habeas corpus" impetrado no Superior Tribunal de Justiça. Flexibilização do princípio constitucional da duração razoável do processo. (...). (HC 103189, Rel. Min. Cármen Lúcia, 1ª T., DJ 23.5.2011)

(...). 2. Paciente condenado como incurso nos arts. 288 e seu parágrafo único, do Código penal, combinado com o art. 8º, caput, da Lei 8.072/90. 3. Circunstâncias judiciais desfavoráveis. Pena-base fixada em quatro anos, partindo-se da pena mínima cominada pelo art. 8º, caput, da Lei dos Crimes Hediondos. Incidência do parágrafo único do art. 288, do Código Penal. Pena em dobro. 4. Não observância do disposto no art. 68, parágrafo único, do Código Penal. 5. "Habeas corpus" deferido, em parte, para, mantida a condenação, anular a sentença, no que se refere à fixação da pena, outra devendo ser proferida, com atenção ao citado dispositivo. (HC 74269, Rel. Min. Néri da Silveira, 2ª T., DJ 3.12.1999)

Jurisprudência complementar (STJ)

(...). Crime dos arts. 12, § 2º, inciso III, e 14 da Lei 6.368/76. Contribuir para o tráfico de ilícitos entorpecentes: condenação determinada pelo Superior Tribunal de Justiça, em sede de recurso especial. Tese de ausência de fundamentação para fixar a pena-base acima do mínimo legal. Inadmissibilidade. Competência do Supremo Tribunal Federal. Associação para o tráfico de entorpecentes: diminuição da sanção corporal máxima e exclusão da pena de multa pelo art. 8º da Lei 8.072/90. Constrangimento ilegal evidenciado. (...). 1. A condenação do Paciente como incurso no art. 12, § 2º, inciso III, da Lei 6.368/76, foi determinada pelo Superior Tribunal de Justiça em sede de recurso especial. Consubstanciando-se esta Corte em autoridade coatora, a competência para apreciar a tese de nulidade na individualização da pena imposta pelo crime de contribuição para a difusão e incentivo ao tráfico é do Supremo Tribunal Federal. 2. Esta Corte Superior já consagrou o entendimento segundo o qual o delito de associação estável para o tráfico ilícito de entorpecentes, prescrito no art. 14 da Lei 6.368/76, conquanto em vigor à época dos fatos e, portanto, aplicável na espécie, tem sua cominação de pena prevista no art. 8º da Lei 8.072/90, tendo sido, nesse particular, derrogado. 3. Ordem de "habeas corpus" parcialmente conhecida e, nesta parte, parcialmente concedida para, mantida a condenação imposta, determinar que o Tribunal de Justiça a quo redimensione a pena do Paciente, nos termos art. 8º da Lei 8.072/90, que estabeleceu a pena máxima de 06 anos para o crime de associação para o tráfico de drogas e afastou a aplicação da pena de multa. Por se encontrarem em idêntica situação, estendo a benesse aos corréus. (HC 264.136, Rel. Min. Laurita Vaz, DJ 30.4.2013)

(...). Execução penal. Paciente condenado pela prática dos delitos previstos nos arts. 157 §§ 1º e 2º, inciso I, e 307, ambos do Código Penal, bem assim pelo art. 288, § 1º, c. c. art. 8º, da Lei 8.072/90 e art. 159, § 1º do Código Penal. Progressão de regime. Ausência de requisito subjetivo. Indeferimento do pedido de progressão de regime prisional. Exame criminológico desfavorável. Decisão fundamentada. Inexistência de ilegalidade. (...). 1. O art. 112 da Lei de Execução Penal, com sua nova redação, dada pela Lei 10.792/93, dispõe ser necessário, para a concessão da progressão de regime, apenas o preenchimento cumulativo dos requisitos objetivo – tiver cumprido ao menos 1/6 (um sexto) da pena no regime anterior – e subjetivo – ostentar bom comportamento carcerário, comprovado pelo diretor do estabelecimento –, sem tratar da necessidade do exame criminológico. 2. Contudo, a realização do referido exame pode perfeitamente ser solicitada quando as peculiaridades da causa assim o recomendarem, atendendo-se ao princípio da individualização da pena, previsto no art. 5º, inciso XLVI, da Constituição Federal. 3. Outrossim, tendo os laudos social e psicológico consignado que o Paciente não tem consciência crítica sobre os atos criminosos por ele praticados, vê-se que foi correto o indeferimento do pedido de progressão de regime. (...). (HC 242.208, Rel. Min. Laurita Vaz, DJ 23.8.2012)

(...). Prisão preventiva. Gravidade concreta. Garantia da ordem pública. Excesso de prazo. Matéria não analisada pelo tribunal de origem. Supressão de instância. (...). Constrangimento ilegal não evidenciado. 1. Não há constrangimento ilegal quando apontados elementos concretos que evidenciam a necessidade de manutenção da custódia cautelar para a garantia da ordem pública, haja vista a gravidade concreta dos delitos em tese cometidos pelo paciente, o qual, além de ser apontado como a principal liderança da quadrilha, utilizava a sua condição de policial civil para promover os interesses da milícia, utilizando o aparato estatal para dar guarida à atuação dos demais integrantes da apontada organização delituosa. 2. Inviável a análise diretamente por este Superior Tribunal do aventado excesso de prazo na custódia cautelar quando essa matéria não foi analisada pelo Tribunal de origem, sob pena de incidir na indevida supressão de instância. (...). (HC 229.214, Rel. Min. Sebastião Reis Júnior, DJ 7.5.2012)

(...). Art. 288, parágrafo único, do Código Penal c/c o art. 8º da Lei 8.072/90. Quadrilha armada. Dosimetria. Fixação da pena-base acima do mínimo legal. Art. 59 do código penal. Motivação suficiente. Causa de aumento. Incidência. Exasperação justificada. (...). 1. A sentença condenatória, mantida pelo acórdão impugnado, fixou a pena-base acima do mínimo legal fundamentadamente, em razão do reconhecimento de circunstâncias judiciais desfavoráveis ao réu, inexistindo, portanto, constrangimento ilegal a ser sanado. 2. Não há ilegalidade patente no decreto condenatório, que agravou a pena de forma fundamentada, em razão da causa de aumento prevista no art. 288, parágrafo único, do Código Penal. 3. Afastar referida causa de aumento de pena, inevitavelmente, demanda profundo reexame do material cognitivo produzido nos autos, o que, como é sabido, não se coaduna com a via estreita do "habeas corpus". Sobretudo porque as instâncias ordinárias, soberanas na análise de prova, consideraram comprovada a utilização de armas, inclusive de grosso calibre na atuação da quadrilha. (...). (HC 102.390, Rel. Min. Laurita Vaz, DJ 17.12.2010)

■ Colaboração Premiada {art. 8º, p. ú.}

Parágrafo único. O participante e o associado que denunciar à autoridade o bando ou quadrilha, possibilitando seu desmantelamento, terá a pena reduzida de um a dois terços.

Jurisprudência complementar (STF)

(...). Nulidades: exame de sanidade mental e patrocínio infiel. O exame médico-legal, previsto no art. 149 do CPP, só deve ser realizado quando houver duvida fundada sobre a integridade mental do acusado, cabendo ao juiz decidir sobre a sua necessidade. A afirmação de estar o acusado sob tratamento psiquiátrico, ambulatorial e esporádico, e insuficiente para determinar a realização do exame, mormente quando a alegada insanidade se contrapõe ao conjunto probatório. A desistência do pedido de exame médico-legal – por defensor que afirma ter pretendido a redução da pena – tendo em vista idêntico pedido da acusação, porem com outro fundamento, não implica em patrocínio infiel nem em prejuízo para a defesa, a ser amparado por "habeas-corpus". (...). (HC 69816, Rel. Min. Paulo Brossard, 2ª T., DJ 18.12.1992)

Jurisprudência complementar (STJ)

(...). Tráfico de entorpecentes. Direito Penal e Direito Processual Penal. Artigo 8º, parágrafo único, da Lei 8.072/90. Delação premiada. Necessidade da existência de quadrilha ou bando. Progressão de regime prisional. Inconstitucionalidade do artigo 2º, parágrafo 1º, da Lei 8.072/90 declarada pelo supremo tribunal federal. Ordem parcialmente concedida. 1. A superveniência do julgamento da revisão criminal prejudica o pedido de aguardar o seu julgamento em liberdade. 2. A redução de pena prevista para os casos de delação de corréu (artigo 8º, parágrafo único, da Lei 8.072/90), requisita a existência e o desmantelamento de quadrilha ou bando. 3. O Plenário do Supremo Tribunal Federal declarou, por maioria de votos, a inconstitucionalidade do parágrafo 1º do artigo 2º da Lei 8.072/90, afastando, assim, o óbice da progressão de regime aos condenados por crimes hediondos ou equiparados. 4. Declaração de voto do Relator com entendimento contrário. 5. Ordem parcialmente prejudicada e parcialmente concedida. (HC 41.758, Rel. Min. Hamilton Carvalhido, DJ 5.2.2007)

(...). Latrocínio. Dosimetria. Confissão espontânea. Reconhecimento. Impossibilidade. Instrução deficiente. Ausência da sentença penal condenatória. Peça imprescindível à compreensão da controvérsia. Delação premiada. Não-ocorrência. Concurso eventual de agentes. Ausência de organização criminosa destinada à prática de delitos hediondos ou assemelhados. (...). I. Não se conhece do pedido relativo ao reconhecimento da confissão espontânea, se o feito não foi instruído com as peças imprescindíveis à compreensão da controvérsia, em especial a sentença penal condenatória, sem a qual não se pode analisar os fundamentos utilizados pelo Julgador para fixar a reprimenda. (...). II. Hipótese em que se pleiteia, em favor do paciente condenado pela prática de crime de latrocínio, a incidência da delação premiada prevista no art. 8º, pár. ún., da Lei 8.072/90. III. Referido dispositivo legal se aplica exclusivamente aos casos em que, praticados os delitos de que cuidam a referida lei, por meio de quadrilha ou bando associados para tal fim, este ou aquela sejam desmantelados em razão de denúncia feita por partícipe e associado. IV. O paciente e os três corréus não se associaram de forma estável para o fim de praticar delitos hediondos ou assemelhados, hipótese única em que, comprovando-se que a delação possibilitou o efetivo desmantelamento da organização criminosa, teria lugar a redução de pena ora pleiteada. V. Eventual associação de agentes para a pratica de determinado crime dessa natureza, ainda que sejam eficientes as informações prestadas pelo delator, não permite o reconhecimento da delação premiada. (...). (HC 62.618, Rel. Min. Gilson Dipp, DJ 13.11.2006)

(...). Latrocínio. Concurso de agentes. Redução da pena. Art. 8º, parágrafo único, da Lei 8.072/90. Supressão de instância. Incompetência desta corte. Não-conhecimento. Não se conhece da alegação de constrangimento ilegal ante a não incidência da redução de pena prevista no art. 8º, parágrafo único, da Lei 8.072/90, em função da indevida supressão de instância que restaria evidenciada. Tema levantado que não foi objeto de debate e decisão por parte do Tribunal a quo. (...). (HC 26.763, Rel. Min. Gilson Dipp, DJ 29.9.2003)

Questões de concursos

252. **(Funiversa/PC/DF/Delegado/2015)** A respeito dos crimes hediondos, assinale a alternativa correta com base na legislação de regência.

    a) O crime de epidemia com resultado morte não é considerado hediondo.

    b) Os crimes hediondos são insuscetíveis de anistia, graça e indulto, embora lhes seja admitida fiança.

    c) A pena do condenado por crime hediondo deverá ser cumprida em regime integralmente fechado, apesar de haver precedente jurisprudencial em que se admite o cumprimento da pena em regime inicialmente fechado.

    d) Se o crime hediondo de extorsão mediante sequestro for cometido por quadrilha ou bando, o coautor que denunciá-lo à autoridade, facilitando a libertação do sequestrado, será beneficiado com a redução da pena de um a dois terços.

    e) Entre os crimes hediondos previstos na lei, apenas as condutas consumadas são consideradas hediondas; as tentadas configuram a modalidade simples de crime.

253. **(Vunesp/PC/SP/Investigador/2014)** A Lei de Crimes Hediondos (Lei n. 8.072/90) dispõe que será de três a seis anos de reclusão a pena prevista no art. 288 do Código Penal (Associação Criminosa), quando se tratar de crimes hediondos, prática da tortura, tráfico ilícito de entorpecentes e drogas afins ou terrorismo. Nessa hipótese, o participante e o associado que denunciar à autoridade o bando ou quadrilha, possibilitando seu desmantelamento,

    a) deverá cumprir a pena em estabelecimento distinto dos demais participantes.

    b) deixará de responder pelo referido crime.

    c) terá a pena reduzida de um a dois terços.

    d) terá a pena anistiada pelo Presidente da República.

    e) terá sua pena convertida para prestação de serviços à comunidade.

Causa de Aumento de Pena {art. 9º}

Art. 9º As penas fixadas no art. 6º para os crimes capitulados nos arts. 157, § 3º, 158, § 2º, 159, caput e seus §§ 1º, 2º e 3º, 213, caput e sua combinação com o art. 223, caput e parágrafo único, 214 e sua combinação com o art. 223, caput e parágrafo único, todos do Código Penal, são acrescidas de metade, respeitado o limite superior de trinta anos de reclusão, estando a vítima em qualquer das hipóteses referidas no art. 224 também do Código Penal.

Jurisprudência complementar (STF)

(...). Não se aplica o art. 9º da Lei 8.072/90 ao crime de atentado violento ao pudor do qual não tenha decorrido lesão corporal grave ou morte da vítima (precedentes do STJ). 6. Cabível o regime semiaberto para cumprimento da pena quando o crime é praticado antes da vigência Lei 11.464/07. Rejeitou-se a preliminar suscitada e deu-se parcial provimento ao apelo do réu para reduzir a pena e alterar o regime inicial de cumprimento de pena." (...). (ARE 644840 AgR, Rel. Min. Luiz Fux, 1ª T., DJ 13.8.2013)

(...). Lei mais benéfica. Concessão de ordem de ofício. Princípio unitário. Ante o crime perpetrado, há de adotar-se o princípio unitário relativo à incidência de normas. Mostrando-se mais favorável a lei posterior, cumpre observá-la, pouco importando que, com isso, a pena-base seja superior à inicialmente prevista. O benefício é aquilatado a partir do resultado final decorrente da dosimetria da pena. (HC 104193, Rel. Min. Marco Aurélio, 1ª T., DJ 29.8.2011)

(...). Atentado violento ao pudor. Violência presumida. Vítima menor de quatorze anos. Aumento de pena previsto no art. 9º da Lei 8.072/90. "Bis in idem": inocorrência. Lei 12.015/09: repercussão. Supressão de instância: matéria não submetida à instância antecedente. Questão, ademais, de competência do juízo da execução. Súmula 611 do STF. 1 – Não constitui "bis in idem" o aumento de pena previsto no art. 9º da Lei 8.072/90, por ser a vítima do atentado violento ao pudor menor de 14 (quatorze) anos. 2. No estupro e no atentado violento ao pudor não é a idade da vítima que compõe o tipo, mas o emprego, para lograr a prática sexual incriminada, de grave ameaça ou de violência, o qual, na verdade, a regra de extensão do art. 224 – antes de presumi-lo existente –, equipara à incapacidade de consentir da vítima, entre outras razões, pela presunção legal extraída de não ser ela maior de quatorze anos. 3. A repercussão da Lei 12.015/09 sobre a pena imposta ao paciente, além de não haver sido objeto de questionamento e apreciação na instância antecedente, em conformidade com o disposto na Súmula 611 desta Suprema Corte, deve ser objeto de consideração pelo juízo da execução. (...). (HC 103404, Rel. Min. Dias Toffoli, 1ª T., DJ 7.4.2011)

(...). Não há "bis in idem" no fato de a idade da vítima ser levada em conta para tipificar o crime de estupro pela violência presumida nos termos do art. 224 do Código Penal e também como causa de aumento de pena consoante dispõe o art. 9º da Lei 8.072/1990. IV. Inexistindo nulidade ou ilegalidade flagrante a ser sanada, não se pode admitir o "habeas corpus" como sucedâneo de revisão criminal, ante a verificação do trânsito em julgado do acórdão que tornou definitiva a condenação. V. (...). (HC 97788, Rel. Min. Ricardo Lewandowski, 1ª T., DJ 25.6.2010)

Jurisprudência complementar (STJ)

(...). Pena-base. Concreta fundamentação. Desclassificação. Deficiência de defesa. Supressão de instância. Artigo 9º da Lei 8.072/90. Vítima menor de 14 (quatorze) anos. Violência presumida (ausência de violência real ou grave ameaça). Causa de aumento. Impossibilidade. Inaplicabilidade da Lei 12.015/2009, por ser mais gravosa na hipótese. (...). Ordem concedida de ofício. (...). 2. Não há ilegalidade na fixação da pena-base acima do mínimo legal se foi apresentada concreta motivação. 3. As pretensões de desclassificação para o art. 61 da Lei de Contravenções Penais e de reconhecimento de ausência de defesa técnica não foram suscitadas ou enfrentadas pelo Tribunal de origem, o que impede seu exame por esta Corte, sob pena de supressão de instância. 4. Esta Corte firmou entendimento no sentido de que fere o princípio do "ne "bis in idem"" a aplicação da causa de aumento prevista no artigo 9º da Lei 8.072/90, nas hipóteses de estupro ou de atentado violento ao pudor praticados mediante violência presumida, tendo em vista que tal circunstância constitui elementar do tipo penal. Afasta-se tal majorante independentemente do advento da Lei 12.015/2009, cuja aplicação por inteiro seria mais gravosa ao paciente. (...). Ordem concedida, de ofício, a fim de reduzir a pena do paciente para 7 (sete) anos de reclusão. (HC 277.899, Rel. Min. Maria Thereza de Assis Moura, DJ 26.9.2014)

(...). Crime de atentado violento ao pudor. Vítimas menores de 14 anos de idade. Fatos ocorridos antes da entrada em vigência da Lei 12.015/2009. (...). Retroatividade da Lei 12.015/2009. Possibilidade. Lei nova mais favorável ao agente em face do afastamento da causa especial de aumento de pena previsto no art. 9º da Lei 8.072/90. Aplicação concomitante do art. 71, caput e seu parágrafo único. Ocorrência de "bis in idem". Manifesto constrangimento ilegal evidenciado.

Afastamento da continuidade delitiva comum. Retorno dos autos ao tribunal de origem para nova dosimetria da pena (...). 2. O Tribunal a quo acertadamente determinou a retroatividade da Lei 12.015/2009 aos delitos praticados antes de sua entrada em vigor, visto que mais favorável ao paciente, por afastar a causa especial de aumento de pena prevista no art. 9º da Lei 8.072/90. 3. Há constrangimento ilegal, por ocorrência de "bis in idem", quando verifico que o Tribunal de origem, mantendo a sentença condenatória, concomitantemente aplicou, à mesma sucessão de fatos as majorantes previstas no art. 71, caput, e 71, parágrafo único, do CP. 4. Ordem não conhecida. "Habeas corpus" concedido, de ofício, para afastar a majorante prevista no art. 71, caput e determinar a remessa dos autos ao Tribunal de Justiça do Estado de Santa Catarina, para proceder à nova dosimetria da pena, respeitando o limite da totalidade da reprimenda anteriormente aplicada – 14 anos, 4 meses e 24 dias de reclusão –, a fim de se evitar a "reformatio in pejus" indireta. (HC 211.125, Rel. Min. Rogerio Schietti Cruz, DJ 28.10.2014)

(...). Atentado violento ao pudor. Menor de 14 anos. Violência real. Aumento de pena previsto no art. 9º da Lei 8.072/1990. Aplicabilidade. Superveniência da Lei 12.015/2009. Art. 217-a do cp. Aplicação retroativa. 1. É pacífico o entendimento desta Corte que o crime de estupro praticado mediante violência real deve sofrer a incidência da causa de aumento prevista no art. 9º da Lei 8.072/90, independentemente de ocorrência de lesão corporal de natureza grave ou morte (REsp 1.198.477...). 2. Uma vez que, no caso, o Tribunal de origem confirmou a prática de violência real, a majorante prevista no art. 9º da Lei 8.072/1990 seria mesmo aplicável. 3. Diante da superveniência das alterações implementadas pela Lei 12.015/2009 no Código Penal, o ato praticado pelo acusado passou a ser tipificado no art. 217-A do Código Penal, com patamar mais elevado de pena mínima, razão pela qual, no caso, não é mais aplicável a causa de aumento de pena prevista no art. 9º da Lei 8.072/1990. 4. Sendo o art. 217-A do Código Penal mais benéfico ao réu, incidirá retroativamente (art. 2º, parágrafo único, do CP), devendo os autos retornar ao Tribunal de origem para que realize a nova dosimetria da pena, considerando a nova sanção fixada no mencionado artigo, sem a incidência da causa de aumento prevista na Lei de Crimes Hediondos. (...). (AgRg no REsp 1095315, Rel. Min. Sebastião Reis Júnior, DJ 24.6.2013)

■ Causa de Aumento de Pena {art. 10}

Art. 10. O art. 35 da Lei n. 6.368, de 21 de outubro de 1976, passa a vigorar acrescido de parágrafo único, com a seguinte redação: "Art. 35. (...)."

"Parágrafo único. Os prazos procedimentais deste capítulo serão contados em dobro quando se tratar dos crimes previstos nos arts. 12, 13 e 14."
Art. 11. (Vetado).

Jurisprudência complementar (STF)

(...). Crime de quadrilha ou bando. Associação para os fins de praticar o tráfico de drogas. 2. Lei 6368/1976, art. 14 e Lei 8072/1990, arts. 8º e 10. 3. O art. 8º da Lei 8072/1990 não revogou o art. 14 da Lei 6368/1976, a que se refere o art. 10 da Lei 8072/1990. A pena, no caso de quadrilha destinada à prática de crime de tráfico ilícito de entorpecentes e drogas afins (Lei 6368/1976, art. 14) é a prevista no art. 8º da Lei 8072/1990. 4. Interpretação dos arts. 8º e 10 da Lei 8072/1990. Cuida-se de dois textos da mesma hierarquia e vigentes ao mesmo tempo. No exame da matéria, não há, pois, questão de direito intertemporal. 5. Antinomia aparente e antinomia real. Interpretação corretiva e interpretação abrogante: abrogação simples e abrogação dupla. 6. Aplicação, no caso, da interpretação corretiva, com conciliação sistemática, mediante interpretação restritiva de ambos os dispositivos (Lei 8072/1990, arts. 8º e 10), reservando-se ao primeiro a fixação da pena inclusive para a quadrilha destinada à prática de crime de tráfico ilícito de entorpecentes e drogas afins, e ao segundo a especialização do tipo do crime de quadrilha com essa finalidade, tal como descrito no art. 14 da Lei 6368/1976, nele referido. 7. Vigente, dessa maneira, o art. 14 da Lei 6368/1976, a absolvição da corré, quanto ao delito de associação, nesse dispositivo descrito, não é de estender-se ao paciente, em face da fundamentação desenvolvida no acórdão, que não merece reparo, também, de referência à dosagem da pena. (...). (HC 72862, Rel. Min. Néri da Silveira, 2ª T., DJ 25.10.1996)

(...). Crime de associação para fins de trafico de substancia entorpecente (art. 14 da Lei 6.368/76). Prisão preventiva. Excesso de prazo. Relaxamento. Recurso em sentido estrito. Reconstituição da medida constritiva. Vedação a liberdade provisória. Art. 2º, II, da Lei 8.072/90. Interpretação. Caracterizado o excesso de prazo na custodia cautelar do paciente, mesmo em face da duplicação, instituída pelo art. 10 da Lei 8.072/90, dos prazos processuais previstos no art. 35 da Lei 6.368/76, e de deferir-se o "habeas corpus" para que seja relaxada a prisão, ja que a vedação de liberdade provisória para os crimes hediondos não pode restringir o alcance do art. 5º, LXV, da Carta da Republica, que garante o relaxamento da prisão eivada de ilegalidade. (...). (HC 70856, Rel. Min. Ilmar Galvão, 1ª T., DJ 29.9.1995)

(...). Trafico de entorpecente. Apelação. Prazo. Artigo 10 da Lei 8.072/90. A duplicação dos prazos procedimentais – tal como dispõe o artigo 10 da Lei 8.072/90 – não se aplica ao prazo para apelar, que e de cinco dias (artigo 593-caput do CPP). (...). (HC 70431, Rel. Min. Francisco Rezek, 2ª T., DJ 20.10.1995)

■ Vigência {art. 12}

Art. 12. Esta lei entra em vigor na data de sua publicação.

■ Revogações {art. 13}

Art. 13. Revogam-se as disposições em contrário.

Brasília, 25 de julho de 1990; 169° da Independência e 102° da República.

Fernando Collor

DESARMAMENTO (LEI 10.826/03)

Lei 10.826, de 22 de dezembro de 2003.

Dispõe sobre registro, posse e comercialização de armas de fogo e munição, sobre o Sistema Nacional de Armas – Sinarm, define crimes e dá outras providências.

O Presidente da República: faço saber que o Congresso Nacional decreta e eu sanciono a seguinte Lei:

(...)

Capítulo IV – Dos Crimes e das Penas

Posse Irregular de Arma de Fogo de Uso Permitido {art. 12}

Art. 12. Possuir ou manter sob sua guarda arma de fogo, acessório ou munição, de uso permitido, em desacordo com determinação legal ou regulamentar, no interior de sua residência ou dependência desta, ou, ainda no seu local de trabalho, desde que seja o titular ou o responsável legal do estabelecimento ou empresa:

Pena – detenção, de 1 (um) a 3 (três) anos, e multa.

Informativos (STF)

Atipicidade temporária e posse de arma de uso restrito

O Estatuto do Desarmamento elencou hipóteses de descriminalização temporária do crime de posse ilegal de arma de fogo, concedendo prazo para regularização dos armamentos não registrados ou sua entrega à Polícia Federal. 2. A descriminalização temporária restringe-se ao crime de posse irregular de arma de uso permitido do art. 12 da Lei 10.826/03 e não abrange a posse ilegal de arma de fogo de uso restrito, conduta enquadrável no art. 16 do mesmo diploma legal. 3. A mera possibilidade de entrega da arma de fogo, de uso permitido ou restrito, às autoridades policiais, conforme previsto no art. 32 da Lei 10.826/03, não tem pertinência quando ausente prova de que o agente estava promovendo a entrega ou pelo menos tinha a intenção de entregar a arma de posse irregular. RHC 114970, Rel. Min. Rosa Weber, 5.2.13. 1ª T. (Info 694)

Guarda de arma de fogo de uso permitido com registro vencido.

Manter sob guarda, no interior de sua residência, arma de fogo de uso permitido com registro vencido não configura o crime do art. 12 da Lei 10.826/03 (Estatuto do Desarmamento). APn 686, Rel. Min. João Otávio de Noronha, DJ 29.10.15. Corte Especial. (Info 572)

Guarda de munição de arma de uso restrito por conselheiro de tribunal de contas.

O Conselheiro do Tribunal de Contas Estadual que mantém sob sua guarda munição de arma de uso restrito não comete o crime do art. 16 da Lei 10.826/03 (Estatuto do Desarmamento). APn 657, Rel. Min. João Otávio de Noronha, DJ 29.10.15. Corte Especial. (Info 572)

Tipicidade da conduta de posse ilegal de arma de fogo de uso permitido com registro vencido.

A conduta do agente de possuir, no interior de sua residência, armas de fogo e munições de uso permitido com os respectivos registros vencidos pode configurar o crime previsto no art. 12 do Lei 10.826/03 (Estatuto do Desarmamento). RHC 60.611, Rel. Min. Rogério Schietti Cruz, DJ 5.10.15. 6ª T. (Info 570)

Jurisprudência complementar (STF)

(...). Crime de posse irregular de munição de uso permitido. Artigo 12 da Lei 10.826/03. Invocação dos princípios da insignificância e da atipicidade da conduta. Temas não analisados pelo Superior Tribunal de Justiça. Supressão de instância não admitida. (...). "Abolitio criminis". Não ocorrência. Ausência de fixação, no art. 32 da Lei 10.826/03, de termo final para a entrega espontânea de arma e munições. Irrelevância. Interpretação sistemática dos dispositivos da lei de regência que conduz ao dia 31 de dezembro de 2009 como esse termo final. Conhecimento parcial da ordem. (...). 1. As questões relativas ao princípio da insignificância e à atipicidade da conduta não foram submetidas ao crivo do Superior Tribunal de Justiça. Portanto, sua análise, de forma originária, pelo Supremo Tribunal Federal configura verdadeira supressão de instância, o que não se admite. 2. A alegada atipicidade da conduta, sob o fundamento de que o art. 32 da Lei 10.826/03 (redação dada pela Lei 11.706/08) não mais fixaria prazo para a entrega de armas de uso permitido e munições, carece de plausibilidade jurídica, pois esse dispositivo não deve ser interpretado de forma isolada, mas, sim, em conjunto com o art. 30 do Estatuto do Desarmamento, com a modificação introduzida pela Lei 11.922/09, que estabeleceu o dia 31 de dezembro de 2009 como termo final para a regularização da posse de arma de fogo de uso permitido. (...). (HC 122311, Rel. Min. Dias Toffoli, 1ª T., DJ 1.8.2014)

(...). Posse de arma de fogo com numeração suprimida. Artigo 16 da Lei 10.826/2003. Descriminalização temporária. Inaplicabilidade. 1. Há óbice ao conhecimento de "habeas corpus" impetrado contra decisão monocrática do Superior Tribunal de Justiça – em que negado seguimento a recurso especial –, cuja jurisdição não se esgotou. (...). 2. O Estatuto do Desarmamento (Lei 10.826/2003) elencou, em seus arts. 30 e 32, hipóteses de descriminalização temporária do crime de posse ilegal de arma de fogo, concedendo prazo para regularização dos armamentos não registrados ou sua entrega à Polícia Federal. 3. A descriminalização temporária restringe-se ao crime de posse irregular de arma de uso permitido do art. 12 da Lei 10.826/2003, no período estipulado, e não abrange a posse de arma de fogo com numeração suprimida, conduta enquadrável no art. 16 do mesmo diploma legal. (...). 4. "Habeas corpus" extinto sem resolução de mérito. (HC 120077, Rel. Min. Rosa Weber, 1ª T., DJ 23.6.2014)

(...). Porte de arma de fogo. Desclassificação da conduta impossibilidade. "Abolitio criminis" temporária. Inaplicabilidade ao delito de porte de arma de fogo. Dosimetria da pena. Matéria não apreciada pelas instâncias ordinárias. O crime do art. 12 da Lei 10.826/2003 restringe-se à posse de arma de fogo "no interior de sua residência ou dependência desta, ou, ainda no seu local de trabalho, desde que seja o titular ou o responsável legal do estabelecimento ou empresa". A jurisprudência deste Tribunal pacificou-se no sentido de que "a atipicidade temporária ou "vacatio legis" especial prevista nos artigos 30 e 32 da Lei 10.826/2003 restringe-se ao crime de posse de arma de fogo no interior de residência ou local de trabalho", o que não é caso dos autos. Inviável o exame da dosimetria da pena, já que não foi submetida ao Superior Tribunal de Justiça, sob pena de supressão de instância, em afronta às normas constitucionais de competência. (...). (HC 108639, Rel. Min. Rosa Weber, 1ª T., DJ 27.6.2012)

Jurisprudência complementar (STJ)

(...). Porte ilegal de arma de fogo. Desclassificação para posse irregular. Impossibilidade. Compensação. Reincidência e confissão espontânea. Ausência de prequestionamento. Incidência da súmula n. 211. (...) 3. A conduta prevista no art. 12 da Lei 10.826/2003 exige que o agente possua arma de fogo no interior de sua residência ou dependência desta, ou, ainda, no seu local de trabalho. A jurisprudência desta Corte Superior possui o entendimento de que o caminhão não pode ser considerado extensão de sua residência, ainda que seja instrumento de trabalho. (...). (AgRg no REsp 1408940, Rel. Min. Rogerio Schietti Cruz, DJ 18.8.2015)

(...). Posse ilegal de arma de fogo e munição. Art. 12 da Lei 10.826/03. Crime de perigo abstrato. Incidência da súmula 83/STJ. Segundo o entendimento deste eg. Superior Tribunal de Justiça, o crime previsto no art. 12 da Lei 10.826/2003 é de perigo abstrato, sendo suficiente, portanto, a prática dos núcleos do tipo "possuir" ou "manter sob guarda", sem autorização legal, arma de fogo, acessório ou munição de uso permitido, para a caracterização da infração penal, pois tais condutas colocam em risco a incolumidade pública, independentemente da aferição da potencialidade lesiva dos objetos em questão. Incidência da Súmula 83/STJ. (...). (AgRg nos EDcl no AREsp 445.204, Rel. Min. Felix Fischer, DJ 3.8.2015)

(...). Posse ilegal de munição de uso permitido. Art. 12 da Lei 10.826/03. Crime de perigo abstrato. O crime de posse ilegal de munição de uso permitido, tipificado no art. 12 da Lei 10.826/03, é de perigo abstrato ou de mera conduta, e visa proteger a segurança pública e paz social. Sendo assim, é irrelevante a quantidade de munição apreendida, uma vez que o delito se configura com a simples posse em desacordo com a legislação (precedentes). (...). (AgRg no REsp 1527882, Rel. Min. Felix Fischer, DJ 17.8.2015)

Questões de concursos

254. **(Cespe/PC/GO/Delegado/2017)** Considerando o atual entendimento dos tribunais superiores quanto aos institutos do Código de Defesa do Consumidor, do Estatuto do Desarmamento e do Estatuto da Criança e do Adolescente (ECA), assinale a opção correta.

   a) Ao estabelecer prazo para a regularização dos registros pelos proprietários e possuidores de armas de fogo, o Estatuto do Desarmamento criou situação peculiar e temporária de atipicidade das condutas de posse e porte de arma de fogo de uso permitido e restrito.

b) Aquele que fornece a adolescente, ainda que gratuitamente, arma de fogo, acessório ou munição de uso restrito ou proibido fica sujeito à sanção penal prevista no ECA, em decorrência do princípio da especialidade.

c) Pessoa jurídica não pode figurar como sujeito passivo de infração penal consumerista, porquanto não se enquadra no conceito de consumidor.

d) A conduta daquele que promove propaganda enganosa capaz de induzir o consumidor a se comportar de maneira prejudicial à sua saúde somente é penalmente punível diante da ocorrência de resultado danoso.

e) O porte ou a posse simultânea de duas ou mais armas de fogo de uso restrito ou proibido não configura concurso formal, mas crime único, pois a situação de perigo é uma só.

255. (Cespe/TJ/AM/Juiz/2016) Júlio foi denunciado em razão de haver disparado tiros de revólver, dentro da própria casa, contra Laura, sua companheira, porque ela escondera a arma, adquirida dois meses atrás. Ele não tinha licença expedida por autoridade competente para possuir tal arma, e a mulher tratou de escondê-la porque viu Júlio discutindo asperamente com um vizinho e temia que ele pudesse usá-la contra esse desafeto. Raivoso, Júlio adentrou a casa, procurou em vão o revólver e, não o achando, ameaçou Laura, constrangendo-a a devolver-lhe a arma. Uma vez na sua posse, ele disparou vários tiros contra Laura, ferindo-a gravemente e também atingindo o filho comum, com nove anos de idade, por erro de pontaria, matando-o instantaneamente. Laura só sobreviveu em razão de pronto e eficaz atendimento médico de urgência. Ainda com referência à situação hipotética descrita no texto e a aspectos legais a ela pertinentes, assinale a opção correta com respaldo na jurisprudência do STJ.

a) Além dos crimes de homicídio, Júlio responderá em concurso material pelo crime de posse irregular de arma de fogo, uma vez que, ao mantê-la guardada em sua residência durante mais de dois meses, já havia consumado esse crime.

b) Opera-se o fenômeno da consunção entre o ato de possuir arma de fogo sem autorização legal e o ato disparála com ânimo de matar, uma vez que o crime mais grave sempre absorve o menos grave.

c) O fato de Júlio possuir guardado na sua casa, fora do alcance de crianças, um revólver municiado constitui "ante factum" não punível em relação ao homicídio posteriormente praticado.

d) Laura também deverá responder pelo fato de haver escondido o revólver dentro da residência, sabendo ou devendo saber ser proibido deter sua posse sem licença da autoridade competente.

e) O fato de possuir um revólver guardado em casa e posteriormente utilizá-lo para praticar homicídio pode caracterizar continuidade delitiva.

256. **(Vunesp/TJ/RJ/Juiz/2016)** Bonaparte, com o objetivo de matar Wellington, aciona o gatilho com o objetivo de efetuar um disparo de arma de fogo na direção deste último. Todavia, a arma não dispara na primeira tentativa. Momentos antes de efetuar uma segunda tentativa, Bonaparte ouve "ao longe" um barulho semelhante a "sirenes" de viatura e, diante de tal fato, guarda a arma de fogo que carregava, deixando o local calmamente, não sem antes proferir a seguinte frase a Wellington: "na próxima, eu te pego". Momentos após, Bonaparte é abordado na rua por policiais e tem apreendida a arma de fogo por ele utilizada. A arma de fogo era de uso permitido, estava registrada em nome de Bonaparte, mas este não possuía autorização para portá-la. No momento da abordagem e apreensão, também foi constatado pelos policiais que a arma de fogo apreendida em poder de Bonaparte estava sem munições, pois ele havia esquecido de municiá-la. Diante dos fatos narrados e da atual jurisprudência do Supremo Tribunal Federal, é correto afirmar que Bonaparte poderá ser responsabilizado

a) pelos crimes de ameaça e posse ilegal de arma de fogo de uso permitido.

b) pelos crimes de ameaça e porte ilegal de arma de fogo de uso permitido.

c) pelos crimes de homicídio tentado, ameaça e porte ilegal de arma de fogo de uso permitido.

d) pelo crime de ameaça, mas não poderá ser responsabilizado pelo crime de porte ilegal de arma de fogo em virtude da arma estar desmuniciada no momento da apreensão.

e) pelo crime de homicídio tentado, mas não poderá ser responsabilizado pelo crime de posse ilegal de arma de fogo em virtude da arma estar desmuniciada no momento da apreensão.

257. **(UFPI/Prefeitura_Teresina/Guarda_Municipal/2015)** Segundo a Lei do Desarmamento, é correto afirmar:

a) É desnecessário o registro no SINARM dos armeiros em atividade no país, bem com a licença para o exercício de tal atividade.

b) Para aquisição de arma de fogo de uso permitido, o interessado somente precisa comprovar sua ocupação lícita e residência certa.

c) Está proibido ao Auditor da Receita Federal do Brasil o porte de arma de fogo, visto que sua atividade laboral não é correlata à de segurança pública ou mesmo privada.

d) As armas de propriedade de empresa de segurança privada e de transporte de valores, legalmente constituídas, somente poderão ser utilizadas por seus funcionários quando em serviço, sendo da empresa a responsabilidade e guarda das armas registradas em seu nome.

e) A autorização para o porte de arma de fogo de uso permitido, dentro do território brasileiro, é de competência das Secretarias de Segurança Pública dos Estados, respeitado o limite territorial de cada Unidade Federada.

258. **(MPE/SC/Promotor/2014)** Comete crime de posse irregular de arma de fogo de uso permitido cidadão que é pego mantendo sob sua guarda, no interior do quarto de sua residência, embaixo da cama, uma pistola.40, de uso restrito e com numeração suprimida.

■ Omissão de Cautela {art. 13}

> **Art. 13.** Deixar de observar as cautelas necessárias para impedir que menor de 18 (dezoito) anos ou pessoa portadora de deficiência mental se apodere de arma de fogo que esteja sob sua posse ou que seja de sua propriedade:
>
> Pena – detenção, de 1 (um) a 2 (dois) anos, e multa.

Questões de concursos

259. **(Cespe/TJ/PB/Juiz/2015)** Acerca dos crimes em espécie previstos no CP e na legislação penal especial, assinale a opção correta.

    a) A O crime de lesão corporal praticado por um indivíduo contra seu irmão, no âmbito doméstico, configura apenas o crime de lesão corporal simples, dada a inaplicabilidade da Lei Maria da Penha em casos em que a vítima seja do sexo masculino.

    b) O crime de omissão de cautela, previsto no Estatuto do Desarmamento, é delito omissivo, sendo a culpa na modalidade negligência o elemento subjetivo do tipo.

    c) O estupro de vulnerável praticado sem a utilização de violência real ou de grave ameaça não pode ser considerado crime hediondo.

    d) Deixar de fornecer, quando obrigatória, nota fiscal relativa à venda de mercadoria ou prestação de serviço efetivamente realizado é crime cuja conduta típica classifica-se como material, visto que somente se consuma quando há o lançamento definitivo do tributo.

    e) Nos crimes previstos no Código de Trânsito Brasileiro, a suspensão ou a proibição para se obter permissão ou habilitação para dirigir veículo automotor deve ser imposta cumulativamente com outras penalidades, não como pena autônoma.

260. **(Cespe/TJ/PB/Juiz/2015)** Acerca dos crimes em espécie previstos no CP e na legislação penal especial, assinale a opção correta.

   a) A O crime de lesão corporal praticado por um indivíduo contra seu irmão, no âmbito doméstico, configura apenas o crime de lesão corporal simples, dada a inaplicabilidade da Lei Maria da Penha em casos em que a vítima seja do sexo masculino.

   b) O crime de omissão de cautela, previsto no Estatuto do Desarmamento, é delito omissivo, sendo a culpa na modalidade negligência o elemento subjetivo do tipo.

   c) O estupro de vulnerável praticado sem a utilização de violência real ou de grave ameaça não pode ser considerado crime hediondo.

   d) Deixar de fornecer, quando obrigatória, nota fiscal relativa à venda de mercadoria ou prestação de serviço efetivamente realizado é crime cuja conduta típica classifica-se como material, visto que somente se consuma quando há o lançamento definitivo do tributo.

   e) Nos crimes previstos no Código de Trânsito Brasileiro, a suspensão ou a proibição para se obter permissão ou habilitação para dirigir veículo automotor deve ser imposta cumulativamente com outras penalidades, não como pena autônoma.

261. **(Vunesp/PC/CE/Escrivão/2015)** É cominada pena de detenção aos seguintes crimes da Lei n. 10.826/03:

   a) posse de arma de fogo de uso permitido e posse de arma de fogo de uso restrito.

   b) disparo de arma de fogo e porte ilegal de arma de fogo de uso permitido

   c) posse irregular de arma de fogo de uso permitido e porte ilegal de arma de fogo de uso permitido

   d) posse irregular de arma de fogo de uso permitido e omissão de cautela.

   e) disparo de arma de fogo e omissão de cautela.

■ Conduta Equiparada {art. 13, p. ú.}

Parágrafo único. Nas mesmas penas incorrem o proprietário ou diretor responsável de empresa de segurança e transporte de valores que deixarem de registrar ocorrência policial e de comunicar à Polícia Federal perda, furto, roubo ou outras formas de extravio de arma de fogo, acessório ou munição que estejam sob sua guarda, nas primeiras 24 (vinte quatro) horas depois de ocorrido o fato.

262. **(Cespe/PM/CE/Oficial/2014)** Responderá pelo delito de omissão de cautela o proprietário ou o diretor responsável de empresa de segurança e transporte de valores que deixar de registrar ocorrência policial e de comunicar à polícia civil do estado, nas primeiras vinte e quatro horas depois de ocorrido o fato, a perda de munição que esteja sob sua guarda.

263. **(Cespe/TRF/5R/Juiz/2013)** Assinale a opção correta tendo como referência o Estatuto do Desarmamento.

    a) Um fazendeiro poderá pleitear à autoridade policial federal a aquisição e registro de arma de fogo, desde que preencha determinados requisitos legais, como contar com mais de vinte e um anos de idade, incorrendo na posse irregular de arma de fogo o fazendeiro que, não cumprindo esses requisitos, adquirir arma de fogo e mantê-la em sua propriedade rural.

    b) Modificar as características de uma arma de fogo, de forma a torná-la equivalente a arma de fogo de uso restrito, constitui, por equiparação, crime de comércio irregular de arma de fogo.

    c) O proprietário de arma de fogo legalmente registrada em seu nome deverá, no prazo de vinte e quatro horas depois de ocorrido o fato, registrar ocorrência policial e comunicar à Polícia Federal a sua perda, sob pena de responder por crime de omissão de cautela, previsto na Lei n. 10.826/2003.

    d) Aquele que exerce a função de frentista em posto de combustíveis durante o período noturno e possui certificado de registro de arma de fogo da qual é o legítimo proprietário pode, sem incorrer em crime, mantê-la em seu local de trabalho, para defesa pessoal.

    e) São vedadas a fabricação, a venda, a comercialização de réplicas e simulacros de armas de fogo que com estas se possam confundir, salvo as réplicas e simulacros destinados à instrução, ao adestramento, ou à coleção de usuário autorizado, nas condições fixadas pelo Comando do Exército, e os brinquedos. Aquele que, sem autorização legal, proceder à fabricação de simulacro de arma de fogo, que com esta possa se confundir, responde pelo crime de comércio ilegal de arma de fogo.

■ Porte Ilegal de Arma de Fogo de Uso Permitido {art. 14}

Art. 14. Portar, deter, adquirir, fornecer, receber, ter em depósito, transportar, ceder, ainda que gratuitamente, emprestar, remeter, empregar, manter sob guarda ou ocultar arma de fogo, acessório ou munição, de uso permitido, sem autorização e em desacordo com determinação legal ou regulamentar:

Pena – reclusão, de 2 (dois) a 4 (quatro) anos, e multa.

Informativos (STF)

"Abolitio criminis" e porte ilegal de arma de fogo

O acórdão impugnado teria mencionado que o caso não seria de posse, mas de porte ilegal de arma de fogo, de modo a tornar inviável a incidência da causa excludente de tipicidade invocada pela defesa. O acórdão do "tribunal a quo" harmonizar-se-ia com entendimento desta Corte, de não admitir a "abolitio criminis" fora do período de abrangência determinado em lei, tampouco aceitaria a sua incidência quando configurado o porte ilegal de arma de fogo. No que diz respeito às conclusões do processo administrativo disciplinar, aludiu-se que a jurisprudência consolidada do STF reconheceria a independência das esferas administrativa e penal. RHC 111931, Rel. Min. Gilmar Mendes, 4.6.13. 2ª T. (Info 709)

"Abolitio criminis" e prorrogação de prazo para registro de arma

A reabertura de prazo para registro ou renovação de registro de arma de fogo de uso permitido prevista pela Lei 11.706/08, que deu nova redação ao art. 30 da Lei 10.826/03, não constitui "abolitio criminis". RE 768494, Rel. Min. Luiz Fux, 19.9.13. Repercussão geral – mérito. Pleno. (Info 720)

Apreensão de arma em caminhão. Tipificação.

Configura delito de porte ilegal de arma de fogo se a arma é apreendida no interior de caminhão. 2. O caminhão não é um ambiente estático, não podendo ser reconhecido como local de trabalho. REsp 1.219.901, Rel. Min. Sebastião Reis Jr., 24.4.12. 6ª T. (Info 496)

Atipicidade da conduta de porte ilegal de arma de fogo ineficaz.

Demonstrada por laudo pericial a total ineficácia da arma de fogo e das munições apreendidas, deve ser reconhecida a atipicidade da conduta do agente que detinha a posse do referido artefato e das aludidas munições de uso proibido, sem autorização e em desacordo com a determinação legal/regulamentar. REsp 1.451.397, Rel. Min. Maria T. A. Moura, DJ 1.10.15. 6ª T. (Info 570)

Porte. Arma de fogo desmuniciada. Munição incompatível.

Para se ter por configurada a tipicidade material do porte ilegal de arma de fogo, necessária a comprovação da eficiência do instrumento, isto é, a sua potencialidade lesiva. 2. No caso, a arma de fogo, apreendida e submetida a perícia, era inapta à produção de disparos. 3. Em relação às munições de uso restrito, conquanto aprovadas no teste de eficiência, não ofereceram perigo concreto de lesão, já que a arma de fogo apreendida, além de ineficiente, era de calibre distinto. 4. Se este órgão fracionário tem proclamado que a conduta de quem porta arma de fogo desmuniciada é atípica, quanto mais a de quem leva consigo munição sem arma adequada ao alcance. HC 118.773, Rel. Min. Og Fernandes, 16.2.12. 6ª T. (Info 491)

Porte de arma de fogo por policial civil aposentado.

O porte de arma de fogo a que têm direito os policiais civis (arts. 6º da Lei 10.826/03 e 33 do Decreto 5.123/14) não se estende aos policiais aposentados. HC 267.058, Rel. Min. Jorge Mussi, DJ 15.12.14. 5ª T. (Info 554)

Porte de arma de fogo por vigia após o horário de expediente.

O fato de o empregador obrigar seu empregado a portar arma de fogo durante o exercício das atribuições de vigia não caracteriza coação moral irresistível (art. 22 do CP) capaz de excluir a culpabilidade do crime de "porte ilegal de arma de fogo de uso permitido" (art. 14 da Lei 10.826/03) atribuído ao empregado que tenha sido flagrado portando, em via pública, arma de fogo, após o término do expediente laboral, no percurso entre o trabalho e a sua residência. REsp 1.456.633, Rel. Min. Reynaldo Soares da Fonseca, DJ 13.4.2016. 5ª T. (Info 581)

Porte de granada: desnecessidade de apreensão e perícia

O reconhecimento da causa de aumento de pena prevista no art. 157, § 2º, I, do CP prescinde da apreensão e da realização de perícia na arma, quando provado o seu uso no roubo por outros meios de prova. Inteligência dos arts. 158 e 167 do CP. HC 108034, Rel. Min. Rosa Weber, 7.8.12. 1ª T. (Info 674)

Porte de munição e lesividade da conduta

A alegação de atipicidade da conduta decorrente da "abolitio criminis" temporária não pode ser conhecida, pois não foi objeto de exame pelo STJ, e o seu conhecimento por esta Corte levaria à indevida supressão de instância e ao extravasamento dos limites de competência descritos no art. 102 da CF. II. A objetividade jurídica da norma penal em comento transcende a mera proteção da incolumidade pessoal, para alcançar também a tutela da liberdade individual e do corpo social como um todo, asseguradas ambas pelo incremento dos níveis de segurança coletiva que a lei propicia. III. Mostra-se irrelevante, no caso, cogitar-se da lesividade da conduta de portar apenas a munição, porque a hipótese é de crime de perigo abstrato, para cuja caracterização não importa o resultado concreto da ação. HC 113295, Rel. Min. Ricardo Lewandowski, 13.11.2012). 2ª T. (Info 688)

Porte ilegal de arma de fogo e ausência de munição

A questão relativa à atipicidade ou não do porte ilegal de arma de fogo sem munição ainda não foi pacificada pelo STF. Há precedentes tanto a favor do reconhecimento da atipicidade da conduta, quanto no sentido da desnecessidade de a arma estar municiada. Há que prevalecer a segunda corrente, especialmente após a entrada em vigor da Lei 10.826/03, a qual, além de tipificar até mesmo o simples porte de munição (art. 14), não exige, para a caracterização do crime de porte ilegal de arma de fogo, que esta esteja municiada, segundo se extrai da redação do art. 14 daquele diploma legal. (...). As demais alegações do impetrante não foram submetidas nem ao TJCE, nem ao STJ, o que inviabiliza a sua apreciação pelo STF, sob pena de supressão de instância. De mais a mais, o prazo concedido pelo legislador ordinário para o registro de arma, que constituiria uma espécie de "vacatio legis" indireta, foi destinado aos proprietários e possuidores de arma de fogo, conduta abrangida pelo art. 12 da Lei 10.826/03, e não àqueles acusados de porte ilegal, previsto no art. 14 da mesma norma, como é o caso do paciente. HC 96759, Rel. Min. Joaquim Barbosa, 28.2.12. 2ª T. (Info 656)

Porte ilegal de arma e ausência de munição

A tese apresentada no "habeas corpus" consiste na alegada atipicidade da conduta de o paciente portar arma de fogo, sem autorização e em desacordo com determinação legal e regulamentar, quando se tratar de arma desmuniciada. 2. O tipo penal do art. 14, da Lei nº 10.826/03, ao prever as condutas de portar, deter, adquirir, fornecer, receber, ter em depósito, transportar, ceder, ainda que gratuitamente, emprestar, remeter, empregar, manter sob guarda ou ocultar arma de fogo, acessório ou munição, de uso permitido, sem autorização e em desacordo com determinação legal e regulamentar, contempla crime de mera conduta, sendo suficiente a ação de portar ilegalmente a arma de fogo, ainda que desmuniciada. 3. O fato de estar desmuniciado o revólver não o desqualifica como arma, tendo em vista que a ofensividade de uma arma de fogo não está apenas na sua capacidade de disparar projéteis, causando ferimentos graves ou morte, mas também, na grande maioria dos casos, no seu potencial de intimidação. 4. Vê-se, assim, que o objetivo do legislador foi antecipar a punição de fatos que apresentam potencial lesivo à população – como o porte de arma de fogo em desacordo com as balizas legais –, prevenindo a prática de crimes como homicídios, lesões corporais, roubos etc. E não se pode negar que uma arma de fogo, transportada pelo agente na cintura, ainda que desmuniciada, é propícia, por exemplo, à prática do crime de roubo, diante do seu poder de ameaça e de intimidação da vítima. HC 95073, Red. p/ ac. Min. Teori Zavascki, 19.3.13. 2ª T. (Info 699)

Porte ilegal de arma de fogo e conceito técnico de arma de fogo.

Não está caracterizado o crime de porte ilegal de arma de fogo quando o instrumento apreendido sequer pode ser enquadrado no conceito técnico de arma de fogo, por estar quebrado e, de acordo com laudo pericial, totalmente inapto para realizar disparos. AgRg no AREsp 397.473, Rel. Min. Marco Aurélio Bellizze, 19.8.14. 5ª T. (Info 544)

Porte ilegal de munição. Ausência de arma de fogo.

Para a ocorrência do crime de porte de munição, é necessária a demonstração de que a conduta tenha oferecido perigo concreto ao bem jurídico tutelado pela norma penal. HC 194.468, Rel. Min. Sebastião Reis Jr., 17.4.12. 6ª T. (Info 495)

Porte ilegal de munição e princípio da insignificância

A configuração da conduta tipificada no art. 14, "caput", da Lei 10.826/03 não depende do tipo ou da quantidade da munição portada pelo agente. HC 131771, Rel. Min. Marco Aurélio, 18.10.2016. 1ª T. (Info 844)

Suspensão cautelar do porte de arma de fogo de servidor militar por decisão administrativa.

A Polícia Militar pode, mediante decisão administrativa fundamentada, determinar a suspensão cautelar do porte de arma de policial que responde a processo criminal. RMS 42.620, Rel. Min. Humberto Martins, 25.2.14. 2ª T. (Info 537)

Tipicidade da conduta no crime de porte ilegal de arma de fogo de uso permitido.

É típica (art. 14 da Lei 10.826/03) a conduta do praticante de tiro desportivo que transportava, municiada, arma de fogo de uso permitido em desacordo com os termos de sua guia de tráfego, a qual autorizava apenas o transporte de arma desmuniciada. De fato, as armas dos praticantes de tiro desportivo não integram rol dos "registros próprios" (art. 2º, § 1º do Dec. 5.123/04), ao menos para o fim de lhes ser deferido porte de arma. Dispõe, na verdade, sobre guia de tráfego (art. 30, § 1º, do referido decreto), licença distinta, a ser expedida pelo Comando do Exército. RHC 34.579, Rel. Min. Maria T. A. Moura, 24.4.14. 6ª T. (Info 540)

Uso de munição como pingente e atipicidade

É atípica a conduta daquele que porta, na forma de pingente, munição desacompanhada de arma. HC 133984, Rel. Min. Cármen Lúcia, 17.5.2016. 2ª T. (Info 826)

Jurisprudência complementar (STF)

(...). Porte ilegal de arma de fogo com numeração suprimida. Art. 16, parágrafo único, inciso IV, da Lei 10.826/2003. Tipicidade. Crime de mera conduta ou perigo abstrato. Tutela da segurança pública e da paz social. Desclassificação para o delito de porte ilegal de arma de fogo de uso permitido previsto no art. 14 da Lei 10.826/2003. Impossibilidade. "Abolitio criminis" temporária. Inaplicabilidade. (...). 1. A arma de fogo portada sem autorização, em desacordo com determinação legal ou regulamentar e com numeração suprimida configura o delito previsto no art. 16, parágrafo único, inciso IV, da Lei 10.826/2003, pois o crime é de mera conduta e de perigo abstrato. 2. Deveras, para configuração do delito de porte ilegal de arma de fogo com a numeração suprimida, não importa ser a arma de fogo de uso restrito ou permitido, basta que a arma esteja com o sinal de identificação suprimido ou alterado, pois o que se busca proteger é a segurança pública, por meio do controle realizado pelo Poder Público das armas existentes no País. 3. "in casu", o paciente foi preso em flagrante, em via pública, portando um revólver, marca Rossi, calibre 38, com numeração raspada, municiado com 05 (cinco) cartuchos, sendo a arma apreendida, periciada e considerada apta para realizar disparo. 4. A descriminalização temporária prevista na Lei 10.826/2003 restringe-se ao crime de posse irregular de arma de fogo descrito no art. 12 e não abrange o delito de porte de arma de fogo com numeração suprimida previsto no art. 16, ambos do mesmo diploma legal. (...). (HC 110792, Rel. Min. Luiz Fux, 1ª T., DJ 7.10.2013)

(...). Porte de munição de arma de fogo de uso permitido. Art. 14 da Lei 10.826/2003. Tipicidade da conduta. Crime de perigo abstrato. (...). 1. O porte de munição de arma de fogo de uso permitido constitui crime de perigo abstrato, portanto irrelevante a presença da arma de fogo para sua tipificação (art. 14 da Lei 10.826/2003). (...). (HC 117559, Rel. Min. Rosa Weber, 1ª T., DJ 24.9.2013)

(...). Porte ilegal de arma de fogo (art. 14 da Lei 10.826/2003. Desnecessidade da perícia no artefato. Outros meios de prova. (...). A apreensão da arma de fogo no afã de submetê-la a perícia para concluir pela consumação do crime de porte ilegal do artefato, tipificado no art. 14. da Lei 10.826/2003, não é necessária nas hipóteses em que sua efetiva utilização pode ser demonstrada por outros meios de prova (HC 96099...). (...). (HC 104347, Rel. p/ ac. Min. Luiz Fux, 1ª T., DJ 13.8.2013)

(...). Porte ilegal de arma. Alegação de atipicidade. Arma desmuniciada. Crime de mera conduta. Denegação da ordem. 1. A tese apresentada no "habeas corpus" consiste na alegada atipicidade da conduta de o paciente portar arma de fogo, sem autorização e em desacordo com determinação legal e regulamentar, quando se tratar de arma desmuniciada. 2. O tipo penal do art. 14, da Lei 10.826/03, ao prever as condutas de portar, deter, adquirir, fornecer, receber, ter em depósito, transportar, ceder, ainda que gratuitamente, emprestar, remeter, empregar, manter sob guarda ou ocultar arma de fogo, acessório ou munição, de uso permitido, sem autorização e em desacordo com determinação legal e regulamentar, contempla crime de mera conduta, sendo suficiente a ação de portar ilegalmente a arma de fogo, ainda que desmuniciada. 3. O fato de estar desmuniciado o revólver não o desqualifica como arma, tendo em vista que a ofensividade de uma arma de fogo não está apenas na sua capacidade de disparar projéteis, causando ferimentos graves ou morte, mas também, na grande maioria dos casos, no seu potencial de intimidação. 4. Vê-se, assim, que o objetivo do legislador foi antecipar a punição de fatos que apresentam potencial lesivo à população – como o porte de arma de fogo em desacordo com as balizas legais –, prevenindo a prática de crimes como homicídios, lesões corporais, roubos etc. E não se pode negar que uma arma de fogo, transportada pelo agente na cintura, ainda que desmuniciada, é propícia, por exemplo, à prática do crime de roubo, diante do seu poder de ameaça e de intimidação da vítima. (...). (HC 95073, Rel. p/ ac. Min. Teori Zavascki, 2ª T., DJ 11.4.2013)

Jurisprudência complementar (STJ)

A cessão onerosa de arma de fogo, de uso permitido, sem autorização e em desacordo com determinação legal ou regulamentar, configura, em tese, o delito previsto no art. 14 do Estatuto do Desarmamento, sendo despicienda a referência pelo legislador ao verbo "vender" entre as ações típicas constantes do dispositivo em destaque. (...). (AgRg no REsp 1337959, Rel. Min. Gurgel de Faria, DJ 1.9.2015)

(...). Direito penal. Furto qualificado em continuidade delitiva. Art. 155, § 4º, I e IV, c/c o art. 70 do CP. Porte ilegal de arma de fogo. Art. 14 da Lei 10.826/2003. Res furtiva portada em subtrações. Post factum impunível. Mero exaurimento do crime de furto. Absolvição em razão princípio da consunção. Súmula 7/STJ. 1. Em razão do princípio da consunção, o crime de porte ilegal de arma de fogo de uso permitido (art. 14 da Lei 10.826/2003) deve ser absorvido pelo o de furto porque a arma encontrada com o réu fazia parte dos bens subtraídos, evidenciando o mero exaurimento do delito, post factum impunível. 2. Para a configuração de qualquer delito, faz-se necessário que a conduta do acusado esteja revestida de dolo ou culpa. Se não há dolo, ainda há possibilidade de punição a título de culpa. Mas, em observância aos princípios da tipicidade e legalidade, somente há culpa caso o tipo legal preveja o crime culposo, nos termos do art. 18, parágrafo único, do Código Penal. 3. Desconstituir a conclusão a que chegaram as instâncias ordinárias implica necessariamente a incursão no conjunto probatório dos autos, revelando-se inadequada a análise da pretensão especial, em função do óbice da Súmula 7/STJ. 4. Na via especial, o Superior Tribunal de Justiça não é sucedâneo das instâncias ordinárias, sobretudo quando envolvida, para a resolução da controvérsia, a apreciação do acervo de provas dos autos, o que é incabível em tema de recurso especial, a teor da Súmula 7/STJ. (...). (REsp 1503548, Rel. Min. Sebastião Reis Júnior, DJ 26.8.2015)

(...). Porte ilegal de munição de uso permitido (cem cápsulas). Artigo 14 da Lei 10.826/2003. Alegação de atipicidade da conduta criminosa. Munição desacompanhada da arma de fogo. Irrelevância. Crime de perigo abstrato. 1. O crime de porte ilegal de munição de uso permitido, descrito no art. 14, caput, da Lei 10.826/2003, configura-se com a simples prática de um dos verbos elencados no tipo penal, sendo irrelevante a apreensão conjunta da respectiva arma de fogo, uma vez que se trata de delito de perigo abstrato, cujo bem protegido é a incolumidade pública. (...). (AgRg nos EDcl no AREsp 559.072, Rel. Min. Gurgel de Faria, DJ 2.6.2015)

(...). Posse ou porte ilegal de arma de fogo de uso restrito. Crime formal ou de perigo abstrato. Acórdão em consonância com entendimento do Superior Tribunal de Justiça. Súmula 83/STJ. Incidência. 1. O Tribunal de origem, ao entender que o delito pelo qual o recorrente restou condenado é de perigo abstrato e de mera conduta, cuja "consumação se dá com o simples fato de estar na posse ou porte de arma de fogo, munição ou acessório, não se exigindo qualquer finalidade específica, isto é, dolo específico", decidiu em conformidade com a hodierna e pacífica jurisprudência deste Sodalício. (...). (AgRg no AREsp 610.230, Rel. Min. Jorge Mussi, DJ 22.4.2015)

Questões de concursos

264. **(Consulplan/TRF/2R/Técnico/2017)** São tipos penais previstos na Lei n. 10.826, de 22 de dezembro 2003, exceto:

   a) Utilizar simulacro de arma de fogo para prática de crime ou contravenção penal.

   b) Deixar de observar as cautelas necessárias para impedir que menor de dezoito anos ou pessoa portadora de deficiência mental se apodere de arma de fogo que esteja sob sua posse ou que seja de sua propriedade.

   c) Possuir ou manter sob sua guarda arma de fogo, acessório ou munição, de uso permitido, em desacordo com determinação legal ou regulamentar, no interior de sua residência ou dependência desta, ou, ainda, no seu local de trabalho, desde que seja o titular ou o responsável legal do estabelecimento ou empresa.

d) O proprietário ou diretor responsável de empresa de segurança e transporte de valores deixarem de registrar ocorrência policial e de comunicar à Polícia Federal perda, furto, roubo ou outras formas de extravio de arma de fogo, acessório ou munição que estejam sob sua guarda, nas primeiras vinte quatro horas depois de ocorrido o fato.

265. **(Funcab/PC/PA/Delegado/2016)** Sobre os crimes previstos no Estatuto do Desarmamento, assinale a resposta correta.

    a) O crime previsto no art. 14 do Estatuto (porte ilegal de arma de fogo de uso permitido) versa sobre armas de fogo e munições, não contemplando os acessórios entre suas elementares.

    b) Entende-se como posse de arma de fogo a conduta de possuir ou manter arma em casa ou local de trabalho, qualquer que seja ele, em desacordo com determinação legal ou regulamentar.

    c) Comete o crime do art. 14 do Estatuto o praticante de tiro esportivo que transporta arma de fogo municiada, quando a guia de tráfego autoriza apenas o transporte de arma desmuniciada.

    d) Para a consumação da infração penal prevista no art. 13 do Estatuto, basta que o sujeito ativo omita as cautelas necessárias para impedir que pessoas menores de 18 anos ou portadores de deficiência mental se apoderem de munições.

    e) O porte de simulacro de arma de fogo de uso restrito caracteriza o crime previsto no art. 16 do Estatuto.

266. **(Funcab/PC/PA/Delegado/2016)** Durante uma operação policial de rotina, policiais rodoviários federais abordam o caminhão conduzido por Teotônio. Revistado o veículo, encontram um revólver calibre 38, contendo munições intactas em seu tambor, escondido no porta-luvas. Os policiais constatam, ainda, que a numeração de série do revólver não está visível, sendo certo que perícia posterior concluiria que o desaparecimento se deu por oxidação natural, decorrente da ação do tempo. Questionado, Teotônio revela não possuir porte de arma e sequer tem o instrumento registrado em seu nome. Afirma, também, que a arma fora adquirida para que pudesse se proteger, pois um desafeto o ameaçara, prometendo-lhe agressão física futura. Nesse contexto, é correto afirmar que Teotônio:

    a) cometeu crime de porte de arma de fogo de uso permitido.

    b) cometeu crime de porte ou posse de arma de fogo com numeração suprimida.

    c) cometeu crime de posse de arma de fogo de uso permitido.

    d) Não cometeu crime.

    e) cometeu crime de porte ou posse de arma fogo de uso restrito.

267. **(Nucepe/Sejus/PI/Agente_Penitenciário/2016)** Tito, policial civil, está sendo ameaçado, decidiu então comprar um revólver calibre 38, para ter uma arma extra. Vai até o centro da cidade e compra de Antônio um revólver calibre 38, com a numeração raspada. Antônio, o vendedor, 25 anos de idade, também, ofereceu a ele uma pistola de uso exclusivo das forças armadas. Marque a alternativa correta.

   a) Tito na condição de policial pode utilizar durante as suas diligências o revólver comprado de Antônio como uma segunda arma.

   b) Caso Tito deixe a arma comprada apenas em sua casa, não há cometimento de crime.

   c) Caso Tito seja preso, poderá pagar uma fiança estabelecida pelo delegado, e ser solto.

   d) Os integrantes do quadro efetivo dos agentes e guardas prisionais têm o porte de arma de fogo regulado em Lei, devendo realizar comprovação de capacidade técnica e de aptidão física.

   e) É possível aos residentes em áreas rurais, sendo maiores de 25 (vinte e cinco) anos, que comprovarem depender do emprego de arma de fogo para prover a subsistência de sua família, a concessão do porte de arma de fogo na categoria caçador para subsistência.

268. **(Funcab/PC/PA/Escrivão/2016)** Nos termos do Estatuto do Desarmamento, Lei n. 10.826, de 2003, dentre as categorias de pessoas a seguir enumeradas, qual é aquela, para a qual existe a restrição ao direito de portar arma de fogo de propriedade particular ou fornecida pela respectiva corporação ou instituição, mesmo fora de serviço, com validade em âmbito nacional?

   a) integrantes das guardas municipais das capitais dos Estados e dos Municípios com mais de 500.000 (quinhentos mil) habitantes.

   b) integrantes das Forças Armadas.

   c) integrantes da polícia da Câmara dos Deputados.

   d) agentes operacionais da Agência Brasileira de Inteligência.

   e) agentes do departamento de Segurança do Gabinete de Segurança Institucional da Presidência da República.

269. **(Vunesp/PC/CE/Inspetor/2015)** Sobre o Estatuto do Desarmamento (Lei n. 10.826/2003), está correto afirmar que

   a) a posse e guarda de arma de fogo no interior da residência ou no local de trabalho é autorizada, desde que a arma de fogo seja de uso permitido.

   b) o Estatuto do Desarmamento só regula condutas envolvendo armas de fogo de uso permitido

c) o artigo 14 do Estatuto do Desarmamento dispõe sobre o porte de arma de fogo de uso permitido e o artigo 16 da mesma lei dispõe sobre o porte de arma de fogo de uso restrito.

d) o crime de disparo de arma de fogo previsto no artigo 15 do Estatuto admite tanto a conduta dolosa (disparo proposital), como culposa (disparo acidental).

e) o Estatuto do Desarmamento não pune o porte ou a posse de acessório ou munição para armas de fogo.

270. **(Funiversa/SEAP/DF/Agente_Penitenciário/2015)** Conforme jurisprudência pacificada no STJ, o crime de porte ilegal de arma de fogo de uso permitido é de perigo concreto.

271. **(Fapec/MPE/MS/Promotor/2015)** Assinale a alternativa correta:

a) Considerando-se a Lei n. 10.826/2013 (Estatuto do Desarmamento), não comete qualquer crime a pessoa que, possuindo autorização para o porte de arma de fogo permitido, adentra em local público com a arma municiada, podendo, entretanto, ser sancionada administrativamente.

b) Em relação aos crimes previstos na Lei n. 11.340/2006 (Lei Maria da Penha), as medidas protetivas de urgência poderão ser concedidas de imediato, observada a prévia manifestação, no prazo de 24 (vinte e quatro) horas, do representante do Ministério Público.

c) Aquele que oferece droga, eventualmente e sem objetivo de lucro, à pessoa de seu relacionamento, para juntos consumirem, deve ser considerado usuário, nos termos do que dispõe a Lei n. 11.343/2006 (Lei de Tóxicos).

d) Conforme a Lei n. 12.850/2013 (Crime Organizado), os condenados por integrar, pessoalmente ou por interposta pessoa, organização criminosa iniciarão o cumprimento da pena em regime fechado.

e) Tratando-se de crime ambiental previsto na Lei n. 9.605/1998, não é necessário que a infração, para ser passível de responsabilização penal a pessoa jurídica, deva ser cometida no interesse ou benefício da entidade.

272. **(Ipad/Prefeitura_Recife/Guarda_Municipal/2014)** Beltrano, decide levar em sua cintura um simulacro de arma de fogo por se encontrar assustado com a violência na localidade onde reside. Dentro do ônibus quando se deslocava para seu trabalho foi abordado por policiais que apreenderam o referido simulacro e efetuaram a prisão de Beltrano. Considerando o exposto. é correto afirmar

a) Que a prisão de Beltrano foi legal, visto que a Lei Federal n. 10.826, de 22 de dezembro de 2003 (Estatuto do Desarmamento), veda a fabricação, a venda, a comercialização e a importação de brinquedos, réplicas e simulacros de armas de fogo, que com estas se possam confundir em todo território nacional.

b) Que a prisão de Beltrano foi legal, visto que Beltrano poderia ameaçar algum dos passageiros"

c) Que foi ilegal a prisão, visto que a Lei Federal n. 10.826, de 22 de dezembro de 2003 (Estatuto do Desarmamento), não considera crime o porte de simulacro de arma de fogo.

d) Que foi ilegal a prisão, visto que Beltrano necessitava de autorização legal de autoridade competente para portar simulacro de arma de fogo.

e) Que foi legal, visto que a Lei Federal n. 10.826, de 22 de dezembro de 2003 (Estatuto do Desarmamento), não distingue entre o simulacro e a arma de fogo real.

273. **(Cespe/TJ/SE/Analista/2014)** Segundo atual entendimento do STF e do STJ, configura crime o porte de arma de fogo desmuniciada, que se caracteriza como delito de perigo abstrato cujo objeto jurídico tutelado não é a incolumidade física, mas a segurança pública e a paz social.

274. **(Aroeira/PC/TO/Delegado/2014)** Sobre registro, posse e comercialização de armas de fogo e munição, em conformidade com a Lei n. 10.826/2003, deve-se considerar o seguinte:

a) o Certificado de Registro de Arma de Fogo autoriza o seu proprietário a manter a arma de fogo no interior de sua residência, ou no seu local de trabalho, desde que ele seja empregado devidamente registrado em contrato de trabalho na empresa.

b) os policiais civis têm o direito de portar arma de fogo de propriedade particular ou fornecida pela respectiva corporação ou instituição, mesmo fora de serviço, com validade em âmbito nacional

c) o crime de porte ilegal de arma de fogo de uso permitido constitui-se pelo fato de o agente manter arma de fogo, de uso permitido, no seu local de trabalho, não sendo empregado devidamente registrado em contrato de trabalho na empresa.

d) o autor, no crime de comércio ilegal de arma de fogo, utiliza, em proveito próprio ou alheio, no exercício de atividade comercial, arma de fogo, sem autorização, estando sujeito à pena de detenção.

275. **(Cespe/Câmara_Deputados/Analista_Legislativo/2014)** Se um indivíduo que não possua porte de arma de fogo transportar, a pedido de um amigo que possua o referido porte, munição de uma arma de fogo e, estando sozinho nessas circunstâncias, for encontrado pela polícia, tal fato configurará crime previsto em lei.

276. **(FCC/MPE/PA/Promotor/2014)** Com relação à legislação das armas de fogo:

a) a chamada "abolitio criminis" temporária, no entender hoje pacificado do Superior Tribunal de Justiça, teve como limite a data de 23 de outubro de 2005, após o que não ampara mais a conduta do possuidor de qualquer arma de fogo.

b) a chamada "abolitio criminis" temporária, no entender hoje pacificado do Superior Tribunal de Justiça, abrangeu as condutas de posse e de porte ilegal de arma de fogo.

c) a chamada "abolitio criminis" temporária, no entender hoje pacificado do Superior Tribunal de Justiça, aplica-se aos ilícitos de posse ilegal de arma de fogo, inclusive de uso restrito, que tenham sido cometidos até 31 de dezembro de 2010.

d) a chamada "abolitio criminis" temporária, no entender hoje pacificado do Superior Tribunal de Justiça, aplica-se aos ilícitos de posse ilegal de arma de fogo, desde que de uso permitido e de numeração, marca ou outro sinal de identificação não raspado, nem suprimido ou alterado que tenham sido cometidos até 31 de dezembro de 2011.

e) o desmuniciamento da arma não afasta os crimes do Estatuto do Desarmamento, no entender hoje pacificado do Supremo Tribunal Federal.

277. **(Cespe/Câmara_Deputados/Analista_Legislativo/2014)** Considere que um caçador, andando em uma mata, encontre um dispositivo ótico de pontaria e passe a utilizá-lo em sua arma de caça, devidamente registrada. Considere, ainda, que ele conte com o porte legal de arma para a caça. Nesse caso, o fato de ele acoplar o dispositivo à sua arma de fogo e utilizá-la configurará crime previsto na legislação específica de porte ilegal de arma de fogo.

278. **(UFPR/DPE/PR/Defensor/2014)** A respeito do Estatuto do Desarmamento (Lei n. 10.826/2003), assinale a alternativa correta.

a) O delito de disparo de arma de fogo (art. 15) é um crime culposo.

b) O crime de omissão de cautela (art. 13) se configura quando o possuidor ou proprietário deixa de observar as cautelas necessárias para impedir que menor de 14 (quatorze) anos se apodere de arma de fogo.

c) O porte compartilhado de arma de fogo é circunstância legalmente prevista como agravante da pena.

d) Para efeito de tipificação dos crimes do Estatuto do Desarmamento, as réplicas e simulacros de armas de fogo nunca se equiparam às armas de fogo.

e) É constitucional a insuscetibilidade de liberdade provisória no delito de posse ou porte ilegal de arma de fogo de uso restrito (art. 16).

Crime Inafiançável e ADIN {art. 14, p. ú.}

> Parágrafo único. O crime previsto neste artigo é inafiançável, salvo quando a arma de fogo estiver registrada em nome do agente.

Jurisprudência complementar (STF)

(...). I. Dispositivos impugnados que constituem mera reprodução de normas constantes da Lei 9.437/1997, de iniciativa do Executivo, revogada pela Lei 10.826/2003, ou são consentâneos com o que nela se dispunha, ou, ainda, consubstanciam preceitos que guardam afinidade lógica, em uma relação de pertinência, com a Lei 9.437/1997 ou com o PL 1.073/1999, ambos encaminhados ao Congresso Nacional pela Presidência da República, razão pela qual não se caracteriza a alegada inconstitucionalidade formal. II. Invasão de competência residual dos Estados para legislar sobre segurança pública inocorrente, pois cabe à União legislar sobre matérias de predominante interesse geral. III. O direito do proprietário à percepção de justa e adequada indenização, reconhecida no diploma legal impugnado, afasta a alegada violação ao art. 5º, XXII, da Constituição Federal, bem como ao ato jurídico perfeito e ao direito adquirido. IV. A proibição de estabelecimento de fiança para os delitos de "porte ilegal de arma de fogo de uso permitido" e de "disparo de arma de fogo", mostra-se desarrazoada, porquanto são crimes de mera conduta, que não se equiparam aos crimes que acarretam lesão ou ameaça de lesão à vida ou à propriedade. V. Insusceptibilidade de liberdade provisória quanto aos delitos elencados nos arts. 16, 17 e 18. Inconstitucionalidade reconhecida, visto que o texto magno não autoriza a prisão ex lege, em face dos princípios da presunção de inocência e da obrigatoriedade de fundamentação dos mandados de prisão pela autoridade judiciária competente. VI. Identificação das armas e munições, de modo a permitir o rastreamento dos respectivos fabricantes e adquirentes, medida que não se mostra irrazoável. VII. A idade mínima para aquisição de arma de fogo pode ser estabelecida por meio de lei ordinária, como se tem admitido em outras hipóteses. VIII. Prejudicado o exame da inconstitucionalidade formal e material do art. 35, tendo em conta a realização de referendo. IX. Ação julgada procedente, em parte, para declarar a inconstitucionalidade dos parágrafos únicos dos artigos 14 e 15 e do artigo 21 da Lei 10.826, de 22 de dezembro de 2003 (ADI 3112, Rel. Min. Ricardo Lewandowski, j. 2.5.2007).

Jurisprudência complementar (STJ)

(...). Porte ilegal de arma de fogo de uso permitido. Art. 14 da Lei 10.826/2003. Norma penal em branco. Leis distritais n. 1.398/97, 2.176/98, 2.990/2002 e 3.190/2003. Auditor de trânsito do Detran/DF. Porte da arma fora da residência e do exercício do cargo. Conduta típica. Trancamento da ação penal. Impossibilidade. (...). 2. Para atender ao princípio da legalidade, e denominar típica a conduta descrita no art. 14 da Lei 10.826/2003, impõe-se ao agente o porte da referida arma sem a devida autorização ou em desobediência a determinação legal ou regulamentar. 3. Por autorização entende-se deter o respectivo certificado de registro federal de arma de fogo emitido pelo Sistema Nacional de Armas (SINARM) do Departamento de Polícia Federal (art. 10 da Lei 10.826/2003). 4. No caso dos autos, o acusado é possuidor do aludido certificado, emitido por órgão da Polícia Federal – ainda na validade e colacionado à fl 83 destes autos –, o qual atesta que a pistola marca Glock, modelo G25, n. VPE790, calibre 380, com a qual foi surpreendido o paciente, encontra-se registrada em seu nome, sob o n. 002394950. 5. Como consectário lógico do art. 5º da Lei 10.826/2003, típica deve ser a conduta se o sujeito mantiver sob guarda arma de fogo registrada em qualquer local, diverso da residência ou de trabalho. (...). 6. O art. 14 da Lei 10.826/2003 é norma penal em branco, a qual exige complementação por meio de ato regulador, que forneça parâmetros e critérios legais, para a penalização das condutas ali descritas. 7. A situação funcional do recorrente é regida pelas Leis distritais n. 1.398/1997, 2.176/1998, 2.990/2002 e 3.190/2003, as quais circunscrevem a conduta do acusado, de modo a emoldurá-la no tipo previsto no art. 14 da Lei 10.826/2003. 8. Não é razoável atribuir a qualidade de livre – na acepção ampla da palavra – ao porte de arma àquele que, simplesmente, detém o certificado de registro válido da arma, não bastando o mero critério da autorização emitida por órgão da Polícia Federal, para que o sujeito, casualmente, transite com o artefato, ou o ostente em situação estranha ao exercício das funções ligadas ao cargo. 9. Os arts. 5º da Lei distrital n. 1.398/1997 e 5º da Lei distrital n. 3.190/2003 são claros ao restringir a autorização para porte de arma de fogo de uso permitido aos agentes de trânsito quando em exercício das atribuições do cargo, vedada a condução ostensiva do artefato em locais onde haja reuniões com aglomerações de pessoas. 10. Nos termos da denúncia, a arma foi apreendida em poder do ora recorrente, que, sob efeito de álcool e motivado por ciúme da namorada, ostentava o artefato em uma festa particular, circunstâncias que, nos termos deste voto, não permitem – na fase processual em que a ação se encontra – o afastamento da tipicidade do delito. (...). (RHC 51.739, Rel. Min. Rogerio Schietti Cruz, DJ 17.12.2014)

(...). Porte ilegal de munição de uso permitido. Alegação de atipicidade da conduta. Não-ocorrência. "Abolitio criminis" temporária não estendida ao porte, nem de arma ou munição. Suposta ausência de potencialidade lesiva. Crime de perigo abstrato. (...). 1. Somente as condutas delituosas relacionadas à posse de arma de fogo foram abarcadas pela denominada "abolitio criminis" temporária, prevista nos arts. 30, 31 e 32 da Lei 10.826/03, não sendo possível estender o benefício ao crime de porte de munição. (...). 2. Ademais, a nova redação dada aos dispositivos legais pela Medida Provisória n. 417, convertida na Lei 11.706/2008, prorrogando o prazo para a regularização de armas de fogo de uso permitido, não contemplou o porte de arma ou munição. 3. O crime previsto no art. 14, caput, da Lei 10.826/2003 é um tipo penal alternativo que prevê treze condutas diferentes, de mera conduta e de perigo abstrato, não exigindo, assim, a ocorrência de nenhum resultado naturalístico para a sua consumação. 4. Ora, o legislador ordinário, o criminalizar os núcleos portar, deter, adquirir, fornecer, receber, ter em depósito, transportar, ceder, ainda que gratuitamente, emprestar, remeter, empregar, manter sob guarda ou ocultar arma de fogo, acessório ou munição, de uso permitido, sem autorização e em desacordo com determinação legal ou regulamentar, preocupou-se, essencialmente, com o risco que tais condutas, à deriva do controle estatal, representam para bens jurídicos fundamentais, tais como a vida, o patrimônio, a integridade física, entre outros. Assim, antecipando a tutela penal, pune-se essas condutas antes mesmo que representem qualquer lesão ou perigo concreto. (...). (HC 186.594, Rel. Min. Laurita Vaz, DJ 1.2.2012)

■ Disparo de Arma de Fogo {art. 15}

Art. 15. Disparar arma de fogo ou acionar munição em lugar habitado ou em suas adjacências, em via pública ou em direção a ela, desde que essa conduta não tenha como finalidade a prática de outro crime:
Pena – reclusão, de 2 (dois) a 4 (quatro) anos, e multa.
Parágrafo único. O crime previsto neste artigo é inafiançável.

Jurisprudência complementar (STF)

Extradição instrutória. Homicídio. Estelionato. Disparo de arma de fogo. Promessa de reciprocidade de tratamento em casos análogos. Atendimento aos requisitos formais. Dupla tipicidade. Configuração parcial. Prescrição. Inocorrência. Pedido extradicional parcialmente deferido. I. Delitos que encontram correspondência no ordenamento jurídico pátrio. II. Consoante a legislação brasileira de regência –

Lei 10.826/2003 –, há consunção do crime de disparo de arma de fogo quando a conduta tenha por finalidade a prática de outro crime. III. Extradição deferida em parte. (Ext 1102, Rel. Min. Ricardo Lewandowski, Pleno, DJ 21.11.2008)

Jurisprudência complementar (STJ)

(...). Roubo. Constrangimento ilegal. Disparo de arma de fogo. Desclassificação. Impossibilidade. Reexame probatório. (...). 2. Se as instâncias ordinárias, após detida análise das provas dos autos, entenderam que tipificado o delito previsto no art. 15 da Lei 10.826/03, ao invés do art. 329 do Código Penal, acarretando, por consequência, a condenação do paciente, é certo que não cabe a esta Corte Superior, em "habeas corpus", desconstituir o afirmado, porquanto demandaria profunda incursão na seara fático-probatória, inviável nessa via estreita do "writ". (...). (HC 191.331, Rel. Min. Nefi Cordeiro, DJ 3.9.2015)

(...). Delito de disparo de arma de fogo. Crime de perigo abstrato. Acórdão em conformidade com a jurisprudência desta corte. Incidência da súmula 83/STJ. (...). 2. É firme neste Superior Tribunal de Justiça que "a conduta que se amolda ao artigo 15 da Lei 10.826/2003, (...) se caracteriza como crime de perigo abstrato ou presumido, sendo desnecessária a comprovação da lesividade ao bem jurídico tutelado". (HC 234.637...). (AgRg no AREsp 651.666, Rel. Min. Maria Thereza de Assis Moura, DJ 13.4.2015)

(...). Disparo de arma de fogo (art. 15 da Lei 10.826/2003). Absolvição. Violação do art. 386, VII, do CPP. Inviabilidade. Tema que demanda reexame de matéria fático-probatória. Súmula 7/STJ. Ilegalidade decorrente da desproporção entre o crime e a sanção cominada, considerando o disposto no art. 132 do CP. Improcedência. conduta mais grave, que coloca em risco uma coletividade. 1. A desconstituição do entendimento firmado pelo Tribunal de piso diante de suposta contrariedade à lei federal, buscando a absolvição por insuficiência da prova, não encontra campo na via eleita, dada a necessidade de revolvimento do material probante, procedimento de análise exclusivo das instâncias ordinárias, soberanas no exame do conjunto fático-probatório, e vedado ao Superior Tribunal de Justiça, a teor da Súmula 7/STJ. (...). 2. A conduta tipificada no art. 15 da Lei 10.826/2003 é mais grave do aquela prevista no art. 132 do Código Penal, uma vez que, embora de perigo abstrato, a ação de disparar arma de fogo em local habitado e em via pública representa um risco à integridade física de uma coletividade, isto é, de todos que habitam a localidade e cercanias; não apenas de uma pessoa específica, situação prevista no art. 132 do Código Penal. Logo, não há desproporção na sanção cominada. (...). (REsp 1494303, Rel. Min. Sebastião Reis Júnior, DJ 16.12.2014)

Questões de concursos

279. **(MPE/SC/Promotor/2016)** O tipo penal do art. 15 da Lei n. 10.826/03 (Estatuto do Desarmamento) prevê pena de reclusão e multa para a conduta de disparar arma de fogo ou acionar munição em lugar habitado ou em suas adjacências, em via pública ou em direção a ela, apresentando, contudo, uma ressalva que caracteriza ser o crime referido de natureza subsidiária, qual seja, desde que as condutas acima referidas não tenham como finalidade a prática de outro crime.

280. **(MP/DFT/Promotor/2015)** Aponte a alternativa correta. O proprietário de um bar mantinha, sob sua guarda, há semanas, no referido estabelecimento comercial, arma de fogo de uso permitido, municiada e funcionando perfeitamente, em desacordo com autorização legal e regulamentar. Para fazer uma demonstração do funcionamento da arma a seus clientes, o proprietário do bar a disparou em direção à via pública, situada do lado de fora do bar, praticando, assim:

    a) Crimes de posse irregular de arma de fogo de uso permitido e disparo de arma de fogo, em concurso.

    b) Crime de disparo de arma de fogo, sendo a manutenção da arma de fogo considerada fato anterior impunível.

    c) Crimes de porte ilegal de arma de fogo de uso permitido e disparo de arma de fogo, em concurso.

    d) Crime de posse irregular de arma de fogo, sendo o disparo de arma de fogo considerado fato posterior impunível.

    e) Crime de porte ilegal de arma de fogo, sendo o disparo de arma de fogo considerado fato posterior impunível.

281. **(Ipad/Prefeitura_Recife/Guarda_Municipal/2014)** A respeito da tentativa, e correto afirmar que Beltrano que efetuou disparos de arma de fogo contra Ciclano, sem, contudo, atingi-lo, incorre:

    a) No crime de homicídio consumado, visto que a intenção de Beltrano era ceifar a vida de Ciclano

    b) Ameaça, visto que os disparos de arma de fogo não atingiram Ciclano.

    c) No crime de disparo de arma de fogo em via pública.

    d) A conduta e atípica, visto que Ciclano não foi atingido.

    e) Em tentativa de homicídio.

282. **(MPE/RS/Promotor/2014)** Jorge Santos, 18 anos, ao encontrar o revólver pertencente ao seu pai, aproveitou-se de sua ausência, para deflagrar tiros contra uma placa de trânsito, em frente à sua residência, em plena via pública, no Bairro Imi-

grante, em Caxias do Sul. Os vizinhos, ao ouvirem os estampidos, chamaram a guarnição da Brigada Militar, que se deslocou até o local e prendeu Jorge Santos em flagrante. A arma apreendida era de uso permitido, estava devidamente registrada, e apenas o pai de Jorge tinha autorização para portá-la. Assim, Jorge Santos deverá responder pelo(s) crime(s) de

a) posse irregular de arma de fogo de uso permitido, conforme art. 12 da Lei n. 10.826/ 2003.

b) posse irregular de arma de fogo de uso permitido e disparo de arma de fogo, conforme arts. 12 e 15 da Lei n. 10.826/2003, em concurso material.

c) porte ilegal de arma de fogo de uso permitido, conforme art. 14 da Lei n. 10.826/ 2003.

d) porte ilegal de arma de fogo de uso permitido e disparo de arma de fogo, conforme arts. 14 e 15 da Lei n. 10.826/2003, em concurso formal.

e) disparo de arma de fogo, conforme art. 15 da Lei n. 10.826/ 2003.

283. **(MPE/MG/Promotor/2014)** Assinale a alternativa que contém, segundo a Legislação brasileira em vigor, resposta jurídica adequada para a seguinte situação. Cidadão que, movido por compaixão, possuidor de licença regular para porte e valendo-se de arma de fogo devidamente registrada, realiza disparo em via pública, matando, deliberadamente, um cachorro de estimação que, há muito, agonizava com um câncer terminal pelo qual muito sofria:

a) Pratica crime previsto na Lei 10.826/2003.

b) Pratica, em concurso, crimes previstos nas Leis 10.826/2003 e 9.605/1998.

c) Pratica crime previsto na Lei 9.605/1998.

d) Não pratica qualquer crime, em razão da atipicidade dos fatos.

284. **(Cespe/DPF/Agente_Administrativo/2014)** Considere que, em uma briga de trânsito, Joaquim tenha sacado uma arma de fogo e efetuado vários disparos contra Gilmar, com a intenção de matá-lo, e que nenhum dos tiros tenha atingido o alvo. Nessa situação, Joaquim responderá tão somente pela prática do crime de disparo de arma de fogo.

285. **(UESPI/PM/PI/Oficial/2014)** Segundo a Lei n. 10.826/2003, é crime disparar arma de fogo ou acionar munição em lugar habitado ou em suas adjacências, em via pública ou em direção a ela, desde que essa conduta não tenha como finalidade a prática de outro crime. O crime em questão prevê as seguintes penas:

a) reclusão, de 1 (um) a 4 (quatro) anos, ou multa.

b) reclusão, de 2 (dois) a 6 (seis) anos, ou multa.

c) reclusão, de 2 (dois) a 6 (seis) anos, e multa.

d) reclusão, de 2 (dois) a 4 (quatro) anos, e multa.

e) reclusão, de 2 (dois) a 4 (quatro) anos, ou multa.

286. **(Cespe/DPF/Agente/2014)** Considere que, em uma briga de trânsito, Joaquim tenha sacado uma arma de fogo e efetuado vários disparos contra Gilmar, com a intenção de matá-lo, e que nenhum dos tiros tenha atingido o alvo. Nessa situação, Joaquim responderá tão somente pela prática do crime de disparo de arma de fogo.

287. **(Cespe/PC/DF/Agente/2013)** A conduta de uma pessoa que disparar arma de fogo, devidamente registrada e com porte, em local ermo e desabitado será considerada atípica.

Posse/Porte Ilegal de Arma de Fogo de Uso Restrito {art. 16}

Art. 16. Possuir, deter, portar, adquirir, fornecer, receber, ter em depósito, transportar, ceder, ainda que gratuitamente, emprestar, remeter, empregar, manter sob sua guarda ou ocultar arma de fogo, acessório ou munição de uso proibido ou restrito, sem autorização e em desacordo com determinação legal ou regulamentar:

Pena – reclusão, de 3 (três) a 6 (seis) anos, e multa.

Informativos (STF)

Lei 11.706/08: "vacatio legis" e armas de uso restrito

Negado provimento a recurso no qual se alegava atipicidade da conduta atribuída ao paciente, delineada no art. 16 da Lei 10.826/03, em face da "abolitio criminis" temporalis estabelecida pela Lei 11.706/08, que conferira nova redação aos arts. 30 e 32 do Estatuto do Desarmamento. Na espécie, fora apreendido, em 18.7.2007, na residência da namorada do paciente, arsenal contendo pistolas, granada, várias munições e carregadores para fuzil e armas de calibres diversos. A "vacatio legis" prevista nos mencionados dispositivos não torna atípica a conduta de posse ilegal de arma de uso restrito nem a ela se aplica. RHC 111637, Rel. Min. Ricardo Lewandowski, 5.6.12. 2ª T. (Info 669)

Posse de arma de fogo e atipicidade temporária

Não há falar em "abolitio criminis" na espécie vertente, pois consta dos autos que os armamentos de posse do Paciente (1 pistola calibre 380, com 2 carregadores,

86 munições calibre 380, 12 munições calibre 12) foram utilizados para garantir a prática de tráfico de drogas. Mesmo que tivesse a intenção de regularizá-los, não poderia, pois a intenção foi a utilização desses armamentos para a prática de crime. HC 111842, Rel. Min. Cármen Lúcia, 13.11.12. 2ª T. (Info 688)

Posse de munição. "Abolitio criminis" temporária.

É atípica a conduta de possuir munição, seja de uso permitido ou restrito, sem autorização ou em desconformidade com determinação legal ou regulamentar, no período abrangido pela "abolitio criminis" temporária prevista no art. 30 da Lei 10.826/03, na redação anterior à Lei 11.706/08. O prazo legal para a regularização do registro de arma previsto na Lei 10.826/03, prorrogado pelas leis ns. 10.884/04, 11.118/05 e 11.191/05, permitiu a devolução das armas e munições até 23 de outubro de 2005. Assim, nesse período, houve a descriminalização temporária no tocante às condutas delituosas relacionadas à posse de arma de fogo ou munição. Incabível a interpretação de ser aplicada apenas aos casos que envolvam arma de fogo e munição de uso permitido com base na Lei 11.706/08, pois a nova redação é aplicável apenas aos crimes praticados após 24 de outubro de 2005, uma vez que a redação anterior, conferida pela Lei 11.191/05, era mais benéfica em razão de não conter tal restrição. HC 187.023, Rel. Min. Marco A. Bellizze, 9.10.12. 5ª T. (Info 506)

Posse e porte ilegal de armas de fogo e munições de uso permitido. Ausência de certificado federal. Delegado de Polícia Civil. Irrelevância. Conduta Típica.

É típica e antijurídica a conduta de policial civil que, mesmo autorizado a portar ou possuir arma de fogo, não observa as imposições legais previstas no Estatuto do Desarmamento, que impõem registro das armas no órgão competente. RHC 70.141, Rel. Min. Rogério Schietti Cruz, DJ 16.2.2017. 6ª T. (Info 597)

Jurisprudência complementar (STF)

(...). Crimes contra o patrimônio. Roubos circunstanciados. Tentativa de furto qualificado. Quadrilha. Porte ilegal de arma de fogo de uso restrito. Prisão preventiva mantida na sentença condenatória. (...). 2. Havendo condenação criminal, encontram-se presentes os pressupostos da preventiva, a saber, prova da materialidade e indícios de autoria. Não se trata, apenas, de juízo de cognição provisória e sumária acerca da responsabilidade criminal do acusado, mas, sim, de julgamento condenatório, precedido por amplo contraditório e no qual as provas foram objeto de avaliação imparcial, ou seja, um juízo efetuado, com base em cognição profunda e exaustiva, de que o condenado é culpado de um crime. Ainda que a sentença esteja sujeita à reavaliação crítica através de recursos, a situação difere da prisão preventiva decretada antes do julgamento. 3. Se as circunstâncias concretas do crime indicam o envolvimento do paciente em organização criminosa numerosa, bem estruturada, voltada à prática de crimes graves, tais como, tráfico de drogas, roubo de cargas, furtos de caixas eletrônicos, aquisição de armas, a periculosidade e risco de reiteração delitiva está justificada a decretação ou a manutenção da prisão cautelar para resguardar a ordem pública, à luz do art. 312 do CPP. (...). (HC 118981, Rel. Min. Rosa Weber, 1ª T., 2013 DJ 4.12.2013)

(...). Posse ilegal de arma de fogo de uso restrito. Alegação de atipicidade temporária da conduta. Inaplicabilidade. Fato ocorrido após o prazo legal para regularização da situação jurídica dos possuidores deste tipo de armamento. Conduta não alcançada pela Lei 11.706/08, que alterou os arts. 30 e 32 do estatuto do desarmamento. (...). 1. No período compreendido entre 23 de dezembro de 2003 e 23 de outubro de 2005, o possuidor de arma de fogo poderia providenciar a regularização do registro ou a devolução da arma aos órgãos competentes, razão pela qual, neste espaço delimitado de tempo, a conduta de possuir arma de fogo de uso restrito era atípica (atipicidade temporária). 2. Após o termo final deste prazo, aquele flagrado na posse de arma de fogo de uso restrito sem autorização e em desacordo com determinação legal ou regulamentar, comete, em tese, o crime tipificado no art. 16 do Estatuto do Desarmamento. 3. O disposto nos arts. 30 e 32 do Estatuto, alterados pela Lei 11.706/08, não se aplica aos possuidores de arma de fogo de uso restrito. (...). (HC 109100, Rel. Min. Cármen Lúcia, 1ª T., DJ 24.2.2012)

(...). Posse ilegal de arma de fogo de uso restrito ("caneta-revólver"). Atipicidade. (...). 2. Na espécie, não há justa causa para a ação penal com base no art. 16 da Lei 10.826/03 (Estatuto do Desarmamento). A apreensão de "caneta-revólver" na residência do investigado, cujas características são de todo assemelhadas à arma registrada em seu nome perante o órgão competente, com mera divergência quanto à origem de sua fabricação, não é suficiente para caracterizar o crime de posse ilegal de arma de fogo de uso restrito, máxime não tendo sido localizado outro equipamento similar de origem diversa. 3. Nas palavras de Reale Júnior, tipicidade é a "congruência entre a ação concreta e o paradigma legal ou a configuração típica do injusto". Não preenchidos esses requisitos, inexiste justa causa para a instauração da persecução penal pelo Parquet. (...). (HC 102422, Rel. Min. Dias Toffoli, Pleno, DJ 14.9.2011)

Jurisprudência complementar (STJ)

(...). Posse ilegal de munição de uso restrito. Potencialidade lesiva. Crime de mera conduta. Coação ilegal não evidenciada. 1. O simples fato de possuir munição de uso restrito caracteriza a conduta descrita no artigo 16, caput, da Lei 10.826/2003, por se tratar de delito de mera conduta ou de perigo abstrato, cujo objeto imediato é a segurança coletiva. (...). (HC 317.768, Rel. Min. Leopoldo de Arruda Raposo, DJ 3.8.2015)

(...). Impossibilidade de aplicação do princípio da insignificância ao delito do art. 16 da Lei 10.826/2003. Súmula 83 do STJ. 1. Esta Corte já pacificou, há muito, ser inaplicável o princípio da insignificância aos crimes de posse e de porte de arma de fogo, por reconhecer-lhes a natureza de crimes de perigo abstrato, independentemente da quantidade da munição apreendida e se esta encontrava-se ou não acompanhada da arma. Entendimento que atrai o óbice da Súmula 83 deste Superior Tribunal. (...). (AgRg no AREsp 644.499, Rel. Min. Gurgel de Faria, DJ 4.8.2015)

(...). Art. 16 da Lei 10.826/2003. Concurso de pessoas. Possibilidade. (...). 1. Ainda que o crime previsto no art. 16 da Lei 10.826/2003, na modalidade de "portar", seja de mão própria, tal circunstância não impede, em princípio, o reconhecimento do concurso de pessoas, perfeitamente aceitável sob a modalidade de participação. 2. Embora apenas o corréu tenha efetuado disparos de arma de fogo contra os policiais militares, ou seja, não obstante a arma estivesse na responsabilidade transitória de apenas um dos agentes, não há como afastar a responsabilidade comum, porquanto está evidente que o recorrido, consciente e voluntariamente, concorreu para o evento criminoso. 3. A conduta imputada ao recorrido não foi a de "portar", mas, sim, a de "receber" e a de "manter sob sua guarda" arma de fogo de uso restrito, de modo que, nessa última modalidade, não é necessário que o agente esteja, efetivamente, segurando a arma de fogo para que fique configurada a prática do delito descrito no art. 16 da Lei 10.826/2003. 4. Recurso especial provido, a fim de cassar o acórdão impugnado no ponto em que absolveu o recorrido e, consequentemente, restabelecer a condenação em relação ao crime previsto no art. 16, parágrafo único, IV, da Lei 10.826/2003, com a determinação do retorno dos autos ao Tribunal de Justiça do Estado do Rio de Janeiro, para que, prosseguindo no julgamento da Apelação Criminal, analise as demais teses defensivas. (REsp 1496199, Rel. Min. Rogerio Schietti Cruz, DJ 1.7.2015)

Questões de concursos

288. **(FCC/TJ/PE/Juiz/2015)** Não constitui conduta equiparada a posse ou porte ilegal de arma de fogo de uso restrito

   a) produzir, recarregar ou reciclar, sem autorização legal, ou adulterar, de qualquer forma, munição ou explosivo.

b) vender, entregar ou fornecer, ainda que gratuitamente, arma de fogo, acessório, munição ou explosivo a criança ou adolescente.

c) expor à venda, em proveito próprio ou alheio, no exercício de atividade comercial ou industrial, arma de fogo, acessório ou munição, sem autorização ou em desacordo com determinação legal ou regulamentar

d) portar, possuir, adquirir, transportar ou fornecer arma de fogo com numeração, marca ou qualquer outro sinal de identificação raspado, suprimido ou adulterado.

e) possuir, deter, fabricar ou empregar artefato explosivo ou incendiário, sem autorização ou em desacordo com determinação legal ou regulamentar.

289. (Funcab/Codeba/Guarda_Portuário/2016) Sobre o Estatuto do Desarmamento (Lei n. 10.826, de 2003), é correto afirmar que:

a) a supressão de sinal identificador de arma de fogo é conduta equiparada ao porte de arma de fogo de uso permitido.

b) há norma penal no Estatuto do Desarmamento tratando dos artefatos explosivos, mas não dos incendiários.

c) se o comércio é clandestino, não se caracteriza o crime de comércio ilegal de arma de fogo.

d) constitui crime previsto na lei especial disparar culposamente arma de fogo em direção à via pública.

e) quando a arma de fogo é de uso restrito, posse e porte são punidos pelo mesmo tipo penal.

290. (Funiversa/PC/DF/Perito/2015) Quem vender, entregar ou fornecer, ainda que gratuitamente, arma de fogo, acessório, munição ou explosivo a criança ou adolescente, segundo o Estatuto do Desarmamento, incide nas penas do crime de:

a) disparo de arma de fogo.
b) omissão de cautela.
c) porte ilegal de arma de fogo de uso permitido.
d) posse irregular de arma de fogo de uso permitido.
e) posse ou porte ilegal de arma de fogo de uso restrito.

291. (Funiversa/PC/DF/Perito/2015) Quem vender, entregar ou fornecer, ainda que gratuitamente, arma de fogo, acessório, munição ou explosivo a criança ou adolescente, segundo o Estatuto do Desarmamento, incide nas penas do crime de:

a) disparo de arma de fogo.
b) omissão de cautela.

c) porte ilegal de arma de fogo de uso permitido.

d) posse irregular de arma de fogo de uso permitido.

e) posse ou porte ilegal de arma de fogo de uso restrito.

292. **(Cespe/DPE/PE/Defensor/2015)** Tales foi preso em flagrante delito quando transportava, sem autorização legal ou regulamentar, dois revólveres de calibre 38 desmuniciados e com numerações raspadas. Acerca dessa situação hipotética, julgue o item que se segue, com base na jurisprudência dominante dos tribunais superiores relativa a esse tema. O fato de as armas apreendidas estarem desmuniciadas não tipifica o crime de posse ou porte ilegal de arma de fogo de uso restrito em razão da total ausência de potencial lesivo da conduta.

293. **(Funcab/PC/AC/Perito/2015)** No que se refere ao Estatuto do desarmamento, é correto afirmar que:

    a) o porte ilegal de arma de fogo de uso permitido é inafiançável, sendo irrelevante o fato de a arma de fogo estar registrada em nome do agente.

    b) o agente que importa ou exporta arma de fogo de uso permitido, sem autorização da autoridade competente, comete o delito de contrabando.

    c) a conduta de portar arma de uso permitido é equiparada a de portar arma de uso restrito para efeito da aplicação da pena, quando a referida arma estiver com a numeração, marca ou qualquer outro sinal de identificação raspado, suprimido ou adulterado.

    d) o crime de deixar de observar as cautelas necessárias para impedir que menor se apodere de arma de fogo que esteja sob sua posse admite tentativa.

    e) será responsabilizado apenas administrativamente o proprietário ou diretor de empresa de segurança que não registrar ocorrência policial e não comunicar à Polícia Federal nas primeiras vinte e quatro horas depois de ocorrido a perda, o furtou ou roubo de arma de fogo, acessório ou munição, que estejam sob sua guarda.

294. **(Vunesp/PC/CE/Delegado/2015)** Com relação ao Estatuto do Desarmamento, Lei n. 10.826/2003, assinale a alternativa correta.

    a) É proibida a conduta de portar arma de fogo de uso permitido ou proibido, não se punindo, no estatuto, a conduta de portar ou possuir acessório ou munição para arma de fogo.

    b) O porte de arma de fogo com numeração raspada, previsto no parágrafo único, inciso IV, do artigo 16, refere-se tanto à arma de fogo de uso permitido como à arma de fogo de uso proibido/restrito.

    c) O artigo 16 prescreve que é proibido possuir, deter, portar, adquirir, fornecer, receber, ter em depósito, transportar, ceder, ainda que gratuitamente, emprestar, remeter, empregar, manter sob sua guarda ou ocultar arma de fogo de uso permitido sem autorização legal.

d) O crime de disparo de arma de fogo, previsto no artigo 15 do estatuto, é autônomo, sendo que, na hipótese de o agente tentar matar a vítima com disparos de arma de fogo, responderá por tentativa de homicídio e pelo crime de disparo de arma de fogo em concurso material de delitos.

e) A vedação à concessão de fiança prevista no parágrafo único do artigo 15 (disparo de arma de fogo) foi declarada constitucional pelo Supremo Tribunal Federal em ação direta de constitucionalidade.

Condutas Equiparadas {art. 16, p. ú.}

Parágrafo único. Nas mesmas penas incorre quem:

I – suprimir ou alterar marca, numeração ou qualquer sinal de identificação de arma de fogo ou artefato;

II – modificar as características de arma de fogo, de forma a torná-la equivalente a arma de fogo de uso proibido ou restrito ou para fins de dificultar ou de qualquer modo induzir a erro autoridade policial, perito ou juiz;

III – possuir, deter, fabricar ou empregar artefato explosivo ou incendiário, sem autorização ou em desacordo com determinação legal ou regulamentar;

IV – portar, possuir, adquirir, transportar ou fornecer arma de fogo com numeração, marca ou qualquer outro sinal de identificação raspado, suprimido ou adulterado;

V – vender, entregar ou fornecer, ainda que gratuitamente, arma de fogo, acessório, munição ou explosivo a criança ou adolescente; e

VI – produzir, recarregar ou reciclar, sem autorização legal, ou adulterar, de qualquer forma, munição ou explosivo.

Informativos (STJ)

Arma de fogo desmuniciada. Tipicidade.

É irrelevante aferir a eficácia da arma para a configuração do tipo penal estabelecido no art. 16, parágrafo único, IV, da Lei 10.826/03, pois a lei visa proteger a incolumidade pública, transcendendo a mera proteção à incolumidade pessoal.

Para tanto, basta a probabilidade de dano, e não a sua efetiva ocorrência. Trata-se de delito de perigo abstrato, que tem como objeto jurídico imediato a segurança pública e a paz social, assim, para a configuração do crime, é suficiente o simples porte de arma desmuniciada.. HC 211.823, Rel. Min. Sebastião Reis Jr., 22.3.12. 6ª T. (Info 493)

Termo final da "abolitio criminis" temporária relativa ao crime de posse de arma de fogo de uso permitido com numeração raspada, suprimida ou adulterada.

É típica a conduta de possuir arma de fogo de uso permitido com numeração raspada, suprimida ou adulterada (art. 16, parágrafo único, IV, da Lei 10.826/03) praticada após 23.10.05. REsp 1.311.408, Rel. Min. Sebastião Reis Júnior, 13.3.13. 3ª S. (Info 519)

Jurisprudência complementar (STF)

(...). Atipicidade da conduta. Porte ilegal de arma de fogo com número de série suprimido: inteligência do art. 16, parágrafo único, inc. IV, da Lei 10.826/03. (...). 1. A arma de fogo, mesmo desmuniciada, não infirma a conduta penalmente punível na forma tipificada no dispositivo mencionado, porque, com ou sem munição, ela haverá de manter o seu número de série, marca ou sinal de identificação para que possa ser garantido o controle estatal. 2. A supressão ou a alteração da numeração ou de qualquer outro sinal identificador impede ou dificulta o controle da circulação de armas pela ausência dos registros de posse ou porte ou pela sua frustração. 3. Comprovação inegável do porte e posse de arma de fogo, com o seu número de série suprimido, pelo Recorrente. (...). (RHC 89889, Rel. Min. Cármen Lúcia, Pleno, DJ 5.12.2008)

(...). Roubo qualificado e porte ilegal de arma de fogo. Artigo 157, § 2º, I, II e V, do Código Penal, e art. 16, parágrafo único, IV, da Lei 10.826/03. Concurso material. Descabimento. Apreensão da arma, em poder do agente, logo após o roubo praticado com seu emprego. Contexto fático único. Princípio da consunção. Absorção do porte ilegal de arma pelo crime patrimonial. (...). 1. A posse de arma de fogo, logo após a execução de roubo com o seu emprego, não constitui crime autônomo previsto no art. 16, parágrafo único, IV, da Lei 10.826/03, por se encontrar na linha de desdobramento do crime patrimonial. 2. Recurso provido para o fim de absolver o recorrente da imputação de porte ilegal de arma. (RHC 123399, Rel. Min. Dias Toffoli, 1ª T., DJ 17.11.2014)

(...). Porte de arma de fogo. "Abolitio criminis" temporária. Inocorrência. Arma de fogo de uso restrito com numeração raspada e fora da "vacatio legis". Impossibilidade de regularização. (...). 1. Firme a jurisprudência deste Supremo Tribunal no sentido de que a Medida Provisória n. 417, que deu nova redação ao art. 30 da Lei 10.826/2003, promoveu a prorrogação do prazo para o dia 31 de dezembro de 2008 para os possuidores de arma de fogo de uso permitido ainda não registrada, não abarcando, por conseguinte, a conduta de possuir arma de fogo de uso proibido ou restrito ou com numeração raspada. (...). 2. Além da tipicidade do crime de porte ilegal de arma de uso restrito com numeração raspada perpetrado pelo Paciente ter se configurado na espécie, a causa extintiva de punibilidade temporária sequer alcançaria a conduta do Paciente, pois ela ocorreu em junho de 2009, fora do período de abrangência da "vacatio legis" definida em lei. (...). (HC 110298, Rel. Min. Cármen Lúcia, 2ª T., DJ 17.12.2012)

Jurisprudência complementar (STJ)

(...). Posse de arma de fogo artesanal. Inexistência de qualquer numeração. Fatos que se subsumem ao art. 12 da Lei 10.826/2003. "Abolitio criminis". Aplicação. Flagrante ocorrido em março de 2009. Não conhecimento do "writ". Concessão da ordem "ex officio". (...). 2. Embora não seja registrável uma arma feita em casa, de forma artesanal, em virtude da total ausência de numeração, esta mesma característica impede a subsunção do fatos ao art. 16, parágrafo único, inciso I da Lei 10.826/2003, pois não há como suprimir ou alterar a numeração, que inexiste. 3. Tipificação da conduta no art. 12 da Lei 10.826/2003, em razão de outros elementos normativos (definições), previstos no regulamento de regência (Decreto n. 5.123/2004) e não somente tendo em conta a ausência de registrabilidade. 4. Aplicação da "abolitio criminis" que, pelo entendimento desta Corte, foi até 31 de dezembro de 2009, levando em conta que o caso encontra-se pela benesse abrangido, pois o flagrante da posse da arma de fogo, no caso concreto, se deu em 30 de março de 2009. 5. Impetração não conhecida, mas concedida a ordem, "ex officio", para restabelecer a decisão do juízo de primeiro grau. (HC 180.410, Rel. Min. Maria Thereza de Assis Moura, DJ 6.6.2013)

(...). Posse ilegal de arma de fogo e de munições de uso permitido com numeração raspada. Alegada negativa de vigência ao art. 16, parágrafo único, inciso I, da Lei 10.826/03. Tipicidade, em tese, da conduta descrita na denúncia. "Abolitio criminis" temporária não estendida ao porte, nem à posse de arma ou de munição de uso restrito. (...). 1. A conduta relativa à posse ilegal de arma de fogo uso permitido com numeração raspada, equiparada à de uso restrito, praticada em 22 de janeiro de 2008, subsume-se, em tese, ao crime previsto no art. 16, parágrafo único, inciso I, do Estatuto do Desarmamento. 2. O caso em comento não foi abarcado pela denominada "abolitio criminis" temporária, prevista nos arts. 30, 31 e 32 da Lei 10.826/03, tendo em vista que a nova redação dada aos dispositivos legais pela Medida Provisória n. 417, convertida na Lei 11.706/2008, prorrogando o prazo para a regularização de armas de fogo de uso permitido, não contemplou as armas ou munições de uso restrito, como no caso dos autos. 3. Recurso ministerial provido para reformar o acórdão recorrido nos termos explicitados no voto. (REsp 1265679, Rel. Min. Laurita Vaz, DJ 3.4.2012)

(...). Art. 16, parágrafo único, III, da Lei 10.826/2003. Posse ou porte ilegal de artefato explosivo. Possuir, deter, fabricar ou empregar artefato explosivo ou incendiário sem autorização ou em desacordo com determinação legal ou regulamentar. Delito de perigo abstrato. Crime de mera conduta. Tipicidade configurada. Cassação do acórdão absolutório. Restabelecimento da sentença condenatória. 1. Na via especial, a discussão acerca da classificação jurídica dos fatos dispostos nos autos mitiga a incidência da Súmula 7/STJ. 2. Constata-se, da análise do tipo penal (art. 16, parágrafo único, III, da Lei 10.826/2003) que a lei visa proteger a incolumidade pública, transcendendo a mera proteção à incolumidade pessoal, bastando, para tanto, a probabilidade de dano, e não a sua efetiva ocorrência. Trata-se, assim, de delito de perigo abstrato, tendo como objeto jurídico imediato a segurança pública e a paz social, bastando para configurar o delito o simples porte do artefato explosivo. 3. Irrelevante aferir a eficácia do artefato bélico para a configuração do tipo penal, que é misto-alternativo, em que se consubstanciam, justamente, as condutas que o legislador entendeu por bem prevenir, seja ela o simples porte de artefato explosivo ou mesmo explosivos desacompanhados dos detonadores (art. 16, parágrafo único, III, da Lei 10.826/2003). 4. A insurgência vertida no recurso especial foi debatida e decidida no acórdão a quo, a provocar, consequentemente, o adequado prequestionamento da matéria. (...). (AgRg no REsp 1477040, Rel. Min. Sebastião Reis Júnior, DJ 20.8.2015)

(...). Penal. Processo Penal. Quadrilha. Quantidade de crimes praticados. Irrelevância para tipificação. Dosimetria. Posse de explosivos quantidade. Exasperação da pena-base. Registros criminais. Súmula 444/STJ. Quadrilha armada. extinção da punibilidade pela prescrição. 1. O artigo 288 do Código Penal tipifica crime formal e de perigo, cuja configuração dispensa concreção de algum crime planejado, bastando que três ou mais pessoas se associem com o intuito de cometê-los. 2. A grande quantidade de explosivos encontrada – cento e dez cartuchos de dinamite, oito artefatos explosivos artesanais, oito espoletas pirotécnicas, duas granadas de bocal AP e quarenta e um metros de cordel detonante – constitui circunstância bastante para justificar concretamente a fixação da pena-base do crime do artigo 16, parágrafo único, inciso III da Lei 10.826/03 um pouco acima do mínimo legal. 3. É vedada a utilização de inquéritos policiais e ações penais em curso para agravar a pena-base (Enunciado n. 444/STJ). 4. Recurso parcialmente provido para fixar a pena definitiva do delito do artigo 16, parágrafo único, inciso III da Lei 10.826/03 em 3 (três) anos e 6 (seis) meses e para declarar extinta a punibilidade do recorrente em relação ao crime do artigo 288 do Código Penal. (REsp 1251026, Rel. Min. Maria Thereza de Assis Moura, DJ 20.11.2013)

(...). Prisão preventiva. Tráfico de drogas. Posse ilegal de arma de fogo com numeração raspada. Fundamentação concreta. Ilegalidade. Ausência. (...). 1. Apresentada fundamentação concreta, evidenciada na quantidade e natureza da droga apreendida, consistentes na apreensão de 20 pedras de crack, aproximadamente 85g de cocaína e 20g de crack; apreensão de arma de fogo com numeração raspada e balança; além do paciente ostentar condenações criminais transitadas em julgado e a sua condição de foragido quando ocorreu sua prisão em flagrante; não há que se falar em ilegalidade do decreto de prisão preventiva. (...). (HC 305.941, Rel. Min. Nefi Cordeiro, DJ 26.8.2015)

(...). Legislação extravagante. Direito Penal. Art. 16 da Lei 10.826/2003. Posse ilegal de arma de fogo. Flagrante ocorrido no ano de 2007. "Abolitio criminis" não configurada. Restabelecimento da sentença condenatória. 1. Na via especial, a discussão acerca da classificação jurídica dos fatos dispostos nos autos mitiga a incidência da Súmula 7/STJ. 2. Nos termos da jurisprudência deste Superior Tribunal, a supressão do número de série, mesmo que seja de arma de uso permitido, restrito ou proibido, implica a condenação pelo crime de posse ou porte ilegal de arma de fogo, estabelecido no art. 16, parágrafo único, IV, do Estatuto do Desarmamento (Lei 10.826/2003). 3. A partir do julgamento do HC 188.278, a Sexta Turma deste Tribunal passou a entender que é típica a conduta de possuir arma de fogo de uso permitido com numeração adulterada ou raspada, praticada após 23.10.2005, pois, em relação a esse delito, a "abolitio criminis" temporária cessou nessa data, termo final da prorrogação dos prazos previstos na redação original dos arts. 30 e 32 da Lei 10.826/2003. 4. No caso dos autos, a apreensão da arma ocorreu no dia 13/3/2007, de forma não espontânea, portanto essa conduta não se subsume à "abolitio criminis" temporária (art. 32 da Lei 10.826/2003), sendo cabível o restabelecimento da sentença condenatória. (...). (AgRg no REsp 1464773, Rel. Min. Sebastião Reis Júnior, DJ 1.12.2014)

(...). Art. 16, parágrafo único, inciso V, da Lei 10.826/03. Entrega de arma de fogo à criança. Exame pericial. Na linha de precedentes desta Corte, a nulidade ou a não realização do exame pericial da arma é irrelevante para a caracterização do delito do art. 16, parágrafo único, inc. V, da Lei 10.826/2003, sendo bastante que o agente porte sem autorização e em desacordo com determinação legal ou regulamentar. (...). (REsp 985.047, Rel. Min. Felix Fischer, DJ 7.2.2008)

(...). Porte ilegal de arma de fogo com a numeração raspada. Crime do art. 16, parágrafo único, inciso IV, da Lei 10.826/03. Arma de uso permitido, restrito ou proibido. Irrelevância. Desclassificação para o crime do art. 14 do estatuto do desarmamento. Impossibilidade. (...). 1. Apesar de o caput do art. 16 da Lei 10.826/03 referir-se a armas de fogo, munições ou acessórios de uso proibido ou restrito, o parágrafo único, ao incriminar a conduta de portar arma de fogo modificada, refere-se a qualquer arma, sendo irrelevante o fato de ela ser de uso permitido, proibido ou restrito. (...). (REsp 918.867, Rel. Min. Laurita Vaz, DJ 18.10.2010)

Questões de concursos

295. (Ieses/TJ/PA/Cartórios/2016) No que diz respeito à legislação extravagante, assinale a alternativa correta:

a) A Lei 10.826/03 (Lei do desarmamento), passou a tipificar a conduta consistente em vender, entregar ou fornecer, ainda que gratuitamente, arma de fogo, acessório, munição ou explosivo a criança ou adolescente, derrogando disposição semelhante prevista na Lei 8069/90 (Estatuto da Criança e do Adolescente).

b) A aplicação da causa de diminuição de pena prevista no art. 33, § 4°, da Lei n. 11.343/2006 (tráfico privilegiado) afasta a hediondez do crime de tráfico de drogas.

c) O Simples fato do agente transportar drogas, utilizando-se de meio de transporte público, já é causa suficiente para incidência da causa de aumento de pena prevista no art. 40, III, da Lei de Drogas, ainda que ele não comercialize tal estupefaciente no referido local.

d) De acordo com a Lei de Execução Penal (7.210/84), é direito do preso, dentre outros, o recebimento de atestado de pena a cumprir, emitido mensalmente, sob pena da responsabilidade da autoridade judiciária competente.

296. (Ieses/TJ/PA/Cartórios/2016) No que diz respeito à legislação extravagante, assinale a alternativa correta:

a) A Lei 10.826/03 (Lei do desarmamento), passou a tipificar a conduta consistente em vender, entregar ou fornecer, ainda que gratuitamente, arma de fogo, acessório, munição ou explosivo a criança ou adolescente, derrogando disposição semelhante prevista na Lei 8069/90 (Estatuto da Criança e do Adolescente).

b) A aplicação da causa de diminuição de pena prevista no art. 33, § 4°, da Lei n. 11.343/2006 (tráfico privilegiado) afasta a hediondez do crime de tráfico de drogas.

c) O Simples fato do agente transportar drogas, utilizando-se de meio de transporte público, já é causa suficiente para incidência da causa de aumento de pena prevista no art. 40, III, da Lei de Drogas, ainda que ele não comercialize tal estupefaciente no referido local.

d) De acordo com a Lei de Execução Penal (7.210/84), é direito do preso, dentre outros, o recebimento de atestado de pena a cumprir, emitido mensalmente, sob pena da responsabilidade da autoridade judiciária competente.

297. **(FGV/Codeba/Guarda_Portuário/2016)** De acordo com o Estatuto do Desarmamento (Lei n. 10.826/2003), assinale a afirmativa correta.

a) A aquisição de munição no calibre correspondente à arma registrada é ilimitada, mas, em outro calibre, a quantidade deve ser registrada.

b) A empresa que comercializa arma de fogo em território nacional é obrigada a comunicar a venda à autoridade competente.

c) A empresa que comercializa armas de fogo e acessórios responde legalmente por essas mercadorias que, mesmo depois de vendidas, ficam registradas como de sua propriedade.

d) A empresa que comercializa arma de fogo em território nacional está desobrigada a manter banco de dados com as características das armas vendidas.

e) A comercialização de armas de fogo, acessórios e munições entre pessoas físicas obedece à lei da oferta e da procura e de autorização do SINARM.

298. **(FGV/Codeba/Guarda_Portuário/2016)** O Sistema Nacional de Armas – SINARM tem por finalidade manter cadastro geral, integrado e permanente das armas de fogo importadas, produzidas e vendidas no país. Devem ser cadastradas no SINARM

I. as armas de fogo institucionais dos integrantes do quadro efetivo das Guardas Portuárias.

II. as armas de fogo institucionais das Guardas Municipais.

III. as armas de fogo institucionais dos agentes de segurança estrangeiros, quando em território nacional.

Assinale:

a) se somente a afirmativa I estiver correta.

b) se somente as afirmativas I e II estiverem corretas.

c) se somente as afirmativas I e III estiverem corretas.

d) se somente as afirmativas II e III estiverem corretas.

e) se todas as afirmativas estiverem corretas.

299. (Cespe/STJ/Analista/2015) O ato de montar ou desmontar uma arma de fogo, munição ou um acessório de uso restrito, sem autorização, no exercício de atividade comercial constitui crime de comércio ilegal de arma de fogo, com a pena aumentada pela metade.

300. (Funcab/PC/RO/Delegado/2014) De acordo com a Lei n. 10.826/2003, Estatuto do Desarmamento, aquele que, em via pública, porta arma de fogo de uso permitido com numeração suprimida responde:

a) como incurso nas penas do crime de porte ilegal de arma de fogo de uso permitido, disposto no artigo 14 do referido Estatuto.

b) como incurso nas penas do crime de posse ou porte ilegal de arma de fogo de uso restrito, disposto no artigo 16 do referido estatuto.

c) como incurso nas penas do crime de posse irregular de arma de fogo de uso permitido, disposto no artigo 12 do referido Estatuto.

d) como incurso nas penas do crime de disparo de arma de fogo, disposto no artigo 15 do referido Estatuto.

e) como incurso nas penas do crime de omissão de cautela, disposto no artigo 13 do referido Estatuto.

301. (FCC/DPE/PB/Defensor/2014) Segundo o Superior Tribunal de Justiça, tratando-se de arma de fogo de uso permitido, com numeração íntegra ou raspada, a chamada "abolitio criminis" temporária teve seu prazo temporal respectivamente findo em

a) 31 de dezembro de 2010 e 23 de junho de 2004.

b) 31 de dezembro de 2010 e 23 de junho de 2005.

c) 31 de dezembro de 2010 e 23 de junho de 2006.

d) 31 de dezembro de 2009 e 23 de outubro de 2005.

e) 31 de dezembro de 2009 e 23 de outubro de 2006.

302. (Vunesp/PC/SP/Investigador/2014) Fulano, maior de idade, forneceu, gratuitamente, a Sicrano, adolescente, seis projéteis de revólver, sem saber que Sicrano já possuía uma arma e pretendia utilizá-la em um assalto. Nessa situação, e considerando o que dispõe o Estatuto da Criança e do Adolescente (ECA), é correto afirmar que Fulano

a) cometeu um crime previsto no ECA, mas terá sua pena reduzida em razão de não saber que Sicrano já possuía uma arma.

b) cometeu um crime previsto no ECA e terá sua pena aumentada porque forneceu a munição de forma gratuita a Sicrano.

c) não cometeu crime algum, uma vez que forneceu a Sicrano somente a munição, mas não a arma.

d) não cometeu crime algum, uma vez que essa conduta não é prevista em lei como delito.

e) cometeu um crime previsto no ECA apenado com reclusão.

303. **(FCC/TJ/PE/Juiz/2013)** Não incorre nas mesmas penas cominadas para o delito de posse ou porte ilegal de arma de fogo de uso restrito quem:

a) vender, entregar ou fornecer, ainda que gratuitamente, arma de fogo, acessório, munição ou explosivo a criança ou adolescente.

b) suprimir ou alterar marca, numeração ou qualquer sinal de identificação de arma de fogo ou artefato.

c) possuir, deter, fabricar ou empregar artefato explosivo ou incendiário, sem autorização ou em desacordo com determinação legal ou regulamentar.

d) deixar de observar as cautelas necessárias para impedir que menor de 18 (dezoito) anos ou pessoa portadora de deficiência mental se apodere de arma de fogo que esteja sob sua posse ou que seja de sua propriedade.

e) produzir, recarregar ou reciclar, sem autorização legal, ou adulterar, de qualquer forma, munição ou explosivo.

304. **(Cespe/DPE/PE/Defensor/2015)** Tales foi preso em flagrante delito quando transportava, sem autorização legal ou regulamentar, dois revólveres de calibre 38 desmuniciados e com numerações raspadas. Acerca dessa situação hipotética, julgue o item que se segue, com base na jurisprudência dominante dos tribunais superiores relativa a esse tema. A apreensão das armas de fogo configurou concurso formal de crimes.

305. **(Cespe/MPU/Técnico/2015)** Se uma pessoa for flagrada portando um punhal que tenha mais de 12 cm e dois gumes, ela poderá responder pelo crime de porte ilegal de arma, previsto no Estatuto do Desarmamento.

■ Comércio Ilegal de Arma de Fogo {art. 17}

Art. 17. Adquirir, alugar, receber, transportar, conduzir, ocultar, ter em depósito, desmontar, montar, remontar, adulterar, vender, expor à venda, ou de qualquer forma utilizar, em proveito próprio ou alheio, no exercício de atividade comercial ou industrial, arma de fogo, aces-

> sório ou munição, sem autorização ou em desacordo com determinação legal ou regulamentar:
>
> Pena – reclusão, de 4 (quatro) a 8 (oito) anos, e multa.

Jurisprudência complementar (STJ)

(...). Comércio ilegal de munição. Tipificação. Art. 17 da Lei 10.826/2003. Crime de perigo abstrato. Desnecessidade de exame pericial quanto à potencialidade lesiva das munições. Súmula 283/STF. Não incidência. (...). 1. É desnecessária, para fins de tipificação da conduta no art. 17 da Lei 10.826/03, a realização de perícia nas munições apreendidas para a constatação de sua potencialidade lesiva, pois o comércio ilegal de munição é crime de perigo abstrato, cujo tipo se perfaz com a aquisição, aluguel, recebimento, transporte, condução, ocultação, ter em depósito, desmontar, montar, remontar, adulterar, vender, expor à venda, ou de qualquer forma inutilizar, em proveito próprio ou alheio, no exercício de atividade comercial ou industrial, arma de fogo, acessório ou munição, sem autorização legal, visto que tais condutas já implicam violação ao bem jurídico tutelado pela norma – incolumidade pública. 2. Não se aplica o óbice constante da Súmula 283/STF quando o fundamento de absolvição constante do acórdão recorrido foi devidamente impugnado pela parte recorrente. (...). (AgRg no AREsp 8.761, Rel. Min. Marco Aurélio Bellizze, DJ 25.9.2013)

Conflito negativo de competência. Crime de venda ilegal de arma de fogo por meio da internet. Inexistência de elementos de internacionalidade. Competência da justiça estadual. 1. O fato de o suposto crime de comércio ilegal de arma de fogo ter sido cometido por meio da rede mundial de computadores (internet), não atrai, necessariamente, a competência da Justiça Federal para o processamento do feito. 2. Para se firmar a competência da Justiça Federal, além da lesão a bens, serviços e interesses da União e de o País ser signatário de acordos e tratados internacionais, a teor dos incisos IV e V do art. 109 da CF, deve-se demonstrar que a prática do delito efetivamente ultrapassou as fronteiras do Estado Brasileiro. 3. A hipótese dos autos, ao menos por ora, parece ser apenas relativa à conduta tipificada no art. 17 do Estatuto do Desarmamento (expor à venda arma de fogo) e não o crime de tráfico internacional de arma de fogo, uma vez que não há nos autos elementos que demonstrem que tenha havido efetiva venda de arma de fogo, mas, apenas, a oferta de venda por meio da internet, motivo pelo qual, consoante o entendimento acima exposto, deve ser apurada pela Justiça Estadual. (...). (CC 126.950, Rel. Min. Alderita Ramos de Oliveira, DJ 10.5.2013)

Questões de concursos

306. **(Cespe/STJ/Analista/2015)** O ato de montar ou desmontar uma arma de fogo, munição ou um acessório de uso restrito, sem autorização, no exercício de atividade comercial constitui crime de comércio ilegal de arma de fogo, com a pena aumentada pela metade.

307. **(FGV/TJ/GO/Analista/2014)** No dia 1º de abril de 2004, "Fabio Biscoito", insatisfeito com o tamanho e funcionamento da arma de fogo que possuía, um revólver Taurus calibre.22, entra em contato com "André Pato", possuidor de uma pistola Imbel.380, propondo uma permuta, pois, anteriormente, fora informado que "André Pato" estava praticando artes marciais e havia aderido à ideia de não usar armas. Mesmo cientes da campanha de desarmamento então em curso e sabedores que nenhuma das armas de fogo tinha o necessário registro, nem os envolvidos portes de arma, "André Pato" foi até a residência de "Fabio Biscoito", onde a permuta foi realizada. Considerando que a Lei n. 10.826 entrou em vigor na data da sua publicação (Diário Oficial da União de 23 de dezembro de 2003), "Fabio Biscoito":

    a) deverá responder por posse de arma de fogo, pois sua conduta não admite regularização perante as autoridades competentes.

    b) deverá responder por propriedade de arma de fogo, pois sua conduta não admite regularização perante as autoridades competentes.

    c) não responderá por posse de arma de fogo, pois a Lei n. 10.826 estabeleceu prazo para que as armas de fogo fossem regularizadas ou entregues às autoridades competentes.

    d) não responderá por propriedade de arma de fogo, pois a Lei n. 10.826 estabeleceu prazo para que as armas de fogo fossem regularizadas ou entregues às autoridades competentes.

    e) deverá responder por aquisição e cessão de arma de fogo, pois sua conduta não admite regularização perante as autoridades competentes.

308. **(FCC/TRF/4R/Técnico/2014)** Em 2003, foi sancionado o Estatuto do Desarmamento que trouxe importantes modificações na tipificação dos crimes relacionados com armas de fogo. Analisando-se os crimes previstos no Estatuto do Desarmamento, em havendo a utilização de armas de fogo, acessórios ou munições de uso proibido ou restrito, terá a pena aumentada da metade o crime de

    a) suprimir ou alterar marca, numeração de arma de fogo.

    b) omissão de cautela.

    c) comércio ilegal de arma de fogo.

    d) disparo de arma de fogo.

    e) recarregar, sem autorização legal, de qualquer forma, munição ou explosivo.

309. **(Cespe/DPF/Agente_Administrativo/2014)** Considere que Armando, dentista, tenha comprado um revólver calibre.38 e que, semanas depois, sua amiga Júlia, empresária do ramo têxtil, tenha-lhe revelado interesse em adquirir a arma. Nessa situação, o revólver só poderá ser vendido mediante autorização do Sistema Nacional de Armas.

Norma Explicativa {art. 17, p. ú.}

> Parágrafo único. Equipara-se à atividade comercial ou industrial, para efeito deste artigo, qualquer forma de prestação de serviços, fabricação ou comércio irregular ou clandestino, inclusive o exercido em residência.

Jurisprudência complementar (STJ)

(...). Comércio ilegal de armas. Art. 17, parágrafo único, da Lei 10.826/2003. "Abolitio criminis" temporária. Art. 5º, § 3º, e art. 30 da mesma lei. Não abrangência. (...). 1. O delito de comércio ilegal de armas, tipificado no art. 17, caput e parágrafo único, da Lei 10.826/2003, nunca foi abrangido pela "abolitio criminis" temporária, prevista nos arts. 5º, § 3º, e 30 da mesma Lei ou nos diplomas legais que prorrogaram os prazos previstos nesses dispositivos. (...). (HC 145.041, Rel. Min. Sebastião Reis Júnior, DJ 22.8.2011)

Tráfico Internacional de Arma de Fogo {art. 18}

> **Art. 18.** Importar, exportar, favorecer a entrada ou saída do território nacional, a qualquer título, de arma de fogo, acessório ou munição, sem autorização da autoridade competente:
>
> Pena – reclusão de 4 (quatro) a 8 (oito) anos, e multa.

Jurisprudência complementar (STF)

(...). Tráfico internacional de arma de fogo ou munição. Inteligência do art. 18 da Lei 10.826/2003. Tipicidade reconhecida. Crime de perigo abstrato. Trancamento da ação penal. Impossibilidade de aplicação do princípio da insignificância. (...). I. A objetividade jurídica da norma penal transcende a mera proteção da incolumidade pessoal, para alcançar também a tutela da liberdade individual e do corpo social como um todo, asseguradas ambas pelo incremento dos níveis de segurança coletiva que a lei propicia. II. No caso em exame, a proibição da conduta pela qual o paciente está sendo processado visa, especialmente, combater e prevenir o tráfico internacional de armas e munições, cuja maior clientela é o crime organizado transnacional, que, via de regra, abastece o seu arsenal por meio do mercado ilegal, nacional ou internacional, de armas. III. Mostra-se irrelevante, no caso, cogitar-se da mínima ofensividade da conduta (em face da quantidade apreendida), ou, também, da ausência de periculosidade da ação, porque a hipótese é de crime de perigo abstrato, para o qual não importa o resultado concreto da ação, o que também afasta a possibilidade de aplicação do princípio da insignificância. (...). (HC 97777, Rel. Min. Ricardo Lewandowski, 1ª T., DJ 22.11.2010)

Jurisprudência complementar (STJ)

(...). Tráfico internacional de munição. Art. 18 da Lei 10.826/03. Crime de perigo abstrato. Reexame dos elementos fático-probatórios. Impossibilidade. Sum 7/STJ I. O crime de tráfico internacional de munição, tipificado no art. 18 da Lei 10.826/03, é de perigo abstrato ou de mera conduta e visa proteger a segurança pública e paz social. Sendo assim, é irrelevante o fato de a munição apreendida estar desacompanhada da respectiva arma de fogo. (...). (AgRg no REsp 1389438, Rel. Min. Felix Fischer, DJ 13.5.2015)

(...). Conflito de competência. Crime de tráfico internacional de arma de fogo. Art. 18 da Lei 10.826/2003. Munições pretensamente oriundas do Paraguai. Transnacionalidade do delito. Depoimento de testemunha. Não comprovação. Competência da justiça estadual. 1. Compete à Justiça Federal processar e julgar o delito previsto no art. 18 da Lei 10.826/2003 (CF, art. 109, incs. IV e V). Todavia, "para a configuração do tráfico internacional de arma de fogo não basta apenas a procedência estrangeira do armamento ou munição, sendo necessário que se comprove a internacionalização da ação" (CC 105.933...). 2. Não havendo prova segura de que a munição encontrada na residência do investigado foi importada, sem autorização da autoridade competente, caberá à Justiça estadual processar e julgar a ação penal que vier a ser deflagrada em razão desse fato. (CC 133.823, Rel. Min. Newton Trisotto, DJ 15.10.2014)

Questões de concursos

310. **(Funiversa/SEAP/DF/Agente_Penitenciário/2015)** A conduta de importar uma mira telescópica de uso restrito, desacompanhada do armamento, é atípica, pois a simples importação do acessório para arma de fogo não configura a prática de delito previsto no Estatuto do Desarmamento.

Causa de Aumento de Pena pelo uso proibido ou restrito {art. 19}

> **Art. 19**. Nos crimes previstos nos arts. 17 e 18, a pena é aumentada da metade se a arma de fogo, acessório ou munição forem de uso proibido ou restrito.

Causa de Aumento de Pena pela Condição do Sujeito Ativo {art. 20}

> **Art. 20**. Nos crimes previstos nos arts. 14, 15, 16, 17 e 18, a pena é aumentada da metade se forem praticados por integrante dos órgãos e empresas referidas nos arts. 6º, 7º e 8º desta Lei.

Jurisprudência complementar (STJ)

(...). Art. 16 da Lei 10.826/03. Porte ilegal de munição de uso restrito. Policial militar. Incidência da causa de aumento prevista no artigo 20 do diploma legal, independentemente da existência de relação de causalidade entre a função e o fato ocorrido. 1. Deve incidir a causa de aumento prevista no art. 20 da Lei 10.826/2003 quando o agente exerce o cargo de policial militar, sendo dispensada a existência de nexo de causalidade entre o exercício da função pública e a conduta de portar, ilegalmente, munição de uso restrito. (...). (AgRg no REsp 1442719, Rel. Min. Jorge Mussi, DJ 5.3.2015)

Questões de concursos

311. **(Cespe/PC/PE/Delegado/2016)** Lucas, delegado de polícia de determinado estado da Federação, em dia de folga, colidiu seu veículo contra outro veículo que estava parado em um sinal de trânsito. Sem motivo justo, o delegado sacou sua arma de fogo e executou um disparo para o alto. Imediatamente, Lucas foi abordado por autoridade policial que estava próxima ao local onde ocorrera o fato. Nessa situação hipotética, a conduta de Lucas poderá ser enquadrada como

   a) crime inafiançável.

   b) contravenção penal.

   c) crime, com possibilidade de aumento de pena, devido ao fato de ele ser delegado de polícia.

   d) crime insuscetível de liberdade provisória.

   e) atípica, devido ao fato de ele ser delegado de polícia.

312. **(Cespe/TJ/DFT/Juiz/2015)** Cada uma das próximas opções apresenta uma situação hipotética sobre crimes previstos no Estatuto do Desarmamento, seguida de uma assertiva a ser julgada. Assinale a opção que apresenta a assertiva correta.

   a) Carlos foi preso em flagrante, durante o período de vigência da Lei n. 10.826/2003 – prorrogada pela Lei n. 11.922/2009 –, devido ao fato de a polícia ter encontrado, em um armário de sua residência, uma arma de fogo de uso restrito. Nessa situação, a conduta de Carlos caracterizou-se como atípica em razão da incidência de "abolitio criminis" temporária.

   b) Bruno, militar da Aeronáutica, em um dia de folga, atirou com sua arma de fogo na rua onde residia e assustou moradores e transeuntes que passavam pelo local. Nessa situação, devido ao fato de Bruno ter praticado crime de disparo com arma de fogo, a causa do aumento de pena, prevista no Estatuto do Desarmamento, deverá ser aplicada na sentença durante a terceira fase da dosimetria.

   c) André guardou em sua residência, de janeiro de 2015 até sua prisão em flagrante na presente data, uma arma de fogo de uso permitido, devidamente municiada, mas com numeração de série suprimida. Nessa situação, André praticou o crime de posse irregular de arma de fogo de uso permitido e, por isso, deve ser punido com pena de detenção.

   d) Ronaldo foi preso em flagrante imediatamente após efetuar – com intenção de matar, mas sem conseguir atingir a vítima – disparos de arma de fogo na direção de José. Nessa situação, Ronaldo cometeu homicídio na forma tentada e disparo de arma de fogo em concurso formal.

   e) Júlio, detentor de porte de arma e proprietário de arma de fogo devidamente registrada, vendeu para Tiago, de quatorze anos de idade, uma arma, devidamente municiada, acompanhada do seu documento de registro. Nessa situação, ao permitir que o adolescente se apoderasse da arma de fogo, Júlio praticou o delito de omissão de cautela, previsto no Estatuto do Desarmamento.

Não Concessão da Liberdade Provisória e ADIN {art. 21}

Art. 21. Os crimes previstos nos arts. 16, 17 e 18 são insuscetíveis de liberdade provisória.

Jurisprudência complementar (STF)

(...). I. Dispositivos impugnados que constituem mera reprodução de normas constantes da Lei 9.437/1997, de iniciativa do Executivo, revogada pela Lei 10.826/2003, ou são consentâneos com o que nela se dispunha, ou, ainda, consubstanciam preceitos que guardam afinidade lógica, em uma relação de pertinência, com a Lei 9.437/1997 ou com o PL 1.073/1999, ambos encaminhados ao Congresso Nacional pela Presidência da República, razão pela qual não se caracteriza a alegada inconstitucionalidade formal. II. Invasão de competência residual dos Estados para legislar sobre segurança pública inocorrente, pois cabe à União legislar sobre matérias de predominante interesse geral. III. O direito do proprietário à percepção de justa e adequada indenização, reconhecida no diploma legal impugnado, afasta a alegada violação ao art. 5º, XXII, da Constituição Federal, bem como ao ato jurídico perfeito e ao direito adquirido. IV. A proibição de estabelecimento de fiança para os delitos de "porte ilegal de arma de fogo de uso permitido" e de "disparo de arma de fogo", mostra-se desarrazoada, porquanto são crimes de mera conduta, que não se equiparam aos crimes que acarretam lesão ou ameaça de lesão à vida ou à propriedade. V. Insusceptibilidade de liberdade provisória quanto aos delitos elencados nos arts. 16, 17 e 18. Inconstitucionalidade reconhecida, visto que o texto magno não autoriza a prisão ex lege, em face dos princípios da presunção de inocência e da obrigatoriedade de fundamentação dos mandados de prisão pela autoridade judiciária competente. VI. Identificação das armas e munições, de modo a permitir o rastreamento dos respectivos fabricantes e adquirentes, medida que não se mostra irrazoável. VII. A idade mínima para aquisição de arma de fogo pode ser estabelecida por meio de lei ordinária, como se tem admitido em outras hipóteses. VIII. Prejudicado o exame da inconstitucionalidade formal e material do art. 35, tendo em conta a realização de referendo. IX. Ação julgada procedente, em parte, para declarar a inconstitucionalidade dos parágrafos únicos dos artigos 14 e 15 e do artigo 21 da Lei 10.826, de 22 de dezembro de 2003 (ADI 3112, Rel. Min. Ricardo Lewandowski, j. 2.5.2007).

Jurisprudência complementar (STJ)

(...). Porte ilegal de arma de fogo prisão em flagrante. Liberdade provisória revogada em sede de recurso em sentido estrito do Ministério Público. Ausência de fundamentação. Vedação legal. Inconstitucionalidade declarada pelo Supremo Tribunal Federal. (...). 1. O Supremo Tribunal Federal, nos autos da ADI 3.112, julgou inconstitucional a vedação da liberdade provisória contida no artigo 21 da Lei 10.826/2003, consoante Informativo 465 daquela Casa. 2. Afastada a vedação legal ao benefício, não persiste nenhum fundamento para a manutenção do cárcere cautelar do Paciente pela Corte a quo, mormente porque a gravidade abstrata do delito, de per si, não é razão suficiente para impedir a liberdade provisória. (...). (HC 69.423, Rel. Min. Laurita Vaz, DJ 11.2.2008)

DISCRIMINAÇÃO COM PORTADORES DE HIV (LEI 12.984/14)

Lei n. 12.984, de 2 de junho de 2014.

Define o crime de discriminação dos portadores do vírus da imunodeficiência humana (HIV) e doentes de aids.

A Presidenta da República faço saber que o Congresso Nacional decreta e eu sanciono a seguinte Lei:

■ Crime de Discriminação aos Portadores de HIV {art. 1º}

Art. 1º Constitui crime punível com reclusão, de 1 (um) a 4 (quatro) anos, e multa, as seguintes condutas discriminatórias contra o portador do HIV e o doente de aids, em razão da sua condição de portador ou de doente:

I – recusar, procrastinar, cancelar ou segregar a inscrição ou impedir que permaneça como aluno em creche ou estabelecimento de ensino de qualquer curso ou grau, público ou privado;

II – negar emprego ou trabalho;

III – exonerar ou demitir de seu cargo ou emprego;

IV – segregar no ambiente de trabalho ou escolar;

V – divulgar a condição do portador do HIV ou de doente de aids, com intuito de ofender-lhe a dignidade;

VI – recusar ou retardar atendimento de saúde.

Regra de Vigência {art. 2º}

Art. 2º Esta Lei entra em vigor na data de sua publicação.

Brasília, 2 de junho de 2014; 193º da Independência e 126º da República.

Dilma Rousseff

GENOCÍDIO (LEI 2.889/56)

Lei 2.889, de 1 de outubro de 1956.

Define e pune o crime de genocídio.

O Presidente da República: faço saber que o Congresso Nacional decreta e eu sanciono a seguinte Lei:

Do Crime de Genocídio {art. 1º}

Art. 1º Quem, com a intenção de destruir, no todo ou em parte, grupo nacional, étnico, racial ou religioso, como tal:

a) matar membros do grupo;

b) causar lesão grave à integridade física ou mental de membros do grupo;

c) submeter intencionalmente o grupo a condições de existência capazes de ocasionar-lhe a destruição física total ou parcial;

d) adotar medidas destinadas a impedir os nascimentos no seio do grupo;

e) efetuar a transferência forçada de crianças do grupo para outro grupo;

Será punido:

– Com as penas do art. 121, § 2º, do Código Penal, no caso da letra a;

– Com as penas do art. 129, § 2º, no caso da letra b;

– Com as penas do art. 270, no caso da letra c;

– Com as penas do art. 125, no caso da letra d;

– Com as penas do art. 148, no caso da letra e;

Jurisprudência complementar (STF)

(...). Genocídio. Definição legal. Bem jurídico protegido. Tutela penal da existência do grupo racial, étnico, nacional ou religioso, a que pertence a pessoa ou pessoas imediatamente lesionadas. Delito de caráter coletivo ou transindividual. Crime contra a diversidade humana como tal. Consumação mediante ações que, lesivas à vida, integridade física, liberdade de locomoção e a outros bens jurídicos individuais, constituem modalidade executórias. Inteligência do art. 1º da Lei 2.889/56, e do art. 2º da Convenção contra o Genocídio, ratificada pelo Decreto n. 30.822/52. O tipo penal do delito de genocídio protege, em todas as suas modalidades, bem jurídico coletivo ou transindividual, figurado na existência do grupo racial, étnico ou religioso, a qual é posta em risco por ações que podem também ser ofensivas a bens jurídicos individuais, como o direito à vida, a integridade física ou mental, a liberdade de locomoção etc.. 2. Concurso de crimes. Genocídio. Crime unitário. Delito praticado mediante execução de doze homicídios como crime continuado. Concurso aparente de normas. Não caracterização. Caso de concurso formal. Penas cumulativas. Ações criminosas resultantes de desígnios autônomos. Submissão teórica ao art. 70, caput, segunda parte, do Código Penal. Condenação dos réus apenas pelo delito de genocídio. Recurso exclusivo da defesa. Impossibilidade de "reformatio in peius". Não podem os réus, que cometeram, em concurso formal, na execução do delito de genocídio, doze homicídios, receber a pena destes além da pena daquele, no âmbito de recurso exclusivo da defesa. 3. Competência criminal. Ação penal. Conexão. Concurso formal entre genocídio e homicídios dolosos agravados. Feito da competência da Justiça Federal. Julgamento cometido, em tese, ao tribunal do júri. Inteligência do art. 5º, XXXVIII, da CF, e art. 78, I, cc. art. 74, § 1º, do Código de Processo Penal. Condenação exclusiva pelo delito de genocídio, no juízo federal monocrático. Recurso exclusivo da defesa. Improvimento. Compete ao tribunal do júri da Justiça Federal julgar os delitos de genocídio e de homicídio ou homicídios dolosos que constituíram modalidade de sua execução. (RE 351487, Rel. Min. Cezar Peluso, Pleno, DJ 10.11.2006)

Jurisprudência complementar (STJ)

(...). Art. 619, do CPP. Crime de genocídio conexo com outros delitos. Competência. Justiça federal. Jjuiz singular. Etnia yanomami. Art. 5º, XXXVIII, da CF. Tribunal do Júri. Matéria constitucional. Impossibilidade de conhecimento por esta corte. Caráter infringente. Rejeição. 1. Tendo o aresto embargado abordado a matéria em sua plenitude ao fixar a competência do juiz singular federal para examinar o presente caso, porquanto o bem jurídico tutelado não é a vida do indivíduo considerado em si mesmo, mas sim a vida em comum do grupo de homens ou parte deste, mais precisamente, da etnia silvícola dos Yanomami, revestem-se de caráter infringentes os embargos interpostos, uma vez que pretendem reabrir os debates acerca da competência para o julgamento do crime de genocídio. Ademais, eventual violação ao art. 5º, XXXVIII, da Magna Carta somente pode ser apreciada pelo Pretório Excelso, por força constitucional, cabendo a esta Corte de Uniformização apenas o exame de questões infraconstitucionais. (...). (EDcl no REsp 222.653, Rel. Min. Jorge Scartezzini, DJ 13.8.2001)

■ **Associação para o Genocídio {art. 2º}**

> **Art. 2º** Associarem-se mais de 3 (três) pessoas para prática dos crimes mencionados no artigo anterior:
> Pena: Metade da cominada aos crimes ali previstos.

Jurisprudência complementar (STF)

(...). A existência de tipo penal pressupõe lei em sentido formal e material. Lavagem de Dinheiro – Lei 9.613/98 – crime antecedente. A teor do disposto na Lei 9.613/98, há a necessidade de o valor em pecúnia envolvido na lavagem de dinheiro ter decorrido de uma das práticas delituosas nela referidas de modo exaustivo. Lavagem de dinheiro – organização criminosa e quadrilha. O crime de quadrilha não se confunde com o de organização criminosa, até hoje sem definição na legislação pátria. (HC 108715, Rel. Min. Marco Aurélio, 1ª T., DJ 29.5.2014)

■ **Incitação ao Genocídio {art. 3º}**

> **Art. 3º** Incitar, direta e publicamente alguém a cometer qualquer dos crimes de que trata o art. 1º:
> Pena – Metade das penas ali cominadas.
> § 1º A pena pelo crime de incitação será a mesma de crime incitado, se este se consumar.
> § 2º A pena será aumentada de 1/3 (um terço), quando a incitação for cometida pela imprensa.

Causa de Aumento pela Condição de Funcionário Público do Sujeito Ativo {art. 4º}

> **Art. 4º** A pena será agravada de 1/3 (um terço), no caso dos arts. 1º, 2º e 3º, quando cometido o crime por governante ou funcionário público.

Tentativa {art. 5º}

> **Art. 5º** Será punida com 2/3 (dois terços) das respectivas penas a tentativa dos crimes definidos nesta lei.

Extradição {art. 6º}

> **Art. 6º** Os crimes de que trata esta lei não serão considerados crimes políticos para efeitos de extradição.

Revogações {art. 7º}

> **Art. 7º** Revogam-se as disposições em contrário.
>
> Rio de Janeiro, 1 de outubro de 1956; 135º da Independência e 68º da República.
>
> *Juscelino Kubitschek*

IDENTIFICAÇÃO CRIMINAL (LEI 12.037/09)

Lei n. 12.037, de 1º de outubro de 2009.

Dispõe sobre a identificação criminal do civilmente identificado, regulamentando o art. 5º, inciso LVIII, da Constituição Federal.

O Vice-Presidente da República, no exercício do cargo de Presidente da República Faço saber que o Congresso Nacional decreta e eu sanciono a seguinte Lei:

■ Civilmente Identificado {art. 1º}

Art. 1º O civilmente identificado não será submetido a identificação criminal, salvo nos casos previstos nesta Lei.

■ Identificação Civil {art. 2º}

Art. 2º A identificação civil é atestada por qualquer dos seguintes documentos:

I – carteira de identidade;
II – carteira de trabalho;

III – carteira profissional;

IV – passaporte;

V – carteira de identificação funcional;

VI – outro documento público que permita a identificação do indiciado.

Parágrafo único. Para as finalidades desta Lei, equiparam-se aos documentos de identificação civis os documentos de identificação militares.

Identificação Civil em Caso de Dúvida {art. 3º}

Art. 3º Embora apresentado documento de identificação, poderá ocorrer identificação criminal quando:

I – o documento apresentar rasura ou tiver indício de falsificação;

II – o documento apresentado for insuficiente para identificar cabalmente o indiciado;

III – o indiciado portar documentos de identidade distintos, com informações conflitantes entre si;

IV – a identificação criminal for essencial às investigações policiais, segundo despacho da autoridade judiciária competente, que decidirá de ofício ou mediante representação da autoridade policial, do Ministério Público ou da defesa;

V – constar de registros policiais o uso de outros nomes ou diferentes qualificações;

VI – o estado de conservação ou a distância temporal ou da localidade da expedição do documento apresentado impossibilite a completa identificação dos caracteres essenciais.

Parágrafo único. As cópias dos documentos apresentados deverão ser juntadas aos autos do inquérito, ou outra forma de investigação, ainda que consideradas insuficientes para identificar o indiciado.

Jurisprudência complementar (STJ)

(...). Homicídio. Violência doméstica. Alegada incompetência do juizado especial criminal e de violência doméstica. Inocorrência. Possibilidade de processamento no juizado até a fase de pronúncia. Prisão preventiva. Segregação cautelar devidamente fundamentada na garantia da ordem pública. Nulidade da identificação criminal.

Ausência de demonstração de prejuízo. (...). IV. Na hipótese, o decreto prisional encontra-se devidamente fundamentado em dados concretos extraídos dos autos, que evidenciam que a liberdade do ora paciente acarretaria risco à ordem pública, notadamente se considerada sua periculosidade, evidenciada na forma pela qual o delito foi em tese praticado, ceifando-se a vida de sua companheira "a pauladas". V. Não há se falar em irregularidade na determinação de identificação criminal quando a medida está justificada pela não apresentação de documento de identificação, ou quando insuficientes os dados colhidos para identificação do acusado, como "in casu". (...). (HC 294.952, Rel. Min. Felix Fischer, DJ 4.5.2015)

■ **Não Constrangimento {art. 4º}**

> **Art. 4º** Quando houver necessidade de identificação criminal, a autoridade encarregada tomará as providências necessárias para evitar o constrangimento do identificado.

■ **Métodos de Identificação {art. 5º}**

> **Art. 5º** A identificação criminal incluirá o processo datiloscópico e o fotográfico, que serão juntados aos autos da comunicação da prisão em flagrante, ou do inquérito policial ou outra forma de investigação.
>
> Parágrafo único. Na hipótese do inciso IV do art. 3º, a identificação criminal poderá incluir a coleta de material biológico para a obtenção do perfil genético.

■ **Perfil Genético {art. 5-A}**

> **Art. 5º**-A. Os dados relacionados à coleta do perfil genético deverão ser armazenados em banco de dados de perfis genéticos, gerenciado por unidade oficial de perícia criminal.
>
> § 1º As informações genéticas contidas nos bancos de dados de perfis genéticos não poderão revelar traços somáticos ou comportamentais

das pessoas, exceto determinação genética de gênero, consoante as normas constitucionais e internacionais sobre direitos humanos, genoma humano e dados genéticos.

§ 2º Os dados constantes dos bancos de dados de perfis genéticos terão caráter sigiloso, respondendo civil, penal e administrativamente aquele que permitir ou promover sua utilização para fins diversos dos previstos nesta Lei ou em decisão judicial.

§ 3º As informações obtidas a partir da coincidência de perfis genéticos deverão ser consignadas em laudo pericial firmado por perito oficial devidamente habilitado.

ENUNCIADOS FONACRIM

Enunciado 45. É possível determinar a coleta de perfil genético para fins de alimentar o banco de dados previsto na Lei 12.654/2012, em situações devidamente justificadas, nas quais o material genético possa ser útil na identificação criminal em investigações futuras ou revisões criminais.

■ Vedação {art. 6º}

Art. 6º É vedado mencionar a identificação criminal do indiciado em atestados de antecedentes ou em informações não destinadas ao juízo criminal, antes do trânsito em julgado da sentença condenatória.

■ Retirada {art. 7º}

Art. 7º No caso de não oferecimento da denúncia, ou sua rejeição, ou absolvição, é facultado ao indiciado ou ao réu, após o arquivamento definitivo do inquérito, ou trânsito em julgado da sentença, requerer a retirada da identificação fotográfica do inquérito ou processo, desde que apresente provas de sua identificação civil.

Exclusão do Perfil Genético {art. 7º-A}

Art. 7º-A. A exclusão dos perfis genéticos dos bancos de dados ocorrerá no término do prazo estabelecido em lei para a prescrição do delito.

Banco de Dados {art. 7º-B}

Art. 7º-B. A identificação do perfil genético será armazenada em banco de dados sigiloso, conforme regulamento a ser expedido pelo Poder Executivo.

Regra de Vigência {art. 8º}

Art. 8º Esta Lei entra em vigor na data de sua publicação.

Revogações {art. 9º}

Art. 9º Revoga-se a Lei n. 10.054, de 7 de dezembro de 2000.

Brasília, 1º de outubro de 2009; 188º da Independência e 121º da República.

José Alencar Gomes da Silva

IDOSO (LEI 10.741/03)

Lei n. 10.741, de 1º de outubro de 2003.

Dispõe sobre o Estatuto do Idoso e dá outras providências.

O Presidente da República: faço saber que o Congresso Nacional decreta e eu sanciono a seguinte Lei:

(...)

Título VI – Dos Crimes

Capítulo I – Disposições Gerais

■ Aplicação Subsidiária da LACP {art. 93}

Art. 93. Aplicam-se subsidiariamente, no que couber, as disposições da Lei n. 7.347, de 24 de julho de 1985.

■ Aplicação das Regras Despenalizadoras da Lei 9.099/95 {art. 94}

Art. 94. Aos crimes previstos nesta Lei, cuja pena máxima privativa de liberdade não ultrapasse 4 (quatro) anos, aplica-se o procedimento previsto na Lei n. 9.099, de 26 de setembro de 1995, e, subsidiariamente, no que couber, as disposições do Código Penal e do Código de Processo Penal.

Jurisprudência complementar (STF)

1. No julgamento da ADI 3768, o Supremo Tribunal Federal julgou constitucional o art. 39 da Lei 10.741/2003. Não conhecimento da ação direta de inconstitucionalidade nessa parte. 2. Art. 94 da Lei 10.741/2003: interpretação conforme à Constituição do Brasil, com redução de texto, para suprimir a expressão "do Código Penal e". Aplicação apenas do procedimento sumaríssimo previsto na Lei 9.099/95: benefício do idoso com a celeridade processual. Impossibilidade de aplicação de quaisquer medidas despenalizadoras e de interpretação benéfica ao autor do crime. 3. Ação direta de inconstitucionalidade julgada parcialmente procedente para dar interpretação conforme à Constituição do Brasil, com redução de texto, ao art. 94 da Lei 10.741/2003 (ADI 3096, Rel. Min. Cármen Lúcia, j. 16.06.2010).

■ Ação Penal Pública Incondicionada {art. 95}

Capítulo II – Dos Crimes em Espécie

Art. 95. Os crimes definidos nesta Lei são de ação penal pública incondicionada, não se lhes aplicando os arts. 181 e 182 do Código Penal.

Questões de concursos

313. **(Cespe/PC/GO/Agente/2016)** De acordo com a Lei n. 10.741/2003, a retenção, sem justo motivo, de cartão magnético de conta bancária relativa a benefícios de pessoa idosa é considerada

   a) crime de ação penal pública incondicionada.

   b) infração administrativa.

   c) crime punível com reclusão, seja a conduta culposa, seja ela dolosa.

   d) fato atípico, pois constitui conduta que não pode ser considerada crime.

   e) contravenção penal.

Discriminação pela Condição de Pessoa Idosa {art. 96}

Art. 96. Discriminar pessoa idosa, impedindo ou dificultando seu acesso a operações bancárias, aos meios de transporte, ao direito de contratar ou por qualquer outro meio ou instrumento necessário ao exercício da cidadania, por motivo de idade:

Pena – reclusão de 6 (seis) meses a 1 (um) ano e multa.

§ 1º Na mesma pena incorre quem desdenhar, humilhar, menosprezar ou discriminar pessoa idosa, por qualquer motivo.

§ 2º A pena será aumentada de 1/3 (um terço) se a vítima se encontrar sob os cuidados ou responsabilidade do agente.

Jurisprudência complementar (STJ)

Conflito negativo de competência. Crime cometido, em tese, por empregado da Caixa Econômica Federal, no exercício de suas funções, em detrimento de particular. Competência da Justiça Federal. 1. Compete à Justiça Federal processar e julgar crime praticado por funcionário público federal no exercício de suas atribuições funcionais. 2. "in casu", apura-se no inquérito policial instaurado o cometimento, em tese, de crime praticado por empregado da Caixa Econômica Federal no exercício de suas funções, já que a suposta vítima, pessoa idosa, teria sido discriminada pelo acusado enquanto aguardava atendimento bancário, conduta esta que se subsume ao delito previsto no art. 96 da Lei 10.741/2003 (Estatuto do Idoso). (...). (CC 97.995, Rel. Min. Jorge Mussi, 26.8.2009)

Questões de concursos

314. **(Acafe/PC/SC/Delegado/2014)** Analise as afirmações a seguir, identifique o que constitui crime praticado contra o idoso e assinale a alternativa correta.
     I. Obstar o acesso de alguém a qualquer cargo público por motivo de idade.
     II. Recusar, retardar ou dificultar atendimento ou deixar de prestar assistência à saúde, sem justa causa, a pessoa com mais de 55 anos.
     III. Deixar de cumprir, retardar ou frustrar, sem justo motivo, a execução de ordem judicial expedida nas ações em que for parte ou interveniente pessoa com mais de 65 anos.

IV. Reter o cartão magnético de conta bancária relativa a benefícios, proventos ou pensão de pessoa com mais de 70 anos, bem como qualquer outro documento, com objetivo de assegurar recebimento ou ressarcimento de dívida.

a) Todas as afirmações estão corretas.
b) Apenas II e III estão corretas.
c) Apenas I, II e III estão corretas.
d) Apenas I, III e IV estão corretas.
e) Apenas III e IV estão corretas.

Omissão de Socorro {art. 97}

Art. 97. Deixar de prestar assistência ao idoso, quando possível fazê-lo sem risco pessoal, em situação de iminente perigo, ou recusar, retardar ou dificultar sua assistência à saúde, sem justa causa, ou não pedir, nesses casos, o socorro de autoridade pública:

Pena – detenção de 6 (seis) meses a 1 (um) ano e multa.

Parágrafo único. A pena é aumentada de metade, se da omissão resulta lesão corporal de natureza grave, e triplicada, se resulta a morte.

Abandono {art. 98}

Art. 98. Abandonar o idoso em hospitais, casas de saúde, entidades de longa permanência, ou congêneres, ou não prover suas necessidades básicas, quando obrigado por lei ou mandado:

Pena – detenção de 6 (seis) meses a 3 (três) anos e multa.

Questões de concursos

315. **(Vunesp/PC/SP/Investigador/2014)** Minerva, 45 anos de idade, é filha de Pomona, 62 anos de idade. Ambas vivem juntas. Quando Pomona veio a adoecer gravemente, Minerva a levou para um hospital público e lá a abandonou sob os cuidados

médicos do estabelecimento, não mais retornando para buscá-la. Essa conduta de Minerva.

a) é considerada um crime de preconceito punível pelo Estatuto do Idoso

b) não é considerada como crime, uma vez que Pomona, embora abandonada, foi deixada sob cuidados médicos.

c) não é considerada crime, por se tratar de hospital público, que tem a obrigação legal de cuidar de Pomona.

d) seria considerada crime pelo Estatuto do Idoso apenas se Pomona fosse maior de 65 anos de idade.

e) é considerada um crime pelo Estatuto do Idoso.

■ Exposição a Perigo {art. 99}

> **Art. 99**. Expor a perigo a integridade e a saúde, física ou psíquica, do idoso, submetendo-o a condições desumanas ou degradantes ou privando-o de alimentos e cuidados indispensáveis, quando obrigado a fazê-lo, ou sujeitando-o a trabalho excessivo ou inadequado:
>
> Pena – detenção de 2 (dois) meses a 1 (um) ano e multa.
>
> § 1º Se do fato resulta lesão corporal de natureza grave:
>
> Pena – reclusão de 1 (um) a 4 (quatro) anos.
>
> § 2º Se resulta a morte:
>
> Pena – reclusão de 4 (quatro) a 12 (doze) anos.

Jurisprudência complementar (STJ)

(...). Maus tratos qualificado contra idoso pelos filhos. Denúncia genérica. Inépcia. Ocorrência. 1. Nos termos da jurisprudência desta Corte, é inepta a denúncia quando não há a descrição dos fatos, com todas as suas circunstâncias, em inobservância aos requisitos legais, impossibilitando, dessa forma, o exercício da ampla defesa. 2. Muito embora a assistência ao idoso seja solidária entre os filhos, isso não significa que a responsabilidade penal também deva ser. A denúncia deve conter o nexo causal e a participação de cada um para a ocorrência do crime. 3. Ordem concedida com extensão aos corréus. (HC 200.260, Rel. Min. OG Fernandes, DJ 28.5.2012)

Tratamento Diferenciado {art. 100}

Art. 100. Constitui crime punível com reclusão de 6 (seis) meses a 1 (um) ano e multa:

I – obstar o acesso de alguém a qualquer cargo público por motivo de idade;

II – negar a alguém, por motivo de idade, emprego ou trabalho;

III – recusar, retardar ou dificultar atendimento ou deixar de prestar assistência à saúde, sem justa causa, a pessoa idosa;

IV – deixar de cumprir, retardar ou frustrar, sem justo motivo, a execução de ordem judicial expedida na ação civil a que alude esta Lei;

V – recusar, retardar ou omitir dados técnicos indispensáveis à propositura da ação civil objeto desta Lei, quando requisitados pelo Ministério Público.

Omissão em Processo {art. 101}

Art. 101. Deixar de cumprir, retardar ou frustrar, sem justo motivo, a execução de ordem judicial expedida nas ações em que for parte ou interveniente o idoso:

Pena – detenção de 6 (seis) meses a 1 (um) ano e multa.

Apropriação {art. 102}

Art. 102. Apropriar-se de ou desviar bens, proventos, pensão ou qualquer outro rendimento do idoso, dando-lhes aplicação diversa da de sua finalidade:

Pena – reclusão de 1 (um) a 4 (quatro) anos e multa.

Informativos (STJ)

Caracterização do tipo penal do art. 102 do Estatuto do Idoso.

Incorre no tipo penal previsto no art. 102 da Lei 10.741/03 (Estatuto do Idoso) – e não no tipo penal de furto (art. 155 do CP) – o estagiário de instituição financeira que se utiliza do cartão magnético e da senha de acesso à conta de depósitos de pessoa idosa para realizar transferências de valores para sua conta pessoal. REsp 1.358.865, Rel. Min. Sebastião Reis Júnior, 4.9.14. 6ª T. (Info 547)

Jurisprudência complementar (STJ)

(...). Art. 102 da Lei 10.741/2003. Desvio de bens. Posse prévia. Desnecessidade. Desvio de finalidade. Caracterização. Condenação. Restabelecimento. 1. Para a conduta de desviar bens do idoso, prevista no art. 102 da Lei 10.741/2003, não há necessidade de prévia posse por parte do agente, restrita à hipótese de apropriação. 2. É evidente que a transferência dos valores da conta bancária da vítima para a conta pessoal do recorrido, mediante ardil, desviou os bens de sua finalidade. Não importa aqui perquirir qual era a real destinação desses valores, pois, independente de qual fosse, foram eles dela desviados, ao serem, por meio de fraude, transferidos para a conta do recorrido. 3. Recurso especial provido para cassar o acórdão proferido nos embargos infringentes e restabelecer a condenação, nos termos do julgado proferido na apelação. (REsp 1358865, Rel. Min. Sebastião Reis Júnior, DJ 23.9.2014)

(...). Desvio de proventos, pensão ou rendimentos de pessoa idosa (artigo 102 da Lei 10.741/2003). Pacientes que teriam efetuado a contratação de empréstimo consignado sem a autorização da vítima, idosa que contava com 95 (noventa e cinco) anos de idade. Contratação não efetivada. Ausência de prejuízo. Atipicidade manifesta da conduta. Constrangimento ilegal evidenciado. Concessão da ordem. (...). 2. Aos pacientes foi imputada a prática do delito previsto no artigo 102 da Lei 11.741/2003, que criminaliza a conduta de "apropriar-se de ou desviar bens, proventos, pensão ou qualquer outro rendimento do idoso, dando-lhes aplicação diversa da de sua finalidade". 3. Contudo, na hipótese dos autos não há que se falar em desvio de proventos, pensão ou outro rendimento, já que para que tal delito se consume, é necessário que a vítima sofra algum prejuízo, que não existiu no caso em tela, uma vez que nenhuma quantia referente ao empréstimo consignado chegou a ser debitada da conta da idosa, remanescendo intocado o seu benefício previdenciário. 4. A par da inexistência de qualquer prejuízo à apontada vítima, o certo é que, consoante declarações prestadas extrajudicialmente, a filha da idosa, que também era titular da conta em questão, foi a responsável por sacar o numerário referente ao benefício previdenciário no caixa e, mediante a aposição de senha, contratar o empréstimo que se alega não ter sido autorizado ou aquiescido. 5. Assim, não há sequer indícios de que os pacientes teriam se aproveitado do fato de a vítima contar com 95 (noventa e cinco) anos de idade para contratar empréstimo consignado sem o seu consentimento, tampouco de que teriam tido a intenção, o dolo de desviar proventos de pessoa idosa, dando-lhes aplicação diversa, já que a conta era conjunta, e toda a transação bancária foi feita sem a intervenção da anciã. (...). (HC 120.469, Rel. Min. Jorge Mussi, DJ 25.4.2011)

Questões de concursos

316. **(Funcab/PC/PA/Delegado/2016)** A pessoa que se apropria de pensão de idoso, dando-lhe destinação diversa daquela definida como sua finalidade:

   a) comete crime previsto na Lei n. 10.741, que respeitará o procedimento comum ordinário, embora com a possibilidade de aplicação de transação penal.

   b) comete crime previsto na Lei n. 10.741, que respeitará o procedimento comum ordinário, sendo vedada a transação penal.

   c) comete crime previsto na Lei n. 10.741, que respeitará o procedimento previsto na Lei n. 9.099, de 1995, inclusive quanto à transação penal.

   d) comete crime previsto no Código Penal, que respeitará o procedimento comum ordinário.

   e) comete crime previsto na Lei n. 10.741, que respeitará o procedimento previsto na Lei n. 9.099, de 1995, sendo vedada a transação penal.

317. **(Vunesp/TJ/SP/Juiz/2015)** O afilhado que cuida e tem a função de curador de sua madrinha, esta com 65 anos de idade, acometida de Alzheimer, vendeu imóvel da ofendida por R$ 80.000,00, recebendo, inicialmente, R$ 20.000,00. Quando foi lavrada a escritura pública, o curador recebeu o restante do pagamento, no importe de R$ 60.000,00, apropriando-se do numerário. Assim,

   a) o afilhado é isento de pena por ter praticado o delito em prejuízo de ascendente.

   b) o comportamento do afilhado caracteriza o crime de estelionato, na modalidade de abuso de incapazes.

   c) o comportamento do afilhado caracteriza o crime de apropriação indébita, agravado em face da qualidade de curador.

   d) o comportamento do afilhado caracteriza o crime de apropriação, previsto no Estatuto do Idoso.

■ Negativa {art. 103}

Art. 103. Negar o acolhimento ou a permanência do idoso, como abrigado, por recusa deste em outorgar procuração à entidade de atendimento:

Pena – detenção de 6 (seis) meses a 1 (um) ano e multa.

■ Retenção {art. 104}

> **Art. 104.** Reter o cartão magnético de conta bancária relativa a benefícios, proventos ou pensão do idoso, bem como qualquer outro documento com objetivo de assegurar recebimento ou ressarcimento de dívida:
>
> Pena – detenção de 6 (seis) meses a 2 (dois) anos e multa.

■ Exposição dos Idosos {art. 105}

> **Art. 105.** Exibir ou veicular, por qualquer meio de comunicação, informações ou imagens depreciativas ou injuriosas à pessoa do idoso:
>
> Pena – detenção de 1 (um) a 3 (três) anos e multa.

■ Estelionato ao Idoso {art. 106}

> **Art. 106.** Induzir pessoa idosa sem discernimento de seus atos a outorgar procuração para fins de administração de bens ou deles dispor livremente:
>
> Pena – reclusão de 2 (dois) a 4 (quatro) anos.

Jurisprudência complementar (STJ)

(...). Art. 106 do estatuto do idoso. Trancamento da ação penal. Medida excepcional. Inocorrência das hipóteses que autorizam a prematura interrupção da persecutio criminis in iudicio. (...). II. No presente caso, a denúncia, peça formalizadora da acusação, revela-se formalmente correta, além de evidenciar, inquestionavelmente, a presença de justa causa para o prosseguimento da ação penal. Vê-se que a conduta do paciente consistiu em contactar a vítima, pessoa idosa, a fim de que esta, mediante a assinatura de procuração, o autorizasse a reter para si 30% dos valores que a vítima viria a receber em razão de ação ajuizada em face do INSS, mesmo sendo dispensável, para o levantamento da quantia, a intervenção de advogado, induzindo-a, portanto, em erro quanto a necessidade de seus serviços. (...). (HC 102.601, Rel. Min. Felix Fischer, DJ 10.11.2008)

■ Coação {art. 107}

> **Art. 107**. Coagir, de qualquer modo, o idoso a doar, contratar, testar ou outorgar procuração:
> Pena – reclusão de 2 (dois) a 5 (cinco) anos.

■ Lavrar Ata Notarial {art. 108}

> **Art. 108**. Lavrar ato notarial que envolva pessoa idosa sem discernimento de seus atos, sem a devida representação legal:
> Pena – reclusão de 2 (dois) a 4 (quatro) anos.
> (...)
> Brasília, 1º de outubro de 2003; 182º da Independência e 115º da República.
> Luiz Inácio Lula da Silva

Questões de concursos

318. **(FCC/CNMP/Analista/2015)** A conduta de lavrar ato notarial que envolva pessoa idosa sem discernimento de seus atos, sem a devida representação legal, pode ser definida como crime

    a) crime unissubsistente cuja ação penal é privada.
    b) crime plurissubjetivo cuja ação penal é condicionada à representação.
    c) crime material cuja ação penal é pública condicionada.
    d) crime próprio cuja ação penal é pública.
    e) crime formal cuja ação penal depende de representação.

319. **(MPE/SC/Promotor/2014)** A Lei n. 10.741/03 (Estatuto do Idoso) possui tipo penal específico para punir tabelião que lavrar ato notarial que envolva pessoa idosa sem discernimento de seus atos e sem a devida representação legal.

IMPROBIDADE ADMINISTRATIVA (LEI 8.429/92)

Lei n. 8.429, de 2 de Junho de 1992.

Dispõe sobre as sanções aplicáveis aos agentes públicos nos casos de enriquecimento ilícito no exercício de mandato, cargo, emprego ou função na administração pública direta, indireta ou fundacional e dá outras providências.

O Presidente da República: faço saber que o Congresso Nacional decreta e eu sanciono a seguinte lei:

(...)

Capítulo VI – Das Disposições Penais

Representação Caluniosa {art. 19}

Art. 19. Constitui crime a representação por ato de improbidade contra agente público ou terceiro beneficiário, quando o autor da denúncia o sabe inocente.

Pena: detenção de seis a dez meses e multa.

Parágrafo único. Além da sanção penal, o denunciante está sujeito a indenizar o denunciado pelos danos materiais, morais ou à imagem que houver provocado.

Jurisprudência complementar (STJ)

Representação temerária. Conduta dos pacientes que, em tese, amolda-se ao paradigma tipificado no art. 19, caput, da Lei 8.429/92. Ausência de ilegalidade. Impossibilidade de concessão da ordem de ofício. (...). (HC 225.599, Rel. Min. Laurita Vaz, DJ 1.2.2013)

■ Efeitos Posteriores ao Trânsito em Julgado {art. 20}

> **Art. 20**. A perda da função pública e a suspensão dos direitos políticos só se efetivam com o trânsito em julgado da sentença condenatória.

Jurisprudência complementar (STF)

Mandado de segurança contra ato do Presidente da República. Demissão de agente de Polícia Federal, do Departamento de Polícia Federal, do Ministério da Justiça: transporte de mercadorias contrabandeadas em Foz do Iguaçu. Alegação de equivocada apreciação das provas e de que a decisão do processo administrativo deveria aguardar o trânsito em julgado do processo-crime. 1. Não cabe reexaminar em mandado de segurança os elementos de provas e os concernentes à materialidade e autoria do delito, porque exigem instrução probatória. 2. A ausência de decisão judicial com trânsito em julgado não torna nulo o ato demissório aplicado com base em processo administrativo em que foi assegurada ampla defesa, pois a aplicação da pena disciplinar ou administrativa independe da conclusão dos processos civil e penal, eventualmente instaurados em razão dos mesmos fatos. Interpretação dos artigos 125 da Lei 8.112/90 e 20 da Lei 8.429/92 em face do artigo 41, § 1º, da Constituição. (...). (MS 22534, Rel. Min. Maurício Corrêa, Pleno, DJ 10.9.1999)

Jurisprudência complementar (STJ)

(...). Processo administrativo disciplinar. Auditor fiscal da receita. Demissão/cassação de aposentadoria. Proveito próprio e de outrem em razão do cargo. Ausência de nulidades no PAD. Prova ilícita por derivação. Fontes autônomas. Ausência de parcialidade. Retificação de sanção possível. (...). 6. A interpretação sistemática do art. 20 da LIA indica tão somente ser vedada a execução provisória de parcela das sanções previstas no art. 12 do mesmo diploma. Não se estabeleceu aí uma derrogação de todo e qualquer dispositivo presente em outra esfera que estabeleça a condenação de mesmo efeito; tampouco se quis criar lei mais benéfica ao acusado, por meio de diploma que ostensivamente buscava reprimir condutas reprováveis e outorgar eficácia ao comando constitucional previsto no art. 37, § 4º, afinal, é inconcebível que uma lei redigida para coibir com maior rigor a improbidade administrativa no nosso País tenha terminado por enfraquecer sua perquirição. (...). (MS 16.418, Rel. Min. Herman Benjamin, DJ 24.8.2012)

(...). Improbidade administrativa. Afastamento cautelar. Verificação dos pressupostos. Impossibilidade. Reexame de prova. (...). I. Hipótese em que o agravante é réu em ação de improbidade administrativa e postula sua reintegração às funções, afastado que foi cautelarmente, nos termos do art. 20 da Lei 8.429/92. II. A verificação da concorrência dos requisitos autorizadores da aplicação da medida cautelar demanda, inexoravelmente, reexame de prova, vedado nesta seara recursal. (...). (AgRg no REsp 1228978, Rel. Min. Francisco Falcão, DJ 19.8.2011)

(...). Improbidade. Execução de sentença condenatória. Cassação da aposentadoria. Medida que extrapola o título executivo. Descabido efeito retroativo da sanção de perda da função pública. 1. Cuidam os autos de execução de sentença que condenou o ora recorrente pela prática de improbidade administrativa, especificamente por ter participado, na qualidade de servidor público municipal, de licitações irregulares realizadas em 1994. Foram-lhe cominadas as seguintes sanções: perda da função pública, suspensão dos direitos políticos, proibição temporária de contratar com o Poder Público e multa. 2. O Juízo da execução determinou a cassação da aposentadoria, ao fundamento de que se trata de consequência da perda da função pública municipal. O Tribunal de Justiça, por maioria, manteve a decisão. 3. O direito à aposentadoria submete-se aos requisitos próprios do regime jurídico contributivo, e sua extinção não é decorrência lógica da perda da função pública posteriormente decretada. 4. A cassação do referido benefício previdenciário não consta no título executivo nem constitui sanção prevista na Lei 8.429/1992. Ademais, é incontroverso nos autos o fato de que a aposentadoria ocorreu após a conduta ímproba, porém antes do ajuizamento da Ação Civil Pública. 5. A sentença que determina a perda da função pública é condenatória e com efeitos ex nunc, não podendo produzir efeitos retroativos ao "decisum", tampouco ao ajuizamento da ação que acarretou a sanção. A propósito, nos termos do art. 20 da Lei 8.429/1992, "a perda da função pública e a suspensão dos direitos políticos só se efetivam com o trânsito em julgado da sentença condenatória". 6. Forçosa é a conclusão de que, "in casu", a cassação da aposentadoria ultrapassa os limites do título executivo, sem prejuízo de seu eventual cabimento como penalidade administrativa disciplinar, com base no estatuto funcional ao qual estiver submetido o recorrente. (...). (REsp 1186123, Rel. Min. Herman Benjamin, DJ 4.2.2011)

■ Afastamento Cautelar {art. 20, p. ú.}

> Parágrafo único. A autoridade judicial ou administrativa competente poderá determinar o afastamento do agente público do exercício do cargo, emprego ou função, sem prejuízo da remuneração, quando a medida se fizer necessária à instrução processual.

Jurisprudência complementar (STF)

(...). A condenação definitiva a que alude o § 2º do artigo 1º do Decreto-Lei 201/67 é a condenação transitada em julgado. No caso, não se decretou a perda do cargo de imediato, mas sim o afastamento do exercício dele. Assim, e de qualquer sorte não tendo ainda o ora paciente perdido o cargo de Prefeito, pois a perda deste só ocorrerá com o trânsito em julgado de sua condenação, o Tribunal de Justiça local, ao prolatar originariamente a condenação que agora se pretende invalidar, era competente para proferi-la com base no artigo 29, X, da Constituição Federal, não interferindo nessa competência o cancelamento da súmula 394 desta Corte, o que só ocorreria se tivesse havido essa perda. (...). (HC 80026, Rel. Min. Moreira Alves, 1ª T., DJ 4.5.2001)

Jurisprudência complementar (STJ)

(...). Pedido de suspensão de liminar. Afastamento cautelar de agente político. Decisão que identificou risco à instrução processual. Inexistência de grave lesão à ordem pública. I. A decisão que prorrogou o afastamento cautelar do agente político está fundamentada no risco da instrução processual. Inexistência de grave lesão à ordem pública. II. A prorrogação não pode representar uma interferência indevida no mandato eletivo. Limitação dos efeitos da decisão pelo prazo de 180 dias contados da data em que prolatada (1º de outubro de 2014) ou até o término da instrução processual – o que ocorrer antes. (...). (AgRg na SLS 1.957, Rel. Min. Francisco Falcão, DJ 9.3.2015)

Suspensão de liminar e de sentença. Ação civil pública. Improbidade administrativa. Afastamento cautelar de agente político. Art. 20, parágrafo único, da Lei 8.429/92. Inexistência de lesão aos interesses tutelados pelo art. 4º da Lei 8.437/92. I. O afastamento cautelar de agente político está autorizado pelo art. 20, parágrafo único, da Lei 8.429, de 1992, "quando a medida se fizer necessária à instrução processual". II. Essa norma supõe prova suficiente de que o agente possa dificultar a instrução do processo. III. O afastamento sub judice está fundado no risco à instrução processual, inexistindo, portanto, lesão aos interesses tutelados pelo art. 4º da Lei 8.437, de 1992. (...). (AgRg na SLS 1.900, Rel. Min. Francisco Falcão, DJ 9.3.2015)

Sanções {art. 21}

Art. 21. A aplicação das sanções previstas nesta lei independe:

I – da efetiva ocorrência de dano ao patrimônio público, salvo quanto à pena de ressarcimento;

II – da aprovação ou rejeição das contas pelo órgão de controle interno ou pelo Tribunal ou Conselho de Contas.

Súmulas TRFs

TRF-1 30. Não é da competência do Tribunal Regional Federal o processo e julgamento de prefeito municipal acusado de apropriação, ou desvio, de verbas recebidas de entidades federais e incorporadas ao patrimônio do município.

Jurisprudência complementar (STJ)

(...). Imputação da prática de ato de improbidade administrativa por descumprimento de decisão judicial. Alegação de ausência de intimação para cumprimento. Prova diabólica: exigência de fato negativo, por ilógico que pareça. Cerceamento de defesa. Requisito da má-fé. Acórdão em confronto com a jurisprudência do stj por entender indispensável a demonstração do dolo. Violação ao art. 11, da Lei 8.429/92 reconhecida. 1. O Tribunal a quo não demonstrou a presença do indispensável elemento subjetivo do agente; pelo contrário, assentou, expressamente, que a existência de má-fé na negativa do fornecimento das informações não é relevante, importando, apenas, que não foi cumprida uma decisão judicial transitada em julgado; essa orientação não tem o abono jurisprudencial do STJ, que exige o dolo como elemento da conduta, para submeter legitimamente o infrator às iras do art. 11 da Lei 8.429/92. 2. Caso entenda-se que o dolo está no resultado, pode-se dizer que todo resultado lesivo será automaticamente doloso; no entanto, certo é que o dolo está na conduta, na maquinação, na maldade, na malícia do agente, sendo isso o que deve ser demonstrado e o que não foi, no caso em apreço. 3. O ato havido por ímprobo deve ser administrativamente relevante, sendo de se aplicar, na sua compreensão, o conhecido princípio da insignificância, de notável préstimo no Direito Penal moderno, a indicar a inaplicação de sanção criminal punitiva ao agente, quando o efeito do ato agressor é de importância mínima ou irrelevante, constituindo a chamada bagatela penal: de minimis non curat Praetor. (...). (AgRg no REsp 968.447, Rel. Min. Napoleão Nunes Maia Filho, DJ 18.5.2015)

(...). Ação civil pública por improbidade administrativa. Licitação. Beneficiamento da empresa vencedora do certame. Configuração. Art. 11 da Lei 8.429/92. Dolo genérico comprovado. Aplicação de sanções. Decorrência lógica. Inexistência de comprovação de dano ao erário e auferimento de vantagem. Impossibilidade de aplicação das penas de ressarcimento e de multa vinculada ao benefício obtido. 1. O dano ao erário não é elementar à configuração do ato de improbidade. 2. Os atos censurados amoldam-se aos casos de improbidade administrativa, previstos no art. 11, I, da Lei 8.429/92. O Superior Tribunal de Justiça possui o entendimento consolidado de que o ato de improbidade por ofensa a princípios da administração pública exige a demonstração do dolo genérico. 3. "in casu", conclui o acórdão estadual que houve favorecimento da vencedora do certame, por manifesta deliberação do ora agravante, o que por si só configura o dolo genérico, consubstanciado na intenção de beneficiar a empresa vencedora do certame. 4. O art. 21, I, da Lei 8.429/92 prevê a aplicação de sanções aos atos de improbidade, ainda que não haja dano patrimonial ou enriquecimento ilícito, salvo quanto à pena de ressarcimento. No caso, não foi consignada a ocorrência de dano patrimonial ou de enriquecimento ilícito. Recurso especial parcialmente provido para tornarem inaplicáveis as sanções de ressarcimento integral do dano e de pagamento de multa civil equivalente a três vezes o acrescimento patrimonial auferido. (REsp 1395771, Rel. Min. Humberto Martins, DJ 14.11.2013)

■ Requerimento do Ministério Público {art. 22}

> **Art. 22**. Para apurar qualquer ilícito previsto nesta lei, o Ministério Público, de ofício, a requerimento de autoridade administrativa ou mediante representação formulada de acordo com o disposto no art. 14, poderá requisitar a instauração de inquérito policial ou procedimento administrativo.
>
> (...)

INTERCEPTAÇÃO TELEFÔNICA (LEI 9.296/96)

Lei n. 9.296, de 24 de julho de 1996.

Regulamenta o inciso XII, parte final, do art. 5º da Constituição Federal.

O Presidente da República: faço saber que o Congresso Nacional decreta e eu sanciono a seguinte Lei:

■ Meio de Prova {art. 1º}

Art. 1º A interceptação de comunicações telefônicas, de qualquer natureza, para prova em investigação criminal e em instrução processual penal, observará o disposto nesta Lei e dependerá de ordem do juiz competente da ação principal, sob segredo de justiça.

Parágrafo único. O disposto nesta Lei aplica-se à interceptação do fluxo de comunicações em sistemas de informática e telemática.

Informativos (STF)

Interceptação telefônica e competência

Denegado "habeas corpus" em que discutido a competência para o exame de medidas cautelares em procedimento de investigação criminal. No caso, o juízo da vara central de inquéritos de justiça estadual deferiu interceptação telefônica e suas sucessivas prorrogações. A defesa alegou incompetência do juízo pois o procedimento investigatório seria incidente relacionado a ação penal atribuída a outro juízo. Reputou-se que o art. 1º da Lei 9.296/96 não fixa regra de competência, mas sim reserva de jurisdição para quebra de sigilo, o que foi observado. Precedentes do STF admitem a divisão de tarefas entre juízes que atuam na fase de inquérito e na fase da ação penal. HC 126536, Rel. Min. Teori Zavascki, 1.3.2016. 2ª T. (Info 816)

Informativos (STJ)

Interceptação telefônica sem autorização judicial. Vício insanável.

Não é válida a interceptação telefônica realizada sem prévia autorização judicial, ainda que haja posterior consentimento de um dos interlocutores para ser tratada como escuta telefônica e utilizada como prova em processo penal. HC 161.053, Rel. Min. Jorge Mussi, 27.11.12. 5ª T. (Info 510)

Jurisprudência complementar (STF)

(...). Interceptação telefônica. Vereador. Prerrogativa de foro estabelecida em Constituição estadual. Alegação de ofensa ao princípio do juiz natural. Prorrogações sucessivas da medida. Ausência de nulidade. Improcedência. 1. Art. 1º da Lei 9.296/96: interceptação telefônica é medida cautelar, dependente de ordem do juiz competente da ação principal. Tratando-se de medida preparatória, postulada no curso da investigação criminal; competência aventada entendida e aplicada com temperamentos. (...). 2. Entendimento jurisprudencial consolidado quanto à constitucionalidade da prerrogativa de foro estabelecida pela al. d do inc. IV do art. 161 da Constituição Estadual do Rio de Janeiro: não há incompetência absoluta do juízo de 1ª instância para autorização de interceptação telefônica de vereador. 3. Admite-se prorrogação sucessiva de interceptação telefônica, se os fatos forem "complexos e graves" (Inq. 2424, Relator o Min. Cezar Peluso, DJ 26.03.2010) e as decisões sejam "devidamente fundamentas pelo juízo competente quanto à necessidade de prosseguimento das investigações" (RHC 88.371, Relator o Min. Gilmar Mendes, DJ 2.02.2007). 4. O período das escutas telefônicas autorizadas e o número de terminais alcançados subordinam-se à necessidade da investigação e ao princípio da razoabilidade. (...). (RHC 108496, Rel. Min. Cármen Lúcia, 2ª T., DJ 10.3.2014)

(...). Tráfico de drogas. Prisão temporária e preventiva. Superveniência da sentença condenatória. Interceptação telefônica. Fundamentação sucinta. 1. A superveniência de sentença condenatória na qual o Juízo aprecia e mantém a prisão cautelar anteriormente decretada, implica a mudança do título da prisão e prejudica o conhecimento de "habeas corpus" impetrado contra a prisão antes do julgamento. 2. Decisão que autoriza interceptação telefônica redigida de forma sucinta, mas que se reporta ao preenchimento dos requisitos dos arts. 1º, 2º e 3º da Lei 9.296/1996 e ao conteúdo da representação policial na qual os elementos probatórios existentes contra os investigados estavam relacionados. Desfecho das interceptações que confirma a fundada suspeita que as motivou, tendo sido apreendidas drogas e revelada a existência de grupo criminoso envolvido na atividade ilícita. Invalidade patente não reconhecida. (HC 103817, Rel. Min. Rosa Weber, 1ª T., DJ 29.5.2012)

(...). 2. Prisão em flagrante. Denúncia. Crimes de rufianismo e favorecimento da prostituição. 3. Interceptação telefônica realizada pela Polícia Militar. Nulidade. Não ocorrência. 4. Medida executada nos termos da Lei 9.296/96 (requerimento do Ministério Público e deferimento pelo Juízo competente). Excepcionalidade do caso: suspeita de envolvimento de autoridades policiais da delegacia local. (...). (HC 96986, Rel. Min. Gilmar Mendes, 2ª T., DJ 14.9.2012)

(...). Finalidade: proteção ao direito de locomoção. CPI dos títulos públicos. Quebra de sigilo telefônico: salvaguarda do direito à intimidade. Ausência de ameaça à liberdade de ir e vir. Via imprópria do "writ". Objetivando as razões da impetração salvaguardar o direito à intimidade, sem demonstração de que a quebra do sigilo telefônico determinada por ato da CPI instituída para apurar irregularidades na emissão de títulos públicos constitua efetiva ameaça à liberdade de ir e vir do paciente, não é o "habeas corpus" a via adequada à cessação do imputado ato ilegal. (HC 75232, Rel. p/ ac. Min. Maurício Corrêa, Pleno, DJ 24.8.2001)

(...). Magistrado. Aposentadoria compulsória. Processo administrativo disciplinar. Art. 27, § 1º da Loman. Nulidade do procedimento. Ilicitude da prova e impossibilidade de utilização da prova emprestada. Atipicidade da conduta. Ausência de fundamentação. Não configuração. (...). 1. O impetrante tinha ciência da sindicância e dos fatos a ele imputados, ou seja, ele conhecia o teor das acusações que lhe foram feitas. Ao longo de toda a sindicância, exerceu com plenitude o seu direito de defesa, muito embora isso não fosse obrigatório nessa fase da investigação, que é desprovida de caráter punitivo. Dispensada, nesse caso, a observância da regra inscrita no art. 27, § 1º da Loman. Ademais, restou amplamente demonstrado o efetivo exercício do direito de defesa ao longo do procedimento administrativo disciplinar. 2. Legalidade da decretação, pelo magistrado de primeira instância, da quebra de sigilo telefônico do filho do impetrante, considerado peça-chave no esquema de venda de "habeas corpus" para traficantes de entorpecentes, já que ele não possuía prerrogativa de foro e a quebra de sigilo telefônico ocorreu na fase de inquérito policial, aplicando-se, por conseguinte, o entendimento firmado por esta

Corte no julgamento do HC 81.260. 3. A revelação dos fatos relativos ao impetrante deu-se em decorrência de prova licitamente obtida. Inexistente, portanto, qualquer obstáculo jurídico à utilização da prova no procedimento administrativo disciplinar, ainda mais quando cotejada com outras provas, em especial os depoimentos de todos os envolvidos. (...). (MS 24803, Rel. Min. Joaquim Barbosa, Pleno, DJ 5.6.2009)

Jurisprudência complementar (STJ)

(...). Fraude a procedimentos licitatórios. Inquérito policial. Interceptação telefônica judicialmente autorizada. Pedido de compartilhamento das provas obtidas para fins de instruir Ação Civil Pública. Possibilidade. Constrangimento ilegal inexistente. Desprovimento do reclamo. 1. Como se sabe, o artigo 5º, inciso XII, da Constituição Federal prevê a inviolabilidade do sigilo da correspondência e das comunicações telegráficas, de dados e das comunicações telefônicas, salvo, no último caso, por ordem judicial, nas hipóteses e na forma que a lei estabelecer para fins de investigação criminal ou instrução processual penal. 2. Por sua vez, em cumprimento ao mandamento constitucional acima mencionado, o artigo 1º da Lei 9.296/1996 permite a interceptação das comunicações telefônicas para a prova em investigação criminal e em instrução processual penal, desde que precedida de ordem judicial. 3. Embora a interceptação telefônica só possa ser autorizada para fins de produção de prova em investigação ou processo criminal, o certo é que uma vez autorizada judicialmente, o seu conteúdo pode ser utilizado para fins de imposição de pena, inclusive de perda de cargo, função ou mandato, não se mostrando razoável que as conversas gravadas, cujo teor torna-se público com a prolação de sentença condenatória, não sejam aproveitadas na esfera civil ou administrativa. Doutrina. 4. Inviável, por conseguinte, acoimar-se de ilegais as decisões proferidas na instância de origem, uma vez que, tendo sido licitamente autorizada a interceptação telefônica dos investigados em inquérito policial, é plenamente possível o compartilhamento da prova para fins de instruir ação civil pública referente aos mesmos fatos. (...). (RHC 52.209, Rel. Min. Jorge Mussi, DJ 27.11.2014)

(...). Operação "Uragano". Corrupção ativa. Gravação ambiental. Captação de áudio e imagem realizada por um dos interlocutores. Desconhecimento do outro (ora paciente). Conversa gravada na residência do acusado. Licitude da prova. Trancamento da ação penal. Impossibilidade. Constrangimento ilegal não evidenciado. (...). 2. O acórdão hostilizado encontra-se em harmonia com a jurisprudência do Superior Tribunal de Justiça no sentido de que a gravação ambiental realizada por um dos interlocutores, sem o consentimento do outro, é lícita, ainda que obtida sem autorização judicial, podendo ser validamente utilizada como elemento de prova, uma vez que a proteção conferida pela Lei 9.296/1996 se restringe às interceptações de comunicações telefônicas. 3. No caso, a gravação ambiental ocorreu no domicílio do paciente, com o conhecimento de um dos interlocutores ex-secretário de governo que agiu na condição de informante e colaborador, sendo realizada com a devida autorização judicial. Na ocasião, o acusado convidou o servidor público municipal a entrar e permanecer na sua residência, não restando evidenciado na hipótese o caráter secreto da conversa captada, tampouco a obrigação jurídica de sigilo. 4. As garantias previstas no art. 5º, XII, da Constituição Federal têm por objetivo preservar a dignidade da pessoa humana e o direito à intimidade da vida privada. Tal restrição, contudo, não deve prevalecer sobre o interesse público, tendo em vista que as garantias constitucionais não podem servir para proteger atividades ilícitas ou criminosas, sob pena de inversão de valores jurídicos. (...). (HC 222.818, Rel. Min. Gurgel de Faria, DJ 25.11.2014)

(...). Quadrilha, concussão e corrupção passiva. Interceptação telefônica. Nulidade. Incompetência da autoridade judicial. Mácula não caracterizada. Desprovimento do reclamo. 1. Nos termos do artigo 1º da Lei 9.296/1996, a competência para deferir a interceptação telefônica no curso do inquérito policial é do juiz competente para a ação principal. 2. Prevalece na doutrina e na jurisprudência o entendimento segundo o qual a competência para autorizar a interceptação telefônica no curso das investigações deve ser analisada com cautela, pois pode ser que, inicialmente, o magistrado seja aparentemente competente e apenas no curso das investigações se verifique a sua incompetência. 3. A descoberta, no decorrer da execução das interceptações telefônicas, de que os delitos investigados foram praticados fora dos limites territoriais de jurisdição da autoridade que deferiu a medida, não tem o condão de nulificar as provas já colhidas. 4. No caso dos autos, mostra-se totalmente improcedente a arguição de incompetência do Juiz de Direito Vara Criminal da comarca de Araucária para autorizar a interceptação telefônica que embasou a deflagração de ação penal contra o recorrente, pois a quebra do sigilo telefônico foi deferida nos autos de procedimento instaurado inicialmente perante aquele Juízo, notadamente ante a existência de investigação implementada pelo Ministério Público com a finalidade de apurar denúncias formuladas em representação apresentada por comerciante de Araucária dando conta de que policiais da Delegacia de Roubos e Furtos de Curitiba estariam praticando crimes naquela localidade, sendo certo que somente após o monitoramento telefônico se descobriu que as atividades dos policiais envolvidos ultrapassava os limites daquela comarca, estendendo-se até a capital do Estado do Paraná. (...). (RHC 49.057, Rel. Min. Jorge Mussi, DJ 10.9.2014)

(...). Crimes de falsificação, contra o Sistema Financeiro Nacional, lavagem de dinheiro e formação de quadrilha. Interceptação telefônica. Prorrogações sucessivas.

Possibilidade. Complexidade da organização criminosa. Necessidade da medida. Decisões fundamentadas. Duração razoável (cerca de um ano). Declinação de competência do juízo. Validade da prova. Escutas feitas no curso de investigação criminal. Fatos ocorridos em diversos locais. Interceptação telemática de dados. Observância das prescrições legais. Ausência de afronta a normas constitucionais. (...). 1. Segundo jurisprudência pacífica desta Corte Superior, a posterior declinação de competência do Juízo não tem o condão de, só por si, invalidar a prova colhida mediante interceptação telefônica, em procedimento cautelar pré-processual, ordenado na fase investigatória por decisão devidamente fundamentada e em respeito às exigências legais, ainda mais se os fatos desenrolavam-se em diversos locais, de sorte que, até então, aquele Juízo era o competente para tal ato. 2. É possível a renovação sucessiva de interceptações telefônicas, já que o prazo de 15 dias, previsto no art. 5º da Lei 9.296/96, é prorrogável por igual período, quantas vezes for necessário, devendo-se observar, contudo, o princípio da razoabilidade e a necessidade da medida para a atividade investigatória, comprovada concretamente em decisão fundamentada. Na espécie, tais pressupostos foram respeitados, pelo que não há falar em ilegalidade das prorrogações de interceptação telefônica, que perduraram por aproximadamente um ano, prazo razoável, face às peculiaridades do caso: complexa organização criminosa, que atuava em prejuízo do Sistema Financeiro Nacional. 3. Este Tribunal Superior firmou entendimento no sentido de ser legal, ex vi do art. 1º, parágrafo único, da Lei 9.296/96, a interceptação do fluxo de comunicações em sistema de informática e telemática, se for realizada em feito criminal e mediante autorização judicial, não havendo qualquer afronta ao art. 5º, XII, da CF. (...). (RHC 25.268, Rel. Min. Vasco Della Giustina, DJ 11.4.2012)

(...). Sigilo de dados. Quebra. Busca e apreensão. Indícios de crime. Investigação criminal. Legalidade. CF, art. 5º, XII. Leis 9.034/95 e 9.296/96. Embora a Carta Magna, no capítulo das franquias democráticas ponha em destaque o direito à privacidade, contém expressa ressalva para admitir a quebra do sigilo para fins de investigação criminal ou instrução processual penal (art. 5º, XII), por ordem judicial. A jurisprudência pretoriana é unissonante na afirmação de que o direito ao sigilo bancário, bem como ao sigilo de dados, a despeito de sua magnitude constitucional, não é um direito absoluto, cedendo espaço quando presente em maior dimensão o interesse público. A legislação integrativa do canon constitucional autoriza, em sede de persecução criminal, mediante autorização judicial, "o acesso a dados, documentos e informações fiscais, bancários, financeiras e eleitorais" (Lei 9.034/95, art. 2º, III), bem como " a interceptação do fluxo de comunicações em sistema de informática e telemática" (Lei 9.296/96, art. 1º, parágrafo único). (...). (HC 15.026, Rel. Min. Vicente Leal, DJ 4.11.2002).

Questões de concursos

320. **(MPE/GO/Promotor/2014)** É fato notório que algumas técnicas de investigação penetram no direito à intimidade do investigado, fazendo-se necessária a ponderação entre o interesse público e a liberdade individual. Nessa seara, com a Lei n. 9.296/1996, que regulamentou inciso XII do art. 5º da Constituição da República de 1988, tornou-se possível a interceptação de comunicações telefônicas para prova em investigação criminal e em instrução processual penal, mediante prévia autorização judicial. No que se refere à interceptação das comunicações telefônicas e telemáticas, assinale a alternativa incorreta:

   a) O acesso à identificação do endereço de IP (Internet Protocol) do computador utilizado para a prática do crime não constitui medida investigativa de interceptação de comunicação telemática.

   b) admite-se a interceptação de prospecção.

   c) conforme entendimento esposado pelo Supremo Tribunal Federal no Inquérito n. 3.693/PA, em sessão plenária do dia 10.4.2014, não configura cerceamento de defesa a ausência da degravação de todas as conversas interceptadas, sendo suficiente a transcrição dos trechos das escutas que embasaram o oferecimento da denúncia.

   d) a interceptação telefônica, em tese, pode ser deferida em casos de crime de ação penal pública e de ação penal de iniciativa privada.

321. **(Cespe/AGU/Advogado/2009)** Considere que, após realização de interceptação telefônica judicialmente autorizada para apurar crime contra a administração pública imputado ao servidor público Mário, a autoridade policial tenha identificado, na fase de inquérito, provas de ilícitos administrativos praticados por outros servidores. Nessa situação hipotética, considerando-se que a interceptação telefônica tenha sido autorizada judicialmente apenas em relação ao servidor Mário, as provas obtidas contra os outros servidores não poderão ser usadas em procedimento administrativo disciplinar.

322. **(FGV/ALE/RJ/Procurador/2017)** Comissão Parlamentar de Inquérito de determinada Assembleia Legislativa, regularmente instaurada, determina a interceptação de comunicações telefônicas de Jorge, com base na Lei n. 9.296/96, bem como a quebra do sigilo de dados telefônicos de João, sendo que ambos figuravam na condição de investigados. Apenas com base nas informações obtidas por esses meios, o Ministério Público ofereceu denúncia em face de Jorge e João, encaminhando junto com a inicial acusatória a transcrição das conversas obtidas com a interceptação de Jorge e a relação de dados telefônicos de João. Apenas com base nas informações narradas e na posição majoritária do Supremo Tribunal Federal, é correto afirmar que:

   a) a relação de dados telefônicos de João configura prova válida, enquanto a transcrição a partir da interceptação das conversas telefônicas de Jorge configura prova ilícita.

b) ambas as provas, oriundas da interceptação telefônica e da quebra de sigilo de dados, devem ser consideradas válidas.

c) ambas as provas, oriundas da interceptação telefônica e da quebra de sigilo de dados, são ilícitas, devendo ser desentranhadas dos autos.

d) ambas as provas, oriundas da interceptação telefônica e da quebra de sigilo de dados, são ilícitas, mas podem continuar nos autos em razão da teoria da fonte independente.

e) o registro dos dados telefônicos de João configura prova ilícita, enquanto a transcrição das conversas de Jorge, obtidas por interceptação telefônica, configura prova válida.

Vedações à Interceptação {art. 2º}

Art. 2º Não será admitida a interceptação de comunicações telefônicas quando ocorrer qualquer das seguintes hipóteses:

I – não houver indícios razoáveis da autoria ou participação em infração penal;

II – a prova puder ser feita por outros meios disponíveis;

III – o fato investigado constituir infração penal punida, no máximo, com pena de detenção.

Parágrafo único. Em qualquer hipótese deve ser descrita com clareza a situação objeto da investigação, inclusive com a indicação e qualificação dos investigados, salvo impossibilidade manifesta, devidamente justificada.

Informativos (STF)

Interceptações telefônicas e teoria do juízo aparente

"Writ" que objetiva a declaração de ilicitude de interceptações telefônicas determinadas com vistas a apurar possível atuação de quadrilha, formada por servidores e médicos peritos do INSS, vereadores do município de Bom Jesus do Itabapoana/RJ que, em tese, agiam em conluio para obtenção de vantagem indevida mediante a manipulação de procedimentos de concessão de benefícios previdenciários, principalmente auxílio-doença. 3. Controvérsia sobre a possibilidade de a Constituição estadual do Rio de Janeiro estabelecer regra de competência da Justiça Federal quando fixa foro por prerrogativa de função. 4. À época dos fatos, o tema relativo à prerrogativa de foro dos vereadores do município do Rio de Janeiro era bastante controvertido, mormente porque, em 28.5.2007, o TJ/RJ havia declarado sua inconstitucionalidade. 5. Embora o acórdão proferido pelo Pleno da Corte estadual não tenha eficácia "erga omnes", certamente servia de paradigma para seus membros e juízes de primeira instância. Dentro desse contexto, não é razoável a anulação de provas determinadas pelo Juízo Federal de primeira instância. 6. Julgamento da ação penal no qual se entendeu que a competência para processar e julgar vereador seria de juiz federal, tendo em vista que a Justiça Federal é subordinada à CF e não às constituições estaduais. 7. Quanto à celeuma acerca da determinação da quebra de sigilo pelo Juízo Federal de Itaperuna/RJ, que foi posteriormente declarado incompetente em razão de ter sido identificada atuação de organização criminosa, há de se aplicar a teoria do juízo aparente (HC 81260). HC 110496, Rel. Min. Gilmar Mendes, 9.4.13. 2ª T. (Info 701)

Instauração de investigação criminal e determinação de interceptações telefônicas com base em denúncia anônima

Denegado "habeas corpus" em que se pretendia o reconhecimento da ilegalidade de ação penal e de interceptações telefônicas iniciadas a partir de denúncias anônimas. A denúncia anônima é válida quando as investigações se valem de outras diligências para apurar a "delatio criminis". A necessidade das interceptações telefônicas foi devidamente demonstrada pelo juiz, bem como que havia indícios suficientes de autoria de crimes punidos com reclusão, conforme exigido pelo art. 2º da Lei 9.296/96. Quanto às prorrogações das interceptações telefônicas, a Corte tem admitido a razoável dilação dessas medidas, desde que respeitado o prazo de quinze dias entre cada uma das diligências, o que não caracteriza desrespeito ao art. 5º da Lei 9.296/96. HC 133148, Rel. Min. Ricardo Lewandowski, j. 21.2.2017. 2ª T. (Info 855)

Interceptação telefônica e investigação preliminar

Elementos dos autos que evidenciam não ter havido investigação preliminar para corroborar o que exposto em denúncia anônima. É possível a deflagração da persecução penal pela chamada denúncia anônima, desde que esta seja seguida de diligências realizadas para averiguar os fatos nela noticiados antes da instauração do inquérito policial. 2. A interceptação telefônica é subsidiária e excepcional, só podendo ser determinada quando não houver outro meio para se apurar os fatos tidos por criminosos, nos termos do art. 2º, II, da Lei 9.296/96. HC 108147, Rel. Min. Cármen Lúcia, 11.12.12. 2ª T. (Info 692)

Informativos (STJ)

Interceptação telefônica. Investigação em curso.

O pedido de interceptação telefônica não pode ser a primeira providência investigatória realizada pela autoridade policial. HC 130.054, Rel. Min. Sebastião Reis Jr., 7.2.12. 6ª T. (Info 490)

Utilização da interceptação de comunicação telefônica em desfavor de interlocutor não investigado.

As comunicações telefônicas do investigado legalmente interceptadas podem ser utilizadas para formação de prova em desfavor do outro interlocutor, ainda que este seja advogado do investigado. RMS 33.677, Rel. Min. Laurita Vaz, 27.5.14. 5ª T. (Info 541)

Jurisprudência complementar (STF)

"Habeas corpus". Finalidade: proteção ao direito de locomoção. CPI dos títulos públicos. Quebra de sigilo telefônico: salvaguarda do direito à intimidade. Ausência de ameaça à liberdade de ir e vir. Via imprópria do "Writ". Objetivando as razões da impetração salvaguardar o direito à intimidade, sem demonstração de que a quebra do sigilo telefônico determinada por ato da CPI instituída para apurar irregularidades na emissão de títulos públicos constitua efetiva ameaça à liberdade de ir e vir do paciente, não é o "habeas corpus" a via adequada à cessação do imputado ato ilegal. (HC 75232, Rel. p/ ac. Min. Maurício Corrêa, Pleno, DJ 24.8.2001)

(...). Instrução criminal. Interceptação das comunicações telefônicas. Decretação. Ilegalidade. Alegação. Improcedência. Necessidade da medida. Demonstração. Indícios de autoria. Existência. Apuração da prática dos crimes de formação de quadrilha e de corrupção passiva. Lei 9.296/1996. Requisitos. Preenchimento. Prova pericial. Indeferimento. Cerceamento de defesa. Inocorrência. (...). II. Consoante assentado pelas instâncias antecedentes, não merece acolhida a alegação de ilicitude da interceptação telefônica realizada e, por conseguinte, das provas por meio dela obtidas. III. A necessidade da medida foi devidamente demonstrada pelo "decisum" questionado, bem como a existência de indícios suficientes de autoria de crimes punidos com reclusão, tudo em conformidade com o disposto no art. 2º da Lei 9.296/1996. IV. Improcedência da alegação de que a decisão que decretou a interceptação telefônica teria se baseado unicamente em denúncia anônima, pois decorreu de procedimento investigativo prévio. V. Este Tribunal firmou o entendimento de que "as decisões que autorizam a prorrogação de interceptação telefônica sem acrescentar novos motivos evidenciam que essa prorrogação foi autorizada com base na mesma fundamentação exposta na primeira decisão que deferiu o monitoramento" (HC 92.020, Rel. Min. Joaquim Barbosa). VI. O Plenário desta Corte já decidiu que "é possível a prorrogação do prazo de autorização para a interceptação telefônica, mesmo que sucessivas, especialmente quando o fato é complexo, a exigir investigação diferenciada e contínua. Não configuração de desrespeito ao art. 5º, caput, da Lei 9.296/1996" (HC 83.515...). VII. O indeferimento da diligência pelo magistrado de primeiro grau não configura cerceamento de defesa, uma vez que o próprio Código de Processo Penal prevê, no § 1º do art. 400, a possibilidade de o juiz indeferir as provas consideradas irrelevantes, impertinentes ou protelatórias, sem que isso implique em nulidade da respectiva ação penal. (...). (RHC 120551, Rel. Min. Ricardo Lewandowski, 2ª T., DJ 28.4.2014)

Inquérito. Direito Penal e Processo Penal. Denúncia por suposta prática dos crimes de formação de quadrilha (art. 288, CP) e de fraude a licitação (art. 90 da Lei 8.666/1993). 2. Pedido de arquivamento da denúncia pela representante da PGR em Plenário. Deferimento. 3. Invalidade dos elementos probatórios. 4. Falta de comprovação mínima de materialidade e autoria. 5. Ausência de justa causa. 6. Denúncia arquivada. (Inq 2266, Rel. Min. Gilmar Mendes, Pleno, DJ 13.3.2012)

(...). 1. Crimes previstos nos arts. 12, caput, c/c o 18, II, da Lei 6.368/1976. 2. Alegações: a) ilegalidade no deferimento da autorização da interceptação por 30 dias consecutivos; e b) nulidade das provas, contaminadas pela escuta deferida por 30 dias consecutivos. 3. No caso concreto, a interceptação telefônica foi autorizada pela autoridade judiciária, com observância das exigências de fundamentação previstas no artigo 5º da Lei 9.296/1996. Ocorre, porém, que o prazo determinado pela autoridade judicial foi superior ao estabelecido nesse dispositivo, a saber: 15 (quinze) dias. 4. A jurisprudência do Supremo Tribunal Federal consolidou o entendimento segundo o qual as interceptações telefônicas podem ser prorrogadas desde que devidamente fundamentadas pelo juízo competente quanto à necessidade para o prosseguimento das investigações. 5. Ainda que fosse reconhecida a ilicitude das provas, os elementos colhidos nas primeiras interceptações telefônicas realizadas foram válidos e, em conjunto com os demais dados colhidos dos autos, foram suficientes para lastrear a persecução penal. Na origem, apontaram-se outros elementos que não somente a interceptação telefônica havida no período indicado que respaldaram a denúncia, a saber: a materialidade delitiva foi associada ao fato da apreensão da substância entorpecente; e a apreensão das substâncias e a prisão em flagrante dos acusados foram devidamente acompanhadas por testemunhas. (...). (RHC 88371, Rel. Min. Gilmar Mendes, 2ª T., DJ 2.2.2007)

Jurisprudência complementar (STJ)

(...). Interceptação telefônica. Ação criminosa de terceiro. Descoberta acidental. Validade. (...). 2. Válido é o resultado probatório por descoberta acidental, no caso ocorrido por utilizar a paciente terminal telefônico com interceptação judicialmente autorizada. (...). (HC 144.180, Rel. Min. Nefi Cordeiro, DJ 26.5.2015)

(...). Inquérito policial. Interceptações telefônicas e suas prorrogações. Fundamentação constatada. Licitude. Correção no nome do investigado. Justificação acolhida e ausência de investigação de terceiro. Nulidades afastadas. (...). 2 A decisão que determinou a quebra das interceptações telefônicas e as decisões de prorrogação deram-se por indicação fundamentada no suporte probatório prévio e indispensabilidade da prova, inclusive quando determinado seu prosseguimento, com amparo na Lei 9.296/96. 3. O grave crime investigado, envolvendo diversas pessoas, agentes e patrimônio públicos, com vultosos valores desviados, justifica a restrição individual ao sigilo das comunicações telefônicas. 4. Havendo imediata correção do sobrenome da pessoa investigada e sempre correto terminal telefônico, tem-se definição de claro erro material corrigido e não investigação de terceiro ocasionalmente (por erro) dirigida ao paciente. (...). (HC 255.153, Rel. Min. Nefi Cordeiro, DJ 28.10.2014)

(...). Alegação de nulidade das interceptações telefônicas. Descabimento. Inevidente constrangimento ilegal. (...). 2. Não há falar em ilegalidade na interceptação de comunicações telefônicas para prova em investigação criminal que teve início com suporte em elementos já colhidos, os quais demonstravam indícios gravosos da prática criminosa (até mesmo de improbidade administrativa) e apontavam para a imprescindibilidade do deferimento da medida excepcional, segundo o disposto no art. 2º da Lei 9.296/1996. Em especial, porque não existiam outros meios eficazes para a elucidação dos crimes investigados, uma vez que boa parcela dos ajustes e acertos dos atos ilícitos eram arquitetados por meio de ligações telefônicas. 3. A decisão que determinou a quebra do sigilo telefônico bem como as que se sucederam encontram-se legalmente amparadas e devidamente fundamentadas pelo magistrado de primeiro grau, que acompanhou com compostura responsável e com critério toda a diligência. Não há que se cogitar de constrangimento ilegal apto a justificar o desentranhamento e a destruição de todas das provas colhidas. 4. Não há mais dúvida de que o disposto no art. 5º da Lei 9.296/1996 não limita a prorrogação da interceptação telefônica a um único período, podendo haver sucessivas renovações. O prazo de 15 dias, prorrogável por igual período, estabelecido pelo legislador, começa a correr da data em que a escuta é efetivamente iniciada, e não do despacho judicial. (...). 5. Ante a deficiência na instrução do "writ", não há como verificar a verossimilhança da alegação de que faltou pedido expresso formulado pelo Ministério Público ou pelo Delegado de Polícia para as prorrogações ocorridas e para novas quebras. (...). (HC 210.022, Rel. Min. Sebastião Reis Júnior, DJ 5.9.2014)

(...). Interceptação das comunicações telefônicas. Descaminho (CP, art. 334). Lei 7.492/86 (lei do colarinho branco), art. 22, pár. ún.. Nulidade da decisão que decretou a interceptação telefônica. Ausência dos requisitos previstos no art. 2º da Lei 9.296/1996. Inocorrência. Necessidade de decretação da medida. (...). I. "É inviolável o sigilo (...) das comunicações telefônicas, salvo (...) por ordem judicial, nas hipóteses e na forma que a lei estabelecer para fins de investigação criminal ou instrução processual penal" (CF, art. 5º, XII). II. A interceptação telefônica é medida extrema, que somente se justifica nas situações previstas na legislação de regência (Lei 9.296/1996). III. No caso dos autos, o v. acórdão recorrido destaca que foram realizadas "diligências preliminares" pela Polícia Federal que resultaram no primeiro pedido de quebra de sigilo telefônico. Essa primeira quebra levou as autoridades a formular um segundo pedido de interceptação, que incluía novos terminais telefônicos, dentre os quais, o do ora recorrente. Por isso, não se justifica a alegação de que "não foram realizadas investigações prévias. Ao contrário, foram realizadas Interceptações para investigar (...)". IV. Não há falar em nulidade da decisão que deferiu a interceptação telefônica por insuficiência de fundamentação, pois o magistrado deferiu a medida com fulcro no preenchimento dos requisitos do art. 2º da Lei 9.296/96, vale dizer, por entender que havia indícios razoáveis da autoria delitiva; e os fatos investigados constituíam infrações penais puníveis com pena de reclusão. V. "É ônus da defesa, quando alega violação ao disposto no artigo 2º, inciso II, da Lei 9.296/1996, demonstrar que existiam, de fato, meios investigativos alternativos às autoridades para a elucidação dos fatos à época na qual a medida invasiva foi requerida, sob pena de a utilização da interceptação telefônica se tornar absolutamente inviável" (RHC 39.927). (...). (RHC 35.127, Rel. Min. Felix Fischer, DJ 30.3.2015)

(...). Interceptação telefônica. Crime apenável com detenção. Impossibilidade. Ilicitude da prova por derivação. Constrangimento ilegal evidenciado. (...). 2. Inadmissível a interceptação de comunicações telefônicas quando o fato investigado constituir infração penal punida, no máximo, com pena de detenção. Contudo, é possível se autorizar a quebra do sigilo para apurar crime punível com detenção desde que conexo com outros delitos puníveis com reclusão. (...). 3. No caso, no curso da escuta telefônica deferida para a apuração de delito punível exclusivamente com detenção, não foram descobertos outros crimes conexos com ele. Passados quase dois anos, é que se aventou a possibilidade da existência de uma organização criminosa liderada pelo então investigado. 4. As degravações da prova originalmente ilícita não servem de base à decisão de nova quebra de sigilo das comunicações telefônicas. Toda prova daí decorrente está contaminada pela ilegalidade. (...). Ordem de "habeas corpus" concedida de ofício, para declarar nulas as interceptações telefônicas decretadas em 10/7/2008, inclusive as prorrogações, bem como para determinar a exclusão de todo material gravado dos autos do Procedimento Investigatório n. 020/2.08.0001313-7, cabendo ao Juiz de primeiro grau verificar se as demais provas produzidas estão ou não contaminadas. (HC 186.118, Rel. Min. Sebastião Reis Júnior, DJ 29.10.2014)

Questões de concursos

323. **(FGV/MPE/RJ/Analista/2016)** Carlos é investigado pela prática do crime de homicídio culposo na direção de veículo automotor (art. 302, CTB – pena: detenção, de 2 a 4 anos, e suspensão ou proibição de se obter a permissão ou habilitação para dirigir veículo automotor). No curso das investigações, o Ministério Público encontra dificuldades na obtenção da justa causa, mas constam informações de que Carlos conversa e ri dos fatos com amigos ao telefone, admitindo o crime. Diante disso, o delegado representa pela interceptação de comunicações telefônicas. Sobre os fatos narrados, é correto afirmar que a interceptação:

   a) não deverá ser decretada, pois ainda na fase de inquérito policial;

   b) poderá ser decretada, mas não poderá ultrapassar o prazo de 30 dias, prorrogável por igual período;

   c) não deverá ser decretada em razão da pena prevista ao delito investigado;

   d) poderá ser decretada e a divulgação de seu conteúdo sem autorização judicial configura crime;

   e) poderá ser decretada, sendo que o conteúdo interceptado deverá ser, necessariamente, integralmente transcrito.

324. **(Funiversa/PC/DF/Papiloscopista/2015)** Constitui um dos requisitos para que seja admitida a interceptação telefônica, segundo a Lei n. 9.296/1996, o(a)

   a) fato investigado constituir infração penal punida, no máximo, com pena de detenção.

   b) existência de indícios razoáveis da participação em infração penal.

   c) fato investigado constituir infração penal punida com pena de multa.

   d) indício razoável da autoria em contravenção penal.

   e) possibilidade de a prova poder ser feita por outros meios disponíveis.

325. **(Funiversa/PC/DF/2015)** Constitui um dos requisitos para que seja admitida a interceptação telefônica, segundo a Lei n. 9.296/1996, o(a):

   a) fato investigado constituir infração penal punida, no máximo, com pena de detenção.

b) existência de indícios razoáveis da participação em infração penal.

c) fato investigado constituir infração penal punida com pena de multa.

d) indício razoável da autoria em contravenção penal.

e) possibilidade de a prova poder ser feita por outros meios disponíveis.

326. **(FCC/DPE/PB/Defensor/2014)** No tocante à interceptação das comunicações telefônicas,

    a) nos termos da legislação pertinente, o prazo para sua duração deve, regra geral, corresponder a no máximo 10 dias, com possibilidade de renovação por igual tempo uma vez comprovada a indispensabilidade do meio de prova.

    b) não pode ser determinada pelo juiz, de ofício ou a requerimento da autoridade policial, na investigação criminal.

    c) não será admitida quando o fato investigado constituir infração punida, no máximo, com pena de detenção.

    d) a violação do sigilo telefônico é admitida constitucionalmente, nas hipóteses e na forma que a lei estabelecer, como meio de prova de processo de qualquer natureza.

    e) nos termos da legislação pertinente, o prazo para a interceptação de comunicações telefônicas deve, regra geral, corresponder a no máximo 15 dias, sem possibilidade de prorrogação.

327. **(MPE/SC/Promotor/2014)** Conforme expressamente determina a Lei n. 9.296/96, quando todos os fatos investigados constituem infração penal punida com pena de detenção, não será admitida a interceptação de comunicações telefônicas.

328. **(Cespe/PC/PB/Delegado/2009)** Assinale a opção correta com base na legislação sobre interceptação telefônica.

    a) A interceptação das comunicações telefônicas pode ser determinada pelo juiz, a requerimento da autoridade policial, na investigação criminal ou na instrução processual penal.

    b) O pedido de interceptação das comunicações telefônicas deve ser feito necessariamente por escrito.

    c) Não se admite interceptação das comunicações telefônicas quando o fato investigado constituir infração penal punida, no máximo, com pena de detenção.

    d) Somente após o trânsito em julgado da sentença penal pode a gravação ser inutilizada, mediante decisão judicial, ainda que não interesse à prova.

    e) Ainda que a diligência possibilite a gravação da comunicação interceptada, é dispensada a transcrição da gravação.

329. **(Cespe/AGU/Advogado/2009)** Uma vez realizada a interceptação telefônica de forma fundamentada, legal e legítima, as informações e provas coletadas dessa diligência podem subsidiar denúncia com base em crimes puníveis com pena de detenção, desde que estes sejam conexos aos primeiros tipos penais que justificaram a interceptação.

330. **(FGV/Senado/Advogado/2008)** Relativamente ao regime legal das interceptações telefônicas, analise as afirmativas a seguir:

    I. Não será admitida a interceptação de comunicações telefônicas quando a prova puder ser feita por outros meios disponíveis.

    II. A interceptação telefônica não poderá exceder o prazo de quinze dias, renovável por igual tempo se comprovada a indispensabilidade desse meio de prova.

    III. A interceptação das comunicações telefônicas poderá ser determinada pelo juiz, de ofício, ou a requerimento da autoridade policial durante a investigação criminal e na instrução processual penal.

    IV. A gravação que não interessar à prova será inutilizada por decisão judicial sem que as partes tomem conhecimento desse material.

    Assinale:

    a) se apenas as afirmativas I e II estiverem corretas.
    b) se apenas as afirmativas II e III estiverem corretas.
    c) se apenas as afirmativas III e IV estiverem corretas.
    d) se todas as afirmativas estiverem corretas.
    e) se apenas a afirmativa I estiver correta.

331. **(Cespe/PGE/CE/Procurador/2008)** Com relação à interceptação das comunicações telefônicas, assinale a opção correta.

    a) A degravação das conversas interceptadas, conforme especifica a legislação respectiva, deve ser feita por dois peritos oficiais, sob pena de nulidade.
    b) Segundo o STJ, é legal a autorização judicial para quebra do sigilo das comunicações telefônicas e telemáticas para o efeito de investigação de crime de sonegação de tributo, se deferida antes do lançamento definitivo do tributo.
    c) Devem ser desentranhadas dos autos, por serem nulas, as provas decorrentes da quebra de sigilo telefônico determinada por juízo incompetente.
    d) O prazo máximo para a interceptação das comunicações telefônicas é de quinze dias, prorrogável uma única vez, pelo mesmo período.
    e) As informações e provas coletadas em interceptação telefônica relativa a crime punido com pena de reclusão não podem subsidiar denúncia com base em crimes diversos, puníveis com pena de detenção.

■ Legitimados {art. 3º}

> **Art. 3º** A interceptação das comunicações telefônicas poderá ser determinada pelo juiz, de ofício ou a requerimento:
>
> I – da autoridade policial, na investigação criminal;
>
> II – do representante do Ministério Público, na investigação criminal e na instrução processual penal.

Informativos (STF)

Interceptação telefônica e autoridade competente

A Constituição (art. 29, X) garante ao tribunal de justiça a competência para julgar os prefeitos. Entretanto, essa regra não pode ser ampliada pelas constituições estaduais para abarcar os vereadores. À época em que determinada à interceptação telefônica, havia decisão do Órgão Especial do Tribunal de Justiça do Estado do Rio de Janeiro no sentido da inconstitucionalidade dessa prerrogativa de foro. RE 632343 AgR, Rel. Min. Dias Toffoli, 3.3.15. 1ª Turma. (Info 776)

Polícia militar e execução de interceptação telefônica

Interceptação telefônica realizada pela Polícia Militar. Nulidade. Não ocorrência. 4. Medida executada nos termos da Lei 9.296/96 (requerimento do Ministério Público e deferimento pelo Juízo competente). Excepcionalidade do caso: suspeita de envolvimento de autoridades policiais da delegacia local. HC 96986, Rel. Min. Gilmar Mendes, 15.5.12. 2ª T. (Info 666)

Informativos (STJ)

Legalidade de interceptação telefônica deferida por juízo diverso daquele competente para julgar a ação principal.

A sentença de pronúncia pode ser fundamentada em indícios de autoria surgidos, de forma fortuita, durante a investigação de outros crimes no decorrer de interceptação telefônica determinada por juiz diverso daquele competente para o julgamento da ação principal. REsp 1.355.432, Rel. p/ ac. Min. Marco Aurélio Bellizze, 21.8.14. 5ª T. (Info 546)

Jurisprudência complementar (STF)

(...). Possibilidade de denúncia anônima, desde que acompanhada de demais elementos colhidos a partir dela. Instauração de inquérito. Quebra de sigilo telefônico. Trancamento do inquérito. Denúncia recebida. Inexistência de constrangimento ilegal. 1. O precedente referido pelo impetrante na inicial (HC 84.827), de fato, assentou o entendimento de que é vedada a persecução penal iniciada com base, exclusivamente, em denúncia anônima. Firmou-se a orientação de que a autoridade policial, ao receber uma denúncia anônima, deve antes realizar diligências preliminares para averiguar se os fatos narrados nessa "denúncia" são materialmente verdadeiros, para, só então, iniciar as investigações. 2. No caso concreto, ainda sem instaurar inquérito policial, policiais federais diligenciaram no sentido de apurar as identidades dos investigados e a veracidade das respectivas ocupações funcionais, tendo eles confirmado tratar-se de oficiais de justiça lotados naquela comarca, cujos nomes eram os mesmos fornecidos pelos "denunciantes". Portanto, os procedimentos tomados pelos policiais federais estão em perfeita consonância com o entendimento firmado no precedente supracitado, no que tange à realização de diligências preliminares para apurar a veracidade das informações obtidas anonimamente e, então, instaurar o procedimento investigatório propriamente dito. (...). (HC 95244, Rel. Min. Dias Toffoli, 1ª T., DJ 30.4.2010)

(...). Art. 3º, II, da Lei 9.296/96. Quebra de sigilo telefônico requerida ao juízo pelo Ministério Público. Investigação criminal administrativa: possibilidade. (...). II. Não há óbice legal que impeça o Ministério Público de requerer à autoridade judiciária a quebra de sigilo telefônico durante investigação criminal administrativa. (...). (RE 449206 ED, Rel. Min. Carlos Velloso, 2ª T., DJ 25.11.2005)

Jurisprudência complementar (STJ)

(...). Tráfico de drogas. Interceptação telefônica. Informe anônimo. Motivação para a deflagração da investigação. Matéria não examinada pela corte de origem. Supressão de instância. Condução dos trabalhos. Agência de inteligência da polícia militar. Ilegitimidade. Não ocorrência. Requerimento da constrição. Elaborado pelo parquet. Medida constritiva deferida. Nulidade. Decisão primeva. Motivação concreta. Crimes punidos com reclusão. Prorrogações. Fundamentação idônea. Ocorrência. (...). 1. A alegação de ilegalidade em decorrência de investigação originada a partir de informe anônimo não foi examinado pelo Tribunal de origem, não podendo, assim, ser apreciada a matéria por este Superior Tribunal, sob pena de indevida supressão de instância. 2. A interpretação do artigo 6º da Lei 9.296/96 não pode ser demasiadamente estrita, sob pena de degenerar em ineficácia, entendendo-se, assim, que a condução dos trabalhos de interceptação telefônica por órgão da Polícia Militar – Agência de Inteligência – não implica ilegitimidade na execução da medida constritiva. 3. Não obstante a estruturação das polícias com a atribuição de especialidades para cada órgão, nos termos do artigo 144 da Constituição Federal, a segurança pública é dever do Estado e responsabilidade de todos, exercida para a preservação da ordem pública, escopo comum a todos os entes policiais. 4. O requerimento para a medida excepcional foi efetivado pelo Ministério Público Estadual e deferido pela autoridade judicial, não se configurando qualquer eiva em dado proceder. 5. A decretação da medida cautelar de interceptação atendeu aos pressupostos e fundamentos de cautelaridade, visto que o crime investigado era punido com reclusão, havia investigação formalmente instaurada, apontou-se a necessidade da medida extrema e a dificuldade para a sua apuração por outros meios, além do "fumus comissi delicti" e do "periculum in mora". 6. As autorizações subsequentes de interceptações telefônicas, bem como suas prorrogações, reportaram-se aos fundamentos da decisão primeva, evidenciando-se, assim, a necessidade da medida, diante da continuação do quadro de imprescindibilidade da providência cautelar, não se apurando irregularidade na manutenção da constrição no período. (...). (RHC 40.983, Rel. Min. Maria Thereza de Assis Moura, DJ 19.11.2014)

(...). Sonegação fiscal. Evasão de divisas. Lavagem de dinheiro. Falsidade ideológica. Quadrilha. Interceptação telefônica. Nulidade. Ausência de prévio inquérito. Pleito formulado no curso de operação da polícia federal, calcada em relatório da receita federal constrangimento. Não verificação. 1. Por mais que o requerimento de interceptação telefônica tenha sido formulado antes da instauração de inquérito policial, como o pleito teve origem no seio de anterior apuração a cargo da Polícia Federal, não há falar em ilegalidade. "in casu", a medida foi requerida no seio de investigação, nominada Operação Castelhana, lastreada, inicialmente, em informações colhidas em relatório do Escritório de Pesquisa e Investigação da Receita Federal, em consulta à base de dados de sistemas policiais e em troca de informações com organismos de inteligência brasileiros e estrangeiros na área financeira; sem contar a referência a prévio procedimento apuratório datado de 2003. (...). (HC 122.009, Rel. Min. Maria Thereza de Assis Moura, DJ 3.10.2011)

Questões de concursos

332. **(MPE/PR/Promotor/2016)** Acerca dos temas "lavagem de dinheiro" e "interceptação de comunicação telefônica e transferência de dados", assinale a única alternativa incorreta:

   a) Os crimes de "lavagem" ou ocultação de bens, direitos e valores, previstos na Lei n. 9.613/1998, admitem a forma tentada;

b) O processo e julgamento dos crimes "lavagem" ou ocultação de bens, direitos e valores independem do julgamento da infração penal antecedente;

c) Nos termos da Lei n. 9.296/1996, em hipóteses excepcionais, a interceptação do fluxo de comunicações em sistemas de informática e telemática, pode prescindir de ordem judicial;

d) Não será admitida a interceptação de comunicações telefônicas se o fato investigado constituir infração penal punida, no máximo, com pena de detenção;

e) A ordem de prisão de pessoas ou as medidas assecuratórias de bens, direitos ou valores, relativas à prática do crime de "lavagem" de dinheiro, poderão ser suspensas pelo juiz, ouvido o Ministério Público, quando a sua execução imediata puder comprometer as investigações.

333. (Cespe/PC/PE/Agente/2016) A interceptação de comunicações telefônicas

   a) pode ser determinada de ofício pelo juiz durante a investigação criminal.

   b) pode ser requerida pela autoridade policial no curso da instrução processual penal.

   c) depende da existência de indícios razoáveis de autoria e da materialidade da infração penal.

   d) é admitida, quando autorizada por juiz, mesmo que a prova possa ser feita por outros meios disponíveis.

   e) é admitida se o fato investigado constituir infração penal punida, pelo menos, com pena de detenção.

334. (Vunesp/PC/CE/Delegado/2015) Assinale alternativa que contempla todas as hipóteses de decretação de interceptação telefônica (art. 3º, Lei n. 9.296/96).

   a) Pelo juiz, a requerimento da autoridade policial, na investigação criminal; ou pelo juiz, a requerimento do representante do Ministério Público, na investigação criminal e na instrução processual penal.

   b) Pelo juiz, a requerimento da autoridade policial, na investigação criminal; ou a requerimento do representante do Ministério Público ou da autoridade policial, na instrução processual penal.

   c) Pelo juiz, a requerimento da autoridade policial, na investigação criminal; ou a requerimento do representante do Ministério Público, na investigação criminal e na instrução processual penal.

   d) Pelo juiz, de ofício, ou a requerimento da autoridade policial, na investigação criminal; ou a requerimento do representante do Ministério Público ou da autoridade policial, na instrução processual penal.

e) Pelo juiz, de ofício, ou a requerimento da autoridade policial, na investigação criminal; ou a requerimento do representante do Ministério Público, na investigação criminal e na instrução processual penal.

335. **(UFG/UEAP/Assistente/2014)** A Constituição Federal de 1988 proclama que ninguém será privado da liberdade ou de seus bens sem o devido processo legal. Significa dizer que se deve respeitar todas as formalidades previstas em lei para que haja cerceamento de liberdade, seja de que espécie for. Nesse contexto,

    a) o sistema processual brasileiro é do tipo inquisitório, e a gestão da prova está confiada ao magistrado.

    b) o sistema acusatório ou misto caracteriza-se pelo fato de o juiz ser órgão imparcial de aplicação da lei, se manifestando quando provocado, sendo este o sistema adotado em todas normas no ordenamento jurídico brasileiro.

    c) a interceptação da comunicação telefônica poderá ser determinada pelo juiz de ofício ou a requerimento da autoridade policial, na investigação criminal, por provocação do Ministério Público na investigação ou na instrução processual penal.

    d) a ação penal nas contravenções penais será iniciada com o auto de prisão em flagrante ou por meio de portaria expedida pela autoridade judiciária ou policial.

336. **(Cespe/TRF/1R/Juiz/2015)** A interceptação das comunicações telefônicas poderá ser determinada pelo juiz a requerimento

    a) do assistente de acusação, durante a investigação criminal.

    b) do ministro da Fazenda, quando da investigação de crimes contra a ordem tributária.

    c) da autoridade policial, durante a investigação criminal.

    d) do MP, somente após o recebimento da denúncia.

    e) do ministro da Justiça, se o crime praticado envolver a violação de direitos humanos.

337. **(Cespe/DPF/Delegado/2013)** O presidente de uma comissão parlamentar mista de inquérito, após as devidas formalidades, ordenou, de forma sigilosa e reservada, a interceptação telefônica e a quebra do sigilo de dados telefônicos de testemunha que se reservara o direito de permanecer calada perante a comissão. Nessa situação, a primeira medida é ilegal, visto que a interceptação telefônica se restringe à chamada reserva jurisdicional, sendo permitida, por outro lado, a quebra do sigilo de dados telefônicos da testemunha, medida que não se submete ao mesmo rigor da primeira, consoante entendimento da doutrina majoritária.

■ Necessidade e Adequação {art. 4°}

Art. 4° O pedido de interceptação de comunicação telefônica conterá a demonstração de que a sua realização é necessária à apuração de infração penal, com indicação dos meios a serem empregados.

§ 1° Excepcionalmente, o juiz poderá admitir que o pedido seja formulado verbalmente, desde que estejam presentes os pressupostos que autorizem a interceptação, caso em que a concessão será condicionada à sua redução a termo.

§ 2° O juiz, no prazo máximo de vinte e quatro horas, decidirá sobre o pedido.

Jurisprudência complementar (STF)

Constitucional, Penal e Processual Penal. Prova ilícita. Contaminação do conjunto probatório: derivação inexistente. Legalidade de prorrogações do prazo inicial da escuta. Elevado número de terminais alcançados pela medida: possibilidade. Qualidade da degravação das escutas telefônicas: tema estranho aos limites do "habeas corpus". 1. As referências às escutas telefônicas empreendidas sem autorização judicial, por ilícitas, devem ser desentranhadas dos autos, na esteira do que determina o inciso LVI do art. 5° da Constituição da República. (...). 2. A ilicitude de uma prova não contamina os demais elementos cognitivos obtidos e que dela não derivaram. (...). 3. O tempo das escutas telefônicas autorizadas e o número de terminais alcançados subordinam-se à necessidade da atividade investigatória e ao princípio da razoabilidade, não havendo limitações legais predeterminadas. (...). 4. Eventuais deficiências qualitativas na tradução do material degravado não invalidam a prova regularmente colhida, devendo o tema ser tratado no curso da instrução da ação penal, considerados os limites do "habeas corpus". (...). (HC 106244, Rel. Min. Cármen Lúcia, 1ª T., DJ 19.8.2011)

Jurisprudência complementar (STJ)

(...). Corrupção ativa. 1. Serendipidade das interceptações telefônicas. Possibilidade. Fundamentação concreta. Prorrogações sucessivas motivadas e proporcionais. Imprescindibilidade para o prosseguimento das investigações. 2. Prorrogação com base em indícios de crime punido com detenção. Ilegalidade. Inexistência. Crimes conexos. 3. Prorrogação superior à trinta dias. Razoabilidade. Investigação complexa. (...). 1. A interceptação telefônica vale não apenas para o crime ou indiciado objeto do pedido, mas também para outros crimes ou pessoas, até então não identificados, que vierem a se relacionar com as práticas ilícitas. A autoridade policial ao formular o pedido de representação pela quebra do sigilo telefônico não pode antecipar ou adivinhar tudo o que está por vir. Desse modo, se a escuta foi autorizada judicialmente, ela é lícita e, como tal, captará licitamente toda a conversa. 2. Durante a interceptação das conversas telefônicas, pode a autoridade policial divisar novos fatos, diversos daqueles que ensejaram o pedido de quebra do sigilo. Esses novos fatos, por sua vez, podem envolver terceiros inicialmente não investigados, mas que guardam relação com o sujeito objeto inicial do monitoramento. Fenômeno da serendipidade. 3. Na espécie, os pressupostos exigidos pela lei foram satisfeitos. Tratava-se de investigação de crimes punidos com reclusão, conexos com crimes contra a fauna, punidos com detenção. Além disso, tendo em vista que os crimes de corrupção ativa e passiva não costumam acontecer às escâncaras – em especial tratando-se de delitos cometidos contra a Administração Pública, cujo "modus operandi" prima pelo apurado esmero nas operações – está satisfeita a imprescindibilidade da medida excepcional. 4. Todas as decisões do Juízo singular autorizando a renovação das escutas telefônicas foram precedidas e alicerçadas em pedidos da Autoridade Policial. O magistrado utilizou-se da técnica de motivação per relationem, o que basta para afastar a alegação de que a terceira prorrogação do monitoramento telefônico baseou-se apenas em indícios de crime apenado com detenção, pois depreende-se da representação da autoridade policial que os crimes objeto da investigação eram os de corrupção passiva – punido com reclusão – e o descrito no art. 29, § 1º, inciso III, da Lei 9.605/1998. 5. A Lei 9.296/96 é explícita quanto ao prazo de quinze dias, bem assim quanto à renovação. No entanto, segundo a jurisprudência do Superior Tribunal de Justiça, essa aparente limitação do prazo para a realização das interceptações telefônicas não constitui óbice à renovação do pedido de monitoramento telefônico por mais de uma vez. (...). 6. No caso, não seria razoável limitar as escutas ao prazo único de trinta dias, pois, a denúncia indica a participação de 10 (dez) réus, e se pauta em um conjunto complexo de relações e de fatos, com a imputação de diversos crimes, dentre os quais a corrupção ativa. Assim, não poderia ser ela viabilizada senão por meio de uma investigação contínua e dilatada a exigir a interceptação ao longo de diversos períodos de quinze dias. (...). (HC 144.137, Rel. Min. Marco Aurélio Bellizze, DJ 31.8.2012)

(...). Violação dos arts. 1º, 4º e 5º da Lei 9.296/1996. Não ocorrência. Interceptação telefônica. Declinação de competência. Não invalidação da prova colhida. Necessidade da medida excepcional. Decisões judiciais fundamentadas. Transcrição integral das escutas. Desnecessidade. Auto circunstanciado. Prescindibilidade.

Violação dos arts. 158 e 159 do cpp. Não ocorrência. 1. O surgimento de outros investigados, em virtude de escuta, ainda que não submetidos à competência da Justiça que decretou a medida, não invalida a utilização do mencionado procedimento, o qual pode ser ratificado pelo Juízo competente. 2. É válida a decisão que se ancora nos ditames da legislação vigente, não se podendo falar em ilegalidade quando, ainda que de modo sucinto, estão explicitadas a pertinência e a necessidade da interceptação telefônica. 3. É assente nesta Corte que não há obrigatoriedade nem quanto à transcrição integral das interceptações telefônicas nem quanto à confecção do auto circunstanciado, razão pela qual não há falar em violação da norma infraconstitucional. (...). 4. A falta de perícia, por si só, não obstaculiza a constatação da falsidade documental, notadamente quando foi possível comprovar a existência do crime por outros elementos de prova permitidos por lei, os quais podem ser tão convincentes quanto o exame de corpo de delito. (...). (REsp 1305836, Rel. p/ Ac. Min. Sebastião Reis Júnior, DJ 11.3.2014)

Questões de concursos

338. **(Funcab/PC/PA/Escrivão/2016)** Nos termos da Lei de Interceptação Telefônica, Lei n. 9.296, de 1996, é correto afirmar:

   a) Deferido o pedido de interceptação de comunicação telefônica, a autoridade policial conduzirá os procedimentos de interceptação, dando ciência ao Ministério Público, que ficará impedido de acompanhar a sua realização.

   b) A decisão será fundamentada, sob pena de nulidade, indicando também a forma de execução da diligência, que não poderá exceder o prazo de quinze dias, renovável por igual tempo uma vez comprovada a indispensabilidade do meio de prova.

   c) São considerados requisitos para a admissibilidade da interceptação das comunicações telefônicas: haver indícios razoáveis da autoria ou participação em infração penal; quando a prova puder ser produzida por outros meios disponíveis e o fato investigado constituir infração penal punida, com pena de detenção.

   d) Excepcionalmente, o juiz poderá admitir que o pedido seja formulado verbalmente, desde que estejam presentes os pressupostos que autorizem a interceptação, caso em que a concessão ocorrerá sem a necessidade da sua redução a termo.

   e) Para os procedimentos de interceptação, a autoridade policial não poderá dispensar a requisição de serviços e técnicos especializados às concessionárias de serviço público.

339. **(Cespe/PC/GO/Agente/2016)** Cláudio responde a IP por supostamente ter cometido crime sujeito a pena de reclusão. Ana é ré em processo criminal por supostamente ter cometido crime sujeito a pena de detenção. Clóvis responde a IP por supostamente ter cometido crime sujeito a pena de detenção. Nessas situações hipotéticas, poderá ocorrer a interceptação das comunicações telefônicas

   a) de Cláudio e de Clóvis, mediante requerimento da autoridade policial.

   b) somente de Ana, por meio de requerimento do representante do MP.

   c) somente de Clóvis, mediante requerimento do representante do MP.

   d) de Ana, de Clóvis e de Cláudio, por meio de despacho de ofício do juiz ou mediante requerimento da autoridade policial ou do representante do MP.

   e) somente de Cláudio, por meio de despacho de ofício do juiz.

340. **(FCC/DPE/CE/Defensor/2014)** Antonio é investigado em inquérito policial. Para que seja determinada interceptação telefônica de suas comunicações de acordo com o texto legal, é necessário que

   a) sua duração não exceda 10 (dez) dias.

   b) haja certeza de que Antonio é autor ou partícipe na infração penal que se investiga.

   c) haja requerimento do Ministério Público, na fase de investigação criminal.

   d) o crime cuja prática se investiga seja punido com penal igual ou superior a quatro anos.

   e) a decisão que a decrete indique a forma de execução da diligência.

341. **(Vunesp/TJ/PA/Juiz/2014)** No que concerne à interceptação telefônica, regulada pela Lei n. 9.296/96,

   a) é admitida para investigação de infrações penais punidas com reclusão ou detenção, sendo vedada para aquelas que admitem apenas prisão simples e multa.

   b) a representação pela sua decretação deve ser feita por escrito, não se admitindo a forma oral.

   c) os trechos de conversas interceptadas que não interessarem à prova do crime deverão ser imediatamente destruídas pela autoridade policial

   d) não pode ser prorrogada por mais de um período de 15 (quinze) dias, de acordo com jurisprudência atual e dominante dos tribunais superiores.

   e) só será admitida se a prova não puder ser feita por outros meios disponíveis.

342. **(Cespe/TJ/DFT/Cartórios/2014)** Assinale a opção correta acerca de interceptação telefônica, segundo o STF, o STJ e a doutrina majoritária.

   a) Segundo o entendimento do STF, é impossível a prorrogação do prazo de autorização para a interceptação telefônica por períodos sucessivos.

b) O juiz competente para determinar a interceptação é o competente para processar e julgar o crime de cuja prática se suspeita. No entanto, a verificação posterior de que se trata de crime para o qual o juiz seria incompetente não deve acarretar a nulidade absoluta da prova colhida.

c) É válido o deferimento de interceptação telefônica promovido em razão de denúncia anônima desacompanhada de outras diligências.

d) É indispensável prévia instauração de inquérito para a autorização de interceptação telefônica

e) Consoante entendimento predominante nos tribunais superiores, faz-se necessária a transcrição integral do conteúdo da quebra do sigilo das comunicações telefônicas

343. **(Uneb/DPE/BA/Estagiário/2014)** Considerando-se o disposto na Lei n. 9.296/96, que trata da interceptação telefônica, identifique com V as afirmativas verdadeiras e com F, as falsas.

   I. Não se admitirá a interceptação de comunicações telefônicas quando a prova puder ser feita por outros meios disponíveis.

   II. A interceptação de comunicações telefônicas poderá ser determinada pelo juiz, exclusivamente a requerimento do Ministério Público.

   III. A gravação que não interessar à prova será inutilizada por decisão judicial, durante o inquérito, a instrução processual ou após esta, em virtude de requerimento do Ministério Público ou da parte interessada.

   IV. O juiz que determinar a interceptação de comunicações telefônicas ficará impedido de apreciar e julgar a ação penal principal correspondente.

   V. Será de quatro anos de reclusão a pena máxima atribuída ao crime previsto no artigo 10, da Lei n. 9.296/96, consistente na realização de interceptação de comunicações telefônicas sem autorização judicial.

   A alternativa que indica a sequência correta, de cima para baixo, é a

   a) V, V, V, V, V.
   b) V, V, V, F, F.
   c) V, F, V, F, V.
   d) F, V, V, V, F.
   e) F, F, F, V, V.

344. **(Vunesp/TJ/MS/Juiz/2015)** Com relação ao pedido de interceptação telefônica, disciplinado pela Lei n. 9.296/96, assinale a alternativa correta.

   a) Poderá ser formulado verbalmente, desde que presentes os pressupostos autorizadores e demonstrada a excepcionalidade da situação, caso em que a concessão será reduzida a termo.

b) Na investigação criminal, será formulado ao representante do Ministério Público, e na instrução processual penal, ao juiz, com prazo de 24 horas para decisão.

c) Deferido o pedido, o juiz conduzirá os procedimentos de interceptação, dando ciência ao Ministério Público, que poderá acompanhar a sua realização.

d) Conterá prova de materialidade e indícios de autoria ou participação em crime apenado com detenção ou reclusão, além de demonstração da indispensabilidade do meio de prova.

e) Na decisão de deferimento, será consignado, para a execução da diligência, o prazo de 30 (trinta) dias, prorrogável por uma vez, comprovada a indispensabilidade do meio de prova.

345. **(IBFC/PC/SE/Agente_de_Polícia/2014)** A respeito da Lei de Interceptação Telefônica (Lei n. 9.296/96), assinale a alternativa correta:

a) Será admitida a interceptação de comunicações telefônicas ainda que a prova puder ser produzida por outros meios disponíveis.

b) Será admitida a interceptação de comunicações telefônicas quando o fato investigado constituir infração penal punida com pena de detenção.

c) Excepcionalmente o juiz poderá admitir que o pedido seja formulado verbalmente, desde que estejam presentes os pressupostos que autorizem a interceptação, caso em que a concessão será condicionada à sua redução a termo.

d) Deferido o pedido, a autoridade policial conduzirá os procedimentos de interceptação independentemente de ciência ao Ministério Público.

■ Prazo de Duração da Interceptação {art. 5º}

Art. 5º A decisão será fundamentada, sob pena de nulidade, indicando também a forma de execução da diligência, que não poderá exceder o prazo de quinze dias, renovável por igual tempo uma vez comprovada a indispensabilidade do meio de prova.

Súmulas TRFs

TRF-4 129. É lícita a sucessiva renovação da interceptação telefônica, enquanto persistir sua necessidade para a investigação.

Enunciados FONACRIM

Enunciado 1. O pedido de prorrogação da interceptação das comunicações telefônicas e telemáticas deve ser fundamentado pela autoridade policial, que deverá instruí-lo com elementos probatórios que justifiquem a manutenção da medida.

Enunciado 2. A quebra do sigilo das comunicações telefônicas e telemáticas pode ser prorrogada tantas vezes quantas necessárias à investigação.

Informativos (STF)

Interceptação telefônica e prorrogações

Não se revestem de ilicitude as escutas telefônicas autorizadas judicialmente, bem como suas prorrogações, ante a necessidade de investigação diferenciada e contínua, demonstradas a complexidade e a gravidade dos fatos. HC 119770, Rel. Min. Gilmar Mendes, 8.4.14. 1ª T. (Info 742)

Informativos (STJ)

Interceptação telefônica. Prorrogação reiterada da medida.

As interceptações telefônicas podem ser prorrogadas sucessivas vezes pelo tempo necessário para a produção da prova, especialmente quando o caso for complexo e a prova, indispensável, sem que a medida configure ofensa ao art. 5º, caput, da Lei 9.296/96. Sobre a necessidade de fundamentação da prorrogação, esta pode manter-se idêntica à do pedido original, pois a repetição das razões que justificaram a escuta não constitui, por si só, ilicitude. HC 143.805, Rel. p/ ac. Min. Gilson Dipp, 14.2.12. 5ª T. (Info 491)

Interceptação telefônica. Termo inicial.

A Lei 9.296/96, que regula as medidas constritivas de captação de comunicações via telefone, não estipula prazo para o início do cumprimento da ordem judicial. 2. Conquanto não se possa ter delonga injustificada para o começo efetivo da interceptação telefônica, cada caso deve ser analisado sempre à luz do princípio da proporcionalidade e, na hipótese em exame, a greve da Polícia Federal consiste em evento idôneo para a demora no início da interceptação, não se violando, pois, o dado princípio. 3. "In casu", a letargia de 3 (três) meses para a execução da decisão deveu-se unicamente a ocorrência de greve policial, sendo que, após o início efetivo da medida, data tida como marco inicial para a contagem do prazo, foi observado o lapso quinzenal previsto em lei, inexistindo qualquer ilegalidade na prova obtida. HC 113.477, Rel. Min. Maria T. A. Moura, 20.3.12. 6ª T. (Info 493)

Jurisprudência complementar (STF)

(...). Interceptação telefônica. Prorrogações sucessivas. Legitimidade. (...). 2. É legítima a prorrogação de interceptações telefônicas, desde que a decisão seja devidamente fundamentada e observe o art. 5º, XII, da Constituição Federal e a Lei 9.296/96. Eventual referência às decisões pretéritas não traduzem motivação deficiente quando demonstrado que as razões iniciais legitimadoras da interceptação subsistem e o contexto fático delineado pela parte requerente indique a sua necessidade, como único meio de prova, para elucidação do fato criminoso. (...). (RHC 108926, Rel. Min. Teori Zavascki, 2ª T., DJ 10.3.2015)

(...). 2. Operação Navalha. 3. Interceptações telefônicas. Autorização e prorrogações judiciais devidamente fundamentadas. 4. Gravidade dos delitos supostamente cometidos pela organização e a complexidade do esquema que envolve agentes públicos e políticos demonstram a dificuldade em colher provas tradicionais. 5. Admissível a prorrogação do prazo de autorização para a interceptação telefônica por períodos sucessivos quando a intensidade e a complexidade das condutas delitivas investigadas assim o demandarem. (...). (HC 119770, Rel. Min. Gilmar Mendes, 2ª T., DJ 23.5.2014)

(...). Prova ilícita. Contaminação do conjunto probatório: derivação inexistente. Legalidade de prorrogações do prazo inicial da escuta. Elevado número de terminais alcançados pela medida: possibilidade. Qualidade da degravação das escutas telefônicas: tema estranho aos limites do "habeas corpus". 1. As referências às escutas telefônicas empreendidas sem autorização judicial, por ilícitas, devem ser desentranhadas dos autos, na esteira do que determina o inciso LVI do art. 5º da Constituição da República. (...). 2. A ilicitude de uma prova não contamina os demais elementos cognitivos obtidos e que dela não derivaram. (...). 3. O tempo das escutas telefônicas autorizadas e o número de terminais alcançados subordinam-se à necessidade da atividade investigatória e ao princípio da razoabilidade, não havendo limitações legais predeterminadas. (...). 4. Eventuais deficiências qualitativas na tradução do material degravado não invalidam a prova regularmente colhida, devendo o tema ser tratado no curso da instrução da ação penal, considerados os limites do "habeas corpus". (...). (HC 106244, Rel. Min. Cármen Lúcia, 1ª T., DJ 19.8.2011)

Jurisprudência complementar (STJ)

(...). Investigação policial. Interceptações telefônicas. Deferimento. Decisão judicial fundamentada. Inexistência. Ilegalidade configurada. Contaminação das provas derivadas. Teoria dos frutos da árvore envenenada. Codenunciados em situação idêntica. Extensão. Art. 580 do CPP. 1. São ilegais as interceptações telefônicas quando o Juiz não profere decisão judicial fundamentada acerca dos requerimentos de implantação e prorrogação da medida, conforme determina o art. 5º da Lei 9.296/1996, mas, ao receber os pedidos formulados pela autoridade policial, defere as medidas pela simples expedição de ofício às operadoras de telefonia. 2. Nulidade das interceptações telefônicas que contamina diversas provas colhidas ao longo da investigação e da instrução, pois delas derivadas. 3. De ofício, extensão dos efeitos deste julgado aos demais denunciados, por força do art. 580 do Código de Processo Penal. 4. Demais alegações trazidas no recurso especial que ficam prejudicadas, pela anulação da ação penal e das interceptações telefônicas. 5. Recurso especial parcialmente conhecido e, nessa extensão, provido, para anular o processo desde a sentença e reconhecer a ilicitude das interceptações telefônicas obtidas pela denominada Operação Leão da Terra e das demais provas delas derivadas, devendo o Juízo singular proferir nova sentença, sem a utilização das provas anuladas, com extensão dos efeitos aos demais denunciados, por força do art. 580 do Código de Processo Penal. (REsp 1391257, Rel. Min. Sebastião Reis Júnior, DJ 23.2.2015)

Questões de concursos

346. **(Fundep/DPE/MG/Defensor/2014)** Sobre a Lei nº 9296/96, assinale a afirmativa que não está em conformidade com a jurisprudência dominante do Superior Tribunal de Justiça.

   a) A interceptação telefônica poderá ser prorrogada, por uma única vez, quando comprovada a indispensabilidade do meio de prova.

   b) É prescindível a transcrição integral do conteúdo da interceptação telefônica.

   c) A realização de perícia para identificação da voz captada durante a interceptação telefônica não é obrigatória.

   d) A denúncia anônima não é por si só idônea a embasar a decisão que determina a interceptação telefônica.

347. **(Cesgranrio/CEF/Advogado/2012)** Em determinado processo judicial criminal, há, em decorrência de requerimento do Ministério Público, autorização para interceptação telefônica com o fito de angariar provas contra acusados de delitos considerados graves. Nos termos da legislação pertinente, o prazo para a interceptação deve, regra geral, corresponder a, no máximo,

a) sessenta dias, com renovação
b) trinta dias, com renovação
c) vinte dias, com renovação
d) quinze dias, com renovação
e) dez dias, com renovação

348. (Cespe/AGU/Advogado/2009) É possível a prorrogação do prazo de autorização para a interceptação telefônica, mesmo que sucessiva, especialmente quando se tratar de fato complexo que exija investigação diferenciada e contínua.

■ Procedimento {art. 6º}

> **Art. 6º** Deferido o pedido, a autoridade policial conduzirá os procedimentos de interceptação, dando ciência ao Ministério Público, que poderá acompanhar a sua realização.
>
> § 1º No caso de a diligência possibilitar a gravação da comunicação interceptada, será determinada a sua transcrição.
>
> § 2º Cumprida a diligência, a autoridade policial encaminhará o resultado da interceptação ao juiz, acompanhado de auto circunstanciado, que deverá conter o resumo das operações realizadas.
>
> § 3º Recebidos esses elementos, o juiz determinará a providência do art. 8º, ciente o Ministério Público.

ENUNCIADOS FONACRIM

Enunciado 4. É desnecessária a degravação de todos os diálogos interceptados no curso da investigação.

Informativos (STF)

Interceptação telefônica: degravação total ou parcial

A degravação consubstancia formalidade essencial a que os dados alvo da interceptação sejam considerados como prova – art. 6º, § 1º, da Lei 9.296/96. AP 508 AgR, Rel. Min. Marco Aurélio, 7.2.13. Pleno. (Info 694)

Interceptação telefônica e transcrição integral

Não é necessária a transcrição integral das conversas interceptadas, desde que possibilitado ao investigado o pleno acesso a todas as conversas captadas, assim como disponibilizada a totalidade do material que, direta e indiretamente, àquele se refira, sem prejuízo do poder do magistrado em determinar a transcrição da integralidade ou de partes do áudio. Inq 3693, Rel. Min. Cármen Lúcia, 10.4.14. Pleno. (Info 742)

Jurisprudência complementar (STF)

Constitucional, Penal e Processual Penal. Prova ilícita. Contaminação do conjunto probatório: derivação inexistente. Legalidade de prorrogações do prazo inicial da escuta. Elevado número de terminais alcançados pela medida: possibilidade. Qualidade da degravação das escutas telefônicas: tema estranho aos limites do "habeas corpus". 1. As referências às escutas telefônicas empreendidas sem autorização judicial, por ilícitas, devem ser desentranhadas dos autos, na esteira do que determina o inciso LVI do art. 5º da Constituição da República. (...). 2. A ilicitude de uma prova não contamina os demais elementos cognitivos obtidos e que dela não derivaram. (...). 3. O tempo das escutas telefônicas autorizadas e o número de terminais alcançados subordinam-se à necessidade da atividade investigatória e ao princípio da razoabilidade, não havendo limitações legais predeterminadas. (...). 4. Eventuais deficiências qualitativas na tradução do material degravado não invalidam a prova regularmente colhida, devendo o tema ser tratado no curso da instrução da ação penal, considerados os limites do "habeas corpus". (...). (HC 106244, Rel. Min. Cármen Lúcia, 1ª T., DJ 19.8.2011)

Interceptação telefônica. Mídia. Degravação. A degravação consubstancia formalidade essencial a que os dados alvo da interceptação sejam considerados como prova – artigo 6º, § 1º, da Lei 9.296/96. (AP 508 AgR, Rel. Min. Marco Aurélio, Pleno, DJ 19.8.2013)

Inquérito. Corrupção passiva (Código Penal art. 317, § 1º). Denúncia apta. Justa causa demonstrada. Fatos típicos em tese descritos. Denúncia recebida. 1. A utilização de prova emprestada legalmente produzida em outro processo de natureza criminal não ofende os princípios constitucionais do processo. 2. O amplo acesso à totalidade dos áudios captados realiza o princípio da ampla defesa. De posse da totalidade das escutas, o investigado não possui direito subjetivo à transcrição, pela Justiça, de todas as conversas interceptadas. Não há ofensa ao princípio da ampla defesa. 3. A descrição da conduta do denunciado, que torna apta a denúncia, é aquela que corresponde a fato típico previsto em lei penal. A inicial contém a exposição do fato criminoso e descreve as condutas dos três denunciados, cumprindo os requisitos do art. 41 do CPP. 4. A justa causa para a ação penal corresponde à existência de prova suficiente para a afirmação da plausibilidade da acusação. O conjunto de provas existentes no inquérito corrobora a tese da inicial, para efeitos de recebimento. 5. Denúncia que deve ser recebida para instauração de processo criminal. (Inq 2774, Rel. Min. Gilmar Mendes, Pleno, DJ 6.9.2011)

(...). Interceptação telefônica. Único meio de prova viável. Prévia investigação. Desnecessidade. Indícios de participação no crime surgidos durante o período de monitoramento. Prescindibilidade de degravação de todas as conversas. Inocorrência de ilegalidade. (...). 1. Na espécie, a interceptação telefônica era o único meio viável à investigação dos crimes levados ao conhecimento da Polícia Federal, mormente se se levar em conta que as negociações das vantagens indevidas solicitadas pelo investigado se davam eminentemente por telefone. 2. É lícita a interceptação telefônica, determinada em decisão judicial fundamentada, quando necessária, como único meio de prova, à apuração de fato delituoso. (...). 3. O monitoramento do terminal telefônico da paciente se deu no contexto de gravações telefônicas autorizadas judicialmente, em que houve menção de pagamento de determinada porcentagem a ela, o que consiste em indício de sua participação na empreitada criminosa. 4. O Estado não deve quedar-se inerte ao ter conhecimento da prática de outros delitos no curso de interceptação telefônica legalmente autorizada. 5. É desnecessária a juntada do conteúdo integral das degravações das escutas telefônicas realizadas nos autos do inquérito no qual são investigados os ora Pacientes, pois basta que se tenham degravados os excertos necessários ao embasamento da denúncia oferecida, não configurando, essa restrição, ofensa ao princípio do devido processo legal. (...). (HC 105527, Rel. Min. Ellen Gracie, 2ª T., DJ 13.5.2011)

Interceptação telefônica. Auto circunstanciado. Natureza do elemento. O auto circunstanciado previsto no § 2º do artigo 6º da Lei 9.296/96 é formalidade essencial à valia da prova resultante de degravações de áudio e interceptação telefônica. Interceptação telefônica – defeito do auto circunstanciado – natureza da nulidade. A nulidade surge relativa, devendo ser articulada no prazo do artigo 500 do Código de Processo Penal – inteligência dos artigos 571, inciso II, e 572 do mesmo Diploma. (HC 87859, Rel. Min. Marco Aurélio, 1ª T., DJ 14.9.2007)

(...). "Operação anaconda". Degravação parcial de conversas telefônicas. Prova apta a embasar a denúncia. A degravação parcial de conversas telefônicas é prova perfeitamente apta a embasar a denúncia oferecida pelo Ministério Público Federal. (...). A disponibilidade, tanto para a defesa, como para a acusação, da integralidade das gravações afasta qualquer alegação de cerceamento de defesa. Prejudicado o pleito de revogação da prisão preventiva, em virtude da modificação do título prisional. (...). (HC 85206, Rel. Min. Joaquim Barbosa, 2ª T., DJ 3.3.2006)

Jurisprudência complementar (STJ)

(...). Tráfico de drogas e associação para o tráfico. Nulidade das interceptações telefônicas. Diligências que ultrapassam o limite de 30 (trinta) dias previsto no artigo 5º da Lei 9.296/1996. Possibilidade de renovações. Existência de decisões fundamentadas. Ilicitude não evidenciada. (...) Ainda que assim não fosse, os Tribunais Superiores firmaram entendimento no sentido de que não se pode interpretar de maneira restrita o artigo 6º da Lei 9.296/1996, de modo que se admite que agentes da Polícia Militar acompanhem a interceptação telefônica, procedimento que não pode ser acoimado de ilegal, sob pena de se inviabilizar a efetivação da medida. (...). (RHC 53.432, Rel. Min. Jorge Mussi, DJ 3.2.2015)

(...). Tráfico de drogas. Interceptação telefônica. Informe anônimo. Motivação para a deflagração da investigação. Matéria não examinada pela corte de origem. Supressão de instância. Condução dos trabalhos. Agência de inteligência da polícia militar. Ilegitimidade. Não ocorrência. Requerimento da constrição. Elaborado pelo parquet. Medida constritiva deferida. Nulidade. Decisão primeva. Motivação concreta. Crimes punidos com reclusão. Prorrogações. Fundamentação idônea. Ocorrência. (...). 1. A alegação de ilegalidade em decorrência de investigação originada a partir de informe anônimo não foi examinado pelo Tribunal de origem, não podendo, assim, ser apreciada a matéria por este Superior Tribunal, sob pena de indevida supressão de instância. 2. A interpretação do artigo 6º da Lei 9.296/96 não pode ser demasiadamente estrita, sob pena de degenerar em ineficácia, entendendo-se, assim, que a condução dos trabalhos de interceptação telefônica por órgão da Polícia Militar – Agência de Inteligência – não implica ilegitimidade na execução da medida constritiva. 3. Não obstante a estruturação das polícias com a atribuição de especialidades para cada órgão, nos termos do artigo 144 da Constituição Federal, a segurança pública é dever do Estado e responsabilidade de todos, exercida para a preservação da ordem pública, escopo comum a todos os entes policiais. 4. O requerimento para a medida excepcional foi efetivado pelo Ministério Público Estadual e deferido pela autoridade judicial, não se configurando qualquer eiva em dado proceder. 5. A decretação da medida cautelar de interceptação atendeu aos pressupostos e fundamentos de cautelaridade, visto que o crime investigado era punido com reclusão, havia investigação formalmente instaurada, apontou-se a necessidade da medida extrema e a dificuldade para a sua apuração por outros meios, além do "fumus comissi delicti" e do "periculum in mora". 6. As autorizações subsequentes de interceptações telefônicas, bem como suas prorrogações, reportaram-

-se aos fundamentos da decisão primeva, evidenciando-se, assim, a necessidade da medida, diante da continuação do quadro de imprescindibilidade da providência cautelar, não se apurando irregularidade na manutenção da constrição no período. (...). (RHC 40.983, Rel. Min. Maria Thereza de Assis Moura, DJ 19.11.2014)

(...). Favorecimento da prostituição. Rufianismo. Interceptação telefônica. Nulidade. Procedimento que observou a Lei 9.296/96. Interceptação efetuada pela polícia militar. Possibilidade. Possível envolvimento de policiais locais. (...). 1. Não se verifica qualquer nulidade na interceptação telefônica devidamente requerida pelo representante do Ministério Público, e concedida através de decisão fundamentada na necessidade do ato. 2. A realização da interceptação telefônica pela Polícia Militar se justifica pelo possível envolvimento de policiais nos fatos, conforme informação prestada pelo Juiz de Primeiro Grau. (...). (HC 88.575, Rel. Min. Jane Silva, DJ 10.3.2008)

(...). Competência das Cortes Superiores. Matéria de direito estrito. Modificação de entendimento deste Tribunal, em consonância com a Suprema Corte. Roubo circunstanciado e extorsão mediante sequestro qualificada. Tese de excesso de prazo para a formação da culpa. Sentença já proferida. Alegação de ausência dos requisitos autorizadores da prisão cautelar. Superveniência do trânsito em julgado da condenação. Prejudicialidade. Arguição de nulidade do julgamento do "habeas corpus" originário, por falta de intimação do advogado acerca da data da respectiva sessão. Improcedência. Alegada deficiência da defesa técnica. Vício não demonstrado. Arguida nulidade das interceptações telefônicas. Improcedência. Transcrição integral das gravações. Desnecessidade. Ausência de ilegalidade flagrante que, eventualmente, pudesse ensejar a concessão da ordem de ofício. Ordem de "habeas corpus" não conhecida. (...) 7. "O disposto no art. 6º, § 1º, da Lei federal n. 9.296, de 24 de julho de 1996, só comporta a interpretação sensata de que, salvo para fim ulterior, só é exigível, na formalização da prova de interceptação telefônica, a transcrição integral de tudo aquilo que seja relevante para esclarecer sobre os fatos da causa sub iudice." (STF, Inq 2.424). É completamente despicienda a degravação de todas as conversas interceptadas, especialmente as que nada se referem aos fatos. (...). (HC 269.689, Rel. Min. Laurita Vaz, DJ 24.6.2014)

Embargos de declaração. "Habeas corpus". Ausência de manifestação sobre a impossibilidade de a autoridade policial selecionar os trechos das conversas monitoradas a serem transcritos. Indispensabilidade de transcrição integral dos diálogos. Existência da omissão apontada. Acolhimento dos aclaratórios sem efeitos modificativos. 1. Conquanto se reconheça a omissão apontada, consistente na ausência de exame da alegada necessidade de transcrição integral das conversas interceptadas, bem como da aventada impossibilidade de seleção dos trechos que constarão do auto circunstanciado pela autoridade policial, não há como atribuir efeito modificativo ao presente recurso. 2. Como a interceptação, para valer como prova, deve estar gravada, e sendo certo que a gravação deve ser disponibilizada às partes, tem-se entendido, tanto em sede doutrinária quanto nos Tribunais Superiores, que não é necessária a degravação integral das conversas captadas, pois tal trabalho, além de muitas vezes ser de impossível realização, por outras pode se mostrar totalmente infrutífero. 3. Assim, a determinação do Juízo Federal para que fosse feita "a transcrição, ao final, apenas dos trechos das interlocuções que digam respeito ao objeto da investigação, a juízo da autoridade policial e seus agentes", não configura, por si só, qualquer ilegalidade, uma vez que a supressão de algumas passagens das conversas, transcrevendo-se outras interessantes às investigações, não significa a emissão de juízo de valor por parte da autoridade policial, a ponto de contaminar a prova colhida. 4. Tanto este Sodalício quanto o Pretório Excelso entendem ser desnecessária a transcrição integral do conteúdo da quebra do sigilo das comunicações telefônicas, bastando que seja franqueado às o partes acesso aos diálogos interceptados. 5. Na hipótese dos autos, consoante consignado no aresto embargado, toda a mídia referente às interceptações consta dos autos e foi disponibilizada às partes, motivo pelo qual não há como se reconhecer o cerceamento de defesa vislumbrado pelos impetrantes. 6. Embargos acolhidos apenas para afastar a aventada ilegalidade da degravação dos trechos das conversas selecionados pela autoridade policial, e para consignar a desnecessidade de transcrição integral dos diálogos interceptados. (EDcl no HC 189.735, Rel. Min. Jorge Mussi, DJ 24.4.2013)

(...). Inocorrência. Interceptação telefônica. Transcrição integral. Desnecessidade. Ausência de nulidade. (...). II. É desnecessária a transcrição integral dos diálogos colhidos em interceptação telefônica, nos termos do art. 6º, § 2º, da Lei 9.296/96, que exige da autoridade policial apenas a feitura de auto circunstanciado, com o resumo das operações realizadas. (...). (AgRg no HC 251.602, Rel. Min. Felix Fischer, DJ 12.12.2014)

(...). Tráfico ilícito de drogas e associação para o tráfico. Interceptação telefônica. Prorrogações sucessivas. Possibilidade, mediante fundamentação idônea. Ocorrência, na espécie. Apensamento das interceptações em autos diversos. Nulidade. Inexistência. Acesso da defesa a todos os documentos produzidos. Transcrição integral dos diálogos. Desnecessidade. Acesso das partes aos diálogos interceptados. Suficiência. (...). 1. A jurisprudência desta Corte Superior possui o entendimento firmado de que, embora a interceptação telefônica deva perdurar, via de regra, por 15 (quinze) dias, prorrogáveis por mais 15 (quinze), excepcionalmente, admite-se que tal lapso temporal seja ultrapassado, exigindo-se, para tanto, que a imprescindibilidade da medida seja justificada em decisão devidamente fundamentada, o que ocorreu, "in casu". 2. A insurgência em relação ao apensamento das interceptações telefônica em autos diversos não merece prosperar, porquanto, de acordo com os autos, a defesa teve acesso a todos os documentos produzidos em razão da interceptação telefônica, tal como o histórico das conversas entre os corréus e seus clientes, não podendo alegar nenhum prejuízo, incidindo a máxima pas de nulitté sans grief. 3. A alegação de ser necessária a transcrição integral dos diálogos colhidos na interceptação telefônica não prospera, visto que, o entendimento predominante nos Tribunais Superiores, é no sentido da desnecessidade de transcrição integral do conteúdo da quebra do sigilo das comunicações telefônicas, bastando que se confira às partes acesso aos diálogos interceptados, sendo exatamente esse o caso dos autos. (...). (AgRg no REsp 1316907, Rel. Min. Campos Marques, DJ 5.3.2013)

Questões de concursos

349. **(Cespe/MPE/AC/Promotor/2014)** Assinale a opção correta com base no entendimento do STJ a respeito das interceptações telefônicas.

   a) De acordo com a lei que rege as interceptações telefônicas, a competência para deferir esse procedimento no curso do inquérito policial é do promotor de justiça com atribuição para atuar na ação principal.

   b) O investigado possui direito subjetivo não somente ao áudio das escutas telefônicas realizadas, mas também à transcrição, pela justiça, de todas as conversas interceptadas

   c) A ação penal padecerá de nulidade absoluta, por cerceamento de defesa, caso a defesa não tenha acesso à integralidade do teor das escutas telefônicas antes da colheita da prova oral

   d) É dispensável que o MP, na condição de fiscal da lei, seja cientificado da necessidade de averiguação da lisura do ato de interceptação telefônica determinada de ofício pelo juiz

   e) A fim de assegurar a ampla defesa, é necessário apenas que se transcrevam os excertos das escutas telefônicas que tenham servido de substrato para o oferecimento da denúncia.

■ Realização {art. 7º}

Art. 7º Para os procedimentos de interceptação de que trata esta Lei, a autoridade policial poderá requisitar serviços e técnicos especializados às concessionárias de serviço público.

Jurisprudência complementar (STJ)

(...). 1. Da leitura dos artigos 6º e 7º da Lei 9.296/1996, não é possível afirmar que a autoridade policial seja a única autorizada a proceder às interceptações telefônicas, até mesmo porque o legislador não teria como antever, diante das diferentes realidades encontradas nas Unidades da Federação, quais órgãos ou unidades administrativas teriam a estrutura necessária, ou mesmo as melhores condições para executar a medida. (...). (HC 222.963, Rel. Min. Jorge mussi, DJ 23.8.2013)

■ Autos Apartados {art. 8º}

> **Art. 8º** A interceptação de comunicação telefônica, de qualquer natureza, ocorrerá em autos apartados, apensados aos autos do inquérito policial ou do processo criminal, preservando-se o sigilo das diligências, gravações e transcrições respectivas.
>
> Parágrafo único. A apensação somente poderá ser realizada imediatamente antes do relatório da autoridade, quando se tratar de inquérito policial (Código de Processo Penal, art.10, § 1º) ou na conclusão do processo ao juiz para o despacho decorrente do disposto nos arts. 407, 502 ou 538 do Código de Processo Penal.

ENUNCIADOS FONACRIM

Enunciado 3. As provas obtidas por meio de interceptações telefônicas e telemáticas podem ser compartilhadas com outros órgãos, para efeito de responsabilização extrapenal.

Informativos (STF)

Interceptações telefônicas: compartilhamento e autuação

Os dados alusivos a interceptação telefônica verificada em outra unidade da Federação, ante ordem judicial, para elucidar certa prática delituosa, podem ser aproveitados em persecução criminal diversa. A ausência de autuação da interceptação telefônica, em descompasso com o artigo 8º, cabeça, da Lei 9.296/96, caracteriza irregularidade incapaz de torná-la ilícita. HC 128102, Rel. Min. Marco Aurélio, 9.12.2015. 1ª T. (Info 811)

Jurisprudência complementar (STF)

Denúncia contra Deputado Federal por crime de corrupção eleitoral. Alegação de carência da transcrição integral das interceptações telefônicas realizadas: ausência de irregularidade. Falta de correlação entre os fatos narrados na inicial e os elementos configuradores do tipo do art. 299 do Código Eleitoral: Denúncia rejeitada. 1. O Supremo Tribunal Federal afasta a necessidade de transcrição integral dos diálogos gravados durante quebra de sigilo telefônico, rejeitando alegação de cerceamento de defesa pela não transcrição de partes da interceptação irrelevantes para o embasamento da denúncia. (...). 2. Juntada aos autos, no que interessa ao embasamento da denúncia, da transcrição das conversas telefônicas interceptadas; menção na denúncia aos trechos que motivariam a imputação dos fatos ao Denunciado. 3. Ausência de subsunção dos fatos narrados na inicial ao tipo do art. 299 do Código Eleitoral. Carência na denúncia dos elementos do tipo penal imputado o Denunciado. Rejeição da denúncia. 4. Denúncia rejeitada por atipicidade dos fatos descritos. Improcedência da ação penal (art. 386, inc. III, do Código de Processo Penal). (Inq 3693, Rel. Min. Cármen Lúcia, Pleno, DJ 30.10.2014)

Proposta de súmula vinculante. Inquérito policial. Advogado do indiciado. Vista dos autos. 1. Aprovada a Súmula Vinculante n. 14, com a seguinte redação: "É direito do defensor, no interesse do representado, ter acesso amplo aos elementos de prova que, já documentados em procedimento investigatório realizado por órgão com competência de polícia judiciária, digam respeito ao exercício do direito de defesa". 2. Proposta acolhida com a aprovação da Súmula Vinculante n. 14. (PSV 1, Rel. Min. Menezes Direito, Pleno, DJ 27.3.2009)

Jurisprudência complementar (STJ)

(...). Interceptação telefônica. Nulidades. Não ocorrência. Prejuízo não demonstrado. Manifesto constrangimento não evidenciado.(...) 6. Em que pese a Lei 9.296/1996 estabelecer um momento específico para a apensação aos autos principais dos autos da interceptação telefônica realizada na fase do inquérito – qual seja, imediatamente antes do relatório da autoridade policial –, tem-se que, no caso, a defesa teve acesso irrestrito a todos os documentos produzidos em razão da interceptação telefônica, motivo pelo qual não cabe a ela, agora, alegar qualquer prejuízo ou nulidade decorrente do apensamento das interceptações telefônicas em autos diversos, haja vista a máxima pas de nulitté sans grief. (...). (HC 215.157, Rel. Min. Rogerio Schietti Cruz, DJ 3.2.2014)

(...). Quadrilha, peculato, fraude à licitação e lavagem de dinheiro. Juntada dos autos da interceptação telefônica durante a instrução processual. Cerceamento de defesa. Não ocorrência. Ausência de demonstração de prejuízo. Mácula não caracterizada. Desprovimento do recurso. 1. De acordo com o artigo 8º da Lei 9.296/1996, os autos da interceptação telefônica serão juntados aos principais antes do relatório final da autoridade policial, ou antes de prolatada sentença. 2. Embora a íntegra do procedimento referente à quebra do sigilo telefônico tenha sido apensada ao feito em tela no decorrer da instrução criminal, o certo é que não se verifica qualquer prejuízo à defesa em decorrência da sua juntada tardia ao processo. 3. Os recorrentes tiveram acesso ao inteiro teor das interceptações telefônicas, sendo-lhe conferido o direito de exercer o contraditório sobre as provas obtidas antes da prolação de sentença, o que revela a inexistência de mácula a contaminar o feito. (...). (RHC 35.754, Rel. Min. Jorge Mussi, DJ 31.3.2015)

(...). Ação penal. Trancamento. Falta de justa causa. Alegação de ilicitude da prova base para a denúncia. Interceptação telefônica em outro estado da federação. Fonte independente. Notitia criminis. Desenvolvimento de investigação posterior. Diversas diligências e provas. Estofo da acusação. Ilegalidade. Ausência. 1 – Realizada ampla investigação policial com diversas diligências que determinaram o auferimento de variadas provas que estão a lastrear a persecução em análise, não há falar em falta de justa causa, por ilicitude do acervo que dá enredo à denúncia. 2 – As escutas realizadas primitivamente, em outra unidade da federação, que não se dirigiam à ora recorrente, tampouco destinavam-se a investigar os crimes que ora são imputados, representam mera "notitia criminis", apta a desencadear as investigações do caso concreto, erigindo-se, no dizer da doutrina, como uma fonte independente de prova que não tem força para contaminar, por derivação, o que foi intensamente desenvolvido depois. (...). (RHC 40.624, Rel. Min. Maria Thereza de Assis Moura, DJ 27.2.2015)

(...). Homicídio qualificado. Juntada dos autos da interceptação telefônica durante a instrução processual. Cerceamento de defesa. Não ocorrência. Contraditório oportunizado. Ausência de demonstração de prejuízo. Mácula não caracterizada. Desprovimento do recurso. 1. De acordo com o artigo 8º da Lei 9.296/1996, os autos da interceptação telefônica serão juntados aos principais antes do relatório final da autoridade policial, ou antes de prolatada sentença. 2. Embora o procedimento referente à quebra do sigilo telefônico tenha sido apensado ao feito em tela no decorrer da instrução criminal, o certo é que não se verifica qualquer prejuízo à defesa em decorrência da sua juntada tardia ao processo. 3. Em momento algum no curso da ação penal em apreço a defesa requereu que os autos das interceptações fossem incorporados à ação penal, mesmo havendo no processo documentos que fizessem referência à medida cautelar, sendo certo que, após a anexação do procedimento de quebra do sigilo telefônico ao feito em exame as partes puderam se manifestar e requerer o que entendessem de direito, o que comprova a não ocorrência de cerceamento de defesa. 4. Atualmente, até em casos de nulidade absoluta, doutrina e jurisprudência têm exigido a comprovação de prejuízo para que a mácula possa ser reconhecida. 5. A simples alegação de que a defesa não pôde formular pedido de absolvição sumária em razão do não conhecimento dos autos de interceptação é insuficiente para se demonstrar os eventuais danos suportados pelo recorrente, até mesmo porque tal pleito poderia ser reiterado em sede de alegações finais. (...). (RHC 40.755, Rel. Min. Jorge mussi, DJ 3.2.2014)

Questões de concursos

350. **(Cespe/PC/GO/Agente/2016)** Caso uma pessoa seja ré em processo criminal por supostamente ter cometido homicídio qualificado, eventual interceptação de suas comunicações telefônicas

    a) dependerá de ordem do juiz competente, sob segredo de justiça.

    b) poderá ser admitida por meio de parecer favorável de representante do MP.

    c) não poderá exceder o prazo improrrogável de quinze dias, se concedida pelo juiz.

    d) poderá ser admitida, ainda que a prova possa ser feita por outros meios.

    e) deverá ser negada, se for requerida verbalmente ao juiz competente.

351. **(FGV/DPE/RJ/Técnico/2014)** Após demonstrar a inviabilidade de outros meios de prova em investigação criminal sobre tráfico de drogas, Delegado de Polícia Civil obteve, com parecer positivo do Ministério Público, no período compreendido entre outubro e dezembro de 2013, o deferimento e a prorrogação sucessiva de interceptações telefônicas contra desviante conhecido como "Fabio Aspira", decorrente de juízo positivo do Magistrado competente. No curso da investigação, foram captados diálogos incriminadores de um terceiro agente, identificado como "Paulão B. Vulcão", em conversa com "Fabio Aspira", sem que seu terminal telefônico fosse interceptado. Posteriormente, em atividade de jornalismo investigativo, determinado repórter consegue gravar conversa com "Paulão B. Vulcão", na qual este admite ser o líder da facção criminosa "Movimento Estratégico Independente de Entorpecentes Rústicos", o que é posteriormente usado na persecução penal contra os desviantes. Por fim, quando finalizada a investigação, constata-se que "Fabio Aspira" ocupa cargo, por aprovação em concurso público, de Guarda Municipal, há seis anos. A prova angariada no Inquérito Policial, incluindo a interceptação telefônica, é, posteriormente, utilizada pela Administração Pública Municipal, em Procedimento Administrativo Disciplinar (PAD). À luz da hipótese formulada e dos conceitos e limites legais, é correto afirmar que:

a) dados obtidos em interceptação telefônica, judicialmente autorizada para produção de prova em investigação criminal, podem ser usados em Procedimento Administrativo Disciplinar, contra a mesma ou as mesmas pessoas em relação às quais foram colhidos, ou contra outros servidores cujos supostos ilícitos teriam despontado à colheita dessa prova.

b) o terminal telefônico criado internamente por operadora de telefonia, com o fim de efetuar desvio de chamadas de um terminal objeto de interceptação judicial (chamado de "desvio duplo"), não é alcançado pela medida constritiva incidente sobre este último, contaminando a prova produzida.

c) a interceptação realizada na linha telefônica do corréu "Fabio Aspira", que captou diálogo com "Paulão B. Vulcão", mediante autorização judicial, constitui prova ilícita em relação a este último, não podendo ser utilizada para subsidiar ação penal, pois dependeria de ordem judicial específica.

d) não é lícita a prorrogação do prazo legal de autorização para interceptação telefônica, ainda que de modo sucessivo (períodos sucessivos de quinze dias), mesmo quando o fato seja complexo e, como tal, exija investigação diferenciada e contínua.

e) para ser utilizada como prova judicial válida, a gravação de conversa presencial entre uma pessoa e seu interlocutor depende de autorização judicial prévia, enquadrando-se nas mesmas regras da interceptação telefônica.

352. (Cespe/TJ/DFT/Juiz/2014) Com referência à interceptação telefônica, assinale a opção correta.

a) O objetivo primordial da interceptação telefônica é reunir o maior número possível de informações, a fim de produzir substrato probatório mínimo hábil a desencadear eventual persecução penal, cabendo aos policiais executores da medida proceder a uma espécie de filtragem das escutas interceptadas, conforme a linha investigatória adotada.

b) A Lei n. 9.296/1996, que trata da interceptação das comunicações telefônicas, estipula o prazo de quinze dias para a interceptação de comunicações telefônicas, renovável uma vez por igual período, vedadas, de acordo com o entendimento jurisprudencial do STF e do STJ, as prorrogações por período superior a esse prazo.

c) A quebra do sigilo telefônico pode ter por base, exclusivamente, denúncia anônima sobre a autoria em determinado delito, ainda que a denúncia apócrifa esteja desacompanhada de investigações preliminares acerca dos fatos noticiados.

d) Segundo entendimento do STJ, é inadmissível a utilização de prova produzida em feito criminal diverso, obtida por meio de interceptação telefônica e relacionada com os fatos do processo-crime, ainda que seja oferecida à defesa oportunidade de proceder ao contraditório.

e) O contraditório das provas obtidas por meio de interceptação telefônica é postergado para os autos da ação penal deflagrada, quando as partes terão acesso ao seu conteúdo e, diante desses elementos, poderão impugnar e contraditar as provas obtidas por meio da medida cautelar.

Destruição {art. 9º}

Art. 9º A gravação que não interessar à prova será inutilizada por decisão judicial, durante o inquérito, a instrução processual ou após esta, em virtude de requerimento do Ministério Público ou da parte interessada.

Parágrafo único. O incidente de inutilização será assistido pelo Ministério Público, sendo facultada a presença do acusado ou de seu representante legal.

Jurisprudência complementar (STF)

Inquérito. Direito Penal e Processo Penal. Denúncia por suposta prática dos crimes de formação de quadrilha (art. 288, CP) e de fraude a licitação (art. 90 da Lei 8.666/1993). 2. Pedido de arquivamento da denúncia pela representante da PGR em Plenário. Deferimento. 3. Invalidade dos elementos probatórios. 4. Falta de comprovação mínima de materialidade e autoria. 5. Ausência de justa causa. 6. Denúncia arquivada. (Inq 2266, Rel. Min. Gilmar Mendes, Pleno, DJ 13.3.2012)

(...). Pedido de liminar para garantir à defesa do paciente o acesso à transcrição integral das escutas telefônicas realizadas no inquérito. Alegação de ofensa ao princípio do devido processo legal (art. 5º, inc. LV, da Constituição da República): inocorrência: liminar indeferida. 1. É desnecessária a juntada do conteúdo integral das degravações das escutas telefônicas realizadas nos autos do inquérito no qual são investigados os ora Pacientes, pois bastam que se tenham degravados os excertos necessários ao embasamento da denúncia oferecida, não configurando, essa restrição, ofensa ao princípio do devido processo legal (art. 5º, inc. LV, da Constituição da República). 2. Liminar indeferida. (HC 91207 MC, Rel. p/ ac. Min. Cármen Lúcia, Pleno, DJ 21.9.2007)

Jurisprudência complementar (STJ)

(...). Descaminho (artigo 334 do Código Penal). Destruição das mídias originais contendo as interceptações telefônicas. Impossibilidade de a defesa contestar seu conteúdo. Ausência de documentação comprobatória. Necessidade de prova pré--constituída. Provas que não teriam interesse para a ação penal. Consulta às partes antes da inutilização. Material disponibilizado à defesa no curso do processo. Constrangimento ilegal não caracterizado. 1. Não tendo o impetrante comprovado que as mídias contendo as interceptações telefônicas teriam sido inutilizadas antes de a defesa poder acessá-las, notadamente ante a informação do magistrado sentenciante de que os defensores dos réus não pleitearam a realização de qualquer diligência ou mesmo pediram a apresentação de contraprova pericial do material constante dos autos, inviável o reconhecimento da mácula suscitada. 2. O rito do "habeas corpus" pressupõe prova pré-constituída do direito alegado, devendo a parte demonstrar, de maneira inequívoca, por meio de documentos que evidenciem a pretensão aduzida, a existência do aventado constrangimento ilegal suportado pelo paciente, ônus do qual não se desincumbiu a defesa. 3. Cumpre destacar que a própria Lei 9.296/1996 prevê a destruição das gravações que não mais interessarem ao processo, sendo certo que não há nas peças processuais que instruem o presente "mandamus" qualquer indício de que o procedimento previsto no artigo 9º do referido diploma legal não tenha sido observado pelo togado singular. (...). (HC 293.056, Rel. Min. Jorge Mussi, DJ 19.8.2014)

(...). Extorsão mediante sequestro qualificado, receptação e formação de quadrilha. Alegação de nulidade das interceptações telefônicas determinadas por juízo diverso do processante e sem autorização deste por meio de alvará. Matéria não examinada pelo Tribunal que inviabiliza, neste ponto, a análise do "writ", sob pena de supressão de instância. Argumentação de ter sido juntado aos autos apenas parte da degravação, impedindo o paciente de exercer sua ampla defesa. Transcrição das degravações envolvendo o paciente. Prejuízo não configurado, uma vez que o réu teve acesso às fitas magnéticas antes da sentença condenatória e não apresentou qualquer impugnação ou pedido de produção de prova complementar. (...). 1. A alegação de que as interceptações telefônicas que embasaram a condenação foram determinadas por Juízo diverso do processante e sem autorização deste por meio de alvará, não foi objeto de análise pelo acórdão impugnado, o que inviabiliza o exame da matéria por esta Corte, sob pena de indevida supressão de instância. 2. Não há que se falar em cerceamento de defesa ou ofensa ao princípio do contraditório se o réu teve acesso às fitas magnéticas, bem como oportunidade de impugná-las antes da prolação da sentença condenatória. 3. O art. 9º da Lei 9.296/96 autoriza até mesmo a inutilização, por decisão judicial, da gravação que não interessar ao feito; assim, não configura nulidade a ausência nos autos de todo conteúdo da interceptação telefônica, mormente quando se procura resguardar a intimidade de terceiros que não dizem respeito ao processo. (...). (HC 88.098, Rel. Min. Napoleão Nunes Maia Filho, DJ 19.12.2008)

Questões de concursos

353. **(Vunesp/PC/CE/Escrivão/2015)** Segundo o disposto na Lei n. 9.296/96 (Interceptação Telefônica), a gravação dos áudios decorrente da interceptação telefônica que não interessar à prova será inutilizada por decisão judicial

   a) somente durante a execução da pena imposta na condenação ou após o trânsito em julgado da decisão que absolveu o acusado.

   b) após a instrução processual independentemente de requerimento do Ministério Público ou da parte interessada.

   c) durante o inquérito, a instrução processual ou após esta, em virtude de requerimento do Ministério Público ou da parte interessada.

   d) somente após a instrução processual, em virtude de requerimento do Ministério Público ou da parte interessada.

   e) somente durante a instrução processual ou após esta, em virtude de requerimento do Ministério Público ou da parte interessada

■ Crime {art. 10}

> **Art. 10.** Constitui crime realizar interceptação de comunicações telefônicas, de informática ou telemática, ou quebrar segredo da Justiça, sem autorização judicial ou com objetivos não autorizados em lei.
>
> Pena: reclusão, de dois a quatro anos, e multa.

Jurisprudência complementar (STF)

(...). Interceptação telefônica licitamente conduzida. Encontro fortuito de prova da prática de crime punido com detenção. Legitimidade do uso como justa causa para oferecimento de denúncia. (...). 1. O Supremo Tribunal Federal, como intérprete maior da Constituição da República, considerou compatível com o art. 5º, XII e LVI, o uso de prova obtida fortuitamente através de interceptação telefônica licitamente conduzida, ainda que o crime descoberto, conexo ao que foi objeto da interceptação, seja punido com detenção. (...). (AI 626214 AgR, Rel. Min. Joaquim Barbosa, 2ª T., DJ 8.10.2010)

Ação Penal. Denúncia. Art. 10 da Lei 9.296/96 c/c art. 71 do Código Penal e art. 151, § 1º, II c/c art. 29 e art. 69, todos do Código Penal 1 – Extinção da punibilidade, em face da prescrição, no que se refere à imputação do crime previsto no art. 151, § 1º, II do Código Penal (divulgação de conversação telefônica). 2 – Denúncia recebida em parte, somente no que diz respeito ao crime previsto no art. 10 da Lei 9.296/96 c/c art. 71 do Código Penal (interceptação telefônica clandestina em continuidade delitiva). (Inq 1706 AgR, Rel. Min. Ellen gracie, Pleno, DJ 27.6.2003)

Jurisprudência complementar (STJ)

(...). Art. 10 da Lei 9.296/96. Art. 499 do CPP. Pedido de diligências indeferido. Decisão fundamentada. Desnecessidade das medidas. Discricionariedade. Pedido alternativo. Razoabilidade. Possibilidade de juntada de documentos. Recurso ordinário parcialmente provido. 1. Esta Corte já decidiu, por inúmeras vezes, que o deferimento de diligências é ato discricionário do magistrado, que pode negar os pedidos que considerar protelatórios ou desnecessários, desde que em decisão devidamente fundamentada. 2. Hipótese em que se requereu a expedição de ofício para envio de documentos e informações, bem como a análise da perícia por perito indicado pela Defesa. A necessidade das medidas foi devidamente rechaçada pela magistrada, por se tratar de delito formal – o que torna irrelevante as informações requeridas –, por ser possível à própria Defesa obter os documento, bem como por já terem sido feitos os esclarecimentos adicionais ao laudo pericial, por perito oficial. 3. Mostrando-se fundamentada a decisão que indeferiu a diligência, não há ilegalidade a ser reconhecida, destacando-se que, na via estreita do "habeas corpus", não se revela possível avaliar em profundidade as provas produzidas. 4. A fim de evitar cerceamento de defesa, e não tendo sido ainda sentenciado o feito, parece razoável possibilitar que a Defesa junte aos autos os documentos que entender pertinentes. Caso sejam anexadas novas provas, caberá ao magistrado avaliar a necessidade de refazer os atos processuais posteriores. 5. Recurso ordinário parcialmente provido tão somente para possibilitar que a Defesa junte os documentos que entender pertinentes, cabendo ao magistrado, em seguida, avaliar a necessidade de refazer os demais atos processuais. (RHC 24.376, Rel. Min. Maria Thereza de Assis Moura, DJ 24.10.2011)

(...). Negativa de vigência ao art. 155 do CPP. Ocorrência. Condenação fundamentada exclusivamente em elementos do inquérito policial. Impossibilidade. Ofensa à garantia do devido processo legal, do contraditório e da ampla defesa. Violação ao art. 386, VII, do CPP. Ocorrência. Ausência de prova suficiente para a condenação. (...). 1. Segundo entendimento desta Corte, a prova idônea para arrimar sentença condenatória deverá ser produzida em juízo, sob o crivo do contraditório e da ampla defesa, de modo que se mostra impossível invocar para a condenação, somente elementos colhidos no inquérito, se estes não forem confirmados durante o curso da instrução criminal. 2. Não existindo, nos autos, prova judicializada suficiente para a condenação, nos termos do que reza o artigo 386, inciso VII, do Código de Processo Penal, impõe-se a absolvição do recorrente. 3. Recurso especial provido para, reconhecendo a violação aos artigos 155 e 386, inciso VII, ambos do Código de Processo Penal, absolver o recorrente. (REsp 1253537, Rel. Min. Maria Thereza de Assis Moura, DJ 19.10.2011)

(...). Descaminho e formação de quadrilha. Interceptações telefônicas. Indícios de supressão de trechos. Pedido de realização de perícia. Indeferimento. Preclusão. Inexistência. Ampla defesa. Cabimento. Ordem concedida. 1. Tendo a defesa requerido a oitiva de perito e a realização de perícia técnica antes do encerramento da instrução criminal e tendo sido determinada a instauração de inquérito policial para apurar a ocorrência do crime tipificado no art. 10 da Lei 9.296/96, ante a existência de indícios de que as interceptações telefônicas teriam sido realizadas sem ordem judicial, não há que se falar em preclusão quanto ao pedido para se verificar a autenticidade e integralidade das mencionadas interceptações telefônicas, eis que, diante de um quadro duvidoso acerca da licitude da aludida prova, a perícia requerida não se apresenta impertinente. 2. Se, no caso concreto, os fatos submetidos à instrução criminal possuem pontos sensíveis não esclarecidos, afigura-se necessária e pertinente a perícia suplementar, em homenagem à ampla defesa, devendo ser deferida para afastar qualquer dúvida acerca de eventual supressão de trechos de diálogos das interceptações telefônicas realizadas. 3. "Habeas corpus" concedido para assegurar ao paciente o direito de produzir prova pericial a fim de verificar a autenticidade e integralidade das interceptações telefônicas. (HC 185.999, Rel. Min. Haroldo Rodrigues.

Questões de concursos

354. **(MPE/SC/Promotor/2016)** A Lei n. 9.296/96 (Interceptação Telefônica), que expressamente regulamenta o inciso XII, parte final, do art. 5º da Constituição Federal, prevê pena de reclusão e multa, na realização de interceptação telefônica de comunicação, de informática ou telemática, ou quebrar segredo de Justiça, sem autorização judicial ou com objetivos não autorizados em lei.

355. **(Vunesp/PC/CE/Delegado/2015)** No curso das investigações, a Autoridade Policial toma conhecimento de intenso tráfico de drogas realizado por uma associação em determinada região da cidade e, com vistas à identificação e prisão dos criminosos, intercepta as conversas telefônicas de quatro suspeitos. Com relação a essa conduta, é correto afirmar que a Autoridade Policial

    a) agiu corretamente, considerando que uma vez presentes fortes indícios de autoria e materialidade de delito punido com pena de reclusão, pode a Autoridade Policial determinar a interceptação das conversas telefônicas com base na Lei n. 9.296/96.

    b) incorreu no crime previsto no artigo 10 da Lei n. 9.296/96.

    c) agiu corretamente, considerando que a interceptação de comunicações telefônicas sobrepõe-se e dispensa outros meios de provas.

    d) não agiu corretamente, porque, segundo a lei, somente se autoriza interceptação de comunicação telefônica no curso da instrução processual e não no curso das investigações.

    e) não agiu corretamente, porque deveria ter submetido a análise da necessidade dessa prova ao Ministério Público, buscando autorização com o órgão ministerial.

356. **(Vunesp/PC/CE/Inspetor/2015)** Sobre a Lei de Interceptação Telefônica (Lei n o 9.296/96), está correto afirmar:

    a) As interceptações das comunicações telefônicas são admitidas como meio de prova para qualquer crime.

    b) A interceptação de comunicações telefônicas sem autorização judicial, por parte do agente policial, constituiu apenas infração administrativa, nos termos do artigo 10 da Lei n. 9.296/96.

    c) A conversa telefônica gravada por um dos interlocutores não caracteriza crime, não estando, portanto, sujeito às disposições da Lei n o 9.296/96.

    d) Sendo infrutífera a interceptação de conversas telefônicas, ao final do prazo, a autoridade policial arquivará o material gravado, comunicando o juiz apenas do resultado negativo da interceptação.

    e) As interceptações telefônicas, no curso das investigações, dependem da ordem da Autoridade Policial e no curso da ação penal dependem de ordem judicial.

357. **(Cespe/Abin/Oficial/2010)** Constitui crime realizar interceptação de comunicações, sejam elas telefônicas, informáticas, ou telemáticas, ou, ainda, quebrar segredo da justiça sem autorização judicial ou com objetivos não autorizados em lei.

Vigência {art. 11}

Art. 11. Esta Lei entra em vigor na data de sua publicação.

Revogações {art. 12}

Art. 12. Revogam-se as disposições em contrário.

Brasília, 24 de julho de 1996; 175° da Independência e 108° da República.

Fernando Henrique Cardoso

INVESTIGAÇÃO CRIMINAL POR DELEGADOS (LEI 12.830/13)

Lei n. 12.830, de 20 de junho de 2013.

Dispõe sobre a investigação criminal conduzida pelo delegado de polícia.

A Presidenta da República Faço saber que o Congresso Nacional decreta e eu sanciono a seguinte Lei:

■ **Escopo da Lei {art. 1º}**

Art. 1º Esta Lei dispõe sobre a investigação criminal conduzida pelo delegado de polícia.

■ **Atribuições do Delegado {art. 2º}**

Art. 2º As funções de polícia judiciária e a apuração de infrações penais exercidas pelo delegado de polícia são de natureza jurídica, essenciais e exclusivas de Estado.

§ 1º Ao delegado de polícia, na qualidade de autoridade policial, cabe a condução da investigação criminal por meio de inquérito policial ou outro procedimento previsto em lei, que tem como objetivo a apuração das circunstâncias, da materialidade e da autoria das infrações penais.

§ 2º Durante a investigação criminal, cabe ao delegado de polícia a requisição de perícia, informações, documentos e dados que interessem à apuração dos fatos.

§ 3º (Vetado).

§ 4º O inquérito policial ou outro procedimento previsto em lei em curso somente poderá ser avocado ou redistribuído por superior hierárquico, mediante despacho fundamentado, por motivo de interesse público ou nas hipóteses de inobservância dos procedimentos previstos em regulamento da corporação que prejudique a eficácia da investigação.

§ 5º A remoção do delegado de polícia dar-se-á somente por ato fundamentado.

§ 6º O indiciamento, privativo do delegado de polícia, dar-se-á por ato fundamentado, mediante análise técnico-jurídica do fato, que deverá indicar a autoria, materialidade e suas circunstâncias.

Jurisprudência complementar (STF)

(...). Crime contra ordem tributária. Requisição de indiciamento pelo magistrado após o recebimento denúncia. Medida incompatível com o sistema acusatório imposto pela constituição de 1988. Inteligência da Lei 12.830/2013. Constrangimento ilegal caracterizado. Superação do óbice constante na súmula 691. Ordem concedida. 1. Sendo o ato de indiciamento de atribuição exclusiva da autoridade policial, não existe fundamento jurídico que autorize o magistrado, após receber a denúncia, requisitar ao Delegado de Polícia o indiciamento de determinada pessoa. A rigor, requisição dessa natureza é incompatível com o sistema acusatório, que impõe a separação orgânica das funções concernentes à persecução penal, de modo a impedir que o juiz adote qualquer postura inerente à função investigatória. Doutrina. Lei 12.830/2013. 2. Ordem concedida. (HC 115015, Rel. Min. Teori Zavascki, 2ª T., DJ 12.9.2013)

Jurisprudência complementar (STJ)

(...). Estatuto do idoso. Infração de menor potencial ofensivo audiência preliminar. Recusa dos acusados à proposta de suspensão condicional do processo. Determinação de indiciamento pelo magistrado singular. Impossibilidade. Inteligência do artigo 2º, § 6º, da Lei 12.830/2013. Violação ao sistema acusatório. Constrangimento ilegal caracterizado. Provimento do reclamo. 1. É por meio do indiciamento que a autoridade policial aponta determinada pessoa como a autora do ilícito em apuração. 2. Por se tratar de medida ínsita à fase investigatória, por meio da qual o Delegado de Polícia externa o seu convencimento sobre a autoria dos fatos apurados, não se admite que seja requerida ou determinada pelo magistrado, já que tal procedimento obrigaria o presidente do inquérito à conclusão de que determinado indivíduo seria o responsável pela prática criminosa, em nítida violação ao sistema acusatório adotado pelo ordenamento jurídico pátrio. Inteligência do artigo 2º, § 6º, da Lei 12.830/2013. Doutrina.3. Recurso provido para anular a decisão que determinou o indiciamento dos recorrentes. (RHC 47.984, Rel. Min. Jorge Mussi, DJ 12.11.2014)

■ Requisitos do Cargo {art. 3º}

> **Art. 3º** O cargo de delegado de polícia é privativo de bacharel em Direito, devendo-lhe ser dispensado o mesmo tratamento protocolar que recebem os magistrados, os membros da Defensoria Pública e do Ministério Público e os advogados.

■ Regra de Vigência {art. 4º}

> **Art. 4º** Esta Lei entra em vigor na data de sua publicação.
>
> Brasília, 20 de junho de 2013; 192º da Independência e 125º da República.
>
> *Dilma Rousseff*

JUIZADOS ESPECIAIS CRIMINAIS (LEI 9.099/95)

Lei n. 9.099, de 26 de setembro de 1995.

Dispõe sobre os Juizados Especiais Cíveis e Criminais e dá outras providências.

O Presidente da República: faço saber que o Congresso Nacional decreta e eu sanciono a seguinte Lei:

Capítulo I – Disposições Gerais

Juizados Especiais {art. 1º}

Art. 1º Os Juizados Especiais Cíveis e Criminais, órgãos da Justiça Ordinária, serão criados pela União, no Distrito Federal e nos Territórios, e pelos Estados, para conciliação, processo, julgamento e execução, nas causas de sua competência.

Jurisprudência complementar (STF)

(...). Sentença de juizado especial criminal. Execução. Competência. Juizado especial criminal. Execução de seus julgados. Competência. Lei 9.099/95, artigos 1º e 60. Consequência: improcedência da pretensão de ser o processo remetido ao juízo das execuções criminais. (...). (HC 81784, Rel. Min. Maurício Corrêa, 2ª T., DJ 14.6.2002)

Jurisprudência complementar (STJ)

(...). Pena privativa de liberdade cumulada com suspensão do direito de dirigir. Agravo em execução. Competência da justiça comum. Segundo orientação pacífica desta Corte, compete ao Tribunal de Justiça do Estado decidir sobre pretensão recursal aviada contra decisão do Juízo da Execução, mesmo que a pena privativa de liberdade tenha sido aplicada no curso de procedimento dos juizados especiais. Assim também preconiza o entendimento doutrinário: "As penas privativas de liberdade, restritivas de direitos e multa cumulada com estas não se encontram no âmbito do Juizado Especial Criminal, mas do órgão encarregado da execução nos termos da legislação local". (Júlio F. Mirabete). (...). (CC 48.275, Rel. Min. Maria Thereza de Assis Moura, DJ 26.3.2007)

■ Princípios Orientadores {art. 2º}

Art. 2º O processo orientar-se-á pelos critérios da oralidade, simplicidade, informalidade, economia processual e celeridade, buscando, sempre que possível, a conciliação ou a transação.

Jurisprudência complementar (STF)

(...). I. Juizado Especial: princípio constitucional da ampla defesa: prevalência sobre os princípios da oralidade, simplicidade, informalidade, economia processual e celeridade (L. 9.099/95, art. 2º), que orientam os processos nos Juizados especiais. II. Crime contra a honra: difamação (CP, art. 139): queixa: aptidão: descrição dos fatos que atende aos requisitos do art. 41 do C. Proc. Penal. (HC 85208, Rel. Min. Sepúlveda Pertence, 1ª T., DJ 3.6.2005)

(...). Fundamentação. Adoção do parecer do ministério público. CF, art. 93, IX. Decisão que adota o parecer do Ministério Público como razão de decidir, está formalmente fundamentada. A Constituição Federal não exige que o acórdão se pronuncie sobre todas as alegações deduzidas pelas partes. (...). HABEAS indeferido. (HC 83073, Rel. Min. Nelson Jobim, 2ª T., DJ 20.2.2004)

Ação Direta de Inconstitucionalidade. Acesso à Justiça. Juizado especial. Presença do advogado. Imprescindibilidade relativa. (...). Lei 9.099/95. Observância dos Preceitos Constitucionais. Razoabilidade da norma. Ausência de advogado. Faculdade da parte. Causa de pequeno valor. Dispensa do advogado. Possibilidade. 1. Juizado Especial. Lei 9.099/95, artigo 9º. Faculdade conferida à parte para demandar ou defender-se pessoalmente em juízo, sem assistência de advogado. Ofensa à Constituição Federal. Inexistência. Não é absoluta a assistência do profissional da advocacia em juízo, podendo a lei prever situações em que é prescindível a indicação de advogado, dados os princípios da oralidade e da informalidade adotados pela norma para tornar mais célere e menos oneroso o acesso à justiça. (...). 2. Lei 9.099/95. Fixação da competência dos juízos especiais civis tendo como parâmetro o valor dado à causa. Razoabilidade da lei, que possibilita o acesso do cidadão ao judiciário de forma simples, rápida e efetiva, sem maiores despesas e entraves burocráticos. Ação julgada improcedente. (ADI 1539, Rel. Min. Maurício Corrêa, Pleno, DJ 5.12.2003)

Jurisprudência complementar (STJ)

Conflito de competência. Violação do sítio da embaixada dos EUA. Possível crime de dano. Autoria desconhecida. Pedido de quebra de sigilo de dados. Complexidade. Incompatibilidade com os princípios que regem o juizado especial. 1. O caso em tela não se subsume a nenhuma das hipóteses descritas nos incisos do art. 109 da Constituição Federal. Incompetência da Justiça Federal. 2. Há evidente necessidade de diligências de maior complexidade para apuração dos fatos e da autoria, providências essas que incluem, aliás, o pedido em questão de quebra de sigilo de dados. Nesse contexto, muito embora o crime de dano, por definição legal, esteja enquadrado como de menor potencial ofensivo, dada as circunstâncias, incompatíveis com os princípios que regem os Juizados Especiais, mormente o da celeridade e o da informalidade, deve o feito ser processado perante o Juízo de Direito Comum. (...). (CC 56.786, Rel. Min. Laurita Vaz, 23.10.2006)

(...). Furto e falsa identidade. Concurso material. Necessidade de diligências. Contrariedade ao princípio da celeridade. Incompetência do juizado especial criminal. 1. Verifica-se que o somatório das penas máximas cominadas em abstrato ultrapassa o limite de 2 (dois) anos, imposto pelo art. 2º, parágrafo único, da Lei 10.259/01, o que afasta a competência do Juizado Especial Criminal para a apreciação do feito. 2. Ademais, a causa se revelou complexa, sendo necessárias diversas diligências até se chegar ao acusado. Nesse contexto, foge da competência do Juizado Especial Criminal, em virtude da incompatibilidade com seu pressuposto primeiro, que é a celeridade no julgamento da quaestio juris, ex vi do art. 2º, da Lei 9.099/95. (...). (HC 41.803, Rel. Min. Laurita Vaz, DJ 14.11.2005)

(...)

Capítulo III – Dos Juizados Especiais Criminais – Disposições Gerais

■ **Competência {art. 60}**

Art. 60. O Juizado Especial Criminal, provido por juízes togados ou togados e leigos, tem competência para a conciliação, o julgamento e a execução das infrações penais de menor potencial ofensivo, respeitadas as regras de conexão e continência.

Jurisprudência complementar (STF)

Competência Criminal. Juizado Especial Criminal. Infração de menor potencial ofensivo. Conceito ampliado pela Lei 10.259/2001. Demanda ajuizada antes do seu início de vigência. Competência declinada pelo Tribunal de Alçada Criminal. Inadmissibilidade. Competência residual da Justiça Comum reconhecida. HC concedido. Aplicação do art. 25 da Lei 10.259/2001. Não são da competência dos Juizados Especiais as demandas ajuizadas até a data de sua instalação. (HC 86021, Rel. Min. Cezar Peluso, 1ª T., DJ 28.4.2006)

(...). Incompetência do Juizado especial criminal. Havendo concurso de infrações penais, que isoladamente sejam consideradas de menor potencial ofensivo, deixam de sê-lo, levando-se em consideração, em abstrato, a soma das penas ou o acréscimo, em virtude desse concurso. "Habeas corpus" deferido, para declarar a incompetência do Juizado especial criminal, e determinar que os autos sejam encaminhados à Justiça Estadual comum. (HC 80811, Rel. Min. Moreira Alves, 1ª T., DJ 22.3.2002)

Jurisprudência complementar (STJ)

(...). Atos de instrução. Crime de competência da Justiça Comum deprecados a Juizado Especial Criminal. Norma de organização judiciária. O sistema de Juizado Especial de extração constitucional limita-se, na espécie, à conciliação, julgamento e execução dos julgados nas infrações penais de menor potencial ofensivo mediante procedimento oral e sumaríssimo. Norma de organização judiciária não pode atribuir a Juizado Especial competência que a Constituição não lhes conferiu. A realização de atos de instrução por Juízo incompetente vulnera o principio do juiz natural. Votos vencidos afirmando a ausência de constrangimento e inexistência de prejuízo. Nulidade decretada. Ordem concedida por maioria. (HC 118.504, Rel. p/ Ac. Min. Gilson Dipp, DJ 13.12.2010)

Conflito negativo de competência. Juizado Especial Criminal e Vara Criminal. "Notitia criminis". Crimes de porte ilegal de arma de fogo, ameaça e violação de domicílio. Não apreensão da arma. Competência do Juizado Especial Criminal para processar e julgar os delitos remanescentes. 1. Instauração de inquérito policial, por força de apresentação de "notitia criminis", para a apuração da suposta prática dos delitos de porte ilegal de arma de fogo, ameaça e violação de domicílio. 2. Não havendo apreensão da arma de fogo mencionada pela vítima, o mais apropriado é que a tramitação se dê pelo Juizado Especial Criminal, uma vez que os delitos de ameaça e violação de domicílio são de menor potencial ofensivo. (...). (CC 103.862, Rel. Min. Maria Thereza de Assis Moura, DJ 21.8.2009)

Conflito negativo de competência. Processual Penal. Remessa dos autos do Juizado Especial para a Justiça Comum, diante da complexidade da causa, após oferecimento da denúncia. Ausência de ilegalidade. 1. Ação penal instaurada perante Juizado Especial Criminal com posterior remessa dos autos ao Juízo Comum pela necessidade de realização de procedimento de maior complexidade. 2. Embora a Lei 9.099/95 estabeleça que a complexidade do feito deve ser considerada antes do oferecimento da denúncia, havendo complexidade da causa incompatível com o rito dos Juizados Especiais, ainda assim deve ser a competência para processar e julgar o feito deslocada para o Juízo Comum, sob pena de não se alcançar a finalidade e os princípios norteadores da lei que rege os Juizados Especiais. (...). (CC 102.723, Rel. Min. OG Fernandes, DJ 24.4.2009)

■ Aplicação das Medidas Despenalizadoras {art. 60, p. ú.}

> Parágrafo único. Na reunião de processos, perante o juízo comum ou o tribunal do júri, decorrentes da aplicação das regras de conexão e continência, observar-se-ão os institutos da transação penal e da composição dos danos civis.

Súmulas TRFs

TRF-4 132. Na hipótese em que a condenação puder ser substituída por somente uma pena restritiva de direitos, a escolha entre as espécies previstas em lei deve recair, preferencialmente, sobre a de prestação de serviços à comunidade, porque melhor cumpre a finalidade de reeducação e ressocialização do agente.

Jurisprudência complementar (STJ)

(...). Posse ilegal de arma de fogo de uso permitido e autoacusação falsa. Estatuto do desarmamento. Artigo 12 da Lei 10.826/03. "Abolitio criminis" temporária. Atipicidade da conduta. Extinção da punibilidade. Transação penal quanto ao crime de autoacusação falsa. Possibilidade. Pena máxima de 02 anos. 1. Diante da literalidade dos artigos relativos ao prazo legal para regularização do registro da arma (artigos 30, 31 e 32 da Lei 10.826/03), ocorreu "abolitio criminis" temporária em relação às condutas delituosas previstas no art. 12 da Lei 10.826/03. 2. A posse ilegal de armas de fogo, munição e artefatos explosivos, praticada dentro desse período, não configura conduta típica. 3. Com a extinção da punibilidade relativamente ao crime de posse ilegal de arma de fogo, faz jus o Paciente ao benefício da transação penal no que diz respeito ao crime de autoacusação falsa, cuja pena máxima em abstrato não ultrapassa dois anos, a teor do disposto nos arts. 60, parágrafo único, e 61, ambos da Lei 9.099/95. 4. Ordem concedida para declarar a extinção da punibilidade quanto ao crime de posse ilegal de arma de fogo, bem assim para determinar a remessa do feito a uma das Varas do Juizado Especial Criminal, para fins oportunizar ao Ministério Público o oferecimento de proposta de transação penal. (HC 95.945, Rel. Min. Laurita Vaz, DJ 8.2.2010)

(...). Crimes contra a honra. Concurso material. Somatório das reprimendas máximas. Superior a dois anos. Competência. Juízo comum. Constrangimento ilegal. Inocorrência. 1. Praticados delitos de menor potencial ofensivo em concurso material, se o somatório das penas máximas abstratas previstas para os tipos penais ultrapassar 2 (dois) anos, afastada estará a competência do juizado especial, devendo o feito ser instruído e julgado por juízo comum. (...). (HC 66.312, Rel. Min. Maria Thereza de Assis Moura, DJ 8.10.2007)

Infrações Penais de Menor Potencial Ofensivo {art. 61}

> **Art. 61**. Consideram-se infrações penais de menor potencial ofensivo, para os efeitos desta Lei, as contravenções penais e os crimes a que a lei comine pena máxima não superior a 2 (dois) anos, cumulada ou não com multa.

Informativos (STF)

Art. 38 da Lei 9.605/98 e potencial ofensivo

O delito tipificado no art. 38 da Lei 9.605/98 não constitui infração de menor potencial ofensivo. HC 112758, Rel. Min. Ricardo Lewandowski, 16.10.12. 2ª T. (Info 684)

Jurisprudência complementar (STF)

(...). Denúncia. Recebimento. Quebra da ordem cronológica de precatório. Sequestro de valores. Crime de prevaricação e crime de responsabilidade. (...). 1. Crime de prevaricação. Nulidade do recebimento da denúncia. Transação penal não formalizada. Ausência de impugnação no momento próprio (art. 72, Lei 9.099/95). Indeferimento. 2. Crime de responsabilidade. Denúncia recebida após o afastamento do cargo de Presidente de Tribunal de Justiça estadual. Pedido não conhecido, ante o fato de não ser imputada pena privativa de liberdade. (...). (HC 87817, Rel. Min. Gilmar Mendes, 2ª T., DJ 9.4.2010)

(...). Prescrição pela pena em perspectiva. Tese contrária à jurisprudência pacificada neste supremo tribunal. Alegação de inviabilidade do indiciamento formal: desnecessidade de enfrentamento da tese, que parte de premissa equivocada, qual seja, de que o fato investigado seria crime de menor potencial ofensivo. (...). 1. A "jurisprudência do Tribunal (...) tem repelido sistematicamente a denominada prescrição antecipada pela pena em perspectiva". 2. Consideram-se infrações penais de menor potencial ofensivo as contravenções penais e os crimes a que a lei comine pena máxima não superior a dois anos, cumulada ou não com multa (Lei 9.099/95, art. 61, com as alterações da Lei 11.313/06). 3. Desnecessidade, portanto, de se enfrentar a questão quanto à possibilidade, ou não, de indiciamento formal quanto às infrações de menor potencial ofensivo, pois, na espécie vertente, investiga-

-se crime de apropriação indébita, cuja pena máxima cominada é de quatro anos de reclusão. (...). (RHC 94757, Rel. Min. Cármen Lúcia, 1ª T., DJ 31.10.2008)

Competência recursal: crime de menor potencial ofensivo: se o réu foi processado e condenado pela Justiça comum, compete ao Tribunal de Justiça e não à Turma Recursal a apreciação do mérito da apelação criminal. 2. Juizado Especial: cuidando-se de processo por crime de imprensa, cuja apuração é regida por lei especial (L. 5.250/67), não compete ao Juizado Especial o julgamento da ação penal. 3. "Habeas corpus": deferimento, em parte, para cassar o acórdão impugnado no ponto em que julgou a apelação da Defesa, que deverá ser julgada pelo Tribunal de Justiça, bem como para tornar sem efeito a ordem de prisão expedida à vista do julgamento da apelação. (HC 88428, Rel. Min. Sepúlveda Pertence, 1ª T., DJ 10.8.2006)

Competência Criminal Juizado Especial Criminal Estadual. Ação penal. Infração ou crime de menor potencial ofensivo. Não caracterização. Delito de imprensa. Sujeição a procedimento especial. Competência da Justiça Comum. HC concedido para esse fim. Aplicação de art. 61 da Lei 9.099/95, que não foi revogado pelo art. 2º, pár. ún., da Lei 10.259/2001. (...). É incompetente Juizado Especial Criminal Estadual para processo e julgamento de delito previsto na Lei de Imprensa. (HC 88547, Rel. Min. Cezar Peluso, 1ª T., DJ 9.6.2006)

Jurisprudência complementar (STJ)

(...). Art. 7º, IX, da Lei 8.137/90. Pena mínima cominada igual a dois anos. Previsão alternativa de multa. Suspensão condicional do processo. Transação penal. Possibilidade. (...). 1. O preceito sancionador do delito descrito no art. 7º, IX, da Lei 8.137/90 comina pena privativa de liberdade mínima igual a dois anos ou multa. 2. Consistindo a pena de multa na menor sanção penal estabelecida para a figura típica em apreço, é possível a aplicação dos arts. 76 e 89 da Lei 9.099/95. 3. Recurso ordinário a que se dá provimento, a fim de que o Ministério Público do Estado de São Paulo se manifeste acerca das propostas de transação penal e suspensão condicional do processo, afastado o argumento referente à pena mínima cominada para o referido crime. (RHC 54.429, Rel. Min. Maria Thereza de Assis Moura, 29.4.2015)

(...). Crime contra o meio ambiente. Art. 38 da Lei 9.605/98. Matéria Constitucional. Impossibilidade de análise na via do apelo nobre. Arguida competência do Juizado Especial. Pena privativa de liberdade superior a 2 (dois) anos. Previsão de pena alternativa de multa. Irrelevância. Vara comum competente. (...). 1. Conforme entendimento pacificado, a via especial, destinada a uniformizar a interpretação da legislação infraconstitucional, não se presta à análise de possível violação a dispositivos constitucionais, cujo mister é de competência exclusiva do Pretório Excelso. 2. Considera-se crime de menor potencial ofensivo aquele cuja pena máxima não exceda o limite de 2 (dois) anos. 3. No caso, o Agravante foi denunciado pela prática do crime do art. 38 da Lei 9.605/98, cuja pena máxima abstratamente cominada é de 3 (três) anos de detenção. E, apesar da previsão de pena alternativa de multa, o critério eleito pelo legislador para definir se a infração reveste-se de menor gravidade e, portanto, se compete o julgamento da causa ao Juizado Especial, é exatamente o quantum máximo da pena privativa de liberdade abstratamente cominada. (...). (AgRg no REsp 1208989, Rel. Min. Laurita Vaz, DJ 19.12.2011)

(...). Crime contra a ordem tributária. Pedido de reconhecimento da competência do Juizado Especial. Impossibilidade. Pena máxima em abstrato, majorada pela continuidade delitiva, acima de dois anos. Competência do juízo comum. 1. A Lei 10.259/2001, que instituiu os Juizados Especiais Criminais na Justiça Federal, traz em seu art. 2º, parágrafo único, que devem ser considerados delitos de menor potencial ofensivo, para efeito do art. 61 da Lei 9.099/95, aqueles a que a lei comine pena máxima não superior a dois anos, ou multa, sem exceção. Entretanto, na hipótese de concurso formal ou crime continuado, se em virtude da exasperação a pena máxima for superior a 2 (dois) anos, fica afastada a competência do Juizado Especial Criminal. 2. No caso, o delito previsto no art. 2º, II, da Lei 8.137/90, tem como pena máxima dois anos de detenção, devendo ser considerada, ainda, a majoração pela continuidade delitiva, conforme o art. 71 do CP. Assim, de acordo com o entendimento desta Corte Superior, compete ao Juízo Comum processar e julgar os crimes apurados nestes autos, pois somadas as penas, estas ultrapassam o limite estabelecido como parâmetro para fins de fixação da competência para o julgamento das infrações de menor potencial ofensivo cometidas em concurso de crimes. (...). (RHC 27.068, Rel. Min. OG Fernandes, DJ 27.9.2010)

Questões de concursos

358. **(Cespe/TJ/DFT/Juiz/2016)** No que concerne à legislação penal extraordinária, assinale a opção correta.

   a) A organização criminosa pressupõe a prática de infrações penais de caráter transnacional, ou cujas penas máximas sejam superiores a quatro anos, por uma associação de três ou mais pessoas, com divisão formal de tarefas, para o fim de obter vantagem direta do crime cometido.

   b) A prescrição dos crimes previstos na Lei das Sociedades Anônimas rege-se pelas disposições do CP e é suspensa pela decretação da falência do devedor cuja contagem tenha iniciado com a concessão da recuperação judicial ou com a homologação do plano de recuperação extrajudicial.

c) Nos crimes contra o meio ambiente, previstos na Lei n. 9.605/1998, a suspensão condicional da pena pode ser aplicada nos casos de condenação a pena privativa de liberdade não superior a quatro anos.

d) A tentativa de contravenção penal não é passível de punição legal.

e) Autoridade, para os efeitos de crimes previstos na Lei de Abuso de Autoridade, é quem exerce cargo, emprego ou função pública permanente, de natureza civil ou militar e apenas de forma remunerada.

359. (MSConcursos/Creci/1R/Advogado/2016) A tentativa de recusa a receber, pelo seu valor, moeda de curso legal no país, em conformidade com a Lei de Contravenções:

a) É punível com prisão simples, de quinze dias a três meses, ou multa.

b) Não é punível.

c) É punível somente com multa.

d) É punível somente com prisão simples, de um a três meses.

360. (Funcab/Segep/MA/Agente_Penitenciário/2016) As contravenções penais:

a) podem ser punidas com pena de detenção.

b) não prescrevem.

c) não são punidas na forma tentada.

d) constituem meros ilícitos administrativos.

e) estão inseridas na Parte Especial do Código Penal.

361. (Cespe/PC/GO/Agente/2016) Pedro, maior e capaz, compareceu a uma delegacia de polícia para ser ouvido como testemunha em IP. Todavia, quando Pedro apresentou sua carteira de identidade, a autoridade policial a reteve e, sem justo motivo nem ordem judicial, permaneceu com tal documento durante quinze dias. Nessa situação hipotética, a atitude da autoridade policial constituiu

a) crime punível com multa.

b) fato atípico, pois sua conduta não pode ser considerada crime ou contravenção penal.

c) contravenção penal punível com prisão simples.

d) crime punível com detenção.

e) crime punível com reclusão.

362. (Cespe/PC/GO/Escrivão/2016) Se uma pessoa praticar vias de fato contra alguém, sem que o fato constitua crime, ela terá cometido contravenção penal. Entretanto, segundo a Lei das Contravenções Penais,

a) ela será considerada reincidente se tiver cometido crime no exterior, com sentença condenatória transitada em julgado.

b) ela será considerada reincidente se tiver cometido qualquer crime no Brasil, ainda que a sentença condenatória não tenha transitado em julgado.

c) ela responderá por tentativa de contravenção, se o fato ocorrer por circunstância própria da vontade dela.

d) se o fato ocorrer entre brasileiros e no exterior, a lei brasileira será aplicada e a pena, agravada.

e) ela será considerada reincidente se tiver cometido anteriormente contravenção penal no exterior.

363. (IBFC/Embasa/Analista/2015) Assinale a alternativa incorreta considerando as disposições da Lei Federal n. 7.437, de 20.12.1985, que inclui, entre as contravenções penais a prática de atos resultantes de preconceito de raça, de cor, de sexo ou de estado civil, dando nova redação à Lei n. 1.390, de 3 de julho de 1951 – Lei Afonso Arinos.

a) Recusar hospedagem em hotel, pensão, estalagem ou estabelecimento de mesma finalidade, por preconceito de raça, de cor, de sexo ou de estado civil constitui conduta punível com prisão simples, de 3 (três) meses a 1 (um) ano, e multa de 3 (três) a 10 (dez) vezes o maior valor de referência (MVR).

b) Recusar a venda de mercadoria em lojas de qualquer gênero ou o atendimento de clientes em restaurantes, bares, confeitarias ou locais semelhantes, abertos ao público, por preconceito de raça, de cor, de sexo ou de estado civil constitui conduta punível com prisão simples, de 15 (quinze) dias a 3 (três) meses, e multa de 1 (uma) a 3 (três) vezes o maior valor de referência (MVR).

c) Recusar a entrada de alguém em qualquer tipo de estabelecimento comercial ou de prestação de serviço, por preconceito de raça, de cor, de sexo ou de estado civil constitui conduta punível com prisão simples, de 15 (quinze) dias e 3 (três) meses, e multa de 1 (uma) a 3 (três) vezes o maior valor de referência (MVR).

d) Recusar a entrada de alguém em estabelecimento público, de diversões ou de esporte, por preconceito de raça, de cor, de sexo ou de estado civil constitui conduta punível com prisão simples, de 30 (trinta) dias a 6 (seis) meses, e multa de 1 (uma) a 3 (três) vezes o maior valor de referência (MVR).

364. **(Cespe/TJ/DFT/Juiz/2015)** Cada uma das próximas opções apresenta uma situação hipotética, seguida de uma assertiva a ser julgada à luz do CP, da Lei de Juizados Especiais (Lei n. 9.099/1995) e da legislação penal especial. Assinale a opção que apresenta a assertiva correta.

   a) O policial civil Cristiano, durante o expediente de trabalho, algemou e conduziu Orlando a uma viatura, mediante ameaça com emprego de arma de fogo, e o manteve detido no veículo por oito horas devido ao fato de, anteriormente, eles terem tido um desentendimento. Nessa situação, a conduta de Cristiano caracterizou crime de constrangimento ilegal.

   b) Wesley foi preso em flagrante porque estava pescando em um local que, conforme prévia regulamentação do órgão competente, era interditado para a pesca. Nessa situação, o crime descrito constitui delito de menor potencial ofensivo, razão por que, caso preencha os requisitos subjetivos exigidos, Wesley poderá ser beneficiado pela transação penal.

   c) Téo, réu primário e sem quaisquer antecedentes, foi preso em flagrante por ter cometido o delito de furto simples. Nessa situação, como o crime de furto não é de competência do juizado especial criminal, Téo não poderá ser beneficiado pela suspensão condicional do processo.

   d) Gabriel estava recolhendo, em via pública, apostas de transeuntes para o jogo de azar conhecido como jogo do bicho e, imediatamente após anotar a aposta realizada por Ângelo, foi abordado por policiais. Nessa situação, a conduta de Gabriel é tipificada como contravenção penal, ao passo que a conduta de Ângelo é caracterizada como atípica.

   e) Januário, maior e capaz, burlou, juntamente com José e Ricardo, ambos menores de dezoito anos, todos com unidade de desígnios, a vigilância de uma loja de departamentos e dela subtraíram, em horário comercial, três aparelhos de DVD novos. Os três foram presos em flagrante, na residência de José, duas horas depois de terem cometido o delito. Nessa situação, se ausentes quaisquer excludentes e comprovados os fatos, Januário deverá ser condenado por crime de furto qualificado e dois delitos de corrupção de menores, todos em concurso formal.

365. **(Funiversa/PC/DF/Perito/2015)** Assinale a alternativa que apresenta uma contravenção penal.

   a) Dar o médico, no exercício da sua profissão, atestado falso.

   b) Importunar alguém, em lugar público ou acessível ao público, de modo ofensivo ao pudor.

   c) Modificar ou alterar sistema de informações ou programa de informática sem autorização ou solicitação de autoridade competente.

   d) Constranger alguém com o intuito de obter vantagem ou favorecimento sexual, prevalecendo-se de condição de superior hierárquico relativamente ao exercício de emprego, cargo ou função.

e) Introduzir ou deixar animais em propriedade alheia, sem consentimento de quem de direito, desde que do fato resulte prejuízo.

366. **(Funiversa/PC/DF/Delegado/2015)** Com base na doutrina majoritária, na jurisprudência, no CP e na Lei de Contravenções Penais, assinale a alternativa correta.

   a) É formalmente atípica a conduta consistente em ter, mediante fraude, conjunção carnal com pessoa maior de idade e capaz.

   b) Tanto na teoria psicológica da culpabilidade como na teoria psicológico-normativa da culpabilidade, exige-se atual, real e efetiva consciência da ilicitude.

   c) Conforme o STF, a lesão corporal leve praticada com violência doméstica contra a mulher é crime de ação penal pública condicionada à representação da ofendida.

   d) O criminoso que coloca bomba em avião, a fim de que exploda durante o voo e mate seu desafeto – que se encontra na aeronave –, atua mediante dolo direto em face do desafeto e mediante dolo eventual em face das demais pessoas dentro do avião.

   e) Nos termos da Lei das Contravenções Penais, é punível a tentativa de contravenção.

367. **(Vunesp/PC/SP/Técnico/2014)** Considera-se, consoante o art. 1º da Lei de Introdução ao Código Penal, contravenção a infração penal a que a Lei comina pena(s)

   a) de prisão simples ou multa.
   b) privativa de liberdade.
   c) de reclusão ou de detenção.
   d) restritiva de direitos.
   e) privativas e restritivas de liberdade.

368. **(Vunesp/PC/SP/Investigador/2014)** Com relação ao crime e à contravenção, assinale a alternativa correta.

   a) A contravenção penal somente pode ser apenada com detenção
   b) O crime é infração penal menos grave do que a contravenção.
   c) A contravenção poderá ser dolosa ou culposa.
   d) A contravenção penal poderá ser apenada com prisão simples
   e) O crime é doloso e a contravenção, culposa

369. **(FCC/TRF/2R/Técnico/2012)** Compete ao Juizado Especial Federal Criminal processar e julgar os feitos de competência da Justiça Federal relativos às infrações de menor potencial ofensivo, respeitadas as regras de conexão e continência. Consi-

deram-se infrações de menor potencial ofensivo as contravenções e os crimes a que a lei comine pena máxima não superior a:

a) três anos, cumulada ou não com multa.

b) dois anos, cumulada ou não com multa.

c) dois anos, desde que não cumulada com multa.

d) um ano, desde que não cumulada com multa.

e) dois anos e seis meses, cumulada ou não com multa.

■ Princípios Informadores do JECRIM {art. 62}

Art. 62. O processo perante o Juizado Especial orientar-se-á pelos critérios da oralidade, informalidade, economia processual e celeridade, objetivando, sempre que possível, a reparação dos danos sofridos pela vítima e a aplicação de pena não privativa de liberdade.

Jurisprudência complementar (STJ)

(...). Lei 9.099/95. Artigo 89. Suspensão condicional do processo. Possibilidade. Nulidade. Atos instrutórios. Inexistência de prejuízo. 1. A suspensão condicional do processo constitui ato bilateral a demandar, inclusive, a aceitação por parte do acusado (artigo 89, § 7º), que poderá recusar-se e preferir o curso normal da ação penal. 2. Também em casos de descumprimento das condições impostas, sejam obrigatórias (incisos I a IV do § 1º do artigo 89) ou facultativas (§ 2º do artigo 89), com a respectiva declaração da revogação do benefício, será o processo reiniciado, voltando ao seu normal andamento. 3. Uma vez determinada a nulidade de todos os atos instrutórios já praticados, e havendo necessidade de sua repetição, haveria total descompasso com os princípios da economia processual e celeridade, expressos no artigo 62 da lei em comento. 4. Recurso conhecido e provido, para conversão do feito em diligência, decretando-se a nulidade, tão-somente, da sentença condenatória, permitindo-se ao Ministério Público a possibilidade, se for o caso, de oferecimento da suspensão condicional do processo, nos termos do artigo 89, caput, da Lei 9.099/95. (REsp 264.183, Rel. Min. Hélio Quaglia Barbosa, 13.9.2004)

Questões de concursos

370. **(Vunesp/PC/SP/Escrivão/2014)** Segundo a Lei n. 9.099/95, são orientadores do processo em trâmite perante o Juizado Especial, os critérios da:

   a) oralidade, informalidade, seletividade e impessoalidade.
   b) informalidade, oralidade, economia processual e celeridade.
   c) impessoalidade, abstração, formalidade e economia processual.
   d) fungibilidade, informalidade, abstração e economia processual.
   e) oralidade, formalidade, impessoalidade e celeridade.

Seção I – Da Competência e dos Atos Processuais

Competência pela Atividade {art. 63}

Art. 63. A competência do Juizado será determinada pelo lugar em que foi praticada a infração penal.

Jurisprudência complementar (STJ)

(...). "Habeas corpus" substitutivo de recurso ordinário. Art. 305, 306 e 311 da Lei 9.305/97, c/c o art. 69 do CP. Nulidade. Violação ao princípio Constitucional da ampla-defesa. Violação ao art. 359 do CPP. Transação penal que deveria ter se realizado na comarca onde o paciente tem domicílio e não no local da infração. Ausência de proposta de suspensão condicional do processo. Indiciamento formal após o recebimento da denúncia. I. Para que o pedido de adiamento de audiência seja deferido, faz-se necessário a devida justificativa, sob pena de condicionar tal ato à boa vontade das partes. II. A alegação de que o paciente não tinha conhecimento de que seria realizada audiência preliminar na ação penal que tramita em seu desfavor, em razão de ter sido informado por servidora da vara que tal ação havia sido arquivada, não pode ser apreciada na via eleita, por exigir necessariamente dilação probatória. III. "A notificação ao chefe da repartição pública, prevista no art. 359 do CPP, busca evitar que a ausência do funcionário resulte em danos aos serviços desempenhados por ele, sendo que a não realização de tal ato não é capaz de causar nulidade no âmbito do processo criminal." (RHC 11235...). IV.

Havendo previsão expressa no ordenamento processual penal acerca do local em que tramitará a ação penal (art. 63 da Lei 9.099/95), não pode ser aplicado ao caso disposição da lei civil (art. 76, parágrafo único da Lei 10.406/02), ao argumento de ser mais essa favorável ao paciente. V. "O benefício da suspensão do processo não é aplicável em relação às infrações penais cometidas em concurso material, concurso formal ou continuidade delitiva, quando a pena mínima cominada, seja pelo somatório, seja pela incidência da majorante, ultrapassar o limite de um (01) ano." (Enunciado n. 243 da Súmula do STJ). VI. Com o recebimento da denúncia não mais se justifica o indiciamento formal do acusado. "Writ" parcialmente concedido. (HC 29.617, Rel. Min. Felix Fischer, DJ 14.6.2004)

Atos Processuais {art. 64}

> **Art. 64**. Os atos processuais serão públicos e poderão realizar-se em horário noturno e em qualquer dia da semana, conforme dispuserem as normas de organização judiciária.

Instrumentalidade das Formas {art. 65}

> **Art. 65**. Os atos processuais serão válidos sempre que preencherem as finalidades para as quais foram realizados, atendidos os critérios indicados no art. 62 desta Lei.

Súmulas (STF)

Súmula 523. No processo penal, a falta da defesa constitui nulidade absoluta, mas a sua deficiência só o anulará se houver prova de prejuízo para o réu.

Jurisprudência complementar (STJ)

(...). Delito de injúria. Ação penal contra magistrado. Denúncia recebida pelo órgão colegiado sem dar oportunidade ao acusado de se manifestar sobre a transação penal. Alegação de nulidade. Superveniente vista dos autos ao acusado para se manifestar sobre o referido benefício. Ausência de prejuízo. Ação penal originária. Procedimento previsto no RITJMG e na Lei 8.038/1990. Maior amplitude de defesa. (...). O presente "habeas corpus" foi impetrado com o objetivo de anular o recebimento da denúncia, sob a alegação de que o Tribunal de origem, antes de receber a peça acusatória, deveria ter ouvido o acusado acerca da proposta de transação penal (art. 76 da Lei 9.099/1995) ofertada pelo Ministério Público. Após a impetração do presente "writ", sobreveio a notícia de que o Tribunal de origem, posteriormente ao recebimento da denúncia, abriu vista dos autos ao acusado para se manifestar sobre a proposta de transação penal oferecida pelo Ministério Público, circunstância que ensejou a prejudicialidade do presente "habeas corpus", nos termos da decisão ora agravada. O ora agravante não demonstrou prejuízo advindo do prévio recebimento da denúncia, tendo o Tribunal a quo adotado procedimento (RITJMG e Lei 8.038/1990) que conferiu uma maior amplitude de defesa, pois em 2 (duas) oportunidades (resposta escrita e sustentação oral) o acusado sustentou a sua tese de que não praticou o delito de injúria, a qual, se tivesse sido admitida, ensejaria a rejeição da denúncia e, em consequência, a desnecessidade de se submeter à transação penal. Se aceita a transação penal, mesmo que após o recebimento da denúncia, estará preenchida a sua finalidade, que é evitar a discussão acerca da culpa e os males trazidos, por consequência, pelo litígio na esfera criminal (in Nucci, Guilherme de Souza. Leis Penais e Processuais Comentadas. 6ª ed. rev. atual. e ref. São Paulo: Editora Revista dos Tribunais, 2012, volume 2, p. 450). De acordo com o art. 65 da Lei 9.099/1995, os atos processuais serão válidos sempre que preencherem as finalidades para as quais foram realizados, atendidos os critérios indicados no art. 62 desta Lei. Segundo o art. 76 da Lei 9.099/1995, a aceitação da proposta de transação penal não produz efeitos nas esferas criminal e cível, sendo anotada, apenas, para impedir o mesmo benefício no período de cinco anos. Logo, não haverá registro do processo para quaisquer fins, inexistindo prejuízo jurídico, moral e funcional decorrente do prévio recebimento da denúncia, conforme alegado no presente recurso. (...). (AgRg no HC 248.063, Rel. Min. Marilza Maynard, DJ 23.5.2014)

■ Instrumentalidade das Formas e Prejuízo {art. 65, § 1º}

> § 1º Não se pronunciará qualquer nulidade sem que tenha havido prejuízo.

Jurisprudência complementar (STJ)

(...). Lesão corporal leve. Retratação do direito de representação. Inocorrência. 1. Não há falar em retratação do direito de representação, se a vítima vem aos autos afirmando expressamente o interesse na verificação da responsabilidade penal do recorrente, apontando o rol de testemunhas a serem ouvidas, ainda que o tenha feito fora do prazo estipulado pelo magistrado. 2. A demonstração da ocorrência de efetivo prejuízo é indispensável ao reconhecimento de nulidade do ato processual, a teor do disposto no art. 65, § 1º, da Lei 9.099/1995. (...). (RHC 21.725, Rel. Min. Paulo Gallotti, DJ 4.8.2008)

■ Atos em Outras Comarcas {art. 65, § 2º}

> § 2º A prática de atos processuais em outras comarcas poderá ser solicitada por qualquer meio hábil de comunicação.

■ Oralidade {art. 65, § 3º}

> § 3º Serão objeto de registro escrito exclusivamente os atos havidos por essenciais. Os atos realizados em audiência de instrução e julgamento poderão ser gravados em fita magnética ou equivalente.

■ Citação Pessoal {art. 66}

> **Art. 66.** A citação será pessoal e far-se-á no próprio Juizado, sempre que possível, ou por mandado.

Jurisprudência complementar (STF)

(...). Suposta prática do delito previsto no art. 203 do Código Penal. Crime de menor potencial ofensivo. Tentativas frustradas de citação do acusado para a audiência preliminar. Proposta de transação penal prejudicada. Adoção do rito ordinário (arts. 395 a 398 do CPP). Inteligência do parágrafo único do art. 66 da Lei 9.099/1995. Pedido de interpretação conforme dos §§ 2º e 4º do art. 394 do CPP. Tema não examinado nas instâncias antecedentes. Dupla supressão de instância. (...). I. Diante da recusa injustificada do paciente em se apresentar para responder os termos da acusação, agiu bem o juiz de primeiro grau ao deliberar pela prejudicialidade da transação penal e adotar o rito ordinário previsto nos arts. 395 a 398 do Código de Processo Penal, por força do que dispõe o parágrafo único do art. 66 da Lei 9.099/1995. II. O pleito relativo ao controle incidental de constitucionalidade, para dar-se interpretação conforme a Constituição dos §§ 2º e 4º do art. 394 do Código de Processo Penal, não foi objeto de apreciação pelo Tribunal de Justiça local nem pelo Superior Tribunal de Justiça, e o seu conhecimento por esta Corte levaria à dupla supressão de instância, com extravasamento das regras de competências previstas no art. 102 da Constituição Federal. (...). (HC 113905, Rel. Min. Ricardo Lewandowski, 2ª T., DJ 17.4.2013)

Jurisprudência complementar (STJ)

(...). Supressão de instância. Audiência de instrução e julgamento no juizado especial. Intimação pessoal do autor. Advogado previamente constituído. (...). 1. O pleito de nulidade por alegada ausência de intimação dos advogados constituídos para a audiência de instrução e julgamento no Juizado Especial Criminal, realizada em 19.12.08, não foi objeto de análise pelo Tribunal de origem, não havendo, assim, como ser conhecida a impetração, diante da flagrante incompetência desta Corte Superior (art. 105, inciso II, alínea a, da Constituição da República) para apreciar originariamente a matéria, sob pena de indevida supressão de instância. 2. Os arts. 66 e seguintes da Lei 9.099/95 preveem que a intimação/citação se fará pessoalmente. (...). (AgRg no HC 157.150, Rel. Min. Arnaldo Esteves Lima, DJ 2.8.2010)

Conflito de competência. Crime de menor potencial ofensivo. Suspensão do processo. Arts. 366 do CPP e 109 do CP. Apelação. Discussão acerca da competência para julgamento: se da turma recursal ou do Tribunal de alçada do estado de Minas Gerais. Estando o feito em curso na Justiça Comum em razão da aplicação do disposto no art. 66 da Lei 9.099/95, por não ter o réu sido encontrado para receber a citação, havendo recurso, deve o mesmo ser apreciado pelo órgão hierarquicamente superior, no caso, o Tribunal de Alçada Estadual, eis que o fato de tratar-se de delito de menor potencial ofensivo não atrai a competência da Turma recursal. (...). (CC 48.205, Rel. Min. José Arnaldo da Fonseca, DJ 14.9.2005)

Conversão de Procedimento {art. 66, p. ú.}

> Parágrafo único. Não encontrado o acusado para ser citado, o Juiz encaminhará as peças existentes ao Juízo comum para adoção do procedimento previsto em lei.

Jurisprudência complementar (STJ)

(...). Maus tratos. Crime de menor potencial ofensivo. Citação pessoal infrutífera. Declínio de competência para a vara criminal. Chamamento ficto. Não esgotamento dos meios disponíveis para localização dos acusados. Constrangimento ilegal configurado. Ordem concedida. 1. A citação por edital somente deve ser efetuada quando esgotados todos os meios disponíveis para se encontrar pessoalmente o réu. 2. O tema ganha relevo quando se trata de crime de menor potencial ofensivo, mormente porque o rito sumaríssimo não comporta a chamada citação ficta, a qual, afigurando-se necessária, importa na declinação da competência do Juizado Especial Criminal para a Justiça comum, nos termos do parágrafo único do art. 66 da Lei 9.099/95. 3. Tal circunstância, por representar alteração de competência absoluta, prevista no artigo 98, inciso I, da Constituição Federal, evidencia que a determinação da aludida modificação deve ser precedida do esgotamento dos meios disponíveis para a localização do acusado, sob pena de malferimento ao princípio do juiz natural, também de índole constitucional (art. 5º, inciso LIII, da CF/88). 4. Embora o mandado citatório tenha sido direcionado para dois possíveis endereços dos pacientes, apenas um foi alvo da diligência infrutífera do meirinho, sendo certo que, depois de declinada a competência absoluta, a citação pessoal foi efetivada no endereço remanescente. 5. Ordem concedida para anular a ação penal deflagrada em desfavor dos pacientes perante a Vara Criminal da comarca de Rio Brilhante/MS, desde o recebimento da denúncia, inclusive. (HC 224.343, Rel. Min. Jorge Mussi, DJ 9.10.2012)

(...). Delito de menor potencial ofensivo. Rito sumaríssimo. Citação pessoal infrutífera. Remessa dos autos ao juízo comum. Art. 66, parágrafo único, da Lei 9.099/95. Possibilidade. Constrangimento ilegal não configurado. Recebimento da denúncia. Interrupção do lapso prescricional. Extinção da punibilidade. Não ocorrência. (...). 1. Configurada a hipótese prevista no parágrafo único do art. 66 da Lei 9.099/95, uma vez que o paciente, apesar da realização de diligências, não foi localizado para citação pessoal, não há constrangimento ilegal na remessa do feito ao Juízo Comum, afastando-se a observância do rito sumaríssimo. 2. Não havendo falar em nulidade da decisão que recebeu a denúncia e interrompido, pois, o lapso prescricional, prejudicado o pleito de extinção da punibilidade. (...). (HC 231.665, Rel. Min. Jorge Mussi, DJ 23.5.2012)

Conflito negativo de competência. Penal. Crime de menor potencial ofensivo. Tentativa de citação do réu em apenas um dos endereços constantes dos autos. Necessidade de esgotamento das diligências. Não configuração da hipótese prevista no parágrafo único do art. 66 da Lei 9.099/95. Competência do juizado especial. 1. Não resta configurada a hipótese prevista no parágrafo único do art. 66 da Lei 9.099/95, pois o Juízo suscitado determinou a citação do réu em apenas um dos endereços constantes dos autos, não esgotando todas as diligências para a realização de referido ato processual. 2. Portanto, indevida a remessa do feito ao Juízo de Direito da Vara Criminal, já que o réu não se encontra em local incerto e não sabido. (...). (CC 94.412, Rel. Min. Jorge Mussi, DJ 3.8.2009)

■ Intimação {art. 67}

> **Art. 67.** A intimação far-se-á por correspondência, com aviso de recebimento pessoal ou, tratando-se de pessoa jurídica ou firma individual, mediante entrega ao encarregado da recepção, que será obrigatoriamente identificado, ou, sendo necessário, por oficial de justiça, independentemente de mandado ou carta precatória, ou ainda por qualquer meio idôneo de comunicação.

Jurisprudência complementar (STJ)

(...). Crime contra a honra praticado por advogado. Difamação. Ausência de animus difamandi. Impropriedade da via eleita. Denúncia que descreve o fato com as suas circunstâncias. Réu foragido. Ausência de citação por edital. Nulidade. Recurso parcialmente provido. 1. Nos crimes contra a honra, incumbe ao acusador, na denúncia ou queixa, narrar o fato com as todas as suas circunstâncias, de tal modo que se possa, a partir dessa narrativa, depreender o elemento subjetivo da conduta do acusado, o que ocorreu na espécie. 2. Inviável afastar o dolo da conduta difamatória imputada ao advogado, sem um exame aprofundado da causa, dada a limitação cognitiva do "habeas corpus". 3. Iniciado o processo perante o Juizado Especial Criminal, com a denúncia oferecida pelo Ministério Público, e justificada a ausência de proposta porque o réu estava foragido, não se apresenta adequado o uso da citação por hora certa, como meio idôneo para chamar o acusado para a audiência de instrução e julgamento. 4. Recurso Ordinário de "Habeas corpus" parcialmente provido, com o fim de apenas anular a citação realizada no juízo de origem, para que, mantido o status de foragido, seja o paciente citado pelo meio próprio, ou seja, por edital, com o encaminhamento dos autos ao juízo criminal comum, se for o caso. (RHC 39.059, Rel. p/ Ac. Min. Rogerio Schietti Cruz, DJ 1.7.2014)

(...). Lei 9.099/95. Intimação via telefônica. Validade. Intimação não procedida com as cautelas necessárias. Prejuízo. Nulidade configurada. (...). I. Os procedimentos da Lei 9.099/95 são regidos pela informalidade, contemplando a intimação por "qualquer meio idôneo de intimação" – art. 67 da Lei 9.099/95, incluindo-se, aí, a intimação via telefônica. II. A par da informalidade, a intimação deve ser realizada com as cautelas necessárias à obtenção de sua finalidade. III. Evidenciada a ocorrência de prejuízo para a defesa, é de rigor a anulação da intimação realizada em pessoa diversa daquela que se pretendia intimar. IV. Recurso provido para declarar a nulidade do feito, a partir da audiência preliminar. (RHC 11.847, Rel. Min. Gilson Dipp, DJ 8.4.2002)

■ Ciência {art. 67, p. ú.}

> Parágrafo único. Dos atos praticados em audiência considerar-se-ão desde logo cientes as partes, os interessados e defensores.

■ Acompanhamento por Advogado {art. 68}

> **Art. 68**. Do ato de intimação do autor do fato e do mandado de citação do acusado, constará a necessidade de seu comparecimento acompanhado de advogado, com a advertência de que, na sua falta, ser-lhe-á designado defensor público.

Jurisprudência complementar (STF)

(...). Juizados Especiais Criminais. Audiência preliminar. Ausência de advogado e de Defensor Público. Nulidade. Os artigos 68, 72 e 76, § 3º, da Lei 9.099/90 exigem, expressamente, o comparecimento do autor do fato na audiência preliminar, acompanhado de seu advogado ou, na ausência deste, de defensor público. A inobservância desses preceitos traduz nulidade absoluta. Hipótese em que o paciente não foi amparado por defesa técnica nem lhe foi nomeado defensor público na audiência preliminar na qual proposta a transação penal. Ordem concedida. (HC 88797, Rel. Min. Eros Grau, 2ª T., DJ 15.9.2006)

> *Seção II* – Da Fase Preliminar

■ Termo Circunstanciado {art. 69}

> **Art. 69.** A autoridade policial que tomar conhecimento da ocorrência lavrará termo circunstanciado e o encaminhará imediatamente ao Juizado, com o autor do fato e a vítima, providenciando-se as requisições dos exames periciais necessários.

Jurisprudência complementar (STJ)

(...). Lesão corporal leve. Ação penal pública condicionada à representação. Condenação consistente em prestação pecuniária. Não cabimento do recurso. Alegação de ausência de manifestação da vítima no sentido de que teria interesse na ação penal. Informações nos autos dando conta de que a vítima, além de ter manifestado interesse na ação penal, formulou requerimento nos autos, dentro do prazo decadencial. Formalidade específica para a realização do ato. Não exigência. 1. Além de ser inviável, na via estreita, a incursão no conjunto fático-probatório dos autos, é incabível a utilização do presente recurso ordinário em "habeas corpus", quando evidenciado que o recorrente foi condenado e beneficiado com pena alternativa que não ofende, em princípio, a liberdade de locomoção. 2. Conforme informações constantes dos autos, a vítima não só manifestou interesse no processamento da causa, como formulou requerimentos na ação penal, ainda dentro do prazo decadencial, donde se infere que o requisito para o prosseguimento da ação penal consistente na representação esteve adimplido. 3. Esta Corte Superior de Justiça firmou orientação de que a representação dispensa formalidades, inexistindo requisitos específicos para a prática do ato, sendo suficiente apenas a manifestação de vontade inequívoca da vítima de que deseja ver apurado o fato contra ela praticado. (...). (RHC 24.985, Rel. Min. Sebastião Reis Júnior, DJ 12.3.2012)

Ação penal. Denúncia. Conselheiro de Tribunal de Contas. Rejeição. Crimes de constrangimento ilegal na forma qualificada e de ameaça (artigos 146, § 1º, e 147 do Código Penal). Concurso material. Ausência de nulidades. Prescrição. Ausência de indícios quanto à autoria. 1. Descaracterizado qualquer prejuízo para a defesa do ora denunciado, não há como acolher a nulidade alegada em função da ausência de lavratura do Termo Circunstanciado de Ocorrência previsto no art. 69 da Lei 9.099/95 e do não-comparecimento das vítimas à audiência preliminar de conciliação. 2. Meras conjecturas das vítimas, decorrentes de desavenças atuais com o denunciado a respeito de retirada de areia de determinado rio, não ensejam o recebimento da denúncia pelo crime de constrangimento ilegal, sendo certo que as declarações prestadas por aquelas na Delegacia, único elemento considerado pelo Ministério Público Federal, esclarecem que os autores do fato são pessoas desconhecidas. 3. Transcurso do prazo de dois anos da prescrição punitiva do crime de ameaça, considerando que a pena máxima restritiva de liberdade é detenção de seis meses. 4. Denúncia rejeitada. (Apn 392, Rel. Min. Carlos Alberto Menezes Direito, DJ 26.9.2005)

■ Comparecimento Imediato a juízo {art. 69, p. ú.}

> Parágrafo único. Ao autor do fato que, após a lavratura do termo, for imediatamente encaminhado ao juizado ou assumir o compromisso de a ele comparecer, não se imporá prisão em flagrante, nem se exigirá fiança. Em caso de violência doméstica, o juiz poderá determinar, como medida de cautela, seu afastamento do lar, domicílio ou local de convivência com a vítima.

Jurisprudência complementar (STJ)

(...). Trancamento da ação penal. Desacato e desobediência supostamente praticados por advogada. Discussão acerca do elemento subjetivo. Necessidade do exame de provas. Inviabilidade na via eleita. Imunidade profissional. Situação não eficientemente demonstrada. 1. Com a ocorrência do fato tido por delituoso e a sua autoria, observa-se a impossibilidade da discussão em torno do elemento subjetivo nesta via procedimental estreita. Cumpre ressaltar que qualquer juízo valorativo, daí por diante, atrai o exame e reexame de provas, o que não é aconselhável neste momento processual em que se encontra o feito originário. 2. A imunidade profissional, diante dos estritos termos legais, não restou eficientemente demonstrada, sobretudo porque a regra pertinente proíbe a ofensa despropositada e fora do âmbito da atividade. 3. Diante desse contexto, ressalte-se que, em sede de "habeas corpus", conforme entendimento pretoriano, somente é viável o trancamento de ação penal por falta de justa causa quando, prontamente, desponta a inocência do acusado, a atipicidade da conduta ou se acha extinta a punibilidade, circunstâncias não evidenciadas na espécie. 4. "in casu", verifica-se dos elementos constantes nos autos que a restrição da liberdade da paciente deu-se tão-somente pelo tempo necessário à formalização do termo circunstanciado, na forma do art. 69, parágrafo único, da Lei 9.099/95, razão pela qual também não se vislumbra o alegado constrangimento ilegal. (...). (HC 66.837, Rel. MIN. Carlos Fernando Mathias, DJ 10.12.2007)

(...). 3. Nos crimes de menor potencial ofensivo, tal como o delito de desobediência, desde que o autor do fato, após a lavratura do termo circunstanciado, compareça ou assuma o compromisso de comparecer ao Juizado, não será possível a prisão em flagrante nem a exigência de fiança. Inteligência do art. 69, parágrafo único, da Lei 9.099/95. (...). (REsp 556.814, Rel. Min. Arnaldo Esteves Lima, DJ 27.11.2006)

Entorpecentes (Lei 6.368/76). Desclassificação (consequências). Juizado Especial (infração de menor potencial ofensivo). Prisão (não-cabimento). 1. Se o juiz desclassifica o crime – do art. 12 para o art. 16 –, devendo, então, em casos assim, o processo ir ter ao Juizado Especial por se tratar agora de infração de menor potencial ofensivo, não mais se justifica a prisão do réu. 2. De acordo com o parágrafo único do art. 69 da Lei 9.099/95, nos casos ali determinados, já não se imporá prisão ao autor do fato nem dele se exigirá fiança. 3. Liminar deferida a fim de assegurar a liberdade. Ordem de "habeas corpus" concedida. (HC 36.684, Rel. Min. Nilson Naves, DJ 22.11.2004)

■ Audiência Preliminar {art. 70}

> **Art. 70**. Comparecendo o autor do fato e a vítima, e não sendo possível a realização imediata da audiência preliminar, será designada data próxima, da qual ambos sairão cientes.

■ Intimação {art. 71}

> **Art. 71**. Na falta do comparecimento de qualquer dos envolvidos, a Secretaria providenciará sua intimação e, se for o caso, a do responsável civil, na forma dos arts. 67 e 68 desta Lei.

Informativos (STF)

Juizados Especiais Federais e intimação pessoal

A regra prevista no art. 17 da Lei 10.910/04 ("nos processos em que atuem em razão das atribuições de seus cargos, os ocupantes dos cargos das carreiras de Procurador Federal e de Procurador do Banco Central do Brasil serão intimados e notificados pessoalmente") não se aplica a procuradores federais que atuam no âmbito dos Juizados Especiais Federais. ARE 648629, Repercussão geral – mérito, Rel. Min. Luiz Fux, 24.4.13. Pleno. (Info 703)

Jurisprudência complementar (STJ)

(...). Vias de fato e ameaça. Ausência da vítima devidamente intimada à audiência preliminar. Inexistência de renúncia tácita à representação anteriormente ofertada. Simples desistência de eventual reparação civil dos danos. Desnecessidade de nova notificação para comparecer ao ato. Possibilidade de propositura de transação penal pelo Ministério Público. Constrangimento ilegal inexistente. 1. A ausência de quaisquer das partes à audiência preliminar prevista no artigo 72 da Lei 9.099/1995 não acarreta maiores consequências processuais, a não ser a dispensa da obtenção do benefício da transação penal por parte do autor do fato, e a desistência de eventual reparação civil pelo ofendido. 2. Já tendo a vítima representando a tempo e modo contra a acusada em sede policial, não se pode afirmar que a sua ausência em audiência designada apenas para a composição civil dos danos significaria o seu desinteresse na persecução penal. 3. Por outro lado, a vítima não é obrigada a aceitar a composição civil dos danos, motivo pelo qual o seu não comparecimento ao ato no qual se tentaria alcançar a conciliação entre as partes não enseja a carência de justa causa para a ação penal. 4. Não há falar em nova intimação do ofendido para comparecer à audiência preliminar, uma vez que o artigo 71 da Lei 9.099/1995 prevê a notificação dos envolvidos apenas quando não comparecem de imediato ao Juizado Especial, após a lavratura do termo circunstanciado. 5. Desse modo, não tendo a vítima, devidamente intimada, comparecido à audiência em que se tentaria a composição civil dos danos, e não sendo possível a sua condução coercitiva, tampouco obrigatória a conciliação entre as partes, inexiste ilegalidade na proposta de transação penal à acusada que, devidamente assistida pela Defensoria Pública, aceitou o benefício. (...). Cassada a liminar anteriormente concedida. (HC 284.107, Rel. Min. Jorge Mussi, DJ 21.8.2014)

Audiência Preliminar {art. 72}

> **Art. 72.** Na audiência preliminar, presente o representante do Ministério Público, o autor do fato e a vítima e, se possível, o responsável civil, acompanhados por seus advogados, o Juiz esclarecerá sobre a possibilidade da composição dos danos e da aceitação da proposta de aplicação imediata de pena não privativa de liberdade.

Jurisprudência complementar (STF)

(...). Crime de ameaça. Ausência de representação. Formalidade suprida pela manifestação de vontade da vítima. Atipicidade. Reexame de fatos e provas. Comparecimento à audiência preliminar sem advogado. Nulidade sanada. Ausência de prejuízo. 1. A representação na ação penal pública prescinde de formalidade, bastando a manifestação inequívoca da vítima no sentido de processar o ofensor. 2. O reconhecimento da ausência de justa causa para trancar a ação penal somente é possível quando patentes a atipicidade da conduta, a extinção da punibilidade e a ausência de autoria ou materialidade do crime. O reconhecimento, no caso, da ausência de atipicidade, fundada em que a ameaça foi proferida no calor da discussão, depende do reexame do conjunto fático-probatório. 3. Audiência preliminar sem o acompanhamento de advogado. Inexistência de nulidade. A finalidade dessa audiência é a de proporcionar a composição dos danos e a aplicação imediata de pena não privativa de liberdade (art. 72 da Lei 9.099/95). Apesar de a paciente ter comparecido à referida audiência sem advogado, vê-se no acórdão da Turma Recursal que ela recusou a proposta de transação penal renovada na audiência de instrução e julgamento, então acompanhada de advogado. 4. Sem demonstração de prejuízo, não se anula ato processual. (...). (HC 92870, Rel. Min. Eros Grau, 2ª T., DJ 22.2.2008)

(...). Juizados especiais criminais. Lei 9.099/95. Art. 72. Audiência preliminar. Desnecessidade de oferecimento prévio da denúncia. Declarações do acusado. Direito ao silêncio. 1. O comparecimento do paciente ao Juízo para a audiência preliminar não depende do oferecimento de denúncia, mas, como é próprio do sistema dos Juizados Especiais Criminais, ocorre antes dela. As declarações prestadas pelo paciente nessa audiência não se confundem com o interrogatório de que trata o art. 81, caput da mencionada lei. 2. Não tendo sido o acusado informado do seu direito ao silêncio pelo Juízo (art. 5º, inciso LXIII), a audiência realizada, que se restringiu à sua oitiva, é nula. 3. Pedido deferido em parte. (HC 82463, Rel. Min. Ellen Gracie, 1ª T., DJ 19.12.2002)

Jurisprudência complementar (STJ)

(...). Nulidade. Ausência de representação em juízo. Ausência de defensor em audiência preliminar. Atipicidade da conduta. Negado provimento ao recurso. A representação é um ato caracterizado pela informalidade, não sendo exigidos requisitos específicos para sua validade, mas apenas a clara manifestação de vontade do ofendido. A ausência de defensor em audiência de propositura de transação penal não gera nulidade, quando comprovada a ausência de prejuízo causado à ré, sendo a proposta renovada em audiência posterior, com a presença de defensor. A via do "habeas corpus" não comporta a análise de matéria que necessite de profundo revolvimento do conjunto probatório. Negaram provimento ao recurso. (RHC 20.891, Rel. Min. Jane Silva, DJ 15.10.2007)

(...). Lei 9.099/95. Composição civil. Omissão na audiência preliminar. Transação penal. Não cumprimento do acordo firmado entre as partes. Inexistência de sentença homologatória da transação. Oferecimento de denúncia. Possibilidade. 1. Comprovado nos autos que o réu estava acompanhado de advogado durante a audiência preliminar, mantendo-se, ambos, inertes quanto à possível composição civil, não pode ser alegada, a posteriori, possível violação ao artigo 72 da Lei 9.099/95. 2. Não tendo havido a homologação da transação penal, é perfeitamente cabível o oferecimento da denúncia em desfavor do autor do fato. (...). (HC 41.032, Rel. Min. Hélio Quaglia Barbosa, DJ 6.3.2006)

(...). Crime falimentar. Lei 9.099/95. Recebimento da denúncia. Inversão da ordem do processo. Nulidade não caracterizada. Descabimento da audiência preliminar. Ausência de prejuízo. A audiência preliminar prevista no art. 72 da Lei 9.099/95, tem cabimento quando existe possibilidade de composição civil dos danos e oferta de transação penal para os delitos qualificados como de menor potencial ofensivo. Não caracteriza inversão da ordem do processo ato do magistrado que recebendo a denúncia em crime falimentar, cuja pena máxima extrapola o limite de 2 (dois) anos, observa o rito procedimental prenunciado nos artigos 503 a 512 do Código de Processo Penal. Observado o devido processo legal não há se falar em prejuízo que dê ensejo à nulidade. (RHC 17.255, Rel. Min. Paulo Medina, DJ 1.8.2005)

■ Conciliação {art. 73}

> **Art. 73**. A conciliação será conduzida pelo Juiz ou por conciliador sob sua orientação.

Jurisprudência complementar (STF)

(...). Já se firmou a jurisprudência desta Corte no sentido de que a Lei 9.099/95 se aplica à Justiça castrense. No caso, em se tratando de condenação por lesão corporal leve em que não houve representação, tendo a vítima, no IPM, sem qualquer indício de coação, declarado expressamente que não desejava fosse o ofensor processado, o processo penal militar é inválido por falta de representação. "Habeas corpus" deferido. (HC 77337, Rel. Min. Moreira Alves, 1ª T., DJ 23.10.1998)

Jurisprudência complementar (STJ)

(...). Contravenções (art. 31). Representação. Subprocurador-Geral do Trabalho. Competência STJ. Recebimento da Denúncia. Suspensão do Processo. CF, artigo 105, I, a. Lei 9.009/95, artigos 60, 61, 72, 73, 74, 76, 77, 89 e 92. CPP, artigo 41. 1. O STJ tem competência para processar e julgar Subprocurador-Geral do Trabalho denunciado pela prática de contravenção penal. 2. Superada a fase de composição amigável dos danos civis e não ocorrendo a transação, é recebida a denúncia formalmente apresentada. 3. Suspensão do processo (art. 31, LCP; arts. 89, Lei 9.009/95; art. 77, Cód. Penal). (Rp 179, Rel. Min. Milton Luiz Pereira, DJ 10.6.2002)

■ Conciliadores {art. 73, p. ú.}

> Parágrafo único. Os conciliadores são auxiliares da Justiça, recrutados, na forma da lei local, preferentemente entre bacharéis em Direito, excluídos os que exerçam funções na administração da Justiça Criminal.

Jurisprudência complementar (STF)

"Habeas corpus": Legitimidade ativa do Promotor de Justiça. Crime militar: lesão corporal leve (art. 209, "caput", do CPM). Vítima com idade inferior a 18 (dezoito) anos. Retratação da representação. Lei 9.099/95: aplicação do art. 88 na Justiça Militar. 1. O Código de Processo Penal (art. 654) e a Lei Orgânica Nacional do Ministério Público (art. 32, I) conferem legitimidade ao Promotor de Justiça para impetrar "habeas corpus", desde que, segundo a jurisprudência desta Corte, a impetração não atente contra o interesse do paciente, caracterizando abuso de poder, com o fito de favorecer interesses da acusação. 2. Formalizada na Polícia Civil a representação contra o agressor, tem-se como contaminada pelo vício de manifestação da vontade da vítima, com idade inferior a 18 (dezoito) anos, a retratação ocorrida em estabelecimento militar, mediante termo tomado por oficial militar e perante outros policiais que anteriormente a seviciaram. 3. Aplica-se à Justiça Militar o art. 88 da Lei 9.099/95. (...). (HC 77017, Rel. Min. Maurício Corrêa, 2ª T., DJ 11.9.1998)

■ Composição Civil dos Danos {art. 74}

Art. 74. A composição dos danos civis será reduzida a escrito e, homologada pelo Juiz mediante sentença irrecorrível, terá eficácia de título a ser executado no juízo civil competente.

Súmulas TRFs

TRF-4 131. Para que o juiz possa fixar o valor mínimo para a reparação dos danos causados pela infração, é necessário que a denúncia contenha pedido expresso nesse sentido ou que controvérsia dessa natureza tenha sido submetida ao contraditório da instrução criminal.

Jurisprudência complementar (STF)

(...). Embriaguez ao volante. Art. 306 do Código de Trânsito Brasileiro. Aplicação parcial da Lei 9.099/95. Exame pericial. Nulidade. 1. O crime previsto no art. 306 do Código de Trânsito Brasileiro (embriaguez ao volante) é crime de perigo, cujo objeto jurídico tutelado é a incolumidade pública e o sujeito passivo, a coletividade. A ação penal pública condicionada à representação, referida no art. 88 da Lei 9.099/95, se mostra incompatível com crimes dessa natureza. A ação penal é a pública incondicionada. 2. Inexistência de nulidade no laudo realizado, tendo em vista que foi subscrito por 2 (dois) peritos oficiais, estando a alegação do recorrente, de que teria sido elaborado apenas por 1 (um) profissional, subordinada ao exame de fatos e provas, inviável em sede de "habeas corpus". (...). (RHC 82517, Rel. Min. Ellen Gracie, 1ª T., DJ 21.2.2003)

Jurisprudência complementar (STJ)

Excluídas da competência do Juizado Especial as causas de natureza alimentar, o acordo celebrado pelas partes, ainda que homologado por aquele Juízo, não tem eficácia para a compulsão executória da prisão civil do devedor, à míngua do devido processo legal. (REsp 769.334, Rel. Min. Jorge Scartezzini, DJ 5.2.2007)

■ Renúncia {art. 74, p. ú.}

> Parágrafo único. Tratando-se de ação penal de iniciativa privada ou de ação penal pública condicionada à representação, o acordo homologado acarreta a renúncia ao direito de queixa ou representação.

Jurisprudência complementar (STJ)

Ação Penal Originária. Governador do estado do Mato Grosso do Sul. Direito Penal e Direito Processual Penal. Calúnia, difamação e injúria. Queixa-crime. Inépcia. Crimes contra a honra. Exigência de demonstração do intento positivo e deliberado de lesar a honra alheia. Animus injuriandi vel diffamandi. Ausência de justa causa evidenciada de plano. Decadência. Princípio da indivisibilidade da ação penal privada. Renúncia parcial ao direito de queixa (que a todos se estende, em face do mencionado princípio, na ação penal privada). Extinção da punibilidade. Rejeição integral da queixa. (...) V. Ao final da peça de acusação, o querelante formulou proposta de composição de danos a dois dos querelados, o que implica, em sendo aceita e homologada judicialmente, a renúncia ao direito de queixa, nos termos do disposto no art. 74, parágrafo único, da Lei 9.099/95. A renúncia, expressa ou tácita (art. 104 do CPB), é causa extintiva da punibilidade, sendo irretratável (art. 107, V, CPB). E, por força do princípio da indivisibilidade, a manifestação do intento de não processar parte dos envolvidos, a todos se estende, pois a renúncia beneficiará todos os envolvidos. VI. Extinção da punibilidade, pela decadência e renúncia (art. 107, IV e V, CPB). VII. Rejeição da queixa-crime, nos termos do voto do relator. (APn 724, Rel. Min. OG Fernandes, DJ 27.8.2014)

■ Representação {art. 75}

> **Art. 75.** Não obtida a composição dos danos civis, será dada imediatamente ao ofendido a oportunidade de exercer o direito de representação verbal, que será reduzida a termo.

Jurisprudência complementar (STJ)

(...). Lesão corporal leve. Lei 9.099/95. Representação do ofendido. Ausência de formalidade. A representação da vítima, como condição de procedibilidade da ação, nos casos previstos na Lei 9.099/95, prescinde de formalidade, bastando que o ofendido ou seu representante legal demonstre inequívoco interesse na apuração do fato delituoso (...). (RHC 10.748, Rel. Min. Felix Fischer, DJ 13.8.2001)

■ Prazo Decadencial {art. 75, p. ú.}

> Parágrafo único. O não oferecimento da representação na audiência preliminar não implica decadência do direito, que poderá ser exercido no prazo previsto em lei.

Jurisprudência complementar (STF)

(...). Suposta prática do delito previsto no art. 203 do Código Penal. Crime de menor potencial ofensivo. Tentativas frustradas de citação do acusado para a audiência preliminar. Proposta de transação penal prejudicada. Adoção do rito ordinário (arts. 395 a 398 do CPP). Inteligência do parágrafo único do art. 66 da Lei 9.099/1995. Pedido de interpretação conforme dos §§ 2º e 4º do art. 394 do CPP. Tema não examinado nas instâncias antecedentes. Dupla supressão de instância. (...). I. Diante da recusa injustificada do paciente em se apresentar para responder os termos da acusação, agiu bem o juiz de primeiro grau ao deliberar pela prejudicialidade da transação penal e adotar o rito ordinário previsto nos arts. 395 a 398 do Código de Processo Penal, por força do que dispõe o parágrafo único do art. 66 da Lei 9.099/1995. II. O pleito relativo ao controle incidental de constitucionalidade, para dar-se interpretação conforme a Constituição dos §§ 2º e 4º do art. 394 do Código de Processo Penal, não foi objeto de apreciação pelo Tribunal de Justiça local nem pelo Superior Tribunal de Justiça, e o seu conhecimento por esta Corte levaria à dupla supressão de instância, com extravasamento das regras de competências previstas no art. 102 da Constituição Federal. (...). (HC 113905, Rel. Min. Ricardo Lewandowski, 2ª T., DJ 17.4.2013)

■ Transação Penal {art. 76}

Art. 76. Havendo representação ou tratando-se de crime de ação penal pública incondicionada, não sendo caso de arquivamento, o Ministério Público poderá propor a aplicação imediata de pena restritiva de direitos ou multas, a ser especificada na proposta.

Súmulas (STF)

Súmula Vinculante 35. A homologação da transação penal prevista no artigo 76 da Lei 9.099/1995 não faz coisa julgada material e, descumpridas suas cláusulas, retoma-se a situação anterior, possibilitando-se ao Ministério Público a continuidade da persecução penal mediante oferecimento de denúncia ou requisição de inquérito policial.

Informativos (STF)

Transação penal e efeitos próprios de sentença penal condenatória

As consequências jurídicas extrapenais, previstas no art. 91 do CP, são decorrentes de sentença penal condenatória. Isso não ocorre, portanto, quando há transação penal, cuja sentença tem natureza meramente homologatória, sem qualquer juízo sobre a responsabilidade criminal do aceitante. As consequências geradas pela transação penal são essencialmente aquelas estipuladas por modo consensual no respectivo instrumento de acordo. RE 795567, repercussão geral, Rel. Min. Teori Zavascki, 28.5.15. Pleno. (Info 787)

Jurisprudência complementar (STF)

(...). Matéria criminal. Juizados especiais criminais. Transação penal. Art. 76 da Lei 9.099/95. Condições não cumpridas. Propositura de ação penal. Possibilidade. Jurisprudência reafirmada. 1. De acordo com a jurisprudência desta nossa Corte, que me parece juridicamente correta, o descumprimento da transação a que alude o art. 76 da Lei 9.099/95 gera a submissão do processo ao seu estado anterior, oportunizando-se ao Ministério Público a propositura da ação penal e ao Juízo o recebimento da peça acusatória. (RE 581201 AgR, Rel. Min. Ayres Britto, 2ª T., DJ 8.10.2010)

(...). Crime de lesão corporal leve contra idoso. Transação penal. Não-cumprimento de pena restritiva de direitos. Não-cometimento de crime de desobediência. A jurisprudência deste Supremo Tribunal Federal é firme no sentido de que o descumprimento da transação penal a que alude o art. 76 da Lei 9.099/95 gera a submissão do processo ao seu estado anterior, oportunizando-se ao Ministério Público a propositura da ação penal e ao Juízo o recebimento da peça acusatória. Não há que se cogitar, portanto, da propositura de nova ação criminal, desta feita por ofensa ao art. 330 do CP. (...). (HC 84976, Rel. Min. Carlos Britto, 1ª T., DJ 23.3.2007)

Jurisprudência complementar (STJ)

(...). Homicídio e lesão corporal culposos na direção de veículo automotor. Concurso formal. Transação penal. Inaplicabilidade. Impossibilidade de cisão do processo. Embargos acolhidos, sem efeitos infringentes. (...). 2. Hipótese em que os embargos devem ser acolhidos, em parte, para fazer constar no item 2 da ementa do julgado embargado, o seguinte fundamento: "Não se aplica o instituto da transação penal (art. 76 da Lei 9.099/1995) na hipótese de homicídio e lesão corporal culposos, praticados na direção de veículo automotor, em concurso formal, ante a ausência de previsão legal do instituto para o crime de homicídio culposo e a impossibilidade de cisão do processo, por conta da regra da continência (arts. 72, II e 79, do Código de Processo Penal)". 3. Embargos de declaração acolhidos em parte, sem efeitos infringentes. (EDcl no AgRg no AREsp 97.694, Rel. Min. Rogerio Schietti Cruz, DJ 12.3.2015)

(...). Crime contra a ordem econômica. Alegação de inépcia da denúncia. Exercício da ampla defesa garantido. Peça acusatória que preenche os requisitos previstos no art. 41 do Código de Processo Penal. Transação penal. Impossibilidade. Pena máxima abstratamente cominada que ultrapassa o limite de 02 anos. Decisão mantida pelos próprios fundamentos. (...). 1. Na ausência de argumento apto a afastar as razões consideradas no "decisum" ora agravado, deve ser a decisão mantida por seus próprios fundamentos. 2. Não é inepta a denúncia que, embora sucinta, descreve a existência do crime em tese, bem como a participação dos acusados, com indícios suficientes para a deflagração da persecução penal, possibilitando-lhes o pleno exercício do direito de defesa. Ademais, não me parece razoável, após longa instrução criminal, sentença e julgamento da apelação, que, em sede excepcional, que é o recurso especial, seja reconhecida a inépcia de uma denúncia que logrou, ao fim, cumprir o sua finalidade de estabelecer nexo de causalidade entre a conduta dos acusados e o crime supostamente cometido. 3. Incabível o oferecimento do benefício da transação penal, previsto na Lei 9.099/95, ao denunciado por delito cuja pena máxima é superior a dois anos, independente da previsão de pena alternativa de multa. (...). (AgRg no REsp 1265395, Rel. Min. Laurita Vaz, DJ 28.3.2014)

(...). Concurso público. Agente Penitenciário Federal. Investigação social. Candidato com dois processos criminais. Ocorrência da transação penal e da prescrição. Presunção de inocência. 1. Trata-se na origem de agravo de instrumento, com pedido de efeito suspensivo, interposto pela União contra decisão que, em ação ordinária, deferiu pedido de antecipação de tutela para que a ora recorrida participasse do curso de formação do concurso púbico para cargo de Agente Penitenciário Federal, superando sua não recomendação na fase de investigação social, uma vez que ela havia respondido a dois processos judiciais: (i) um por direção perigosa, em razão de estar supostamente embriagada, no qual a punibilidade foi extinta por ter sido realizada transação penal e (ii) outro pela prática da infração penal descrita no antigo art. 16 da Lei 6.368/76, revogada pela Lei 11343/06, tendo sido a punibilidade também extinta em virtude da ocorrência da prescrição. A União alega que tais fatores devem ser levados em consideração na investigação social da candidata. 2. Em primeiro lugar, quanto à transação penal, esta não pode servir de fundamento para a não recomendação de candidato em concurso público na fase de investigação social, uma vez que a transação penal prevista no art. 76 da Lei 9.099/95 não importa em condenação do autor do fato. 3. Em segundo lugar, na mesma linha de raciocínio, a jurisprudência desta Corte Superior é no sentido de que, na fase de investigação social do concurso público, é inadmissível a eliminação de candidato em razão de processo criminal extinto pela prescrição. (...). (REsp 1302206, Rel. Min. Mauro Campbell Marques, DJ 4.10.2013)

■ Multa {art. 76, § 1º}

> § 1º Nas hipóteses de ser a pena de multa a única aplicável, o Juiz poderá reduzi-la até a metade.

▌ Vedações à Transação Penal {art. 76, § 2°}

> § 2° Não se admitirá a proposta se ficar comprovado:
>
> I – ter sido o autor da infração condenado, pela prática de crime, à pena privativa de liberdade, por sentença definitiva;
>
> II – ter sido o agente beneficiado anteriormente, no prazo de cinco anos, pela aplicação de pena restritiva ou multa, nos termos deste artigo;
>
> III – não indicarem os antecedentes, a conduta social e a personalidade do agente, bem como os motivos e as circunstâncias, ser necessária e suficiente a adoção da medida.

Jurisprudência complementar (STF)

(...). Juizado Especial. Transação penal. Exigência do ato impugnado de que a homologação ocorra somente após o cumprimento da condição pactuada: constrangimento ilegal. Direito à homologação antes do adimplemento das condições acertadas. Possibilidade de instauração de inquérito ou de propositura da Ação Penal. I. Consubstancia constrangimento ilegal a exigência de que a homologação da transação penal ocorra somente depois do adimplemento das condições pactuadas pelas partes. II. A jurisprudência desta Corte firmou-se no sentido de que a transação penal deve ser homologada antes do cumprimento das condições objeto do acordo, ficando ressalvado, no entanto, o retorno ao status quo ante em caso de inadimplemento, dando-se oportunidade ao Ministério Público de requerer a instauração de inquérito ou a propositura de ação penal. Ordem concedida. (HC 88616, Rel. Min. Eros Grau, 2ª T., DJ 27.10.2006)

(...). Suspensão condicional. Transação penal. Admissibilidade. Maus antecedentes. Descaracterização. Reincidência. Condenação anterior. Pena cumprida há mais de 5 (cinco) anos. Impedimento inexistente. HC deferido. Inteligência dos arts. 76, § 2°, III, e 89 da Lei 9.099/95. Aplicação analógica do art. 64, I, do CP. O limite temporal de cinco anos, previsto no art. 64, I, do Código Penal, aplica-se, por analogia, aos requisitos da transação penal e da suspensão condicional do processo (HC 86646, Rel. Min. Cezar Peluso, 1ª T., DJ 9.6.2006)

(...). Inexistência, no caso, de nulidade por não ter sido dada ao paciente a oportunidade da transação penal prevista no artigo 76 da Lei 9.099/95, porquanto, por haver ele sido anteriormente condenado, pela prática de crimes, a pena privativa de liberdade por sentença definitiva, não era tal transação objetivamente cabível em face do disposto no inciso I do § 2º do referido dispositivo legal. Não-ocorrência da alegação de prescrição da pretensão punitiva do Estado. "Habeas corpus" indeferido, cassada a liminar concedida, e determinada a devolução, à origem, dos autos da ação penal apensados. (HC 75615, Rel. Min. Moreira Alves, 1ª T., DJ 19.12.1997)

Jurisprudência complementar (STJ)

(...). Desacato. Proposta de transação penal. Art. 76 da Lei 9.099/95. Negativa por parte do Órgão Ministerial. Motivação. Possibilidade de análise pelo Poder Judiciário. 1. Tratando-se a transação penal de um meio conciliatório para a resolução de conflitos no âmbito da Justiça Criminal, mostrando-se como uma alternativa à persecução penal estatal, fica evidenciado o interesse público na aplicação do aludido instituto. 2. Embora o órgão ministerial, na qualidade de titular da ação penal pública, seja ordinariamente legitimado a propor a transação penal prevista no artigo 76 da Lei 9.099/95, os fundamentos da recusa da proposta podem e devem ser submetidos ao juízo de legalidade por parte do Poder Judiciário. (...). Negativa com base nos antecedentes. Ausência de documentação essencial para a análise da alegada ilegalidade. Necessidade de prova pré-constituída. Constrangimento ilegal não evidenciado. (...). 1. O rito do "habeas corpus" pressupõe prova pré-constituída do direito alegado, devendo a parte demonstrar, de maneira inequívoca, por meio de provas documentais que evidenciem a pretensão aduzida, a existência do aventado constrangimento ilegal suportado pelo paciente. 2. No caso, não há nos autos nenhuma documentação sobre a ação penal pretérita, declinada na certidão de antecedentes criminais do paciente, na qual os impetrantes alegam que houve renúncia expressa da vítima ao direito de representação, circunstância que impede a verificação da alegada ilegalidade na negativa de proposta da transação penal pelo Ministério Público. (...). (HC 125.691, Rel. Min. Jorge Mussi, DJ 9.8.2010)

(...). Anterior concessão da suspensão condicional do processo. Não transcorrido o prazo de 5 (cinco) anos. Novo benefício. Impossibilidade. Art. 76, § 2º, ii, da Lei 9.099/95. (...). 2. O art. 76, § 2º, II, da Lei 9.099/95 esclarece sobre a impossibilidade de nova transação penal, quando houver ocorrido a concessão do benefício em momento anterior, sem que tenha transcorrido o período de 5 (cinco) anos. Em analogia à referida disposição, entende-se que o mesmo prazo deverá ser utilizado para nova concessão de sursis processual. Cuida-se de extensão da disciplina afeta ao tratamento de medida mais branda, transação, a medida destinada a fatos mais graves, suspensão condicional do processo. (...). (HC 209.541, Rel. Min. Maria Thereza de Assis Moura, DJ 30.4.2013)

(...). Violação ao art. 76 da Lei 9.099/95. Transação penal. Análise dos requisitos subjetivos. Negativa de vigência ao art. 413 do CPP. Decisão de pronúncia. (...). 1. Tendo o Tribunal de origem assentado que o acusado não preencheria os requisitos subjetivos para a concessão da transação penal, eventual pleito de rever esse posicionamento, em sentido inverso, implicaria em vedado reexame do caderno fático e probatório dos autos, incabível na órbita especial. De igual modo, é assente que cabe ao aplicador da lei, em instância ordinária, fazer um cotejo fático e probatório a fim de analisar se, ao final da primeira fase do procedimento escalonado do júri, há provas ou não para pronunciar, impronunciar, desclassificar ou absolver sumariamente o acusado, porquanto é vedado, na via eleita, o reexame de fatos e provas dos autos. Incidência, em ambos os casos, do óbice constante no enunciado 7 da Súmula deste STJ. (...). (AgRg no AREsp 215.799, Rel. Min. Maria Thereza de Assis Moura, DJ 24.3.2014)

(...). Crime de uso de drogas. Proposta de transação penal. Ausência do requisito subjetivo. Recusa do parquet devidamente justificada. Ausência de flagrante ilegalidade. (...). 1. A transação penal insere-se no âmbito das medidas despenalizadoras, de sorte que o órgão acusatório deve fundamentar adequadamente a sua recusa, não ficando essas razões alheias ao exame judicial. 2. No caso concreto, a recusa do Parquet fundou-se em motivação idônea, visto que os antecedentes criminais, a personalidade e a conduta social do Recorrente não indicaram ser necessária e suficiente a adoção da medida, consoante a exegese do art. 76, § 2º, inciso III, da Lei 9.099/95. (...). (RHC 34.866, Rel. Min. Laurita Vaz, 03.2.2014)

Questões de concursos

371. **(FGV/OAB/XIX_Exame/2016)** Em 16.2.2016, Gisele praticou um crime de lesão corporal culposa simples no trânsito, vitimando Maria Clara. Gisele, então, procura seu advogado para saber se faz jus à transação penal, esclarecendo que já foi condenada definitivamente por uma vez a pena restritiva de direitos pela prática de furto e que já se beneficiou do instituto da transação há 7 anos. Deverá o advogado esclarecer sobre o benefício que:

    a) não cabe oferecimento de proposta de transação penal porque Gisele já possui condenação anterior com trânsito em julgado.

    b) não cabe oferecimento de proposta de transação penal porque Gisele já foi beneficiada pela transação em momento anterior.

    c) poderá ser oferecida proposta de transação penal porque só quem já se beneficiou da transação penal nos 3 anos anteriores não poderá receber novamente o benefício.

d) a condenação pela prática de furto e a transação penal obtida há 7 anos não impedem o oferecimento de proposta de transação penal.

372. (CRSP/PM/MG/Oficial/2014) Sobre a fase preliminar nos Juizados Especiais Criminais, nos termos da Lei n. 9.099/1995, marque a alternativa correta:

a) O não oferecimento da representação, nos crimes de ação penal pública condicionada a representação, até a audiência preliminar, implica decadência do direito.

b) Tratando-se de ação penal de iniciativa privada ou de ação penal pública condicionada à representação, o acordo devidamente homologado referente à composição dos danos civis não afasta o direito de queixa ou representação, que poderá ser exercido no prazo previsto em lei.

c) A imposição da pena restritiva de direitos constará da certidão de antecedentes criminais e terá os mesmos efeitos civis decorrentes de uma sentença penal condenatória.

d) Não se admitirá a proposta de aplicação imediata de pena restritiva de direitos ou multas quando, dentre outras situações, ficar comprovado que os antecedentes, a conduta social e a personalidade do agente, bem como os motivos e as circunstâncias, não indicarem ser necessária e suficiente a adoção da medida.

■ Aceitação da Proposta {art. 76, § 3º}

> § 3º Aceita a proposta pelo autor da infração e seu defensor, será submetida à apreciação do Juiz.

Jurisprudência complementar (STJ)

(...). Lesão corporal e porte ilegal de arma. Transação penal. Acordo não homologado. Descumprimento. Extinção da punibilidade. Inexistência. Oferecimento de denúncia. Cabimento. (...). Admite-se o oferecimento de denúncia contra o autor do fato, pelo descumprimento da transação penal, quando não existir, como na hipótese, sentença homologatória. (...). (HC 115.556, Rel. Min. Laurita Vaz, DJ 31.5.2010)

■ Impedimento a Nova Transação Penal {art. 76, § 4°}

> § 4° Acolhendo a proposta do Ministério Público aceita pelo autor da infração, o Juiz aplicará a pena restritiva de direitos ou multa, que não importará em reincidência, sendo registrada apenas para impedir novamente o mesmo benefício no prazo de cinco anos.

Jurisprudência complementar (STF)

(...). Crimes de homicídio culposo e lesões corporais culposas, em concurso formal. Suspensão do processo: Art. 89 da Lei n 9.099/95. "Habeas Corpus". 1. Não pretendem, os impetrantes, nestes autos, a cassação ou a anulação do acórdão do Tribunal de Alçada Criminal do Rio de Janeiro, hoje extinto por incorporação de seus Juízes ao Tribunal de Justiça, no ponto em que determinou o prosseguimento do processo, quanto ao crime de lesões corporais de que foi vítima o Assistente da Acusação e Apelante, Bruno Éboli. 2. O que pleitearam, na inicial, é que o processo continue suspenso quanto aos outros crimes, que vitimaram outras pessoas (Sílvia Oliveira e Antonio Bellis). Suspensão com a qual se conformaram os familiares destes e o próprio Ministério Público. É que, nessa parte, a suspensão, judicialmente determinada e sem recurso dos interessados, e até com a anuência destes, tornou-se questão preclusa, não tendo a vítima das lesões corporais interesse legítimo em ver cassada a suspensão do processo por crimes que vitimaram de morte outras pessoas, a ela não vinculadas por qualquer parentesco. 2. E, nesse ponto, têm razão os impetrantes, como ficou demonstrado na inicial. 3. HC deferido, como formulado o pedido na inicial, ou seja, apenas para cassar-se o acórdão, na parte em que determinou o prosseguimento do processo também pelos crimes de homicídio culposo, que vitimaram Sílvia Oliveira e Antonio Bellis, já que na parte em que o aresto impugnado cassou a suspensão do processo, pelo crime de lesões corporais culposas contra a vítima Bruno Éboli, o réu, ora paciente, reservou-se para impugná-lo mediante Recurso Especial para o Superior Tribunal de Justiça. (HC 77704, Rel. Min. Sydney Sanches, 1ª T., DJ 15.9.2000)

Jurisprudência complementar (STJ)

(...). Servidor público. Concurso público. Etapa de investigação social. Não-recomendação para o cargo. Transação penal. Fundamento único. Art. 76, §§ 4° e 6°, da Lei 9.099/95. Ilegalidade. (...). I. A transação penal aceita por suposto autor da infração não importará em reincidência, nem terá efeitos civis, sendo registrada apenas para impedir novamente o mesmo benefício, conforme art. 76, §§ 4º e 6º, da Lei Federal n. 9.099/95. II. Em decorrência da independência entre as instâncias, no entanto, é possível a apuração administrativa do fato objeto da transação penal e, por consequência, a aplicação das sanções correspondentes. III. "in casu", porém, a não recomendação do candidato em concurso público ocorreu exclusivamente com base na existência de termo circunstanciado e da respectiva transação penal, contrariando os efeitos reconhecidos pela lei ao instituto e ferindo direito líquido e certo do recorrente. Recurso ordinário provido. (RMS 28.851, Rel. Min. Felix Fischer, DJ 25.5.2009)

(...). Crime de adulteração de sinal identificador de veículo automotor. Tese de atipicidade da conduta. Via imprópria. Necessidade de exame aprofundado do conjunto probatório. Dosimetria da pena. Maus antecedentes e reincidência. Inquéritos e condenações sem o trânsito em julgado. Transação penal. Penas restritivas de direitos. Inocorrência de reincidência. Exasperação da pena-base. Impossibilidade. Princípio da não-culpabilidade. 1. O exame da tese sustentada pelo Impetrante de atipicidade da conduta demanda, inevitavelmente, profundo reexame do material cognitivo produzido nos autos, o que, como é sabido, não se coaduna com a via estreita do "writ". 2. Inquéritos policiais ou ações penais em andamento (inclusive, sentenças não transitadas em julgado), não induzem reincidência, nem podem ser levados em consideração para fixação da pena-base, em respeito ao princípio constitucional do estado presumido de inocência. (...). 3. A aplicação de pena restritiva de direito ou multa, na hipótese do § 4º do art. 76 da Lei 9.099/95, não importará em reincidência. 4. "Habeas corpus" parcialmente conhecido e, nessa parte, concedida a ordem para, mantida a condenação imposta, reformar o acórdão na parte relativa à dosimetria da pena, que resta quantificada em 03 anos de reclusão, a ser cumprida em regime aberto, mediante as condições a serem estabelecidas pelo juízo das execuções a quem caberá, atendidos os requisitos subjetivos e objetivos, decidir sobre o deferimento da substituição da pena privativa de liberdade por restritiva de direitos. (HC 89.147, Rel. Min. Laurita Vaz, DJ 7.4.2008)

(...). Latrocínio. Tentativa. Pena-base fixada acima do mínimo legal. Maus antecedentes. Registros policiais e judiciais. Transação penal. Não-configuração. Nulidade evidenciada. Fixação da pena-base no mínimo legal. Impossibilidade. Circunstâncias judiciais desfavoráveis. Ordem parcialmente concedida. I. Alegação de nulidade da sentença e do acórdão que a confirmou, pela majoração da pena-base acima do mínimo legal, ante os maus antecedentes do réu, contra o qual teriam sido instaurados diversos inquéritos e ações penais. II. Ante o princípio constitucional da presunção de não-culpabilidade, é defeso ao Magistrado considerar como maus antecedentes os registros policiais e judiciais em nome do réu para efeito de majorar a pena-base. (...). III. Não configura má antecedência o fato de o paciente ter aceito proposta de transação penal ofertada pelo órgão de acusação, eis que referido ato processual é registrado "apenas para impedir novamente o mesmo benefício no prazo de 5 (cinco) anos", nos termos do § 4º do art. 76, da Lei 9.099/95. IV. Não se pode acolher o pleito de fixação da pena-base no mínimo legal, porquanto as demais circunstâncias judiciais do art. 59 do Código Penal, na sua maioria, foram desfavoráveis ao paciente, restando plenamente justificada a sua fixação acima do mínimo legal. V. Deve ser anulada a sentença de primeiro grau, tão somente no tocante à dosimetria da pena, determinando-se a remessa dos autos ao Juízo de Direito da 1ª Vara Criminal da Circunscrição Judiciária de Brasília/DF, para proceder à correção da pena, excluindo o que restou fixado a título de maus antecedentes criminais. VI. Ordem parcialmente concedida, nos termos do voto do Relator. (HC 49.483, Rel. Min. Gilson Dipp, DJ 10.4.2006)

■ Apelação {art. 76, § 5º}

> § 5º Da sentença prevista no parágrafo anterior caberá a apelação referida no art. 82 desta Lei.

Jurisprudência complementar (STF)

(...). Apelação. Ministério Público. Legitimidade. Sentença que homologara a transação com base no art. 76 da Lei 9.099/95. A sentença homologatória da transação penal é apelável (§ 5º do art. 76 e art. 82 da Lei 9.099/95). Não há que se falar em intempestividade do recurso, já que aviado no prazo legal, ou em ilegitimidade do Ministério Público, tendo em vista que, como custos legis, tem legitimidade para recorrer, e, em face do princípio da independência funcional, "mantém independência e autonomia no exercício de suas funções, orientando sua própria conduta nos processos onde tenha de intervir, podendo haver discordância entre eles, inclusive no mesmo processo." (Júlio Fabbrini Mirabete, Código de Processo Penal Interpretado, 3. ed. p. 302). (...). (HC 77041, Rel. Min. Ilmar Galvão, 1ª T., DJ 7.8.1998)

Jurisprudência complementar (STJ)

(...). 1. À luz do que dispõe o artigo 105, inciso II, alínea "a", da Constituição da República, é o recurso ordinário e, não, o recurso em sentido estrito, a via adequada para a impugnação de decisão denegatória de "habeas corpus" decidido em última instância por Tribunal Estadual. 2. A faculdade de apresentação de razões recursais perante a instância ad quem é restrita ao recurso de apelação (artigo 600, § 4º, do Código de Processo Penal), não se podendo conferi-la ao recurso em sentido estrito – diante da possibilidade do exercício do juízo de retratação – nem ao recurso ordinário – por ausência de previsão legal. 3. A proposta de transação, recusada pela parte ré, não obsta o ofertamento de denúncia, na qual se atribui ao fato imputado classificação jurídica mais grave, sendo, incluidamente, retratável a proposta ministerial antes da sua aceitação. 4. O magistrado, por força do artigo 76, § 5º, da Lei 9.099/95, não está adstrito a homologar eventual aceitação de proposta de transação penal, podendo e devendo, constatada a ausência dos requisitos autorizativos a permitir a incidência da resposta penal, indeferir o pleito homologatório e receber denúncia pela prática, em tese, de crime incompatível com aqueles a que a Lei dos Juizados Especiais Criminais estabelece rito próprio. 5. Em sendo cominada sanção corporal máxima de 8 anos, verificar-se-á a prescrição da pretensão punitiva pela pena in abstrato, consoante determina o artigo 109, inciso III, do Código Penal, se decorridos 12 anos, consideradas as causas interruptivas. (...). (RHC 11.145, Rel. Min. Hamilton Carvalhido, DJ 24.9.2001)

■ Não Reincidência {art. 76, § 6º}

§ 6º A imposição da sanção de que trata o § 4º deste artigo não constará de certidão de antecedentes criminais, salvo para os fins previstos no mesmo dispositivo, e não terá efeitos civis, cabendo aos interessados propor ação cabível no juízo cível.

Jurisprudência complementar (STF)

Ante o princípio constitucional da não culpabilidade, inquéritos e processos criminais em curso são neutros na definição dos antecedentes criminais. (RE 591054, Rel. Min. Marco Aurélio, Pleno, DJ 26.2.2015)

Jurisprudência complementar (STJ)

(...). 1. As instâncias ordinárias, cotejando o acervo probatório concluíram pela responsabilização do demandante no evento danoso porque seu preposto não conduziu o caminhão com a devida cautela. Entendimento diverso por meio do especial demandaria o revolvimento do acervo probatório. 2. A formalização da transação penal se trata de submissão voluntária à sanção penal, não significando reconhecimento da culpabilidade penal, nem de responsabilidade civil (art. 76, § 6º, da Lei 9.099/95). (...). (AgRg no AREsp 619.918, Rel. Min. Moura ribeiro, DJ 12.2.2015)

(...). Furto qualificado. Suspensão condicional da pena. Art. 77 do CP. Inquéritos, processos em curso e transação penal. Inexistência de óbice ao deferimento do benefício. Súmula 444/STJ. 1. A existência de inquéritos, ações penais em curso ou processo em que foi aceita a proposta de transação penal, por si só, não autoriza o indeferimento da suspensão condicional da pena. 2. Inquéritos e ações penais em curso não se prestam para caracterizar maus antecedentes, má conduta social ou personalidade desajustada. (...). 3. Os requisitos subjetivos, previstos no art. 77, II, do Código Penal, exigidos para a concessão do sursis, coincidem com as circunstâncias judiciais previstas no art. 59 do mesmo diploma, cuja análise é necessária quando da fixação da pena-base. Assim, é perfeitamente aplicável ao caso, por analogia, o entendimento consubstanciado na Súmula 444/STJ. (...). 4. O feito em que há aceitação de proposta de transação penal não pode constar de certidão de antecedentes criminais, em função do que dispõe o art. 76, § 6º, da Lei 9.099/1995. (...). (REsp 1262591, Rel. Min. Sebastião Reis Júnior, DJ 18.3.2013)

Seção III – Do Procedimento Sumariíssimo

■ Denúncia Oral {art. 77}

Art. 77. Na ação penal de iniciativa pública, quando não houver aplicação de pena, pela ausência do autor do fato, ou pela não ocorrência da hipótese prevista no art. 76 desta Lei, o Ministério Público oferecerá ao Juiz, de imediato, denúncia oral, se não houver necessidade de diligências imprescindíveis.

Jurisprudência complementar (STF)

Ação Direta de Inconstitucionalidade. Artigos 39 e 94 da Lei 10.741/2003 (Estatuto do Idoso). Restrição à gratuidade do transporte coletivo. Serviços de transporte seletivos e especiais. Aplicabilidade dos procedimentos previstos na Lei 9.099/1995 aos crimes cometidos contra idosos. 1. No julgamento da ADI 3768, o Supremo Tribunal Federal julgou constitucional o art. 39 da Lei 10.741/2003. Não conhecimento da ação direta de inconstitucionalidade nessa parte. 2. Art. 94 da Lei

10.741/2003: interpretação conforme à Constituição do Brasil, com redução de texto, para suprimir a expressão "do Código Penal e". Aplicação apenas do procedimento sumaríssimo previsto na Lei 9.099/95: benefício do idoso com a celeridade processual. Impossibilidade de aplicação de quaisquer medidas despenalizadoras e de interpretação benéfica ao autor do crime. 3. Ação direta de inconstitucionalidade julgada parcialmente procedente para dar interpretação conforme à Constituição do Brasil, com redução de texto, ao art. 94 da Lei 10.741/2003. (ADI 3096, Rel. Min. Cármen Lúcia, Pleno, DJ 3.9.2010)

Jurisprudência complementar (STJ)

Conflito de competência. Processo Penal. Juizado especial criminal. Possibilidade de transação penal. Audiência preliminar. Não comparecimento do réu. Oferecimento de denúncia oral. 1. Não comparecendo o suposto autor do delito na audiência preliminar designada para oferecimento de transação penal e não havendo a necessidade de diligências imprescindíveis, o Ministério Público deverá oferecer, de imediato, denúncia oral, nos termos do artigo 77, caput, da Lei n 9.099/95. 2. Somente após a apresentação da exordial acusatória é que poderia ser remetido os autos ao Juízo comum para se proceder à citação editalícia, conforme dispõe expressamente o artigo 78, § 1º, da referida lei. (...). (CC 104.225, Rel. Min. Haroldo Rodrigues, DJ 13.6.2011)

Conflito negativo de competência. Juizado Especial. Impossibilidade de remessa dos autos ao juízo comum em razão da constatação da ausência do autor do fato na audiência preliminar. Observância do rito previsto na Lei 9.099/95. 1. Sendo constatada a ausência do autor do fato na audiência preliminar, deve-se observar-se o rito da Lei 9.099/95, não sendo possível a remessa dos autos à Justiça Comum antes da apresentação de denúncia oral e esgotamento das tentativas de citação pessoal do réu. (...). (CC 103.739, Rel. Min. Jorge Mussi, DJ 3.8.2009)

(...). Juizado especial. Audiência preliminar. Não comparecimento do autor. Denúncia oral. 1. Consoante o art. 77, caput, da Lei 9.099/95, não havendo aplicação da pena proposta pelo Ministério Público, pela ausência do autor do fato ou pela não ocorrência da hipótese prevista no art. 76, o Ministério Público apresentará ao Juiz do Juizado Especial, de imediato, denúncia oral, se não houver necessidade de diligências imprescindíveis. 2. A autora do fato delituoso, no caso, não compareceu à audiência preliminar e não foi demonstrada a necessidade de diligências imprescindíveis, sendo hipótese, portanto, de apresentação de denúncia oral perante o Juizado Especial (art. 77, caput, da Lei 9.099/95) e não de remessa dos autos ao Juízo Comum. (...). (CC 102.240, Rel. Min. OG Fernandes, DJ 30.4.2009).

Questões de concursos

373. **(Funiversa/PC/DF/Delegado/2015)** Gustavo constrangeu, mediante grave ameaça, um colega de trabalho a agir de maneira vexatória. Com base nessa situação hipotética e na Lei n. 9.099/1995, que dispõe sobre os juizados especiais criminais, assinale a alternativa correta.

   a) Se Gustavo descumprir transação penal, o Ministério Público estará autorizado a denunciá-lo, independentemente de representação da vítima.

   b) O crime de constrangimento ilegal, praticado por Gustavo, não se submete à lei dos juizados especiais criminais por não ser considerado de menor potencial ofensivo.

   c) A autoridade policial que tomar conhecimento da ocorrência poderá optar entre lavrar termo circunstanciado ou instaurar o competente inquérito policial.

   d) Caso Gustavo, após o procedimento adotado pela autoridade policial, seja imediatamente encaminhado ao juizado ou assuma o compromisso de a este comparecer, a ele não se imporá prisão em flagrante, mas a autoridade policial poderá exigir-lhe fiança.

   e) Se Gustavo, após o procedimento adotado pela autoridade policial, for imediatamente encaminhado ao juizado ou assumir o compromisso de a este comparecer, a ele será imposta prisão em flagrante.

■ Materialidade {art. 77, § 1º}

> § 1º Para o oferecimento da denúncia, que será elaborada com base no termo de ocorrência referido no art. 69 desta Lei, com dispensa do inquérito policial, prescindir-se-á do exame do corpo de delito quando a materialidade do crime estiver aferida por boletim médico ou prova equivalente.

Jurisprudência complementar (STF)

(...). Crime de injúria. Decadência: Inocorrência. Complexidade da matéria. Submissão ao rito ordinário: Não obrigatoriedade. Ausência de justa causa: Improcedência. 1. Crime de Injúria. Ofensas irrogadas entre os dias 11 de fevereiro e 3 de abril de 2004. Queixa-crime oferecida em 17.6.2004, com arrimo em degravação providenciada pelos querelantes. Alegação de decadência, fundada em que o laudo oficial de degravação do conteúdo das fitas passou a integrar os autos somente em 25.10.2004, após o transcurso do prazo decadencial de seis meses. Improcedência: o § 1º artigo 77 da Lei 9.099/95 dispensa, no momento do oferecimento da acusação, a prova pericial comprobatória da materialidade delitiva, bastando a presença de prova equivalente. 2. O reconhecimento de complexidade da matéria não significa, necessariamente, submissão ao rito ordinário, notadamente quando o Juiz afirma que a controvérsia pode ser dirimida no rito estabelecido pela Lei 9.099/95. 3. É improcedente a alegação de falta de justa causa para a ação penal quando evidenciada, pelas degravações, a prática, em tese, do crime de injúria. (...). (HC 86049, Rel. Min. Eros Grau, 1ª T., DJ 28.10.2005)

(...). Alegação de inexistência de justa causa para a ação penal. Denúncia baseada apenas no registro de ocorrência feito pela vítima. Crime de ameaça. Importância da palavra da vítima. Juizados especiais criminais. Apesar de lastreada apenas no Registro de Ocorrência, a denúncia preenche os requisitos minimamente necessários a dar início à persecução penal, portando consigo elementos suficientes para que o acusado conheça o fato que lhe é imputado e possa dele se defender. Nos crimes de ameaça, a palavra da vítima se reveste de importância para a formação dos indícios de autoria, capazes de deflagrar a ação penal. Nos juizados especiais criminais, a acusação pode ser oferecida exclusivamente com base no Termo Circunstanciado de Ocorrência – TCO, dispensando-se o próprio inquérito policial. Daí se mostrar prematuro o trancamento da ação penal. (...). (HC 85803, Rel. Min. Carlos Britto, 1ª T., DJ 10.8.2006)

■ Procedimento Sumário {art. 77, § 2º}

> § 2º Se a complexidade ou circunstâncias do caso não permitirem a formulação da denúncia, o Ministério Público poderá requerer ao Juiz o encaminhamento das peças existentes, na forma do parágrafo único do art. 66 desta Lei.

Jurisprudência complementar (STF)

(...). Capitulação do fato. Autoridade policial. Tipificação provisória. Ministério Público. Atribuições constitucionais. Ofensa ao art. 129, I, da CF/88. Inexistência. I. A definição da competência para julgamento do crime, com base na tipificação provisória conferida ao fato pela autoridade policial, não enseja supressão das atribuições funcionais do Parquet. II. Fica resguardada a competência do Ministério Público de dar ao fato a capitulação que achar de direito quando ofertar a denúncia. III- Se a denúncia contemplar crimes diversos do relatado pela autoridade policial, capazes de modificar a competência para o julgamento do processo, poderá o Ministério Público requerer sejam os autos remetidos ao juízo competente. IV. A competência fixada com base na tipificação realizada pela autoridade policial não ofende o art. 129, I, da Constituição Federal. V. (...). (RE 497170, Rel. Min. Ricardo Lewandowski, 1ª T., DJ 6.6.2008)

I. "Habeas corpus": cabimento. É da jurisprudência do Tribunal que não impedem a impetração de "habeas corpus" a admissibilidade de recurso ordinário ou extraordinário da decisão impugnada, nem a efetiva interposição deles. II. Inquérito policial: arquivamento com base na atipicidade do fato: eficácia de coisa julgada material. A decisão que determina o arquivamento do inquérito policial, quando fundado o pedido do Ministério Público em que o fato nele apurado não constitui crime, mais que preclusão, produz coisa julgada material, que – ainda quando emanada a decisão de juiz absolutamente incompetente –, impede a instauração de processo que tenha por objeto o mesmo episódio. (HC 83346, Rel. Min. Sepúlveda Pertence, 1ª T., DJ)

■ Queixa Oral {art. 77, § 3º}

§ 3º Na ação penal de iniciativa do ofendido poderá ser oferecida queixa oral, cabendo ao Juiz verificar se a complexidade e as circunstâncias do caso determinam a adoção das providências previstas no parágrafo único do art. 66 desta Lei.

■ Audiência {art. 78}

Art. 78. Oferecida a denúncia ou queixa, será reduzida a termo, entregando-se cópia ao acusado, que com ela ficará citado e imediatamente cientificado da designação de dia e hora para a audiência de instrução e julgamento, da qual também tomarão ciência o Ministério Público, o ofendido, o responsável civil e seus advogados.

Jurisprudência complementar (STF)

Ação Direta de Inconstitucionalidade. Artigos 39 e 94 da Lei 10.741/2003 (Estatuto do Idoso). Restrição à gratuidade do transporte coletivo. Serviços de transporte seletivos e especiais. Aplicabilidade dos procedimentos previstos na Lei 9.099/1995 aos crimes cometidos contra idosos. 1. No julgamento da ADI 3768, o Supremo Tribunal Federal julgou constitucional o art. 39 da Lei 10.741/2003. Não conhecimento da ação direta de inconstitucionalidade nessa parte. 2. Art. 94 da Lei 10.741/2003: interpretação conforme à Constituição do Brasil, com redução de texto, para suprimir a expressão "do Código Penal e". Aplicação apenas do procedimento sumaríssimo previsto na Lei 9.099/95: benefício do idoso com a celeridade processual. Impossibilidade de aplicação de quaisquer medidas despenalizadoras e de interpretação benéfica ao autor do crime. 3. Ação direta de inconstitucionalidade julgada parcialmente procedente para dar interpretação conforme à Constituição do Brasil, com redução de texto, ao art. 94 da Lei 10.741/2003. (ADI 3096, Rel. Min. Cármen Lúcia, Pleno, DJ 3.9.2010)

■ Citação {art. 78, § 1º}

> § 1º Se o acusado não estiver presente, será citado na forma dos arts. 66 e 68 desta Lei e cientificado da data da audiência de instrução e julgamento, devendo a ela trazer suas testemunhas ou apresentar requerimento para intimação, no mínimo cinco dias antes de sua realização.

Jurisprudência complementar (STJ)

(...). Juizado especial criminal. Possibilidade de transação penal. Audiência preliminar. Não comparecimento do réu. Oferecimento de denúncia oral. 1. Não comparecendo o suposto autor do delito na audiência preliminar designada para oferecimento de transação penal e não havendo a necessidade de diligências imprescindíveis, o Ministério Público deverá oferecer, de imediato, denúncia oral, nos termos do artigo 77, caput, da Lei n 9.099/95. 2. Somente após a apresentação da exordial acusatória é que poderia ser remetido os autos ao Juízo comum para se proceder à citação editalícia, conforme dispõe expressamente o artigo 78, § 1º, da referida lei. (...). (CC 104.225, Rel. Min. Haroldo Rodrigues, DJ 13.6.2011)

■ Presença do Ofendido {art. 78, § 2º}

> § 2º Não estando presentes o ofendido e o responsável civil, serão intimados nos termos do art. 67 desta Lei para comparecerem à audiência de instrução e julgamento.

■ Testemunhas {art. 78, § 3º}

> § 3º As testemunhas arroladas serão intimadas na forma prevista no art. 67 desta Lei.

■ Tentativa de Conciliação {art. 79}

> **Art. 79.** No dia e hora designados para a audiência de instrução e julgamento, se na fase preliminar não tiver havido possibilidade de tentativa de conciliação e de oferecimento de proposta pelo Ministério Público, proceder-se-á nos termos dos arts. 72, 73, 74 e 75 desta Lei.

■ Realização dos Atos {art. 80}

> **Art. 80.** Nenhum ato será adiado, determinando o Juiz, quando imprescindível, a condução coercitiva de quem deva comparecer.

■ Audiência {art. 81}

> **Art. 81.** Aberta a audiência, será dada a palavra ao defensor para responder à acusação, após o que o Juiz receberá, ou não, a denúncia ou queixa; havendo recebimento, serão ouvidas a vítima e as testemunhas de acusação e defesa, interrogando-se a seguir o acusado, se presente, passando-se imediatamente aos debates orais e à prolação da sentença.

Jurisprudência complementar (STF)

(...). Lesões corporais e ameaça. Ação penal. Rito comum. Alegação de nulidade pela não-aplicação do rito da lei dos juizados especial. Preclusão. O entendimento desta Corte é no sentido de que "não alegada a tempo e modo a inobservância do disposto no art. 81 da Lei 9.099/95, que é uma nulidade relativa, ocorre a preclusão" (HC 85.271, Carlos Velloso, DJ de 1/7/2005). No caso concreto, essa nulidade não foi arguida nas alegações finais nem nas razões da apelação. (...). (HC 88650, Rel. Min. Eros Grau, 2ª T., DJ 9.6.2006)

(...). Juizado especial. Crime de ameaça. Ausência de representação da vítima. Rito Processual: Inversão. Prejuízo. Ausência de dolo. I. Representação da vítima ratificada pelo comparecimento à audiência de instrução e pelo teor da sua manifestação. II. Não alegada a tempo e modo a inobservância do disposto no art. 81 da Lei 9.099/95, que é uma nulidade relativa, ocorre a preclusão. III. Somente com o exame aprofundado da prova será possível opor-se ao acórdão, para o fim de verificar se o paciente agiu, ou não, com dolo. O processo do "habeas corpus", entretanto, não comporta esse exame. IV. (...). (HC 85271, Rel. Min. Carlos Velloso, 2ª T., DJ 1.7.2005)

Jurisprudência complementar (STJ)

(...). Lesão corporal. Processual penal. Procedimento sumaríssimo. Defesa oral preliminar não oportunizada. Artigo 81 da Lei 8.099/95. Mácula evidenciada. (...). 1. O artigo 81 da Lei 9.099/95 determina, de forma expressa, que, ao abrir a audiência de instrução, o magistrado deve conceder a palavra ao defensor para resposta à acusação, somente após a qual poderá deliberar sobre o recebimento ou não da denúncia. Trata-se, na verdade, da primeira e única oportunidade na qual a defesa poderá falar nos autos antes do encerramento da instrução processual, já que, de acordo com os demais termos do referido dispositivo, na mesma audiência serão realizados os debates orais e proferida a sentença. 2. A omissão constatada na hipótese em apreço macula a ação penal na qual o recorrente figurou como réu, pois se trata de formalidade essencial à escorreita prestação jurisdicional no procedimento dos delitos de menor potencial ofensivo, no qual a celeridade legalmente recomendada não pode significar preterição às garantias constitucionais da ampla defesa e do contraditório. 3. Recurso provido para declarar a nulidade da ação penal deflagrada em desfavor do paciente desde a abertura da audiência de instrução criminal, para que lhe seja oportunizada a defesa oral prevista na primeira parte do artigo 81 da Lei 9.099/95. (RHC 35.239, Rel. Min. Jorge Mussi, DJ 29.5.2013)

■ Provas em Audiência {art. 81, § 1º}

> § 1º Todas as provas serão produzidas na audiência de instrução e julgamento, podendo o Juiz limitar ou excluir as que considerar excessivas, impertinentes ou protelatórias.

Jurisprudência complementar (STF)

(...). Indeferimento de perícia técnica pelo Juízo de 1º Grau. Alegação de cerceamento de defesa e violação aos princípios do contraditório e da ampla defesa. Constrangimento ilegal não-caracterizado. (...). 1. A jurisprudência predominante desta Suprema Corte é no sentido de que "não constitui constrangimento ilegal a prolação de decisão de primeiro grau que, de maneira fundamentada, indefere pedido de produção de prova pericial" (HC 91.121). 2. No caso concreto, não parece estar eivada de ilegalidade flagrante a decisão do Juízo processante, que indeferiu o requerimento pericial da defesa. Muito pelo contrário, apresenta-se devidamente fundamentada na impertinência da prova requerida e por não ser concludente para o deslinde do caso. (...). (HC 95694, Rel. Min. Menezes Direito, 1ª T., 2009 DJ 20.3.2009)

(...). Indeferimento das diligências requeridas pela defesa no momento da contrariedade ao libelo. Possibilidade. Cerceamento de defesa e nulidade da sentença de pronúncia não caracterizados. (...). 1. Todos os pedidos foram indeferidos, fundamentadamente, expondo o Magistrado a inconveniência e a desnecessidade da realização das diligências naquela fase processual, sem que tanto caracterize cerceamento de defesa. 2. Cabe ao Juiz da causa decidir sobre a conveniência e a imprescindibilidade da produção de outras provas, além daquelas que já foram produzidas nos autos da ação penal. (...). (HC 93046, Rel. Min. Menezes Direito, 1ª T., DJ 25.4.2008)

(...). 2. Juizado Especial Criminal. 3. Apelação por termo nos autos. Art. 600 do CPP. 4. Razões apresentadas após o prazo do art. 81, § 1º, da Lei 9.099, de 1995. 5. Defensoria Pública. Prerrogativas de intimação pessoal e de contagem do prazo em dobro para recorrer. 6. Apresentação tardia das razões de apelação. Mera irregularidade que não compromete o conhecimento do recurso. Art. 601 do CPP. 7. Ordem concedida. (HC 85006, Rel. Min. Gilmar Mendes, 2ª T., DJ 11.3.2005)

Jurisprudência complementar (STJ)

(...). Lei 9.099/95, art. 81, § 1º. Concentração da produção da prova em audiência. Oitiva de testemunha por precatória. Possibilidade. Homenagem ao princípio constitucional da ampla defesa. A concentração dos atos processuais em audiência única, prescrita no art. 81, § 1º, da Lei 9.099/95, não constitui regra absoluta, e não pode servir de obstáculo à busca da verdade real, com prejuízo ao acusado. Os princípios da celeridade e economia processual que informam o procedimento previsto na Lei dos Juizados Especiais Criminais (lei ordinária) não podem ser invocados em detrimento de um princípio maior, como o da ampla defesa, com os meios e recursos a ela inerentes (art. 5º, LV, da Constituição Federal), dentre os quais está a possibilidade de produção de prova testemunhal, inclusive por meio de precatória, se necessário for. (...). (RHC 9.740, Rel. Min. José Arnaldo da Fonseca, DJ 19.2.2001)

■ Termo {art. 81, § 2º}

> § 2º De todo o ocorrido na audiência será lavrado termo, assinado pelo Juiz e pelas partes, contendo breve resumo dos fatos relevantes ocorridos em audiência e a sentença.

■ Sentença {art. 81, § 3º}

> § 3º A sentença, dispensado o relatório, mencionará os elementos de convicção do Juiz.

■ Apelação {art. 82}

> **Art. 82.** Da decisão de rejeição da denúncia ou queixa e da sentença caberá apelação, que poderá ser julgada por turma composta de três Juízes em exercício no primeiro grau de jurisdição, reunidos na sede do Juizado.

Súmulas (STF)

Súmula 640. É cabível recurso extraordinário contra decisão proferida por juiz de primeiro grau nas causas de alçada, ou por turma recursal de juizado especial cível e criminal.

Súmulas (STJ)

Súmula 203. Não cabe recurso especial contra decisão proferida por órgão de segundo grau dos Juizados Especiais.

Jurisprudência complementar (STJ)

Conflito negativo de competência. Conflito entre Tribunal de Justiça e turma recursal do Juizado Especial. Competência do STJ. Recurso contra decisão de primeiro grau. Competência do órgão de segundo grau ao qual o juízo sentenciante está vinculado. Competência do órgão recursal para apreciação do recurso, ainda que para possível anulação dos atos decisórios de 1º grau. 1. Compete ao Superior Tribunal de Justiça, nos termos do art. 105, I, "d", da Constituição Federal, processar e julgar, originariamente, "os conflitos de competência entre quaisquer tribunais, ressalvado o disposto no art. 102, I, o, bem como entre tribunal e juízes a ele não vinculados e entre juízes vinculados a tribunais diversos." 2. Nos termos do art. 82, caput, da Lei 9.099/95, compete à Turma Recursal reapreciar a sentença proferida por juiz especial de 1º grau. 3. Conflito conhecido para declarar a competência da Turma Recursal Criminal do Estado do Rio Grande do Sul, ora suscitante, para a apreciação do recurso interposto, ainda que para, eventualmente, anular os atos decisórios proferidos pelo Juízo sujeito à sua jurisdição e determinar a remessa dos autos ao juízo competente. (CC 52.536, Rel. Min. Arnaldo Esteves Lima, DJ 5.2.2007)

(...). Processual penal. Art. 82 da Lei 9.099/95. Termo circunstanciado. Arquivamento promovido pelo Ministério Público e deferido pelo Juiz. Reconhecimento da atipicidade da conduta. Coisa julgada material. Decisão irrecorrível. 1. A decisão do Juízo monocrático que determina o arquivamento do procedimento investigatório diante da atipicidade da conduta, faz coisa julgada material, podendo ser atacada por recurso de apelação, diante de sua força de sentença definitiva. 2. Entretanto, nos crimes de ação pública incondicionada, quando o próprio Ministério Público, reconhecendo a atipicidade dos fatos, promover o arquivamento do procedimento investigatório, é irrecorrível a decisão do Juiz que defere o pedido. 3. A pretensa vítima não possui legitimidade para recorrer dessa decisão, buscando compelir o Ministério Público a promover a ação penal. (...). (REsp 819.992, Rel. Min. Laurita Vaz, DJ 2.10.2006)

Questões de concursos

374. (Cespe/TJ/DF/Cartórios/2014) A respeito do disposto na Lei n. 9.099/1995, das citações e intimações e dos recursos em geral, assinale a opção correta.

a) A apelação criminal interposta pelo MP contra sentença absolutória obstará a soltura do réu até a decisão do recurso, caso seja demonstrada pela acusação a necessidade da custódia para a garantia da ordem pública.

b) Considera-se ficta ou presumida a citação feita por edital, somente cabível quando o réu estiver fora do território da jurisdição do juiz processante.

c) O juiz, diante da ocorrência de crime de menor potencialidade ofensiva e da recusa do MP em atuar no processo, poderá, de ofício, propor a suspensão condicional do processo, desde que reunidos os pressupostos legais permissivos.

d) A citação deve ser feita pessoalmente ao acusado, não sendo admitido chamamento ao processo por meio de procurador, admitindo, no entanto, a jurisprudência uma única exceção quando se tratar de réu inimputável, situação em que a citação é feita na pessoa do curador.

e) As decisões das turmas recursais nos juizados especiais ensejam interposição de recurso especial ao STJ.

Prazo para a Apelação {art. 82, § 1º}

> § 1º A apelação será interposta no prazo de dez dias, contados da ciência da sentença pelo Ministério Público, pelo réu e seu defensor, por petição escrita, da qual constarão as razões e o pedido do recorrente.

Jurisprudência complementar (STF)

(...). Sentença proferida pela Justiça comum. Incompetência da turma recursal dos juizados especiais para julgar a apelação. A Turma Recursal dos Juizados Especiais não é competente para julgar apelação interposta de sentença proferida por Juiz de Direito da Justiça Comum. "as disposições concernentes a jurisdição e competência se aplicam de imediato, mas, se já houver sentença relativa ao mérito, a causa prossegue na jurisdição em que ela foi prolatada, salvo se suprimido o Tribunal que julgar o recurso" (Carlos Maximiliano). É o caso dos autos: havia sentença proferida pela Justiça Comum, sujeita, em grau de recurso, à jurisdição do Tribunal de

Justiça. Ordem concedida, não para anular a sentença, como requerido, mas para determinar que o Tribunal de Justiça de Santa Catarina julgue a apelação. (HC 87211, Rel. Min. Eros Grau, 1ª T., DJ 24.3.2006)

(...). Razões de apelação apresentadas fora do prazo legal. No âmbito dos juizados especiais também não é exigível a apresentação das razões como formalidade essencial da apelação, recurso que possui ampla devolutividade. Igualmente, a tardia apresentação das razões não impede o conhecimento do recurso. "Habeas corpus" deferido, em parte. (HC 85344, Rel. Min. Carlos Britto, 1ª T., DJ 31.3.2006)

I. "Habeas corpus": cabimento quanto à condenação à pena de prestação pecuniária, dado que esta, diversamente da pena de multa, se descumprida injustificadamente, converte-se em pena privativa de liberdade (C. Penal, art. 44, § 4º). II. Juizados Especiais Criminais: apelação não conhecida por intempestividade das razões, que não prejudicaria o recurso. 1. A apelação para a Turma Recursal deve ser interposta com as razões, no prazo de 10 dias (L. 9.099/95, art. 82, § 1º); no entanto, se, ajuizada no prazo de 5 dias, o Juiz a recebe e abre prazo para as razões, entende-se que adotou o rito da lei processual comum (CPP, art. 593), não se podendo reputar intempestivas as razões oferecidas no prazo do art. 600 do CPP (HC 80121). 2. De qualquer modo, também no processo dos Juizados Especiais, a ausência ou a intempestividade das razões não prejudicam a apelação interposta no prazo legal (CPP, art. 601). (HC 86619, Rel. Min. Sepúlveda Pertence, 1ª T., DJ 14.10.2005)

Jurisprudência complementar (STJ)

(...). Contravenção penal. Sentença proferida por vara única. Procedimento sumaríssimo. Recurso apreciado pela Câmara criminal. Apelação tida por intempestiva. Prazo do art. 593 do CPP. Constrangimento ilegal. Art. 82 da Lei 9.099/95. 1. Hipótese em que o paciente foi condenado como incurso no art. 50 da Lei das Contravenções Penais. A sentença foi prolatada pelo magistrado da Vara Única da Comarca de Meleiro/SC, constando do cabeçalho: "Ação Penal – Sumaríssimo/Juizado Especial". Interposta apelação, foi distribuída à Câmara Criminal do Tribunal de Justiça do Estado de Santa Catarina, que a considerou intempestiva, ante o decurso do prazo de 5 (cinco) dias previsto no art. 593, caput, do Código de Processo Penal. 2. Tratando-se de feito da competência do Juizado Especial, que não foi decidido em juízo específico apenas porque a comarca é dotada de Vara Única, mas que seguiu o procedimento sumaríssimo, a competência para apreciar o recurso é da Turma Recursal, nos termos do art. 82 da Lei 9.099/95, que prevê o prazo recursal de 10 (dez) dias. 3. Ordem concedida para anular o acórdão atacado e reconhecer a incompetência da Câmara Criminal do Tribunal de Justiça do Estado de Santa Catarina para julgar a apelação, devendo o feito ser remetido à apreciação da Turma Recursal competente. (HC 168.401, Rel. Min. Maria Thereza de Assis Moura, DJ 6.9.2010)

■ Contrarrazões de Apelação {art. 82, § 2º}

> § 2º O recorrido será intimado para oferecer resposta escrita no prazo de dez dias.

■ Gravação {art. 82, § 3º}

> § 3º As partes poderão requerer a transcrição da gravação da fita magnética a que alude o § 3º do art. 65 desta Lei.

■ Intimação do Julgamento {art. 82, § 4º}

> § 4º As partes serão intimadas da data da sessão de julgamento pela imprensa.

Jurisprudência complementar (STF)

(...). Juizado especial criminal. Defensor público: intimação pessoal. LC 80/94, Art. 82, I. Lei 9.099/95, ART. 82, § 4º. I. Improcedência da alegação de ausência de intimação do defensor público. Inocorrência de nulidade do acórdão proferido pela Turma Recursal. II. O julgamento dos recursos pela Turma Recursal dos Juizados Especiais Criminais prescinde da intimação pessoal dos defensores públicos, bastando a intimação pela imprensa oficial. (HC 84277, Rel. Min. Carlos Velloso, 2ª T., DJ 8.10.2004)

■ Confirmação pelos Próprios Fundamentos {art. 82, § 5º}

> § 5º Se a sentença for confirmada pelos próprios fundamentos, a súmula do julgamento servirá de acórdão.

Jurisprudência complementar (STF)

(...). Juizado Especial. Remissão aos fundamentos adotados na sentença. Indenização por danos morais. Inscrição indevida em órgão de proteção ao crédito. Insurgência veiculada contra a aplicação da sistemática da repercussão geral (arts. 328 do RISTF e 543-B do CPC). Publicação do acórdão proferido na origem posterior a 03.5.2007. A jurisprudência desta Corte firmou-se no sentido de que incabíveis embargos de declaração opostos em face de decisão monocrática. Recebimento como agravo regimental com fundamento no princípio da fungibilidade. O Plenário do Supremo Tribunal Federal já proclamou a existência de repercussão geral da questão relativa à remissão aos fundamentos da sentença impugnada, nos termos do § 5º do art. 82 da Lei 9.099/1995 e a inexistência de repercussão geral da questão referente ao cabimento de indenização por danos morais decorrentes de inscrição indevida em órgão de proteção ao crédito. Incidência do art. 328 do RISTF e aplicação do art. 543-B do CPC. Acórdão do Tribunal de origem publicado após 03.5.2007, data da publicação da Emenda Regimental 21/2007, que alterou o RISTF para adequá-lo à sistemática da repercussão geral (Lei 11.418/2006). (...). (ARE 640153 ED, Rel. Min. Rosa Weber, 1ª T., DJ 27.6.2012)

(...). Juizado especial. Remissão aos fundamentos da sentença. Ausência de fundamentação. Inocorrência. Reexame de provas. Impossibilidade em recurso extraordinário. (...). 2. O § 5º do artigo 82 da Lei 9.099/95 faculta ao Colégio Recursal do Juizado Especial a remissão aos fundamentos adotados na sentença, sem que isso implique afronta ao artigo 93, IX, da Constituição do Brasil. 3. Reexame de fatos e provas. Inviabilidade do recurso extraordinário. Súmula 279 do Supremo Tribunal Federal. (...). (AI 649140 AgR, Rel. Min. Eros Grau, 2ª T., DJ 17.8.2007)

■ Embargos de Declaração {art. 83}

> **Art. 83**. Caberão embargos de declaração quando, em sentença ou acórdão, houver obscuridade, contradição, omissão ou dúvida.

■ Prazo dos Embargos de Declaração {art. 83, § 1º}

> § 1º Os embargos de declaração serão opostos por escrito ou oralmente, no prazo de cinco dias, contados da ciência da decisão.

Jurisprudência complementar (STF)

(...). Turma recursal de juizado especial criminal. Prazo recursal. I. Não obstante a realização de sustentação oral perante Turma Recursal nos Juizados Especiais Criminais, a contagem do prazo para a oposição de embargos de declaração inicia, tão-somente, a partir da efetiva ciência do inteiro teor da decisão, que se dá com a publicação da decisão recorrida ou com o recibo expresso da referida ciência (art. 83 da Lei 9.099/95). II. Tempestividade dos embargos de declaração opostos dentro do prazo de 5 (cinco) dias da publicação do inteiro teor do acórdão. III. Ordem concedida. (HC 87338, Rel. Min. Ricardo Lewandowski, 1ª T., DJ 22.9.2006)

Jurisprudência complementar (STJ)

(...). Embargos declaratórios. Prazo de oposição. 2 (dois) dias (art. 619 do XPP e 263 do RISTJ). Acórdão de turma recursal do juizado especial. Recurso especial. Descabimento (súmula 203/STJ). Prazo da Lei 9.099/95. Inaplicabilidade. (...). 1. São intempestivos os embargos de declaração em matéria criminal opostos fora do prazo legal de dois dias, à luz dos arts. 619 do CPP e 263 do RISTJ. 2. A teor da Súmula 203 desta Corte, é inadmissível o recurso especial contra decisão proferida por órgão de segundo grau dos Juizados Especiais. Por esta razão, é inaplicável o prazo previsto na Lei 9.099/95 para a oposição dos embargos declaratórios da decisão que não conheceu do agravo de instrumento interposto contra despacho denegatório de admissibilidade do recurso especial. (...). (AgRg nos EDcl no Ag 1103215, Rel. Min. Jane Silva, DJ 19.12.2008).

■ Suspensão do Prazo {art. 83, § 2º}

> § 2º Quando opostos contra sentença, os embargos de declaração suspenderão o prazo para o recurso.

■ Erros Materiais {art. 83, § 3º}

> § 3º Os erros materiais podem ser corrigidos de ofício.

Jurisprudência complementar (STF)

(...). Embargos de declaração recebidos como agravo regimental. Crimes contra a honra. Rejeição da queixa-crime. Justa causa. Reexame de fatos e provas. Impossibilidade. Ausência de prequestionamento. Ofensa reflexa à constituição federal. Reexame de fatos e provas. Impossibilidade. 1. Embargos de declaração recebidos como agravo regimental, consoante iterativa jurisprudência do Supremo Tribunal Federal. 2. Se a questão constitucional invocada no Recurso Extraordinário não foi objeto de debate e decisão no acórdão recorrido, fica desatendido o pressuposto recursal do prequestionamento. 3. A rejeição de ação penal por falta de justa causa não pode ser atacada por meio do extraordinário, pois demandaria revolvimento de provas e encontraria óbice na Súmula 279 desta Suprema Corte. 4. Inviável o Recurso Extraordinário quando a alegada ofensa à Constituição Federal, se existente, seria meramente reflexa, a depender de interpretação da legislação infraconstitucional. (...). (ARE 707672 ED, Rel. Min. Rosa Weber, 1ª T., DJ 19.2.2013)

Seção IV – Da Execução

■ **Pagamento da Pena de Multa {art. 84}**

> **Art. 84.** Aplicada exclusivamente pena de multa, seu cumprimento far-se-á mediante pagamento na Secretaria do Juizado.

■ **Extinção da Punibilidade {art. 84, p. ú.}**

> Parágrafo único. Efetuado o pagamento, o Juiz declarará extinta a punibilidade, determinando que a condenação não fique constando dos registros criminais, exceto para fins de requisição judicial.

Jurisprudência complementar (STJ)

(...). Dosimetria. Furto qualificado. Arrombamento. Pena-base. Fixação em patamar superior ao mínimo legalmente previsto. Culpabilidade. Consideração daquela própria do tipo. Ausência de fundamentação concreta. Processo em que foi extinta a punibilidade do paciente e ações penais não encerradas. Consideração como maus antecedentes, má personalidade e má conduta social. Descabimento. Constrangimento ilegal evidenciado. Fixação da reprimenda no mínimo legal. 1. Constitui evidente constrangimento ilegal a fixação da pena-base acima do mínimo legalmente previsto sem a devida fundamentação, especialmente quando foram consideradas como desfavoráveis ao paciente circunstâncias inerentes à culpabilidade em sentido estrito, a qual é elemento integrante da estrutura do crime, em sua concepção tripartida. 2. Esta Corte Superior tem entendido que, em respeito ao princípio da presunção de inocência, não podem ser considerados, para caracterização de maus antecedentes, de má personalidade e de má conduta social, processos em que foi extinta a punibilidade do agente por força do contido no art. 84, parágrafo único, da Lei 9.099/95 e ações penais ainda em andamento, sem certificação de trânsito em julgado. (...). (HC 127.288, Rel. Min. Jorge Mussi, DJ 13.10.2009)

■ Insolvência {art. 85}

Art. 85. Não efetuado o pagamento de multa, será feita a conversão em pena privativa da liberdade, ou restritiva de direitos, nos termos previstos em lei.

Jurisprudência complementar (STJ)

(...). Nulidade. Lei 9.099/95. Descumprimento de acordo firmado e homologado em transação penal. Oferecimento de denúncia. Impossibilidade. Sentença homologatória. Coisa julgada material e formal. Execução da multa pelas vias próprias. (...). I. A sentença homologatória da transação penal, prevista no art. 76 da Lei 9.099/95, tem natureza condenatória e gera eficácia de coisa julgada material e formal, obstando a instauração de ação penal contra o autor do fato, se descumprido o acordo homologado. II. No caso de descumprimento da pena de multa, conjuga-se o art. 85 da Lei 9.099/95 e o 51 do CP, com a redação dada pela Lei 9.286/96, com a inscrição da pena não paga em dívida ativa da União para ser executada. (...). (HC 176.181, Rel. Min. Gilson Dipp, DJ 17.8.2011)

(...). Delito de menor potencial ofensivo. Pena restritiva de direitos. Execução pela justiça comum. Julgamento monocrático. Aplicação analógica do art. 120, parágrafo único, do Código de Processo Civil. Ausência de violação ao princípio da colegialidade. 1. De acordo com o parágrafo único do art. 120 do Código de Processo Civil, c. c. o art. 3º do Código de Processo Penal, é possível que o relator decida, com fundamento na jurisprudência dominante, de forma monocrática, o que não ofende o princípio da colegialidade. 2. A execução das penas privativas de liberdade e restritivas de direitos cumuladas com multas deve ser fiscalizada pelo Juízo da Execução, mas a pena de multa aplicada isoladamente deve ser executada no próprio Juizado Especial Criminal. (...). (AgRg no CC 104.993, Rel. Min. Laurita Vaz, DJ 17.9.2009)

■ Execução {art. 86}

Art. 86. A execução das penas privativas de liberdade e restritivas de direitos, ou de multa cumulada com estas, será processada perante o órgão competente, nos termos da lei.

Jurisprudência complementar (STJ)

Conflito negativo de competência. Pena restritiva de direitos. Execução. Competência do juízo das execuções. 1. De acordo com o entendimento desta Corte, é do Juízo Comum a competência para a execução das penas restritivas de direito, privativas de liberdade e multa, quando aplicada cumulativamente com aquelas, conforme a exegese do art. 86 da Lei 9.099/95. Reservada a competência do Juizado especial à pena de multa quando aplicada isoladamente. (...). (CC 97.080, Rel. Min. OG Fernandes, DJ 7.11.2008)

Conflito negativo de competência. 1. Crime de menor potencial ofensivo. Pena privativa de liberdade. Execução. Juízo comum. 2. Agravo em execução. Principio da perpetuatio jurisdicionis. 3. Competência recursal do Tribunal de Justiça. 1. A competência para a execução das penas privativas de liberdade impostas no âmbito dos juizados especiais criminais pertence aos Juízos das Execuções Criminais, integrantes da Justiça Comum. 2. O recurso contra sentença proferida no Juízo Comum deve ser julgado pelo Tribunal hierarquicamente superior, por força da perpetuactio jurisdicionis. (...). (CC 62.662, Rel. Min. Maria Thereza de Assis Moura, DJ 22.4.2008)

(...). Conflito de competência. Crime julgado pela Justiça Comum. Execução penal. Extinção da pena restritiva de direitos. Pena de multa remanescente. Declaração de extinção do processo de execução penal. Remessa de certidão à Procuradoria-Geral do Estado para a execução da pena de multa. Agravo em execução. Competência recursal da Justiça Comum. 1. A superveniente alteração do conceito de menor potencial ofensivo não implica deslocamento da competência recursal. 2. "As penas privativas de liberdade, restritivas de direitos e multa cumulada com estas não se encontram no âmbito do Juizado Especial Criminal, mas do órgão encarregado da execução nos termos da legislação local" (Júlio Fabbrini Mirabete). (...). (CC 48.257, Rel. Min. Arnaldo Esteves Lima, DJ 23.10.2006)

Seção V – Das Despesas Processuais

■ Redução {art. 87}

Art. 87. Nos casos de homologação do acordo civil e aplicação de pena restritiva de direitos ou multa (arts. 74 e 76, § 4º), as despesas processuais serão reduzidas, conforme dispuser lei estadual.

Jurisprudência complementar (STF)

Uso indevido de uniforme militar (CPM, art. 172): incidência, na espécie, dos arts. 87 e 89 da L. 9.099/95, aplicável ao processo penal militar, segundo a jurisprudência do Supremo Tribunal: superveniência da L. 9.839/99, que dispôs em contrário mas não se aplica ao caso, relacionado a fatos delituosos ocorridos antes da sua vigência: irretroatividade da lei penal in pejus. (HC 80099, Rel. Min. Sepúlveda Pertence, 1ª T., DJ 16.6.2000)

Seção VI – Disposições Finais

■ Representação nos Casos de Lesão Corporal Leve ou Culposa {art. 88}

Art. 88. Além das hipóteses do Código Penal e da legislação especial, dependerá de representação a ação penal relativa aos crimes de lesões corporais leves e lesões culposas.

Jurisprudência complementar (STF)

Ação Penal. Violência doméstica contra a mulher. Lesão corporal. Natureza. A ação penal relativa a lesão corporal resultante de violência doméstica contra a mulher é pública incondicionada – considerações. (ADI 4424, Rel. Min. Marco Aurélio, Pleno, DJ 1.8.2014)

(...). Lei 9.099/95. Revisão da súmula STF 608. Ação penal. Natureza. Representação. Retratação tácita. Ausência de representação específica para o delito de estupro. Decadência do direito de queixa. Descaracterização dos delitos de estupro e atentado violento ao pudor. Progressão de regime. 1. O advento da Lei 9.099/95 não alterou a Súmula STF 608 que continua em vigor. O estupro com violência real é processado em ação pública incondicionada. Não importa se a violência é de natureza leve ou grave. 2. O Ministério Público ofereceu a denúncia após a representação da vítima. Não há que se falar em retratação tácita da representação. 3. Nem é necessária representação específica para o delito de estupro, quando se trata de delito de estupro com violência real. 4. No caso, inexiste decadência do direito de queixa por não se tratar de ação penal privada. 5. A jurisprudência do Tribunal pacificou-se no entendimento de que os crimes de estupro e atentado violento ao pudor caracterizam-se como hediondos. (...). Inviável a progressão do regime. (...). (HC 82206, Rel. Min. Nelson Jobim, 2ª T., DJ 22.11.2003)

(...). Delito castrense. Prática supostamente ocorrida antes da vigência da Lei 9.839/99. Aplicabilidade do art. 88 da Lei 9.099/95. Crime de lesões corporais culposas. Necessidade de representação da vítima. Inocorrência. Consumação do prazo decadencial. Extinção da punibilidade. Trancamento do processo penal. Pedido deferido. O sistema constitucional brasileiro impede que se apliquem leis penais supervenientes mais gravosas, como aquelas que afastam a incidência de causas extintivas da punibilidade (dentre as quais se inclui a medida despenalizadora concernente à exigência de representação nos delitos de lesões corporais leves e culposas), a fatos delituosos cometidos em momento anterior ao da edição da "lex gravior". (...). (HC 80860, Rel. Min. Celso de Mello, 2ª T., DJ 10.8.2001)

(...). Crime de lesões corporais culposas na direção de veículo, qualificado pela falta de habilitação, e de dirigir sem habilitação (arts. 303, Par. Único, e 309 do CTB): Consunção. 1. O crime mais grave de lesões corporais culposas, qualificado pela falta de habilitação para dirigir veículos, absorve o crime menos grave de dirigir sem habilitação (artigos 303, par. único, e 309 do Código de Trânsito Brasileiro). 2. O crime de lesões corporais culposas é de ação pública condicionada à representação da vítima por expressa disposição legal (artigos 88 e 91 da Lei 9.099/95). 3. Na hipótese em que a vítima não exerce a faculdade de representar, ocorre a extinção da punibilidade do crime mais grave de lesões corporais culposas, qualificado pela falta de habilitação, não podendo o paciente ser processado pelo crime menos grave de dirigir sem habilitação, que restou absorvido. (...). (HC 80298, Rel. Min. Maurício Corrêa, 2ª T., DJ 1.12.2000)

Lesão corporal culposa praticada na direção de veículo automotor por motorista não habilitado, havendo-se declarado a vítima desinteressada da persecução penal. Absorção do delito do art. 309 do Código de Trânsito Brasileiro pelo do art. 303, e seu parágrafo único, trancando-se a ação penal por falta de representação do ofendido. (HC 80041, Rel. Min. Octavio Gallotti, 1ª T., DJ 18.8.2000)

Jurisprudência complementar (STJ)

(...). Vias de fato. Contravenção penal. Ação penal pública incondicionada. Pleno vigor da lei de contravenções penais. Ilegalidade não evidenciada. (...). 1. O artigo 88 da Lei 9.099/95, que tornou condicionada à representação a ação penal por lesões corporais leves e lesões culposas, não se estende à persecução das contravenções penais. A contravenção penal de vias de fato, insculpida no artigo 21 da Lei de Contravenções Penais (Decreto Lei 3.688/41), ainda que de menor potencial ofensivo em relação ao crime de lesão corporal, não foi incluída nas hipóteses do artigo 88 da Lei 9.099-95. 2. A Lei de Contravenções Penais (Decreto Lei 3.688/41) continua em pleno vigor e nela há expressa previsão legal de que a ação penal é pública incondicionada, conforme disciplina o seu artigo 17. (...). (RHC 47.253, Rel. Min. Maria Thereza de Assis Moura, DJ 17.12.2014)

(...). Lei Maria da Penha. Lesão corporal leve. Ação penal condicionada à representação da vítima. Pacificação do tema. Recurso especial representativo da controvérsia 1.097.042. Súmula 83/STJ. Decisão mantida por seus próprios fundamentos. 1. Desde o julgamento do Recurso Especial Representativo da Controvérsia n. 1.097.042, ficou superada a divergência jurisprudencial, até então existente entre as Turmas especializadas em direito penal desta Corte, acerca da necessidade de representação da mulher nos crimes de lesão corporal leve, praticados no âmbito doméstico e familiar. 2. Com a pacificação do tema, prevaleceu o entendimento segundo o qual, em tais delitos, proceder-se-á à ação penal mediante representação da vítima. (...). (AgRg no REsp 1184069, Rel. Min. Marco Aurélio Bellizze, DJ 15.12.2011)

(...). Estupro e atentado violento ao pudor. Violência real. Ação penal pública incondicionada. Súmula 608/STF. Legitimidade do Ministério Público. Constrangimento ilegal não evidenciado. (...). 1. É assente neste Tribunal Superior o entendimento segundo o qual, tratando-se de crime de estupro e atentado violento ao pudor praticados com emprego de violência real, a ação penal é de iniciativa pública incondicionada, sendo o Parquet o ente legitimado para a sua promoção, a teor do texto constitucional, incidindo, na espécie, o enunciado da Súmula 608/STF, que, inclusive, não perdeu a validade com o advento da Lei 9.099/95.. 2. Não fosse isso, de acordo com entendimento já pacificado nesta Corte Superior de Justiça, a representação da vítima ou de seus representantes legais para a investigação ou deflagração de ação penal, nos casos em que esta é condicionada àquela manifestação, prescinde de qualquer rigor formal, bastando a demonstração inequívoca da parte interessada, o que ocorreu na hipótese dos autos. (...). (HC 106.224, Rel. Min. Jorge Mussi, DJ 14.2.2011).

Questões de concursos

375. **(Cespe/PC/PE/Delegado/2016)** O brasileiro nato, maior e capaz, que praticar vias de fato contra outro brasileiro nato

   a) será considerado reincidente, caso tenha sido condenado, em território estrangeiro, por contravenção penal.

   b) poderá ser condenado a penas de reclusão, de detenção e de multa.

   c) responderá por contravenção penal no Brasil, ainda que a conduta tenha sido praticada em território estrangeiro.

   d) responderá por contravenção, na forma tentada, se tiver deixado de praticar o ato por circunstâncias alheias a sua vontade.

   e) responderá por contravenção penal e, nesse caso, a ação penal é pública incondicionada.

376. **(Funiversa/PC/DF/Papiloscopista/2015)** Convencido de que havia sido traído, Pedro empurrou violentamente sua esposa contra a parede. Submetida a exame de corpo de delito, constatou-se a presença de lesões corporais de natureza leve praticada em contexto de violência doméstica. Considerando esse caso hipotético, assinale a alternativa correta acerca dos juizados especiais criminais e da Lei Maria da Penha.

   a) A ação penal será pública condicionada à requisição do ministro da Justiça.

   b) É possível a composição civil dos danos, com estipulação de danos morais em favor da vítima, para se evitar a persecução penal.

   c) A ação penal será pública incondicionada.

   d) A ação penal será privada.

   e) A ação penal será pública condicionada à representação da ofendida.

Suspensão Condicional do Processo {art. 89}

> **Art. 89.** Nos crimes em que a pena mínima cominada for igual ou inferior a um ano, abrangidas ou não por esta Lei, o Ministério Público, ao oferecer a denúncia, poderá propor a suspensão do processo, por dois a quatro anos, desde que o acusado não esteja sendo processado ou não tenha sido condenado por outro crime, presentes os demais requisitos que autorizariam a suspensão condicional da pena (art. 77 do Código Penal).

Súmulas (STJ)

Súmula 696. Reunidos os pressupostos legais permissivos da suspensão condicional do processo, mas se recusando o Promotor de Justiça a propô-la, o Juiz, dissentindo, remeterá a questão ao Procurador-Geral, aplicando-se por analogia o art. 28 do Código de Processo Penal.

Súmula 723. Não se admite a suspensão condicional do processo por crime continuado, se a soma da pena mínima da infração mais grave com o aumento mínimo de um sexto for superior a um ano.

Súmulas (STJ)

Súmula 243. O benefício da suspensão do processo não é aplicável em relação às infrações penais cometidas em concurso material, concurso formal ou continuidade delitiva, quando a pena mínima cominada, seja pelo somatório, seja pela incidência da majorante, ultrapassar o limite de um (01) ano.

Súmula 337. É cabível a suspensão condicional do processo na desclassificação do crime e na procedência parcial da pretensão punitiva.

Informativos (STF)

Suspensão condicional do processo e cumprimento de período de prova

O benefício da suspensão condicional do processo pode ser revogado mesmo após o período de prova, desde que motivado por fatos ocorridos até o seu término. AP 512 AgR, Rel. Min. Ayres Britto, 15.3.12. Pleno. (Info 658)

Suspensão condicional do processo e prestação social alternativa

É válida e constitucional a imposição, como pressuposto para a suspensão condicional do processo, de prestação de serviços ou de prestação pecuniária, desde que adequadas ao fato e à situação pessoal do acusado e fixadas em patamares distantes das penas decorrentes de eventual condenação. HC 108914, Rel. Min. Rosa Weber, 29.5.12. 1ª T. (Info 668)

Jurisprudência complementar (STF)

(...). Fundamentação idônea. Possibilidade de correção "ex officio" de erro material (contradição entre ementa e dispositivo). Ausência de "reformatio in pejus". Reconhecimento da prescrição. Instrução deficiente. 1. A questão suscitada que não foi objeto de debate no acórdão recorrido não pode ser examinada, em caráter inaugural, por esta Corte, sob pena de indevida supressão de instância e contrariedade à repartição constitucional de competências. (...). 2. Não é viável, na via estreita do recurso ordinário em "habeas corpus", o reexame dos elementos de convicção considerados pelo magistrado sentenciante na avaliação das circunstâncias judiciais previstas no art. 59 do Código Penal. O que está autorizado é apenas o controle da legalidade dos critérios utilizados, com a correção de eventuais arbitrariedades. No caso, entretanto, não se constata qualquer vício apto a justificar o redimensionamento da pena-base. (...). 3. Demonstrado que a decisão do órgão julgador está devidamente refletida no dispositivo do voto condutor, que é a parte imutável da decisão, não há óbice para que o mesmo colegiado, a qualquer tempo, proceda à correção de erro material constante da ementa, sem que isso implique "reformatio in pejus" ou ofensa à coisa julgada. 4. Ausentes elementos seguros para o reconhecimento da prescrição, o pedido não pode ser conhecido. Nada impede, entretanto, que a pretensão seja formulada diretamente ao juízo da execução (art. 66 da Lei 7.210/1984), que, aliás, é quem possui todas as informações necessárias para tanto. (...). (RHC 120263, Rel. Min. Teori Zavascki, 2ª T., DJ 10.3.2015)

(...). 2. Suspensão condicional do processo. Art. 89 da Lei 9.099/95. Não concessão do benefício. Condenações anteriores transitadas em julgado. 3. Necessidade de rever interpretação conferida na origem à legislação infraconstitucional. Providência vedada no âmbito do recurso extraordinário. Ofensa reflexa ao texto constitucional. (...). (ARE 846033 AgR, Rel. Min. Gilmar Mendes, 2ª T., DJ 17.12.2014)

(...). Crimes ambiental, receptação e contrabando. Conexão: competência da Justiça Federal. Alteração superveniente da competência. Validade dos atos praticados. (...). 1. Fatos imputados aos Pacientes praticados em conexão com o crime de contrabando. Havendo concurso de crimes, a competência da Justiça Federal para um deles atrai, por conexão instrumental, a competência para o julgamento dos demais. 2. Alteração superveniente da competência pela extinção da punibilidade quanto ao crime de contrabando. Inexistência de nulidade dos atos processuais válidos quando praticados. (...). (HC 122202, Rel. Min. Cármen Lúcia, 2ª T., DJ 7.11.2014)

(...). 2. Homicídio culposo. Condenação. 3. Alegações: a) nulidade das provas colhidas no inquérito presidido pelo Ministério Público. O procedimento do MP encontra amparo no art. 129, inciso II, da CF. Investigação voltada a apurar prestação deficiente de atividade médico-hospitalar desenvolvida em hospital público; b) ausência de elementos aptos a embasar o oferecimento e o recebimento da denúncia e inépcia da denúncia. Improcedência. A peça inicial atendeu aos requisitos previstos no art. 41 do CPP, permitindo o exercício da ampla defesa; c) ofensa ao princípio do promotor natural. Inocorrência. A distribuição da ação penal atendeu ao disposto na Lei Orgânica do Ministério Público do Estado de Goiás, que permite a criação de promotorias especializadas, no caso, a Promotoria de Curadoria de Saúde do Estado de Goiás; d) Violação ao princípio da identidade física do juiz. Inexistência. Sentença proferida antes da vigência da Lei 11.719/2008; e) análise da suspensão condicional do processo antes do recebimento da denúncia. Pedido inviável nos termos do art. 89 da Lei 9.099/95; f) aplicação da atenuante prevista no art. 65, inciso III, b, do CP. Rejeição. Ausentes evidências de que o agente tenha, por vontade própria e com eficiência, logo após o crime, evitado as consequências de sua conduta; e g) incompatibilidade entre a causa de aumento de pena do art. 121, § 4º, do CP e o homicídio culposo, sob pena de "bis in idem". Alegação impertinente. Nem a sentença condenatória, nem o acórdão confirmatório imputaram ao recorrente essa causa de aumento de pena. (...). (RHC 97926, Rel. Min. Gilmar Mendes, 2ª T., DJ 29.9.2014)

Jurisprudência complementar (STJ)

(...). Art. 89 da Lei 9.099/1995. Pretensão que demanda o revolvimento de matéria fático-probatória. Inviabilidade. Súmula 7 do STJ. (...). 2. Na hipótese, o acórdão embargado deixou de apreciar a matéria relativa à suspensão condicional do processo, fulcrada no art. 89 da Lei 9.099/1995, bem como a alegada violação ao art. 28 do Código de Processo Penal, levantadas nas razões do recurso especial e reiteradas no agravo regimental. 3. Como é sabido, compete ao Ministério Público, como titular da ação penal, analisar a possibilidade de aplicação do sursis processual, devendo sempre fundamentar adequadamente a sua recusa. 4. No caso, não se aplica a regra contida no art. 28 do CPP, pois o Magistrado a quo não discordou do Órgão ministerial, entendendo que os motivos apresentados –

violência perpetrada e a personalidade agressiva do acusado – são suficientes para justificar o não oferecimento da proposta de suspensão condicional do processo. 5. Diante do quadro delineado, a inversão do decidido pelas instâncias ordinárias demandaria a análise do acervo probatório dos autos, providência vedada em face do contido na Súmula 7 deste Tribunal. (...). (EDcl no AgRg no AREsp 513.953, Rel. Min. Gurgel de Faria, DJ 2.6.2015)

(...). Art. 89 da Lei 9.099/1995. Suspensão condicional do processo. Obrigações equivalentes a penas restritivas de direitos. Possibilidade. (...). 1. Na suspensão condicional do processo, positivada no art. 89 da Lei 9.099/1995, o exercício do ius accusationis é suspenso com o propósito de evitar-se as cerimônias degradantes do processo, a condenação e, por conseguinte, a sanção penal correspondente ao crime imputado ao réu. E, por constituir-se em acordo processual, as partes são livres para transigir em torno das condições legais (§ 1º) ou judiciais (§ 2º) do art. 89 da Lei 9.099/1995, "desde que adequadas ao fato e à situação pessoal do acusado". 2. Não há óbice legal ou lógico a que, a par das condições legais, se celebre acordo por meio do qual, nos termos do art. 89, § 2º, da Lei 9.099/1995, o réu assuma obrigações equivalentes, do ponto de vista prático, a penas restritivas de direitos (tais como a prestação de serviços comunitários, o fornecimento de cestas básicas a instituições filantrópicas ou a prestação pecuniária à vítima), visto que tais injunções constituem tão somente condições para sua efetivação e como tais são adimplidas voluntariamente pelo acusado. (...). (RHC 55.119, Rel. p/ Ac. Min. Rogerio Schietti Cruz, DJ 6.5.2015)

(...). Julgamento de apelação criminal. Procedência parcial do pedido. Condenação por delito de menor potencial ofensivo. Substituição do Desembargador revisor por Juiz convocado. Legalidade. Inexistência de proposta de suspensão condicional do processo. Violação da súmula 337 do STJ. (...). 2. Não caracteriza nulidade a substituição, por juiz convocado, de desembargador que entre em gozo de férias após revisar apelação. (...). 3. Possível vício ocorrido na sessão de julgamento – na qual o advogado dos pacientes realizou longa sustentação oral – caracterizaria nulidade relativa, cuja arguição deve se dar logo após a ocorrência – neste caso, no julgamento –, sob pena de preclusão, nos termos do art. 571, VIII, do Código de Processo Penal. (...). 4. Consoante jurisprudência do STJ, o reconhecimento de procedência parcial do pedido em julgamento de apelação criminal, em que há possibilidade de condenar o réu por delito cuja pena mínima cominada seja igual a 1 ano, implica suspensão do julgamento e remessa dos autos ao órgão do Ministério Público com atuação em 2º grau, para manifestar-se acerca da proposta de suspensão condicional do processo (art. 89 da Lei 9.099/1995). Inteligência da Súmula 337 do STJ. (...). Ordem concedida de ofício, para, mantida a absolvição do tipo do art. 2º da Lei 8.176/1991, anular parcialmente o acórdão e determinar a remessa dos autos à Procuradoria Regional da República da 5ª Região, que poderá propor suspensão condicional do processo em relação ao delito do art. 40 da Lei 9.605/1998, se for o caso, na forma da lei. (HC 269.678, Rel. Min. Gurgel de Faria, DJ 22.4.2015)

(...). Lesão corporal. Violência doméstica e familiar. Lei Maria da Penha. Suspensão condicional do processo. Impossibilidade. 1. O art. 41 da Lei 11.340/2006 veda expressamente a aplicação das benesses previstas na Lei 9.099/1995 aos crimes praticados com violência doméstica e familiar. 2. Os diversos institutos despenalizadores previstos na Lei dos Juizados Especiais, inclusive a suspensão condicional do processo, não são aplicáveis aos crimes cometidos com violência familiar, independentemente da gravidade da infração. (...). (RHC 54.493, Rel. Min. Gurgel de Faria, DJ 3.3.2015)

(...). Condenação. Desclassificação do crime. Suspensão condicional do processo. Ausência de manifestação do ministério público acerca do benefício. Constrangimento ilegal evidenciado. Ordem concedida, de ofício. 1. Nos termos da jurisprudência deste Superior Tribunal, a desclassificação do crime para outro que se amolde aos requisitos previstos no art. 89 da Lei 9.099/1995 impõe o envio dos autos ao Ministério Público, para que se manifeste acerca do oferecimento do benefício da suspensão condicional do processo. Inteligência da Súmula 337 do STJ. 2. O Tribunal de Justiça do Distrito Federal e dos Territórios, ao desclassificar a conduta para o delito descrito no art. 304 c/c art. 299, ambos do Código Penal, avançou na dosimetria da pena, antes de determinar a vista dos autos ao Ministério Público para avaliação sobre a possibilidade de oferecimento da proposta de suspensão condicional do processo, de modo que fica evidenciado o alegado constrangimento ilegal de que estaria sendo vítima a paciente. 3. Por não ter sido conferida ao Ministério Público a oportunidade de propor, ou não, a suspensão condicional do processo, não pode subsistir a condenação na hipótese. 4. Ordem não conhecida. "Habeas corpus" concedido, de ofício, para, mantida a desclassificação, oportunizar ao Ministério Público que avalie a possibilidade de oferecimento da proposta de suspensão condicional do processo à paciente (Processo n. 2012.03.1.015614-4). (HC 302.544, Rel. Min. Rogerio Schietti Cruz, DJ 23.2.2015)

(...). Imposição de prestação pecuniária ou prestação de serviços comunitários como condição especial da suspensão condicional do processo. Inviabilidade. Imposição antecipada de pena. Constrangimento ilegal evidenciado. Decisão que deve ser mantida por seus próprios fundamentos. 1. Deve ser mantida, por seus próprios fundamentos, a decisão em que, monocraticamente, se nega seguimento ao "writ", substitutivo de recurso ordinário, mas concede-se ordem de "habeas corpus" de ofício, para afastar a prestação pecuniária/prestação de serviços comunitários da proposta de suspensão condicional do processo, nos termos do entendimento da Sexta Turma deste Superior

Tribunal, no sentido da impossibilidade da imposição de pena restritiva de direitos como condição do sursis processual, tendo em vista a incompatibilidade da medida despenalizadora com a prestação alternativa, ante o caráter de sanção penal desta última. (...). (AgRg no RHC 52.251, Rel. Min. Sebastião Reis Júnior, DJ 9.12.2014)

Questões de concursos

377. **(FGV/OAB/XVIII_Exame/2015)** Vinícius, primário e de bons antecedentes e regularmente habilitado, dirigia seu veículo em rodovia na qual a velocidade máxima permitida era de 80 km/h. No banco do carona estava sua namorada Estefânia. Para testar a potência do automóvel, ele passou a dirigir a 140 km/h, acabando por perder o controle do carro, vindo a cair em um barranco. Devido ao acidente, Estefânia sofreu lesão corporal e foi socorrida por policiais rodoviários. No marcador do carro ficou registrada a velocidade desenvolvida. Apesar do ferimento sofrido, a vítima afirmou não querer ver o autor processado por tal comportamento imprudente. Apresentado o inquérito ao Ministério Público, foi oferecida denúncia contra Vinícius pela prática do injusto do Art. 303 da Lei n. 9.503/97 (Código de Trânsito Brasileiro), que prevê a pena de 06 meses a 02 anos de detenção e a suspensão ou proibição da permissão ou da habilitação para dirigir veículo automotor. Considerando o acima exposto, a defesa de Vinícius deverá requerer

   a) a extinção do processo por não ter o Ministério Público legitimidade para oferecer denúncia, em razão da ausência de representação da vítima.
   b) a realização de audiência de composição civil.
   c) a realização de audiência para proposta de transação penal.
   d) a suspensão condicional do processo, caso a denúncia seja recebida.

■ Aceitação {art. 89, § 1º}

§ 1º Aceita a proposta pelo acusado e seu defensor, na presença do Juiz, este, recebendo a denúncia, poderá suspender o processo, submetendo o acusado a período de prova, sob as seguintes condições:

I – reparação do dano, salvo impossibilidade de fazê-lo;

II – proibição de frequentar determinados lugares;

III – proibição de ausentar-se da comarca onde reside, sem autorização do Juiz;

IV – comparecimento pessoal e obrigatório a juízo, mensalmente, para informar e justificar suas atividades.

Jurisprudência complementar (STF)

(...). Estelionato. Recebimento da denúncia efetuado anteriormente à proposta de suspensão condicional do processo. Inocorrência de prescrição. (...). 2. À luz do disposto no art. 89 da Lei 9.099/1995, nos crimes em que a pena mínima for igual ou inferior a 1 (um) ano, o Ministério Público, ao oferecer denúncia, poderá propor suspensão do curso do processo, pelo período de 2 (dois) a 4 (quatro) anos. 3. No sistema processual penal, a manifestação do acusado sobre a proposta de suspensão condicional do processo, em observância aos postulados constitucionais da presunção de inocência e da ampla defesa, há de ocorrer somente após o eventual recebimento da denúncia. (...). 4. Inocorrência, na hipótese, de prescrição da pretensão punitiva estatal, considerada a interrupção do prazo pertinente provocada pelo recebimento da denúncia. 5. "Habeas corpus" extinto sem resolução do mérito. (HC 120144, Rel. Min. Rosa Weber, 1ª T., DJ 1.8.2014)

Concurso público. Policial civil. Idoneidade moral. Suspensão condicional da pena. Art. 89 da Lei 9.099/1995. 1. Não tem capacitação moral para o exercício da atividade policial o candidato que está subordinado ao cumprimento de exigências decorrentes da suspensão condicional da pena prevista no art. 89 da Lei 9.099/95 que impedem a sua livre circulação, incluída a frequência a certos lugares e a vedação de ausentar-se da comarca, além da obrigação de comparecer pessoalmente ao Juízo para justificar suas atividades. Reconhecer que candidato assim limitado preencha o requisito da idoneidade moral necessária ao exercício da atividade policial não é pertinente, ausente, assim, qualquer violação do princípio constitucional da presunção de inocência. (...). (RE 568030, Rel. Min. Menezes Direito, 1ª T., DJ 24.10.2008)

1. Ação Penal. Justa causa. Inexistência. Delito de furto. Subtração de garrafa de vinho estimada em vinte reais. Res furtiva de valor insignificante. Crime de bagatela. Aplicação do princípio da insignificância. Atipicidade reconhecida. Extinção do processo. HC concedido para esse fim. (...). Verificada a objetiva insignificância jurídica do ato tido por delituoso, é de ser extinto o processo da ação penal, por atipicidade do comportamento e consequente inexistência de justa causa. 2. Ação penal. Suspensão condicional do processo. Inadmissibilidade. Ação penal destituída de justa causa. Conduta atípica. Aplicação do princípio da insignificância. Trancamento da ação em "habeas corpus". Não se cogita de suspensão condicional do processo, quando, à vista da atipicidade da conduta, a denúncia já devia ter sido rejeitada. (HC 88393, Rel. Min. Cezar Peluso, 2ª T., DJ 8.6.2007)

(...). Lei dos Juizados Especiais. Transação penal. Descumprimento: denúncia. Suspensão condicional do processo. Revogação. Autorização legal. 1. Descumprida a transação penal, há de se retornar ao status quo ante a fim de possibilitar ao Ministério Público a persecução penal. 2. A revogação da suspensão condicional decorre de autorização legal, sendo ela passível até mesmo após o prazo final para o cumprimento das condições fixadas, desde que os motivos estejam compreendidos no intervalo temporal delimitado pelo juiz para a suspensão do processo. (...). (HC 88785, Rel. Min. Eros Grau, 2ª T., DJ 4.8.2006)

(...). Preclusão. Suspensão condicional do processo (L. 9.099/95, art. 89). No processo Penal Militar, eventual nulidade deve ser arguida nos debates orais. Se não for suscitada nessa ocasião, a matéria preclui. A suspensão condicional do processo pressupõe sua aceitação pelo acusado (L. 9.099/95, art. 89, § 1º). Se o paciente recusá-la, expressamente, sobrevindo condenação, não poderá retratar-se. (...). (HC 80172, Rel. Min. Nelson Jobim, 2ª T., DJ 27.4.2001)

(...). Direito de recorrer em liberdade. Apreciação de teses da defesa. Regime de pena. Suspensão condicional do processo (L. 9.099/95, art. 89). Continuidade delitiva. Circunstância de aumento de pena. Preclusão. O direito de recorrer em liberdade não alcança o RE e o RESP, que não têm efeito suspensivo. A expedição de mandado de prisão é efeito da condenação. As teses da defesa foram enfrentadas explicitamente. O julgador não precisa responder a todas as questões emergentes do processo. A fixação de regime mais gravoso para o cumprimento da pena está fundamentada. O método trifásico foi devidamente observado. A suspensão condicional do processo (L. 9.099/95, art. 89) só é possível enquanto não proferida a sentença condenatória. É inviável sua aplicação, como alternativa para confirmação da sentença condenatória. Para reconhecimento da continuidade delitiva, é necessário que o agente cometa dois ou mais crimes da mesma espécie. Sendo o caso, a desclassificação de concurso material para crime continuado não caracteriza constrangimento ilegal. Trata-se de situação mais favorável, pois a pena aplicada é a de um só dos crimes, exasperada de um sexto a dois terços. No concurso material as penas são aplicadas cumulativamente. Se o recurso do Ministério Público não ataca a parte da sentença que afirma não existir causa de aumento de pena, ocorre a preclusão da matéria. Não cabe ao Tribunal reconhecê-la. Ordem parcialmente concedida. (HC 77264, Rel. Min. Nelson Jobim, 2ª T., DJ 4.8.2000)

Jurisprudência complementar (STJ)

(...). Embriaguez ao volante e desobediência. Suspensão condicional do processo (Lei 9.099/1995, art. 89). Condições. Prestação de serviços à comunidade e prestação pecuniária. Possibilidade, desde que "adequadas ao fato e à situação pessoal do acusado". Proporcionalidade, no caso concreto, das condições estabelecidas. (...).

01. A Lei 9.099, de 1995, dispõe que, além daquelas expressamente previstas no § 1º do art. 89, "o Juiz poderá especificar outras condições a que fica subordinada a suspensão, desde que adequadas ao fato e à situação pessoal do acusado" (art. 89, § 2º). No estabelecimento dessas condições deverão ser observados os princípios da adequação e da proporcionalidade. Salvo se manifestamente ilegais ou abusivas, são insusceptíveis de revisão em sede de "habeas corpus". Não é ilegal ou abusivo impor o cumprimento de "prestação pecuniária" ou de "prestação de serviços à comunidade" como condição para a suspensão do processo. (RHC 58.675, Rel. Min. Newton Trisotto, DJ 15.6.2015)

(...). Suspensão condicional do processo. Prestação de serviços à comunidade ou pecuniária. Imposição. Possibilidade. 1. A Quinta Turma desta Corte, na linha externada pelo colendo Supremo Tribunal Federal, admite a imposição de prestação de serviços à comunidade ou de prestação pecuniária como condição especial para a concessão do benefício da suspensão condicional do processo, desde que a medida se mostre adequada ao caso concreto, observados os princípios da adequação e da proporcionalidade. (...). (AgRg no HC 226.743, Rel. Min. Gurgel de Faria, DJ 17.3.2015)

(...). Embriaguez ao volante. Suspensão condicional do processo. Condições. Prestação pecuniária ou de serviços à comunidade. Adequação e proporcionalidade. Ilegalidade não evidenciada. 1. Além daquelas obrigatórias previstas nos incisos do § 1º do artigo 89 da Lei 9.099/1995, é facultada a imposição, pelo magistrado, de outras condições para a concessão da suspensão do processo, desde que adequadas ao fato e à situação pessoal do acusado, em estrita observância aos princípios da adequação e da proporcionalidade. 2. A prestação pecuniária ou de serviços à comunidade constitui legítima condição que pode ser proposta pelo Ministério Público e fixada pelo magistrado, nos termos do artigo 89, § 2º, da Lei 9.099/1995. (...). (RHC 53.808, Rel. Min. Jorge Mussi, DJ 3.2.2015)

Questões de concursos

378. **(Cespe/TJ/DF/Juiz/2014)** No que se refere aos juizados especiais criminais, segundo entendimento do STJ, assinale a opção correta.

   a) Não é permitido ao beneficiário da suspensão condicional do processo realizar juízos de valor sobre a conveniência e oportunidade do cumprimento dos termos impostos, ficando ele legalmente vinculado ao adimplemento integral das medidas, sob pena de revogação da benesse.

   b) A transação penal proposta pelo MP e aceita pelo acusado serve para gerar reincidência.

c) É cabível a impetração de "habeas corpus" para o reexame das razões de beneficiário de suspensão condicional do processo para justificar o inadimplemento das condições propostas pelo MP.

d) A aceitação de transação penal pode servir de fundamento para a não recomendação de candidato em concurso público na fase de investigação social.

e) É legal o aumento da pena-base, a título de maus antecedentes, com fundamento em registro decorrente da aceitação de transação penal proposta pelo MP.

■ Condições Extraordinárias {art. 89, § 2º}

> § 2º O Juiz poderá especificar outras condições a que fica subordinada a suspensão, desde que adequadas ao fato e à situação pessoal do acusado.

Jurisprudência complementar (STF)

(...). Crimes de desobediência e de desacato. Suspensão condicional do processo. Prestação pecuniária. Validade. (...). 2. Não é inválida a imposição, como condição para a suspensão condicional do processo, de prestação de serviços ou prestação pecuniária, desde que "adequadas ao fato e à situação pessoal do acusado" e fixadas em patamares distantes das penas decorrentes de eventual condenação. (...). 3. A imposição das condições previstas no § 2º do art. 89 da Lei 9.099/95 fica sujeita ao prudente arbítrio do juiz, não cabendo revisão em "habeas corpus", salvo se manifestamente ilegais ou abusivas. 4. "Habeas corpus" extinto sem resolução de mérito. (HC 123324, Rel. Min. Rosa Weber, 1ª T., DJ 7.11.2014)

(...). Furto. Suspensão condicional do processo. Imposição de prestação de serviços ou de prestação pecuniária. Validade. Não é inconstitucional ou inválida a imposição, como condição para a suspensão condicional do processo, de prestação de serviços ou prestação pecuniária, desde que "adequadas ao fato e à situação pessoal do acusado" e fixadas em patamares distantes das penas decorrentes de eventual condenação. A imposição das condições previstas no § 2º do art. 89 da Lei 9.099/95 fica sujeita ao prudente arbítrio do juiz, não cabendo revisão em "habeas corpus", salvo se manifestamente ilegais ou abusivas. (HC 108914, Rel. Min. Rosa Weber, 1ª T., DJ 1.8.2012)

(...). Crimes de menor potencial ofensivo. Suspensão condicional do processo. Art. 89, § 2º, da Lei 9.099/1995. Condições facultativas impostas pelo juiz. Doação de cestas básicas. Possibilidade. (...). Os crimes investigados são daqueles que admitem a suspensão condicional do processo mediante o cumprimento dos requisitos estabelecidos para a concessão do benefício. O § 2º do art. 89 da Lei 9.099/95 faculta ao juiz da causa "especificar outras condições a que fica subordinada a suspensão, desde que adequadas ao fato e à situação pessoal do acusado". Nesse ponto, a doação de cestas básicas não caracteriza a espécie de pena restritiva de direito prevista no inc. I do art. 43 do Código Penal, atinge à finalidade da suspensão do processo e confere rápida solução ao litígio, atendendo melhor aos fins do procedimento criminal. (...). (HC 108927, Rel. Min. Joaquim Barbosa, 2ª T., DJ 24.5.2012)

Jurisprudência complementar (STJ)

(...). Receptação. Suspensão condicional do processo. Prestação de serviços à comunidade como condição especial. Ausência de constrangimento ilegal. (...). 1. É possível a imposição de prestação de serviços à comunidade como condição especial da suspensão do processo, com base no art. 89, § 2º, da Lei 9.099/1995. (...). (AgRg no RHC 57.570, Rel. Min. Reynaldo Soares da Fonseca, DJ 17.6.2015)

(...). Furto simples. Suspensão condicional do processo. Prestação pecuniária como condição. Adequação e proporcionalidade. Ausência de constrangimento ilegal. (...). 1. A imposição de prestação pecuniária como condição para a suspensão do processo, com base no art. 89, § 2º, da Lei 9.099/1995, é admitida, desde que observados os princípios da adequação e da proporcionalidade. (...). (AgRg no RHC 54.397, Rel. Min. Leopoldo de Arruda Raposo, DJ 11.5.2015)

(...). Estelionato. Suspensão condicional do processo. Lei 9.099/95. Prestação pecuniária imposta como condição especial. Impossibilidade. Pena antecipada. (...). É inadmissível a imposição de prestação pecuniária como condição especial da suspensão condicional do processo na forma do art. 89, § 2º, da Lei 9.099/95, seja porque inexiste previsão legal, seja porque o instituto não se coaduna com a estipulação de sanção penal antecipada. Recurso ordinário provido para excluir a prestação pecuniária do rol das condições impostas ao recorrente. (RHC 49.276, Rel. Min. Ericson Maranho, DJ 27.4.2015)

■ Revogação {art. 89, § 3º}

> § 3º A suspensão será revogada se, no curso do prazo, o beneficiário vier a ser processado por outro crime ou não efetuar, sem motivo justificado, a reparação do dano.

Jurisprudência complementar (STF)

(...). Revogação da suspensão condicional do processo. Requisitos. Alegada afronta aos princípios Constitucionais do contraditório, da ampla defesa e do devido processo legal. Necessidade de análise de matéria infraconstitucional: ofensa constitucional indireta. (...). (ARE 761705 AgR, Rel. Min. Cármen Lúcia, 2ª T., DJ 26.9.2013)

(...). Estelionato. Concurso formal. Pena superior a um ano. Impossibilidade da suspensão condicional do processo. Recurso especial intempestivo. Matéria de ordem pública. Término do período de prova. Extinção da punibilidade. 1. O acréscimo da pena a título de concurso formal deve ser considerado para o efeito de impedir a suspensão condicional do processo. 2. Hipótese em que o Superior Tribunal de Justiça deu provimento a recurso especial intempestivo para admitir o aumento da pena pela incidência do concurso formal, vedando o benefício então deferido pelo Tribunal de Alçada Criminal de São Paulo. 3. A intempestividade, por ser matéria de ordem pública, deve ser declarada independentemente de iniciativa das partes. Ordem concedida para anular o acórdão proferido no recurso especial e declarar extinta a punibilidade, por ter o paciente cumprido o período de prova. (HC 82936, Rel. Min. Eros Grau, 1ª T., DJ 11.3.2005)

Jurisprudência complementar (STJ)

(...). Suspensão condicional do processo. Art. 89, §§ 3º e 5º, da Lei 9.099/1995. Revogação. Término do período de prova. Possibilidade. Causa ocorrida durante o prazo da suspensão. 1. A agravante alega que a causa que ensejou a revogação do benefício ocorreu após o período de prova, contudo constata-se que dentro do período de prova foi oferecida denúncia em desfavor da ré. 2. Segundo entendimento desta Corte, a suspensão condicional do processo pode ser revogada mesmo depois do término do período de prova, desde que o motivo que deu ensejo à revogação tenha ocorrido durante o período de vigência do sursis. (...). (AgRg no REsp 1433114, Rel. Min. Sebastião Reis Júnior, DJ 25.5.2015)

(...). Nulidade. Suspensão condicional do processo. Descumprimento de condição. Revogação. Facultativa. Ausência de prévia intimação do paciente. Ilegalidade patente. (...). 1. Nos termos do art. 89, §§ 3º e 4º, da Lei 9.099/95, o sursis processual será obrigatoriamente revogado quando o beneficiário for processado por outro crime, no decorrer do período de prova, ou na ausência de reparação do dano sem motivo justificado, sendo a revogação facultativa nas hipóteses em que for processado por contravenção penal, no curso do prazo, ou descumprir qualquer outra condição estabelecida. 2. No caso de revogação facultativa é imprescindível que o magistrado, antes de revogar o sursis processual, intime o beneficiário a fim de lhe dar a oportunidade de se justificar quanto ao descumprimento de condição imposta. 3. "in casu", diante da notícia de que o ora paciente havia descumprido uma das condições da suspensão condicional do processo, o magistrado determinou a imediata revogação do benefício, sem a sua prévia oitiva, fato que revela patente ilegalidade. 4. Recurso ordinário a que se dá provimento para anular a decisão que revogou o sursis processual, a fim de que seja o paciente previamente intimado para se manifestar sobre o descumprimento de condição imposta. (RHC 54.820, Rel. Min. Maria Thereza de Assis Moura, DJ 16.3.2015)

■ Revogação Facultativa {art. 89, § 4°}

> § 4° A suspensão poderá ser revogada se o acusado vier a ser processado, no curso do prazo, por contravenção, ou descumprir qualquer outra condição imposta.

Jurisprudência complementar (STF)

Suspensão do processo – período de prova – envolvimento em episódio a revelar a ocorrência material de crime. A condição de não se envolver o beneficiário da suspensão em acontecimento a consubstanciar crime é objetiva, não sendo alcançada pelos princípios da não-culpabilidade e da inocência, no que obstaculizam algo diverso, ou seja, a consideração da culpa antes do trânsito em julgado do decreto condenatório (HC 84746, Rel. Min. Marco Aurélio, 1ª T., DJ 31.3.2006)

(...). Revogação do sursis processual após o período de prova, mas por fatos ocorridos até o término daquele período. Pretensão de que seja declarada extinta a punibilidade do paciente, que estaria consumada no momento em que se verifica o término do período de prova. Caso em que a revogação teve como fundamento o descumprimento das condições estipuladas e aceitas na concessão do benefício, relativas ao comparecimento mensal e obrigatório em Juízo e à proibição de se ausentar da comarca sem prévia autorização (art. 89, § 4°, da Lei 9.099/95). Não se discute, portanto, aqui, a revogação pelo fato de o beneficiário vir a ser processado por outro crime (art. 89, § 3°, primeira parte), cujo exame da constitucionalidade, à luz do princípio da não-culpabilidade, foi afetado ao Plenário (HC 84.660). A melhor interpretação do art. 89, § 5°, da Lei 9.099/95 leva à conclusão de que não há óbice a que o juiz decida acerca da revogação do sursis ou da extinção da punibilidade após o final do período de prova. Assim, pode haver a revogação mesmo após expirado o referido período, desde que motivada por fatos ocorridos até o seu término. (HC 84593, Rel. Min. Carlos Britto, 1ª T., DJ 3.12.2004)

(...). 1. Suspenso condicionalmente o processo, não cabe ao juiz, ainda no curso do período respectivo, declarar parceladamente cumpridas – com força decisória de sentença definitiva – cada uma das condições a cuja satisfação integral ficou subordinada a extinção da punibilidade: se antes não adveio revogação por motivo devidamente apurado, é que incumbe ao Juiz, findo o período da suspensão do processo, declarar extinta a punibilidade – aí, sim, por sentença – ou, caso contrário, se verifica não satisfeitas as condições, determinar a retomada do curso dele. 2. A decisão que revoga a suspensão condicional pode ser proferida após o termo final do seu prazo, embora haja de fundar-se em fatos ocorridos até o termo final dele. (HC 80747, Rel. Min. Sepúlveda Pertence, 1ª T., DJ 19.10.2001)

Jurisprudência complementar (STJ)

(...). Sursis. Condições. Descumprimento no período de prova. Revogação depois do prazo legal. Possibilidade. Art. 89, § 4º da Lei 9.099/1995. (...). 1. Se descumpridas as condições impostas durante o período de prova da suspensão condicional do processo, o benefício deverá ser revogado, mesmo que já ultrapassado o prazo legal, desde que referente a fato ocorrido durante sua vigência. (...). (AgRg no RHC 57.321, Rel. Min. Rogerio Schietti Cruz, DJ 3.6.2015)

(...). Suspensão condicional do processo. Art. 89, § 4º, da Lei 9.099/1995. Revogação. Prosseguimento da ação penal. Possibilidade. Réu que já foi intimado por duas vezes para justificar o descumprimento. 1. Alega-se que não é possível determinar o prosseguimento da ação penal sem que seja analisado o motivo que levou o réu a descumprir a condição imposta. Salienta-se que, com o descumprimento das condições, torna-se possível a revogação do benefício, que se concretiza apenas com a intimação anterior do beneficiado para que lhe seja possível justificar o descumprimento das medidas impostas. 2. O réu foi intimado por duas vezes para se manifestar sobre o descumprimento e, mesmo assim, permaneceu sem cumprir a suspensão. (...). (AgRg no REsp 1511274, Rel. Min. Sebastião Reis Júnior, DJ 29.5.2015)

(...). Lesões corporais no âmbito das relações domésticas. Suspensão condicional do processo. Descumprimento das condições. Revogação posterior ao período de prova. Possibilidade. (...). 1. Se descumpridas as condições impostas durante o período de prova da suspensão condicional do processo, o benefício deverá ser revogado, mesmo que já ultrapassado o prazo legal, desde que referente a fato ocorrido durante sua vigência. 2. Na espécie, o paciente descumpriu uma das condições impostas, qual seja, o comparecimento pessoal em juízo. (...). (HC 254.146, Rel. Min. Rogerio Schietti Cruz, DJ 22.4.2015).

Questões de concursos

379. (Cespe/TJ/CE/Analista/2014) Considerando o disposto na Lei dos Juizados Especiais Cíveis e Criminais (Lei n. 9.099/1995) bem como na doutrina e na jurisprudência, assinale a opção correta.

a) A prática de crime continuado não interfere na concessão da suspensão condicional do processo, visto que as penas devem ser consideradas isoladamente para o deferimento do benefício.

b) Se, no curso do prazo da suspensão do processo, o acusado vier a ser processado por contravenção, o benefício poderá ser revogado.

c) Descumprida a transação penal, admite-se a conversão da pena restritiva de direitos em pena privativa de liberdade.

d) Se, na sentença, o juiz desclassificar o crime mediante nova classificação jurídica do fato, atribuindo tipicidade diversa da constante da denúncia, não se admite a suspensão condicional do processo, ainda que a nova pena esteja dentro dos limites para o benefício.

e) Caso o acusado não seja encontrado para ser citado pessoalmente, o juiz determinará a realização da citação por edital.

380. (Cespe/TRE/MS/Analista/2013) No que tange processo penal no âmbito dos juizados especiais criminais e ao entendimento do Supremo Tribunal Federal (STF) e do Superior Tribunal de Justiça (STJ) nesse sentido, assinale a opção correta.

a) O rito do juizado especial não comporta o cumprimento de carta precatória para a coleta e produção de provas oriundas do juízo comum, visto que essa impossibilidade deriva do preceito constitucional que reserva ao juizado a competência nos crimes de menor potencial ofensivo.

b) A extinção da punibilidade em decorrência da suspensão condicional do processo é medida de implementação automática, uma vez que possui conteúdo meramente declaratório de circunstância fática consolidada pelo exaurimento do período de provas sem anterior suspensão ou revogação.

c) É impossível a imposição, como condição para a suspensão condicional do processo, de prestação de serviços ou prestação pecuniária, por serem ambas inconstitucionais ou inválidas, mesmo que adequadas ao fato e à situação pessoal do acusado.

d) Admite-se a suspensão condicional do processo na ação pública incondicionada ou na ação penal privada, por expressa disposição da lei de regência, desde que a pena mínima do delito seja igual ou inferior a um ano e que ocorra a reparação prévia do dano causado pela infração, suspendendo-se de igual modo o prazo de prescrição.

e) O descumprimento das condições impostas em transação firmada nos juizados especiais autoriza, apenas, a execução do pactuado, no juízo competente.

381. **(Cespe/TJ/MA/Juiz/2013)** Com relação aos juizados especiais criminais, assinale a opção correta.

a) Um dos princípios regentes dos juizados especiais criminais é a reparação dos danos sofridos pela vítima, uma exigência legislativa expressa como condição para a suspensão condicional do processo e transação, sempre que possível.

b) É vedada a aplicação da suspensão condicional do processo depois de encerrada a instrução, uma vez que o escopo dessa suspensão é evitar a instrução do feito e o desperdício da atividade judicante, sendo admitida sua aplicação, contudo, em momento posterior, caso a infração penal inicialmente imputada seja desclassificada, na fase de sentença, e o órgão de acusação seja ouvido.

c) No âmbito dos juizados criminais, a citação e a intimação devem ser, sempre que possível, pessoais e efetivadas no próprio juizado ou por quaisquer dos meios previstos na legislação processual penal comum aplicada subsidiariamente.

d) A exigência de comparecimento do autor do fato acompanhado de advogado ou defensor público impõe-se apenas à audiência de instrução e julgamento, não abrangendo a fase de suspensão condicional do processo ou transação.

382. **(Cespe/TJ/RR/Cartórios/2013)** Com base nas disposições da Lei n. 9.099/1995, assinale a opção correta.

a) A suspensão condicional do processo está condicionada ao cumprimento obrigatório, pelo autor do fato, de condições legais, tais como o dever de reparação do dano e o comparecimento pessoal em juízo, mensalmente, para informar e justificar suas atividades.

b) Tratando-se de crime de lesão corporal de natureza grave, a composição civil entre as partes homologada no juízo criminal não impede a propositura da ação de reparação por danos materiais e morais, conquanto sejam independentes as instâncias cível e criminal.

c) O MP não poderá oferecer transação penal no caso de comprovadamente não indicar a conduta social do agente como necessária e suficiente à adoção da medida.

d) Homologada judicialmente a proposta de transação penal oferecida pelo MP e desde que aceita pelo autor do fato, será aplicada pena restritiva de direitos ou multa, que será registrada em sua certidão de antecedentes criminais para fins de reincidência.

e) Se a complexidade ou circunstâncias do caso não permitirem a formulação da denúncia, o MP deverá requerer ao juiz o encaminhamento dos autos à perícia oficial.

■ Extinção da Punibilidade {art. 89, § 5º}

> § 5º Expirado o prazo sem revogação, o Juiz declarará extinta a punibilidade.

Jurisprudência complementar (STF)

(...). Suspensão condicional da execução da pena. Descumprimento dos requisitos. Revogação após o término do período de prova. Possibilidade. Extinção da pretensão executória pela prescrição. Inocorrência. Durante o período de prova do sursis não corre prazo de prescrição. (...). 1. Constatado o descumprimento de condição imposta durante o período de prova do sursis, é perfeitamente cabível a revogação do benefício, ainda que a decisão venha a ser proferida após o término do período de prova. (...). 2. Alegação de extinção da pretensão executória pela ocorrência da prescrição. Embora o Código Penal não considere, de forma explícita, a suspensão condicional (sursis) como causa impeditiva da prescrição, esse efeito deflui da lógica do sistema vigente. (...). Prescrição da pretensão executória que não se verifica na espécie. (...). (HC 91562, Rel. Min. Joaquim Barbosa, 2ª T., DJ 30.11.2007)

(...). Sursis processual: revogação após o período de prova por descumprimento das condições antes do seu término. Possibilidade. (...). 1. A suspensão condicional do processo pode ser revogada, mesmo após o seu termo final, se comprovado que o motivo da sua revogação ocorreu durante o período do benefício. (...). (HC 90833, Rel. Min. Cármen Lúcia, 1ª T., DJ 11.5.2007)

Jurisprudência complementar (STJ)

(...). Ofensa ao art. 89, § 5º, da Lei 9.099/95. Ocorrência. Sursis processual. Descumprimento das condições impostas. Revogação após o período de prova. Possibilidade. (...). 1. Este Superior Tribunal de Justiça possui entendimento pacífico de que "o benefício da suspensão condicional do processo pode ser revogado mesmo após o transcurso do período de prova, desde que a causa da revogação tenha ocorrido durante o referido lapso temporal." (REsp 1.391.677, Rel. Min. Moura Ribeiro, DJ 18.10.2013). (...). (AgRg no AREsp 361.602, Rel. Min. Maria Thereza de Assis Moura, DJ 14.4.2014)

(...). Suspensão condicional do processo. Revogação após o término do período de prova. Possibilidade. Súmula 7/STJ. Não incidência na hipótese. (...). 1. Ao contrário do alegado pelo ora agravante, a tese defendida pelo Ministério Público nas razões do recurso especial não demanda o reexame do conjunto fático-probatório dos autos, vedado pela Súmula 7 desta Corte, mas tão-somente a interpretação de lei federal, vale dizer, do disposto no art. 89, § 5º, da Lei 9.099/95. 2. Intimado para comprovar o cumprimento das condições impostas, o réu não foi localizado. Diante disso, O Ministério Público requereu a revogação do aludido benefício, bem como a expedição de ofício ao Juízo deprecado, a fim que providenciasse a remessa da cópia integral da carta precatória, especialmente do termo da audiência em que foi aceita a proposta do sursis processual. 3. O Juízo deprecante, contudo, sem analisar a promoção do Parquet, declarou extinta a punibilidade, pelo simples transcurso do período de prova, tendo o Tribunal de origem mantido a decisão em sede de recurso em sentido estrito. 4. A decisão ora agravada, por sua vez, em nenhum momento negou ou alterou os fatos consignados pelas instâncias ordinárias. Com efeito, limitou-se a afirmar, consoante jurisprudência desta corte, que o término do período de prova sem revogação do sursis processual não enseja, automaticamente, a decretação da extinção da punibilidade, que somente tem lugar após certificado que o acusado cumpriu as obrigações estabelecidas e não veio a ser denunciado por novo delito durante a fase probatória. 5. De mais a mais, pela simples leitura da Proposta de Suspensão do Processo, constata-se que foi imposto ao agravante, como uma das condições ao deferimento do sursis, o 'comparecimento pessoal e obrigatório a Juízo, mensalmente, para informar e justificar suas atividades." (...). (AgRg no REsp 1129460, Rel. Min. OG Fernandes, DJ 27.8.2012)

(...). Suspensão condicional do processo. Extinção da punibilidade. Art. 89, § 5º, da Lei 9.099/95. Registro criminal em instituto de identificação. Possibilidade de cancelamento. Preservação do direito à intimidade. (...). I. Em homenagem à preservação do direito à intimidade, esta Corte vem decidindo pela exclusão das anotações referentes a inquéritos policiais e processos penais da Folha de Antecedentes Criminais nas hipóteses em que resultarem na extinção da punibilidade pela prescrição da pretensão punitiva, arquivamento, absolvição ou reabilitação. (...). II. A extinção da punibilidade decorrente do cumprimento do sursis processual objetiva a eliminação da ideia de culpabilidade e de pena, não se permitindo a consulta pública a dados de processo em que tenha ocorrido. III. Recurso provido para que sejam canceladas, junto ao Instituto de Identificação Ricardo Gumbleton Daunt, as anotações relativas ao processo em que ocorreu a extinção da punibilidade do paciente, em virtude do cumprimento das condições impostas na suspensão condicional do processo. (RHC 29.676, Rel. Min. Gilson Dipp, DJ 26.4.2011)

■ Suspensão do Prazo Prescricional {art. 89, § 6°}

> § 6° Não correrá a prescrição durante o prazo de suspensão do processo.

Jurisprudência complementar (STF)

(...). Dosimetria da pena. Condenações anteriores transitadas em julgado. Maus antecedentes e reincidência reconhecidos. Alegação de prescrição em uma das ações penais que ensejaram a exasperação da reprimenda. Inviabilidade de apreciação da alegação no presente "writ". Ocorrência, ademais, de suspensão do prazo prescricional em decorrência da suspensão condicional do processo (Lei 9.099/95, art. 89, § 6°). (...). 1. Em conformidade com o entendimento já sedimentado na Suprema Corte, não se presta a via estreita do "habeas corpus" ao reexame de matéria fática ou à valoração dos elementos de prova, ressaltando-se, adicionalmente, que não constam dos autos cópias integrais de documentação hábil à apreciação da prescrição aludida pela impetrante. (...). 2. Conforme se depreende das informações prestadas pelo Juízo da 2ª Vara Criminal da Comarca de Uberlândia/MG, embora os fatos imputados ao paciente em processo anterior tenham ocorrido em 13.5.2005, com recebimento de denúncia em 25.5..2005 e a prolação de sentença condenatória em 26.2.2008, houve a suspensão condicional do processo, iniciada em 14.6.2005 e revogada em 16.5.2007, período em que se verificou a suspensão do prazo prescricional (Lei 9.099/95, art. 89, § 6°), de modo a não haver indícios de que se tenha implementado o interregno temporal mínimo necessário à consumação da prescrição intercorrente. (...). (HC 108890, Rel. Min. Dias Toffoli, 1ª T., 2013 DJ 20.2.2013)

Jurisprudência complementar (STJ)

(...). Art. 60 da Lei 9.605/98. Prescrição da pretensão punitiva. Inocorrência. Tratando-se de delito apenado com pena máxima em abstrato de 06 (seis) meses de detenção, não há como reconhecer a extinção da punibilidade do recorrente pela prescrição da pretensão punitiva, uma vez que entre a data dos fatos (01/2005) e o recebimento da denúncia (27.11.2006), oportunidade em que houve a suspensão do curso do prazo prescricional nos termos do art. 89, caput e § 6º, da Lei 9.099/95, não transcorreu lapso temporal superior a 02 (dois) anos (artigos 107, inciso IV, 109, inciso VI, ambos do CP). (...). (RHC 25.266, Rel. Min. Felix Fischer, DJ 7.12.2009)

(...). Crime ocorrido antes da publicação da Lei 9.099/95. Suspensão condicional do processo. Cabimento. Norma de caráter material e processual. Suspensão do prazo prescricional. Impossibilidade de se aplicar parcialmente o instituto. Prescrição da pretensão punitiva estatal. Inocorrência. 1. Embora possua características eminentemente processuais, a suspensão condicional do processo, prevista no art. 89 da Lei 9.099/95, é medida de caráter despenalizador, enquadrando-se no conceito de lex mitior, aplicável, portanto, aos crimes cometidos antes de sua vigência. 2. Tratando-se de norma de caráter processual e material, vedada sua aplicação apenas em parte, cindindo seu conteúdo, sob pena de esvaziar a efetividade do instituto. 3. A pretensão punitiva estatal não foi atingida pela prescrição, porque se deve excluir do cálculo prescricional o período no qual o processo esteve suspenso, nos exatos termos do art. 89 da Lei 9.099/95. (...). (HC 72.537, Rel. Min. Laurita Vaz, DJ 11.2.2008)

■ Não Aceitação {art. 89, § 7º}

> § 7º Se o acusado não aceitar a proposta prevista neste artigo, o processo prosseguirá em seus ulteriores termos.

Jurisprudência complementar (STJ)

(...). Suspensão condicional do processo. Artigo 89 da Lei 9.099/95. Requisitos de ordem subjetiva não preenchidos. Alegação de violação dos princípios do contraditório e da ampla defesa. Inocorrência. 1. A teor do disposto no art. 89, § 1º, c/c o § 7º, da Lei 9.099/95, somente é obrigatória a intimação do denunciado quando o Ministério Público oferecer a proposta de suspensão condicional do processo, pois apenas a ele compete aceitar ou não o benefício, mostrando-se desnecessária a sua manifestação se o parquet, fundamentadamente, se recusa a oferecê-lo. 2. A legitimidade para aferir da conveniência e oportunidade de apresentação da proposta de suspensão do processo é unicamente do órgão de acusação, inexistindo contraditório nessa fase, não sendo de falar em cerceamento de defesa. 3. A concessão do sursis processual pressupõe o preenchimento dos requisitos do art. 89 da Lei 9.099/95, não se revelando possível oferecê-lo a acusado que responde a outras ações penais. (HC 30.483, Rel. Min. Paulo Gallotti, DJ 11.10.2004)

(...). Crime de estelionato. Juizado especial criminal. Suspensão condicional do processo. Reparação do dano. Aceitação parcial. Impossibilidade. Incapacidade de ressarcir o prejuízo. Matéria que deve ser apurada durante o período de prova. Ata de audiência desprovida da assinatura do advogado constituído que, presente na realização do ato, negou-se a subscrevê-la. Inteligência do art. 565 do cpp. 1. A suspensão condicional do processo é ato bilateral, ou seja, jamais será possível sem a concordância inequívoca do acusado e, em razão de sua natureza transacional, deve ser personalíssima, voluntária, formal, vinculada aos termos propostos, tecnicamente assistida e, sobretudo, absoluta – ou seja, não pode ser condicional ou, tampouco, parcial. 2. A impossibilidade do adimplemento da reparação do dano deve ser demonstrada mediante prova segura e convincente para que o réu possa ser dispensado de cumprir tal obrigação. A incapacidade de ressarcimento deve ser demonstrada durante o período de prova. 3. A falta de assinatura do advogado na ata de audiência, mormente se esteve presente e recusou a subscrevê-la, não se constitui em nulidade processual porquanto, à luz do disposto no art. 89, § 7º, da Lei 9.099/1995, é vontade do acusado que prevalece na aceitação ou não do benefício da suspensão. 4. Não há nulidade, quando é a própria parte, que lhe deu causa, a alegá-la. Inteligência do art. 565, do Código de Processo Penal. (...). (HC 34.003, Rel. Min. Laurita Vaz, DJ 30.8.2004)

■ Não aplicação aos novos processos {art. 90}

Art. 90. As disposições desta Lei não se aplicam aos processos penais cuja instrução já estiver iniciada.

Jurisprudência complementar (STF)

(...). Juizados especiais. Art. 90 da Lei 9.099/1995. Aplicabilidade. Interpretação conforme para excluir as normas de Direito Penal mais favoráveis ao réu. O art. 90 da Lei 9.099/1995 determina que as disposições da lei dos Juizados Especiais não são aplicáveis aos processos penais nos quais a fase de instrução já tenha sido iniciada. Em se tratando de normas de natureza processual, a exceção estabelecida por lei à regra geral contida no art. 2º do CPP não padece de vício de inconstitucionalidade. Contudo, as normas de direito penal que tenham conteúdo mais benéfico aos réus devem retroagir para beneficiá-los, à luz do que determina o art. 5º, XL da Constituição federal. Interpretação conforme ao art. 90 da Lei 9.099/1995 para excluir de sua abrangência as normas de direito penal mais favoráveis aos réus contidas nessa lei. (ADI 1719, Rel. Min. JOAQUIM BARBOSA, Pleno, DJ 3.8.2007)

Ação direta de inconstitucionalidade. Arguição de inconstitucionalidade do artigo 90 da Lei 9.099, de 26.09.95, em face do princípio constitucional da retroatividade da lei penal mais benigna (art. 5º, XL, da Carta Magna). Pedido de liminar. Ocorrência dos requisitos da relevância da fundamentação jurídica do pedido e da conveniência da suspensão parcial da norma impugnada. Pedido de liminar que se defere, em parte, para, dando ao artigo 90 da Lei 9.099, de 26 de setembro de 1995, interpretação conforme à Constituição suspender "ex tunc", sua eficácia com relação ao sentido de ser ele aplicável às normas de conteúdo penal mais favorável contidas nessa Lei. (ADI 1719 MC, Rel. Min. MOREIRA ALVES, Pleno, DJ 27.2.1998)

Jurisprudência complementar (STJ)

(...). Artigo 10, caput e § 1º, da Lei 9437/94. Conflito de competência: juízo comum e juizado especial criminal. Constrangimento ilegal não configurado. (...). 1. O paciente foi denunciado pela prática das condutas previstas nos artigos 10, caput, e § 1º, inciso III, da Lei 9437/97 perante o juízo comum. Suscitado conflito de jurisdição entre este o Juizado Especial Criminal, o Tribunal a quo, declarou a competência daquele. 2. A Lei 10.259/01 foi publicada no Diário Oficial de 13 de julho de 2001, com período de "vacatio legis" de seis meses. Se os fatos foram cometidos em 03 de junho de 2001 e a denúncia recebida em 24 de julho de 2001, incide a regra insculpida no art. 25 da Lei 10.259/01, que determina que não serão remetidas aos Juizados Especiais as demandas ajuizadas até a data de sua instalação. (...). (HC 41.159, Rel. Min. Hélio Quaglia Barbosa, DJ 21.11.2005)

(...). Art. 10 da Lei 9.437/97. Ação penal iniciada antes do advento da Lei 10.259/2001, que ampliou o rol dos delitos de menor potencial ofensivo. Competência para processar e julgar o feito. I. No que se refere às disposições do art. 90 da Lei 9.099/95 e do art. 25 da Lei 10.259/2001, as normas de natureza penal ou mista que beneficiarem o acusado, devem retroagir em observância ao art. 5º, LX da Constituição Federal. As normas de natureza eminentemente processual não retroagem, devendo a essas ser aplicado o princípio tempus regit actum (art.

2º do CPP). II. O Pretório Excelso tem entendido que, em se tratando de delito de menor potencial ofensivo, uma vez iniciado o processo na jurisdição ordinária, deve nela permanecer, até mesmo para fins de recurso, em razão do disposto nos arts. 25 da Lei 10.259/2001 e 90 da Lei 9.099/95 (Informativo 361/STF). (...). (HC 36.783, Rel. Min. Felix Fischer, DJ 7.3.2005)

■ Não Aplicação à Justiça Militar {art. 90-A}

Art. 90-A. As disposições desta Lei não se aplicam no âmbito da Justiça Militar.

Jurisprudência complementar (STF)

(...). Crimes militares de lesão corporal culposa e abandono de posto. Lei 9.099/95: exigência de representação para o primeiro crime (artigos 88 e 91) e possibilidade de concessão de sursis processual (artigo 89) para o segundo. Direito intertemporal: advento da Lei 9.839/99 excluindo a aplicação da Lei 9.099 do âmbito Justiça Militar. 1. A jurisprudência deste Tribunal entendeu aplicável à Justiça Militar as disposições da Lei 9.099/95 e, assim, a necessidade de representação, no caso de lesão corporal leve ou culposa (artigos 88 e 91), e a possibilidade de concessão da suspensão condicional do processo, quando a pena mínima cominada for igual ou inferior a um ano. Entretanto, esta orientação jurisprudencial ficou superada com o advento da Lei 9.839/99, que afastou a incidência da Lei 9.099/95 do âmbito da Justiça Militar. 2. Fatos ocorridos em 1998, portanto, na vigência da Lei 9.099/95 e antes do advento da Lei 9.839/99. 3. Conflito de leis no tempo que se resolve à luz do que dispõe o artigo 5º, XL, da Constituição (a lei penal não retroagirá, senão para beneficiar o réu), ou seja, sendo a nova disposição lex gravior, não pode alcançar fatos pretéritos, que continuam regidos pelo regramento anterior (lex mitior). Este assento constitucional afasta, no caso, a incidência do artigo 2º do CPP, que prevê a incidência imediata da lei processual nova. 4. "Habeas corpus" conhecido e deferido, integralmente quando ao primeiro paciente, para declarar a extinção da punibilidade em face da recusa de representação por parte do ofendido, e, em parte, quanto ao segundo, para determinar que seja colhida a manifestação do Ministério Público Militar sobre a oportunidade, ou não, de proposta de suspensão condicional do processo. (HC 79988, Rel. Min. Maurício Corrêa, 2ª T., DJ 28.4.2000)

Jurisprudência complementar (STJ)

(...). Penal militar e processual penal. Crime militar. Lesão corporal de natureza leve (art. 209, CPM). Necessidade de representação do ofendido (art. 88 da Lei 9.099/95). Possibilidade de aplicação da Lei 9.099/95 no âmbito da Justiça castrense. Superveniência da Lei 9.838/99, que acrescentou o art. 90-a à Lei 9.099/95. Irretroatividade. Até a edição da Lei 9.839, de 27 de setembro de 1999, que acrescentou o art. 90-A ao texto da Lei 9.099/95, prevaleceu na jurisprudência desta Corte e do STF o entendimento de serem aplicáveis à Justiça Castrense as disposições desse último diploma legal. Assim, inaplicável é o citado art. 90-A, da Lei 9.099/95, aos crimes ocorridos antes da vigência da Lei 9.839/99, sob pena de violação ao princípio da irretroatividade da lei penal mais gravosa (art. 5º, XL, CF). (REsp 206.627, Rel. Min. José Arnaldo da Fonseca, DJ 8.3.2000)

A Lei 9.839/99 acrescentou o art. 90-A à Lei 9.099/95 estabelecendo que as disposições contidas nesta não se aplicam no âmbito da Justiça Castrense. Os efeitos da Lei 9.839/99 são de direito material e prejudiciais ao réu, razão pela qual não se aplica aos crimes cometidos antes de sua entrada em vigor. Ordem concedida para que seja anulada "ab initio" a ação penal por falta de representação do ofendido. (HC 10.782, Rel. Min. Jorge Scartezzini, DJ 21.2.2000)

■ Intimação {art. 91}

> **Art. 91.** Nos casos em que esta Lei passa a exigir representação para a propositura da ação penal pública, o ofendido ou seu representante legal será intimado para oferecê-la no prazo de trinta dias, sob pena de decadência.

Jurisprudência complementar (STF)

(...). Lesão corporal culposa. Juizado especial. Representação. Decadência. Inocorrência. Lesão corporal culposa causada por médico. Vítima que compareceu à delegacia de polícia no dia seguinte ao fato supostamente delituoso para manifestar a intenção de responsabilizá-lo criminalmente, tão logo o identificasse. Data que não pode ser tida como termo inicial da representação, que foi oferecida no prazo decadencial, computado a partir da identificação superveniente da autoria, na forma do que prevê o artigo 38 do CPP. (...). (HC 85872, Rel. Min. Eros Grau, 1ª T., DJ 21.10.2005)

Representação. Intimação do ofendido. Artigo 91 da Lei 9.099/95. Aplicabilidade no tempo. A exigência de intimação do ofendido ou do representante legal prevista no artigo 91 da Lei 9.099/95 ficou restrita aos processos em curso, apanhados pela nova regência processual. (HC 83141, Rel. Min. Marco Aurélio, 1ª T., DJ 26.9.2003)

(...). Crime de lesões corporais culposas na direção de veículo, qualificado pela falta de habilitação, e de dirigir sem habilitação (arts. 303, par. único, e 309 do CTB): Consunção. 1. O crime mais grave de lesões corporais culposas, qualificado pela falta de habilitação para dirigir veículos, absorve o crime menos grave de dirigir sem habilitação (artigos 303, par. único, e 309 do Código de Trânsito Brasileiro). 2. O crime de lesões corporais culposas é de ação pública condicionada à representação da vítima por expressa disposição legal (artigos 88 e 91 da Lei 9.099/95). 3. Na hipótese em que a vítima não exerce a faculdade de representar, ocorre a extinção da punibilidade do crime mais grave de lesões corporais culposas, qualificado pela falta de habilitação, não podendo o paciente ser processado pelo crime menos grave de dirigir sem habilitação, que restou absorvido. (...). (HC 80298, Rel. Min. Maurício Corrêa, 2ª T., DJ 1.12.2000)

Jurisprudência complementar (STJ)

Sindicância. Processo penal. Crime de lesão corporal leve. Prazo decadencial. Representação a destempo. Declaração de extinção da punibilidade. Sindicância arquivada. 1. Com o advento da Lei 9.099/95, o crime de lesão corporal leve passou à categoria de Ação Penal Pública Condicionada, que depende da representação do ofendido para ter curso. 2. O prazo decadencial aplicável à hipótese é o comum, previsto no art. 38 do Código de Processo Penal, pelo qual a representação deve ocorrer dentro de 6 (seis) meses, a contar do dia em que a vítima tem conhecimento da autoria delitiva. 3. O prazo de 30 (trinta) dias contados da intimação para o exercício do direito de representação, previsto no art. 91 da Lei 9.099/95, constitui regra de transição aplicável aos fatos ocorridos antes da vigência desta lei. 4. Sindicância arquivada em face da declaração de extinção da punibilidade pela ocorrência da decadência do direito de representação. (Sd 156, Rel. Min. Arnaldo Esteves Lima, DJ 29.9.2008)

(...). Lei dos juizados especiais. Lesões corporais leves. Dissídio jurisprudencial não demonstrado. Ação pública condicionada à representação. Inequívoca manifestação de vontade da vítima. Inexigibilidade de rigores formais. (...). Decadência não reconhecida. 1. Dissídio jurisprudencial não demonstrado 2. A representação, condição de procedibilidade exigida nos crimes de ação penal pública condicionada, como é o caso do delito de lesões corporais leves, prescinde de rigores formais, bastando a inequívoca manifestação de vontade da vítima ou de seu representante legal no sentido de que se promova a responsabilidade penal do agente. 3. Aplica-se o art. 38 do Código de Processo Penal aos delitos ocorridos na vigência da Lei dos Juizados Especiais, não havendo falar em decadência por ausência de representação em juízo, nos termos do art. 91 da Lei 9.099/95. (...). (REsp 626.176, Rel. Min. Laurita Vaz, DJ 5.9.2005)

(...). Lesão corporal gravíssima desclassificada para lesão corporal culposa. Termo inicial da contagem do prazo decadencial. Intimação do ofendido. (...). Ocorrendo, na sentença, a desclassificação do crime de lesão corporal gravíssima para lesão corporal culposa, surge a necessidade da representação do ofendido para o prosseguimento da ação penal. Neste caso, o prazo para o exercício do direito de representação é de 30 (trinta) dias, após a intimação do ofendido ou de seu defensor, nos termos da Lei dos Juizados Especiais. Intimação do ofendido que se faz imprescindível, para a propositura da ação penal e para a contagem do prazo decadencial. Recurso conhecido e parcialmente provido, apenas para determinar que se proceda à intimação do ofendido para que apresente, ou não, representação criminal contra os recorrentes, obedecendo-se, quanto à contagem do prazo decadencial, o disposto no art. 91 da Lei 9.099/95. (REsp 323.435, Rel. Min. Gilson Dipp, DJ 24.3.2003)

Aplicação Subsidiária do Código Penal e do Código de Processo Penal {art. 92}

Art. 92. Aplicam-se subsidiariamente as disposições dos Códigos Penal e de Processo Penal, no que não forem incompatíveis com esta Lei.

Jurisprudência complementar (STF)

(...). Revela-se insuscetível de conhecimento o recurso de apelação cujas razões são apresentadas fora do prazo a que se refere o art. 82, § 1º, da Lei 9.099/95, pois, no sistema dos Juizados Especiais Criminais, a legislação estabelece um só prazo – que é de dez (10) dias – para recorrer e para arrazoar. As normas gerais do Código de Processo Penal somente terão aplicação subsidiária nos pontos em que não se mostrarem incompatíveis com o que dispõe a Lei 9.099/95 (art. 92), pois, havendo antinomia entre a legislação processual penal comum (lex generalis) e o Estatuto dos Juizados Especiais (lex specialis), deverão prevalecer as regras constantes deste último diploma legislativo (Lei 9.099/95), em face das diretrizes fundadas no critério da especialidade. As regras consubstanciadas nos arts. 600 e 601 do CPP, no ponto em que dispõem sobre a oportunidade do oferecimento das razões de apelação, são inaplicáveis ao procedimento recursal instaurado com fundamento na Lei 9.099/95 (art. 82, § 1º). É que, na perspectiva do Estatuto dos Juizados Especiais, não basta à parte, em sede penal, somente manifestar a intenção de recorrer. Mais do que isso, impõe-se-lhe o ônus de produzir, dentro do prazo legal e juntamente com a petição recursal, as razões justificadoras da pretendida reforma da sentença que impugna. Doutrina. (HC 79843, Rel. Min. Celso de Mello, 2ª T., DJ 30.6.2000)

Jurisprudência complementar (STJ)

Conflito negativo de competência entre tribunal de justiça e colégio recursal – revisão criminal – crime de menor potencial ofensivo – ameaça – ação penal que teve curso perante os juizados especiais – ausência de previsão legal expressa para a revisão no âmbito dos juizados – garantia constitucional – vedação tão-somente quanto à ação rescisória – incompetência do tribunal de justiça para rever o "decisum" questionado – impossibilidade de formação de grupo de turmas recursais – utilização analógica do CPP – possibilidade, em tese, de convocação de magistrados suplentes a fim de evitar o julgamento pelos mesmos juízes que apreciaram a apelação – competência da turma recursal. 1. Apesar da ausência de expressa previsão legal, mostra-se cabível a revisão criminal no âmbito dos Juizados Especiais, decorrência lógica da garantia constitucional da ampla defesa, notadamente quando a legislação ordinária vedou apenas a ação rescisória, de natureza processual cível. 2. É manifesta a incompetência do Tribunal de Justiça para tomar conhecimento de revisão criminal ajuizada contra "decisum" oriundo dos Juizados Especiais. 3. A falta de previsão legal específica para o processamento da ação revisional perante o Colegiado Recursal não impede seu ajuizamento, cabendo à espécie a utilização subsidiária dos ditames previstos no Código de Processo Penal. 4. Caso a composição da Turma Recursal impossibilite a perfeita obediência aos dispositivos legais atinentes à espécie, mostra-se viável, em tese, a convocação dos magistrados suplentes para tomar parte no julgamento, solucionando-se a controvérsia e, principalmente, resguardando-se o direito do agente de ver julgada sua ação revisional. 5. Competência da Turma Recursal. (CC 47.718, Rel. Min. Jane Silva, DJ 26.8.2008)

(...). Despacho que designa audiência para concessão do sursis. Proposta de suspensão do processo. Recurso em sentido estrito. (...). Na letra do artigo 581, inciso XI, do

Código de Processo Penal, cabe recurso em sentido estrito da decisão que conceder, negar ou revogar a suspensão condicional da pena, havendo firme entendimento, não unânime, de que se cuida de enumeração exaustiva, a inibir hipótese de cabimento outra que não as expressamente elencadas na lei. Tal disposição, contudo, por força da impugnabilidade recursal da decisão denegatória do sursis, prevista no artigo 197 da Lei de Execuções Penais, deve ter sua compreensão dilargada, de maneira a abranger também a hipótese de suspensão condicional do processo, admitida a não revogação parcial da norma inserta no Código de Processo Penal. Desse modo, cabe a aplicação analógica do inciso XI do artigo 581 do Código de Processo Penal aos casos de suspensão condicional do processo, viabilizada, aliás, pela subsidiariedade que o artigo 92 da Lei 9.099/95 lhe atribui. A recorribilidade das decisões é essencial ao Estado de Direito, que não exclui a proteção da sociedade. (...). (REsp 601.924, Rel. Min. José Arnaldo da Fonseca, DJ 7.11.2005)

■ Lei Estadual {art. 93}

Capítulo IV – Disposições Finais Comuns

Art. 93. Lei Estadual disporá sobre o Sistema de Juizados Especiais Cíveis e Criminais, sua organização, composição e competência.

■ Serviços de Cartório {art. 94}

Art. 94. Os serviços de cartório poderão ser prestados, e as audiências realizadas fora da sede da Comarca, em bairros ou cidades a ela pertencentes, ocupando instalações de prédios públicos, de acordo com audiências previamente anunciadas.

■ Criação dos Juizados Especiais {art. 95}

Art. 95. Os Estados, Distrito Federal e Territórios criarão e instalarão os Juizados Especiais no prazo de seis meses, a contar da vigência desta Lei.

Jurisprudência complementar (STF)

(...). Alegada violação ao princípio do juiz natural. Inocorrência. Julgamento de "habeas corpus" impetrado contra decisão de Juizado Especial. Competência da Turma Recursal. Legitimidade constitucional e legal. (...). 1. Os Juizados Especiais e as Turmas Recursais foram instituídos, no Estado de Santa Catarina, por Lei Complementar Estadual, anteriormente à edição da Lei 9.099/95. Assim, a posterior exigência, por este último diploma legal, de lei estadual para a criação de juizados e turmas recursais nos Estados, já estava atendida no Estado de Santa Catarina. 2. O fato de a Lei Complementar Estadual prever apenas competência cível para as Turmas de Recursos não torna ilegítima a Resolução do Tribunal de Justiça que declara a existência da competência também em matéria criminal. Observância dos princípios norteadores da Lei dos Juizados e da Constituição. 3. O princípio do juiz natural veda a instituição de tribunais e juízos de exceção e impõe que as causas sejam julgadas pelo órgão jurisdicional previamente determinado, a partir de critérios constitucionais de repartição da competência. Caso em que o "habeas corpus" de origem foi impetrado, perante a Turma de Recursos, dez anos depois da declaração da sua competência em matéria criminal pela Resolução do Tribunal de Justiça considerada ilegítima pelo Recorrente. 4. O fato de a Resolução prever a competência em matéria recursal das Turmas de Recursos não exclui sua competência para o julgamento de "habeas corpus" impetrado contra decisões dos juizados especiais criminais, como consequência lógica. (...). 5. Ademais, no caso em análise, o "writ" é claro substitutivo do recurso de apelação, não havendo razoabilidade em excluí-lo do alcance do art. 82 da Lei 9.099/95. (...). (RE 463560, Rel. Min. Joaquim Barbosa, 2ª T., DJ 20.6.2008)

■ Prazo para a criação {art. 95, p. ú.}

> Parágrafo único. No prazo de 6 (seis) meses, contado da publicação desta Lei, serão criados e instalados os Juizados Especiais Itinerantes, que deverão dirimir, prioritariamente, os conflitos existentes nas áreas rurais ou nos locais de menor concentração populacional.

■ "Vacatio Legis" {art. 96}

> **Art. 96.** Esta Lei entra em vigor no prazo de sessenta dias após a sua publicação.

Jurisprudência complementar (STF)

(...). Suspensão condicional do processo (Lei 9.099, de 26.09.1995): descabimento, no caso. "Habeas Corpus". 1. À época apresentação da denúncia, do respectivo recebimento, do interrogatório do réu e da defesa prévia, não estava, ainda, em vigor, a Lei 9.099, de 26.09.1995, o que só ocorreu a 27.11.1995, por força de seu artigo 96. 2. Entrando em vigor a Lei, nessa data (27.11.1995), nem por isso se tornou aplicável ao caso, pois a denúncia imputava ao réu a prática de um crime apenado, no mínimo, com 1 ano e 4 meses de reclusão, nos termos do art. 168, § 1º, inciso III, e não apenas com 1 ano, pena mínima prevista no "caput". 3. Sujeitou-se, por isso mesmo, o réu, a toda a instrução judicial, consistente na prova da acusação e da defesa, sem nada requerer a respeito da suspensão condicional do processo. Também não o fez nas oportunidades das diligências e das alegações finais (artigos 499 e 500 do Código de Processo Penal). Na verdade, somente após a sentença condenatória é que se lembrou de, no recurso para o Tribunal, levantar a questão como preliminar de nulidade. 4. Mesmo que se deva considerar como oportuna e tempestiva essa alegação, ainda assim não haveria de ser acolhida, como não foi, pelo órgão julgador da apelação, em face do montante da pena mínima (1 ano e 4 meses, art. 168, § 1, inc. III, do Código Penal). (...). (HC 77610, Rel. Min. Sydney Sanches, 1ª T., DJ 14.5.1999)

■ Revogações {art. 97}

Art. 97. Ficam revogadas a Lei n. 4.611, de 2 de abril de 1965 e a Lei n. 7.244, de 7 de novembro de 1984.

Brasília, 26 de setembro de 1995; 174º da Independência e 107º da República.

Fernando Henrique Cardoso

LAVAGEM DE CAPITAIS (LEI 9.613/98)

> **Lei n. 9.613, de 3 de março de 1998.**
>
> *Dispõe sobre os crimes de "lavagem" ou ocultação de bens, direitos e valores; a prevenção da utilização do sistema financeiro para os ilícitos previstos nesta Lei; cria o Conselho de Controle de Atividades Financeiras – COAF, e dá outras providências.*
>
> O Presidente da República: faço saber que o Congresso Nacional decreta e eu sanciono a seguinte Lei:
>
> *Capítulo I* – Dos Crimes de "Lavagem" ou Ocultação de Bens, Direitos e Valores

■ Tipificação {art. 1º}

> **Art. 1º** Ocultar ou dissimular a natureza, origem, localização, disposição, movimentação ou propriedade de bens, direitos ou valores provenientes, direta ou indiretamente, de infração penal.
>
> Pena: reclusão, de 3 (três) a 10 (dez) anos, e multa.

Informativos (STF)

Crime de lavagem de dinheiro e jogo ilegal

"Habeas corpus" impetrado contra decisão de Relator, de Tribunal Superior, que indeferiu pleito cautelar em idêntica via processual. Superveniente julgamento de mérito no tribunal "a quo", impondo-se a declaração de prejudicialidade do "writ", em razão de o ato impugnado não mais subsistir. HC 101798, Red. p/ ac. Min. Luiz Fux, 27.3.12. 1ª T. (Info 660)

Organização criminosa e enquadramento legal

Sob o ângulo da organização criminosa, a inicial acusatória remeteria ao fato de o Brasil, mediante o Dec. 5.015/04, haver ratificado a Convenção das Nações Unidas contra o Crime Organizado Transnacional – Convenção de Palermo. Em seguida, aduziu-se que o crime previsto na Lei 9.613/98 dependeria do enquadramento das condutas especificadas no art. 1º em um dos seus incs. e que, nos autos, a denúncia aludiria a delito cometido por organização criminosa (VII). Mencionou-se que o parquet, a partir da perspectiva de haver a definição desse crime mediante o acatamento à citada Convenção das Nações Unidas, afirmara estar compreendida a espécie na autorização normativa. Tendo isso em conta, entendeu-se que a assertiva mostrar-se-ia discrepante da premissa de não existir crime sem lei anterior que o definisse, nem pena sem prévia cominação legal (CF, art. 5º, XXXIX). Asseverou-se que, ademais, a melhor doutrina defenderia que a ordem jurídica brasileira ainda não contemplaria previsão normativa suficiente a concluir-se pela existência do crime de organização criminosa. Realçou-se que, no rol taxativo do art. 1º da Lei 9.613/98, não constaria sequer menção ao delito de quadrilha, muito menos ao de estelionato – também narrados na exordial. Assim, arrematou-se que se estaria potencializando a referida Convenção para se pretender a persecução penal no tocante à lavagem ou ocultação de bens sem se ter o delito antecedente passível de vir a ser empolgado para tanto, o qual necessitaria da edição de lei em sentido formal e material. HC 96007, Rel. Min. Marco Aurélio, 12.6.12. 1ª T. (Info 670)

Jurisprudência complementar (STJ)

(...). Lavagem de dinheiro. Crime antecedente. Alteração. Mutatio libelli. Reformatio in pejus. Não ocorrência. Tipo penal alternativo. Organização criminosa. Conduta não tipificada à época dos fatos. Perdimento dos bens. Art. 7º, I, da Lei 9.613/98. Perda do cargo público. Fundamentação idônea. Valor unitário do dia-multa. Fixação com base no conjunto fático-probatório. Revisão. Não cabimento. Desproporcionalidade. Tese não debatida no tribunal de origem. Supressão de instância. (...). 2. O crime previsto no art. 1º da Lei 9.613/98, antes das alterações promovidas pela Lei 12.683/2012, previa que os recursos ilícitos submetidos ao branqueamento poderiam ter como fonte quaisquer dos crimes constantes de seus incisos I a VIII. 3. Por sua natureza de tipo penal misto alternativo, o crime de lavagem de dinheiro admite que os recursos ilícitos provenham direta ou indiretamente dos crimes prévios elencados nos incisos I a VIII do art. 1º da Lei 9.613/98, não havendo alteração de tipicidade penal na admissão de um, dois ou mais crimes prévios – desde que reconhecidos. 4. A ausência à época de descrição normativa do conceito de organização criminosa impede o reconhecimento dessa figura como antecedente da lavagem de dinheiro, em observância ao princípio da anterioridade legal, insculpido nos arts. 5º, XXXIX, da CF, e art. 1º do CP. 5. A exclusão da organização criminosa como antecedente da lavagem de capitais não acarreta a atipicidade da conduta, remanescendo o admitido delito antecedente do art. 3º, II, da Lei 8.137/90, admitido pelo inciso V do art. 1º da Lei 9.613/98. 6. As instâncias ordinárias, com base em vasto acervo probatório, determinaram a perda, em favor da União, dos bens, direitos e valores relacionados ao delito de branqueamento de capitais, como consequência automática da sentença penal condenatória, a teor do art. 7º, I, da Lei 9.613/98, não cabendo a revisão das conclusões probatórias. 7. Expondo-se de forma clara os motivos para a perda do cargo público, não há falar em nulidade, importando ressaltar que não se pode confundir fundamentação coesa com ausência de fundamentação. 8. Não se presta o remédio heroico à revisão da dosimetria das penas estabelecidas pelas instâncias ordinárias. Contudo, a jurisprudência desta Corte admite, em caráter excepcional, o reexame da aplicação das penas, nas hipóteses de manifesta violação aos critérios dos arts. 59 e 68, do Código Penal, sob o aspecto da ilegalidade, nas hipóteses de falta ou evidente deficiência de fundamentação ou ainda de erro de técnica. 9. Não há ilegalidade patente no quantum fixado no valor de cada dia-multa, sendo vedado, na estreita via do "habeas corpus", proceder ao amplo reexame dos critérios considerados para a sua fixação, por demandar análise de matéria fático-probatória. 10. A tese quanto à desproporcionalidade no valor unitário da pena pecuniária não foi objeto de debate pelo acórdão atacado, de modo que sua apreciação, na via eleita, importaria em indevida supressão de instância. 11. (...). (HC 196.242, Rel. Min. Nefi Cordeiro, DJ 17.3.2015)

(...). Crime de lavagem de dinheiro. Tipicidade. Pena. Dosimetria. Ilegalidade detectada. Falta de fundamentação. 1 – O crime de lavagem de dinheiro tipifica-se desde que o agente saiba que o montante pecuniário auferido, por meio de dissimulação, é produto de crime antecedente. Não se exige que tenha o agente sido condenado, especificamente, pelo ilícito penal que antecede a reciclagem dos valores. 2 – Elemento subjetivo (dolo) constatado nas instâncias ordinárias com base em profunda e ampla dilação probatória que, por óbvio, não se submete ao crivo mandamental e restrito da impetração. 3 – Em "habeas corpus" somente há possibilidade de se imiscuir na dosimetria quando demonstrada flagrante ilegalidade, como ocorre na espécie, dado que foi a culpabilidade, na primeira fase, e a continuidade delitiva, na terceira, sopesadas com afirmações vagas e genéricas, desprovidas de fundamentação e, quiçá, concreta. 4 – (...). Ordem concedida de ofício apenas para reduzir a pena a 3 anos e 6 meses de reclusão, no regime inicial aberto e substituí-la por duas restritivas de direitos (prestação pecuniária e serviço comunitário) a serem especificadas pelo Juízo das execuções penais. (HC 309.949, Rel. Min. Maria Thereza de Assis Moura, DJ 9.3.2015)

(...). Crime de "lavagem" de capitais ou ocultação de bens, direitos e valores. Lei 9.613/1998, art. 1º inc. VII. Organização criminosa. Conceituação. Atipicidade à época. Ausência de justa causa. Constrangimento ilegal evidenciado. Trancamento. Inépcia da denúncia quanto ao inciso V. Preenchimento dos requisitos do art. 41 do CPP. Recurso parcialmente provido. 1. O delito de lavagem de dinheiro possui natureza acessória, derivada ou dependente, mediante relação de conexão instrumental e típica com ilícito penal anteriormente cometido (do qual decorreu a obtenção de vantagem financeira, em sentido amplo, ilegal). Seria um "crime remetido", já que sua existência depende de fato criminoso pretérito, como antecedente penal necessário. 2. Com o advento da Lei 12.683/2012 não existe mais um rol de crimes antecedentes e necessários para a configuração do delito de lavagem de capital. Passou o artigo 1º da Lei 9.613/98 a definir a lavagem de dinheiro como "ocultar ou dissimular a natureza, origem, localização, disposição, movimentação ou propriedade de bens, direitos ou valores provenientes, direta ou indiretamente, de infração penal". A nova legislação sobre o tema alargou por completo o âmbito de reconhecimento (ou esfera de tipificação) da lavagem, que poderá ocorrer (em tese) diante de qualquer "infração penal". 3. No caso, a denúncia foi oferecida contra os recorrentes ainda na vigência da Lei 9.613/1998, antes da modificação promovida, e sendo a última lei inegavelmente mais gravosa, submete-se ao princípio da irretroatividade, aplicando-se somente aos fatos praticados após a sua entrada em vigor. 4. A expressão "organização criminosa" não guarda significado próprio em sentido jurídico penal, não corresponde a tipo penal algum na lei brasileira, e por essa razão não pode figurar no rol de crimes antecedentes da lavagem (art. 1º da Lei 9.613/1998). 5. A denúncia, ao fazer imputação do crime de lavagem de dinheiro aos recorrentes, alusivamente ao inciso V do artigo 1º da Lei 9.613/98, descreveu satisfatoriamente as práticas delituosas, não deixando de fazer a contento descrição dos crimes antecedentes, fundada em indícios suficientes de existência que foram colhidos na investigação promovida conjuntamente pela Polícia Federal, Secretaria da Receita Federal e Ministério Público, no âmbito da chamada "Operação Paraíso Fiscal", tudo de molde a cumprir seu papel, isto é, de dar a conhecer aos denunciados a razão de ser o pedido de instauração de ação penal e de permitir o exercício de defesa. (...). (RHC 41.588, Rel. Min. Walter de Almeida Guilherme, DJ 29.10.2014)

(...). Lavagem de dinheiro. Lei 9.613/98. Organização criminosa. Descrição de crime antecedente na denúncia. Crimes contra a administração pública. Trancamento da ação penal. Não-cabimento. (...). A Lei 9.613/98, em seu art. 1º, estabelece o rol de crimes antecedentes à lavagem de capitais. 3. Sendo imputados crimes antecedentes contra a Administração Pública, praticados por organização criminosa, não se verifica a arguida ausência de tipicidade da lavagem de capitais. 4. O crime de lavagem de dinheiro não exige que o réu seja autor do crime antecedente. (...). (RHC 39.470, Rel. Min. Nefi Cordeiro, DJ 1.7.2014)

Questões de concursos

383. **(FMP/MPE/AM/Promotor/2015)** Em relação ao bem jurídico tutelado no crime de lavagem de dinheiro, de acordo com o entendimento predominante no cenário jurídico brasileiro, à luz da doutrina e da jurisprudência, considere as seguintes assertivas:

    I. O bem jurídico tutelado é a administração da justiça.

    II. O bem jurídico tutelado é a ordem socioeconômica.

    III. A objetividade jurídica é a mesma do crime antecedente.

    Quais das assertivas acima estão corretas?

    a) Apenas a I.
    b) Apenas a II.
    c) Apenas a III.
    d) Apenas a II e III.
    e) Apenas a I e III.

384. **(Cespe/Depen/Agente_Penitenciário/2015)** Joana, condenada em 2005 por tráfico de drogas, na justiça federal, movimentou, em 2006 e 2007, por meio de transações bancárias eletrônicas, valores incompatíveis com sua atividade profissional e demais fontes de renda. Durante investigação, ficou comprovado que o dinheiro movimentado era proveniente do tráfico de drogas e que Joana ocultara e dissimulara a origem ilícita dos valores com o auxílio de seu irmão, dono de uma revenda de carros novos e usados. Demonstrou-se a materialidade da conduta ilícita a partir das informações fornecidas pela Receita Federal do Brasil e pelas instituições bancárias. Acerca dessa situação hipotética, julgue os próximos item com base na Lei n. 9.613/1998, que trata dos crimes de lavagem ou ocultação de bens, direitos e valores. Na situação em apreço, caberia ao Conselho de Controle de Atividades Financeiras (COAF) ter comunicado os fatos ilícitos praticados, bem como os indícios de sua prática, ou de qualquer outro ilícito, às autoridades competentes pela instauração dos procedimentos cabíveis.

385. **(Vunesp/TJ/PA/Juiz/2014)** Recentemente o Supremo Tribunal Federal julgou os embargos infringentes na conhecida Ação Penal 470 Caso do Mensalão. De forma sintética, com relação ao crime de lavagem de dinheiro foi firmado, por maioria de votos, o entendimento segundo o qual:

   a) receber propina não é ato autônomo posterior ao delito de corrupção passiva, não existindo a autonomia exigida para a tipificação do crime de lavagem de dinheiro.

   b) a lavagem de dinheiro é um crime material e, assim, para a tipificação do delito seria necessária à ocorrência do resultado lesivo, o que não aconteceu no caso concreto.

   c) o ato de receber propina sucede o delito de corrupção passiva, existindo, dessa forma, a autonomia exigida para a tipificação do crime de lavagem de dinheiro.

   d) a condenação pelo crime de lavagem de dinheiro deve ser mantida com fundamento na teoria do domínio do fato.

   e) todo ato de recebimento de propina por funcionários públicos pressupõe aceitação prévia e clandestinidade, restando evidenciada a autonomia do crime de lavagem de dinheiro.

386. **(Cespe/Câmara_Deputados/Consultor/2014)** Para que se caracterize a prática do crime de lavagem, é necessário que o agente percorra todas as etapas, que são a colocação ou introdução do bem, direito ou valor no sistema financeiro, seguida da ocultação ou dissimulação desse bem, direito ou valor e a sua integração ao sistema econômico.

387. **(FMP/MPE/AC/Analista/2013)** Assinale a alternativa correta.

   a) O crime de lavagem de dinheiro somente se configura, se a infração antecedente constituir crime.

   b) Os crimes contra a ordem tributária são passíveis de constituírem crime antecedente do crime de lavagem de dinheiro.

   c) O crime de lavagem de dinheiro possui modalidades dolosas e culposas.

   d) A ocultação de propriedade de bens, direitos ou valores somente configura crime de lavagem de dinheiro, quando for proveniente de crime de forma direta.

   e) O crime de lavagem de dinheiro somente será possível, quando o crime anterior tiver pena igual ou superior à pena do crime de lavagem.

388. **(MPE/SC/Promotor/2013)** Ocultar ou dissimular a natureza, origem, localização, disposição, movimentação ou propriedade de bens, direitos ou valores provenientes, direta ou indiretamente, de contravenção penal não caracteriza crime de lavagem, na forma descrita na Lei n. 9.613/98.

389. (Cespe/DPF/Delegado/2013) O crime de lavagem de capitais, delito autônomo em relação aos delitos que o antecedam, não está inserido no rol dos crimes hediondos.

390. (Cespe/DPF/Delegado/2013) O crime de lavagem de capitais, consoante entendimento consolidado na doutrina e na jurisprudência, divide – se em três etapas independentes: colocação (placement), dissimulação (layering) e integração (integration), não se exigindo, para a consumação do delito, a ocorrência dessas três fases.

391. (Cespe/DPE/ES/Defensor/2012) A caracterização do crime de lavagem de dinheiro, de acordo com o que preconiza a lei de regência, depende da natureza patrimonial dos crimes antecedentes e da presença do animus lucrandi.

Questões de concursos

392. (Funcab/PC/PA/Delegado/2016) Entre as alternativas a seguir, assinale a correta.

a) A legislação brasileira que cuida da lavagem de dinheiro é considerada uma lei de segunda geração.

b) O reconhecimento do delito de lavagem de dinheiro opera a absorção do crime anterior por este, em virtude do concurso aparente de normas.

c) Somente responde por lavagem de dinheiro quem também foi autor do crime antecedente.

d) A Lei n. 9.613, de 1998, não prevê expressamente o sequestro de bens em nome do investigado, restando, para a medida assecuratória, a aplicação subsidiária das normas processuais.

e) A fase de layering, ou dissimulação, na lavagem de dinheiro, é aquela em que se busca dar aos recursos financeiros a aparência de legítimos, à qual se sucede a fase de integração (integration).

393. (Cespe/Câmara_Deputados/Analista_Legislativo/2014) Para que se caracterize a prática do crime de lavagem, é necessário que o agente percorra todas as etapas, que são a colocação ou introdução do bem, direito ou valor no sistema financeiro, seguida da ocultação ou dissimulação desse bem, direito ou valor e a sua integração ao sistema econômico.

394. (Cespe/Câmara_Deputados/Analista_Legislativo/2014) Não é necessária para a caracterização da lavagem a existência de processo-crime envolvendo o crime antecedente.

395. (Cespe/Câmara_Deputados/Analista_Legislativo/2014) O crime tributário pode ser o antecedente ao crime de lavagem ou ocultação de bens, direitos e valores.

396. (Cespe/TRF/1R/Juiz/2015) Em relação à Lei de Lavagem de Dinheiro (Lei n. 9.613/1998), assinale a opção correta.

  a) Os tipos previstos na Lei de Lavagem de Dinheiro são próprios, pois o texto legal exige o pertencimento dos agentes a determinada categoria de pessoas para que fique caracterizada a conduta criminosa.

  b) A doutrina majoritária identifica como bem jurídico do delito de lavagem de dinheiro a administração da justiça e(ou) a ordem socioeconômica.

  c) Para que tenha direito a benefício resultante de colaboração premiada, é necessário que o agente cumpra dois requisitos: identifique os autores e informe a localização dos bens, direitos ou valores objeto do crime.

  d) Caso uma instituição cuja atividade principal seja captação de recursos financeiros de terceiros tenha conhecimento de atos suspeitos previstos nessa lei, deve comunicar o fato ao Conselho de Controle das Atividades Financeiras para evitar ser responsabilizada criminalmente.

  e) Se, em um escritório, ocorrer a prática reiterada de delitos previstos na referida lei com o conhecimento dos funcionários, a responsabilização criminal de cada um desses agentes dependerá da comprovação de sua prática efetiva de atos de ocultação de bens, direitos ou valores provenientes de infração penal.

■ Condutas Equiparadas {art. 1º, § 1º}

> § 1º Incorre na mesma pena quem, para ocultar ou dissimular a utilização de bens, direitos ou valores provenientes de infração penal:
>
> I – os converte em ativos lícitos;
>
> II – os adquire, recebe, troca, negocia, dá ou recebe em garantia, guarda, tem em depósito, movimenta ou transfere;
>
> III – importa ou exporta bens com valores não correspondentes aos verdadeiros.

Jurisprudência complementar (STF)

(...). Ação penal. Denúncia. Procedência. Crime de lavagem e ocultação de valores art. 1º, § 1º, inciso II, da Lei 9.613/98. Alegação de ofensa ao art. 5º, LV, LIII e LVII, da Carta Federal. Matéria infraconstitucional. Ofensa reflexa. Reexame de fatos e provas. Súmula 279 do Supremo Tribunal Federal. Decisão que se mantém por seus próprios fundamentos. 1. A repercussão geral pressupõe recurso admissível sob o crivo dos demais requisitos constitucionais e processuais de admissibilidade (art. 323 do RISTF). Consectariamente, se o recurso é inadmissível por outro motivo, não há como se pretender seja reconhecida "a repercussão geral das questões constitucionais discutidas no caso" (art. 102, III, § 3º, da CF). 2. A violação reflexa e oblíqua da Constituição Federal decorrente da necessidade de análise de malferimento de dispositivo infraconstitucional torna inadmissível o recurso extraordinário. (...). 3. A Súmula 279/STF dispõe verbis: Para simples reexame de prova não cabe recurso extraordinário. 4. É que o recurso extraordinário não se presta ao exame de questões que demandam revolvimento do contexto fático-probatório dos autos, adstringindo-se à análise da violação direta da ordem constitucional. 5. "in casu", o acórdão recorrido assentou: Penal. Recebimento de dinheiro decorrente de crime de peculato. "lavagem" ou ocultação de valores (lei 9.613/98, art. 1º, § 1º). Especial elemento subjetivo: propósito de ocultar ou dissimular a utilização. Ausência. Configuração de receptação qualificada (CP, art. 180, § 6º). Emendatio libelli. Viabilidade. Denúncia procedente. 1. No crime de "lavagem" ou ocultação de valores de que trata o inciso II do § 1º do art. 1º da Lei 9.613/98, as ações de adquirir, receber, guardar ou ter em depósito constituem elementos nucleares do tipo, que, todavia, se compõe, ainda, pelo elemento subjetivo consistente na peculiar finalidade do agente de, praticando tais ações, atingir o propósito de ocultar ou dissimular a utilização de bens, direitos ou valores provenientes de quaisquer dos crimes indicados na norma incriminadora. Embora seja dispensável que o agente venha a atingir tais resultados, relacionados à facilitação do aproveitamento ("utilização") de produtos de crimes, é inerente ao tipo que sua conduta esteja direcionada e apta a alcançá-los. Sem esse especial elemento subjetivo (relacionado à finalidade) descaracteriza-se o crime de ocultação, assumindo a figura típica de receptação, prevista no art. 180 do CP. 2. No caso, não está presente e nem foi indicado na peça acusatória esse especial elemento subjetivo (= propósito de ocultar ou dissimular a utilização de valores), razão pela qual não se configura o crime de ocultação indicado na denúncia (inciso II do § 1º do art. 1º da Lei 9.613/98). Todavia, foram descritos e devidamente comprovados os elementos configuradores do crime de receptação (art. 180 do CP): (a)a existência do crime anterior, (b) o elemento objetivo (o acusado recebeu dinheiro oriundo de crime), (c) o elemento subjetivo (o acusado agiu com dolo, ou seja, tinha pleno conhecimento da origem criminosa do dinheiro) e (d) o elemento subjetivo do injusto, representado no fim de obter proveito ilícito para outrem. Presente, também, a qualificadora do § 6º do art. 180 do CP, já que o dinheiro recebido pelo acusado é produto do crime de peculato, praticado mediante a apropriação de verba de natureza pública. 3. Impõe-se, assim, mediante emendatio libelli (art.

383 do CPP), a modificação da qualificação jurídica dos fatos objeto da denúncia, para condenar o réu pelo crime do art. 180, § 6º do Código Penal. 4. Nesses termos, é procedente a denúncia. (...). (ARE 686707 AgR, Rel. Min. Luiz Fux, 1ª T., DJ 30.11.2012)

Jurisprudência complementar (STJ)

(...). Lavagem de dinheiro. Art. 1º, § 1º, da Lei 9.613/98. Redação original. Recebimento de valores oriundos do crime. Ausência de dolo de ocultação ou dissimulação. Reversão da premissa fática. Súmula 7/STJ. (...). 1. A reversão da premissa fática que culminou na absolvição dos agravados, assentada no acórdão – a ausência de dolo de ocultação ou dissimulação no recebimento de valores oriundos do crime, exigido às condutas do § 1º do art. 1º da Lei 9.613/91, na redação então vigente –, atrai a incidência da Súmula 7 do STJ. (...). (AgRg no REsp 1341754, Rel. Min. Nefi Cordeiro, DJ 12.3.2015)

Questões de concursos

397. **(FMP/MPE/AM/Promotor/2015)** Considere as seguintes assertivas em relação ao crime de lavagem de dinheiro:

   I. Não é cabível o concurso de infrações entre a lavagem de dinheiro e o ilícito típico antecedente.

   II. O crime de corrupção fica absorvido pelo crime de lavagem de dinheiro, em razão do princípio da consunção, no concurso aparente de normas penais.

   III. A Lei n. 9.613/98 é considerada de segunda geração, estabelecendo uma lista de infrações penais antecedentes.

   IV. A Lei n. 9.613/98 admite a figura da autolavagem ou do autobranqueamento, podendo o autor da infração penal antecedente ser punido também pela prática de lavagem de dinheiro.

   V. Tendo em vista a controvérsia jurisprudencial em torno do conceito de organização criminosa, a partir da definição típica promovida pela Lei n. 12.850/2013, as infrações penais por ela praticadas podem ser consideradas subjacentes ao crime de lavagem de dinheiro.

   Quais das assertivas acima estão corretas?

   a) Apenas a IV e V.
   b) Apenas a III e IV.
   c) Apenas a I e II.

d) Apenas a II e III.
e) Apenas a II e V.

398. **(Esaf/PGFN/Procurador/2015)** A extinção do rol de crimes antecedentes da Lei de Lavagem de Dinheiro (Lei n. 9.613/98), promovida pela Lei n. 12.683/12, teve como consequência:

a) a extinção da punibilidade de todas as condutas praticadas antes da vigência da Lei n. 12.683/12.

b) o alargamento das hipóteses de ocorrência da figura típica da lavagem de dinheiro, possibilitando que qualquer delito previsto no ordenamento brasileiro seja o crime antecedente necessário à sua configuração.

c) a alteração da natureza do crime de lavagem de dinheiro, que deixou de exigir a ocorrência de um crime antecedente para sua consumação.

d) a exclusão da possibilidade dos crimes de tráfico ilícito de entorpecentes e extorsão mediante sequestro serem antecedentes à conduta de lavagem de dinheiro.

e) a "abolitio criminis" da lavagem de dinheiro a partir da vigência da Lei n. 12.683/12.

399. **(Fundatec/BRDE/Analista/2015)** São consideradas situações ou operações que podem configurar indícios de ocorrências dos crimes previstos na Lei n. 9.613, de lavagem de dinheiro, passíveis de comunicação ao COAF:

I. Abertura, movimentação de contas ou realização de operações por detentor de procuração ou qualquer outro tipo de mandato.

II. Investimentos significativos em produtos de baixa rentabilidade e liquidez.

III. Movimentação de recursos de alto valor, de forma contumaz, em benefício de terceiros.

IV. Realização de operações de carga e recarga de cartões, seguidas imediatamente por saques em caixas eletrônicos.

V. Mudança repentina de endereço do tomador de crédito.

VI. Concessão de garantias de operações de crédito no País por terceiros não relacionados ao tomador.

Quais estão corretas?

a) Apenas II, IV e VI.
b) Apenas III, IV e V.
c) Apenas I, II, V e VI.
d) Apenas I, II, III, IV e VI.
e) Apenas I, III, IV, V e VI.

■ Condutas Equiparadas {art. 1º, § 2º}

> § 2º Incorre, ainda, na mesma pena quem:
> I – utiliza, na atividade econômica ou financeira, bens, direitos ou valores provenientes de infração penal;
> II – participa de grupo, associação ou escritório tendo conhecimento de que sua atividade principal ou secundária é dirigida à prática de crimes previstos nesta Lei.

Jurisprudência complementar (STJ)

(...). Tráfico de drogas, associação para o narcotráfico e lavagem de dinheiro. Excesso de prazo na formação da culpa. Art. 580 do CPP. Matérias não analisadas pela corte de origem. Supressão de instância. Prisão em flagrante. Liberdade provisória. Natureza e elevada quantidade de drogas. Reiteração criminosa. Garantia da ordem pública. Constrangimento ilegal não evidenciado. 1. Inviável a análise diretamente por este Tribunal do aventado excesso de prazo na formação da culpa e da pretendida aplicação do instituto previsto no art. 580 do Código de Processo Penal, quando essas matérias não foram debatidas na Corte de origem, sob pena de incidir na indevida supressão de instância. 2. Não há constrangimento ilegal quando apontados elementos idôneos dos autos ensejadores da necessidade da custódia cautelar para a garantia da ordem pública, em razão da gravidade concreta dos delitos em tese cometidos, bem evidenciada pela natureza e pela elevada quantidade de droga apreendida – 1 kg de pasta-base de cocaína –, circunstâncias que demonstram a potencialidade lesiva das infrações noticiadas, a justificar a não concessão da pretendida liberdade provisória. 3. Mostra-se justificada a manutenção da custódia cautelar para a garantia da ordem pública também para o fim de cassar a reiteração criminosa, quando apontados elementos concretos que evidenciam a real possibilidade de que o paciente, solto, volte a delinquir. (...). (HC 221.230, Rel. Min. Sebastião Reis Júnior, DJ 1.2.2012)

(...). Lavagem de dinheiro. Prisão preventiva. Alegação de inexistência de indícios de autoria. Exame de matéria fático-probatória. Impossibilidade na via eleita. Requisitos da custódia cautelar. Demonstração. Garantia da ordem pública e conveniência da instrução criminal. 1. Consta dos autos que o denunciado, utilizando-se do seu cargo (vereador) e influência na comunidade local, no período de 2006 até abril de 2010, de forma reiterada e habitual ocultou e dissimulou a origem e a propriedade de bens e valores provenientes direta e indiretamente de delito de tráfico de entorpecentes, praticado por organização criminosa. 2. De ressaltar, desde logo, que não há como enfrentar a alegação de inexistência de indícios do envolvimento do recorrente na prática dos crimes a ele imputados, por demandar nítido revolvimento probatório, inviável de ser operado na via eleita. 3. De qualquer forma, observa-se que a denúncia aponta fartos elementos indiciários apurados na investigação em tela (declarações de testemunhas, interceptações telefônicas, quebras de sigilo financeiro e fiscal, bem como documentos apreendidos pela autoridade policial), que foram ressaltados no decreto prisional, capazes de autorizar a adoção da providência extrema. 4. Embora a gravidade em abstrato do crime, por si só, não seja suficiente para embasar a manutenção da prisão, é certo que as peculiaridades concretas do caso, na espécie, evidenciada pelas circunstâncias em que foram perpetrados (de modo a financiar e viabilizar a prática do comércio de drogas), basta para justificar a segregação cautelar no resguardo da ordem pública. 5. Ademais, considerando-se o vínculo do acusado com os demais envolvidos e ainda investigados com os fatos em tela, possibilitando, com sua influência, eventual prejuízo à colheita da prova, mister se faz sua segregação cautelar também para a conveniência da instrução criminal. (...). (RHC 28.763, Rel. Min. OG Fernandes, DJ 1.2.2011)

Questões de concursos

400. **(MPE/SC/Promotor/2016)** Nos crimes de "lavagem" ou ocultação de bens, direitos e valores, previstos na Lei n. 9.613/98 (Lavagem de Dinheiro), incorre nas mesmas penas quem participa de escritório tendo conhecimento de que sua atividade principal ou, até mesmo secundária, é dirigida à prática de crimes previstos na supramencionada legislação repressiva.

401. **(MPE/GO/Promotor/2014)** Sobre a Lei de Lavagem de Dinheiro, assinale a alternativa incorreta:

   a) A Lei n. 9.613/98 consagra a chamada política do "know your costumer" ao estipular como dever da instituição financeira conhecer o perfil de seu correntista de forma que seja possível a definição de um padrão de movimentação financeira compatível com seus rendimentos declarados. Na mesma linha, a lei preconiza o desenvolvimento de mecanismos de "compliance".

   b) No dia 15 de março de 2014, três ladrões levaram a cabo um audacioso plano delitivo e efetuaram a subtração da quantia de R$ 160.000.000,00 (cento e sessenta milhões de reais) do interior do Banco Goiano, localizado em Goiânia/GO. Em seguida, os autores do furto dirigiram-se a uma concessionária de veículos e, com a quantia de R$ 980.000,00 (novecentos e oitenta mil reais), em notas de cinquenta reais acondicionadas em sacos de náilon, compraram 11 (onze) veículos de luxo. Dois empresários, proprietários da concessionária, efetuaram diretamente as vendas e aceitaram manter sob suas guardas a quantia de R$ 250.000,00 (duzentos e cinquenta mil reais) para futuras compras. Nesse cenário hipotético, a fim de responsabilizar criminalmente os empresários, seria possível, em tese, a aplicação da teoria da evitação da consciência, apesar de o art. 1º, § 2º, inciso I, da Lei n. 9.613/98 não admitir a punição a título de dolo eventual.

c) Em razão de Lei n. 9.613/98 não exigir explicitamente um conhecimento específico acerca dos elementos e circunstâncias da infração antecedente, defende-se em sede doutrinária que o dolo deve abranger apenas a consciência de que os bens, direitos ou valores objeto da lavagem são provenientes, direta ou indiretamente, de uma infração penal, dispensando-se, pois, o conhecimento do tempo, lugar, forma de cometimento, autor e vítima da infração precedente. Outrossim, pouco importa o conhecimento técnico-jurídico por parte do agente acerca da subsunção da conduta anterior em um tipo penal específico, bastando que ele tenha uma representação paralela na esfera do profano de que tais bens são provenientes de uma infração penal.

d) A "colocação" ("placement") consiste na introdução do dinheiro ilícito no sistema financeiro, a fim de dificultar a identificação da procedência dos valores de modo a evitar qualquer ligação entre o agente e o resultado obtido com a prática do crime antecedente. Uma das técnicas utilizadas nessa etapa da lavagem de capitais é o "smurfing", por furtar-se ao controle administrativo imposto às instituições financeiras.

■ Tentativa {art. 1º, § 3º}

> § 3º A tentativa é punida nos termos do parágrafo único do art. 14 do Código Penal.

Jurisprudência complementar (STF)

(...). Lavagem de dinheiro. Art. 1º, VI, da Lei 9.613/1998 (redação anterior à Lei 12.683/2012). Extinção prematura da ação penal. Questões de mérito que devem ser decididas pelo juiz natural da causa. (...). 2. A denúncia descreve de forma individualizada e objetiva as condutas atribuídas ao recorrente, adequando-as, em tese, ao tipo de lavagem de dinheiro (art. 1º, VI, da Lei 9.613/96), na medida em que expõe a suposta utilização de subterfúgio autônomo com o objetivo de conferir aparência lícita a valores, em tese, provenientes de crime. Assim, por não se cuidar de mera utilização do produto do delito dito 'antecedente', as ações descritas possuem relevo para a esfera penal e, portanto, não cabe a esta Corte suprimir do Ministério Público a produção de prova dirigida à demonstração de suas alegações. 3. Ademais, não há como avançar nas alegações postas no recurso sobre a licitude do recebimento dos valores ou a veracidade das acusações, pretensões, aliás, que demandariam o revolvimento de fatos e provas. Caberá ao juízo natural da causa, com observância ao princípio do contraditório, proceder ao exame dos elementos de prova colhidos e conferir a definição jurídica adequada para o caso. (...). (RHC 124313, Rel. Min. Teori Zavascki, 2ª T., DJ 15.5.2015)

Questões de concursos

402. **(Cespe/TCE/PA/Auditor/2016)** Em crimes de lavagem de dinheiro, dada a natureza do delito praticado, é incabível a tentativa.

■ Causas de Aumento de Pena {art. 1º, § 4º}

> § 4º A pena será aumentada de um a dois terços, se os crimes definidos nesta Lei forem cometidos de forma reiterada ou por intermédio de organização criminosa.

Jurisprudência complementar (STF)

(...). Tráfico de drogas. Associação para o tráfico. Lavagem ou ocultação de bens e valores. Dosimetria. Ausência de demonstração de ilegalidade ou arbitrariedade. (...). 2. A dosimetria da pena é matéria sujeita a certa discricionariedade judicial. O Código Penal não estabelece rígidos esquemas matemáticos ou regras absolutamente objetivas para a fixação da pena. Cabe às instâncias ordinárias, mais próximas dos fatos e das provas, fixar as penas. Às Cortes Superiores, no exame da dosimetria das penas em grau recursal, compete apenas o controle da legalidade e da constitucionalidade dos critérios empregados, com a correção de eventuais discrepâncias, se gritantes e arbitrárias, nas frações de aumento ou diminuição adotadas pelas instâncias anteriores. 3. A concorrência de vetoriais negativas do art. 59 do Código Penal autoriza a elevação da pena acima do mínimo legal. 4. O "habeas corpus" não se presta ao exame e à valoração aprofundada das provas, de todo inviável nele reavaliar o conjunto probatório que levou à condenação criminal. 5. "Habeas corpus" extinto sem resolução do mérito. (HC 114249, Rel. Min. Rosa Weber, 1ª T., DJ 24.9.2013)

Jurisprudência complementar (STJ)

(...). Organização criminosa. "modus operandi". Cessação. Prisão preventiva. Necessidade. Requisitos do art. 312 do cpp. Garantia da ordem pública. 1. A teor do art. 312 do Código de Processo Penal, a prisão preventiva poderá ser decretada quando presentes o fumus comissi delicti, consubstanciado na prova da materialidade e na existência de indícios de autoria, bem como o "periculum libertatis", fundado no risco que o agente, em liberdade, possa criar à ordem pública/econômica, à instrução criminal ou à aplicação da lei penal. 2. Segundo reiterada jurisprudência desta Corte de Justiça e do Supremo Tribunal Federal, a prisão cautelar, como medida de caráter excepcional, somente deve ser imposta, ou mantida, quando demonstrada concretamente a sua necessidade, não bastando a mera alusão genérica à gravidade do delito. 3. No caso em exame, a custódia cautelar encontra-se fundamentada, em consonância com o que dispõe o artigo 312 do Código de Processo Penal, notadamente no que se refere à garantia da ordem pública, levando em consideração as condutas delituosas graves e reprováveis cometidas pela recorrente, estabelecidas de forma estruturada e organizada, o que aumenta a lesividade social, demonstrando a maior periculosidade social dos agentes, impondo a manutenção da segregação da acusada, para a cessação dessas atividades ilícitas. 4. "A necessidade de se interromper ou diminuir a atuação de integrantes de organização criminosa, enquadra-se no conceito de garantia da ordem pública, constituindo fundamentação cautelar idônea e suficiente para a prisão preventiva" (STF, HC 95.024...). 5. Na hipótese, mesmo estando as lideranças da organização criminosa presas, suas companheiras e comparsas em liberdade executam suas ordens, mantendo em funcionamento o "modus operandi" da organização, razão pela qual se faz necessária a prisão cautelar. 6. As condições subjetivas favoráveis da recorrente, tais como primariedade, bons antecedentes, residência fixa e trabalho lícito, por si sós, não obstam a sua segregação cautelar, quando presentes os requisitos legais para a decretação da prisão preventiva. (...). (RHC 50.650, Rel. Min. Gurgel de Faria, DJ 12.3.2015)

Questões de concursos

403. **(Vunesp/PC/CE/Escrivão/2015)** No que concerne ao crime de "lavagem" ou ocultação de bens, direitos e valores, da Lei n. 9.613/98,

   a) só se configura após o trânsito em julgado da condenação pelo crime que gerou o recurso ilícito (crime antecedente)

   b) a pena será aumentada se o crime for cometido de forma reiterada

c) admite-se a responsabilização criminal penal da pessoa jurídica.
d) pune-se a tentativa com a mesma pena do crime consumado.
e) a colaboração espontânea do coautor ou partícipe, ainda que efetiva e frutífera, não lhe reduzirá pena.

■ Causas de Diminuição de Pena {art. 1º, § 5º}

> § 5º A pena poderá ser reduzida de um a dois terços e ser cumprida em regime aberto ou semiaberto, facultando-se ao juiz deixar de aplicá-la ou substituí-la, a qualquer tempo, por pena restritiva de direitos, se o autor, coautor ou partícipe colaborar espontaneamente com as autoridades, prestando esclarecimentos que conduzam à apuração das infrações penais, à identificação dos autores, coautores e partícipes, ou à localização dos bens, direitos ou valores objeto do crime.

Jurisprudência complementar (STJ)

(...). Sentença condenatória recorrível. Fundamentação. Acusado que permaneceu preso durante toda a instrução. Colaboração espontânea. Redução no quantum da pena. Regime aberto. Abrangência restrita aos crimes tipificados na Lei 9.613/98 ("lavagem de dinheiro"). Apelação pendente de julgamento. (...). 1. O réu respondeu ao processo privado de sua liberdade em razão do decreto prisional, cujas razões permanecem inalteradas; 2. Obrigatoriedade de fixação do regime aberto, uma vez reconhecida a colaboração espontânea do acusado; trata-se de "premiação" a ser considerada, tão-somente, em relação aos crimes previstos na Lei 9.613/98, não se estendendo aos demais; 3. A apreciação da questão do regime de cumprimento de pena se faz inviável na via do "habeas corpus", pois o paciente se encontra preso por força de sentença condenatória recorrível, não tendo sido julgada a apelação interposta. Portanto, não há que se cogitar de execução ou cumprimento da pena, pois inexiste, ainda, pena definitiva. 4. Conheço do "writ" somente naquilo que diz respeito à possibilidade do paciente vir a apelar em liberdade e nesse ponto denego a ordem pretendida. (HC 35.541, Rel. Min. Hélio Quaglia Barbosa, DJ 27.6.2005)

Aspectos Procedimentais {art. 2º}

> *Capítulo II* – Disposições Processuais Especiais
>
> **Art. 2º** O processo e julgamento dos crimes previstos nesta Lei:
>
> I – obedecem às disposições relativas ao procedimento comum dos crimes punidos com reclusão, da competência do juiz singular;
>
> II – independem do processo e julgamento das infrações penais antecedentes, ainda que praticados em outro país, cabendo ao juiz competente para os crimes previstos nesta Lei a decisão sobre a unidade de processo e julgamento;
>
> III – são da competência da Justiça Federal:
>
> a) quando praticados contra o sistema financeiro e a ordem econômico-financeira, ou em detrimento de bens, serviços ou interesses da União, ou de suas entidades autárquicas ou empresas públicas;
>
> b) quando a infração penal antecedente for de competência da Justiça Federal.

Súmulas TRFs

TRF-3 34. O inquérito não deve ser redistribuído para vara federal criminal especializada enquanto não se destinar a apuração de crime contra o sistema financeiro (Lei 7.492/86) ou delito de lavagem de ativos (Lei 9.613/98).

Jurisprudência complementar (STF)

(...). 1. Alegação de ofensa ao princípio do juiz natural. Argumento distinto daqueles apresentados na instância antecedente: impossibilidade de apreciação. Supressão de instância. 2. Alegação de impedimento do Tribunal Regional Federal da 3ª região para o julgamento do segundo recurso de apelação interposto pelo recorrente: improcedência. (...). 1. Se não foi submetida à instância antecedente a alegação de ofensa ao princípio do juiz natural, não cabe ao Supremo Tribunal Federal dela conhecer originariamente, sob pena de supressão de instância. (...). 2. O art. 252, inc. III, do Código de Processo Penal não preceitua qualquer ilegalidade em razão dos julgadores terem exercido a jurisdição na mesma instância, notadamente quando os recursos de apelação foram interpostos pela defesa contra sentenças penais proferidas em processos-crime distintos. 3. A jurisprudência deste Supremo Tribunal assentou a impossibilidade de criação pela via da interpretação de causas de impedimento. (...). 4. A Lei 9.613/98 estabelece expressamente a independência de processamento e julgamento dos crimes antecedentes em relação ao crime de lavagem de dinheiro. 5. A identificação do crime antecedente em processo diverso não impede o exercício da jurisdição no processo que trata do crime de lavagem de dinheiro. (...). (RHC 105791, Rel. Min. Cármen Lúcia, 2ª T., DJ 1.2.2013)

(...). Não é inepta a denúncia que, como no caso, individualiza a conduta imputada a cada réu, narra articuladamente fatos que, em tese, constituem crime, descreve as suas circunstâncias e indica o respectivo tipo penal, viabilizando, assim, o contraditório e a ampla defesa. A denúncia não precisa trazer prova cabal acerca da materialidade do crime antecedente ao de lavagem de dinheiro. Nos termos do art. 2º, II e § 1º, da Lei 9.613/1998, o processo e julgamento dos crimes de lavagem de dinheiro "independem do processo e julgamento dos crimes antecedentes", bastando que a denúncia seja "instruída com indícios suficientes da existência do crime antecedente", mesmo que o autor deste seja "desconhecido ou isento de pena". Além disso, a tese de inexistência de prova da materialidade do crime anterior ao de lavagem de dinheiro envolve o reexame aprofundado de fatos e provas, o que, em regra, não tem espaço na via eleita. (...). (HC 94958, Rel. Min. Joaquim Barbosa, 2ª T., DJ 6.2.2009)

Jurisprudência complementar (STJ)

(...). Sequestro e arresto de bens. Ausência de teratologia. (...). I. Não cabe mandado de segurança contra ato judicial passível de recurso, a teor do disposto no art. 5º, inciso II, da Lei 12.016/2009 (Súmula 267/STF). II. A jurisprudência desta eg. Corte, contudo, tem afastado, em hipóteses excepcionais, essa orientação, em casos de decisões judiciais teratológicas ou flagrantemente ilegais. III. Ausência de teratologia da r. decisão que mantém a indisponibilidade de contas bancárias que, segundo a denúncia, seriam destinadas ao depósito de valores advindos do crime de lavagem de dinheiro. IV. Indisponibilidade de bens que encontra amparo no art. 4º, caput e § 2º, da Lei 9.613/98, com as alterações da Lei 12.683/12. V. Ademais, a questão alusiva ao alcance da constrição já foi apreciada em outro "writ", sendo que, naquela oportunidade, a segurança foi parcialmente concedida, "para determinar a liberação dos ativos que não se inserem nos itens da denúncia". VI. O crime de lavagem de dinheiro é apurado de forma autônoma em relação ao crime antecedente (no caso, fraude em licitação), não sendo a hipótese de se quantificar o proveito econômico obtido no que diz respeito aos fatos apurados no processo antecessor (art. 2º, II, da Lei 9.613/98). (...). (RMS 43.231, Rel. Min. Felix Fischer, DJ 6.3.2015)

(...). Lavagem de capitais. Processo relativo aos delitos antecedentes julgado pela Justiça Federal em razão de conexão. Competência da justiça federal. Art. 2º, III, 'b', da Lei 9.613/98. 1. Firmada a competência da Justiça Federal para o processo relativo aos delitos antecedentes em razão de regras de conexão previstas no art. 76 do Código de Processo Penal, resta configurada a competência da Justiça Federal também para o julgamento do crime de lavagem de dinheiro, nos termos do artigo 2º, III, 'b', da Lei 9.613/98. 2. Fixada a competência da Justiça Federal com base nos fatos da causa, não há como chegar-se a conclusão diversa sem incursão nas provas, o que não é possível na via estreita do "habeas corpus". (...). (RHC 50.194, Rel. Min. Maria Thereza de Assis Moura, DJ 23.2.2015)

Conflito negativo de competência. Inquérito policial. Tráfico de drogas. Ausência de indícios concretos quanto ao crime de lavagem de dinheiro. Competência da justiça estadual. Art. 2º, III, a e b, da Lei 9.613/98. 1. Conforme dispõe o art. 2º, III, a e b, da Lei 9.613/98, o processo e o julgamento do crime de lavagem de dinheiro será da competência da Justiça Federal quando praticado contra o sistema financeiro e a ordem econômico-financeira ou em detrimento de bens, serviços ou interesses da União, de suas entidades autárquicas ou empresas públicas, ou ainda, quando a infração penal antecedente for de competência da Justiça Federal. 2. Na hipótese dos autos, contudo, não ficou constatada sequer a ocorrência da prática do crime de lavagem de dinheiro, tampouco a presença de algum dos referidos requisitos a ensejar a competência da Justiça Federal, valendo ressaltar, ainda, que os valores movimentados pelos investigados eram provenientes do tráfico nacional de entorpecentes, crime de competência da Justiça Estadual. (...). (CC 113.359, Rel. Min. Marco Aurélio Bellizze, DJ 5.6.2013)

(...). Lavagem de capitais (artigo 1º, § 4º, da Lei 9.613/1998). Paciente acusado também pelos crimes antecedentes, praticados contra o Sistema Financeiro Nacional. Posterior extinção da punibilidade pela prescrição no que se refere aos referidos delitos. Alegada impossibilidade de se provar que o réu teria auferido recursos provenientes de atividades ilícitas. Autonomia do delito de lavagem de dinheiro. Crimes anteriores imputados a vários corréus. Existência de indícios de que o paciente tinha conhecimento da ilicitude dos valores e bens cuja origem e propriedade foram ocultadas e dissimuladas. Atipicidade da lavagem de dinheiro não caracterizada. Legalidade da manutenção da ação penal. (...). 1. Da leitura do artigo 1º da Lei 9.613/1998, depreende-se que para que o delito de lavagem de capitais reste configurado, é necessário que o dinheiro, bens ou valores ocultados ou dissimulados sejam provenientes de algum dos ilícitos nele arrolados, ou seja, no tipo penal há expressa vinculação entre a lavagem de dinheiro a determinados crimes a ela anteriores. 2. Contudo, o artigo 2º, inciso II e § 1º, do mesmo diploma legal, dispõe que a apuração do delito em comento independe do "processo e julgamento dos crimes antecedentes", devendo a denúncia ser "instruída com indícios suficientes da existência do crime antecedente, sendo puníveis os fatos previstos nesta Lei, ainda que desconhecido ou isento de pena o autor daquele crime". 3. Desse modo, a simples existência de indícios da prática de algum dos crimes previstos no artigo 1º da Lei 9.613/1998 já autoriza a instauração de ação penal para apurar a ocorrência do delito de lavagem de dinheiro, não sendo necessária a prévia punição dos autores do ilícito antecedente. Doutrina. (...). 4. No caso dos autos, na mesma denúncia imputou-se ao paciente e demais corréus tanto a prática dos delitos antecedentes à lavagem de capitais, quanto ela própria. 5. Contudo, o paciente teve extinta a sua punibilidade no que se refere aos crimes anteriores à lavagem, ante a prescrição da pretensão punitiva estatal, circunstância que, segundo os impetrantes, impediria o Ministério Público de provar que ele teria auferido recursos provenientes de atividades ilícitas. 6. Ocorre que os crimes contra o Sistema Financeiro Nacional a partir dos quais teriam sido obtidos os bens, valores e direitos cuja origem e propriedade teria sido ocultada e dissimulada, não foram atribuídos apenas ao paciente, mas também aos demais sócios da offshore supostamente utilizada para a abertura e movimentação de diversas contas correntes no exterior. 7. Dessa forma, ainda que o órgão ministerial jamais possa provar que o paciente cometeu os delitos dispostos nos artigos 4º, 16, 21 e 22 da Lei 7.492/1986, o certo é que há indícios de que tais ilícitos teriam sido praticados pelos demais corréus, circunstância que evidencia a legalidade da manutenção da ação penal contra ele deflagrada para apurar o cometimento do crime de lavagem de capitais. 8. Aliás, se própria Lei 9.613/1998 permite a punição dos fatos nela previstos ainda que desconhecido ou isento de pena o autor do crime antecedente, é evidente que a extinção da punibilidade pela prescrição de um dos coautores dos delitos acessórios ao de lavagem não tem o condão de inviabilizar a persecução penal no tocante a este último ilícito penal. 9. É dispensável a participação do acusado da lavagem de dinheiro nos crimes a ela antecedentes, sendo suficiente que ele tenha conhecimento da ilicitude dos valores, bens ou direitos cuja origem, localização, disposição, movimentação ou propriedade tenha sido ocultada ou dissimulada. (...). 10. Havendo indícios da prática de crimes contra o Sistema Financeiro Nacional pelos corréus na ação penal em apreço, a partir dos quais teriam sido obtidos valores e bens cuja origem e propriedade teria sido ocultada e dissimulada pelo ora paciente, impossível reconhecer-se a atipicidade do delito de lavagem de dinheiro que lhe foi imputado e, por conseguinte, inviável o trancamento da ação penal contra ele deflagrada. (...). (HC 207.936, Rel. Min. Jorge Mussi, DJ 12.4.2012)

Questões de concursos

404. (Cespe/Câmara_Deputados/Analista_Legislativo/2014) Em se tratando de crimes de lavagem de dinheiro, o processo e o julgamento será da competência da justiça federal quando a infração penal antecedente for de competência da justiça federal.

■ Autonomia Relativa {art. 2º, § 1º}

> § 1º A denúncia será instruída com indícios suficientes da existência da infração penal antecedente, sendo puníveis os fatos previstos nesta Lei, ainda que desconhecido ou isento de pena o autor, ou extinta a punibilidade da infração penal antecedente.

Jurisprudência complementar (STF)

(...). Crime de lavagem de dinheiro. Prova da materialidade do delito antecedente. Desnecessidade, bastando a existência de indícios. Inépcia da denúncia. Não ocorrência. Ausência de motivo suficiente para o trancamento da ação penal. (...). Não é inepta a denúncia que, como no caso, individualiza a conduta imputada a cada réu, narra articuladamente fatos que, em tese, constituem crime, descreve as suas circunstâncias e indica o respectivo tipo penal, viabilizando, assim, o contraditório e a ampla defesa. A denúncia não precisa trazer prova cabal acerca da materialidade do crime antecedente ao de lavagem de dinheiro. Nos termos do art. 2º, II e § 1º, da Lei 9.613/1998, o processo e julgamento dos crimes de lavagem de dinheiro "independem do processo e julgamento dos crimes antecedentes", bastando que a denúncia seja "instruída com indícios suficientes da existência do crime antecedente", mesmo que o autor deste seja "desconhecido ou isento de pena".. Além disso, a tese de inexistência de prova da materialidade do crime anterior ao de lavagem de dinheiro envolve o reexame aprofundado de fatos e provas, o que, em regra, não tem espaço na via eleita. (...). (HC 94958, Rel. Min. Joaquim Barbosa, 2ª T., DJ 6.2.2009)

Jurisprudência complementar (STJ)

(...). Reconhecimento de questão prejudicial homogênea para suspender as ações penais em que se apuram crimes de lavagem de capitais, enquanto não sobrevier comprovação da existência dos crimes antecedentes e da participação do agente nos delitos precedentes, por ações judiciais distintas. Impossibilidade. Processo e julgamento do crime de lavagem de capitais que independe de comprovação cabal de crime antecedente ou da participação do agente em ambos os delitos. (...). I. A teor do § 1º do art. 2º da Lei 9.613/98, para a apuração do crime de lavagem de capitais não é necessária prova cabal do crime antecedente, mas a demonstração de "indícios suficientes da existência do crime antecedente". (...). II. A participação no crime antecedente não é indispensável à adequação da conduta de quem oculta ou dissimula a natureza, origem, localização, disposição, movimentação ou propriedade de bens, direitos ou valores provenientes, direta ou indiretamente, de crime, ao tipo do art. 1º da Lei 9.613/98, podendo haver, inclusive, condenação independente da existência de processo pelo crime antecedente. (...). (RHC 31.183, Rel. Min. Gilson Dipp, DJ 5.3.2012)

(...). Crime de lavagem de dinheiro. Trancamento da ação penal. Inviabilidade. Medida excepcional. 1. Ausência de justa causa. Não ocorrência. Acusação fundada em indícios veementes de crime antecedente. 2. Inépcia da denúncia. Ausência. Preenchimento dos requisitos do art. 41 do Código de Processo Penal. Exposição fática que permite o completo exercício do contraditório e da ampla defesa. (...). 2. A jurisprudência do Superior Tribunal de Justiça consolidou o entendimento de que é suficiente, para fins de oferecimento da denúncia referente ao delito de lavagem de dinheiro, a utilização de prova indiciária para a comprovação da existência do delito antecedente. 3. Os fatos e conclusões apontados na inicial descrevem, satisfatoriamente, com base nos elementos até então conhecidos, um acordo de vontades entre os acusados para a perpetração do delito de lavagem de dinheiro, com a descrição individualizada da participação de cada um dos envolvidos na prática delituosa, de modo a permitir ao paciente o desembaraçado exercício da ampla defesa. (...). (HC 139.940, Rel. Min. Marco Aurélio Bellizze, DJ 15.3.2012)

(...). Lavagem de dinheiro. Supressão de instância. Inocorrência. (...). Crimes antecedentes. Indícios suficientes. Pressupostos da lei especial atendidos. Alegação de ilicitude de provas. Necessidade de dilação probatória. Inadequação da via eleita. Trancamento da ação penal incabível. (...). 1. Não há de se falar em supressão de instância, porquanto todas as questões tratadas no "mandamus" também foram submetidas ao juízo "a quo" em defesa prévia e apreciadas pelo Egrégio Tribunal de Justiça de São Paulo, por ocasião do recebimento da denúncia ofertada contra o Prefeito, ora paciente. 2. Pela simples leitura da exordial verifica-se que o órgão acusador cumpriu a disposição processual especial do artigo 2º, § 1º, da Lei 9.613/98. Ressalte-se, ainda, que a teor do que dispõe o inciso II do mesmo dispositivo legal, a denúncia pelo crime de lavagem de dinheiro independe do processamento do acusado pelas infrações que a antecedem. 3. A prova da materialidade exigida pelo artigo 41 do Código de Processo Penal relaciona-se ao delito de lavagem de dinheiro e não aos delitos antecedentes, dos quais na norma extravagante requer singelos indícios de existência. 4. A denúncia instruída com indícios suficientes da existência do crime antecedente ao delito de lavagem ou ocultação de bens, direitos e valores satisfaz os pressupostos da Lei Especial para o seu oferecimento e recebimento. (...). (HC 103.097, Rel. Min. Jane Silva, DJ 24.11.2008)

■ Não Suspensão do Processo {art. 2º, § 2º}

> § 2º No processo por crime previsto nesta Lei, não se aplica o disposto no art. 366 do Decreto-Lei n. 3.689, de 3 de outubro de 1941 (Código de Processo Penal), devendo o acusado que não comparecer nem constituir advogado ser citado por edital, prosseguindo o feito até o julgamento, com a nomeação de defensor dativo.
>
> **Art. 3º** (Revogado p/ Lei 12.683/12).

■ Medidas Assecuratórias {art. 4º}

> **Art. 4º** O juiz, de ofício, a requerimento do Ministério Público ou mediante representação do delegado de polícia, ouvido o Ministério Público em 24 (vinte e quatro) horas, havendo indícios suficientes de infração penal, poderá decretar medidas assecuratórias de bens, direitos ou valores do investigado ou acusado, ou existentes em nome de interpostas pessoas, que sejam instrumento, produto ou proveito dos crimes previstos nesta Lei ou das infrações penais antecedentes.

Jurisprudência complementar (STJ)

(...). Sequestro de bens. Ação penal já deflagrada em fase de instrução penal. Manutenção do sequestro. 1. Os fatos narrados na denúncia, se constatados no curso da instrução, confirmarão o desfalque ocasionado aos cofres públicos. 2. O fundamento legal utilizado para decretação do sequestro dos valores (art. 4º da Lei de Lavagem de Capitais) não desautoriza, em tese, a manutenção da medida constritiva, desde que obedeça ao que dispõe o Código de Processo Penal sobre o sequestro. 3. Há, nos autos, indícios de que houve o beneficiamento financeiro do acusado com a prática das infrações imputadas. Não fosse assim, a peça acusatória teria sido rejeitada no juízo de delibação, no que diz respeito à corrupção passiva, o que não ocorreu. 4. Deve prevalecer a constrição, até que resolvida a lide, nos termos do art. 131, III, do CPP, o qual determina seja aguardado o trânsito em julgado em eventual extinção da punibilidade ou absolvição do réu. (...). (AgRg na Pet 10.153, Rel. Min. OG Fernandes, DJ 17.12.2014)

(...). Artigos 288, 297, 304 e 312, do Código Penal e artigos 1º e 2º da Lei 9613. Inépcia da denúncia. Exordial que atende aos requisitos legais. Tese de excesso de acusação. Necessidade de incursão probatória. Impossibilidade no rito do "habeas corpus". Ilegalidade não configurada. 1. Quanto à inépcia da denúncia, o trancamento da ação penal pela via do "habeas corpus" somente é cabível quando a irregularidade for de tal monta que a torne imprestável para fins de viabilizar o exercício da ampla defesa, e outra alternativa não reste que não a de anulá-la. 2. Ademais, em crimes envolvendo organizações criminosas, nem sempre é possível identificar com total objetividade, já no início da persecução penal, a participação precisa de cada um dos acusados. 3. No caso, a inicial acusatória não é inepta, pois, apesar do excesso de adjetivos e algumas afirmações vagas, descreveu em vários trechos a participação do paciente nos desvios de verbas do município, além de apontar lastro probatório mínimo e classificar a conduta na medida de sua culpabilidade, elementos que possibilitam a compreensão da acusação e o exercício da ampla defesa. 4. Para constatar eventual excesso de acusação seria necessária uma incursão no exame das provas, inviável no rito célere do "habeas corpus". (...). (HC 209.655, Rel. p/ Ac. Min. Rogerio Schietti Cruz, DJ 4.8.2014)

Informativos (STJ)

Modo de impugnação de medida assecuratória prevista na lei de lavagem de dinheiro.

É possível a interposição de apelação, com fundamento no art. 593, II, do CPP, contra decisão que tenha determinado medida assecuratória prevista no art. 4º, caput, da Lei 9.613/98 (Lei de lavagem de Dinheiro), a despeito da possibilidade de postulação direta ao juiz constritor objetivando a liberação total ou parcial dos bens, direitos ou valores constritos (art. 4º, §§ 2º e 3º, da mesma Lei). REsp 1.585.781, Rel. Min. Felix Fischer, DJ 1.8.2016. 5ª T. (Info 587)

■ Alienação Antecipada {art. 4º, § 1º}

§ 1º Proceder-se-á à alienação antecipada para preservação do valor dos bens sempre que estiverem sujeitos a qualquer grau de deterioração ou depreciação, ou quando houver dificuldade para sua manutenção.

Jurisprudência complementar (STJ)

(...). Crime de lavagem de capitais. "operação iceberg" deflagrada pela Polícia Federal. Apreensão de veículo automotor. Restituição do bem ao proprietário mediante termo de fiel depositário. Impossibilidade. Existência de indícios suficientes da origem ilícita do bem. Alegação de deterioração e desvalorização do automóvel. Alienação antecipada. Possibilidade. Art. 4º, § 1º, da Lei 9.613/1998 (com redação dada pela Lei 12.683/2012). (...). 1. Nos termos do art. 118 do Código de Processo Penal, antes de transitar em julgado a sentença final, as coisas apreendidas não poderão ser restituídas enquanto interessarem ao processo. 2. Esse interesse se dá tanto se o bem apreendido, de algum modo, servir para a elucidação do crime ou de sua autoria, como para assegurar eventual reparação do dano, em caso de condenação, ou quando foi obtido em razão da prática de crime. 3. Havendo indícios suficientes de que o veículo apreendido é produto de atividade criminosa, tendo, posteriormente, o seu proprietário sido denunciado pelo crime de lavagem de dinheiro, mostra-se inviável a sua restituição, ainda que mediante termo de fiel depositário, porquanto revela-se de todo incongruente devolver o produto do crime ao suposto criminoso. 4. Existindo risco de deterioração e desvalorização do automóvel, a solução mais adequada é promover a venda antecipada do bem, depositando o valor em conta vinculada ao Juízo Criminal, conforme inteligência do art. 4º, § 1º, da Lei 9.613/1998 (com redação dada pela Lei 12.683/2012). (...). (REsp 1134460, Rel. Min. Marco Aurélio Bellizze, DJ 30.10.2012)

(...). Inquérito policial. Lavagem de dinheiro. Trancamento. Excepcionalidade. Circunstância não evidenciada de plano. Sequestro de bens imóveis e bloqueio de ativos financeiros. Medida decretada há mais de 5 (cinco) anos. Razoabilidade. Excesso de prazo verificado. (...). Ordem parcialmente concedida. (...). 2. Nos termos do art. 4º da Lei 9.613, de 3 de março de 1998, o Juiz, de ofício, a requerimento do Ministério Público ou mediante representação da autoridade policial, poderá decretar, no curso de inquérito policial, o sequestro de bens, direitos ou valores do investigado. Conforme o § 1º do mesmo artigo, essas medidas assecuratórias serão levantadas se a ação penal não for iniciada no prazo de cento e vinte dias. 3. Segundo já decidiu este Superior Tribunal de Justiça, o atraso no encerramento das diligências deve ser analisado conforme as peculiaridades de cada procedimento. 4. No caso, não tendo sido proposta, até o presente momento, a ação penal em desfavor do Paciente, mostram-se impreteríveis o levantamento do sequestro e o desbloqueio das contas bancárias, porquanto ultrapassados os limites da razoabilidade. (...). (HC 144.407, Rel. Min. Laurita Vaz, DJ 28.6.2011)

■ Liberação do Bem {art. 4º, § 2º}

> § 2º O juiz determinará a liberação total ou parcial dos bens, direitos e valores quando comprovada a licitude de sua origem, mantendo-se a constrição dos bens, direitos e valores necessários e suficientes à reparação dos danos e ao pagamento de prestações pecuniárias, multas e custas decorrentes da infração penal.

Jurisprudência complementar (STJ)

(...). Bloqueio de bens. Crimes contra o sistema financeiro, lavagem de dinheiro e formação de quadrilha. Decisão fundamentada. Ausência de ilegalidade manifesta. 1. A decisão que determinou o bloqueio de bens do recorrente na fase de inquérito revestiu-se de fundamentação idônea, porquanto indicada a presença de indícios de seu envolvimento em organização voltada à exploração do jogo do bicho no Estado do Ceará, e ao desenvolvimento de uma rebuscada e intrincada rede de circulação de valores não declarados ao Fisco, com a captação e distribuição de recursos financeiros de terceiros. 2. Destacou a decisão que o recorrente seria o presidente do Conselho Administrativo da organização e que o resultado de perícia revelara significativas divergências entre os rendimentos declarados e a sua movimentação financeira. 3. Registre-se que contra decisão judicial recorrível não cabe mandado de segurança, a teor do enunciado n. 267 da Súmula do Supremo Tribunal Federal. Tal entendimento é abrandado na hipótese de decisão manifestamente ilegal, o que não é o caso, visto que a medida encontrou guarida no art. 4º Lei 9.613/98. 4. Recurso ao qual se dá provimento apenas para determinar o desbloqueio das contas-correntes do recorrente. (RMS 33.731, Rel. Min. OG Fernandes, DJ 29.2.2012)

■ Comparecimento Pessoal {art. 4º, § 3º}

> § 3º Nenhum pedido de liberação será conhecido sem o comparecimento pessoal do acusado ou de interposta pessoa a que se refere o caput deste artigo, podendo o juiz determinar a prática de atos necessários à conservação de bens, direitos ou valores, sem prejuízo do disposto no § 1º.

Medidas Assecuratórias {art. 4°, § 4°}

§ 4° Poderão ser decretadas medidas assecuratórias sobre bens, direitos ou valores para reparação do dano decorrente da infração penal antecedente ou da prevista nesta Lei ou para pagamento de prestação pecuniária, multa e custas.

Alienação Antecipada {art. 4°-A}

Art. 4°-A. A alienação antecipada para preservação de valor de bens sob constrição será decretada pelo juiz, de ofício, a requerimento do Ministério Público ou por solicitação da parte interessada, mediante petição autônoma, que será autuada em apartado e cujos autos terão tramitação em separado em relação ao processo principal.

Requerimento de Alienação {art. 4°-A, § 1°}

§ 1° O requerimento de alienação deverá conter a relação de todos os demais bens, com a descrição e a especificação de cada um deles, e informações sobre quem os detém e local onde se encontram.

Avaliação dos Bens {art. 4°-A, § 2°}

§ 2° O juiz determinará a avaliação dos bens, nos autos apartados, e intimará o Ministério Público.

Avaliação dos Bens {art. 4º-A, § 3º}

§ 3º Feita a avaliação e dirimidas eventuais divergências sobre o respectivo laudo, o juiz, por sentença, homologará o valor atribuído aos bens e determinará sejam alienados em leilão ou pregão, preferencialmente eletrônico, por valor não inferior a 75% (setenta e cinco por cento) da avaliação.

Leilão {art. 4º-A, § 4º}

§ 4º Realizado o leilão, a quantia apurada será depositada em conta judicial remunerada, adotando-se a seguinte disciplina:

I – nos processos de competência da Justiça Federal e da Justiça do Distrito Federal:

a) os depósitos serão efetuados na Caixa Econômica Federal ou em instituição financeira pública, mediante documento adequado para essa finalidade;

b) os depósitos serão repassados pela Caixa Econômica Federal ou por outra instituição financeira pública para a Conta Única do Tesouro Nacional, independentemente de qualquer formalidade, no prazo de 24 (vinte e quatro) horas; e

c) os valores devolvidos pela Caixa Econômica Federal ou por instituição financeira pública serão debitados à Conta Única do Tesouro Nacional, em subconta de restituição;

II – nos processos de competência da Justiça dos Estados:

a) os depósitos serão efetuados em instituição financeira designada em lei, preferencialmente pública, de cada Estado ou, na sua ausência, em instituição financeira pública da União;

b) os depósitos serão repassados para a conta única de cada Estado, na forma da respectiva legislação.

Depósito {art. 4º-A, § 5º}

§ 5º Mediante ordem da autoridade judicial, o valor do depósito, após o trânsito em julgado da sentença proferida na ação penal, será:

I – em caso de sentença condenatória, nos processos de competência da Justiça Federal e da Justiça do Distrito Federal, incorporado definitivamente ao patrimônio da União, e, nos processos de competência da Justiça Estadual, incorporado ao patrimônio do Estado respectivo;

II – em caso de sentença absolutória extintiva de punibilidade, colocado à disposição do réu pela instituição financeira, acrescido da remuneração da conta judicial.

■ Controle dos Valores Depositados {art. 4º-A, § 6º}

§ 6º A instituição financeira depositária manterá controle dos valores depositados ou devolvidos.

■ Dedução {art. 4º-A, § 7º}

§ 7º Serão deduzidos da quantia apurada no leilão todos os tributos e multas incidentes sobre o bem alienado, sem prejuízo de iniciativas que, no âmbito da competência de cada ente da Federação, venham a desonerar bens sob constrição judicial daqueles ônus.

■ Depósito {art. 4º-A, § 8º}

§ 8º Feito o depósito a que se refere o § 4º deste artigo, os autos da alienação serão apensados aos do processo principal.

■ Efeito dos Recursos {art. 4º-A, § 9º}

§ 9º Terão apenas efeito devolutivo os recursos interpostos contra as decisões proferidas no curso do procedimento previsto neste artigo.

■ Perdimento dos Bens {art. 4º-A, § 10º}

§ 10. Sobrevindo o trânsito em julgado de sentença penal condenatória, o juiz decretará, em favor, conforme o caso, da União ou do Estado:

I – a perda dos valores depositados na conta remunerada e da fiança;

II – a perda dos bens não alienados antecipadamente e daqueles aos quais não foi dada destinação prévia; e

III – a perda dos bens não reclamados no prazo de 90 (noventa) dias após o trânsito em julgado da sentença condenatória, ressalvado o direito de lesado ou terceiro de boa-fé.

■ Adjudicação {art. 4º-A, § 11º}

§ 11. Os bens a que se referem os incisos II e III do § 10 deste artigo serão adjudicados ou levados a leilão, depositando-se o saldo na conta única do respectivo ente.

■ Registro Público {art. 4º-A, § 12}

§ 12. O juiz determinará ao registro público competente que emita documento de habilitação à circulação e utilização dos bens colocados sob o uso e custódia das entidades a que se refere o caput deste artigo.

■ Alienação Antecipada {art. 4º-A, § 13}

§ 13. Os recursos decorrentes da alienação antecipada de bens, direitos e valores oriundos do crime de tráfico ilícito de drogas e que tenham sido objeto de dissimulação e ocultação nos termos desta Lei permanecem submetidos à disciplina definida em lei específica.

Prisão {art. 4º-B}

Art. 4º-B. A ordem de prisão de pessoas ou as medidas assecuratórias de bens, direitos ou valores poderão ser suspensas pelo juiz, ouvido o Ministério Público, quando a sua execução imediata puder comprometer as investigações.

Administrador de Bens {art. 5º}

Art. 5º Quando as circunstâncias o aconselharem, o juiz, ouvido o Ministério Público, nomeará pessoa física ou jurídica qualificada para a administração dos bens, direitos ou valores sujeitos a medidas assecuratórias, mediante termo de compromisso.

Administração dos Bens {art. 6º}

Art. 6º A pessoa responsável pela administração dos bens:

I – fará jus a uma remuneração, fixada pelo juiz, que será satisfeita com o produto dos bens objeto da administração;

II – prestará, por determinação judicial, informações periódicas da situação dos bens sob sua administração, bem como explicações e detalhamentos sobre investimentos e reinvestimentos realizados.

Parágrafo único. Os atos relativos à administração dos bens sujeitos a medidas assecuratórias serão levados ao conhecimento do Ministério Público, que requererá o que entender cabível.

Capítulo III – Dos Efeitos da Condenação

Efeitos da Condenação {art. 7º}

Art. 7º São efeitos da condenação, além dos previstos no Código Penal:

I – a perda, em favor da União – e dos Estados, nos casos de competência da Justiça Estadual –, de todos os bens, direitos e valores relacionados, direta ou indiretamente, à prática dos crimes previstos nesta Lei, inclusive aqueles utilizados para prestar a fiança, ressalvado o direito do lesado ou de terceiro de boa-fé;

II – a interdição do exercício de cargo ou função pública de qualquer natureza e de diretor, de membro de conselho de administração ou de gerência das pessoas jurídicas referidas no art. 9º, pelo dobro do tempo da pena privativa de liberdade aplicada.

Jurisprudência complementar (STF)

Inquérito. Questão de ordem. Apreensão de numerário, transportado em malas. Comprovação de notas seriadas e outras falsas. Investigação criminal pela suposta prática do crime de lavagem de dinheiro. Lei 9.613/98 (lei antilavagem). Pedido de levantamento do dinheiro bloqueado, mediante caucionamento de bens imóveis que não guardam nenhuma relação com os episódios em apuração. Impossibilidade, à falta de previsão legal. Nos termos do art. 4º da Lei Antilavagem, somente podem ser indisponibilizados bens, direitos ou valores sob fundada suspeição de guardarem vinculação com o delito de lavagem de capitais. Patrimônio diverso, que nem mesmo indiretamente se vincule às infrações referidas na Lei 9.613/98, não se expõe a medidas de constrição cautelar, por ausência de expressa autorização legal. A precípua finalidade das medidas acautelatórias que se decretam em procedimentos penais pela suposta prática dos crimes de lavagem de capitais está em inibir a própria continuidade da conduta delitiva, tendo em vista que o crime de lavagem de dinheiro consiste em introduzir na economia formal valores, bens ou direitos que provenham, direta ou indiretamente, de crimes antecedentes (incisos I a VIII do art. 1º da Lei 9.613/98). Daí que a apreensão de valores em espécie tenha a serventia de facilitar o desvendamento da respectiva origem e ainda evitar que esse dinheiro em espécie entre em efetiva circulação, retroalimentando a suposta ciranda da delitividade. Doutrina. Se o crime de lavagem de dinheiro é uma conduta que lesiona as ordens econômica e financeira e que prejudica a administração da justiça; se o numerário objeto do crime em foco somente pode ser usufruído pela sua inserção no meio circulante; e se a constrição que a Lei Antilavagem franqueia é de molde a impedir tal inserção retroalimentadora de ilícitos, além de possibilitar uma mais desembaraçada investigação quanto à procedência das coisas, então é de se indeferir a pretendida substituição, por imóveis, do numerário apreendido. Não é de se considerar vencido o prazo a que alude o § 1º do art. 4º da Lei 9.613/98, que é de 120 dias, pois ainda se encontram inconclusas as diligências requeridas pelo Ministério Público Federal, em ordem a não se poder iniciar a contagem do lapso temporal. Questão de ordem que se resolve pelo indeferimento do pedido de substituição de bens. (Inq 2248 QO, Rel. Min. Carlos Britto, Pleno, DJ 20.10.2006)

Jurisprudência complementar (STJ)

(...). Lavagem de dinheiro. Denúncia que narra o fato e suas circunstâncias. Ausência de inépcia. Trancamento da ação penal. Crime antecedente. Extensão transnacional dos delitos. Separação dos processos. Conexão. Competência. Separação facultativa justificada. (...). 1. O trancamento da ação penal por esta via justifica-se somente quando verificadas, de plano, a atipicidade da conduta, a extinção da punibilidade ou a ausência de indícios de autoria e prova da materialidade, o que não se vislumbra na hipótese dos autos. (...). 2. Não há falar em trancamento de ação penal iniciada por denúncia que satisfaz todos os requisitos do art. 41 do CPP, sendo mister a elucidação dos fatos em tese delituosos descritos na vestibular acusatória à luz do contraditório e da ampla defesa, durante o regular curso da instrução criminal. 3. A extensão transnacional de delitos antecedentes, embora ligados ao crime de "lavagem" ou ocultação de bens, direitos e valores, justifica a separação facultativa de processos, privilegiando a regra de competência da lei especial, ante a sua peculiaridade. (...). (HC 63.489, Rel. Min. Jorge Mussi, REPDJ 30.6.2008)

■ Destinação dos Bens {art. 7º, § 1º}

> § 1º A União e os Estados, no âmbito de suas competências, regulamentarão a forma de destinação dos bens, direitos e valores cuja perda houver sido declarada, assegurada, quanto aos processos de competência da Justiça Federal, a sua utilização pelos órgãos federais encarregados da prevenção, do combate, da ação penal e do julgamento dos crimes previstos nesta Lei, e, quanto aos processos de competência da Justiça Estadual, a preferência dos órgãos locais com idêntica função.

■ Instrumentos do Crime {art. 7°, § 2°}

> § 2° Os instrumentos do crime sem valor econômico cuja perda em favor da União ou do Estado for decretada serão inutilizados ou doados a museu criminal ou a entidade pública, se houver interesse na sua conservação.
>
> *Capítulo IV* – Dos Bens, Direitos ou Valores Oriundos de Crimes Praticados no Estrangeiro

■ Bens no Estrangeiro {art. 8°}

> **Art. 8°** O juiz determinará, na hipótese de existência de tratado ou convenção internacional e por solicitação de autoridade estrangeira competente, medidas assecuratórias sobre bens, direitos ou valores oriundos de crimes descritos no art. 1° praticados no estrangeiro.
>
> § 1° Aplica-se o disposto neste artigo, independentemente de tratado ou convenção internacional, quando o governo do país da autoridade solicitante prometer reciprocidade ao Brasil.
>
> § 2° Na falta de tratado ou convenção, os bens, direitos ou valores privados sujeitos a medidas assecuratórias por solicitação de autoridade estrangeira competente ou os recursos provenientes da sua alienação serão repartidos entre o Estado requerente e o Brasil, na proporção de metade, ressalvado o direito do lesado ou de terceiro de boa-fé.
>
> (...)

Jurisprudência complementar (STJ)

Homologação de sentença penal estrangeira. Agravo regimental. Prescrição da pena. Aplicação ao caso do art. 9º do Código Penal Brasileiro. Nos termos do art. 9º do Código Penal Brasileiro, a sentença estrangeira, quando a aplicação da lei brasileira produz na espécie as mesmas consequências, pode ser homologada para obrigar o condenado à reparação do dano e a outros efeitos civis. A prescrição da pena não é causa suficiente para fins de homologação de sentença penal estrangeira. (...). (AgRg na SE 3.395, Rel. Min. Cesar Asfor Rocha, DJ 5.2.2009)

Capítulo X – Disposições Gerais

Aplicação Subsidiária do CP e do CPP {art. 17-A}

Art. 17-A. Aplicam-se, subsidiariamente, as disposições do Decreto-Lei n. 3.689, de 3 de outubro de 1941 (Código de Processo Penal), no que não forem incompatíveis com esta Lei.

Dados Cadastrais {art. 17-B}

Art. 17-B. A autoridade policial e o Ministério Público terão acesso, exclusivamente, aos dados cadastrais do investigado que informam qualificação pessoal, filiação e endereço, independentemente de autorização judicial, mantidos pela Justiça Eleitoral, pelas empresas telefônicas, pelas instituições financeiras, pelos provedores de internet e pelas administradoras de cartão de crédito.

ENUNCIADOS FONACRIM

Enunciado 33. O artigo 17-B da Lei 9.613/1998 e os artigos 15 e 16 da Lei 12.850/2013 são constitucionais, pois conferem à autoridade policial e ao Ministério Público apenas acesso a dados não incluídos no âmbito do direito fundamental à intimidade, e aplicam-se a todos os procedimentos de investigação criminal.

Respostas {art. 17-C}

Art. 17-C. Os encaminhamentos das instituições financeiras e tributárias em resposta às ordens judiciais de quebra ou transferência de sigilo deverão ser, sempre que determinado, em meio informático, e apresentados em arquivos que possibilitem a migração de informações para os autos do processo sem redigitação.

Indiciamento de Servidor Público {art. 17-D}

> **Art. 17**-D. Em caso de indiciamento de servidor público, este será afastado, sem prejuízo de remuneração e demais direitos previstos em lei, até que o juiz competente autorize, em decisão fundamentada, o seu retorno.

Enunciados FONACRIM

Enunciado 35. O artigo 17-D da Lei 9.613/1998 é inconstitucional, pois a aplicação da medida cautelar de afastamento de servidor público de suas funções depende de decisão judicial.

Conservação dos Dados Fiscais {art. 17-E}

> **Art. 17**-E. A Secretaria da Receita Federal do Brasil conservará os dados fiscais dos contribuintes pelo prazo mínimo de 5 (cinco) anos, contado a partir do início do exercício seguinte ao da declaração de renda respectiva ou ao do pagamento do tributo.

Vigência {art. 18}

> **Art. 18**. Esta Lei entra em vigor na data de sua publicação.
>
> Brasília, 3 de março de 1998; 177° da Independência e 110° da República.
>
> *Fernando Henrique Cardoso*

LICITAÇÕES (LEI 8.666/93)

Lei n. 8.666, de 21 de junho de 1993.

Regulamenta o art. 37, inciso XXI, da Constituição Federal, institui normas para licitações e contratos da Administração Pública e dá outras providências.

O Presidente da República: faço saber que o Congresso Nacional decreta e eu sanciono a seguinte Lei:

(...)

Capítulo IV – Das Sanções Administrativas e da Tutela Judicial

Seção I – Disposições Gerais

■ Recusa Injustificada {art. 81}

Art. 81. A recusa injustificada do adjudicatário em assinar o contrato, aceitar ou retirar o instrumento equivalente, dentro do prazo estabelecido pela Administração, caracteriza o descumprimento total da obrigação assumida, sujeitando-o às penalidades legalmente estabelecidas.

Parágrafo único. O disposto neste artigo não se aplica aos licitantes convocados nos termos do art. 64, § 2º desta Lei, que não aceitarem a contratação, nas mesmas condições propostas pelo primeiro adjudicatário, inclusive quanto ao prazo e preço.

Jurisprudência complementar (STJ)

(...). Itens do edital. Inviabilidade de exame. Súmula 05/STJ. Licitação. Recusa de assinar o contrato administrativo. Multa. Inviabilidade da aplicação à falta de previsão no edital. 1. Não viola o artigo 535 do CPC, nem importa negativa de prestação jurisdicional, o acórdão que adota fundamentação suficiente para decidir de modo integral a controvérsia posta. 2. A ausência de debate, na instância recorrida, sobre a matéria tratada nos dispositivos legais cuja violação se alega no recurso especial atrai, por analogia, a incidência da Súm. 282/STF. 3. A interpretação de cláusula de edital de licitação não enseja recurso especial. Aplicação analógica da Súmula 05/STJ. 4. Inviável a aplicação de penalidade ao adjudicatário que se recusa a assinar o contrato (Lei 8.666/93, art. 81) sem que ela tenha sido prevista no edital (art. 40, III, do referido diploma legal). (...). (REsp 709.378, Rel. Min. Teori Albino Zavascki, DJ 3.11.2008)

■ Responsabilidade do Agente Administrativo {art. 82}

Art. 82. Os agentes administrativos que praticarem atos em desacordo com os preceitos desta Lei ou visando a frustrar os objetivos da licitação sujeitam-se às sanções previstas nesta Lei e nos regulamentos próprios, sem prejuízo das responsabilidades civil e criminal que seu ato ensejar.

■ Efeitos aos Servidores Públicos {art. 83}

Art. 83. Os crimes definidos nesta Lei, ainda que simplesmente tentados, sujeitam os seus autores, quando servidores públicos, além das sanções penais, à perda do cargo, emprego, função ou mandato eletivo.

Jurisprudência complementar (STJ)

(...). Penal. Sanções administrativas e tutela judicial relativa à Lei 8.666/1993, arts. 83 e 89. Prefeito. Licitação dispensada indevidamente. Condenação do agente público. Perda de mandato. Recondução ao cargo mediante eleição popular. Investidura originária. Diplomação concedida pelo juízo eleitoral. Necessidade de motivação concreta para afastamento de cargo público. 1. Cinge-se a controvérsia à possibilidade de efeitos extrapenais do "decisum" condenatório de agente político (prefeito) alcançarem novo mandato – recondução ao cargo público obtida por meio de eleições democráticas –, a provocar o afastamento do cargo atual (arts. 83 e 89 da Lei 8.666/1993). 2. No caso, ao contrário da pretensão recursal – em relação ao pedido de afastamento de prefeito eleito para novo mandato –, o acórdão estadual não violou o art. 83 da Lei 8.666/1993, pois, se fosse julgado e condenado em 2001, ao tempo em que era prefeito (mandato de 2001 a 2004), não resta dúvida de que perderia o mandato eletivo, em decorrência do previsto no art. 83 da Lei 8.666/1993. 3. Com a eleição para prefeito em 2009, firmou-se nova investidura originária, com outra diplomação concedida pelo juízo eleitoral – para período de mandato eletivo diverso (2009 a 2012). Consequentemente, não pode perder o cargo por um fato anterior, cometido em 2001, porque aquele período de mandato eletivo já se encontra encerrado, desde o ano de 2004. 4. A norma de regência determina a perda do mandato eletivo. Logo, por óbvio, o cargo em questão só pode ser aquele que o infrator ocupava à época da conduta típica. Em outros termos, caso o servidor ou agente político se mantivesse no mesmo cargo, "ceteris paribus", até o "decisum" condenatório, perderia-o em razão do disposto no art. 83 da Lei 8.666/1993. Hipótese inexistente "in casu". 5. Exige-se, em acréscimo, para a conveniente adequação dos efeitos da condenação penal, que o "decisum" seja revestido de motivação concreta para o afastamento do mandato eletivo (art. 92, parágrafo único, do CP). (...). (REsp 1244666, Rel. Min. Sebastião Reis Júnior, DJ 27.8.2012)

(...). Prefeito. Pena de perda do cargo. Extinção da punibilidade pela prescrição. Ocorrência. 1. A decisão agravada não tratou especificamente da prescrição em relação à pena de perda da função pública. Diante da amplitude de interpretação do "decisum" pretendida pelo Parquet, é de se receber o agravo regimental como embargos de declaração. 2. Ainda que se entenda que a pena de perda do cargo se deu com base na Lei 8.429/1992 ou mesmo em razão do que dispõe a Lei de Licitações em seu art. 83, é de se reconhecer que nenhum dos mencionados Diplomas legais trata da prescrição. A circunstância, a princípio, determina que o prazo prescricional da reprimenda de perda do cargo deva ser calculado com base na pena privativa de liberdade imposta, de acordo com o art. 110, § 1º, do Código Penal. Interpretação mais favorável ao Réu. 3. Na esteira do entendimento da Sexta Turma desta Corte, a restrição ao exercício do cargo é considerado efeito específico e não automático da condenação a depender da devida fundamentação, o que não ocorreu no caso vertente. 4. Declarada extinta a punibilidade estatal pela prescrição em relação a ambos os delitos imputados ao Réu (art. 1º, XI, do Decreto Lei 201/67 e 89 da Lei 8.666/93), não mais subsistem os efeitos da condenação imposta na esfera penal. 5. Agravo regimental recebido como embargos de declaração. Embargos acolhidos tão somente para aclarar o julgado, sem efeitos modificativos. (AgRg no AgRg no REsp 1262992, Rel. Min. OG Fernandes, DJ 4.6.2012)

■ **Norma Explicativa {art. 84}**

> **Art. 84.** Considera-se servidor público, para os fins desta Lei, aquele que exerce, mesmo que transitoriamente ou sem remuneração, cargo, função ou emprego público.
>
> § 1º Equipara-se a servidor público, para os fins desta Lei, quem exerce cargo, emprego ou função em entidade paraestatal, assim consideradas, além das fundações, empresas públicas e sociedades de economia mista, as demais entidades sob controle, direto ou indireto, do Poder Público.
>
> § 2º A pena imposta será acrescida da terça parte, quando os autores dos crimes previstos nesta Lei forem ocupantes de cargo em comissão ou de função de confiança em órgão da Administração direta, autarquia, empresa pública, sociedade de economia mista, fundação pública, ou outra entidade controlada direta ou indiretamente pelo Poder Público.

■ **Norma Explicativa {art. 85}**

> **Art. 85.** As infrações penais previstas nesta Lei pertinem às licitações e aos contratos celebrados pela União, Estados, Distrito Federal, Municípios, e respectivas autarquias, empresas públicas, sociedades de economia mista, fundações públicas, e quaisquer outras entidades sob seu controle direto ou indireto.
>
> *Seção II – Das Sanções Administrativas*

■ **Atraso Injustificado {art. 86}**

> **Art. 86.** O atraso injustificado na execução do contrato sujeitará o contratado à multa de mora, na forma prevista no instrumento convocatório ou no contrato.

§ 1º A multa a que alude este artigo não impede que a Administração rescinda unilateralmente o contrato e aplique as outras sanções previstas nesta Lei.

§ 2º A multa, aplicada após regular processo administrativo, será descontada da garantia do respectivo contratado.

§ 3º Se a multa for de valor superior ao valor da garantia prestada, além da perda desta, responderá o contratado pela sua diferença, a qual será descontada dos pagamentos eventualmente devidos pela Administração ou ainda, quando for o caso, cobrada judicialmente.

Jurisprudência complementar (STJ)

(...). Licitação. Atraso justificado. Prova dos autos. Súmula 7/STJ. 1. Não há a alegada violação dos arts. 458 e 535 do CPC, pois a prestação jurisdicional foi dada na medida da pretensão deduzida, como se depreende da leitura do acórdão recorrido, que excluiu a culpa da ré no atraso do objeto licitado. Pelo contrário, imputou- se à autora a conduta deflagradora do atraso. 2. Entendimento contrário ao interesse da parte não se confunde com ausência de motivação no julgado, menos ainda com omissão. 3. O art. 86 da Lei 8.666/93 estabelece que o atraso injustificado sujeita a empresa licitante à incidência da multa moratória contratual, hipótese não constatada pela Corte de origem, que após percuciente análise do caderno fático concluiu que o atraso na entrega das carrocerias era legítimo, o que torna a via especial inadequada à modificação do julgado, a teor da Súmula 7 do STJ. (...). (AgRg no AREsp 374.167, Rel. Min. Humberto Martins, DJ 4.10.2013)

Contrato administrativo. Multa. Mora na prestação dos serviços. Redução. Inocorrência de invasão de competência administrativa pelo judiciário. Interpretação finalística da lei. Aplicação supletiva da legislação civil. Princípio da razoabilidade. 1. Na hermenêutica jurídica, o aplicador do direito deve se ater ao seu aspecto finalístico para saber o verdadeiro sentido e alcance da norma. 2. Os Atos Administrativos devem atender à sua finalidade, o que importa no dever de o Poder Judiciário estar sempre atento aos excessos da Administração, o que não implica em invasão de sua esfera de competência. 3. O art. 86, da Lei 8.666/93, impõe multa administrativa pela mora no adimplemento do serviço contratado por meio de certame licitatório, o que não autoriza sua fixação em percentual exorbitante que importe em locupletamento ilícito dos órgãos públicos. 4. Possibilidade de aplicação supletiva das normas de direito privado aos contratos administrativos (art. 54, da Lei de Licitações). 5. Princípio da Razoabilidade. (...). (REsp 330.677, Rel. Min. José Delgado, DJ 4.2.2002)

■ Sanções {art. 87}

Art. 87. Pela inexecução total ou parcial do contrato a Administração poderá, garantida a prévia defesa, aplicar ao contratado as seguintes sanções:

I – advertência;

II – multa, na forma prevista no instrumento convocatório ou no contrato;

III – suspensão temporária de participação em licitação e impedimento de contratar com a Administração, por prazo não superior a 2 (dois) anos;

IV – declaração de inidoneidade para licitar ou contratar com a Administração Pública enquanto perdurarem os motivos determinantes da punição ou até que seja promovida a reabilitação perante a própria autoridade que aplicou a penalidade, que será concedida sempre que o contratado ressarcir a Administração pelos prejuízos resultantes e após decorrido o prazo da sanção aplicada com base no inciso anterior.

§ 1º Se a multa aplicada for superior ao valor da garantia prestada, além da perda desta, responderá o contratado pela sua diferença, que será descontada dos pagamentos eventualmente devidos pela Administração ou cobrada judicialmente.

§ 2º As sanções previstas nos incisos I, III e IV deste artigo poderão ser aplicadas juntamente com a do inciso II, facultada a defesa prévia do interessado, no respectivo processo, no prazo de 5 (cinco) dias úteis.

§ 3º A sanção estabelecida no inciso IV deste artigo é de competência exclusiva do Ministro de Estado, do Secretário Estadual ou Municipal, conforme o caso, facultada a defesa do interessado no respectivo processo, no prazo de 10 (dez) dias da abertura de vista, podendo a reabilitação ser requerida após 2 (dois) anos de sua aplicação.

Jurisprudência complementar (STF)

Conflito de atribuição inexistente: Min. de Estado dos Transportes e Tribunal de Contas da União: áreas de atuação diversas e inconfundíveis. 1. A atuação do Tribunal de Contas da União no exercício da fiscalização contábil, financeira, orçamentária, operacional e patrimonial das entidades administrativas não se confunde com aquela atividade fiscalizatória realizada pelo próprio órgão administrativo, uma vez que esta atribuição decorre da de controle interno ínsito a cada Poder e aquela, do controle externo a cargo do Congresso Nacional (CF, art. 70). 2. O poder outorgado pelo legislador ao TCU, de declarar, verificada a ocorrência de fraude comprovada à licitação, a inidoneidade do licitante fraudador para participar, por até cinco anos, de licitação na Administração Pública Federal (art. 46 da L. 8.443/92), não se confunde com o dispositivo da Lei das Licitações (art. 87), que – dirigido apenas aos altos cargos do Poder Executivo dos entes federativos (§ 3º) – é restrito ao controle interno da Administração Pública e de aplicação mais abrangente. 3. Não se exime, sob essa perspectiva, a autoridade administrativa sujeita ao controle externo de cumprir as determinações do Tribunal de Contas, sob pena de submeter-se às sanções cabíveis. 4. Indiferente para a solução do caso a discussão sobre a possibilidade de aplicação de sanção – genericamente considerada – pelo Tribunal de Contas, no exercício do seu poder de fiscalização, é passível de questionamento por outros meios processuais. (Pet 3606 AgR, Rel. Min. Sepúlveda Pertence, Pleno, DJ 27.10.2006)

Jurisprudência complementar (STJ)

(...). Contrato administrativo. Descumprimento da obrigação de manter a regularidade fiscal. Retenção do pagamento das faturas pelos serviços já prestados. Impossibilidade. 1. O entendimento dominante desta Corte é no sentido de que, apesar da exigência de regularidade fiscal para a contratação com a Administração Pública, não é possível a retenção de pagamento de serviços já executados em razão do não cumprimento da referida exigência, sob pena de enriquecimento ilícito da Administração e violação do princípio da legalidade, haja vista que tal providência não se encontra abarcada pelo artigo 87 da Lei 8.666/93. (...). (AgRg no AREsp 275.744, Rel. Min. Benedito Gonçalves, DJ 17.6.2014)

(...). Penalidade aplicada com base na Lei 8.666/93. Divulgação no portal da transparência gerenciado pela CGU. Decadência. Legitimidade passiva. Lei em tese e/ou ato concreto. Dano inexistente. 1. O prazo decadencial conta-se a partir da data da ciência do ato impugnado, cabendo ao impetrado a responsabilidade processual de demonstrar a intempestividade. 2. A Controladoria Geral da União é parte legítima para figurar em mandado de segurança objetivando atacar a inclusão do nome da empresa no portal da transparência, por ela administrado. 3. O "writ" impugna ato concreto, oriundo do Min. dirigente da CGU, inexistindo violação de lei em tese. 4. Nos termos da jurisprudência desta Corte, a penalidade prevista no art. 87, III, da Lei 8.666/93, suspendendo temporariamente os direitos da empresa em participar de licitações e contratar com a administração é de âmbito nacional. (...). (MS 19.657, Rel. Min. Eliana Calmon, DJ 23.8.2013)

(...). Declaração de inidoneidade para licitar e contratar com a administração pública. Efeitos ex nunc. 1. O entendimento da Primeira Seção do STJ é no sentido de que a declaração de inidoneidade só produz efeito ex nunc. (...). (AgRg no REsp 1148351, Rel. Min. Herman Benjamin, DJ 30.3.2010)

(...). Inexecução parcial de contrato. Penalidades. Art. 87 da Lei 8.666/1993. Multa e proibição de contratar com a administração durante trinta dias. Possibilidade de aplicação concomitante sem implicar excesso de punição. Inteligência do § 2º do referido artigo. Proporcionalidade e razoabilidade. Reexame do contexto fático-probatório dos autos e de clausulas contratuais. Impossibilidade. Incidência das súmulas 5 e 7/STJ. 1. Colhe-se dos autos que, em razão de inexecução parcial de contrato administrativo, aplicou-se à agravante penalidade de multa (art. 87, II, da Lei 8.66/1993) e impedimento temporário de contratar/licitar com a Administração (art. 87, III, da Lei 8.66/1993). 2. O § 2º do art. 87 da Lei 8666/1993 prevê expressamente a possibilidade de aplicação conjunta das sanções previstas no caput do referido artigo. Assim não merece guarida a tese da agravante de que " houve excesso de punição." (...). (AgRg no AREsp 138.201, Rel. Min. Herman Benjamin, DJ 10.10.2012)

(...). Declaração de inidoneidade de empresa licitante. Procedimento. Defesa final. Cerceamento. Art. 87, IV e § 3º, da Lei 8.666/93. 1. O mandado de segurança foi impetrado contra a aplicação da pena de inidoneidade para licitar e contratar com o Poder Público, por suposta ocorrência de fraude em Pregão Eletrônico, junto ao respectivo Ministério. 2. O artigo 87, § 3º, da Lei 8.666/93 dispõe ser do Min. de Estado, do Secretário Estadual ou Municipal, conforme o caso, a competência para a aplicação da pena de inidoneidade prevista no inciso IV do referido dispositivo, facultada a defesa do interessado no respectivo processo, no prazo de dez dias. 3. O processo iniciou-se em decorrência de representação de empresa concorrente perante o pregoeiro, que, após adotar as providências cabíveis, determinou a remessa dos autos ao Coordenador Geral de Compras e Contratos, órgão vinculado à Subsecretaria de Assuntos Administrativos (SAA). 4. Após a instrução processual e realização de diligências junto aos órgãos integrantes da Subsecretaria de Assuntos Administrativos (SAA) e Subsecretaria de Planejamento e Orçamento, os autos foram conclusos ao Subsecretário de Assuntos Administrativos Substituto, que sugeriu ao Min. de Estado a aplicação da pena de inidoneidade. 5. Durante todo o trâmite, a empresa impetrante foi notificada apenas para apresentar resposta à representação inicial da empresa concorrente; depois, perante o pregoeiro e, por último, quanto à defesa prevista no § 2º do art. 87, com prazo de 5 dias, por determinação do Subsecretário de Assuntos Administrativos Substituto. 6. A ausência de abertura de prazo para oferecimento de defesa final sobre a possível aplicação da pena de inidoneidade, consoante a determinação expressa contida no artigo 87, § 3º, da Lei de Licitações, acarreta a nulidade a partir desse momento processual, não logrando êxito a pretensão de nulidade "ab initio". (...).

Desse modo, fica prejudicado o exame das demais alegações relativas à ilegalidade do ato coator. 7. Segurança concedida em parte. (MS 17.431, Rel. Min. Castro Meira, DJ 3.10.2012)

■ Sanção {art. 88}

> **Art. 88.** As sanções previstas nos incisos III e IV do artigo anterior poderão também ser aplicadas às empresas ou aos profissionais que, em razão dos contratos regidos por esta Lei:
>
> I – tenham sofrido condenação definitiva por praticarem, por meios dolosos, fraude fiscal no recolhimento de quaisquer tributos;
>
> II – tenham praticado atos ilícitos visando a frustrar os objetivos da licitação;
>
> III – demonstrem não possuir idoneidade para contratar com a Administração em virtude de atos ilícitos praticados.

Jurisprudência complementar (STF)

(...). A jurisprudência do Supremo Tribunal Federal tem reafirmado a essencialidade do princípio que consagra o "due process of law", nele reconhecendo uma insuprimível garantia, que, instituída em favor de qualquer pessoa ou entidade, rege e condiciona o exercício, pelo Poder Público, de sua atividade, ainda que em sede materialmente administrativa, sob pena de nulidade do próprio ato punitivo ou da medida restritiva de direitos. (...). Doutrina. Assiste, ao interessado, mesmo em procedimentos de índole administrativa, como direta emanação da própria garantia constitucional do "due process of law" (CF, art. 5º, LIV) – independentemente, portanto, de haver previsão normativa nos estatutos que regem a atuação dos órgãos do Estado –, a prerrogativa indisponível do contraditório e da plenitude de defesa, com os meios e recursos a ela inerentes (CF, art. 5º, LV). Abrangência da cláusula constitucional do "due process of law", que compreende, dentre as diversas prerrogativas de ordem jurídica que a compõem, o direito à prova. O fato de o Poder Público considerar suficientes os elementos de informação produzidos no procedimento administrativo não legitima nem autoriza a adoção, pelo órgão estatal competente, de medidas que, tomadas em detrimento daquele que sofre a persecução administrativa, culminem por frustrar a possibilidade de o próprio interessado produzir as provas que repute indispensáveis à demonstração de suas alegações e que entenda essenciais à condução de sua defesa. Mostra-se claramente lesiva à cláusula constitucional do "due process" a supressão, por exclusiva deliberação administrativa, do direito à prova, que, por compor o próprio estatuto constitucional do direito de defesa, deve ter o seu exercício plenamente respeitado pelas autoridades e agentes administrativos, que não podem impedir que o administrado produza os elementos de informação por ele considerados imprescindíveis e que sejam eventualmente capazes, até mesmo, de infirmar a pretensão punitiva da Pública Administração. (...). (RMS 28517 AgR, Rel. Min. Celso de Mello, 2ª T., DJ 2.5.2014)

Jurisprudência complementar (STJ)

(...). Erro na publicação do acórdão recorrido. Nome do advogado grafado de maneira incorreta. Possibilidade de identificação do feito. Licitação. Pena de inidoneidade. Sanção aplicada à empresa antes da celebração do contrato. (...) 3. Da expressão "em razão dos contratos regidos por esta Lei" constante do art. 88, caput, da Lei 8.666/93 não se infere que a aplicação das sanções encontra-se restrita aos concorrentes que lograram sucesso na licitação e efetivamente celebraram o contrato administrativo, mas, ao contrário, engloba toda e qualquer empresa que tenha agido de forma ilegítima com o escopo de tornar-se vencedora de certame que, em última análise, culminaria em um contrato submetido à referida lei. 4. A adoção do posicionamento propugnado pelos ora recorrentes ocasionaria situações à beira do absurdo, destituídas de qualquer rastro de lógica e em completo descompasso com o princípio da moralidade. 5. A Administração Pública ver-se-ia tolhida de seu poder-dever de sancionar concorrente de licitação cujos expedientes ilícitos foram descobertos antes da contratação; isto é, a eficiência do Poder Público em averiguar fraudes nos certames acabaria por gerar uma conjuntura na qual nenhuma punição seria imposta, autorizando-se que licitantes sabidamente desonestos pudessem participar indefinidamente de inúmeros certames sem que lhes fosse aplicada qualquer sanção tão somente porque não chegaram a ser contratados. 6. É inconcebível a tese de que a Lei 8.666/93 reservaria punições somente aos licitantes contratados e toleraria fraudes e atos ilícitos promovidos por participantes que não se sagraram vencedores do certame, ainda que tenham dolosamente empreendido artifícios que, se não frustraram a competição por completo, atentaram de forma extremamente reprovável contra a Administração Pública e, em última análise, contra o interesse público da coletividade. (...). (REsp 1192775, Rel. Min. Castro Meira, DJ 1.12.2010)

Seção III – Dos Crimes e das Penas

■ Dispensa ou Inexigibilidade Indevida {art. 89}

Art. 89. Dispensar ou inexigir licitação fora das hipóteses previstas em lei, ou deixar de observar as formalidades pertinentes à dispensa ou à inexigibilidade:

Pena – detenção, de 3 (três) a 5 (cinco) anos, e multa.

Informativos (STF)

AP: licitação e concessão de uso de bem público

Nos termos do art. 4º, III, da Portaria 266/08 do DNPM, o requerimento de registro de licença para aproveitamento de recursos minerais deverá ser instruído com "o assentimento da pessoa jurídica de direito público, quando a esta pertencer parte ou a totalidade dos imóveis (...)". Embora o acusado, na condição de prefeito municipal, tenha firmado um "termo de concessão de uso de bem público", não houve propriamente outorga de direito real de uso, mas mero assentimento da municipalidade na extração de granito por particular em área a si pertencente, com o fim exclusivo de possibilitar o registro da licença de exploração mineral. Nessas condições, a despeito da impropriedade técnica do documento em questão, não era necessária a realização de procedimento licitatório, razão por que o fato imputado ao réu é atípico. AP 523, Red. p/ ac. Min. Dias Toffoli, 9.12.14. 1ª T. (Info 771)

Dispensa de licitação e peculato

No caso, a acusada deixara de observar, ante a justificativa de inviabilidade de competição, as formalidades legais em processos de inexigibilidade de licitação. Adquirira livros didáticos diretamente das empresas contratadas, com recursos oriundos dos cofres públicos, beneficiando-as com superfaturamento dos objetos contratuais. O Colegiado ressaltou que a justificativa utilizada para a inexigibilidade de licitação fora a inviabilidade de competição. Para dar respaldo a essa alegação, foram consideradas válidas declarações de exclusividade emitidas por entidade não prevista em lei, ou ainda atestados não constantes do respectivo procedimento. Essas cartas de exclusividade não permitiam inferir a inexistência, à época, de outros fornecedores das mercadorias pretendidas. Além disso, inexistiria impedimento ao órgão estadual de efetuar pesquisa de preço em outras praças, ou mesmo em outros órgãos públicos, já que os livros adquiridos têm distribuição em todo o território nacional. Logo, não procede a assertiva de que a exclusividade do fornecedor constituiria obstáculo à realização das pesquisas. Demonstrou que os preços praticados não foram compatíveis com o mercado ou mais vantajosos, mas que houvera significativo sobrepreço, inclusive por meio de aditivos contratuais. Estes eram acompanhados do máximo permitido em lei sobre o preço estabelecido no contrato original, porém, sem dados concretos que justificassem a majoração. Ao contrário, o órgão não negociara os preços, afirmando serem os praticados pelo mercado, sem comprovação. AP 946, Rel. p/ ac. Min. Edson Fachin, 30.8.2016. 1ª T. (Info 837)

Jurisprudência complementar (STF)

Ação Penal. Dispensa de licitação (art. 89, caput, da Lei 8.666/93). "Termo de concessão de uso de bem público" em favor de particular firmado por prefeito municipal. Impropriedade técnica do documento. Inexistência de concessão de direito real de uso. Hipótese de mero assentimento da municipalidade na extração de minerais por particular em área a si pertencente. Requisito específico para a obtenção de licença para exploração mineral do solo, nos termos do art. 4º, III, da Portaria n. 266/08 do Departamento Nacional de Produção Mineral. Desnecessidade de realização de procedimento licitatório. Inexistência, ademais, de dolo. Fato atípico. Ação penal improcedente. 1. Nos termos do art. 4º, III, da Portaria n. 266/08 do Departamento Nacional de Produção Mineral, o requerimento de registro de licença para aproveitamento de recursos minerais deverá ser instruído com "o assentimento da pessoa jurídica de direito público, quando a esta pertencer parte ou a totalidade dos imóveis (...)". 2. Embora o acusado, na condição de prefeito municipal, tenha firmado um "termo de concessão de uso de bem público", não houve propriamente outorga de direito real de uso, mas mero assentimento da municipalidade na extração de granito por particular em área a si pertencente, com o fim exclusivo de possibilitar o registro da licença de exploração mineral. 3. Nessas condições, a despeito da impropriedade técnica do documento em questão, não era necessária a realização de procedimento licitatório, razão por que o fato imputado ao réu é atípico. 4. Ação penal julgada improcedente. (AP 523, Rel. p/ ac. Min. Dias Toffoli, 1ª T., DJ 18.2.2015)

Imputação de crime de inexigência indevida de licitação. Serviços advocatícios. Rejeição da denúncia por falta de justa causa. A contratação direta de escritório de advocacia, sem licitação, deve observar os seguintes parâmetros: a) existência de procedimento administrativo formal; b) notória especialização profissional; c) natureza singular do serviço; d) demonstração da inadequação da prestação do serviço pelos integrantes do Poder Público; e) cobrança de preço compatível com o praticado pelo mercado. Incontroversa a especialidade do escritório de advocacia, deve ser considerado singular o serviço de retomada de concessão de saneamento básico do Município de Joinville, diante das circunstâncias do caso concreto. Atendimento dos demais pressupostos para a contratação direta. Denúncia rejeitada por falta de justa causa. (Inq 3074, Rel. Min. Roberto Barroso, 1ª T., DJ 3.10.2014)

Ação Penal. Ex-prefeito municipal que, atualmente, é deputado federal. Dispensa irregular de licitação (art. 89, caput, da Lei 8.666/93). Dolo. Ausência. Atipicidade. Ação penal improcedente. 1. A questão submetida ao presente julgamento diz respeito à existência de substrato probatório mínimo que autorizasse a condenação do réu na condição de prefeito municipal, por haver dispensado indevidamente o procedimento licitatório para a contratação de serviços de consultoria em favor da Prefeitura Municipal do Recife/PE. 2. Não restou demonstrada a vontade livre e conscientemente dirigida por parte do réu de superar a necessidade de realização da licitação. Pressupõe o tipo, além do necessário dolo simples (vontade consciente e livre de contratar independentemente da realização de prévio procedimento licitatório), a intenção de produzir um prejuízo aos cofres públicos por meio do afastamento indevido da licitação. 3. A incidência da norma que se extrai do art. 89, caput, da Lei 8.666/93 depende da presença de um claro elemento subjetivo do agente político: a vontade livre e consciente (dolo) de lesar o Erário, pois é assim que se garante a necessária distinção entre atos próprios do cotidiano político-administrativo e atos que revelam o cometimento de ilícitos penais. No caso, o órgão ministerial público não se desincumbiu do seu dever processual de demonstrar, minimamente, que tenha havido vontade livre e consciente do agente de lesar o Erário. Ausência de demonstração do dolo específico do delito, com reconhecimento de atipicidade da conduta dos agentes denunciados, já reconhecida pela Suprema Corte (Inq. 2646...). 4. Por outro lado, o que a norma extraída do texto legal exige para a dispensa do procedimento de licitação é que a contratação seja de instituição brasileira incumbida regimental ou estatutariamente da pesquisa, do ensino ou do desenvolvimento institucional, desde que detenha inquestionável reputação ético-profissional e não tenha fins lucrativos. Há no caso concreto requisitos suficientes para o seu enquadramento em situação na qual não incide o dever de licitar, ou seja, de dispensa de licitação. Ilegalidade inexistente. Fato atípico. 5. Acusação improcedente. 6. Ação penal julgada improcedente. (AP 559, Rel. Min. Dias Toffoli, 1ª T., DJ 31.10.2014)

Inquérito. Imputação dos crimes de peculato (art. 312 do Código Penal) e fraude à licitação (89 da Lei 8.666/1993). Indícios de autoria e materialidade demonstrados. Substrato probatório mínimo presente. Denúncia recebida. 1. Denúncia que contém a adequada indicação das condutas delituosas imputadas e aponta os elementos aptos a tornar plausível a acusação, o que permite o pleno exercício do direito de defesa. 2. Presença de substrato probatório mínimo em relação à materialidade e autoria. 3. Recebimento. (Inq 2671, Rel. Min. Teori Zavascki, 2ª T., DJ 18.9.2014)

Jurisprudência complementar (STJ)

(...). Prefeito municipal. Dispensa de licitação. Art. 89 da Lei 8.666/1993. Imprescindibilidade da demonstração do prejuízo e do dolo. (...). 1. A jurisprudência deste Superior Tribunal é firme no sentido de que "o crime tipificado no art. 89 da Lei 8.666/1993 não é de mera conduta, sendo imprescindível a demonstração de prejuízo ou de dolo específico" (HC 164.172...), bem como de que "o dolo genérico não é suficiente para levar o administrador à condenação por infração à Lei de Licitações" (HC 217.422...). (...). (AgRg no REsp 1470575, Rel. Min. Rogerio Schietti Cruz, DJ 26.6.2015)

(...). Dispensa ou inexigibilidade de licitação fora das hipóteses previstas em lei. Inépcia da denúncia. Peça inaugural que não descreve os prejuízos ao erário decorrentes da conduta imputada ao recorrente. Peça vestibular que não atende aos requisitos previstos no artigo 41 do Código de Processo Penal. Mácula caracterizada. Provimento do reclamo. 1. O devido processo legal constitucionalmente garantido deve ser iniciado com a formulação de uma acusação que permita ao acusado o exercício do seu direito de defesa, para que eventual cerceamento não macule a prestação jurisdicional reclamada. 2. Ao interpretar o artigo 89 da Lei 8.666/1993, esta Corte Superior de Justiça consolidou o entendimento de que no sentido de que para a configuração do crime de dispensa ou inexigibilidade de licitação fora das hipóteses previstas em lei é indispensável a comprovação do dolo específico do agente em causar dano ao erário, bem como do prejuízo à Administração Pública. (...). (RHC 57.222, Rel. Min. Leopoldo de Arruda Raposo, DJ 25.6.2015)

Informativos (STJ)

Dispensa de licitação. Ausência de dolo específico e dano ao erário.

O crime previsto no art. 89 da Lei 8.666/93 exige dolo específico e efetivo dano ao erário. APn 480, Rel. p/ ac. Min. Asfor Rocha, 29.3.12. Corte Especial. (Info 494)

■ Equiparação {art. 89, p. ú.}

> Parágrafo único. Na mesma pena incorre aquele que, tendo comprovadamente concorrido para a consumação da ilegalidade, beneficiou-se da dispensa ou inexigibilidade ilegal, para celebrar contrato com o Poder Público.

Jurisprudência complementar (STF)

Inquérito. 2. Competência originária. 3. Penal e Processual Penal. 4. Conexão e continência. Réus sem foro originário perante o Supremo Tribunal Federal. "Não viola as garantias do juiz natural, da ampla defesa e do devido processo legal, a atração, por continência ou conexão, do processo do corréu ao foro por prerrogativa de função de um dos denunciados" (Súmula 704). Eventual separação dos processos e consequente declinação do julgamento a outra instância deve ser analisada pelo Supremo Tribunal, com base no art. 80 do CPP. Tratando-se de delitos praticados em concurso de agente, não havendo motivo relevante, o desmembramento não se justifica. 5. Inépcia da denúncia. Um mínimo grau de generalização, no momento da descrição da conduta, não torna a denúncia inepta. Denúncia que descreve suficientemente a conduta dos imputados não é inepta. Preliminar rejeitada. 6. Prescrição da pretensão punitiva. Decurso do prazo prescricional quanto ao crime do art. 89 e parágrafo único da Lei 8.666/93, referente ao contrato 168/2001, celebrado em 2.7.2001. 7. Art. 1º, inciso I, do Decreto-Lei 201/67. Peculato. Entendimento da maioria no sentido de que provada a inexistência de apropriação ou desvio de bens ou rendas públicas. 8. Art. 89 e parágrafo único da Lei 8.666/93. Dispensa indevida de licitação. Tipicidade. Indispensabilidade do elemento subjetivo consistente na intenção de causar dano ao erário ou obter vantagem indevida. Entendimento da maioria no sentido de que provada a inexistência do elemento subjetivo. 9. Decretação da extinção da punibilidade, pela prescrição da pretensão punitiva, quanto ao crime do art. 89 e parágrafo único da Lei 8.666/93, referente ao contrato 168/2001, celebrado em 2.7.2001, decisão unânime. Absolvição liminar dos denunciados quanto ao restante, vencida a relatora. (Inq 2688, Rel. p/ ac. Min. Gilmar Mendes, 2ª T., DJ 12.2.2015)

(...). Denúncia com imputação de crimes variados. Recebimento parcial. Prescrição. 1. Denúncia pela prática de crimes previstos no art. 1º, IV, VI, XI, XIV, do Decreto-Lei 201/67, por descumprimento de ordem judicial e por falta de prestação de contas à Câmara de vereadores do Município de Luís Eduardo Magalhães/BA. Extinção de punibilidade pela prescrição em 2012. 2. Denúncia pela prática de crime previsto no art. 90, da Lei 8.666/93, por simulação de procedimento licitatório na Carta Convite 007/2003. Extinção de punibilidade pela prescrição da pretensão punitiva em 2011. 3. Denúncia pela prática de crime previsto no art. 90, da Lei 8.666/93, pela frustração de caráter competitivo de certame licitatório, previsto no art. 89, da Lei 8.666/93, por dispensa indevida de licitação, e pelo crime previsto no art. 1º, I, do Decreto-Lei 201/67, por compra de combustível em quantidade incompatível com os gastos dos órgãos públicos. Extinção de punibilidade em relação ao tipo previsto no art. 90, da Lei 8.666/93. Recebimento da denúncia em relação à imputação relativa ao crime do art. 1º, I, do Decreto-Lei 201/67 (desvio de rendas públicas mediante a aquisição de quantidade desnecessária de combustível) e ao art. 89, da Lei 8.666/93 (dispensa indevida de licitação para a compra de gasolina aditivada e de lubrificantes). (Inq 3109, Rel. Min. Roberto Barroso, 1ª T., DJ 8.10.2014)

(...). Fraude à licitação. Inépcia da denúncia. Trancamento de Ação Penal. Descrição suficiente da conduta na exordial acusatória. 1. Recorrente denunciado pelo Ministério Público do Distrito Federal e Territórios, com outros vinte e quatro acusados, pela participação em grupo composto para perpetrar fraudes em licitações públicas envolvendo a contratação de serviços de automação bancária. 2. Suficiente a descrição da conduta imputada ao Recorrente, correlata com o crime que lhe foi imputado (art. 89, parágrafo único, da Lei 8.666/1993), cumpridos os requisitos do artigo 41 do Código de Processo Penal. 3. Pode-se confiar no devido processo legal, com o trâmite natural da ação penal, para prevenir de forma suficiente eventuais ilegalidades, abusos ou injustiças no processo penal, não se justificando o trancamento da ação, salvo diante situações excepcionalíssimas. Deve-se dar ao processo uma chance, sem o seu prematuro encerramento. (...). (RHC 116168, Rel. Min. Rosa Weber, 1ª T., DJ 27.6.2013)

Jurisprudência complementar (STJ)

(...). Crimes previstos na lei de licitações. Inépcia da denúncia. Ausência de descrição mínima da relação do paciente com o fato delituoso. Inadmissibilidade. 1. A denúncia deve conter elementos mínimos de individualização da conduta do acusado, com a exposição do fato criminoso e todas as suas circunstâncias, como exige o art. 41, do CPP. 2. A descrição do delito previsto no parágrafo único do art. 89 da Lei 8.666/93, exige, ao menos sucintamente, que fique consignado de qual forma teria o agente contribuído para a dispensa da licitação fora dos casos legais. 3. É inadmissível que o órgão acusatório deixe de estabelecer vínculo mínimo entre denunciado e o fato criminoso a ele imputado, sob pena de ofensa o princípio constitucional da ampla defesa. (...). (HC 169.288, Rel. Min. OG Fernandes, DJ 16.11.2010)

■ Fraudar o caráter competitivo do procedimento {art. 90}

> **Art. 90.** Frustrar ou fraudar, mediante ajuste, combinação ou qualquer outro expediente, o caráter competitivo do procedimento licitatório, com o intuito de obter, para si ou para outrem, vantagem decorrente da adjudicação do objeto da licitação:
>
> Pena – detenção, de 2 (dois) a 4 (quatro) anos, e multa.

Informativos (STJ)

Concurso de crimes previstos na Lei 8.666/93.

Não configura "bis in idem" a condenação pela prática da conduta tipificada no art. 90 da Lei 8.666/93 (fraudar o caráter competitivo do procedimento licitatório) em concurso formal com a do art. 96, I, da mesma lei (fraudar licitação mediante elevação arbitraria dos preços). Isso porque se trata de tipos penais totalmente distintos. REsp 1.315.619, Rel. Min. Campos Marques, 15.8.13. 5ª T. (Info 530)

Não obrigatoriedade de licitação por parte de condomínio edilício em que ente público seja proprietário de fração ideal.

O síndico de condomínio edilício formado por frações ideais pertencentes a entes públicos e particulares, ao conceder a sociedade empresária o direito de explorar serviço de estacionamento em área de uso comum do prédio sem procedimento licitatório, não comete o delito previsto no art. 90 da Lei 8.666/93 ("Frustrar ou fraudar, mediante ajuste, combinação ou qualquer outro expediente, o caráter competitivo do procedimento licitatório, com o intuito de obter, para si ou para outrem, vantagem decorrente da adjudicação do objeto da licitação"). REsp 1.413.804, Rel. Min. Reynaldo Fonseca, DJ 16.9.15. 5ª T. (Info 569)

Jurisprudência complementar (STF)

(...). Extinção prematura da ação penal. Recorrente denunciado pelo delito de peculato (art. 312 do CP) e fraude à licitação (art. 90 da Lei 8.666/1993). Inépcia da inicial. Não ocorrência. Inviabilidade de análise de fatos e provas na via do "habeas corpus". (...). 1. A denúncia narra de forma clara e objetiva os fatos supostamente delituosos, com a indicação dos elementos indiciários mínimos aptos a tornar plausível a acusação, de modo a permitir, àquele que sofre a persecução criminal, o pleno exercício do direito de defesa, nos termos do art. 41 do Código de Processo Penal. 2. De outro lado, não há como avançar nas alegações sobre a veracidade ou não dos fatos imputados, questões que serão apuradas no âmbito da ação penal originária, impossível de ser avaliada nesta via recursal. É de competência do juiz da causa proceder ao exame dos elementos probatórios colhidos sob o crivo do contraditório e conferir a definição jurídica adequada para o caso. (...). (RHC 127144, Rel. Min. Teori Zavascki, 2ª T., DJ 23.4.2015)

(...). Operação sanguessuga. Fraude em licitação. Crime do art. 90 da Lei 8.666/1993. Corrupção passiva. Quadrilha. Deputado federal. Falta de prova hábil. Absolvição. 1. A presunção de inocência, princípio cardeal no processo criminal, é tanto uma regra de prova como um escudo contra a punição prematura. Como regra de prova, a melhor formulação é o "standard" anglo-saxônico – a responsabilidade criminal há de ser provada acima de qualquer dúvida razoável –, consagrado no art. 66, item 3, do Estatuto de Roma do Tribunal Penal Internacional. 2. À falta de prova suficiente da participação do acusado, Deputado Federal, nos crimes licitatórios praticados com verbas decorrentes de emendas parlamentares de sua autoria, bem como do recebimento de vantagem indevida em decorrência das emendas parlamentares e, ainda, de associação a grupo dedicado à prática de fraudes e peculatos na aquisição de ambulâncias com recursos federais, impõe-se a absolvição. 3. Ação penal julgada improcedente. (AP 521, Rel. Min. Rosa Weber, 1ª T., DJ 6.2.2015)

(...). Trancamento da ação penal. Art. 90 da Lei 8.666/1993. Formação de quadrilha. Art. 288 do Código Penal. Inépcia da inicial. Falta de indicação individualizada das condutas delitivas. Não ocorrência. Fraude à licitação. Crime formal. Inviabilidade de análise de fatos e provas na via do "habeas corpus". (...). 1. A jurisprudência desta Corte firmou entendimento no sentido de que a extinção da ação penal, de forma prematura, pela via do "habeas corpus", somente se dá em hipóteses excepcionais, nas quais seja patente (a) a atipicidade da conduta; (b) a ausência de indícios mínimos de autoria e materialidade delitivas; ou (c) a presença de alguma causa extintiva da punibilidade. 2. A inicial acusatória narrou de forma individualizada e objetiva as condutas atribuídas ao paciente, adequando-as, em tese, aos tipos descritos na peça acusatória. 3. O Plenário desta Corte já decidiu que o delito previsto no art. 90 da Lei 8.666/1993 é formal, cuja consumação dá-se mediante o mero ajuste, combinação ou adoção de qualquer outro expediente com o fim de fraudar ou frustrar o caráter competitivo da licitação, com o intuito de obter vantagem, para si ou para outrem, decorrente da adjudicação do seu objeto, de modo que a consumação do delito independe da homologação do procedimento licitatório. 4. Não há como avançar nas alegações postas na impetração acerca da ausência de indícios de autoria, questão que demandaria o revolvimento de fatos e provas, o que é inviável em sede de "habeas corpus". Como se sabe, cabe às instâncias ordinárias proceder ao exame dos elementos probatórios colhidos sob o crivo do contraditório e conferirem a definição jurídica adequada para os fatos que restaram devidamente comprovados. Não convém, portanto, antecipar-se ao pronunciamento das instâncias ordinárias, sob pena de distorção do modelo constitucional de competências. (...). (HC 116680, Rel. Min. Teori Zavascki, 2ª T., DJ 13.2.2014)

Jurisprudência complementar (STJ)

(...). Fraude à licitação. Inépcia da denúncia. Inocorrência. Fatos adequadamente descritos. Trancamento da ação penal. Impossibilidade. Presença dos indícios de autoria e da prova da materialidade. (...). I. O recorrente foi denunciado pela suposta prática da conduta tipificada no art. 90, da Lei 8.666/93 e pretende o trancamento da ação penal. II. A exordial acusatória cumpriu todos os requisitos previstos no art. 41, do Código de Processo Penal, sem que a peça incorresse em qualquer violação do que disposto no art. 395, do mesmo diploma legal. (...). IV. Não emerge dos autos a ausência de vinculação do recorrente com os fatos descritos na exordial acusatória. Sua atuação como empresário, ou seja, desinvestido de função pública, não impede, por si só, que haja o conluio com servidor para frustrar ou fraudar o caráter competitivo de procedimento licitatório, razão pela qual é prematuro o abreviamento da ação penal, revelando-se imprescindível, "in casu", a produção de provas sob o crivo do contraditório e da ampla defesa. V. Ademais, o dano ao erário não é elementar do tipo penal do art. 90, da Lei 8.666/93, sendo irrelevante a constatação de que a ambulância foi adquirida por preço abaixo do praticado no mercado, uma vez que o bem jurídico penalmente tutelado no mencionado tipo penal é a preservação do caráter competitivo do certame licitatório, o que não se observou. (...). (RHC 57.115, Rel. Min. Felix Fischer, DJ 5.8.2015)

(...). Conflito negativo de competência. Art. 90 da Lei 8.666/93, art. 297 e 304 do código penal. Processo licitatório municipal. Fraude. Falsificação e uso de documento público. Ausência de lesão direta à união. Competência estadual. 1. As certidões negativas falsas, ainda que provenientes de órgão federais (Receita e INSS), utilizadas em procedimento licitatório municipal, não trazem prejuízo direto a bens, serviços ou interesses da União, nem de qualquer de suas entidades autárquicas ou empresas públicas, razão pela qual as infrações perpetradas não se amoldam às situações previstas no elenco taxativo do art. 109 da Constituição Federal, não se cuidando de crime afeto à justiça Federal. (...). (CC 136.937, Rel. Min. Nefi Cordeiro, DJ 23.2.2015)

(...). Fraude ou frustração ao caráter competitivo de procedimento licitatório. Arguição de inépcia da peça acusatória e de ausência de justa causa. Denúncia geral. Possibilidade. Inépcia não configurada. Lastro mínimo probatório comprovado. Trancamento da ação penal. Descabimento. (...). 1. A teor do entendimento desta Corte, é possível o oferecimento de denúncia geral quando uma mesma conduta é imputada a todos os acusados e, apesar da aparente unidade de desígnios, não há como pormenorizar a atuação de cada um dos agentes na prática delitiva. No caso, a denúncia não é inepta, mas apenas possui caráter geral, e tampouco prescinde de um lastro mínimo probatório capaz de justificar o processo criminal. (...). 2. A denúncia descreve a conduta delituosa em tese praticada pelo acusado (determinação de abertura dos envelopes mesmo diante de flagrante ilegalidade), relatando, em linhas gerais, os elementos indispensáveis para a demonstração da existência dos crimes, nomeadamente o "modus operandi" do delito (alteração repentina de cláusula significativa do edital, a cinco dias do certame, com o fim de impossibilitar a concorrência) e a vantagem indevida supostamente visada pelos agentes (emissão de empenho no valor total de R$ 2.338.226,94 à empresa beneficiada), bem assim os indícios suficientes para a deflagração da persecução penal. 3. Nos crimes de autoria coletiva, é prescindível a descrição minuciosa e individualizada da ação de cada acusado, bastando a narrativa das condutas delituosas e da suposta autoria, com elementos suficientes para garantir o direito à ampla defesa e ao contraditório, como verificado na hipótese. 4. Não se pode, pois, de antemão, retirar do Estado o direito e o dever de investigar e processar, quando há elementos mínimos necessários para a persecução criminal. (...). (RHC 36.651, Rel. Min. Laurita Vaz, DJ 25.11.2013)

■ **Advocacia Administrativa {art. 91}**

> **Art. 91**. Patrocinar, direta ou indiretamente, interesse privado perante a Administração, dando causa à instauração de licitação ou à celebração de contrato, cuja invalidação vier a ser decretada pelo Poder Judiciário:
>
> Pena – detenção, de 6 (seis) meses a 2 (dois) anos, e multa.

Jurisprudência complementar (STJ)

(...). Peculato-desvio tentado. Lei 8.666/93: arts. 90 e 91. Falta de justa causa. Reconhecimento em parte. 1. O crime de peculato-desvio é material e admite, portanto, a tentativa. "in casu", tendo o paciente, supostamente, empregado todos os esforços para desviar recursos públicos, o que não teria se consumado tão somente em razão de medida liminar deferida no seio ação popular ajuizada, afigura-se típico o conatus.

Em igual medida, também é relevante para o direito penal, amoldando-se ao disposto no art. 90 da Lei 8.666/93, a ação de promover licitação, mediante o convite de apenas duas empresas, sendo que uma delas sequer atuava no ramo profissional, cujo serviço compunha o objeto do certame. 2. Carece de justa causa a ação penal quando se imputa a prática do crime do art. 91 da Lei 8.666/93, que depende da invalidação da contratação, uma vez coarctada, ab ovo, a concretização da licitação. 3. Ordem concedida, em menor extensão, para trancar, em parte, a ação penal em relação ao paciente, apenas em relação ao art. 91 da Lei 8.666/93. (com voto-vencido). (HC 114.717, Rel. p/ Ac. Min. Maria Thereza de Assis Moura, DJ 14.6.2010)

■ Alteração Indevida {art. 92}

> **Art. 92.** Admitir, possibilitar ou dar causa a qualquer modificação ou vantagem, inclusive prorrogação contratual, em favor do adjudicatário, durante a execução dos contratos celebrados com o Poder Público, sem autorização em lei, no ato convocatório da licitação ou nos respectivos instrumentos contratuais, ou, ainda, pagar fatura com preterição da ordem cronológica de sua exigibilidade, observado o disposto no art. 121 desta Lei:
>
> Pena – detenção, de dois a quatro anos, e multa.
>
> Parágrafo único. Incide na mesma pena o contratado que, tendo comprovadamente concorrido para a consumação da ilegalidade, obtém vantagem indevida ou se beneficia, injustamente, das modificações ou prorrogações contratuais.

Jurisprudência complementar (STF)

I. "Habeas corpus": prescrição: ocorrência, no caso, tão-somente quanto ao primeiro dos aditamentos à denúncia (L. 8.666/93, art. 92), ocorrido em 28.9.93. II. Alegação de nulidade da decisão que recebeu a denúncia no Tribunal de Justiça do Paraná: questão que não cabe ser analisada originariamente no Supremo Tribunal Federal e em relação à qual, de resto, a instrução do pedido é deficiente. III. "Habeas corpus": crimes previstos nos artigos 89 e 92 da L. 8.666/93: falta de justa causa para a ação penal, dada a inexigibilidade, no caso, de licitação para a contratação de serviços de advocacia. 1. A presença dos requisitos de notória especialização e confiança, ao lado do relevo do trabalho a ser contratado, que encontram respaldo da inequívoca prova documental trazida, permite concluir, no caso, pela inexigibilidade da licitação para a contratação dos serviços de advocacia. 2.

Extrema dificuldade, de outro lado, da licitação de serviços de advocacia, dada a incompatibilidade com as limitações éticas e legais que da profissão (L. 8.906/94, art. 34, IV; e Código de Ética e Disciplina da OAB/1995, art. 7º). (HC 86198, Rel. Min. Sepúlveda Pertence, 1ª T., 2007 DJ 29.6.2007)

(...). Ministério Público. Inquérito administrativo. Inquérito penal. Legitimidade. O Ministério Público (1) não tem competência para promover inquérito administrativo em relação à conduta de servidores públicos; (2) nem competência para produzir inquérito penal sob o argumento de que tem possibilidade de expedir notificações nos procedimentos administrativos; (3) pode propor ação penal sem o inquérito policial, desde que disponha de elementos suficientes. (...). (RE 233072, Rel. p/ ac. Min. Nelson Jobim, 2ª T., DJ 3.5.2002)

Denúncia. Completude. Propiciando a denúncia elementos capazes de viabilizar a defesa, descabe tomá-la como inepta. Licitação. Contrato. Majoração substancial do preço. A majoração substancial do preço, fora do figurino previsto na Lei 8.666/93, pouco importando o envolvimento, na espécie, de serviços e não de venda de mercadorias, configura, em tese, o tipo penal – artigos 92 e 96 da citada Lei. (HC 102063, Rel. Min. Marco Aurélio, 1ª T., DJ 2.12.2010)

Jurisprudência complementar (STJ)

(...). Lei 8.666/93. Art. 92. Necessidade de demonstração de efetivo dano ao erário e do dolo específico. 1. Esta Corte Superior entende que a configuração do delito do art. 92 da Lei 8.666/1993 depende da demonstração do dolo específico do agente e da ocorrência de prejuízo ao erário. (...). (AgRg no REsp 1360216, Rel. Min. Jorge Mussi, DJ 11.3.2015)

(...). Artigo 92 da Lei de Licitações. (1) impetração como sucedâneo recursal. Impropriedade da via eleita. (2) indevidas renovações de contrato administrativo. Existência de prejuízo ao erário e comportamento subjetivamente voltado para o sucesso delitivo. Ilegalidade. Ausência. (3) dosimetria. Pena-base. Exasperação. Emprego de feitos em curso. Constrangimento. Existência. Ordem concedida de ofício. 1. É manifesta a impropriedade do emprego do "habeas corpus" como sucedâneo recursal. 2. Segundo a jurisprudência desta Corte, o crime do artigo 92 da Lei 8.666/1992 depende, ademais da existência de prejuízo para a Administração, do reconhecimento de dolo direto, não se admitindo apenas a modalidade eventual. O elemento subjetivo, entrementes, especializa-se (figura, em doutrina antiga, denominada como dolo específico), não bastando o dolo genérico. Na espécie, restou demonstrado que o paciente, na qualidade de Prefeito Municipal, agiu com consciência e vontade, mirando na satisfação de pretensões particulares em detrimento do interesse público primário. Ademais, restou consignado que o licitante vencedor do certame recebeu, de modo ilegal, em razão de sucessivas e írritas repactuações, mais do que a Administração, originariamente, havia se predisposto a desembolsar. 3. O Superior Tribunal de Justiça, a bem do princípio da desconsideração prévia de culpabilidade, não admite a exasperação da pena-base com fulcro em feitos em curso – enunciado Sumular 444. 4. Ordem não conhecida, expedido "habeas corpus" para reduzir a pena do paciente para quatro anos, quatro meses e vinte e quatro dias de detenção, mais vinte e dois dias-multa, no valor estabelecido na sentença, cujos demais termos deverão ser mantidos. (HC 253.013, Rel. Min. Maria Thereza de Assis Moura, DJ 4.8.2014)

(...). Art. 92 da Lei 8.666/93. Trancamento da ação penal. Falta de justa causa. Impossibilidade. Substituição da pena corporal por medidas restritivas de direitos. Possibilidade. 1. A conduta atribuída ao paciente se subsume ao ilícito tipificado no art. 92 da Lei 8.666/93, que, sendo misto alternativo, compreende no seu núcleo, além de admitir e dar causa, possibilitar a prorrogação contratual em favor de adjudicatário na execução de contrato com o Poder Público. 2. Não há que se falar em inexistência de crime ou ilegalidade qualquer da sentença, podendo o secretário de governo, enquanto parecerista, cometer o crime se evidenciado que o ato de ofício foi a expressão formal de conduta efetivamente criminosa. 3. A existência de circunstâncias judiciais desfavoráveis, que determinam a exasperação da pena privativa de liberdade na sua quantidade e regime de cumprimento, não impede que a pena alternativa se mostre suficiente para a prevenção e repressão do crime, até porque permanece como reserva a assegurar a efetividade do Direito Penal. 4. Havendo similitude de situações, nada obsta que a solução dada ao corréu (HC 65.230) seja também aplicada ao ora paciente. 5. Ordem parcialmente concedida, a fim de substituir a privativa de liberdade por prestação pecuniária e prestação de serviços à comunidade. Fica a cargo do Juiz das execuções a implementação das restritivas de direitos. (HC 64.372, Rel. Min. OG Fernandes, DJ 24.5.2010)

■ Perturbação {art. 93}

Art. 93. Impedir, perturbar ou fraudar a realização de qualquer ato de procedimento licitatório:

Pena – detenção, de 6 (seis) meses a 2 (dois) anos, e multa.

Jurisprudência complementar (STJ)

(...). Fraude em licitação. Desvio de renda pública. Aplicação do decreto-lei 201/67 e art. 90 da Lei 8.666/93. Alegação de ocorrência de "bis in idem" não configurada. Conflito de normas. Inocorrência. Ausência de dolo. Impropriedade do "writ". (...). I. Evidenciada a prática, in tese, de dois crimes diversos, correta a aplicação de duas sanções cumulativas, não incorrendo, a decisão vergastada, em "bis in idem", já que os dispositivos relacionados tutelam bens jurídicos diferentes. II. A Lei de Licitações substituiu o art. 335 do Código Penal na tipificação da fraude, sendo que a adequação da conduta a um ou outro tipo depende do momento em que aquela foi cometida, antes ou depois da vigência da Lei 8.666/93, em 21.6.1993. III. O "habeas corpus" é meio impróprio para exame de alegações que ensejam a análise de material fático-probatório, como a aduzida culpa por negligência ou imperícia ou a inocorrência de quaisquer desvios de bens ou rendas do Município de Imbé/RS, em proveito próprio ou alheio, assim como a inaplicabilidade do art. 90 da Lei 8.666/93, pois seria necessária imprópria análise das condutas dos pacientes em face às suas condições de adquirentes, ou não, dos bens pertencentes ao Estado. IV. (...). (HC 11.840, Rel. Min. Gilson Dipp, DJ 22.10.2001)

■ Devassar o Sigilo {art. 94}

Art. 94. Devassar o sigilo de proposta apresentada em procedimento licitatório, ou proporcionar a terceiro o ensejo de devassá-lo:

Pena – detenção, de 2 (dois) a 3 (três) anos, e multa.

■ Afastar Licitante {art. 95}

Art. 95. Afastar ou procura afastar licitante, por meio de violência, grave ameaça, fraude ou oferecimento de vantagem de qualquer tipo:

Pena – detenção, de 2 (dois) a 4 (quatro) anos, e multa, além da pena correspondente à violência.

Parágrafo único. Incorre na mesma pena quem se abstém ou desiste de licitar, em razão da vantagem oferecida.

Jurisprudência complementar (STJ)

Fraude em licitação. Declaração de inidoneidade para licitar. Ilícitos praticados por sócio. Responsabilização administrativa da empresa. Possibilidade. I. Comprovada pela administração, em regular processo administrativo, onde se possibilitou o exercício da ampla defesa, a prática das condutas ilícitas constantes de lei estadual, de rigor a penalidade prevista, "in casu", a declaração de inidoneidade para licitar. II. O fato de a empresa não ser denunciada juntamente com o seu sócio pelos crimes previstos nos artigos 90 e 95 da Lei 8.666/93 não proíbe a investigação administrativa desta, máxime, ao se verificar que a referida lei não prevê sanções penais para as pessoas jurídicas. III. Atuando o sócio de forma a fraudar licitações procurando obter vantagem ilícita para a sua empresa, tem-se viabilizada a responsabilização desta na via administrativa. IV. (...). (RMS 35.221, Rel. Min. Francisco Falcão, DJ 9.8.2012)

■ Fraude à Licitação {art. 96}

> **Art. 96.** Fraudar, em prejuízo da Fazenda Pública, licitação instaurada para aquisição ou venda de bens ou mercadorias, ou contrato dela decorrente:
>
> I – elevando arbitrariamente os preços;
>
> II – vendendo, como verdadeira ou perfeita, mercadoria falsificada ou deteriorada;
>
> III – entregando uma mercadoria por outra;
>
> IV – alterando substância, qualidade ou quantidade da mercadoria fornecida;
>
> V – tornando, por qualquer modo, injustamente, mais onerosa a proposta ou a execução do contrato:
>
> Pena – detenção, de 3 (três) a 6 (seis) anos, e multa.

Informativos (STJ)

Fraude em licitação. Art. 96, I e V, da Lei 8.666/1993. Contratação de serviços. Conduta não prevista no tipo penal. Princípio da taxatividade.

O art. 96 da Lei 8.666/1993 apresenta hipóteses estreitas de penalidade, entre as quais não se encontra a fraude na licitação para fins de contratação de serviços. REsp 1.571.527, Rel. Min. Sebastião Reis, DJ 25.10.2016. 6ª T. (Info 592)

Jurisprudência complementar (STF)

(...). Denúncia. Crimes da Lei 8666/93. Prefeito municipal. Mentor intelectual. Recebimento. (...). III. O Prefeito Municipal, ainda que não seja ordenador de despesas, pode ser processado criminalmente pelos crimes previstos na Lei 8.666/93 – Lei das Licitações, se a acusação o enquadrar como mentor intelectual dos crimes. (...). (Inq 2578, Rel. Min. Ricardo Lewandowski, Pleno, DJ 18.9.2009)

■ Contratar Empresa Inidônea {art. 97}

Art. 97. Admitir à licitação ou celebrar contrato com empresa ou profissional declarado inidôneo:

Pena – detenção, de 6 (seis) meses a 2 (dois) anos, e multa.

Parágrafo único. Incide na mesma pena aquele que, declarado inidôneo, venha a licitar ou a contratar com a Administração.

■ Obstar Inscrição de Interessado {art. 98}

Art. 98. Obstar, impedir ou dificultar, injustamente, a inscrição de qualquer interessado nos registros cadastrais ou promover indevidamente a alteração, suspensão ou cancelamento de registro do inscrito:

Pena – detenção, de 6 (seis) meses a 2 (dois) anos, e multa.

■ Multa {art. 99}

Art. 99. A pena de multa cominada nos arts. 89 a 98 desta Lei consiste no pagamento de quantia fixada na sentença e calculada em índices percentuais, cuja base corresponderá ao valor da vantagem efetivamente obtida ou potencialmente auferível pelo agente.

§ 1º Os índices a que se refere este artigo não poderão ser inferiores a 2% (dois por cento), nem superiores a 5% (cinco por cento) do valor do contrato licitado ou celebrado com dispensa ou inexigibilidade de licitação.

§ 2º O produto da arrecadação da multa reverterá, conforme o caso, à Fazenda Federal, Distrital, Estadual ou Municipal.

Seção IV – **Do Processo e do Procedimento Judicial**

■ Ação Penal Pública Incondicionada {art. 100}

Art. 100. Os crimes definidos nesta Lei são de ação penal pública incondicionada, cabendo ao Ministério Público promovê-la.

■ "Notitia Criminis" {art. 101}

Art. 101. Qualquer pessoa poderá provocar, para os efeitos desta Lei, a iniciativa do Ministério Público, fornecendo-lhe, por escrito, informações sobre o fato e sua autoria, bem como as circunstâncias em que se deu a ocorrência.

Parágrafo único. Quando a comunicação for verbal, mandará a autoridade reduzi-la a termo, assinado pelo apresentante e por duas testemunhas.

Jurisprudência complementar (STJ)

(...). Lei de licitação (art. 95). Notitia criminis (art. 101, parágrafo único da Lei 8.883/94). Dissídio pretoriano. I. Os delitos da Lei de Licitação são de ação penal pública incondicionada (art. 100). O disposto no parágrafo único do art. 101 é abundante, mera reprodução do significado do art. 27 do CPP. II. A divergência jurisprudencial deve obedecer às exigências dos arts. 255 do RISTJ e 541 do CPC c/c o art. 3º do CPP. Inexistindo similitude entre o acórdão reprochado e os paradigmas colacionados, o recurso não pode ser conhecido pelo permissivo da alínea c. (...). (REsp 197.775, Rel. Min. Felix Fischer, DJ 21.6.1999)

■ "Delatio Criminis" {art. 102}

Art. 102. Quando em autos ou documentos de que conhecerem, os magistrados, os membros dos Tribunais ou Conselhos de Contas ou os titulares dos órgãos integrantes do sistema de controle interno de qualquer dos Poderes verificarem a existência dos crimes definidos nesta Lei, remeterão ao Ministério Público as cópias e os documentos necessários ao oferecimento da denúncia.

■ Ação Penal Privada Subsidiária {art. 103}

Art. 103. Será admitida ação penal privada subsidiária da pública, se esta não for ajuizada no prazo legal, aplicando-se, no que couber, o disposto nos arts. 29 e 30 do Código de Processo Penal.

■ Defesa {art. 104}

Art. 104. Recebida a denúncia e citado o réu, terá este o prazo de 10 (dez) dias para apresentação de defesa escrita, contado da data do seu interrogatório, podendo juntar documentos, arrolar as testemunhas que tiver, em número não superior a 5 (cinco), e indicar as demais provas que pretenda produzir.

■ Alegações Finais {art. 105}

Art. 105. Ouvidas as testemunhas da acusação e da defesa e praticadas as diligências instrutórias deferidas ou ordenadas pelo juiz, abrir-se-á, sucessivamente, o prazo de 5 (cinco) dias a cada parte para alegações finais.

Sentença {art. 106}

Art. 106. Decorrido esse prazo, e conclusos os autos dentro de 24 (vinte e quatro) horas, terá o juiz 10 (dez) dias para proferir a sentença.

Apelação {art. 107}

Art. 107. da sentença cabe apelação, interponível no prazo de 5 (cinco) dias.

Aplicação Subsidiária do CP e do CPP {art. 108}

Art. 108. No processamento e julgamento das infrações penais definidas nesta Lei, assim como nos recursos e nas execuções que lhes digam respeito, aplicar-se-ão, subsidiariamente, o Código de Processo Penal e a Lei de Execução Penal.

(...)

Brasília, 21 de junho de 1993, 172º da Independência e 105º da República.

Itamar Franco

MEIO AMBIENTE (LEI 9.605/98)

Lei n. 9.605, de 12 de fevereiro de 1998.

Dispõe sobre as sanções penais e administrativas derivadas de condutas e atividades lesivas ao meio ambiente, e dá outras providências.

O Presidente da República faço saber que o Congresso Nacional decreta e eu sanciono a seguinte Lei:

Capítulo I – Disposições Gerais

Art. 1º (Vetado).

Autoria nos Crimes Ambientais {art. 2º}

Art. 2º Quem, de qualquer forma, concorre para a prática dos crimes previstos nesta Lei, incide nas penas a estes cominadas, na medida da sua culpabilidade, bem como o diretor, o administrador, o membro de conselho e de órgão técnico, o auditor, o gerente, o preposto ou mandatário de pessoa jurídica, que, sabendo da conduta criminosa de outrem, deixar de impedir a sua prática, quando podia agir para evitá-la.

Jurisprudência complementar (STF)

(...) 4. Na dicção dos arts. 2º e 3º da Lei 9.605/96, possível a responsabilização penal dos administradores da pessoa jurídica pela prática de crimes ambientais. 5. A identificação o mais aproximada possível dos setores e agentes internos da empresa determinantes na produção do fato ilícito, porque envolvidos no processo de deliberação ou execução do ato que veio a se revelar lesivo de bens jurídicos tutelados pela legislação penal ambiental, tem relevância e deve ser averiguada no curso da instrução criminal. 6. Inviável a análise do liame entre a conduta dos pacientes e o fato criminoso, porquanto demandaria o reexame e a valoração de fatos e provas, para o que não se presta a via eleita. (...). (HC 128435, Rel. Min. Rosa Weber, 1ª T., DJ 16.11.2015)

(...). A litispendência pressupõe a existência de duas ações pendentes idênticas, fenômeno inocorrente, quando se está diante de uma ação penal e de um inquérito policial, procedimento investigativo que não se confunde com aquela. Inexistência de litispendência que também se constata em decorrência da ausência de identidade absoluta entre a peça de denúncia encartada nestes autos e aquela presente no Inquérito n. 3.273, consoante já decidido pelo juízo a quo. 2) Busca e apreensão válida, porquanto precedida de regular autorização judicial. Ausência de nulidade da referida medida cautelar em decorrência de a diligência ter contado com a participação de membros do Ministério Público e da Receita Estadual, na medida em que é da atribuição dos agentes da Receita Estadual colaborar com a Polícia Judiciária na elucidação de ilícitos tributários, o que os autoriza a acompanhar as diligências de busca e apreensão. 3) Ministério Público. Investigação criminal conduzida diretamente pelo Ministério Público. Legitimidade. Fundamento constitucional existente. 4) A investigação direta pelo Ministério Público possui alicerce constitucional e destina-se à tutela dos direitos fundamentais do sujeito passivo da persecução penal porquanto assegura a plena independência na condução das diligências. 5) A teoria dos poderes implícitos (implied powers) acarreta a inequívoca conclusão de que o Ministério Público tem poderes para realizar diligências investigatórias e instrutórias na medida em que configuram atividades decorrentes da titularidade da ação penal. 6) O art. 129, inciso IX, da Constituição da República predica que o Ministério Público pode exercer outras funções que lhe forem conferidas desde que compatíveis com sua finalidade, o que se revela como um dos alicerces para o desempenho da função de investigar. 7) O art. 144 da carta de 1988 não estabelece o monopólio da função investigativa à polícia e sua interpretação em conjunto com o art. 4º, parágrafo único, do Código de Processo Penal legitima a atuação investigativa do parquet. 8) O direito do réu ao silêncio é regra jurídica que goza de presunção de conhecimento por todos, por isso que a ausência de advertência quanto a esta faculdade do réu não gera, por si só, uma nulidade processual a justificar a anulação de um processo penal, especialmente na hipótese destes autos em que há dez volumes e os depoimentos impugnados foram acompanhados por advogados. 9) O acervo probatório dos autos é harmônico no sentido de que não há provas de que o demandado concorreu para o cometimento dos delitos narrados na denúncia. "in casu", a imputação de responsabilidade penal ao réu pelo fato de ter desempenhado a função de diretor em sociedade empresária investigada implicaria o indevido reconhecimento da responsabilidade penal objetiva vedada por nosso ordenamento jurídico. 10) É que a imputação de que o réu inseria nos documentos fiscais dados falsos sobre a natureza do carvão adquirido no afã de cometer delitos ambiental e fiscal restou afastada por toda a prova oral, a qual, além de exonerá-lo de culpa penal, destacou seu protagonismo como defensor do meio ambiente. 11) Deveras, ainda que assim não o fosse, os trechos degravados das conversas do imputado com representantes do Ministério Público anunciam um ambiente contraditório ao acolhimento da condenação, na medida em que o imputado recusara a assinatura de um TAC (termo de ajustamento de conduta) afirmando-se inocente perante o Ministério Público, que não infirmou essa assertiva. 12) A condenação, como destacado pela escola clássica penal, deve provir de fatos claros como a água e a luz, o que inocorre no caso sub judice, recomendando a absolvição do acusado por falta de provas. 13) Agravos regimentais prejudicados. Pedido de condenação julgado improcedente, nos termos do que previsto no art. 386, V, do Código de Processo Penal (V. não existir prova de ter o réu concorrido para a infração penal). (AP 611, Rel. Min. Luiz Fux, 1ª T., DJ 10.12.2014)

(...). Crime ambiental. Responsabilidade penal da pessoa jurídica. Condicionamento da ação penal à identificação e à persecução concomitante da pessoa física que não encontra amparo na Constituição da República. 1. O art. 225, § 3º, da Constituição Federal não condiciona a responsabilização penal da pessoa jurídica por crimes ambientais à simultânea persecução penal da pessoa física em tese responsável no âmbito da empresa. A norma constitucional não impõe a necessária dupla imputação. 2. As organizações corporativas complexas da atualidade se caracterizam pela descentralização e distribuição de atribuições e responsabilidades, sendo inerentes, a esta realidade, as dificuldades para imputar o fato ilícito a uma pessoa concreta. 3. Condicionar a aplicação do art. 225, §3º, da Carta Política a uma concreta imputação também a pessoa física implica indevida restrição da norma constitucional, expressa a intenção do constituinte originário não apenas de ampliar o alcance das sanções penais, mas também de evitar a impunidade pelos crimes ambientais frente às imensas dificuldades de individualização dos responsáveis internamente às corporações, além de reforçar a tutela do bem jurídico ambiental. 4. A identificação dos setores e agentes internos da empresa determinantes da produção do fato ilícito tem relevância e deve ser buscada no caso concreto como forma de esclarecer se esses indivíduos ou órgãos atuaram ou deliberaram no exercício regular de suas atribuições internas à sociedade, e ainda para verificar se a atuação se deu no interesse ou em benefício da entidade coletiva. Tal esclarecimento, relevante para fins de imputar determinado delito à pessoa jurídica, não se confunde, todavia, com subordinar a responsabilização da pessoa jurídica à responsabilização conjunta e cumulativa das pessoas físicas envolvidas. Em não raras oportunidades, as responsabilidades internas pelo fato estarão diluídas ou parcializadas de tal modo que não permitirão a imputação de responsabilidade penal individual. (...). (RE 548181, Rel. Min. Rosa Weber, 1ª T., DJ 30.10.2014)

(...). 2. Responsabilidade penal objetiva. 3. Crime ambiental previsto no art. 2º da Lei 9.605/98. 4. Evento danoso: vazamento em um oleoduto da Petrobrás 5. Ausência de nexo causal. 6. Responsabilidade pelo dano ao meio ambiente não-atribuível diretamente ao dirigente da Petrobrás. 7. Existência de instâncias gerenciais e de operação para fiscalizar o estado de conservação dos 14 mil quilômetros de oleodutos. 8. Não-configuração de relação de causalidade entre o fato imputado e o suposto agente criminoso. 8. Diferenças entre conduta dos dirigentes da empresa e atividades da própria empresa. 9. Problema da assinalagmaticidade em uma sociedade de risco. 10. Impossibilidade de se atribuir ao indivíduo e à pessoa jurídica os mesmos riscos. 11. "Habeas corpus" concedido. (HC 83554, Rel. Min. Gilmar Mendes, 2ª T., DJ 28.10.2005)

Jurisprudência complementar (STJ)

(...). 1. No tocante à alegada ofensa aos arts. 60 da Lei 9.605/1998 e 66 do Decreto 6.514/2008 não se pode conhecer da irresignação, pois os referidos dispositivos legais não foram analisados pela instância de origem. Ausente, portanto, o indispensável requisito do prequestionamento, o que atrai, por analogia, o óbice da Súmula 282/STF: "É inadmissível o recurso extraordinário, quando não ventilada, na decisão recorrida, a questão federal suscitada". 2. Com relação à citada afronta ao art. 2º da Lei 9.605/1995, é inviável analisar a tese defendida no Recurso Especial de que seria o caso de corresponsabilidade solidária do município e do prefeito pela infração ambiental cometida, pois inarredável a revisão do conjunto probatório dos autos para afastar as premissas fáticas estabelecidas pelo acórdão recorrido. Aplica-se o óbice da Súmula 7/STJ. (...). (REsp 1571890, Rel. Min. Herman Benjamin, 2ª T., DJ 29.9.2016)

(...) 3. Considerando o que dispõe o art. 2º da Lei 9.605/1998, nas hipóteses de crimes ambientais, embora seja possível a chamada denúncia de caráter geral, o órgão acusador deve especificar os danos suportados pelo meio ambiente e cotejá-los, ainda que superficialmente, com a atividade desenvolvida pelo gestor empresarial incriminado, pois, do contrário, estaria prejudicado o exercício do contraditório e da ampla defesa.4. Tendo em vista que a Primeira Turma do Supremo Tribunal Federal reconheceu que a necessidade de dupla imputação nos crimes ambientes é prescindível, uma vez que viola o disposto no art. 225, § 3º, da Constituição Federal (RE 548.181...), a ação penal deve prosseguir somente para a pessoa jurídica acusada. 5. Recurso ordinário provido para reconhecer a inépcia da denúncia oferecida contra os recorrentes, excluindo-os do polo passivo da ação penal, sem prejuízo de que outra seja oferecida com a observância dos parâmetros legais. (RHC 50.470, Rel. Min. Gurgel de Faria, 5ª T., DJ 6.10.2015)

(...). 1. O simples fato de a Recorrente figurar como sócia-gerente de uma pessoa jurídica não autoriza a instauração de processo criminal por crime contra o meio ambiente, se não restar minimamente comprovado o vínculo com a conduta criminosa, sob pena de se reconhecer impropriamente a responsabilidade penal objetiva. 2. Embora art. 2º da Lei 9.605/98 admita conduta omissiva como relevante para o crime ambiental, devendo da mesma forma ser penalizado também aquele que na condição de administrador da pessoa jurídica, tenha conhecimento da conduta criminosa e, podendo impedi-la, não o faz, a pessoa física não pode ser a única responsabilizada pelo ilícito penal cometido pela pessoa jurídica, mormente sem qualquer demonstração de sua responsabilidade sobre o evento, em tese, criminoso. 3. Recurso provido para, reconhecendo a inépcia da denúncia, por ausência de individualização da conduta em relação ao crime previsto no art. 34 da Lei 9.605/98, determinar o trancamento da ação penal instaurada em relação à Recorrente, sem prejuízo de outra denúncia ser ofertada nos termos do art. 41 do Código de Processo Penal. (RHC 34.957, Rel. Min. Laurita Vaz, 5ª T., DJ 1.9.2014)

(...). 1. É inepta a denúncia que não descreve a conduta criminosa praticada pelo paciente, mencionando apenas sua condição de sócio de empresa nem sequer indicada como responsável pelo empreendimento que culminou na suposta prática dos delitos contra o meio ambiente. Não se pode presumir a responsabilidade criminal daquele que se acha no contrato social como sócio-gerente somente por revestir-se dessa condição. 2. A peça acusatória deve especificar, ao menos sucintamente, fatos concretos, de modo a possibilitar ao acusado a sua defesa, não podendo se limitar a afirmações de cunho vago. Necessário seria que estivesse descrito na denúncia, ainda que de forma breve, se a atuação do paciente, como administrador ou diretor da empresa denunciada, contribuiu para a prática do dano ambiental perpetrado. Denúncia genérica nesse aspecto. 3. Ordem concedida para reconhecer a inépcia da denúncia, apenas em relação ao paciente, excluindo-o da ação penal, sem prejuízo de que o órgão ministerial ofereça nova peça acusatória, com a observância da regra do art. 41 do Código de Processo Penal. (HC 209.413, Rel. p/ ac. Min. Sebastião Reis Júnior, 6ª T., DJ 28.3.2012)

(...). 1. A formulação de qualquer denúncia criminal se acha submetida a exigências legais absolutamente insuperáveis, dentre as quais avulta a da exposição do fato criminoso, com todas as suas circunstâncias (art. 41 do CPP), sem cujo integral atendimento não pode ser validamente exercido o poder de denunciar ou restará a iniciativa denunciatória carente de aceitabilidade judicial, devendo ser prontamente rejeitada pelo Juiz que a examina. 2. "in casu", a denúncia não descreve, de forma clara e objetiva, como seria de rigor, a conduta perpetrada pelo agente que teria dado causa, provocado ou desencadeado, de forma direta ou indireta, o dano à área inserida em unidade de conservação ambiental. 3. Colhe-se dos autos, especialmente das peças do Inquérito Policial, que a conduta não teria sido perpetrada diretamente pelo paciente, mas por um caseiro, que trabalha e reside no local, tanto que o Parquet aduziu que a responsabilidade do acusado derivaria de sua condição de proprietário do sítio (art. 2º da Lei 9.605/98); entretanto, ainda nessa hipótese, mostrava-se indispensável que se declinasse qual a atitude ou a conduta que teria concorrido para o dano, de forma direta ou indireta, sendo vedada a imputação tão-somente pela relação da pessoa com a coisa (possuidor, proprietário, gerente, etc). 4. Concede-se a ordem, para declarar a nulidade da denúncia oferecida em desfavor do ora paciente, por inépcia, facultando ao Ministério Público apresentar nova peça acusatória, perante o Juízo competente, em que pese o parecer ministerial em sentido contrário. (HC 86.259, Rel. Min. Napoleão Nunes Maia Filho, 5ª T., DJ 18.8.2008)

Questões de concursos

405. **(FCC/TJ/SE/Juiz/2015)** José foi denunciado por ter em depósito 240 vidros de palmito extraídos sem licença do órgão ambiental competente. A defesa alegou que os palmitos foram encontrados em local próximo da casa de José e que pertenciam a João, que pagava a José, conhecedor da atividade, R$ 2,00 para fazer a limpeza de cada vidro utilizado para embalar o produto ilegal. As alegações da defesa foram comprovadas no curso da ação penal. José deverá ser:

a) absolvido, diante da atipicidade do fato.

b) absolvido, diante da ausência de culpabilidade.

c) condenado na medida da sua culpabilidade.

d) condenado a mesma pena de João.

e) absolvido, diante da ausência de antijuridicidade.

406. **(Cespe/PGM/Salvador/Procurador/2015)** O rompimento da barragem de uma empresa de mineração provocou o vazamento de um bilhão de litros de resíduos de lama tóxica, a qual percorreu vários quilômetros, atingiu várias cidades nos arredores e inundou casas, provocando o desabrigamento de várias famílias. Em razão disso, o MP entrou com ACP contra a empresa, a fim de buscar indenização pelos danos ambientais causados à coletividade e, além disso, o ressarcimento dos pre-

MEIO AMBIENTE (LEI 9.605/98) Art. 2º

juízos materiais e morais sofridos pelos moradores. Com referência a essa situação hipotética, assinale a opção correta.

a) Caso a empresa seja condenada a ressarcir os danos ambientais causados, o valor terá de ser depositado em um fundo para ressarcimento dos particulares que se habilitarem na fase de execução da sentença.

b) De acordo com a teoria do risco integral, não basta a ocorrência do ato ilícito para a configuração da obrigação de indenizar por parte da empresa mineradora, sendo necessária a configuração do nexo causal entre o evento danoso e o dano causado.

c) A responsabilidade pelo dano ambiental poderá ser afastada caso fique comprovado em juízo que foram obtidas pela empresa todas as licenças ambientais para operação das atividades de mineração.

d) Caso fique comprovado que, além do rompimento da barragem, fortes chuvas concorreram para a inundação das casas, ter-se-á uma excludente de responsabilidade que afastará a obrigação da empresa de indenizar os danos sofridos.

e) O MP tem legitimidade para pleitear indenização por danos à coletividade, mas não poderia ajuizar a ação para ressarcimento dos danos materiais e morais sofridos pelos particulares.

407. **(FCC/TJ/PE/Juiz/2015)** O auto de infração ambiental é um ato administrativo

a) dotado de presunção absoluta de legalidade e relativa de veracidade

b) dotado de presunção relativa de legalidade e absoluta de veracidade.

c) desprovido de presunção de veracidade.

d) dotado de presunção relativa de legalidade e veracidade.

e) dotado de presunção absoluta de legalidade e veracidade.

408. **(Vunesp/PGM/Caieiras/Assessor/2015)** No tocante às infrações administrativas ambientais, nos termos da Lei n. 9.605/1998, assinale a assertiva correta.

a) A autoridade ambiental que tiver conhecimento de infração ambiental é obrigada a promover a sua apuração imediata, mediante processo administrativo próprio, sob pena de corresponsabilidade

b) O processo administrativo para apuração de infração ambiental deve observar o prazo máximo de trinta dias para o infrator oferecer defesa ou impugnação contra o autor de infração, contados da data da ciência da autuação

c) O processo administrativo para apuração de infração ambiental deve observar o prazo máximo de vinte dias para a autoridade competente julgar o auto de infração, contados da data da sua lavratura, apresentada ou não a defesa ou impugnação.

d) No processo administrativo para apuração de infração ambiental, o infrator tem o prazo máximo de quinze dias para recorrer da decisão condenatória à instância superior do Sistema Nacional do Meio ambiente – Sisnama, ou à Diretoria de Portos e Costas, do Ministério da Marinha, de acordo com o tipo de autuação.

e) Qualquer pessoa, constatando infração ambiental, poderá dirigir representação junto ao Ministério Público do Meio ambiente, que é a autoridade competente para lavrar auto de infração ambiental no exercício de seu poder de polícia.

409. **(UEPA/PC/PA/Escriturário/2013)** Sobre os crimes ambientais, leia as proposições abaixo e assinale a alternativa correta.

a) A caracterização da responsabilidade das pessoas jurídicas exclui automaticamente a das pessoas físicas, autoras, coautoras ou partícipes do mesmo fato.

b) O diretor de pessoa jurídica pode ser responsabilizado criminalmente, na medida de sua culpabilidade, caso sabendo da conduta criminosa de outrem, deixe de impedir a sua prática, quando podia agir para evitá-la.

c) As penas de interdição temporária de direito são a proibição de o condenado contratar com o Poder Público, de receber incentivos fiscais ou quaisquer outros benefícios, bem como de participar de licitações, pelo prazo de cinco anos, na hipótese de crimes culposos.

d) Nos crimes ambientais previstos na Lei n. 9.605/98, a suspensão condicional da pena pode ser aplicada nos casos de condenação a pena privativa de liberdade não superior a cinco anos.

e) Nas infrações penais previstas na Lei n. 9.605/98, a ação penal é pública condicionada a representação.

410. **(Cesgranrio/Petrobras/Advogado/2012)** Sobre responsabilidade por danos ambientais e meios judiciais de proteção ambiental, sabe-se que a

a) Administração Pública não pode ser considerada responsável por danos ambientais que decorram da omissão de seu dever de fiscalizar, ainda que contribua diretamente para a degradação ambiental.

b) comprovação dos danos causados ao meio ambiente não é exigida, no caso de ação civil pública de responsabilidade pelo derramamento de óleo em águas marítimas.

c) execução judicial de termo de ajustamento de conduta depende de laudo comprobatório dos danos ambientais causados que tenham dado origem àquele.

d) pessoa física ou jurídica que contribua indiretamente para a ocorrência de um dano ambiental pode ser considerada poluidora.

e) formação do litisconsórcio passivo é obrigatória nas ações judiciais que tenham como objetivo a reparação de danos ambientais

411. (Cespe/TJ/PB/Juiz/2011) Considerando a disciplina legal dos crimes contra o meio ambiente, assinale a opção correta.

a) Incidem nas penas previstas em lei, na medida de sua culpabilidade, as pessoas que, tendo conhecimento da conduta criminosa de alguém contra o ambiente e podendo agir para evitá-la, deixem de impedir sua prática.

b) As sanções penais aplicáveis às pessoas físicas pela prática de crimes ambientais são as penas restritivas de direitos e multa, mas não, as privativas de liberdade.

c) Por se tratar de ente fictício, a pessoa jurídica não pode ser sujeito ativo dos crimes ambientais.

d) O ato de soltar balões somente se caracteriza como crime contra o meio ambiente se, em consequência da conduta, houver incêndio em floresta ou em outras formas de vegetação, em áreas urbanas ou em qualquer tipo de assentamento humano.

e) A responsabilidade penal por crimes ambientais está integralmente amparada no princípio da culpabilidade; desse modo, os tipos penais previstos na lei que dispõe sobre os crimes ambientais (Lei n. 9.605/1998) só se consumam se os delitos forem praticados dolosamente.

412. (TRF/4R/Juiz/2010) Dadas as assertivas abaixo, assinale a alternativa correta.

I. O princípio da precaução legitima a inversão do ônus da prova nas ações ambientais, segundo recente orientação do Superior Tribunal de Justiça.

II. O baixo grau de instrução ou escolaridade do agente são fatores irrelevantes à fixação da pena pelo cometimento de crime ambiental.

III. A fiscalização ambiental somente pode ser exercida pelas autoridades licenciadoras.

IV. A ação de reparação do dano ambiental difuso é imprescritível.

V. A responsabilidade por danos ambientais é objetiva e, como tal, não exige a comprovação de culpa, bastando a constatação do dano e do nexo de causalidade entre a ação ou a omissão e o evento danoso.

a) Estão corretas apenas as assertivas II e III.
b) Estão corretas apenas as assertivas II e IV.
c) Estão corretas apenas as assertivas I, II e IV.
d) Estão corretas apenas as assertivas I, IV e V.
e) Estão corretas todas as assertivas.

413. (Movens/PC/PA/Investigador/2009) Um sócio de pessoa jurídica sabendo que os veículos do patrimônio da sociedade são utilizados para o desbaste de espécies vegetais não impede a prática do ilícito, quando podia agir para evitá-la. Acerca dessa situação, assinale a opção correta.

a) A conduta é penalmente irrelevante porque não existe responsabilidade objetiva.

b) A conduta é de dolo eventual.

c) A conduta é culposa, porque foi negligente.

d) A lei prevê a conduta como penalmente relevante e não configura a responsabilidade objetiva.

414. **(FCC/PGE/SP/Procurador/2009)** Pelo disposto na Constituição Federal, em especial no seu artigo 225, e na Lei Federal n o 9.605/98, as condutas e atividades consideradas lesivas ao meio ambiente sujeitarão os infratores, pessoas físicas ou jurídicas, a sanções penais e administrativas,

a) dependendo a obrigação de reparação dos danos causados da comprovação da existência de dolo, quando se tratar de pessoa física.

b) independentemente da obrigação de reparar os danos causados.

c) dependendo a obrigação de reparação dos danos causados de condenação criminal transitada em julgado.

d) independentemente da obrigação de reparação de danos ambientais, sendo que a responsabilidade penal não se aplica à pessoa jurídica.

e) sendo subjetiva a responsabilidade pela reparação de danos ambientais, quando se tratar de pessoa física e objetiva a responsabilidade quando se tratar de pessoa jurídica.

415. **(Cespe/STJ/Analista/2008)** Como se presume a culpa da empresa que polui, ela deve indenizar ou reparar os danos causados ao meio ambiente e a terceiros, afetados por sua atividade, salvo se provar que agiu de forma diligente e cautelosa.

416. **(FCC/TRF/4R/Técnico/2004)** As condutas e atividades lesivas ao meio ambiente sujeitarão os infratores, pessoas

a) físicas ou jurídicas, a sanções penais e administrativas, assim como a obrigação de reparar os danos causados.

b) jurídicas, exclusivamente, a sanções administrativas e civis, visto que não podem ser responsabilizadas em matéria penal.

c) físicas, exclusivamente, a sanções penais e civis, por serem inócuas quaisquer espécies de sanções administrativas

d) físicas ou jurídicas, a obrigação de reparar integralmente o dano, não se aplicando qualquer sanção de natureza administrativa ou penal.

e) jurídicas, às sanções penais e a obrigação de reparar o dano, não se aplicando a de ordem administrativa que está implícita nas anteriores.

Responsabilização Penal da Pessoa Jurídica {art. 3º}

Art. 3º As pessoas jurídicas serão responsabilizadas administrativa, civil e penalmente conforme o disposto nesta Lei, nos casos em que a infração seja cometida por decisão de seu representante legal ou contratual, ou de seu órgão colegiado, no interesse ou benefício da sua entidade.

Parágrafo único. A responsabilidade das pessoas jurídicas não exclui a das pessoas físicas, autoras, coautoras ou partícipes do mesmo fato.

Informativos (STJ)

Desnecessidade de dupla imputação em crimes ambientais.

É possível a responsabilização penal da pessoa jurídica por delitos ambientais independentemente da responsabilização concomitante da pessoa física que agia em seu nome. RMS 39.173, Rel. Min. Reynaldo Soares da Fonseca, DJ 13.8.15. 5ª T. (Info 566)

Jurisprudência complementar (STF)

(...). Crime ambiental. Responsabilidade penal da pessoa jurídica. Condicionamento da ação penal à identificação e à persecução concomitante da pessoa física que não encontra amparo na Constituição da República. 1. O art. 225, § 3º, da Constituição Federal não condiciona a responsabilização penal da pessoa jurídica por crimes ambientais à simultânea persecução penal da pessoa física em tese responsável no âmbito da empresa. A norma constitucional não impõe a necessária dupla imputação. 2. As organizações corporativas complexas da atualidade se caracterizam pela descentralização e distribuição de atribuições e responsabilidades, sendo inerentes, a esta realidade, as dificuldades para imputar o fato ilícito a uma pessoa concreta. 3. Condicionar a aplicação do art. 225, §3º, da Carta Política a uma concreta imputação também a pessoa física implica indevida restrição da norma constitucional, expressa a intenção do constituinte originário não apenas de ampliar o alcance das sanções penais, mas também de evitar a impunidade pelos crimes ambientais frente às imensas dificuldades de individualização dos responsáveis internamente às corporações, além de reforçar a tutela do bem jurídico ambiental. 4. A identificação dos setores e agentes internos da empresa determinantes da produção do fato ilícito tem relevância e deve ser buscada no caso concreto como forma de esclarecer se esses indivíduos ou órgãos atuaram ou deliberaram no exercício regular de suas atribuições internas à sociedade, e ainda para verificar se a atuação se deu no interesse ou em benefício da entidade coletiva. Tal esclarecimento, relevante para fins de imputar determinado delito à pessoa jurídica, não se confunde, todavia, com subordinar a responsabilização da pessoa jurídica à responsabilização conjunta e cumulativa das pessoas físicas envolvidas. Em não raras oportunidades, as responsabilidades internas pelo fato estarão diluídas ou parcializadas de tal modo que não permitirão a imputação de responsabilidade penal individual. (...). (RE 548181, Rel. Min. Rosa Weber, 1ª T., DJ 30.10.2014)

Denúncia. Recebimento. Requisitos. Atendendo a denúncia a forma prevista em lei e havendo a materialidade do delito e indícios da autoria, cumpre recebê-la. Litispendência. Fatos. Diversidade. Surgindo, de início, a diversidade de fatos, descabe assentar, na fase de recebimento ou não da denúncia, a litispendência, sem prejuízo de a matéria vir, ante a instrução probatória, a ser apreciada. Denúncia. Crime. Prescrição Da Pretensão Punitiva. Uma vez ocorrida a prescrição da pretensão punitiva quanto a certo crime, fica prejudicado, nessa parte, o recebimento da denúncia. (Inq 3273, Rel. Min. Marco Aurélio, Tribunal Pleno, DJ 18.9.2014)

Jurisprudência complementar (STJ)

(...). 1. A tese de que a imputação contida na exordial acusatória decorre exclusivamente do cargo de diretor operacional ocupado pelo recorrente nos quadros da Biosev S.A., não sendo este, por conseguinte, parte legítima para figurar no pólo passivo da ação penal, não se sustenta. 2. Preambularmente, segundo entendimento jurisprudencial consagrado por esta Corte: "A conduta omissiva não deve ser tida como irrelevante para o crime ambiental, devendo da mesma forma ser penalizado aquele que, na condição de diretor, administrador, membro do conselho e de órgão técnico, auditor, gerente, preposto ou mandatário da pessoa jurídica, tenha conhecimento da conduta criminosa e, tendo poder para impedi-la, não o fez" (HC 92.822...). 3. Dessa forma, os danos ambientais constatados no caso concreto (vegetação de proteção suprimida, plantação de cana de açúcar nas proximidades de córrego, mata pertencente à margem de riacho totalmente danificada) podem, em tese, ser imputados ao ora recorrente, porquanto inadmissível que o diretor operacional da empresa não tenha conhecimento de condutas criminosas de tal monta, praticadas em imóvel arrendado, objeto de exploração agrícola pela arrendatária. 4. Por outro lado, a Lei dos Crimes Ambientais (n. 9.605/1998) estabelece que: Art. 3º As pessoas jurídicas serão responsabilizadas administrativa, civil e penalmente conforme o disposto nesta Lei, nos casos em que a infração seja cometida por decisão de seu representante legal ou contratual, ou de seu órgão colegiado, no interesse ou benefício da sua entidade. Parágrafo único. A responsabilidade das pessoas jurídicas não exclui a das pessoas físicas, autoras, co-autoras ou partícipes do mesmo fato. 5. Assim, conforme o mencionado regramento, as pessoas jurídicas serão responsabilizadas nos âmbitos administrativo, civil e penal quando a infração cometida resulte de decisão de seu representante legal ou contratual, ou de seu órgão colegiado, no interesse ou benefício de sua entidade, ressalvando-se que a responsabilização da pessoa jurídica não exclui a responsabilidade das pessoas físicas, autoras, coautoras ou partícipes do mesmo fato. (...) (RHC 64.219, Rel. Min. Reynaldo Soares da Fonseca, 5ª T., DJ 30.3.2016)

(...). 2. Evidenciado que o paciente (pessoa física) foi beneficiado com o provimento do RHC 43.354, no qual se reconheceu a inépcia da denúncia em relação a ele, trancando-se, por consequência, a ação penal que lhe imputara a prática de crime contra a administração ambiental, o pleito de trancamento da ação penal se encontra prejudicado no tocante a ele. 3. Verificado que o Tribunal de origem não se manifestou sobre a inépcia da denúncia em relação à pessoa jurídica, o conhecimento originário do tema por este Superior Tribunal configuraria indevida supressão de instância. 4. Por não configurar ofensa à liberdade de locomoção, deve ser mantido o entendimento do Tribunal de origem, de que a via do "habeas corpus" é inadequada para pleitear o trancamento da ação penal em relação à pessoa jurídica. 5. Este Superior Tribunal, na linha do entendimento externado pelo Supremo Tribunal Federal, passou a entender que, nos crimes societários, não é indispensável a aplicação da teoria da dupla imputação ou imputação simultânea, podendo subsistir a ação penal proposta contra a pessoa jurídica, mesmo se afastando a pessoa física do polo passivo da ação. Assim, sendo viável a separação dos entes, o "habeas corpus" se restringiria, em princípio, apenas à pessoa física. 6. Para chegar à conclusão de que o delito ambiental não foi praticado no interesse ou em benefício do ente moral (art. 3º da Lei 9.605/1998), seria necessário analisar fatos e provas, o que é inadmissível na via eleita. (...). (RHC 48.172, Rel. Min. Sebastião Reis Júnior, 6ª T., DJ 10.11.2015)

(...) 4. A responsabilidade da pessoa física que pratica crime ambiental não está condicionada à concomitante responsabilização penal da pessoa jurídica, sendo possível o oferecimento da denúncia em desfavor daquela, ainda que não haja imputação do delito ambiental a esta. (...). (RHC 53.208, Rel. Min. Sebastião Reis Júnior, 6ª T., DJ 1.6.2015)

(...). III. A responsabilização penal da pessoa jurídica pela prática de delitos ambientais advém de uma escolha política, como forma não apenas de punição das condutas lesivas ao meio-ambiente, mas como forma mesmo de prevenção geral e especial.

IV. A imputação penal às pessoas jurídicas encontra barreiras na suposta incapacidade de praticarem uma ação de relevância penal, de serem culpáveis e de sofrerem penalidades. V. Se a pessoa jurídica tem existência própria no ordenamento jurídico e pratica atos no meio social através da atuação de seus administradores, poderá vir a praticar condutas típicas e, portanto, ser passível de responsabilização penal. VI. A culpabilidade, no conceito moderno, é a responsabilidade social, e a culpabilidade da pessoa jurídica, neste contexto, limita-se à vontade do seu administrador ao agir em seu nome e proveito. VII. A pessoa jurídica só pode ser responsabilizada quando houver intervenção de uma pessoa física, que atua em nome e em benefício do ente moral. VIII. "De qualquer modo, a pessoa jurídica deve ser beneficiária direta ou indiretamente pela conduta praticada por decisão do seu representante legal ou contratual ou de seu órgão colegiado.". IX. A Lei Ambiental previu para as pessoas jurídicas penas autônomas de multas, de prestação de serviços à comunidade, restritivas de direitos, liquidação forçada e desconsideração da pessoa jurídica, todas adaptadas à sua natureza jurídica. X. Não há ofensa ao princípio constitucional de que "nenhuma pena passará da pessoa do condenado...", pois é incontroversa a existência de duas pessoas distintas: uma física – que de qualquer forma contribui para a prática do delito – e uma jurídica, cada qual recebendo a punição de forma individualizada, decorrente de sua atividade lesiva. XI. Há legitimidade da pessoa jurídica para figurar no pólo passivo da relação processual-penal. XII. Hipótese em que pessoa jurídica de direito privado foi denunciada isoladamente por crime ambiental porque, em decorrência de lançamento de elementos residuais nos mananciais dos Rios do Carmo e Mossoró, foram constatadas, em extensão aproximada de 5 quilômetros, a salinização de suas águas, bem como a degradação das respectivas faunas e floras aquáticas e silvestres. XIII. A pessoa jurídica só pode ser responsabilizada quando houver intervenção de uma pessoa física, que atua em nome e em benefício do ente moral. XIV. A atuação do colegiado em nome e proveito da pessoa jurídica é a própria vontade da empresa. XV. A ausência de identificação das pessoas físicas que, atuando em nome e proveito da pessoa jurídica, participaram do evento delituoso, inviabiliza o recebimento da exordial acusatória. (...). (REsp 610.114, Rel. Min. Gilson Dipp, 5ª T., DJ 19.12.2005)

Questões de concursos

417. **(FGV/ALERJ/Procurador/2017)** Durante o curso de obra de reforma de edifício comercial privado, ocorrem consideráveis modificações no prédio vizinho, pertencente à Assembleia Legislativa Estadual, bem administrativamente protegido por seu valor histórico e cultural, com a completa destruição de sua faixada original. Sobre essa infração, é correto afirmar que:

a) há responsabilidade nas esferas civil e administrativa, sendo certo que a capacidade econômica do infrator não tem repercussão no valor da multa a ser aplicada;

b) a pessoa jurídica encarregada da obra responderá nas esferas civil e administrativa, sendo certo que a responsabilização da pessoa jurídica exclui a da pessoa física autora do ato;

c) o autor do ato responde civil, administrativa e criminalmente pelo ato, ainda que sua prática tenha sido culposa, caso em que haverá redução de pena;

d) o autor do ato responde civil e administrativamente, independentemente de culpa, incidindo também em ato criminoso, caso a conduta tenha visado à obtenção de vantagem pecuniária;

e) a pessoa jurídica encarregada da obra responderá nas esferas civil, administrativa e penal, independentemente da existência de culpa, pela destruição do patrimônio público.

418. **(Funcab/PC/PA/Delegado/2016)** Considerando os entendimentos do Supremo Tribunal Federal e do Superior Tribunal de Justiça, assim como a disciplina constitucional e legal, assinale a alternativa correta quanto à responsabilização criminal da pessoa jurídica por crimes ambientais.

a) O Supremo Tribunal Federal, por meio de julgado da 1ª Turma, entendeu que a Constituição Federal de 1988 não condiciona a responsabilização penal da pessoa jurídica por crimes ambientais à simultânea persecução penal da pessoa física em tese responsável no âmbito da empresa. Em outras palavras, a norma constitucional não impõe a necessária dupla imputação.

b) A Lei n. 9.605/1998 veda, expressamente, a liquidação forçada de pessoa jurídica constituída ou utilizada, preponderantemente, com o fim de permitir, facilitar ou ocultar a prática de crime ambiental.

c) É pacífico, no âmbito do Superior Tribunal de Justiça, que a responsabilização penal da pessoa jurídica por delitos ambientais não dispensa a imputação concomitante da pessoa física que age em seu nome ou em seu benefício. Em outras palavras, a teoria da dupla imputação necessária prevalece, atualmente, no Superior Tribunal de Justiça.

d) Para que as pessoas jurídicas sejam responsabilizadas penalmente nos termos da Lei n. 9.605/1998, exige-se apenas que a infração seja cometida por decisão de seu representante legal ou contratual, ou de seu órgão colegiado.

e) O Superior Tribunal Federal e o Superior Tribunal de Justiça, com fulcro em vedação constitucional, não admitem a responsabilização criminal da pessoa jurídica por crimes ambientais.

419. **(Cespe/TCE/PA/Auditor/2016)** O Ministério Público ofereceu denúncia contra pessoa jurídica e seus representantes legais (pessoas físicas) pela prática de delito am-

biental previsto na Lei n. 9.605/1998. Os representantes legais da pessoa jurídica foram absolvidos sumariamente. Nessa situação, é possível a responsabilização penal da pessoa jurídica por delitos ambientais independentemente da responsabilização concomitante das pessoas físicas que agiam em seu nome.

420. **(UFG/ALE/GO/Procurador/2015)** No tocante às sanções penais e administrativas derivadas de condutas e atividades lesivas ao meio ambiente, pode- se concluir:

   a) a Constituição Federal prevê a responsabilidade penal da pessoa jurídica, que poderá ser condenada pela prática de crime ambiental ainda que absolvidas as pessoas físicas ocupantes de cargo de presidência ou direção.

   b) o abate de animal feroz, quando realizado em legítima defesa, diante de iminente ataque, não é crime, nos termos da própria legislação ambiental.

   c) o art. 54 da Lei dos Crimes Ambientais, no seu caput, traz como figura típica um crime comissivo ("causar poluição"), tipificado inclusive na modalidade culposa, sem previsão em relação à forma omissiva pura.

   d) o baixo grau de instrução e escolaridade do agente, assim como o desconhecimento das leis e dos atos normativos em matéria ambiental são circunstâncias que atenuam a pena.

421. **(MPE/RS/Assessor/2014)** Assinale a alternativa incorreta no que diz respeito à responsabilidade civil, administrativa e penal, decorrente de ação ou omissão lesiva ao meio ambiente.

   a) As pessoas jurídicas serão responsabilizadas administrativa, civil e penalmente conforme o disposto na Lei n. 9.605/98, nos casos em que a infração seja cometida por decisão de seu representante legal ou contratual, ou de seu órgão colegiado, no interesse ou benefício da sua entidade.

   b) A responsabilidade das pessoas jurídicas exclui a das pessoas físicas, autoras, coautoras ou partícipes do mesmo fato.

   c) Poderá ser desconsiderada a pessoa jurídica sempre que sua personalidade for obstáculo ao ressarcimento de prejuízos causados à qualidade do meio ambiente.

   d) Quem, de qualquer forma, concorre para a prática dos crimes previstos na Lei n. 9.605/98, incide nas penas a estes cominadas, na medida da sua culpabilidade, como o diretor, o administrador, o membro de conselho e de órgão técnico, o auditor, o gerente, o preposto ou mandatário de pessoa jurídica, que, sabendo da conduta criminosa de outrem, deixar de impedir a sua prática, quando podia agir para evitá-la.

   e) A sentença penal condenatória, sempre que possível, fixará o valor mínimo para reparação dos danos pela infração, considerando os prejuízos sofridos pelo ofendido ou pelo meio ambiente.

422. (Vunesp/TJ/PA/Juiz/2014) A Lei de Crimes Ambientais, em seu art. 3º, estabelece a responsabilidade penal da pessoa jurídica. Com relação a este tema, a doutrina.

a) é unânime com relação à constitucionalidade da previsão legal.

b) majoritariamente entende que nos crimes ambientais há dupla imputação, ou seja, a culpa individual e a culpa coletiva se condicionam reciprocamente.

c) é unânime no entendimento de que penas não podem ser aplicadas a pessoas jurídicas.

d) é unânime com relação ao fato de que a correta exegese do princípio da pessoalidade da pena impede que a responsabilidade penal recaia sobre a pessoa jurídica.

e) posiciona-se de forma eclética existindo aqueles que defendem que a pessoa jurídica não pode cometer crimes.

423. (Cespe/PGE/BA/Procurador/2014) Uma empresa brasileira de exploração de gás e petróleo, pretendendo investir na exploração de gás de xisto, obteve autorização de pesquisa do órgão competente e identificou, no início das primeiras pesquisas exploratórias, um potencial razoável para a exploração do gás em determinada área federal. Apesar de ainda não dispor de tecnologia que garantisse totalmente a proteção ambiental da área de exploração, principalmente, no que tange à água subterrânea, a empresa obteve a licença prévia para proceder à exploração de gás de xisto. Com base nessa situação hipotética, nas normas de proteção ao meio ambiente e na jurisprudência, julgue o item seguinte. A empresa poderá ser responsabilizada penalmente caso pratique ato ilícito, podendo ser desconsiderada a pessoa jurídica se a personalidade for obstáculo ao ressarcimento de prejuízos causados ao meio ambiente.

424. (Cespe/PG/DF/Procurador/2013) A responsabilização das pessoas jurídicas por crimes ambientais, nos casos em que a infração seja cometida por decisão de seu representante legal ou contratual, ou de seu órgão colegiado, no interesse ou benefício da sua entidade, exclui a responsabilidade das pessoas físicas partícipes do mesmo fato.

425. (PUCPR/TCE/MS/Auditor/2013) Em relação à responsabilidade da pessoa jurídica em decorrência da prática de crimes ambientais, é correto afirmar que:

a) é possível a responsabilização penal da pessoa jurídica em crimes ambientais desde que haja a imputação simultânea do ente moral e da pessoa física que atua em seu nome ou em seu benefício.

b) a pena restritiva de direitos da pessoa jurídica, no que tange à proibição de contratar com o Poder Público, terá duração máxima de 3 (três) anos.

c) a responsabilidade penal da pessoa jurídica independe da cominação de sanção administrativa em relação ao mesmo fato e somente pode existir nos casos em que a ação ou a omissão ocorrerem no interesse ou no benefício da entidade.

d) o ordenamento jurídico brasileiro não admite a desconsideração da pessoa jurídica, pois esta, possuindo personalidade distinta de seus membros, responde diretamente pelos danos ambientais decorrentes de suas atividades.

e) as pessoas jurídicas, sejam elas de direito público ou de direito privado, não poderão incorrer na pena de prestação de serviços à comunidade.

426. **(UFPR/TJ/PR/Juiz/2013)** Sobre a responsabilidade penal da pessoa jurídica na Lei n. 9.605/1998, considere as seguintes afirmativas:

   I. As pessoas jurídicas são responsáveis penalmente nos casos em que a infração seja cometida por decisão de seu representante legal ou contratual, ou de seu órgão colegiado, no interesse ou benefício da sua entidade.

   II. A responsabilidade das pessoas jurídicas não exclui a das pessoas físicas, autoras, coautoras ou partícipes do mesmo fato.

   III. As penas aplicáveis isolada, cumulativa ou alternativamente às pessoas jurídicas são: pena pecuniária, penas restritivas de direitos e prestação de serviço à comunidade.

   IV. A pena de prestação de serviços à comunidade, na modalidade de execução de obras de recuperação de áreas degradadas, deve ser cumprida pelo seu representante legal ou contratual, ou pelos integrantes do seu órgão colegiado.

   Assinale a alternativa correta.

   a) Somente as afirmativas I e III são verdadeiras.
   b) Somente as afirmativas I, II e III são verdadeiras.
   c) Somente as afirmativas II e IV são verdadeiras.
   d) Somente as afirmativas I, III e IV são verdadeiras.

427. **(Cespe/Ibama/Técnico/2012)** Pessoas físicas que praticarem atos lesivos ao meio ambiente estarão sujeitas a sanções penais e administrativas, ao passo que as pessoas jurídicas que praticarem tais atos sofrerão sanções civis e administrativas, em ambos os casos, independentemente da obrigação de reparar os danos causados.

428. **(FCC/TRF/5R/Analista/2012)** Em matéria de crimes ambientais (previstos na Lei n. 9.605/1998) e da responsabilidade das pessoas jurídicas,

   a) a lei prevê apenas a responsabilidade civil e administrativa da pessoa jurídica e penal de seus representantes legais.

   b) a responsabilidade penal da pessoa jurídica depende da verificação de dolo do administrador.

MEIO AMBIENTE (LEI 9.605/98) — Art. 3º

- c) a responsabilidade das pessoas jurídicas não exclui a das pessoas físicas, autoras, coautoras ou partícipes do mesmo fato.
- d) caberá apenas a responsabilidade civil quando a infração for cometida por decisão de seu representante legal, ou de seu órgão colegiado, no interesse ou benefício da sua entidade.
- e) pelo princípio constitucional da individualização da pena, não caberá, em hipótese alguma, a responsabilidade penal da pessoa jurídica.

429. **(PGR/MPF/Procurador/2012)** Analise os itens abaixo e responda em seguida

I. No atual sistema jurídico-normativo brasileiro, as infrações administrativas ambientais encontram-se exaustivamente descritas na lei, em estrita observância ao princípio da reserva legal.

II. O Ministério Público tem legitimidade para promover responsabilidade civil por danos ambientais patrimoniais ou extrapatrimoniais, de forma isolada ou cumulativa.

III. Por ser de natureza objetiva, a responsabilidade penal da pessoa jurídica por danos causados ao meio ambiente caracteriza-se mediante a demonstração de nexo de causalidade entre a ação ou omissão e o evento danoso, independentemente de culpa.

IV. De acordo com o sistema de responsabilização previsto na Lei 9.605/98. a imposição de multa por infração administrativa ambiental, por ato da autoridade administrativa competente, não impede a cominação de multa. a titulo de sanção penal, por parte da autoridade judicial, pelo mesmo fato, desde que tipificado em lei como crime.

- a) O item II é verdadeiro e o item III é falso.
- b) Todos os itens são verdadeiros.
- c) Somente o item II é verdadeiro.
- d) Somente o item I é falso.

430. **(UEL/PGE/PR/Procurador/2011)** Sobre os crimes contra o meio ambiente é incorreto afirmar:

- a) a Lei n. 9.605/98 contém tipos penais em branco de complementação heteróloga;
- b) a responsabilidade penal da pessoa jurídica, embora constitucionalmente e legalmente prevista, merece objeções como, por exemplo, o fato de a pessoa jurídica não poder expressar culpabilidade e esta constituir aspecto fundamental para a aplicação da sanção criminal no Direito Penal moderno;
- c) segundo a Lei, às pessoas jurídicas somente são aplicáveis sanções de natureza administrativa, como a multa;

d) a reincidência, em relação aos crimes contra o meio ambiente, é específica;

e) a Administração Pública estadual pode participar, na condição de assistente da acusação pública, do processo criminal em que foi denunciado autor de crime contra o meio ambiente.

431. **(FCC/Infraero/Advogado/2011)** A respeito dos crimes contra o meio ambiente previstos na Lei n. 9.605/98, considere:

    I. A proposta de aplicação imediata de pena restritiva de direitos ou multa, prevista no art. 76 da Lei n. 9.099/95, é inaplicável aos crimes ambientais, mesmo de menor potencial ofensivo.

    II. A ação penal nas infrações penais previstas na Lei n. 9.605/98 depende de representação dos órgãos setoriais responsáveis pelo controle e fiscalização de atividades capazes de provocar a degradação ambiental.

    III. É isento de pena o infrator que manifestar arrependimento e providenciar a espontânea reparação do dano ambiental causado.

    IV. A responsabilidade penal da pessoa jurídica por crime ambiental não exclui a das pessoas físicas autoras, coautoras ou partícipes do mesmo fato.

    Está correto o que se afirma apenas em

    a) IV.
    b) I e III.
    c) II e III.
    d) II, III e IV.
    e) I.

432. **(Funiversa/Seplag/Auditor/2011)** Uma madeireira, por decisão unânime de sua diretoria, resolve cortar árvores de área de preservação permanente e vender toda a madeira cortada, com obtenção de vantagem patrimonial incorporada ao patrimônio da empresa. Acerca dessa situação hipotética e com base na proteção penal do meio ambiente prevista na Lei n. 9.605/1998, assinale a alternativa correta em relação à responsabilização criminal.

    a) A madeireira não pode ser responsabilizada criminalmente.
    b) Os diretores da madeireira não podem ser responsabilizados criminalmente.
    c) Só a madeireira pode ser responsabilizada criminalmente.
    d) Tanto a madeireira quanto seus diretores estão amparados por lei, pois não há crime ambiental na situação em exame.
    e) A madeireira e os seus dirigentes poderão ser responsabilizados criminalmente.

433. **(Vunesp/TJ/SP/Juiz/2011)** Uma das missões específicas da Justiça Ambiental é dar respostas tendentes a coibir atentados contra o meio ambiente e condenar o infrator à reparação do dano ambiental. O direito brasileiro admite expressamente a cumulação da reparação do dano com a supressão da atividade ou omissão danosa ao meio ambiente, no âmbito da ação civil pública ambiental. Pode-se reconhecer que a responsabilidade civil, nesse tema, possa ter também, em caráter principal e autônomo, o efeito de sanção do responsável? Assinale a alternativa correta.

   a) A partir da edição da Lei n. 9.605/98, instituiu-se a possibilidade de sancionamento civil do degradador, com imposição, pelo juiz cível, em acréscimo à indenização concedida, de multa civil com fundamento no art. 3º da lei.

   b) Se é possível a inclusão, na reparação pecuniária de danos extrapatrimoniais em geral o "valor de desestímulo", a resposta só pode ser afirmativa.

   c) Obter, além da reparação de danos e da supressão do fato danoso, a imposição, em caráter autônomo e cumulativo, de providências específicas ou condenação pecuniária com efeito principal de pena civil para o degradador, demandaria disposição legal e expressa a respeito.

   d) É viável a fixação do quantum indenizatório com base no proveito econômico obtido pelo agente com o prejuízo moral causado e isso prescinde de lei.

   e) Os danos ambientais são irreversíveis, por isso, irreparáveis.

434. **(FCC/MPE/RS/Secretário/2010)** Considerando a Lei n. 9.605/98, que trata das sanções decorrentes de condutas e atividades lesivas ao Meio Ambiente, é incorreto afirmar:

   a) O prazo para a autoridade competente julgar o auto de infração é de trinta dias, contados da sua lavratura.

   b) A pessoa jurídica não é passível de sanção penal.

   c) A responsabilidade das pessoas jurídicas não exclui a das pessoas físicas coautoras do mesmo fato.

   d) Sempre que a infração administrativa se prolongar no tempo, será aplicada a sanção de multa diária.

   e) A autoridade ambiental que tiver conhecimento de infração ambiental é obrigada a promover a sua apuração imediata, sob pena de corresponsabilidade.

435. **(Cesgranrio/BNDES/Advogado/2010)** Um Banco recebe pedido de financiamento da Empresa Mascas e Mascotes Ltda., representada por seu sócio-gerente, o Sr. Empédocles. Realizando diligências quanto à regularidade cadastral do proponente, o Banco verifica a existência de processos criminais por infração a normas penais que tratam da proteção ao meio ambiente. As anotações indicam a persecução penal à pessoa jurídica, bem como ao sócio-gerente. Indagado sobre as anotações, o Sr. Empédocles informa que, segundo seu advogado, a pessoa jurídica está infensa

da responsabilidade penal e, quanto à pessoa física, ainda não existe condenação, estando os fatos em fase de apuração judicial. Alega que ingressou na empresa em data posterior aos fatos narrados como ilícitos. A partir do caso exposto, conclui-se que

a) no sistema pátrio não há responsabilização criminal de pessoa jurídica.

b) nos crimes ambientais sempre haverá concurso de agentes, incluindo pessoa física sócia e pessoa jurídica.

c) os crimes ambientais permitem a responsabilidade criminal da pessoa jurídica.

d) a responsabilidade da pessoa física por crimes ambientais é objetiva.

e) a pessoa física é a quem cabe somente responder pelos crimes ambientais praticados.

436. **(FCC/PGE/AM/Procurador/2010)** É requisito para a responsabilização penal da pessoa jurídica, pela prática de algum dos crimes previstos na Lei Federal 9.605/98,

a) a concomitante responsabilização civil e administrativa, estas duas tidas como pré-condições da responsabilidade penal.

b) que a infração tenha sido cometida por decisão de representante legal ou contratual, ou de órgão colegiado, no interesse ou benefício da pessoa jurídica.

c) que a sua personalidade jurídica seja obstáculo à efetiva reparação dos danos causados ao meio ambiente.

d) que o ato típico praticado não esteja compreendido no objeto social da pessoa jurídica, tal como definido em seus atos constitutivos.

e) que seus representantes legais tenham agido com excesso de poderes, em desacordo com a lei, o estatuto ou o contrato social.

437. **(Movens/DNPM/Técnico/2010)** No que se refere à Lei n. 9.605/1998, que dispõe sobre as sanções penais e administrativas derivadas de condutas e atividades lesivas ao meio ambiente e define outras providências, assinale a opção correta.

a) A simples penetração em unidades de conservação conduzindo substâncias ou instrumentos próprios para caça ou para exploração de produtos ou subprodutos florestais, sem licença da autoridade competente, não constitui conduta criminosa se tais instrumentos não chegarem a ser efetivamente utilizados.

b) As pessoas jurídicas serão responsabilizadas administrativa, civil e penalmente, conforme o disposto na referida lei, nos casos em que a infração seja cometida por decisão de seu representante legal ou contratual, ou de seu órgão colegiado, no interesse ou no benefício da sua entidade.

c) Aquele que executa pesquisa, lavra ou extração de recursos minerais sem a competente autorização, permissão, concessão ou licença, ou em desacordo com a obtida, pratica conduta criminosa, ao contrário de quem apenas deixa de recuperar a área pesquisada ou explorada, nos termos da autorização, permissão, licença, concessão ou determinação do órgão competente.

d) Caracteriza conduta criminosa destruir ou danificar floresta considerada de preservação permanente, exceto se estiver em formação, ou utilizá-la com infringência das normas de proteção.

e) Desmatar, explorar economicamente ou degradar floresta, plantada ou nativa, em terras de domínio público ou devolutas, sem autorização do órgão competente, constitui conduta criminosa, ainda que praticada quando necessária à subsistência imediata pessoal do agente ou de sua família.

438. **(Movens/DNPM/Técnico/2010)** No que se refere à Lei n. 9.605/1998, que dispõe sobre as sanções penais e administrativas derivadas de condutas e atividades lesivas ao meio ambiente e define outras providências, assinale a opção correta.

a) A simples penetração em unidades de conservação conduzindo substâncias ou instrumentos próprios para caça ou para exploração de produtos ou subprodutos florestais, sem licença da autoridade competente, não constitui conduta criminosa se tais instrumentos não chegarem a ser efetivamente utilizados.

b) As pessoas jurídicas serão responsabilizadas administrativa, civil e penalmente, conforme o disposto na referida lei, nos casos em que a infração seja cometida por decisão de seu representante legal ou contratual, ou de seu órgão colegiado, no interesse ou no benefício da sua entidade.

c) Aquele que executa pesquisa, lavra ou extração de recursos minerais sem a competente autorização, permissão, concessão ou licença, ou em desacordo com a obtida, pratica conduta criminosa, ao contrário de quem apenas deixa de recuperar a área pesquisada ou explorada, nos termos da autorização, permissão, licença, concessão ou determinação do órgão competente.

d) Caracteriza conduta criminosa destruir ou danificar floresta considerada de preservação permanente, exceto se estiver em formação, ou utilizá-la com infringência das normas de proteção.

e) Desmatar, explorar economicamente ou degradar floresta, plantada ou nativa, em terras de domínio público ou devolutas, sem autorização do órgão competente, constitui conduta criminosa, ainda que praticada quando necessária à subsistência imediata pessoal do agente ou de sua família.

439. **(MPE/MG/Promotor/2010)** Sobre o termo de compromisso previsto na Lei Federal n. 9.605/1998, a ser firmado com pessoas físicas ou jurídicas responsáveis pela construção, instalação, ampliação e funcionamento de atividades e estabelecimentos utilizadores de recursos ambientais, pode-se afirmar

I. São autorizados a celebrá-lo os órgãos ambientais do Sistema Nacional de Meio Ambiente (Sisnama), responsáveis pela execução de programas e projetos e pelo controle e fiscalização dos estabelecimentos e atividades suscetíveis de degradarem a qualidade ambiental.

II. Destinar-se-á, exclusivamente, a permitir que as pessoas físicas e jurídicas possam promover as necessárias correções de suas atividades, para atenderem as exigências impostas pelas autoridades ambientais competentes.

III. Será obrigatório que, no referido instrumento, conste o nome, a qualificação e o endereço das partes compromissadas e dos respectivos representantes legais; e conste a descrição detalhada do objeto, o valor do investimento previsto e o cronograma físico da execução e da implementação de obras e serviços exigidos.

IV. O prazo de vigência do compromisso, que, em função da complexidade das obrigações nele fixadas, poderá ser de até dois anos, considerando, nesse aspecto, o prazo de duração razoável de eventual processo administrativo.

V. Deve ser fixada a multa para as hipóteses de rescisão ou de não cumprimento das obrigações pactuadas, cujo valor não poderá superar o do investimento previsto.

Marque a opção correta.

a) I, IV e V estão corretas.
b) II, III e V estão corretas.
c) I, II, III e V estão corretas.
d) I, II, III e IV estão corretas.
e) Todas estão corretas.

440. **(Funrio/PRF/Policial/2009)** A Lei 9.605/98 dispõe sobre as sanções penais e administrativas derivadas de condutas e atividades lesivas ao meio ambiente, e dá outras providências. Assim, dispõe que quem, de qualquer forma, concorre para a prática dos crimes previstos nesta Lei incide nas penas a estes cominadas, na medida da sua culpabilidade, bem como o diretor, o administrador, o membro de conselho e de órgão técnico, o auditor, o gerente, o preposto ou mandatário de pessoa jurídica que, sabendo da conduta criminosa de outrem, deixe de impedir a sua prática, quando puder agir para evitá-la. Neste sentido, é correto afirmar que

a) as pessoas jurídicas serão responsabilizadas somente na esfera administrativa e civil conforme o disposto na Lei 9.605/98, nos casos em que a infração seja cometida por decisão de seu representante legal ou contratual, ou de seu órgão colegiado, no interesse ou benefício da sua entidade.

b) a responsabilidade das pessoas jurídicas exclui a das pessoas físicas, autoras, coautoras ou partícipes do mesmo fato.

c) as pessoas jurídicas serão responsabilizadas administrativa, civil e penalmente conforme o disposto na Lei 9.605/98, nos casos em que a infração seja cometida por decisão de seu representante legal ou contratual, ou de seu órgão colegiado, no interesse ou benefício da sua entidade.

d) a pessoa física poderá ser desconsiderada sempre que sua personalidade for obstáculo ao ressarcimento de prejuízos causados à qualidade do meio ambiente.

e) o Juiz deverá desconsiderar a pessoa jurídica sempre que sua personalidade for obstáculo ao ressarcimento de prejuízos causados à qualidade do meio ambiente.

441. **(Cespe/Ibram/Advogado/2009)** A pessoa jurídica poderá ser responsabilizada penalmente pela prática de crime ambiental, estando sujeita a pena de prestação de serviços à comunidade.

442. **(Cespe/Ibram/Técnico/2009)** As pessoas jurídicas serão responsabilizadas administrativa, civil e penalmente nos casos em que a infração seja cometida por decisão de seu representante legal ou contratual, ou de seu órgão colegiado, no interesse ou benefício da sua entidade.

443. **(Cespe/Ibram/Técnico/2009)** Sempre que a infração for cometida por decisão de seu órgão colegiado, e no interesse da empresa, a responsabilidade das pessoas jurídicas exclui a das pessoas físicas, autoras, coautoras ou partícipes do mesmo fato.

444. **(Cespe/AGU/Advogado/2009)** As pessoas físicas e as jurídicas estão sujeitas às mesmas sanções penais decorrentes da prática de crime ambiental, quais sejam: penas privativas de liberdade, restritivas de direito e multas.

445. **(Cespe/Hemobrás/Analista/2008)** A Lei dos Crimes Ambientais sustenta que a responsabilidade penal da pessoa jurídica não exclui a das pessoas naturais. Disso decorre que a denúncia poderá ser dirigida apenas contra a pessoa jurídica, caso não se descubra a autoria ou participação das pessoas naturais, e poderá, também, ser direcionada contra todos.

446. **(UEL/Sanepar/Advogado/2008)** Assinale a alternativa correta com relação às sanções penais e administrativas relativas a crimes ambientais:

a) As penas de interdição temporária de direito são o de fechamento temporário da empresa e a proibição de contratar com o Poder Público, de receber incentivos fiscais ou quaisquer outros benefícios, bem como de participar de licitações, pelo prazo de cinco anos.

b) A responsabilidade das pessoas jurídicas exclui a das pessoas físicas, autoras, coautoras ou partícipes do mesmo fato.

c) A pessoa jurídica constituída ou utilizada, preponderantemente, com o fim de permitir, facilitar ou ocultar a prática de crime definido na legislação ambiental não poderá ter decretada sua liquidação forçada.

d) Não poderá ser desconsiderada a pessoa jurídica sempre que sua personalidade for obstáculo ao ressarcimento de prejuízos causados à qualidade do meio ambiente.

e) As pessoas jurídicas poderão ser responsabilizadas penalmente conforme o disposto na legislação pertinente, nos casos em que a infração seja cometida por decisão de seu representante legal ou contratual, ou de seu órgão colegiado, no interesse ou benefício da sua entidade.

447. **(FMP-RS/MPE/MT/Promotor/2008)** Segundo jurisprudência dominante do STJ, indique a assertiva correta.

a) A celebração de termo de ajustamento de conduta entre o Ministério Público e o poluidor retira a justa causa para o oferecimento de denúncia pelos eventuais crimes ambientais relacionados.

b) O elemento normativo "floresta", constante do tipo de injusto do art. 38 da Lei n. 9.605/98, também abarca a vegetação rasteira.

c) Admite-se a responsabilidade penal da pessoa jurídica em crimes ambientais desde que haja a imputação simultânea do ente moral e da pessoa física que atua em seu nome ou em seu benefício, uma vez que não se pode compreender a responsabilização do ente moral dissociada da atuação de uma pessoa física, que age com elemento subjetivo próprio.

d) A Justiça Federal não é competente para julgar ação penal decorrente de desmatamento em zona de amortecimento de Parque Nacional Ambiental porque, ainda que este integre o patrimônio da União, o mesmo não ocorre com a assim chamada zona de amortecimento.

e) O dever genérico de preservação e de proteção ambiental imposto a todo o cidadão pelo artigo 225, caput, da Constituição Federal atribui força suficiente para justificar a responsabilização penal por crimes comissivos por omissão.

448. **(MPE/PR/Promotor/2008)** Assinale a opção correta:

a) a pessoa jurídica pode ser responsabilizada pela prática de crimes ambientais, desde que a infração tenha sido cometida no seu interesse ou benefício e que decorra de decisão de seu representante legal ou contratual, ou de seu colegiado. As penas aplicáveis à pessoa jurídica em decorrência da prática de crimes ambientais, isolada, cumulativamente ou alternativamente, são multa, restritivas de direitos e prestação de serviços à comunidade.

b) a pessoa jurídica pode ser responsabilizada pela prática de crimes ambientais, desde que a infração tenha sido cometida no seu interesse ou benefício, independentemente de a decisão ter decorrido de seu representante legal ou contratual, ou de seu colegiado. As penas aplicáveis à pessoa jurídica em decorrência da prática de crimes ambientais, isolada, cumulativamente ou alternativamente, são multa, restritivas de direitos e prestação de serviços à comunidade.

c) a pessoa jurídica pode ser responsabilizada pela prática de crimes ambientais, independentemente de a infração ter sido cometida no seu interesse ou benefício e independentemente da decisão ter decorrido de seu representante legal ou contratual, ou de seu colegiado. As penas aplicáveis à pessoa jurídica em decorrência da prática de crimes ambientais, isolada, cumulativamente ou alternativamente, são multa, restritivas de direitos, prestação de serviços à comunidade e suspensão de registro.

d) a pessoa jurídica pode ser responsabilizada pela prática de crimes ambientais, independentemente de a infração ter sido cometida no seu interesse ou benefício, mas deve ter decorrido de decisão de seu representante legal ou contratual, ou de seu colegiado. As penas aplicáveis à pessoa jurídica em decorrência da prática de crimes ambientais isolada, cumulativamente ou alternativamente, são multa, restritivas de direitos, prestação de serviços à comunidade e suspensão de registro.

e) a pessoa jurídica não pode ser responsabilizada criminalmente, uma vez que a legislação ambiental acolheu os postulados da chamada "disregard doctrine", com vistas a viabilizar o ressarcimento de danos ambientais praticados por empresas.

449. **(Cespe/DPU/Defensor/2007)** No caso de crime societário praticado contra o meio ambiente, mediante conduta relacionada a poluição sonora, a autoria nem sempre se mostra claramente comprovada, não se exigindo a descrição pormenorizada da conduta de cada agente na denúncia. Sendo assim, o simples fato de o réu ser sócio-proprietário da empresa autoriza a instauração de processo criminal, conforme precedentes do STJ.

450. **(Cespe/DPF/Delegado/2004)** Um delegado de polícia federal determinou abertura de inquérito para investigar crime ambiental, apontando como um dos indiciados a madeireira Mogno S.A. Nessa situação, houve irregularidade na abertura do inquérito porque pessoas jurídicas não podem ser consideradas sujeitos ativos de infrações penais.

■ Desconsideração da Personalidade Jurídica {art. 4º}

Art. 4º Poderá ser desconsiderada a pessoa jurídica sempre que sua personalidade for obstáculo ao ressarcimento de prejuízos causados à qualidade do meio ambiente.

Jurisprudência complementar (STJ)

(...). 5. Não custa lembrar que o Direito Ambiental adota, amplamente, a teoria da desconsideração da personalidade jurídica (in casu, v. g., os arts. 4º da Lei 9.605/1998 e 81 e 82 da Lei 11.101/2005). Sua incidência, assim, na Ação Civil Pública, vem a se impor, em certas situações, com absoluto rigor. O intuito é viabilizar a plena satisfação de obrigações derivadas de responsabilidade ambiental, notadamente em casos de insolvência da empresa degradadora. No que tange à aplicação do art. 4º da Lei 9.605/1998 (= lei especial), basta tão somente que a personalidade da pessoa jurídica seja "obstáculo ao ressarcimento de prejuízos causados à qualidade do meio ambiente", dispensado, por força do princípio da reparação in integrum e do princípio poluidor-pagador, o requisito do "abuso", caracterizado tanto pelo "desvio de finalidade", como pela "confusão patrimonial", ambos próprios do regime comum do art. 50 do Código Civil (= lei geral). (...) (REsp 1339046, Rel. Min. Herman Benjamin, 2ª T., DJ 7.11.2016)

(...). 1. A desconsideração da personalidade jurídica é instrumento afeito a situações limítrofes, nas quais a má-fé, o abuso da personalidade jurídica ou confusão patrimonial estão revelados, circunstâncias que reclamam, a toda evidência, providência expedita por parte do Judiciário. Com efeito, exigir o amplo e prévio contraditório em ação de conhecimento própria para tal mister, no mais das vezes, redundaria em esvaziamento do instituto nobre. 2. A superação da pessoa jurídica afirma-se como um incidente processual e não como um processo incidente, razão pela qual pode ser deferida nos próprios autos, dispensando-se também a citação dos sócios, em desfavor de quem foi superada a pessoa jurídica, bastando a defesa apresentada a posteriori, mediante embargos, impugnação ao cumprimento de sentença ou exceção de pré-executividade. 3. Assim, não prospera a tese segundo a qual não seria cabível, em sede de impugnação ao cumprimento de sentença, a discussão acerca da validade da desconsideração da personalidade jurídica. Em realidade, se no caso concreto e no campo do direito material fosse descabida a aplicação da Disregard Doctrine, estar-se-ia diante de ilegitimidade passiva para responder pelo débito, insurgência apreciável na via da impugnação, consoante art. 475-L, inciso IV. Ainda que assim não fosse, poder-se-ia cogitar de oposição de exceção de pré-executividade, a qual, segundo entendimento de doutrina autorizada, não só foi mantida, como ganhou mais relevo a partir da Lei 11.232/2005. 4. Portanto, não se havendo falar em prejuízo à ampla defesa e ao contraditório, em razão da ausência de citação ou de intimação para o pagamento da dívida (art. 475-J do CPC), e sob pena de tornar-se infrutuosa a desconsideração da personalidade jurídica, afigura-se bastante – quando, no âmbito do direito material, forem detectados os pressupostos autorizadores da medida – a intimação superveniente da penhora dos bens dos ex-sócios, providência que, em concreto, foi realizada. 5. No caso, percebe-se que a fundamentação para a desconsideração da pessoa jurídica está ancorada em "abuso da personalidade" e na "ausência de bens passíveis de penhora", remetendo o voto condutor às provas e aos documentos carreados aos autos. Nessa circunstância, o entendimento a que chegou o Tribunal a quo, além de ostentar fundamentação consentânea com a jurisprudência da Casa, não pode ser revisto por força da Súmula 7/STJ. 6. Não fosse por isso, cuidando-se de vínculo de índole consumerista, admite-se, a título de exceção, a utilização da chamada "teoria menor" da desconsideração da personalidade jurídica, a qual se contenta com o estado de insolvência do fornecedor somado à má administração da empresa, ou, ainda, com o fato de a personalidade jurídica representar um "obstáculo ao ressarcimento de prejuízos causados aos consumidores", mercê da parte final do caput do art. 28, e seu § 5º, do Código de Defesa do Consumidor. 7. A investigação acerca da natureza da verba bloqueada nas contas do recorrente encontra óbice na Súmula 7/STJ. (...). (REsp 1096604, Rel. Min. Luis Felipe Salomão, 4ª T., DJ 16.10.2012)

(...). 1. A responsabilidade civil do Estado por omissão é subjetiva, mesmo em se tratando de responsabilidade por dano ao meio ambiente, uma vez que a ilicitude no comportamento omissivo é aferida sob a perspectiva de que deveria o Estado ter agido conforme estabelece a lei. 2. A União tem o dever de fiscalizar as atividades concernentes à extração mineral, de forma que elas sejam equalizadas à conservação ambiental. Esta obrigatoriedade foi alçada à categoria constitucional, encontrando-se inscrita no artigo 225, §§ 1º, 2º e 3º da Carta Magna. 3. Condenada a União a reparação de danos ambientais, é certo que a sociedade mediatamente estará arcando com os custos de tal reparação, como se fora auto-indenização. Esse desiderato apresenta-se consentâneo com o princípio da equidade, uma vez que a atividade industrial responsável pela degradação ambiental (por gerar divisas para o país e contribuir com percentual significativo de geração de energia, como ocorre com a atividade extrativa mineral) a toda a sociedade beneficia. 4. Havendo mais de um causador de um mesmo dano ambiental, todos respondem solidariamente pela reparação, na forma do art. 942 do Código Civil. De outro lado, se diversos forem os causadores da degradação ocorrida em diferentes locais, ainda que contíguos, não há como atribuir-se a responsabilidade solidária adotando-se apenas o critério geográfico, por falta de nexo causal entre o dano ocorrido em um determinado lugar por atividade poluidora realizada em outro local. 5. A desconsideração da pessoa jurídica consiste na possibilidade de se ignorar a personalidade jurídica autônoma da entidade moral para chamar à responsabilidade seus sócios ou administradores, quando utilizam-na com objetivos fraudulentos ou diversos daqueles para os quais foi constituída. Portanto, (i) na falta do elemento "abuso de direito"; (ii) não se constituindo a personalização social obstáculo ao cumprimento da obrigação de reparação ambiental; e (iii) nem comprovando-se que os sócios ou administradores têm maior poder de solvência que as sociedades, a aplicação da "disregard doctrine" não tem lugar e pode constituir, na última hipótese, obstáculo ao cumprimento da obrigação. 6. Segundo o que dispõe o art. 3º, IV, c/c o art. 14, § 1º, da Lei 6.938/81, os sócios/administradores respondem pelo cumprimento da obrigação de reparação ambiental na qualidade de responsáveis em nome próprio. A responsabilidade será solidária com os entes administrados, na modalidade subsidiária. 7. A ação de reparação/recuperação ambiental é imprescritível. (...). (REsp 647.493, Rel. Min. João Otávio de Noronha, 2ª T., DJ 22.10.2007, p. 233)

Questões de concursos

451. **(MPE/SC/Promotor/2016)** Segundo a Lei n. 9.605/98: poderá ser desconsiderada a pessoa jurídica sempre que sua personalidade for obstáculo ao ressarcimento de prejuízos causados à qualidade do meio ambiente; a pessoa jurídica constituída ou utilizada, preponderantemente, com o fim de permitir, facilitar ou ocultar a prática de crime definido nesta Lei terá decretada sua liquidação forçada, seu patrimônio será considerado instrumento do crime e como tal perdido em favor do Fundo Penitenciário Nacional.

452. **(Vunesp/IPSMI/Procurador/2016)** Sobre as sanções derivadas de condutas e atividades lesivas ao meio ambiente, nos termos da Lei Federal no 9.605/98, é correto afirmar que

   a) o diretor de pessoa jurídica que, sabendo da conduta criminosa de outrem, deixar de impedir a sua prática, quando podia agir para evitá-la, responderá civil, mas não criminalmente.

   b) as pessoas jurídicas serão responsabilizadas administrativa, civil e penalmente, nos casos em que a infração seja cometida por decisão de seu representante legal, no interesse ou benefício de terceiro.

   c) a responsabilidade das pessoas jurídicas exclui a das pessoas físicas, autoras, coautoras ou partícipes do mesmo fato.

   d) poderá ser desconsiderada a pessoa jurídica, sempre que sua personalidade for obstáculo ao ressarcimento de prejuízos causados à qualidade do meio ambiente.

   e) a perícia de constatação do dano ambiental, sempre que possível, fixará o montante do prejuízo causado para efeitos de prestação de fiança, mas não se presta para fixação do cálculo de multa.

453. (FCC/TJ/PE/Juiz/2015) O auditor contratado por uma indústria petroquímica apurou, por meio de seu trabalho, conduta da empresa, ordenada por seu diretor (representante contratual), tipificada como crime ambiental pela Lei Federal n o 9.605/98. Podendo agir para fazer cessar o crime ambiental, quedou-se inerte. Neste caso, a responsabilidade penal recairá

a) sobre a pessoa jurídica, o diretor da empresa e o auditor contratado.

b) apenas sobre o auditor contratado.

c) apenas sobre o diretor da empresa.

d) somente sobre a pessoa jurídica.

e) apenas sobre o diretor da empresa e a pessoa jurídica.

454. (FCC/TRF/3R/Analista/2014) Segundo a jurisprudência hoje dominante no Superior Tribunal de Justiça, no âmbito dos crimes ambientais a máxima "societas delinquere non potest" seria aplicável à pessoa jurídica

a) porque ela é incapaz de produzir conduta no sentido técnico-normativo do termo.

b) porque ela não é continente para um juízo de imputação penal.

c) porque ela não tem como ser sujeito de sanção penal.

d) quando ela for imputada de modo isolado e dissociado de pessoas físicas.

e) quando ela for imputada em conjunto com pessoas físicas.

455. (Cespe/TJ/PI/Juiz/2012) Com base no que dispõe a lei que trata dos crimes ambientais, assinale a opção correta acerca da responsabilidade por dano ambiental.

a) A lei em questão considera que o ato do representante legal ou contratual da pessoa jurídica que constitua crime ambiental é, por vinculação, também crime da pessoa jurídica, independentemente de resultar em benefício para a entidade.

b) A extinção de uma pessoa jurídica, sua alteração contratual ou qualquer outra modificação que implique impedimento na pretensão reparatória de prejuízos causados ao ambiente pode acarretar a desconsideração da personalidade jurídica, de modo a responsabilizar seus sócios para os efeitos de determinadas obrigações.

c) As pessoas jurídicas de direito público não podem ser responsabilizadas administrativamente por dano ambiental.

d) Por iniciativa privativa do poder público, é possível a celebração de termo de compromisso entre os órgãos ambientais competentes e as pessoas físicas ou jurídicas responsáveis por estabelecimentos e atividades considerados efetiva ou potencialmente poluidores. Uma vez assinado, esse termo terá força de título executivo extrajudicial e impedirá a execução de quaisquer multas eventualmente aplicadas.

e) Na persecução administrativa por dano ambiental, aplica-se o princípio da subsunção, segundo o qual a infração de menor gravidade é absorvida pela de maior gravidade quando ambas são praticadas concomitantemente.

456. **(Funcab/IDAF/ES/Advogado/2010)** Sobre as regras que tratam das sanções penais e administrativas resultantes de condutas e atividades lesivas ao meio ambiente, previstas na Lei n. 9.605/98, assinale a alternativa correta.

a) A responsabilidade das pessoas jurídicas sempre exclui a das pessoas físicas, autoras, coautoras ou partícipes do mesmo fato.

b) Admite-se a desconsideração da personalidade jurídica sempre que a personalidade for obstáculo ao ressarcimento de prejuízos causados à qualidade do meio ambiente.

c) É vedada a aplicação da pena restritiva de direitos nos crimes ambientais.

d) Admite-se a suspensão condicional da pena nos crimes ambientais cuja condenação à pena privativa de liberdade não seja superior a 5 (cinco) anos.

e) Nas infrações penais previstas na Lei n. 9.605/98, a ação penal é sempre pública condicionada à representação do ofendido

457. **(TRF/4R/Juiz/2010)** Dadas as assertivas abaixo, assinale a alternativa correta.

I. Em razão da prática de crime previsto na Lei 9.605/1998, as pessoas jurídicas podem receber multa, penas restritivas de direitos ou de prestação de serviços à comunidade nos casos em que a infração seja cometida por decisão de seu representante legal ou contratual ou de seu órgão colegiado, no interesse ou benefício da sua entidade.

II. As penas previstas na Lei 9.605/1998 poderão ser aplicadas às pessoas jurídicas de forma isolada, cumulativa ou alternativa e serão convertidas, em caso de injustificado descumprimento, em penas privativas de liberdade dos responsáveis pela pessoa jurídica punida.

III. As penas restritivas de direitos previstas na Lei 9.605/1998 para a pessoa jurídica infratora são a suspensão parcial ou total de atividades e a interdição temporária de estabelecimento, obra ou atividade, bem como a proibição de contratar com o Poder Público e de obter subsídio, subvenção ou doações.

IV. O Fundo Penitenciário Nacional será o beneficiário do patrimônio da pessoa jurídica que tiver liquidação forçada por ter sido utilizada preponderantemente com o fim de ocultar a prática de crime previsto na Lei 9.605/1998.

V. Poderá ser desconsiderada a pessoa jurídica sempre que a sua personalidade for obstáculo ao ressarcimento de prejuízos causados à qualidade do meio ambiente.

a) Estão corretas apenas as assertivas II e V.

b) Estão corretas apenas as assertivas I, II e V.

c) Estão corretas apenas as assertivas I, III e V.

d) Estão corretas apenas as assertivas I, III, IV e V.

e) Estão corretas todas as assertivas.

458. **(TJ/PR/Juiz/2010)** Considerando o que dispõe a Lei 9.605/98 em relação à Responsabilidade Penal da Pessoa Jurídica, nas infrações penais contra o meio ambiente, é correto afirmar que:

    I. Quem, de qualquer forma, concorre para a prática dos crimes previstos nesta Lei, incide nas penas a estes cominadas, na medida da sua culpabilidade, bem como o diretor, o administrador, o membro de conselho e de órgão técnico, o auditor, o gerente, o preposto ou mandatário de pessoa jurídica, que, sabendo da conduta criminosa de outrem, deixar de impedir a sua prática, quando podia agir para evitá-la.

    II. As pessoas jurídicas somente poderão ser responsabilizadas administrativa e civilmente, conforme o disposto nesta Lei, nos casos em que a infração seja cometida por decisão de seu representante legal ou contratual, ou de seu órgão colegiado, no interesse ou benefício da sua entidade.

    III. A responsabilidade das pessoas jurídicas não exclui a das pessoas físicas, autoras, co-autoras ou partícipes do mesmo fato.

    IV. Poderá ser desconsiderada a pessoa jurídica sempre que sua personalidade for obstáculo ao ressarcimento de prejuízos causados à qualidade do meio ambiente.

    Dadas as assertivas acima escolha a alternativa correta.

    a) Apenas as assertivas I, III e IV estão corretas.

    b) Apenas as assertivas II, III e IV estão corretas.

    c) Apenas as assertivas I, e III estão corretas.

    d) Todas as assertivas estão corretas.

459. **(FCC/TJ/PI/Analista/2009)** A desconsideração da pessoa jurídica prevista no art. 4º da Lei n. 9.605/98 (Lei dos Crimes Ambientais) diz respeito

    a) às áreas administrativa e penal.

    b) à área penal.

    c) à área administrativa.

    d) às áreas civil e penal.

    e) à área civil.

460. **(Cespe/Ibram/Analista/2009)** A pessoa jurídica poderá ser desconsiderada sempre que sua personalidade for obstáculo ao ressarcimento de prejuízos causados à qualidade do meio ambiente.

461. **(Cespe/Cehap/Advogado/2009)** Quanto à Lei dos Crimes Ambientais, julgue os itens subsequentes.
   I.   As pessoas jurídicas serão responsabilizadas administrativa, civil e penalmente nos casos em que a infração seja cometida por decisão de seu representante legal ou contratual, ou de seu órgão colegiado, no interesse ou benefício da sua entidade.
   II. A responsabilidade das pessoas jurídicas exclui a das pessoas físicas, autoras, coautoras ou partícipes do mesmo fato.
   III. Poderá ser desconsiderada a pessoa jurídica sempre que sua personalidade for obstáculo ao ressarcimento de prejuízos causados à qualidade do meio ambiente.

   Assinale a opção correta.

   a) Apenas os itens I e II estão certos.
   b) Apenas os itens I e III estão certos.
   c) Apenas os itens II e III estão certos.
   d) Todos os itens estão certos.

462. **(Vunesp/ITESP/Advogado/2008)** Sobre a responsabilidade das pessoas jurídicas acerca de condutas e atividades lesivas ao meio ambiente, é correto afirmar que
   a) a responsabilidade das pessoas jurídicas exclui a das pessoas físicas, autoras, coautoras ou partícipes do mesmo fato.
   b) poderá ser desconsiderada a pessoa jurídica sempre que sua personalidade for obstáculo ao ressarcimento de prejuízos causados à qualidade do meio ambiente.
   c) as pessoas jurídicas serão responsabilizadas administrativa e penalmente conforme o disposto na Lei n. 9.605/98, nos casos em que a infração seja cometida por decisão de seu gestor de negócios, no interesse da sua entidade.
   d) a Constituição Federal excluiu-a do conceito de poluidor.
   e) o respectivo preposto ou mandatário não incide nas penas cominadas aos crimes.

463. **(Cespe/MPE/RR/Promotor/2008)** Poderá o juiz desconsiderar a pessoa jurídica e se voltar contra o patrimônio de seus administradores, sempre que a pessoa jurídica constituir obstáculo para a reparação do dano ambiental.

Art. 5º (Vetado).

Capítulo II – Da Aplicação da Pena

■ Dosimetria {art. 6º}

Art. 6º Para imposição e gradação da penalidade, a autoridade competente observará:

I – a gravidade do fato, tendo em vista os motivos da infração e suas consequências para a saúde pública e para o meio ambiente;

II – os antecedentes do infrator quanto ao cumprimento da legislação de interesse ambiental;

III – a situação econômica do infrator, no caso de multa.

Informativos (STJ)

Sanção penal e administrativa decorrente da mesma conduta. Competência.

Se o ato ensejador do auto de infração caracteriza infração penal tipificada apenas em dispositivos de leis de crimes ambientais, somente o juízo criminal tem competência para aplicar a correspondente penalidade. Os fiscais ambientais têm competência para aplicar penalidades administrativas. No entanto, se a conduta ensejadora do auto de infração configurar crime ou contravenção penal, somente o juízo criminal é competente para aplicar a respectiva sanção. REsp 1.218.859, Rel. Min. Arnaldo Esteves Lima, 27.11.12. 1ª T. (Info 511)

Jurisprudência complementar (STJ)

Administrativo e processual civil. Agravo interno no agravo em recurso especial. Manutenção em cativeiro de passeriformes da fauna silvestre brasileira, sem autorização do órgão competente. Art. 72 da Lei 9.605/98. Gradação das penalidades. Jurisprudência dominante do STJ. Multa. Cabimento. Violação ao princípio da colegialidade. Não ocorrência. Súmula 568/STJ e art. 253, parágrafo único, II, C, do RISTJ. Princípio da proporcionalidade. Art. 6º da Lei 9.605/98. Circunstâncias do caso concreto. Agravo interno improvido. I. Agravo interno interposto contra decisão publicada em 17.8.2016, que, por sua vez, julgara recurso interposto contra "decisum" publicado na vigência do CPC/73. II. Conforme a jurisprudência do STJ, não se faz necessária a aplicação de advertência prévia para aplicação da multa prevista no art. 72 da Lei 9.605/98. (...). III. A questão ora controvertida possui entendimento dominante nesta Corte, fato esse que autoriza a apreciação monocrática do apelo, nos termos da Súmula 568 do STJ ("O relator, monocraticamente e no Superior Tribunal de Justiça, poderá dar ou negar provimento ao recurso quando houver entendimento dominante acerca do tema") e do art. 253, parágrafo único, II, c, do RISTJ. IV. O acórdão recorrido consignou que "a multa no valor de R$ 6.500, 00 (seis mil e quinhentos reais) imposta a quem é autônomo, vive de 'bicos' que geram renda em torno de R$ 350,00 (trezentos e cinquenta reais), e não possui registro formal de emprego, conforme atesta cópia da CTPS, aparenta, na hipótese, manifesta desproporção, infligindo sanção que destoa da realidade do apenado". V. Tendo o Tribunal de origem considerado a desproporcionalidade da penalidade aplicada, em face das peculiaridades do caso concreto – o que de fato se revela, ante a moldura fática posta no acórdão recorrido –, cumpre determinar o retorno do autos à Corte a quo, para que fixe o quantum da multa, em consonância com os princípios da proporcionalidade e razoabilidade, a serem aferidos, no caso concreto, em consonância com o art. 6º da Lei 9.605/98 e com o precedente do STJ, firmado em caso análogo (REsp 1.426.132...). (AgInt no AREsp 938.032, Rel. Min. Assusete Magalhães, 2ª T., DJ 15.12.2016)

(...). Auto de infração. Manter em cativeiro espécies de passeriformes da fauna silvestre brasileira sem autorização do Ibama. Ofensa ao art. 535 do CPC não configurada. Art. 72 da Lei 9.605/1998. Inexistência de gradação de penalidades. Multa. Cabimento. Proporcionalidade. Circunstâncias do caso concreto. 1. Hipótese em que o Tribunal local entendeu não ter sido atendido o suposto requisito de gradação das penalidades, motivo pelo qual afastou a multa prevista no art. 72 da Lei 9.605/1998 aplicada ao ora recorrido por infração administrativa por manter em cativeiro espécies de passeriformes da fauna silvestre brasileira sem autorização do Ibama. 2. Não se configura a ofensa ao art. 535 do Código de Processo Civil, uma vez que o Tribunal de origem julgou integralmente a lide e solucionou a controvérsia, tal como lhe foi apresentada. 3. Não procede a alegação de que a imposição da multa depende de advertência prévia. Por outro lado, realmente procede a afirmação de que o quantum da multa não seria razoável, ante a inequívoca desproporção entre o seu valor e a situação econômica do infrator, o que ocasionou afronta ao disposto no art. 6º da Lei 9.605/1998. 4. Recurso Especial parcialmente provido para determinar o retorno dos autos à origem a fim de que Tribunal a quo fixe o valor da multa em consonância com os princípios da proporcionalidade e da razoabilidade, a serem aferidos nas circunstâncias do caso concreto. (REsp 1426132, Rel. Min. Herman Benjamin, 2ª T., DJ 18.11.2015)

(...). Infração ambiental. Apreensão de veículo. Liberação. Critérios de razoabilidade e proporcionalidade. Súmula 7/STJ. 1. Embora exista previsão legal para apreensão do veículo utilizado na prática de infração ambiental, a medida deverá ser aplicada de acordo com critérios de razoabilidade e proporcionalidade, nos termos do disposto no art. 6º da Lei 9.605/98. 2. O Tribunal de origem, na apreciação da matéria, entendeu que a referida embarcação é ferramenta de trabalho e sustento do agravado. 3. O reexame das conclusões do acórdão a propósito da razoabilidade da apreensão do veículo atrai o impeditivo da Súmula 7/STJ: "A pretensão de simples reexame de prova não enseja recurso especial". 4. Agravo regimental a que se nega provimento. (AgRg no AREsp 498.497, Rel. Min. Og Fernandes, 2ª T., DJ 29.5.2015)

(...). Infração ambiental. Pesca marítima. Embarcação. Posse. Equipamento ilegal. Autuação. Multa. Desproporcionalidade. Menor potencial ofensivo. Condições econômicas. Agente. Possibilidade. Mera advertência. Violação. Normas Federais. Impossibilidade. Exame. Acervo fático-probatório. Súmula 7/STJ. 1. O recurso especial não é, em razão da Súmula 7/STJ, via processual adequada para questionar julgado que se afirmou explicitamente em contexto fático-probatório próprio da causa, como no caso em que convertida a sanção de multa em advertência por infração ambiental, tendo em vista as condicionantes do infrator e da prática ilícita em si. (...). (AgRg no AREsp 631.030, Rel. Min. Mauro Campbell Marques, 2ª T., DJ 10.3.2015)

Questões de concursos

464. **(Fundep/Cohabminas/Advogado/2015)** Sobre os crimes ambientais e a responsabilidade de pessoas físicas e jurídicas, assinale a alternativa correta.

   a) Nas infrações penais contra o meio ambiente, a ação penal pode ser pública incondicionada, ou condicionada, nos crimes de menor potencial ofensivo.

   b) A situação econômica do infrator deverá ser observada, pela autoridade, para imposição e gradação da penalidade de multa, nos crimes ambientais.

   c) As pessoas jurídicas não poderão ser responsabilizadas penalmente pelos ilícitos ambientais, embora possam ser responsabilizadas civil e administrativamente.

   d) A responsabilidade da pessoa jurídica exclui a das pessoas físicas, autoras, coautoras ou partícipes do mesmo fato, não sendo possível, nem mesmo, a desconsideração da personalidade jurídica da pessoa física para alcançar a física.

465. **(Funiversa/PC/DF/Delegado/2015)** No que se refere ao poder de polícia ambiental, aos crimes e às infrações administrativas contra o meio ambiente, assinale a alternativa correta conforme disposto na Lei n. 9.605/1998.

    a) A multa diária pode ser convertida em serviços de preservação, melhoria e recuperação da qualidade do meio ambiente, mas a multa simples, não.

    b) Na aplicação e gradação da penalidade, a autoridade competente observará, entre outros aspectos, os antecedentes do infrator quanto ao cumprimento da legislação de interesse ambiental, assim como a sua situação econômica, no caso de multa.

    c) Apenas os funcionários dos órgãos ambientais integrantes do Sisnama designados para as atividades de fiscalização dispõem de competência para a lavratura do auto de infração e para a instauração de processo administrativo.

    d) Os produtos, inclusive madeiras, subprodutos e instrumentos, utilizados na prática da infração ambiental não podem ser destruídos ou inutilizados, mas devem, sim, ser doados a instituições científicas, culturais ou educacionais.

    e) Embora a legislação não admita que qualquer pessoa possa, constatando infração ambiental, dirigir representação às autoridades competentes, os cidadãos podem fazer comunicado ao Ministério Público para que seja apurado o cometimento de infração penal.

466. **(Funcab/PC/RO/Delegado/2014)** Nos termos da Lei n. 9.605/1998, a pena de multa será calculada com base:

    a) na situação econômica do infrator e no montante do prejuízo causado, podendo ser aumentada em até três vezes de acordo com o valor da vantagem econômica auferida e a eficácia da medida punitiva.

    b) na vantagem econômica auferida, podendo ser aumentada em até duas vezes de acordo com o montante do prejuízo causado e a situação econômica do infrator.

    c) na situação econômica do infrator, podendo ser aumentada em até três vezes de acordo com o montante do prejuízo causado e a eficácia da medida punitiva.

    d) no montante do prejuízo causado e na vantagem econômica auferida, podendo ser aumentada em até duas vezes de acordo com a situação econômica do infrator e a eficácia da medida punitiva.

    e) no montante do prejuízo causado, podendo ser aumentada em até duas vezes de acordo com o valor da vantagem econômica auferida e a situação econômica do infrator.

467. **(Cespe/DPE/RR/Defensor/2013)** Acerca dos crimes contra o meio ambiente, previstos na Lei n. 9.605/1998, assinale a opção correta.

    a) Nos crimes ambientais, a responsabilidade penal da pessoa jurídica será sempre reflexa, e, de acordo com entendimento consolidado na doutrina e na jurisprudência dos tribunais superiores, a pessoa jurídica não poderá ser responsabilizada por crime culposo, salvo quando essa infração for imputada única e exclusivamente ao ente moral.

b) Admite-se a aplicação das circunstâncias agravantes genéricas previstas no CP aos crimes ambientais e, de igual modo, a aplicação das agravantes genéricas ambientais aos delitos comuns da lei ambiental em apreço, em face do princípio da subsidiariedade, preconizado de forma expressa em ambos os diplomas legais.

c) Nos crimes ambientais, a concessão do sursis (comum e especial) segue idênticos requisitos do CP; neles, são igualmente cabíveis o sursis etário e o sursis humanitário nas condenações não superiores a quatro anos.

d) Os crimes ambientais, em relação aos entes morais, são plurissubjetivos ou de concurso necessário; contudo, não se pode imputar concomitantemente a mesma infração penal a pessoa física e a pessoa jurídica, sob pena de ofensa ao princípio do no "bis in idem".

e) Na fixação da pena por delitos ambientais, o juiz deverá levar em conta, de forma preponderante, os bons ou maus antecedentes ambientais do infrator e, apenas supletivamente, os outros antecedentes.

468. **(Cespe/ANP/Especialista/2013)** A Lei n. 9.605/1998, conhecida como Lei de Crimes Ambientais, representou importante avanço na legislação brasileira ao dispor a respeito das sanções penais e administrativas derivadas de condutas e atividades lesivas ao meio ambiente. Julgue o item a seguir, com base nessa lei e em seu decreto de regulamentação. A imposição e a gradação de determinada pena pela autoridade competente dependem exclusivamente da gravidade do fato e da consequência deste para o meio ambiente.

469. **(FCC/MPE/AP/Promotor/2012)** Sobre a responsabilidade penal prevista na Lei Federal no 9.605, de 12.2.1998, é incorreto afirmar que

a) a responsabilidade das pessoas jurídicas não exclui a das pessoas físicas, autoras, coautoras ou partícipes do mesmo fato.

b) para imposição e gradação da pena, o juiz levará em conta apenas os requisitos do Código Penal.

c) o baixo grau de instrução ou escolaridade do agente configura causa atenuante da pena.

d) cometer infração ambiental aos domingos configura circunstância agravante da pena.

e) nos crimes ambientais, a suspensão condicional da pena pode ser aplicada nos casos de condenação a pena privativa de liberdade não superior a três anos.

470. (Fepese/Fatma/Advogado/2012) Analise as afirmativas abaixo, considerando a Lei de Crimes Ambientais (Lei n. 9.605/98):

I. situação econômica do infrator deve ser observada na imposição de multa administrativa por infração ambiental.

II. A autoridade ambiental que não promover a apuração imediata de infração ambiental de que tiver conhecimento pode ser corresponsabilizada.

III. O prazo para apresentação de defesa prévia contra auto de infração ambiental é de 10 dias, contados da data da ciência da autuação.

IV. O prazo de recurso da decisão condenatória proferida no julgamento do auto de infração é de 20 dias.

Assinale a alternativa que indica todas as afirmativas corretas.

a) São corretas apenas as afirmativas I e II.
b) São corretas apenas as afirmativas I e IV.
c) São corretas apenas as afirmativas II e IV.
d) São corretas apenas as afirmativas I, II e III.
e) São corretas apenas as afirmativas I, II e IV.

471. (Cesgranrio/Petrobras/Advogado/2010) Acerca da responsabilidade decorrente de crimes cometidos contra o meio ambiente, considere os procedimentos abaixo.

I. Independente da pena aplicada e do crime cometido, as penas privativas de liberdade poderão ser substituídas por penas restritivas de direitos, caso fique demonstrado que a substituição será suficiente para efeitos de reprovação e prevenção do crime.

II. Para imposição e gradação da penalidade, a autoridade competente observará a gravidade do fato, tendo em vista os motivos da infração e suas consequências para a saúde pública e o meio ambiente.

III. Estão compreendidas, entre as penas restritivas de direito, a prestação de serviços à comunidade e a interdição temporária de direitos do infrator.

IV. Para imposição e gradação da penalidade, no caso de multa, a autoridade competente observará a situação econômica do infrator.

São procedimentos previstos nos termos da Lei n. 9.605/98:

a) I e III, apenas.
b) I e IV, apenas.
c) I, II e III, apenas.
d) II, III e IV, apenas.
e) I, II, III e IV.

472. (Funcab/PC/RO/Delegado/2009) Segundo o Artigo 6º da Lei n. 9.605/98 para imposição e gradação da penalidade, a autoridade competente observará:

a) I – a gravidade do fato, tendo em vista os motivos da infração e suas consequências para a saúde pública e para o meio ambiente; II – os antecedentes do infrator quanto ao cumprimento da legislação de interesse ambiental; III – a situação econômica do infrator, no caso de multa.

b) I – a gravidade do fato, tendo em vista os motivos da infração e suas consequências para o Estado; II – os antecedentes criminais do infrator; III – a situação econômica e social do infrator.

c) I – a gravidade do fato, tendo em vista os motivos da infração e suas sequências para a ordem pública; II – os antecedentes do infrator quanto ao cumprimento da legislação de interesse do Estado; III – a situação econômica e social do infrator, no caso de multa.

d) I – a gravidade do fato, tendo em vista os motivos da infração e suas consequências para a saúde pública e para a ordem pública; II – os antecedentes do infrator quanto ao cumprimento da legislação de interesse do Estado; III – a situação econômica e social do infrator, no caso de multa.

e) I – a gravidade do fato, tendo em vista os motivos da infração e suas consequências para o meio ambiente e para a ordem pública; II – os antecedentes do infrator quanto ao cumprimento da legislação de interesse econômico e ambiental; III – a situação econômica e social do infrator, no caso de multa.

473. (UFPR/PC/PR/Delegado/2007) A Lei 9.605/98 dispõe sobre as sanções penais e administrativas derivadas de condutas e atividades lesivas ao meio ambiente. Sobre o tema, considere as seguintes afirmativas:

I. Nos termos da lei, as pessoas jurídicas serão responsabilizadas administrativa e civilmente, não sendo possível sua responsabilização penal, pois a pessoa jurídica não tem capacidade de culpabilidade.

II. Os antecedentes e a situação econômica do réu são critérios para a orientação da autoridade competente para a aplicação da sanção.

III. A lei objetiva a proteção do meio ambiente em sua dimensão global, abrangendo o meio ambiente natural (solo, água, ar), cultural (patrimônio artístico, turístico, paisagístico) e artificial (espaço urbano construído).

IV. Não é crime o abate de animal quando realizado para proteger lavouras, pomares e rebanhos da ação predatória de animais, desde que legal e expressamente autorizado pela autoridade competente.

Assinale a alternativa correta.

a) Somente as afirmativas II, III e IV são verdadeiras.

b) Somente as afirmativas I e II são verdadeiras.

c) Somente as afirmativas I, II e III são verdadeiras.

d) Somente as afirmativas I e III são verdadeiras.

e) Somente as afirmativas II e III são verdadeiras.

474. **(Cespe/Câmara_Deputados/Analista/2014)** Tratando-se de pena taxativa, é irrelevante para a gradação penal, no caso de aplicação de multa, a situação econômica do infrator.

■ Penas Restritivas de Direitos {art. 7º}

Art. 7º As penas restritivas de direitos são autônomas e substituem as privativas de liberdade quando:

I – tratar-se de crime culposo ou for aplicada a pena privativa de liberdade inferior a quatro anos;

II – a culpabilidade, os antecedentes, a conduta social e a personalidade do condenado, bem como os motivos e as circunstâncias do crime indicarem que a substituição seja suficiente para efeitos de reprovação e prevenção do crime.

Parágrafo único. As penas restritivas de direitos a que se refere este artigo terão a mesma duração da pena privativa de liberdade substituída.

Jurisprudência complementar (STJ)

(...). Leis n. 9.503/98 e 8.176/91. Alegação de nulidades. Confissão espontânea. Ausência de materialidade. Matérias não analisadas pelo tribunal de origem. Não conhecimento. Supressão de instância. Impetração parcialmente conhecida. Concessão parcial da ordem. Redução das penas privativa de liberdade e de multa. Exclusão da pena de inabilitação. a) a impetração não deve ser conhecida, no tocante às alegações de não aplicação da atenuante da confissão espontânea, sob pena de supressão de instância. b) O fato de ter o julgador utilizado a mesma fundamentação na dosimetria da pena em relação aos dois crimes não acarreta nulidade, porque as circunstâncias judiciais dos dois crimes são, efetivamente, iguais. Nos dois delitos, as penas foram fixadas acima do mínimo legal, pelas consequências gravosas da conduta do agente. c) Havendo uma única circunstância negativamente valorizada, a respeito das circunstâncias do crime, impõe-se a redução das penas em patamar próximo ao mínimo legal. d) A materialidade do delito está devidamente comprovada nos autos, pelo que improcedente a alegação de ausência de materialidade. e) A determinação de expedição de ofício ao TRE, sem especificar a natureza da pena de inabilitação imposta ao paciente caracteriza coação ilegal, porque não se sabe se diz respeito aos direitos políticos. A r. sentença, quanto a esse ítem específico, carece de fundamentação. f) "Habeas corpus" parcialmente conhecido e, nesta parte, concedida a ordem, para reduzir as penas impostas ao paciente e excluir a pena de inabilitação. (HC 138.650, Rel. Min. Celso Limongi, 6ª T., DJ 9.8.2010)

Questões de concursos

475. **(MPE/SC/Promotor/2016)** Ao tratar da aplicação da pena, a Lei n. 9.605/98 (Crimes Ambientais) estabelece que as penas restritivas de direitos são autônomas e substituem as privativas de liberdade quando: tratar-se de crime culposo ou for aplicada a pena privativa de liberdade inferior a quatro anos; a culpabilidade, os antecedentes, a conduta social e a personalidade do condenado, bem como os motivos e as circunstâncias do crime indicarem que a substituição seja suficiente para efeitos de reprovação e prevenção do crime.

476. **(Cespe/TRF/2R/Juiz/2013)** Acerca dos crimes ambientais e de suas respectivas sanções penais, assinale a opção correta.

    a) Devido à importância crescente atribuída ao meio ambiente, a lei que dispõe sobre as sanções penais e administrativas aplicáveis a condutas e atividades lesivas ao meio ambiente instituiu penas mais rigorosas para as pessoas físicas, prestigiando as penas de encarceramento como regra geral.

    b) A pena de prestação de serviços à comunidade nos crimes ambientais inclui prestação de serviços em entidades assistenciais, hospitais, escolas e orfanatos.

    c) As pessoas jurídicas estão sujeitas a responder por crimes ambientais nas modalidades dolosa ou culposa, cometidos por decisão de seu representante legal ou contratual, ou de seu órgão colegiado, no interesse ou benefício da entidade.

    d) O valor pago a título de pena de prestação pecuniária não será deduzido do montante de eventual reparação civil a que for condenado o infrator.

    e) Se ao crime ambiental for aplicada pena privativa de liberdade inferior a quatro anos, deverá ocorrer sua substituição por pena restritiva de direito.

477. **(Cespe/ANP/Especialista/2013)** A Lei n. 9.605/1998, conhecida como Lei de Crimes Ambientais, representou importante avanço na legislação brasileira ao dispor a respeito das sanções penais e administrativas derivadas de condutas e atividades lesivas ao meio ambiente. Julgue o item a seguir, com base nessa lei e em seu decreto de regulamentação. Uma pena restritiva de liberdade inferior a quatro anos pode ser substituída por uma pena restritiva de direito.

478. (Instituto_Cidades/DPE/AM/Defensor/2011) Sobre os crimes contra o meio ambiente definidos pela Lei 9.605/98, assinale o que for correto:

a) as penas privativas de liberdade podem ser substituídas pelas penas restritivas de direitos quando se tratar de crime culposo ou quando a pena privativa de liberdade aplicada for inferior a 4 anos e quando a culpabilidade, os antecedentes, a conduta social e a personalidade do condenado, bem como os motivos e as circunstâncias indicarem que a substituição seja suficiente para efeitos de reprovação e prevenção do crime;

b) cabe a suspensão condicional da pena nos crimes definidos pela Lei 9.605/98 quando a pena aplicada não for superior a 4 anos;

c) a prestação de serviços à comunidade somente será admitida na modalidade de desempenho de tarefas gratuitas junto a parques e jardins públicos e unidades de conservação, mesmo nos casos de danos em bens particulares;

d) a Lei 9.605/98 prevê a responsabilização das pessoas jurídicas apenas no âmbito civil e administrativo.

e) não há possibilidade de desconsideração de personalidade da pessoa jurídica, quando houver obstáculo ao ressarcimento de prejuízos causados à qualidade do meio ambiente.

479. (Cespe/Câmara_Deputados/Analista/2014) No âmbito do direito ambiental, as penas restritivas de direitos são autônomas e substituem as penas privativas de liberdade se se tratar de crime culposo ou se for aplicada a pena privativa de liberdade inferior a quatro anos e quando a culpabilidade, os antecedentes, a conduta social e a personalidade do condenado, bem como os motivos e as circunstâncias do crime indicarem que a substituição da pena seja suficiente para efeitos de reprovação e prevenção do crime.

■ Espécies de Penas Restritivas de Direitos {art. 8º}

Art. 8º As penas restritivas de direito são:
I – prestação de serviços à comunidade;
II – interdição temporária de direitos;
III – suspensão parcial ou total de atividades;
IV – prestação pecuniária;
V – recolhimento domiciliar.

MEIO AMBIENTE (LEI 9.605/98) Art. 8º

Questões de concursos

480. (FCC/PGE/MT/Analista/2016) José da Silva foi flagrado pela polícia transportando anchova em período de defeso, conforme Portaria do Ibama, tendo o Ministério Público oferecido denúncia contra o mesmo pela prática de crime ambiental. Na instrução foi verificado que o transporte foi determinado por João Dias, sócio-proprietário da empresa Pescadão Ltda. Com base no que dispõe a Lei n. 9.605/98,

a) José da Silva e João Dias poderão ser responsabilizados civil, administrativa e penalmente, podendo ser aplicadas à empresa Pescadão Ltda. apenas penalidades administrativas, além do dever de reparar o dano na esfera cível.

b) João Dias estará sujeito ao mesmo crime por aquele que industrializar espécimes provenientes de pesca proibida, sendo possível a responsabilização de sua empresa apenas nos âmbitos administrativos e civil.

c) a pena do crime em questão será aumentada até o triplo, por decorrer do exercício de pesca profissional.

d) poderá ser aplicada à empresa Pescadão Ltda. a pena de suspensão parcial ou total das suas atividades.

e) não poderá ser aplicada à empresa Pescadão Ltda. a pena de prestação de serviço à comunidade.

481. (PlanejarConsultoria/PGM/Lauro_de_Freitas/Procurador/2016) As penas restritivas de direito, conforme dispõe a Lei n. 9.605, de 12 de fevereiro de 1998, sobre as sanções penais e administrativas derivadas de condutas e atividades lesivas ao meio ambiente são elencadas abaixo, exceto:

a) prestação de serviços à comunidade;

b) interdição temporária de direitos;

c) suspensão parcial ou total de atividades;

d) prestação pecuniária;

e) recolhimento em sistema prisional.

482. (Funrio/UFRB/Químico/2015) A Lei n. 9.605, de 12 de fevereiro de 1998, dispõe sobre as sanções penais e administrativas derivadas de condutas e atividades lesivas ao meio ambiente, e dá outras providências. No artigo 8º são enumeradas as penas restritivas de direito. Com relação a prestação pecuniária, consiste:

a) Na atribuição ao condenado de tarefas gratuitas junto a parques e jardins públicos e unidades de conservação (...).

b) Na proibição ao condenado em contratar com o Poder Público, de receber incentivos fiscais (...).

c) No pagamento em dinheiro à vítima ou à entidade pública ou privada com fim social (...).

d) No condenado ficar recolhido nos dias e horários de folga em residência (...).

e) No pedido de perdão à vítima, seja pessoa física, jurídica ou órgão público (...).

483. **(Funcab/PC/RO/Delegado/2009)** Segundo o Artigo 8º da Lei n. 9.605/98 as penas restritivas de direito são:

   a) I – interdição temporária ou permanente de direitos; II – suspensão total de atividades; III – prestação pecuniária; IV – recolhimento domiciliar.

   b) I – prestação de serviços à comunidade; II – interdição permanente de direitos; III – suspensão total de atividades; IV – multa simples; V – multa composta; VI – suspensão de venda e fabricação do produto; VII – embargo de obra ou atividade; VIII – demolição de obra.

   c) I – interdição temporária de direitos; II – suspensão parcial de atividades; III – prestação pecuniária; IV – recolhimento domiciliar; V -multa.

   d) I – prestação de serviços ao Estado; II – interdição temporária ou permanente de direitos; III – suspensão parcial ou total de atividades; IV – prestação pecuniária; V – recolhimento domiciliar; VI -multa.

   e) I – prestação de serviços à comunidade; II – interdição temporária de direitos; III – suspensão parcial ou total de atividades; IV – prestação pecuniária; V – recolhimento domiciliar.

484. **(Cespe/Ibram/Advogado/2009)** Entre as penas restritivas de direito aplicáveis ao agente que praticou crime ambiental, incluem-se suspensão total de atividade e recolhimento domiciliar.

485. **(Cespe/TJ/SE/Juiz/2008)** As penas restritivas de direito especificamente aplicáveis aos crimes ambientais, previstas na Lei n. 9.605/1998, não incluem

   a) o recolhimento domiciliar.

   b) a prestação pecuniária à vítima ou à entidade pública ou privada com fim social.

   c) a prestação de serviços à comunidade junto a parques públicos.

   d) a suspensão total de atividade que não obedecer à prescrição legal.

   e) a proibição de participar de licitação por prazo indeterminado.

486. **(FGV/TJ/MS/Juiz/2008)** Segundo a Lei 9.605/98, as penas restritivas de direito por condutas e atividades lesivas ao meio ambiente estão relacionadas nas alternativas a seguir, à exceção de uma. Assinale-a.

   a) prestação de serviços à comunidade

b) interdição temporária de direitos

c) prestação pecuniária não inferior a um salário mínimo nem superior a quatrocentos e vinte salários mínimos

d) suspensão parcial ou total de atividades

e) recolhimento domiciliar

487. **(FCC/MPE/PE/Promotor/2002)** Dentre outras, são modalidades de sanções administrativas ambientais previstas na Lei n. 9.605/98, que dispõe sobre essa matéria,

a) o custeio de programas e de projetos ambientais e a manutenção de espaços públicos.

b) a interdição temporária de direitos e a prestação pecuniária.

c) a suspensão parcial ou total de atividades e a restritiva de direitos.

d) a execução de obras e recuperação de áreas degradadas.

e) a manutenção de espaços públicos e contribuição a entidades ambientais.

Prestação de Serviços à Comunidade {art. 9º}

Art. 9º A prestação de serviços à comunidade consiste na atribuição ao condenado de tarefas gratuitas junto a parques e jardins públicos e unidades de conservação, e, no caso de dano da coisa particular, pública ou tombada, na restauração desta, se possível.

Questões de concursos

488. **(FCC/TJ/PE/Juiz/2015)** José foi condenado por crime ambiental a uma pena restritiva de direito, qual seja, a prestação de serviços à comunidade consistente na obrigação de restaurar um imóvel particular tombado danificado por sua conduta típica, antijurídica e culpável, e multa. Diante da apelação apresentada pelo réu, o Tribunal de Justiça deverá

a) reformar a sentença para obrigar o réu a prestar apenas serviços indiretos no imóvel tombado.

b) reformar a sentença para impor ao réu somente o pagamento de multa.

c) manter a sentença, que encontra fundamento na legislação vigente.

d) reformar a sentença, uma vez que a prestação de serviços à comunidade não pode ser realizada em imóvel particular.

e) reformar a sentença, uma vez que a prestação de serviços à comunidade não pode ser realizada em bem tombado.

Interdição Temporária de Direitos {art. 10}

Art. 10. As penas de interdição temporária de direito são a proibição de o condenado contratar com o Poder Público, de receber incentivos fiscais ou quaisquer outros benefícios, bem como de participar de licitações, pelo prazo de cinco anos, no caso de crimes dolosos, e de três anos, no de crimes culposos.

Suspensão de Atividades {art. 11}

Art. 11. A suspensão de atividades será aplicada quando estas não estiverem obedecendo às prescrições legais.

Prestação Pecuniária {art. 12}

Art. 12. A prestação pecuniária consiste no pagamento em dinheiro à vítima ou à entidade pública ou privada com fim social, de importância, fixada pelo juiz, não inferior a um salário mínimo nem superior a trezentos e sessenta salários mínimos. O valor pago será deduzido do montante de eventual reparação civil a que for condenado o infrator.

Questões de concursos

489. **(TJ/RS/Juiz/2009)** Tendo-se presente o regulado na Lei n. 9.605/1998 (Lei dos Crimes Ambientais), considere as assertivas abaixo.

   I. As condutas e as atividades consideradas lesivas ao meio ambiente sujeitam os infratores, pessoas físicas ou jurídicas, a sanções penais definidas nesta Lei, sem prejuízo da obrigação de indenizar o dano causado.

   II. A execução da pena de multa imposta à pessoa física por crime ambiental deve ser suspensa caso sobrevenha ao condenado doença mental.

   III. Nos casos em que o cometimento de crime ambiental decorrer de decisão do órgão colegiado da pessoa jurídica, a esta poder· ser imposta a suspensão parcial ou total de suas atividades, cumulativamente ou não com multa, em substituição à pena privativa de liberdade aplicada ao condenado, pessoa física.

Quais são corretas?

a) Apenas I
b) Apenas II
c) Apenas III
d) Apenas I e II
e) I, II e III

■ Recolhimento Domiciliar {art. 13}

> **Art. 13.** O recolhimento domiciliar baseia-se na autodisciplina e senso de responsabilidade do condenado, que deverá, sem vigilância, trabalhar, frequentar curso ou exercer atividade autorizada, permanecendo recolhido nos dias e horários de folga em residência ou em qualquer local destinado a sua moradia habitual, conforme estabelecido na sentença condenatória.

Questões de concursos

490. **(Vunesp/PC/CE/Delegado/2015)** Quanto às penas restritivas de direitos previstas na Lei n. 9.605/98, que trata dos Crimes contra o Meio Ambiente, assinale a alternativa correta.

    a) O recolhimento domiciliar baseia-se na autodisciplina e senso de responsabilidade do condenado, que deverá, sem vigilância, trabalhar, frequentar curso ou exercer atividade autorizada, permanecendo recolhido nos dias e horários de folga em residência ou em qualquer local destinado a sua moradia habitual, conforme estabelecido na sentença condenatória.

    b) As penas de interdição temporária de direito são a proibição de o condenado contratar com o Poder Público, de receber incentivos fiscais ou quaisquer outros benefícios, bem como de participar de licitações, pelo prazo de três anos, no caso de crimes dolosos.

    c) As penas restritivas de direito são autônomas e substituem as privativas de liberdade quando se tratar de crime culposo ou for aplicada a pena privativa de liberdade inferior a seis anos.

d) A prestação de serviços à comunidade consiste na atribuição ao condenado de tarefas gratuitas ou onerosas junto a parques e jardins públicos e unidades de conservação, e, no caso de dano da coisa particular, pública ou tombada, na restauração desta, se possível.

e) A prestação pecuniária consiste no pagamento em dinheiro ao fundo de defesa de direitos difusos, de importância, fixada pelo juiz, não inferior a um salário-mínimo nem superior a trezentos e sessenta e cinco salários-mínimos; podendo o valor pago ser deduzido do montante de eventual reparação civil a que for condenado o infrator.

Atenuantes (art. 14)

> **Art. 14.** São circunstâncias que atenuam a pena:
>
> I – baixo grau de instrução ou escolaridade do agente;
>
> II – arrependimento do infrator, manifestado pela espontânea reparação do dano, ou limitação significativa da degradação ambiental causada;
>
> III – comunicação prévia pelo agente do perigo iminente de degradação ambiental;
>
> IV – colaboração com os agentes encarregados da vigilância e do controle ambiental.

Questões de concursos

491. **(IFRS/IF/RS/Professor/2016)** A Lei n. 9.605, de 12 de fevereiro de 1998, conhecida como Lei de Crimes Ambientais, dispõe sobre as sanções penais e administrativas derivadas de condutas e atividades lesivas ao meio ambiente. Analise as afirmativas identificando com "V" as VERDADEIRAS e com "F" as FALSAS, assinalando a seguir a alternativa correta, na sequência de cima para baixo:

    I. Para imposição e gradação da penalidade, a autoridade competente observará a gravidade do fato, tendo em vista os motivos da infração e suas consequências, os antecedentes do infrator quanto ao cumprimento da legislação ambiental e a situação econômica do infrator, no caso de multa.

    II. s circunstâncias que atenuam a pena são baixo grau de instrução ou escolaridade do agente, arrependimento do infrator, comunicação prévia pelo agente do perigo iminente e colaboração com os agentes encarregados do controle ambiental.

III. São crimes contra o meio ambiente aqueles praticados contra a fauna, a flora, a administração ambiental, o ordenamento urbano e o patrimônio cultural, e a poluição de qualquer natureza, em níveis tais que resultem ou possam resultar em danos à saúde humana, ou que provoquem a mortandade de animais ou a destruição significativa da flora.

IV. As pessoas jurídicas serão responsabilizadas administrativa, civil e penalmente nos casos em que a infração seja cometida por decisão de seu representante legal ou contratual, ou de seu órgão colegiado, no interesse ou benefício da sua entidade, excluindo, nestes casos, a responsabilidade das pessoas físicas, autoras, coautoras ou partícipes do mesmo ato.

V. As penas restritivas de direito são a prestação de serviços comunitários e a prestação pecuniária, somente.

a) V, V, F, F, F.
b) F, V, V, F, F.
c) V, V, V, V, F.
d) V, V, V, F, F.
e) V, V, V, V, V

492. **(Vunesp/PGM/Rosana/Procurador/2016)** A Lei n. 9.605/98 dispõe sobre as sanções penais e administrativas derivadas de condutas e atividades lesivas ao meio ambiente. Assinale a alternativa que traz uma atenuante à aplicação das penas de crimes ambientais descritos nessa lei.

a) A comunicação prévia pelo agente do perigo iminente de degradação ambiental.
b) Ser o agente reincidente nos crimes de natureza ambiental.
c) Cometer a infração concorrendo para danos na propriedade alheia.
d) Cometer a ação sem a participação de agentes ambientais.
e) O alto grau de escolaridade do agente.

493. **(Consulplan/Surg/Engenheiro/2014)** De acordo com a Lei 9.605/98, que trata sobre crimes ambientais, são consideradas circunstâncias que atenuam a pena do infrator nos crimes praticados contra a flora, exceto:

a) baixo grau de instrução ou escolaridade do agente.
b) ter o agente cometido a infração para obter vantagem pecuniária.
c) arrependimento do infrator, manifestado pela espontânea reparação do dano, ou limitação significativa da degradação ambiental causada.
d) colaboração com os agentes encarregados da vigilância e do controle ambiental.

494. **(MPE/SC/Promotor/2014)** Segundo dispõe a Lei n. 9.605/98, o baixo grau de instrução ou escolaridade do agente não é circunstância que atenua a pena do infrator ambiental, não podendo ser levada em consideração quando da condenação.

495. **(SCGás/SCGás/Advogado/2014)** Em relação aos crimes praticados contra o meio ambiente, serão consideradas circunstâncias que atenuam a pena os seguintes exemplos:

   I. O arrependimento do infrator, manifestado pela espontânea reparação do dano, ou limitação significativa da degradação ambiental causada.

   II. O baixo grau de instrução ou escolaridade do agente.

   III. Ter sido o crime cometido em domingos ou feriados.

   IV. A comunicação prévia pelo agente do perigo iminente de degradação ambiental.

A sequência correta é:

   a) Apenas as assertivas III e IV estão corretas.
   b) Apenas a assertiva III está correta.
   c) Apenas as assertivas I, II e IV estão corretas.
   d) Apenas as assertivas I, III e IV estão corretas.

496. **(Cespe/MPE/AC/Promotor/2014)** No que concerne à tutela penal do meio ambiente, assinale a opção correta com base na jurisprudência dos tribunais superiores.

   a) O agente que dolosamente promova a queimada de lavouras e pastagens deve responder pela prática do delito de incêndio previsto na Lei dos Crimes Ambientais.

   b) Segundo entendimento consolidado do STJ, não é possível a aplicação do princípio da insignificância aos tipos penais que tutelam a proteção ao meio ambiente, em razão da necessidade de proteção ao direito ao meio ambiente ecologicamente equilibrado.

   c) Entre as circunstâncias que atenuam a pena dos delitos previstos na Lei dos Crimes Ambientais incluem-se o baixo grau de instrução ou escolaridade do agente e o arrependimento do infrator, manifestado pela espontânea reparação do dano ou limitação significativa da degradação ambiental causada.

   d) O valor pago em dinheiro à vítima ou à entidade pública ou privada com fim social, em razão da aplicação da pena restritiva de direitos de prestação pecuniária, prevista na Lei dos Crimes Ambientais, não poderá ser deduzido do montante de eventual reparação civil a que for condenado o infrator.

   e) A prática de abuso e maus-tratos a animais, como feri-los ou mutilá-los, prevista na Lei dos Crimes Ambientais, incide somente nas hipóteses em que o animal seja silvestre, nativo ou exótico, sendo a conduta praticada em relação a animal doméstico configurada apenas como contravenção penal.

497. (Funcab/Semad/Engenheiro/2013) Assinale a alternativa que, de acordo com a Lei n. 9.605/1998, contenha uma das circunstâncias que atenuam a pena de crime ambiental.

a) Baixo grau de instrução ou escolaridade do agente.

b) Se o agente praticar a infração em domingo ou feriado.

c) Ter o agente cometido a infração no interesse de pessoa jurídica, mantida, total ou parcialmente, por verbas públicas ou beneficiada por incentivos fiscais.

d) O agente cometer a infração em época de seca ou inundações.

498. (TRF/3R/Juiz/2013) Assinale a alternativa correta:

a) Presentes indícios de autoria e materialidade da prática de crime por parte de cliente de advogado é possível a determinação de busca e apreensão em seu escritório pela autoridade judiciária, desde que em decisão motivada, específica e pormenorizada, a ser cumprido na presença de representante da OAB, sendo, em qualquer hipótese, vedada a utilização dos documentos, das mídias e dos objetos pertencentes ao advogado ou a outros clientes.

b) Nos crimes ambientais, o baixo grau de escolaridade do agente é circunstância que sempre atenua a pena.

c) O crime de liberar ou descartar organismo geneticamente modificado em desacordo com as normas estabelecidas pelos órgãos competentes pode ser classificado como de perigo concreto, uma vez que a lesão à propriedade ou ao meio ambiente é causa de aumento de pena, mas não é necessária à consumação do delito.

d) Em ação penal originária em trâmite no STJ, o relator poderá delegar a realização de interrogatório ou de outro ato de instrução processual apenas a juiz de direito de primeiro grau com competência territorial no local de cumprimento da carta de ordem.

e) Na mesma ação mencionada no item anterior, o relator será o juiz da instrução, que se realizará segundo o disposto em lei específica e, no Código de Processo Penal, no que for aplicável, não havendo previsão expressa da incidência de normas regimentais.

499. (Cespe/DPF/Escrivão/2013) Um cidadão que cometer crime contra a flora estará isento de pena se for comprovado que ele possui baixa escolaridade.

500. (Cespe/ANP/Especialista/2013) A Lei n. 9.605/1998, conhecida como Lei de Crimes Ambientais, representou importante avanço na legislação brasileira ao dispor a respeito das sanções penais e administrativas derivadas de condutas e atividades lesivas ao meio ambiente. Julgue o item a seguir, com base nessa lei e em seu decreto de regulamentação. Baixo grau de instrução do agente, arrependimento do infrator manifestado pela espontânea reparação do dano, comunicação prévia pelo agente do perigo iminente de degradação ambiental e colaboração com os agentes encarregados da vigilância ambiental representam circunstâncias que podem atenuar a pena.

501. **(MSConcursos/PC/PA/Delegado/2012)** A Lei n. 9.605/98 estabelece sanções para condutas e atividades lesivas ao meio ambiente. De acordo com a referida lei, não é circunstância que atenua a pena:

   a) arrependimento do infrator, manifestado pela espontânea reparação do dano, ou limitação significativa da degradação ambiental causada.

   b) baixo grau de instrução ou escolaridade do agente.

   c) comunicação prévia pelo agente do perigo iminente de degradação ambiental.

   d) erro de pessoa ou circunstância fática não previsível.

   e) colaboração com os agentes encarregados da vigilância e do controle ambiental.

502. **(Fepese/Fatma/Advogado/2012)** Analise as afirmativas abaixo, a respeito da Lei de Crimes Ambientais (Lei n. 9.605/98):

   I. A sanção penal de multa será calculada segundo os critérios do Código Civil e, na hipótese de ela revelar-se ineficaz, ainda que aplicada no valor máximo, poderá ser aumentada até três vezes, tendo em vista o valor da vantagem econômica auferida.

   II. Dentre as circunstâncias que atenuam a pena, está o arrependimento do infrator, manifestado pela espontânea reparação do dano.

   III. Dentre as circunstâncias que agravam a sanção penal, quando esta não constitui ou qualifica o crime, considera-se o fato de ter o agente cometido a infração em domingos, feriados ou durante a noite.

   IV. Por se tratarem de responsabilidades distintas, a perícia produzida no inquérito civil ou no juízo cível não poderá ser aproveitada no processo penal.

   Assinale a alternativa que indica todas as afirmativas corretas.

   a) É correta apenas a afirmativa II.
   b) São corretas apenas as afirmativas I e II.
   c) São corretas apenas as afirmativas II e IV.
   d) São corretas apenas as afirmativas II e III.
   e) São corretas apenas as afirmativas II e IV.

503. (Vunesp/TJ/MG/Juiz/2012) Assinale a alternativa que apresenta informação incorreta.

a) Os antecedentes ambientais do infrator, o baixo grau de instrução ou de escolaridade do agente e a sua situação econômica constituem circunstâncias que atenuam a pena, segundo o artigo 14 da Lei de Crimes Ambientais.

b) É possível a responsabilização penal de pessoa jurídica em crimes ambientais desde que haja a imputação simultânea do ente moral e da pessoa física que atua em nome ou em seu benefício.

c) É da Justiça Federal a competência para processar e julgar ação penal contra acusado de pesca predatória em águas territoriais de Estados-membros da Federação.

d) Os ecossistemas considerados constitucionalmente patrimônio natural não atraem competência da Justiça Federal.

504. (Vunesp/TJ/RJ/Juiz/2011) No que se refere a crimes ambientais, assinale a alternativa correta.

a) As condutas tipificadas como crimes ambientais podem ser atenuadas diante do baixo grau de instrução do infrator, do seu arrependimento espontâneo manifestado pela reparação do dano, pela comunicação prévia do perigo e pela colaboração com agentes fiscalizadores.

b) São penas restritivas de direitos da pessoa jurídica, na lei de crimes ambientais, a suspensão de atividades, a interdição temporária de estabelecimento, a proibição de contratar com o poder público e a imposição de multas.

c) Sendo independentes as esferas administrativa, civil e penal, a sentença penal condenatória por crime ambiental deve se limitar à aplicação de penalidades, devendo a reparação civil ser discutida em outra ação judicial.

d) Deixar de averbar reserva legal, após devida advertência para apresentar termo de compromisso, constitui infração administrativa e crime tipificado na lei de crimes ambientais.

505. (Cesgranrio/Transpetro/Profissional_Júnior/2011) Caberão ao poder público e à coletividade, segundo dispõe o art. 225 da Constituição Federal de 1988, a defesa e a preservação ambiental para as presentes e futuras gerações. Com o objetivo de regulamentar o referido art. 225, entrou em vigor, nos seus aspectos penais, a Lei n. 9.605/1998, conhecida como a Lei de Crimes Ambientais, segundo a qual

a) o baixo grau de instrução ou escolaridade do agente e o arrependimento do infrator, manifestado pela espontânea reparação do dano, são circunstâncias que atenuam a pena.

b) o indivíduo que matar, perseguir, caçar, apanhar, utilizar espécimes da fauna silvestre, nativos ou em rota migratória, sem a devida permissão, licença ou autorização da autoridade competente, sujeita-se à pena de reclusão de um a cinco anos.

c) a responsabilidade das pessoas jurídicas, nos casos de infração, exclui a das pessoas físicas, autoras, coautoras ou partícipes do mesmo fato, no interesse ou benefício da sua entidade.

d) a autoridade competente não observará a situação econômica no caso de multa, para imposição e gradação da penalidade.

e) as penas restritivas de direitos são autônomas e não substituem as privativas de liberdade quando se tratar de crime culposo.

506. **(MPE/SP/Promotor/2010)** Assinale a alternativa correta:

a) constitui crime de poluição, descrito no art. 54 da Lei n. 9.605/98 (Crimes ambientais), o ato de causar poluição de qualquer natureza, que resulte em danos à saúde humana, na mortandade de animais ou na destruição, ainda que não significativa, da flora.

b) os crimes contra o meio ambiente, previstos na Lei n. 9.605/98, não admitem a modalidade culposa.

c) nos crimes contra o meio ambiente, previstos na Lei n. 9.605/98, a colaboração do réu com os agentes de vigilância e controle ambiental constitui circunstância atenuante.

d) nos crimes contra o meio ambiente, previstos na Lei n. 9.605/98, a responsabilidade das pessoas jurídicas exclui a das pessoas físicas partícipes do mesmo fato, mas não as que atuam como autoras ou coautoras.

e) constitui crime, previsto na Lei n. 9.605/98, a realização de experiência dolorosa ou cruel em animal vivo, para fins didáticos ou científicos, ainda que, para tanto, não existam recursos alternativos.

507. **(FCC/TJ/GO/Juiz/2009)** O arrependimento do infrator, manifestado pela espontânea reparação do dano que causou,

a) desconstitui o tipo penal.

b) constitui excludente de criminalidade.

c) constitui circunstância atenuante da pena.

d) não altera a gradação da pena.

e) é ineficaz, face à irreversibilidade dos danos ambientais.

508. **(Cespe/Ibram/Advogado/2009)** O baixo grau de instrução ou escolaridade do agente que pratica crime ambiental é causa de exclusão da ilicitude.

509. (Cesgranrio/Petrobras/Advogado/2006) Nos termos da Lei n. 9.605/98, não representa uma circunstância atenuante da pena, em caso de cometimento de crime contra o meio ambiente, a(o):

a) comunicação prévia pelo agente do perigo iminente de degradação ambiental.

b) colaboração com os agentes encarregados da vigilância e do controle ambiental.

c) baixo grau de instrução ou escolaridade do agente.

d) fato de o crime ambiental ser cometido em decorrência do exercício de atividade industrial ou comercial.

e) arrependimento do infrator, manifestado pela espontânea reparação do dano ou limitação significativa da degradação ambiental causada.

510. (Cespe/DPF/Delegado/2004) Bartolomeu, pessoa com baixo grau de instrução, foi preso em flagrante pela prática de ato definido como crime contra a fauna. Nessa situação, o baixo grau de instrução de Bartolomeu não exclui a sua culpabilidade, mas constitui circunstância que atenuaria a sua pena no caso de eventual condenação penal.

■ Agravantes {art. 15}

> **Art. 15.** São circunstâncias que agravam a pena, quando não constituem ou qualificam o crime:
>
> I – reincidência nos crimes de natureza ambiental;
>
> II – ter o agente cometido a infração:
>
> a) para obter vantagem pecuniária;
>
> b) coagindo outrem para a execução material da infração;
>
> c) afetando ou expondo a perigo, de maneira grave, a saúde pública ou o meio ambiente;
>
> d) concorrendo para danos à propriedade alheia;
>
> e) atingindo áreas de unidades de conservação ou áreas sujeitas, por ato do Poder Público, a regime especial de uso;
>
> f) atingindo áreas urbanas ou quaisquer assentamentos humanos;
>
> g) em período de defeso à fauna;
>
> h) em domingos ou feriados;
>
> i) à noite;
>
> j) em épocas de seca ou inundações;

l) no interior do espaço territorial especialmente protegido;
m) com o emprego de métodos cruéis para abate ou captura de animais;
n) mediante fraude ou abuso de confiança;
o) mediante abuso do direito de licença, permissão ou autorização ambiental;
p) no interesse de pessoa jurídica mantida, total ou parcialmente, por verbas públicas ou beneficiada por incentivos fiscais;
q) atingindo espécies ameaçadas, listadas em relatórios oficiais das autoridades competentes;
r) facilitada por funcionário público no exercício de suas funções.

Jurisprudência complementar (STJ)

(...). Dano ambiental. Corte de 100 (cem) árvores sem licenciamento ambiental. Inexistência de direito líquido e certo. Aplicação de multa. Arts. 60 da Lei 9.605/98 e 38 do decreto federal n. 3.179/99. Nulidade do processo administrativo não configurada. Revisão do valor da multa. Dilação probatória. Inadequação da via eleita. 1. A Constituição Federal, em seu art. 5º, inciso LV, assegura aos litigantes, em processo judicial ou administrativo, e aos acusados em geral o contraditório e a ampla defesa, com os meios e recursos a ela inerentes. 2. "in casu", a decisão proferida no julgamento do recurso administrativo não padece de qualquer ilegalidade, porquanto efetivamente motivada, consoante se infere do excerto do voto condutor do acórdão recorrido, verbis: "Trata-se de auto de infração lavrado em 26 de agosto de 2002, pelo agente autuante José Tarcísio Ramos (ERLON), em nome de Sérgio Régis de Oliveira, por 'supressão de árvores isoladas sem licenciamento ambiental exigível atingindo um n. de 100 (cem) árvores (folhosas comum) no município de Tamarana/PR (Obs. Data da Infração 21.8.2002)', com base no art. 70 da Lei Federal n. 9.605/98 e art. 38, do Decreto Federal n. 3.179/99, impondo-lhe multa de R$ 30.000,00 (trinta mil reais), apreensão e depósito da madeira em mãos do autuado, embargo da área em atenção à Notificação expedida em nome de Marilza Trizoti. (...) No Protocolo n. 5.586.006-8, o autuado apresentou defesa alegando, em síntese, que adquiriu a propriedade em janeiro de 2000, tendo pouca experiência administrativa no ramo da agropecuária, não estando ciente de todos os detalhes que englobam a atividade; que constatando as exigências de índice de produtividade rural, iniciou processo de recuperação do solo da propriedade, a fim de transformar a pastagem em lavoura; que o trator de esteira removeu os restos da cerca somente para possibilitar a prática de plantio dentro dos moldes conservacionistas recomendado por técnicos regionais; que não foi tocada em nenhuma araucária e nem na margem do Rio da Prata; que também o bosque de angico foi mantido e não houve interesse de explorar economicamente nenhuma madeira; que solicita a revisão da multa conforme exposto no capítulo II, art. 6º; que não houve motivo grave para justificar o valor imposto, considerando o art. 15, do capítulo II, da Lei Federal n. 9.605/98. Solicita revisão do valor da multa. O agente autuante elaborou informação técnica onde concluiu que a alegação do autuado não justifica a supressão de árvores sem licenciamento (autorização). Consta termo de compromisso que não foi firmado pelo autuado, estando apostas as assinaturas do chefe regional, do agente autuante e de outra testemunha. O agente autuante esclarece que o autuado foi comunicado para comparecer no ERLON, e quando esteve presente comentou no momento que não assinaria o termo de compromisso, e que levaria o termo para análise; que passado algum tempo, voltou a contactá-lo, obtendo a informação de que não assinaria o termo. (...) O contido no art. 6º, I, II e III, do Decreto Federal n. 3.179/99 já foi objeto de análise pelo agente fiscal ao lavrar o auto de infração ambiental. (...) O valor da multa está de acordo com os limites fixados no artigo retro transcrito e de acordo com o Manual de Fiscalização (...). O autuado não firmou termo de compromisso para reparar o dano, conforme informação do agente autuante do segundo protocolo, informação do agente fiscal. Não sendo aprovado o termo de compromisso, não há como reduzir a multa (art. 60, § 3º, do Decreto Federal n. 3.179/99)". Verifica-se, pela análise desses documentos, que a multa administrativa foi aplicada em seu grau máximo em razão da gravidade do dano causado (artigo 38 da Lei 3.179/99), pois foi uma centena de árvores cortadas, sem o necessário licenciamento ambiental, fato que demonstra, por si só, o total descaso do impetrante para com as normas ambientais(...)". 3. A pretensão de redução da multa imposta em razão da supressão de 100 (cem) árvores, à míngua de licenciamento ambiental, no valor de R$ 30.000,00 (trinta mil reais), encontra óbice na inadequação da via eleita ab origine. 4. A aferição acerca da proporcionalidade da multa, aplicada com supedâneo no art. 6º da Lei 9.605/98, carece de dilação probatória acerca da gravidade da infração, dos antecedentes do infrator e da situação econômica deste, aspectos insindicáveis em sede de Mandado de Segurança, que, consoante cediço, exige direito líquido e certo, mercê de não comportar dilação probatória. 5. O Mandado de Segurança, nada obstante, reclama direito prima facie, porquanto não comporta a fase instrutória inerente aos ritos que contemplam cognição primária. É que "No mandado de segurança, inexiste a fase de instrução, de modo que, havendo dúvidas quanto às provas produzidas na inicial, o juiz extinguirá o processo sem julgamento do mérito, por falta de um pressuposto básico, ou seja, a certeza e liquidez do direito." (Maria Sylvia Zanella Di Pietro, in Direito Administrativo, Editora Atlas, 13. ed., p. 626) (...). (RMS 22.319, Rel. Min. Luiz Fux, 1ª T., DJ 18.12.2008)

(...). Crime ambiental. Art. 34 da Lei 9.605/98. Trancamento da ação penal. Princípio da insignificância. Incidência. Ausência de tipicidade material. Teoria constitucionalista do delito. Inexpressiva lesão ao bem jurídico tutelado. Ordem concedida. 1. O princípio da insignificância surge como instrumento de interpretação restritiva do tipo penal que, de acordo com a dogmática moderna, não deve ser considerado apenas em seu aspecto formal, de subsunção do fato à norma, mas, primordialmente, em seu conteúdo material, de cunho valorativo, no sentido da sua efetiva lesividade ao bem jurídico tutelado pela norma penal, consagrando os postulados da fragmentariedade e da intervenção mínima. 2. Indiscutível a sua relevância, na medida em que exclui da incidência da norma penal aquelas condutas cujo desvalor da ação e/ou do resultado (dependendo do tipo de injusto a ser considerado) impliquem uma ínfima afetação ao bem jurídico. 3. A conduta dos pacientes, embora se subsuma à definição jurídica do crime ambiental e se amolde à tipicidade subjetiva, uma vez que presente o dolo, não ultrapassa a análise da tipicidade material, mostrando-se desproporcional a imposição de pena privativa de liberdade, uma vez que a ofensividade da conduta se mostrou mínima; não houve nenhuma periculosidade social da ação; a reprovabilidade do comportamento foi de grau reduzidíssimo e a lesão ao bem jurídico se revelou inexpressiva. 4. Ordem concedida para determinar a extinção da ação penal instaurada contra os pacientes. Em consequência, torno sem efeito o termo de proposta e aceitação da suspensão condicional do processo, homologado pelo Juízo da 5ª Vara Criminal da Comarca de Londrina/PR. (HC 86.913, Rel. Min. Arnaldo Esteves Lima, 5ª T., DJ 4.8.2008)

(...). Crimes ambientais. Agravante implícita na denúncia. Consideração na sentença. Possibilidade. Art. 385, do CPP. Violação aos princípios da correlação, do contraditório e da ampla defesa. Inocorrência. I. O reconhecimento de agravante não envolve a questão da quebra de congruência entre a imputação e a sentença, por força do art. 385, do CPP (por igual, como se vê, o art. 484, parágrafo único, II, do CPP). II. No caso concreto, inclusive, a agravante consistente na obtenção de vantagem pecuniária (art. 15, II, "a", da Lei 9.605/98) aparece implicitamente na exordial acusatória. III. Por outro lado, não pode ser reconhecida pelo Juízo a quo a agravante que, tecnicamente, não encontra adequação aos fatos. No caso em tela, é o que ocorre com a agravante referente ao emprego de fraude e/ou abuso de confiança (art. 15, II, "n", da Lei 9.605/98), razão pela qual não poderia ter sido considerada pelo Magistrado quando da dosimetria da pena. (...). (REsp 867.938, Rel. Min. Felix Fischer, 5ª T., DJ 10.9.2007)

(...). Crime ambiental. Art. 34 da Lei 9.605/98. Pesca em local interditado ou proibido. Negativa de autoria. Reexame de provas. Incidência da súmula 07/STJ. Não conhecimento. Agravante do art. 15, II, "e". Incidência. "Bis in idem". Inocorrência. Unidade de conservação. Recurso parcialmente conhecido e desprovido. I. Hipótese em que o recorrente foi condenado pelo art. 34 da Lei 9.605/98 porque praticava pesca em local interditado e protegido pelo Ibama. II. É inviável, em sede de recurso especial, a averiguação da tese de inexistência de provas acerca da autoria do fato delituoso. III. Hipótese que ensejaria a inviável análise do contexto fático-probatório. Incidência da Súmula 7/STJ. IV. Em se tratando de área especialmente protegida (Unidade de Conservação), incide a agravante do art. 15, II, "e", da Lei 9.605/98, eis que nem todo local interditado à pesca consistirá em unidade de conservação. (...). (REsp 680.007, Rel. Min. Gilson Dipp, 5ª T., DJ 7.3.2005, p. 340)

Questões de concursos

511. **(FCC/PGM/Teresina/Técnico/2016)** De acordo com a Lei n. 9.605/1998, que dispõe sobre sanções penais e administrativas derivadas de conduta lesiva ao ambiente, é condição de agravamento de pena, quando não constituem ou qualificam o crime ambiental,

   a) comunicação prévia, pelo agente, do perigo iminente de degradação ambiental.

   b) reincidência nos crimes de natureza ambiental em período de defeso da fauna.

   c) concentração do esforço de pesca fora dos períodos de seca ou inundação.

   d) ação praticada em atendimento à demanda de pessoa jurídica.

   e) captura de espécies ameaçadas, mesmo que não listadas em relatórios oficiais.

512. **(Cesgranrio/Petrobras/Técnico/2014)** A Lei Federal n. 9.605/1998 dispõe sobre as sanções penais e administrativas derivadas de condutas e atividades lesivas ao meio ambiente. De acordo com essa Lei, a(s)

   a) infração ter sido cometida à noite ou em domingos ou feriados é uma circunstância que agrava a pena.

   b) prestação pecuniária não pode ser usada para deduzir o montante de eventual reparação civil a que for condenado o infrator.

   c) penas de prestação de serviços à comunidade não são aplicáveis às pessoas jurídicas.

   d) penas restritivas de direitos não são autônomas e não podem substituir as privativas de liberdade.

e) multas simples não podem ser convertidas em serviços de preservação, melhoria e recuperação da qualidade do meio ambiente.

513. **(IBFC/PC/SE/Escrivão/2014)** Segundo a Lei dos Crimes Ambientais (Lei n. 9.605/98), são circunstâncias que agravam a pena, quando não constituem elemento ou qualificadora do crime, exceto:

   a) Ter o agente cometido a infração concorrendo para danos à propriedade alheia.

   b) Ter o agente cometido a infração atingindo áreas urbanas ou quaisquer assentamentos humanos.

   c) Ter o agente cometido a infração atingindo espécies ameaçadas, independentemente de listagem em relatórios oficiais das autoridades competentes.

   d) Ter o agente cometido a infração em épocas de seca ou inundações.

514. **(IBFC/PC/RJ/Perito/2013)** A Lei n. 9.605/1998 dispõe sobre as sanções penais e administrativas derivadas de condutas e atividades lesivas ao meio ambiente, e dá outras providências. Segundo o Art. 15, são circunstâncias que agravam a pena:

   a) ter o agente cometido a infração em domingos ou feriados.

   b) baixo grau de instrução ou escolaridade do agente.

   c) arrependimento do infrator, manifestado pela espontânea reparação do dano, ou limitação significativa da degradação ambiental causada.

   d) comunicação prévia pelo agente do perigo iminente de degradação ambiental.

   e) colaboração com os agentes encarregados da vigilância e do controle ambiental.

515. **(Cespe/AGU/Advogado/2012)** É circunstância agravante da pena o fato de o agente ter cometido crime ambiental no interior de espaço territorial especialmente protegido, salvo quando a referida localização constituir ou qualificar o crime.

516. **(FCC/TJ/RR/Juiz/2008)** As sanções administrativas às condutas e atividades lesivas ao meio ambiente

   a) são previstas em lei formal, de acordo com capitulação que segue o princípio da legalidade estrita, retirando do administrador qualquer margem de discricionariedade em sua aplicação.

   b) contemplam as figuras da reincidência específica e da reincidência genérica, que são causas de aumento das multas porventura aplicáveis.

   c) restam desvinculadas das sanções civis e penais correspondentes aos mesmos fatos, não havendo qualquer grau de prejudicialidade entre elas.

MEIO AMBIENTE (LEI 9.605/98) Art. 16

d) são aplicáveis indistintamente por órgãos de quaisquer esferas da Federação, não cabendo compensação em caso de dupla aplicação de penalidade pecuniária pelo mesmo fato.

e) são determinadas pelo agente autuante e não poderão ser alteradas pela autoridade que lhe é superior, salvo em caso de processo administrativo instaurado a pedido do particular autuado.

517. **(FCC/MPU/Analista/2007)** Entre as circunstâncias que agravam a pena prevista pela Lei de Crimes Ambientais estão a

a) reincidência nos crimes de natureza ambiental e o baixo grau de instrução do agente.

b) infração cometida em épocas de seca e inundação e a reincidência nos crimes de natureza ambiental.

c) infração cometida através da coação de outrem e a colaboração com os agentes encarregados da vigilância.

d) infração cometida em período de defeso à fauna e o baixo grau de escolaridade do agente.

e) infração cometida em áreas de unidades de conservação e a colaboração com os agentes encarregados da vigilância.

■ "Sursis" Processual {art. 16}

Art. 16. Nos crimes previstos nesta Lei, a suspensão condicional da pena pode ser aplicada nos casos de condenação a pena privativa de liberdade não superior a três anos.

Jurisprudência complementar (STJ)

(...). Crimes contra o Meio Ambiente. Artigos 39 e 40 da Lei 9.605/98. Princípio da especialidade. Inocorrência. Condenação parcialmente imotivada. Exclusão. Sursis. Cabimento. "Habeas corpus" de ofício. 1. Diversos os fatos atribuídos ao agente, não há falar em aplicação do princípio da especialidade. 2. A motivação da sentença condenatória é condição de sua validade. 3. "Nos crimes previstos nesta Lei, a suspensão condicional da pena pode ser aplicada nos casos de condenação a pena privativa de liberdade não superior a três anos." (Lei 9.605/98, artigo 16). (...). (HC 65.094, Rel. Min. Hamilton Carvalhido, 6ª T., DJ 12.3.2007)

Questões de concursos

518. (FCC/TJ/PI/Juiz/2015) Nos crimes previstos na Lei de Crimes Ambientais – Lei Federal n. 9.605/1998, a suspensão condicional da pena pode ser aplicada nos casos de condenação à pena

a) restritiva de direito não superior a dois anos.

b) privativa de liberdade não superior a dois anos.

c) privativa de liberdade não superior a três anos.

d) privativa de liberdade não superior a um ano.

e) privativa de liberdade ou restritiva de direito não superior a dois anos.

519. (Funcab/Semad/Engenheiro/2013) Conforme dispõe o artigo 16 da Lei n. 9.605/1998, a pena por crime ambiental pode ser suspensa nos casos em que a pena privativa de liberdade não seja superior ao período de:

a) 3 anos

b) 4 anos.

c) 5 anos.

d) 6 anos

520. (PUCPR/TJ/PR/Juiz/2014) Relativamente aos crimes ambientais, elencados na Lei 9.605/98, considere as seguintes afirmativas:

I. Não se considera crime o abate de animal quando realizado para proteger lavouras, pomares e rebanhos da ação predatória ou destruidora de animais, desde que expressamente autorizado pelo proprietário da área respectiva.

II. Para configuração de crime ambiental, é insuficiente o simples fato de armar rede de pesca em um rio em período defeso, sendo necessária a captura de algum peixe, crustáceo ou molusco.

III. Em decorrência da aplicação da teoria da dupla imputação, não se admite denúncia apenas contra a pessoa jurídica, dissociada da pessoa física.

IV. A suspensão condicional da pena nos crimes ambientais pode ser aplicada nos casos de condenação a pena privativa de liberdade não superior a três anos.

Assinale a alternativa correta.

a) Somente as afirmativas I e III são verdadeiras.

b) Somente as afirmativas III e IV são verdadeiras.

c) Somente as afirmativas I e II são verdadeiras.

d) Somente as afirmativas II e IV são verdadeiras.

521. (TJ/SC/Juiz/2010) Assinale a alternativa correta:

I. A legislação veda expressamente a concessão de fiança ou liberdade provisória quando o crime de poluição for produzido por produto ou substância nuclear ou radioativa.

II. Nos crimes previstos na lei ambiental (Lei n. 9.605/1990), a suspensão da pena pode ser aplicada nos casos de condenação a pena privativa de liberdade não superior a três anos.

III. Danificar vegetação primária ou secundária, em qualquer estágio de regeneração, do Bioma Mata Atlântica, ou utilizá-la com infringência das normas de proteção constitui crime contra a flora.

IV. Conceder o funcionário público licença, autorização ou permissão em desacordo com as normas ambientais, para as atividades, obras ou serviços cuja realização depende do ato autorizativo do Poder Público, salvo quando forem realizados pelo próprio poder concedente.

V. Constitui crime contra o ambiente provocar incêndio em qualquer mata ou floresta, independentemente de ser de área de preservação permanente ou de Unidade de Conservação.

a) Somente as proposições II e V estão corretas.

b) Somente as proposições I e V estão corretas.

c) Somente as proposições I, II e IV estão corretas.

d) Somente as proposições II, III e IV estão corretas.

e) Somente as proposições III, IV e V estão corretas.

522. (MPE/MG/Promotor/2010) Assinale a alternativa correta.

a) Os crimes de tortura (Lei n. 9.455/1997) são infrações penais de mão própria, comissivos e plurissubsistentes.

b) O benefício do sursis não é incompatível com a prática de crimes contra o meio ambiente (Lei n. 9.605/1998).

c) Aquele que eventualmente e sem objetivo de lucro oferece droga a pessoa de seu relacionamento para juntos a consumirem pratica o crime de porte de droga para uso próprio (Lei n. 11.343/2006).

d) Aos crimes cometidos na direção de veículos automotores, previstos na Lei n. 9.503/1997, não se aplicam as normas gerais do Código Penal, considerando-se a incidência do princípio da especialidade (CP, artigo 12).

e) Nos termos da Lei n. 9.099/1995, consideram-se infrações penais de menor potencial ofensivo os crimes a que a lei comine, isoladamente, pena máxima não superior a dois anos de detenção.

523. (MPE/GO/Promotor/2010) Assinale a alternativa incorreta, segundo a Lei n. 9.605/98 (Lei dos Crimes Ambientais).

a) Poderá ser desconsiderada a pessoa jurídica sempre que sua personalidade for obstáculo ao ressarcimento de prejuízos causados à qualidade do meio ambiente.

b) Dentre outras, são circunstâncias que atenuam a pena imposta pelo crime ambiental, o baixo grau de escolaridade do agente e a colaboração com os agentes encarregados da vigilância e do controle ambiental.

c) Para a pessoa jurídica, a proibição de contratar com o Poder Público e dele obter subsídios, subvenções ou doações não poderá exceder o prazo de 10 (dez) anos.

d) Nos delitos tipificados nessa lei, é admitida a suspensão condicional da pena nos casos de condenação a pena privativa de liberdade não superior a 2 (dois) anos.

524. (Cespe/AGU/Advogado/2009) A Lei de Crimes Ambientais prevê a suspensão condicional da pena nos casos de condenação a pena privativa de liberdade não superior a três anos.

■ Laudo de Constatação {art. 17}

> **Art. 17.** A verificação da reparação a que se refere o § 2º do art. 78 do Código Penal será feita mediante laudo de reparação do dano ambiental, e as condições a serem impostas pelo juiz deverão relacionar-se com a proteção ao meio ambiente.

Questões de concursos

525. (Fundatec/PGM/Porto_Alegre/Procurador/2016) Considerando-se a jurisprudência do Superior Tribunal de Justiça, no que se refere ao sistema de responsabilização por ilícitos e danos ao meio ambiente, analise as seguintes assertivas:

I. A responsabilidade civil do Município por omissão quanto ao seu dever de fiscalização de atividades poluidoras é objetiva, de imputação solidária e de execução subsidiária.

II. A competência para o exercício do poder de polícia na área ambiental e para a responsabilização administrativa é exclusiva do órgão ambiental competente para o licenciamento ambiental da atividade a ser fiscalizada.

MEIO AMBIENTE (LEI 9.605/98) — Art. 18

III. A apresentação de laudo de cobertura vegetal omisso quanto às espécies ameaçadas de extinção, nos autos de licenciamento ambiental, constitui crime, nos termos da Lei n. 9.605/1998.

Quais estão corretas?

a) Apenas I.
b) Apenas II.
c) Apenas III.
d) Apenas I e III.
e) I, II e III.

■ Multa {art. 18}

Art. 18. A multa será calculada segundo os critérios do Código Penal; se revelar-se ineficaz, ainda que aplicada no valor máximo, poderá ser aumentada até três vezes, tendo em vista o valor da vantagem econômica auferida.

Questões de concursos

526. **(FMP-RS/TJ/MT/Juiz/2014)** Assinale a alternativa incorreta.

a) A Constituição Federal, ao acolher a possibilidade de responsabilizar criminalmente pessoa jurídica por crimes ambientais, aderiu à Teoria da Realidade ou Organicista, além de ter obrigado o legislador infraconstitucional a tipificar criminalmente as ações lesivas ao meio ambiente.

b) Segundo doutrina e jurisprudência majoritárias, não é possível a responsabilização penal da pessoa jurídica de direito público.

c) De acordo com a Lei n. 9.605/98, pode haver prática criminosa por mais de um agente, mesmo não havendo nexo psíquico entre os diversos autores do fato.

d) Na Lei dos Crimes Ambientais (9.605/98), os critérios para fixação da pena de multa e todas as etapas da dosimetria são iguais aos previstos na Parte Geral do Código Penal.

e) Na Lei n. 9.605/98, a composição civil é pré-requisito à transação penal nos crimes de menor potencial ofensivo.

527. **(FCC/MPE/CE/Promotor/2009)** A pena de multa nos crimes ambientais poderá ser aumentada até

   a) quatro vezes, ainda que aplicada no valor máximo, em virtude da situação econômica do réu.

   b) cinco vezes, ainda que aplicada no valor máximo, tendo em vista o valor da vantagem econômica auferida.

   c) três vezes, ainda que aplicada no valor máximo, tendo em vista o valor da vantagem econômica auferida.

   d) três vezes, se não aplicada no valor máximo, em virtude da situação econômica do réu.

   e) cinco vezes, ainda que aplicada no valor máximo, em virtude da situação econômica do réu.

■ Perícia {art. 19}

> **Art. 19**. A perícia de constatação do dano ambiental, sempre que possível, fixará o montante do prejuízo causado para efeitos de prestação de fiança e cálculo de multa.
>
> Parágrafo único. A perícia produzida no inquérito civil ou no juízo cível poderá ser aproveitada no processo penal, instaurando-se o contraditório.

Questões de concursos

528. **(Cespe/PC/PE/Perito/2016)** De acordo com os princípios que regem o ordenamento jurídico brasileiro, a prestação pecuniária deve ser condizente com a gravidade do dano ambiental causado. Nesse sentido, é indispensável a realização de perícias para constatação da materialidade do crime e valoração desses danos. Acerca desse assunto, assinale a opção correta.

   a) A perícia deve considerar apenas os danos ambientais diretos, por serem os únicos mensuráveis pelo método científico, ficando os danos indiretos sujeitos apenas à valoração pelo Poder Judiciário.

   b) forense, por serem de aplicação simples e de baixo custo e apresentarem resultados significativos, mesmo com pouca quantidade de dados.

   c) O crédito de carbono é a unidade contábil padronizada estabelecida pela Lei n. 9.605/1998 para a mensuração dos bens e serviços ambientais nos casos de dano.

d) O valor econômico total de um bem ou serviço ambiental pode ser representado pela somatória do valor de uso direto, do valor de uso indireto, do valor de opção e do valor de existência desse recurso.

e) O lapso temporal entre o momento de ocorrência do dano ambiental, o conhecimento do fato pelas autoridades e a reparação das condições originais é indiferente para a valoração do dano.

529. **(Funrio/PGM/Trindade/Procurador/2016)** Acerca da responsabilidade penal e administrativa por condutas lesivas ao meio ambiente, previstas na Lei 9.605/1998, a afirmativa correta é:

a) perícia produzida no inquérito civil poderá ser aproveitada no processo penal, desde que respeitado o contraditório.

b) Nas infrações administrativas, em razão do princípio da legalidade, a tipicidade é cerrada, estando os tipos exaustivamente descritos na lei.

c) A lei prevê a desconsideração da personalidade jurídica, desde que provada a fraude ou abuso, caracterizado pelo desvio de finalidade, ou pela confusão patrimonial.

d) A responsabilidade penal das pessoas físicas nos crimes ambientais é objetiva, independendo de demonstração de culpa, bastando o nexo de causalidade entre a conduta e o dano ambiental.

e) As pessoas jurídicas serão responsabilizadas, por danos ambientais, apenas administrativa e civilmente, enquanto as pessoas físicas poderão ser responsabilizadas administrativa, civil e penalmente.

530. **(EJEF/TJ/MG/Juiz/2009)** Sobre os crimes contra o meio ambiente, marque a alternativa correta.

a) Havendo a responsabilização penal pessoal do representante legal da pessoa jurídica é obrigatória também a responsabilização da pessoa jurídica.

b) A perícia produzida no inquérito civil poderá servir para o cálculo da fiança e da multa.

c) O art. 6º da Lei n. 9.605, de 1998 afasta a aplicação dos artigos 59 e 60 do Código Penal, quanto à aplicação e dosimetria da pena.

d) Limitação de fim de semana prevista no art. 48 do Código Penal é equivalente ao recolhimento domiciliar estabelecido no art. 13 da Lei n. 9.605, de 1998.

531. **(MPE/RS/Promotor/2016)** Assinale a alternativa incorreta nos termos da Lei Federal n. 9.605/1998.

a) São circunstâncias que atenuam a pena o baixo grau de instrução ou escolaridade do agente, o arrependimento do infrator, manifestado pela espontânea reparação do dano, ou limitação significativa da degradação ambiental causada, comunicação prévia pelo agente do perigo iminente de degradação ambiental e colaboração com os agentes encarregados da vigilância e do controle ambiental.

b) A multa será calculada segundo os critérios do Código Penal; se revelar-se ineficaz, ainda que aplicada no valor máximo, poderá ser aumentada até três vezes, tendo em vista o valor da vantagem econômica auferida.

c) A perícia de constatação do dano ambiental, sempre que possível, fixará o montante do prejuízo causado para efeitos de prestação de fiança e cálculo de multa. A perícia produzida no inquérito civil ou no juízo cível não poderá ser aproveitada no processo penal.

d) A sentença penal condenatória, sempre que possível, fixará o valor mínimo para reparação dos danos causados pela infração, considerando os prejuízos sofridos pelo ofendido ou pelo meio ambiente. Transitada em julgado a sentença condenatória, a execução poderá efetuar-se pelo valor fixado nos termos do caput do artigo 20 da Lei n. 9.605/1998, sem prejuízo da liquidação para apuração do dano efetivamente sofrido.

e) A pessoa jurídica constituída ou utilizada, preponderantemente, com o fim de permitir, facilitar ou ocultar a prática de crime definido na Lei n. 9.605/1998 terá decretada sua liquidação forçada, seu patrimônio será considerado instrumento do crime e como tal perdido em favor do Fundo Penitenciário Nacional.

■ Reparação do Dano {art. 20}

Art. 20. A sentença penal condenatória, sempre que possível, fixará o valor mínimo para reparação dos danos causados pela infração, considerando os prejuízos sofridos pelo ofendido ou pelo meio ambiente.

Parágrafo único. Transitada em julgado a sentença condenatória, a execução poderá efetuar-se pelo valor fixado nos termos do caput, sem prejuízo da liquidação para apuração do dano efetivamente sofrido.

Questões de concursos

532. **(FMP-RS/TJ/MT/Juiz/2014)** Dadas as assertivas abaixo, assinalar a alternativa correta.

   I. A sentença penal condenatória por crime ambiental, sempre que possível, fixará o valor mínimo para reparação dos danos causados pela infração, considerando os prejuízos sofridos pelo ofendido ou pelo meio ambiente.

II. Com exceção dos crimes contra a administração ambiental, todos os demais crimes contra o meio ambiente são de ação penal pública incondicionada.

III. O fim especial de obtenção de vantagem pecuniária, nos delitos ambientais, constitui causa de aumento de pena, quando não constituir ou qualificar o crime.

IV. A pena de multa por crime ambiental será calculada com base nos critérios do Código Penal, exceto se, ainda que aplicada em valor máximo, revelar-se ineficaz, caso em que poderá ser aumentada, levando-se em conta a extensão do dano ambiental.

V. Nos crimes ambientais, na hipótese de o laudo de constatação comprovar não ter sido completa a reparação do dano, o prazo de suspensão do processo será prorrogado, até o período máximo de trinta anos, com suspensão do prazo da prescrição.

a) Estão corretas apenas as assertivas I e II.
b) Estão corretas apenas as assertivas I e IV.
c) Estão corretas apenas as assertivas III e IV.
d) Estão corretas apenas as assertivas I e III
e) Todas as alternativas estão incorretas.

■ Penas Aplicáveis à Pessoa Jurídica {art. 21}

> **Art. 21.** As penas aplicáveis isolada, cumulativa ou alternativamente às pessoas jurídicas, de acordo com o disposto no art. 3º, são:
> I – multa;
> II – restritivas de direitos;
> III – prestação de serviços à comunidade.

Jurisprudência complementar (STF)

(...). 3. Prescrição. Alegação de aplicação às pessoas jurídicas do lapso previsto no inciso I do art. 114 do CP (prescrição da pena de multa). 4. Incidência das súmulas 282 e 356. 5. Ofensa indireta ao texto constitucional. 5. Súmula 279. 6. Não configurada a ocorrência de prescrição em relação ao crime imputado. 7. Nos crimes ambientais, às pessoas jurídicas aplicam-se as sanções penais isolada, cumulativa ou alternativamente, somente as penas de multa, restritivas de direitos e prestação de serviços à comunidade (art. 21 da Lei 9.605/98). No caso, os parâmetros de aferição de prazos prescricionais são disciplinados pelo Código Penal. Nos termos do art. 109, caput e parágrafo único, do Código Penal, antes de transitar em julgado a sentença final, aplica-se, às penas restritivas de direito, o mesmo prazo previsto para as privativas de liberdade, regulada pelo máximo da pena privativa de liberdade cominada ao crime. O crime do art. 54, § 1º, da Lei 9.605/98 – o qual estabelece pena de detenção de seis meses a um ano, e multa – prescreve em 4 anos (CP, art. 109, V). Não ocorrência do prazo de 4 anos entre a data dos fatos e o recebimento da denúncia. Prescrição não caracterizada. Não se afasta o lapso prescricional de 2 anos, se a pena cominada à pessoa jurídica for, isoladamente, de multa (inciso I, art. 114, do CP). (...). (ARE 944034 AgR, Rel. Min. Gilmar Mendes, 2ª T., DJ 20.10.2016)

Jurisprudência complementar (STJ)

(...). Dano ambiental. Efluentes lançados por abatedouro no Rio Verde. Cumulação das sanções de multa e embargo. Possibilidade. Proporcionalidade e razoabilidade da sanção. Súmula 7. Violação dos art. 7º da Lei 1533/51 e art. 28 da Lei 6.437/77. Ausência de prequestionamento. Súmulas 282 e 356/STF. 1. A aferição da suposta violação de princípios constitucionais; "in casu" contraditório e ampla defesa, não enseja recurso especial. 2. A proporcionalidade da pena, imposta à luz da gravidade da infração, dos antecedentes do infrator e da situação econômica deste, com supedâneo no art. 6º da Lei 9.605/98, demanda reexame de matéria fática, insindicável por esta Corte, em sede de recurso especial, ante a incidência da Súmula 7/STJ. 3. A simples indicação dos dispositivos tidos por violados (art. 7º da Lei 1533/51 e art. 28 da Lei 6.437/77), sem referência com o disposto no acórdão confrontado, obsta o conhecimento do recurso especial. Incidência dos verbetes das Súmulas 282 e 356 do STF. 4. A título de argumento obiter dictum, cumpre destacar que na exegese dos arts. 6º e 21 da Lei 9.605/98, mercê do necessário temperamento na dosimetria na aplicação da sanção administrativa, porquanto possibilita à autoridade competente, observando os elementos fáticos enumerados nos incisos I, II e II do art. 6º, adequar, de forma exemplar, a reprimenda a ser aplicada ao agente poluidor, não afasta a imposição cumulativa das sanções administrativas, posto expressamente prevista no art. 21 da legislação in foco. 5. Deveras, a violação a decreto tout court não enseja a interposição de Recurso Especial, uma vez que esses atos normativos não se enquadram no conceito de "lei federal" inserto no art. 105, III, "a", da Constituição Federal. (...). (REsp 873.655, Rel. Min. Luiz Fux, 1ª T., DJ 15.9.2008)

Questões de concursos

533. **(Cespe/AGU/Advogado/2015)** Na zona costeira nordestina, uma empresa estrangeira construiu um empreendimento turístico hoteleiro de grande porte próximo ao mar, sem o licenciamento ambiental prévio exigido por lei, ocupando ilegalmente área de preservação permanente na margem de um rio e afetando diretamente uma comunidade lindeira composta em sua maioria por pescadores. Seis meses após a inauguração do empreendimento, o empresário estrangeiro vendeu o negócio a uma empresa brasileira, que vem operando o hotel há cerca de um ano, sem, contudo, ter efetuado ainda a regularização do licenciamento ambiental. Além disso, após reclamações provenientes da comunidade afetada, foram constatados os seguintes problemas: ausência de recolhimento e de disposição adequados dos resíduos líquidos e sólidos, com prejuízos ao bem-estar da referida comunidade; e impedimento de livre acesso à praia, o que prejudicou as atividades econômicas dos pescadores da comunidade. Com referência a essa situação hipotética, julgue o item a seguir em consonância com as normas ambientais e a jurisprudência pertinente. A legislação veda a aplicação de multa no caso de responsabilização administrativa do empreendimento por não elaborar o prévio licenciamento ambiental, devendo ser aplicada advertência com a indicação de prazo para a regularização do licenciamento junto ao órgão competente.

534. **(SCGás/SCGás/Advogado/2014)** Para a Lei 9.605/98, as penas aplicáveis isolada, cumulativa ou alternativamente às pessoas jurídicas são:

    a) Advertência, multa e restritivas de direitos.

    b) Advertência, restritivas de direitos e prestação de serviços à comunidade.

    c) Multa, privativa de liberdade e prestação de serviços à comunidade.

    d) Multa, restritivas de direitos e prestação de serviços à comunidade.

535. **(FGV/INEA/RJ/Advogado/2013)** A Lei n. 9.605/98 trata de crimes contra o meio ambiente e de infrações administrativas ambientais. Nos termos deste diploma legal, assinale a afirmativa correta.

    a) A pessoa jurídica só pode ser responsabilizada quando houver intervenção de uma pessoa física, que atua em nome e em benefício do ente moral, em crimes culposos e dolosos.

    b) A Lei ambiental previu, para as pessoas jurídicas, penas autônomas de multas, de prestação de serviços à comunidade, restritivas de direito, liquidação forçada e desconsideração da pessoa jurídica.

    c) A responsabilidade das pessoas jurídicas exclui a das pessoas físicas, autoras coautoras ou partícipes do mesmo fato.

    d) A responsabilidade penal pelo cometimento de crimes ambientais é objetiva.

e) Os delitos elencados no referido diploma legal são de autoria singular e, portanto, cometidos apenas por um único agente.

536. **(Cespe/TJ/AC/Técnico/2012)** A uma empresa pública que tenha causado dano ambiental a uma unidade de conservação é admitida a aplicação de pena de prestação de serviços à comunidade.

537. **(TJ/PR/Juiz/2010)** A Lei 9.605/98, além das bases de Responsabilidade Penal em matéria ambiental, também estabelece, em seu artigo 70 e seguintes, o embasamento para as Sanções Administrativas Ambientais. Considerando as previsões da citada Lei avalie as seguintes assertivas em verdadeiras (V) ou falsas (F) e marque a alternativa correta:

    I. São autoridades competentes para lavrar auto de infração ambiental e instaurar processo administrativo exclusivamente os funcionários de órgãos ambientais integrantes do Sistema Nacional de Meio Ambiente – Sisnama.

    II. Quando o infrator comete simultaneamente 2 (duas) ou mais infrações ser-lhe-ão aplicadas, cumulativamente, as sanções a elas cominadas.

    III. A Advertência prevista no inciso I do artigo 72 da Lei 9.605/98 é considerada Sanção Administrativa Ambiental.

    IV. Considera-se infração administrativa ambiental toda ação ou omissão que viole as regras jurídicas de uso, gozo, promoção, proteção e recuperação do meio ambiente, bem como as atividades que causem degradação ambiental por qualquer forma, independente de expressa previsão.

    a) V, V, F, F
    b) V, F, F, V
    c) F, V, V, F
    d) F, F, F, V

Penas Restritivas de Direitos Aplicáveis às Pessoas Jurídicas {art. 22}

Art. 22. As penas restritivas de direitos da pessoa jurídica são:

I – suspensão parcial ou total de atividades;

II – interdição temporária de estabelecimento, obra ou atividade;

III – proibição de contratar com o Poder Público, bem como dele obter subsídios, subvenções ou doações.

> § 1º A suspensão de atividades será aplicada quando estas não estiverem obedecendo às disposições legais ou regulamentares, relativas à proteção do meio ambiente.
>
> § 2º A interdição será aplicada quando o estabelecimento, obra ou atividade estiver funcionando sem a devida autorização, ou em desacordo com a concedida, ou com violação de disposição legal ou regulamentar.
>
> § 3º A proibição de contratar com o Poder Público e dele obter subsídios, subvenções ou doações não poderá exceder o prazo de dez anos.

Questões de concursos

538. **(Cespe/PC/PE/Delegado/2016)** Se uma pessoa física e uma pessoa jurídica cometerem, em conjunto, infrações previstas na Lei n. 9.605/1998 — que dispõe sobre as sanções penais e administrativas derivadas de condutas e atividades lesivas ao meio ambiente, e dá outras providências —,

   a) as atividades da pessoa jurídica poderão ser totalmente suspensas.

   b) a responsabilidade da pessoa física poderá ser excluída, caso ela tenha sido a coautora das infrações.

   c) a pena será agravada, se as infrações tiverem sido cometidas em sábados, domingos ou feriados.

   d) a pena será agravada, se ambas forem reincidentes de crimes de qualquer natureza.

   e) será vedada a suspensão condicional da pena aplicada.

539. **(IADES/PC/DF/Perito/2016)** A Lei n. 9.605/1998 dispõe acerca das sanções penais e administrativas derivadas de condutas e atividades lesivas ao meio ambiente, e dá outras providências. A respeito dessa lei, assinale a alternativa correta.

   a) As pessoas jurídicas serão responsabilizadas apenas nas esferas administrativa e penal.

   b) As penas de interdição temporária de direito são a proibição de o condenado contratar com o Poder Público, de receber incentivos fiscais ou quaisquer outros benefícios, bem como de participar de licitações, pelo prazo de cinco anos, no caso de crimes dolosos, e de três anos, no de crimes culposos.

   c) O valor da prestação pecuniária será fixado pelo juiz, não sendo inferior a um salário mínimo nem superior a 300 salários mínimos.

   d) A perícia produzida no inquérito civil ou no juízo cível não poderá ser aproveitada no processo penal.

e) Os produtos apreendidos que forem perecíveis ou madeiras serão destruídos ou doados a instituições científicas, culturais ou educacionais.

540. **(Consulplan/TJ/MG/Cartórios/2016)** Segundo a Lei n. 9.605/1998, que dispõe sobre as sanções penais e administrativas derivadas de condutas e atividades lesivas ao meio ambiente, e dá outras providências, são penas restritivas de direito, exceto:

a) Interdição permanente de direitos.

b) Suspensão parcial de atividades.

c) Suspensão total de atividades.

d) Recolhimento domiciliar.

541. **(AOCP/Casan/Advogado/2016)** Quanto ao Direito Ambiental Penal e Processual, previsto na Lei 9.605/98, assinale a alternativa correta.

a) A responsabilidade das pessoas jurídicas exclui a das pessoas físicas, autoras, coautoras ou partícipes do mesmo fato.

b) As penas restritivas de direitos da pessoa jurídica são a suspensão parcial ou total de atividades, interdição temporária de estabelecimento, obra ou atividade ou proibição de contratar com o Poder Público, bem como dele obter subsídios, subvenções ou doações.

c) A sentença penal condenatória, em todas as hipóteses, fixará o valor mínimo para reparação dos danos causados pela infração, considerando os prejuízos sofridos pelo ofendido ou pelo meio ambiente.

d) A prestação de serviços à comunidade consiste na atribuição ao condenado de tarefas gratuitas junto a entidades beneficentes, creches, escolas, abrigos e outros similares.

e) A prestação de serviços à comunidade pela pessoa jurídica consistirá em comprar e doar para a Administração Pública área de preservação permanente.

542. **(FCC/TJ/AL/Juiz/2015)** São penas restritivas de direitos da pessoa jurídica que pratica crime ambiental:

a) proibição de contratar com o Poder Público, bem como dele obter subsídios, subvenções ou doações, interdição temporária de estabelecimento, obra ou atividade e suspensão parcial ou total de atividades.

b) suspensão apenas parcial de atividades e interdição permanente de estabelecimento, obra ou atividade.

c) proibição de contratar com o Poder Público, bem como dele obter subsídios, subvenções ou doações e interdição permanente de estabelecimento, obra ou atividade.

MEIO AMBIENTE (LEI 9.605/98)   Art. 22

d) proibição, que não poderá exceder o prazo de 5 anos, de contratar com o Poder Público, bem como dele obter subsídios, subvenções ou doações, interdição temporária de estabelecimento, obra ou atividade e suspensão parcial ou total de atividades.

e) interdição permanente de estabelecimento, obra ou atividade e suspensão parcial ou total de atividades.

543. **(FMP/DPE/PA/Defensor/2015)** De acordo com a Lei n. 9.605/98, são penas restritivas de direitos aplicáveis à pessoa jurídica:

a) a suspensão parcial ou total de atividades e a prestação pecuniária.

b) a interdição temporária de estabelecimento, obra ou atividade e a proibição de receber incentivos fiscais.

c) a proibição de contratar com o Poder Público, bem como dele obter subsídios, e o recolhimento domiciliar.

d) as penas previstas nas alternativas "A", "B" e "C".

e) a interdição temporária de estabelecimento, obra ou atividade e a proibição de contratar com o Poder Público, bem como dele obter subsídios, subvenções ou doações.

544. **(FCC/MPE/PE/Promotor/2014)** No tocante às penas aplicáveis às pessoas jurídicas por crimes ambientais, é correto afirmar que

a) possível a suspensão parcial ou total de atividades por tempo indeterminado.

b) são autônomas e substitutivas.

c) a proibição de contratar com o Poder Público não poderá exceder dez anos.

d) só podem ser aplicadas cumulativamente.

e) a multa deverá ser aplicada em salários mínimos.

545. **(Cespe/MPE/TO/Promotor/2012)** De acordo com a Lei dos Crimes Ambientais, constituem penas restritivas de direito

a) o recolhimento domiciliar e a prisão simples.

b) a interdição definitiva de direitos e a prestação pecuniária.

c) a suspensão parcial ou total de atividades e a interdição definitiva do direito de transitar em unidades de conservação.

d) a prestação de serviços à comunidade e a interdição temporária de direitos.

e) o recolhimento domiciliar e a obrigatoriedade de participar do curso de educação ambiental.

546. **(Fepese/Fatma/Advogado/2012)** Dentre as penas restritivas de direitos da pessoa jurídica está a proibição de contratar com o Poder Público e dele obter subsídios, subvenções ou doações. De acordo com a Lei Federal n. 9.605/98, em sua redação atual, o prazo máximo dessa punição não poderá exceder o prazo de:

   a) 3 anos.
   b) 5 anos.
   c) 10 anos.
   d) 15 anos.
   e) 20 anos.

547. **(Consulplan/PGM/Santa_Maria_Madalena/Advogado/2010)** A Lei Federal n. 9.605, de 12 de fevereiro de 1998, dispõe sobre as sanções penais e administrativas derivadas de condutas e atividades lesivas ao meio ambiente não apenas praticadas por pessoas físicas, como por pessoas jurídicas, nos casos em que a infração seja cometida por decisão de seu representante legal ou contratual, ou de seu órgão colegiado, no interesse ou benefício da sua entidade. Neste tocante, uma das modalidades de penas aplicáveis às pessoas jurídicas que incorrerem em ilícitos ambientais é a prestação de serviços à comunidade. São espécies de tal pena, exceto:

   a) Contribuições a entidades ambientais ou culturais públicas.
   b) Execução de obras de recuperação de áreas degradadas.
   c) Proibição de contratar com o Poder Público, bem como dele obter subsídios, subvenções ou doações.
   d) Manutenção de espaços públicos.
   e) Custeio de programas e de projetos ambientais.

548. **(TRF/4R/Juiz/2009)** Dadas as assertivas abaixo, assinalar a alternativa correta.

   I. A responsabilidade penal do sócio-administrador da empresa sonegadora das contribuições descontadas dos empregados dá-se de forma objetiva.
   II. As penas aplicadas à pessoa jurídica têm previsão específica na lei de crimes ambientais, consistindo em: suspensão parcial ou total da atividade, interdição temporária de estabelecimento, obra ou atividade, proibição de contratar com o Poder Público, multa e prestação de serviços à comunidade.
   III. No sistema constitucional brasileiro, a possibilidade de responsabilização penal da pessoa jurídica é limitada aos crimes ambientais.
   IV. A responsabilidade reconhecida pelos gestores exclui a da pessoa jurídica.

   a) Está correta apenas a assertiva II.
   b) Estão corretas apenas as assertivas I e III.

c) Estão corretas apenas as assertivas II e IV.

d) Estão incorretas todas as assertivas.

549. (Cespe/PGE/AL/Procurador/2009) As sanções administrativas de cunho ambiental encontram-se previstas em diferentes normas do Sisnama, entre elas a Lei n. 9.605/1998. As sanções administrativas previstas nessa lei não incluem a

a) advertência.

b) multa diária.

c) multa simples.

d) falência da empresa.

e) destruição ou inutilização de produto.

550. (Cespe/STJ/Analista/2008) O não-cumprimento de medidas necessárias à preservação ou correção de inconvenientes e danos causados pela degradação da qualidade ambiental sujeita os transgressores à perda ou suspensão de participação em linhas de financiamento em estabelecimentos oficiais de crédito e à suspensão de sua atividade, entre outras sanções.

551. (Cespe/MPE/RO/Promotor/2008) As infrações administrativas ambientais previstas na Lei Federal n. 9.605/1998 incluem

a) a proibição de contratar com a administração pública, pelo período de até três anos, e multa diária.

b) a suspensão parcial ou total das atividades, a destruição ou inutilização do produto e a prisão simples.

c) a advertência, a suspensão de registro, licença ou autorização, a multa e a detenção.

d) a multa anual e a perda de benefícios fiscais.

e) o pagamento de multa imposta pelo estado – ou pelo DF – e pelo município, de forma cumulativa.

552. (Cespe/MPE/RR/Promotor/2008) As penas restritivas de direitos são a suspensão parcial e total da atividade, a interdição temporária do estabelecimento, obra ou atividade, a intervenção administrativa e a proibição para contratar com o poder público.

553. (Cespe/Câmara_Deputados/Analista/2014) Tanto a pena restritiva de direitos quanto a pena de prestação de serviços à comunidade podem ser aplicadas às pessoas jurídicas.

Prestação de Serviços à Comunidade Aplicável à Pessoa Jurídica {art. 23}

Art. 23. A prestação de serviços à comunidade pela pessoa jurídica consistirá em:

I – custeio de programas e de projetos ambientais;

II – execução de obras de recuperação de áreas degradadas;

III – manutenção de espaços públicos;

IV – contribuições a entidades ambientais ou culturais públicas.

Questões de concursos

554. **(IBEG/PGM/Guarapari/Procurador/2016)** Acerca dos crimes ambientais, previstos na Lei n. 9.605/1998, assinale a opção incorreta.

   a) A responsabilidade das pessoas jurídicas não exclui a das pessoas físicas, autoras, coautoras ou partícipes do mesmo fato.

   b) A Lei 9.605/1998 é omissa sobre a aplicação das agravantes do Código Penal aos delitos ambientais. Considerando que o rol das agravantes do artigo 15 da Lei 9.605/1998 é amplo e à luz do Princípio da Especialidade, entende-se que não serão aplicáveis as agravantes do Código Penal aos crimes ambientais, ante a inexistência de omissão que justifique sua aplicação supletiva.

   c) Se ao crime ambiental for aplicada pena privativa de liberdade inferior a quatro anos, deverá ocorrer sua substituição por pena restritiva de direito.

   d) A pena de prestação de serviços à comunidade nos crimes ambientais inclui, dentre outros, a prestação de serviços em entidades assistenciais, hospitais, escolas e orfanatos.

   e) Na fixação da pena por delitos ambientais, o juiz deverá levar em conta, de forma preponderante, os bons ou maus antecedentes ambientais do infrator e, apenas supletivamente, os outros antecedentes.

Extinção da Pessoa Jurídica {art. 24}

Art. 24. A pessoa jurídica constituída ou utilizada, preponderantemente, com o fim de permitir, facilitar ou ocultar a prática de crime definido nesta Lei terá decretada sua liquidação forçada, seu patrimônio será considerado instrumento do crime e como tal perdido em favor do Fundo Penitenciário Nacional.

Questões de concursos

555. (TRF/2R/Juiz/2017) Assinale a opção correta:

a) A responsabilidade civil ambiental é informada pela doutrina do risco integral e não admite ação de regresso.

b) Em regra, a cobrança de multa administrativa oriunda de responsabilidade ambiental não prescreve.

c) Por falta de nexo de causalidade, não se pode impor a obrigação de recuperar a degradação ambiental ao atual proprietário do imóvel, quando ele não a causou.

d) Conforme o atual entendimento do STF, a responsabilidade penal da pessoa jurídica por crimes ambientais subordina-se à simultânea persecução da pessoa física responsável pela conduta (princípio da dupla imputação).

e) A Lei n. 9.605/98 prevê a pena de imposição de liquidação forçada, com perdimento do patrimônio, à pessoa jurídica utilizada preponderantemenle para facilitar a prática dos crimes contra o meio ambiente previstos em seu texto.

556. (FCC/PGM/Teresina/Técnico/2016) Segundo o que dispõe a Lei n. 9.605/1998,

a) são consideradas penas restritivas de direito da pessoa jurídica a proibição de contratar com o Poder Público ou com a iniciativa privada, a interdição temporária do estabelecimento, obra ou atividade e a suspensão parcial ou total das atividades.

b) se comprovada a utilização da pessoa jurídica para permitir, facilitar ou ocultar a prática de crime ambiental, a mesma poderá ter sua liquidação forçada e ter seu patrimônio perdido em favor do Fundo Penitenciário Nacional.

c) em função do princípio da legalidade, a tipicidade das infrações administrativas está descrita exaustivamente na lei em questão, na forma de "numerus clausus".

d) a responsabilidade penal das pessoas jurídicas nos crimes ambientais é subjetiva, dependendo de demonstração de culpa de seus representantes legais para aplicação da pena.

e) a responsabilidade das pessoas jurídicas por crime ambiental atinge a esfera administrativa, com aplicação de multa e penas administrativa e civil, mediante reparação em dinheiro, não cabendo às mesmas a responsabilidade penal.

557. (FCC/TJ/AP/Juiz/2014) Provou-se em ação penal que a empresa Alfa Ltda. foi constituída com o fim de facilitar a prática de crime definido na Lei de Crimes Ambientais (Lei Federal n. 9.605/1998). De acordo com a citada Lei, o Juiz, na sentença, deverá

a) suspender as atividades da empresa pelo prazo máximo de 5 anos.

b) decretar a liquidação forçada da empresa, sendo seu patrimônio considerado instrumento do crime e como tal perdido em favor do Fundo Penitenciário Nacional.

c) dar ciência ao Ministério Público para que apure eventuais irregularidades no campo do direito civil.

d) notificar a Junta Comercial.

e) proibir a empresa de operar sem licença ambiental.

558. **(Vunesp/Cetesb/Advogado/2013)** A Lei n. 9.605/98, que cuida dos crimes ambientais, estabelece que

a) nos crimes nela previstos, a suspensão condicional da pena deve ser aplicada nos casos de condenação à pena restritiva de direitos não superior a cinco anos.

b) a multa será calculada segundo os critérios do Código de Processo Penal.

c) a sentença penal condenatória deverá fixar o valor máximo para reparação dos danos causados pela infração.

d) a proibição imposta à pessoa jurídica de contratar com o Poder Público e dele obter subsídios não poderá exceder o prazo de quinze anos.

e) a pessoa jurídica constituída ou utilizada, preponderantemente, com o fim de permitir, facilitar ou ocultar a prática de crime definido nesta Lei terá decretada sua liquidação forçada, seu patrimônio será considerado instrumento do crime e como tal perdido em favor do Fundo Penitenciário Nacional.

559. **(PUCPR/TJ/RO/Juiz/2011)** A Lei 9.605/98, conhecida como Lei de Crimes Ambientais, representou grande avanço na proteção do meio ambiente ecologicamente equilibrado. Consolidou conceitos e as tipificações antes dispersas em outras normas, além de criar dispositivos e sistematização específicos para os crimes contra o meio ambiente. Com base no texto da referida lei, avalie as assertivas que seguem:

   I. Nos crimes ambientais, são circunstâncias que atenuam a pena: o baixo grau de instrução ou escolaridade do agente; o arrependimento do infrator, manifestado pela espontânea reparação do dano, ou limitação significativa da degradação ambiental causada; entre outros.

   II. Nos crimes ambientais as penas aplicáveis isolada, cumulativa ou alternativamente às pessoas jurídicas, são: multa; restritivas de direitos; e prestação de serviços à comunidade.

   III. A pessoa jurídica constituída ou utilizada, preponderantemente, com o fim de permitir, facilitar ou ocultar a prática de crime definido na Lei 9.605/98 terá decretada sua liquidação forçada, seu patrimônio será considerado instrumento do crime e como tal perdido em favor do Fundo Penitenciário Nacional.

IV. As pessoas jurídicas serão responsabilizadas administrativa, civil e penalmente conforme o disposto na Lei 9.605/98, nos casos em que a infração seja cometida por decisão de seu representante legal ou contratual, ou de seu órgão colegiado, no interesse ou benefício da sua entidade.

Estão corretas:

a) Somente as assertivas I e IV.
b) Somente as assertivas II e III e IV.
c) Somente as assertivas I e III.
d) Somente as assertivas I, II e IV.
e) Todas as assertivas.

560. **(Cespe/Hemobrás/Analista/2008)** A Lei n. 9.605/1998 determina que a pessoa jurídica constituída ou utilizada com o fim preponderante de permitir, facilitar ou ocultar a prática de crime ambiental terá decretada a sua liquidação forçada e seu patrimônio será declarado perdido a favor do Fundo Monetário Nacional. É necessário, portanto, que na inicial acusatória fique explícita a acusação do desvio de finalidade da pessoa jurídica, e o pedido de sua liquidação ao final. Se assim não for feito, restará ao Ministério Público, que é o órgão detentor de legitimidade para tanto, propor ação própria no juízo cível.

Capítulo III – **Da Apreensão do Produto e do Instrumento de Infração Administrativa ou de Crime**

■ Apreensão {art. 25}

Art. 25. Verificada a infração, serão apreendidos seus produtos e instrumentos, lavrando-se os respectivos autos.

§ 1º Os animais serão prioritariamente libertados em seu habitat ou, sendo tal medida inviável ou não recomendável por questões sanitárias, entregues a jardins zoológicos, fundações ou entidades assemelhadas, para guarda e cuidados sob a responsabilidade de técnicos habilitados.

§ 2º Até que os animais sejam entregues às instituições mencionadas no § 1º deste artigo, o órgão autuante zelará para que eles sejam mantidos em condições adequadas de acondicionamento e transporte que garantam o seu bem-estar físico.

§ 3º Tratando-se de produtos perecíveis ou madeiras, serão estes avaliados e doados a instituições científicas, hospitalares, penais e outras com fins beneficentes.

§ 4º Os produtos e subprodutos da fauna não perecíveis serão destruídos ou doados a instituições científicas, culturais ou educacionais.

§ 5º Os instrumentos utilizados na prática da infração serão vendidos, garantida a sua descaracterização por meio da reciclagem.

Jurisprudência complementar (STJ)

(...). Lei dos Crimes Ambientais. Lei 9.605/1998. Responsabilidade penal de pessoa jurídica. Restituição de coisa apreendida. Carga de madeira. Quantidade e espécie de madeira transportada dissonante da guia florestal. Indícios de prática de delito ambiental. Indevida restituição. Laudo técnico. Revisão. Súmula 7/STJ. Matéria constitucional. STF. 1. A denominada Lei dos Crimes Ambientais, Lei 9.605/1998, representa, para muitos, um avanço para a sociedade brasileira, principalmente pela acolhida explícita da responsabilidade penal das pessoas jurídicas e pela criminalização de diversas condutas lesivas ao meio ambiente, anteriormente não tipificadas por nosso ordenamento jurídico. 2. A restituição, quando apreciada pelo magistrado, deve atender aos mesmos pressupostos exigidos na ocasião de seu exame pela autoridade policial: a) ser comprovada a propriedade; b) o bem não ser confiscável (art. 91, II, do CP); e c) o bem não mais interessar ao inquérito policial ou à ação penal. 3. Diante de indícios de que a coisa apreendida – carregamento de madeira – constitui objeto de crime ambiental, nos termos do art. 46, parágrafo único, da Lei 9.605/1998, não pode ser ela restituída em parte ou em sua totalidade à pessoa jurídica porque, inclusive, é passível de doação a instituições científicas, hospitalares, penais e outra com fins beneficentes, nos termos do art. 25, § 3º, da aludida lei. 4. A transação penal é oferecida somente individualmente, em razão da necessidade da análise dos critérios subjetivos determinados no art. 76 da Lei 9.099/1995. Diante disso, a homologação da conciliação pré-processual concedida a um único agente não alcança, de forma automática, todos os demais envolvidos na conduta delitiva, sobretudo não elide responsabilidade penal da pessoa jurídica. 5. O exame da irregularidade no laudo pericial se depara, na via especial, com o óbice disposto na Súmula 7/STJ. 6. A violação de preceitos, dispositivos ou princípios constitucionais revela-se quaestio afeta à competência do Supremo Tribunal Federal, provocado pela via do extraordinário; motivo pelo qual não se pode conhecer do recurso especial nesse aspecto, em função do disposto no art. 105, III, da Constituição Federal. (...). (REsp 1329837, Rel. Min. Sebastião Reis Júnior, 6ª T., DJ 29.9.2015)

(...). Apreensão de araras. Alegada violação do art. 1º da Lei 5.197/1997 e do art. 25 da Lei 9.605/1998. Inexistência. 1. Hipótese em que o recorrido ajuizou Ação Ordinária com Pedido de Tutela Antecipada contra ato de apreensão de duas aves (uma arara vermelha e uma arara canindé) que viviam em sua residência havia mais de vinte anos. 2. O Tribunal de origem, após análise da prova dos autos, constatou que "as aves já estavam em convívio com a família por longo período de tempo, com claros sinais de adaptação ao ambiente doméstico", "a reintegração das aves ao seu habitat natural, conquanto possível, possa ocasionar-lhes mais prejuízos do que benefícios", "as aves viviam soltas no quintal (...) não sofriam maus tratos e recebiam alimentação adequada", "a dificuldade que esses animais enfrentarão para adaptarem-se ao ambiente natural, pondo em xeque até o seu êxito" e "já convivem há mais de 20 anos com o demandante". 3. O Tribunal local julgou integralmente a lide e solucionou a controvérsia, tal como lhe foi apresentada. 4. Inexiste violação do art. 1º da Lei 5.197/1997 e do art. 25 da Lei 9.605/1998 no caso concreto, pois a legislação deve buscar a efetiva proteção dos animais. Após mais de 20 anos de convivência, sem indício de maltrato, é desarrazoado determinar a apreensão de duas araras para duvidosa reintegração ao seu habitat. 5. Registre-se que, no âmbito criminal, o art. 29, § 2º, da Lei 9.065/1998 expressamente prevê que, "no caso de guarda doméstica de espécie silvestre não considerada ameaçada de extinção, pode o juiz, considerando as circunstâncias, deixar de aplicar a pena". (...). (REsp 1425943, Rel. Min. Herman Benjamin, 2ª T., DJ 24.9.2014)

(...). Art. 25, § 2º, da Lei 9.605/98. Peculiaridades do caso concreto. Doação do produto do crime (toras de mogno). Certeza de que a atividade ilícita foi perpetrada por invasores em face dos proprietários do terreno e da coletividade. Necessidade de, no caso concreto, respeitar o direito de propriedade dos proprietários lesados. Juízo definitivo acerca da distinção, na espécie, entre os criminosos (invasores) e os proprietários da plantação. Dúvida que recai apenas em relação à propriedade do terreno em que levantado o plantio do mogno. Recurso especial parcialmente provido. 1. Discute-se a possibilidade de doação de 636 toras de mogno apreendidas, na forma do art. 25, § 2º, da Lei 9.605/1998, segundo o qual "[v]erificada a infração, serão apreendidos seus produtos e instrumentos, lavrando-se os respectivos autos. (...) Tratando-se de produtos perecíveis ou madeiras, serão estes avaliados e doados a instituições científicas, hospitalares, penais e outras com fins beneficentes". 2. Na espécie, já há certeza acerca de que o a atividade extrativista ilícita foi realizada por invasores, sem qualquer contribuição dos proprietários do terreno sobre o qual foi levantada a plantação. Esta peculiaridade deve ser levada em consideração e é essencial para a compreensão das linhas traçadas a seguir. 3. É imprescindível começar a análise da correta delimitação do art. 25, § 2º, da Lei 9.605/98 pelo que determina o art. 79 do mesmo diploma normativo, este dizendo que "[a]plicam-se subsidiariamente a esta Lei as disposições do Código Penal e do Código de Processo Penal". Conclusão neste sentido já era óbvia, considerando que a Lei de Crimes Ambientais traz apenas quatro artigos que versam sobre processo e procedimentos penais (arts. 25, 26, 27 e 28 da Lei 9.605/98). 4. Diz o art. 91 do Código Penal – CP: "[s]ão efeitos da condenação: (...) II. a perda em favor da União, ressalvado o direito do lesado ou de terceiro de boa-fé: (...) b) do produto do crime ou de qualquer bem ou valor que constitua proveito auferido pelo agente com a prática do fato criminoso". 5. Singela leitura do caput do inc. I do art. 91 do CP revela que, via de regra, o produto do crime realmente não pode aproveitar a quem comete o ilícito, colocado a salvo o direito dos lesados e dos terceiros de boa-fé. 6. Na espécie, frise-se, não existe dúvidas de que houve o crime ambiental (extração ilegal de madeira), nem de que os criminosos não são os proprietários da plantação ou do terreno na qual esta foi erguida. Paira incerteza apenas no que tange ao proprietário do imóvel de onde foram retiradas as toras de mogno. 7. Ocorre que, se constatado, como alegam os recorridos, que a madeira foi extraída de sua propriedade por invasores, não é possível entender que deveria haver a doação em favor de entidades, na forma do art. 25, § 2º, da Lei 9.605/98, sem que haja resguardo de seu direito de propriedade, constitucionalmente tutelado. 8. A previsão vertida neste artigo deve ser lida em conformidade com os arts. 91 do CP e 118 e ss. do Código de Processo Penal – CPP, ou seja, para que haja a doação, é necessária a observância da ocorrência da infração e também do domínio dos bens apreendidos. 9. É evidente que, se constatado que a propriedade do terreno é dos recorridos, a realização de conduta ilícita de extração das árvores não tem o condão de reverter pura e simplesmente a propriedade sobre os bens que se agregam ao solo. 10. Em resumo: os recorridos, sem dúvidas, se proprietários do terreno de onde extraídas, podem vir a figurar como os lesados, na forma que dispõe o art. 91 do CP. E, se assim o for, deverão ter seu direito de propriedade salvaguardado – até porque, se respeitam o meio ambiente, exercem a função social da propriedade –, vedada a comercialização, que fica na dependência da autorização expressa do Ibama. 11. Se podem vir a ser lesados, então é preciso instaurar um procedimento de restituição de coisas apreendidas para apurar o domínio e, em seguida, dar a destinação cabível (que, sendo caso de crime ambiental, poderá ser a do art. 25, § 2º, da Lei 9.605/98). É justamente para estas hipóteses que os arts. 188 e ss. do CPP existem. Trata-se, na esfera penal, da consolidação do art. 5º, inc. LIV, da Constituição da República vigente ("ninguém será privado da liberdade ou de seus bens sem o devido processo legal"). 12. Nada obstante, é preciso considerar que são três os objetivos principais deste dispositivo: (a) impedir que bens perecíveis, em poder da Administração ou de terceiro por ela designado, venham a se deteriorar ou desaparecer; (b) desonerar o órgão ambiental do encargo de manter, em depósito próprio ou de terceiro, bens de difícil guarda ou conservação; (c) dar destinação social ou ambientalmente útil a bens relacionados à prática de infração administrativa ou penal à Lei 9.605/1998. 13. Por isso, é imperioso achar uma solução harmoniosa entre o direito de propriedade dos recorridos e o art. 25, § 2º, da Lei 9.605/98. 14. Esta conciliação é simples e far-se--á da seguinte forma: (i) a regra é a aplicação do art. 25, § 2º, da Lei 9.605/98, independentemente de autorização judicial; (ii) havendo fundada dúvida sobre a dominialidade dos bens apreendidos e não sendo caso de os proprietários ou terceiros de boa-fé estarem diretamente relacionados com a prática da infração (penal ou administrativa), a alienação deverá ser onerosa, com o depósito dos valores líquidos auferidos (descontadas as despesas de apreensão, transporte, armazenagem e processamento da venda) em conta bancária à disposição do juízo, cuja destinação final (se à União ou a quem ela determinar, se aos proprietários da terra) será aferida após incidente processual cabível; e (iii) na hipótese de inviabilidade (técnica, de fato ou por ausência de compradores) da alienação onerosa, o órgão ambiental poderá doar, de imediato, os bens apreendidos, conforme disposto no art. 25, §2º, da Lei 9.605/98, garantindo-se aos prejudicados o direito de indenização em face dos criminosos. 15. Recurso especial parcialmente provido para que, na espécie, diante de suas peculiaridades, a origem determine a aplicação das fórmulas (ii) e (iii) logo acima expostas, conforme a hipótese em concreto. (REsp 730.034, Rel. Min. Mauro Campbell Marques, 2ª T., DJ 21.5.2010)

Questões de concursos

561. **(FCC/MPE/PE/Promotor/2014)** A respeito do crime contra a fauna previsto no art. 25 da Lei n. 9.605/98 "Matar, perseguir, caçar, apanhar espécimes da fauna silvestre, nativos ou em rota migratória, sem a devida permissão, licença ou autorização da autoridade competente, ou em desacordo com a obtida: Pena: detenção de 6 (seis) meses a 1 (um) ano, e multa", é correto afirmar:

   a) a prática do delito durante a noite é causa especial de aumento de pena.

   b) aplica-se aos atos de pesca.

   c) o proprietário da área onde se realizar a caça não pode ser sujeito ativo do delito.

   d) pode ser punido a título de dolo ou de culpa.

   e) pode ter como objeto animais domésticos.

562. **(Vunesp/TJ/RJ/Juiz/2014)** Motosserra, madeira e animal silvestre são apreendidos em operação policial para combate a crimes ambientais. Nos estritos termos do quanto determina o art. 25 da Lei n. 9.605/98, tais coisas podem, entre outras soluções, respectivamente, ser objeto de

    a) destruição e venda como sucata; avaliação e venda ou doação; entrega a jardim zoológico.

    b) reciclagem e venda; avaliação e doação para instituição beneficente; libertação em seu habitat.

    c) avaliação e venda; avaliação e venda; avaliação e venda para agentes credenciados pelos órgãos de defesa do meio ambiente.

    d) doação para instituição beneficente; avaliação e venda; libertação em seu habitat.

563. **(FGV/TJ/PA/Juiz/2009)** No que se refere à apreensão pela autoridade de produtos e instrumentos em razão de infrações administrativas ambientais, quanto à destinação dos objetos apreendidos, analise as afirmativas a seguir.

    I. As madeiras ilegalmente extraídas poderão ser doadas a instituições hospitalares e penais.

    II. Os produtos e subprodutos da fauna não perecíveis poderão ser destruídos.

    III. Os instrumentos utilizados na prática da infração serão vendidos, garantida a sua descaracterização por meio da reciclagem.

    IV. Os animais que estiverem presos não poderão mais ser libertados, devendo ser entregues a jardins zoológicos, fundações ou entidades assemelhadas.

    Assinale:

    a) se somente as afirmativas I, II e III estiverem corretas.

    b) se somente as afirmativas II, III e IV estiverem corretas.

    c) se somente as afirmativas I, III e IV estiverem corretas.

    d) se somente as afirmativas I, II e IV estiverem corretas.

    e) se todas as afirmativas estiverem corretas.

Capítulo IV – Da Ação e do Processo Penal

■ Ação Penal Pública Incondicionada {art. 26}

Art. 26. Nas infrações penais previstas nesta Lei, a ação penal é pública incondicionada.

Súmulas TRFs

TRF-2 40. Em se tratando de crimes ambientais, a regra é a competência da justiça estadual, exceto se praticados em detrimento de bens, serviços ou interesses da União, de suas autarquias e empresas públicas.

Questões de concursos

564. **(FCC/TJ/RR/Juiz/2015)** Nas infrações penais previstas na Lei de Crimes Ambientais Lei n. 9.605/98, a ação penal é

    a) pública incondicionada, pública condicionada à representação ou privada, a depender do tipo penal.

    b) pública incondicionada.

    c) pública incondicionada ou pública condicionada à representação, a depender do tipo penal.

    d) pública incondicionada ou privada, a depender do tipo penal.

    e) pública condicionada à representação ou privada, a depender do tipo penal.

565. **(Fepese/Fatma/Advogado/2012)** Analise as afirmativas abaixo, considerando a Lei de Crimes Ambientais (Lei n. 9.605/98):

    I. Nas infrações penais previstas na Lei de Crimes Ambientais, a ação penal é pública incondicionada.

    II. A pena de prestação de serviços à comunidade é uma modalidade de sanção cujo cabimento é exclusivo às pessoas físicas.

    III. As disposições do Código Penal e o Código de Processo Penal aplicam-se subsidiariamente à Lei de Crimes Ambientais.

    IV. A sentença penal condenatória deve, sempre que possível, fixar o valor mínimo para reparação dos danos causados.

    Assinale a alternativa que indica todas as afirmativas corretas.

    a) São corretas apenas as afirmativas I e III.

    b) São corretas apenas as afirmativas I e IV.

    c) São corretas apenas as afirmativas II e III.

    d) São corretas apenas as afirmativas I, III e IV.

    e) São corretas apenas as afirmativas II, III e IV.

566. **(Cespe/PC/TO/Delegado/2008)** A ação penal para todos os delitos previstos na lei que dispõe acerca das sanções penais e administrativas derivadas de condutas e atividades lesivas ao meio ambiente é, exclusivamente, pública incondicionada.

■ Composição Ambiental e Transação Penal {art. 27}

Art. 27. Nos crimes ambientais de menor potencial ofensivo, a proposta de aplicação imediata de pena restritiva de direitos ou multa, prevista no art. 76 da Lei n. 9.099, de 26 de setembro de 1995, somente poderá ser formulada desde que tenha havido a prévia composição do dano ambiental, de que trata o art. 74 da mesma lei, salvo em caso de comprovada impossibilidade.

Questões de concursos

567. **(MPE/SC/Promotor/2013)** Nos crimes ambientais de menor potencial ofensivo, conforme a Lei 9.605/1998, a proposta de aplicação imediata de pena não privativa de liberdade somente poderá ser formulada desde que tenha havido a prévia composição do dano ambiental, salvo comprovada impossibilidade.

568. **(MPE/PB/Promotor/2011)** Em relação aos crimes ambientais, julgue as seguintes assertivas:

    I. Em se tratando de crime de abate de animais, desde que haja expressa autorização da autoridade competente, considerar-se-á excluída a ilicitude, tanto no caso em que a finalidade da conduta do agente seja a de proteger lavouras de ação animal predatória, como naquele em que o animal seja considerado nocivo.

    II. A prévia composição do dano ambiental pelo acusado, quando possível, é condição essencial para o cabimento de proposta de transação penal.

    III. É proibida a substituição da pena privativa de liberdade por restritiva de direitos, quando se tratar de crime doloso.

    a) I, II e III estão corretas.
    b) Apenas I está correta.
    c) Apenas II está correta.
    d) Apenas III está errada.
    e) (Abstenção de resposta).

MEIO AMBIENTE (LEI 9.605/98) Art. 28

569. (Cespe/Ibram/Advogado/2009) Além dos requisitos previstos na Lei n. o 9.099/1995, a prévia composição do dano ambiental é requisito indispensável para a formulação da proposta de transação penal nos crimes ambientais de menor potencial ofensivo.

570. (Cespe/DPE/CE/Defensor/2008) Esses crimes submetem-se à ação penal pública incondicionada e não admitem a transação penal, pois são crimes de ofensividade máxima, que atingem toda a coletividade

571. (FCC/MPE/PE/Promotor/2002) Nos crimes ambientais de menor potencial ofensivo, de que trata a Lei n. 9.605/98, para que seja feita a proposta de aplicação imediata de pena restritiva de direitos ou multa é necessário que

  a) não tenha ocorrido representação do ofendido ou de seu representante legal.

  b) se apresente comprovação de laudo de constatação da reparação do dano.

  c) a comprovação do dano seja reduzida a escrito e homologada pelo juiz.

  d) haja prévia composição do dano ambiental ou prova da impossibilidade.

  e) o autor do dano não tenha sido condenado pela prática de crime ou contravenção ambiental

■ Suspensão Condicional do Processo {art. 28}

Art. 28. As disposições do art. 89 da Lei n. 9.099, de 26 de setembro de 1995, aplicam-se aos crimes de menor potencial ofensivo definidos nesta Lei, com as seguintes modificações:

I – a declaração de extinção de punibilidade, de que trata o § 5º do artigo referido no caput, dependerá de laudo de constatação de reparação do dano ambiental, ressalvada a impossibilidade prevista no inciso I do § 1º do mesmo artigo;

II – na hipótese de o laudo de constatação comprovar não ter sido completa a reparação, o prazo de suspensão do processo será prorrogado, até o período máximo previsto no artigo referido no caput, acrescido de mais um ano, com suspensão do prazo da prescrição;

III – no período de prorrogação, não se aplicarão as condições dos incisos II, III e IV do § 1º do artigo mencionado no caput;

IV – findo o prazo de prorrogação, proceder-se-á à lavratura de novo laudo de constatação de reparação do dano ambiental, podendo, conforme seu resultado, ser novamente prorrogado o período de sus-

> pensão, até o máximo previsto no inciso II deste artigo, observado o disposto no inciso III;
>
> V – esgotado o prazo máximo de prorrogação, a declaração de extinção de punibilidade dependerá de laudo de constatação que comprove ter o acusado tomado as providências necessárias à reparação integral do dano.

Jurisprudência complementar (STJ)

(...). 6. Nos crimes ambientais, a suspensão condicional do processo sujeita-se ao disposto no art. 28 da Lei 9.605/1998, só se extinguindo a punibilidade após a emissão de laudo que constate a reparação do dano ambiental, prorrogando-se o sursis quanto a essa condição, caso a reparação não tenha sido completa. (...). (RHC 62.119, Rel. Min. Gurgel de Faria, 5ª T., DJ 5.2.2016)

(...). Suspensão condicional do processo. Descumprimento de condição durante o curso do período de prova. Revogação do benefício após o referido lapso temporal. Possibilidade. Constrangimento ilegal não evidenciado. 1. O benefício da suspensão condicional do processo pode ser revogado mesmo após o transcurso do período de prova, desde que a causa da revogação tenha ocorrido durante o referido lapso temporal. (...) (RHC 42.864, Rel. Min. Jorge Mussi, 5ª T., DJ 22.4.2015)

(...). Suspensão condicional do processo. Recusa. Parquet. Requerimento. Defesa. Análise. Poder judiciário. Possibilidade. Acórdão recorrido. Fundamento constitucional. Art. 38 da Lei 9.099/1995. Pena mínima. Um ano de detenção. Requisito atendido. Pressupostos subjetivos. Aferição. Inviabilidade. Reexame de matéria fática. Súmula 7/STJ. 1. A conclusão do acórdão recorrido, no sentido da possibilidade de oferecimento da proposta de suspensão condicional do processo pelo Poder Judiciário quando postulada pelo acusado e recusada pelo Parquet, teve fundamento exclusivamente constitucional, motivo pelo qual é descabida a revisão desse aspecto do julgado na presente via especial. 2. O art. 28 da Lei 9.605/1998 deve ser interpretado no sentido de ser cabível a proposta de suspensão condicional do processo nos crimes ambientais para as infrações cuja pena mínima abstrata seja igual ou inferior a 1 ano, segundo previsto no art. 89 da Lei 9.099/1995. 3. Sendo de 1 ano de detenção a pena mínima abstrata para o delito tipificado no art. 38 da Lei 9.605/1998, é possível a suspensão condicional do processo. 4. É inviável, em recurso especial, a análise da alegação de que não estariam preenchidos os requisitos subjetivos para o oferecimento da suspensão condicional do processo, dada a necessidade de revolvimento de matéria fática, vedada pela Súmula 7/STJ. (...). (REsp 1375478, Rel. Min. Sebastião Reis Júnior, 6ª T., DJ 5.2.2015)

(...). Crime contra o meio-ambiente. Juizado Especial Criminal. Suspensão condicional do processo. Reparação do dano. Aceitação. Incapacidade de ressarcir o prejuízo. Matéria que deve ser apurada durante o período de prova. Advogado constituído verbalmente. Presente na realização do ato. Inexistência de nulidade. Inteligência do art. 565 do CPP. Precedentes do STJ. 1. A suspensão condicional do processo é ato bilateral, que pressupõe a concordância clara e inequívoca do processado. A declaração da vontade, em razão de sua natureza transacional, deve ser personalíssima, voluntária, formal, vinculada aos termos propostos, tecnicamente assistida e absoluta – ou seja, não pode ser condicional ou, tampouco, parcial. 2. A impossibilidade do adimplemento da reparação do dano deve ser demonstrada mediante prova segura e convincente para que o réu possa ser dispensado de cumprir tal obrigação. A incapacidade de ressarcimento deve ser demonstrada durante o período de prova. 3. A falta de instrumento formal de procuração do advogado para a audiência, que, presente, foi nomeado verbalmente, não se constitui em nulidade processual porquanto, à luz do disposto no art. 89, § 7º, da Lei 9.099/1995, é vontade do acusado que prevalece na aceitação ou não do benefício da suspensão. 4. Não há nulidade, quando é a própria parte, que lhe deu causa, a alegá-la. Inteligência do art. 565, do Código de Processo Penal. (...). (HC 30.459, Rel. Min. Laurita Vaz, 5ª T., DJ 18.10.2004)

Questões de concursos

572. **(FCC/TJ/PE/Juiz/2013)** Em casos envolvendo crime ambiental de menor potencial ofensivo, a suspensão do processo

a) é providência necessária, que pode ser, a qualquer tempo, também condicionada à proibição de frequentar determinados lugares ou à proibição de ausentar-se da comarca sem autorização do juiz.

b) não é cabível, excepcionando as regras da Lei n. 9.099/95.

c) é condicionada à prévia reparação do dano ambiental, apurada mediante laudo de constatação.

d) poderá ser prorrogada sem tempo máximo de duração, enquanto não for reparado o dano ambiental.

e) poderá ser deferida, mas a extinção da punibilidade depende da reparação do dano ambiental ou da comprovação de que o acusado tomou as providências necessárias à sua reparação integral.

573. **(FCC/TJ/MS/Juiz/2010)** Nos crimes ambientais,

   a) a reparação do dano ambiental deve ocorrer até o término do prazo da suspensão condicional do processo, não se admitindo prorrogação.

   b) é cabível a transação penal, se a infração for de menor potencial ofensivo e desde que haja prévia composição do dano ambiental, salvo em caso de comprovada impossibilidade.

   c) a suspensão condicional da pena pode ser aplicada nos casos de condenação a pena privativa de liberdade não superior a quatro anos.

   d) a pena de multa poderá ser aumentada até cinco vezes, ainda que aplicada no valor máximo, tendo em vista o valor da vantagem econômica auferida.

   e) a pessoa jurídica poderá ser condenada a pena de proibição de contratar com o Poder Público por até quinze anos.

574. **(Cespe/DPE/CE/Defensor/2008)** Em processo que trate de crime ambiental, admite-se suspensão condicional, caso em que a declaração da extinção de punibilidade dependerá de laudo de constatação de reparação do dano ambiental, salvo impossibilidade de fazê-lo.

575. **(Cespe/DPE/CE/Defensor/2008)** Caso o laudo de constatação comprove não ter sido completa a reparação do dano ambiental, o prazo de suspensão do processo será prorrogado, até o período máximo previsto, acrescido de mais um ano, com suspensão do prazo da prescrição.

Capítulo V – **Dos Crimes contra o Meio Ambiente**

Seção I – **Dos Crimes contra a Fauna**

■ Caça de Animal Silvestre {art. 29}

Art. 29. Matar, perseguir, caçar, apanhar, utilizar espécimes da fauna silvestre, nativos ou em rota migratória, sem a devida permissão, licença ou autorização da autoridade competente, ou em desacordo com a obtida:

Pena – detenção de seis meses a um ano, e multa.

§ 1º Incorre nas mesmas penas:

I – quem impede a procriação da fauna, sem licença, autorização ou em desacordo com a obtida;

II – quem modifica, danifica ou destrói ninho, abrigo ou criadouro natural;

III – quem vende, expõe à venda, exporta ou adquire, guarda, tem em cativeiro ou depósito, utiliza ou transporta ovos, larvas ou espécimes da fauna silvestre, nativa ou em rota migratória, bem como produtos e objetos dela oriundos, provenientes de criadouros não autorizados ou sem a devida permissão, licença ou autorização da autoridade competente.

§ 2º No caso de guarda doméstica de espécie silvestre não considerada ameaçada de extinção, pode o juiz, considerando as circunstâncias, deixar de aplicar a pena.

§ 3º São espécimes da fauna silvestre todos aqueles pertencentes às espécies nativas, migratórias e quaisquer outras, aquáticas ou terrestres, que tenham todo ou parte de seu ciclo de vida ocorrendo dentro dos limites do território brasileiro, ou águas jurisdicionais brasileiras.

§ 4º A pena é aumentada de metade, se o crime é praticado:

I – contra espécie rara ou considerada ameaçada de extinção, ainda que somente no local da infração;

II – em período proibido à caça;

III – durante a noite;

IV – com abuso de licença;

V – em unidade de conservação;

VI – com emprego de métodos ou instrumentos capazes de provocar destruição em massa.

§ 5º A pena é aumentada até o triplo, se o crime decorre do exercício de caça profissional.

§ 6º As disposições deste artigo não se aplicam aos atos de pesca.

Jurisprudência complementar (STJ)

Conflito negativo de competência. Justiça Federal x Justiça Estadual. Ação penal. Porte ilegal de arma de fogo (art. 14 da Lei 10.826/2003) e caça de espécimes de fauna silvestre, sem a devida autorização da autoridade competente (art. 29, caput, da Lei 9.605/98). Ausência de lesão a bens, serviços ou interesses da união. Competência da Justiça Estadual. 1. A preservação do meio ambiente é matéria de competência comum da União, dos Estados, do Distrito Federal e dos Municípios, nos termos do art. 23, incisos VI e VII, da Constituição Federal. 2. Com o cancelamento do enunciado n. 91 da Súmula STJ, após a edição da Lei 9.605/1998, esta Corte tem entendido que a competência federal para julgamento de crimes contra a fauna demanda demonstração de que a ofensa atingiu interesse direto e específico da União, de suas entidades autárquicas ou de empresas públicas federais. 3. Assim sendo, o interesse a reger a atração da competência para a justiça federal não deve ser geral, mas específico. Seja dizer, é necessária a indicação de um animal cuja espécie esteja indicada na Lista Nacional de Espécies da Fauna Brasileira Ameaçada de Extinção, previsto na Instrução Normativa n. 3, de 27 de maio de 2003, do Ministério do Meio Ambiente. Referida lista pode ser consultada no seguinte endereço eletrônico: http://www.mma.gov.br/biodiversidade/especies-ameacadas-de-extincao/fauna-ameacada. 4. Situação em que, a par de não ter sido apreendido nenhum animal objeto de caça no momento da prisão dos réus, também não houve qualquer detalhamento a respeito das espécies animais que eram alvo de caça dos acusados, prejuízos que não chegam a atingir a esfera de interesses da União. 5. O mero fato de o flagrante de delito contra a fauna ter sido efetuado às margens de rio interestadual não autoriza, por si só, o deslocamento da competência para a justiça federal. (...). (CC 145.875, Rel. Min. Reynaldo Soares da Fonseca, Terceira Seção, DJ 16.8.2016)

(...). Prisão preventiva. Garantia da ordem pública. Fundamentação idônea. Ausência de constrangimento ilegal. (...). 2. Admite-se, excepcionalmente, a segregação cautelar do agente, antes da condenação definitiva, nas hipóteses previstas no art. 312 do Código de Processo Penal. 3. Da leitura do acórdão do Tribunal de origem, extrai-se que a prisão foi decretada de maneira fundamentada para a garantia da ordem pública, diante da gravidade concreta das condutas atribuídas ao paciente, flagrado em sua residência tendo 1 invólucro de substância entorpecente, 1 balança de precisão e 1 couro de cobra, 3 armas de fogo, munições intactas e dinheiro, circunstâncias que revelam o risco que representa sua liberdade à paz social. 4. Eventuais condições pessoais favoráveis do acusado não têm o condão de isoladamente desconstituir a custódia preventiva, caso estejam presentes outros requisitos de ordem objetiva e subjetiva que autorizem a decretação da medida extrema. (...). (HC 287.135, Rel. Min. Gurgel de Faria, 5ª T., DJ 11.2.2015)

Administrativo e Ambiental. Apreensão de papagaio. Animal adaptado ao convívio doméstico. Possibilidade de manutenção da posse do recorrido. Reexame do contexto fático-probatório dos autos. Súmula 7/STJ. 1. "in casu", o Tribunal local entendeu que "não se mostra razoável a devolução do papagaio 'Tafarel' à fauna silvestre, uma vez que está sob a guarda da autora há pelo menos vinte anos, sendo certa sua adaptação ao convívio com seres humanos, além de não haver qualquer registro ou condição de maus tratos ". Vale dizer, a Corte de origem considerou as condições fáticas que envolvem o caso em análise para concluir que a ave deveria continuar sob a guarda da recorrido, porquanto criada como animal doméstico. 2. Ademais, a fauna silvestre, constituída por animais "que vivem naturalmente fora do cativeiro", conforme expressão legal, é propriedade do Estado (isto é, da União) e, portanto, bem público. "in casu", o longo período de vivência em cativeiro doméstico mitiga a sua qualificação como silvestre. 3. A Lei 9.605/1998 expressamente enuncia que o juiz pode deixar de aplicar a pena de crimes contra a fauna, após considerar as circunstâncias do caso concreto. Não se pode olvidar que a legislação deve buscar a efetiva proteção dos animais, finalidade observada pelo julgador ordinário. (...). (AgRg no REsp 1483969, Rel. Min. Herman Benjamin, 2ª T., DJ 4.12.2014)

(...). Crime contra a fauna. Artigo 29 da Lei 9.605/98. Posse irregular de arma de fogo de uso permitido. Não-demonstração de lesão a bem, interesse ou serviço da união. Competência da Justiça Estadual. I. A competência da Justiça Federal, expressa no art. 109, inciso IV, da Constituição Federal, restringe-se às hipóteses em que os crimes ambientais são perpetrados em detrimento de bens, serviços ou interesses da União, ou de suas autarquias ou empresas públicas. II. Na hipótese, inexistindo laudo da autarquia competente apto a demonstrar se a origem da carne apreendida seria de animal silvestre, e não estando o local da apreensão dentro dos limites do Parque Nacional do Iguaçu, não está configurada, inequivocamente, a efetiva lesão a bens, serviços ou interesses da União, razão pela qual deve ser reconhecida a competência da Justiça Estadual para processamento do feito. (...). (CC 136.142, Rel. Min. Felix Fischer, Terceira Seção, DJ 24.11.2014)

Questões de concursos

576. **(Vunesp/PGM/Andradina/Assistente/2017)** O art. 29 da Lei n. 9.605/98 tipifica a seguinte conduta: "matar, perseguir, caçar, apanhar, utilizar espécimes da fauna silvestre, nativos ou em rota migratória, sem a devida permissão, licença ou autorização da autoridade competente, ou em desacordo com a obtida". No contexto desse crime, é correto afirmar que

   a) a conduta é atípica se praticada no exercício de caça profissional.

   b) para fins legais, pune-se da mesma forma, por expressa equiparação, os atos relacionados a animais marinhos e atos de pesca.

   c) no caso de guarda doméstica de espécie silvestre não considerada ameaçada de extinção, pode o juiz, considerando as circunstâncias, deixar de aplicar a pena.

   d) a pena é dobrada se o crime é praticado contra espécie rara, de difícil reprodução ou manejo ou, também, considerada ameaçada de extinção, ainda que somente no local da infração.

   e) são espécimes da fauna silvestre todos aqueles animais, inclusive domésticos e domesticados, que tenham todo ou parte de seu ciclo de vida ocorrendo dentro dos limites do território brasileiro, excluídas as águas jurisdicionais brasileiras.

577. **(Cespe/PGE/AM/Procurador/2016)** Situação hipotética: Cláudio, maior e capaz, caçou e matou espécime da fauna silvestre, sem a devida autorização da autoridade competente. Assertiva: Segundo o atual entendimento do STJ, a competência para julgar o referido crime será da justiça federal, independentemente de a ofensa ter atingido interesse direto e específico da União, de suas entidades autárquicas ou de empresas públicas federais, pois basta que os crimes sejam contra a fauna para atrair a competência do Poder Judiciário federal.

578. **(IADES/PC/DF/Perito/2016)** De acordo com a Lei Federal no 9.605/1998, que dispõe quanto às sanções penais e administrativas derivadas de condutas e atividades lesivas ao meio ambiente, assinale a alternativa correta.

    a) Matar, perseguir, caçar, apanhar, utilizar espécimes da fauna silvestre, nativos ou em rota migratória, sem a devida permissão, licença ou autorização da autoridade competente, configura crime contra a fauna.

    b) Matar, perseguir, caçar, apanhar, utilizar quaisquer espécimes de animal, sem a devida permissão, licença ou autorização da autoridade competente, configura crime contra a fauna.

    c) Destruir ou danificar floresta considerada de preservação permanente, exceto a que está em formação, ou utilizá-la com infringência das normas de proteção, configura crime contra a flora.

    d) A ocorrência de dano afetando espécies ameaçadas de extinção no interior das unidades de conservação de proteção integral será considerada circunstância atenuante para a fixação da pena nos crimes contra a flora.

    e) Extrair de florestas de domínio privado ou consideradas de preservação permanente, sem prévia autorização, pedra, areia, cal ou qualquer espécie de minerais não configura crime contra a flora.

579. **(Consulplan/Prefeitura/Cascavel/Técnico/2016)** O meio ambiente é fundamental à existência humana e, como tal, deve ser assegurado e protegido para uso de todos. Crime ambiental é uma transgressão ao direito ou qualquer dano ou prejuízo causado aos elementos que compõem o ambiente: flora, fauna, recursos naturais e patrimônio cultural. Por violar o direito protegido, todo crime é passível de penalização, que é regulado pela Lei n. 9.605, de 12 de fevereiro de 1998. Assinale a alternativa correta com base na Lei de crimes contra a fauna.

    a) Há reclusão, mas sem multa, o ato de exportar para o exterior peles e couros de anfíbios e répteis em bruto, sem a licença da autoridade ambiental competente.

    b) Há reclusão de um mês, sem multa, introduzir espécime animal no País, sem parecer técnico oficial favorável e licença expedida por autoridade competente.

c) Espécimes de animais introduzidas no País, sem parecer técnico oficial favorável e licença expedida por autoridade competente tem pena de detenção de três meses a um ano, sem multa.

d) Proporciona pena de detenção de seis meses a um ano, sem multa, por matar, perseguir, caçar, apanhar, utilizar espécimes da fauna silvestre, nativos ou em rota migratória, sem a devida permissão, licença ou autorização da autoridade competente.

e) Quem vende, expõe à venda, exporta ou adquire, guarda, tem em cativeiro ou depósito, utiliza ou transporta ovos, larvas ou espécimes da fauna silvestre, nativa ou em rota migratória, bem como produtos e objetos dela oriundos, provenientes de criadouros não autorizados ou sem a devida permissão, licença ou autorização da autoridade competente expõe-se a pena de detenção de seis meses a um ano, e multa.

580. **(Cespe/PGM/Salvador/Procurador/2015)** Carlos foi autuado pela prática do crime previsto no art. 29 da Lei n. 9.605/1998 (apanhar espécime da fauna silvestre sem autorização), por manter em sua residência, sem autorização da autoridade ambiental, uma arara-azul, animal não ameaçado de extinção. Nessa situação hipotética,

a) o sujeito passivo do delito praticado por Carlos é o espécime da fauna silvestre mantido em cativeiro.

b) será possível substituir pena privativa de liberdade que eventualmente seja imposta a Carlos por pena restritiva de direitos somente se o crime for considerado culposo.

c) caso Carlos seja condenado, o juiz poderá, com base nas circunstâncias específicas, deixar de aplicar a pena.

d) se Carlos provar que a arara-azul nasceu em cativeiro, e, portanto, não se trata de animal silvestre, isso afastará a tipicidade da sua conduta.

e) o órgão responsável pela lavratura do auto deveria fazer constar do documento a determinação, a Carlos, de encaminhamento da arara-azul a instituição especializada na guarda e cuidados animais — um estabelecimento comercial, do ramo aviário, por exemplo —, sob pena de agravamento da eventual punição.

581. **(UFMT/IF/MT/Professor/2015)** Dona Gertrudes, uma senhora paulistana, residente no município de Alta Floresta, no norte de Mato Grosso, tem em sua guarda doméstica um espécime de Anodorhynchus hyacinthinus, popularmente conhecido como Arara Azul, espécie ameaçada de extinção. Sobre o caso, assinale a afirmativa correta.

a) Dona Gertrudes cometeu o crime disposto no Art. 29 da Lei de Crimes Ambientais, porém, considerando as circunstâncias do caso, o juiz pode deixar de aplicar a pena.

b) Dona Gertrudes cometeu o crime disposto no Art. 32 da Lei de Crimes Ambientais, portanto, considerando as circunstâncias do caso, o juiz não pode deixar de aplicar a pena.

c) Dona Gertrudes cometeu o crime disposto no Art. 32 da Lei de Crimes Ambientais, porém, considerando as circunstâncias do caso, o juiz pode deixar de aplicar a pena.

d) Dona Gertrudes cometeu o crime disposto no Art. 29 da Lei de Crimes Ambientais, portanto, considerando as circunstâncias do caso, o juiz não pode deixar de aplicar a pena.

582. **(FCC/TJ/GO/Juiz/2015)** José responde ação penal por manter em guarda doméstica animal silvestre não considerado ameaçado de extinção. O fato é

a) crime punido com detenção de seis meses a um ano ou multa.

b) atípico.

c) crime, podendo o juiz, considerando as circunstâncias, deixar de aplicar a pena.

d) contravenção penal.

e) crime hediondo.

583. **(Funiversa/Segplan/Perito/2015)** Segundo a Lei de Crimes Ambientais (Lei n. 9.605/1998), que dispõe sobre as sanções penais e administrativas derivadas de condutas e atividades lesivas ao meio ambiente, nos crimes contra a fauna, em seu artigo 29, § 5°, em virtude de agravamento de atividade ou conduta, as penas poderão ser aumentadas em até o triplo se essas atividades

a) forem realizadas em período noturno.

b) incluírem matar ou transportar espécimes da fauna silvestre, nativas ou migratórias, aquáticas ou terrestres, que tenham todo ou parte de seu ciclo de vida ocorrendo dentro dos limites do território brasileiro.

c) forem decorrentes do exercício de caça profissional.

d) incluírem matar, perseguir, caçar, apanhar, utilizar espécimes da fauna silvestre, nativos ou em rota migratória, sem a devida permissão, licença ou autorização da autoridade competente, ou em desacordo com a obtida.

e) forem realizadas com abuso de licença.

584. **(IBFC/PC/SE/Agente/2014)** No crime de "matar, perseguir, caçar, apanhar, utilizar espécimes da fauna silvestre, nativos ou em rota migratória, sem a devida permissão, licença ou autorização da autoridade competente, ou em desacordo com

a obtida", previsto no artigo 29 da Lei n. 9.605/98, a pena é aumentada de metade quando a conduta é praticada, exceto:

a) Durante a noite.

b) Contra espécie rara ou considerada ameaçada de extinção, ainda que somente no local da infração.

c) Com emprego de métodos ou instrumentos capazes de provocar destruição em massa.

d) Em atos de pesca.

585. **(MPE/RS/Assessor/2014)** A respeito do Capítulo V da Lei n. 9.605, de 12 de fevereiro de 1998, considere as condutas apresentadas abaixo.

I. Tratar animal com crueldade ou submetê-lo a trabalho excessivo.

II. Matar, perseguir, caçar, apanhar, utilizar espécimes da fauna silvestre, nativos ou em rota migratória, sem a devida permissão, licença ou autorização da autoridade competente, ou em desacordo com a obtida.

III. Deixar em liberdade, confiar à guarda de pessoa inexperiente, ou não guardar com a devida cautela animal perigoso.

IV. Praticar ato de abuso, maus-tratos, ferir ou mutilar animais silvestres, domésticos ou domesticados, nativos ou exóticos.

Quais delas constituem crimes contra o meio ambiente?

a) Apenas I e III.

b) Apenas II e IV.

c) Apenas I, II e III.

d) Apenas II, III e IV.

e) I, II, III e IV.

586. **(Upenet/Prefeitura/Paulista/Analista/2014)** Segundo o Art. 29, da Lei Federal n. 9.605, de 12 de fevereiro de 1998, que dispõe sobre as sanções penais e administrativas, derivadas de condutas e atividades lesivas ao meio ambiente, qual é a pena para quem matar, perseguir, caçar, apanhar, utilizar espécimes da fauna silvestre, nativos ou em rota migratória, sem a devida permissão, licença ou autorização da autoridade competente ou em desacordo com a obtida?

a) Pena – detenção de dois a seis meses e multa.

b) Pena – apenas multa.

c) Pena – detenção de seis meses a dois anos e multa.

d) Pena – detenção de seis meses a um ano e multa.

e) Pena – detenção de um a dois anos e multa.

587. (Cespe/MPU/Analista/2013) Comete crime contra o meio ambiente quem modifica, danifica ou destrói ninho, abrigo ou criadouro natural, assim como quem vende, adquire ou guarda animais silvestres sem a devida permissão, licença ou autorização da autoridade competente

588. (FCC/PGE/BA/Analista/2013) Considera-se condutas tipificadoras de crime contra o meio ambiente passível da aplicação de pena de detenção de seis meses a um ano, e multa: matar, perseguir, caçar, apanhar, utilizar espécimes da fauna silvestre, nativos ou em rota migratória, sem a devida permissão, licença ou autorização da autoridade competente, ou em desacordo com a obtida. Neste caso, quem modifica, danifica ou destrói ninho, abrigo ou criadouro natural

   a)   pratica conduta atípica.

   b)   incorre nas mesmas penas.

   c)   incorre nas mesmas penas, mas terá a pena corporal reduzida de um sexto a um terço.

   d)   estará sujeito apenas a aplicação da penalidade de multa.

   e)   incorre nas mesmas penas, mas terá a pena corporal reduzida à metade.

589. (UFT/DPE/TO/Analista/2012) Constitui crime ambiental, nos termos da Lei n. 9.605/98:

   I.   modificar, danificar ou destruir ninho natural;

   II.   introduzir espécime animal no País, sem parecer técnico oficial favorável e licença expedida por autoridade competente;

   III. pescar em período, no qual a pesca seja proibida ou em lugares interditados por órgão competente;

   IV.   transportar, comercializar, beneficiar ou industrializar espécimes provenientes da coleta, apanha e pesca proibidas;

   V.   abater de animal para proteger lavouras, pomares e rebanhos da ação predatória ou destruidora de animais, desde que legal e expressamente autorizado pela autoridade competente;

   a)   Apenas os itens I, II, III e IV estão corretos.

   b)   Apenas os itens II, III, IV e V estão corretos.

   c)   Apenas os itens I, II, IV e V estão corretos.

   d)   Todos os itens estão corretos.

590. (FCC/MPE/AP/Promotor/2012) Quanto aos crimes contra a fauna, é correto afirmar que

   a)   são considerados espécimes da fauna silvestre apenas aquelas pertencentes às espécies nativas ou migratórias.

b) a pena deve ser aumentada até a metade, se o crime decorre do exercício de caça profissional.

c) a pena deve ser reduzida no caso de guarda doméstica de espécie silvestre não considerada ameaçada de extinção.

d) é cabível o perdão judicial no caso de abate de animal nocivo, desde que assim caracterizado pelo órgão competente.

e) a pena é aumentada de metade se o crime é praticado durante a noite.

591. **(Cespe/TRE/RJ/Analista/2012)** Não se aplica o princípio da insignificância às infrações penais que atinjam o meio ambiente, uma vez que não se pode mensurar de forma segura o grau de lesão ambiental.

592. **(Fepese/Fatma/Advogado/2012)** Considerando a Lei de Crimes Ambientais (Lei n. 9.605/98), assinale a alternativa correta.

a) O crime de destruição de floresta de preservação permanente não admite modalidade culposa.

b) Perseguir espécimes da fauna silvestre sem permissão, licença ou autorização da autoridade competente é caracterizado como crime contra o meio ambiente.

c) Aquele que pratica experiências para fins didáticos ou científicos com animais não incorre, em nenhuma hipótese, na pena prevista para o crime de maus tratos aos animais.

d) A liberação de balões de festa junina capazes de provocar incêndios não caracteriza crime contra a flora.

e) A alteração do aspecto de edificação protegida — isto é, tombada em função de seu valor histórico ou cultural — caracteriza infração administrativa e enseja a responsabilidade civil para reparação do dano, mas não configura delito de natureza criminal.

593. **(IADES/PG/DF/Analista/2011)** Na esteira de suas congêneres modernas, a Constituição Federal de 1988 dispensou especial atenção ao meio ambiente, determinando um capítulo específico para sua proteção e preservação, estabelecendo ainda diversas outras normas no texto constitucional acerca desse tema. A conservação do meio ambiente e a realização de um desenvolvimento sustentável são imprescindíveis à sadia qualidade de vida e à própria preservação do planeta e da raça humana. Em razão disso, fez- se necessária uma tutela penal com este propósito, a Lei n. 9.605 de 1998 – Lei do Meio Ambiente – impôs medidas administrativas e penais às condutas consideradas lesivas ao meio ambiente. Sobre os crimes ambientais e suas consequências, assinale a alternativa incorreta.

a) Prescreve o art. 4º da Lei do Meio Ambiente: "poderá ser desconsiderada a pessoa jurídica sempre que a sua personalidade for obstáculo ao ressarcimento de prejuízos causados à qualidade do meio ambiente". Sobre este dispositivo, a doutrina, em especial alguns penalistas, considera que a desconsideração da pessoa jurídica, já presente em outros diplomas legais, é instituto relacionado à responsabilidade civil, não tendo qualquer relação com os crimes ambientais, destarte, trata-se de instituto inaplicável no âmbito criminal, tendo em vista o princípio da intranscedência da pena previsto na Constituição Federal brasileira. Existe posicionamento doutrinário em sentido contrário.

b) A Lei do Meio Ambiente, com o escopo de também tutelar o meio ambiente artificial e cultural, estabeleceu como conduta criminosa (art. 62, II) a conduta de destruir, inutilizar ou deteriorar arquivo, registro, museu, biblioteca, pinacoteca, instalação científica ou similar protegido por lei, ato administrativo ou decisão judicial. O crime de dano previsto no referido dispositivo admitirá punição na forma culposa, assim, se uma pessoa imprudentemente, no interior de uma pinacoteca que esteja tutelada da forma acima referida, danificar um quadro especialmente protegido, responderá pela prática do delito.

c) A Lei do Meio Ambiente (art. 29) prescreve como crime a seguinte conduta: "matar, perseguir, caçar, apanhar, utilizar espécies da fauna silvestre, nativas ou em rota migratória, sem a devida permissão, licença ou autorização da autoridade competente, ou em desacordo com a obtida". A referida lei estabelece que, no caso de guarda doméstica de espécie silvestre não considerada ameaçada de extinção, poderá o magistrado, considerando as circunstâncias do caso, aplicar pena pecuniária. Neste caso, não poderá o juiz abrir mão de aplicar uma pena de caráter penal e não haverá a concessão do benefício do perdão judicial. De outra banda, se o animal silvestre tido em guarda doméstica estiver na relação das espécies ameaçadas de extinção a pena do crime será aumentada de metade.

d) O artigo 32 da Lei do Meio Ambiente considera criminosa a conduta de praticar ato de abuso, maus-tratos, ferir ou mutilar animais silvestres, domésticos ou domesticados, nativos ou exóticos. Prevê a referida lei que, se em razão de uma das condutas acima ocorrer a morte do animal a pena é aumentada de um 1/6 a 1/3.

e) A Lei n. 9.605/98 estabeleceu como típica (criminosa), a conduta de comercializar motosserra sem a devida licença ou registro da autoridade competente. Por óbvio, a referida proibição não atingirá o comércio de serras consideradas manuais.

594. **(UFAL/Casal/Advogado/2010)** Dados os itens seguintes, de acordo com o tratamento constitucional do meio ambiente, Verifica-se que:

I. Para efetivar o direito ao meio ambiente sadio e equilibrado, cabe ao poder público definir nas unidades da federação em que se encontrem reservas naturais, espaços a serem especialmente protegidos, sendo a alteração e supressão permitidas somente através de lei.

II. A Lei de Educação Ambiental (Lei n. 9.795/99) regulamentada pelo Decreto n. 4281/02 tem como escopo implementar a promoção da educação ambiental no âmbito estadual.

III. Compete ao poder público a proteção da fauna e flora, sendo vedada por meio da Lei n. 9.605/98, a prática que submeta animais a crueldade.

a) todos os itens estão corretos.

b) apenas o item III está correto.

c) apenas o item I está correto.

d) nenhum dos itens está correto.

e) apenas o item II está correto.

595. (Consulplan/Prefeitura/Santa_Maria_Madalena/Engenheiro/2010) Aquele que incorrer em conduta tipificada como crime contra a fauna, conforme a Lei Federal n. 9.605, de 12 de fevereiro de 1998, terá sua pena aumentada de metade se, exceto:

a) O crime for praticado contra espécie rara ou considerada ameaçada de extinção, ainda que somente no local da infração.

b) O crime for praticado em período proibido à caça.

c) O crime for praticado durante a noite.

d) O crime for praticado em decorrência do exercício de caça profissional.

e) O crime for praticado com abuso de licença.

596. (FCC/TRF/4R/Analista/2010) No que se refere aos crimes ambientais, de acordo com a Lei n. 9.605/1998, é certo que

a) não incorre nas mesmas penas o indivíduo que causar poluição de qualquer natureza, a ponto de dificultar ou impedir o uso público das praias, e o indivíduo que deixar de adotar, quando assim o exigir a autoridade competente, medidas de precaução em caso de risco de dano ambiental grave ou irreversível.

b) o crime de matar espécimes de fauna silvestre, nativos ou em rota migratória, sem a devida permissão, licença ou autorização da autoridade competente, ou em desacordo com a obtida não se aplica aos atos de pesca.

c) o crime de destruição de floresta considerada de preservação permanente não admite a modalidade culposa.

d) é fato atípico a realização de experiência dolorosa em animal vivo para fins didáticos, inclusive se existirem recursos alternativos.

e) incorre nas mesmas penas o indivíduo que pesca em período no qual a pesca seja proibida e o indivíduo que pesca mediante a utilização de explosivo.

597. (Vunesp/TJ/MT/Juiz/2009) De acordo com a Lei n. 9.605/98, nos casos de crimes praticados contra a fauna, a pena é aumentada até o triplo, quando o crime for praticado em decorrência do exercício

   a) de caça profissional.
   b) em período proibido à caça.
   c) em unidade de conservação.
   d) durante a noite.
   e) contra espécie rara.

598. (Cespe/PC/PB/Delegado/2009) Considerando a legislação acerca dos crimes contra o meio ambiente, crimes contra a ordem tributária, crimes contra o Sistema Financeiro Nacional (SFN) e o Código Eleitoral, assinale a opção correta.

   a) Caso um indivíduo tenha a guarda doméstica de espécie silvestre não-considerada ameaçada de extinção, que anteriormente apanhara, sem a devida permissão, licença ou autorização da autoridade competente, o juiz, considerando as circunstâncias, poderá deixar de aplicar a pena relativa ao crime contra o meio ambiente praticado por esse indivíduo.
   b) Nos crimes contra a ordem tributária, a delação premiada não é prevista como causa de redução da pena.
   c) Os crimes contra o SFN são de competência da justiça estadual, desde que não haja comprovação de prejuízo a bens da União.
   d) Nenhuma autoridade pode, desde 5 dias antes e até 48 horas depois do encerramento da eleição, prender ou deter qualquer eleitor, ainda que em virtude de sentença criminal condenatória por crime inafiançável.
   e) Em caso de crime eleitoral praticado por meio de imprensa, aplica-se a Lei de Imprensa e, não, o Código Eleitoral, por força do princípio da especialidade.

599. (Cespe/PC/TO/Delegado/2008) Considere que um fazendeiro, nos limites de sua propriedade rural, abata espécime da fauna silvestre brasileira sem autorização do órgão competente, visando proteger seu rebanho da ação predatória do animal. Nessa situação, o fato é atípico, pois a legislação ambiental expressamente prevê essa excludente.

600. (Cespe/PC/TO/Delegado/2008) Constitui crime cuja pena é de seis meses a um ano e multa matar, perseguir, caçar, apanhar ou utilizar espécimes da fauna silvestre, nativos ou em rota migratória, em desacordo com as prescrições legais pertinentes. Assim, diante de uma ocorrência policial dessa natureza e não havendo causas de aumento de pena, a autoridade policial competente deverá lavrar termo circunstanciado, em face da incidência de delito de menor potencial ofensivo.

MEIO AMBIENTE (LEI 9.605/98)　　　　　Art. 30

601. **(FCC/TRF/2R/Analista/2007)** "A" mantém em cativeiro, na sua casa, sem permissão, licença ou autorização da autoridade competente, oriundos de criadouro não autorizado, dois espécimes de ave ameaçada de extinção apenas na região onde reside. Ele

    a) não pratica nenhum crime porque são aves nascidas em criadouros e não apreendidas no ambiente em que vivem.
    b) não pratica nenhum crime porque são apenas dois espécimes.
    c) não pratica nenhum crime porque as aves estão bem tratadas.
    d) pratica crime ambiental com pena agravada porque a espécie está ameaçada de extinção.
    e) pratica crime ambiental simples, porque a espécie está ameaçada de extinção apenas na região onde ocorreram os fatos.

602. **(Cespe/TRF/1R/Juiz/2015)** Considerando o que dispõem as normas ambientais aplicáveis em matéria de responsabilidade administrativa ambiental e de infrações administrativas, assinale a opção correta.

    a) Se um indivíduo cometer mais de uma infração administrativa ambiental de mesma natureza, ele deverá ser apenado com aplicação de multa em triplo, desde que no momento do julgamento da nova infração tenha havido trânsito em julgado administrativo da infração anterior.
    b) Por ocasião do julgamento de infração administrativa contra a flora, caso a infração tenha sido cometida no interior de unidade de conservação da natureza, poderá haver agravamento da multa indicada, com sua aplicação em dobro.
    c) Há impossibilidade jurídica na aplicação de mais de uma multa ao mesmo empreendimento irregular, com fundamento em tipos administrativos distintos, haja vista a proibição de "bis in idem".
    d) Após a lavratura do auto de infração por falta de licenciamento ambiental, é possível, mediante pedido de regularização pelo infrator ao órgão licenciador, afastar a cobrança da multa aplicada que não tenha sido inscrita em dívida ativa.
    e) Até a apreensão definitiva de caminhão utilizado em transporte irregular de produtos florestais, não se admite a posse nem a utilização desse veículo pela administração pública federal.

■ Exportação Ilegal {art. 30}

Art. 30. Exportar para o exterior peles e couros de anfíbios e répteis em bruto, sem a autorização da autoridade ambiental competente:

Pena – reclusão, de um a três anos, e multa.

Jurisprudência complementar (STJ)

Administrativo. Ambiental. Compra de pássaro silvestre. Auto de infração. Fundamento legal inaplicável. Reconhecimento pela corte de origem. Nulidade insanável do ato administrativo. 1. O auto de infração constitui ato administrativo punitivo decorrente do exercício do poder de polícia da Administração Pública. 2. A prática de tal ato administrativo, como decorrência lógica das exigências do ordenamento jurídico, submete-se ao império do postulado da legalidade. 3. Se o auto de infração é fundado em dispositivo legal inaplicável ao caso concreto, como reconhecido pelo Tribunal de origem, é vedado a esta Corte, ainda que inspirada no aforismo de que o juiz conhece o direito, substituir o fundamento legal aposto no auto de infração, fazendo as vezes da autoridade administrativa. 4. Nulidade plena e insanável do ato administrativo. (...). (AgRg no REsp 1048353, Rel. Min. Humberto Martins, 2ª T., DJ 27.10.2010)

Questões de concursos

603. (PlanejarConsultoria/PGM/Lauro_de_Freitas/Procurador/2016) Dos Crimes contra a Fauna, conforme legislação em vigor acerca do tema, exportar para o exterior peles e couros de anfíbios e répteis em bruto, sem a autorização da autoridade ambiental competente, pena:

   a) reclusão, de um a três anos, e multa.

   b) detenção, de três meses a um ano, e multa.

   c) detenção, de três meses.

   d) detenção, de um a três anos, ou multa, ou ambas cumulativamente.

   e) reclusão, de um ano, e multa.

604. (Fundep/PGM/Nossa_Senhora_do_Socorro/Procurador/2014) A respeito da Lei n. 9.605/98, que dispõe sobre as sanções penais e administrativas derivadas de condutas e atividades lesivas ao meio ambiente, analise as seguintes afirmativas:

   I. Poderá ser desconsiderada a pessoa jurídica sempre que sua personalidade for obstáculo ao ressarcimento de prejuízos causados à qualidade do meio ambiente.

   II. Matar, perseguir, caçar, apanhar, utilizar espécimes da fauna silvestre, nativos ou em rota migratória, sem a devida permissão, licença ou autorização da autoridade competente, ou em desacordo com a obtida implica pena de reclusão de um a três anos, e multa.

III. Importar do exterior peles e couros de anfíbios e répteis em bruto, sem a autorização da autoridade ambiental competente implica pena de reclusão, de um a três anos, e multa.

IV. Causar degradação em viveiros, açudes ou estações de aquicultura de domínio público implica pena de detenção, de um a três anos, ou multa, ou ambas cumulativamente.

V. Transportar, comercializar, beneficiar ou industrializar espécimes provenientes da coleta, apanha e pesca proibidas implica pena de detenção de um ano a três anos ou multa, ou ambas as penas cumulativamente.

Em relação a estas afirmativas, estão corretas

a) I, III e V apenas.
b) II, IV e V apenas.
c) I, III e IV apenas.
d) I, IV e V apenas.
e) I, II e V apenas.

Introdução Indevida de Espécime Animal {art. 31}

Art. 31. Introduzir espécime animal no País, sem parecer técnico oficial favorável e licença expedida por autoridade competente:

Pena – detenção, de três meses a um ano, e multa.

Jurisprudência complementar (STJ)

Conflito negativo de competência. Crime ambiental. Artigo 31 da Lei 9.605/98. Introdução de espécimes de fauna exógena no país sem autorização. Competência da Justiça Federal. 1. Comprovado pelo laudo de vistoria realizado que nenhum dos animais possuía marcação ou comprovação de origem e sendo esta atividade diretamente relacionada com as atribuições do Ibama, autarquia federal responsável pela autorização de ingresso e posse de animais exóticos no País, de acordo com Instrução Normativa 02/01 do citado órgão, há indícios de crime perpetrado em desfavor da União. 2. Uma vez que o ingresso de espécimes exóticas no País está condicionado à autorização do Ibama, firma-se a competência da Justiça Federal, haja vista a existência de interesse de autarquia federal. 3. Conheço do conflito e declaro competente o suscitado, Juízo Federal da 3ª Vara Criminal da Seção Judiciária do Estado do Rio Grande do sul. (CC 96.853, Rel. Min. OG Fernandes, Terceira Seção, DJ 17.10.2008)

Questões de concursos

605. (Cespe/AGU/Procurador/2010) A configuração do fato típico consistente em introduzir espécime animal no país, sem parecer técnico oficial favorável e licença expedida por autoridade competente, deve ser apurada e julgada pela justiça comum estadual, já que não há ofensa de bem, serviço ou interesse da União, de suas entidades autárquicas ou empresas públicas.

606. (FCC/MPE/RS/Assessor/2008) Com relação aos Crimes contra a Fauna, considere as seguintes assertivas:

I. No caso de guarda doméstica de espécie silvestre não considerada ameaçada de extinção, pode o juiz, considerando as circunstâncias, deixar de aplicar a pena.

II. Não é crime introduzir espécime animal no País, sem parecer técnico oficial favorável e licença expedida por autoridade competente.

III. Não comete crime quem fundeia embarcações sobre bancos de moluscos, devidamente demarcados em carta náutica.

IV. Não constitui crime o abate de animal, quando realizado em estado de necessidade, para saciar a fome do agente ou de sua família.

De acordo com a Lei n. 9.605/98, está incorreto o que consta apenas em

a) II e IV.
b) I e IV.
c) I e III.
d) II e III.
e) I e II.

■ Maus-tratos {art. 32}

Art. 32. Praticar ato de abuso, maus-tratos, ferir ou mutilar animais silvestres, domésticos ou domesticados, nativos ou exóticos:

Pena – detenção, de três meses a um ano, e multa.

§ 1º Incorre nas mesmas penas quem realiza experiência dolorosa ou cruel em animal vivo, ainda que para fins didáticos ou científicos, quando existirem recursos alternativos.

§ 2º A pena é aumentada de um sexto a um terço, se ocorre morte do animal.

Informativos (STJ)

Posse irregular de animais silvestres por longo período de tempo.

O particular que, por mais de vinte anos, manteve adequadamente, sem indício de maus-tratos, duas aves silvestres em ambiente doméstico pode permanecer na posse dos animais. REsp 1.425.943, Rel. Min. Herman Benjamin, 2.9.14. 2ª T. (Info 550)

Jurisprudência complementar (STF)

Ação penal. Maus-tratos de animais (art. 32 da Lei 9.605/98) e apologia de crime (art. 287 do código penal): Prescrição. Formação de quadrilha. Ausente demonstração das elementares do tipo penal. Absolvição. 1. O crime de quadrilha ou bando compõe-se dos seguintes elementos: a) concurso necessário de, pelo menos, quatro pessoas; b) finalidade específica dos agentes de cometer crimes indeterminados (ainda que acabem não cometendo nenhum); c) estabilidade e permanência da associação criminosa. 2. A formação de quadrilha ou bando exige, para sua configuração, união estável e permanente de criminosos voltada para a prática indeterminada de vários crimes. Doutrina e jurisprudência. 3. "in casu", as testemunhas de acusação apenas confirmaram a presença do réu em um evento onde se realizava rinha de galo, nada informando sobre sua possível associação com três ou mais pessoas para o fim de praticar indeterminadamente referido delito. 4. A presença das elementares típicas do crime de formação de quadrilha não restou demonstrada, à míngua de indício dos demais agentes com quem o réu se teria associado para prática de delitos, tampouco havendo indicação da existência de uma associação estável e permanente com fim de executar crimes. 5. Extinção da punibilidade dos crimes de maus-tratos de animais (art. 32 da Lei 9.605/98) e de apologia do crime (art. 287 do Código Penal), por terem sido alcançados pela prescrição, nos termos do art. 107, IV, do Código Penal. 6. Absolvição da acusação de formação de quadrilha, por não haver prova da existência do fato, nos termos do art. 386, II, do Código de Processo Penal, e do parecer do Ministério Público. (AP 932, Rel. Min. Luiz Fux, 1ª T., DJ 23.6.2016)

(...). Crime previsto no artigo 32 da Lei 9.605/98. Incursionamento no contexto fático-probatório dos autos. Súmula 279 do STF. Alegação de ofensa aos princípios da ampla defesa, do contraditório e do devido processo legal. Ofensa reflexa ao texto da constituição federal. (...). (ARE 908245 AgR, Rel. Min. Luiz Fux, 1ª T., DJ 17.11.2015)

(...). A promoção de briga de galos, além de caracterizar prática criminosa tipificada na legislação ambiental, configura conduta atentatória à Constituição da República, que veda a submissão de animais a atos de crueldade, cuja natureza perversa, à semelhança da "farra do boi" (RE 153.531), não permite sejam eles qualificados como inocente manifestação cultural, de caráter meramente folclórico. A proteção jurídico-constitucional dispensada à fauna abrange tanto os animais silvestres quanto os domésticos ou domesticados, nesta classe incluídos os galos utilizados em rinhas, pois o texto da Lei Fundamental vedou, em cláusula genérica, qualquer forma de submissão de animais a atos de crueldade. Essa especial tutela, que tem por fundamento legitimador a autoridade da Constituição da República, é motivada pela necessidade de impedir a ocorrência de situações de risco que ameacem ou que façam periclitar todas as formas de vida, não só a do gênero humano, mas, também, a própria vida animal, cuja integridade restaria comprometida, não fora a vedação constitucional, por práticas aviltantes, perversas e violentas contra os seres irracionais, como os galos de briga ("gallus-gallus"). Magistério da doutrina. Alegação de inépcia da petição inicial. Não se revela inepta a petição inicial, que, ao impugnar a validade constitucional de lei estadual, (a) indica, de forma adequada, a norma de parâmetro, cuja autoridade teria sido desrespeitada, (b) estabelece, de maneira clara, a relação de antagonismo entre essa legislação de menor positividade jurídica e o texto da Constituição da República, (c) fundamenta, de modo inteligível, as razões consubstanciadoras da pretensão de inconstitucionalidade deduzida pelo autor e (d) postula, com objetividade, o reconhecimento da procedência do pedido, com a consequente declaração de ilegitimidade constitucional da lei questionada em sede de controle normativo abstrato, delimitando, assim, o âmbito material do julgamento a ser proferido pelo Supremo Tribunal Federal.(ADI 1856, Rel. Min. Celso de Mello, Tribunal Pleno, DJ 14.10.2011)

Jurisprudência complementar (STJ)

Ação penal. Desembargador do TRE/MT. Crime do art. 32, c. c. o § 2º, da Lei 9.605/98. "rinhas de galo". Efetivo maus-tratos a animais configurado. Materialidade delitiva comprovada. Existência de elementos de prova de autoria. Justa causa configurada. Denúncia recebida. 1. A materialidade delitiva está fartamente comprovada no laudo técnico, elaborado pela Polícia Federal, e na perícia, realizada por técnicos do Ibama, que corroboraram a narrativa da autoridade policial federal que conduziu a diligência no local em que ocorriam as chamadas "rinhas de galo", onde foi confirmada a ocorrência de maus-tratos a animais, conduta inserta no art. 32, c. c. o § 2º, da Lei 9.605/98. 2. Considerando-se o histórico envolvimento do acusado com as atividades desenvolvidas pela sociedade promotora do evento, mormente o fato de figurar como sócio-fundador e "superintendente jurídico" da entidade e ter sido flagrado na ocasião de sua realização, constata-se a existência de elementos de prova, os quais, em juízo prelibatório, consubstanciam justa causa para a deflagração da persecução penal em juízo. 3. Denúncia recebida. (APn 680, Rel. Min. Laurita Vaz, Corte Especial, DJ 29.10.2013)

(...). Art. 32 da Lei 9.605/98 (maus tratos). "rinha de galo". Prévio mandado de segurança. Legalidade da realização do evento esportivo. Coisa julgada. Ausência de identidade de objeto. Violação não configurada. Ressalva à possibilidade de se punir os maus tratos eventualmente praticados. (...). 1. Constatado que não há identidade de objetos entre o inquérito policial que se pretende trancar por meio deste "writ", e o mandado de segurança no qual o paciente obteve autorização para a realização de "rinhas de galo", não há falar em ofensa à coisa julgada. 2. Ainda que assim não fosse, o Tribunal estadual, no acórdão proferido no mandado de segurança citado, entendeu ser líquido e certo o direito de realização das denominadas rinhas de galo. No entanto, ressalvou a possibilidade de se punir os maus tratos que se verificarem dentro de todas as atividades, inclusive nos referidos eventos, reprimindo os excessos que eventualmente forem praticados neste esporte. (...). (HC 226.346, Rel. Min. Jorge Mussi, 5ª T., DJ 17.5.2012)

(...). Conflito negativo de competência. Possível infração contra o meio ambiente. Ausência, em princípio, de lesão a bem ou interesse da união. Competência da Justiça Estadual. Inexistindo indício de que a infração penal teria atingido bem ou interesse da União, a competência para o feito é da Justiça Estadual. (...). (CC 27.198, Rel. Min. Felix Fischer, Terceira Seção, DJ 19.6.2000)

Questões de concursos

607. **(UFMT/TJ/MT/Analista/2016)** O renomado Professor Dr. Tibélio, em seu magistério, costuma realizar com fins didáticos dissecação de animais silvestres vivos, por entender mais conveniente apesar de existirem recursos alternativos viáveis cientificamente. É correto afirmar que o ato do Professor Dr. Tibélio

   a) não se enquadra no crime de maus-tratos, disposto no Art. 32 da Lei de Crimes Ambientais, uma vez que havia fins didáticos.

   b) só se enquadraria no crime de maus tratos se fossem animais domésticos.

   c) enquadra-se no crime de maus-tratos, disposto no Art. 32 da Lei de Crimes Ambientais.

   d) só se enquadraria no crime de maus tratos se fossem animais em extinção.

608. **(Cespe/MMA/Analista/2011)** Praticar ato de abuso, maus-tratos, ferir ou mutilar animais bem como realizar experiência dolorosa ou cruel em animal vivo, ainda que para fins didáticos ou científicos, são atos passíveis de detenção e multa, e, em caso de morte do animal a pena é aumentada de um a seis meses.

609. **(Cespe/PC/RN/Agente/2009)** Paul, cidadão britânico e presidente de organização não-governamental para proteção aos cachorros, em visita ao Brasil para divulgar os trabalhos de sua organização, presenciou, em um pet shop, o corte das caudas de três filhotes de cachorro da raça rottweiler. Inconformado, Paul compareceu à delegacia mais próxima no intuito de formalizar uma representação criminal contra o médico veterinário responsável pelo estabelecimento comercial. A partir dessa situação hipotética e com base na Lei n. 9.605/1998 (crimes contra o meio ambiente), assinale a opção correta.

   a) A representação não deverá ser formalizada pela autoridade policial, pois Paul, além de não ser cidadão brasileiro, não presenciou nenhuma infração penal.

   b) A representação deverá ser formalizada pela autoridade policial, uma vez que a nacionalidade de Paul não a impede, além do que a conduta narrada na situação hipotética caracteriza, em tese, crime previsto na Lei n. 9.605/1998.

   c) O direito de formalizar "notitia criminis" só é extensível aos estrangeiros no território nacional quando expressamente autorizados por lei, além do que o fato presenciado por Paul não é considerado criminoso pela Lei n. 9.605/1998.

   d) Não se exige formalidade rígida para a redução a termo de comunicação de infração penal a autoridades policiais, no entanto, na situação hipotética narrada, Paul é mensageiro de um fato não criminoso, pois a conduta do médico veterinário não é tipificada pelo ordenamento jurídico brasileiro.

   e) O fato presenciado por Paul é, em tese, crime contra a fauna. No entanto, por não ser cidadão brasileiro, Paul não terá sua pretensão atendida pelas autoridades policiais, uma vez que tal direito assiste apenas aos cidadãos brasileiros maiores e capazes.

■ Emissão de Efluentes com Resultado Lesivo {art. 33}

Art. 33. Provocar, pela emissão de efluentes ou carreamento de materiais, o perecimento de espécimes da fauna aquática existentes em rios, lagos, açudes, lagoas, baías ou águas jurisdicionais brasileiras:

Pena – detenção, de um a três anos, ou multa, ou ambas cumulativamente.

Parágrafo único. Incorre nas mesmas penas:

I – quem causa degradação em viveiros, açudes ou estações de aquicultura de domínio público;

II – quem explora campos naturais de invertebrados aquáticos e algas, sem licença, permissão ou autorização da autoridade competente;

III – quem fundeia embarcações ou lança detritos de qualquer natureza sobre bancos de moluscos ou corais, devidamente demarcados em carta náutica.

Jurisprudência complementar (STJ)

(...). Crimes ambientais (artigos 33, 40, 55 e 56 da Lei 9.605/1998). Alegada incompetência da justiça estadual. Delito de usurpação de matéria-prima da união (artigo 2º da Lei 8.176/1991). Inexistência de denúncia. Ilícitos ambientais que não afetaram bens, serviços ou interesses da União. Constrangimento ilegal não evidenciado. Desprovimento do recurso. 1. A Lei 9.605/1998, que disciplina os crimes cometidos em detrimento do meio ambiente (fauna e flora), nada dispõe acerca da competência para o processamento e julgamento das ações penais relativas aos delitos nela descritos. 2. De acordo com os artigos 23, incisos VI e VII, e 109, inciso IV, da Constituição Federal, a competência da Justiça Federal para processar e julgar delitos ambientais é restrita aos crimes cometidos em detrimento de bens, serviços ou interesses da União, suas autarquias ou empresas públicas. 3. De acordo com a exordial acusatória, os crimes ambientais atribuídos ao recorrente teriam sido cometidos em área de preservação permanente, na qual não foram afetados bens, serviços ou interesses da União, motivo pelo qual a ação penal foi deflagrada perante a Justiça Estadual. 4. Em momento algum o órgão acusatório vislumbrou a prática do delito previsto no artigo 2º da Lei 8.176/1991, que atrairia a competência da Justiça Federal para apurar os ilícitos imputados ao recorrente, circunstância que impede o reconhecimento da incompetência da Justiça Estadual na espécie. 5. Se o órgão ministerial federal entender que o recorrente também incidiu na prática do mencionado delito, bem como a sua conexão com os crimes ambientais pelos quais o recorrente já foi denunciado, poderá requerer ao Juízo Federal que reúna os processos para que neste todos sejam julgados, conforme entendimento consolidado no enunciado n. 122 da Súmula deste Superior Tribunal de Justiça. (...). (RHC 29.920, Rel. Min. Jorge Mussi, 5ª T., DJ 24.4.2013)

Pesca Ilegal {art. 34}

Art. 34. Pescar em período no qual a pesca seja proibida ou em lugares interditados por órgão competente:

Pena – detenção de um ano a três anos ou multa, ou ambas as penas cumulativamente.

Parágrafo único. Incorre nas mesmas penas quem:

I – pesca espécies que devam ser preservadas ou espécimes com tamanhos inferiores aos permitidos;

II – pesca quantidades superiores às permitidas, ou mediante a utilização de aparelhos, petrechos, técnicas e métodos não permitidos;

III – transporta, comercializa, beneficia ou industrializa espécimes provenientes da coleta, apanha e pesca proibidas.

Jurisprudência complementar (STF)

(...). Pesca em período proibido. Crime ambiental tipificado no art. 34, parágrafo único, inciso I, da Lei 9.605/98. Proteção criminal decorrente de mandamento constitucional (CF, art. 225, § 3º). Interesse manifesto do estado na repreensão às condutas delituosas que venham a colocar em situação de risco o meio ambiente ou lhe causar danos. Pretendida aplicação da insignificância. Impossibilidade. Conduta revestida de intenso grau de reprovabilidade. Crime de perigo que se consuma com a simples colocação ou exposição do bem jurídico tutelado a perigo de dano. Entendimento doutrinário. Recurso não provido. 1. A proteção, em termos criminais, ao meio ambiente decorre de mandamento constitucional, conforme prescreve o § 3º do art. 225: "[a]s condutas e atividades consideradas lesivas ao meio ambiente sujeitarão os infratores, pessoas físicas ou jurídicas, a sanções penais e administrativas, independentemente da obrigação de reparar os danos causados". 2. Em razão da sua relevância constitucional, é latente, portanto, o interesse do estado na repreensão às condutas delituosas que possam colocar o meio ambiente em situação de perigo ou lhe causar danos, consoante a Lei 9.605/98. 3. Essa proteção constitucional, entretanto, não afasta a possibilidade de se reconhecer, em tese, o princípio da insignificância quando há a satisfação concomitante de certos pressupostos, tais como: a) mínima ofensividade da conduta do agente; b) nenhuma periculosidade social da ação; c) reduzidíssimo grau de reprovabilidade do comportamento; e d) inexpressividade da lesão jurídica provocada (RHC 122.464/BA-AgR...). 4. A conduta praticada pode ser considerada como um crime de perigo, que se consuma com a mera possibilidade do dano. 5. O comportamento do recorrente é dotado de intenso grau de reprovabilidade, pois ele agiu com liberalidade ao pescar em pleno defeso utilizando-se de redes de pesca de aproximadamente 70 (setenta) metros, o que é um indicativo da prática para fins econômicos e não artesanais, afastando, assim, já que não demonstrada nos autos, a incidência do inciso I do art. 37 da Lei Ambiental, que torna atípica a conduta quando praticada em estado de necessidade, para saciar a fome do agente ou de sua família. 6. Nesse contexto, não há como afastar a tipicidade material da conduta, tendo em vista que a reprovabilidade que recai sobre ela está consubstanciada no fato de o recorrente ter pescado em período proibido utilizando-se de método capaz de colocar em risco a reprodução dos peixes, o que remonta, indiscutivelmente, à preservação e ao equilíbrio do ecossistema aquático. 7. Recurso ordinário ao qual se nega provimento. (RHC 125566, Rel. Min. Dias Toffoli, 2ª T., DJ 28.11.2016)

(...). Pesca em local proibido. Crime ambiental tipificado no art. 34, caput, e parágrafo único, inciso III, da Lei 9.605/98. Proteção criminal decorrente de mandamento constitucional (CF, art. 225, § 3º). Reconhecimento do princípio da consunção entre as condutas imputadas. Tema não analisado pelas instâncias antecedentes. Dupla supressão de instância que não se admite configurada. Não conhecimento. Atipicidade das condutas. Pretendida aplicação da insignificância. Impossibilidade. Interesse manifesto do estado na repressão às condutas delituosas que venham a colocar em situação de risco o meio ambiente ou lhe causar danos. Paciente surpreendido com 120 kg (cento e vinte quilos) de pescado. Conduta revestida de intenso grau de reprovabilidade, já que potencialmente suficiente para causar danos significativos ao equilíbrio ecológico do local da pesca. Conhecimento parcial de "habeas corpus". (...). 1. A questão relativa ao princípio da consunção não foi tratada pelo Tribunal Regional Federal da 1ª Região nem submetido ao crivo do Superior Tribunal de Justiça. Portanto, sua análise, de forma originária, pelo STF, configuraria inegável dupla supressão de instância, a qual não se admite. 2. Não há como se afirmar, de plano, que a conduta do paciente, surpreendido com "1 (uma) canoa, 3 (três) malhadeiras de mica malha 50 medindo 60 (sessenta) metros de comprimento, além de 120 (cento e vinte) quilos de pescado obtido em um único dia em área proibida", seria inexpressiva ao ponto de torná-la irrelevante. 3. A quantidade significante de pescado apreendido em poder do paciente, revela-se potencialmente suficiente para causar danos ao equilíbrio ecológico do local da pesca (Reserva de Desenvolvimento Sustentável de Mamirauá), não havendo que se falar, portanto, em incidência do princípio da insignificância na espécie. 4. "Habeas corpus" do qual se conhece parcialmente. (...). (HC 130533, Rel. Min. Dias Toffoli, 2ª T., DJ 10.8.2016)

(...). Crime ambiental. Pescador flagrado com doze camarões e rede de pesca, em desacordo com a Portaria 84/02, do Ibama. Art. 34, parágrafo único, II, da Lei 9.605/98. Rei furtivae de valor insignificante. Periculosidade não considerável do agente. Crime de bagatela. Caracterização. Aplicação do princípio da insignificância. Atipicidade reconhecida. Absolvição decretada. HC concedido para esse fim. Voto vencido. Verificada a objetiva insignificância jurídica do ato tido por delituoso, à luz das suas circunstâncias, deve o réu, em recurso ou "habeas corpus", ser absolvido por atipicidade do comportamento. (HC 112563, Rel. p/ ac. Min. Cezar Peluso, 2ª T., DJ 10.12.2012)

(...). Pesca de camarões durante o período de reprodução da espécie. Alegação de insignificância em face da pequena quantidade de camarão pescado, bem como de inépcia da inicial por ausência de individualização da conduta e inexistência de indícios de autoria. Ausência de perícia demonstrativa da materialidade. Desnecessidade. Para o trancamento da ação penal, a ausência de tipicidade deve ser evidenciada de plano. Além de noventa quilos de camarão aparentemente não ser insignificante, tal juízo depende de valoração das provas produzidas. A denúncia está baseada no auto de infração ambiental da lavra do Ibama, bem como na documentação administrativa pertinente, o que afasta a alegação da ausência de prova da autoria e da materialidade do delito. (...). (HC 86249, Rel. Min. Carlos Britto, 1ª T., DJ 31.3.2006)

Jurisprudência complementar (STJ)

(...). Crime ambiental. Art. 34, parágrafo único, II, da Lei 9.605/1998. Princípio da insignificância. Inaplicabilidade. Atipicidade de conduta. Não ocorrência. Agravo regimental não provido. 1. No caso dos autos, não obstante a pequena quantidade efetivamente pescada de camarões (3 kg), o "modus operandi" – pesca praticada em área proibida, por meio de utilização de rede de arrasto –, coloca em risco a reprodução das espécies da fauna local, porque tal petrecho arrasta toda a fauna e flora marinha existente no fundo do mar, carregando consigo corais e outros animais marinhos. Ademais, o recorrente já foi pego em outras três oportunidades pescando em locais proibidos ou com rede de arrasto: foi condenado em uma oportunidade, absolvido em outra e obteve extinção da punibilidade pela prescrição em outra, circunstâncias que impedem a aplicação do princípio da insignificância. (...). (AgRg no REsp 1489798, Rel. Min. Rogerio Schietti Cruz, 6ª T., DJ 23.3.2017)

(...). Crime contra o Meio Ambiente. Pesca/extração em período de defeso. Berbigões. Art. 34, caput, da Lei 9.605/1998. Aplicação do princípio da insignificância.

Impossibilidade. Lesão potencial. Recurso não provido. 1. A questão da relevância ou da insignificância das condutas lesivas ao meio ambiente não deve considerar apenas questões jurídicas ou a dimensão econômica da conduta, mas levar em conta o equilíbrio ecológico que faz possíveis as condições de vida no planeta. 2. A lesão ambiental também pode, cum grano salis, ser analisada em face do princípio da insignificância, para evitar que fatos penalmente insignificantes sejam alcançados pela lei ambiental. 3. Haverá lesão ambiental irrelevante no sentido penal quando a avaliação dos índices de desvalor da ação e do resultado indicar que é ínfimo o grau da lesividade da conduta praticada contra o bem ambiental tutelado. 4. Na espécie, é significativo o desvalor da conduta do recorrente, haja vista ter extraído ilegalmente berbigão no interior da Reserva Extrativista Marinha do Pirajuba, unidade de conservação federal de uso sustentável, em período cuja prática estava proibida. Ademais, "o réu vem reiteradamente pescando em épocas proibidas, prejudicando a Reserva Extrativista". (...). (REsp 1626599, Rel. Min. Rogerio Schietti Cruz, 6ª T., DJ 22.3.2017)

(...). Crime ambiental. Art. 34 da Lei 9.605/1998. Crime formal. Princípio da insignificância. Inaplicabilidade. Pesca em período defeso e uso de rede de arrasto. Potencialidade de risco a reprodução das espécies da fauna local. Atipicidade de conduta. Inocorrência. Agravo regimental não provido. 1. Inviável a aplicação do princípio da insignificância, a fim de afastar a tipicidade da conduta prevista no art. 34 da Lei 9.605/1988 – crime formal, de perigo abstrato, que prescinde, portanto, de qualquer resultado danoso para sua configuração – àquele que, agindo em desacordo com as exigências legais ou regulamentares, é flagrado pescando, com rede de arrasto e em período defeso, 3 kg de camarão, haja vista não apenas a época do ano em que foi realizado o flagrante mas também a forma como foi praticado o delito se mostrarem potencialmente capazes de colocar em risco a reprodução das espécies da fauna local. (...). (AgRg no AREsp 665.254, Rel. Min. Rogerio Schietti Cruz, 6ª T., DJ 2.3.2017)

(...). Pesca em local proibido. Unidade de Conservação. Crime ambiental. Mínima ofensividade ao bem jurídico tutelado. Princípio da insignificância. Atipicidade material da conduta. 1. Consoante entendimento jurisprudencial, o "princípio da insignificância – que deve ser analisado em conexão com os postulados da fragmentaridade e da intervenção mínima do Estado em matéria penal – tem o sentido de excluir ou de afastar a própria tipicidade penal, examinada na perspectiva de seu caráter material. (...) Tal postulado – que considera necessária, na aferição do relevo material da tipicidade penal, a presença de certos vetores, tais como (a) a mínima ofensividade da conduta do agente, (b) a nenhuma periculosidade social da ação, (c) o reduzidíssimo grau de reprovabilidade do comportamento e (d) a inexpressividade da lesão jurídica provocada – apoiou-se, em seu processo de formulação teórica, no reconhecimento de que o caráter subsidiário do sistema penal reclama e impõe, em função dos próprios objetivos por ele visados, a intervenção mínima do Poder Público." (HC 84.412) 2. Caso concreto que se adequa a esses vetores, possibilitando a aplicação do princípio da insignificância, com reconhecimento da atipicidade material da conduta, consubstanciada em pescar em local proibido (unidade de conservação), porquanto não apreendido um único peixe com os recorrentes, o que denota ausência de ofensividade ao bem jurídico tutelado. (...). (RHC 71.380, Rel. Min. Maria Thereza de Assis Moura, 6ª T., DJ 30.6.2016)

(...). Crime contra o meio ambiente. Pesca em período de defeso. Piracema. Art. 34, caput, I, da Lei 9.605/1998. Trancamento da ação penal. Aplicação do princípio da insignificância. Impossibilidade. Lesão potencial. Recurso não provido. 1. A questão da relevância ou insignificância das condutas lesivas ao meio ambiente não deve considerar apenas questões jurídicas ou a dimensão econômica da conduta, mas levar em conta o equilíbrio ecológico que faz possíveis as condições de vida no planeta. 2. A lesão ambiental também pode, cum grano salis, ser analisada em face do princípio da insignificância, para evitar que fatos penalmente insignificantes sejam alcançados pela lei ambiental. 3. Haverá lesão ambiental irrelevante no sentido penal quando a avaliação dos índices de desvalor da ação e de desvalor do resultado indicar que é ínfimo o grau da lesividade da conduta praticada contra o bem ambiental tutelado. 4. Na espécie, é significativo o desvalor da conduta do recorrente, haja vista ter sido surpreendido com 6 kg de pescado durante a piracema, período em que, sabidamente, é proibida a pesca em certas regiões, como meio de preservação da fauna fluvial ou marítima. (...). (REsp 1279864, Rel. Min. Rogerio Schietti Cruz, 6ª T., DJ 6.6.2016)

Questões de concursos

610. **(Cespe/DPF/Agente/2014)** Considere que Jorge tenha sido preso por pescar durante a piracema, o que o tornou réu em processo criminal. Nessa situação hipotética, se a lesividade ao bem ambiental for ínfima, segundo o entendimento do Superior Tribunal de Justiça, o juiz poderá aplicar o princípio da insignificância.

611. **(FGV/TJ/AM/Juiz/2013)** Com relação à Lei n. 9.605/98, que dispõe sobre as sanções penais e administrativas derivadas de condutas e atividades lesivas ao meio ambiente, assinale a afirmativa incorreta.

    a) A perícia de constatação do dano ambiental produzida no inquérito civil ou no juízo cível poderá ser aproveitada no processo penal, instaurando-se o contraditório.

    b) A captura não autorizada do peixe-boi, espécie ameaçada de extinção no Brasil, faz incidir as penas do parágrafo único, inciso I, do art. 34 da Lei n. 9.605/98.

MEIO AMBIENTE (LEI 9.605/98) — Art. 34

c) Os órgãos ambientais integrantes do Sisnama ficam autorizados a celebrar termo de compromisso com pessoas físicas ou jurídicas responsáveis pela construção, instalação, ampliação e funcionamento de estabelecimentos e atividades utilizadores de recursos ambientais, considerados efetiva ou potencialmente poluidores.

d) A proibição de o condenado contratar com o Poder Público, de receber incentivos fiscais ou quaisquer outros benefícios, bem como de participar de licitações, pelo prazo de cinco anos, no caso de crimes dolosos, e de três anos, no de crimes culposos constituem penas de interdição temporária de direito aplicáveis aos crimes contra o meio ambiente

e) Verificada a infração, os animais apreendidos serão libertados em seu habitat ou entregues a jardins zoológicos, fundações ou entidades assemelhadas, desde que fiquem sob a responsabilidade de técnicos habilitados

612. **(MPE/PR/Promotor/2012)** São crimes ambientais:

I. pescar em período no qual a pesca seja proibida ou em lugares interditados por órgão competente;

II. pescar mediante a utilização de explosivos ou substâncias que, em contato com a água, produzam efeito semelhante;

III. exportar para o exterior peles e couros de anfíbios e répteis em bruto, sem autorização da autoridade ambiental competente;

IV. introduzir espécie animal no país, sem parecer técnico oficial favorável e licença expedida por autoridade competente;

V. praticar ato de abuso, maus-tratos, ferir ou mutilar animais silvestres, domésticos ou domesticados, nativos ou exóticos.

a) Todas as alternativas são corretas;

b) Todas as alternativas são incorretas;

c) As alternativas I, II, III e V são corretas;

d) As alternativas I, II, III e IV são corretas;

e) As alternativas II, III, IV e V são corretas.

613. **(UFT/DPE/TO/Analista/2012)** Nos termos da Lei n. 9.605/98, são crimes contra o meio ambiente:

I. Pescar em período no qual a pesca seja proibida ou em lugares interditados por órgão competente;

II. Provocar incêndio em mata ou floresta;

III. Disseminar doença ou praga ou espécies que possam causar dano à agricultura, à pecuária, à fauna, à flora ou aos ecossistemas;

IV. Alterar o aspecto ou estrutura de edificação ou local especialmente protegido por lei, ato administrativo ou decisão judicial, em razão de seu valor paisagístico, ecológico, turístico, artístico, histórico, cultural, religioso, arqueológico, etnográfico ou monumental, sem autorização da autoridade competente ou em desacordo com a concedida;

Assinale a opção correta:

a) Somente os itens I, II e III estão corretos.

b) Somente os itens II, III e IV estão corretos.

c) Todos os itens estão corretos.

d) Todos os itens estão incorretos.

614. **(Cespe/PC/ES/Escrivão/2011)** Para que a norma penal incriminadora – que prevê a proibição de utilização de aparelhos, petrechos, técnicas e métodos não permitidos na prática da pescaria –, contida na Lei n. 9.605/1998 (Crimes contra o meio ambiente), incida sobre caso concreto, é indispensável que a pesca com equipamentos proibidos possa, efetivamente, causar risco às espécies ou ao ecossistema.

615. **(Cespe/PC/ES/Escrivão/2011)** Deve-se reconhecer a atipicidade material da conduta de uso de apetrecho de pesca proibido se resta evidente a completa ausência de ofensividade ao bem jurídico tutelado pela norma penal, qual seja, a fauna aquática.

616. **(Cespe/DPE/BA/Defensor/2010)** Nélson foi flagrado na lagoa do Abaeté, área de proteção ambiental, portando apetrechos para pesca artesanal – duas varas de pescar, isca, caixa de isopor, faca de cozinha. Constatou-se, na ocasião, que Nélson pretendia pescar para alimentar a família, que passava grandes privações. Nessa situação, resta configurado o crime ambiental de penetração, com porte de instrumentos para pesca, em área de proteção ambiental, delito considerado de mera conduta, o que obsta a incidência das causas excludentes de ilicitude.

617. **(Cespe/AGU/Procurador/2007)** Crime de pesca realizado em rio interestadual deve ser julgado no juízo federal competente, ao passo que crime de pesca realizado em rio estadual deve ser objeto de denúncia de membro do Ministério Público estadual respectivo.

■ Pesca Predatória {art. 35}

Art. 35. Pescar mediante a utilização de:

I – explosivos ou substâncias que, em contato com a água, produzam efeito semelhante;

II – substâncias tóxicas, ou outro meio proibido pela autoridade competente:

Pena – reclusão de um ano a cinco anos.

■ Norma Penal Explicativa da Pesca {art. 36}

Art. 36. Para os efeitos desta Lei, considera-se pesca todo ato tendente a retirar, extrair, coletar, apanhar, apreender ou capturar espécimes dos grupos dos peixes, crustáceos, moluscos e vegetais hidróbios, suscetíveis ou não de aproveitamento econômico, ressalvadas as espécies ameaçadas de extinção, constantes nas listas oficiais da fauna e da flora.

Jurisprudência complementar (STF)

Inquérito. Denúncia contra deputado federal. Crime ambiental. Pesca em lugar interditado por órgão competente. Art. 34 da Lei 9.605/1998. Afastamento da preliminar de inépcia da denúncia. Alegada falta de justa causa para o prosseguimento da ação penal. Acolhimento. 1. Inviável a rejeição da denúncia, por alegada inépcia, quando a peça processual atende ao disposto no art. 41 do Código de Processo Penal e descreve, com o cuidado necessário, a conduta criminosa imputada a cada qual dos denunciados, explicitando, minuciosamente, os fundamentos da acusação. 2. Hipótese excepcional a revelar a ausência do requisito da justa causa para a abertura da ação penal, especialmente pela mínima ofensividade da conduta do agente, pelo reduzido grau de reprovabilidade do comportamento e pela inexpressividade da lesão jurídica provocada. (Inq 3788, Rel. Min. Cármen Lúcia, 2ª T., DJ 14.6.2016)

Jurisprudência complementar (STJ)

(...). Pesca. Infração administrativa. Arts. 34, 35 e 36 da Lei 9.605/98. Caracterização. Auto de infração. Legalidade. 1. Trata-se, na origem, de ação ajuizada com o objetivo de anular auto de infração lavrado com base nos arts. 34 e 35 da Lei 9.605/98, uma vez que o ora recorrido estaria pescando em época de Piracema mediante a utilização de material proibido e predatório. 2. A Administração Pública é regida pelos princípios da legalidade e, em especial no exercício de atividade sancionadora, da tipicidade/taxatividade, de modo que, se ela não comprova, na esfera judicial, que foi correta a qualificação jurídica feita no lançamento, a autuação não pode subsistir. Todavia, no presente caso, a autuação foi correta ao enquadrar a ação do infrator nos arts. 34, 35 e 36 da Lei 9.605/98. 3. O próprio legislador cuidou, no art. 36 da Lei 9.605/98, de enunciar o que deve ser entendido como pesca, vejamos: "considera-se pesca todo ato tendente a retirar, extrair, coletar, apanhar, apreender ou capturar espécimes dos grupos dos peixes, crustáceos, moluscos e vegetais hidróbios, suscetíveis ou não de aproveitamento econômico, ressalvadas as espécies ameaçadas de extinção, constantes nas listas oficiais da fauna e da flora". 4. Assim, analisando-se as condutas previstas nos artigos 34 e 35 da Lei n 9.605/98 e o conceito de pesca disposto no art. 36 da referida norma, conclui-se que a conduta do ora recorrido que larga uma rede (material proibido e predatório) em um rio, em época de Piracema, praticamente por assustar-se com a presença de agentes fiscalizadores, pescou, uma vez que pela análise de todo o contexto apresentado no acórdão recorrido houve a demonstração de prática de ato tendente a retirar peixe ou qualquer das outras espécies elencadas no art. 36 da Lei 9.605 de sua habitat próprio. (...). (REsp 1223132, Rel. Min. Mauro Campbell Marques, 2ª T., DJ 27.6.2012)

(...). Conflito negativo de competência. Crimes contra a fauna. Pesca sem autorização. Interesse da união. Crime ocorrido em detrimento de interesse de entidade autárquica federal. Competência da Justiça Federal. Demonstrado o interesse da União na lide a competência é da Justiça Federal em relação aos crimes contra a fauna. (...). (CC 32.414, Rel. Min. Felix Fischer, Terceira Seção, DJ 8.4.2002)

Questões de concursos

618. (Cespe/TJ/PB/Juiz_Leigo/2013) Considerando os crimes ambientais, assinale a opção correta.

   a) O delito de deixar de cumprir obrigação de relevante interesse ambiental advinda de dever legal ou contratual, previsto na lei que dispõe sobre os crimes ambientais, é classificado como crime próprio, visto que se insere no rol dos crimes contra a administração pública ambiental.

   b) Para a configuração do crime de pesca proibida, é desnecessário que a pesca com equipamentos proibidos possa, efetivamente, causar risco às espécies ou ao ecossistema.

   c) O delito de comercialização de pescados proibidos é previsto por uma norma penal em branco, o que demanda definição, por legislação complementar, da elementar do tipo, a saber, espécimes provenientes da coleta, apanha e pesca proibidas.

d) A pequena quantidade de pescado eventualmente apreendido desnatura o delito ambiental que pune a pesca ou sua comercialização durante o período em que seja proibida, isto é, em época de reprodução da espécie e com utilização de petrechos não permitidos.

e) É inaplicável o princípio da insignificância aos crimes ambientais, em razão de a CF, consolidando tendência mundial de atribuir maior atenção aos interesses difusos, conferir especial relevo à questão ambiental, ao elevar o meio ambiente à categoria de bem jurídico tutelado autonomamente.

619. **(Cespe/MPE/RO/Promotor/2010)** Com relação à proteção ambiental, assinale a opção correta.

a) De acordo com a jurisprudência, o adquirente de área rural com finalidade de empregá-la para pastagens não pode ser responsabilizado por irregularidades ambientais na referida propriedade ocorridas antes de adquiri-la.

b) O zoneamento ambiental como instrumento de planejamento não pode ser empregado para ordenar o território amazônico, mas pode ser útil na definição da ocupação desse território, em especial das áreas de exploração de recursos minerais.

c) Ao vedar práticas que provoquem a extinção de espécies da fauna silvestre amazônica, o poder público fundamenta-se no princípio da prevenção.

d) A infração administrativa ambiental como demarcada na Lei de Crimes Ambientais regula de modo restrito o ato praticado por particular a ser punido.

e) A pesca predatória em rio que banhe o estado do Acre consiste em crime ambiental a ser processado e julgado pela justiça comum, segundo a jurisprudência.

620. **(EJEF/TJ/MG/Juiz/2009)** Sobre os crimes contra o meio ambiente, marque a alternativa correta.

a) Ao conceituar pesca, para os fins legais, a Lei n. 9.605, de 1998, abrange peixes, crustáceos, moluscos e vegetais hidróbios.

b) Todas as contravenções penais contra a fauna previstas no Código Florestal estão implicitamente revogadas, pois, com o advento da Lei de Crimes Ambientais, aquelas condutas foram, de certa forma, contempladas como crimes.

c) Nos crimes ambientais, a aplicação de pena de multa decorrente de sentença transitada em julgado impede a cominação de multa por infração administrativa relativamente ao mesmo fato, em razão do princípio do non "bis in idem".

d) Constitui circunstância agravante da pena pela prática de crime ambiental, tal como definido pela Lei n. 9.605, de 1998, a baixa instrução ou escolaridade do agente.

Causas Excludentes de Antijuridicidade {art. 37}

> **Art. 37**. Não é crime o abate de animal, quando realizado:
>
> I – em estado de necessidade, para saciar a fome do agente ou de sua família;
>
> II – para proteger lavouras, pomares e rebanhos da ação predatória ou destruidora de animais, desde que legal e expressamente autorizado pela autoridade competente;
>
> III – (Vetado).
>
> IV – por ser nocivo o animal, desde que assim caracterizado pelo órgão competente.

Questões de concursos

621. **(FCC/Segep/Analista/2016)** Em relação à Lei n. 9.605/1998, que trata dos Crimes Ambientais, é correto afirmar:

    a) Não é crime o abate de animal, quando realizado em estado de necessidade, para saciar a fome do agente ou de sua família.

    b) É crime o abate de animal, para proteger lavouras, pomares e rebanhos, mesmo com autorização de autoridade competente.

    c) Não é crime danificar floresta, mesmo de preservação permanente, em necessidade de abrigo e alimentação do agente.

    d) É crime cortar árvores em floresta de preservação permanente, mesmo com autorização de autoridade competente.

    e) Não é crime provocar incêndio em mata, floresta, e outras formas de vegetação, desde que não tenha sido intencional.

622. **(MPE/RS/Promotor/2014)** Assinale com V (verdadeiro) ou com F (falso) as afirmações abaixo, à luz da Lei n. 9.605/98 e da Constituição Federal.

    I. Configura infração administrativa, e não crime, obstar ou dificultar a ação fiscalizadora do Poder Público no trato de questões ambientais.

    II. Não configura infração penal o abate de animal, quando realizado para proteger lavouras, pomares e rebanhos da ação predatória ou destruidora de animais, desde que legal e expressamente autorizado pela autoridade competente.

    III. A Lei Maior prevê a competência concorrente da União, dos Estados e do Distrito Federal para legislar sobre caça, fauna e proteção do meio ambiente.

IV. O abate de animal nocivo não é crime, desde que reconhecido como tal pelo órgão competente.

A sequência correta de preenchimento dos parênteses, de cima para baixo, é

a) F, V, V, F.
b) V, F, F, V.
c) F, F, V, V.
d) V, V, F, F.
e) F, V, V, V.

623. (SCGás/SCGás/Advogado/2014) No que concerne a Lei de Crimes Ambientais é correto afirmar:

I. Poderá ser desconsiderada a pessoa jurídica sempre que sua personalidade for obstáculo ao ressarcimento de prejuízos causados à qualidade do meio ambiente.

II. A responsabilidade das pessoas jurídicas exclui a das pessoas físicas, autoras, coautoras ou partícipes do mesmo fato.

III. Não é crime o abate de animal, quando realizado em estado de necessidade, para saciar a fome do agente ou de sua família.

IV. É considerado crime destruir, danificar, lesar ou maltratar, por qualquer modo ou meio, plantas de ornamentação de logradouros públicos ou em proprieda-de privada alheia.

A sequência correta é:

a) Apenas as assertivas II e IV estão corretas.
b) Apenas as assertivas I, II e IV estão corretas.
c) Apenas as assertivas I, III e IV estão corretas.
d) Apenas a assertiva II está correta.

624. (Cespe/PC/DF/Escrivão/2013) Quando um cidadão abate um animal que é considerado nocivo por órgão competente, ele não comete crime.

625. (TRF/3R/Juiz/2013) Marque a alternativa considerada correta:

a) Nossa legislação ambiental não considera delito o abate de animal em situação peculiar como, por exemplo, para saciar a fome própria ou de sua família;
b) Nossa legislação ambiental prevê apenas pena de multa para quem exporta couro de anfíbios para países do Mercosul;

c) Por nossa Carta Magna, a Serra do Mar, o Pantanal Mato-Grossense, o Cristo Redentor e a Zona Costeira são considerados patrimônio nacional;

d) A pesca no período da piracema enseja a notificação do infrator para a devida reparação, sob pena de aplicação de multa proporcional ao dano ambiental;

e) Não há ilicitude no ato de apreensão e corte de madeira de lei para fins exclusivamente domésticos.

626. **(FCC/DPE/AM/Defensor/2013)** Pedro, em estado de necessidade, para saciar sua fome e de sua família, composta por esposa e cinco filhos, abateu animal da fauna amazônica. Segundo a Lei Federal no 9.605/98, que dispõe sobre as sanções penais e administrativas derivadas de condutas e atividades lesivas ao meio ambiente, tal fato

a) é tipificado como crime.

b) é tipificado como contravenção penal.

c) é tipificado como crime, sendo a situação descrita circunstância atenuante da pena.

d) não é considerado crime.

e) é tipificado como crime, sendo a ação penal neste caso pública condicionada à representação.

627. **(Cespe/Ibama/Técnico/2012)** Considerando-se o direito constitucional ao meio ambiente ecologicamente equilibrado, é vedada a adoção de qualquer prática que submeta os animais à crueldade.

628. **(MSConcursos/PC/PA/Escrivão/2012)** De acordo com a Lei n. 9.605, de 12 de fevereiro de 1998, que dispõe sobre as sanções penais e administrativas derivadas de condutas e atividades lesivas ao meio ambiente, e dá outras providências, não é crime

a) introduzir espécime animal no País, sem parecer técnico oficial favorável e licença expedida por autoridade competente.

b) praticar ato de abuso, maus-tratos, ferir ou mutilar animais silvestres, domésticos ou domesticados, nativos ou exóticos.

c) provocar, pela emissão de efluentes ou carreamento de materiais, o perecimento de espécimes da fauna aquática existentes em rios, lagos, açudes, lagoas, baías ou águas jurisdicionais brasileiras.

d) pescar em período no qual a pesca seja proibida ou em lugares interditados por órgão competente.

e) o abate de animal, quando realizado em estado de necessidade, para saciar a fome do agente ou de sua família.

629. **(Cespe/DPF/Agente/2012)** Se o rebanho bovino de determinada propriedade rural estiver sendo constantemente atacado por uma onça, o dono dessa propriedade, para proteger o rebanho, poderá, independentemente de autorização do poder público, abater o referido animal silvestre.

630. **(TJ/SC/Juiz/2010)** Assinale a alternativa correta:
    I. Às pessoas jurídicas, nos delitos ambientais, são aplicáveis as penas de multa, restritivas de direitos e prestação de serviços à comunidade.
    II. Os crimes contra a fauna silvestre são de competência da Justiça Federal, sendo de competência da justiça comum quando se tratar de animais domésticos ou domesticados.
    III. Nos delitos ambientais, o baixo grau de instrução ou escolaridade do agente é circunstância que atenua a pena.
    IV. Não é crime o abate de animal, quando realizado em estado de necessidade, para saciar a fome do agente ou de sua família, salvo no caso de pesca em época de defeso da espécie.
    V. Nos delitos ambientais as penas restritivas de direto, sendo favoráveis todas as circunstâncias judiciais, substituem as privativas de liberdade quando se tratar de crime culposo ou for aplicada pena privativa de liberdade inferior a quatro anos.

    a) Somente as proposições I, III e V estão corretas.
    b) Somente as proposições I, III e IV estão corretas.
    c) Somente as proposições II, III e IV estão corretas.
    d) Somente as proposições I, IV e V estão corretas.
    e) Somente as proposições II, III e V estão corretas.

631. **(Cespe/DPE/PI/Defensor/2009)** Com relação aos crimes contra o meio ambiente, a fauna e a flora, assinale a opção correta.

    a) A extração de areia em floresta de domínio público independe de autorização, e, portanto, não é considerada crime quando for destinada a manutenção de viveiro de avifauna nativa.
    b) Abater um animal para proteger lavoura é um ato que independe de autorização.
    c) Se um indivíduo, em estado de necessidade, abate um animal para saciar a sua fome, sua conduta não será considerada crime.
    d) O abate de animal, ainda que este seja considerado nocivo pelo órgão competente, é considerado crime.

e) Os crimes contra a fauna praticados durante a noite, aos sábados e aos domingos aumentam as respectivas penas.

632. **(MSConcursos/PC/PA/Investigador/2012)** De acordo com a Lei n. 9.605, de 12 de fevereiro de 1998, que dispõe sobre as sanções penais e administrativas derivadas de condutas e atividades lesivas ao meio ambiente, e dá outras providências, não é crime

a) introduzir espécime animal no País, sem parecer técnico oficial favorável e licença expedida por autoridade competente.

b) praticar ato de abuso, maus-tratos, ferir ou mutilar animais silvestres, domésticos ou domesticados, nativos ou exóticos.

c) provocar, pela emissão de efluentes ou carreamento de materiais, o perecimento de espécimes da fauna aquática existentes em rios, lagos, açudes, lagoas, baías ou águas jurisdicionais brasileiras.

d) pescar em período no qual a pesca seja proibida ou em lugares interditados por órgão competente.

e) o abate de animal, quando realizado em estado de necessidade, para saciar a fome do agente ou de sua família.

Seção II – Dos Crimes contra a Flora

Destruição de Floresta de Preservação Permanente (art. 38)

Art. 38. Destruir ou danificar floresta considerada de preservação permanente, mesmo que em formação, ou utilizá-la com infringência das normas de proteção:

Pena – detenção, de um a três anos, ou multa, ou ambas as penas cumulativamente.

Parágrafo único. Se o crime for culposo, a pena será reduzida à metade.

Jurisprudência complementar (STF)

(...). Crime contra o meio ambiente. Ação penal. Competência da Justiça Federal comum. Pena máxima superior a dois anos. (...). I. A lei prevê como infrações de menor potencial ofensivo as contravenções e os crimes a que a lei comine pena máxima não superior a dois anos, cumulada ou não com multa. II. O Ministério Público denunciou o paciente pela suposta prática do crime previsto no art. 38 da Lei 9.605/1998, que prevê a pena de detenção de um a três anos, ou multa, ou ambas as penas cumulativamente, de modo que não há falar, "in casu", de infração de menor potencial ofensivo. Afastada, pois, a competência do Juizado Especial Federal Criminal. (...). (HC 112758, Rel. Min. Ricardo Lewandowski, 2ª T., DJ 8.11.2012)

(...). Crime previsto no artigo 38 da Lei 9.605/98. Competência da Justiça estadual comum. Esta Primeira Turma, em 20.11.2001, ao julgar o RE 300.244, em caso semelhante ao presente, decidiu que, não havendo em causa bem da União (a hipótese então em julgamento dizia respeito a desmatamento e depósito de madeira proveniente da Mata Atlântica que se entendeu não ser bem da União), nem interesse direto e específico da União (o interesse desta na proteção do meio ambiente só é genérico), nem decorrer a competência da Justiça Federal da circunstância de caber ao Ibama, que é órgão federal, a fiscalização da preservação do meio ambiente, a competência para julgar o crime que estava em causa (artigo 46, Parágrafo Único, da Lei 9.605/98, na modalidade de manter em depósito produtos de origem vegetal integrantes da flora nativa, sem licença para armazenamento) era da Justiça estadual comum. Nesse mesmo sentido, posteriormente, em 18.12.2001, voltou a manifestar-se, no RE 299.856, esta Primeira Turma, no que foi seguida, no RE 335.929 (...), e no HC 81.916 (...). A mesma orientação é de ser seguida no caso presente. (...). (RE 349184, Rel. Min. Moreira Alves, 1ª T., DJ 7.3.2003)

Jurisprudência complementar (STJ)

(...). Crime ambiental. Alegação de inépcia da denúncia. Inocorrência. Responsabilização do presidente do conselho de administração. Possibilidade. (...). 1. Os tipos penais que descrevem as condutas tidas como ilícitas – destruir ou danificar floresta considerada de preservação permanente e cortar árvores em florestas consideradas de preservação permanente (arts. 38 e 39 da Lei 9.605/98) – não impõem a aplicação da sanção penal apenas àquele que fisicamente executou a atividade criminosa; aquele que, na qualidade de partícipe, presta suporte moral ou material ao agente, concorrendo, de qualquer forma, para a realização do ilícito penal, por óbvio, também deve ser responsabilizado, nos termos do art. 29 do CPB e do art. 2º da Lei 9.605/98. 2. A conduta omissiva não deve ser tida como irrelevante para o crime ambiental, devendo da mesma forma ser penalizado aquele que, na condição de diretor, administrador, membro do conselho e de órgão técnico, auditor, gerente, preposto ou mandatário da pessoa jurídica, tenha conhecimento da conduta criminosa e, tendo poder para impedi-la, não o fez. (...). (HC 92.822, Rel. p/ ac. Min. Napoleão Nunes Maia Filho, 5ª T., DJ 13.10.2008)

(...). Art. 38 da Lei 9.605/1998. Crime ambiental. Obrigação de conservação transferida do alienante/arrendante ao adquirente/arrendatário do imóvel. Estabelecimento, segundo o tribunal de origem, de elo mínimo entre a conduta do ora recorrente e a supostamente praticada. Ausência de ilegitimidade passiva ad causam. Necessidade de reexame do conjunto fático-probatório. Inadequação da via eleita. 1. A tese de que a imputação contida na exordial acusatória decorre exclusivamente do cargo de diretor operacional ocupado pelo recorrente nos quadros da Biosev S.A., não sendo este, por conseguinte, parte legítima para figurar no pólo passivo da ação penal, não se sustenta. 2. Preambularmente, segundo entendimento jurisprudencial consagrado por esta Corte: "A conduta omissiva não deve ser tida como irrelevante para o crime ambiental, devendo da mesma forma ser penalizado aquele que, na condição de diretor, administrador, membro do conselho e de órgão técnico, auditor, gerente, preposto ou mandatário da pessoa jurídica, tenha conhecimento da conduta criminosa e, tendo poder para impedi-la, não o fez" (HC 92.822...). 3. Dessa forma, os danos ambientais constatados no caso concreto (vegetação de proteção suprimida, plantação de cana de açúcar nas proximidades de córrego, mata pertencente à margem de riacho totalmente danificada) podem, em tese, ser imputados ao ora recorrente, porquanto inadmissível que o diretor operacional da empresa não tenha conhecimento de condutas criminosas de tal monta, praticadas em imóvel arrendado, objeto de exploração agrícola pela arrendatária. 4. Por outro lado, a Lei dos Crimes Ambientais (n. 9.605/1998) estabelece que: Art. 3º As pessoas jurídicas serão responsabilizadas administrativa, civil e penalmente conforme o disposto nesta Lei, nos casos em que a infração seja cometida por decisão de seu representante legal ou contratual, ou de seu órgão colegiado, no interesse ou benefício da sua entidade. Parágrafo único. A responsabilidade das pessoas jurídicas não exclui a das pessoas físicas, autoras, coautoras ou partícipes do mesmo fato. 5. Assim, conforme o mencionado regramento, as pessoas jurídicas serão responsabilizadas nos âmbitos administrativo, civil e penal quando a infração cometida resulte de decisão de seu representante legal ou contratual, ou de seu órgão colegiado, no interesse ou benefício de sua entidade, ressalvando-se que a responsabilização da pessoa jurídica não exclui a responsabilidade das pessoas físicas, autoras, coautoras ou partícipes do mesmo fato. 6. Na espécie, constata-se que o ora recorrente era, à época dos fatos, diretor operacional da USINA BIOSEV (Unidade de Maracaju), arrendatária do imóvel objeto de crime ambiental, sendo, portanto, representante contratual da aludida empresa. 7. Importante observar que antes de se adquirir/arrendar uma propriedade rural faz-se fundamental verificar se ela está cumprindo rigorosamente a legislação ambiental. 8. Veja-se o que estabelece o art. 38 da Lei 9.605/1998, verbis: Art.. 38. Destruir ou danificar floresta considerada de preservação permanente, mesmo que em formação, ou utilizá-la com infringência das normas de proteção: Pena – detenção, de um a três anos, ou multa, ou ambas as penas cumulativamente. Parágrafo único. Se o crime for culposo, a pena será reduzida à metade. Art. 38-A. Destruir ou danificar vegetação primária ou secundária, em estágio avançado ou médio de regeneração, do Bioma Mata Atlântica, ou utilizá-la com infringência das normas de proteção: (Incluído pela Lei 11.428, de 2006). Pena – detenção, de 1 (um) a 3 (três) anos, ou multa, ou ambas as penas cumulativamente. (Incluído pela Lei 11.428, de 2006). Parágrafo único. Se o crime for culposo, a pena será reduzida à metade. (Incluído pela Lei 11.428, de 2006). 9. Portanto, o art. 38 da supramencionada Lei visa a punir tanto aquele que causa o dano ambiental (destruir ou danificar floresta considerada de preservação permanente, mesmo que em formação, ou vegetação primária ou secundária em estágio avançado ou médio de regeneração), quanto quem utiliza tal bioma com infringência das normas de proteção. 10. Isso porque a obrigação de conservação é transferida do alienante/arrendante ao adquirente/arrendatário do imóvel, independentemente de este último ter responsabilidade pelo dano ambiental inicial. Precedente desta Corte Superior de Justiça. 11. Tal entendimento está em perfeita harmonia com a tutela constitucional do meio ambiente (artigo 225 da Carta Maga), que impõe ao Poder Público e à coletividade o dever de protegê-lo e preservá-lo para as presentes e futuras gerações. 12. Na hipótese vertente, conforme registrado pelo Ministério Público do Estado de Mato Grosso do Sul: "A materialidade do delito resta evidenciada pelos documentos e depoimentos constantes dos autos, pelo auto de constatação, pelo relatório de ocorrência, mormente pelo relatório de vistoria técnica. A autoria, por sua vez, é inconteste". 13. Nesse sentido, a afirmação de que o acusado não poderia ser responsabilizado pelo dano ambiental é matéria de prova, cabendo a sua apreciação quando da análise do mérito da ação penal, pois constitui tema referente à convicção quanto à procedência ou não da própria ação penal. 14. De qualquer forma, a pretensão do ora recorrente não pode ser apreciada na via do "habeas corpus", pois demandaria, necessariamente, o reexame do conjunto fático-probatório dos autos. (...). (RHC 64.219, Rel. Min. Reynaldo Soares da Fonseca, 5ª T., DJ 30.3.2016)

Questões de concursos

633. **(Funcab/PC/PA/Escrivão/2016)** Acerca da Lei n. 9.605, de 1998, que trata das sanções penais e administrativas derivadas de condutas e atividades lesivas ao meio ambiente, é correto afirmar que constitui crime:

   a) matar, perseguir, caçar, apanhar, utilizar espécimes da fauna silvestre, nativos ou em rota migratória, qualquer que seja a hipótese.

b) destruir ou danificar floresta considerada de preservação permanente, mesmo que em formação, ou utilizá-la com infringência das normas de proteção.

c) abater animal, quando realizado em estado de necessidade, para saciar a fome do agente ou de sua família.

d) a prática de grafite realizada com c objetivo de valorizar o patrimônio público ou privado mediante manifestação artística, com ou sem consentimento do proprietário ou, quando couber, do locatário ou arrendatário do bem privado.

e) penetrar em Unidades de Conservação conduzindo substâncias ou instrumentos próprios para caça ou para exploração de produtos ou subprodutos florestais, mesmo se possuir licença da autoridade competente.

634. **(MPE/RS/Assessor/2014)** Com base no Capítulo V da Lei n. 9.605/98 que delibera sobre crimes contra o meio ambiente, considere as seguintes afirmações.

I. É crime o abate de animal, quando realizado para proteger lavouras, pomares e rebanhos da ação predatória ou destruidora de animais, desde que legal e expressamente autorizado pela autoridade competente.

II. É crime contra a flora destruir ou danificar floresta considerada de preservação permanente, mesmo que em formação, ou utilizá-la com infringência das normas de proteção.

III. É crime pichar ou por outro meio conspurcar edificação ou monumento urbano.

Quais estão corretas?

a) Apenas I.
b) Apenas II.
c) Apenas III.
d) Apenas II e III.
e) I, II e III.

635. **(Cespe/MPU/Analista/2013)** A pena de degradação de floresta em área de proteção permanente, a exemplo da destruição ou dano irreparável da vegetação primária ou secundária da mata atlântica, é acrescida pela metade, caso o crime apresente dolo.

636. **(FCC/TCE/AP/Procurador/2010)** A conduta consistente em destruir ou danificar floresta de preservação permanente é

a) atípica, sem também ensejar infração administrativa.
b) objeto de tipo penal autônomo.
c) circunstância agravante do crime de dano a unidade de conservação.

d) circunstância agravante do crime de dano a reserva legal.

e) atípica, consistindo apenas em infração administrativa.

637. **(Funiversa/PC/DF/Delegado/2009)** Acerca dos crimes contra a fauna e a flora, assinale a alternativa incorreta.

a) Pune-se criminalmente a pesca praticada em período no qual seja esta proibida ou praticada em lugares interditados por órgão competente.

b) Para o exercício da caça, é obrigatória a devida licença ou autorização, expedida pela autoridade competente, além do que, quando efetuada com arma de fogo, necessário se faz o porte de arma emitido pela Polícia Federal.

c) Proíbem-se as práticas que impedem a procriação da fauna sem licença.

d) Destruir ou danificar floresta considerada de preservação permanente em formação não infringe norma de proteção contra a flora.

e) Configura crime contra o meio ambiente introduzir espécie animal no país sem parecer técnico oficial favorável e licença expedida por autoridade competente.

■ Destruição de Vegetação {art. 38-A}

> **Art. 38**-A. Destruir ou danificar vegetação primária ou secundária, em estágio avançado ou médio de regeneração, do Bioma Mata Atlântica, ou utilizá-la com infringência das normas de proteção:
>
> Pena – detenção, de 1 (um) a 3 (três) anos, ou multa, ou ambas as penas cumulativamente.
>
> Parágrafo único. Se o crime for culposo, a pena será reduzida à metade.

Informativos (STJ)

Crime ambiental. Conflito aparente de normas. Arts. 48 e 64 da Lei 9.605/1998. Consunção. Absorvido o crime meio de destruir floresta e o pós-fato impunível de impedir sua regeneração. Crime único de construir em local não edificável.

O crime de edificação proibida (art. 64 da Lei 9.605/1998) absorve o crime de destruição de vegetação (art. 48 da mesma lei) quando a conduta do agente se realiza com o único intento de construir em local não edificável. REsp 1.639.723, Rel. Min. Nefi Cordeiro, DJ 16.2.2017. 6ª T. (Info 597)

Jurisprudência complementar (STF)

(...). 2. Delito descrito no art. 38-A da Lei 9.605/1998 (Destruir ou danificar vegetação primária ou secundária, em estágio avançado ou médio de regeneração, do bioma Mata Atlântica, ou utilizá-la com infringência das normas de proteção). Condenação confirmada em grau de apelação pela Corte estadual. 3. Alegação de impossibilidade do cumprimento da sentença condenatória antes do trânsito em julgado. Improcedência. 4. Execução provisória da pena. O Plenário no recente julgamento do HC 126.292, firmou entendimento de ser possível o início da execução da pena na pendência de recurso extraordinário ou especial. Isso porque, no plano legislativo, o art. 637 do CPP afirma que os recursos extraordinários não têm efeito suspensivo. 5. Agravo regimental a que se nega provimento. (HC 133679 AgR, Rel. Min. Gilmar Mendes, 2ª T., DJ 18.5.2016)

Jurisprudência complementar (STJ)

(...). Crime ambiental. Materialidade. Laudo pericial. Prova suprida por outros meios. Autoria. Responsabilidade penal do sócio administrador. 1. Resta suficientemente demonstrada a materialidade delitiva com base na notícia de infração penal ambiental, no auto de infração ambiental, no termo de embargo, no levantamento fotográfico, no auto de constatação, bem como nos depoimentos dos policiais militares que evidenciam o corte de árvores nativas do Bioma Mata Atlântica em estágio médio de regeneração, sendo dispensável a elaboração de laudo por perito oficial mormente se os autores provocaram incêndio na floresta para a limpeza do local, comprometendo assim os vestígios deixados pelo delito e impossibilitando ou dificultando a perícia. 2. A responsabilidade penal do sócio-administrador e da pessoa jurídica resta regularmente demonstrada na hipótese em que este concorre para a realização do crime ordenando a limpeza do terreno e mais, sabendo da prática da conduta típica descrita no artigo 38A da Lei 9.605/98 pelo seu preposto, deixou de agir quando podia e devia para evitá-la. (...). (AgRg no REsp 1601921, Rel. Min. Maria Thereza de Assis Moura, 6ª T., DJ 16.9.2016)

■ Corte Ilegal de Árvores {art. 39}

> **Art. 39**. Cortar árvores em floresta considerada de preservação permanente, sem permissão da autoridade competente:
>
> Pena – detenção, de um a três anos, ou multa, ou ambas as penas cumulativamente.

Jurisprudência complementar (STF)

(...). 2. Denúncia formulada contra Prefeito tendo em vista conduta tipificada nos arts. 147 (ameaça), e 333 (corrupção ativa) c/c art. 71 (crime continuado) do Código Penal; e no art. 39 da Lei 9.605, de 1998 (corte de árvores em floresta considerada de preservação permanente, sem permissão da autoridade competente), c/c os arts. 29 (concurso de pessoas) e 69 (concurso material) do Código Penal. 3. Oferta de benefícios ilícitos e ameaça a Sargento da Polícia Militar para que este não agisse com a devida exação em atos de fiscalização ambiental. 4. Denúncia acompanhada de degravação de fitas de áudio e vídeo realizada por peritos não oficiais. 5. Requerimento, formulado na denúncia, de degravação das fitas de áudio e vídeo por peritos oficiais. 6. Pleito formulado pelo denunciado para que o prazo para apresentação de defesa preliminar (art. 4º da Lei 8.038, de 1990) fosse interrompido até que tivesse o acusado acesso à degravação oficial das fitas. 7. "Habeas corpus" considerado prejudicado no âmbito do STJ. 8. Recurso em que são reiteradas as alegações apresentadas perante o STJ, no sentido de que o paciente não poderia apresentar resposta escrita sem conhecer os termos de prova contida nos autos. 9. Considerando-se que no "habeas corpus" ajuizado perante o STJ postulava-se tão-somente a interrupção do prazo para apresentação da resposta preliminar, recebida a denúncia, nos termos do art. 7º, da Lei 8.038, de 1990, restou sem objeto a impetração. 10. Recurso a que se nega provimento. (RHC 83071, Rel. Min. Gilmar Mendes, 2ª T., DJ 6.2.2004)

Jurisprudência complementar (STJ)

(...). Crime ambiental. Corte de árvore em floresta de preservação permanente. Aumento de pena. Espécies raras. Conduta descrita nos arts. 39 e 53, II, "c", da Lei 9.605/98. Indícios suficientes de autoria e materialidade. Denúncia recebida. 1. Ação penal em que se imputa a Desembargador do Tribunal de Justiça do Estado de Goiás a prática do delito tipificado no art. 39, combinado com o art. 53, inciso II, alínea "c", da Lei 9.605/98 – corte de árvores em floresta considerada de preservação permanente, sem permissão da autoridade competente, com aumento de pena em razão de o delito em tese haver sido supostamente cometido "contra espécies raras ou ameaçadas de extinção, ainda que a ameaça ocorra somente no local da infração". 2. A denúncia observou os requisitos previstos no artigo 41 do Código de Processo Penal (exposição do fato criminoso, com todas as suas circunstâncias; a qualificação do denunciado; a classificação do crime; e rol das testemunhas), inexistindo qualquer das situações impeditivas previstas no art. 395 do referido diploma. 3. Embora o denunciado tenha afirmado falta de justa causa para a ação penal, as provas presentes nos autos até este momento são suficientes para, nesta fase processual, demonstrar os indícios de autoria e a materialidade delitiva, quais sejam: Auto de Infração; Relatório de Fiscalização; Certidão contendo rol das testemunhas que poderão ser capazes de comprovar a prática do respectivo ilícito ambiental e Termo de Inspeção da Flora lavrados pelo Ibama; anexo fotográfico; decisão administrativa condenatória; termo de declarações de testemunha e, por último, laudo de perícia criminal. 4. Recebida denúncia em face de A S DE S C, pela prática em tese do delito tipificado no art. 39, combinado com o art. 53, inciso II, alínea "c", da Lei 9.605/98, determinando-se a instauração da competente ação penal. (APn 703, Rel. Min. Benedito Gonçalves, Corte Especial, DJ 29.11.2016)

(...). Corte de árvores em área de preservação permanente. Vegetação exótica. Vigência da Lei 4.771/65. Não abrangência. Recurso não provido. 1. O corte de árvores exóticas situada às margens de rio, praticado na vigência da Lei 4.771/65, é conduta atípica, porque não se insere na definição do tipo penal descrito no artigo 39 da Lei 9.605/98. (...). (REsp 1557500, Rel. Min. Maria Thereza de Assis Moura, 6ª T., DJ 14.6.2016)

(...). Crime ambiental. 1. Art. 39 da Lei 9.605/98. Corte de árvores. Área de preservação permanente. Propriedade rural privada. Bens, interesses ou serviços da União. Lesão. Ausência. Competência federal. Constrangimento ilegal reconhecimento. 2. Pleito incidental. Subsequente prescrição. Reconhecimento. 1. O crime de corte indevido de árvores em área de preservação permanente, praticado no interior de propriedade rural privada, inexistente lesão a bens, interesses ou serviços da União é de competência da Justiça Estadual.2. Com a anulação do processo penal, consumado o crime em 14.9.1998, o qual possui pena máxima de detenção de três anos, e, reprimenda concretamente aplicada em um ano e seis meses, apura-se a prescrição da pretensão punitiva. 3. Ordem concedida para, acolhido o parecer do Ministério Público Federal, anular o processo "ab initio" e, atendendo ao pleito incidental, declarar extinta a punibilidade do paciente em relação ao delito descrito no art. 39 da Lei 9.605/98, pela prescrição da pretensão punitiva, com fulcro no art. 107, IV, do Código Penal. (HC 110.405, Rel. Min. Maria Thereza de Assis Moura, 6ª T., DJ 1.7.2009)

Questões de concursos

638. **(UNAConcursos/Prefeitura/Portão/Biólogo/2013)** De acordo com a Lei Federal n. 9.605, de 12 de fevereiro de 1998, que dispõe sobre as sanções penais e administrativas derivadas de condutas e atividades lesivas ao meio ambiente, marque

V se a alternativa for verdadeira e F se for falsa. Após assinale a alternativa que contenha todas as respostas corretas.

I. Cortar árvores em floresta considerada de preservação permanente, sem a permissão da autoridade competente resulta como pena: detenção, de um a três anos, ou multa, ou ambas as penas cumulativamente.

II. Praticar ato de abuso, maus-tratos, ferir ou mutilar animais silvestres, domésticos ou domesticados, nativos ou exóticos resulta como pena: detenção, de dois a seis meses e multa. A pena é aumentada ao dobro se ocorrer morte do animal.

III. As pessoas jurídicas serão responsabilizadas administrativa, civil e penalmente conforme o disposto na lei, nos casos em que a infração seja cometida por decisão de seu representante legal ou contratual, ou de seu órgão colegiado, no interesse ou benefício da sua entidade, sendo que a responsabilidade das pessoas jurídicas não exclui a das pessoas físicas, autoras, coautoras ou partícipes do mesmo fato.

IV. Executar pesquisa, lavra ou extração de recursos minerais sem a competente autorização, permissão, concessão ou licença ou em desacordo com a obtida, resulta na pena de: detenção, de seis meses a um ano e multa.

a) V, V, F, F.
b) F, V, V, F.
c) V, F, V, V.
d) F, F, V, V.

639. (Cespe/PRF/Policial/2013) Responderá por crime contra a flora o indivíduo que cortar árvore em floresta considerada de preservação permanente, independentemente de ter permissão para cortá-la, e, caso a tenha, quem lhe concedeu a permissão também estará sujeito às penalidades do respectivo crime.

640. (FCC/DPE/MA/Defensor/2009) O Código Florestal disciplina determinados espaços territoriais especialmente protegidos, ao passo que a Lei n. 9.605/98 criminaliza condutas violadoras da integridade desses mesmos espaços territoriais. Assinale a alternativa que contém a tipificação de um desses crimes.

a) Destruir vegetação primária ou secundária, em estágio avançado ou médio de regeneração, do bioma Mata Atlântica.

b) Cortar árvores em floresta considerada de preservação permanente, sem permissão da autoridade competente.

c) Deixar de averbar área de reserva legal.

d) Penetrar em Unidade de Conservação conduzindo instrumentos próprios para caça ou para exploração de produtos ou subprodutos florestais.

e) Causar dano direto ou indireto às Unidades de Conservação.

Dano à Unidade de Conservação {art. 40}

Art. 40. Causar dano direto ou indireto às Unidades de Conservação e às áreas de que trata o art. 27 do Decreto n. 99.274, de 6 de junho de 1990, independentemente de sua localização:

Pena – reclusão, de um a cinco anos.

§ 1º Entende-se por Unidades de Conservação de Proteção Integral as Estações Ecológicas, as Reservas Biológicas, os Parques Nacionais, os Monumentos Naturais e os Refúgios de Vida Silvestre.

§ 2º A ocorrência de dano afetando espécies ameaçadas de extinção no interior das Unidades de Conservação de Proteção Integral será considerada circunstância agravante para a fixação da pena.

§ 3º Se o crime for culposo, a pena será reduzida à metade.

Jurisprudência complementar (STF)

Inquérito. Imputação dos delitos previstos nos arts. 40 e 48 da Lei 9.605/1998. Indícios de autoria e materialidade demonstrados. Substrato probatório mínimo presente. Juízo de delibação. Denúncia recebida. 1. Denúncia que contém a adequada indicação da conduta delituosa imputada, a partir de elementos aptos a tornar plausível a acusação, o que permite o pleno exercício do direito de defesa. 2. Presença de substrato probatório mínimo em relação à materialidade e autoria. 3. Denúncia recebida. (Inq 3696, Rel. Min. Teori Zavascki, 2ª T., DJ 16.10.2014)

(...). Formação da "opinio delicti". Art. 129, I, CF. Atribuição exclusiva do Ministério Público. 1. Recurso extraordinário interposto contra acórdãos do Tribunal Regional Federal da 3ª Região que reconheceram a incompetência recursal daquela Corte, determinando a remessa dos autos à Turma Recursal do sistema dos juizados especiais federais. 2. Art. 129, I, da Constituição, atribui ao Ministério Público, com exclusividade, a função de promover a ação penal pública (incondicionada ou condicionada à representação ou requisição) e, para tanto, é necessária a formação da "opinio delicti". 3. Ainda que haja indicação, por parte da autoridade policial, de dispositivos legais, apenas o órgão de atuação do Ministério Público detém a "opinio delicti" a partir da qual é possível, ou não, instrumentalizar a persecução criminal. 4. Possibilidade de os fatos sob investigação serem capitulados nos arts. 40 e 48, da Lei nº 9.605/98, a caracterizar a competência do juízo da vara federal especializada em matéria penal, e não a competência dos juizados especiais criminais. 5. Tal conclusão somente poderá ser alcançada após a formação da "opinio delicti" pelo Ministério Público, não podendo o órgão do Poder Judiciário federal assumir atribuição que não lhe pertence constitucionalmente. (...). (RE 498261, Rel. Min. Ellen Gracie, 2ª T., DJ 1.8.2008)

(...). Crimes contra o meio ambiente (Lei 9.605/98) e de loteamento clandestino (Lei 6.766/79). Inépcia formal da denúncia. Tipicidade da conduta criminosa inscrita no artigo 40 da Lei 9.605/98. Caracterização da área degradada como "unidade de conservação". Reexame de provas. Auto-aplicabilidade do artigo 40 da Lei 9.605/98. Dosimetria da pena. Questão não apreciada no acórdão impugnado. Supressão de instância. 1. Não se reputa inepta a denúncia que preenche os requisitos formais do artigo 41 do Código de Processo Penal e indica minuciosamente as condutas criminosas em tese praticadas pelo paciente, permitindo, assim, o exercício do direito de ampla defesa. 2. A declaração de atipicidade da conduta capitulada no artigo 40 da Lei 9.605/98, sob a alegação de que a área degradada não seria uma "unidade de conservação" demandaria reexame de provas, o que não se admite no rito estreito do "habeas corpus". 3. De outra parte, não é possível subordinar a vigência do dispositivo legal em referência à edição da Lei 9.985/2000 ou do Decreto n. 4.340/02. O artigo 40 da Lei 9.605/98, independentemente das alterações inseridas pela Lei 9.985/2000 ou da regulamentação trazida pelo Decreto n. 4.340/02, possuía, já em sua redação original, densidade normativa suficiente para permitir a sua aplicação imediata, sendo certo que essas alterações não implicaram "abolitio criminis" em nenhuma medida. 4. A dosimetria da pena cominada para o crime de loteamento clandestino não merece reparo. A exasperação da reprimenda para além do mínimo legal está lastreada em elementos diversos daqueles que já compõem o tipo penal em referência e plenamente compatíveis com a espécie. 5. No caso concreto, não cabe apreciar os alegados vícios na dosimetria da pena cominada pela prática do crime ambiental porque o acórdão impugnado, do Superior Tribunal de Justiça, não enfrentou essa questão, nem constam dos autos elementos que permitam aferir que ela foi submetida àquela Corte. O exame do tema, neste ensejo, configuraria supressão de instância não autorizada. (...). (HC 89735, Rel. Min. Menezes Direito, 1ª T., DJ 29.2.2008)

Jurisprudência complementar (STJ)

(...). Crime ambiental. Art. 40 da Lei 9.605/98. Inépcia da denúncia. Inocorrência. Descrição suficiente. Justa causa. Reexame fático-probatório. Recurso em "habeas corpus" improvido. (...). 3. Como se vê, a denúncia descreve que o recorrente causou danos indiretos à APA Cairuçu porquanto foi responsável por diversas construções erigidas na ilha. 4. Salienta, ainda, que desde a criação da APA Cairuçu, em 1983, qualquer edificação ou atividade degradadora na Ilha das Almas se encontra vedada, por força do Decreto Federal n. 89.242/1983, que criou a unidade de conservação federal de uso sustentável, posteriormente ratificado pelo plano de Manejo da unidade, consoante Portaria n. 28, datada do ano de 2005. Assim, afastada a tese de inépcia da denúncia. 5. A falta de mais precisa especificação da data dos fatos não impede a defesa, pois explicitado na denúncia que os fatos ocorreram entre 2008 e 2011, após a ratificação do decreto 89.242/1983 pelo plano de manejo em 2005. 6. O Tribunal a quo consignou que "não há dúvida quanto à propriedade da ilha, havendo indícios de que a construção do imóvel se deu após a aquisição desta pelo paciente, elementos que permitem o prosseguimento da ação penal quanto ao referido delito, a fim de que se comprove a autoria e a suposta extensão do dano eventualmente a ele atribuível". 7. Infirmar a constatação do Tribunal a quo demanda reexame fático-probatório, vedado na via estreita do "writ". 8. Afastada, também, a alegação de ausência de justa causa por fragilidade probatória, porquanto, conforme bem destacado pelo Ministério Público Federal, "o Parecer Técnico acostado faz expressa menção que em 25.10.2011 as analistas ambientais visitaram ao "Ilha das Almas" local, de maneira que improcede o argumento de que as conclusões obtidas foram baseadas apenas em imagens do Google Earth". (...). (RHC 74.088, Rel. Min. Nefi Cordeiro, 6ª T., DJ 4.11.2016)

(...). Crimes ambientais. Violação do art. 64 da Lei 9.605/1998. Prescrição da pretensão punitiva estatal. Ofensa ao art. 40 da Lei 9.605/1998. Necessidade de causar dano à unidade de conservação. Conduta praticada em área de preservação permanente. Atipicidade. Violação do art. 48 da Lei 9.605/1998. Aspectos fáticos-probatórios. Súmula 7 do STJ. Recurso não provido. 1. Não é cabível a análise do recebimento da denúncia em relação à conduta do art. 64 da Lei 9.605/1998, pois ultrapassado o prazo da pretensão punitiva estatal, previsto no art. 109, V, do Código Penal. 2. Para a configuração do delito do art. 40 da Lei 9.605/1998, é necessário que o dano seja causado a Unidade de Conservação ou nas áreas circundantes de Unidade de Conservação, num raio de até 10 km, o que não se confunde com Área de Preservação Permanente. 3. Quanto à prática do crime previsto no art. 48 da Lei de crimes ambientais, o Tribunal de origem aponta evidências extraídas dos autos de que a conduta do recorrido data de época anterior à entrada em vigor da Lei de crimes ambientais e de que não foi necessária a retirada da vegetação nativa do local onde realizadas as edificações, que supostamente impedem ou dificultam a regeneração de florestas e demais formas de vegetação. Aspectos fático-probatórios que não podem ser infirmados em sede especial, a teor da Súmula 7 do STJ. 4. Recurso especial não provido. Reconhecida, de ofício, a ocorrência da prescrição da pretensão punitiva estatal em relação ao delito tipificado no art. 64 da Lei 9.605/1998. (REsp 897.319, Rel. Min. Rogerio Schietti Cruz, 6ª T., DJ 5.11.2015)

(...). Crime ambiental. Construção em solo não edificável. Área de preservação permanente. Dano à unidade de conservação que impede a regeneração da vegetação. Absorção da conduta. Impossibilidade. Delitos autônomos. (...). 3. Os crimes previstos nos arts. 40, 48 e 64 da Lei 9.605/98 revestem-se de autonomia jurídica e tutelam bens jurídicos distintos, inviabilizando a aplicação do princípio da consunção. 4. Não se trata de revolvimento do conjunto probatório dos autos, mas mera revaloração jurídica de fatos incontroversos pelas instâncias ordinárias, afastando a incidência da Súmula 7 do STJ. (...). (AgRg no REsp 1134058, Rel. Min. Nefi Cordeiro, 6ª T., DJ 5.11.2015)

Questões de concursos

641. **(IADES/PC/DF/Perito/2016)** Considere hipoteticamente que um parque, no Distrito Federal, pertence a uma Área de Proteção Ambiental (APA). Contudo, há anos ele vem sofrendo com a degradação causada por invasões urbanas. O primeiro dos invasores estabeleceu-se nesse lugar na década de 1960 e é dono de uma das principais mansões na área do parque. Embora manifeste a intenção de preservar o local, árvores foram derrubadas e animais foram deslocados do respectivo habitat para que a residência fosse construída. Considerando a situação hipotética apresentada, a Lei de Crimes Ambientais e o Sistema Distrital de Unidades de Conservação, assinale a alternativa correta.

   a) A pena para o invasor pode ser aumentada até três vezes, visto que a ação ocorreu em uma unidade de conservação.

   b) Um parque denominado Área de Proteção Ambiental (APA) se caracteriza por ser uma área de proteção e conservação em geral extensa e que permite certo grau de ocupação humana.

   c) O invasor poderia instalar-se na área do parque, uma vez que não podem ser estabelecidas normas e restrições para a utilização de uma propriedade privada.

   d) As condições de visitação pública e a pesquisa científica na área do parque (privada ou pública) dependem do Conselho Gestor Consultivo da APA.

   e) A ocorrência poderia ser considerada agravante para fixação de pena, já que a área é considerada unidade de conservação de proteção integral.

642. **(Cespe/ICMBio/Técnico/2014)** Os danos diretos ou indiretos causados a UC são penalizados com reclusão de um a cinco anos, sendo considerada situação agravante a ocorrência de dano que afete espécie ameaçada de extinção.

643. **(UFT/PGM/Araguaína/Procurador/2014)** Com base na Lei n. 9.605/1998 (Crimes Ambientais), assinale a alternativa correta.

   a) Não constitui crime a prática de grafite realizada em bem público, com autorização da autoridade estadual competente, em área destinada para esse fim pelo respectivo plano diretor.

   b) Nas infrações administrativas, o pagamento de multa imposta pelos municípios não substitui a multa federal ainda que se trate da mesma hipótese de incidência.

   c) Entende-se por unidades de conservação de proteção integral as estações ecológicas, as reservas biológicas, os parques nacionais, os monumentos naturais e os refúgios de vida silvestre.

   d) Entende-se por unidades de conservação as reservas biológicas, reservas ecológicas, estações ecológicas, parques nacionais, estaduais e municipais, florestas nacionais, estaduais e municipais, áreas de proteção ambiental, áreas de relevante interesse ecológico e reservas extrativistas ou outras a serem criadas pelo poder público.

644. **(FCC/TJ/GO/Juiz/2012)** Se o resultado de determinado crime ambiental tiver atingido área integrante de unidade de conservação, tem-se como ocorrida

   a) qualificadora genérica do crime.

   b) circunstância agravante, desde que não constitua ou qualifique o crime.

   c) circunstância atenuante do crime.

   d) circunstância que impede a aplicação de pena restritiva de direito.

   e) vedação automática da suspensão condicional da pena.

645. **(PGR/MPF/Procurador/2012)** Analise os itens abaixo e responda a seguir:

   I. O Sistema Nacional de Unidades de Conservação é formado pelo conjunto de áreas especialmente protegidas, instituídas pela União, pelos Estados e pelos Municípios, com delimitação territorial precisa e objetivos conservacionistas definidos.

   II. De acordo com o regime especial de fruição, os espaços territoriais especialmente protegidos só podem ser submetidos ao uso indireto, o qual, nos termos da lei, envolve atividades de coleta, consumo e pesquisas de objetivo educacional ou científico, sem possibilidade de exploração econômica dos recursos naturais.

   III. Em razão do caráter nacional do Sistema de Unidades de Conservação instituído pela Lei 9.985/2000, o poder público municipal não pode criar unidades de conservação, mas tão somente disciplinar seu uso, consoante o interesse local e desde que não se choque com as diretrizes traçadas pelo poder público federal.

IV. As áreas de preservação permanente são unidades de conservação de proteção integral, só podendo ter seu regime jurídico alterado por força de lei em sentido formal.

a) Todos os itens são falsos.

b) O item I é verdadeiro.

c) Somente o item III é falso.

d) Somente os itens I e III são falsos.

646. **(FCC/TCE/AP/Analista/2012)** Na Lei de Crimes Ambientais (Lei n. 9.605/1998), o artigo 40, que trata de dano direto ou indireto às Unidades de Conservação, está incluído na

a) Seção I – Dos Crimes contra a Fauna.

b) Seção II – Dos Crimes contra a Flora.

c) Seção III – Da Poluição e outros Crimes Ambientais.

d) Seção IV – Dos Crimes contra o Ordenamento Urbano e o patrimônio Cultural.

e) Seção V – Dos Crimes contra a Administração Ambiental.

■ Norma Penal Explicativa da Unidade de Conservação {art. 40-A}

Art. 40-A. (Vetado).

§ 1º Entende-se por Unidades de Conservação de Uso Sustentável as Áreas de Proteção Ambiental, as Áreas de Relevante Interesse Ecológico, as Florestas Nacionais, as Reservas Extrativistas, as Reservas de Fauna, as Reservas de Desenvolvimento Sustentável e as Reservas Particulares do Patrimônio Natural.

§ 2º A ocorrência de dano afetando espécies ameaçadas de extinção no interior das Unidades de Conservação de Uso Sustentável será considerada circunstância agravante para a fixação da pena.

§ 3º Se o crime for culposo, a pena será reduzida à metade.

Questões de concursos

647. (TRF/4R/Juiz/2016) Dadas as assertivas abaixo, assinale a alternativa correta.

I.   Existindo licença de construir concedida pelo Município, não há que se cogitar de limitações ambientais ao direito de construir em área urbana.

II. É permitida a exploração florestal com propósito comercial em áreas de reserva legal, mediante manejo sustentável aprovado por órgão ambiental.

III. Segundo a jurisprudência majoritária do Superior Tribunal de Justiça, embora seja possível, em tese, a cumulação da obrigação de reparar o dano ambiental (obrigação de fazer) com a de indenizar, esta última não será devida se houver restauração completa do bem lesado.

a)   Estão corretas apenas as assertivas I e II.
b)   Estão corretas apenas as assertivas I e III.
c)   Estão corretas apenas as assertivas II e III.
d)   Estão corretas todas as assertivas.
e)   Nenhuma assertiva está correta.

■ Incêndio Florestal Doloso {art. 41}

Art. 41. Provocar incêndio em mata ou floresta:

Pena – reclusão, de dois a quatro anos, e multa.

Parágrafo único. Se o crime é culposo, a pena é de detenção de seis meses a um ano, e multa.

Jurisprudência complementar (STJ)

(...). Crime ambiental. Denúncia. Art 41 da Lei 9.605/1998. Elementar do tipo. Mata ou floresta. Ausência de justa causa e inépcia da exordial acusatória. Trancamento da ação penal em sede de "habeas corpus". Possibilidade. (...). 2. No caso, pela simples leitura da denúncia, observa-se que o órgão acusatório limitou-se a descrever o fato inserido no auto de infração – queimada de 22,00 has (vinte e dois hectares) em área agropastoril – e atribuí-lo à responsabilidade do proprietário do imóvel rural, deixando de mencionar a vegetação atingida pela suposta ação do acusado, bem como os efeitos acarretados pela queimada provocada no local. 3. Sabe-se que, para a configuração do crime previsto no art. 41 da Lei 9.605/1998, é necessário que a área queimada corresponda aos conceitos de "mata" e "floresta", tratando-se, pois, de uma norma penal em branco que exige complementação para fins de penalização da conduta ali descrita, a qual também não foi mencionada pelo Parquet. 4. Hipótese em que a exordial não atende aos requisitos do art. 41 do CPP, porquanto não descreve de forma suficiente a conduta ilícita imputada ao recorrido, com todas as suas circunstâncias, impossibilitando o exercício da ampla defesa. (...). (AgRg no REsp 1359176, Rel. Min. Gurgel de Faria, 5ª T., DJ 3.8.2015)

(...). Crime ambiental. Art. 41 da Lei 9.605/98. Trancamento da ação penal. Ausência de justa causa. Atipicidade da conduta. Inexistência de lesão ao objeto material do delito. Constrangimento evidenciado. 1. Vislumbra-se evidente constrangimento decorrente da ausência de justa causa para a deflagração de ação penal contra o recorrente que, supostamente, teria autorizado a realização de queimada em área não correspondente aos conceitos de "mata" e "floresta" previstos pelo art. 41 da Lei 9.605/98 para a configuração do crime em tela, não se configurando, portanto, à luz do princípio da legalidade, em seu aspecto taxatividade, o aludido delito ambiental. (...). (RHC 24.859, Rel. Min. Jorge Mussi, 5ª T., DJ 24.5.2010)

(...). Crime contra o meio-ambiente. Provocação de incêndio em mata de propriedade particular. Competência. Compete à Justiça Estadual processar e julgar o feito destinado a apurar a prática de delito contra o meio-ambiente, quando não se vislumbra a ocorrência de efetiva lesão a bens, serviços ou interesses da União ou de suas entidades autárquicas ou empresas públicas. (...). (CC 47.079, Rel. Min. Paulo Medina, Terceira Seção, DJ 13.6.2005)

Questões de concursos

648. **(FCC/TCM/RJ/Auditor/2015)** A respeito dos Crimes contra o Meio Ambiente previstos na Lei n. 9.605/1998, considere:

    I.   O crime de provocar incêndio em mata ou floresta admite a forma culposa.

    II. Só a fauna silvestre pode ser objeto do crime de tratar animal com crueldade.

    III. A pessoa jurídica não pode ser sujeito ativo do crime de pesca mediante utilização de explosivos.

    Está correto o que se afirma apenas em

    a) I e II.

    b) I.

    c) II e III.

d) I e III.

e) III.

649. **(Cespe/TRF/5R/Juiz/2015)** A Funai ajuizou ação contra o proprietário de imóvel rural lindeiro ao seu com a intenção de ser indenizada pelos danos decorrentes de incêndio iniciado nessa propriedade vizinha, ocasionado pela prática de queimada de palha de cana-de-açúcar. A Funai demonstrou que o fogo alcançou instalações de uma fazenda que ela utilizava para proporcionar qualificação em trabalho rural e extrativismo aos indígenas. Por sua vez, o MP, em razão desses fatos, ajuizou ACP em que objetivava a recomposição das áreas de reserva legal e o pagamento de indenização pelo dano ambiental. O réu alegou ilegitimidade passiva porque o fogo fora ateado por arrendatário de sua fazenda e, no mérito, alegou, ainda, ausência de dolo ou culpa de sua parte e que detinha autorização, pelo órgão competente, para efetivar a queimada da palha. Acerca dessa situação hipotética, assinale a opção correta.

a) A alegada autorização para a queima da palha de cana-de- açúcar é nula diante da proibição, expressa no Código Florestal, do uso de fogo para se erradicar vegetação.

b) Caso seja comprovado que o arrendatário realizou a queimada, deve ser afastada a responsabilidade do réu em ambas as ações

c) Na ACP, haverá responsabilização objetiva, o que não ocorre com a ação ajuizada pela Funai.

d) Os danos patrimoniais sofridos pela Funai caracterizam-se como dano ambiental por ricochete.

e) O pedido de indenização na ACP tem de ser subsidiário ao pedido de recomposição in natura, por ser a recomposição o principal interesse da tutela ambiental.

650. **(FCC/PGE/BA/Analista/2013)** Marius provocou incêndio culposo em mata. Neste caso, ele praticou conduta

a) tipificadora de crime contra o meio ambiente passível de pena de detenção e multa.

b) atípica, mas considerada infração administrativa.

c) tipificadora de crime contra o meio ambiente passível apenas de pena de detenção.

d) atípica e também não considerada infração administrativa.

e) tipificadora de crime contra o meio ambiente passível apenas de pena de multa limitada a dez salários mínimos.

651. (IFRJ/IF/RJ/Engenheiro/2010) Assinale a alternativa prevista na Lei n. 9.605/1998 (Lei de Crimes Ambientais).

a) É crime pescar em período no qual a pesca seja proibida, exceto quando o local for ecologicamente adequado.

b) É permitida a pesca de espécies que devam ser preservadas ou espécimes com tamanhos inferiores aos permitidos, assim como a pesca em quantidades superiores às permitidas, ou mediante a utilização de aparelhos, petrechos, técnicas e métodos que não os autorizados.

c) Quem vende, expõe à venda, exporta ou adquire, guarda, tem em cativeiro ou depósito, utiliza ou transporta aves, espécimes da fauna domesticada, bem como produtos e objetos dela oriundos, provenientes de criadouros autorizados ou licenciados por autoridade competente, estará cometendo crime.

d) É proibido destruir ou danificar floresta considerada de preservação permanente, exceto se em formação, ou se utilizá-la de forma produtiva.

e) É proibido provocar incêndio em mata ou floresta, cortar árvore em floresta de preservação permanente, transformar madeira de lei em carvão, em desacordo com as determinações legais, bem como receber ou comercializar produtos de origem vegetal, sem exibir licença de vendedor expedida pela autoridade competente.

652. (Cespe/Ibram/Advogado/2009) Considere que Alzirina tenha queimado madeira imprestável em sua chácara no Lago Norte da capital federal, o que causou um incêndio no Parque Nacional de Brasília. Nesse caso, de acordo com a Lei dos Crimes Ambientais, além de outras cominações, ocorreu crime contra a flora, na modalidade culposa.

■ Balonismo Ilegal {art. 42}

> **Art. 42**. Fabricar, vender, transportar ou soltar balões que possam provocar incêndios nas florestas e demais formas de vegetação, em áreas urbanas ou qualquer tipo de assentamento humano:
>
> Pena – detenção de um a três anos ou multa, ou ambas as penas cumulativamente.
>
> **Art. 43**. (Vetado).

Questões de concursos

653. **(Funcab/PC/PA/Delegado/2016)** Sobre os crimes previstos na Lei n. 9.605, de 1998, é correto afirmar que:

   a) o simples transporte de balões que tenham a potencialidade para provocar incêndios é conduta incriminada na lei especial.

   b) no crime de maus-tratos contra animais domésticos, o bem jurídico-penal tutelado é indiscutivelmente a conservação da natureza.

   c) as condutas de destruir ou danificar floresta considerada de preservação permanente, mesmo que em formação, e destruir ou danificar vegetação primária ou secundária, em estágio avançado ou médio de regeneração, do Bioma Mata Atlântica, são condutas previstas no mesmo tipo penal, ao passo em que o corte de árvores em floresta considerada de preservação permanente, sem autorização da autoridade competente, está inculcado em dispositivo diverso.

   d) condutas incriminando a extração irregular de minérios não integram o âmbito da Lei n. 9.605/1998, mas são atinentes à lei especial diversa.

   e) o delito cie causar poluição não admite a modalidade culposa.

654. **(Cespe/PGE/AM/Procurador/2016)** Situação hipotética: Durante festividade junina, um grupo de pessoas adultas e capazes soltou balões com potencial de provocar incêndio em floresta situada nas redondezas do local da festa. Assertiva: Nessa situação, para serem tipificadas como crime, tais condutas independerão de prova de que a probabilidade de lesão ao meio ambiente era efetiva, por constituírem infração de perigo abstrato.

655. **(Cespe/CPRM/Analista/2013)** Praticará crime contra a flora aquele que fabricar, vender, transportar ou soltar balões que possam provocar incêndios nas florestas e demais formas de vegetação, em áreas urbanas ou em qualquer tipo de assentamento humano.

■ Extração Mineral Indevida {art. 44}

Art. 44. Extrair de florestas de domínio público ou consideradas de preservação permanente, sem prévia autorização, pedra, areia, cal ou qualquer espécie de minerais:

Pena – detenção, de seis meses a um ano, e multa.

Questões de concursos

656. **(Cespe/PGE/ES/Procurador/2008)** Juvenal, penalmente responsável, com intuito comercial e sem autorização legal, extraiu grande quantidade de areia em área pertencente à União, tendo sido flagrado pela fiscalização ambiental no momento da extração. Nessa situação, Juvenal responderá por crime de usurpação do patrimônio da União, em concurso formal com crime contra o meio ambiente, ambos decorrentes de uma única conduta.

■ Extração Indevida de Madeira de Lei {art. 45}

> **Art. 45.** Cortar ou transformar em carvão madeira de lei, assim classificada por ato do Poder Público, para fins industriais, energéticos ou para qualquer outra exploração, econômica ou não, em desacordo com as determinações legais:
>
> Pena – reclusão, de um a dois anos, e multa.

Jurisprudência complementar (STJ)

(...). Crime ambiental. Art. 45 c/c o art. 53, II, c, da Lei 9.605/1998. Competência. Sentença e acórdão que impõem pena por delito cuja pena supera o limite caracterizador do crime de menor potencial ofensivo. Incompetência do juizado especial e da turma recursal. Sentença prolatada por juízo de vara única. Ausência de prejuízo na adoção do rito sumaríssimo, mais benéfico ao réu. Nulidade da sentença monocrática. Não ocorrência. Reconhecimento da nulidade do acórdão, em razão da incompetência do órgão julgador. Ordem parcialmente concedida. 1. Sob a orientação do art. 61 da Lei 9.099/1990, a jurisprudência desta Corte fixou prevalecer o Juízo comum ao Juizado Especial quando o(s) crime(s) imputado(s) ao réu sugere(m), em seu(s) preceito(s) secundário(s), reprimenda máxima que exceda a 2 (dois) anos de pena privativa de liberdade individual ou cumulativamente. 2. Compete, portanto, ao Juízo comum a apuração do crime previsto no art. 45 c/c o art. 53, II, c, da Lei 9.605/1998 (cortar ou transformar em carvão madeira de lei, com pena aumentada porque cometido contra espécie rara ou ameaçada de extinção), que tem a pena máxima de 2 (dois) anos e 8 (oito) meses de reclusão. 3. No caso, a comarca em que foi apurado o feito é de Juízo Único ao qual compete a apreciação de todos os feitos penais da circunscrição territorial, qualquer seja o potencial ofensivo do crime. O reconhecimento de eventual nulidade alteraria apenas o rito procedimental. 4. Não se declara a nulidade quando o procedimento adotado, sumaríssimo, é mais benéfico ao réu. Precedente do STF (HC 85019...). 5. Reconhecimento, entretanto, da incompetência da Turma Recursal, que, em razão da matéria, não poderia ter apreciado o recurso. 6. Ordem parcialmente concedida para anular o acórdão proferido pela Turma Recursal e determinar seja a apelação apreciada pelo Tribunal de Justiça do Paraná. Mantida a sentença condenatória. (HC 169.536, Rel. Min. Marco Aurélio Bellizze, 5ª T., DJ 19.3.2012)

■ Armazenamento Irregular {art. 46}

Art. 46. Receber ou adquirir, para fins comerciais ou industriais, madeira, lenha, carvão e outros produtos de origem vegetal, sem exigir a exibição de licença do vendedor, outorgada pela autoridade competente, e sem munir-se da via que deverá acompanhar o produto até final beneficiamento:

Pena – detenção, de seis meses a um ano, e multa.

Parágrafo único. Incorre nas mesmas penas quem vende, expõe à venda, tem em depósito, transporta ou guarda madeira, lenha, carvão e outros produtos de origem vegetal, sem licença válida para todo o tempo da viagem ou do armazenamento, outorgada pela autoridade competente.

Art. 47. (Vetado).

Jurisprudência complementar (STF)

(...). Competência. Crime Ambiental. Lei 9.605/98. Justiça Comum. (...). No entendimento de ambas as Turmas deste Tribunal, a competência para julgar o crime ambiental previsto no artigo 46, parágrafo único, da Lei 9.605/98 é da Justiça comum, porquanto o interesse da União seria apenas genérico ou indireto. (...). (RE 598524 AgR, Rel. Min. Marco Aurélio, 1ª T., DJ 17.8.2011)

I. "Habeas corpus": descabimento. 1. Alegação de nulidade de decisão que decretou a perda da carga e o descarregamento em empresa diversa da destinatária: ausência, no ponto, de ameaça ou constrangimento à liberdade de locomoção. 2. Questões relacionadas à inexigibilidade de conduta diversa, que demandam o revolvimento de fatos e provas, ao que não se presta o procedimento sumário e documental do "habeas corpus". II. Crime ambiental: transporte de carvão vegetal sem licença válida para todo o tempo da viagem outorgada pela autoridade competente (L. 9.605/98, art. 46, parágrafo único): exigência de autorização ambiental expedida pelo Ibama – existente e no prazo de validade – e não de regularidade da documentação fiscal, cuja ausência não afeta o bem jurídico protegido pela incriminação, qual seja o meio-ambiente, o que induz à atipicidade do fato, ainda quando se trate, como no caso, de um crime de mera conduta (v. g., HC 81.057, 1ª T., 25.4.04, Pertence, Infs. STF 349 e 385). (RHC 85214, Rel. Min. Sepúlveda Pertence, 1ª T., DJ 3.6.2005)

1. "Habeas corpus". Crime previsto no art. 46, parágrafo único, da Lei 9.605, de 1998 (Lei de Crimes Ambientais). Competência da Justiça Comum. 2) Denúncia oferecida pelo Ministério Público Federal perante a Justiça Federal com base em auto de infração expedido pelo Ibama. 3) A atividade de fiscalização ambiental exercida pelo Ibama, ainda que relativa ao cumprimento do art. 46 da Lei de Crimes Ambientais, configura interesse genérico, mediato ou indireto da União, para os fins do art. 109, IV, da Constituição. 4) A presença de interesse direto e específico da União, de suas entidades autárquicas e empresas públicas – o que não se verifica, no caso –, constitui pressuposto para que ocorra a competência da Justiça Federal prevista no art. 109, IV, da Constituição. (...). (HC 81916, Rel. Min. Gilmar Mendes, 2ª T., DJ 11.10.2002)

Jurisprudência complementar (STJ)

(...). Art. 46, parágrafo único, da Lei 9.605/98. Art. 299 do CP. Hipótese do art. 109, inciso IV, da CF não verificada. Competência da Justiça Estadual. Recurso a que se nega provimento. 1. De acordo com a jurisprudência desta Corte, o fato de o documento público ter sido expedido por órgão federal, por si só, não atrai a competência da Justiça Federal para processar e julgar o crime. Para tanto, mister que haja lesão a bem, serviço ou interesse da União ou de suas entidades autárquicas ou empresas públicas, nos termos do art. 109, inciso IV, da Carta Magna, o que não se verifica no caso. 2. Agravo regimental a que se nega provimento. (AgRg no CC 141.899, Rel. Min. Maria Thereza de Assis Moura, Terceira Seção, DJ 16.9.2015)

(...). Legislação extravagante. Lei dos crimes ambientais. Lei 9.605/1998. Responsabilidade penal de pessoa jurídica. Restituição de coisa apreendida. Carga de madeira. Quantidade e espécie de madeira transportada dissonante da guia florestal. Indícios de prática de delito ambiental. Indevida restituição. Laudo técnico. Revisão. Súmula 7/STJ. Matéria constitucional. STF. 1. A denominada Lei dos Crimes

Ambientais, Lei 9.605/1998, representa, para muitos, um avanço para a sociedade brasileira, principalmente pela acolhida explícita da responsabilidade penal das pessoas jurídicas e pela criminalização de diversas condutas lesivas ao meio ambiente, anteriormente não tipificadas por nosso ordenamento jurídico. 2. A restituição, quando apreciada pelo magistrado, deve atender aos mesmos pressupostos exigidos na ocasião de seu exame pela autoridade policial: a) ser comprovada a propriedade; b) o bem não ser confiscável (art. 91, II, do CP); e c) o bem não mais interessar ao inquérito policial ou à ação penal. 3. Diante de indícios de que a coisa apreendida – carregamento de madeira – constitui objeto de crime ambiental, nos termos do art. 46, parágrafo único, da Lei 9.605/1998, não pode ser ela restituída em parte ou em sua totalidade à pessoa jurídica porque, inclusive, é passível de doação a instituições científicas, hospitalares, penais e outra com fins beneficentes, nos termos do art. 25, § 3º, da aludida lei. 4. A transação penal é oferecida somente individualmente, em razão da necessidade da análise dos critérios subjetivos determinados no art. 76 da Lei 9.099/1995. Diante disso, a homologação da conciliação pré-processual concedida a um único agente não alcança, de forma automática, todos os demais envolvidos na conduta delitiva, sobretudo não elide responsabilidade penal da pessoa jurídica. 5. O exame da irregularidade no laudo pericial se depara, na via especial, com o óbice disposto na Súmula 7/STJ. 6. A violação de preceitos, dispositivos ou princípios constitucionais revela-se quaestio afeta à competência do Supremo Tribunal Federal, provocado pela via do extraordinário; motivo pelo qual não se pode conhecer do recurso especial nesse aspecto, em função do disposto no art. 105, III, da Constituição Federal. (...). (REsp 1329837, Rel. Min. Sebastião Reis Júnior, 6ª T., DJ 29.9.2015)

(...). Falsidade ideológica de autorização de transporte de produto florestal – ATPF. Competência. Justiça Federal. Crime ambiental e de falsidade ideológica. Aplicação do princípio da consunção. Caso concreto. Impossibilidade. Recurso desprovido. 1. Tendo em vista que o documento falsificado – ATPF (Autorização de Transporte de Produtos Florestais), supostamente utilizado pelo Recorrido para ludibriar a fiscalização do Ibama, refere-se a serviços executados pela União, deve ser reconhecida a competência do Juízo federal. 2. O princípio da consunção não pode ser aplicado no caso concreto (crime ambiental e de falsidade ideológica). Para tanto, pressupõe-se a existência de um delito como fase de preparação ou execução de outro mais grave, impondo sua absorção. Na espécie, não se verifica essa hipótese. Ainda que assim não fosse, o Parquet Federal deixou de denunciar o ora Recorrente pelo crime ambiental, tendo em vista já ter se operado o marco prescricional. Portanto, ausente qualquer concurso aparente de normas a ser solucionado. (...). (RHC 58.071, Rel. Min. Maria Thereza de Assis Moura, 6ª T., DJ 25.6.2015)

Questões de concursos

657. **(Cespe/Ibama/Técnico/2012)** O transporte de carvão vegetal sem prévia licença da autoridade competente caracteriza, simultaneamente, crime ambiental e infração administrativa.

658. **(Cespe/MMA/Analista/2011)** Constitui crime ambiental, sujeito à pena de detenção e multa, vender ou expor à venda, ter em depósito, transportar ou guardar madeira, lenha, carvão e outros produtos de origem vegetal, sem licença válida para todo o tempo da viagem ou do armazenamento, outorgada pela autoridade competente.

■ Impedimento de Regeneração Vegetal {art. 48}

> **Art. 48.** Impedir ou dificultar a regeneração natural de florestas e demais formas de vegetação:
>
> Pena – detenção, de seis meses a um ano, e multa.

Informativos (STJ)

Configuração do crime do art. 48 da Lei 9.605/98.

A tipificação da conduta descrita no art. 48 da Lei 9.605/98 prescinde de a área ser de preservação permanente. Isso porque o referido tipo penal descreve como conduta criminosa o simples fato de "impedir ou dificultar a regeneração natural de florestas e demais formas de vegetação". AgRg no REsp 1.498.059, Rel. Min. Leopoldo A. Raposo, DJ 1.10.15. 5ª T. (Info 570)

Jurisprudência complementar (STF)

(...). Art. 48 da Lei 9.605/1998 (impedir ou dificultar a regeneração natural de florestas e demais formas de vegetação). Denúncia. 3. Ausência de prequestionamento. Incidência dos enunciados 282 e 356 da Súmula do STF. 4. Alegação de violação ao artigo 93, inciso IX, da CF. Não ocorrência. Acórdão recorrido suficientemente motivado. 5. Prescrição. Pleito que demanda reexame do conjunto fático-probatório dos autos (Súmula 279/STF) e da interpretação da legislação infraconstitucional. 6. O crime previsto no art. 48 da Lei 9.605/1998 é de natureza permanente, de modo que o prazo prescricional inicia-se com a cessação da conduta delitiva. (...). (ARE 923296 AgR, Rel. Min. Gilmar Mendes, 2ª T., DJ 24.11.2015)

(...). Crime contra o meio ambiente. Impedir ou dificultar a regeneração natural da vegetação (art. 48 da Lei 9.605/98). Pedido de trancamento da ação penal. Alegações de inépcia da denúncia, atipicidade do fato e falta de justa causa. Não ocorrência. (...). 2. A denúncia, embora não expondo data precisa em que se teria consumado a infração ambiental, que é de cunho permanente, foi capaz de situá-la em período certo e determinado, com a possibilidade de estabelecer-se, para fins de aferição de alegada causa extintiva da punibilidade do agente, como último marco consumativo, data em que pericialmente atestada a permanência da infração. Prescrição não verificada. 3. Preenchidos os requisitos do art. 41 do Código de Processo Penal, a análise das demais questões postas na impetração, para seu correto equacionamento, demanda regular dilação probatória, escapando, portanto, da possibilidade de análise mais aprofundada dos fatos, máxime quando se considera o viés estreito do "writ" constitucional. Constrangimento ilegal inexistente. (...). (HC 107412, Rel. Min. Dias Toffoli, 1ª T., DJ 23.5.2012)

(...). Crime permanente versus crime instantâneo de efeitos permanentes. Súmula 711. Prescrição da pretensão punitiva. Inocorrência. Recurso desprovido. 1. A conduta imputada ao paciente é a de impedir o nascimento de nova vegetação (art. 48 da Lei 9.605/1998), e não a de meramente destruir a flora em local de preservação ambiental (art. 38 da Lei Ambiental). A consumação não se dá instantaneamente, mas, ao contrário, se protrai no tempo, pois o bem jurídico tutelado é violado de forma contínua e duradoura, renovando-se, a cada momento, a consumação do delito. Trata-se, portanto, de crime permanente. 2. Não houve violação ao princípio da legalidade ou tipicidade, pois a conduta do paciente já era prevista como crime pelo Código Florestal, anterior à Lei nº 9.605/98. Houve, apenas, uma sucessão de leis no tempo, perfeitamente legítima, nos termos da Súmula 711 do Supremo Tribunal Federal. 3. Tratando-se de crime permanente, o lapso prescricional somente começa a fluir a partir do momento em que cessa a permanência. Presção não consumada. (...). (RHC 83437, Rel. Min. Joaquim Barbosa, 1ª T., DJ 18.4.2008)

Jurisprudência complementar (STJ)

(...). Crime ambiental. Art. 48 da Lei 9.605/98. Arguida ausência de vínculo subjetivo entre a conduta e o resultado lesivo. Pretensão que imprescinde de análise do conjunto fático-probatório. Impossibilidade. Alegado erro de proibição com supedâneo no art. 26 do Código Penal. Incidência da súmula n. 284 do Pretório

Excelso. Inovação recursal. Impossibilidade. Fixação da pena de multa proporcional ao critério trifásico utilizado para cominar a sanção segregativa. Valor do dia-multa devidamente fundamentado na situação econômica do réu. Enunciado sumular n. 07 desta corte. Agravo desprovido. 1. O pleito de absolvição quanto ao art. 48 da Lei dos Crimes Ambientais, por arguida ausência de vínculo subjetivo entre a conduta e o resultado lesivo, não deve ser conhecido, tendo em vista a incidência do verbete sumular n. 07 desta Corte. 2. Constata-se deficiência de argumentação do recurso especial, o que atrai a aplicação da Súmula 284 do Pretório Excelso. 3. A alegada violação ao art. 21 do Código Penal configura inovação recursal, o que é vedado em sede de agravo regimental.4. A pena pecuniária revela-se consentânea com o critério trifásico. O valor do dia-multa, ademais, foi motivado de forma robusta, à luz da condição financeira da parte Recorrente. Incide na hipótese, novamente, a referida Súmula 07. 5. Decisão agravada que se mantém pelos seus próprios fundamentos. (...). (AgRg no REsp 1171417, Rel. Min. Laurita Vaz, 5ª T., DJ 9.10.2012)

(...). Crime ambiental. Conflito aparente de normas. Arts. 48 e 64 da Lei 9.605/98. Consunção. Absorvido o crime meio de destruir floresta e o pós-fato impunível de impedir sua regeneração. Crime único de construir em local não edificável. Recurso especial improvido. 1. Ocorre o conflito aparente de normas quando há a incidência de mais de uma norma repressiva numa única conduta delituosa, sendo que tais normas possuem entre si relação de hierarquia ou dependência, de forma que somente uma é aplicável. 2. O crime de destruir floresta nativa e vegetação protetora de mangues dá-se como meio necessário da realização do único intento de construir casa ou outra edificação em solo não edificável, em razão do que incide a absorção do crime-meio de destruição de vegetação pelo crime-fim de edificação proibida. 3. Dá-se tipo penal único de incidência final (art. 64 da Lei 9.605/98), já em tese crime uno, diferenciando-se do concurso formal, onde o crime em tese é duplo, mas ocasionalmente praticado por ação e desígnio únicos. (...). (REsp 1639723, Rel. Min. Nefi Cordeiro, 6ª T., DJ 16.2.2017)

(...). Art. 48 da Lei 9.605/98. Crime ambiental. Natureza permanente. Atividade criminosa que se prolonga no tempo. Recurso não provido. 1. O crime imputado ao agravante configura-se como crime permanente, pois, mesmo que o dano ambiental tenha se iniciado com a construção das edificações em dezembro de 2003, a conservação e a manutenção das construções na área de conservação ambiental impedem que a vegetação se regenere, prolongando-se assim os danos causados ao meio ambiente. 2. Se a ocupação ou a degradação da área ocorreu, e continua ocorrendo, impedindo e dificultando a sua regeneração natural, permanece o recorrente em cometimento da infração penal. 3. A ausência de informação acerca da cessação da permanência impede a aferição do transcurso do lapso prescricional e impõe o prosseguimento do inquérito policial. (...). (AgRg no REsp 1133632, Rel. Min. Rogerio Schietti Cruz, 6ª T., DJ 10.10.2016)

Questões de concursos

659. **(FGV/Senado_Federal/Advogado/2008)** Relativamente aos crimes contra o meio ambiente, analise as afirmativas a seguir:

   I. Nos crimes previstos na Lei 9.605/98, o baixo grau de instrução ou escolaridade do agente constitui circunstância que atenua a pena.

   II. Nos crimes previstos na Lei 9.605/98, a prática do crime no domingo é circunstância que agrava a pena, quando não constitui ou qualifica o crime.

   III. Constitui crime reformar estabelecimentos potencialmente poluidores, sem licença ou autorização dos órgãos ambientais competentes.

   IV. Constitui crime impedir ou dificultar a regeneração natural de florestas e demais formas de vegetação.

   Assinale:

   a) se apenas as afirmativas I e II estiverem corretas.
   b) se apenas as afirmativas II e III estiverem corretas.
   c) se apenas as afirmativas III e IV estiverem corretas.
   d) se todas as afirmativas estiverem corretas.
   e) se apenas a afirmativa II estiver correta.

■ Destruição de Plantas Ornamentais {art. 49}

> **Art. 49**. Destruir, danificar, lesar ou maltratar, por qualquer modo ou meio, plantas de ornamentação de logradouros públicos ou em propriedade privada alheia:
>
> Pena – detenção, de três meses a um ano, ou multa, ou ambas as penas cumulativamente.
>
> Parágrafo único. No crime culposo, a pena é de um a seis meses, ou multa.

Questões de concursos

660. **(FCC/TRF/4R/Analista/2014)** Dispõe o art. 49 da Lei n. 9.605/1998 que é crime destruir, danificar, lesar ou maltratar, por qualquer modo ou meio, plantas de ornamentação de logradouros públicos ou em propriedade privada alheia, com pena de detenção de 3 meses a 1 ano, ou multa isolada ou cumulativa. Estipula-se ainda modalidade culposa da conduta, com pena de 1 a 6 meses de detenção ou multa. Trata-se de dispositivo que, não raramente, recepciona críticas acerbas de seus comentaristas. Fosse o caso de acompanhá-los, os conjuntos de fundamentos ou princípios que estão mais diretamente tensionados por esse trecho de nossa lei ambiental são:

a) fragmentariedade, imputabilidade, irrepetibilidade e causalidade.

b) intervenção mínima, igualdade, publicidade e responsabilidade subjetiva.

c) legalidade, ofensividade, subsidiariedade e proporcionalidade.

d) culpabilidade, adequação social, individualização e taxatividade.

e) pessoalidade, humanidade, dignidade e necessidade.

■ Destruição de Vegetação {art. 50}

Art. 50. Destruir ou danificar florestas nativas ou plantadas ou vegetação fixadora de dunas, protetora de mangues, objeto de especial preservação:

Pena – detenção, de três meses a um ano, e multa.

Jurisprudência complementar (STF)

(...). Crimes ambientais. Artigos 38 e 50 da Lei 9.605/98. Denúncia que atende às exigências do art. 41 do CPP. Prescindibilidade de fundamentação da decisão que recebe a denúncia. Laudo pericial revestido das características essenciais. Impossibilidade de exame probatório. Recurso desprovido. (...). 3. A denúncia, apesar de sucinta, atende às exigências formais e materiais contidas no art. 41, do Código de Processo Penal, possibilitando o pleno exercício da ampla defesa. 4. No presente caso, encontram-se presentes todos os pressupostos e condições de procedibilidade para o ajuizamento e prosseguimento da ação penal em face do recorrente, sendo certo que a sua efetiva participação nos delitos deverá ser analisada após a instrução criminal, por ocasião da sentença. 5. A jurisprudência do Supremo Tribunal

Federal é firme no sentido de que a decisão que recebe a denúncia prescinde de fundamentação (HC 93.056...). 6. Aprofundar a questão se a área atingida é ou não objeto material dos crimes narrados na denúncia, implica, necessariamente, em exame probatório, inadmissível na via estreita do "habeas corpus". (...). (RHC 97598, Rel. Min. Ellen Gracie, 2ª T., DJ 28.8.2009)

(...). Crime previsto no artigo 50 da Lei 9.605/98. Competência da Justiça estadual comum. Esta Primeira Turma, recentemente, em 20.11.2001, ao julgar o RE 300.244, em caso semelhante ao presente, decidiu que, não havendo em causa bem da União (a hipótese então em julgamento dizia respeito a desmatamento e depósito de madeira proveniente da Mata Atlântica que se entendeu não ser bem da União), nem interesse direto e específico da União (o interesse desta na proteção do meio ambiente só é genérico), nem decorrer a competência da Justiça Federal da circunstância de caber ao Ibama, que é órgão federal, a fiscalização da preservação do meio ambiente, a competência para julgar o crime que estava em causa (artigo 46, parágrafo único, da Lei 9.605/98, na modalidade de manter em depósito produtos de origem vegetal integrantes da flora nativa, sem licença para armazenamento) era da Justiça estadual comum. (...). (RE 349189, Rel. Min. Moreira Alves, 1ª T., DJ 14.11.2002)

Jurisprudência complementar (STJ)

(...). Crime ambiental. Lei 9.605/98. Desmatamento. Inépcia da denúncia. Vício não-configurado. Materialidade. Alegação de vício no laudo pericial. Dilação probatória. Inadequação da via eleita. Recebimento da denúncia. Ausência de fundamentação. Desnecessidade. (...). 2. Desmatar floresta situada em áreas de preservação permanente e de especial preservação constitui, em tese, os fatos típicos previstos nos arts. 38 e 50 da Lei 9.605/98. 3. Preenchidos satisfatoriamente os pressupostos do art. 41 do CPP, o recebimento da denúncia é medida que se impõe. 4. Analisar o argumento de que a perícia realizada é inservível à comprovação da materialidade implica dilação probatória, peculiar ao processo de conhecimento, o que é inviável em sede de "habeas corpus", remédio jurídico-processual, de índole constitucional, que tem como escopo resguardar a liberdade de locomoção contra ilegalidade ou abuso de poder, marcado por cognição sumária e rito célere. 5. Em virtude de sua natureza interlocutória, prescinde de fundamentação o juízo positivo de admissibilidade da acusação penal. (...). (HC 78.671, Rel. Min. Arnaldo Esteves Lima, 5ª T., DJ 3.11.2008)

■ Desmatamento Ilegal {art. 50-A}

> **Art. 50**-A. Desmatar, explorar economicamente ou degradar floresta, plantada ou nativa, em terras de domínio público ou devolutas, sem autorização do órgão competente:
>
> Pena – reclusão de 2 (dois) a 4 (quatro) anos e multa.
>
> § 1º Não é crime a conduta praticada quando necessária à subsistência imediata pessoal do agente ou de sua família.
>
> § 2º Se a área explorada for superior a 1.000 ha (mil hectares), a pena será aumentada de 1 (um) ano por milhar de hectare.

Questões de concursos

661. (Cespe/AGU/Procurador/2007) Em caso de desmatamento criminoso em unidade de conservação no DF, administrada pela União, o autor do crime será processado e julgado pela justiça do DF.

■ Comercialização ou Utilização Indevida de Motosserra {art. 51}

> **Art. 51**. Comercializar motosserra ou utilizá-la em florestas e nas demais formas de vegetação, sem licença ou registro da autoridade competente:
>
> Pena – detenção, de três meses a um ano, e multa.

Questões de concursos

662. (PC/SP/Escrivão/2010) Usar motosserra sem a devida licença; fabricar, vender, transportar ou soltar balões; modificar, danificar ou destruir ninho, abrigo ou criadouro natural são condutas típicas previstas

   a) na Lei dos Crimes Ambientais.
   b) na Lei do Desarmamento.
   c) na Lei de Pesca.
   d) no Código Penal.
   e) no Código de Defesa do Consumidor.

663. **(Vunesp/MPE/SP/Promotor/2008)** Indique a conduta que não está descrita na Lei n. 9.605/98 como crime contra o meio ambiente.

    a) Extrair de florestas de domínio público ou consideradas de preservação permanente, sem prévia autorização, pedra, areia, cal ou qualquer espécie de minerais.

    b) Causar dano direto ou indireto às Unidades de Conservação e às áreas de que trata o artigo 27 do Decreto n. 99.274, de 6 de junho de 1990, independentemente de sua localização.

    c) Introduzir espécime animal no País, sem parecer técnico oficial favorável e licença expedida por autoridade competente.

    d) Fazer ou usar fogo, por qualquer modo, em floresta ou nas demais formas de vegetação, ou em sua borda, sem tomar as precauções necessárias para evitar propagação.

    e) Comercializar motosserra ou utilizá-la em florestas e nas demais formas de vegetação, sem licença ou registro da autoridade competente.

664. **(FGV/TJ/MS/Juiz/2008)** Assinale a afirmativa incorreta a respeito dos crimes ambientais.

    a) Comercializar motosserra ou utilizá-la em florestas e nas demais formas de vegetação, sem licença ou registro da autoridade competente: Pena – detenção, de um a três anos, e multa.

    b) Destruir ou danificar floresta considerada de preservação permanente, mesmo que em formação, ou utilizá-la com infringência das normas de proteção: Pena – detenção, de um a três anos, ou multa, ou ambas as penas cumulativamente.

    c) Exportar para o exterior peles e couros de anfíbios e répteis em bruto, sem a autorização da autoridade ambiental competente: Pena – reclusão, de um a três anos, e multa.

    d) Causar poluição de qualquer natureza em níveis tais que resultem ou possam resultar em danos à saúde humana, ou que provoquem a mortandade de animais ou a destruição significativa da flora: Pena – reclusão, de um a quatro anos, e multa.

    e) Promover construção em solo não edificável, ou no seu entorno, assim considerado em razão de seu valor paisagístico, ecológico, artístico, turístico, histórico, cultural, religioso, arqueológico, etnográfico ou monumental, sem autorização da autoridade competente ou em desacordo com a concedida: Pena – detenção, de seis meses a um ano, e multa.

Penetração em Unidade de Conservação {art. 52}

Art. 52. Penetrar em Unidades de Conservação conduzindo substâncias ou instrumentos próprios para caça ou para exploração de produtos ou subprodutos florestais, sem licença da autoridade competente:

Pena – detenção, de seis meses a um ano, e multa.

Jurisprudência complementar (STJ)

(...). Conflito de competência. Possível crime ambiental. Parque ecológico criado por Lei Municipal. Lesão a bens, serviços ou interesses da união não-demonstrada. Competência da Justiça Estadual. I. Compete à Justiça Estadual o processo e julgamento de feito que visa à apuração de possível crime contra a flora, quando restar demonstrado que a suposta infração se deu em Parque Ecológico criado por lei municipal, não se podendo alegar, em consequência, a existência de eventual lesão a bens, serviços ou interesses da União, a ensejar a competência da Justiça Federal. (...). (CC 28.360, Rel. Min. Gilson Dipp, Terceira Seção, DJ 21.8.2000)

Causas Especiais de Aumento de Pena {art. 53}

Art. 53. Nos crimes previstos nesta Seção, a pena é aumentada de um sexto a um terço se:

I – do fato resulta a diminuição de águas naturais, a erosão do solo ou a modificação do regime climático;

II – o crime é cometido:

a) no período de queda das sementes;

b) no período de formação de vegetações;

c) contra espécies raras ou ameaçadas de extinção, ainda que a ameaça ocorra somente no local da infração;

d) em época de seca ou inundação;

e) durante a noite, em domingo ou feriado.

Jurisprudência complementar (STJ)

(...). Crime ambiental. Corte de árvore em floresta de preservação permanente. Aumento de pena. Espécies raras. Conduta descrita nos arts. 39 e 53, II, "c", da Lei 9.605/98. Indícios suficientes de autoria e materialidade. Denúncia recebida. 1. Ação penal em que se imputa a Desembargador do Tribunal de Justiça do Estado de Goiás a prática do delito tipificado no art. 39, combinado com o art. 53, inciso II, alínea "c", da Lei 9.605/98 – corte de árvores em floresta considerada de preservação permanente, sem permissão da autoridade competente, com aumento de pena em razão de o delito em tese haver sido supostamente cometido "contra espécies raras ou ameaçadas de extinção, ainda que a ameaça ocorra somente no local da infração". 2. A denúncia observou os requisitos previstos no artigo 41 do Código de Processo Penal (exposição do fato criminoso, com todas as suas circunstâncias; a qualificação do denunciado; a classificação do crime; e rol das testemunhas), inexistindo qualquer das situações impeditivas previstas no art. 395 do referido diploma. 3. Embora o denunciado tenha afirmado falta de justa causa para a ação penal, as provas presentes nos autos até este momento são suficientes para, nesta fase processual, demonstrar os indícios de autoria e a materialidade delitiva, quais sejam: Auto de Infração; Relatório de Fiscalização; Certidão contendo rol das testemunhas que poderão ser capazes de comprovar a prática do respectivo ilícito ambiental e Termo de Inspeção da Flora lavrados pelo Ibama; anexo fotográfico; decisão administrativa condenatória; termo de declarações de testemunha e, por último, laudo de perícia criminal. (...). (APn 703, Rel. Min. Benedito Gonçalves, Corte Especial, DJ 29.11.2016)

Questões de concursos

665. **(FCC/PGM/JoãoPessoa/Procurador/2012)** De acordo com a Lei n. 9.605/98, não se inclui dentre as causas de aumento de pena nos crimes praticados contra a flora ter sido o crime cometido

   a) no período de formação de vegetações.
   b) no período de queda das sementes.
   c) na época de seca.
   d) na época de inundação.
   e) durante o dia, do nascer ao pôr do sol.

666. **(PUCPR/TJ/RO/Juiz/2011)** De acordo com a Lei 9.605/98, afirma-se:

   I. Não é crime o abate de animal, quando realizado em estado de necessidade, para saciar a fome do agente ou de sua família.

II. Não é crime o abate de animal, quando realizado para proteger lavouras, pomares e rebanhos da ação predatória ou destruidora de animais, independentemente de autorização.

III. Não é crime o abate de animal, quando realizado por ser este nocivo, desde que assim caracterizado pelo órgão competente.

IV. Constitui crime destruir, danificar, lesar ou maltratar, por qualquer modo ou meio, plantas de ornamentação de logradouros públicos ou em propriedade privada alheia.

V. Nos crimes contra a flora a pena é aumentada de um sexto a um terço se o crime for cometido no período de queda das sementes.

Estão corretas:

a) Somente as afirmativas I e II.
b) Somente as afirmativas I, II, IV e V.
c) Somente as afirmativas II, III e IV.
d) Somente as afirmativas I, III, IV e V.
e) Todas as afirmativas.

Seção III – **Da Poluição e outros Crimes Ambientais**

■ Poluição {art. 54}

Art. 54. Causar poluição de qualquer natureza em níveis tais que resultem ou possam resultar em danos à saúde humana, ou que provoquem a mortandade de animais ou a destruição significativa da flora:

Pena – reclusão, de um a quatro anos, e multa.

§ 1º Se o crime é culposo:

Pena – detenção, de seis meses a um ano, e multa.

§ 2º Se o crime:

I – tornar uma área, urbana ou rural, imprópria para a ocupação humana;

II – causar poluição atmosférica que provoque a retirada, ainda que momentânea, dos habitantes das áreas afetadas, ou que cause danos diretos à saúde da população;

> III – causar poluição hídrica que torne necessária a interrupção do abastecimento público de água de uma comunidade;
>
> IV – dificultar ou impedir o uso público das praias;
>
> V – ocorrer por lançamento de resíduos sólidos, líquidos ou gasosos, ou detritos, óleos ou substâncias oleosas, em desacordo com as exigências estabelecidas em leis ou regulamentos:
>
> Pena – reclusão, de um a cinco anos.
>
> § 3º Incorre nas mesmas penas previstas no parágrafo anterior quem deixar de adotar, quando assim o exigir a autoridade competente, medidas de precaução em caso de risco de dano ambiental grave ou irreversível.

Informativos (STJ)

Prova do crime do art. 54 da Lei 9.605/98.

É imprescindível a realização de perícia oficial para comprovar a prática do crime previsto no art. 54 da Lei 9.605/98. REsp 1.417.279, Rel. Min. Sebastião Reis Júnior, DJ 15.10.15. 6ª T. (Info 571)

Jurisprudência complementar (STF)

(...). Trancamento da ação penal. Crime contra o meio ambiente. Perigo de dano grave ou irreversível. Tipicidade da conduta. Exame de corpo de delito. Documentos técnicos elaborados pelas autoridades de fiscalização. Inépcia formal da denúncia. 1. O dano grave ou irreversível que se pretende evitar com a norma prevista no artigo 54, § 3º, da Lei 9.605/98 não fica prejudicado pela degradação ambiental prévia. O risco tutelado pode estar relacionado ao agravamento das consequências de um dano ao meio ambiente já ocorrido e que se protrai no tempo. 2. O crime capitulado no tipo penal em referência não é daquele que deixa vestígios. Impossível, por isso, pretender o trancamento da ação penal ao argumento de que não teria sido realizado exame de corpo de delito. 3. No caso, há registro de diversos documentos técnicos elaborados pela autoridade incumbida da fiscalização ambiental assinalando, de forma expressa, o perigo de dano grave ou irreversível ao meio ambiente. 4. Não se reputa inepta a denúncia que preenche os requisitos formais do artigo 41 do Código de Processo Penal e indica minuciosamente as condutas criminosas em tese praticadas pela paciente, permitindo, assim, o exercício do direito de ampla defesa. 5. "Habeas corpus" em que se denega a ordem. (HC 90023, Rel. Min. Menezes Direito, 1ª T., DJ 7.12.2007)

Jurisprudência complementar (STJ)

(...). Crime ambiental. Poluição. Trancamento da ação penal. Ausência de justa causa. Atipicidade da conduta. Ausência de laudo técnico oficial. Crime formal e de perigo abstrato. Documentos suficientes. Matéria fático-probatória. Inépcia da denúncia. Não ocorrência. Suspensão condicional do processo. Reparação do dano. Constrangimento ilegal não evidenciado. (...). 2. De acordo com o entendimento deste Tribunal, a Lei de Crimes Ambientais deve ser interpretada à luz dos princípios do desenvolvimento sustentável e da prevenção, indicando o acerto da análise que a doutrina e a jurisprudência têm conferido à parte inicial do art. 54 da Lei 9.605/1998, de que a mera possibilidade de causar dano à saúde humana é idônea a configurar o crime de poluição, evidenciada sua natureza formal ou, ainda, de perigo abstrato 3. O delito de poluição ambiental em questão dispensa resultado naturalístico e a potencialidade de dano da atividade descrita na denúncia é suficiente para caracterizar o crime de poluição ambiental, independentemente de laudo específico na empresa, inexistindo, no caso, qualquer das hipóteses excepcionais, de forma que o exame da alegada ausência de justa causa para a instauração da ação penal demanda incursão no acervo fático-probatório, o que é inviável na via estreita. 4. Não é inepta a denúncia que, atentando aos ditames do art. 41 do CPP, qualifica os acusados, descreve o fato criminoso e suas circunstâncias. 5. Não há ilegalidade nas condições propostas pelo Parquet para suspensão condicional do processo, sendo certo que a reparação do dano causado, salvo na impossibilidade de fazê-lo, prevista no art. 89, § 1º, I, da Lei 9.099/1995, é imprescindível para concessão do sursis processual. 6. Nos crimes ambientais, a suspensão condicional do processo sujeita-se ao disposto no art. 28 da Lei 9.605/1998, só se extinguindo a punibilidade após a emissão de laudo que constate a reparação do dano ambiental, prorrogando-se o sursis quanto a essa condição, caso a reparação não tenha sido completa. (...). (RHC 62.119, Rel. Min. Gurgel de Faria, 5ª T., DJ 5.2.2016)

(...). Crime ambiental. Art. 54, § 2º, V, da Lei 9.605/1998. Potencialidade lesiva de causar danos à saúde humana. Imprescindibilidade. Prova do risco de dano. Ausência. Delito não configurado. Reversão do julgado pelo tribunal de origem. Reexame. Súmula 7/STJ. Incidência. Agravo regimental improvido. 1. Se a Corte de origem, soberana na apreciação da matéria fático-probatória, concluiu por manter a absolvição sumária do acusado por não estar comprovado nos autos que o lançamento de resíduos líquidos em rede fluvial acarretou poluição em níveis efetivamente nocivos à saúde humana, à flora ou à fauna bem como que a celebração de cumprimento de TAC, além da presença de licença regular para funcionamento da empresa, concedida pela própria Prefeitura, afastam o dolo da conduta dos agentes, evidenciando que agiram em erro esculpável, o exame da pretensão recursal em sentido contrário encontra óbice na Súmula 7/STJ. 2. O tipo penal do art. 54, § 2º, V, da Lei 9.605/1998 exige a demonstração do risco de dano advindo da conduta delituosa. (...). (AgRg no AREsp 904.753, Rel. Min. Nefi Cordeiro, 6ª T., DJ 2.2.2017)

(...). Crime ambiental. Art. 54 da Lei 9.605/98. Perigo abstrato. Súmula 568/STJ. Recurso desprovido. 1. De acordo com o entendimento deste Tribunal, a Lei de Crimes Ambientais deve ser interpretada à luz dos princípios do desenvolvimento sustentável e da prevenção, indicando o acerto da análise que a doutrina e a jurisprudência têm conferido à parte inicial do art. 54 da Lei 9.605/1998, de que a mera possibilidade de causar dano à saúde humana é idônea a configurar o crime de poluição, evidenciada sua natureza formal ou, ainda, de perigo abstrato (RHC 62.119...) 2. Incidência da Súmula 568/STJ: O relator, monocraticamente e no Superior Tribunal de Justiça, poderá dar ou negar provimento ao recurso quando houver entendimento dominante acerca do tema. (...). (AgRg no AREsp 956.780, Rel. Min. Reynaldo Soares da Fonseca, 5ª T., DJ 5.10.2016)

(...). Legislação extravagante. Lei 9.605/1998. Crime ambiental. "Habeas corpus". Pessoa jurídica. Poluição sonora. Continuidade da persecução penal. Ocorrência. Análise sobre a materialidade do delito que não pode ser feita na via eleita. Em princípio, conduta típica suficientemente demonstrada pela denúncia. Cassação do acórdão a quo. 1. A emissão de som, quando em desacordo com os padrões estabelecidos, provocará a degradação da qualidade ambiental. 2. A conduta narrada na denúncia mostra-se plenamente adequada à descrição típica constante no art. 54, caput, e § 2º, I, da Lei 9.605/1998, c/c o art. 3º, III, da Lei 6.938/1981, pois descreve a emissão pela pessoa jurídica de ruídos acima dos padrões estabelecidos pela NBR 10.151, causando, por conseguinte, prejuízos à saúde humana, consoante preconiza a Resolução do Conama n. 01/1990. 3. A violação de preceitos, dispositivos ou princípios constitucionais revela-se quaestio afeta à competência do Supremo Tribunal Federal, provocado pela via do extraordinário; motivo pelo qual não se pode conhecer do recurso nesse aspecto, em função do disposto no art. 105, III, da Constituição Federal. (...). (AgRg no REsp 1442333, Rel. Min. Sebastião Reis Júnior, 6ª T., DJ 27.6.2016)

Questões de concursos

667. **(Funcab/PC/PA/Delegado/2016)** Acerca dos crimes ambientais, é correto afirmar que:

   a) comete crime aquele que provoca dano ambiental ínfimo, pois é vedada a aplicação do princípio da insignificância.

b) a Lei de Crimes Ambientais prevê como hipótese de estado de necessidade o abate de animal feroz que esteja atacando terceiros.

c) o art. 54 da Lei n. 9.605, de 1998, contempla apenas a poluição hídrica, existindo outros dispositivos incriminando as demais espécies de poluição.

d) a Lei n. 9.605 de 1998, contém exemplos daquilo que se convencionou chamar "administrativização do direito penal".

e) a extração de recursos minerais sem autorização, permissão, concessão, licença ou concessão do órgão competente restou alijada da Lei n. 9.605, de 1998, pois já é prevista no Código Penal.

668. **(FGV/Codemig/Analista/2015)** A Lei n. 9.605/1998 dispõe sobre as sanções penais e administrativas derivadas de condutas e atividades lesivas ao meio ambiente. Comete crime ambiental tipificado no citado diploma legal aquele que:

a) causa poluição de qualquer natureza em níveis tais que resultem ou possam resultar em danos à saúde humana;

b) comete homicídio, cuja vítima seja funcionário público em sentido amplo de qualquer órgão público ambiental;

c) subtrai para si ou para outrem, mediante violência ou grave ameaça, coisa alheia móvel pertencente à Secretaria Estadual de Meio Ambiente;

d) reduz alguém a condição análoga à de escravo, sujeitando-o a condições degradantes de trabalho em área de preservação ambiental;

e) obtém vantagem ambiental ilícita, em prejuízo alheio, induzindo ou mantendo alguém em erro, mediante qualquer meio fraudulento.

669. **(UFPR/Copel/Advogado/2013)** A respeito da Lei de Crimes Ambientais (Lei 9.605 de 1998), assinale a alternativa correta.

a) É considerado crime ambiental explorar economicamente floresta plantada ou nativa, em terras de domínio público ou devolutas, sem autorização do órgão competente, mesmo quando a conduta praticada for necessária à subsistência imediata pessoal do agente ou de sua família.

b) O crime de poluição é admitido nas modalidades tipo de dano e tipo de perigo.

c) São circunstâncias agravantes da pena, dentre outras, a reincidência nas infrações administrativas de natureza ambiental e ter o agente cometido a infração afetando ou expondo a perigo, de maneira grave, a saúde pública ou o meio ambiente.

d) A responsabilidade penal da pessoa jurídica é prevista na Lei de Crimes Ambientais. O Superior Tribunal de Justiça firmou o entendimento, entretanto, de que a pessoa jurídica será responsabilizada nos casos em que houver intervenção de uma pessoa física dirigente, que atua em seu nome e benefício. Todavia, a Lei 9.605 de 1998 não estabelece as penas aplicáveis às pessoas jurídicas.

e) O direito penal ambiental tem como função principal a educativa, não havendo relação entre a sentença penal condenatória e a reparação de danos ambientais causados pela infração.

670. **(PUCPR/TJ/MS/Juiz/2012)** José da Silva, diretor executivo da "Indústria de Cal JS Ltda.", foi indiciado pela Delegacia de Crimes Ambientais da SSP/MS pela prática do crime de poluição atmosférica, praticado através do lançamento de grande quantidade de fumaça emitida pelos fornos da sociedade comercial que dirige, comprovadamente em níveis superiores aos permitidos pelo órgão ambiental estadual conforme perícia realizada. Do ponto de vista da responsabilidade penal, o acusado está sujeito a ser denunciado pelo Ministério Público e:

a) Responder pela prática da contravenção penal prevista no artigo 38 do Decreto-lei 3.668, de 1941 (emissão de fumaça, vapor ou gás), ainda que não cause ofensa física, molestamento ou perigo a terceiros.

b) Responder por crime de poluição, previsto no art. 54 da Lei 9.605/98, desde que os efeitos da conduta resultem ou possam ter resultado danos à saúde humana, ou que provoquem a mortandade de animais ou a destruição significativa da flora.

c) Responder por crime de poluição previsto no art. 54 da Lei 9.605/98 em concurso material com o art.132 do Código Penal (perigo para a vida ou a saúde de outrem), desde que os efeitos da conduta resultem ou possam resultar danos de natureza grave exclusivamente à saúde humana.

d) Responder por crime de poluição, independentemente do resultado da conduta, uma vez que no crime de poluição aplica-se o princípio da responsabilidade objetiva.

e) Responder por crime de poluição, previsto no art. 54 da Lei 9.605/98, perante o Juizado Especial Criminal, facultando-se-lhe a possibilidade de firmar transação com o Promotor de Justiça.

671. **(IFRJ/IF/RJ/Engenheiro/2010)** Analise estas afirmações sobre alguns dos principais regulamentos que compõem a Legislação Ambiental Brasileira.

I. Os corpos hídricos brasileiros são regidos por uma Lei Federal, que estabelece a Política Nacional de Recursos Hídricos. Além disso, essa lei institui os comitês de bacia hidrográfica e, como instrumentos, a outorga dos direitos de uso e a cobrança pela água.

II. A Lei de Crimes Ambientais não é mais válida. Essa lei foi revogada. Os ambientalistas entendem que isso foi uma grande perda para a área e que, certamente, foi resultado de uma grande pressão dos grupos econômicos.

MEIO AMBIENTE (LEI 9.605/98) — Art. 54

III. O Art. 225 da Constituição Federal Brasileira vigente estabelece que todas as indústrias devem manter disponíveis às autoridades ambientais inventários de suas emissões atmosféricas, como forma de respeitar o tratado internacional conhecido como Protocolo de Quioto.

Após a análise e considerando as afirmações verdadeiras, assinale a alternativa correta.

a) I
b) II
c) I e II
d) I, II e III
e) II e III

672. **(Movens/DNPM/Especialista/2010)** A respeito das Leis n. 9.605/1998 e 9.055/1995, assinale a opção correta.

a) A conduta criminosa que consiste em causar poluição de qualquer natureza em níveis tais que resultem ou possam resultar em danos à saúde humana, ou que provoquem a mortandade de animais ou a destruição significativa da flora, admite a modalidade culposa.

b) A simples conduta de pichar ou grafitar monumento urbano não é típica, sujeitando o infrator apenas ao pagamento de multa, a ser aplicada no âmbito administrativo e proporcional ao dano provocado.

c) Consideram-se fibras naturais e artificiais as comprovadamente benéficas à saúde humana.

d) É expressamente proibido o trabalho em locais onde os trabalhadores estejam expostos ao asbesto/amianto da variedade crisotila, não existindo, nesse caso, limites de tolerância.

e) O processo administrativo para apuração de infração ambiental deve ser encerrado em quinze dias para o pagamento de multa, contados da data da infração.

673. **(Cespe/TJ/PI/Juiz/2007)** Acerca da lei que dispõe sobre crimes ambientais, assinale a opção correta.

a) A Lei dos Crimes Ambientais só admite o crime qualificado quando ausentes as medidas de precaução, em caso de risco de dano ambiental grave ou irreversível, por parte daqueles que as deveriam adotar e quando assim o exigir a autoridade competente.

b) Não há hipótese de crime de poluição atmosférica qualificada que não seja a prática de terrorismo, estando, nesse caso, a legislação dos crimes ambientais sujeita à Lei de Segurança Nacional e às convenções internacionais que regulam os crimes contra a humanidade.

c) O crime de poluição hídrica só ocorre quando verificados danos à saúde humana, ao passo que o crime de poluição atmosférica consuma-se com a mera exposição ao risco.

d) O crime de poluição atmosférica só ocorre quando a suspensão do abastecimento público compromete as atividades rotineiras de um bairro, de um conjunto de bairros ou de uma cidade inteira, por mais de dois dias úteis.

e) Classificam-se como crimes qualificados causar poluição atmosférica que provoque a retirada, ainda que momentânea, dos habitantes das áreas afetadas, bem como causar poluição hídrica que torne necessária a interrupção do abastecimento público, ainda que apenas por algumas horas.

674. **(MPE/SP/Promotor/2006)** A propósito do crime de poluição previsto no art. 54 da Lei n. 9.605/98, analise as seguintes afirmações:

I. O crime se caracteriza quando o agente causa ou produz poluição atmosférica em níveis de que resultem, ou possam resultar danos à saúde humana.

II. O crime se caracteriza quando o agente causa ou produz poluição de qualquer natureza, de que resulte a mortandade de animais.

III. O crime se caracteriza quando o agente causa ou produz poluição de qualquer natureza que venha a provocar destruição de qualquer parcela da flora.

a) Todas as afirmativas acima são corretas.

b) As afirmativas I e III são corretas.

c) As afirmativas II e III são corretas.

d) Apenas a afirmativa I é correta.

e) Apenas a afirmativa III é incorreta.

675. **(Cespe/Caixa/Engenheiro/2006)** Ressalvados os trechos considerados de interesse de segurança nacional ou incluídos em áreas protegidas por legislação específica, pela lei de crimes ambientais, dificultar ou impedir o uso público de praias é considerado crime.

676. **(Coseac/UFF/Técnico/2015)** A pena para quem causar poluição de qualquer natureza em níveis tais que resultem ou possam resultar em danos à saúde humana, ou que provoquem a mortalidade de animais ou a destruição significativa da flora, é de:

a) reclusão de um a três anos e multa.

b) reclusão de um a quatro anos e multa.

c) detenção de um a quatro anos e multa

d) detenção de um a três anos e multa.

e) reclusão de até dois anos e multa.

677. (MPE/RS/Promotor/2016) No que concerne à tutela penal do meio ambiente, assinale a alternativa incorreta.

a) Comete crime contra a fauna quem comercializa espécimes com tamanhos inferiores aos permitidos, provenientes de pesca proibida.

b) A pesquisa de recursos minerais, sem a competente licença ambiental, e o descumprimento de obrigação de relevante interesse ambiental por aquele que tiver o dever contratual de fazê-lo, são hipóteses típicas de crimes ambientais.

c) O crime de causar poluição, e os delitos contra a flora, de cortar árvores em floresta considerada de preservação permanente, sem permissão da autoridade, e de destruir ou danificar floresta considerada de preservação permanente, ainda que em formação, estão previstos na lei ambiental nas modalidades dolosa e culposa.

d) Dentre as circunstâncias que agravam a pena, quando não constituem ou qualificam o crime ambiental, podem ser apontadas: (a) ter o agente cometido a infração para obter vantagem pecuniária; (b) ter a infração atingido área de unidade de conservação; (c) ter sido a infração praticada em domingo ou feriado.

e) A pena de multa fixada na sentença condenatória por crime ambiental será calculada de acordo com os critérios previstos no CP e, se revelar-se ineficaz, ainda que aplicada no seu valor máximo, poderá ser aumentada duas vezes, tendo em vista o valor da vantagem econômica auferida.

■ Extração Ilegal de Recursos Minerais {art. 55}

Art. 55. Executar pesquisa, lavra ou extração de recursos minerais sem a competente autorização, permissão, concessão ou licença, ou em desacordo com a obtida:

Pena – detenção, de seis meses a um ano, e multa.

Parágrafo único. Nas mesmas penas incorre quem deixa de recuperar a área pesquisada ou explorada, nos termos da autorização, permissão, licença, concessão ou determinação do órgão competente.

Jurisprudência complementar (STF)

Inquérito. Questão de ordem: pedido de adiamento. Indeferimento. Denúncia contra Deputado Federal. Imputação do crime do art. 55 da Lei 9.605/98. Prescrição da pretensão punitiva. Ocorrência. Crime do art. 2º da Lei 8.176/91. Indícios suficientes de autoria e materialidade da conduta. Observância dos requisitos do art. 41 do código de processo penal. Inexistência de hipóteses do art. 395 do mesmo código. Denúncia parcialmente recebida. 1. Transcorrido o prazo prescricional estabelecido pelos arts. 109, inc. V, e 115 do Código Penal, sem ocorrência de marco interruptivo, impõe-se a declaração de extinção da punibilidade, rejeitando-se a denúncia quanto ao crime ambiental. 2. Existência de indícios suficientes da materialidade e da autoria do delito de usurpação de bem pertencente à União imputado ao Denunciado. 3. Quanto ao crime previsto no art. 2º da Lei 8.176/91, a denúncia preenche os requisitos do art. 41 do Código de Processo Penal, individualiza a conduta do Denunciado no contexto fático da fase pré-processual, expõe de forma pormenorizada todos os elementos indispensáveis à demonstração de existência, em tese, do crime de usurpação de bem público pertencente à União. 4. Para a aptidão da denúncia por crimes praticados por intermédio de sociedades empresárias, basta a indicação de ser a pessoa física e sócia responsável pela condução da empresa, fato não infirmado, de plano, pelo ato constitutivo da pessoa jurídica. 5. O princípio da independência relativa das instâncias cível, criminal e administrativa permite que as esferas atuem juntas, sem afetarem-se de modo a prejudicar a punição daquele que mereça sanção por ilícito penal. 6. Ausência de qualquer das previsões do art. 395 do Código de Processo Penal. 7. Denúncia parcialmente recebida. (Inq 3644, Rel. Min. Cármen Lúcia, 2ª T., 2014 DJ 13.10.2014)

(...). Extração de ouro. Interesse patrimonial da União. Art. 2º da Lei 8.176/1991. Crime contra o meio ambiente. Art. 55 da Lei 9.605/1998. Bens jurídicos distintos. Concurso formal. Inexistência de conflito aparente de normas. Afastamento do princípio da especialidade. Incompetência do Juizado Especial Federal. 1. Como se trata, na espécie vertente, de concurso formal entre os delitos do art. 2º da Lei 8.176/1991 e do art. 55 da Lei 9.605/1998, que dispõem sobre bens jurídicos distintos (patrimônio da União e meio ambiente, respectivamente), não há falar em aplicação do princípio da especialidade para fixar a competência do Juizado Especial Federal. (...). (HC 111762, Rel. Min. Cármen Lúcia, 2ª T., DJ 4.12.2012)

Jurisprudência complementar (STJ)

(...). Delitos do artigo 2º da Lei 8.176/91 e do artigo 55 da Lei 9.605/98. Bens jurídicos distintos. Consunção. Inocorrência. Concurso de crimes. Responsabilidade penal da pessoa jurídica. Recorrente que não impugna o fundamento do acórdão recorrido. Súmula 284/STF. (...). 3. Os artigos 55 da Lei 9.605/1998 e 2º, caput, da Lei 8.176/1991 protegem bens jurídicos distintos, quais sejam, o meio ambiente e a ordem econômica, não havendo falar em derrogação da segunda norma pela primeira, tampouco em consunção de delitos, mas sim em concurso de crimes. 4. Não se conhece do recurso especial nos pontos em que não impugna os fundamentos do acórdão recorrido. (Enunciado n. 284/STF) (...). (AgRg no REsp 1580693, Rel. Min. Maria Thereza de Assis Moura, 6ª T., DJ 15.4.2016)

(...). Sentença. Condenação. Art. 55 da Lei 9.605/1998 e art. 2º da Lei 8.176/1991. Extinção da punibilidade em relação ao primeiro crime. Prescrição da pretensão punitiva pela pena concreta. Delito remanescente. Suspensão condicional do processo. Abertura de prazo. Descabimento. Súmula 337/STJ. Inaplicabilidade. Procedência parcial do pedido. Inexistência. 1. A declaração de extinção da punibilidade, pela pena concreta, depende da existência de uma prévia condenação, na qual é fixada a reprimenda. E, somente a partir deste quantum, verifica-se qual seria o prazo prescricional, dentre aqueles inscritos no art. 109 do Código Penal, e uma vez constatado o cumprimento do lapso, declara-se extinta a punibilidade. 2. Se a denúncia teve de ser julgada procedente primeiro, para, somente após, ser reconhecida a prescrição, em razão da pena concreta, não houve procedência parcial da pretensão punitiva, mas essa foi integral, não sendo caso de incidência da Súmula 337/STJ. 3. Ausência de ilegalidade no indeferimento do pedido de abertura de vista ao Ministério Público Federal, para que oferecesse proposta de suspensão do processo, na forma do art. 89 da Lei 9.099/1995, em relação ao delito remanescente, em relação ao qual a pretensão punitiva não havia sido fulminada pela prescrição. (...). (REsp 1500029, Rel. Min. Sebastião Reis Júnior, 6ª T., DJ 13.10.2016)

(...). Arts. 2º da Lei 8.176/91 e 55 da Lei 9.605/98. Diversidade de bens jurídicos tutelados. Inexistência de conflito aparente de normas. Concurso formal. Agravo improvido. 1. Inexiste conflito aparente de normas entre os delitos previstos nos arts. 55 da Lei 9.605/98 e 2º da Lei 8.176/91, em razão da diversidade dos bens jurídicos tutelados, respectivamente, o meio ambiente e a preservação de bens e matérias-primas que integrem o patrimônio da União, admitindo-se, portanto, o concurso formal. (...). (AgRg no REsp 1205986, Rel. Min. Nefi Cordeiro, 6ª T., DJ 11.9.2015)

(...). Extração e exploração mineral clandestina, a procura de ouro, sem autorização legal. Incidência dos artigos 2º, da Lei 8.176/91, e 55 da Lei 9.605/98. Diversidade de bens jurídicos tutelados. Inexistência de conflito aparente de normas. Recurso ordinário desprovido. Na linha da pacificada jurisprudência desta eg. Corte, não existe conflito aparente de normas entre o art. 2º da Lei 8.176/1991 e o art. 55 da Lei 9.605/1998, porquanto o primeiro incrimina o agente que usurpa o patrimônio da União sem autorização legal ou em desacordo com as obrigações impostas por título autorizativo, enquanto que o segundo visa à proteção do meio ambiente, punindo quem executa pesquisa, lavra ou extração de recursos minerais sem a devida autorização, permissão, concessão ou licença. (...). (RHC 48.646, Rel. Min. Felix Fischer, 5ª T., DJ 4.3.2015)

Questões de concursos

678. **(FMP/MPE/AM/Promotor/2015)** Tendo em vista o ordenamento jurídico ambiental brasileiro, considere as seguintes assertivas:

   I. A responsabilidade ambiental é orientada pelo princípio da tríplice responsabilização do poluidor, o que significa dizer que, além de reparar "in natura" o dano causado, sempre incidirá indenização pelos danos morais e materiais causados pela ação lesiva e multa administrativa.

   II. Aquele que explorar recursos minerais fica obrigado a recuperar o meio ambiente degradado, de acordo com solução técnica exigida pelo órgão público competente, na forma da lei.

   III. A cobrança pelo uso da água é um dos instrumentos da Política Nacional de Recursos Hídricos instituída pela Lei n. 9.433/97 e tem por escopo custear pessoal para desempenho de funções de fiscalização.

   Quais das assertivas acima estão corretas?

   a) Apenas a III.
   b) Apenas a I e II.
   c) Apenas a I e III.
   d) Apenas a II e III.
   e) Apenas a II.

679. **(PGM/Fortaleza/Advogado/2015)** Com base na regulamentação constitucional do meio ambiente, marque a alternativa correta.

   a) Aquele que explorar recursos minerais fica obrigado a recuperar o meio ambiente degradado, de acordo com a solução técnica exigida pelo órgão público competente, na forma da lei.

   b) Todos têm direito ao meio ambiente ecologicamente equilibrado, bem de uso especial e essencial à sadia qualidade de vida, impondo-se ao poder público e à coletividade o dever de defendê-lo e preservá-lo para as presentes e futuras gerações.

c) As condutas e atividades consideradas lesivas ao meio ambiente sujeitarão os infratores, pessoas físicas ou jurídicas, a sanções penais e administrativas, salvo se for imposta obrigação de reparar os danos causados, quando só esta restará aplicável.

d) São disponíveis as terras devolutas ou arrecadadas pelos estados, por ações discriminatórias, necessárias à proteção dos ecossistemas naturais.

680. **(FCC/TRF/2R/Analista/2012)** No que concerne aos crimes contra o meio ambiente, considere:

I. Quem comercializa espécimes com tamanhos inferiores aos permitidos, provenientes de pesca proibida, responde por crime contra a fauna.

II. A pesquisa de recursos minerais sem a competente autorização, permissão, concessão ou licença, constitui crime ambiental.

III. O crime de danificar floresta considerada de preservação permanente não admite a forma culposa.

Está correto o que consta somente em

a) I e III.
b) I e II.
c) II e III.
d) I.
e) III.

681. **(MPE/PR/Promotor/2011)** Assinale a alternativa incorreta:

a) Os estabelecimentos comerciais que vendem motosserras são obrigados ao registro junto ao Ibama, assim como aqueles que adquirem os equipamentos. O porte e uso de motosserras, por sua vez, depende de licença concedida pelo Ibama, que deve ser renovada a cada 2 (dois) anos;

b) A legislação ambiental permite a responsabilização criminal da pessoa jurídica, sendo-lhe aplicáveis as penas de multa, restritivas de direitos e de prestação de serviços à comunidade. Dentre as modalidades desta última, encontram-se o custeio de programas e de projetos ambientais, bem como, a manutenção de espaços públicos;

c) Caracteriza crime ambiental manter em cativeiro animal da fauna silvestre, proveniente de criadouro não autorizado e sem a devida permissão, licença ou autorização da autoridade competente. Em tal hipótese, apreendido o animal, este será libertado em seu habitat ou entregue a jardim zoológico, fundações ou entidades assemelhadas, desde que fique sob a responsabilidade de técnicos habilitados;

d) Constitui crime contra o meio ambiente executar pesquisa, lavra ou extração de recursos minerais sem a competente autorização, permissão, concessão ou licença, ou em desacordo com a obtida. Já a conduta de deixar de recuperar a área explorada, nos termos da determinação do órgão competente, caracteriza apenas infração administrativa, punida com multa diária;

e) Constituem espécies de sanções para a prática de infrações administrativas ambientais, dentre outras: advertência, multa simples, multa diária, destruição ou inutilização do produto, embargo de obra ou atividade e demolição de obra.

■ Substância Tóxica {art. 56}

Art. 56. Produzir, processar, embalar, importar, exportar, comercializar, fornecer, transportar, armazenar, guardar, ter em depósito ou usar produto ou substância tóxica, perigosa ou nociva à saúde humana ou ao meio ambiente, em desacordo com as exigências estabelecidas em leis ou nos seus regulamentos:

Pena – reclusão, de um a quatro anos, e multa.

§ 1º Nas mesmas penas incorre quem:

I – abandona os produtos ou substâncias referidos no caput ou os utiliza em desacordo com as normas ambientais ou de segurança;

II – manipula, acondiciona, armazena, coleta, transporta, reutiliza, recicla ou dá destinação final a resíduos perigosos de forma diversa da estabelecida em lei ou regulamento.

§ 2º Se o produto ou a substância for nuclear ou radioativa, a pena é aumentada de um sexto a um terço.

§ 3º Se o crime é culposo:

Pena – detenção, de seis meses a um ano, e multa.

Art. 57. (Vetado).

Informativos (STJ)

Competência. Crime ambiental. Transporte. Produto tóxico. Propriedade da marinha.

O crime ambiental consistente em transporte irregular de substância tóxica, na forma como operado no caso vertente, não atrai a competência da Justiça Federal. 2. Consta dos autos laudo emitido pela Agência Brasileiro-Argentina de Contabilidade e Controle de Materiais Nucleares informando que o material poderia ser transportado por qualquer meio de transporte, exceto por via postal, não requerendo cuidados adicionais. 3. A mera circunstância de o bem transportado ser de propriedade da Marinha do Brasil, por si só, não tem o condão de atrair, no âmbito penal, a competência da Justiça Federal, já que o bem jurídico tutelado é o meio-ambiente. Ausente o interesse específico da União, o feito deve prosseguir perante a Justiça Estadual. AgRg no CC 115.159, Rel. Min. Og Fernandes, 13.6.12. 3ª S. (Info 499)

Importação e transporte ilegais de agrotóxico.

A conduta consistente em transportar, no território nacional, em desacordo com as exigências estabelecidas na legislação pertinente, agrotóxicos importados por terceiro de forma clandestina não se adequa ao tipo de importação ilegal de substância tóxica (art. 56 da Lei 9.605/98) caso o agente não tenha ajustado ou posteriormente aderido à importação ilegal antes da entrada do produto no país, ainda que o autor saiba da procedência estrangeira e ilegal do produto, subsumindo-se ao tipo de transporte ilegal de agrotóxicos (art. 15 da Lei 7.802/89). REsp 1.449.266, Rel. Min. Maria T. A. Moura, DJ 26.8.15. 6ª T. (Info 568)

Jurisprudência complementar (STF)

(...). Crimes societários e contra o meio ambiente (Lei 9.605/98). Ausência de justa causa para o prosseguimento da ação penal não configurada. Materialidade. Reexame de provas. Inviabilidade. (...). 1. Tratando-se de crimes societários, a denúncia que contém condição efetiva que autorize o denunciado a proferir adequadamente a defesa não configura indicação genérica capaz de manchá-la com a inépcia. No caso, a denúncia demonstrou claramente o crime na sua totalidade e especificou a conduta ilícita do paciente. (...). (HC 90326, Rel. Min. Menezes Direito, 1ª T., DJ 29.2.2008)

Jurisprudência complementar (STJ)

(...). Crime ambiental. Art. 56 da Lei 9.605/1998. Princípio da insignificância. Inaplicabilidade. Atipicidade de conduta. Inocorrência. Agravo regimental não provido. 1. Inviável a aplicação do princípio da insignificância, a fim de afastar a tipicidade da conduta prevista no art. 56 da Lei 9.605/1988, aquele que, agindo em desacordo com as exigências legais ou regulamentares, é flagrado guardando e transportando em seu veículo automotor 8 kg de inseticida, de procedência uruguaia, que tem substância tóxica, perigosa ou nociva à saúde humana ou ao equilíbrio do meio ambiente, de origem chinesa, como princípio ativo, e que não tem registro e aprovação no Ministério da Agricultura, Pecuária e Abastecimento. (...). (AgRg no REsp 1367294, Rel. Min. Rogerio Schietti Cruz, 6ª T., DJ 23.2.2017)

(...). Importação de substancia tóxica (artigo 56 da Lei 9.605/98) e transporte de agrotóxico (artigo 15 da lei n° 7.802/89). Adequação típica. 1. Inexistindo elementos no sentido de que o denunciado, tendo recebido na rodoviária de Foz de Iguaçu mala com produto que sabia ter procedência estrangeira para transporte dentro do território nacional, tenha ajustado ou aderido à importação antes da sua consumação, não se pode falar em participação na importação de substância tóxica (artigo 56 da Lei 9.605/98) mas em delito autônomo de transporte de agrotóxico (artigo 15 da Lei n° 7.802/89). 2. A participação na modalidade de co-autoria sucessiva, em que o partícipe resolve aderir à conduta delituosa após o início da sua execução, exige, além do liame subjetivo comum a todo concurso de agentes, que a adesão ocorra antes da consumação do delito. (...). (REsp 1449266, Rel. Min. Maria Thereza de Assis Moura, 6ª T., DJ 26.8.2015)

(...). Competência das cortes superiores. Matéria de direito estrito. Modificação de entendimento deste tribunal, em consonância com a Suprema Corte. Art. 56, caput, da Lei 9.605/98. Arguição de inépcia da denúncia. Exordial acusatória que descreve, satisfatoriamente, a conduta, em tese, delituosa. Responsabilização penal da pessoa jurídica. Possibilidade. Termo de ajustamento de conduta. Irrelevância. Ausência de ilegalidade flagrante que, eventualmente, pudesse ensejar a concessão da ordem de ofício. (...). 2. Sem embargo, mostra-se precisa a ponderação lançada pelo Min. Marco Aurélio, no sentido de que, "no tocante a "habeas" já formalizado sob a óptica da substituição do recurso constitucional, não ocorrerá prejuízo para o paciente, ante a possibilidade de vir-se a conceder, se for o caso, a ordem de ofício." 3. Segundo já decidiu esta Corte, "Eventual inépcia da denúncia só pode ser acolhida quando demonstrada inequívoca deficiência a impedir a compreensão da acusação, em flagrante prejuízo à defesa do acusado, ou na ocorrência de qualquer das falhas apontadas no art. 43 do CPP" (RHC 18.502...). 4. Nos crimes de autoria coletiva, é prescindível a descrição minuciosa e individualizada da ação de cada acusado, bastando a narrativa das condutas delituosas e da suposta autoria, com elementos suficientes para garantir o direito à ampla defesa e ao contraditório, como verificado na hipótese. 5. É possível a responsabilização criminal de pessoas jurídicas por delitos ambientais, desde que haja a imputação concomitante da pessoa física que seja responsável juridicamente, gerencie, atue no nome da pessoa jurídica ou em seu benefício. 6. Conforme a orientação deste Superior Tribunal, "A assinatura do termo de ajustamento de conduta não obsta a instauração da ação penal, pois esse procedimento ocorre na esfera cível, que é independente da penal" (RHC 24499...). 7. Ausência de ilegalidade flagrante apta a ensejar a eventual concessão da ordem de ofício. (...). (HC 187.842, Rel. Min. Laurita Vaz, 5ª T., DJ 25.9.2013)

Questões de concursos

682. (Consulplan/Prefeitura/Cascavel/Técnico/2016) A poluição acima dos limites estabelecidos por lei é considerada crime ambiental. Mas existem outros tipos de poluição, como a sonora que é capaz de provocar danos à saúde humana, mortandade de animais e destruição significativa da flora. Igualmente é crime a poluição que torne locais impróprios para uso ou ocupação humana, como a poluição hídrica que torna necessária a interrupção do abastecimento público e a não adoção de medidas preventivas em caso de risco de dano ambiental grave ou irreversível. De acordo com o exposto, assinale a afirmativa incorreta.

a) Consiste em pena de reclusão, de um a quatro anos, e multa, disseminar doença ou praga ou espécies que possam causar dano à agricultura, à pecuária, à fauna, à flora ou aos ecossistemas.

b) Executar pesquisa em mina ou extração de recursos minerais sem a competente autorização, permissão, concessão ou licença, ou em desacordo com a obtida, isso com pena detenção, de seis meses a um ano, e multa.

c) Ocasionar poluição de qualquer natureza em níveis tais que resultem ou possam resultar em danos à saúde humana, ou que provoquem a mortandade de animais ou a destruição parcial da flora tendo como pena detenção de seis meses, e sem multa.

d) Produzir, processar, embalar, importar, exportar, comercializar, fornecer, transportar, armazenar, guardar, ter em depósito ou usar produto ou substância tóxica, perigosa ou nociva à saúde humana ou ao meio ambiente, em desacordo com as exigências estabelecidas em leis ou nos seus regulamentos gera pena de reclusão, de um a quatro anos, e multa.

e) Pena de detenção, de um a seis meses, ou multa, ou ambas as penas cumulativamente, nos casos de construir, reformar, ampliar, instalar ou fazer funcionar, em qualquer parte do território nacional, estabelecimentos, obras ou serviços potencialmente poluidores, sem licença ou autorização dos órgãos ambientais competentes, ou contrariando as normas legais e regulamentares pertinentes.

683. (Funrio/PGM/Trindade/Procurador/2016) Um pescador profissional artesanal moveu uma ação de indenização decorrente de impossibilidade de exercício da profissão, em virtude de poluição ambiental causada por derramamento de nafta. A alternativa incorreta, em relação à ação proposta, é:

a) Qualquer pescador é parte legítima para ação de indenização, independentemente de registro.

b) Não configura cerceamento de defesa o eventual julgamento antecipado da lide, na hipótese em questão

c) Na hipótese de provimento da demanda, o termo inicial de incidência dos juros moratórios é a data do evento danoso.

d) Cabível indenização por dano moral, em cumulação com indenização material, tendo em vista o sofrimento do pescador artesanal, privado de seu trabalho.

e) Inviável a alegação, pela indústria, de culpa exclusiva de terceiro, ante a responsabilidade objetiva e a teoria do risco integral em matéria de dano ambiental.

684. (PUCPR/TJ/RO/Juiz/2011) No que concerne aos crimes ambientais expressamente tipificados na Lei 9.605/98, assinale a alternativa correta:

a) Constitui conduta expressamente tipificada como crime na Lei 9.605/98 reciclar resíduo perigoso de forma diversa da estabelecida em lei ou regulamento.

b) Conduzir, permitir ou autorizar a condução de veículo automotor em desacordo com os limites e exigências ambientais previstos na legislação, corresponde à tipificação expressa da Lei 9.605/98.

c) Nos crimes culposos de poluição, as penas serão aumentadas de um sexto a um terço, se resulta dano irreversível à flora ou ao meio ambiente em geral, conforme previsão expressa na Lei.

d) Elaborar ou apresentar, no licenciamento, concessão florestal ou qualquer outro procedimento administrativo, estudo, laudo ou relatório ambiental total ou parcialmente falso ou enganoso, ressalvados os casos de omissão.

e) Nenhuma das alternativas é verdadeira.

■ Causas Especiais de Aumento de Pena {art. 58}

> **Art. 58**. Nos crimes dolosos previstos nesta Seção, as penas serão aumentadas:
>
> I – de um sexto a um terço, se resulta dano irreversível à flora ou ao meio ambiente em geral;
>
> II – de um terço até a metade, se resulta lesão corporal de natureza grave em outrem;
>
> III – até o dobro, se resultar a morte de outrem.
>
> Parágrafo único. As penalidades previstas neste artigo somente serão aplicadas se do fato não resultar crime mais grave.
>
> **Art. 59**. (Vetado).

Questões de concursos

685. (Cespe/PGM/Salvador/Procurador/2015) A pena aplicada a pessoa física que produza, embale, transporte e comercialize substância tóxica e nociva à saúde humana e ao meio ambiente, em desacordo com as exigências estabelecidas em lei, poderá ser aumentada se o crime praticado

a) resultar em dano irreversível à fauna.
b) resultar em lesão corporal de natureza leve em outrem.
c) resultar na morte de outrem.
d) tiver sido cometido durante a noite, em domingo ou feriado.
e) tiver sido cometido no período de formação de vegetações.

■ Funcionamento de Estabelecimentos Ilegais {art. 60}

> **Art. 60.** Construir, reformar, ampliar, instalar ou fazer funcionar, em qualquer parte do território nacional, estabelecimentos, obras ou serviços potencialmente poluidores, sem licença ou autorização dos órgãos ambientais competentes, ou contrariando as normas legais e regulamentares pertinentes:
>
> Pena – detenção, de um a seis meses, ou multa, ou ambas as penas cumulativamente.

Jurisprudência complementar (STF)

(...). 3. Operação de estabelecimento potencialmente poluidor, sem autorização dos órgãos ambientais competentes (artigo 60, caput, da Lei 9.605/1998). Condenação. 4. Violação ao princípio da igualdade, invocando arquivamento de investigação em caso similar. Inocorrência. 5. Incidência da Súmula 279. (...). (ARE 892340 AgR, Rel. Min. Gilmar Mendes, 2ª T., DJ 3.8.2015)

(...). Crime contra o meio ambiente (art. 60, da Lei 9.605/98). Extinção da punibilidade pela prescrição da pretensão punitiva reconhecida. "Writ" prejudicado quanto ao mérito. Ordem concedida ofício. 1. Para a defesa, a prescrição da pretensão punitiva ocorre antes do trânsito em julgado da condenação, nos termos dos arts. 109; 111, 114, I e II; e 119, todos do Código Penal. 2. Tendo decorrido lapso temporal superior a 2 (dois) anos entre o desligamento do réu da diretoria da pessoa jurídica ré e a presente data, em conformidade com o disposto no inciso VI do art. 109 do Código Penal (em sua redação anterior à Lei 12.234/10), é de se declarar extinta a punibilidade do autor do fato, pela ocorrência da prescrição da pretensão punitiva estatal. 3. "Habeas corpus" prejudicado em relação ao mérito; deferido, porém, de ofício, para declarar-se ocorrente a prescrição da pretensão punitiva do Estado e, consequentemente, decretar-se a extinção da punibilidade do ora paciente. (HC 103031, Rel. Min. Dias Toffoli, 1ª T., DJ 6.6.2011)

(...). Crime contra o meio ambiente. Lei 9.605/98. "Termo de Compromisso de Recuperação Ambiental". Exclusão de justa causa para o prosseguimento da ação penal não configurada. Ausência de materialidade. Reexame de provas. Inviabilidade. (...). 3. Dessa forma, o fato de o paciente haver firmado "Termo de Compromisso de Recuperação Ambiental" e noticiado processo administrativo em curso consubstanciam circunstâncias insuficientes para, de plano, excluir a tipicidade da conduta imputada ao réu. 4. De igual maneira, a ausência de laudo pericial não é suficiente para trancar a ação penal que assenta a materialidade do evento em outros elementos de prova. 5. No caso concreto, as teses de atipicidade da conduta e de ausência de dano ambiental, demandando exame aprofundado de provas, devem ser analisadas em sua sede própria: a sentença no processo de conhecimento. (...). (HC 86361, Rel. Min. Menezes Direito, 1ª T., DJ 1.2.2008)

Jurisprudência complementar (STJ)

(...). Crime ambiental. Art. 60 da Lei 9.605/1998. Norma penal em branco. Acusação que não indica a legislação complementar alegadamente descumprida. Inépcia de denúncia. Trancamento da ação penal. (...). 2. O art. 60 da Lei 9.605/1998 é norma penal incriminadora em branco, visto que a configuração de seu preceito primário pressupõe o descumprimento de outro ato normativo (complementar) que regulamente as atividades potencialmente poluentes a que tal dispositivo se refere. 3. Na espécie, a denúncia não atende o disposto no art. 41 do Código de Processo Penal, pois não descreve, por completo, a conduta delitiva, já que apenas afirma genericamente que houve o funcionamento de atividade potencialmente poluidora sem autorização, qual seja, a queimada de plantio de cana-de-açúcar, deixando de mencionar a legislação complementar a que se refere a aludida obrigação de natureza administrativa e ambiental, o que, quando menos, dificulta a compreensão da acusação e, por conseguinte, o exercício do direito de defesa. 4. O vício da exordial acusatória, de igual forma, prejudica a defesa da pessoa jurídica corré, razão pela qual a ela devem ser estendidos os efeitos deste provimento jurisdicional. (...). (RHC 64.430, Rel. Min. Gurgel de Faria, 5ª T., DJ 15.12.2015)

(...). Crime ambiental. Art. 60, da Lei 9.605/1998. Atividade potencialmente poluidora. Presunção. Impossibilidade. Dano efetivo não comprovado. Agravo regimental não provido. 1. A configuração do delito previsto no art. 60, da Lei 9.605/98, exige o desenvolvimento de atividade potencialmente poluidora sem a correspondente licença ambiental. O fato de ser exigida a licença ambiental não pode gerar a presunção de que a atividade desenvolvida pelo acusado seja potencialmente poluidora. (...). (AgRg no REsp 1411354, Rel. Min. Moura Ribeiro, 5ª T., DJ 26.8.2014)

(...). Crime ambiental. Art. 60 da Lei 9.605/1998. Extinção da punibilidade na origem. Perda do objeto. Impetração prejudicada. 1 – Extinta a punibilidade dos pacientes na origem, em face do cumprimento de transação penal, a impetração apresenta-se prejudicada, por falta de objeto, pois visa justamente o reconhecimento da prescrição. 2 – Ainda que assim não fosse, o acórdão atacado está em consonância com o entendimento desta Corte, no sentido de que o delito em comento é crime permanente, cuja cessação somente ocorre com a concessão da licença ambiental, o que afasta, na espécie, a incidência da prescrição. (...). (AgRg no HC 256.199, Rel. Min. Maria Thereza de Assis Moura, 6ª T., DJ 9.6.2014)

Questões de concursos

686. **(Cespe/TRF/5R/Juiz/2011)** A respeito dos crimes contra o ambiente, a ordem econômica e o sistema de estoques de combustíveis, assinale a opção correta.

   a) O delito ambiental consistente em instalar, sem licença dos órgãos ambientais competentes, em qualquer parte do território nacional, estabelecimento potencialmente poluidor só se configura se a poluição gerada tiver potencial de, ao menos, causar danos à saúde humana.

   b) O crime contra a ordem econômica consistente em revender derivados de petróleo em desacordo com as normas estabelecidas na forma da lei é norma penal em branco em sentido amplo, porque exige complementação mediante lei formal, não sendo, portanto, admitida tal complementação apenas por normas administrativas infralegais.

   c) Assim como ocorre nos delitos materiais contra a ordem tributária, a pendência de procedimento administrativo é óbice para o ajuizamento de ação penal referente a crime contra a ordem econômica, tal como o de comercialização de combustível fora das especificações da Agência Nacional de Petróleo.

   d) O conflito aparente de normas referentes ao delito ambiental de extração de recursos minerais sem a competente autorização e ao previsto na Lei n. 8.176/1991, relativo à exploração, sem autorização legal, de matéria-prima pertencente à União, resolve-se pelo princípio da consunção, uma vez que as figuras típicas tutelam o mesmo bem jurídico.

e) Consoante a jurisprudência do STJ, a necessidade de dupla imputação nos crimes ambientais tem como fundamento o princípio da indivisibilidade, o qual se aplica, por exceção, nessa hipótese, e por não se admitir responsabilização penal da pessoa jurídica dissociada da pessoa física.

Disseminação de Doença {art. 61}

Art. 61. Disseminar doença ou praga ou espécies que possam causar dano à agricultura, à pecuária, à fauna, à flora ou aos ecossistemas:

Pena – reclusão, de um a quatro anos, e multa.

Questões de concursos

687. **(Funcab/PC/RO/Delegado/2009)** Segundo o Artigo 61 da Lei n. 9.605/98 a pena para quem disseminar doença ou praga ou espécies que possam causar dano à agricultura, à pecuária, à fauna, à flora ou aos ecossistemas é de:

a) reclusão, de um a cinco anos.

b) prestação de serviços à comunidade com interdição temporária de direitos e multa.

c) reclusão, de um a quatro anos, e multa.

d) reclusão, de seis meses a dois anos, e multa.

e) detenção, de três meses a um ano, e multa.

Seção IV – Dos Crimes contra o Ordenamento Urbano e o Patrimônio Cultural

Destruição de Bem de Valor Cultural {art. 62}

Art. 62. Destruir, inutilizar ou deteriorar:

I – bem especialmente protegido por lei, ato administrativo ou decisão judicial;

II – arquivo, registro, museu, biblioteca, pinacoteca, instalação científica ou similar protegido por lei, ato administrativo ou decisão judicial:

Pena – reclusão, de um a três anos, e multa.

Parágrafo único. Se o crime for culposo, a pena é de seis meses a um ano de detenção, sem prejuízo da multa.

Jurisprudência complementar (STF)

(...). Crime ambiental (artigo 62, inciso i, da Lei 9.605/1998). Trancamento de ação penal. Conduta atribuída ao paciente que não se subsume aos núcleos do tipo penal. Atipicidade manifesta. Concessão da ordem. 1. No caso dos autos, se imputa ao paciente o crime disposto no artigo 62, inciso I, da Lei 9.605/1998, consistente em "destruir, inutilizar ou deteriorar bem especialmente protegido por lei, ato administrativo ou decisão judicial". 2. De acordo com a exordial acusatória, o paciente teria omitido o fato de que havia sítio arqueológico em terrenos de sua propriedade que foram vendidos para terceiros, além de ter fornecido aos adquirentes projeto de empreendimento imobiliário que, depois de implementado, resultou na destruição da área ambientalmente protegida. 3. Não havendo indicação de qual ou quais núcleos do tipo do artigo 62, inciso I, da Lei 9.605/1998 teriam sido praticados pelo paciente, constata-se a absoluta atipicidade da conduta que lhe foi imputada, já que não restaram narradas na inicial sequer as elementares objetivas do ilícito em questão. 4. O aludido delito é comissivo, ou seja, demanda a prática de ações para que reste consumado, sendo insuficiente para a sua caracterização a simples omissão do agente, de modo que a conduta do paciente de não informar aos adquirentes a existência de sítio arqueológico nos terrenos alienados não se subsume ao tipo em análise. 5. Mesmo que se pudesse considerar o comportamento omissivo do paciente como a caracterizar o delito ambiental em comento, há que se ter presente que a sua conduta foi irrelevante para a consecução do resultado, já que ele não tinha o dever de informar os compradores, no ato da venda dos terrenos, acerca da existência de sítio arqueológico que deveria ser preservado, motivo pelo qual eventual aplicação da alínea "c" do § 2º do artigo 13 do Estatuto Repressivo se daria em exacerbada elasticidade, pois a partir do momento em que houve a alienação das propriedades, ele já não tinha mais como evitar o resultado, um dos requisitos para que se tenha presente a condição de garante. 6. O simples fornecimento aos novos proprietários de projeto de empreendimento imobiliário não pode ser tido como suficiente a caracterizar o crime em análise, uma vez que o paciente não teria como prever ou antever a efetiva utilização das plantas pelos adquirentes dos terrenos e, consequentemente, a destruição, inutilização ou deterioração do sítio arqueológico. 7. Ordem concedida para trancar a ação penal deflagrada contra o paciente. (HC 134.409, Rel. Min. Jorge Mussi, 5ª T., DJ 1.9.2011)

Questões de concursos

688. **(Cetro/IPHAN/Arqueólogo/2015)** A Lei n. 9.605/1998 dispõe sobre as sanções penais e administrativas derivadas de condutas e atividades lesivas ao meio ambiente. Sobre os crimes contra o ordenamento urbano e o patrimônio cultural, analise as assertivas abaixo.

   I. É crime, com reclusão, de um a três anos e multa, destruir, inutilizar ou deteriorar o bem especialmente protegido por lei, ato administrativo ou decisão judicial.

   II. É crime, com detenção de três meses a um ano e multa, alterar o aspecto ou estrutura de edificação ou local especialmente protegido por lei, ato administrativo ou decisão judicial, em razão de seu valor paisagístico, ecológico, turístico, artístico, histórico, arqueológico, etnográfico ou monumental, sem autorização da autoridade competente ou em desacordo com a concedida.

   III. Pichar ou por outro meio conspurcar edificação ou monumento urbano, sendo o monumento ou coisa tombada em virtude do seu valor artístico, arqueológico ou histórico, a pena é de detenção, de três meses a um ano, e multa.

   É correto o que se afirma em

   a) I e II, apenas.

   b) II e III, apenas.

   c) I e III, apenas.

   d) III, apenas.

   e) I, apenas.

689. **(Vunesp/TJ/SP/Juiz/2013)** A, por motivo egoístico, ordenou a destruição de parte de uma fazenda colonial, de sua propriedade, especialmente protegida por decisão judicial de tutela antecipada, concedida nos autos de ação civil pública movida pelo Ministério Público com vistas à preservação, em sua inteireza, do imóvel, em razão de seu valor histórico, cultural e arquitetônico, cujo processo de tombamento, porém, ainda não havia sido instaurado. Nesse caso, o agente praticou

   a) o crime previsto no artigo 62, inciso I, da Lei n. 9.605/98, que define os crimes ambientais.

   b) o crime de dano qualificado pelo motivo egoístico, previsto no artigo 163, parágrafo único, inciso IV, do Código Penal.

MEIO AMBIENTE (LEI 9.605/98)   Art. 62

c) o fato no exercício regular de direito, uma vez que era o proprietário do imóvel.

d) conduta atípica, uma vez que o imóvel não era tombado, nem iniciado o seu tombamento e provisória a decisão judicial que o protegia.

690. **(MPE/MG/Promotor/2013)** Aquele que, culposamente, deteriora uma pinacoteca particular sabidamente tombada poderá ser responsabilizado:

a) Por crime de dano, previsto no Código Penal, por atentar contra o patrimônio alheio.

b) Por crime contra o meio ambiente artificial e cultural.

c) Por se tratar de fato atípico, não poderá ser responsabilizado criminalmente.

d) Por crime específico, de dano em coisa de valor artístico, arqueológico ou histórico, tal como previsto no Código Penal.

691. **(FCC/TJ/PE/Juiz/2011)** Acatando pedido formulado por uma associação (Organização Não Governamental – ONG), em ação civil pública, o Juiz de Direito da comarca concede liminar impedindo a reforma da fachada do prédio de um clube, construído há cerca de cem anos, bem este que, apesar de não ter sido tombado pelo órgão estadual do patrimônio histórico e cultural, é considerado pela comunidade local como parte de seu patrimônio histórico. O presidente do clube dizendo-se amparado por decisão da diretoria, intimado da ordem judicial, determina a destruição da parte externa do imóvel, o que se realiza em poucas horas. Esta conduta, do ponto de vista penal, pode ser considerada

a) atípica, porque inexiste um tipo penal correspondente no Código Penal e na legislação ambiental.

b) infração penal tipificada no art. 163 do Código Penal, que configura crime de dano.

c) atípica, como crime ambiental previsto na Lei n. 9.605/98, na seção IV do Capítulo V, que trata dos "Crimes contra o Ordenamento Urbano e o Patrimônio Cultural", porque o imóvel não se encontrava tombado pela autoridade administrativa competente.

d) típica, como crime ambiental previsto na Lei n. 9.605/98, na seção IV do Capítulo V, que trata dos "Crimes contra o Ordenamento Urbano e o Patrimônio Cultural".

e) crime de resistência, previsto no art. 329 do Código Penal.

692. **(Consulplan/Prefeitura/Santa_Maria_Madalena/Engenheiro/2010)** São espécies de crimes contra o ordenamento urbano e o patrimônio cultural, consoante o que dispõe a Seção IV, do Capítulo V (Dos Crimes contra o Meio Ambiente), da Lei Federal n. 9.605, de 12 de fevereiro de 1998, exceto:

a) Destruir, inutilizar ou deteriorar bem especialmente protegido por lei, ato administrativo ou decisão judicial.

b) Alterar o aspecto ou estrutura de edificação ou local especialmente protegido por lei, ato administrativo ou decisão judicial, em razão de seu valor paisagístico, ecológico, turístico, artístico, histórico, cultural, religioso, arqueológico, etnográfico ou monumental, sem autorização da autoridade competente ou em desacordo com a concedida.

c) Promover construção em solo não edificável, ou no seu entorno, assim considerado em razão de seu valor paisagístico, ecológico, artístico, turístico, histórico, cultural, religioso, arqueológico, etnográfico ou monumental, sem autorização da autoridade competente ou em desacordo com a concedida.

d) Obstar ou dificultar a ação fiscalizadora do Poder Público no trato de questões ambientais.

e) Pichar, grafitar ou por outro meio conspurcar edificação ou monumento urbano.

■ Alteração de Bem de Valor Histórico {art. 63}

Art. 63. Alterar o aspecto ou estrutura de edificação ou local especialmente protegido por lei, ato administrativo ou decisão judicial, em razão de seu valor paisagístico, ecológico, turístico, artístico, histórico, cultural, religioso, arqueológico, etnográfico ou monumental, sem autorização da autoridade competente ou em desacordo com a concedida:

Pena – reclusão, de um a três anos, e multa.

Jurisprudência complementar (STF)

(...). Ausência de constrangimento ilegal manifesto. Recurso ordinário em "habeas corpus" desprovido. 1. A sursis processual, ex vi do art. 89 da Lei 9.099/95, consubstancia medida excepcional no ordenamento jurídico-penal brasileiro, voltada para infrações penais de menor potencial ofensivo. 2. O reconhecimento ulterior de um dos crimes pelos quais fora condenado o Recorrente não autoriza a suspensão condicional do processo, ainda que a pena in abstracto do delito remanescente seja igual ou inferior a um ano. 3. É cediço "in casu" que: a) "Processo Penal – Suspensão. A incidência da regra prevista no artigo 89 da Lei 9.099/95 pressupõe não haver sido prolatada, ainda, sentença condenatória. Visa à suspensão do processo e, portanto, a evitar sentença que imponha ao acusado, considerada pena mínima prevista para o tipo igual ou inferior a um ano, pena restritiva da liberdade (HC 74.848...)". b)

A suspensão condicional do processo somente se afigura possível enquanto não proferida a sentença condenatória (...). 4. "in casu", o paciente foi condenado à pena de 1 (um) ano e 1 (um) mês de reclusão e 10 (dez) dias-multa pela prática do crime de alteração de aspecto ou estrutura de edificação ou local especialmente protegido (art. 63 da Lei 9.605/1998) e à repreenda de 1 (um) mês e 15 (quinze) dias de detenção pela prático do delito de desobediência (CP, art. 330) pelo juízo a quo, decisão confirmada pelo Tribunal Regional Federal da 1ª Região. Todavia, em sede de embargos de declaração opostos pela defesa, a Corte Regional reconheceu a prescrição da pretensão punitiva em relação ao crime de desobediência, o que não autoriza a suspensão condicional do processo, que ser oportunizada quando do oferecimento da denúncia. Ademais, a prescrição, nestas situações, não se equipara às situações jurídicas que autorizam a sursis processual constantes da Súmula 337/STJ ("É cabível a suspensão condicional do processo na desclassificação do crime e na procedência parcial da pretensão punitiva""). 5. Inexistência de ilegalidade apta a autorizar a concessão "ex officio" de "habeas corpus" já constatada no julgamento do AREsp 186216 (...). (RHC 116399, Rel. Min. Luiz Fux, 1ª T., DJ 15.8.2013)

Questões de concursos

693. (Cespe/Câmara_Deputados/Analista/2014) Alterar o aspecto de edificação, protegida por ato administrativo, em razão do seu valor turístico, sem autorização da autoridade competente, tipifica uma infração penal prevista na lei dos crimes ambientais.

■ Inobservância de Valor Histórico {art. 64}

Art. 64. Promover construção em solo não edificável, ou no seu entorno, assim considerado em razão de seu valor paisagístico, ecológico, artístico, turístico, histórico, cultural, religioso, arqueológico, etnográfico ou monumental, sem autorização da autoridade competente ou em desacordo com a concedida:

Pena – detenção, de seis meses a um ano, e multa.

Jurisprudência complementar (STJ)

(...). Construção em solo não edificável. Área de preservação permanente. Dano à unidade de conservação impedindo regeneração da vegetação. Absorção da conduta.

Impossibilidade. Delitos autônomos. Recurso provido. I. Hipótese em que, construída casa em solo não edificável, isto é, a menos de 30 metros de curso d'água, em violação ao art. 64 da Lei 9.605/98, restou constatado que a construção encontra-se no interior da Área de Proteção Ambiental de Anhatomirim, uma das denominadas Unidades de Conservação Federal (art. 40 da Lei Ambiental), tendo sido demonstrado, ainda, que referida construção vem impedindo a regeneração da floresta e demais formas de vegetação local (art. 48 da Lei 9.605/98). II. Além se ser responsável pela construção em solo não edificável (art. 64 da lei Ambiental), a manutenção da referida edificação ilegalmente construída ainda impede a regeneração da vegetação natural, conduta na qual incide no tipo penal insculpido no art. 48 da Lei 9.605/98, que se trata de delito permanente e não pode ser absorvido pelo disposto no art. 64 da mesma lei, que é instantâneo. III. A manutenção de construção impedindo a regeneração da vegetação é um novo crime, diverso e autônomo em relação ao tipo do artigo 64 da Lei 9.605/98. IV. Vislumbra-se a existência de três condutas distintas, três ações autônomas de construir em solo não edificável (art. 64), em Unidade de Conservação Ambiental (art. 40), impedindo a regeneração natural da vegetação (art. 48), através das quais três crimes diferentes foram praticados. (...). (REsp 1125374, Rel. Min. Gilson Dipp, 5ª T., DJ 17.8.2011)

■ Pichação {art. 65}

Art. 65. Pichar ou por outro meio conspurcar edificação ou monumento urbano:

Pena – detenção, de 3 (três) meses a 1 (um) ano, e multa.

§ 1º Se o ato for realizado em monumento ou coisa tombada em virtude do seu valor artístico, arqueológico ou histórico, a pena é de 6 (seis) meses a 1 (um) ano de detenção e multa.

§ 2º Não constitui crime a prática de grafite realizada com o objetivo de valorizar o patrimônio público ou privado mediante manifestação artística, desde que consentida pelo proprietário e, quando couber, pelo locatário ou arrendatário do bem privado e, no caso de bem público, com a autorização do órgão competente e a observância das posturas municipais e das normas editadas pelos órgãos governamentais responsáveis pela preservação e conservação do patrimônio histórico e artístico nacional.

Jurisprudência complementar (STF)

(...). Pichação de edifício residencial pertencente ao Exército brasileiro. Agentes civis. Não ocorrência de crime militar. Excepcionalidade da Justiça Castrense para o julgamento de civis, em tempo de paz. Ordem concedida. 1. O MPM tem legitimidade para impetrar HC em favor de quem se ache constrangido em sua liberdade de locomoção, direta ou indiretamente, atual ou iminente. No caso, o "habeas corpus" se revela apto a favorecer os pacientes com medidas despenalizadoras, inclusive as previstas na Lei 9.099/1995. 2. Ao contrário do entendimento do Superior Tribunal Militar, é excepcional a competência da Justiça castrense para o julgamento de civis, em tempo de paz. A tipificação da conduta de agente civil como crime militar está a depender do "intuito de atingir, de qualquer modo, a Força, no sentido de impedir, frustrar, fazer malograr, desmoralizar ou ofender o militar ou o evento ou situação em que este esteja empenhado" (CC 7.040, da relatoria do ministro Carlos Velloso). 3. O cometimento do delito militar por agente civil em tempo de paz se dá em caráter excepcional. Tal cometimento se traduz em ofensa àqueles bens jurídicos tipicamente associados à função de natureza militar: defesa da Pátria, garantia dos poderes constitucionais, da lei e da ordem (art. 142 da Constituição Federal). 4. No caso, nada revela a vontade dos pacientes de atentar contra as Forças Armadas, tampouco a de impedir a continuidade de eventual operação militar ou atividade genuinamente castrense. Conduta que, em tese, se amolda ao tipo do art. 65 da Lei 9.605/1998. 5. Ordem concedida para determinar a remessa do procedimento investigatório para a Justiça comum federal. (HC 100230, Rel. Min. Ayres Britto, 2ª T., DJ 24.9.2010)

Jurisprudência complementar (STJ)

(...). Crimes de pichação de edifício tombado e associação criminosa. Prisão preventiva. Requisitos. Gravidade abstrata dos fatos. Elementos inerentes ao próprio tipo penal. Constrangimento ilegal configurado. Substituição da custódia por medidas cautelares. 1. Conforme jurisprudência assentada nesta Corte Superior de Justiça, a prisão cautelar revela-se cabível tão somente quando estiver concretamente comprovada a existência do "periculum libertatis", sendo impossível o recolhimento de alguém ao cárcere caso se mostrem inexistentes os pressupostos autorizadores da medida extrema, previstos na legislação processual penal. 2. O decreto que impôs a prisão preventiva ao recorrente não apresentou motivação concreta, apta a justificar a segregação provisória, tendo-se valido de argumentos genéricos, da repetição de elementos inerentes ao próprio tipo penal supostamente violado e da presunção, sem amparo em elementos reais de convicção, de que o recorrente, em liberdade, represente risco à ordem pública. 3. A ausência de elementos concretos e individualizados que indiquem a necessidade da rigorosa providência cautelar configura constrangimento ilegal.4. As condições subjetivas favoráveis do recorrente, por si sós, não impedem a prisão cautelar, caso se verifiquem presentes os requisitos legais para a decretação da segregação provisória. 5. O fato de o objeto jurídico atingido tratar-se de edifício tombado não pode conduzir, necessariamente, ao decreto de prisão preventiva, sob o pálio de se tratar de garantia da ordem pública, tendo em vista tratar-se de elemento inerente ao próprio fato típico, previsto no art. 65, § 1º, da Lei 9.605/98. 6. Recurso ordinário a que se dá provimento, para revogar a prisão do recorrente, salvo se por outro motivo não estiver preso, substituindo-a por medidas cautelares cabíveis, a serem fixadas pelo Juízo de piso. (RHC 74.795, Rel. Min. Nefi Cordeiro, Rel. p/ ac. Min. Antonio Saldanha Palheiro, 6ª T., DJ 10.11.2016)

Questões de concursos

694. (Cespe/DPE/AL/Defensor/2009) Pichar monumento ou coisa tombada em virtude do seu valor artístico, arqueológico ou histórico é conduta criminosa.

695. (Vunesp/TJ/MT/Juiz/2009) A ação de pichar a Basílica do Senhor Bom Jesus de Cuiabá tipifica

a) o crime de dano previsto no Código Penal.

b) o crime de dano qualificado, previsto no Código Penal, tendo em vista que o bem jurídico protegido é bem público.

c) o crime de dano em coisa de valor artístico, arqueológico ou histórico previsto no art. 165 do Código Penal.

d) em função do princípio da especialidade, o crime previsto no art. 65 da Lei de Crimes Ambientais consistente em grafitar ou por outro meio conspurcar monumento urbano.

e) em função do princípio da subsidiariedade, contravenção penal não punida com pena de reclusão.

Seção V – Dos Crimes contra a Administração Ambiental

■ Crime Próprio contra a Administração Ambiental {art. 66}

Art. 66. Fazer o funcionário público afirmação falsa ou enganosa, omitir a verdade, sonegar informações ou dados técnico-científicos em procedimentos de autorização ou de licenciamento ambiental:

Pena – reclusão, de um a três anos, e multa.

Jurisprudência complementar (STJ)

(...). Não-recebimento da denúncia. Art. 41 do CPP. Crime contra a administração ambiental. Prescrição. Denúncia inepta. 1. São crimes contra a administração ambiental – Lei 9.605/98, artigos 66 a 69 – as ações ou omissões que violem regras jurídicas, ou seja, normas de uso, gozo, promoção, proteção e recuperação do meio ambiente, de natureza legal ou contratual. 2. A denúncia é uma proposta da demonstração de prática de um fato típico e antijurídico imputado a determinada pessoa, sujeita à efetiva comprovação e à contradita; assim, denúncias que não descrevem os fatos na sua devida conformação, não se coadunam com os postulados básicos do Estado de Direito (HC 101.372). 3. Denúncia que não se coaduna com os termos do art. 41 do CPP, deve ser rejeitada por inepta. 4. Denúncia rejeitada por inépcia. (APn 561, Rel. Min. João Otávio de Noronha, Corte Especial, DJ 22.4.2010)

Questões de concursos

696. **(Funcab/Prefeitura/Santa_Maria_de_Jetibá/Arquiteto/2016)** A Lei n. 9.605, de 12 de fevereiro de 1998, dispõe sobre as sanções penais e administrativas derivadas de condutas e atividades lesivas ao meio ambiente. De acordo com essa lei é correto afirmar que:

    a) é permitido construir, reformar, ampliar, instalar ou fazer funcionar, em qualquer parte do território nacional, estabelecimentos potencialmente poluidores, sem licença, desde que em área de terreno inferior a 1000 (mil) metros quadrados.

    b) será permitido promover construção em solo não edificável em razão de seu valor paisagístico, somente se a construção se destinar à moradia de interesse social.

    c) fazer o funcionário público afirmação falsa ou enganosa, omitir a verdade, sonegar informações ou dados técnico-científicos em procedimentos de autorização ou de licenciamento ambiental está sujeito a uma pena de reclusão de um a três anos e multa.

    d) a pesquisa, lavra ou extração de recursos minerais, só poderá ser efetuada, sem a competente autorização, para empresas já cadastradas no CONAMA.

    e) destruir, danificar, lesar ou maltratar, por qualquer modo ou meio, plantas frutíferas em passagens de pedestres ou em propriedade privada está sujeita a uma detenção de 4 a 8 meses, ou multa no valor de 101 UFIR'S.

697. **(Funcab/Semad/Engenheiro/2013)** Conforme dispõe o artigo 66 da Lei n. 9.605/1998, o funcionário público que fizer afirmação falsa ou enganosa, omitir a verdade, sonegar informações ou dados técnico-científicos em procedimentos de autorização ou licenciamento ambiental incorrerá na pena de:

    a) reclusão, de um a três anos, e multa.

b) reclusão, de até um ano, e suspensão.

c) reclusão, de um a três anos.

d) reclusão, de um a três anos, e exoneração.

698. **(Cespe/AGU/Procurador/2007)** Se Vítor, funcionário federal de ente de fiscalização ambiental pertencente ao Sisnama, sonegar dados técnicos em procedimento de licenciamento ambiental, será processado em vara criminal da justiça estadual, podendo ser condenado a pena de reclusão de um a três anos.

■ Concessão Ilegal de Licenças {art. 67}

Art. 67. Conceder o funcionário público licença, autorização ou permissão em desacordo com as normas ambientais, para as atividades, obras ou serviços cuja realização depende de ato autorizativo do Poder Público:

Pena – detenção, de um a três anos, e multa.

Parágrafo único. Se o crime é culposo, a pena é de três meses a um ano de detenção, sem prejuízo da multa.

Jurisprudência complementar (STJ)

(...). Crime contra a administração ambiental. Expedição de atos autorizativos de supressão de vegetação ambiental em unidade de conservação de proteção integral, sem anuência do órgão ambiental competente (art. 67 da Lei 9.605/1998). Pretensão de trancamento da ação penal. Inépcia da denúncia. Inicial acusatória que não logrou indicar sequer o cargo ocupado pelo recorrente no órgão estadual e respectivas atribuições. Ausência de demonstração do indispensável nexo causal entre o acusado e o crime imputado. Inexistência de descrição da forma como o denunciado concorreu para a empreitada criminosa. Óbice ao exercício do contraditório e ampla defesa. Constrangimento ilegal evidenciado. Corréus em situação fático-processual idêntica. Extensão dos efeitos. Viabilidade (art. 580 do CPP). (...). 2. A persecução criminal carece de legitimidade quando, ao cotejar-se o tipo penal incriminador indicado na denúncia com a conduta supostamente atribuível ao denunciado, a acusação não atende às exigências estabelecidas no art. 41 do Código de Processo Penal de forma suficiente para a deflagração da ação penal, bem assim para o escorreito exercício do contraditório e da ampla defesa. 3. No caso, atribuiu-se ao recorrente e a dois corréus a conduta de conceder licença, autorização ou permissão em desacordo com as normas ambientais, para as atividades, obras ou serviços cuja realização depende de ato autorizativo do Poder Público, deixando-se de indicar ao menos o cargo ocupado por eles na Secretaria do Meio Ambiente e Recursos Hídricos do Estado da Bahia, bem como suas atribuições, razão pela qual não se verifica o necessário nexo causal entre a conduta a eles atribuída e a ofensa ao bem jurídico tutelado pela norma penal. 4. Evidenciado que não se demonstrou de que forma o recorrente e os corréus concorreram para o fato delituoso descrito na acusação, não há como viabilizar o exercício do contraditório e ampla defesa, mostrando-se a denúncia formalmente inepta. 5. A própria denúncia narra que a suposta licença de supressão ambiental, com validade de 1 ano, foi emitida em 26/6/2006, tendo os desmates ilegais ocorrido entre 24/6/2008 e 20/7/2009, quando já expirado o prazo, inexistindo na inicial acusatória a mínima demonstração da forma pela qual a conduta do recorrente concorreu para o sucesso da empreitada criminosa supostamente realizada pelos corréus que efetuaram o desmatamento. 6. Verificado que outros dois corréus se encontram em situação fático-processual idêntica à do recorrente em questão, pois a conduta de expedir atos autorizativos sem anuência do órgão ambiental competente lhes foi atribuída, sem a demonstração do indispensável nexo causal, devem ser estendidos os efeitos desta decisão, nos termos do art. 580 do Código de Processo Penal. 7. Recurso em "habeas corpus" provido para trancar a ação penal em relação ao recorrente, sem prejuízo de que outra seja oferecida, desde que preenchidas as exigências legais, com extensão a corréus. (RHC 53.832, Rel. Min. Sebastião Reis Júnior, 6ª T., DJ 7.4.2015)

(...). Crimes ambientais. Lei 9.605/98. Trancamento da ação penal. Falta de justa causa. Negativa de autoria. Dilação probatória. Impropriedade da via eleita. Atipicidade não configurada. (...). 2. Analisar a tese de falta de justa causa da ação penal, sob a alegação de que, na condição de prefeito municipal, o paciente não determinou, tampouco autorizou a construção a obra em desacordo com as normas ambientais, questões estas relativas à negativa de autoria, demanda aprofundado exame do conjunto fático-probatório dos autos, peculiar ao processo de conhecimento, o que é inviável em sede de "habeas corpus", remédio jurídico-processual, de índole constitucional, que tem como escopo resguardar a liberdade de locomoção contra ilegalidade ou abuso de poder, marcado por cognição sumária e rito célere. 3. O funcionário público (art. 327 do Código Penal) que autoriza a construção de obra em desacordo com as normas ambientais responde, em tese, pelo delito previsto no art. 67 da Lei 9.605/98. Atipicidade afastada. (...). (HC 58.381, Rel. Min. Arnaldo Esteves Lima, DJ 4.8.2008)

Questões de concursos

699. **(Cespe/Ibama/Analista/2013)** Cometerá crime o servidor público que, por desconhecimento das normas aplicáveis, conceder licença em desacordo com as normas ambientais para atividade cuja realização dependa de ato autorizativo do poder público.

700. **(Cespe/ANP/Especialista/2013)** Constitui crime contra a administração ambiental, que não admite modalidade culposa, a concessão pelo funcionário público de licença, autorização ou permissão em desacordo com as normas ambientais para atividades, obras ou serviços cuja realização depende de ato autorizativo do poder público.

701. **(Funiversa/PC/DF/Perito/2012)** Camargo, funcionário público, concede licença de instalação para construção de bairro residencial em área de mangue. A chefia de Camargo, imediatamente, invalida a licença e a construção, que dependia da referida licença. Após perícia das plantas e dos documentos que foram apresentados pela construtora, verifica-se que Camargo foi negligente na análise, pois, caso tivesse observado com mais cuidado, não teria dado a referida licença. Ao final, a autoridade policial e o Ministério Público chegaram à conclusão de que não houve dolo de Camargo, e sim, culpa. Considerando a Lei n. 9.605/1998 e os delitos penais ambientais, assinale a alternativa correta a respeito da situação hipotética apresentada.

    a) Camargo não pode ser denunciado por crime ambiental.

    b) Camargo e a construtora podem ser denunciados por crime ambiental contra a administração da justiça.

    c) Camargo pode ser denunciado por crime ambiental contra a flora.

    d) Camargo pode ser denunciado por crime ambiental de poluição.

    e) Camargo pode ser denunciado por crime contra a administração ambiental.

702. **(Cespe/Ibram/Advogado/2009)** O agente que concede licença ambiental em desacordo com a legislação comete crime próprio, de ação penal pública incondicionada e que não admite a modalidade culposa.

■ Descumprimento de Obrigação Ambiental {art. 68}

Art. 68. Deixar, aquele que tiver o dever legal ou contratual de fazê-lo, de cumprir obrigação de relevante interesse ambiental:

Pena – detenção, de um a três anos, e multa.

Parágrafo único. Se o crime é culposo, a pena é de três meses a um ano, sem prejuízo da multa.

Jurisprudência complementar (STJ)

(...). Lei 9.605/1998. Crime ambiental. Causar poluição. Deixar de cumprir obrigação relevante. Delitos omissivos. Garante. Art. 13, § 2º, do CP. Requisitos objetivo e subjetivo. Preenchimento. Art. 225, § 1º, da Constituição da República. 1. O patrimônio público, entendido sob a ótica de patrimônio natural, pertence a toda coletividade, sendo dever de todos, sobretudo do gestor público, o zelo por sua preservação e, portanto, a sua inobservância, de forma comissiva ou omissiva, implica conduta lesiva ao meio ambiente nos termos da Lei 9.605/1998 (Lei de Crimes Ambientais). 2. A legislação que protege o ambiente, em todos os seus aspectos, tem que ser interpretada no sentido de poder propiciar uma tutela efetiva, célere e adequada, sob pena de ser frustrado o combate das condutas ilícitas que afetam o direito fundamental ao meio ambiente ecologicamente equilibrado (art. 225, § 1º, da Constituição da República). 3. O agente público, além de omitir-se em seu dever legal de zelar pela preservação ambiental, é capaz de condutas poluidoras, degradantes ou de qualquer forma danosas ao meio ambiente, consistente em ações ou omissões capazes de ofender os princípios constitucionais e administrativos que regem a gestão pública. 4. Para que um agente seja sujeito ativo de delito omissivo, além dos elementos objetivos do próprio tipo penal, necessário se faz o preenchimento dos elementos contidos no art. 13 do Código Penal: a situação típica ou de perigo para o bem jurídico, o poder de agir e a posição de garantidor. 5. A respeito do delito ambiental descrito no art. 68 da Lei 9.605/1998, faz-se necessário mencionar que se trata de crime omissivo impróprio, no qual o apontado agente, contrariando o dever legal ou contratual de fazê-lo, deixa de cumprir obrigação de relevante interesse ambiental para evitar resultado danoso ao meio ambiente. 6. Não há como administrador público, "in casu", eximir-se da posição de garante, razão pela qual deve ser mantida sua condenação pela prática do crime do art. 54 da Lei 9.605/1998. (...). (REsp 1618975, Rel. Min. Sebastião Reis Júnior, 6ª T., DJ 13.3.2017)

(...). Crime contra a administração ambiental. Art. 68 da Lei 9.605/98. Crime comum que pode ser praticado por qualquer pessoa incumbida do dever legal ou contratual de cumprir obrigação de relevante interesse ambiental. Denúncia que descreve, satisfatoriamente, as condutas, em tese, delituosas. Recurso provido. 1. O delito previsto no art. 68 da Lei dos Crimes Ambientais, isto é, "[d]eixar, aquele que tiver o dever legal ou contratual de fazê-lo, de cumprir obrigação de relevante interesse ambiental", está inserido no rol dos crimes contra a administração pública ambiental, classificando-se como crime omissivo impróprio em que o agente deixa de praticar o ato, contrariando o dever de fazê-lo para evitar o resultado lesivo ao meio ambiente. 2. Com relação ao sujeito ativo, verifica-se que a melhor exegese conduz no sentido de que o crime pode ser praticado por qualquer pessoa incumbida desse dever legal ou contratual, não sendo exigido, como fizeram as instâncias ordinárias, tratar-se de funcionário público. 3. Recurso especial provido para determinar o recebimento da exordial acusatória, nos termos do verbete sumular n. 709 do Supremo Tribunal Federal. (REsp 1032651, Rel. Min. Laurita Vaz, 5ª T., DJ 6.3.2012)

■ Impedimento de Fiscalização {art. 69}

Art. 69. Obstar ou dificultar a ação fiscalizadora do Poder Público no trato de questões ambientais:

Pena – detenção, de um a três anos, e multa.

Jurisprudência complementar (STJ)

(...). Crime contra o meio ambiente (art. 69 da Lei 9.605/1998). Quadrilha ou bando (antiga redação do art. 288 do código penal). Falsidade ideológica (art. 299 do Código Penal). Emendatio libelli. Constrangimento ilegal. Não ocorrência. Dosimetria. Pena-base. Ilegalidade. Inexistência. Agravante art. 15 da Lei 9.605/1998. "Bis in idem". Ocorrência. Crime continuado (art. 71 do código penal). Não incidência. Ordem concedida de ofício. 1. É pacífico na jurisprudência desta Corte Superior que o acusado se defende dos fatos narrados na denúncia e não da capitulação legal nela contida – que é dotada de caráter provisório –, sendo permitido ao juiz sentenciante, na oportunidade da prolação da sentença, conferir definição jurídica da conduta diversa, conforme dispõe o art. 383 do Código de Processo Penal. 2. "in casu", o Ministério Público entendeu que a conduta descrita na inicial acusatória referia-se ao descumprimento de obrigação de relevante interesse ambiental por parte daquele que tem o dever legal ou contratual de realizar tal obrigação. O Juiz sentenciante entendeu que os fatos narrados na exordial acusatória se enquadravam no tipo descrito pelo art. 69 da Lei 9.605/1998 e condenou o paciente nas penas desse dispositivo. 3. Não há falar em ofensa ao contraditório e à ampla defesa, tendo em vista que, do cotejo feito entre a narrativa posta na denúncia e a descrição utilizada na sentença condenatória – para nova definição jurídica –, não houve inovação fática, de modo que o acusado teve a oportunidade de se defender dos exatos termos descritos na inicial de acusação. 4. A individualização da pena, princípio haurido diretamente da Constituição Federal, constitui uma das mais importantes balizas do Direito Sancionador e está prevista, também, no art. 59 do Código Penal, o qual fixa os critérios norteadores da quantidade e da qualidade da sanção estatal a serem aplicados em cada caso concreto. 5. O Magistrado de primeiro grau fundamentou, com base em peculiaridades do caso concreto, a desfavorabilidade das circunstâncias do crime do art. 69 da Lei 9.605/1998 e salientou que o delito foi cometido em larga escala, dado o comércio ilegal de Autorização de Transporte de Produto Florestal (ATPF) perpetrado com madeireiras de estados diversos, além dos impactos causados pela prática do crime, quais sejam, os danos à saúde pública e a destruição desordenada do meio ambiente. 6. Idônea a fundamentação lançada para justificar a exasperação da pena-base do crime do art. 299 do Código Penal pela valoração negativa da vetorial circunstâncias, qual seja, a emissão ilegal de elevado número de ATPF's – que, de acordo com a denúncia e com a sentença, totalizaram 5.115 (cinco mil cento e quinze) sem procuração ao contador –, pois é elemento concreto que refoge à natureza básica do tipo penal descrito. A grande quantidade de madeira consubstancia motivação adequada para consideração desfavorável da vetorial motivos do delito, assim como a impossibilidade de mensuração do impacto no meio ambiente para a vetorial consequências. Esses elementos evidenciam maior reprovabilidade do agente pela conduta delituosa praticada. 7. É própria e idônea a justificativa lançada para amparar a aludida exasperação, porquanto se evidenciou que a atuação do ora paciente no esquema era de crucial importância para o sucesso das ações delituosas. A facilitação na obtenção dos documentos pelos madeireiros de diversos estados da federação, dada a (essencial) influência do acusado, é elemento concreto destacado àqueles inerentes ao tipo, que torna, sem dúvida, mais reprovável sua conduta, de modo a merecer maior censurabilidade no comportamento. 8. Concretamente fundamentada o incremento da pena-base do paciente, com base em elementos concretos e diversos do tipo penal violado, não fica evidenciada nenhuma ilegalidade de que estaria sendo vítima o paciente. 9. A obtenção de vantagem pecuniária, muito embora não constitua elemento do tipo descrito no art. 69 da Lei 9.605/1998, foi utilizada para a exasperação da reprimenda na primeira fase da dosimetria. Isso porque o Juiz se utilizou da circunstância de haver o paciente comercializado as ATPFs com madeireiras de outros estados. A circunstância referente ao fato de haver o paciente (ilegalmente) comercializado as ATPFs – o que, conforme explanado, pressupõe a conquista dos valores monetários – impede o agravamento da pena, na segunda fase da dosimetria, pela causa disposta na alínea "a" do inciso II do art. 15 da lei em comento. 10. Há continuidade delitiva, a teor do art. 71 do CP, quando o agente, mediante mais de uma ação ou omissão, pratica crimes da mesma espécie e, em razão das condições de tempo, lugar, maneira de execução e outras semelhantes, devam os delitos seguintes ser havidos como continuação do primeiro. 11. Impossível a incidência da regra contida no referido dispositivo, tendo em vista que os crimes descritos nos arts. 299 do Código Penal e 69 da Lei 9.605/1998 não são da mesma espécie (nem sequer do mesmo gênero). 12. (...). Ordem concedida, de ofício, tão somente para excluir o quantum relativo à agravante do crime do art. 69 da Lei 9.605/1998, resultando a pena definitiva, quanto a esse crime, em 2 anos e 3 meses de detenção mais 250 dias-multa. (HC 281.832, Rel. Min. Rogerio Schietti Cruz, 6ª T., DJ 1.6.2015)

(...). Art. 69 da Lei 9.605/98. Pedido de trancamento. Alegação de inépcia da denúncia e de falta de justa causa para a ação. Atipicidade da conduta. Improcedência. 1. A peça vestibular preenche os requisitos do art. 41 do Código de Processo Penal, descrevendo, com todas suas circunstâncias, a existência do crime previsto no art. 69 da Lei 9.605/98 (obstar ou dificultar a ação fiscalizadora do Poder Público no trato de questões ambientais), bem como a respectiva autoria, suficiente para a deflagração da persecução penal. (...). 3. A alegação de ausência de dolo constitui matéria imprópria de ser examinada na via angusta do "writ", por exigir acurada, e antecipada, aferição de elementos probatórios. É na sentença o momento oportuno para o enfrentamento, após produzidas as provas em juízo, sob o crivo do contraditório, se o acusado eventualmente agiu acobertado por excludente de tipicidade, tal como o sustentado erro de tipo. 4. O tipo previsto no art. 69 da Lei 9.605/98 contenta-se com a obstrução ou dificultação da ação fiscalizadora do Poder Público, estando o dolo relacionado tão somente a essas condutas, não se perquirindo as razões pelas quais o autor resistiu à fiscalização ambiental. 5. Improcede a alegação de que a denúncia responsabilizara o paciente objetivamente, haja vista que, da sua narrativa, resta evidenciado que o delito previsto no art. 69 da Lei 9.605/98 foi-lhe atribuído porque dele adveio a ordem para impedir a fiscalização ambiental. (...). (HC 189.885, Rel. Min. OG Fernandes, 6ª T., DJ 26.3.2012)

■ Falsidade Documental {art. 69-A}

> **Art. 69**-A. Elaborar ou apresentar, no licenciamento, concessão florestal ou qualquer outro procedimento administrativo, estudo, laudo ou relatório ambiental total ou parcialmente falso ou enganoso, inclusive por omissão:
> Pena – reclusão, de 3 (três) a 6 (seis) anos, e multa.
> § 1º Se o crime é culposo:
> Pena – detenção, de 1 (um) a 3 (três) anos.

> § 2° A pena é aumentada de 1/3 (um terço) a 2/3 (dois terços), se há dano significativo ao meio ambiente, em decorrência do uso da informação falsa, incompleta ou enganosa.

Questões de concursos

703. **(Cesgranrio/Liquigás/Profissional_Júnior/2015)** De acordo com a lei de crimes ambientais, o delito de apresentar, no licenciamento, concessão florestal ou estudo, parcialmente falso ou enganoso, constitui crime contra a

    a) organização preservacionista
    b) restauração urbana
    c) Administração Ambiental
    d) fauna nativa
    e) flora nacional

704. **(Cespe/TJ/BA/Juiz/2012)** Acerca da responsabilidade ambiental, assinale a opção correta.

    a) As ações penais por crimes ambientais previstos na Lei n. 9.605/1998 são públicas incondicionadas ou condicionadas à representação.
    b) Em matéria ambiental, a responsabilidade por ilícitos é sempre objetiva, dispensando-se a comprovação de culpa em sentido amplo.
    c) A omissão da autoridade ambiental competente, sendo ela obrigada a agir, poderá configurar infração administrativa ambiental.
    d) Os valores arrecadados em decorrência do pagamento de multas por infração ambiental devem ser integralmente revertidos ao Fundo Nacional do Meio Ambiente.
    e) Entre os efeitos da condenação por crime ambiental inclui-se a apreensão de produtos dele decorrentes e de instrumentos utilizados para cometê-lo, salvo os instrumentos lícitos.

705. **(FMP-RS/TCE/RS/Auditor/2011)** Considere a seguinte situação hipotética: No dia 30 de julho de 2008, em horário não especificado, o engenheiro químico Tício e o biólogo Fúlvio elaboraram Estudo Ambiental parcialmente falso, referente ao projeto arquitetônico de edificação denominado Morada dos Pássaros, de responsabilidade da empresa Construbem, pois omitiram a existência de três árvores imunes ao corte, bem como a existência de aterramento da área com resíduos sólidos domésticos, conforme foi, posteriormente, constado em laudo contratado pela Associação de Moradores do

Bairro, para fins de aprovação e licenciamento ambiental do empreendimento imobiliário. O referido estudo foi apresentado pelo Sr. MÉVIO, sócio-gerente da empresa Construbem, para a Secretaria Municipal de Meio Ambiente no dia 5 de agosto de 2008. Em 10 de outubro de 2008, o Secretário Municipal de Meio Ambiente, fiando-se na veracidade do Estudo Ambiental da empresa, emitiu a Licença de Instalação para o referido empreendimento. Diante disso, julgue as assertivas abaixo:

I. Tício, Fúlvio, Mévio e a empresa Construbem responderão criminalmente como incursos nas sanções do art. 69-A da Lei 9.605/98.

II. O Secretário Municipal de Meio Ambiente responderá na forma do art. 67, parágrafo único, da Lei 9.605/98, pois deixou de determinar a realização de vistoria na área para confirmar a veracidade do Estudo.

III. Se a empresa Construbem, em Termo de Ajustamento de Conduta, assumir a obrigação de descontaminar a área e de proteger as espécies vegetais imunes ao corte, terá excluída a sua responsabilidade criminal.

Quais estão corretas?

a) Apenas I.
b) Apenas a II.
c) Apenas a III.
d) Apenas I e II.
e) I, II e III.

706. **(Cespe/AGU/Advogado/2009)** Elaborar, no licenciamento, estudo parcialmente falso é crime que admite as modalidades culposa e dolosa.

Questões de concursos

707. **(Fundep/Sefin/Bela_Vista_de_Minas/Fiscal_Posturas/2014)** Considera-se infração administrativa ambiental toda ação ou omissão que viole as regras jurídicas de uso, gozo, promoção, proteção e recuperação do meio ambiente. A Lei de crimes ambientais, Lei Federal n. 9.605/1998, estabelece os prazos máximos para o processo administrativo referente às apurações de infração ambiental. Sobre o prazo para que o auto de infração seja julgado pela autoridade competente, assinale a alternativa correta.

a) Vinte dias, contados da data da sua lavratura, apresentada ou não a defesa ou impugnação.

b) Trinta dias, contados da data da sua lavratura, apresentada ou não a defesa ou impugnação.

c) Quarenta dias, contados da data da sua lavratura, apresentada ou não a defesa ou impugnação.

d) Sessenta dias, contados da data da sua lavratura, apresentada ou não a defesa ou impugnação.

708. **(TRF/4R/Juiz/2014)** Assinale a alternativa correta. Considerando o disposto na Lei n. 9.605/98, que prevê sanções penais e administrativas punitivas às condutas lesivas ao meio ambiente:

a) Verificada a infração, serão apreendidos os produtos e os instrumentos utilizados para sua prática. Tratando-se de produtos perecíveis ou madeira, serão estes avaliados e levados a leilão, sendo o valor arrecadado revertido ao órgão ambiental responsável pela sua apreensão.

b) A Lei n. 9.605/98 não prevê em seus dispositivos a possibilidade de aproveitamento econômico de produtos perecíveis ou madeira, apreendidos pelo órgão ambiental competente, estabelecendo que os mesmos devam ser destruídos ou incinerados.

c) O pagamento de multa administrativa imposta pelos órgãos ambientais de Estados, Municípios, Distrito Federal ou Territórios substitui a multa imposta por órgão ambiental federal na mesma hipótese de incidência.

d) O produto de infração ambiental e o instrumento utilizado para sua prática devem ser leiloados, e o valor arrecadado, revertido ao Fundo de Defesa de Direitos Difusos – FDD, criado pela Lei n. 7.347/85.

e) Em caso de prática reiterada de infrações administrativas ao meio ambiente, é cabível a pena de intervenção no estabelecimento, aplicada e executada pelo órgão ambiental competente, afastando-se temporariamente os gestores até que o dano ambiental seja reparado, assegurados o direito de ampla defesa e o contraditório.

709. **(Vunesp/TJ/RJ/Juiz/2014)** Considera-se infração administrativa ambiental toda ação ou omissão que viole as regras jurídicas de uso, gozo, promoção, proteção e recuperação do meio ambiente e será punida, entre outras, com a(s) seguinte(s) sanção(ões):

a) advertência e multa simples, que serão aplicadas somente nos casos de inobservância das normas da Lei n. 9.605/1998.

b) demolição e embargo da obra, sendo defeso o embargo de atividade, que deverá ser coibida por meio de tutela inibitória.

c) apreensão dos animais, produtos ou subprodutos da fauna e flora, instrumentos e petrechos, o que não inclui os equipamentos ou veículos de qualquer natureza utilizados na infração.

d) destruição e inutilização do produto e multa diária, sendo esta última aplicada sempre que o cometimento da infração se prolongar no tempo.

710. **(Cespe/Câmara_Deputados/Analista/2014)** A lei que dispõe sobre as sanções penais e administrativas derivadas de condutas e atividades lesivas ao meio ambiente determina, expressamente, que os crimes ambientais nela previstos são de competência da justiça estadual.

711. **(Cespe/PG/DF/Procurador/2013)** Considera-se que a propriedade urbana cumpre plenamente sua função social quando atende às exigências fundamentais de ordenação do espaço territorial previstas no plano diretor da cidade; no que tange à propriedade rural, isso ocorre quando ela é regularmente registrada na Divisão de Cadastro Rural do INCRA e no Ibama.

712. **(UNAConcursos/Prefeitura/Portão/Biólogo/2013)** Responda a questão com base no Decreto 6.514, de 22 de julho de 2008, que dispõe sobre as infrações e sanções administrativas ao meio ambiente e estabelece o processo administrativo federal para a apuração destas infrações. Constatada a ocorrência de infração ambiental deverá ser lavrado o Auto de Infração, do qual deverá ser dada ciência ao autuado assegurando-se o contraditório e a ampla defesa. Marque a alternativa que indica corretamente quais as formas de procedimento que deverão ser feitas para intimar o autuado da lavratura do Auto de Infração e em que prazo o autuado poderá apresentar defesa conta o Auto de Infração.

    a) O autuado será intimado da lavratura do Auto de Infração somente pessoalmente e a defesa deverá ser apresentada no prazo de 20 (vinte) dias, contados da data da ciência da autuação.

    b) O autuado será intimado da lavratura do Auto de Infração pessoalmente, por seu representante legal, por carta registrada com aviso de recebimento, por edital, se estiver em lugar incerto, não sabido ou se não for localizado no endereço e a defesa deverá ser apresentada no prazo de 30 (trinta) dias, contados da data da ciência da autuação.

    c) O autuado será intimado da lavratura do Auto de Infração pessoalmente, por seu representante legal, por carta registrada com aviso de recebimento, por edital, se estiver em lugar incerto, não sabido ou se não for localizado no endereço e a defesa deverá ser apresentada no prazo de 20 (vinte) dias, contados da data da ciência da autuação.

    d) O autuado será intimado da Lavratura do Auto de Infração pessoalmente, por carta registrada com aviso de recebimento, por edital, se estiver em lugar incerto, não sabido ou se não for localizado no endereço e a defesa deverá ser apresentada no prazo de 30 (trinta) dias, contados da data da ciência da autuação.

713. **(Cespe/AGU/Advogado/2012)** Se tiver ocorrido, antes da transferência de prioridade de imóvel rural, supressão parcial da vegetação situada em área de preservação permanente, o adquirente desse imóvel, comprovada sua boa-fé, não será parte legítima para responder a ação cível com pedido de restauração da área deteriorada.

714. **(Cespe/MPOG/Analista/2012)** O Ministério Público Federal deve manifestar-se em causa em que se discuta a nulidade de auto de infração ambiental, visto que, em regra, o interesse envolvido nesse tipo de pleito transcende o interesse meramente patrimonial, abarcando discussões relativas ao meio ambiente em si.

715. **(Cesgranrio/Petrobras/Advogado/2011)** No que se refere à Política Nacional do Meio Ambiente, aos seus instrumentos e aos crimes ambientais, é incorreto afirmar que

    a) compete ao Conselho Nacional do Meio Ambiente (Conama) estabelecer normas, critérios e padrões relativos ao controle e à manutenção da qualidade do meio ambiente, bem como estabelecer, privativamente, normas e padrões nacionais de controle da poluição por veículos automotores.

    b) deve ser apresentado, como subsídio para a análise da possibilidade de concessão da Licença Instalação, o Estudo Prévio de Impacto Ambiental, quando o licenciamento ambiental depender da elaboração desse documento.

    c) são instrumentos da Política Nacional do Meio Ambiente, dentre outros, o estabelecimento de padrões de qualidade ambiental, o zoneamento ambiental e a criação de espaços territoriais especialmente protegidos e instrumentos econômicos, a exemplo da servidão ambiental.

    d) depende da elaboração de Estudo Prévio de Impacto Ambiental o licenciamento ambiental de oleodutos e gasodutos, aos quais será dada publicidade, por tais empreendimentos serem considerados capazes de causar significativa degradação do meio ambiente.

    e) é crime ambiental elaborar ou apresentar estudo, laudo ou relatório ambiental total ou parcialmente falso ou enganoso, inclusive por omissão, no licenciamento ambiental.

716. **(PUCPR/TJ/RO/Juiz/2011)** A Lei 9.605/98, em que pese ser comumente denominada de Lei de Crimes Ambientais, também estabelece a base para as Infrações Administrativas Ambientais em seu artigo 70 e seguintes. Nestes trata do Poder de Polícia e fixa a competência para fiscalização em matéria administrativa ambiental. Considerando tais dispositivos, analise quais das assertivas abaixo são verdadeiras e quais são falsas. Marque, em seguida, a alternativa cuja sequência, de cima para baixo, está correta:

    I. Qualquer pessoa, constatando infração ambiental, poderá dirigir representação às autoridades competentes, para efeito do exercício do seu poder de polícia.

    II. São autoridades competentes para lavrar auto de infração ambiental e instaurar processo administrativo exclusivamente os funcionários de órgãos ambientais integrantes do Sistema Nacional de Meio Ambiente – Sisnama, designados para as atividades de fiscalização.

III. A autoridade ambiental que tiver conhecimento de infração ambiental é obrigada promover a sua a apuração imediata, mediante processo administrativo próprio, sob pena de corresponsabilidade.

IV. No processo administrativo ambiental o prazo máximo para o infrator oferecer defesa ou impugnação contra o auto de infração é de 15 dias, contados da data da ciência da autuação.

V. O pagamento de multa imposta pelos Estados, Municípios, Distrito Federal ou Territórios substitui a multa federal na mesma hipótese de incidência.

a) V, V, F, V, V
b) V, F, V, F, V
c) F, F, V, V, F
d) F, V, F, F, V
e) V, F, F, V, F

717. (IADES/PG/DF/Analista/2011) Segundo a Constituição Federal (art. 225), todos têm direito ao meio ambiente ecologicamente equilibrado, bem de uso comum do povo e essencial à sadia qualidade de vida, impondo-se ao Poder Público e à coletividade o dever de defendê-lo e preservá-lo. Para que este mandamento tenha eficácia, faz-se necessária a obediência a princípios ambientais e também a criação de tipos penais visando à tutela do Meio Ambiente. Sobre os princípios e os tipos penais, assinale a alternativa correta.

a) O princípio da informação está consagrado na Declaração do Rio de 1992 – chamada de ECO 92 – que estabeleceu "no nível nacional, cada indivíduo deve ter acesso adequado a informações relativas ao meio ambiente de que disponham as autoridades públicas, inclusive informações sobre materiais e atividades perigosas em suas comunidades". A respeito do referido princípio, como regra, as informações ambientais recebidas pelos órgãos públicos devem ser transmitidas à sociedade civil, exceto alguns casos.

b) A ação penal que trata dos crimes ambientais é, em regra, pública condicionada à representação do ofendido – art. 26, Lei n. 9.605/98.

c) Segundo a lei do Meio Ambiente – Lei n. 9.605/98 – poderá ser aplicada pena à pessoa jurídica (restritiva de direitos) de proibição de contratar com o Poder Público e de obter subsídios, subvenções ou doações. Tal sanção não poderá exceder o prazo de cinco anos.

d) Pacífico na doutrina que o princípio do poluidor-pagador se inspira na chamada teoria econômica e traz como premissas as expressões: "pagar para poder poluir" e "poluir mediante pagamento".

e) O princípio do desenvolvimento sustentável surgiu inicialmente na Conferência Mundial de Meio Ambiente, realizada em 1972 (em Estocolmo) e foi repetido em outras conferências internacionais sobre o Meio Ambiente, porém, não foi objeto de debate na Declaração do Rio de 1992 (ECO-92), uma vez que, naquele ano existiam outros temas de maior preocupação no cenário mundial.

718. **(FCC/TJ/PE/Juiz/2011)** O art. 72 da Lei n. 9.605/98 elenca o rol de sanções administrativas cabíveis no caso de infração administrativa ao meio ambiente e prevê como a primeira delas (inc. I) a pena de advertência, sobre a qual é correto afirmar:

a) Trata-se de mera admoestação sem consequência alguma, exceto a de constar nos antecedentes do infrator, podendo, por isso mesmo, ser aplicada independentemente da instauração do devido processo legal.

b) Trata-se de sanção como outra qualquer e que não é pressuposto para a aplicação das demais.

c) Trata-se de sanção que deve preceder a aplicação das demais e que, por isso mesmo, é a primeira a ser prevista.

d) Trata-se de sanção que pode ser aplicada de plano, sem necessidade de contraditório, face ao princípio da verdade sabida.

e) Trata-se de sanção que, por suas próprias características, deve ser aplicada em conjunto com outras previstas nos vários incisos do referido artigo.

719. **(Cespe/MPU/Analista/2010)** De acordo com entendimento jurisprudencial, não se aplica o princípio da insignificância aos crimes ambientais, ainda que a conduta do agente se revista da mínima ofensividade e inexista periculosidade social na ação, visto que, nesse caso, o bem jurídico tutelado pertence a toda coletividade, sendo, portanto, indisponível.

720. **(Cespe/MPE/ES/Promotor/2010)** A Lei de Crimes Ambientais estabelece a responsabilização na esfera cível, penal e administrativa, em caso de infração cometida em face do meio ambiente. A respeito de crimes ambientais, assinale a opção correta.

a) Em matéria ambiental, o julgamento pelo cometimento de crimes comuns é de competência da justiça estadual comum.

b) A responsabilização do poluidor pela indenização ou reparação dos danos causados ao meio ambiente e a terceiros afetados por sua atividade exige comprovação de culpa.

c) O poder de polícia exercido pela administração pública em matéria ambiental, desempenhado por profissionais e técnicos de formação civil, tem caráter unicamente repressivo.

d) Processo em matéria ambiental, se administrativo, deve ser conduzido harmonicamente, considerando as garantias constitucionais; contudo, não deve prender-se à razoabilidade e proporcionalidade, pois estas são exigências dos processos judiciais.

e) Em um acidente nuclear, na manipulação de organismos geneticamente modificados ou até na devastação de uma floresta, a cobrança da responsabilização ambiental tem o caráter exclusivo de reparação do dano produzido.

721. **(FCC/TJ/MS/Juiz/2010)** A prescrição para a apuração de infrações administrativas contra o meio ambiente, de caráter permanente ou continuado, é de

a) 3 anos, contados da cessação da prescrição para o crime correspondente.

b) 5 anos, contados do início da prática do ato.

c) 5 anos, contados da cessação da prática do ato.

d) 3 anos, contados do início da prática do ato.

e) 3 anos, contados da cessação da prática do ato.

■ Revogações {art. 82}

(...).

Art. 82. Revogam-se as disposições em contrário.

Brasília, 12 de fevereiro de 1998; 177° da Independência e 110° da República.

Fernando Henrique Cardoso

ORDEM TRIBUTÁRIA / ECONÔMICA / RELAÇÕES DE CONSUMO (LEI 8.137/90)

Lei 8.137, de 27 de dezembro de 1990.

Define crimes contra a ordem tributária, econômica e contra as relações de consumo, e dá outras providências.

O Presidente da República: faço saber que o Congresso Nacional decreta e eu sanciono a seguinte lei:

Capítulo I – Dos Crimes contra a Ordem Tributária

Seção I – Dos Crimes Praticados por Particulares

■ Sonegação Fiscal {art. 1º}

Art. 1º Constitui crime contra a ordem tributária suprimir ou reduzir tributo, ou contribuição social e qualquer acessório, mediante as seguintes condutas:

I – omitir informação, ou prestar declaração falsa às autoridades fazendárias;

II – fraudar a fiscalização tributária, inserindo elementos inexatos, ou omitindo operação de qualquer natureza, em documento ou livro exigido pela lei fiscal;

III – falsificar ou alterar nota fiscal, fatura, duplicata, nota de venda, ou qualquer outro documento relativo à operação tributável;

> IV – elaborar, distribuir, fornecer, emitir ou utilizar documento que saiba ou deva saber falso ou inexato;
>
> V – negar ou deixar de fornecer, quando obrigatório, nota fiscal ou documento equivalente, relativa a venda de mercadoria ou prestação de serviço, efetivamente realizada, ou fornecê-la em desacordo com a legislação.
>
> Pena – reclusão de 2 (dois) a 5 (cinco) anos, e multa.

Súmulas (STF)

Súmula Vinculante 24. Não se tipifica crime material contra a ordem tributária, previsto no art. 1º, incisos I a IV, da Lei 8.137/90, antes do lançamento definitivo do tributo.

Súmula 609. É pública incondicionada a ação penal por crime de sonegação fiscal.

Súmulas TRF'S

TRF-4 78. A constituição definitiva do crédito tributário é pressuposto da persecução penal concernente a crime contra a ordem tributária previsto no art. 1º da Lei 8.137/90.

ENUNCIADOS FONACRIM

Enunciado 25. Nos crimes tributários, o parâmetro objetivo para aplicação da insignificância penal – excluídas as condutas fraudulentas – é o valor do credito tributário (principal e acessório) fixado por ato normativo da Receita Federal ou Ministério da Fazenda como o mínimo necessário para o ajuizamento de execução fiscal.

Enunciado 27. Em processos penais relativos a crimes tributários, é ônus da acusação diligenciar por informações sobre a exclusão do contribuinte de programas de parcelamento.

Enunciado 28. É possível ao juízo criminal a análise da validade do lançamento tributário.

Enunciado 32. Não se aplica o princípio da insignificância aos crimes tributários cometidos mediante fraude.

Enunciado 37. No caso dos crimes tributários alcançados pela Súmula Vinculante n. 24, a prescrição tem início com a constituição definitiva do crédito.

Informativos (STF)

Crime tributário e prescrição

Não há que se falar em aplicação retroativa "in malam partem" do Enunciado 24 da Súmula Vinculante ("Não se tipifica crime material contra a ordem tributária, previsto no art. 1º, incisos I a IV, da Lei 8.137/90, antes do lançamento definitivo do tributo") aos fatos ocorridos anteriormente à sua edição, uma vez que o aludido enunciado apenas consolidou interpretação reiterada do STF sobre a matéria. RHC 122774, Rel. Min. Dias Toffoli, 19.5.15. 1ª T. (Info 786)

Sonegação fiscal e circunstâncias judiciais

Não é viável, em "habeas corpus", o reexame dos elementos de convicção na avaliação das circunstâncias judiciais previstas no art. 59 CP. O que está autorizado é apenas o controle da legalidade dos critérios utilizados, com a correção de eventuais arbitrariedades. Ademais, em se tratando de infrações penais contra a ordem tributária, a extensão do dano causado pode ser invocada na primeira fase da dosimetria, como critério para exasperação da pena-base, sem que tanto implique "bis in idem". HC 128446, Rel. Min. Teori Zavascki, 15.9.15. 2ª T. (Info 799)

Sonegação fiscal e presunção de inocência

Não ofende o princípio constitucional da presunção de inocência a exigência de comprovação da origem de valores estabelecida no art. 42 da Lei 9.430/96. HC 121125, Rel. Min. Gilmar Mendes, 10.6.14. 2ª T. (Info 750)

Sonegação fiscal: reconhecimento de agravante em 2ª instância e "emendatio libelli"

Descrição das elementares e circunstâncias do tipo penal na denúncia. Art. 384 do CPP. "Mutatio libelli". Desnecessidade. A descrição, na denúncia, da ação administrativa que resultou na constituição do crédito tributário, bem como do montante apurado são suficientes ao exercício da ampla defesa quanto à causa de aumento de pena disposta no art. 12, I, da Lei 8.137/90. HC 123733, Rel. Min. Gilmar Mendes, 16.9.14. 2ª T. (Info 759)

Sonegação fiscal: reconhecimento de majorante e concurso de crimes

No que se refere à causa de aumento, apesar da ausência de capitulação expressa na inicial: o acusado defende-se dos fatos descritos na denúncia. Assim, é necessário apenas correlação entre o fato descrito na peça acusatória e o fato que ensejou a condenação, e é irrelevante a menção expressa na exordial de eventuais causas de aumento ou diminuição. Quanto à assertiva de impossibilidade de reconhecimento do concurso formal, a tese não pode ser analisada, porque não foi aventada nas instâncias inferiores. HC 120587, Rel. Min. Luiz Fux, 20.5.14. 1ª T. (Info 747)

Informativos (STJ)

Desnecessidade de constituição definitiva do crédito tributário para a consumação do crime previsto no art. 293, § 1º, III, b, do CP.

É dispensável a constituição definitiva do crédito tributário para que esteja consumado o crime previsto no art. 293, § 1º, III, "b", do CP. REsp 1.332.401, Rel. Min. Maria T. A. Moura, 19.8.14. 6ª T. (Info 546)

Inépcia da denúncia que não individualiza a conduta de sócio e administrador de pessoa jurídica.

É inepta a denúncia que, ao imputar a sócio a prática dos crimes contra a ordem tributária previstos nos incisos I e II do art. 1º da Lei 8.137/90, limita-se a transcrever trechos dos tipos penais em questão e a mencionar a condição do denunciado de administrador da sociedade empresária que, em tese, teria suprimido tributos, sem descrever qual conduta ilícita supostamente cometida pelo acusado haveria contribuído para a consecução do resultado danoso. HC 224.728, Rel. Min. Rogerio S. Cruz, 10.6.14. 6ª T. (Info 543)

Prescrição tributária em execução fiscal e trancamento da ação penal por crime material contra a ordem tributária.

O reconhecimento de prescrição tributária em execução fiscal não é capaz de justificar o trancamento de ação penal referente aos crimes contra a ordem tributária previstos nos incisos II e IV do art. 1º da Lei 8.137/90. Isso porque a constituição regular e definitiva do crédito tributário é suficiente para tipificar as condutas previstas no art. 1º, I a IV, da Lei 8.137/90, não influindo o eventual reconhecimento da prescrição tributária. RHC 67.771, Rel. Min. Nefi Cordeiro, DJ 17.3.2016. 6ª T. (Info 579)

Pretensão executória perante requerimento de adesão a programa de parcelamento tributário.

O simples requerimento de inclusão no parcelamento instituído pela Lei 11.941/09, sem demonstração da correspondência dos débitos tributários sonegados com os débitos objeto do requerimento, não acarreta a suspensão da execução de pena aplicada por crime contra a ordem tributária. REsp 1.234.696, Rel. Min. Laurita Vaz, 17.12.13. 5ª T. (Info 533)

ORDEM TRIBUTÁRIA / ECONÔMICA / RELAÇÕES DE CONSUMO (LEI 8.137/90) | Art. 1º

Princípio da insignificância no caso de crimes relacionados a tributos que não sejam da competência da União.

É inaplicável o patamar estabelecido no art. 20 da Lei 10.522/02, no valor de R$ 10 mil, para se afastar a tipicidade material, com base no princípio da insignificância, de delitos concernentes a tributos que não sejam da competência da União. HC 165.003, Rel. Min. Sebastião Reis Júnior, 20.3.14. 6ª T. (Info 540)

Tipicidade da omissão na apresentação de declaração ao fisco.

A omissão na entrega da Declaração de Informações Econômico-Fiscais da Pessoa Jurídica (DIPJ) consubstancia conduta apta a firmar a tipicidade do crime de sonegação fiscal previsto no art. 1º, I, da Lei 8.137/90, ainda que o fisco disponha de outros meios para constituição do crédito tributário. REsp 1.561.442, Rel. Min. Sebastião Reis Júnior, DJ 9.3.2016. 6ª T. (Info 579)

Jurisprudência complementar (STF)

(...). Busca e apreensão determinada exclusivamente com base em denúncia anônima. Não ocorrência. Persecução penal por crimes tributários e conexos antes do lançamento tributário definitivo. Viabilidade. Ausência de fundamentação do decreto de busca e apreensão. Não ocorrência. (...). 1. A jurisprudência do STF é unânime em repudiar a notícia-crime veiculada por meio de denúncia anônima, considerando que ela não é meio hábil para sustentar, por si só, a instauração de inquérito policial. No entanto, a informação apócrifa não inibe e nem prejudica a prévia coleta de elementos de informação dos fatos delituosos (STF, Inquérito 1957) com vistas a apurar a veracidade dos dados nela contidos. 2. Nos termos da Súmula Vinculante 24, a persecução criminal nas infrações contra a ordem tributária (art. 1º, incisos I a IV, da Lei 8.137/90) exige a prévia constituição do crédito tributário. Entretanto, não se podendo afastar de plano a hipótese de prática de outros delitos não dependentes de processo administrativo não há falar em nulidade da medida de busca e apreensão. É que, ainda que abstraídos os fatos objeto do administrativo fiscal, o inquérito e a medida seriam juridicamente possíveis. 3. Não carece de fundamentação idônea a decisão que, de forma sucinta, acolhe os fundamentos apresentados pelo Órgão ministerial, os quais narram de forma pormenorizada as circunstâncias concretas reveladoras da necessidade e da adequação da medida de busca e apreensão. (...). (HC 107362, Rel. Min. Teori Zavascki, 2ª T., DJ 2.3.2015)

(...). Crime contra a ordem tributária. Artigo 1º, II, da Lei 8.137/1990. Trancamento da ação penal. Falta de justa causa. Atipicidade da conduta. Súmula vinculante

n. 24. Sentença condenatória superveniente. Perda de objeto do "habeas corpus" no superior tribunal de justiça. Condenação confirmada em apelação. Lançamento definitivo do crédito reconhecido. 1. A constituição definitiva do crédito tributário constitui condição para a instauração da persecução penal quanto aos crimes contra a ordem tributária. Entendimento consagrado na Súmula Vinculante n. 24. 2. O lançamento definitivo do crédito tributário, confirmado pelo Tribunal Estadual em sede de apelação, constitui óbice ao eventual ajuste da decisão recorrida, que reconhecera a perda de objeto do "habeas corpus" dada a sentença condenatória prolatada na origem. 3. O reexame da sentença condenatória no recurso próprio prepondera e inibe a necessária reavaliação dos fatos e das provas na via estreita do "habeas corpus". (...). (RHC 118246, Rel. Min. Rosa Weber, 1ª T., DJ 18.2.2014)

Extradição. República Federal da Alemanha. Promessa de reciprocidade. Atendimento dos requisitos formais. Dupla tipicidade e punibilidade. Crime contra a ordem tributária. Sonegação fiscal. Inexigibilidade de comprovação da constituição do crédito tributário para concessão do pedido extradicional. Inexistência de prescrição em ambos os ordenamentos jurídicos. Extraditando cumpre pena por crime praticado no brasil. Aplicação do art. 89 do estatuto do estrangeiro. Extradição deferida. (Ext 1222, Rel. Min. Teori Zavascki, 2ª T., DJ 3.9.2013)

(...). Sonegação tributária (art. 1º, I e II, da Lei 8.137/90). Denúncia genérica. Trancamento da ação penal por ausência de justa causa. Inadequação da via eleita. Matéria a ser apreciada pelo juízo no julgamento da ação penal. Imputação suficientemente individualizada. Ausência de ilegalidade. (...). 2. "in casu", as condutas imputadas, ao narrar que o paciente seria o efetivo responsável pela administração da pessoa jurídica no período em que esta, mediante fraude consistente na omissão de declarações e na inverídica informação de inatividade, suprimiu tributos (art. 1º, inciso I, da Lei 8.137/90), foram suficientemente descritas, de modo a permitir a perfeita delimitação fática a partir da qual seria exercido o direito de defesa. 3. Ausência de ilegalidade a ser sanada.. (...). (HC 108920 AgR, Rel. Min. Luiz Fux, 1ª T., DJ 7.8.2013)

(...). Condenação penal pela prática dos delitos de descaminho (CP, art. 334, § 1º, "c") e de sonegação fiscal (Lei 8.137/90, art. 1º, IV). Suposta ocorrência de antinomia de primeiro grau. Alegada inobservância do critério da especialidade, consideradas as regras legais que definem ambas as infrações. Incoincidência entre as mercadorias objeto do crime de descaminho e aquelas que figuram nas notas fiscais falsamente elaboradas. Sonegação de tributos ocorrida anteriormente à introdução clandestina, no território nacional, dos objetos expostos à venda. Denúncia e sentença penal condenatória que demostram a total independência, no caso, das condutas perpetradas. Inexistência, na espécie, de situação de conflito a ser superada mediante utilização do critério da especialidade. Ocorrência de iliquidez quanto aos fatos subjacentes à impetração. Controvérsia que, ademais, implica exame aprofundado de fatos e confronto analítico de matéria essencialmente probatória. Inviabilidade na via sumaríssima do "habeas corpus". Pedido indeferido. A constatação de que a supressão de tributos ocorreu antes mesmo da introdução clandestina, no território nacional, dos produtos expostos à venda – a revelar que as mercadorias objeto do crime de descaminho não coincidem com aquelas que figuram nas notas fiscais falsamente elaboradas para fins de sonegação fiscal – afasta eventual conflito a ser superado mediante a utilização do critério da especialidade, consideradas as condutas tipificadas no art. 334, § 1º, "c", do CP e no art. 1º, inciso IV, da Lei 8.137/90. A ocorrência de iliquidez quanto aos fatos alegados na impetração basta, por si só, para inviabilizar a utilização adequada da ação de "habeas corpus", que constitui remédio processual que não admite dilação probatória, nem permite o exame aprofundado de matéria fática, nem comporta a análise valorativa de elementos de informação produzidos no curso do processo penal de conhecimento. (...). (HC 105181, Rel. Min. Celso de Mello, 2ª T., DJ 30.10.2014)

(...). Crime contra a ordem tributária (art. 1º da Lei 8.137/90). Delito de natureza material. Impossibilidade de realização de atos persecutórios antes da formação definitiva do crédito tributário. Entendimento consolidado na Súmula Vinculante n. 24. Ordem concedida. 1. Os delitos previstos no art. 1º da Lei 8.137/90 são de natureza material, exigindo-se, para a sua tipificação, a constituição definitiva do crédito tributário para o desencadeamento da ação penal. 2. Carece de justa causa qualquer ato investigatório ou persecutório judicial antes do pronunciamento definitivo da administração fazendária no tocante ao débito fiscal de responsabilidade do contribuinte. 3. No caso em exame, é incontroverso que não houve a constituição definitiva do crédito, uma vez que o próprio Tribunal Administrativo de Tributos Estaduais do Estado de Rondônia/RO reconheceu a inexistência do ilícito tributário apontado pelo fisco. 4. Constrangimento ilegal reconhecido. (...). (HC 108159, Rel. Min. Dias Toffoli, 1ª T., DJ 19.4.2013)

Crime tributário. Processo administrativo. Persecução criminal. Necessidade. Caso a caso, é preciso perquirir a necessidade de esgotamento do processo administrativo-fiscal para iniciar-se a persecução criminal. Vale notar que, no tocante aos crimes tributários, a ordem jurídica constitucional não prevê a fase administrativa para ter-se a judicialização. Crime tributário – justa causa. Surge a configurar a existência de justa causa situação concreta em que o Ministério Público haja atuado a partir de provocação da Receita Federal tendo em conta auto de infração relativa à sonegação de informações tributárias a desaguarem em débito do contribuinte. (HC 108037, Rel. Min. Marco Aurélio, 1ª T., DJ 1.2.2012)

Jurisprudência complementar (STJ)

(...). Conflito negativo de competência. Juízos federais vinculados a tribunais regionais diversos. Inquérito policial. Simulação de exportação. Investigação incipiente. Necessidade de aprofundar as diligências. Indícios que remetem à prática do delito descrito no art. 2º, I, da Lei 8.137/90 em Guaíra/PR. Juízo competente. Possibilidade de posterior declínio a outro juízo no futuro. 1. Situação em que se investiga a simulação da exportação de mercadoria para a República do Paraguai, sem que a aduana paraguaia tenha reconhecido a entrada, em seu território, de nenhum dos caminhões que transportavam o produto indicado como exportado. 2. A conduta inicialmente investigada não se amolda ao delito de descaminho (art. 334 do CP), posto que tal figura demanda a saída da mercadoria do país, o que não chegou a ocorrer. 3. Da mesma forma, as evidências até o momento colhidas não permitem enquadrar a conduta no art. 1º, incisos I e IV, da Lei 8.137/90, dado que a sonegação fiscal descrita em tais dispositivos legais constitui delito material que se consuma com a efetiva supressão ou redução de tributo ou qualquer acessório. No entanto, ainda não houve lançamento definitivo para cobrança de tributo, mas apenas a imposição de multa (penalidade de advertência) aos investigados. E, nos termos da súmula vinculante n. 24 do STF: "Não se tipifica crime material contra a ordem tributária, previsto no art. 1º, incisos I a IV, da Lei 8.137/90, antes do lançamento definitivo do tributo". 4. A conduta investigada parece se aproximar dos contornos delineados no art. 2º, I, da Lei 8.137/90 – delito formal que se consuma no local onde a fraude é perpetrada, na medida em que a simulação de exportação pode ter como uma de suas finalidades a obtenção, por meio de fraude, dos incentivos fiscais que se aplicam às mercadorias destinadas ao mercado externo. 5. A possibilidade de descoberta de outras provas e/ou evidências, no decorrer das investigações, levando a conclusões diferentes, demonstra não ser possível firmar peremptoriamente a competência definitiva para julgamento do presente inquérito policial. Isso não obstante, tendo em conta que a definição do Juízo competente em tais hipóteses se dá em razão dos indícios coletados até então, revela-se a competência do Juízo Federal e Juizado Especial de Guaíra SJ/PR, o suscitado, local onde a fraude foi perpetrada. (...). (CC 124.184, Rel. Min. Reynaldo Soares da Fonseca, DJ 20.8.2015)

(...). Lei 8.137/90. Artigo 1º, incisos I a IV. Trancamento da ação penal. Constituição definitiva do crédito tributário. Obrigatoriedade. Ordem de ofício. Concessão. (...). 2. Segundo orientação do Supremo Tribunal Federal, que vem sendo adotada por esta Corte, exige-se a constituição definitiva do crédito tributário para que se dê início à persecução penal, com relação ao delito previsto no art. 1º, incisos I a IV, da Lei 8.137/90. 3. Tendo a denúncia sido oferecida e o seu recebimento ocorrido quando ainda pendente recurso na esfera administrativa, inexistia justa causa para a ação penal, sendo cabível o trancamento, sem prejuízo de oferecimento de nova peça acusatória. (...). Ordem concedida, de ofício, para trancar a persecução penal. (HC 75.531, Rel. Min. Nefi Cordeiro, DJ 19.5.2015)

(...). Crimes tributários. Recurso ordinário em "habeas corpus". Sonegação fiscal. Prescrição. Termo inicial. Constituição definitiva do crédito tributário. Acórdão em conformidade com a jurisprudência desta corte. Ausência de ilegalidade manifesta. (...). 1. A fluência do prazo prescricional dos crimes contra a ordem tributária, previstos no art. 1º, incisos I a IV da Lei 8.137/90, tem início somente após a constituição do crédito tributário, o que se dá com o encerramento do procedimento administrativo-fiscal e o lançamento definitivo. 2. "in casu", não ocorreu a extinção da punibilidade pela prescrição retroativa da pena em concreto, tendo em vista que entre a constituição definitiva do crédito tributário (19.04.2011) e o recebimento da denúncia (04.11.2011); e, ainda, entre o recebimento da denúncia e a prolação da sentença condenatória (07.11.2012), não transcorreu lapso temporal superior ao previsto no art. 109, IV, do Código Penal, ou seja, 8 anos, tendo em vista a condenação de 2 anos e 8 meses, razão pela qual não está prescrita a pretensão punitiva do Estado. (...). (RHC 58.410, Rel. Min. Maria Thereza de Assis Moura, DJ 6.5.2015)

(...). Sonegação fiscal. Art. 1º, I, da Lei 8.137/90. Dosimetria da pena. Violação ao critério trifásico. Inexistência. Primariedade que não conduz, obrigatoriamente, à aplicação da pena-base no mínimo legal. Consideração negativa da culpabilidade e das consequências do delito. Instauração da persecução penal em sede de inquérito policial antes da constituição do crédito tributário. Quebra ilegal de sigilo bancário pela receita federal através de informações da cpmf. Incidência da súmula 284/STF. Ausência de especificação dos dispositivos legais malferidos. Falta de impugnação de fundamento suficiente do acórdão recorrido. (...). 1. A primariedade do acusado não é garantia de fixação da pena-base no mínimo legal. No caso concreto, a culpabilidade e as consequências do delito foram sopesadas de forma negativa, tendo em vista a condição especial de servidor público do agravante e o quantum sonegado, o que não revela qualquer maltrato à norma penal. 2. Já decidiu esta Corte que, nos crimes tributários, o montante do tributo sonegado, quando expressivo, como no caso concreto, é motivo idôneo para o aumento da pena-base. 3. No tocante às teses de ilegalidade pela instauração da persecução penal em sede de inquérito policial antes da constituição do crédito tributário e de quebra ilegal de sigilo bancário pela receita federal através de informações da CPMF, não foram apontados, com clareza, os dispositivos legais violados (Súmula 284/STF). 4. Ao deixar de refutar fundamento apto, por si mesmo, para manter intacto o acórdão impugnado, qual seja, de que tais questões, se omitidas pela sentença, deveriam ter sido objeto de embargos declaratórios, bem como de que não suscitadas em recurso de apelação, o recorrente afrontou o óbice, intransponível, da Súmula 283 do STF. (...). (AgRg no AREsp 296.421, Rel. Min. Leopoldo de Arruda Raposo , DJ 8.4.2015)

(...). Falsidade ideológica e uso de documento falso. Apresentação de recibo odontológico falso. Sonegação fiscal. Crime fim. Incidência do princípio da consunção. Acórdão recorrido em consonância com o entendimento desta corte. (...). 1. Segundo pacífico entendimento desta Corte, a contrafação ou uso do falsum quando utilizados para facilitar ou encobrir falsa declaração, com vistas à efetivação do crime de sonegação fiscal, é por este absorvido, ainda que sua apresentação à autoridade fazendária seja posterior, pela aplicação do princípio da consunção. (...). (AgRg no REsp 1360309, Rel. Min. Nefi Cordeiro, DJ 20.2.2015)

(...). Ordem tributária. Art. 1º, inc. II, da Lei 8.137/90. Dolo. Compensação. Discussão no cível. Trancamento. Suspensão ou extinção da punibilidade. Não-cabimento. (...). 2. Os delitos tipificados no art. 1º da Lei 8.137/90 são materiais, dependendo, para a sua consumação, da efetiva ocorrência do resultado, não necessitando, porém, para sua caracterização, da presença do dolo específico. 3. Orienta-se a jurisprudência desta Corte no sentido de que a pendência de discussão acerca da extinção do crédito tributário, perante o Judiciário, ainda que por compensação, não impossibilita a instauração da ação penal cabível, dada a independência das esferas cível e criminal. 4. O mero ajuizamento de ação de compensação não é causa de extinção da punibilidade, trancamento ou suspensão da ação penal. 5. Nos termos do que dispõe o art. 93 do CPP, a suspensão do curso da ação penal constitui faculdade do magistrado, para aqueles casos em que a solução depende do deslinde no cível para a sua conclusão. (...). (HC 43.724, Rel. Min. Nefi Cordeiro, DJ 19.12.2014)

Questões de concursos

722. **(Cespe/PC/GO/Delegado/2017)** Considere os seguintes atos, praticados com o objetivo de suprimir tributo: (i) Marcelo prestou declaração falsa às autoridades fazendárias; (ii) Hélio negou-se a emitir, quando isso era obrigatório, nota fiscal relativa a venda de determinada mercadoria; (iii) Joel deixou de fornecer nota fiscal relativa a prestação de serviço efetivamente realizado. Nessas situações, conforme a Lei n. 8.137/1990 e o entendimento do STF, para que o ato praticado tipifique crime material contra a ordem tributária, será necessário o prévio lançamento definitivo do tributo em relação a:

   a) Hélio e Joel.

ORDEM TRIBUTÁRIA / ECONÔMICA / RELAÇÕES DE CONSUMO (LEI 8.137/90) | Art. 1º

b) Marcelo apenas.

c) Hélio apenas.

d) Joel apenas.

e) Hélio, Marcelo e Joel.

723. **(Cespe/PC/GO/Agente/2016)** Vera destruiu grande quantidade de matéria-prima com o fim de provocar alta de preço em proveito próprio. Túlio formou acordo entre ofertantes, visando controlar rede de distribuição, em detrimento da concorrência. Lucas reduziu o montante do tributo devido por meio de falsificação de nota fiscal. De acordo com a Lei n. 8.137/1990, que regula os crimes contra a ordem tributária e econômica e contra as relações de consumo, nas situações hipotéticas apresentadas, somente

   a) Vera cometeu crime contra a ordem econômica.

   b) Lucas cometeu crime contra as relações de consumo.

   c) Vera e Túlio cometeram crime contra a ordem tributária.

   d) Vera e Lucas cometeram crime contra as relações de consumo.

   e) Túlio cometeu crime contra a ordem econômica.

724. **(AOCP/Prefeitura_Juiz_de_Fora/Auditor/2016)** Não constitui crime contra à ordem tributária

   a) fazer declaração falsa ou omitir declaração sobre rendas, bens ou fatos, ou empregar outra fraude, para eximir-se, total ou parcialmente, de pagamento de tributo.

   b) deixar de recolher, no prazo legal, valor de tributo ou de contribuição social, descontado ou cobrado, na qualidade de sujeito passivo de obrigação e que deveria recolher aos cofres públicos.

   c) exigir, pagar ou receber, para si ou para o contribuinte beneficiário, qualquer percentagem sobre a parcela dedutível ou deduzida de imposto ou de contribuição como incentivo fiscal.

   d) aplicar, ou aplicar em convergência com o estatuído, incentivo fiscal ou parcelas de imposto liberadas por órgão ou entidade de desenvolvimento.

   e) utilizar ou divulgar programa de processamento de dados que permita ao sujeito passivo da obrigação tributária possuir informação contábil diversa daquela que é, por lei, fornecida à Fazenda Pública.

725. **(FCC/PGM/Campinas/Procurador/2016)** A conduta de deixar de fornecer, quando obrigatório, nota fiscal ao comprador de mercadoria constitui crime contra

   a) a Administração pública direta.

b) as relações de consumo.

c) a ordem econômica.

d) o consumidor.

e) a ordem tributária.

726. **(TRF/3R/Juiz/2016)** Se um indivíduo é flagrado entrando com R$ 100.000,00 (cem mil reais) em dinheiro no território nacional, pode-se dizer que:

a) A situação constitui um irrelevante penal, pois evadir dinheiro é crime, porém, internar não;

b) Está-se diante do crime capitulado no artigo 22, "caput", da Lei 7.492/86;

c) A depender da origem do dinheiro, pode-se estar diante de vários crimes, inclusive lavagem de dinheiro;

d) A depender da origem do dinheiro, pode-se estar diante de crime contra a ordem tributária;

727. **(Vunesp/TJ/RJ/Juiz/2016)** No que tange às infrações penais relativas ao Direito Penal Econômico, nos termos previstos no Edital, assinale a alternativa correta.

a) Caracteriza-se como crime contra a ordem econômica formar acordo, convênio, ajuste ou aliança entre ofertantes, visando a variação natural de preços ou quantidades vendidas ou produzidas.

b) Ocultar ou dissimular a natureza, origem, localização, disposição, movimentação ou propriedade de bens, direitos ou valores provenientes, direta ou indiretamente, de contravenção penal não caracteriza o crime de lavagem de bens, direitos e valores.

c) Aquele que participa de grupo, associação ou escritório tendo conhecimento de que sua atividade principal ou secundária é dirigida à prática de crimes previstos na Lei de lavagem ou ocultação de bens, direitos e valores, somente será responsabilizado pela prática destes crimes se, efetivamente, participar das condutas ilícitas desenvolvidas pela organização.

d) Fazer declaração falsa ou omitir declaração sobre rendas, bens ou fatos, ou empregar outra fraude para eximir-se, total ou parcialmente, de pagamento de tributo só será considerado crime tributário se implicar na efetiva supressão ou redução tributária.

e) Com base na jurisprudência do Superior Tribunal de Justiça e do Supremo Tribunal Federal, para a caracterização dos crimes materiais contra a ordem tributária não basta a omissão ou a falsa informação prestada, sendo necessário que impliquem na supressão ou redução tributária.

728. **(Objetiva/Prefeitura_Agudo/Fiscal/2015)** Segundo a Lei n. 8.137/90, constitui crime contra a ordem tributária suprimir ou reduzir tributo, ou contribuição social e qualquer acessório, mediante as seguintes condutas, entre outras:

   I. Exibir informação, ou prestar declarações verdadeiras às autoridades fazendárias.

   II. Elaborar, distribuir, fornecer, emitir ou utilizar documento que saiba ou deva saber falso ou inexato.

   III. Fraudar a fiscalização tributária, inserindo elementos inexatos, ou omitindo operação de qualquer natureza, em documento ou livro exigido pela lei fiscal.

   Estão corretos:

   a) Somente os itens I e II.

   b) Somente os itens II e III.

   c) Somente os itens I e III.

   d) Todos os itens.

729. **(Faurgs/TJ/RS/Cartórios/2015)** Assinale a alternativa que contém afirmação correta sobre o crime de sonegação fiscal, inscrito no artigo 1º da Lei n. 8.137/90.

   a) O parcelamento do débito tributário é causa de extinção da pretensão punitiva, desde que realizado em momento anterior ao oferecimento da denúncia.

   b) Segundo a jurisprudência consolidada do Supremo Tribunal Federal, não se tipifica o crime de sonegação fiscal antes do lançamento definitivo do tributo.

   c) Segundo entendimento pacificado na jurisprudência do Superior Tribunal de Justiça, considera-se como "grave dano à coletividade", para fins de aplicação da causa majorante de pena inscrita no inciso I do seu artigo 12, apenas as hipóteses em que o valor total da sonegação fiscal for igual ou superior a R$ 10.000.000,00 (dez milhões de reais).

   d) Em face da natureza formal da conduta, considera-se que a consumação do delito ocorre no momento em que o agente presta declarações inverídicas à autoridade fazendária, ainda que esteja em discussão, na esfera administrativa, a efetiva exigibilidade do tributo.

730. **(FCC/TCM/RJ/Procurador/2015)** O ato de deixar de fornecer, quando obrigatório, nota fiscal ou documento equivalente, relativa a prestação de serviço efetivamente realizado, ou fornecê-la em desacordo com a legislação, acarretando supressão ou redução de tributo caracteriza

   a) crime contra a ordem tributária.

   b) infração administrativa disciplinar.

   c) crime contra a ordem econômica.

d) contravenção penal.

e) prevaricação.

731. **(FCC/Sefaz/PE/Julgador/2015)** Um contribuinte, ao fornecer informações ao fisco, sobre as cem operações efetivadas, mencionou apenas noventa e nove. Com tal conduta, efetivou o pagamento do tributo a menor em 1%. Neste caso, a conduta do contribuinte está caracterizada como

a) fato atípico, tendo em vista o princípio da legalidade.

b) crime contra a ordem tributária, com natureza de crime formal.

c) crime contra a ordem tributária, com natureza de crime material.

d) fato atípico, por se tratar de mera irregularidade sanável.

e) crime contra a ordem tributária, com natureza de crime de mera conduta.

732. **(Vunesp/Prefeitura_São_José_do_Rio_Preto/Auditor/2014)** Não se tipifica (___) contra a ordem tributária, previsto no art. 1º, incisos I a IV, da Lei n. 8.137/90, (___). Assinale a alternativa que preenche, correta e respectivamente, as lacunas do trecho.

a) crime formal ... antes do lançamento definitivo do tributo

b) crime formal ... sem que haja dolo ou culpa do contribuinte

c) crime material ... antes do lançamento definitivo do tributo

d) crime material ... sem que haja dolo ou culpa do contribuinte

e) qualquer crime ... sem que tenha havido autuação fiscal

733. **(MPE/PR/Promotor/2014)** Conceitua-se sonegação fiscal como a ocultação dolosa, mediante fraude, astúcia ou habilidade, do recolhimento de tributo devido ao Poder Público. Os tipos penais previstos na Lei n. 8.137/90 visam coibir tal prática delituosa. Sendo assim, após considerarmos as assertivas abaixo quanto aos seus dispositivos, podemos afirmar que:

   I. Os crimes definidos no art. 1º da Lei são qualificados como imateriais, bastando para seu aperfeiçoamento a conduta típica do agente, independentemente do resultado do ato lesivo causado ao erário público, uma vez que o tipo penal não exige o resultado de suprimir ou reduzir tributo ou contribuição social para sua consumação.

   II. Não haverá crime do art. 1º da Lei, que faz menção à supressão ou redução ilegal de tributos, se o agente fraudar tributos, pensando tratar-se de tarifas ou preços públicos, pois estaria configurado no caso o erro de tipo previsto no art. 20 do CP e, consequentemente, excluído o dolo.

   III. Em relação à presente Lei, constituem-se hipóteses de erro de proibição (art. 21 do CP), passíveis de excluírem a culpabilidade, a conduta do agente que deixa de recolher o tributo por entendê-lo não devido ou porque supõe, sinceramente, estar isento de tributação.

IV. A pessoa física responsável pela pessoa jurídica contribuinte pode vir a responder pelo delito caso tenha o crime sido praticado visando favorecer sociedade comercial, instituições financeiras, ou empresa de qualquer natureza estando, contudo, imune à responsabilização penal, nos casos em que a lei elege, o substituto passivo tributário.

V. Se o contribuinte desistir voluntariamente de utilizar a fraude realizada, recolhendo aos cofres públicos, na data do vencimento do tributo, a quantia devida em sua totalidade, estaríamos diante da hipótese prevista no art. 15 do CP, respondendo o agente somente pelos atos até então praticados.

a) Somente as assertivas I e IV são incorretas.
b) Apenas as assertivas II e III são corretas.
c) Somente as assertivas III e V são corretas.
d) Apenas as assertivas IV e V são incorretas.
e) Somente a assertiva IV é correta.

734. **(Vunesp/TJ/SP/Juiz/2014)** Acerca de crime contra a ordem tributária, previsto no art. 1°, incisos I a IV, da Lei n. 8.137/90 (constitui crime contra a ordem tributária suprimir ou reduzir tributo, ou contribuição social e qualquer acessório, mediante as seguintes condutas: ...), assinale a opção que contenha afirmação falsa:

a) Não se tipifica crime material contra a ordem tributária, previsto nestas hipóteses, antes do lançamento definitivo do tributo.
b) Não há justa causa para a ação penal antes de esgotada a via administrativa, ou seja, antes do lançamento definitivo do tributo.
c) Por inexistir subordinação entre as instâncias penal e administrativa, no que tange ao delito em tela não há que se falar na exigência do esgotamento da via administrativo-fiscal para caracterização do tipo e configuração da justa causa para a ação penal.
d) Se está pendente recurso administrativo que discute o débito tributário perante as autoridades fazendárias, não há falar-se em início do lapso prescricional, que somente se iniciará com a consumação deste delito, nos termos do art. 111, inc. I, do Código Penal.

735. **(TRF/2R/Juiz/2014)** Quando o acusado de suprimir o pagamento de tributo devido (em conduta típica descrita no art. 1° da Lei n. 8.137/90) realiza, posteriormente ao recebimento da denúncia, o pagamento integral das exações respectivas, ocorre:

a) O arrependimento posterior.
b) A desistência voluntária.

c) Uma circunstância que atenua a pena.

d) A extinção da punibilidade.

e) A suspensão da pretensão punitiva.

736. **(FCC/MPE/PE/Promotor/2014)** De acordo com a atual posição do Supremo Tribunal Federal, nos crimes materiais contra a ordem tributária, o início do lapso prescricional ocorre com

a) a instauração de inquérito policial.

b) a representação fiscal ao Ministério Público para fins penais.

c) a data de efetiva supressão de tributo.

d) o lançamento definitivo do tributo.

e) a instauração do procedimento administrativo-fiscal.

737. **(Acafe/PC/SC/Delegado/2014)** Identifique o que constitui crime contra a ordem tributária e assinale a alternativa correta.

I. Adquirir, distribuir e revender derivados de petróleo, gás natural e suas frações recuperáveis, álcool etílico, hidratado carburante e demais combustíveis líquidos carburantes, em desacordo com as normas estabelecidas na forma da lei.

II. Usar gás liquefeito de petróleo em motores de qualquer espécie, saunas, caldeiras e aquecimento de piscinas, ou para fins automotivos, em desacordo com as normas estabelecidas na forma da lei.

III. Negar ou deixar de fornecer, quando obrigatório, nota fiscal ou documento equivalente, relativa a venda de mercadoria ou prestação de serviço, efetivamente realizada, ou fornecê-la em desacordo com a legislação.

IV. Sem autorização legal, produzir, adquirir, transportar, industrializar, ter consigo, consumir ou comercializar produtos ou matéria- prima pertencentes à União.

a) Apenas II e III estão corretas.

b) Apenas a afirmação III está correta.

c) Apenas II e IV estão corretas.

d) Apenas I, II e IV estão corretas.

e) Todas as afirmações estão corretas.

738. **(Fepese/Prefeitura_Florianópolis/Auditor/2014)** Assinale a alternativa correta em relação aos crimes contra a ordem tributária.

a) Compete à justiça estadual processar e julgar os crimes contra a ordem tributária.

ORDEM TRIBUTÁRIA / ECONÔMICA / RELAÇÕES DE CONSUMO (LEI 8.137/90) Art. 1°

b) Os crimes contra a ordem tributária são apenados com reclusão e multa.

c) São considerados crimes com sujeitos ativos próprios, porque as condutas descritas são praticadas por particulares contra o erário.

d) O prazo para atendimento de exigência administrativa fiscal é de dez dias, sob pena de caracterização de crime de omissivo.

e) A omissão de informação que acarrete a supressão ou redução de contribuição social é considerada crime contra a ordem tributária.

739. (Cespe/Câmara_Deputados/Analista_Legislativo/2014) Considera-se típica, segundo o entendimento do STF, a conduta de falsificar nota fiscal, ainda que a autoridade tributária não tenha efetivado o lançamento definitivo do tributo.

740. (Cespe/Câmara_Deputados/Analista_Legislativo/2014) O agente que, no intuito de suprimir tributo, omitir informação às autoridades fazendárias e, com esse ato, fraudar a fiscalização tributária, cometerá um único crime contra a ordem tributária.

741. (Nucepe/Prefeitura_Parnarama/Fiscal/2014) Constitui crime contra a ordem tributária suprimir ou reduzir tributo, ou contribuição social e qualquer acessório, mediante as seguintes condutas, exceto:

a) Omitir informação, ou prestar declaração falsa às autoridades fazendárias.

b) Fraudar a fiscalização tributária, inserindo elementos inexatos, ou omitindo operação de qualquer natureza, em documento ou livro exigido pela lei fiscal.

c) Falsificar ou alterar nota fiscal, fatura, duplicata, nota de venda, ou qualquer outro documento relativo à operação tributável.

d) Elaborar, distribuir, fornecer, emitir ou utilizar documento que saiba ou deva saber falso ou inexato.

e) Fornecer, quando obrigatório, nota fiscal ou documento equivalente, relativa a venda de mercadoria ou prestação de serviço, efetivamente realizada.

742. (Fundep/PGM/Nossa_Senhora_do_Socorro/Procurador/2014) Em relação aos crimes contra a ordem tributária, assinale a alternativa correta.

a) O crime de supressão ou redução de tributos tipificado no art.1°, incisos I a IV da Lei n. 8137/1990, é crime material, não se tipificando antes do lançamento definitivo do tributo.

b) A pessoa jurídica pode ser sujeito ativo nos crimes contra a ordem tributária.

c) Segundo entendimento atual do STF, nos crimes contra a ordem tributária, a extinção da punibilidade pelo pagamento do tributo devido apenas ocorrerá se o pagamento referido for anterior ao oferecimento da denúncia.

d) O atraso no pagamento de tributos já constitui crime contra a ordem tributária.

e) Nas condutas como fazer declaração falsa ou omitir declaração de rendas ou bens, visando ao não pagamento total ou parcial do tributo, não haverá crime sem que haja efetiva supressão ou redução do pagamento.

743. **(Funcab/PC/MT/Investigador/2014)** Quanto aos crimes contra a ordem tributária, previstos na Lei n. 8.137/1990, é correto afirmar:

a) O art. 1º, I, da Lei n. 8.137/1990 (omitir informação, ou prestar declaração falsa às autoridades fazendárias) deve ser classificado como crime material, que se consuma quando as condutas nele descritas produzem como resultado a efetiva supressão ou redução do tributo, enquanto que o crime previsto no art. 2º, I, da Lei n. 8.137/1990 (fazer declaração falsa ou omitir declaração sobre rendas, bens ou fatos, ou empregar outra fraude, para se eximir, total ou parcialmente, de pagamento de tributo – sonegação fiscal) é crime formal que independe da obtenção de vantagem ilícita em desfavor do Fisco, bastando a omissão de informações ou a prestação de declaração falsa.

b) O art. 1º, I, da Lei n. 8.137/1990 (omitir informação, ou prestar declaração falsa às autoridades fazendárias) deve ser classificado como crime de mera conduta, que se consuma quando as condutas nele descritas produzem como resultado a efetiva supressão ou redução do tributo, enquanto que o crime previsto no art. 2º, I, da Lei n. 8.137/1990 (fazer declaração falsa ou omitir declaração sobre rendas, bens ou fatos, ou empregar outra fraude, para se eximir, total ou parcialmente, de pagamento de tributo – sonegação fiscal) é crime material que independe da obtenção de vantagem ilícita em desfavor do Fisco, bastando a omissão de informações ou a prestação de declaração falsa.

c) O art. 1º, I, da Lei n. 8.137/1990 (omitir informação, ou prestar declaração falsa às autoridades fazendárias) deve ser classificado como crime formal, que se consuma quando as condutas nele descritas produzem como resultado a efetiva supressão ou redução do tributo, enquanto que o crime previsto no art. 2º, I, da Lei n. 8.137/1990 (fazer declaração falsa ou omitir declaração sobre rendas, bens ou fatos, ou empregar outra fraude, para se eximir, total ou parcialmente, de pagamento de tributo – sonegação fiscal) é crime material que depende da obtenção de vantagem ilícita em desfavor do Fisco, bastando a omissão de informações ou a prestação de declaração falsa.

d) O art. 1º, I, da Lei n. 8.137/1990 (omitir informação, ou prestar declaração falsa às autoridades fazendárias) deve ser classificado como crime material, que se consuma quando as condutas nele descritas produzem como resultado a efetiva supressão ou redução do tributo, enquanto que o crime previsto no art. 2º, I, da Lei n. 8.137/1990 (fazer declaração falsa ou omitir declaração sobre rendas, bens ou fatos, ou empregar outra fraude, para se eximir, total ou parcialmente, de pagamento de tributo – sonegação fiscal) é crime de mera conduta que independe da obtenção de vantagem ilícita em desfavor do Fisco, bastando a omissão de informações ou a prestação de declaração falsa.

e) O art. 1°, I, da Lei n. 8.137/1990 (omitir informação, ou prestar declaração falsa às autoridades fazendárias) deve ser classificado como crime formal, que se consuma quando as condutas nele descritas produzem como resultado a efetiva supressão ou redução do tributo, enquanto que o crime previsto no art. 2°, I, da Lei n. 8.137/1990 (fazer declaração falsa ou omitir declaração sobre rendas, bens ou fatos, ou empregar outra fraude, para se eximir, total ou parcialmente, de pagamento de tributo – sonegação fiscal) é crime de mera conduta que independe da obtenção de vantagem ilícita em desfavor do Fisco, bastando a omissão de informações ou a prestação de declaração falsa.

Conduta Equiparada {art. 1°, p. ú.}

Parágrafo único. A falta de atendimento da exigência da autoridade, no prazo de 10 (dez) dias, que poderá ser convertido em horas em razão da maior ou menor complexidade da matéria ou da dificuldade quanto ao atendimento da exigência, caracteriza a infração prevista no inciso V.

Jurisprudência complementar (STF)

(...). Ação Penal. Instauração de ação penal antes da conclusão de procedimento fiscal. Inocorrência. Trancamento. Impossibilidade. Parcelamento e quitação de débito tributário. Não comprovação. Equívocos na ação fiscalizatória. Regularidade da documentação da empresa. Boa-fé do paciente. Ausência de recusa no fornecimento dos documentos solicitados. Impropriedade do "habeas corpus" para reexame de fatos e provas. (...). 2. Prática, em tese, do crime de sonegação de contribuição previdenciária (artigo 337-A do CP). Isso em razão de o Superior Tribunal de Justiça ter afirmado que o processo administrativo fiscal foi julgado antes da instauração da ação penal, quando já constituído definitivamente o crédito tributário. 3. Esta Corte decidiu que "a adesão ao Programa de Recuperação Fiscal – Refis não implica a novação, ou seja, a extinção da obrigação, mas mero parcelamento. Daí a harmonia com a Carta da República preceito a revelar a simples suspensão da pretensão punitiva do Estado, ficando a extinção do crime sujeita ao pagamento integral do débito – artigo 9º da Lei 10.684/2003" (RHC 89618). 4. O impetrante, no caso, não demonstrou ter ocorrido a inclusão do débito tributário no programa de parcelamento, nem a quitação da dívida. Daí não ser possível a suspensão da pretensão punitiva ou a extinção da punibilidade. 5. As alegações concernentes (i) a equívocos na ação fiscalizatória, (ii) regularidade da documentação da empresa, (iii) boa-fé do paciente e (iv) ausência de recusa no fornecimento dos documentos solicitados demandam aprofundado reexame de fatos e provas, incompatível com o rito do "habeas corpus". Ordem indeferida. (HC 93351, Rel. Min. Eros Grau, 2ª T., 2009 DJ 1.7.2009)

Jurisprudência complementar (STJ)

(...). Art. 1º, parágrafo único, da Lei 8.137/90. Trancamento da ação penal. Hipótese excepcional. Admissibilidade. 1. Pacientes denunciados por condutas previstas no art. 1º, incisos II, III e V, e parágrafo único, da Lei 8.137/90, vindo a ser absolvidos nas hipóteses previstas nos incisos, ante a ausência de constituição definitiva do crédito tributário, e condenados apenas pela figura descrita no parágrafo único. 2. Partindo da premissa de que o parágrafo único deve ser interpretado de acordo com o caput do artigo e, ainda, que a figura típica nele delineada faz remissão direta ao crime previsto no inciso V, trancada a ação penal em relação a este delito, não se pode admitir a permanência da condenação somente pela conduta prevista no parágrafo único do art. 1º da Lei 8.137/90. (...). Ordem expedida de ofício para trancar a ação penal de que se cuida também em relação ao delito previsto no parágrafo único do art. 1º da Lei 8.137/90. (HC 246.548, Rel. Min. OG Fernandes, DJ 13.9.2013)

(...). Lei 8.137/90, art. 1º, parágrafo único. Não fornecimento de livros fiscais atingidos pela decadência. Trancamento de ação penal. Atipicidade da conduta. 1. Como os documentos fiscais não entregues à Fazenda Pública, "in casu", dizem respeito a período já atingido pela decadência, impõe-se o reconhecimento da inexistência de obrigatoriedade na sua apresentação. Por conseguinte, não se verifica a perfeita adequação da conduta praticada ao tipo penal. 2. Recurso provido, para trancar a ação penal, ante a ausência de justa causa. (RHC 10.676, Rel. Min. Edson Vidigal, DJ 12.3.2001)

Questões de concursos

744. (MPE/MS/Promotor/2011) As condutas: omitir informação à fiscalização tributária da qual decorra redução do tributo e deixar de recolher tributo devido:

   a) não constituem crimes contra a ordem tributária;

   b) são tipificados como crimes à ordem tributária;

   c) a primeira conduta constitui crime contra a ordem tributária, a segunda não;

d) a primeira conduta não constitui crime contra a ordem tributária, a segunda sim;

e) a segunda conduta será sempre tipificada como apropriação indébita.

745. (Cespe/BRB/Advogado/2010) Tipifica crime material contra a ordem tributária, no sentido de reduzir o tributo, prestação de declaração falsa às autoridades fazendárias, mesmo antes de seu lançamento definitivo.

746. (Ceperj/Sefaz/RJ/Oficial/2010) Na hipótese de um contribuinte não recolher um tributo devido, consumando a conduta descrita como crime contra a ordem tributária, por ter cometido um erro na interpretação da lei tributária, estará configurado, em tese, o seguinte instituto de direito penal:

a) erro de tipo

b) erro de proibição

c) crime putativo

d) crime culposo

e) exclusão de antijuridicidade

747. (Movens/PC/PA/Delegado/2009) A evasão tributária e a elisão tributária são institutos de direito tributário. A respeito dos crimes contra a ordem tributária, assinale a opção correta.

a) A evasão tributária é mecanismo lícito.

b) A ação de sonegar ou reduzir tributo, contribuição social e acessórios independe de prejuízo, porque se trata de crime de mera conduta.

c) Em regra, e para a maioria dos doutrinadores, a elisão tributária configura ilícito tributário.

d) Falsificar ou alterar nota fiscal, fatura ou duplicata será considerado conduta típica penal somente quando houver repercussão jurídica e se ficar provado que ocorreu prejuízo para o credor da competência.

748. (Cespe/TJ/AL/Juiz/2008) João, empresário do ramo atacadista e único gerente de sua empresa, é contribuinte do ICMS no seu estado e, ao vender seus produtos, não emitia notas fiscais, não fazia a escrituração delas e não recolhia o tributo devido. Após auditoria tributária realizada na empresa de João, foi lavrado auto de infração no valor de R$ 1.000.000,00. Considerando essa situação hipotética, assinale a opção correta.

a) A conduta empreendida por João é considerada ilícito tributário, e não um ilícito penal.

b) O procedimento administrativo para verificar a ocorrência do fato gerador da obrigação tributária, determinar a matéria tributável, calcular o montante devido e identificar o sujeito passivo no caso de fraude é chamado de lançamento de ofício.

c) A empresa de João será responsabilizada tanto na esfera administrativa quanto na criminal.

d) João não poderá sofrer, na esfera penal, qualquer constrição em seu patrimônio para garantia do pagamento da dívida tributária.

e) João, que era o único gerente da empresa, será o único a ser responsabilizado pessoalmente na esfera penal, mesmo havendo outros sócios que, administrativamente, tenham participado de deliberação no sentido de sonegar os tributos.

749. **(Cespe/DPF/Delegado/2004)** O descumprimento da notificação nos termos apresentados caracteriza, em tese, crime contra a ordem tributária.

■ Sonegação Fiscal Privilegiada {art. 2º}

Art. 2º Constitui crime da mesma natureza:

I – fazer declaração falsa ou omitir declaração sobre rendas, bens ou fatos, ou empregar outra fraude, para eximir-se, total ou parcialmente, de pagamento de tributo;

II – deixar de recolher, no prazo legal, valor de tributo ou de contribuição social, descontado ou cobrado, na qualidade de sujeito passivo de obrigação e que deveria recolher aos cofres públicos;

III – exigir, pagar ou receber, para si ou para o contribuinte beneficiário, qualquer percentagem sobre a parcela dedutível ou deduzida de imposto ou de contribuição como incentivo fiscal;

IV – deixar de aplicar, ou aplicar em desacordo com o estatuído, incentivo fiscal ou parcelas de imposto liberadas por órgão ou entidade de desenvolvimento;

V – utilizar ou divulgar programa de processamento de dados que permita ao sujeito passivo da obrigação tributária possuir informação contábil diversa daquela que é, por lei, fornecida à Fazenda Pública.

Pena – detenção, de 6 (seis) meses a 2 (dois) anos, e multa.

Informativos (STJ)

Crime contra a ordem tributária. Art. 2º, II, da Lei 8.137/90. Termo inicial do prazo prescricional.

O termo inicial do prazo prescricional do crime previsto no art. 2º, II, da Lei 8.137/90 é a data da entrega de declaração pelo próprio contribuinte, e não a inscrição do crédito tributário em dívida ativa. HC 236.376, Rel. Min. Sebastião Reis Júnior, 19.11.12. 6ª T. (Info 511)

Crime contra a ordem tributária. Omissão de receita. Tipicidade.

A incompatibilidade entre os rendimentos informados na declaração de ajuste anual e valores movimentados no ano calendário caracteriza a presunção relativa de omissão de receita. Por ser relativa, a presunção pode ser afastada por prova contrária do contribuinte. O dolo do tipo manifesta-se na conduta dirigida à omissão de receita e à redução do IRPF, concretizada na apresentação de declaração de imposto de renda sem informar a realização da respectiva movimentação financeira. REsp 1.326.034, Rel. Min. Og Fernandes, 2.10.12. 6ª T. (Info 505)

Termo inicial do prazo prescricional do crime previsto no art. 2º, I, da Lei 8.137/90.

O termo inicial do prazo prescricional da pretensão punitiva do crime previsto no art. 2º, I, da Lei 8.137/90 ("fazer declaração falsa ou omitir declaração sobre rendas, bens ou fatos, ou empregar outra fraude, para eximir-se, total ou parcialmente, de pagamento de tributo") é a data em que a fraude é perpetrada, e não a data em que ela é descoberta. RHC 36.024, Rel. Min. Reynaldo Soares da Fonseca, DJ 1.9.15. 5ª T. (Info 568)

Jurisprudência complementar (STF)

Extradição. Pedido de extensão. Crimes de abuso de confiança fiscal e de abuso de confiança contra a segurança social. Concordância pelo demandado. Controle da legalidade pelo Supremo Tribunal Federal. Dupla incriminação. Ausência de prescrição. 1. O Supremo Tribunal Federal admite a apresentação de pedidos de extensão em extradições, condicionando o seu deferimento ao devido processo legal. 2. Concordância expressa do demandado, assistido por defensor, no País Requerente com o pedido de extensão da extradição que tornam desnecessária nova citação e interrogatório relativamente ao pedido de extensão, remanescendo ao Supremo Tribunal Federal o controle da legalidade. 3. Crimes de abuso de confiança fiscal e de abuso de confiança contra a Segurança Social, previstos nos artigos 105, n.

1, e artigo 107, n. 1, da Lei Portuguesa n. 15/2001, que correspondem, respectivamente, aos crimes do art. 2º, II, da Lei 8.137/1990, e do art. 168-A do Código Penal, da legislação brasileira. 4. Prescrição inocorrente pela legislação portuguesa ou brasileira. 5. Pedido de extensão deferido. (Ext 1139 Extn, Rel. Min. Rosa Weber, 1ª T., DJ 19.2.2013)

Inquérito policial. Investigação sobre prática de delito de falsificação de documento público e de crime contra a ordem tributária. Arts. 297 do CP e 2º, I, da Lei 8.137/90. Sociedade comercial. Alteração fraudulenta do contrato social. Absorção do crime de falso pelo delito tributário, cuja punibilidade foi extinta com o pagamento do tributo. Inadmissibilidade. Potencialidade lesiva da alteração contratual, como meio da prática eventual doutros crimes, tributários ou não. (...). O delito de falsificação de contrato social não é, em tese, absorvido por crime contra a ordem tributária, ainda que tenha servido de meio para sua prática. (HC 91542, Rel. Min. Cezar Peluso, 2ª T., DJ 15.2.2008)

(...). Crime contra a ordem tributária. Representação fiscal. Trancamento da ação penal. Decisão definitiva do procedimento administrativo fiscal. Condição de procedibilidade da ação penal. Ordem concedida. 1. Denúncia carente de justa causa quanto ao crime tributário, pois não precedeu da investigação fiscal administrativa definitiva a apurar a efetiva sonegação fiscal. Nesses crimes, por serem materiais, é necessária a comprovação do efetivo dano ao bem jurídico tutelado. A existência do crédito tributário é pressuposto para a caracterização do crime contra a ordem tributária, não se podendo admitir denúncia penal enquanto pendente o efeito preclusivo da decisão definitiva em processo administrativo. (...). 2. "Habeas corpus" concedido. (HC 89983, Rel. Min. Cármen Lúcia, 1ª T., DJ 30.3.2007)

Jurisprudência complementar (STJ)

(...). 1. Crime contra a ordem tributária. Art. 2º, I, da Lei 8.137/1990. Início do prazo prescricional. Momento consumativo. Crime formal e instantâneo. Fraude contratual. Conduta que não se prolonga no tempo. Efeitos que perduram até sua descoberta. Delito que se consuma com a conduta e não com a descoberta da fraude. 2. Lapso prescricional implementado. Art. 109, V, do CP. Conduta perpetrada no ano de 2000. Denúncia recebida em 2/2/2011. Fato cometido antes da Lei 12.234/2010. 3. Recurso em "habeas corpus" a que se dá provimento, para reconhecer a prescrição e extinguir a punibilidade do recorrente. 1. A celeuma apresentada nos presentes autos diz respeito ao início do prazo prescricional, no que concerne ao crime do art. 2º, inciso I, da Lei 8.137/1990. Referido tipo tem natureza de crime formal, instantâneo, sendo suficiente a conduta instrumental, haja vista não ser necessária a efetiva supressão ou redução do tributo para a sua consumação. No caso, a fraude foi empregada em momento determinado, irradiando seus efeitos até sua descoberta, o que não revela conduta permanente mas apenas de efeitos permanentes, os quais perduraram até a descoberta do engodo. 2. Dessarte, cuidando-se de crime instantâneo, cuja consumação se deu com a alteração fraudulenta do contrato social da empresa, a qual foi perpetrada no ano de 2000, verifico que este deve ser o termo inicial do prazo prescricional, nos termos do art. 111, inciso I, do Código Penal. Importante destacar, ademais, que no caso dos autos não se aplica a parte final do art. 110, § 1º, do Código Penal, haja vista referida alteração legislativa, trazida pela Lei 12.234/2010, ser posterior à data dos fatos. 3. Recurso em "habeas corpus" provido, para reconhecer a prescrição da pretensão punitiva estatal com base na pena aplicada em concreto, extinguindo, por conseguinte, a punibilidade do recorrente. (RHC 36.024, Rel. Min. Reynaldo Soares da Fonseca, DJ 1.9.2015)

(...). Crime contra a ordem tributária. Atipicidade da conduta. Não recolhimento de ICMS declarado pelo próprio contribuinte. Fato que se amolda, em tese, ao crime previsto no artigo 2º, inciso II, da Lei 8.137/1990. Constrangimento ilegal não caracterizado. Desprovimento do recurso. (...). 2. Da leitura do artigo 2º, inciso II, da Lei 8.137/1990, depreende-se que pratica o ilícito nele descrito aquele que não paga, no prazo legal, tributo aos cofres públicos que tenha sido descontado ou cobrado de terceiro, exatamente como ocorreu na hipótese em exame, em que o ICMS foi incluído em serviços ou mercadorias colocadas em circulação, mas não recolhido ao Fisco. 3. Não há que se falar em atipicidade da conduta de deixar de pagar impostos, pois é o próprio ordenamento jurídico pátrio, no caso a Lei 8.137/1990, que incrimina a conduta daquele que deixa de recolher, no prazo legal, tributo descontado ou cobrado, na qualidade de sujeito passivo de obrigação, e que deveria recolher aos cofres públicos, nos termos do artigo 2º, inciso II, do referido diploma legal. (...). (RHC 44.465, Rel. Min. Leopoldo de Arruda Raposo , DJ 25.6.2015)

(...). Decisão mantida por seus próprios fundamentos. Agravo em recurso especial. Desvio de recursos provenientes do finor. Condenação por crime contra o sistema financeiro. Art. 20 da Lei 7.492/1986. Inadequação típica. Desclassificação para o tipo previsto no art. 2º, IV, da Lei 8.137/1990. (...). Flagrante ilegalidade. "Habeas corpus" concedido de ofício. Extinção da punibilidade. 1. Não há como abrigar agravo regimental que não logra desconstituir os fundamentos da decisão atacada. 2. A obtenção fraudulenta e posterior emprego em finalidade diversa de recursos oriundos do Fundo de Investimento do Nordeste (FINOR), administrado pela Superintendência do Desenvolvimento do Nordeste (SUDENE), se subsume à conduta tipificada no artigo 2º, inciso IV, da Lei 8.137/90 e não àquelas previstas nos artigos 19 e 20 da Lei 7.492/86. (...) Em razão da desclassificação das condutas atribuídas ao paciente, imperioso o reconhecimento da prescrição da pretensão punitiva estatal (HC 280.992...). (AgRg no AREsp 300.065, Rel. Min. Sebastião Reis Júnior, DJ 13.10.2014)

(...). Crime contra a ordem tributária, falsidade ideológica e quadrilha. Extinção da punibilidade do delito fiscal formal. Pagamento. Ausência de débito tributário a ser quitado. Impossibilidade de aplicação dos artigos 68 da Lei 11.941/2009 e 6º da Lei 12.382/2011. Constrangimento ilegal inexistente. 1. No caso dos autos, os recorrentes foram acusados de criar e divulgar software capaz de suprimir tributos, não havendo na inicial qualquer descrição acerca da efetiva sonegação de impostos por parte dos acusados, já que se trata de delito formal contra a ordem tributária, previsto no artigo 2º, inciso V, da Lei 8.137/1990, razão pela qual não têm incidência na hipótese as disposições contidas nos artigos 68 da Lei 11.941/09 e 6º da Lei 12.382/11. 2. O delito atribuído aos recorrentes, previsto no artigo 2º, inciso V, da Lei 8.137/90, incrimina a conduta de "divulgar programa de processamento de dados que permita ao sujeito passivo da obrigação tributária possuir informação diversa daquela que é, por lei, fornecida à Fazenda Pública", ou seja, a simples divulgação de um instrumento informático capaz de proporcionar a sonegação fiscal por parte de seus usuários. (...). (RHC 37.132, Rel. Min. Jorge Mussi, DJ 3.2.2015).

Questões de concursos

750. **(IBFC/CM/Franca/Advogado/2016)** Constitui crime da mesma natureza dos delitos contra a ordem tributária:

    a) fazer declaração falsa ou omitir declaração sobre rendas, bens ou fatos, ou empregar outra fraude, para eximir-se, total ou parcialmente, de pagamento de tributo.

    b) abusar do poder econômico, dominando o mercado ou eliminando, total ou parcialmente, a concorrência mediante qualquer forma de ajuste ou acordo de empresas;

    c) sonegar insumos ou bens, recusando-se a vendê-los a quem pretenda comprá-los nas condições publicamente ofertadas, ou retê-los para o fim de especulação.

    d) elevar o valor cobrado nas vendas a prazo de bens ou serviços, mediante a exigência de comissão ou de taxa de juros ilegais.

751. **(Ibeg/PGM/Guarapari/Procurador/2016)** Daniel, dono de um supermercado em Guarapari-ES, deixou de emitir nota fiscal aos consumidores, bem como não efetuava o registro nos livros fiscais obrigatórios. Tais ações ocorriam com o auxílio de Moises, contador, que tinha consciência das condutas reiteradas de Daniel, o que

resultou na supressão do tributo de ICMS devido ao fisco. Nessa situação hipotética, assinale a alternativa correta:

a) Daniel e Moises praticaram crime contra a ordem tributária.

b) Daniel e Moises malgrado serem considerados pelo fisco responsáveis tributários, não poderão ser enquadrados como contribuintes.

c) É necessária a inscrição de Daniel em dívida ativa a fim de configurar a conduta criminosa que atenta contra a ordem tributária.

d) Moises não poderá ser imputado penalmente se ficar comprovado que não auferiu qualquer vantagem indevida.

e) Daniel e Moises praticaram infração administrativa sujeita a multa, contudo não praticaram crime contra a ordem tributária diante da inexistência de tipificação especifica da conduta, atendendo ao princípio da vedação a analogia in malam partem.

752. (FCC/TJ/SE/Juiz/2015) A conduta de quem exige, para si ou para outrem, direta ou indiretamente, ainda que fora da função ou antes de iniciar seu exercício, mas em razão dela, vantagem indevida, para deixar de lançar ou cobrar tributo ou contribuição social, ou cobrá-los parcialmente, configura um delito:

a) tributário.

b) de excesso de exação.

c) de concussão.

d) de corrupção ativa.

e) de corrupção passiva.

753. (Esaf/PGFN/Procurador/2015) Um empresário foi denunciado em 2008 como incurso no crime do art. 2°, inciso I, da Lei n. 8.137/1990 (Lei dos Crimes contra a Ordem Tributária) por declaração falsa feita à Receita Federal em 1999. A pena máxima cominada em abstrato para este crime é de 2 (dois) anos. O juiz de primeiro grau recebeu a denúncia. Todavia, enquadrou os fatos narrados no tipo do art. 1°, inciso I, do mesmo diploma legal, cuja pena máxima é de 5 (cinco) anos e que trata da efetiva omissão de tributos. Sobre a conduta do juiz, pode-se afirmar que foi

a) equivocada, pois deveria ter declarado extinta a punibilidade em virtude da ocorrência de prescrição ao invés de receber a denúncia.

b) correta em virtude do princípio "iura novit curia".

c) equivocada, pois deveria ter alterado a capitulação jurídica apenas no momento da prolação da sentença.

d) correta, pois os crimes do artigo 2° são absorvidos pelos crimes do artigo 1° da Lei n. 8.137/1990.

e) equivocada, pois contrária ao enunciado da Súmula Vinculante n. 24 do STF, segundo a qual o recebimento da denúncia depende do lançamento definitivo do tributo.

754. **(MPE/SC/Promotor/2010)** Analise as afirmativas:

   I. Fazer declaração falsa sobre rendas, bens ou fatos, para eximir-se, total ou parcialmente, de pagamento de tributo, é crime formal previsto no art. 2°, inciso I, da Lei n. 8.137/90.

   II. A falsificação de fatura para redução de tributo subsume-se ao crime de duplicata simulada, previsto no art. 172 do CP, por força do princípio da especialidade.

   III. O crime previsto no art. 1°, inciso V, da Lei n. 8.137/90 (negar ou deixar de fornecer, quando obrigatório, nota fiscal ou documento equivalente, relativa a venda de mercadoria ou prestação de serviço, efetivamente realizada) é classificado como formal.

   IV. A modalidade criminosa denominada "nota calçada", quando possibilita a redução do tributo, subsume-se ao tipo penal previsto no art. I, inciso III, da Lei n. 8.137/90, que descreve a conduta de falsificar ou alterar nota fiscal para redução ou supressão do tributo.

   V. A utilização de programa de processamento de dados que permita ao sujeito passivo da obrigação tributária possuir informação contábil diversa daquela que é, por lei, fornecida à Fazenda Pública, previsto no art. 2, inciso V, da Lei n. 8137/90, é crime que independe da redução ou supressão do tributo.

   a) Apenas os itens I, II, III e V estão incorretos.
   b) Apenas os itens II, III e IV estão incorretos.
   c) Apenas os itens III, IV e V estão incorretos.
   d) Apenas os itens I, III e IV estão incorretos.
   e) Apenas os itens II, IV e V estão incorretos.

755. **(TRT/14R/TRT/14R/Juiz/2014)** O empregador tem a obrigação legal de realizar a retenção dos valores correspondentes à contribuição social de seus empregados e repassá-la à Previdência Social. Quando não realiza o recolhimento, é incorreto afirmar:

   a) Incorre no tipo penal da apropriação indébita previdenciária, sujeito a pena de reclusão de 2 (dois) a 6 (seis) anos e multa.
   b) Incorre na mesma pena que o empregador que compensa o valor do salário maternidade mas deixa de efetuar o repasse à empregada licenciada:
   c) Terá extinta a punibilidade se, espontaneamente, declarar, confessar e efetuar o pagamento das contribuições, importâncias ou valores e presta as informa-

ções devidas à previdência social, na forma definida em lei ou regulamento, antes do início da ação fiscal.

d) Poderá deixar de ter a pena aplicada pelo juiz se, primário e de bons antecedentes, promover, após o início da ação fiscal e antes de oferecida a denúncia, o pagamento da contribuição social previdenciária, inclusive acessórios.

e) Poderá deixar de ter a pena aplicada pelo juiz se, primário e de bons antecedentes, o valor das contribuições devidas, inclusive acessórios, seja igual ou inferior àquele estabelecido pela previdência social, administrativamente, como sendo o mínimo para o ajuizamento de suas execuções fiscais.

756. **(Cespe/Câmara_Deputados/Analista_Legislativo/2014)** Extinguir-se-á a punibilidade da conduta de sonegar impostos no caso de o agente efetuar o pagamento integral dos débitos antes do oferecimento da denúncia correspondente. Uma vez recebida a petição inicial, caso o agente quite ou parcele os débitos antes da sentença condenatória, fará ele jus à diminuição da pena.

Seção II – Dos Crimes Praticados por Funcionários Públicos

■ Crimes Próprios {art. 3º}

Art. 3º Constitui crime funcional contra a ordem tributária, além dos previstos no Decreto-Lei n. 2.848, de 7 de dezembro de 1940 – Código Penal (Título XI, Capítulo I):

I – extraviar livro oficial, processo fiscal ou qualquer documento, de que tenha a guarda em razão da função; sonegá-lo, ou inutilizá-lo, total ou parcialmente, acarretando pagamento indevido ou inexato de tributo ou contribuição social;

II – exigir, solicitar ou receber, para si ou para outrem, direta ou indiretamente, ainda que fora da função ou antes de iniciar seu exercício, mas em razão dela, vantagem indevida; ou aceitar promessa de tal vantagem, para deixar de lançar ou cobrar tributo ou contribuição social, ou cobrá-los parcialmente. Pena – reclusão, de 3 (três) a 8 (oito) anos, e multa.

III – patrocinar, direta ou indiretamente, interesse privado perante a administração fazendária, valendo-se da qualidade de funcionário público. Pena – reclusão, de 1 (um) a 4 (quatro) anos, e multa.

Informativos (STF)

Lei 8.137/90: atribuição funcional e suspensão de débito

O tipo penal do art. 3º, II, da Lei 8.137/90 descreve crime de mão própria praticado por funcionário público, mas não exige que o servidor tenha a atribuição específica de lançamento tributário. RHC 108822, Rel. Min. Gilmar Mendes, 19.2.13. 2ª T. (Info 695)

Jurisprudência complementar (STF)

(...). 2. Recorrente condenado à pena de 7 anos e 6 meses de reclusão, em regime inicial semiaberto, pela prática do crime previsto no art. 3º, II, da Lei 8.137/90. 3. Recurso em "habeas corpus" interposto por leigo que também impetrou o "writ". Possibilidade. (...). 4. Indeferimento de diligências na fase do art. 499 do CPP. Ausência de demonstração do efetivo prejuízo. Não ocorrência de cerceamento de defesa. (...). 5. O tipo penal do art. 3º, II, da Lei 8.137/90 descreve crime de mão própria praticado por funcionário público, mas não exige que o servidor tenha a atribuição específica de lançamento tributário. Subsunção da conduta ao tipo penal imputado. (RHC 108822, Rel. Min. Gilmar Mendes, 2ª T., DJ 11.3.2013)

(...). Imputação da prática dos delitos previstos no art. 3º, inc. II, da Lei 8.137/1990 e nos arts. 325 e 319 do Código Penal. Investigação preliminar não realizada. Persecução criminal deflagrada apenas com base em denúncia anônima. 1. Elementos dos autos que evidenciam não ter havido investigação preliminar para corroborar o que exposto em denúncia anônima. O Supremo Tribunal Federal assentou ser possível a deflagração da persecução penal pela chamada denúncia anônima, desde que esta seja seguida de diligências realizadas para averiguar os fatos nela noticiados antes da instauração do inquérito policial. (...). 2. A interceptação telefônica é subsidiária e excepcional, só podendo ser determinada quando não houver outro meio para se apurar os fatos tidos por criminosos, nos termos do art. 2º, inc. II, da Lei 9.296/1996. (...). 3. Ordem concedida para se declarar a ilicitude das provas produzidas pelas interceptações telefônicas, em razão da ilegalidade das autorizações, e a nulidade das decisões judiciais que as decretaram amparadas apenas na denúncia anônima, sem investigação preliminar. Cabe ao juízo da Primeira Vara Federal e Juizado Especial Federal Cível e Criminal de Ponta Grossa/PR examinar as implicações da nulidade dessas interceptações nas demais provas dos autos. Prejudicados os embargos de declaração opostos contra a decisão que indeferiu a medida liminar requerida. (HC 108147, Rel. Min. Cármen Lúcia, 2ª T., DJ 1.2.2013)

Jurisprudência complementar (STJ)

(...). Processo administrativo disciplinar. Infração tipificada como crime. Cassação de aposentadoria. Prescrição da pretensão punitiva disciplinar. Aplicação da lei penal. Redução à metade. Acusado com mais de 70 anos na época da prolação da sentença condenatória. Segurança concedida. I. A Lei 8.112/90, em seu art. 142, § 2º, enuncia que os prazos prescricionais previstos na lei penal aplicam-se às infrações disciplinares capituladas também como crime. II. O art. 109 do Código Penal é expresso ao prever que o prazo de prescrição anterior ao trânsito em julgado é regulado pelo máximo da pena privativa de liberdade cominada ao crime. III. Na espécie presente, amoldam-se os fatos à conduta prevista no inciso II do art. 3º da Lei 8.137/90, cuja pena máxima é superior a 4 anos e não excede a 8 anos, razão pela qual fulminar-se-ia a pretensão punitiva no prazo de 12 anos. No entanto, o art. 115 do Código Penal reduz à metade os prazos prescricionais nos casos em que o acusado, na data da sentença, contar com mais de 70 anos de idade. IV. Segurança concedida. (MS 12.557, Rel. Min. Nefi Cordeiro, DJ 1.7.2015)

(...). Alegada atipicidade das condutas imputadas ao paciente. Denúncia que conteria a descrição de comportamentos lícitos, inerentes ao cargo de auditor fiscal ocupado pelo acusado. Suposto afastamento da autoria e materialidade delitivas por perícia realizada no computador utilizado pelo paciente. Sustentada inexistência de descrição na peça vestibular de associação estável e permanente a configurar o crime de quadrilha. Constrangimento ilegal não verificado. Denegação da ordem. (...). 2. Ao contrário do que sustentado na inicial do "writ", extrai-se da denúncia que o órgão ministerial atribuiu ao paciente comportamentos que transbordariam as suas atribuições como auditor da Receita Federal, aduzindo que haveria fortes indícios de que ele estaria prestando serviços a contribuintes em prejuízo da Fazenda Pública, elaborando requerimentos privados em detrimento da União, defendendo, assim, interesses privados no exercício de sua função, fatos que, em tese, caracterizam o delito previsto no artigo 3º, inciso III, da Lei 8.137/1990. 3. Ademais, o exame pericial realizado no computador utilizado pelo paciente não afastou, de modo inconteste, a autoria e a materialidade delitivas, uma vez que do respectivo laudo consta que, embora os arquivos referentes aos documentos que comprovariam a prática criminosa não fossem de origem exclusiva do disco rígido da máquina por ele operada, todos foram por ele revisados, além de em muitos deles o acusado constar como autor e/ou último revisor. 4. Igualmente, não se constata qualquer ilegalidade na manutenção do processo criminal iniciado contra o paciente no tocante ao crime de quadrilha, pois, diversamente do que afirmado na impetração, houve sim, na peça vestibular, a narrativa de que o paciente, juntamente com os outros 5 (cinco) corréus, teriam se associado de forma estável e permanente para a prática de delitos, valendo destacar que a alegação de que ele não conhecia os demais integrantes do bando depende do exame de matéria fático-probatória, o que é vedado na via eleita. (...). (HC 139.947, Rel. Min. Jorge Mussi, DJ 1.9.2011)

(...). Trancamento da ação penal. Crimes de advocacia administrativa fazendária e lavagem de dinheiro. Inépcia da denúncia. Inexistência. Imputação de condutas típicas. Nexo de causalidade demonstrado. Falta de justa causa. Necessidade de exame de provas. Impossibilidade. (...). 1. Embora o crime de advocacia administrativa fazendária previsto no art. 3º, inciso III, da Lei 8.137/90 tenha como sujeito ativo funcionário público, nada impede a responsabilização penal de terceiro, que não ostente essa condição, como partícipe. 2. "Eventual inépcia da denúncia só pode ser acolhida quando demonstrada inequívoca deficiência a impedir a compreensão da acusação, em flagrante prejuízo à defesa do acusado, ou na ocorrência de qualquer das falhas apontadas no art. 43 do CPP" (RHC 18.502...), inexistentes na espécie. 3. Acolher a tese de que o crime de lavagem de dinheiro é antecedente e acessório ao crime de corrupção passiva, que teve a ação penal trancada pela Corte Federal a quo, nos termos em que foi apresentada, demanda um exame acurado do conjunto fático e, também, ampla produção de provas, que deve ser feito pelo Juízo ordinário, durante a instrução criminal. (...). (HC 119.097, Rel. Min. Laurita vaz, DJ 7.5.2012).

Questões de concursos

757. **(FCC/Segep/MA/Auditor/2016)** O funcionário público que extravia qualquer documento de que tenha a guarda em razão da função, acarretando pagamento indevido de tributo, pratica o crime

   a) de fraude.

   b) de extravio de documento.

   c) de prevaricação.

   d) de descaminho.

   e) contra a ordem tributária previsto na Lei n. 8.137/90.

758. **(AOCP/Prefeitura_Juiz_de_Fora/Auditor/2016)** Constitui crime funcional contra a ordem tributária

   a) utilizar ou divulgar programa de processamento de dados que permita ao sujeito passivo da obrigação tributária possuir informação contábil diversa daquela que é, por lei, fornecida à Fazenda Pública.

b) omitir informação ou prestar declaração falsa às autoridades fazendárias.

c) fazer declaração falsa ou omitir declaração sobre rendas, bens ou fatos, ou empregar outra fraude, para eximir-se, total ou parcialmente, de pagamento de tributo.

d) exigir, pagar ou receber, para si ou para o contribuinte beneficiário, qualquer percentagem sobre a parcela dedutível ou deduzida de imposto ou de contribuição como incentivo fiscal.

e) exigir, solicitar ou receber, para si ou para outrem, direta ou indiretamente, ainda que fora da função ou antes de iniciar seu exercício, mas em razão dela, vantagem indevida; ou aceitar promessa de tal vantagem, para deixar de lançar ou cobrar tributo ou contribuição social, ou cobrá-los parcialmente.

759. **(Vunesp/Prefeitura_São_José_do_Rio_Preto/Auditor/2014)** A conduta de "exigir, solicitar ou receber, para si ou para outrem, direta ou indiretamente, ainda que fora da função ou antes de iniciar seu exercício, mas em razão dela, vantagem indevida; ou aceitar promessa de tal vantagem, para deixar de lançar ou cobrar tributo ou contribuição social, ou cobrá-los parcialmente" configura crime

    a) contra a Administração Pública.

    b) contra a Administração da Justiça.

    c) cometido por funcionário contra a Administração Pública em Geral

    d) cometido por funcionário ou particular contra a Administração Pública em Geral

    e) funcional contra a ordem tributária

760. **(MPE/GO/Promotor/2014)** Sobre o Direito Penal e a chamada proteção jurídica da informação, assinale a alternativa incorreta:

    a) O Código de Defesa do Consumidor pune a ofensa à informação. Estão previstas sanções para a ação de impedir ou dificultar o acesso do consumidor às suas informações constantes em cadastros, banco de dados, fichas e registros. Ainda, incrimina a conduta omissiva de deixar de corrigir, de forma imediata, sabendo ou devendo saber ser inexata, informação sobre consumidor constante de cadastro, banco de dados, fichas ou registros.

    b) A Lei 8.137/90 considera crime a conduta de utilização ou divulgação de programa de processamento de dados, permitindo ao sujeito passivo da obrigação tributária possuir informação contábil diversa daquela que é, por lei, fornecida à Fazenda Pública.

    c) A Lei 9.296/96 considera crime a ação do sujeito que, sem ordem judicial ou com objetivos diversos dos autorizados em lei, realizar interceptação de comunicações telefônicas, de informática ou telemática, ou quebrar segredo da Justiça

d) O Código Penal sanciona penalmente a conduta de funcionários públicos que inserirem ou facilitarem o acesso para inserção de dados falsos, alterarem ou excluírem, de forma indevida, dados corretos, os quais estejam em sistemas informatizados ou em bancos de dados da Administração Pública, visando obter vantagem indevida para si ou para outrem ou para causarem dano. Também é considerado crime o funcionário público modificar ou alterar sistema de informática sem autorização ou solicitação de autoridade competente. O Código Penal ainda penaliza a conduta daquele que divulgar informações sigilosas ou reservadas, sem justa causa, devendo necessariamente estar essas informações contidas nos sistemas de informações ou banco de dados da Administração Pública

761. (Funiversa/Seplag/DF/Auditor/2011) Funcionário público da área de fiscalização e cobrança de tributos extraviou, propositadamente, livro oficial sob sua guarda em razão da função, com geração de pagamento indevido de tributo. Com base nessa situação hipotética, assinale a alternativa correta.

a) O funcionário não cometeu crime, pois extraviar não é conduta prevista na Lei n. 8.137/1990 como ilícito penal.

b) O funcionário pode responder administrativamente por sua conduta, mas não por crime.

c) A conduta está prevista na Lei n. 8.137/1990 como crime culposo.

d) A conduta está prevista na Lei n. 8.137/1990 como crime doloso.

e) O fato não pode ser comunicado por qualquer do povo ao Ministério Público.

762. (Cespe/Câmara_Deputados/Analista_Legislativo/2014) A conduta do fiscal que aceita promessa de vantagem pecuniária para deixar de lançar contribuição social devida pelo contribuinte é tipificada como crime funcional contra a ordem tributária.

763. (FCC/Sefaz/RJ/Auditor/2014) Estabelece o art. 3º, II, da Lei n. 8.137/1990 que constitui crime exigir, solicitar ou receber, para si ou para outrem, direta ou indiretamente, ainda que fora da função ou antes de iniciar seu exercício, mas em razão dela, vantagem indevida; ou aceitar promessa de tal vantagem, para deixar de lançar ou cobrar tributo ou contribuição social, ou cobrá-los parcialmente. Tais condutas

a) dependem da existência do lançamento tributário e da comprovação da condição de funcionário público do sujeito ativo, para serem consideradas consumadas.

b) são típicas de crime funcional que congrega, num só contexto, os núcleos dos tipos penais da concussão e da corrupção passiva.

c) são conceituadas como "extorsão fazendária", uma vez que o funcionário coage o contribuinte à prática da corrupção.

d) têm por objeto a vantagem indevida fazendária que deve ser sempre direta, líquida e certa, pois o delito é material, formal e instantâneo em relação à tentativa.

e) são plurissubjetivas, devendo os coautores e partícipes exercer funções permanentes perante o fisco, ainda que vinculados a pessoas jurídicas de direito público diversas.

Capítulo II – Dos Crimes contra a Economia e as Relações de Consumo

Crimes contra a Ordem Econômica {art. 4º}

Art. 4º Constitui crime contra a ordem econômica:

I – abusar do poder econômico, dominando o mercado ou eliminando, total ou parcialmente, a concorrência mediante qualquer forma de ajuste ou acordo de empresas;

II – formar acordo, convênio, ajuste ou aliança entre ofertantes, visando:

a) à fixação artificial de preços ou quantidades vendidas ou produzidas;

b) ao controle regionalizado do mercado por empresa ou grupo de empresas;

c) ao controle, em detrimento da concorrência, de rede de distribuição ou de fornecedores.

Pena – reclusão, de 2 (dois) a 5 (cinco) anos e multa.

Arts. 5º e 6º. (Revogados).

Súmulas (STJ)

Súmula 330. É desnecessária a resposta preliminar de que trata o artigo 514 do Código de Processo Penal, na ação penal instruída por inquérito policial.

Jurisprudência complementar (STF)

Competência. Criminal. Inquérito. Ação penal. Crime contra a ordem econômica. Comercialização de combustível fora dos padrões fixados pela Agência Nacional do

Petróleo. Art. 4º da Lei 8.137/90. Interesse direto e específico da União. Lesão à atividade fiscalizadora da ANP. Inexistência. Feito da competência da Justiça estadual. (...). Inteligência do art. 109, IV e VI, da CF. Para que se defina a competência da Justiça Federal, objeto do art. 109, IV, da Constituição da República, é preciso tenha havido, em tese, lesão a interesse direto e específico da União, não bastando que esta, por si ou por autarquia, exerça atividade fiscalizadora sobre o bem objeto do delito. (RE 454737, Rel. Min. Cezar Peluso, Pleno, DJ 21.11.2008)

Jurisprudência complementar (STJ)

(...). Conflito de competência. Crime do art. 4º da Lei 8.137/1990. Prática de dumping. Ausência de prejuízo para a União. Competência da justiça estadual. 1. Compete à Justiça estadual processar e julgar ação penal relacionada a crime contra a ordem econômica (Lei 8.137/1990), salvo se praticados "em detrimento de bens, serviços ou interesses da União ou de suas entidades autárquicas ou empresas públicas" e, "nos casos determinados por lei" (CR, art. 109, IV e VI; STJ, CC 56193...). (CC 119.350, Rel. Min. Newton Trisotto, DJ 4.12.2014)

(...). Cartel. Art. 4º, II, 'C", da Lei 8.137/1990. Denúncia. Inépcia. Não ocorrência. Ausência de justa causa. Dilação probatória. Necessidade. Manifesto constrangimento ilegal não evidenciado. (...). 2. A denúncia narra suficientemente a conduta que configura o crime previsto no art. 4º, II, "c", da Lei 8.137/1990, imputado ao recorrente, a permitir o exercício do contraditório e da ampla defesa, tendo descrito, entre outras circunstâncias, que "o recorrente, executivo do Grupo Beira Mar (que adquiriu a empresa RV Tecnologia, em 2008), participou da sexta reunião do grupo destinado à prática delituosa em questão, por meio da qual tratou, em conjunto com os demais executivos, dos seguintes temas: a) preocupações com os PDVs trabalhando com mais de um distribuidor, o que significa risco de crédito; b) renovação da disponibilidade do banco de dados da Check Express para relação de PDVs inadimplentes; c) apresentação pelo grupo de uma representação às operadoras TIM e Claro para que não mantivesse mais restrições em oferta de recarga eletrônica, ressalvada a necessidade da adesão dos representantes da Telecom Net e GetNet, ausentes na reunião". 3. A denúncia descreve a conduta de maneira suficientemente idônea a permitir o prosseguimento da ação penal, sem descurar que a classificação dada à conduta é algo sempre a merecer uma definitiva apreciação por ocasião da sentença. 4. O pretenso reconhecimento de inexistência de justa causa para o prosseguimento da ação penal – com fundamento na não comprovação dos poderes decisórios do recorrente – exige juízo de mérito sobre a autoria delitiva, que, por sua vez, demandaria o afastamento das provas eventualmente colhidas ao longo da instrução criminal, o que é inviável na via estreita da ação constitucional, dada a necessidade de dilação probatória. (...). (RHC 37.247, Rel. Min. Rogerio Schietti Cruz, DJ 2.6.2015)

Informativo de teses (PGR)

Conflito de atribuição. MPF. MP estadual. Apuração de responsabilidade. Entidade sindical de seguro. Seguradora associada no respectivo estado-membro. Inexistência de dano nacional ou internacional. Incompetência da justiça federal.

Tem atribuição o MP estadual para a condução de procedimento apuratório instaurado com o objetivo de responsabilizar entidade sindical de seguros por infração à ordem econômica, consistente na divulgação de tabela com sugestão de preços a serem praticados pelas seguradoras associadas no respectivo estado-membro, pois, considerando tratar-se de sindicatos estaduais, não há nada que indique a influência sobre o mercado nacional ou internacional, não existindo, dessa forma, interesse federal capaz de atrair a competência da justiça federal. (ACO 2608, Info 16/2015, Tese 124)

Questões de concursos

764. **(Cespe/PC/PE/Delegado/2016)** A respeito da legislação penal extravagante brasileira, assinale a opção correta.

   a) Não constitui crime de abuso de autoridade a conduta, consumada ou tentada, de violação de domicílio, fora das hipóteses constitucionais e legais de ingresso em casa alheia, quando praticada por delegado de polícia, uma vez que este está amparado pelo estrito cumprimento do dever legal, como causa legal de exclusão de ilicitude da conduta típica.

   b) O direito penal econômico visa tutelar os bens jurídicos de interesse coletivo e difuso, coibindo condutas que lesem ou que coloquem em risco o regular funcionamento do sistema econômico-financeiro, podendo estabelecer como crime ações contra o meio ambiente sustentável.

   c) Agente absolvido de crime antecedente de tráfico de drogas, em razão de o fato não constituir infração penal, ainda poderá ser punido pelo crime de branqueamento de capitais, uma vez que a absolvição daquele crime precedente pela atipicidade não tem o condão de afastar a tipicidade do crime de lavagem de dinheiro.

   d) Segundo entendimento do STJ, o crime de porte ilegal de arma de fogo é delito de perigo abstrato, considerando-se típica a conduta de porte de arma de fogo completamente inapta a realizar disparos e desmuniciada, ainda que comprovada a inaptidão por laudo pericial.

e) Para o STF, haverá crime contra a ordem tributária, ainda que esteja pendente de recurso administrativo que discuta o débito tributário em procedimento fazendário específico, haja vista independência dos poderes.

765. **(MPE/SC/Promotor/2016)** O uso de gás liquefeito de petróleo em motores, saunas, caldeiras e aquecimento de piscinas em desacordo com as normas estabelecidas em lei caracteriza crime contra a ordem econômica previsto na Lei n. 8.176/91.

766. **(TRF/3R/Juiz/2016)** Sabendo-se que os presidentes de empresas, que dominam o mercado em um determinado setor, se unem para fixar preços e dividir territórios de atuação, é possível afirmar que tais presidentes:

    a) Devem ser responsabilizados por crimes contra as relações de consumo, especialmente o previsto no artigo 7º, inciso IV, da Lei 8.137/90;

    b) Devem responder por crime contra a ordem econômica em sentido estrito;

    c) Não podem sofrer qualquer tipo de procedimento penal, haja vista o princípio da responsabilidade penal subjetiva;

    d) Não podem sofrer qualquer punição, como pessoas físicas; as empresas, entretanto, poderão ser punidas nos termos da Lei 12.529/11;

767. **(Cespe/Câmara_Deputados/Analista_Legislativo/2014)** O acerto ou ajuste feito no âmbito do mesmo grupo econômico, com o fim de tabelar os preços de seus produtos, não é considerado crime contra a ordem econômica.

■ Crimes contra as Relações de Consumo {art. 7º}

Art. 7º Constitui crime contra as relações de consumo:

I – favorecer ou preferir, sem justa causa, comprador ou freguês, ressalvados os sistemas de entrega ao consumo por intermédio de distribuidores ou revendedores;

II – vender ou expor à venda mercadoria cuja embalagem, tipo, especificação, peso ou composição esteja em desacordo com as prescrições legais, ou que não corresponda à respectiva classificação oficial;

III – misturar gêneros e mercadorias de espécies diferentes, para vendê-los ou expô-los à venda como puros; misturar gêneros e mercadorias de qualidades desiguais para vendê-los ou expô-los à venda por preço estabelecido para os demais mais alto custo;

IV – fraudar preços por meio de:

a) alteração, sem modificação essencial ou de qualidade, de elementos tais como denominação, sinal externo, marca, embalagem, especificação técnica, descrição, volume, peso, pintura ou acabamento de bem ou serviço;

b) divisão em partes de bem ou serviço, habitualmente oferecido à venda em conjunto;

c) junção de bens ou serviços, comumente oferecidos à venda em separado;

d) aviso de inclusão de insumo não empregado na produção do bem ou na prestação dos serviços;

V – elevar o valor cobrado nas vendas a prazo de bens ou serviços, mediante a exigência de comissão ou de taxa de juros ilegais;

VI – sonegar insumos ou bens, recusando-se a vendê-los a quem pretenda comprá-los nas condições publicamente ofertadas, ou retê-los para o fim de especulação;

VII – induzir o consumidor ou usuário a erro, por via de indicação ou afirmação falsa ou enganosa sobre a natureza, qualidade do bem ou serviço, utilizando-se de qualquer meio, inclusive a veiculação ou divulgação publicitária;

VIII – destruir, inutilizar ou danificar matéria-prima ou mercadoria, com o fim de provocar alta de preço, em proveito próprio ou de terceiros;

IX – vender, ter em depósito para vender ou expor à venda ou, de qualquer forma, entregar matéria-prima ou mercadoria, em condições impróprias ao consumo;

Pena – detenção, de 2 (dois) a 5 (cinco) anos, ou multa.

Informativos (STJ)

Demonstração da materialidade do crime previsto no art. 7º, IX, da Lei 8.137/90.

Para a demonstração da materialidade do crime previsto no art. 7º, IX, da Lei 8.137/90, é imprescindível a realização de perícia para atestar se as mercadorias apreendidas estavam em condições impróprias para o consumo. AgRg no Resp 1.111.736, Rel. Min. Marco Aurélio Bellizze, 17.12.13. 5ª T. (Info 533)

Necessidade de perícia para demonstrar que a mercadoria está imprópria para o consumo em crime contra a relação de consumo.

Para caracterizar o delito previsto no art. 7º, IX, da Lei 8.137/90 (crime contra relação de consumo), é imprescindível a realização de perícia a fim de atestar se as mercadorias apreendidas estão em condições impróprias para o consumo, não sendo suficiente, para a comprovação da materialidade delitiva, auto de infração informando a inexistência de registro do Serviço de Inspeção Estadual (SIE) nas mercadorias expostas à venda (art. 18, § 6º, II, do CDC, c/c decreto estadual que conceitua os requisitos da propriedade ao consumo de alimentos e bebidas para fins de comercialização). RHC 49.752, Rel. Min. Jorge Mussi, DJ 22.4.15. 5ª T. (Info 560)

Jurisprudência complementar (STF)

Ação Cível Originária. Conflito de atribuições entre o Ministério Público Federal e o Estadual. Instauração de procedimento administrativo para apurar possíveis irregularidades na produção de copos descartáveis. Relação de consumo. Conflito inexistente. 1. A questão tratada nas representações instauradas contra a Autora versa sobre direito do consumidor. 2. O art. 113 do Código de Defesa do Consumidor, ao alterar o art. 5º, § 5º, da Lei 7.347/1985, passou a admitir a possibilidade de litisconsorte facultativo entre os Ministérios Públicos da União, do Distrito Federal e dos Estados na defesa dos interesses e dos direitos do consumidor. 3. O Ministério Público Federal e o Estadual têm a atribuição de zelar pelos interesses sociais e pela integridade da ordem consumerista, promovendo o inquérito civil e a ação civil pública – inclusive em litisconsórcio ativo facultativo –, razão pela qual não se há reconhecer o suscitado conflito de atribuições. 4. Ação Cível Originária julgada improcedente. (ACO 1020, Rel. Min. Cármen Lúcia, Pleno, DJ 20.3.2009)

(...). Crime contra as relações de consumo. Fabricação e depósito de produto em condições impróprias para o consumo. Inciso IX do art. 7º da Lei 8.137/90, combinado com o inciso II do § 6º do art. 18 da Lei 8.078/90. Configuração do delito. Crime formal. Prescindibilidade da comprovação da efetiva nocividade do produto. Reajustamento de voto. Necessidade de demonstração inequívoca da impropriedade do produto para uso. Independência das instâncias penal e administrativa. Ônus da prova do titular da ação penal. Ordem concedida. 1. Agentes que fabricam e mantêm em depósito, para venda, produtos em desconformidade com as normas regulamentares de fabricação e distribuição. Imputação do crime do inciso IX do art. 7º da Lei 8.137/90. Norma penal em branco, a ter seu conteúdo preenchido pela norma do inciso II do § 6º do art. 18 da Lei 8.078/90. 2. São impróprios para consumo os produtos fabricados em desacordo com as normas regulamentares de fabricação, distribuição ou apresentação. A criminalização da conduta, todavia, está a exigir do titular da ação penal a comprovação da impropriedade do produto para uso. Pelo que imprescindível, no caso, a realização de exame pericial para aferir a nocividade dos produtos apreendidos. 3. Ordem concedida. (HC 90779, Rel. Min. Carlos Britto, 1ª T., DJ 24.10.2008)

Jurisprudência complementar (STJ)

(...). Art. 7º da Lei 8.137/90. Crime formal. Consumação no local do constrangimento. 1. O delito previsto no art. 7º da Lei 8.137/90 é de natureza formal e consuma-se no lugar em que o consumidor foi enganado, independentemente do local onde estão situadas as contas bancárias beneficiárias dos depósitos e a sede da empresa que ofertou o serviço. 2. Na hipótese, o delito praticado consumou-se em Campo Grande/MS, onde o consumidor foi levado a erro, devendo ser reconhecida a competência do Juízo daquele local. (CC 119.495, Rel. Min. Alderita Ramos de Oliveira, DJ 15.5.2013)

1. De acordo com a jurisprudência do Superior Tribunal de Justiça, apesar da previsão de pena alternativa de multa, o critério eleito pelo legislador para definir a competência dos Juizados Especiais Criminais é o quantum máximo da pena privativa de liberdade abstratamente cominada. 2. O preceito sancionador do delito descrito no art. 7º, inciso II, da Lei 8.137/90 comina pena privativa de liberdade superior a um ano ou multa. 3. Consistindo a pena de multa na menor sanção penal estabelecida para a figura típica em apreço, é imperiosa a aplicação do art. 89 da Lei 9.099/95. 4. Ordem concedida, acolhido o parecer ministerial, em parte a fim de que o Ministério Público do Estado de São Paulo se manifeste acerca da proposta de suspensão condicional do processo. (HC 125.850, Rel. Min. Maria Thereza de Assis Moura, DJ 8.6.2011)

(...). Crime contra as relações de consumo. Alimentos impróprios para o consumo. Ausência de perícia técnica para aferir o elemento normativo do tipo. Ausência de materialidade. Falta de justa causa para a ação penal. Trancamento. (...). 1. O crime do art. 7º, IX da Lei 8.137/1990 exige para a caracterização da materialidade seja realizada perícia técnica nos alimentos tidos como impróprios para o consumo, o que não foi efetivado na espécie, denotando, em consequência, ausência de justa causa para a ação penal. (...). (RHC 55.451, Rel. Min. Maria Thereza de Assis Moura, DJ 10.6.2015)

Questões de concursos

768. **(Cespe/TJ/AM/Juiz/2016)** Com relação ao direito penal econômico, assinale a opção correta.

    a) Para a configuração do crime de lavagem de capitais não se exige a existência de delito antecedente.

    b) Constitui crime contra as relações de consumo favorecer ou preferir, com ou sem justa causa, comprador ou freguês, ressalvados os sistemas de entrega ao consumo por intermédio de distribuidores ou revendedores.

    c) Em se tratando dos crimes previstos na Lei nº 8.137/1990, havendo quadrilha ou coautoria, deve ser reduzida de um sexto a um terço a pena do coautor ou partícipe que, em confissão espontânea, revelar à autoridade policial ou judicial toda a trama delituosa.

    d) Ainda que se trate de crimes contra as relações de consumo, o consentimento do ofendido pode ser considerado excludente da tipicidade.

    e) Tanto pode ser doloso quanto culposo o crime de aumento de despesa com pessoal no último ano do mandato ou legislatura, prevista a mesma pena para ambos os casos.

769. **(FCC/Sefaz/PI/Analista/2015)** Constitui crime contra as relações de consumo

    a) abusar do poder econômico, dominando o mercado ou eliminando, total ou parcialmente, a concorrência mediante qualquer forma de ajuste ou acordo de empresas.

    b) vender ou expor à venda mercadoria cuja embalagem, tipo, especificação, peso ou composição esteja em desacordo com a prática comercial, ou que não corresponda à respectiva autorização oficial.

    c) negar ou deixar de fornecer, quando obrigatório, nota fiscal, ou documento equivalente, relativa a venda de mercadoria ou prestação de serviço, efetivamente realizada, ou fornecê-la em desacordo com a legislação.

    d) deixar de recolher, no prazo legal, valor de tributo ou de contribuição social, descontado ou cobrado, na qualidade de sujeito passivo de obrigação e que deveria recolher aos cofres públicos.

    e) elevar o valor cobrado nas vendas a prazo de bens ou serviços, mediante a exigência de comissão ou de taxa de juros ilegais.

770. **(FCC/Sefaz/PI/Auditor/2015)** Constitui crime contra as relações de consumo

    a) destruir, inutilizar ou danificar matéria-prima ou mercadoria, com o fim de provocar prejuízo à concorrência, em proveito próprio ou de terceiros.

ORDEM TRIBUTÁRIA / ECONÔMICA / RELAÇÕES DE CONSUMO (LEI 8.137/90) — Art. 7º

b) favorecer ou preferir comprador ou freguês, ressalvados os sistemas de entrega ao consumo por intermédio de distribuidores ou revendedores.

c) misturar gêneros e mercadorias de espécies diferentes, para vendê-los ou expô-los à venda como puros; misturar gêneros e mercadorias de qualidades desiguais para vendê-los ou expô-los à venda por preço estabelecido para os de mais alto custo.

d) vender ou expor à venda mercadoria cuja embalagem, tipo, especificação, peso ou composição esteja em desacordo com as prescrições legais, ainda que corresponda à respectiva classificação oficial.

e) aumentar preços por meio de aviso de inclusão de insumo utilizado na produção do bem ou na prestação dos serviços.

771. **(MPE/SC/Promotor/2014)** Vender ou expor à venda mercadoria cuja embalagem, tipo, especificação, peso ou composição esteja em desacordo com as prescrições legais, ou que não corresponda à respectiva classificação oficial, não constitui crime contra as relações de consumo, mas, sim, infração administrativa, punida com multa de 10 a 200 salários mínimos, aplicada pelo órgão fiscalizador competente.

772. **(Cespe/Câmara_Deputados/Analista_Legislativo/2014)** Se, em uma fila de clientes à espera de atendimento na padaria de um supermercado, em um sábado, o cliente X, supostamente um deputado federal, for passado à frente do cliente Y, ambos com a mesma idade, e atendido antes deste pelo gerente geral do estabelecimento, sem qualquer justificativa, caracterizar-se-á o cometimento de crime contra as relações de consumo praticado em desfavor de Y.

■ Crimes Culposos {art. 7º, p. ú.}

> Parágrafo único. Nas hipóteses dos incisos II, III e IX pune-se a modalidade culposa, reduzindo-se a pena e a detenção de 1/3 (um terço) ou a de multa à quinta parte.

Jurisprudência complementar (STF)

Ação Penal. Crime contra a saúde pública. Colocação, no mercado, de duas garrafas de refrigerante impróprio para consumo. Art. 7º, inc. IX e pár. ún., cc. art. 11, caput, da Lei 8.137/90. Fato típico. Princípio da insignificância. Impossibilidade de reconhecimento em "habeas corpus". Delito que atenta de imediato contra as relações de consumo. (...). Constitui, em tese, delito contra as relações de consumo, por no mercado refrigerantes em condições impróprias para consumo. (HC 88077, Rel. Min. Cezar Peluso, 2ª T., DJ 16.2.2007)

773. **(Cespe/Câmara_Deputados/Analista_Legislativo/2014)** O proprietário de um pequeno comércio expôs à venda mercadorias um dia antes de expirar seu prazo de validade e, apenas sete dias após de sua validade, essa mercadoria, que ficou imprópria ao consumo, foi retirada das prateleiras. Posteriormente, o proprietário do estabelecimento informou ter havido greve do setor de transporte coletivo, razão por que seus empregados não compareceram ao trabalho e, consequentemente, os referidos produtos não puderam ser recolhidos, mas, mesmo assim, ele conseguiu abrir e manter seu comércio em funcionamento. Nessa situação, mesmo que a mercadoria com prazo de validade vencido não tenha sido adquirida por nenhum cliente, o fato descrito caracterizou crime contra as relações de consumo, mesmo que praticado na forma culposa.

Capítulo III – Das Multas

■ **Cálculo da Pena de Multa {art. 8º}**

Art. 8º Nos crimes definidos nos arts. 1º a 3º desta lei, a pena de multa será fixada entre 10 (dez) e 360 (trezentos e sessenta) dias-multa, conforme seja necessário e suficiente para reprovação e prevenção do crime.

Parágrafo único. O dia-multa será fixado pelo juiz em valor não inferior a 14 (quatorze) nem superior a 200 (duzentos) Bônus do Tesouro Nacional BTN.

Questões de concursos

774. **(AOCP/Prefeitura_Juiz_de_Fora/Auditor/2016)** Relativamente aos crimes contra a Ordem Tributária, a pena de multa será fixada

   a) entre dez e trezentos e sessenta dias-multa, conforme seja necessário e suficiente para reprovação e prevenção do crime.

   b) entre dez e trezentos e sessenta e seis dias-multa, conforme seja necessário e suficiente para reprovação e prevenção do crime.

ORDEM TRIBUTÁRIA / ECONÔMICA / RELAÇÕES DE CONSUMO (LEI 8.137/90)   Art. 11

c) entre dez e trezentos e setenta dias-multa, conforme seja necessário e suficiente para reprovação e prevenção do crime.

d) entre dez e trezentos e setenta e seis dias-multa, conforme seja necessário e suficiente para reprovação e prevenção do crime.

e) na proporção do trintídio subsequente ao benefício obtido em decorrência do ilícito tributário.

Conversão da Pena Privativa de Liberdade em Multa {art. 9º}

Art. 9º A pena de detenção ou reclusão poderá ser convertida em multa de valor equivalente a:

I – 200.000 (duzentos mil) até 5.000.000 (cinco milhões) de BTN, nos crimes definidos no art. 4º;

II – 5.000 (cinco mil) até 200.000 (duzentos mil) BTN, nos crimes definidos nos arts. 5º e 6º;

III – 50.000 (cinquenta mil) até 1.000.000 (um milhão de BTN), nos crimes definidos no art. 7º.

Critérios de Graduação da Multa {art. 10}

Art. 10. Caso o juiz, considerado o ganho ilícito e a situação econômica do réu, verifique a insuficiência ou excessiva onerosidade das penas pecuniárias previstas nesta lei, poderá diminuí-las até a décima parte ou elevá-las ao décuplo.

Capítulo IV – **Das Disposições Gerais**

Coautoria e participação {art. 11}

Art. 11. Quem, de qualquer modo, inclusive por meio de pessoa jurídica, concorre para os crimes definidos nesta lei, incide nas penas a estes cominadas, na medida de sua culpabilidade.

> Parágrafo único. Quando a venda ao consumidor for efetuada por sistema de entrega ao consumo ou por intermédio de outro em que o preço ao consumidor é estabelecido ou sugerido pelo fabricante ou concedente, o ato por este praticado não alcança o distribuidor ou revendedor.

Jurisprudência complementar (STJ)

(...). Crimes contra a ordem tributária. Denúncia. Crime societário. Alegação de falta de individualização da conduta dos pacientes. Condição de sócios. Peça inaugural que atende aos requisitos legais exigidos e descreve crime em tese. Ampla defesa garantida. Inépcia não evidenciada. 1. Não pode ser acoimada de inepta a denúncia formulada em obediência aos requisitos traçados no artigo 41 do Código de Processo Penal, descrevendo perfeitamente as condutas típicas, cuja autoria é atribuída aos pacientes devidamente qualificados, circunstâncias que permitem o exercício da ampla defesa no seio da persecução penal, na qual se observará o devido processo legal. 2. Nos chamados crimes societários, embora a vestibular acusatória não possa ser de todo genérica, é válida quando, apesar de não descrever minuciosamente as atuações individuais dos acusados, demonstra um liame entre o seu agir e a suposta prática delituosa, caracterizado pela condição de sócios ou administradores da empresa, estabelecendo a plausibilidade da imputação e possibilitando o exercício da ampla defesa, caso em que se consideram preenchidos os requisitos do artigo 41 do Código de Processo Penal. 3. Não se pode olvidar que o artigo 11 da Lei 8.137/90 prevê a responsabilização do indivíduo que, inclusive por meio de pessoa jurídica, concorre para a prática dos crimes ali definidos na medida de sua culpabilidade. 4. Na hipótese, os impetrantes se limitaram a arguir a inépcia da denúncia pelo fato do órgão ministerial ter imputado a autoria das condutas delituosas aos pacientes na condição de sócios da pessoa jurídica beneficiada com a redução ou supressão de tributos. Olvidaram-se, entretanto, de trazer à impetração argumentos e provas aptas a afastar sumariamente as suas responsabilidades criminais nos fatos narrados na exordial acusatória, seja, por exemplo, por ocuparem a posição de simples sócios-cotistas, sem poderes de gestão, ou por inequívoco dissenso à prática das condutas que deram ensejo à persecução criminal. (...). (HC 194.694, Rel. Min. Jorge Mussi, DJ 29.2.2012)

(...). Sonegação fiscal. Condenação. Art. 1º, I, da Lei 8.137/90. Concurso de agentes. Possibilidade. Responsabilidade tributária. Demonstração da participação do recorrente no delito. Arts. 11 da Lei 8.137/90 e 29 do Código Penal. Dosimetria da pena. Inexistência de especialidade da norma do art. 12 da Lei 8.137/90, em relação ao art. 59 do Código Penal, já que aquele dispositivo cuida de agravantes, a serem apreciadas na segunda fase da dosimetria da pena. Idoneidade da fundamentação da sentença, quanto às consequências do delito. Vultoso valor do débito. Possibilidade de fixação da pena-base acima do mínimo legal. (...). I. Em face do disposto nos arts. 11 da Lei 8.137/90 e 29 do Código Penal, é possível a configuração do concurso de agentes na prática do delito do art. 1º, I, da Lei 8.137/90, eis que o fato de não ser o recorrente um dos responsáveis pelo cumprimento da obrigação tributária não o exime da responsabilização criminal, quando demonstrada a sua efetiva participação no crime. (...). (REsp 1131680, Rel. p/ Ac. Min. Assusete Magalhães, 6ª T., DJ 4.8.2014)

Questões de concursos

775. **(AOCP/Prefeitura_Juiz_de_Fora/Auditor/2016)** Assinale a alternativa incorreta.

   a) O contribuinte que emite nota fiscal "calçada", cuja primeira via apresenta um valor e as demais vias outro, com intuito de subfaturamento, incorre em crime contra a ordem tributária.

   b) É suspensa a pretensão punitiva do Estado, referente aos crimes contra ordem tributária praticados por particulares, durante o período em que a pessoa jurídica relacionada com o agente sonegador estiver incluída no Refis, desde que a inclusão no referido Programa tenha ocorrido antes do recebimento da denúncia criminal.

   c) Extingue-se a punibilidade dos crimes contra ordem tributária praticados por particulares, quando a pessoa jurídica relacionada com o agente efetuar o pagamento integral dos débitos oriundos de tributos e contribuições sociais, inclusive acessórios, que tiverem sido objeto de concessão de parcelamento antes do recebimento da denúncia criminal.

   d) Considerando que nos crimes contra ordem tributária a autoria é de quem pratica a ação, no caso do ente sonegador tratar-se de sociedade por cotas de responsabilidade limitada, todos os sócios respondem pela sonegação.

   e) Não entregar a nota fiscal, quando obrigatório, no momento da venda da mercadoria, configura crime contra a ordem tributária.

776. **(Aroeira/PC/TO/Escrivão/2014)** Com referência a crimes contra a ordem tributária, econômica e contra as relações de consumo, a Lei n. 8.137/1990 especifica o seguinte:

   a) os crimes são de ação penal pública, sendo competência da autoridade policial, quando e se necessário, providenciar a desapropriação de estoques, a fim de evitar crise no mercado ou colapso no abastecimento.

b) o coautor ou partícipe que, por meio de confissão espontânea, revelar à autoridade policial ou judicial toda a trama delituosa, se os crimes forem cometidos em quadrilha ou coautoria, terá a sua pena reduzida de um a dois terços.

c) o abuso do poder econômico, dominando o mercado ou eliminando, total ou parcialmente, a concorrência mediante qualquer forma de ajuste ou acordo de empresas, constitui crime contra as relações de consumo.

d) o ato praticado pelo fabricante ou concedente alcança o distribuidor ou revendedor quando a venda for efetuada por sistema de entrega ao consumidor ou por intermédio de outro em que o preço ao consumidor é estabelecido pelo fabricante ou concedente.

Agravantes Específicas {art. 12}

Art. 12. São circunstâncias que podem agravar de 1/3 (um terço) até a metade as penas previstas nos arts. 1º, 2º e 4º a 7º:

I – ocasionar grave dano à coletividade;

II – ser o crime cometido por servidor público no exercício de suas funções;

III – ser o crime praticado em relação à prestação de serviços ou ao comércio de bens essenciais à vida ou à saúde.

Art. 13. (Vetado).

Informativos (STJ)

Venda de medicamentos vencidos como causa de aumento de pena prevista no art. 12, III, da Lei 8.137/90.

Quando o produto vendido for medicamento vencido, será possível aplicar a causa de aumento prevista no art. 12, III, da Lei 8.137/90 na dosimetria da pena do crime previsto no art. 7º, IX, da mesma Lei ("vender, ter em depósito para vender ou expor à venda ou, de qualquer forma, entregar matéria-prima ou mercadoria, em condições impróprias ao consumo"). REsp 1.207.442, Rel. Min. Nefi Cordeiro, DJ 11.12.2015. 6ª T. (Info 574)

Jurisprudência complementar (STF)

(...). 2. Devido processo legal e ampla defesa. Observância. 3. Descrição das elementares e circunstâncias do tipo penal na denúncia. Art. 384 do Código de Processo

Penal, na redação dada pela Lei 11.719/2008. Mutatio libelli. Desnecessidade. 4. A descrição, na denúncia, da ação administrativa que resultou na constituição do crédito tributário, bem como do montante apurado são suficientes ao exercício da ampla defesa quanto à causa de aumento de pena disposta no art. 12, I, da Lei 8.137/90. (...). (HC 123733, Rel. Min. Gilmar Mendes, 2ª T., 2014 DJ 6.10.2014)

Jurisprudência complementar (STJ)

(...). Crime contra a ordem tributária. Causa de aumento de pena (art. 12, I, da Lei 8.137/1990). Expressivo valor do tributo sonegado. Grave dano à coletividade. Incidência. (...). Discussão sobre o valor sonegado. Súmula 7/STJ. (...). 1. Restou apurado que o crédito tributário sonegado, à época da denúncia, envolvia diversos tributos e era de R$ 1.156.819,70, valor ainda não atualizado, não sendo possível identificar, sem o revolvimento de aspectos fáticos-probatórios, o montante inicial devido, como pretende a agravante (Súmula 7/STJ). 2. Este Superior Tribunal de Justiça firmou entendimento no sentido de que o não recolhimento de expressiva quantia de tributo atrai a incidência da causa de aumento prevista no art. 12, inc. I, da Lei 8.137/90, pois configura grave dano à coletividade. (...). (AgRg no REsp 1417550, Rel. Min. Reynaldo Soares da Fonseca, DJ 25.8.2015)

■ Ação Penal Pública {art. 15}

Art. 15. Os crimes previstos nesta lei são de ação penal pública, aplicando-se-lhes o disposto no art. 100 do Decreto-Lei n. 2.848, de 7 de dezembro de 1940 – Código Penal.

Jurisprudência complementar (STJ)

(...). Crime de sonegação fiscal. Oferecimento de denúncia. Conclusão do processo administrativo. Desnecessidade. 1. O oferecimento de denúncia, nos crimes de sonegação fiscal, independe da conclusão do procedimento administrativo-fiscal. (...). (REsp 167.491, Rel. Min. Hamilton Carvalhido, DJ 18.9.2000)

(...). Crime contra a ordem tributária. Processo administrativo fiscal. Lançamento definitivo do crédito tributário como condição de prosseguimento do procedimento inquisitorial. Inexistência de dissídio jurisprudencial. Negativa de vigência a dispositivo infraconstitucional não comprovada. (...). I. Esta Corte posicionava-se no sentido de que a representação fiscal do art. 83 da Lei 9.430/96 não constituía condição de procedibilidade para a propositura da ação penal tributária, entendimento revelador da independência das instâncias administrativa, civil e penal. II. O entendimento atual da Suprema Corte – seguido por este Tribunal – é no sentido de que nos crimes do art. 1º da Lei 8.137/90, que são materiais ou de resultado, a decisão definitiva do processo administrativo consubstancia uma condição objetiva de punibilidade (...)". III. Não se demonstra divergência jurisprudencial quando o acórdão recorrido apenas seguiu nova orientação do STF e do STJ e os acórdãos trazidos como paradigmas são anteriores à adoção do mais recente entendimento. IV. Da mesma forma, à luz do novo entendimento, não se comprova a negativa de vigência à dispositivo infraconstitucional. (...). (REsp 741.436, Rel. Min. Gilson dipp, 19.9.2005)

■ "Delatio Criminis" {art. 16}

> **Art. 16.** Qualquer pessoa poderá provocar a iniciativa do Ministério Público nos crimes descritos nesta lei, fornecendo-lhe por escrito informações sobre o fato e a autoria, bem como indicando o tempo, o lugar e os elementos de convicção.
>
> Parágrafo único. Nos crimes previstos nesta Lei, cometidos em quadrilha ou coautoria, o coautor ou partícipe que através de confissão espontânea revelar à autoridade policial ou judicial toda a trama delituosa terá a sua pena reduzida de um a dois terços. (Parágrafo incluído pela Lei n. 9.080, de 19.7.1995).

Informativos (STF)

HC: denúncias anônimas e lançamento definitivo

Nos crimes de sonegação tributária, apesar de a jurisprudência do STF condicionar a persecução penal à existência do lançamento tributário definitivo, o mesmo não ocorre quanto à investigação preliminar. Os crimes contra a ordem tributária ou de outra modalidade delitiva podem ser tentados e consumados e jamais se entendeu pela impossibilidade da investigação preliminar durante a execução de um crime e mesmo antes da consumação. HC 106152, Rel. Min. Rosa Weber, 29.3.2016. 1ª T. (Info 819)

Informativos (STJ)

Obrigação de remessa da representação fiscal para fins penais.

A Delegacia da Receita Federal deve enviar ao Ministério Público Federal os autos das representações fiscais para fins penais relativas aos crimes contra a ordem tributária previstos na Lei 8.137/1990 e aos crimes contra a previdência social (arts. 168-A e 337-A do CP), após proferida a decisão final, na esfera administrativa, sobre a exigência fiscal do crédito tributário correspondente, mesmo quando houver afastamento de multa agravada. REsp 1.569.429, Rel. Min. Herman Benjamin, Segunda Turma, DJ 25.5.2016. 2ª T. (Info 584)

■ Atuação Administrativa {art. 17}

Art. 17. Compete ao Departamento Nacional de Abastecimento e Preços, quando e se necessário, providenciar a desapropriação de estoques, a fim de evitar crise no mercado ou colapso no abastecimento.

Art. 18 (Revogado p/ Lei 8.176/91).

■ Alterações no Código Penal {arts. 19 a 21}

Art. 19. O caput do art. 172 do Decreto-Lei n. 2.848, de 7 de dezembro de 1940 – Código Penal, passa a ter a seguinte redação:

"Art. 172. Emitir fatura, duplicata ou nota de venda que não corresponda à mercadoria vendida, em quantidade ou qualidade, ou ao serviço prestado."

"Pena – detenção, de 2 (dois) a 4 (quatro) anos, e multa".

Art. 20. O § 1º do art. 316 do Decreto-Lei n. 2.848, de 7 de dezembro de 1940 Código Penal, passa a ter a seguinte redação:

"Art. 316. (...)."

"§ 1º Se o funcionário exige tributo ou contribuição social que sabe ou deveria saber indevido, ou, quando devido, emprega na cobrança meio vexatório ou gravoso, que a lei não autoriza;

"Pena – reclusão, de 3 (três) a 8 (oito) anos, e multa".

Art. 21. O art. 318 do Decreto-Lei n. 2.848, de 7 de dezembro de 1940 Código Penal, quanto à fixação da pena, passa a ter a seguinte redação:

"Art. 318. (...)."

"Pena – reclusão, de 3 (três) a 8 (oito) anos, e multa".

■ Regra de Vigência {art. 22}

Art. 22. Esta lei entra em vigor na data de sua publicação.

■ Revogações {art. 23}

Art. 23. Revogam-se as disposições em contrário e, em especial, o art. 279 do Decreto-Lei n. 2.848, de 7 de dezembro de 1940 – Código Penal.

Brasília, 27 de dezembro de 1990; 169º da Independência e 102º da República.

Fernando Collor

ORGANIZAÇÕES CRIMINOSAS (LEI 12.850/13)

Lei n. 12.850, de 2 de agosto de 2013.

> *Define organização criminosa e dispõe sobre a investigação criminal, os meios de obtenção da prova, infrações penais correlatas e o procedimento criminal; altera o Decreto-Lei no2.848, de 7 de dezembro de 1940 (Código Penal); revoga a Lei n. 9.034, de 3 de maio de 1995; e dá outras providências.*

A Presidenta da República Faço saber que o Congresso Nacional decreta e eu sanciono a seguinte Lei:

Capítulo I – Da Organização Criminosa

■ Conceito de Organização Criminosa {art. 1º}

Art. 1º Esta Lei define organização criminosa e dispõe sobre a investigação criminal, os meios de obtenção da prova, infrações penais correlatas e o procedimento criminal a ser aplicado.

§ 1º Considera-se organização criminosa a associação de 4 (quatro) ou mais pessoas estruturalmente ordenada e caracterizada pela divisão de tarefas, ainda que informalmente, com objetivo de obter, direta ou indiretamente, vantagem de qualquer natureza, mediante a prática de infrações penais cujas penas máximas sejam superiores a 4 (quatro) anos, ou que sejam de caráter transnacional.

§ 2º Esta Lei se aplica também:

I – às infrações penais previstas em tratado ou convenção internacional quando, iniciada a execução no País, o resultado tenha ou devesse ter ocorrido no estrangeiro, ou reciprocamente;

II – às organizações terroristas internacionais, reconhecidas segundo as normas de direito internacional, por foro do qual o Brasil faça parte, cujos atos de suporte ao terrorismo, bem como os atos preparatórios ou de execução de atos terroristas, ocorram ou possam ocorrer em território nacional.

Questões de concursos

777. **(MPE/SC/Promotor/2016)** Nos termos da Lei n. 12.850/13 (Organizações Criminosas), considera-se organização criminosa a associação de três ou mais pessoas estruturalmente ordenada e caracterizada pela divisão de tarefas, ainda que informalmente, com objetivo de obter, direta ou indiretamente, vantagem de qualquer natureza, mediante a prática de infrações penais cujas penas máximas sejam iguais ou superiores a quatro anos, ou que sejam de caráter transnacional.

778. **(UFMT/TJ/MT/Analista/2016)** Em relação ao conceito de organização criminosa, disposto na Lei n. 12.850/2013, assinale a afirmativa correta.

   a) Considera-se organização criminosa a associação de 2 (duas) ou mais pessoas estruturalmente ordenada e caracterizada pela divisão de tarefas, ainda que informalmente, com objetivo de obter, direta ou indiretamente, vantagem de qualquer natureza, mediante a prática de infrações penais cujas penas máximas sejam superiores a 4 (quatro) anos, ou que sejam de caráter transnacional.

   b) Considera-se organização criminosa a associação de 2 (duas) ou mais pessoas estruturalmente ordenada e caracterizada pela divisão de tarefas, ainda que informalmente, com objetivo de obter, direta ou indiretamente, vantagem de qualquer natureza, mediante a prática de infrações penais cujas penas máximas sejam superiores a 2 (dois) anos, ou que sejam de caráter transnacional.

   c) Considera-se organização criminosa a associação de 4 (quatro) ou mais pessoas estruturalmente ordenada e caracterizada pela divisão de tarefas, ainda que informalmente, com objetivo de obter, direta ou indiretamente, vantagem de qualquer natureza, mediante a prática de infrações penais cujas penas máximas sejam superiores a 2 (dois) anos, ou que sejam de caráter transnacional.

   d) Considera-se organização criminosa a associação de 4 (quatro) ou mais pessoas estruturalmente ordenada e caracterizada pela divisão de tarefas, ainda que informalmente, com objetivo de obter, direta ou indiretamente, vantagem de qualquer natureza, mediante a prática de infrações penais cujas penas máximas sejam superiores a 4 (quatro) anos, ou que sejam de caráter transnacional.

779. (Cespe/TRT/8R/Analista/2016) Com relação às regras da hermenêutica penal, conforme a interpretação do Superior Tribunal de Justiça e do Supremo Tribunal Federal, assinale a opção correta.

   a) A responsabilidade da sociedade empresarial e dos sócios pelo ilícito penal ambiental é objetiva, bastando, para que sejam devidas as sanções, provar o dano produzido ao meio ambiente.

   b) Para a responsabilização penal da pessoa jurídica nos crimes contra o meio ambiente, é imprescindível a imputação concomitante da pessoa física que agiu em nome da empresa ou em seu benefício, porque a culpa e o dolo somente podem ser atribuídos à pessoa física.

   c) O crime de embriaguez ao volante, previsto no Código de Trânsito Brasileiro, classifica-se como crime de perigo concreto, de modo que, para tipificar a conduta, é obrigatória a prova de que o motorista estava colocando em risco a incolumidade física de outras pessoas.

   d) Quanto ao crime de abuso de autoridade, configura-se atípica a conduta do juiz que determina que o preso, ainda que esse não ofereça riscos, seja mantido algemado durante a audiência de instrução e julgamento, já que lhe cabe prevenir eventual tentativa de fuga.

   e) Embora previsto na Convenção de Palermo, o tipo penal do crime de organização criminosa só foi definitivamente incorporado ao ordenamento jurídico brasileiro com a publicação de legislação penal extravagante, razão por que apenas as condutas praticadas em momento posterior ao início do vigor da lei podem ser enquadradas nesse tipo penal.

780. (MPE/RS/Promotor/2016) Assinale a alternativa incorreta.

   a) A lei brasileira define como organização criminosa a associação de três ou mais pessoas estruturalmente ordenada e caracterizada pela divisão de tarefas, ainda que informalmente, com objetivo de obter, direta ou indiretamente, vantagem de qualquer natureza, mediante a prática de infrações penais cujas penas máximas sejam superiores a quatro anos, ou que sejam de caráter transnacional.

   b) A lei penal da organização criminosa permite ao juiz, a requerimento das partes, conceder o perdão judicial, reduzir em até dois terços a pena privativa de liberdade ou substituí-la por restritiva de direitos daquele que tenha colaborado efetiva e voluntariamente com a investigação e com o processo criminal.

   c) Se houver retratação da proposta de colaboração prevista na lei penal da organização criminosa, as provas autoincriminatórias produzidas pelo colaborador não poderão ser utilizadas exclusivamente em seu desfavor.

   d) A configuração do crime de associação criminosa, definido pelo CP, não depende da realização ulterior de qualquer delito compreendido no âmbito de suas projetadas atividades criminosas. E, aquele que, embora sem pertencer à associação, auxilia os associados na prática de determinado crime, responde apenas por este crime.

e) A constituição de milícia privada, como fato crime definido pelo CP, é infração comum e formal, pode ter momentos consumativos diferentes e sua finalidade, necessariamente, deve ser a da prática de infrações penais previstas unicamente no próprio CP.

781. **(Cespe/TCU/Auditor/2015)** Em razão de essa lei ser o que se denomina "novatio legis" incriminadora, sua aplicação restringe-se aos casos em que a prática dos crimes tenha se dado a partir da data de início de sua vigência, sob pena de violação ao princípio da irretroatividade da lei penal mais gravosa.

782. **(Cespe/TCU/Auditor/2015)** Nos termos dessa lei, organização criminosa é a associação de, no mínimo, quatro pessoas com estrutura ordenada e divisão de tarefas, com estabilidade e permanência. A ausência da estabilidade ou da permanência caracteriza o concurso eventual de agentes, dotado de natureza passageira.

783. **(Cespe/TRF/5R/Juiz/2015)** No que concerne à Convenção das Nações Unidas contra o Crime Organizado Transnacional e à Lei n. 12.850/2013, que trata de ações praticadas por organizações criminosas, assinale a opção correta.

a) Segundo a lei que trata de organização criminosa, a caracterização de "grupo criminoso organizado" envolve a obtenção, direta ou indireta, de vantagem indevida mediante perpetração de contravenções penais.

b) A referida convenção permite incluir pessoas jurídicas como parte em pedidos de cooperação judiciária a ser prestada na fase de investigação, durante o processo ou em atos judiciais relativos a infrações pelas quais essas pessoas possam ser responsabilizadas.

c) A mencionada convenção veda expressamente a possibilidade de os Estados-partes invocarem a ausência de dupla incriminação como motivo para a recusa da cooperação judiciária demandada ou para a apresentação de obstáculo a essa cooperação.

d) Embora a convenção em apreço recomende que os Estados-partes tipifiquem em suas leis internas a conduta caracterizadora do crime de "obstrução à justiça", o legislador brasileiro absteve-se de fazê-lo na lei que trata de organização criminosa.

e) Para aplicação da convenção em apreço, os crimes devem ser graves, conforme entendimento nela descrito para "infração grave", e praticados por "grupo criminoso organizado" em mais de um Estado.

784. **(MPE/GO/Promotor/2014)** A criminalidade organizada representa uma grave ameaça à sociedade e ao Estado Democrático de Direito como poder paralelo imposto, sobretudo, pela brutalidade, violência, intimidação e pelo alto grau de lesivi-

dade aos bens jurídicos relevantes, incumbindo, assim, ao Poder Público estabelecer mecanismos eficazes de persecução penal para o combate a esta macrocriminalidade, até mesmo como meio de tutela do próprio poder estatal. Com base nas disposições da Lei n. 12.850/13, indique a alternativa incorreta:

a) Considera-se organização criminosa a associação de 4 (quatro) ou mais pessoas estruturalmente ordenada e caracterizada pela divisão de tarefas, ainda que informalmente, com objetivo de obter, direta ou indiretamente, vantagem de qualquer natureza, mediante a prática de infrações penais cujas penas máximas sejam iguais ou superiores a 4 (quatro) anos, ou que sejam de caráter transnacional.

b) Para que o agente possa ser contemplado com os benefícios penais e processuais penais da colaboração premiada é imprescindível que seja verificada a relevância e a eficácia objetiva das informações repassadas pelo colaborador, devendo, ainda, a colaboração ser ratificada em juízo, caso realizada na fase extrajudicial.

c) a Convenção de Palermo define a entrega vigiada como sendo a técnica que consiste em permitir que remessas ilícitas ou suspeitas saiam do território de um ou mais Estados, os atravessem ou neles entrem, com o conhecimento e sob o controle das suas autoridades competentes, com a finalidade de investigar infrações e identificar as pessoas envolvidas na sua prática.

d) A infiltração será autorizada pelo prazo de até 6 (seis) meses, sem prejuízo de eventuais renovações, desde que comprovada sua necessidade.

785. **(Cespe/TJ/SE/Analista/2014)** A lei conceitua organização criminosa como sendo a associação de quatro ou mais pessoas estruturalmente ordenada e caracterizada pela divisão de tarefas, ainda que informalmente, com objetivo de obter, direta ou indiretamente, vantagem de natureza econômico-financeira, mediante a prática de qualquer crime cometido no país ou no estrangeiro.

786. **(Cespe/Câmara_Deputados/Analista_Legislativo/2014)** A lei que trata das organizações criminosas aplica-se às organizações terroristas internacionais, definidas segundo as normas de direito internacional reconhecidas pelo Brasil.

787. **(Cespe/Câmara_Deputados/Analista_Legislativo/2014)** A nova definição de organização criminosa abarca apenas os crimes com pena máxima superior a quatro anos.

788. **(Cespe/Câmara_Deputados/Analista_Legislativo/2014)** De acordo com o STJ, o conceito jurídico da expressão organização criminosa podia ser extraído da Convenção de Palermo, que a define como o grupo estruturado de três ou mais pessoas, existente há algum tempo e atuando concertadamente com o propósito de cometer uma ou mais infrações graves ou enunciadas na referida convenção, com a intenção de obter, direta ou indiretamente, um benefício econômico ou outro benefício material.

789. **(Fundep/TJ/MG/Juiz/2014)** Analise as seguintes afirmativas, assinalando com V as verdadeiras e com F as falsas.

   I.   Sempre que houver a reparação do dano no crime de peculato culposo ocorrerá a extinção da punibilidade do agente.

   II. A Lei n. 9.455/97, que trata dos crimes de tortura, revogou tacitamente a qualificadora relativa ao emprego de tortura no delito de homicídio, uma vez que prevê o crime de tortura com resultado morte.

   III. É possível a formação de organização criminosa com o intuito de praticar infração cuja pena máxima cominada seja inferior a quatro anos.

   IV. O crime de associação para o tráfico previsto no Artigo 35 da Lei n. 12.343/2006 é equiparado a hediondo, por força do Artigo 5º inciso XLIII da CF, bem como do Artigo 2º, caput, da Lei n. 8.052/90.

   Assinale a alternativa que apresenta a sequência correta.

   a) F, V, F, V.
   b) V, V, F, F.
   c) F, F, V, V.
   d) F, F, V, F.

Crime {art. 2º}

Art. 2º Promover, constituir, financiar ou integrar, pessoalmente ou por interposta pessoa, organização criminosa:

Pena – reclusão, de 3 (três) a 8 (oito) anos, e multa, sem prejuízo das penas correspondentes às demais infrações penais praticadas.

Questões de concursos

790. **(Cespe/Câmara_Deputados/Analista_Legislativo/2014)** A classificação jurídica do crime de organização criminosa caracteriza-o como um delito omissivo, doloso, plurissubsistente, de ação penal pública incondicionada e de perigo comum abstrato.

■ Consultas Equiparadas {art. 2°, § 1°}

§ 1° Nas mesmas penas incorre quem impede ou, de qualquer forma, embaraça a investigação de infração penal que envolva organização criminosa.

§ 2° As penas aumentam-se até a metade se na atuação da organização criminosa houver emprego de arma de fogo.

§ 3° A pena é agravada para quem exerce o comando, individual ou coletivo, da organização criminosa, ainda que não pratique pessoalmente atos de execução.

§ 4° A pena é aumentada de 1/6 (um sexto) a 2/3 (dois terços):

I – se há participação de criança ou adolescente;

II – se há concurso de funcionário público, valendo-se a organização criminosa dessa condição para a prática de infração penal;

III – se o produto ou proveito da infração penal destinar-se, no todo ou em parte, ao exterior;

IV – se a organização criminosa mantém conexão com outras organizações criminosas independentes;

V – se as circunstâncias do fato evidenciarem a transnacionalidade da organização.

§ 5° Se houver indícios suficientes de que o funcionário público integra organização criminosa, poderá o juiz determinar seu afastamento cautelar do cargo, emprego ou função, sem prejuízo da remuneração, quando a medida se fizer necessária à investigação ou instrução processual.

§ 6° A condenação com trânsito em julgado acarretará ao funcionário público a perda do cargo, função, emprego ou mandato eletivo e a interdição para o exercício de função ou cargo público pelo prazo de 8 (oito) anos subsequentes ao cumprimento da pena.

§ 7° Se houver indícios de participação de policial nos crimes de que trata esta Lei, a Corregedoria de Polícia instaurará inquérito policial e comunicará ao Ministério Público, que designará membro para acompanhar o feito até a sua conclusão.

Jurisprudência complementar (STF)

Embargos Infringentes. Extinção da punibilidade pela prescrição da pena máxima aplicável em tese. Provimento dos embargos. 1. As penas aplicadas ao crime de quadrilha pelo acórdão embargado foram desproporcionais em si e, ademais, incongruentes com as demais penas aplicadas aos outros crimes pelos quais foram os embargantes condenados. 2. Mantendo-se proporcionalidade mínima e aplicando-se à pena de quadrilha o maior percentual de majoração aplicado aos demais crimes, verifica-se a inexorável prescrição da pretensão punitiva, com a extinção da punibilidade dos embargantes. 3. Se quatro juízes se pronunciaram pela absolvição e ao menos dois pela prescrição, a incidência da pena por quadrilha faria com que a posição da minoria prevalecesse sobre a da maioria, e isso em tema especialmente sensível como o da privação da liberdade individual. 4. Preliminar de mérito que pode ser conhecida em sede de embargos infringentes. Juízo que não envolve reapreciação da dosimetria in concreto, e sim a constatação de vício interno ao acórdão, do qual resulta um necessário realinhamento da pena máxima a que se poderia chegar. 5. Embargos infringentes providos para se declarar extinta a punibilidade, sem necessidade de julgamento do mérito propriamente dito. 6. De todo modo, caso se fosse avançar para o exame da procedência ou improcedência das imputações, a hipótese dos autos revela concurso de agentes, e não a caracterização do crime de quadrilha. Inexistência de elementos suficientes que demonstrem a formação deliberada de uma entidade autônoma e estável, dotada de desígnios próprios e destinada à prática de crimes indeterminados. (AP 470 EI-décimos quartos, Rel. p/ ac. Min. Roberto Barroso, Pleno, DJ 21.8.2014)

Jurisprudência complementar (STJ)

(...). Organização criminosa. Tráfico de drogas e associação para o tráfico. Trancamento da ação penal. Inépcia da denúncia. Inocorrência. Art. 580 do CPP. Ausência de similitude fática. Exame das provas. Vedação. Deficiência na instrução do feito e supressão de instância. Desprovimento. 1. Hipótese em que a denúncia descreve adequadamente a conduta imputada à recorrente, de maneira suficiente ao exercício do direito de defesa, inexistindo vício na peça acusatória. A acusação é de que a recorrente integra organização criminosa, atuando com o fornecimento de armas e de drogas. Especificou-se que ela, em 19/1/2014, teria adquirido, vendido e exposto à venda 10 fuzis e munições, cujo destino seria a comunidade Serrinha, no Rio de Janeiro. Narrou-se, ainda, que ela vendeu substância entorpecente, além de integrar organização criminosa. 2. Não há falar em extensão dos benefícios concedido à corré que, na verdade, havia sido denunciada em outra ação penal, portanto em outra peça acusatória, e cuja imputação era totalmente diferente, inexistindo similitude fática. 3. Quanto à existência de provas da materialidade e da autoria do crime, não cabe sua avaliação nesta via estreita, em que vedada a análise profunda dos elementos de convicção. 4. A Defesa menciona a falta de fundamentação do decreto de prisão preventiva, mas tal documento sequer instrui os autos, o que impossibilita a análise da questão. Ademais, tal tese não foi enfrentada no acórdão impugnado, vedada a supressão de instância. (...). (RHC 56.153, Rel. Min. Maria Thereza de Assis Moura, DJ 9.3.2015)

(...). Se há, como na espécie, conexão entre os delitos de tráfico e de associação com outros crimes, a adoção do rito comum ordinário não é causa de nulidade, porquanto é mais amplo e favorece, em "ultima ratio", a ampla defesa. (RHC 55.097, Rel. Min. Maria Thereza de Assis Moura, DJ 2.3.2015)

Questões de concursos

791. **(Vunesp/TJM/SP/Juiz/2016)** Nos termos da Lei n. 12.850, de 2 de agosto de 2013, se houver indícios suficientes de que funcionário público integra organização criminosa, poderá o Juiz determinar

   a) a perda do cargo ou mandato eletivo e a interdição para o exercício do cargo público pelo prazo de 4 anos, contado a partir do cumprimento da pena.

   b) a perda do cargo ou mandato eletivo e a interdição para o exercício do cargo público pelo prazo de 8 anos, contado a partir do cumprimento da pena.

   c) a perda do cargo ou mandato eletivo e a interdição para o exercício do cargo público pelo prazo da sentença penal condenatória, subsequente ao cumprimento da pena.

   d) seu afastamento cautelar do cargo, sem prejuízo da remuneração, quando a medida se fizer necessária à instrução processual.

   e) seu afastamento cautelar do cargo, com prejuízo da remuneração, quando a medida se fizer necessária à instrução processual.

792. **(MPE/SC/Promotor/2016)** Segundo a Lei n. 12.850/13 (Organizações Criminosas), em seu art. 2°, § 3°, encontra-se expressamente prevista circunstância de especial aumento de pena para quem exerce o comando, individual ou coletivo, da organização criminosa, ainda que não pratique pessoalmente atos de execução.

793. **(Vunesp/IPSMI/Procurador/2016)** A respeito da Lei n. 12.850/13 (Lei de Organização Criminosa), assinale a alternativa correta.

   a) Quem impede ou embaraça a investigação de infração que envolve organização criminosa está sujeito a punição idêntica à de quem integra organização criminosa.

   b) Havendo indício de que o funcionário público integra organização criminosa, o Juiz poderá determinar o afastamento cautelar do cargo, com suspensão da remuneração.

c) Quem exerce o comando da organização criminosa, ainda que não pratique pessoalmente nenhum ato de execução, está sujeito a punição idêntica à de quem apenas integra organização criminosa.

d) A infiltração policial, a ação controlada e a captação ambiental são meios de prova permitidos apenas na fase investigativa.

e) A colaboração premiada é admitida apenas até a sentença.

794. **(Cespe/Depen/Agente_Penitenciário/2015)** Determinada organização criminosa voltada à prática do tráfico de armas de fogo e extorsão esperava um grande carregamento de armas para dia e local previamente determinados. Durante a investigação policial dessa organização criminosa, a autoridade policial, de acordo com informações obtidas por meio de interceptações telefônicas autorizadas pelo juízo, identificou que o "modus operandi" da organização tinha se aprimorado, pois ela havia passado a contar com o apoio de um policial militar, cuja atribuição era negociar o preço das armas; e um policial civil, ao qual cabia a tarefa de receber o dinheiro do pagamento das armas. No local onde seria efetivada a operação, verificou-se a atuação de José, de quatorze anos de idade, a quem cabia a tarefa de receber e distribuir grande quantidade de cigarros estrangeiros contrabandeados, fomentando assim o comércio ilegal, a fim de diversificar os ramos de atividade do grupo criminoso. A autoridade policial decidiu, por sua conta e risco, retardar a intervenção policial, não tendo abordado uma van, na qual os integrantes do grupo transportavam as armas e os cigarros. Em seguida, os policiais seguiram o veículo e, horas depois, identificaram o fornecedor das armas e prenderam em flagrante os criminosos e os policiais envolvidos na organização criminosa. Após a prisão, o policial militar participante da organização criminosa negociou e decidiu colaborar com a autoridade policial, confessando, nos autos do inquérito policial, sua participação no delito imputado e também delatando outros coautores e partícipes, o que contribuiu para o esclarecimento de outros crimes. Com referência a essa situação hipotética, julgue o seguinte item com base na Lei n. 12.850/2013, que trata de organizações criminosas, investigação criminal e outras matérias correlatas. Com relação ao policial civil envolvido na organização criminosa, se necessário à investigação ou à instrução processual, poderá o juiz determinar seu afastamento cautelar do cargo, sem prejuízo de sua remuneração.

795. **(Cespe/Depen/Agente_Penitenciário/2015)** Determinada organização criminosa voltada à prática do tráfico de armas de fogo e extorsão esperava um grande carregamento de armas para dia e local previamente determinados. Durante a investigação policial dessa organização criminosa, a autoridade policial, de acordo com informações obtidas por meio de interceptações telefônicas autorizadas pelo juízo, identificou que o "modus operandi" da organização tinha se aprimorado, pois ela havia passado a contar com o apoio de um policial militar, cuja atribuição era negociar o preço das armas; e um policial civil, ao qual cabia a tarefa de receber o dinheiro do pagamento das armas. No local onde seria efetivada a operação, ve-

rificou-se a atuação de José, de quatorze anos de idade, a quem cabia a tarefa de receber e distribuir grande quantidade de cigarros estrangeiros contrabandeados, fomentando assim o comércio ilegal, a fim de diversificar os ramos de atividade do grupo criminoso. A autoridade policial decidiu, por sua conta e risco, retardar a intervenção policial, não tendo abordado uma van, na qual os integrantes do grupo transportavam as armas e os cigarros. Em seguida, os policiais seguiram o veículo e, horas depois, identificaram o fornecedor das armas e prenderam em flagrante os criminosos e os policiais envolvidos na organização criminosa. Após a prisão, o policial militar participante da organização criminosa negociou e decidiu colaborar com a autoridade policial, confessando, nos autos do inquérito policial, sua participação no delito imputado e também delatando outros coautores e partícipes, o que contribuiu para o esclarecimento de outros crimes. Com referência a essa situação hipotética, julgue o seguinte item com base na Lei n. 12.850/2013, que trata de organizações criminosas, investigação criminal e outras matérias correlatas. Em face dos indícios de participação de policiais nos crimes noticiados, as respectivas corregedorias de polícia deverão instaurar inquérito policial e comunicar ao Ministério Público, que designará membro para acompanhar o feito até a sua conclusão.

796. **(Vunesp/PC/CE/Inspetor/2015)** Sobre a Lei n. 12.850/2013 (combate às organizações criminosas), está correto afirmar que

   a) a interceptação telefônica e a infiltração de agentes somente serão admitidas após iniciada a ação penal.

   b) a infiltração de agentes de polícia em tarefas de investigação dependerá de autorização do Delegado de Polícia, que estabelecerá seus limites.

   c) a participação de policial nos crimes de que trata essa lei será investigada em inquérito policial instaurado pela Corregedoria de Polícia e acompanhado por membro específico designado pelo Ministério Público até sua conclusão

   d) para sua aplicação, dentre outros requisitos, exige--se a associação de três pessoas para a prática de infrações penais cujas penas máximas sejam superiores a três anos quando não tiverem caráter transnacional.

   e) a colaboração premiada, de acordo com o artigo 4 o, prevê redução da pena corporal ao agente ou substituição da pena corporal por restritiva de direitos, não contemplando em nenhuma hipótese, o perdão judicial.

797. **(IBFC/PC/RJ/Papiloscopista/2014)** No crime de promover, constituir, financiar ou integrar, pessoalmente ou por interposta pessoa, organização criminosa, previsto no artigo 2º da Lei n. 12.850/2013, são circunstâncias que aumentam a pena de 1/6 (um sexto) a 2/3 (dois terços), exceto:

   a) A participação de criança ou adolescente.

   b) O concurso de funcionário público, valendo-se a organização criminosa dessa condição para a prática de infração penal.

c) O produto ou proveito da infração penal destinar-se, no todo ou em parte, ao financiamento de campanha eleitoral.

d) A organização criminosa que mantiver conexão com outras organizações criminosas independentes.

e) As circunstâncias do fato evidenciarem a transnacionalidade da organização.

Capítulo II – Da Investigação e dos Meios de Obtenção da Prova

■ Meios de Prova {art. 3º}

Art. 3º Em qualquer fase da persecução penal, serão permitidos, sem prejuízo de outros já previstos em lei, os seguintes meios de obtenção da prova:

I – colaboração premiada;

II – captação ambiental de sinais eletromagnéticos, ópticos ou acústicos;

III – ação controlada;

IV – acesso a registros de ligações telefônicas e telemáticas, a dados cadastrais constantes de bancos de dados públicos ou privados e a informações eleitorais ou comerciais;

V – interceptação de comunicações telefônicas e telemáticas, nos termos da legislação específica;

VI – afastamento dos sigilos financeiro, bancário e fiscal, nos termos da legislação específica;

VII – infiltração, por policiais, em atividade de investigação, na forma do art. 11;

VIII – cooperação entre instituições e órgãos federais, distritais, estaduais e municipais na busca de provas e informações de interesse da investigação ou da instrução criminal.

§ 1º Havendo necessidade justificada de manter sigilo sobre a capacidade investigatória, poderá ser dispensada licitação para contratação de serviços técnicos especializados, aquisição ou locação de equipamentos destinados à polícia judiciária para o rastreamento e obtenção de provas previstas nos incisos II e V.

§ 2° No caso do § 1°, fica dispensada a publicação de que trata o parágrafo único do art. 61 da Lei n. 8.666, de 21 de junho de 1993, devendo ser comunicado o órgão de controle interno da realização da contratação.

Questões de concursos

798. **(FGV/TJ/PI/Analista/2015)** Não corresponde a um dos meios de obtenção de prova previstos na Lei n. 12.850/2013:

   a) afastamento do sigilo fiscal.
   b) interceptação de comunicações telemáticas.
   c) afastamento do sigilo financeiro.
   d) acesso a registros de ligações telefônicas.
   e) entrega vigiada.

Seção I – Da Colaboração Premiada

■ Colaboração Premiada {art. 4°}

Art. 4° O juiz poderá, a requerimento das partes, conceder o perdão judicial, reduzir em até 2/3 (dois terços) a pena privativa de liberdade ou substituí-la por restritiva de direitos daquele que tenha colaborado efetiva e voluntariamente com a investigação e com o processo criminal, desde que dessa colaboração advenha um ou mais dos seguintes resultados:

I – a identificação dos demais coautores e partícipes da organização criminosa e das infrações penais por eles praticadas;

II – a revelação da estrutura hierárquica e da divisão de tarefas da organização criminosa;

III – a prevenção de infrações penais decorrentes das atividades da organização criminosa;

IV – a recuperação total ou parcial do produto ou do proveito das infrações penais praticadas pela organização criminosa;

V – a localização de eventual vítima com a sua integridade física preservada.

§ 1º Em qualquer caso, a concessão do benefício levará em conta a personalidade do colaborador, a natureza, as circunstâncias, a gravidade e a repercussão social do fato criminoso e a eficácia da colaboração.

§ 2º Considerando a relevância da colaboração prestada, o Ministério Público, a qualquer tempo, e o delegado de polícia, nos autos do inquérito policial, com a manifestação do Ministério Público, poderão requerer ou representar ao juiz pela concessão de perdão judicial ao colaborador, ainda que esse benefício não tenha sido previsto na proposta inicial, aplicando-se, no que couber, o art. 28 do Decreto-Lei n. 3.689, de 3 de outubro de 1941 (Código de Processo Penal).

§ 3º O prazo para oferecimento de denúncia ou o processo, relativos ao colaborador, poderá ser suspenso por até 6 (seis) meses, prorrogáveis por igual período, até que sejam cumpridas as medidas de colaboração, suspendendo-se o respectivo prazo prescricional.

§ 4º Nas mesmas hipóteses do caput, o Ministério Público poderá deixar de oferecer denúncia se o colaborador:

I – não for o líder da organização criminosa;

II – for o primeiro a prestar efetiva colaboração nos termos deste artigo.

§ 5º Se a colaboração for posterior à sentença, a pena poderá ser reduzida até a metade ou será admitida a progressão de regime ainda que ausentes os requisitos objetivos.

§ 6º O juiz não participará das negociações realizadas entre as partes para a formalização do acordo de colaboração, que ocorrerá entre o delegado de polícia, o investigado e o defensor, com a manifestação do Ministério Público, ou, conforme o caso, entre o Ministério Público e o investigado ou acusado e seu defensor.

§ 7º Realizado o acordo na forma do § 6º, o respectivo termo, acompanhado das declarações do colaborador e de cópia da investigação, será remetido ao juiz para homologação, o qual deverá verificar sua regularidade, legalidade e voluntariedade, podendo para este fim, sigilosamente, ouvir o colaborador, na presença de seu defensor.

§ 8º O juiz poderá recusar homologação à proposta que não atender aos requisitos legais, ou adequá-la ao caso concreto.

§ 9º Depois de homologado o acordo, o colaborador poderá, sempre acompanhado pelo seu defensor, ser ouvido pelo membro do Ministério Público ou pelo delegado de polícia responsável pelas investigações.

§ 10. As partes podem retratar-se da proposta, caso em que as provas autoincriminatórias produzidas pelo colaborador não poderão ser utilizadas exclusivamente em seu desfavor.

§ 11. A sentença apreciará os termos do acordo homologado e sua eficácia.

§ 12. Ainda que beneficiado por perdão judicial ou não denunciado, o colaborador poderá ser ouvido em juízo a requerimento das partes ou por iniciativa da autoridade judicial.

§ 13. Sempre que possível, o registro dos atos de colaboração será feito pelos meios ou recursos de gravação magnética, estenotipia, digital ou técnica similar, inclusive audiovisual, destinados a obter maior fidelidade das informações.

§ 14. Nos depoimentos que prestar, o colaborador renunciará, na presença de seu defensor, ao direito ao silêncio e estará sujeito ao compromisso legal de dizer a verdade.

§ 15. Em todos os atos de negociação, confirmação e execução da colaboração, o colaborador deverá estar assistido por defensor.

§ 16. Nenhuma sentença condenatória será proferida com fundamento apenas nas declarações de agente colaborador.

Súmulas (STJ)

Súmula 18. A sentença concessiva do perdão judicial e declaratória da extinção da punibilidade, não subsistindo qualquer efeito condenatório.

Questões de concursos

799. **(Vunesp/PGM/Andradina/Procurador/2017)** Nos termos do art. 4º da Lei n. 12.850/13, que trata da colaboração premiada, é correto afirmar que

   a) o juiz participará ativamente das negociações realizadas entre as partes para a formalização do acordo de colaboração, que ocorrerá entre o delegado de polícia, o investigado e o defensor, com a manifestação do Ministério Público ou, conforme o caso, entre o Ministério Público e o investigado ou acusado e seu defensor.

   b) o Ministério Público poderá deixar de oferecer denúncia contra quem tenha colaborado efetiva e voluntariamente para a investigação, permitindo a identificação dos demais coautores e partícipes da organização criminosa e das infrações penais por eles praticadas, desde que não seja o líder da organização criminosa e seja o primeiro a colaborar.

c) nas ações penais em que sejam utilizadas as declarações do colaborador, o juiz sentenciará segundo seu livre convencimento, podendo utilizar como única prova válida a embasar decreto condenatório o depoimento do colaborador.

d) nos depoimentos que prestar, o colaborador, obrigatoriamente, será acompanhado de seu defensor e embora esteja sujeito ao compromisso legal de dizer a verdade, fica-lhe assegurado o constitucional direito ao silêncio.

e) os benefícios concedidos ao colaborador prescindem da análise de sua personalidade, bem como da natureza, das circunstâncias, da gravidade e da repercussão social do fato criminoso e da eficácia da colaboração.

800. **(Funcab/PC/PA/Escrivão/2016)** Acerca da Lei n. 12.850, de 2013 que versa sobre organização criminosa, é correto afirmar que:

a) na colaboração premiada, o colaborador, nos depoimentos que prestar, não estará sujeito à renúncia ao direito de permanecer em silêncio, mas estará sujeito ao compromisso legal de dizer a verdade.

b) considera-se organização criminosa a associação de 4 (quatro) ou mais pessoas estruturalmente ordenada e caracterizada pela divisão de tarefas, ainda que informalmente, com objetivo de obter, direta ou indiretamente, vantagem de qualquer natureza, mediante a prática de infrações penais cujas penas máximas sejam inferiores a 4 (quatro) anos, e que sejam de caráter transnacional.

c) se houver indícios suficientes de que o funcionário público integra organização criminosa, poderá o juiz determinar seu afastamento cautelar do cargo, emprego ou função, com prejuízo da remuneração, quando a medida se fizer necessária à investigação ou instrução processual.

d) o juiz participará das negociações realizadas entre as partes para a formalização do acordo de colaboração, que ocorrerá entre o delegado de polícia, o investigado e o defensor, com a manifestação do Ministério Público, ou, conforme o caso, entre o Ministério Público e o investigado ou acusado e seu defensor.

e) o juiz poderá, a requerimentos das partes, conceder o perdão judicial, reduzir em até 2/3 (dois terços) a pena privativa de liberdade ou substituí-la por restritiva de direitos daquele que tenha colaborado efetiva e voluntariamente com a investigação e com o processo criminal, desde que dessa colaboração advenha um ou mais dos seguintes resultados: a identificação dos demais coautores e partícipes da organização criminosa e das infrações penais por eles praticadas; a revelação da estrutura hierárquica e da divisão de tarefas da organização criminosa; a prevenção de infrações penais decorrentes das atividades da organização criminosa; a recuperação total ou parcial do produto ou do proveito das infrações penais praticadas pela organização criminosa; a localização de eventual vítima com a sua integridade física preservada.

801. **(Cespe/PC/PE/Delegado/2016)** Sebastião, Júlia, Caio e Marcela foram indiciados por, supostamente, terem se organizado para cometer crimes contra o Sistema Financeiro Nacional. No curso do inquérito, Sebastião e Júlia, sucessivamente com intervalo de quinze dias, fizeram acordo de colaboração premiada. Nessa situação hipotética, no que se refere à colaboração premiada,

   a) nos depoimentos que prestarem, Sebastião e Júlia terão direito ao silêncio e à presença de seus defensores.

   b) o MP poderá não oferecer denúncia contra Sebastião, caso ele não seja o líder da organização criminosa.

   c) o MP poderá não oferecer denúncia contra Júlia, ainda que a delação de Sebastião tenha sido a primeira a prestar efetiva colaboração.

   d) Sebastião e Júlia poderão ter o benefício do perdão judicial, independentemente do fato de as colaborações terem ocorrido depois de sentença judicial.

   e) o prazo para o oferecimento da denúncia em relação aos delatores poderá ser suspenso pelo período, improrrogável, de até seis meses.

802. **(FGV/MPE/RJ/Analista/2016)** O Delegado de Polícia, no ano de 2015, toma conhecimento da existência de organização criminosa que atua na área da circunscrição de sua Delegacia, razão pela qual instaura inquérito policial para apurar a prática de delitos considerados de grande gravidade. No curso das investigações, determinado indiciado procura o Ministério Público, acompanhado de seu advogado, manifestando interesse em realizar um acordo de colaboração premiada, de modo a auxiliar na identificação dos demais coautores. Para tanto, solicita esclarecimentos sobre os requisitos, pressupostos e consequências dessa colaboração. No caso, o Promotor de Justiça deverá esclarecer, de acordo com as previsões da Lei n. 12.850/13, que:

   a) considerada meio de prova, poderá uma sentença condenatória ser proferida com fundamento, apenas, nas declarações do agente colaborador;

   b) em observância ao princípio da obrigatoriedade, a Lei n. 12.850/13 não admite que o Ministério Público requeira ao magistrado a concessão de perdão judicial ao colaborador, apesar de ser possível o requerimento pelo reconhecimento de causa de diminuição de pena;

   c) a colaboração premiada somente pode ser realizada até a publicação da sentença, de modo que qualquer auxílio após poderá apenas ser considerado como atenuante inominada;

   d) de modo a garantir o contraditório, as negociações para formalização do acordo de colaboração contarão com a participação do magistrado, do Ministério Público e do acusado com seu defensor, podendo, ainda, haver contribuição do delegado de polícia;

   e) após o acordo de colaboração, nos depoimentos que prestar, o colaborar renunciará, na presença de seu defensor, ao direito ao silêncio e estará sujeito ao compromisso legal de dizer a verdade.

803. **(Cespe/TJ/DFT/Juiz/2016)** A respeito da colaboração premiada prevista na Lei n. 12.850/2013, que trata das organizações criminosas, é correto afirmar que

   a) o juiz não participará das negociações realizadas entre as partes para a formalização do acordo de colaboração, mas, se esse for realizado, o respectivo termo, com as declarações do colaborador e a cópia da investigação, será remetido, para homologação, ao magistrado, que poderá recusá-la, em caso de não atendimento dos requisitos legais, ou adequá-la ao caso concreto.

   b) o juiz poderá homologar a proposta de acordo de colaboração premiada, mas não poderá alterá-la por ser essa decorrente de ato negocial entre as partes, devendo, em caso de necessidade de adequação, remetê-la ao procurador-geral do MP, para suprimento dos requisitos legais e ajuste ao caso concreto.

   c) as partes não podem mais se retratar da proposta no caso de o acordo de colaboração já ter sido homologado pelo juiz, sob pena de se ferir o princípio da estabilidade das decisões judiciais e as preclusões consumativas e "pro judicato".

   d) o juiz não participará das negociações realizadas entre as partes para a formalização do acordo de colaboração, mas, se esse for realizado, o respectivo termo, com as declarações do colaborador e a cópia da investigação, será remetido ao magistrado para homologação, que não poderá recusá-la.

   e) o juiz participará da fase das negociações realizadas entre as partes para formalização do acordo de colaboração, dada a previsão constitucional de que a lei não excluirá da apreciação do Poder Judiciário lesão ou ameaça a direito, e, sendo o magistrado imparcial, incumbe-lhe zelar para que o colaborador não seja pressionado.

804. **(FGV/TJ/PI/Analista/2015)** No que pertine à colaboração premiada, considerada como meio de obtenção de prova (Lei n. 12.850), é correto afirmar que:

   a) é possível que o agente colaborador traga informações a respeito de pessoas que não tenham relação alguma com aqueles que, primariamente, sejam alvo da investigação.

   b) não é possível que o agente colaborador traga informações a respeito de pessoas que não tenham relação alguma com aqueles que, primariamente, sejam alvo da investigação.

   c) os órgãos de persecução devem elaborar um instrumento de colaboração premiada para cada fato criminoso a ser revelado pelo agente colaborador.

   d) as informações a respeito de crimes que não tenham relação alguma com aqueles da investigação matriz devem receber tratamento distinto do conferido à descoberta fortuita de provas.

e) as informações a respeito de crimes que não tenham relação alguma com aqueles da investigação matriz devem receber tratamento distinto do conferido à serendipidade.

805. **(MP/DFT/Promotor/2015)** Examine os itens a seguir, de acordo com o previsto na Lei das Organizações Criminosas (Lei 12.850/13) e indique o item incorreto:

   a) Associação criminosa é caracterizada pela reunião de 3 (três) ou mais pessoas para o fim específico de cometer crimes (art. 288, CP).

   b) Havendo indícios de participação de policial em organização criminosa, a Corregedoria de Polícia instaurará inquérito policial e comunicará ao Ministério Público, que designará membro para acompanhar o feito até sua conclusão.

   c) Na hipótese do item anterior, o juiz poderá determinar, quando necessário, o afastamento cautelar do cargo de policial, antes mesmo do oferecimento da denúncia.

   d) No caso de ocorrência de colaboração premiada posterior à sentença condenatória, o colaborador poderá ter sua pena reduzida até a metade ou será admitida a progressão de regime, desde que presentes os requisitos objetivos.

   e) O líder da organização criminosa não poderá ser beneficiado pelo não oferecimento da denúncia, na hipótese de colaboração premiada, mas pode receber o perdão judicial, a redução de até 2/3 da pena privativa de liberdade ou a substituição por pena restritiva de direitos.

806. **(FCC/TJ/AL/Juiz/2015)** A Lei n. 12.850/2013 que define organização criminosa e dispõe sobre a investigação criminal e os meios de obtenção da prova de tal modalidade traz, como instrumento processual, a colaboração premiada. Além da lei citada, a Lei n. 9.807/1999 também aporta instituto semelhante ao réu colaborador. Tomando-se por base as duas leis e a construção doutrinária e jurisprudencial acerca da colaboração premiada,

   a) é possível a aplicação da atenuante de confissão espontânea e da redução de pena prevista em lei, conforme já decidiu o STJ.

   b) tal colaboração deverá ser sempre espontânea, e que se alcance determinados resultados, dentre eles a prevenção de infrações penais decorrentes de atividade da organização criminosa.

   c) tal colaboração deverá ser sempre voluntária, e um dos resultados deverá ser a recuperação total do produto ou proveito das infrações praticadas pela organização criminosa.

   d) o acordo celebrado entre o juiz e o colaborador deverá ser obrigatoriamente considerado no momento da sentença.

   e) as partes que celebram o acordo poderão, a qualquer tempo, se retratarem da proposta, caso no qual as provas produzidas pelo colaborador serão todas desconsideradas

807. (FCC/TJ/SC/Juiz/2015) A Lei n. 12.850/13 define organização criminosa e dispõe sobre a respectiva investigação criminal e os meios de obtenção de prova. Em situação definida pela lei como colaboração premiada, dentre todas as medidas previstas na lei, quanto ao líder da organização não caberá a

a) concessão do perdão judicial.

b) exclusão do rol de denunciados.

c) redução da pena privativa de liberdade em até dois terços.

d) substituição da pena privativa de liberdade por restritiva de direitos.

e) progressão de regime sem o preenchimento dos requisitos objetivos.

808. (TRF/4R/Juiz/2014) Dadas as assertivas abaixo, assinale a alternativa correta.

I. O Ministério Público poderá, no caso de colaboração premiada, quando o colaborador não for o líder da organização criminosa e for o primeiro a prestar efetiva colaboração, deixar de oferecer denúncia.

II. Se a colaboração for posterior à sentença, a pena poderá ser reduzida até a metade ou será admitida a progressão de regime ainda que estejam ausentes os requisitos objetivos.

III. Não obstante o acordo de colaboração premiada, o colaborador poderá ser ouvido em juízo a requerimento das partes ou por iniciativa da autoridade judicial. Nos depoimentos que prestar, o colaborador renunciará, na presença de seu defensor, ao direito ao silêncio e estará sujeito ao compromisso legal de dizer a verdade.

IV. As declarações do agente colaborador, ainda que se consubstanciem em única prova judicial, autorizam a prolação de sentença condenatória quando corroborem a prova existente no inquérito.

a) Está incorreta apenas a assertiva I.

b) Está incorreta apenas a assertiva II.

c) Está incorreta apenas a assertiva III.

d) Está incorreta apenas a assertiva IV.

e) Nenhuma assertiva está correta.

809. (MPE/MG/Promotor/2014) São resultados previstos na "Lei de Organização Criminosa" como necessários para que aquele que tenha colaborado efetiva e voluntariamente com a investigação e com o processo criminal obtenha o benefício da colaboração premiada, exceto:

a) Revelação da estrutura hierárquica e da divisão de tarefas da organização criminosa.

b) Prevenção de infrações penais decorrentes das atividades de organização criminosa.

c) Recuperação total ou parcial do produto ou do proveito das infrações penais praticadas pela organização criminosa.

d) Localização dos instrumentos do crime, desde que consistam em coisas cujo fabrico, alienação, uso, porte ou detenção constitua fato ilícito.

Colaborador {art. 5º}

Art. 5º São direitos do colaborador:

I – usufruir das medidas de proteção previstas na legislação específica;

II – ter nome, qualificação, imagem e demais informações pessoais preservados;

III – ser conduzido, em juízo, separadamente dos demais coautores e partícipes;

IV – participar das audiências sem contato visual com os outros acusados;

V – não ter sua identidade revelada pelos meios de comunicação, nem ser fotografado ou filmado, sem sua prévia autorização por escrito;

VI – cumprir pena em estabelecimento penal diverso dos demais corréus ou condenados.

Questões de concursos

810. (FCC/DPE/SP/Defensor/2015) A colaboração premiada, prevista na Lei n. 12.850/13,

    a) autoriza que o juiz profira sentença condenatória apenas com base nas declarações do agente colaborador.

    b) prevê que, para fazer jus aos benefícios da lei, seja indispensável que o colaborador tenha revelado a estrutura hierárquica e a divisão de tarefas da organização criminosa.

    c) é um meio de obtenção de prova permitido, apenas, na primeira fase da persecução penal.

    d) prevê restrições ao direito ao silêncio.

    e) prevê que o juiz participe de todas as negociações realizadas pelas partes para a formalização do acordo de colaboração.

Termo de Acordo {art. 6º}

Art. 6º O termo de acordo da colaboração premiada deverá ser feito por escrito e conter:

I – o relato da colaboração e seus possíveis resultados;

II – as condições da proposta do Ministério Público ou do delegado de polícia;

III – a declaração de aceitação do colaborador e de seu defensor;

IV – as assinaturas do representante do Ministério Público ou do delegado de polícia, do colaborador e de seu defensor;

V – a especificação das medidas de proteção ao colaborador e à sua família, quando necessário.

Questões de concursos

811. (MPE/SC/Promotor/2016) O relato da colaboração e seus possíveis resultados, as condições da proposta do Ministério Público ou do delegado de polícia, a declaração de aceitação do colaborador, as assinaturas do representante do Ministério Público ou do delegado de polícia, do colaborador e de seu defensor, a especificação das medidas de proteção ao colaborador e à sua família, quando necessário, são os itens que obrigatoriamente deverão constar do termo de acordo da colaboração premiada, que deverá ser redigido por escrito, de acordo com a Lei n. 12.850/13 (Organizações Criminosas).

Homologação do Acordo {art. 7º}

Art. 7º O pedido de homologação do acordo será sigilosamente distribuído, contendo apenas informações que não possam identificar o colaborador e o seu objeto.

§ 1º As informações pormenorizadas da colaboração serão dirigidas diretamente ao juiz a que recair a distribuição, que decidirá no prazo de 48 (quarenta e oito) horas.

§ 2º O acesso aos autos será restrito ao juiz, ao Ministério Público e ao delegado de polícia, como forma de garantir o êxito das investigações, assegurando-se ao defensor, no interesse do representado,

> amplo acesso aos elementos de prova que digam respeito ao exercício do direito de defesa, devidamente precedido de autorização judicial, ressalvados os referentes às diligências em andamento.
>
> § 3º O acordo de colaboração premiada deixa de ser sigiloso assim que recebida a denúncia, observado o disposto no art. 5º.

Súmulas (STF)

Súmula Vinculante 14. É direito do defensor, no interesse do representado, ter acesso amplo aos elementos de prova que, já documentados em procedimento investigatório realizado por órgão com competência de polícia judiciária, digam respeito ao exercício do direito de defesa.

Jurisprudência complementar (STJ)

(...). Lesão corporal, homicídio qualificado, ocultação de cadáver e porte ilegal arma de fogo de uso permitido. Impetração ajuizada contra decisão monocrática do relator que indeferiu medida liminar em outro "writ". Súmula 691/STF. Constrangimento que autoriza a superação do referido óbice. Negativa de aplicação da Lei 12.850/2013 em relação ao afastamento do sigilo dos acordos de delação premiada. Acusação já recebida. Oitiva dos réus colaboradores ainda não realizada. Norma processual. Aplicabilidade imediata. Sistema de isolamento dos atos processuais (art. 2º CPP). Lei 12.850/2013. Norma processual material ou mista. Possibilidade de cisão. Aplicabilidade imediata das disposições de natureza processual. Reserva das normas que tipificam crimes e sanções para os crimes praticados após a vigência. Medida que ressalta a ampla defesa. Direito adquirido ao sigilo e ato processual de efeitos preclusivos. Inexistência. 1. As Turmas integrantes da Terceira Seção desta Corte, na esteira do preceituado na Súmula 691/STF, têm entendimento pacificado no sentido de não ser cabível a impetração de "habeas corpus" contra decisão de relator que indefere medida liminar em ação de igual natureza, ajuizada em Tribunais de segundo grau, salvo a hipótese de inquestionável teratologia ou ilegalidade manifesta. O caso dos autos autoriza a superação do referido óbice. 2. As instâncias ordinárias contestaram a alegação de cerceamento de defesa, decorrente da manutenção do sigilo dos acordos de delação premiada formulados com corréus, ao argumento, em síntese, de que o recebimento da denúncia ocorreu antes do advento da Lei 12.850/2013, a qual prevê que o acordo de colaboração premiada deixa de ser sigiloso, assim que recebida a denúncia. 3. A Lei 12.850/2013, de um lado, tipifica crimes e, de outro, trata do procedimento criminal, sendo manifesto seu caráter misto, ou seja, possui regras de direito material e de direito processual, sendo a previsão do afastamento do sigilo dos acordos de delação premiada norma de natureza processual, devendo obedecer ao comando de aplicação imediata, previsto no art. 2º do Código de Processo Penal. 4. Não há óbice a que a parte material da Lei 12.850/2013 seja aplicada somente ao processo de crimes cometidos após a sua entrada em vigor e a parte processual siga a regra da aplicabilidade imediata prevista no Código de Processo Penal. 5. Nada impede a aplicação da norma que afasta o sigilo dos acordos de delação premiada, no estágio em que a ação penal se encontra, pois, além de já ter sido recebida a denúncia, momento que a lei exige para que seja afastado o sigilo, o Código de Processo Penal adotou, em seu art. 2º, o sistema de isolamento dos atos processuais, segundo o qual a lei nova não atinge os atos processuais praticados sob a vigência da lei anterior, porém é aplicável as atos processuais que ainda não foram praticados, pouco importando a fase processual em que o feito se encontrar (LIMA, Renato Brasileiro de. Curso de Processo Penal. Volume único, Rio de Janeiro: Editora Impetus, 2013, pág. 68). 6. Reforça a aplicação imediata da referida regra processual a observância do princípio constitucional da ampla defesa, uma vez que a norma trata da publicidade dos acordos de delação premiada aos demais corréus da ação penal. 7. Inexiste direito adquirido ao sigilo dos acordos de delação premiada e não se está a tratar da prática de um ato processual de efeitos preclusivos, situações que poderiam impedir a não aplicação da nova norma processual à ação penal em questão. (...). Ordem concedida de ofício, para determinar que o Juízo de Direito da 1ª Vara Federal da 5ª Subseção Judiciária da comarca de Ponta Porã/MS afaste o sigilo dos acordos de delação premiada firmados com os corréus da Ação Penal n. 0001927-86.2012.4.03.6005. (HC 282.253, Rel. Min. Sebastião Reis Júnior, DJ 25.4.2014)

Questões de concursos

812. **(Fapec/MPE/MS/Promotor/2015)** Analise as proposições abaixo acerca da colaboração premiada prevista na lei referente às organizações criminosas (Lei n. 12.850/2013):

    I. O juiz poderá conceder perdão judicial ao colaborador, ainda que esse benefício não tenha sido previsto originariamente na proposta inicial, desde que requerido pelo Ministério Público, a qualquer tempo, considerando a relevância da colaboração prestada.

    II. Em relação ao colaborador, o Ministério Público poderá deixar de oferecer a denúncia, diante da relevância da colaboração premiada, desde que, em sendo o colaborador líder da organização criminosa, seja a primeira pessoa a prestar a colaboração.

III. O acordo de colaboração premiada deixa de ser sigiloso assim que recebida a denúncia.

IV. O juiz não participará das negociações realizadas entre as partes para a formalização do acordo de colaboração.

Assinale a alternativa correta:

a) Todas as proposições são corretas.
b) Somente as proposições I, III e IV são corretas.
c) Somente as proposições II e III são corretas.
d) Somente as proposições IV e III são corretas.
e) Somente as proposições I e II são corretas.

Seção II – Da Ação Controlada

Ação Controlada {art. 8º}

Art. 8º Consiste a ação controlada em retardar a intervenção policial ou administrativa relativa à ação praticada por organização criminosa ou a ela vinculada, desde que mantida sob observação e acompanhamento para que a medida legal se concretize no momento mais eficaz à formação de provas e obtenção de informações.

§ 1º O retardamento da intervenção policial ou administrativa será previamente comunicado ao juiz competente que, se for o caso, estabelecerá os seus limites e comunicará ao Ministério Público.

§ 2º A comunicação será sigilosamente distribuída de forma a não conter informações que possam indicar a operação a ser efetuada.

§ 3º Até o encerramento da diligência, o acesso aos autos será restrito ao juiz, ao Ministério Público e ao delegado de polícia, como forma de garantir o êxito das investigações.

§ 4º Ao término da diligência, elaborar-se-á auto circunstanciado acerca da ação controlada.

Questões de concursos

813. **(TRF/4R/Juiz/2016)** Assinale a alternativa incorreta.

    a) A prova indiciária, também chamada de circunstancial, tem o mesmo valor das provas diretas, como se atesta na Exposição de Motivos do Código de Processo Penal, em que se afirma não haver hierarquia de provas por não existir necessariamente maior ou menor prestígio de uma com relação a qualquer outra.

    b) A lei do crime organizado previu, entre outros meios de obtenção de prova: a colaboração premiada; a captação ambiental de sinais eletromagnéticos, ópticos ou acústicos; a ação controlada; o acesso a registros de ligações telefônicas e telemáticas, a dados cadastrais constantes de bancos de dados públicos ou privados e a informações eleitorais ou comerciais; a interceptação de comunicações telefônicas e telemáticas; o afastamento dos sigilos financeiro, bancário e fiscal; a infiltração, por policiais, em atividade de investigação; a cooperação entre instituições e órgãos federais, distritais, estaduais e municipais na busca de provas e informações de interesse da investigação ou da instrução criminal.

    c) Segundo a lei do crime organizado, a ação controlada consiste em retardar a intervenção policial ou administrativa relativa à ação praticada por organização criminosa ou a ela vinculada, desde que mantida sob observação e acompanhamento do Ministério Público para que a medida legal se concretize no momento mais eficaz à formação de provas e à obtenção de informações.

    d) Uma vez realizada a interceptação telefônica de forma fundamentada, legal e legítima, as informações e as provas coletadas dessa diligência podem subsidiar denúncia com base em crimes puníveis com pena de detenção, desde que conexos com crimes punidos com reclusão e cujos fatos sob investigação fundamentaram a medida.

    e) A entrada forçada em domicílio sem mandado judicial é lícita, mesmo em período noturno, quando amparada em fundadas razões, devidamente justificadas a posteriori, que indiquem que dentro da casa ocorre situação de flagrante delito, sob pena de responsabilidade disciplinar, civil e penal do agente ou da autoridade e de nulidade dos atos praticados.

814. **(Cespe/Depen/Agente_Penitenciário/2015)** Determinada organização criminosa voltada à prática do tráfico de armas de fogo e extorsão esperava um grande carregamento de armas para dia e local previamente determinados. Durante a investigação policial dessa organização criminosa, a autoridade policial, de acordo com informações obtidas por meio de interceptações telefônicas autorizadas pelo juízo, identificou que o "modus operandi" da organização tinha se aprimorado, pois ela havia passado a contar com o apoio de um policial militar, cuja atribuição era negociar o preço das armas; e um policial civil, ao qual cabia a tarefa de receber o dinheiro do pagamento das armas. No local onde seria efetivada a operação, verificou-se a atuação de José, de quatorze anos de idade, a quem cabia a tarefa de receber e distribuir grande quantidade de cigarros estrangeiros contrabandeados, fomentando assim o

comércio ilegal, a fim de diversificar os ramos de atividade do grupo criminoso. A autoridade policial decidiu, por sua conta e risco, retardar a intervenção policial, não tendo abordado uma van, na qual os integrantes do grupo transportavam as armas e os cigarros. Em seguida, os policiais seguiram o veículo e, horas depois, identificaram o fornecedor das armas e prenderam em flagrante os criminosos e os policiais envolvidos na organização criminosa. Após a prisão, o policial militar participante da organização criminosa negociou e decidiu colaborar com a autoridade policial, confessando, nos autos do inquérito policial, sua participação no delito imputado e também delatando outros coautores e partícipes, o que contribuiu para o esclarecimento de outros crimes. Com referência a essa situação hipotética, julgue o seguinte item com base na Lei n. 12.850/2013, que trata de organizações criminosas, investigação criminal e outras matérias correlatas. Na situação considerada, para a obtenção de provas, a autoridade policial realizou uma ação controlada.

815. **(Cespe/Depen/Agente_Penitenciário/2015)** Determinada organização criminosa voltada à prática do tráfico de armas de fogo e extorsão esperava um grande carregamento de armas para dia e local previamente determinados. Durante a investigação policial dessa organização criminosa, a autoridade policial, de acordo com informações obtidas por meio de interceptações telefônicas autorizadas pelo juízo, identificou que o "modus operandi" da organização tinha se aprimorado, pois ela havia passado a contar com o apoio de um policial militar, cuja atribuição era negociar o preço das armas; e um policial civil, ao qual cabia a tarefa de receber o dinheiro do pagamento das armas. No local onde seria efetivada a operação, verificou-se a atuação de José, de quatorze anos de idade, a quem cabia a tarefa de receber e distribuir grande quantidade de cigarros estrangeiros contrabandeados, fomentando assim o comércio ilegal, a fim de diversificar os ramos de atividade do grupo criminoso. A autoridade policial decidiu, por sua conta e risco, retardar a intervenção policial, não tendo abordado uma van, na qual os integrantes do grupo transportavam as armas e os cigarros. Em seguida, os policiais seguiram o veículo e, horas depois, identificaram o fornecedor das armas e prenderam em flagrante os criminosos e os policiais envolvidos na organização criminosa. Após a prisão, o policial militar participante da organização criminosa negociou e decidiu colaborar com a autoridade policial, confessando, nos autos do inquérito policial, sua participação no delito imputado e também delatando outros coautores e partícipes, o que contribuiu para o esclarecimento de outros crimes. Com referência a essa situação hipotética, julgue o seguinte item com base na Lei n. 12.850/2013, que trata de organizações criminosas, investigação criminal e outras matérias correlatas. A participação de José na organização criminosa representa uma circunstância agravante.

816. **(FCC/TJ/PE/Juiz/2015)** Em relação à Lei n. 12.850/2013 -Lei das Organizações Criminosas, é correto afirmar que:

   a) a concessão do benefício da colaboração premiada levará em conta a natureza, as circunstâncias, a gravidade e a repercussão social do fato criminoso, a eficácia da colaboração, mas não a personalidade do colaborador.

b) beneficiado por perdão judicial ou não denunciado, o colaborador não poderá mais ser ouvido em juízo.

c) autoriza a infiltração, por policiais, em atividades de investigação, independentemente da existência de investigação formal iniciada, para preservar o sigilo das investigações.

d) não prevê expressamente a interceptação de comunicações telefônicas dentre os meios de obtenção de prova.

e) o retardamento da intervenção policial ou administrativa, na ação controlada, será previamente comunicado ao juiz competente que, se for o caso, estabelecerá os seus limites e comunicará ao Ministério Público.

817. (IBFC/PC/SE/Agente_de_Polícia/2014) A respeito da ação controlada, prevista Lei n. 12.850/2013 (Lei de Combate às Organizações Criminosas), assinale a alternativa incorreta:

a) Consiste a ação controlada em retardar a intervenção policial ou administrativa relativa à ação praticada por organização criminosa ou a ela vinculada, desde que mantida sob observação e acompanhamento para que a medida legal se concretize no momento mais eficaz à formação de provas e obtenção de informações.

b) O retardamento da intervenção policial ou administrativa será previamente comunicado ao juiz competente que, se for o caso, estabelecerá os seus limites e comunicará ao Ministério Público.

c) Até o encerramento da diligência, o acesso aos autos será restrito ao juiz, ao Ministério Público e ao delegado de polícia, somente se permitindo acesso ao advogado do investigado por ordem do juiz escrita e fundamentada.

d) A comunicação será sigilosamente distribuída de forma a não conter informações que possam indicar a operação a ser efetuada.

818. (Vunesp/PC/SP/Delegado/2014) Pertinente à Lei de combate às organizações criminosas, consiste a intervenção administrativa na

a) forma de ação controlada existente.

b) escolha do momento mais oportuno à formação de provas.

c) ação realizada por agentes de polícia, exclusivamente.

d) observação e acompanhamento da infiltração policial.

e) infiltração feita por agentes não policiais.

Transposição de Fronteiras {art. 9º}

Art. 9º Se a ação controlada envolver transposição de fronteiras, o retardamento da intervenção policial ou administrativa somente poderá ocorrer com a cooperação das autoridades dos países que figurem como provável itinerário ou destino do investigado, de modo a reduzir os riscos de fuga e extravio do produto, objeto, instrumento ou proveito do crime.

Seção III – Da Infiltração de Agentes

Infiltração de Agentes {art. 10}

Art. 10. A infiltração de agentes de polícia em tarefas de investigação, representada pelo delegado de polícia ou requerida pelo Ministério Público, após manifestação técnica do delegado de polícia quando solicitada no curso de inquérito policial, será precedida de circunstanciada, motivada e sigilosa autorização judicial, que estabelecerá seus limites.

§ 1º Na hipótese de representação do delegado de polícia, o juiz competente, antes de decidir, ouvirá o Ministério Público.

§ 2º Será admitida a infiltração se houver indícios de infração penal de que trata o art. 1º e se a prova não puder ser produzida por outros meios disponíveis.

§ 3º A infiltração será autorizada pelo prazo de até 6 (seis) meses, sem prejuízo de eventuais renovações, desde que comprovada sua necessidade.

§ 4º Findo o prazo previsto no § 3º, o relatório circunstanciado será apresentado ao juiz competente, que imediatamente cientificará o Ministério Público.

§ 5º No curso do inquérito policial, o delegado de polícia poderá determinar aos seus agentes, e o Ministério Público poderá requisitar, a qualquer tempo, relatório da atividade de infiltração.

Questões de concursos

819. **(Cespe/PC/GO/Escrivão/2016)** No curso de IP, o delegado de polícia representou à autoridade judicial para que lhe fosse autorizada a infiltração de agentes de polícia em tarefas de investigação. Nessa situação, com base na Lei n. 12.850/2013, que dispõe sobre crime organizado,

   a) a infiltração poderá ser admitida, ainda que a prova possa ser produzida por outros meios disponíveis.

   b) para que o juiz competente decida, será desnecessário ouvir o MP.

   c) se a infiltração for autorizada, o MP poderá requisitar, a qualquer tempo, relatório de infiltração.

   d) a infiltração poderá ser autorizada pelo prazo improrrogável de seis meses.

   e) se a infiltração for autorizada, ao agente de polícia será vedado a recusa da atuação infiltrada.

820. **(MPE/GO/Promotor/2016)** Sobre a infiltração de agentes, é correto dizer:

   a) A Lei 12.850/2013 previu expressamente o plano operacional da infiltração como "conditio sine qua non" para o deferimento da medida.

   b) Faz-se necessário, para que ocorra a chamada flexibilização operativa da infiltração policial, que o Ministério Público obtenha em juízo, em caráter de extrema urgência, autorização judicial para a sustação da operação, sempre que existirem indícios seguros de que o agente infiltrado sofre risco iminente.

   c) A Lei 12.850/2013, no afã de aumentar os mecanismos de repressão à criminalidade organizada, alargou o rol dos sujeitos que podem atuar na qualidade de agente infiltrado e, com isso, legalizou a infiltração por meio dos chamados gansos ou informantes.

   d) Doutrinariamente, chama-se "deep cover" a espécie de infiltração que tem duração superior a seis meses e reclama do agente imersão profunda no seio da organização criminosa, utilização de identidade falsa e perda de contato significativo com a família.

821. **(Funiversa/PC/DF/Delegado/2015)** Assinale a alternativa correta acerca da Lei n. 12.850/2013 (crime organizado).

   a) O agente infiltrado não tem direito de usufruir das medidas de proteção a testemunhas.

   b) É punível, no âmbito da infiltração, a prática de crime pelo agente infiltrado no curso da investigação, quando inexigível conduta diversa.

c) A infiltração de agentes de polícia em tarefas de investigação pode decorrer de representação do delegado de polícia ou de requerimento do Ministério Público e será obrigatoriamente precedida de autorização judicial.

d) O agente infiltrado que se vê obrigado a praticar crime, sob pena de expor sua verdadeira identidade aos membros da organização criminosa, encontra-se amparado por estado de necessidade ou excludente de culpabilidade, a depender das circunstâncias, conforme expresso na Lei nº 12.850/2013.

e) Considera-se organização criminosa a associação de três ou mais pessoas estruturalmente ordenada e caracterizada pela divisão de tarefas.

822. **(Cespe/Câmara_Deputados/Analista_Legislativo/2014)** A infiltração de agentes de polícia em tarefa de investigação deve ser pautada pelo princípio constitucional da adequação, pelo que será averiguado se o meio é adequado para se atingir o fim pretendido.

Requisitos {art. 11}

> **Art. 11.** O requerimento do Ministério Público ou a representação do delegado de polícia para a infiltração de agentes conterão a demonstração da necessidade da medida, o alcance das tarefas dos agentes e, quando possível, os nomes ou apelidos das pessoas investigadas e o local da infiltração.

Questões de concursos

823. **(FGV/TJ/BA/Analista/2015)** De acordo com a Lei n. 12.850/13, a infiltração de agentes:

a) é técnica que pode ser aplicada na investigação de crimes sancionados com pena mínima de quatro anos de reclusão.

b) é técnica de investigação preliminar que torna o agente infiltrado imune à responsabilidade criminal.

c) será deferida pelo prazo de sessenta dias, sem prejuízo de eventuais renovações, desde que comprovada a sua necessidade.

d) depende de requerimento que contenha demonstração, dentre outros, da necessidade da medida e alcance das tarefas dos agentes.

e) demanda que a autoridade responsável pela sua implementação apresente relatório circunstanciado a cada quinze dias.

Pedido {art. 12}

> **Art. 12**. O pedido de infiltração será sigilosamente distribuído, de forma a não conter informações que possam indicar a operação a ser efetivada ou identificar o agente que será infiltrado.
>
> § 1º As informações quanto à necessidade da operação de infiltração serão dirigidas diretamente ao juiz competente, que decidirá no prazo de 24 (vinte e quatro) horas, após manifestação do Ministério Público na hipótese de representação do delegado de polícia, devendo-se adotar as medidas necessárias para o êxito das investigações e a segurança do agente infiltrado.
>
> § 2º Os autos contendo as informações da operação de infiltração acompanharão a denúncia do Ministério Público, quando serão disponibilizados à defesa, assegurando-se a preservação da identidade do agente.
>
> § 3º Havendo indícios seguros de que o agente infiltrado sofre risco iminente, a operação será sustada mediante requisição do Ministério Público ou pelo delegado de polícia, dando-se imediata ciência ao Ministério Público e à autoridade judicial.

Proporcionalidade na Atuação do Agente Infiltrado {art. 13}

> **Art. 13**. O agente que não guardar, em sua atuação, a devida proporcionalidade com a finalidade da investigação, responderá pelos excessos praticados.
>
> Parágrafo único. Não é punível, no âmbito da infiltração, a prática de crime pelo agente infiltrado no curso da investigação, quando inexigível conduta diversa.

Direitos do Agente {art. 14}

> **Art. 14**. São direitos do agente:
>
> I – recusar ou fazer cessar a atuação infiltrada;

II – ter sua identidade alterada, aplicando-se, no que couber, o disposto no art. 9º da Lei n. 9.807, de 13 de julho de 1999, bem como usufruir das medidas de proteção a testemunhas;

III – ter seu nome, sua qualificação, sua imagem, sua voz e demais informações pessoais preservadas durante a investigação e o processo criminal, salvo se houver decisão judicial em contrário;

IV – não ter sua identidade revelada, nem ser fotografado ou filmado pelos meios de comunicação, sem sua prévia autorização por escrito.

Questões de concursos

824. (Vunesp/TJ/RJ/Juiz/2016) A respeito da infiltração de agentes de polícia em tarefas de investigação, é correto afirmar que

    a) pode ser determinada de ofício pela autoridade judicial, cabendo à autoridade policial designar os agentes que atuarão na tarefa.

    b) é admitida para todas as infrações penais, inclusive as de menor potencial ofensivo.

    c) não possui prazo determinado de duração, podendo ser sustada, a qualquer tempo, havendo indícios seguros de risco iminente ao agente infiltrado.

    d) os agentes de polícia que participam da infiltração têm direito à alteração da identidade, bem como a usufruir das medidas de proteção à testemunha.

    e) pode ser determinada diretamente pela autoridade policial, em decisão fundamentada, contendo todas as circunstâncias e limites da atuação.

Seção IV – **Do Acesso a Registros, Dados Cadastrais, Documentos e Informações**

■ Acesso aos Dados {arts. 15 a 17}

Art. 15. O delegado de polícia e o Ministério Público terão acesso, independentemente de autorização judicial, apenas aos dados cadastrais do investigado que informem exclusivamente a qualificação pessoal, a filiação e o endereço mantidos pela Justiça Eleitoral, empresas telefônicas, instituições financeiras, provedores de internet e administradoras de cartão de crédito.

Art. 16. As empresas de transporte possibilitarão, pelo prazo de 5 (cinco) anos, acesso direto e permanente do juiz, do Ministério Público ou do delegado de polícia aos bancos de dados de reservas e registro de viagens.

Art. 17. As concessionárias de telefonia fixa ou móvel manterão, pelo prazo de 5 (cinco) anos, à disposição das autoridades mencionadas no art. 15, registros de identificação dos números dos terminais de origem e de destino das ligações telefônicas internacionais, interurbanas e locais.

ENUNCIADOS FONACRIM

Enunciado 33. O artigo 17-B da Lei 9.613/1998 e os artigos 15 e 16 da Lei 12.850/2013 são constitucionais, pois conferem à autoridade policial e ao Ministério Público apenas acesso a dados não incluídos no âmbito do direito fundamental à intimidade, e aplicam-se a todos os procedimentos de investigação criminal.

Enunciado 34. A informação sobre os registros de identificação dos números dos terminais de origem e de destino das ligações telefônicas à autoridade policial e ao Ministério Público, prevista no artigo 17 da Lei 12.850/2013, depende de autorização judicial.

Questões de concursos

825. **(Funcab/PC/PA/Delegado/2016)** A partir da regência legal sobre organização criminosa e os poderes gerais da requisição, assinale a alternativa correta.

   a) O Ministério Público tem poder de requisitar da autoridade policial a instauração de inquérito, a realização de diligência investigatória e o indiciamento de quem entenda ser autor do fato.

   b) O delegado de polícia poderá determinar a condução coercitiva do indiciado quando suspeitar que este não atenderá ao seu chamado.

   c) Podem realizar acordo de delação premiada o delegado de polícia, o Ministério Público e o Juiz.

   d) O delegado de polícia terá acesso independentemente de autorização judicial, apenas aos dados cadastrais do investigado que informem exclusivamente a qualificação pessoal, a filiação e o endereço mantidos pela Justiça Eleitoral, empresas telefônicas, instituições financeiras, provedores de internet e administradoras de cartão de crédito.

e) O delegado de polícia e o Ministério Público terão acesso, independentemente de autorização judicial, das informações relativas a chamadas originadas e recebidas do telefone do indiciado.

Seção V – Dos Crimes Ocorridos na Investigação e na Obtenção da Prova

Revelar a Identidade do Infiltrado {art. 18}

Art. 18. Revelar a identidade, fotografar ou filmar o colaborador, sem sua prévia autorização por escrito:

Pena – reclusão, de 1 (um) a 3 (três) anos, e multa.

Falsa Imputação de Crime {art. 19}

Art. 19. Imputar falsamente, sob pretexto de colaboração com a Justiça, a prática de infração penal a pessoa que sabe ser inocente, ou revelar informações sobre a estrutura de organização criminosa que sabe inverídicas:

Pena – reclusão, de 1 (um) a 4 (quatro) anos, e multa.

Descumprimento do Sigilo {art. 20}

Art. 20. Descumprir determinação de sigilo das investigações que envolvam a ação controlada e a infiltração de agentes:

Pena – reclusão, de 1 (um) a 4 (quatro) anos, e multa.

■ Omissão de Dados {art. 21}

> **Art. 21.** Recusar ou omitir dados cadastrais, registros, documentos e informações requisitadas pelo juiz, Ministério Público ou delegado de polícia, no curso de investigação ou do processo:
>
> Pena – reclusão, de 6 (seis) meses a 2 (dois) anos, e multa.
>
> Parágrafo único. Na mesma pena incorre quem, de forma indevida, se apossa, propala, divulga ou faz uso dos dados cadastrais de que trata esta Lei.

Questões de concursos

826. **(Vunesp/TJ/RJ/Juiz/2016)** No que diz respeito aos crimes previstos na Lei que Define Organização Criminosa (Lei n. 12.850/13), é correto afirmar que

    a) os funcionários de empresas telefônicas e provedores de internet que descumprirem requisição do delegado de polícia, expedida durante o curso de investigação criminal e independentemente de autorização judicial, por meio da qual são solicitados dados cadastrais do investigado relativos exclusivamente à sua qualificação pessoal, filiação e endereço cometerão crime de recusa de dados, previsto na Lei n. 12.850/13.

    b) a condenação com trânsito em julgado de funcionário público por integrar organização criminosa acarretará sua perda do cargo, função, emprego ou mandato eletivo e a interdição para o exercício de função ou cargo público pelo prazo de 8 (oito) anos subsequentes ao trânsito em julgado da condenação.

    c) não poderá ser concedido perdão judicial ao colaborador cuja colaboração resultar na recuperação parcial do produto ou do proveito das infrações penais praticadas pela organização criminosa mas sem que ele tenha revelado a estrutura hierárquica e a divisão de tarefas da organização criminosa.

    d) o concurso de funcionário público, valendo-se a organização criminosa dessa condição para a prática de infração penal, é circunstância qualificadora do crime de promover, constituir, financiar ou integrar organização criminosa.

    e) aquele que impede ou, de qualquer forma, embaraça a investigação de infração penal que envolva organização criminosa terá, além da pena relativa ao crime de promover organização criminosa, uma causa de aumento de pena.

Capítulo III – Disposições Finais

■ Procedimento Ordinário {art. 22}

Art. 22. Os crimes previstos nesta Lei e as infrações penais conexas serão apurados mediante procedimento ordinário previsto no Decreto-Lei n. 3.689, de 3 de outubro de 1941 (Código de Processo Penal), observado o disposto no parágrafo único deste artigo.

Parágrafo único. A instrução criminal deverá ser encerrada em prazo razoável, o qual não poderá exceder a 120 (cento e vinte) dias quando o réu estiver preso, prorrogáveis em até igual período, por decisão fundamentada, devidamente motivada pela complexidade da causa ou por fato procrastinatório atribuível ao réu.

■ Sigilo {art. 23}

Art. 23. O sigilo da investigação poderá ser decretado pela autoridade judicial competente, para garantia da celeridade e da eficácia das diligências investigatórias, assegurando-se ao defensor, no interesse do representado, amplo acesso aos elementos de prova que digam respeito ao exercício do direito de defesa, devidamente precedido de autorização judicial, ressalvados os referentes às diligências em andamento.

Parágrafo único. Determinado o depoimento do investigado, seu defensor terá assegurada a prévia vista dos autos, ainda que classificados como sigilosos, no prazo mínimo de 3 (três) dias que antecedem ao ato, podendo ser ampliado, a critério da autoridade responsável pela investigação.

Súmulas (STF)

Súmula Vinculante 14. É direito do defensor, no interesse do representado, ter acesso amplo aos elementos de prova que, já documentados em procedimento investigatório realizado por órgão com competência de polícia judiciária, digam respeito ao exercício do direito de defesa.

Questões de concursos

827. **(Cespe/TJ/AM/Juiz/2016)** Assinale a opção correta com base no disposto na Lei nº 12.850/2013.

   a) Se a colaboração for posterior à sentença, a pena poderá ser reduzida até a metade ou poderá ser admitida a progressão de regime, ainda que ausentes os requisitos objetivos e subjetivos.

   b) Não se exige do colaborador a renúncia ao direito de silêncio nos depoimentos nem o compromisso legal de dizer a verdade, devendo a renúncia ser espontânea.

   c) Em caso de decretação do sigilo da investigação, é assegurado ao defensor, no interesse do representado e mediante prévia autorização judicial, amplo acesso aos elementos de prova relacionados ao exercício do direito de defesa, ressalvados os referentes às diligências em andamento.

   d) Pode-se considerar organização criminosa o grupo de pessoas que se estruturem para cometer infrações penais para as quais seja prevista pena máxima de três anos.

   e) O consentimento de perdão judicial por colaboração premiada que possibilite um dos resultados previstos em lei depende do requerimento do MP.

828. **(Cespe/TJ/DFT/Juiz/2016)** Em relação ao procedimento nos crimes decorrentes de organização criminosa, nos termos da Lei n. 12.850/2013, assinale a opção correta.

   a) A instrução criminal deverá ser encerrada em prazo não superior a noventa dias, quando o réu estiver preso, prorrogáveis por mais trinta dias, por decisão fundamentada e devidamente motivada pela complexidade da causa ou por fato procrastinatório atribuível ao réu.

   b) Se estiver preso o réu, a instrução criminal deverá ser encerrada em prazo razoável, que não exceda a noventa dias, prorrogáveis por igual período, por decisão fundamentada em razão da complexidade da causa ou de fato procrastinatório atribuível ao réu.

   c) O juiz poderá decretar o sigilo da investigação para a garantia da celeridade e da eficácia das diligências investigatórias, desde que assegure ao defensor amplo acesso aos elementos de prova e às diligências em andamento.

   d) O juiz poderá decretar o sigilo da investigação para a garantia da celeridade e da eficácia das diligências investigatórias, desde que assegure ao defensor amplo acesso a todos os elementos de prova até então colhidas, ressalvadas aquelas relativas às diligências em andamento.

   e) Os crimes previstos nesta lei têm procedimento próprio, que deve ser aplicado com base no princípio da especialidade.

Alteração ao Código Penal {art. 24}

Art. 24. O art. 288 do Decreto-Lei n. 2.848, de 7 de dezembro de 1940 (Código Penal), passa a vigorar com a seguinte redação:

"Associação Criminosa"

"Art. 288. Associarem-se 3 (três) ou mais pessoas, para o fim específico de cometer crimes:"

"Pena – reclusão, de 1 (um) a 3 (três) anos."

"Parágrafo único. A pena aumenta-se até a metade se a associação é armada ou se houver a participação de criança ou adolescente." (NR).

Alteração ao Código Penal {art. 25}

Art. 25. O art. 342 do Decreto-Lei n. 2.848, de 7 de dezembro de 1940 (Código Penal), passa a vigorar com a seguinte redação:

"Art. 342. (...)."

"Pena – reclusão, de 2 (dois) a 4 (quatro) anos, e multa. (NR)."

Questões de concursos

829. **(TRF/3R/Juiz/2016)** Pode-se dizer que a Lei 12.850/13 quebrou paradigmas; dentre os fundamentos para tal afirmação, encontra-se:

   a) O fato de tal diploma legal ter definido o que sejam organizações terroristas internacionais;

   b) O fato de tal diploma legal ter possibilitado a quebra dos sigilos fiscal e telefônico de maneira irrestrita;

   c) O fato de tal diploma legal ter conferido ao magistrado poder para aplicar a pena, em desconformidade com o previsto nos artigos 33 e 44 do Código Penal;

   d) O fato de a colaboração premiada não mais poder beneficiar pessoas definitivamente condenadas;

830. **(Vunesp/PC/CE/Delegado/2015)** Sobre a Lei de Organizações Criminosas, Lei n. 12.850/2013, é correto afirmar que

   a) alterou (aumentando para 2 a 4 anos e multa) as penas previstas para o delito do artigo 342 do Código Penal (Crime de falso testemunho).

   b) pode ter por objeto a investigação de qualquer crime, desde que apenado com reclusão.

   c) define organização criminosa como sendo, dentre outros, uma associação de no mínimo cinco agentes.

   d) o acordo de colaboração realizado entre o delegado de polícia, o investigado e o defensor somente será válido se formalizado na presença de um juiz, que em seguida o homologará.

   e) autoriza a infiltração, por policias, em atividade de investigação, independentemente da existência de investigação formal iniciada, exatamente para preservar o sigilo das investigações.

■ Revogação {art. 26}

> **Art. 26.** Revoga-se a Lei n. 9.034, de 3 de maio de 1995.

■ Vigência {art. 27}

> **Art. 27.** Esta Lei entra em vigor após decorridos 45 (quarenta e cinco) dias de sua publicação oficial.
>
> Brasília, 2 de agosto de 2013; 192º da Independência e 125º da República.
>
> *Dilma Rousseff*

ORGANIZAÇÕES CRIMINOSAS – JULGAMENTO COLEGIADO (LEI 12.694/12)

Lei 12.694, de 24 de julho de 2012.

> Dispõe sobre o processo e o julgamento colegiado em primeiro grau de jurisdição de crimes praticados por organizações criminosas; altera o Decreto-Lei no 2.848, de 7 de dezembro de 1940 – Código Penal, o Decreto-Lei no 3.689, de 3 de outubro de 1941 – Código de Processo Penal, e as Leis nos 9.503, de 23 de setembro de 1997 – Código de Trânsito Brasileiro, e 10.826, de 22 de dezembro de 2003; e dá outras providências.

A Presidenta da República Faço saber que o Congresso Nacional decreta e eu sanciono a seguinte Lei:

■ Requisitos {art. 1º}

Art. 1º Em processos ou procedimentos que tenham por objeto crimes praticados por organizações criminosas, o juiz poderá decidir pela formação de colegiado para a prática de qualquer ato processual, especialmente:

I – decretação de prisão ou de medidas assecuratórias;

II – concessão de liberdade provisória ou revogação de prisão;

III – sentença;

IV – progressão ou regressão de regime de cumprimento de pena;

V – concessão de liberdade condicional;

VI – transferência de preso para estabelecimento prisional de segurança máxima; e

VII – inclusão do preso no regime disciplinar diferenciado.

§ 1º O juiz poderá instaurar o colegiado, indicando os motivos e as circunstâncias que acarretam risco à sua integridade física em decisão fundamentada, da qual será dado conhecimento ao órgão correicional.

§ 2º O colegiado será formado pelo juiz do processo e por 2 (dois) outros juízes escolhidos por sorteio eletrônico dentre aqueles de competência criminal em exercício no primeiro grau de jurisdição.

§ 3º A competência do colegiado limita-se ao ato para o qual foi convocado.

§ 4º As reuniões poderão ser sigilosas sempre que houver risco de que a publicidade resulte em prejuízo à eficácia da decisão judicial.

§ 5º A reunião do colegiado composto por juízes domiciliados em cidades diversas poderá ser feita pela via eletrônica.

§ 6º As decisões do colegiado, devidamente fundamentadas e firmadas, sem exceção, por todos os seus integrantes, serão publicadas sem qualquer referência a voto divergente de qualquer membro.

§ 7º Os tribunais, no âmbito de suas competências, expedirão normas regulamentando a composição do colegiado e os procedimentos a serem adotados para o seu funcionamento.

Questões de concursos

831. **(UFMT/MPE/MT/Promotor/2014)** Em matéria de julgamento colegiado em primeiro grau de jurisdição de crimes praticados por organizações criminosas, assinale a afirmativa incorreta.

   a) O colegiado será formado pelo juiz do processo e por 2 (dois) outros juízes escolhidos por sorteio eletrônico dentre aqueles de competência criminal em exercício no primeiro grau de jurisdição.

   b) O juiz poderá decidir pela formação do colegiado para a prática de qualquer ato processual, exceto para a concessão de liberdade condicional.

   c) As reuniões poderão ser sigilosas sempre que houver risco de que a publicidade resulte em prejuízo à eficácia da decisão judicial.

d) As decisões do colegiado, devidamente fundamentadas e firmadas, sem exceção, por todos os seus integrantes, serão publicadas sem qualquer referência a voto divergente de qualquer membro.

e) Os tribunais, no âmbito de suas competências, expedirão normas regulamentando a composição do colegiado e os procedimentos a serem adotados para o seu funcionamento.

■ Norma Explicativa {art. 2º}

> **Art. 2º** Para os efeitos desta Lei, considera-se organização criminosa a associação, de 3 (três) ou mais pessoas, estruturalmente ordenada e caracterizada pela divisão de tarefas, ainda que informalmente, com objetivo de obter, direta ou indiretamente, vantagem de qualquer natureza, mediante a prática de crimes cuja pena máxima seja igual ou superior a 4 (quatro) anos ou que sejam de caráter transnacional.

■ Segurança dos Tribunais {art. 3º}

> **Art. 3º** Os tribunais, no âmbito de suas competências, são autorizados a tomar medidas para reforçar a segurança dos prédios da Justiça, especialmente:
>
> I – controle de acesso, com identificação, aos seus prédios, especialmente aqueles com varas criminais, ou às áreas dos prédios com varas criminais;
>
> II – instalação de câmeras de vigilância nos seus prédios, especialmente nas varas criminais e áreas adjacentes;
>
> III – instalação de aparelhos detectores de metais, aos quais se devem submeter todos que queiram ter acesso aos seus prédios, especialmente às varas criminais ou às respectivas salas de audiência, ainda que exerçam qualquer cargo ou função pública, ressalvados os integrantes de missão policial, a escolta de presos e os agentes ou inspetores de segurança próprios.

Alteração ao Código Penal {art. 4º}

Art. 4º O art. 91 do Decreto-Lei n. 2.848, de 7 de dezembro de 1940 – Código Penal, passa a vigorar acrescido dos seguintes §§ 1º e 2º:

"Art. 91. (...)."

"§ 1º Poderá ser decretada a perda de bens ou valores equivalentes ao produto ou proveito do crime quando estes não forem encontrados ou quando se localizarem no exterior."

"§ 2º Na hipótese do § 1º, as medidas assecuratórias previstas na legislação processual poderão abranger bens ou valores equivalentes do investigado ou acusado para posterior decretação de perda. (NR)."

Alteração ao Código de Processo Penal {art. 5º}

Art. 5º O Decreto-Lei n. 3.689, de 3 de outubro de 1941 – Código de Processo Penal, passa a vigorar acrescido do seguinte art. 144-A:

"Art. 144-A. O juiz determinará a alienação antecipada para preservação do valor dos bens sempre que estiverem sujeitos a qualquer grau de deterioração ou depreciação, ou quando houver dificuldade para sua manutenção."

"§ 1º O leilão far-se-á preferencialmente por meio eletrônico."

"§ 2º Os bens deverão ser vendidos pelo valor fixado na avaliação judicial ou por valor maior. Não alcançado o valor estipulado pela administração judicial, será realizado novo leilão, em até 10 (dez) dias contados da realização do primeiro, podendo os bens ser alienados por valor não inferior a 80% (oitenta por cento) do estipulado na avaliação judicial."

"§ 3º O produto da alienação ficará depositado em conta vinculada ao juízo até a decisão final do processo, procedendo-se à sua conversão em renda para a União, Estado ou Distrito Federal, no caso de condenação, ou, no caso de absolvição, à sua devolução ao acusado."

"§ 4º Quando a indisponibilidade recair sobre dinheiro, inclusive moeda estrangeira, títulos, valores mobiliários ou cheques emitidos como ordem de pagamento, o juízo determinará a conversão do numerário apreendido em moeda nacional corrente e o depósito das correspondentes quantias em conta judicial."

"§ 5° No caso da alienação de veículos, embarcações ou aeronaves, o juiz ordenará à autoridade de trânsito ou ao equivalente órgão de registro e controle a expedição de certificado de registro e licenciamento em favor do arrematante, ficando este livre do pagamento de multas, encargos e tributos anteriores, sem prejuízo de execução fiscal em relação ao antigo proprietário."

"§ 6° O valor dos títulos da dívida pública, das ações das sociedades e dos títulos de crédito negociáveis em bolsa será o da cotação oficial do dia, provada por certidão ou publicação no órgão oficial."

"§ 7° (Vetado)."

■ Alteração ao Código de Trânsito Brasileiro {art. 6°}

Art. 6° O art. 115 da Lei n. 9.503, de 23 de setembro de 1997 – Código de Trânsito Brasileiro, passa a vigorar acrescido do seguinte § 7°:

"Art. 115. (...)."

"§ 7° Excepcionalmente, mediante autorização específica e fundamentada das respectivas corregedorias e com a devida comunicação aos órgãos de trânsito competentes, os veículos utilizados por membros do Poder Judiciário e do Ministério Público que exerçam competência ou atribuição criminal poderão temporariamente ter placas especiais, de forma a impedir a identificação de seus usuários específicos, na forma de regulamento a ser emitido, conjuntamente, pelo Conselho Nacional de Justiça – CNJ, pelo Conselho Nacional do Ministério Público – CNMP e pelo Conselho Nacional de Trânsito – CONTRAN. (NR)."

■ Alteração ao Estatuto do Desarmamento {art. 7°}

Art. 7° O art. 6° da Lei n. 10.826, de 22 de dezembro de 2003, passa a vigorar acrescido do seguinte inciso XI:

"Art. 6° (...)."

"XI – os tribunais do Poder Judiciário descritos no art. 92 da Constituição Federal e os Ministérios Públicos da União e dos Estados, para uso exclusivo de servidores de seus quadros pessoais que efetivamente estejam no exercício de funções de segurança, na forma de regulamento a ser emitido pelo Conselho Nacional de Justiça – CNJ e pelo Conselho Nacional do Ministério Público – CNMP. (...). (NR)."

■ Alteração ao Estatuto do Desarmamento {art. 8º}

Art. 8º A Lei n. 10.826, de 22 de dezembro de 2003, passa a vigorar acrescida do seguinte art. 7º-A:

"Art. 7º-A. As armas de fogo utilizadas pelos servidores das instituições descritas no inciso XI do art. 6ºserão de propriedade, responsabilidade e guarda das respectivas instituições, somente podendo ser utilizadas quando em serviço, devendo estas observar as condições de uso e de armazenagem estabelecidas pelo órgão competente, sendo o certificado de registro e a autorização de porte expedidos pela Polícia Federal em nome da instituição.

"§ 1º A autorização para o porte de arma de fogo de que trata este artigo independe do pagamento de taxa."

"§ 2º O presidente do tribunal ou o chefe do Ministério Público designará os servidores de seus quadros pessoais no exercício de funções de segurança que poderão portar arma de fogo, respeitado o limite máximo de 50% (cinquenta por cento) do número de servidores que exerçam funções de segurança."

"§ 3º O porte de arma pelos servidores das instituições de que trata este artigo fica condicionado à apresentação de documentação comprobatória do preenchimento dos requisitos constantes do art. 4º desta Lei, bem como à formação funcional em estabelecimentos de ensino de atividade policial e à existência de mecanismos de fiscalização e de controle interno, nas condições estabelecidas no regulamento desta Lei."

"§ 4º A listagem dos servidores das instituições de que trata este artigo deverá ser atualizada semestralmente no Sinarm."

"§ 5º As instituições de que trata este artigo são obrigadas a registrar ocorrência policial e a comunicar à Polícia Federal eventual perda, furto, roubo ou outras formas de extravio de armas de fogo, acessórios e munições que estejam sob sua guarda, nas primeiras 24 (vinte e quatro) horas depois de ocorrido o fato."

■ Escolta {art. 9º}

Art. 9º Diante de situação de risco, decorrente do exercício da função, das autoridades judiciais ou membros do Ministério Público e de seus familiares, o fato será comunicado à polícia judiciária, que avaliará a necessidade, o alcance e os parâmetros da proteção pessoal.

§ 1º A proteção pessoal será prestada de acordo com a avaliação realizada pela polícia judiciária e após a comunicação à autoridade judicial ou ao membro do Ministério Público, conforme o caso:

I – pela própria polícia judiciária;

II – pelos órgãos de segurança institucional;

III – por outras forças policiais;

IV – de forma conjunta pelos citados nos incisos I, II e III.

§ 2º Será prestada proteção pessoal imediata nos casos urgentes, sem prejuízo da adequação da medida, segundo a avaliação a que se referem o caput e o § 1º deste artigo.

§ 3º A prestação de proteção pessoal será comunicada ao Conselho Nacional de Justiça ou ao Conselho Nacional do Ministério Público, conforme o caso.

§ 4º Verificado o descumprimento dos procedimentos de segurança definidos pela polícia judiciária, esta encaminhará relatório ao Conselho Nacional de Justiça – CNJ ou ao Conselho Nacional do Ministério Público – CNMP.

■ Vigência {art. 10}

Art. 10. Esta Lei entra em vigor após decorridos 90 (noventa) dias de sua publicação oficial.

Brasília, 24 de julho de 2012; 191º da Independência e 124º da República.

Dilma Rousseff

PORTADORES DE DEFICIÊNCIA (LEI 7.853/89)

Lei n. 7.853, de 24 de outubro de 1989.

> *Dispõe sobre o apoio às pessoas portadoras de deficiência, sua integração social, sobre a Coordenadoria Nacional para Integração da Pessoa Portadora de Deficiência – Corde, institui a tutela jurisdicional de interesses coletivos ou difusos dessas pessoas, disciplina a atuação do Ministério Público, define crimes, e dá outras providências.*

O Presidente da República: faço saber que o Congresso Nacional decreta e eu sanciono a seguinte Lei:

(...)

■ Dos Crimes {art. 8º}

Art. 8º Constitui crime punível com reclusão de 1 (um) a 4 (quatro) anos, e multa:

I – recusar, suspender, procrastinar, cancelar ou fazer cessar, sem justa causa, a inscrição de aluno em estabelecimento de ensino de qualquer curso ou grau, público ou privado, por motivos derivados da deficiência que porta;

II – obstar, sem justa causa, o acesso de alguém a qualquer cargo público, por motivos derivados de sua deficiência;

III – negar, sem justa causa, a alguém, por motivos derivados de sua deficiência, emprego ou trabalho;

IV – recusar, retardar ou dificultar internação ou deixar de prestar assistência médico-hospitalar e ambulatorial, quando possível, à pessoa portadora de deficiência;

V – deixar de cumprir, retardar ou frustrar, sem justo motivo, a execução de ordem judicial expedida na ação civil a que alude esta Lei;

VI – recusar, retardar ou omitir dados técnicos indispensáveis à propositura da ação civil objeto desta Lei, quando requisitados pelo Ministério Público.

(...)

Brasília, 24 de outubro de 1989; 168º da Independência e 101º da República.

José Sarney

Jurisprudência complementar (STJ)

(...). Violação ao artigo 8º, inciso I, da Lei 7.853/89. Ocorrência. Analogia. Impossibilidade no direito penal. Recusa, suspensão, procrastinação, cancelamento ou cessação da inscrição de pessoa portadora de deficiência em estabelecimento de ensino. Inocorrência. Não aceitação pelo professor de aluno deficiente em sua sala de aula. Conduta atípica. Inexistência de prejuízo à inscrição da vítima. Crime próprio. Não descrição de que a recorrente tenha qualificação para praticá-lo. (...). 1. A analogia, a qual consiste em aplicar a uma hipótese não prevista em lei disposição legal relativa a um caso semelhante, é terminantemente proibida em direito penal, o qual deve estrita observância ao princípio da legalidade. Se o legislador não previu dada conduta como criminosa, é porque esta se mostra irrelevante na esfera penal, não podendo, portanto, ser abrangida por meio da analogia. 2. A conduta do professor que impede aluno portador de deficiência física de assistir aula na sala em que leciona não se subsume ao tipo penal do artigo 8º, inciso I, da Lei 7.853/89, que incrimina a conduta de "recusar, suspender, procrastinar, cancelar ou fazer cessar, sem justa causa, a inscrição de aluno em estabelecimento de ensino de qualquer curso ou grau, público ou privado, por motivos derivados da deficiência que porta". 3. Recurso especial a que se dá provimento, para restabelecer a decisão de 1º grau, que rejeitou a denúncia, ante o reconhecimento da atipicidade da conduta. (REsp 1022478, Rel. Min. Maria Thereza de Assis Moura, DJ 9.11.2011)

(...). Concurso público. Aprovação em vaga reservada a deficiente físico. Exame médico admissional. Avaliação da compatibilidade entre as atribuições do cargo e a deficiência apresentada. Impossibilidade. Lei 7.853/89 e decreto n. 3.298/99.

Exame que deve ser realizado durante o estágio probatório. (...). 1. Por força do art. 37, VIII, da Constituição Federal, é obrigatória a reserva de vagas aos portadores de deficiência física, o que demonstra adoção de ação afirmativa que visa conferir tratamento prioritário a esse grupo, trazendo para a Administração a responsabilidade em promover sua integração social. 2. Nessa linha, a Lei 7.853/89 estabelece as regras gerais sobre o apoio às pessoas portadoras de deficiência e sua integração social, determinando a promoção de ações eficazes que propiciem a inserção, nos setores públicos e privado, de pessoas portadoras de deficiência. 3. No caso dos autos, o candidato aprovado em concurso para o cargo de médico do trabalho foi excluído do certame após exame médico admissional, que atestou a incompatibilidade entre as atribuições do cargo e a deficiência apresentada. 4. Entretanto, o Decreto n. 3.298/99, que vem regulamentar a Lei 7.853/89 e instituir a Política Nacional para a Integração da Pessoa Portadora de Deficiência, assegura ao candidato aprovado em vaga destinada aos portadores de deficiência física que o exame da compatibilidade no desempenho das atribuições do cargo seja realizada por equipe multiprofissional, durante o estágio probatório. 5. Recurso especial provido para assegurar a permanência do recorrente no concurso de médico do trabalho promovido pelo Município de Curitiba. (REsp 1179987, Rel. Min. Jorge Mussi, DJ 26.9.2011)

PRISÃO TEMPORÁRIA (LEI 7.960/89)

Lei 7.960, de 21 de dezembro de 1989.

Dispõe sobre prisão temporária.

O Presidente da República: faço saber que o Congresso Nacional decreta e eu sanciono a seguinte Lei:

Requisitos para a Decretação {art. 1º}

Art. 1º Caberá prisão temporária:

I – quando imprescindível para as investigações do inquérito policial;

II – quando o indicado não tiver residência fixa ou não fornecer elementos necessários ao esclarecimento de sua identidade;

III – quando houver fundadas razões, de acordo com qualquer prova admitida na legislação penal, de autoria ou participação do indiciado nos seguintes crimes:

a) homicídio doloso (art. 121, caput, e seu § 2º);

b) sequestro ou cárcere privado (art. 148, caput, e seus §§ 1º e 2º);

c) roubo (art. 157, caput, e seus §§ 1º, 2º e 3º);

d) extorsão (art. 158, caput, e seus §§ 1º e 2º);

e) extorsão mediante sequestro (art. 159, caput, e seus §§ 1º, 2º e 3º);

f) estupro (art. 213, caput, e sua combinação com o art. 223, caput, e parágrafo único);

g) atentado violento ao pudor (art. 214, caput, e sua combinação com o art. 223, caput, e parágrafo único);

h) rapto violento (art. 219, e sua combinação com o art. 223 caput, e parágrafo único);

i) epidemia com resultado de morte (art. 267, § 1º);

j) envenenamento de água potável ou substância alimentícia ou medicinal qualificado pela morte (art. 270, caput, combinado com art. 285);

l) quadrilha ou bando (art. 288), todos do Código Penal;

m) genocídio (arts. 1º, 2º e 3º da Lei n. 2.889, de 1º de outubro de 1956), em qualquer de sua formas típicas;

n) tráfico de drogas (art. 12 da Lei n. 6.368, de 21 de outubro de 1976);

o) crimes contra o sistema financeiro (Lei n. 7.492, de 16 de junho de 1986).

Enunciados FONACRIM

Enunciado 8. A prisão temporária é medida cautelar válida e que objetiva assegurar a investigação criminal.

Jurisprudência complementar (STF)

(...). Prisão provisória. Requisitos. Presença dos requisitos da Lei 7.960/89. Ausência de constrangimento ilegal. Crimes de homicídio qualificado e formação de quadrilha. Prisão provisória fundamentada na conveniência da investigação criminal, face aos indícios de que os investigados recebiam informações privilegiadas e obstruíam o andamento das investigações, além de constar do decreto que testemunhas teriam sido ameaçadas, bem como alusão à garantia da ordem pública, considerada a reiteração de crimes violentos por grupo organizado. Consta, ademais, que o paciente encontra-se foragido. Presentes os requisitos da Lei 7.960/89, inexiste constrangimento ilegal a ser sanado em "habeas corpus". (...). (HC 89494, Rel. Min. Eros Grau, 2ª T., DJ 22.9.2006)

(...). Formação de quadrilha. Inépcia da denúncia. Inocorrência. Tendo o Ministério Público demonstrado indícios suficientes de que os pacientes integravam organização criminosa com o objetivo de praticar crimes contra a ordem tributária, não é inepta a acusação pelo crime de formação de quadrilha. (...). (HC 84223 segundo julgamento, Rel. Min. Eros Grau, 1ª T., DJ 23.10.2009)

(...). Prisão temporária. Fatos ocorridos há mais de quatro anos. Réu foragido. Inquérito policial ainda não relatado por deficiência da máquina administrativa. Ordem concedida. 1. Os fatos imputados ao paciente ocorreram em abril de 2004, sem que, ao longo destes quatro anos, tenha havido qualquer outra decisão ou conversão da prisão temporária em prisão preventiva. 2. Até o momento, o Inquérito Policial não foi relatado em virtude do acúmulo de serviço e da falta de funcionários na delegacia local, e não em razão da fuga do paciente. 3. Nos termos da Lei 7.960/89, a prisão temporária tem por única finalidade legítima a necessidade da custódia para as investigações. A deficiência da máquina administrativa retira a legitimidade do decreto prisional impugnado. 4. Ordem concedida. Possibilidade de decretação da prisão preventiva, desde que presentes seus pressupostos e requisitos. (RHC 92873, Rel. Min. Joaquim Barbosa, 2ª T., DJ 19.12.2008)

(...). 2. No decreto da prisão preventiva se tem presente, de forma fundamentada, circunstância grave e comprovada necessidade da segregação cautelar do Paciente, evidenciando a conveniência da medida constritiva. 3. Há lesão à ordem pública quando os fatos noticiados nos autos são de extrema gravidade e causa insegurança jurídica à manutenção da liberdade do Paciente. (...). (HC 90515, Rel. p/ ac. Min. Cármen Lúcia, 1ª T., DJ 10.8.2007)

Jurisprudência complementar (STJ)

(...). Homicídio qualificado. Prisão temporária. Ausência de fundamentação concreta. Imprescindibilidade às investigações não demonstrada. Flagrante ilegalidade. (...). 1. Cabe prisão temporária quando esta for imprescindível para as investigações do inquérito policial, ou quando o indiciado não tiver residência fixa ou não fornecer elementos necessários ao esclarecimento de sua identidade, e quando houver fundadas razões de autoria ou participação do indiciado nos crimes que a lei lista, dentre eles o de homicídio. 2. Hipótese em que o Juiz de primeiro grau decretou a prisão temporária sem fundamentar adequadamente a medida. Limitou-se a referir a mencionar o dispositivo legal, sem motivar o julgado no que tange ao "periculum libertatis", não logrando demonstrar de que maneira a reclusão do indiciado serviria para facilitar o trabalho da autoridade policial no curso da investigação. 3. Recurso provido para revogar a prisão temporária. (RHC 58.306, Rel. Min. Maria Thereza de Assis Moura, DJ 27.5.2015)

(...). Tráfico de drogas. Prisão temporária fundamentada no art. 1º, incisos I e III, n, da Lei 7.960/89. Constrangimento ilegal. Não ocorrência. (...). III. Na hipótese, o decreto de prisão temporária encontra-se devidamente fundamentado no art. 1º, incisos I e III, alínea n, da Lei 7.960/89, tendo em vista a existência de fundados indícios de autoria ou participação delitiva – tráfico de drogas –, bem como a necessidade de se assegurar o prosseguimento das investigações criminais – em razão de estar o paciente foragido, dificultando a apuração do crime –, não havendo falar em constrangimento ilegal. IV. Condições pessoais favoráveis, tais como primariedade, ocupação lícita e residência fixa, não têm o condão de, por si sós, garantirem ao paciente a revogação da prisão preventiva se há nos autos elementos hábeis a recomendar a manutenção de sua custódia cautelar. (...). (HC 288.024, Rel. Min. Felix Fischer, DJ 17.6.2015)

(...). Homicídio. Cumprimento do período da prisão temporária por dois pacientes. Ordem prejudicada no ponto. Prisão temporária. Fundamentação. Imprescindibilidade para as investigações. Encerramento do inquérito policial. Falta de indicação de elementos concretos a justificar a medida. Motivação inidônea. Ordem parcialmente prejudicada, e, no mais, concedida. 1. Já tendo sido cumprido o período da prisão temporária por dois pacientes, prejudicada a análise do pedido de soltura. 2. A prisão processual deve ser configurada no caso de situações extremas, em meio a dados sopesados da experiência concreta, porquanto o instrumento posto a cargo da jurisdição reclama, antes de tudo, o respeito à liberdade." "in casu", prisão temporária que não se justifica ante a fundamentação inidônea, hostil aos termos da Lei 7.960/1989. Ademais, o inquérito policial já foi concluído, o que evidencia que a medida extrema perdeu sua razão de ser. (...). (HC 313.157, Rel. Min. Maria Thereza de Assis Moura, DJ 2.6.2015)

(...). Homicídio qualificado. Prisão temporária. Pressupostos do art. 1º da Lei 7.960/1989. Fundamentação insuficiente. Ocorrência de manifesto constrangimento ilegal. Ordem concedida. 1. A jurisprudência desta Corte Superior é remansosa no sentido de que o encarceramento provisório do indiciado ou acusado antes do trânsito em julgado da decisão condenatória, como medida excepcional, deve estar amparado nas hipóteses taxativamente previstas na legislação de regência e em decisão judicial devidamente fundamentada. 2. O art. 1º da Lei 7.960/1989 evidencia que o objetivo primordial da prisão temporária é o de acautelar o inquérito policial, procedimento administrativo voltado a esclarecer o fato criminoso, a reunir meios informativos que possam habilitar o titular da ação penal a formar sua "opinio delicti" e, por outra angulação, a servir de lastro à acusação. 3. Na espécie, quase todos os fundamentos apresentados pelo juiz de primeira instância, tanto na decisão que originalmente decretou a prisão temporária quanto na que a renovou, dizem respeito a outra espécie de constrição processual, a prisão preventiva, a saber: (a) evitação da destruição das provas; (b) tensão social dentro da reserva; (c) indícios sérios da existência de armas entre os indígenas; (d) integrantes da comunidade indígena com notória capacidade de influenciar os demais e (e) fuga dos acusados, que se refugiaram na reserva indígena. 4. A decisão que renovou a constrição cautelar apontou, ainda, (a) "o grande número de indivíduos supostamente participantes do duplo homicídio (aproximadamente trinta indígenas), parcialmente identificados, a dificultar sobremaneira a ultimação das diligências investigatórias", bem como a (b) "necessidade de cumprimento de três mandados de prisão temporária, expedidos em 05.5.2014 e ainda não cumpridos em razão das alegadas dificuldades de ingresso na reserva indígena, afora as demais diligências probatórias necessárias ao aprofundamento das investigações e a organização da prova colhida". 5. Ordem concedida para, confirmada a liminar, cassar a prisão temporária dos pacientes. (HC 296.507, Rel. Min. Rogerio Schietti Cruz, DJ 19.3.2015)

(...). Roubo circunstanciado. Prisão temporária. Ausência de fundamentação concreta. Imprescindibilidade às investigações não demonstrada. Flagrante ilegalidade. (...). 1. Cabe prisão temporária quando esta for imprescindível para as investigações do inquérito policial, ou quando o indiciado não tiver residência fixa ou não fornecer elementos necessários ao esclarecimento de sua identidade, e quando houver fundadas razões de autoria ou participação do indiciado nos crimes que a lei lista, dentre eles o de roubo. 2. Hipótese em que o Juiz de primeiro grau decretou a prisão temporária sem fundamentar adequadamente a medida. Limitou-se a referir a mencionar o dispositivo legal, sem motivar o julgado no que tange ao "periculum libertatis", não logrando demonstrar de que maneira a reclusão do indiciado serviria para facilitar o trabalho da autoridade policial no curso da investigação. 3. Recurso provido para revogar a prisão temporária. (RHC 35.788, Rel. Min. Maria Thereza de Assis Moura, DJ 3.12.2014)

(...). Roubo circunstanciado. Prisão temporária. Fundamentação. Imprescindibilidade para as investigações. Não configuração. Decreto prolatado há mais de 8 (oito) meses. Encerramento do inquérito policial. Ausência. Falta de indicação de elementos concretos a justificar a medida. Motivação inidônea. Ocorrência. (...). 1. A prisão processual deve ser configurada no caso de situações extremas, em meio a dados sopesados da experiência concreta, porquanto o instrumento posto a cargo da jurisdição reclama, antes de tudo, o respeito à liberdade. "in casu", prisão temporária que não se justifica ante a fundamentação inidônea, hostil aos termos da Lei 7.960/1989. 2. Recurso provido a fim de revogar a prisão temporária decretada em desfavor do recorrente, sem prejuízo de que o Juízo a quo, de maneira fundamentada, examine se é caso de aplicar uma das medidas cautelares implementadas pela Lei 12.403/11, ressalvada, inclusive, a possibilidade de decretação de prisão preventiva, caso demonstrada sua necessidade. (RHC 50.939, Rel. Min. Maria Thereza de Assis Moura, DJ 2.10.2014)

(...). Homicídio doloso. Prisão temporária. Fundamentação inválida. Réus presos cautelarmente por outro processo. Desnecessidade da segregação cautelar. Ausência de manifesto constrangimento ilegal. (...). 1. A jurisprudência desta Corte Superior é remansosa no sentido de que o encarceramento provisório do indiciado ou acusado antes do trânsito em julgado da decisão condenatória, como medida excepcional, deve estar amparado nas hipóteses taxativamente previstas na legislação de regência e em decisão judicial devidamente fundamentada. 2. A simples afirmação de que a "custódia dos réus é essencial para o regular prosseguimento do feito", e de que sua liberdade "poderá ensejar a atemorização de testemunhas", consubstanciam motivação inválida para justificar o encarceramento provisório dos agravados, porquanto dissociados de qualquer dado fático indicado nos autos. 3. A notícia nos autos de que os agravados estão presos cautelarmente em razão de outro processo, corrobora a desnecessidade da custódia cautelar, já que assim fica afastado qualquer empecilho à continuação das investigações criminais, e a suposição de que em "liberdade dos réus poderá ensejar a atemorização das testemunhas". (...). (AgRg no HC 142.301, Rel. Min. Rogerio Schietti Cruz, DJ 10.4.2014)

Questões de concursos

832. (Funiversa/PC/DF/Papiloscopista/2015) Caberá prisão temporária (Lei n. 7.960/1989) quando for imprescindível para as investigações do inquérito policial e houver fundadas razões, de acordo com qualquer prova admitida na legislação penal, de autoria ou participação do indiciado no crime de:

   a) homicídio culposo.

   b) constrangimento ilegal.

   c) receptação qualificada.

   d) corrupção ativa.

   e) tráfico de drogas.

Vedação à Decretação de Ofício e Prazo de Duração

Art. 2º A prisão temporária será decretada pelo Juiz, em face da representação da autoridade policial ou de requerimento do Ministério Público, e terá o prazo de 5 (cinco) dias, prorrogável por igual período em caso de extrema e comprovada necessidade.

Jurisprudência complementar (STJ)

(...). Quadrilha ou bando e outros delitos. Investigação por irregularidades na aplicação de recursos federais nas áreas de educação e saúde em prefeitura municipal. Prisão temporária. Necessidade de colheita das declarações dos investigados em separado para evitar prévio ajuste das versões. Depoimentos já colhidos. Exaurimento da finalidade da medida. Caráter instrumental. Ausência de idôneo fundamento a justificar a manutenção no cárcere. Constrangimento ilegal evidenciado. Liminar confirmada. Ordem concedida. 1. Embora seja certo que a Lei 7.960/89, no seu artigo 2º, tenha estabelecido o prazo de 5 (cinco) dias para a duração da prisão temporária, a excepcionalidade da medida constritiva de liberdade exige que esta perdure apenas pelo período necessário à consecução dos fins por ela almejados. 2. Tendo a prisão temporária sido decretada em razão da sua imprescindibilidade para as investigações criminais, já que necessária a colheita em separado dos depoimentos dos investigados, para evitar prévio ajuste das versões, e já tendo sido ouvido o segregado pela autoridade policial, evidente o esvaziamento da finalidade da medida, não existindo fundamento idôneo capaz de justificar a sua manutenção no cárcere. 3. "Habeas corpus" não conhecido, concedendo-se, contudo, a ordem de ofício para, confirmando-se a liminar anteriormente deferida, revogar a prisão temporária do paciente, se por outro motivo não estiver preso. (HC 206.182, Rel. Min. Jorge Mussi, DJ 27.8.2013)

(...). Prisão temporária. Liminar deferida em sede de cognição sumária. Prejudicialidade dos argumentos relativos à legalidade da medida cautelar. Manutenção dos efeitos produzidos. Ordem concedida. 1. A prisão temporária, como espécie de prisão provisória, é instrumento destinado exclusivamente à investigação realizada ainda na fase do inquérito policial, dispondo a legislação de regência que o prazo máximo para manter um suspeito detido com base nessa medida é de cinco dias, prorrogável por igual período quando extrema e absolutamente necessário (Lei 7.960/89, art. 2º), ressalvando-se os casos em que o delito investigado estiver incluído no rol dos crimes hediondos, hipótese de incidência do disposto no § 3º do art. 2º da Lei 8.072/90. 2. Assim sendo, ainda que se reconheça a legalidade da prisão temporária na hipótese em exame, não há como negar que a impetração encontra-se sem objeto, uma vez que não existe circunstância de extrema e comprovada necessidade que perdure pelo tempo decorrido desde a soltura dos pacientes (23/7/2005) até a presente data, sendo, indiscutível, que o seu cumprimento agora implicaria constrangimento ilegal, tendo em vista o inegável distanciamento de sua finalidade. 3. Portanto, para o julgamento do mérito deste "mandamus", prejudicada restou a análise dos argumentos deduzidos pelo impetrante em sua peça inaugural, restando para o Colegiado apenas confirmar a liminar concedida no exercício do juízo de cognição sumária, para preservar os efeitos por ela já produzidos e evitar, agora, a ocorrência de eventual constrangimento ilegal. 4. Ordem concedida. (HC 45.901, Rel. Min. Arnaldo Esteves Lima, DJ 14.11.2005)

(...). Prisão cautelar. Réu foragido e perigoso. Garantia da ordem pública. Prática de vários crimes. Pressupostos atendidos. A custódia provisória encontra-se bem arrazoada pela decisão singular, sobretudo porque as condutas perpetradas e a personalidade do Paciente justificam a atuação jurisdicional, não havendo o que repor. Sendo o remédio constitucional conduzido por procedimento sumário e de cognição antecipada, o inconformismo em torno dos elementos justificadores da decisão combatida desmerece a respectiva aderência, porque não cogitados de plano, bem assim, a suposta indicação de abuso da autoridade policial na condução investigatória. (...). (HC 27.911, Rel. Min. José Arnaldo da Fonseca, DJ 25.2.2004)

Questões de concursos

833. **(Vunesp/PC/SP/Investigador/2014)** A prisão temporária, nos termo da Lei n. 7.960/89, será decretada pelo Juiz, em face da representação da autoridade policial ou de requerimento do Ministério Público, e terá o prazo de:

   a) cinco dias, prorrogáveis por igual período em caso de extrema e comprovada necessidade.

   b) dez dias, prorrogáveis por igual período, desde que autorizada pelo juiz do caso.

   c) cinco dias, improrrogáveis.

   d) dez dias, improrrogáveis.

   e) quinze dias, prorrogáveis por até trinta dias, se necessário, a critério do juiz do caso.

834. **(Cespe/PRF/Policial/2013)** A prisão temporária só poderá ser decretada mediante representação da autoridade policial ou a requerimento do Ministério Público, vedada sua decretação de ofício pelo juiz.

835. **(Cespe/TJ/CE/2014)** A prisão temporária

   a) será decretada mediante despacho, que prescinde de fundamentação em caso de comprovada a urgência da prisão.

   b) poderá ser decretada pelo delegado de polícia, pelo prazo máximo de cinco dias, prorrogável por igual período, em caso de extrema e comprovada necessidade.

c) poderá ser decretada pelo juiz, em qualquer fase do processo penal, se comprovada sua extrema necessidade.

d) poderá ser decretada pelo juiz, sem a oitiva do Ministério Público, quando solicitada por representação da autoridade policial.

e) poderá ser decretada, tratando-se de crime de tráfico ilícito de entorpecentes, pelo prazo máximo de trinta dias, prorrogável por mais trinta dias, em caso de extrema e comprovada necessidade.

836. (Vunesp/TJ/SP/Juiz/2013) Lei n. 7.960, de 21de dezembro de 1989, que dispõe sobre prisão temporária, não permite a aplicação da medida em caso de

a) furto.
b) homicídio doloso.
c) roubo.
d) sequestro ou cárcere privado.

Representação do Delegado de Polícia {art. 2º, § 1º}

§ 1º Na hipótese de representação da autoridade policial, o Juiz, antes de decidir, ouvirá o Ministério Público.

Fundamentação da Decisão {art. 2º, § 2º}

§ 2º O despacho que decretar a prisão temporária deverá ser fundamentado e prolatado dentro do prazo de 24 (vinte e quatro) horas, contadas a partir do recebimento da representação ou do requerimento.

Jurisprudência complementar (STJ)

(...). Prisão temporária. Falta de fundamentação. Necessidade da medida não demonstrada. Prazo de 30 (trinta) dias. Apuração de crimes não incluídos no rol dos crimes hediondos. Ilegalidade. (...). 1. É evidente o constrangimento ilegal se a prisão temporária foi determinada tão somente "para uma melhor apuração de seus envolvimentos", sem a demonstração concreta da imprescindibilidade da medida, ressaltando-se que, nos termos do art. 2º, § 2º, da Lei 7.960/89, "o despacho que decretar a prisão temporária deverá ser fundamentado". 2. A gravidade dos delitos não é fundamento suficiente para justificar a imposição da custódia cautelar. 3. Tratando-se da apuração de crimes não incluídos no rol dos crimes hediondos, a prisão temporária deve ter o prazo de 05 (cinco) dias, a teor do art. 2º, caput, da Lei 7.960/89. (...). (RHC 20.410, Rel. Min. Maria Thereza de Assis Moura, DJ 9.11.2009)

■ Apresentação do Preso {art. 2º, § 3º}

> § 3º O Juiz poderá, de ofício, ou a requerimento do Ministério Público e do Advogado, determinar que o preso lhe seja apresentado, solicitar informações e esclarecimentos da autoridade policial e submetê-lo a exame de corpo de delito.

Jurisprudência complementar (STF)

(...). Objeto. Indeferimento de liminar em idêntica medida. Verbete n. 691 da súmula do Supremo. A Súmula do Supremo revela, como regra, o não-cabimento do "habeas" contra ato de relator que, em idêntica medida, haja implicado o indeferimento de liminar. A exceção corre à conta de flagrante constrangimento ilegal. Prisão provisória. Investigação. Inviabilidade. Não se há de proceder a prisão provisória com a única finalidade de realizar investigações, não cabendo presumir o excepcional, ou seja, que, em liberdade, possível envolvido dificultará a atuação da polícia. Prisão provisória. A repercussão do crime no âmbito da sociedade, por si só, não respalda a prisão provisória. (HC 86375, Rel. Min. Marco Aurélio, 1ª T., DJ 17.2.2006)

Jurisprudência complementar (STJ)

Realização de interrogatório por juiz durante a fase inquisitória, antes do oferecimento da denúncia. Impedimento do magistrado. Nulidade dos atos. Correição parcial. Decisão do superior Tribunal de Justiça no RHC 23.945. Prevalência. 1. Havendo decisão do Superior Tribunal de Justiça quanto ao impedimento do Juiz e à validade dos atos por ele praticados, é esse acórdão que deve prevalecer, e não o que foi proferido pelo Tribunal de origem em correição parcial. 2. Quando do julgamento do RHC 23.945, foram declarados nulos, além dos atos decisórios, toda a instrução processual dirigida pelo Juiz, por ter o magistrado realizado os interrogatórios na fase inquisitória, antes de haver ação penal. Foram, de igual modo, declarados nulos os atos de investigação praticados por ele na fase administrativa, os quais devem ser desconsiderados na propositura da nova ação penal. Ressalva do ponto de vista do Relator. 3. No caso, é esse entendimento que prepondera no que tange à ação penal em questão. 4. Ordem concedida para declarar impedido o Juiz e para declarar a nulidade de todo o processo – não apenas dos atos decisórios, assim como dos atos praticados pelo magistrado durante a fase das investigações preliminares –, determinando que os interrogatórios por ele realizados nesse período sejam desentranhados dos autos de forma que não influenciem a "opinio delicti" do órgão acusatório na propositura da nova denúncia. 5. Extensão da ordem concedida de ofício ao demais corréus. (HC 122.059, Rel. Min. Celso Limongi, DJ 23.8.2010)

■ **Mandado de Prisão {art. 2º, § 4º}**

§ 4º Decretada a prisão temporária, expedir-se-á mandado de prisão, em duas vias, uma das quais será entregue ao indiciado e servirá como nota de culpa.

■ **Mandado de Prisão {art. 2º, § 5º}**

§ 5º A prisão somente poderá ser executada depois da expedição de mandado judicial.

■ **Direitos do Preso {art. 2º, § 6º}**

§ 6º Efetuada a prisão, a autoridade policial informará o preso dos direitos previstos no art. 5º da Constituição Federal.

■ **Vencimento do Prazo {art. 2º, § 7º}**

§ 7º Decorrido o prazo de cinco dias de detenção, o preso deverá ser posto imediatamente em liberdade, salvo se já tiver sido decretada sua prisão preventiva.

Jurisprudência complementar (STF)

(...). Prisão preventiva. Fundamentação da decisão que a decreta. Arts. 311 e 312 do CPP. "Habeas Corpus". Estando satisfatoriamente fundamentada a decisão que decreta a prisão preventiva, com indicação de fatos objetivos, caracterizadores da existência do crime e de indícios suficientes de autoria, bem como da necessidade da custódia, no interesse da instrução criminal e da aplicação da lei penal, e de se denegar a ordem de "habeas corpus", impetrada com o argumento de que a prisão não estava devidamente motivada, nem, na verdade, se justificava. (...). (RHC 71010, Rel. Min. Sydney Sanches, 1ª T., DJ 12.8.1994)

Questões de concursos

837. **(FGV/OAB/XVI_Exame/2015)** A prisão temporária pode ser definida como uma medida cautelar restritiva, decretada por tempo determinado, destinada a possibilitar as investigações de certos crimes considerados pelo legislador como graves, antes da propositura da ação penal. Sobre o tema, assinale a afirmativa correta.

   a) Assim como a prisão preventiva, pode ser decretada de ofício pelo juiz, após requerimento do Ministério Público ou representação da autoridade policial.

   b) Sendo o crime investigado hediondo, o prazo poderá ser fixado em, no máximo, 15 dias, prorrogáveis uma vez pelo mesmo período.

   c) Findo o prazo da temporária sem prorrogação, o preso deve ser imediatamente solto.

   d) O preso, em razão de prisão temporária, poderá ficar detido no mesmo local em que se encontram os presos provisórios ou os condenados definitivos.

■ Presos em Separado {art. 3º}

Art. 3º Os presos temporários deverão permanecer, obrigatoriamente, separados dos demais detentos.

■ Alteração da Lei de Abuso de Autoridade {art. 4º}

Art. 4º O art. 4º da Lei n. 4.898, de 9 de dezembro de 1965, fica acrescido da alínea i, com a seguinte redação:

"Art. 4º (...)."
"i) prolongar a execução de prisão temporária, de pena ou de medida de segurança, deixando de expedir em tempo oportuno ou de cumprir imediatamente ordem de liberdade;"

Plantão Judiciário {art. 5º}

Art. 5º Em todas as comarcas e seções judiciárias haverá um plantão permanente de vinte e quatro horas do Poder Judiciário e do Ministério Público para apreciação dos pedidos de prisão temporária.

Jurisprudência complementar (STJ)

(...). Prisão preventiva. Competência. Tratando-se de prisão temporária e de posterior prisão preventiva em período de férias forenses, com juiz de plantão, a prática do ato urgente, antes da distribuição, significa apenas inversão de ordem sem o vicio de nulidade por incompetência. (...). (RHC 4.061, Rel. Min. Assis Toledo, DJ 21.11.1994)

Vigência {art. 6º}

Art. 6º Esta Lei entra em vigor na data de sua publicação.

Revogações {art. 7º}

Art. 7º Revogam-se as disposições em contrário.
Brasília, 21 de dezembro de 1989; 168º da Independência e 101º da República.
José Sarney

PROPRIEDADE INTELECTUAL DE PROGRAMA DE COMPUTADOR (LEI 9.609/98)

Lei 9.609, de 19 de fevereiro de 1998.

> *Dispõe sobre a proteção da propriedade intelectual de programa de computador, sua comercialização no País, e dá outras providências.*

O Presidente da República: faço saber que o Congresso Nacional decreta e eu sanciono a seguinte Lei:

(...)

Capítulo V – Das Infrações e das Penalidades

■ **Violação {art. 12}**

Art. 12. Violar direitos de autor de programa de computador:

Pena – Detenção de seis meses a dois anos ou multa.

§ 1º Se a violação consistir na reprodução, por qualquer meio, de programa de computador, no todo ou em parte, para fins de comércio, sem autorização expressa do autor ou de quem o represente:

Pena – Reclusão de um a quatro anos e multa.

§ 2° Na mesma pena do parágrafo anterior incorre quem vende, expõe à venda, introduz no País, adquire, oculta ou tem em depósito, para fins de comércio, original ou cópia de programa de computador, produzido com violação de direito autoral.

§ 3° Nos crimes previstos neste artigo, somente se procede mediante queixa, salvo:

I – quando praticados em prejuízo de entidade de direito público, autarquia, empresa pública, sociedade de economia mista ou fundação instituída pelo poder público;

II – quando, em decorrência de ato delituoso, resultar sonegação fiscal, perda de arrecadação tributária ou prática de quaisquer dos crimes contra a ordem tributária ou contra as relações de consumo.

§ 4° No caso do inciso II do parágrafo anterior, a exigibilidade do tributo, ou contribuição social e qualquer acessório, processar-se-á independentemente de representação.

Jurisprudência complementar (STJ)

(...). Venda de cds e dvds falsificados. Conduta tipificada no art. 184, § 2° do CP. Bem jurídico diverso daquele tutelado no art. 12 da Lei 9.609/98. Impossibilidade de combinação de leis para o fim de aplicar preceito secundário de um tipo a outro. Parecer do MPF pela denegação do "writ". (...). 1. O paciente foi acusado de expor à venda, com intuito de lucro direto, 291 (duzentos e noventa e um) CDs, 200 (duzentos) CDs de play station 2 e 12 (doze) DVDs RW, todos falsificados, conduta que se amolda, em tese, ao art.184, § 2° do CP. (...). 2. O art. 12 da Lei 9.609/98 diz respeito à violação de direitos de autor de programa de computador, bem jurídico diverso daquele tutelado no art. 184, § 2° do CP, mais abrangente. 3. É consabido que não se admite a combinação de leis para que a conduta do paciente seja tipificada no art. 184, § 2° do CP e a pena aplicada seja aquela prevista no art. 12 da Lei 9.609/98. (...). (HC 132.750, Rel. Min. Napoleão Nunes Maia Filho, DJ 13.6.2011)

Aspectos Procedimentais {art. 13}

Art. 13. A ação penal e as diligências preliminares de busca e apreensão, nos casos de violação de direito de autor de programa de computador, serão precedidas de vistoria, podendo o juiz ordenar a apreensão das cópias produzidas ou comercializadas com violação de direito de autor, suas versões e derivações, em poder do infrator ou de quem as esteja expondo, mantendo em depósito, reproduzindo ou comercializando.

(...)

Brasília, 19 de fevereiro de 1998; 177° da Independência e 110° da República.

Fernando Henrique Cardoso

PROTEÇÃO A TESTEMUNHAS (LEI 9.807/99)

Lei n. 9.807, de 13 de julho de 1999.

> *Estabelece normas para a organização e a manutenção de programas especiais de proteção a vítimas e a testemunhas ameaçadas, institui o Programa Federal de Assistência a Vítimas e a Testemunhas Ameaçadas e dispõe sobre a proteção de acusados ou condenados que tenham voluntariamente prestado efetiva colaboração à investigação policial e ao processo criminal.*

O Presidente da República: faço saber que o Congresso Nacional decreta e eu sanciono a seguinte Lei:

Capítulo I – Da Proteção Especial a Vítimas e a Testemunhas

■ Medidas de Proteção {art. 1º}

Art. 1º As medidas de proteção requeridas por vítimas ou por testemunhas de crimes que estejam coagidas ou expostas a grave ameaça em razão de colaborarem com a investigação ou processo criminal serão prestadas pela União, pelos Estados e pelo Distrito Federal, no âmbito das respectivas competências, na forma de programas especiais organizados com base nas disposições desta Lei.

Jurisprudência complementar (STF)

(...). Nulidade do interrogatório. Sigilo na qualificação de testemunha. Programa de proteção à testemunha. Acesso restrito à informação. Criminalidade violenta. Alegações não apresentadas no STJ. (...). 1. A tese de nulidade do ato do interrogatório do paciente devido ao sigilo das informações acerca da qualificação de uma das testemunhas arroladas na denúncia não deve ser acolhida. 2. No caso concreto, há indicações claras de que houve a preservação do sigilo quanto à identidade de uma das testemunhas devido ao temor de represálias, sendo que sua qualificação foi anotada fora dos autos com acesso restrito aos juízes de direito, promotores de justiça e advogados constituídos e nomeados. Fatos imputados ao paciente foram de formação de quadrilha armada, da prática de dois latrocínios e de porte ilegal de armas. 3. Legitimidade da providência adotada pelo magistrado com base nas medidas de proteção à testemunha (Lei 9.807/99). Devido ao incremento da criminalidade violenta e organizada, o legislador passou a instrumentalizar o juiz em medidas e providências tendentes a, simultaneamente, permitir a prática dos atos processuais e assegurar a integridade físico-mental e a vida das pessoas das testemunhas e de coautores ou partícipes que se oferecem para fazer a delação premiada. (...). (HC 90321, Rel. Min. Ellen Gracie, 2ª T., DJ 26.9.2008)

■ Acordos {art. 1º, § 1º}

> § 1º A União, os Estados e o Distrito Federal poderão celebrar convênios, acordos, ajustes ou termos de parceria entre si ou com entidades não-governamentais objetivando a realização dos programas.

■ Supervisão {art. 1º, § 2º}

> § 2º A supervisão e a fiscalização dos convênios, acordos, ajustes e termos de parceria de interesse da União ficarão a cargo do órgão do Ministério da Justiça com atribuições para a execução da política de direitos humanos.

Medidas {art. 2º}

Art. 2º A proteção concedida pelos programas e as medidas dela decorrentes levarão em conta a gravidade da coação ou da ameaça à integridade física ou psicológica, a dificuldade de preveni-las ou reprimi-las pelos meios convencionais e a sua importância para a produção da prova.

§ 1º A proteção poderá ser dirigida ou estendida ao cônjuge ou companheiro, ascendentes, descendentes e dependentes que tenham convivência habitual com a vítima ou testemunha, conforme o especificamente necessário em cada caso.

§ 2º Estão excluídos da proteção os indivíduos cuja personalidade ou conduta seja incompatível com as restrições de comportamento exigidas pelo programa, os condenados que estejam cumprindo pena e os indiciados ou acusados sob prisão cautelar em qualquer de suas modalidades. Tal exclusão não trará prejuízo a eventual prestação de medidas de preservação da integridade física desses indivíduos por parte dos órgãos de segurança pública.

§ 3º O ingresso no programa, as restrições de segurança e demais medidas por ele adotadas terão sempre a anuência da pessoa protegida, ou de seu representante legal.

§ 4º Após ingressar no programa, o protegido ficará obrigado ao cumprimento das normas por ele prescritas.

§ 5º As medidas e providências relacionadas com os programas serão adotadas, executadas e mantidas em sigilo pelos protegidos e pelos agentes envolvidos em sua execução.

Admissão {art. 3º}

Art. 3º Toda admissão no programa ou exclusão dele será precedida de consulta ao Ministério Público sobre o disposto no art. 2º e deverá ser subsequentemente comunicada à autoridade policial ou ao juiz competente.

Conselho Deliberativo {art. 4º}

Art. 4º Cada programa será dirigido por um conselho deliberativo em cuja composição haverá representantes do Ministério Público, do Poder Judiciário e de órgãos públicos e privados relacionados com a segurança pública e a defesa dos direitos humanos.

§ 1º A execução das atividades necessárias ao programa ficará a cargo de um dos órgãos representados no conselho deliberativo, devendo os agentes dela incumbidos ter formação e capacitação profissional compatíveis com suas tarefas.

§ 2º Os órgãos policiais prestarão a colaboração e o apoio necessários à execução de cada programa.

Solicitação {art. 5º}

Art. 5º A solicitação objetivando ingresso no programa poderá ser encaminhada ao órgão executor:

I – pelo interessado;

II – por representante do Ministério Público;

III – pela autoridade policial que conduz a investigação criminal;

IV – pelo juiz competente para a instrução do processo criminal;

V – por órgãos públicos e entidades com atribuições de defesa dos direitos humanos.

§ 1º A solicitação será instruída com a qualificação da pessoa a ser protegida e com informações sobre a sua vida pregressa, o fato delituoso e a coação ou ameaça que a motiva.

§ 2º Para fins de instrução do pedido, o órgão executor poderá solicitar, com a aquiescência do interessado:

I – documentos ou informações comprobatórios de sua identidade, estado civil, situação profissional, patrimônio e grau de instrução, e da pendência de obrigações civis, administrativas, fiscais, financeiras ou penais;

II – exames ou pareceres técnicos sobre a sua personalidade, estado físico ou psicológico.

§ 3º Em caso de urgência e levando em consideração a procedência, gravidade e a iminência da coação ou ameaça, a vítima ou testemunha poderá ser colocada provisoriamente sob a custódia de órgão policial, pelo órgão executor, no aguardo de decisão do conselho deliberativo, com comunicação imediata a seus membros e ao Ministério Público.

Conselho Deliberativo {art. 6º}

Art. 6º O conselho deliberativo decidirá sobre:

I – o ingresso do protegido no programa ou a sua exclusão;

II – as providências necessárias ao cumprimento do programa.

Parágrafo único. As deliberações do conselho serão tomadas por maioria absoluta de seus membros e sua execução ficará sujeita à disponibilidade orçamentária.

Programas {art. 7º}

Art. 7º Os programas compreendem, dentre outras, as seguintes medidas, aplicáveis isolada ou cumulativamente em benefício da pessoa protegida, segundo a gravidade e as circunstâncias de cada caso:

I – segurança na residência, incluindo o controle de telecomunicações;

II – escolta e segurança nos deslocamentos da residência, inclusive para fins de trabalho ou para a prestação de depoimentos;

III – transferência de residência ou acomodação provisória em local compatível com a proteção;

IV – preservação da identidade, imagem e dados pessoais;

V – ajuda financeira mensal para prover as despesas necessárias à subsistência individual ou familiar, no caso de a pessoa protegida estar impossibilitada de desenvolver trabalho regular ou de inexistência de qualquer fonte de renda;

VI – suspensão temporária das atividades funcionais, sem prejuízo dos respectivos vencimentos ou vantagens, quando servidor público ou militar;

VII – apoio e assistência social, médica e psicológica;

VIII – sigilo em relação aos atos praticados em virtude da proteção concedida;

IX – apoio do órgão executor do programa para o cumprimento de obrigações civis e administrativas que exijam o comparecimento pessoal.

> Parágrafo único. A ajuda financeira mensal terá um teto fixado pelo conselho deliberativo no início de cada exercício financeiro.

Jurisprudência complementar (STJ)

(...). Modificação de entendimento jurisprudencial. Restrição do remédio constitucional. Exame excepcional que visa privilegiar a ampla defesa e o devido processo legal. 2. Homicídio qualificado. Proteção à testemunha em risco. Lei 9.807/1999 (lei especial) e provimento n. 32/2000 da corregedoria do tj/sp. Nulidade. Direito do acusado de ter acesso à identificação da testemunha protegida. 3. Violação ao princípio da ampla defesa. Não ocorrência. 4. Alegação arguida aproximadamente um ano após o trânsito em julgado do acórdão do recurso de apelação. Preclusão. 5. Prisão definitiva. Transmutação em cautelar. Excesso de prazo. Não ocorrência. (...). 2. Nos termos do inciso IV do art. 7º da Lei 9.807/1999, é aplicável à pessoa protegida pelo programa de proteção à testemunha, segundo a gravidade e as circunstâncias de cada caso, dentre outras, a medida de preservação da identidade, imagem e dados pessoais. Portanto, tratando-se de regra especial, esta deve prevalecer diante da aplicação da norma geral, prevista no art. 187 do Código de Processo Penal. 3. A alegação de nulidade decorrente da supressão do nome da testemunha realizada com base na Lei 9.807/1999 e no Provimento n. 32 da Corregedoria Geral de Justiça do Estado de São Paulo, não compromete o direito constitucional de ampla defesa, tampouco configura descumprimento das normas processuais penais, não havendo, por isso, como reconhecer qualquer nulidade no processo. 4. Ocorre a preclusão quando a suposta nulidade não é alegada no momento oportuno, sobretudo quando arguida aproximadamente um ano após o trânsito em julgado do recurso de apelação, como no presente caso. 5. Ausente qualquer mácula a ensejar a nulificação do processo e a repetição de atos ou fases processuais, não há que se falar em transmutação da prisão definitiva em cautelar e, por consequência, inexiste o alegado excesso de prazo. (...). (HC 229.910, Rel. Min. Marco Aurélio Bellizze, DJ 23.5.2013)

■ Conselho Deliberativo {art. 8º}

> **Art. 8º** Quando entender necessário, poderá o conselho deliberativo solicitar ao Ministério Público que requeira ao juiz a concessão de medidas cautelares direta ou indiretamente relacionadas com a eficácia da proteção.

■ Alteração do Nome {art. 9º}

Art. 9º Em casos excepcionais e considerando as características e gravidade da coação ou ameaça, poderá o conselho deliberativo encaminhar requerimento da pessoa protegida ao juiz competente para registros públicos objetivando a alteração de nome completo.

§ 1º A alteração de nome completo poderá estender-se às pessoas mencionadas no § 1º do art. 2º desta Lei, inclusive aos filhos menores, e será precedida das providências necessárias ao resguardo de direitos de terceiros.

§ 2º O requerimento será sempre fundamentado e o juiz ouvirá previamente o Ministério Público, determinando, em seguida, que o procedimento tenha rito sumaríssimo e corra em segredo de justiça.

§ 3º Concedida a alteração pretendida, o juiz determinará na sentença, observando o sigilo indispensável à proteção do interessado:

I – a averbação no registro original de nascimento da menção de que houve alteração de nome completo em conformidade com o estabelecido nesta Lei, com expressa referência à sentença autorizatória e ao juiz que a exarou e sem a aposição do nome alterado;

II – a determinação aos órgãos competentes para o fornecimento dos documentos decorrentes da alteração;

III – a remessa da sentença ao órgão nacional competente para o registro único de identificação civil, cujo procedimento obedecerá às necessárias restrições de sigilo.

§ 4º O conselho deliberativo, resguardado o sigilo das informações, manterá controle sobre a localização do protegido cujo nome tenha sido alterado.

§ 5º Cessada a coação ou ameaça que deu causa à alteração, ficará facultado ao protegido solicitar ao juiz competente o retorno à situação anterior, com a alteração para o nome original, em petição que será encaminhada pelo conselho deliberativo e terá manifestação prévia do Ministério Público.

■ Hipóteses de Exclusão do Programa {art. 10}

Art. 10. A exclusão da pessoa protegida de programa de proteção a vítimas e a testemunhas poderá ocorrer a qualquer tempo:

I – por solicitação do próprio interessado;

II – por decisão do conselho deliberativo, em consequência de:
a) cessação dos motivos que ensejaram a proteção;
b) conduta incompatível do protegido.

Duração da Proteção {art. 11}

Art. 11. A proteção oferecida pelo programa terá a duração máxima de dois anos.

Parágrafo único. Em circunstâncias excepcionais, perdurando os motivos que autorizam a admissão, a permanência poderá ser prorrogada.

Órgão de Controle {art. 12}

Art. 12. Fica instituído, no âmbito do órgão do Ministério da Justiça com atribuições para a execução da política de direitos humanos, o Programa Federal de Assistência a Vítimas e a Testemunhas Ameaçadas, a ser regulamentado por decreto do Poder Executivo.

Capítulo II – Da Proteção aos Réus Colaboradores

Efeitos Penais {art. 13}

Art. 13. Poderá o juiz, de ofício ou a requerimento das partes, conceder o perdão judicial e a consequente extinção da punibilidade ao acusado que, sendo primário, tenha colaborado efetiva e voluntariamente com a investigação e o processo criminal, desde que dessa colaboração tenha resultado:

I – a identificação dos demais coautores ou partícipes da ação criminosa;

II – a localização da vítima com a sua integridade física preservada;

III – a recuperação total ou parcial do produto do crime.

Súmulas (STJ)

Súmula 18. A sentença concessiva do perdão judicial e declaratória da extinção da punibilidade, não subsistindo qualquer efeito condenatório.

Jurisprudência complementar (STF)

(...). Tráfico internacional de entorpecentes. Incidência do perdão judicial previsto no art. 13 da Lei 9.807/1999. Matéria não debatida no Tribunal local, nem no Superior Tribunal de Justiça. Dupla supressão de instância. Aplicação da minorante prevista no art. 14 da Lei 9.807/1999. Não incidência. Transnacionalidade (art. 40, I, da Lei 11.343/2006). Desnecessidade de transposição das fronteiras nacionais. Causa especial de diminuição da pena do art. 33, § 4º, da Lei 11.343/2006. Impossibilidade. Organização criminosa. (...). 1. A questão relativa à aplicação do perdão judicial previsto no art. 13 da Lei 9.807/1999 não foi objeto de apreciação no Tribunal Regional Federal da 3ª Região, nem no Superior Tribunal de Justiça. Desse modo, qualquer juízo desta Corte sobre a matéria implicaria indevida dupla supressão de instância e contrariedade à repartição constitucional de competências. (...). 2. As instâncias ordinárias concluíram que o paciente não envidou esforços suficientes para a identificação dos demais coautores ou partícipes do grupo criminoso, não preenchendo os requisitos necessários à aplicação da minorante prevista no art. 14 da Lei 9.807/1999. Nesse contexto, revela-se inviável a utilização do "habeas corpus", ação desprovida do direito ao contraditório, para reexaminar fatos e provas com vistas verificar o efetivo nível colaboração do paciente com a investigação criminal. (...). 3. Para configuração da majorante da transnacionalidade prevista no art. 40, I, da Lei 11.343/2006, basta que existam elementos concretos aptos a demonstrar que o agente pretendia disseminar a droga no exterior, sendo dispensável ultrapassar as fronteiras que dividem as nações. 4. A aplicação da causa de diminuição da pena do § 4º, do art. 33, da Lei 11.343/06 pressupõe a demonstração pelo juízo sentenciante da existência de um conjunto probatório apto a afastar a configuração de alguma das hipóteses descritas no preceito legal (a) primariedade; (b) bons antecedentes; (c) não dedicação a atividades criminosas; e (d) não integração à organização criminosa. 5. No caso, as instâncias ordinárias concluíram, com base nos elementos de provas colhidos sob o crivo do contraditório, que o paciente pertencia a organização criminosa dedicada à prática do crime de tráfico de drogas. Nesse contexto, revela-se inviável a utilização do "habeas corpus" para o revolvimento do conjunto fático-probatório, a fim de reexaminar o que decidido pelas instâncias ordinárias. (...). (HC 108716, Rel. Min. Teori Zavascki, 2ª T., DJ 21.11.2013)

Jurisprudência complementar (STJ)

(...). Perdão judicial. Art. 13 da Lei 9.807/99. Requisitos não cumulativos. Roubo circunstanciado. Aplicabilidade. O artigo 13 da Lei 9.807/99, tratando da proteção aos réus colaboradores, elencou requisitos para a concessão do perdão judicial. Entretanto, considerar indispensável a presença de todos os requisitos indistintamente significa restringir a aplicação do benefício ao tipo penal extorsão mediante sequestro, quando tal restrição não encontra respaldo na citada lei. Nessa linha de entendimento, não há óbice à concessão de perdão na hipótese em apreço – roubo circunstanciado, quando preenchidos os requisitos compatíveis com o citado tipo penal. (...). (AgRg no AREsp 157.685, Rel. Min. Leopoldo de Arruda Raposo , DJ 13.5.2015)

■ Perdão Judicial {art. 13, p. ú.}

> Parágrafo único. A concessão do perdão judicial levará em conta a personalidade do beneficiado e a natureza, circunstâncias, gravidade e repercussão social do fato criminoso.

Jurisprudência complementar (STJ)

(...). Improbidade administrativa. Delação premiada. Ausência de efetiva colaboração do acusado. Perdão judicial. Art. 35-b da Lei 8.884/94. Art. 13 da Lei 9.807/99. Vazio normativo. Ausência de ponto de coincidência. Analogia. Inviabilidade. Fundamento não impugnado. Súmula 283/STF. Dissídio jurisprudencial. Aresto paradigma. Mesmo tribunal de origem. Solução idêntica. Não conhecimento. 1. A colaboração efetiva é imprescindível para a concessão do perdão judicial, ainda que sob o jugo da legislação apontada pelo recorrente como de aplicação analógica na espécie (art. 35-B da Lei 8.884/94), vigente à época dos fatos. 2. Por outro lado, a aplicação da benesse, segundo a Lei de Proteção à Testemunha – que expandiu a incidência do instituto para todos os delitos – é ainda mais rigorosa, porquanto a condiciona à efetividade do depoimento, sem descurar da personalidade do agente e da lesividade do fato praticado, a teor do que dispõe o parágrafo único do art. 13 da Lei 9.807/99. 3. A Corte de origem, a partir da análise dos elementos probatórios da demanda, concluiu que a colaboração do delator foi prescindível para a elucidação do ato de improbidade, pois a condenação "seria alcançada com a documentação oriunda do Tribunal de Contas do Distrito Federal, mesmo que não houvesse confissão do apelante." Essa constatação consignada no acórdão recorrido, além de não ter sido impugnada no apelo especial, não poderia ser modificada na instância extraordinária por envolver reexame de provas, o que atrai os óbices das Súmulas 7/STJ e 283/STF. 4. O aresto trazido como paradigma provém do mesmo Tribunal em que prolatado o acórdão hostilizado, o que não caracteriza dissídio pretoriano para o fim de cabimento do apelo nobre pela alínea "c" do permissivo constitucional. (...). (REsp 1477982, Rel. Min. OG Fernandes, DJ 23.4.2015)

■ Voluntariedade {art. 14}

> **Art. 14.** O indiciado ou acusado que colaborar voluntariamente com a investigação policial e o processo criminal na identificação dos demais coautores ou partícipes do crime, na localização da vítima com vida e na recuperação total ou parcial do produto do crime, no caso de condenação, terá pena reduzida de um a dois terços.

Jurisprudência complementar (STF)

(...). Oitiva de corréu como testemunha ou informante. Impossibilidade. (...). O sistema processual brasileiro não admite a oitiva de corréu na qualidade de testemunha ou, mesmo, de informante, como quer o agravante. Exceção aberta para o caso de corréu colaborador ou delator, a chamada delação premiada, prevista na Lei 9.807/1999. A hipótese sob exame, todavia, não trata da inquirição de acusado colaborador da acusação ou delator do agravante, mas pura e simplesmente da oitiva de co-denunciado. Daí por que deve ser aplicada a regra geral da impossibilidade de o corréu ser ouvido como testemunha ou, ainda, como informante. (...). (AP 470 AgR-sétimo, Rel. Min. Joaquim Barbosa, Pleno, DJ 2.10.2009)

Jurisprudência complementar (STJ)

(...). Moeda falsa. Dosimetria da pena. Confissão espontânea. Delação premiada. Arrependimento posterior. (...). 1. No crime de moeda falsa – cuja consumação se dá com a falsificação da moeda, sendo irrelevante eventual dano patrimonial imposto a terceiros – a vítima é a coletividade como um todo e o bem jurídico tutelado é a fé pública, que não é passível de reparação. 2. Os crimes contra a fé pública, assim como nos demais crimes não patrimoniais em geral, são incompatíveis com o instituto do arrependimento posterior, dada a impossibilidade material de haver reparação do dano causado ou a restituição da coisa subtraída. 3. As instâncias ordinárias, ao afastar a aplicação da delação premiada, consignaram, fundamentadamente, que "não se elucidou nenhum esquema criminoso; pelo contrário, o réu somente alegou em seu interrogatório a participação de outras pessoas na atuação criminosa, o que não é suficiente para a concessão do benefício da delação". (...). (REsp 1242294, Rel. p/ Ac. Min. Rogerio Schietti Cruz, DJ 3.2.2015)

(...). Roubo majorado e corrupção de menores. Delação premiada. Pretendido reconhecimento. Impossibilidade. Ausência de colaboração efetiva. Direito de recorrer solto. Substituição da pena privativa de liberdade por restritivas de direitos. Matérias não apreciadas pelo tribunal de origem. Supressão de instância. 1. Constatando-se que, embora tenha o paciente admitido a prática do crime a ele imputado, não houve efetiva colaboração com a investigação policial e o processo criminal, tampouco fornecimento de informações eficazes para a descoberta da trama delituosa, não há como reconhecer o benefício da delação premiada. 2. Inviável a análise diretamente por este Superior Tribunal do pretendido direito de o paciente aguardar em liberdade o trânsito em julgado da condenação, bem como da almejada substituição da pena privativa de liberdade por restritivas de direitos, tendo em vista que essas matérias não foram apreciadas pelo Tribunal de origem, sob pena de incidir-se na indevida supressão de instância. (...). (HC 174.286, Rel. Min. Sebastião Reis Júnior, DJ 25.4.2012)

(...). Roubo circunstanciado. Atenuante de confissão espontânea. Aplicação. Ausência de constrangimento ilegal. Benefício da delação premiada. Exame de prova. 1. Improcede a alegação de constrangimento ilegal por ausência de aplicação da atenuante de confissão espontânea, porquanto a pena acabou por ser reduzida ao mínimo legal em virtude da referida atenuante genérica. 2. As instâncias ordinárias afastaram a possibilidade de incidência da causa de diminuição de pena prevista no art. 14 da Lei 9.807/99 de maneira fundamentada, notadamente porque o paciente se limitou a confessar seu envolvimento no delito e informar sobre a participação do comparsa e de um menor. Tais circunstâncias não representam auxílio na investigação e elucidação do caso. Perquirir o acerto da decisão exige o revolvimento de provas, impróprio à via estreita via do "writ". (...). (HC 151.918, Rel. Min. OG Fernandes, DJ 26.10.2011)

■ Benefícios {art. 15}

Art. 15. Serão aplicadas em benefício do colaborador, na prisão ou fora dela, medidas especiais de segurança e proteção a sua integridade física, considerando ameaça ou coação eventual ou efetiva.

§ 1º Estando sob prisão temporária, preventiva ou em decorrência de flagrante delito, o colaborador será custodiado em dependência separada dos demais presos.

§ 2º Durante a instrução criminal, poderá o juiz competente determinar em favor do colaborador qualquer das medidas previstas no art. 8º desta Lei.

§ 3º No caso de cumprimento da pena em regime fechado, poderá o juiz criminal determinar medidas especiais que proporcionem a segurança do colaborador em relação aos demais apenados.

DISPOSIÇÕES GERAIS

Alteração Legislativa {art. 16}

Art. 16. O art. 57 da Lei n. 6.015, de 31 de dezembro de 1973, fica acrescido do seguinte § 7º:

"§ 7º Quando a alteração de nome for concedida em razão de fundada coação ou ameaça decorrente de colaboração com a apuração de crime, o juiz competente determinará que haja a averbação no registro de origem de menção da existência de sentença concessiva da alteração, sem a averbação do nome alterado, que somente poderá ser procedida mediante determinação posterior, que levará em consideração a cessação da coação ou ameaça que deu causa à alteração."

Alteração Legislativa {art. 17}

Art. 17. O parágrafo único do art. 58 da Lei n. 6.015, de 31 de dezembro de 1973, com a redação dada pela Lei n. 9.708, de 18 de novembro de 1998, passa a ter a seguinte redação:

"Parágrafo único. A substituição do prenome será ainda admitida em razão de fundada coação ou ameaça decorrente da colaboração com a apuração de crime, por determinação, em sentença, de juiz competente, ouvido o Ministério Público. (NR)."

■ Alteração Legislativa {art. 18}

Art. 18. O art. 18 da Lei n. 6.015, de 31 de dezembro de 1973, passa a ter a seguinte redação:

"Art. 18. Ressalvado o disposto nos arts. 45, 57, § 7º e 95, parágrafo único, a certidão será lavrada independentemente de despacho judicial, devendo mencionar o livro de registro ou o documento arquivado no cartório. (NR)."

■ Estabelecimentos Especiais {art. 19}

Art. 19. A União poderá utilizar estabelecimentos especialmente destinados ao cumprimento de pena de condenados que tenham prévia e voluntariamente prestado a colaboração de que trata esta Lei.

Parágrafo único. Para fins de utilização desses estabelecimentos, poderá a União celebrar convênios com os Estados e o Distrito Federal.

■ Prioridade na Tramitação {art. 19-A}

Art. 19-A. Terão prioridade na tramitação o inquérito e o processo criminal em que figure indiciado, acusado, vítima ou réu colaboradores, vítima ou testemunha protegidas pelos programas de que trata esta Lei.

Parágrafo único. Qualquer que seja o rito processual criminal, o juiz, após a citação, tomará antecipadamente o depoimento das pessoas incluídas nos programas de proteção previstos nesta Lei, devendo justificar a eventual impossibilidade de fazê-lo no caso concreto ou o possível prejuízo que a oitiva antecipada traria para a instrução criminal.

Despesas {art. 20}

Art. 20. As despesas decorrentes da aplicação desta Lei, pela União, correrão à conta de dotação consignada no orçamento.

Regra de Vigência {art. 21}

Art. 21. Esta Lei entra em vigor na data de sua publicação.

Brasília, 13 de julho de 1999; 178º da Independência e 111º da República.

Fernando Henrique Cardoso.

RACISMO (LEI 7.716/89)

Lei 7.716, de 5 de janeiro de 1989.

Define os crimes resultantes de preconceito de raça ou de cor.

O Presidente da República: faço saber que o Congresso Nacional decreta e eu sanciono a seguinte Lei:

■ Conceito de Racismo {art. 1º}

Art. 1º Serão punidos, na forma desta Lei, os crimes resultantes de discriminação ou preconceito de raça, cor, etnia, religião ou procedência nacional.

Art. 2º (Vetado).

Informativo de teses (PGR)

ADI por omissão. Lei 7.716/89. Racismo. Crime resultante de discriminação. Homofobia e transfobia. Não caracterização de analogia "in malam partem".

Incluem-se entre os crimes resultantes de discriminação ou preconceito de raça previstos na Lei 7.716/89 as condutas de discriminação em virtude de orientação sexual, ou seja, atos de homofobia, pois, considerando o conceito histórico de raça e, por consequência, de racismo, a homofobia e a transfobia, como comportamentos discriminatórios, voltados à inferiorização do ser humano simplesmente pela orientação sexual, encontram-se inseridas nesse contexto, não caracterizando violação ao princípio da legalidade em matéria penal, nem mesmo caso de tipificação por meio de analogia in malam partem, mas de interpretação, conforme a CF, do conceito de raça, para adequá-lo à realidade brasileira atual, em processo de mutação de conceitos jurídicos. (ADO 26, Info 3/2015, Tese 24)

Conflito de atribuição. Crime de racismo via internet. Contexto nacional. Transnacionalidade não configurada. Atribuição do MP estadual.

Tem atribuição o MP estadual para condução de procedimento apuratório com objetivo de averiguar a prática do crime de racismo com nítido contexto nacional, independentemente do meio de propagação deste, pois para fixação da competência da Justiça Federal é necessária a presença do caráter transnacional do crime, sendo que a circunstância de a mensagem haver sido veiculada pela internet não significa, por si só, transnacionalidade da conduta (ACO 2696, Informativo 21/15, Tese 162)

Notícia de fato. Injúria racial ou preconceituosa. Ação penal condicionada a representação. Falta de atribuição do Ministério Público. Arquivamento de "notitia criminis".

Não tem atribuição o Ministério Público para oferecer denúncia contra deputado federal na hipótese de representação encaminhada por terceiro que descreve ter o parlamentar se referido a pessoa determinada, utilizando o termo "negro gordo", pois não caracteriza crime de racismo, mas possível prática de injúria racial ou preconceituosa, cuja ação penal é condicionada à representação do ofendido. (NF 016710, Info 2/2015, Tese 15)

Questões de concursos

838. **(IBFC/PC/SE/Escrivão/2014)** A Lei n. 7.716/89 pune criminalmente algumas formas de preconceito e discriminação praticados contra a pessoa humana. Não serão punidos criminalmente por esta lei o preconceito e a discriminação decorrente de:

   a) Religião.
   b) Procedência nacional.
   c) Etnia.
   d) Orientação sexual

839. (Vunesp/TJ/PA/Juiz/2014) "X" é negro e jogador de futebol profissional. Durante uma partida é chamado pelos torcedores do time adversário de macaco e lhe são atiradas bananas no meio do gramado. Caso sejam identificados os torcedores, é correto afirmar que, em tese,

a) responderão pelo crime de preconceito de raça ou de cor, nos termos da Lei n. 7.716/89.
b) responderão pelo crime de racismo, nos termos da Lei n. 7.716/89.
c) responderão pelo crime de difamação, nos termos do art. 139 do Código Penal, entretanto, com o aumento de pena previsto na Lei n. 7.716/89.
d) não responderão por crime algum, tendo em vista que esse tipo de rivalidade entre as torcidas é própria dos jogos de futebol, restando apenas a punição na esfera administrativa.
e) responderão pelo crime de injúria racial, nos termos do art. 140, § 3º do Código Penal.

840. (FCC/DPE/SP/Oficial/2013) Considere os seguintes crimes:

I. Tortura.
II. Terrorismo.
III. Racismo.
IV. Ação de grupos armados (civis ou militares) contra a ordem constitucional e o Estado Democrático.

Nos termos da Constituição Federal brasileira, detêm as características de "inafiançável e imprescritível" os crimes descritos em

a) II e III, apenas.
b) I, III e IV, apenas.
c) III e IV, apenas.
d) I e IV, apenas.
e) I, II, III e IV.

841. (Vunesp/TJ/SP/Advogado/2013) Conforme dispõe a vigente Carta Magna brasileira, a prática do racismo constitui, nos termos da lei, crime

a) inafiançável, imprescritível, insuscetível de graça ou anistia, sujeito à pena de reclusão.
b) inafiançável e insuscetível de graça ou anistia, sujeito à pena de reclusão.
c) inafiançável e imprescritível, sujeito à pena de detenção.
d) inafiançável e imprescritível, sujeito à pena de reclusão.
e) inafiançável, imprescritível, insuscetível de graça ou anistia, sujeito à pena de reclusão e vedada a progressão de regime.

Impedimento Indevido {art. 3º}

Art. 3º Impedir ou obstar o acesso de alguém, devidamente habilitado, a qualquer cargo da Administração Direta ou Indireta, bem como das concessionárias de serviços públicos.

Parágrafo único. Incorre na mesma pena quem, por motivo de discriminação de raça, cor, etnia, religião ou procedência nacional, obstar a promoção funcional.

Pena: reclusão de dois a cinco anos.

Questões de concursos

842. (IBFC/Embasa/Assistente/2015) Assinale a alternativa correta considerando as disposições da Lei Federal n. 7.716, de 05.1.1989, que define os crimes resultantes de preconceito de raça ou de cor.

   a) Impedir ou obstar o acesso de alguém, devidamente habilitado, a qualquer cargo da Administração Direta ou Indireta, bem como das concessionárias de serviços públicos é crime punível com reclusão de dois a cinco anos.

   b) Obstar a promoção funcional por motivo de discriminação de raça, cor, etnia, religião ou procedência nacional é crime punível com reclusão de três a seis anos.

   c) Recusar ou impedir acesso a estabelecimento comercial, negando-se a servir, atender ou receber cliente ou comprador é crime punível com detenção de um a dois anos.

   d) Recusar, negar ou impedir a inscrição ou ingresso de aluno em estabelecimento de ensino público ou privado de qualquer grau é crime punível com reclusão de um a três anos.

Negar Emprego {art. 4º}

Art. 4º Negar ou obstar emprego em empresa privada.

§ 1º Incorre na mesma pena quem, por motivo de discriminação de raça ou de cor ou práticas resultantes do preconceito de descendência ou origem nacional ou étnica:

I – deixar de conceder os equipamentos necessários ao empregado em igualdade de condições com os demais trabalhadores;

II – impedir a ascensão funcional do empregado ou obstar outra forma de benefício profissional;

III – proporcionar ao empregado tratamento diferenciado no ambiente de trabalho, especialmente quanto ao salário.

§ 2º Ficará sujeito às penas de multa e de prestação de serviços à comunidade, incluindo atividades de promoção da igualdade racial, quem, em anúncios ou qualquer outra forma de recrutamento de trabalhadores, exigir aspectos de aparência próprios de raça ou etnia para emprego cujas atividades não justifiquem essas exigências.

Pena: reclusão de dois a cinco anos.

■ Impedir Acesso de Cliente {art. 5º}

Art. 5º Recusar ou impedir acesso a estabelecimento comercial, negando-se a servir, atender ou receber cliente ou comprador.

Pena: reclusão de um a três anos.

Questões de concursos

843. (Funcab/PC/PA/Escrivão/2016) Qual, dentre as condutas a seguir enumeradas, ocorre a incidência de crime diverso daqueles tipificados como crime de discriminação ou preconceito de raça, cor, etnia, religião ou procedência nacional, conforme previsto na Lei n. 7.716, de 1989?

   a) Impedir o acesso ou recusar hospedagem em hotel, pensão, estalagem, ou qualquer estabelecimento similar, por motivo de preconceito de raça, cor, etnia, religião ou procedência racional.

   b) Recusar ou impedir acesso a estabelecimento comercial, negando-se a servir, atender ou receber cliente ou comprador, por motivo de preconceito de raça, cor, etnia, religião ou procedência racional.

   c) Injuriar alguém, utilizando elementos referentes a raça, cor, etnia, religião, origem ou a condição de pessoa idosa ou portadora de deficiência, ofendendo-lhe a dignidade ou o decoro.

d) Recusar, negar ou impedir a inscrição ou ingresso de aluno em estabelecimento de ensino público ou privado de qualquer grau, por motivo de preconceito de raça, cor, etnia, religião ou procedência racional.

e) Impedir ou obstar o acesso de alguém, devidamente habilitado, a qualquer cargo da Administração Direta ou Indireta, bem como das concessionárias de serviços públicos, por motivo de preconceito de raça, cor, etnia, religião ou procedência racional.

844. **(IBFC/SAEB/BA/Técnico/2015)** Assinale a alternativa correta sobre a pena prevista para quem "Recusar ou impedir acesso a estabelecimento comercial, negando-se a servir, atender ou receber cliente ou comprador" nos termos da Lei Federal n. 7.716, de 05.1.1989 que define os crimes resultantes de preconceito de raça ou de cor.

a) Pena de reclusão.

b) Pena de detenção.

c) Pena de serviços comunitários.

d) Pena de pagamento de indenização por dano material.

e) Pena de suspensão do funcionamento do estabelecimento particular por quatro meses.

■ Recusar Ingresso de Aluno {art. 6º}

Art. 6º Recusar, negar ou impedir a inscrição ou ingresso de aluno em estabelecimento de ensino público ou privado de qualquer grau.

Pena: reclusão de três a cinco anos.

Parágrafo único. Se o crime for praticado contra menor de dezoito anos a pena é agravada de 1/3 (um terço).

■ Recusar Hospedagem {art. 7º}

Art. 7º Impedir o acesso ou recusar hospedagem em hotel, pensão, estalagem, ou qualquer estabelecimento similar.

Pena: reclusão de três a cinco anos.

■ Recusar Atendimento {art. 8º}

> **Art. 8º** Impedir o acesso ou recusar atendimento em restaurantes, bares, confeitarias, ou locais semelhantes abertos ao público.
>
> Pena: reclusão de um a três anos.

Questões de concursos

845. **(IBFC/Embasa/Analista/2015)** Assinale a alternativa correta considerando as disposições da Lei Federal n. 7.716, de 05.1.1989, que define os crimes resultantes de preconceito de raça ou de cor.

   a) Impedir o acesso ou recusar hospedagem em hotel, pensão, estalagem, ou qualquer estabelecimento similar é crime punível com detenção de dois a cinco anos.

   b) Impedir o acesso ou recusar atendimento em restaurantes, bares, confeitarias, ou locais semelhantes abertos ao público é crime punível com reclusão de um a três anos.

   c) Impedir o acesso ou recusar atendimento em estabelecimentos esportivos, casas de diversões, ou clubes sociais abertos ao público é crime punível com reclusão de um a dois anos.

   d) Impedir o acesso ou recusar atendimento em salões de cabeleireiros, barbearias, termas ou casas de massagem ou estabelecimento com as mesmas finalidades é crime punível com detenção de um a cinco anos.

■ Recusar Atendimento em Estabelecimentos Esportivos {art. 9º}

> **Art. 9º** Impedir o acesso ou recusar atendimento em estabelecimentos esportivos, casas de diversões, ou clubes sociais abertos ao público.
>
> Pena: reclusão de um a três anos.

■ Recusar Atendimento em Salões de Cabeleireiro {art. 10}

> **Art. 10.** Impedir o acesso ou recusar atendimento em salões de cabeleireiros, barbearias, termas ou casas de massagem ou estabelecimento com as mesmas finalidades.
>
> Pena: reclusão de um a três anos.

Questões de concursos

846. **(Cespe/Câmara_Deputados/Analista_Legislativo/2014)** Caso uma manicure, empregada de um salão de beleza, recuse atendimento a uma cliente apenas por esta ser de origem africana, e essa cliente, ofendida, deixe o estabelecimento, tal recusa tipificará o crime de racismo.

■ Impedir Acesso a Entrada Social {art. 11}

> **Art. 11**. Impedir o acesso às entradas sociais em edifícios públicos ou residenciais e elevadores ou escada de acesso aos mesmos:
> Pena: reclusão de um a três anos.

■ Impedir Acesso/Uso de Transporte Público {art. 12}

> **Art. 12**. Impedir o acesso ou uso de transportes públicos, como aviões, navios barcas, barcos, ônibus, trens, metrô ou qualquer outro meio de transporte concedido.
> Pena: reclusão de um a três anos.

■ Impedir Acesso às Forças Armadas {art. 13}

> **Art. 13**. Impedir ou obstar o acesso de alguém ao serviço em qualquer ramo das Forças Armadas.
> Pena: reclusão de dois a quatro anos.

■ Impedir Acesso a casamento {art. 14}

> **Art. 14**. Impedir ou obstar, por qualquer meio ou forma, o casamento ou convivência familiar e social.
> Pena: reclusão de dois a quatro anos.

Art. 15. (Vetado).

■ Efeitos da Condenação {art. 16}

Art. 16. Constitui efeito da condenação a perda do cargo ou função pública, para o servidor público, e a suspensão do funcionamento do estabelecimento particular por prazo não superior a três meses.

Art. 17. (Vetado).

Questões de concursos

847. **(Consulplan/TRF/2R/Analista/2017)** Nos crimes previstos na Lei n. 7.716, de 5 de janeiro de 1989 – que define os crimes resultantes de preconceito de raça ou de cor –, constitui efeito da condenação a perda do cargo ou função pública, para o servidor público, e a suspensão do funcionamento do estabelecimento particular envolvido por prazo não superior a:

   a) 1 mês.
   b) 1 ano.
   c) 6 meses.
   d) 3 meses.

848. **(Cespe/PC/PE/Delegado/2016)** Da sentença penal se extraem diversas consequências jurídicas e, quando for condenatória, emergem-se os efeitos penais e extrapenais. Acerca dos efeitos da condenação penal, assinale a opção correta.

   a) A licença de localização e de funcionamento de estabelecimento onde se verifique prática de exploração sexual de pessoa vulnerável, em caso de o proprietário ter sido condenado por esse crime, não será cassada, dada a ausência de previsão legal desse efeito da condenação penal.
   b) A condenação por crime de racismo cometido por proprietário de estabelecimento comercial sujeita o condenado à suspensão do funcionamento de seu estabelecimento, pelo prazo de até três meses, devendo esse efeito ser motivadamente declarado na sentença penal condenatória.
   c) Segundo o CP, constitui efeito automático da condenação a perda de cargo público, quando aplicada pena privativa de liberdade por tempo igual ou superior

a um ano, nos crimes praticados com abuso de poder ou violação de dever para com a administração pública.

d) A condenação por crime de tortura acarretará a perda do cargo público e a interdição temporária para o seu exercício pelo dobro do prazo da pena aplicada, desde que fundamentada na sentença condenatória, não sendo efeito automático da condenação.

e) A condenação penal pelo crime de maus-tratos, com pena de detenção de dois meses a um ano ou multa, ocasiona a incapacidade para o exercício do poder familiar, quando cometido pelo pai contra filho, devendo ser motivado na sentença condenatória, por não ser efeito automático.

849. **(Cespe/TJ/PB/Juiz/2015)** Assinale a opção correta a respeito das penas e efeitos da condenação previstos na Lei n. 7.716/1989, que define os crimes resultantes de preconceitos de raça ou de cor; na Lei n. 9.455/1997, que define o crime de tortura; na Lei n. 9.605/1998, que dispõe sobre as sanções penais derivadas de condutas e atividades lesivas ao meio ambiente; e na Lei n. 11.343/2006, que define normas para repressão ao tráfico ilícito de drogas.

a) A condenação por crime de tortura somente importará na perda do cargo, função ou emprego público em caso de aplicação de regime semiaberto ou fechado para cumprimento de pena.

b) No caso de reincidência de pessoa jurídica na prática de crimes previstos na lei que reprime condutas e atividades lesivas ao meio ambiente, será efeito automático da condenação a dissolução da pessoa jurídica

c) A perda do cargo ou função pública pelo servidor público está prevista como efeito da condenação por crimes resultantes de preconceito de raça ou de cor, no entanto, para que isso ocorra, deve o juiz declará-lo motivadamente na sentença.

d) O agente reincidente pelo crime de porte de substâncias entorpecentes sem autorização para consumo pessoal deve ser punido com as penas de prestação de serviços à comunidade e medida educativa de comparecimento a programa ou curso educativo que, cujo não cumprimento importará na conversão automática da pena em privativa de liberdade.

e) Haverá incidência de causa especial de aumento de pena sempre que um dos crimes previstos na lei de entorpecentes for praticado com emprego de arma de fogo.

850. **(IBFC/SAEB/BA/Analista/2015)** Assinale a alternativa correta sobre a pena prevista para quem "Impedir o acesso ou recusar atendimento em salões de cabeleireiros, barbearias, termas ou casas de massagem ou estabelecimento com as mesmas finalidades" nos termos da Lei Federal n. 7.716, de 05.1.1989 que define os crimes resultantes de preconceito de raça ou de cor.

a) Pena de reclusão de dois a quatro anos.

b) Pena de detenção de um a três anos.

c) Pena de serviços comunitários.

d) Pena de pagamento de indenização por dano material.

e) Pena de suspensão do funcionamento do estabelecimento particular por até três meses.

851. **(Cespe/TJ/PB/Juiz/2015)** Assinale a opção correta a respeito das penas e efeitos da condenação previstos na Lei n. 7.716/1989, que define os crimes resultantes de preconceitos de raça ou de cor; na Lei n. 9.455/1997, que define o crime de tortura; na Lei n. 9.605/1998, que dispõe sobre as sanções penais derivadas de condutas e atividades lesivas ao meio ambiente; e na Lei n. 11.343/2006, que define normas para repressão ao tráfico ilícito de drogas.

a) A condenação por crime de tortura somente importará na perda do cargo, função ou emprego público em caso de aplicação de regime semiaberto ou fechado para cumprimento de pena.

b) No caso de reincidência de pessoa jurídica na prática de crimes previstos na lei que reprime condutas e atividades lesivas ao meio ambiente, será efeito automático da condenação a dissolução da pessoa jurídica

c) A perda do cargo ou função pública pelo servidor público está prevista como efeito da condenação por crimes resultantes de preconceito de raça ou de cor, no entanto, para que isso ocorra, deve o juiz declará-lo motivadamente na sentença.

d) O agente reincidente pelo crime de porte de substâncias entorpecentes sem autorização para consumo pessoal deve ser punido com as penas de prestação de serviços à comunidade e medida educativa de comparecimento a programa ou curso educativo que, cujo não cumprimento importará na conversão automática da pena em privativa de liberdade.

e) Haverá incidência de causa especial de aumento de pena sempre que um dos crimes previstos na lei de entorpecentes for praticado com emprego de arma de fogo.

■ Efeitos Não Automáticos {art. 18}

Art. 18. Os efeitos de que tratam os arts. 16 e 17 desta Lei não são automáticos, devendo ser motivadamente declarados na sentença.

Art. 19. (Vetado).

Incitação ao Racismo {art. 20}

Art. 20. Praticar, induzir ou incitar a discriminação ou preconceito de raça, cor, etnia, religião ou procedência nacional.

Pena: reclusão de um a três anos e multa.

Jurisprudência complementar (STF)

Tipo penal. Discriminação ou preconceito. Artigo 20 da Lei 7.716/89. Alcance. O disposto no artigo 20 da Lei 7.716/89 tipifica o crime de discriminação ou preconceito considerada a raça, a cor, a etnia, a religião ou a procedência nacional, não alcançando a decorrente de opção sexual. (Inq 3590, Rel. Min. Marco Aurélio, 1ª T., DJ 12.9.2014)

Queixa-crime – injúria qualificada versus crime de racismo – artigos 140, § 3º, do Código Penal e 20 da Lei 7.716/89. Se a um só tempo o fato consubstancia, de início, a injúria qualificada e o crime de racismo, há a ocorrência de progressão do que assacado contra a vítima, ganhando relevo o crime de maior gravidade, observado o instituto da absorção. Cumpre receber a queixa-crime quando, no inquérito referente ao delito de racismo, haja manifestação irrecusável do titular da ação penal pública pela ausência de configuração do crime. Solução que atende ao necessário afastamento da impunidade. (Inq 1458, Rel. Min. Marco Aurélio, Pleno, DJ 19.12.2003)

Informativos (STF)

Discriminação por orientação sexual: atipicidade e reprovabilidade

O disposto no artigo 20 da Lei 7.716/89 tipifica o crime de discriminação ou preconceito considerada a raça, a cor, a etnia, a religião ou a procedência nacional, não alcançando a decorrente de opção sexual. Inq 3590, Rel. Min. Marco Aurélio, 12.8.14. 1ª T. (Info 754)

Incitação à discriminação religiosa e proselitismo

A Primeira Turma, por maioria, deu provimento a recurso ordinário em "habeas corpus" para trancar ação penal em que se imputa ao recorrente a suposta prática de crime de racismo, por meio de incitação à discriminação religiosa (Lei 7.716/1989, art. 20, § 2º). No caso, sacerdote da Igreja Católica Apostólica Romana publicou livro no qual, segundo a acusação, explicitou conteúdo discriminatório a atingir a doutrina espírita. O Colegiado equacionou que, em um cenário permeado por dogmas com fundamentos emocionais, os indivíduos tendem a crer que professam sua fé dentro da religião correta e que aquela é a melhor, e essa certeza contém intrínseca hierarquização. Nesse ambiente, é necessário avaliar a observância dos limites do exercício das liberdades constitucionais. Por sua vez, não cabe ao Judiciário censurar manifestações de pensamento. Assim, eventual infelicidade de declarações e explicitações escapa do espectro de atuação estatal. Ponderou que a liberdade religiosa possui expressa proteção constitucional (CF, art. 5º, VI e VIII) e abrange o livre exercício de consciência, crença e culto. Além disso, alcança a escolha de convicções, de optar por determinada religião ou por nenhuma delas, de empreender proselitismo e de explicitar atos próprios de religiosidade. Assim, a liberdade de expressão funciona como condição de tutela efetiva da liberdade religiosa, assegurando-se a explicitação de compreensões religiosas do indivíduo e atuações conforme a crença. Caso contrário, em vez de liberdade, haveria mera indiferença religiosa. Por outro lado, a liberdade religiosa não ostenta caráter absoluto e deve ser exercitada de acordo com a delimitação constitucional, segundo o princípio da convivência das liberdades públicas. Nessa perspectiva, o repúdio ao racismo figura como um dos princípios que regem o País em suas relações internacionais (CF, art. 4º, VIII). Ademais, o tipo penal em debate decorre de mandamento de criminalização expresso no art. 5º, XLII, da CF. No caso, cumpre perquirir se as opiniões explicitadas pelo recorrente estão em conformidade com a Constituição ou se desbordam dos limites do exercício das liberdades constitucionalmente asseguradas. No caso concreto, a publicação escrita pelo recorrente, sacerdote católico, dedica-se à pregação da fé católica, e suas explicitações detêm público específico. Não se pode depreender a intenção de proferir ofensas às pessoas que seguem a doutrina espírita, mas sim de orientar a população católica da incompatibilidade verificada, segundo sua visão, entre o catolicismo e o espiritismo. Ainda que, eventualmente, os dizeres possam sinalizar certa animosidade, não há intenção de que os fiéis católicos procedam à escravização, exploração ou eliminação dos adeptos do espiritismo. A vinculação operada entre o espiritismo e características malignas cinge-se à afirmação da suposta superioridade da religião professada pelo recorrente. Não se trata de tentativa de subjugação dos adeptos do espiritismo, portanto. Assim, a explicitação de aspectos de desigualação, bem como da suposta inferioridade decorrente de aspectos religiosos não perfaz, por si, o elemento típico. É indispensável que se verifique o especial fim de supressão ou redução da dignidade do diferente. Sendo assim, a afirmação de superioridade direcionada à realização de um suposto resgate ou salvação, apesar de indiscutivelmente preconceituosa, intolerante, pedante e prepotente, encontra guarida na liberdade de expressão religiosa, e não preenche o âmbito proibitivo da norma. RHC 134682, Rel. Min. Edson Fachin, j. 29.11.2016. 1ª T. (Info 849)

Jurisprudência complementar (STJ)

(...). Crime de discriminação religiosa. Inocorrência. Injúria simples ou qualificada. Queixa ou representação. Decadência. Denúncia rejeitada. 1. A diferenciação entre o delito de discriminação religiosa e a injúria qualificada reside no elemento volitivo do agente. Se a intenção for ofender número indeterminado de pessoas ou, ainda, traçar perfil depreciativo ou segregador de todos os frequentadores de determinada igreja, o crime será de discriminação religiosa, conforme preceitua o art. 20 da Lei 7.716/89. Contudo, se o objetivo for apenas atacar a honra de alguém, valendo-se para tanto de sua crença religiosa – meio intensificador da ofensa –, caracteriza-se nesse caso o delito o de injúria disciplinado no art. 140, § 3º, do Código Penal. 2. Na hipótese, a declaração tida como discriminatória foi emitida em depoimento prestado na Vara dos Crimes contra Criança e Adolescente, nos autos de ação penal instaurada em desfavor do ex-companheiro da noticiante, vizinho e amigo do denunciado, para apurar a prática de atentado violento ao pudor do pai contra os filhos menores. 3. Pelo que se infere do depoimento prestado ao magistrado de primeiro grau, o denunciado apenas narrou os fatos de que tinha conhecimento, embora tenha emitido juízo de valor sobre a personalidade da representante. Não se encontra externado nos autos eventual preconceito íntimo do denunciado à religião eleita pela noticiante. Se o testemunho robustecia a tese da defesa, não menos certo que o denunciado manteve o equilíbrio entre o dever de falar a verdade e o de evitar causar mal à ofendida, já vítima daquela trágica história familiar. Não cabe potencializar os fatos, nem imprimir interpretação extensiva de forma a incutir característica negativa em expressão que não a contém. 4. Não caracterizado o crime tipificado no art. 20 da Lei 7.716/89, com a redação dada pela Lei 9.459/97, a desclassificação para o crime de injúria, simples ou qualificada, esbarra na decadência do direito de queixa ou representação. 5. Denúncia rejeitada. (APn 612, Rel. Min. Castro Meira, DJ 29.10.2012)

(...). Crime de racismo. 1. Denúncia que imputa a utilização de palavras pejorativas referentes à raça do ofendido. Imputação. Crime de racismo. Inadequação. Conduta que se amolda ao tipo de injúria qualificada pelo uso de elemento racial. Desclassificação. 2. Anulação da denúncia. Decadência do direito de queixa. Extinção da punibilidade. Reconhecimento. (...). 1. A imputação de termos pejorativos referentes à raça do ofendido, com o nítido intuito de lesão à honra deste, importa no crime de injúria qualificada pelo uso de elemento racial, e não de racismo. 2. Não tendo sido oferecida a queixa crime no prazo de seis meses, é de se reconhecer a decadência do direito de queixa pelo ofendido, extinguindo-se a punibilidade do recorrente. 3. Recurso provido para desclassificar a conduta narrada na denúncia para o tipo penal previsto no § 3º do artigo 140 do Código Penal, e, em consequência, extinguir a punibilidade do recorrente, em razão da decadência, por força do artigo 107, IV, do Código Penal. (RHC 18.620, Rel. Min. Maria Thereza de Assis Moura, DJ 28.10.2008)

INFORMATIVO DE TESES (PGR)

Mandado de injunção. Agressão. Homossexual e transgênero. Aplicação da Lei 7.716/89. Projeto de lei em tramitação no Congresso Nacional. Interpretação. Conceito de discriminação. Valores sociais.

É possível a aplicação do art. 20 da Lei 7.716/89, que define os crimes resultantes de preconceito de raça ou de cor, para as agressões sofridas por homossexuais e transgêneros, visto que o projeto de lei que regulamenta a matéria está em tramitação na Câmara dos Deputados há mais de 13 anos, sendo necessária uma interpretação condizente com o conceito de discriminação e preconceito de raça, que leve em consideração os valores sociais, éticos, morais e os costumes existentes na sociedade, e não o seu mero sentido literal. (MI-AgRg 4733, Info 3/2015, Tese 20)

Questões de concursos

852. **(Cespe/PC/GO/Delegado/2017)** Uma jovem de vinte e um anos de idade, moradora da região Sudeste, inconformada com o resultado das eleições presidenciais de 2014, proferiu, em redes sociais na Internet, diversas ofensas contra nordestinos. Alertada de que estava cometendo um crime, a jovem apagou as mensagens e desculpou-se, tendo afirmado estar arrependida. Suas mensagens, porém, têm sido veiculadas por um sítio eletrônico que promove discurso de ódio contra nordestinos. No que se refere à situação hipotética precedente, assinale a opção correta, com base no disposto na Lei n. 7.716/1989, que define os crimes resultantes de preconceito de raça e cor.

    a) Independentemente de autorização judicial, a autoridade policial poderá determinar a interdição das mensagens ou do sítio eletrônico que as veicula.

    b) Configura-se o concurso de pessoas nessa situação, visto que o material produzido pela jovem foi utilizado por outra pessoa no sítio eletrônico mencionado.

    c) O crime praticado pela jovem não se confunde com o de injúria racial.

d) Como se arrependeu e apagou as mensagens, a jovem não responderá por nenhum crime.

e) A conduta da jovem não configura crime tipificado na Lei n. 7.716/1989.

853. **(FCC/TJ/SC/Juiz/2015)** Considere a seguinte conduta descrita: Publicar ilustração de recém-nascidos afrodescendentes em fuga de sala de parto, associado aos dizeres de um personagem (supostamente médico) de cor branca "Segurança! É uma fuga em massa!". Tal conduta amolda-se à seguinte tipificação legal:

a) Não se amolda a tipificação legal por se tratar de ofensa social e não de conteúdo racial.

b) Injúria, prevista no art. 140 do Código Penal.

c) Crime de racismo, previsto na Lei n. 7.716/89.

d) Difamação, prevista no art. 139 do Código Penal.

e) Não se amolda a tipificação legal por se tratar de liberdade de expressão – direito de charge.

854. **(MPE/SC/Promotor/2014)** Responde pela prática do crime de injúria racial, disposto no § 3º do artigo 140 do Código Penal Brasileiro e não pelo artigo 20 da Lei n. 7.716/89 (Discriminação Racial) pessoa que ofende uma só pessoa, chamando-lhe de macaco e negro sujo.

■ Divulgação do Nazismo {art. 20, § 1º}

§ 1º Fabricar, comercializar, distribuir ou veicular símbolos, emblemas, ornamentos, distintivos ou propaganda que utilizem a cruz suástica ou gamada, para fins de divulgação do nazismo.

Pena: reclusão de dois a cinco anos e multa.

Questões de concursos

855. **(Consulplan/TJ/MG/Cartórios/2016)** De acordo com a Lei n. 7.716/1989, constitui crime

a) fabricar ornamentos que utilizem a cruz suástica.

b) distribuir distintivos que utilizem a cruz suástica.

c) comercializar emblemas que utilizem a cruz gamada, para fins de divulgação do nazismo.

d) fabricar símbolos que utilizem a cruz gamada, para fins de divulgação do cristianismo.

■ Racismo Qualificado {art. 20, § 2º}

> § 2º Se qualquer dos crimes previstos no caput é cometido por intermédio dos meios de comunicação social ou publicação de qualquer natureza:
> Pena: reclusão de dois a cinco anos e multa.

Jurisprudência complementar (STJ)

(...). Racismo (artigo 20, § 2º, da Lei 7.716/1989). Desclassificação para o crime de injúria racial (artigo 140, § 3º, do código penal). Necessidade de avaliação do dolo do acusado. Matéria que depende do exame de matéria fático-probatória. Impossibilidade na via eleita. Desprovimento do reclamo. 1. Para se atestar se o dolo do recorrente teria sido apenas o de ofender certos indivíduos, como sustentado na irresignação, e não o de discriminar determinada coletividade, agrupamento, ou raça, mesmo que por meio de palavras pejorativas dirigidas a determinadas pessoas, seria necessário o revolvimento de matéria fático-probatória, providência incompatível com a via eleita. 2. Estando suficientemente descritos na denúncia fatos que se amoldam, em princípio, ao crime de racismo, inviável a desclassificação pretendida na irresignação. 3. De acordo com o artigo 469, inciso I, do Código de Processo Civil, aplicável ao processo penal por força do artigo 3º da Lei Penal adjetiva, não fazem coisa julgada "os motivos, ainda que importantes para determinar o alcance da parte dispositiva da sentença". 4. Da leitura dos pronunciamentos judiciais pretéritos proferidos por ocasião da determinação da competência para o processo e julgamento da ação penal em tela, constata-se que este Sodalício e o Pretório Excelso apenas consignaram que, da forma como praticado o delito, este não estaria revestido de internacionalidade, o que afastaria a competência da Justiça Federal para processar e julgar o feito, afirmação da qual não se pode extrair uma conclusão definitiva acerca do dolo do recorrente, matéria que, como visto, depende do exame de fatos e de provas, que deverão ser analisadas no curso da instrução processual, sob o crivo do contraditório. (...). (RHC 50.435, Rel. Min. Jorge Mussi, DJ 3.2.2015)

Medidas Cautelares {art. 20, § 3º}

§ 3º No caso do parágrafo anterior, o juiz poderá determinar, ouvido o Ministério Público ou a pedido deste, ainda antes do inquérito policial, sob pena de desobediência:

I – o recolhimento imediato ou a busca e apreensão dos exemplares do material respectivo;

II – a cessação das respectivas transmissões radiofônicas, televisivas, eletrônicas ou da publicação por qualquer meio;

III – a interdição das respectivas mensagens ou páginas de informação na rede mundial de computadores.

Destruição do Material {art. 20, § 4º}

§ 4º Na hipótese do § 2º, constitui efeito da condenação, após o trânsito em julgado da decisão, a destruição do material apreendido.

Vigência {art. 21}

Art. 21. Esta Lei entra em vigor na data de sua publicação.

Revogações {art. 22}

Art. 22. Revogam-se as disposições em contrário.

Brasília, 5 de janeiro de 1989; 168º da Independência e 101º da República.

José Sarney

SIGILO BANCÁRIO (LC 105/01)

Lei Complementar n. 105, de 10 de janeiro de 2001.

Dispõe sobre o sigilo das operações de instituições financeiras e dá outras providências.

O Presidente da República: faço saber que o Congresso Nacional decreta e eu sanciono a seguinte Lei Complementar:

■ Dever de Sigilo {art. 1º}

Art. 1º As instituições financeiras conservarão sigilo em suas operações ativas e passivas e serviços prestados.

Jurisprudência complementar (STJ)

(...). Quebra de sigilos bancário e fiscal. Decisão devidamente fundamentada. Investigação levada a efeito para apurar a suposta prática dos crimes de lavagem de dinheiro, contra o Sistema Financeiro Nacional e formação de quadrilha. Período de quebra condizente com a complexidade do caso. Apresentação de dados pelo acusado que não afasta a necessidade da decretação da medida. 1. O fato de o patrono do recorrente ter apresentado a documentação que julgava ser a necessária para o deslinde da questão dias antes da decretação da medida não afasta a pretensão de quebra dos sigilos bancário e fiscal. 2. De se ver que "se toda a documentação requerida com a quebra do sigilo estiver realmente nos autos, conforme alega a recorrente, o atacado ato judicial não há de trazer-lhe qualquer prejuízo ou alteração no desfecho do inquérito instaurado e 'possivelmente o banco dirá ao juiz que tudo que lhe está sendo solicitado já foi remetido, ou então vai remeter em duplicata" (trecho extraído do parecer ministerial). 3. Ademais, o período de quebras solicitado é condizente com a complexidade do feito, devendo ser lembrado que a investigação levada a efeito nas instâncias ordinárias gira em torno da possível prática dos crimes de lavagem de dinheiro, crimes contra o Sistema Financeiro Nacional e formação de quadrilha, sendo que a ora agravante teria sido utilizada num esquema criminoso para a introdução fraudulenta no país de recursos financeiros obtidos no Uruguai através de empréstimos simulados. (...). (AgRg no RMS 19.363, Rel. Min. OG Fernandes, DJ 12.4.2010)

■ Instituições Financeiras {art. 1°, § 1°}

§ 1° São consideradas instituições financeiras, para os efeitos desta Lei Complementar:

I – os bancos de qualquer espécie;

II – distribuidoras de valores mobiliários;

III – corretoras de câmbio e de valores mobiliários;

IV – sociedades de crédito, financiamento e investimentos;

V – sociedades de crédito imobiliário;

VI – administradoras de cartões de crédito;

VII – sociedades de arrendamento mercantil;

VIII – administradoras de mercado de balcão organizado;

IX – cooperativas de crédito;

X – associações de poupança e empréstimo;

XI – bolsas de valores e de mercadorias e futuros;

XII – entidades de liquidação e compensação;

XIII – outras sociedades que, em razão da natureza de suas operações, assim venham a ser consideradas pelo Conselho Monetário Nacional.

Jurisprudência complementar (STJ)

(...). Documentos necessários para instruir ação civil pública. Contratos de mútuo. Caixa Econômica Federal. Relações jurídicas abrangidas pelo conceito de operação financeira. Requisição pelo ministério público. Ilegitimidade. Necessidade de autorização judicial. Justificativa eficaz não-configuração do tipo penal inscrito no art. 10 da Lei 7.347/85. (...). 1. Os contratos de mútuo firmados com a Caixa Econômica Federal estão abrangidos pelo conceito de operação financeira que se extrai do § 1º do art. 5º da Lei Complementar 105/01. 2. O Ministério Público não possui legitimidade para requisitar documentos que impliquem quebra de sigilo bancário. 3. A justificativa eficaz para o não-atendimento à requisição do Ministério Público afasta a configuração do tipo penal inscrito no art. 10 da Lei 7.347/85. 4. Recurso especial provido para restabelecer a decisão proferida pelo Juízo de 1º grau. (REsp 633.250, Rel. p/ Ac. Min. Arnaldo Esteves Lima, DJ 26.2.2007)

Cartão de crédito. Juros remuneratórios. Aplicação do CDC. As administradoras de cartões de crédito inserem-se entre as instituições financeiras regidas pela Lei 4.595/64. Cuidando-se de operações realizadas por instituição integrante do Sistema Financeiro Nacional, não se aplicam as disposições do Decreto n. 22.626/33 quanto à taxa de juros. (...). (REsp 400.116, Rel. Min. Barros Monteiro, DJ 17.11.2003)

Instituições Equiparadas {art. 1º, § 2º}

> § 2º As empresas de fomento comercial ou factoring, para os efeitos desta Lei Complementar, obedecerão às normas aplicáveis às instituições financeiras previstas no § 1º.

Jurisprudência complementar (STJ)

Civil. Contrato de "factoring". Julgamento extra petita. Exclusão do tema abordado de ofício. Juros remuneratórios. Lei de usura. Incidência. Limitação. I. Inexistindo pedido ou recurso, é vedado ao órgão julgador conhecer de ofício de questão referente a direito patrimonial, a saber, a descaracterização do contrato de "factoring", que deve ser excluída do âmbito do julgado, conforme pacificado pela e. Segunda Seção, quando do julgamento do REsp 541153 (...). II. As empresas de "factoring" não se enquadram no conceito de instituições financeiras, e por isso os juros remuneratórios estão limitados em 12% ao ano, nos termos da Lei de Usura. (...). (REsp 1048341, Rel. Min. Aldir Passarinho Junior, DJ 9.3.2009)

■ Práticas Admitidas {art. 1º, § 3º}

§ 3º Não constitui violação do dever de sigilo:

I – a troca de informações entre instituições financeiras, para fins cadastrais, inclusive por intermédio de centrais de risco, observadas as normas baixadas pelo Conselho Monetário Nacional e pelo Banco Central do Brasil;

II – o fornecimento de informações constantes de cadastro de emitentes de cheques sem provisão de fundos e de devedores inadimplentes, a entidades de proteção ao crédito, observadas as normas baixadas pelo Conselho Monetário Nacional e pelo Banco Central do Brasil;

III – o fornecimento das informações de que trata o § 2º do art. 11 da Lei n. 9.311, de 24 de outubro de 1996;

IV – a comunicação, às autoridades competentes, da prática de ilícitos penais ou administrativos, abrangendo o fornecimento de informações sobre operações que envolvam recursos provenientes de qualquer prática criminosa;

V – a revelação de informações sigilosas com o consentimento expresso dos interessados;

VI – a prestação de informações nos termos e condições estabelecidos nos artigos 2º, 3º, 4º, 5º, 6º, 7º e 9 desta Lei Complementar.

Enunciados FONACRIM

Enunciado 57. É constitucional a utilização de informações sobre operações que envolvam recursos provenientes de quaisquer atividades criminosas, obtidas pelas instituições financeiras e Banco Central, independente de autorização judicial (art. 1º, § 3º, IV e art. 9º da LC 105).

Jurisprudência complementar (STJ)

Direito Civil. Ação civil pública. Caderneta de poupança. Diferenças na remuneração. Letras do Banco Central e IPC de junho/1987. Execução individual de sentença. Intimação do banco executado. Apresentação de planilha. Conteúdo: nome, CPF, endereço, número da conta e agência de todos os poupadores do estado de Rondônia. Publicação de edital intimatório dos poupadores. Sigilo bancário. Voto médio. 1. No caso concreto, não havia, na sentença exequenda, determinação de o réu entregar ao autor, Instituto Brasileiro de Defesa do Cidadão – IBDCI, os dados cadastrais dos poupadores, tampouco de constar tais informações do respectivo edital de intimação. No dispositivo, o comando era apenas de o banco apresentar, em juízo, "planilha contendo nome, CPF, endereço, número da conta e agência, de todos os poupadores que possuíam caderneta de poupança no período mencionado na inicial, para o fim de intimação, por edital, dos poupadores diretamente interessados". 2. Em tais circunstâncias, é possível interpretar o dispositivo do título judicial e estabelecer a forma pela qual deverá ser cumprido, em harmonia com as disposições do art. 363, IV, do CPC e dos arts. 1º e 3º da Lei Complementar n. 105/2001, de modo a preservar o necessário sigilo bancário e a evitar a ruptura da esfera de intimidade protegida pelos preceitos constitucionais previstos no art. 5º, X e XII, da CF/1988. 3. Nesta fase inicial de execução, é desnecessário mencionar, no edital referido na sentença, os dados específicos de cada poupador, bastando a intimação genérica de "todos os poupadores do Estado de Rondônia que mantinham cadernetas de poupança junto à instituição requerida". Com isso, a planilha relativa aos cadastros individuais deverá permanecer em segredo de justiça, com acesso restrito ao Poder Judiciário. (...). (REsp 1059002, Rel. p/ Ac. Min. Antonio Carlos Ferreira, DJ 3.8.2015)

(...). Quebra de sigilo bancário. Inquérito policial. Compartilhamento de dados com a receita federal. Possibilidade. 1. Havendo a válida quebra do sigilo, o compartilhamento dessa prova entre as instituições públicas, para a correta e completa apuração e apenamento, é medida lídima e necessária. 2. A prova validamente obtida com a quebra de sigilo bancário, em procedimento criminal e por motivada decisão, pode ser compartilhada com a Receita Federal, nos termos do que dispõe a Lei 105/201. 3. Provido o recurso ordinário em mandado de segurança para o compartilhamento com a Receita Federal, para fins de lançamento tributário, dos dados obtidos em quebra de sigilo bancário no inquérito policial de origem. (RMS 17.915, Rel. Min. Nefi Cordeiro, DJ 18.12.2014)

Informativos (STJ)

Entrega espontânea de documentos e sigilo bancário.

Não configura quebra de sigilo bancário e fiscal o acesso do MP a recibos e comprovantes de depósitos bancários entregues espontaneamente pela ex-companheira do investigado os quais foram voluntariamente deixados sob a responsabilidade dela pelo próprio investigado. RHC 34.799, Rel. Min. Reynaldo Soares da Fonseca, DJ 20.4.2016. 5ª T. (Info 581)

■ Admissibilidade da Quebra {art. 1º, § 4º}

§ 4º A quebra de sigilo poderá ser decretada, quando necessária para apuração de ocorrência de qualquer ilícito, em qualquer fase do inquérito ou do processo judicial, e especialmente nos seguintes crimes:

I – de terrorismo;

II – de tráfico ilícito de substâncias entorpecentes ou drogas afins;

III – de contrabando ou tráfico de armas, munições ou material destinado a sua produção;

IV – de extorsão mediante sequestro;

V – contra o Sistema Financeiro Nacional;

VI – contra a Administração Pública;

VII – contra a ordem tributária e a previdência social;

VIII – lavagem de dinheiro ou ocultação de bens, direitos e valores;

IX – praticado por organização criminosa.

Jurisprudência complementar (STF)

(...). Inquérito. Quebra de sigilo bancário. Remessa de listagem que identifique todas as pessoas que fizeram uso da conta de não-residente titularizada pela agravante para fins de remessa de valores ao exterior. Listagem genérica: impossibilidade. Possibilidade quanto às pessoas devidamente identificadas no inquérito. Agravo provido parcialmente. 1. Requisição de remessa ao Supremo Tribunal Federal de lista pela qual se identifiquem todas as pessoas que fizeram uso da conta de não-residente para fins de remessa de valores ao exterior: impossibilidade. 2. Configura-se ilegítima a quebra de sigilo bancário de listagem genérica, com nomes de pessoas não relacionados diretamente com as investigações (art. 5º, inc. X, da Constituição da República). 3. Ressalva da possibilidade de o Ministério Público Federal formular pedido específico, sobre pessoas identificadas, definindo e justificando com exatidão a sua pretensão. (...). (Inq 2245 AgR, Rel. p/ ac. Min. Cármen Lúcia, Pleno, DJ 9.11.2007)

Jurisprudência complementar (STJ)

(...). Crime contra a ordem tributária. Sonegação fiscal. Ação penal instaurada com base em dados decorrentes de quebra de sigilo bancário realizada diretamente pela receita federal. Ausência de prévia autorização judicial. Impossibilidade de utilização da prova para fins penais. Constrangimento ilegal caracterizado. Provimento parcial do reclamo. 1. A 1ª Seção desta Corte Superior de Justiça, no julgamento do REsp 1.134.655, submetido ao rito do artigo 543-C do Código de Processo Civil, consolidou o entendimento de que a quebra do sigilo bancário sem prévia autorização judicial, para fins de constituição de crédito tributário é autorizada pela Lei 8.021/1990 e pela Lei Complementar 105/2001, normas procedimentais cuja aplicação é imediata. 2. Contudo, conquanto atualmente este Sodalício admita a quebra de sigilo bancário diretamente pela autoridade fiscal para fins de constituição do crédito tributário, o certo é que tal entendimento não se estende à utilização de tais dados para que seja deflagrada ação penal, por força do artigo 5º da Constituição Federal, e nos termos do artigo 1º, § 4º da Lei Complementar 105/2001. 3. No caso dos autos, consoante se infere da peça vestibular, as conclusões acerca da prática delitiva pelo paciente decorreram da análise de suas movimentações financeiras, dados que foram obtidos pela Receita Federal mediante o cruzamento das bases CPMF e da Declaração de Rendimentos do Imposto de Renda sem prévia autorização judicial, o que, como visto, não é admitido pelo ordenamento jurídico pátrio, estando-se diante de prova ilícita. 4. Recurso parcialmente provido apenas para determinar o desentranhamento dos autos da ação penal das provas decorrentes da quebra do sigilo bancário do recorrente sem autorização judicial. (RHC 60.401, Rel. Min. Leopoldo de Arruda Raposo , DJ 1.9.2015)

(...). Execução. Prestação de serviços à comunidade. Diligências para verificar o regular cumprimento da pena. Decisão desprovida de fundamentação. 1. Embora não sejam absolutas as restrições de acesso à privacidade e aos dados pessoais do cidadão, e mesmo considerado o interesse público no acompanhamento da execução penal, imprescindível é a qualquer decisão judicial a explicitação de seus motivos (art. 93, IX, da Constituição Federal). 2. Diligências invasivas de acesso a dados (bancários, telefônicos e de empresa de transporte aéreo) deferidas sem qualquer menção à necessidade e proporcionalidade dessas medidas investigatórias, não propriamente de crime, mas de regular cumprimento de pena imposta. Nulidade reconhecida. (...). (REsp 1133877, Rel. Min. Nefi Cordeiro, DJ 2.9.2014)

(...). Quebra dos sigilos bancário e fiscal. Restrição ao procedimento criminal. Impossibilidade. Ausência de intimação. Inovação. Supressão de instância. Decisão mantida. 1. O § 4º do art. 1º da Lei Complementar n. 105/2001 não faz restrição da quebra dos sigilos fiscal e bancário ao procedimento criminal, estando expresso que: "a quebra de sigilo poderá ser decretada, quando necessária para apuração de ocorrência de qualquer ilícito, em qualquer fase do inquérito ou do processo judicial". (...). 2. No recurso ordinário não cabe a análise de matéria não abordada pelo Tribunal de origem, sob pena de supressão de instância. (...). (AgRg no RMS 20.651, Rel. Min. Antonio Carlos Ferreira, DJ 29.10.2012)

Banco Central do Brasil {art. 2º}

> **Art. 2º** O dever de sigilo é extensivo ao Banco Central do Brasil, em relação às operações que realizar e às informações que obtiver no exercício de suas atribuições.

Jurisprudência complementar (STF)

(...). 2. Crime contra o Sistema Financeiro Nacional. 3. Liquidação extrajudicial do Banco Econômico. Investigação pelo Banco Central. 4. Alegação de utilização de prova ilícita na instauração da ação penal. 5. Quebra de sigilo bancário promovida pelo Banco Central com relação a contratos de prestação de serviços advocatícios firmados entre o Banco Econômico e a empresa constituída pelos pacientes. 6. Momento das investigações anterior à Edição da LC no 105/2001. 7. Legalidade da quebra de sigilo bancário, aplicando-se, no caso concreto, o art. 41 da Lei 6.024/1974. 8. Ausência de constrangimento ilegal. 9. Ordem indeferida. (HC 87167, Rel. Min. Gilmar Mendes, 2ª T., DJ 17.11.2006)

Jurisprudência complementar (STJ)

(...). Art. 5º, caput, Lei 7.492/76. Instituição financeira. Liquidação extrajudicial. Informações colhidas pelo banco central. Provas ilícitas. Quebra de sigilo bancário. Autorização judicial. Art. 41, da Lei 6.024/74. Não há ilegalidade na atuação do Banco Central se as informações obtidas, em razão de intervenção de liquidação extrajudicial, referem-se tão-somente à movimentação financeira da instituição bancária (in casu, Banco Econômico). Logo, para a obtenção das informações que respaldaram a noticia criminis encaminhada ao Ministério Público não era necessária autorização judicial determinando a quebra de sigilo bancário, tendo em vista haver, na hipótese (liquidação extrajudicial), prerrogativa do Bacen (art. 41, da Lei 6.024/74). (...). (RHC 17.025, Rel. Min. Felix Fischer, DJ 23.5.2005)

Execução fiscal. Localização de bens. Quebra de sigilo bancário. Expedição de ofício ao Bacen. 1. Não é cabível a quebra de sigilo fiscal ou bancário do executado para que a Fazenda Pública obtenha informações acerca da existência de bens do devedor inadimplente, excepcionado-se tal entendimento somente nas hipóteses de estarem esgotadas todas as tentativas de obtenção dos dados pela via extrajudicial. (...). 2. No caso concreto, o acórdão reconheceu a impossibilidade de obtenção dos dados pela via extrajudicial. (...). (AgRg no REsp 644.456, Rel. p/ Ac. Min. Teori Albino Zavascki, DJ 4.4.2005)

(...). Provas obtidas ilicitamente, sem a devida autorização legal. Quebra de sigilo bancário. Art. 41, da Lei 6.024/74. As informações obtidas pelo Banco Central, durante o período de liquidação extrajudicial do Banco Econômico S/A, referem-se tão-somente à movimentação financeira da instituição bancária. Assim sendo, não havendo qualquer ingerência nos dados bancários do recorrentes, não há que se falar em ilegalidade dos elementos colhidos pelo Bacen. (...). (RMS 17.482, Rel. Min. Felix Fischer, DJ 16.8.2004)

Atuação do Bacen {art. 2º, § 1º}

> § 1º O sigilo, inclusive quanto a contas de depósitos, aplicações e investimentos mantidos em instituições financeiras, não pode ser oposto ao Banco Central do Brasil:
>
> I – no desempenho de suas funções de fiscalização, compreendendo a apuração, a qualquer tempo, de ilícitos praticados por controladores, administradores, membros de conselhos estatutários, gerentes, mandatários e prepostos de instituições financeiras;
>
> II – ao proceder a inquérito em instituição financeira submetida a regime especial.

Jurisprudência complementar (STJ)

(...). Quebra de sigilo bancário. Banco Central do Brasil. 1. Os poderes de fiscalização do Banco Central do Brasil, como órgão de fiscalização do sistema bancário, estão limitados às informações acerca de operações, de ativo, de passivo e de quaisquer outros dados que possam auxiliar o Bacen no exercício de suas atribuições, oriundas das instituições financeiras ou das pessoas físicas ou jurídicas, inclusive as que atuem como instituição financeira. 2. Não se deve confundir o poder de fiscalização atribuído ao Bacen, com o poder de violar o sigilo bancário, que é norma de ordem pública. (...). (AgRg no REsp 325.997, Rel. Min. Castro Meira, DJ 20.9.2004)

Prerrogativas das Comissões {art. 2º, § 2º}

> § 2º As comissões encarregadas dos inquéritos a que se refere o inciso II do § 1º poderão examinar quaisquer documentos relativos a bens, direitos e obrigações das instituições financeiras, de seus controlado-

res, administradores, membros de conselhos estatutários, gerentes, mandatários e prepostos, inclusive contas correntes e operações com outras instituições financeiras.

■ CVM {art. 2º, § 3º}

§ 3º O disposto neste artigo aplica-se à Comissão de Valores Mobiliários, quando se tratar de fiscalização de operações e serviços no mercado de valores mobiliários, inclusive nas instituições financeiras que sejam companhias abertas.

■ Convênios {art. 2º, § 4º}

§ 4º O Banco Central do Brasil e a Comissão de Valores Mobiliários, em suas áreas de competência, poderão firmar convênios:

I – com outros órgãos públicos fiscalizadores de instituições financeiras, objetivando a realização de fiscalizações conjuntas, observadas as respectivas competências;

II – com bancos centrais ou entidades fiscalizadoras de outros países, objetivando:

a) a fiscalização de filiais e subsidiárias de instituições financeiras estrangeiras, em funcionamento no Brasil e de filiais e subsidiárias, no exterior, de instituições financeiras brasileiras;

b) a cooperação mútua e o intercâmbio de informações para a investigação de atividades ou operações que impliquem aplicação, negociação, ocultação ou transferência de ativos financeiros e de valores mobiliários relacionados com a prática de condutas ilícitas.

■ Extensão do Dever de Sigilo {art. 2º, § 5º}

§ 5º O dever de sigilo de que trata esta Lei Complementar estende-se aos órgãos fiscalizadores mencionados no § 4º e a seus agentes.

COAF {art. 2º, § 6º}

§ 6º O Banco Central do Brasil, a Comissão de Valores Mobiliários e os demais órgãos de fiscalização, nas áreas de suas atribuições, fornecerão ao Conselho de Controle de Atividades Financeiras – COAF, de que trata o art. 14 da Lei n. 9.613, de 3 de março de 1998, as informações cadastrais e de movimento de valores relativos às operações previstas no inciso I do art. 11 da referida Lei.

Caráter Sigiloso {art. 3º}

Art. 3º Serão prestadas pelo Banco Central do Brasil, pela Comissão de Valores Mobiliários e pelas instituições financeiras as informações ordenadas pelo Poder Judiciário, preservado o seu caráter sigiloso mediante acesso restrito às partes, que delas não poderão servir-se para fins estranhos à lide.

Jurisprudência complementar (STF)

(...). Tribunal de Contas da União. Banco Central do Brasil. Operações financeiras. Sigilo. 1. A Lei Complementar n. 105, de 10/1/01, não conferiu ao Tribunal de Contas da União poderes para determinar a quebra do sigilo bancário de dados constantes do Banco Central do Brasil. O legislador conferiu esses poderes ao Poder Judiciário (art. 3º), ao Poder Legislativo Federal (art. 4º), bem como às Comissões Parlamentares de Inquérito, após prévia aprovação do pedido pelo Plenário da Câmara dos Deputados, do Senado Federal ou do plenário de suas respectivas comissões parlamentares de inquérito (§§ 1º e 2º do art. 4º). 2. Embora as atividades do TCU, por sua natureza, verificação de contas e até mesmo o julgamento das contas das pessoas enumeradas no artigo 71, II, da Constituição Federal, justifiquem a eventual quebra de sigilo, não houve essa determinação na lei específica que tratou do tema, não cabendo a interpretação extensiva, mormente porque há princípio constitucional que protege a intimidade e a vida privada, art. 5º, X, da Constituição Federal, no qual está inserida a garantia ao sigilo bancário. 3. Ordem concedida para afastar as determinações do acórdão n. 72/96, TCU, 2ª Câmara, bem como as penalidades impostas ao impetrante no Acórdão n. 54/97, TCU, Plenário. (MS 22801, Rel. Min. Menezes direito, Pleno, 14.3.2008)

Jurisprudência complementar (STJ)

(...). Ofícios a autoridades. Esgotamento de diligência na busca de bens. Necessidade. 1. Hipótese em que o magistrado de piso indeferiu o pedido de emissão dos ofícios, por entender que a recorrente poderia solicitar informações por meios próprios. Isso não é correto no que se refere às instituições financeiras e ao Fisco, que somente prestarão tais informações por ordem judicial, por conta de sigilo e de expressa determinação legal – art. 3º da LC 105/2001 e art. 198, § 1º, I, do CTN. 2. Ocorre que o TRF, ao analisar o Agravo de Instrumento, julgou questão diversa, aplicando precedentes do STJ que exigem o esgotamento das diligências do particular na busca do devedor ou de bens penhoráveis, para somente então deferir o pedido de emissão de ofícios às autoridades a respeito de informações sigilosas. 3. Os aclaratórios opostos na origem apenas pedem manifestação acerca do fato de que a credora "já havia diligenciado repetidamente no sentido de buscar bens da parte devedora", em relação a qual não há omissão, nem, portanto, ofensa ao art. 535 do CPC. 4. No mérito, o fundamento do acórdão recorrido harmoniza-se com a jurisprudência do STJ atinente ao que efetivamente foi julgado. Ademais, inviável discutir, em Recurso Especial, se houve efetivamente esgotamento das diligências para localização de bens, como afirma a recorrente, o que encontra óbice na Súmula 7/STJ.5. (...). (REsp 1264307, Rel. Min. Herman Benjamin, DJ 11.9.2012)

■ Autorização Judicial {art. 3º, § 1º}

§ 1º Dependem de prévia autorização do Poder Judiciário a prestação de informações e o fornecimento de documentos sigilosos solicitados por comissão de inquérito administrativo destinada a apurar responsabilidade de servidor público por infração praticada no exercício de suas atribuições, ou que tenha relação com as atribuições do cargo em que se encontre investido.

Jurisprudência complementar (STF)

Inquérito. Oferecimento de denúncia. Crime de peculato. Requisitos do art. 41 do Código de Processo Penal. Verificação. Denúncia recebida. 1. A alegada violação ilegal do sigilo bancário do acusado não ocorreu, tendo havido, apenas, quebra judicial do sigilo bancário de empresa de propriedade de seus parentes, sem qualquer devassa nos dados do acusado. 2. A denúncia narrou, nos termos do art.

41 do Código de Processo Penal, a prática, em tese, pelo acusado, de desvios, em proveito próprio e de parentes, de recursos públicos federais, com destinação específica dada por emenda parlamentar de sua autoria. 3. Os indícios constantes dos autos são consubstanciados por laudos periciais, processo de tomada de contas do Tribunal de Contas da União e depoimentos constantes dos autos, conferindo justa causa à acusação. 4. Denúncia recebida. (Inq 2250, Rel. Min. Joaquim Barbosa, Pleno, DJ 19.3.2010)

■ Exceção {art. 3º, § 2º}

> § 2º Nas hipóteses do § 1º, o requerimento de quebra de sigilo independe da existência de processo judicial em curso.

■ Defesa da União {art. 3º, § 3º}

> § 3º Além dos casos previstos neste artigo o Banco Central do Brasil e a Comissão de Valores Mobiliários fornecerão à Advocacia-Geral da União as informações e os documentos necessários à defesa da União nas ações em que seja parte.

Jurisprudência complementar (STJ)

Execução fiscal. Localização de bens. Quebra de sigilo bancário. Expedição de ofício ao bacen. Esgotamento da via extrajudicial. Verificação. Impossibilidade. Súmula 7/STJ. A quebra do sigilo bancário em execução fiscal pressupõe que a Fazenda credora tenha esgotado todos os meios de obtenção de informações sobre a existência de bens do devedor e que as diligências restaram infrutíferas, porquanto é assente na Corte que o juiz da execução fiscal só deve deferir pedido de expedição de ofício à Receita Federal e ao Bacen após o exequente comprovar não ter logrado êxito em suas tentativas de obter as informações sobre o executado e seus bens. (REsp 308.718, Rel. Min. Francisco Peçanha Martins, DJ 5.12.2005)

(...). Execução fiscal. Sigilo bancário. 1. A quebra do sigilo bancário em execução fiscal pressupõe que a Fazenda credora tenha esgotado todos os meios de obtenção de informações sobre a existência de bens do devedor e que as diligências restaram infrutíferas, porquanto é assente na Corte que o juiz da execução fiscal só deve deferir pedido de expedição de ofício à Receita Federal e ao Bacen após o exequente comprovar não ter logrado êxito em suas tentativas de obter as informações sobre o executado e seus bens. (...) 3. "in casu", a despeito de a Fazenda Nacional defender o envio de esforços no sentido de localizar bens para fazer face ao crédito tributário, o juízo singular e acórdão recorrido entenderam inexistirem provas a este respeito. (...). (AgRg no REsp 664.522, Rel. Min. Luiz Fux, DJ 13.2.2006)

■ Cessão ao Poder Legislativo Federal {art. 4º}

> **Art. 4º** O Banco Central do Brasil e a Comissão de Valores Mobiliários, nas áreas de suas atribuições, e as instituições financeiras fornecerão ao Poder Legislativo Federal as informações e os documentos sigilosos que, fundamentadamente, se fizerem necessários ao exercício de suas respectivas competências constitucionais e legais.
>
> § 1º As comissões parlamentares de inquérito, no exercício de sua competência constitucional e legal de ampla investigação, obterão as informações e documentos sigilosos de que necessitarem, diretamente das instituições financeiras, ou por intermédio do Banco Central do Brasil ou da Comissão de Valores Mobiliários.
>
> § 2º As solicitações de que trata este artigo deverão ser previamente aprovadas pelo Plenário da Câmara dos Deputados, do Senado Federal, ou do plenário de suas respectivas comissões parlamentares de inquérito.

■ Regulamentação {art. 5º}

> **Art. 5º** O Poder Executivo disciplinará, inclusive quanto à periodicidade e aos limites de valor, os critérios segundo os quais as instituições financeiras informarão à administração tributária da União, as operações financeiras efetuadas pelos usuários de seus serviços.
>
> § 1º Consideram-se operações financeiras, para os efeitos deste artigo:
>
> I – depósitos à vista e a prazo, inclusive em conta de poupança;
>
> II – pagamentos efetuados em moeda corrente ou em cheques;
>
> III – emissão de ordens de crédito ou documentos assemelhados;

IV – resgates em contas de depósitos à vista ou a prazo, inclusive de poupança;

V – contratos de mútuo;

VI – descontos de duplicatas, notas promissórias e outros títulos de crédito;

VII – aquisições e vendas de títulos de renda fixa ou variável;

VIII – aplicações em fundos de investimentos;

IX – aquisições de moeda estrangeira;

X – conversões de moeda estrangeira em moeda nacional;

XI – transferências de moeda e outros valores para o exterior;

XII – operações com ouro, ativo financeiro;

XIII – operações com cartão de crédito;

XIV – operações de arrendamento mercantil; e

XV – quaisquer outras operações de natureza semelhante que venham a ser autorizadas pelo Banco Central do Brasil, Comissão de Valores Mobiliários ou outro órgão competente.

§ 2º As informações transferidas na forma do caput deste artigo restringir-se-ão a informes relacionados com a identificação dos titulares das operações e os montantes globais mensalmente movimentados, vedada a inserção de qualquer elemento que permita identificar a sua origem ou a natureza dos gastos a partir deles efetuados.

§ 3º Não se incluem entre as informações de que trata este artigo as operações financeiras efetuadas pelas administrações direta e indireta da União, dos Estados, do Distrito Federal e dos Municípios.

§ 4º Recebidas as informações de que trata este artigo, se detectados indícios de falhas, incorreções ou omissões, ou de cometimento de ilícito fiscal, a autoridade interessada poderá requisitar as informações e os documentos de que necessitar, bem como realizar fiscalização ou auditoria para a adequada apuração dos fatos.

§ 5º As informações a que refere este artigo serão conservadas sob sigilo fiscal, na forma da legislação em vigor.

Jurisprudência complementar (STJ)

(...). Quebra de sigilo bancário por procedimento administrativo. Impossibilidade. Irretroatividade da lei complementar n. 105/2001. 1. Pode a autoridade fazendária ter acesso direto às operações bancárias do contribuinte anteriores a 10.01.01, como preconiza a Lei Complementar n. 105/01, sem o crivo do judiciário. 2. Não há que se falar em ofensa ao princípio da irretroatividade da lei tributária, porquanto a Lei Complementar n. 105/01, bem como a Lei 10.174/01, não instituem ou majoram tributos, mas apenas dotaram a Administração Tributária de instrumentos legais aptos a promover a agilização e o aperfeiçoamento dos procedimentos fiscais. Aplica-se o disposto no § 1º do art. 144 do CTN. (...). (REsp 668.012, Rel. Min. Castro Meira, DJ 28.8.2006)

■ Da Necessária Existência de Procedimento {art. 6º}

> **Art. 6º** As autoridades e os agentes fiscais tributários da União, dos Estados, do Distrito Federal e dos Municípios somente poderão examinar documentos, livros e registros de instituições financeiras, inclusive os referentes a contas de depósitos e aplicações financeiras, quando houver processo administrativo instaurado ou procedimento fiscal em curso e tais exames sejam considerados indispensáveis pela autoridade administrativa competente.

ENUNCIADOS FONACRIM

Enunciado 56. É lícita a utilização na esfera penal, independente de autorização judicial, de informações bancárias obtidas diretamente pelas autoridades fiscais, desde que respeitados os requisitos do artigo 6º da Lei Complementar n. 105/2001.

Jurisprudência complementar (STF)

(...). Execução fiscal. Quebra de sigilo fiscal. Indeferimento. Medida excepcional. Conclusão pela ausência dos requisitos legais. Súmula 279/STF. Alegada ofensa ao devido processo legal. Inexistência. A decisão que determina a quebra de sigilo fiscal deve ser interpretada como atividade excepcional do Poder Judiciário, motivo pelo qual somente deve ser proferida quando comprovado nos autos a absoluta imprescindibilidade da medida. O Tribunal de origem entendeu que não estariam presentes os requisitos legais para a expedição de ofício à Receita Federal visando à quebra do sigilo fiscal dos sócios da empresa executada. Conclusão diversa demandaria o prévio exame do acervo probatório constante dos autos, providência que encontra óbice no teor da Súmula 279/STF. (...). (AI 856552 AgR, Rel. Min. Roberto Barroso, 1ª T., DJ 24.4.2014)

(...). Inquérito. Quebra de sigilo bancário. Compartilhamento das informações com a receita federal. Impossibilidade. (...). I. Não é cabível, em sede de inquérito, encaminhar à Receita Federal informações bancárias obtidas por meio de requisição judicial quando o delito investigado for de natureza diversa daquele apurado pelo fisco. II. Ademais, a autoridade fiscal, em sede de procedimento administrativo, pode utilizar-se da faculdade insculpida no art. 6º da LC 105/2001, do que resulta desnecessário o compartilhamento "in casu". (...). (Inq 2593 AgR, Rel. Min. Ricardo Lewandowski, Pleno, DJ 15.2.2011)

Jurisprudência complementar (STJ)

(...). Art. 1º, i, da Lei 8.137/90. Quebra de sigilo bancário. Ausência de autorização judicial. Deflagração da ação penal. Prova ilícita. Recurso parcialmente provido. I. É possível a requisição de informações bancárias pela autoridade fiscal sem a necessidade de prévia autorização judicial, quando houver processo administrativo ou procedimento fiscal em curso, a teor do art. 6º da LC 105/01, matéria que, inclusive, teve a repercussão geral reconhecida pelo eg. STF (RE 601.314-RG). No mesmo sentido, julgado desta eg. Corte Superior, em sede de recurso repetitivo (REsp 1.134.655). II. Por outro lado, o entendimento firmado se aplica para a constituição do crédito tributário, e não para a deflagração da ação penal. Por se tratar de garantia protegida constitucionalmente (art. 5º, inciso XII, da CF), a jurisprudência dos Tribunais Superiores se firmou no sentido de que a quebra do sigilo bancário para fins penais exige autorização judicial mediante decisão devidamente fundamentada, a teor do art. 93, inciso IX, da CF, e diante da excepcionalidade da medida extrema (precedentes do STF e do STJ). III. "in casu", a denúncia foi oferecida com base em provas ilícitas, obtidas mediante quebra de sigilo bancário, sem autorização judicial, o que configura constrangimento ilegal. Contudo, não há falar em nulidade do feito, em virtude da possibilidade de existência de outros elementos de prova que poderão supedanear a acusação. Recurso ordinário parcialmente provido tão somente para afastar as provas obtidas ilicitamente (e aquelas eventualmente dela decorrentes), devendo, por conseguinte, ser desentranhadas dos autos, sem prejuízo do prosseguimento do feito com base em outras provas. (RHC 55.859, Rel. Min. Felix Fischer, DJ 25.8.2015)

(...). Crime contra a ordem tributária. Ilicitude da prova. Requisição pela receita federal de informações sobre a movimentação financeira diretamente à instituição bancária. Quebra do sigilo. LC n. 105/2001. Imprestabilidade dos elementos probatórios para fins de processo penal. 1. A quebra do sigilo bancário para investigação criminal deve ser necessariamente submetida à avaliação do magistrado competente, a quem cabe motivar concretamente seu "decisum". 2. Os dados obtidos pela Receita Federal mediante requisição direta às instituições bancárias no âmbito de processo administrativo fiscal sem prévia autorização judicial não podem ser utilizados no processo penal, sobretudo para dar base à ação penal. 3. Recurso em "habeas corpus" provido em parte. Ordem concedida apenas para reconhecer a ilicitude de toda prova advinda da quebra do sigilo bancário sem autorização judicial e determinar seja ela desentranhada da ação penal. (RHC 41.532, Rel. Min. Sebastião Reis Júnior, DJ 28.2.2014)

■ **Preservação do Sigilo {art. 6, p. ú.}**

> Parágrafo único. O resultado dos exames, as informações e os documentos a que se refere este artigo serão conservados em sigilo, observada a legislação tributária.

Jurisprudência complementar (STJ)

(...). Artigo 1º, incisos I e II, da Lei 8.137/90. Receita federal. Quebra de sigilo bancário. Ausência de autorização judicial. Âmbito do processo penal. Nulidade da prova. (...). 1. A quebra do sigilo bancário para investigação criminal deve ser necessariamente submetida à avaliação do magistrado competente, a quem cabe motivar concretamente seu "decisum", em observância aos artigos 5º, XII e 93, IX, da Carta Magna. 2. Não cabe à Receita Federal, órgão interessado no processo administrativo tributário e sem competência constitucional específica, fornecer dados obtidos mediante requisição direta às instituições bancárias, sem prévia autorização do juízo criminal, para fins penais. 3. Recurso provido para declarar a nulidade das provas obtidas através da quebra do sigilo bancário sem autorização judicial, devendo o Juízo de origem desentranhar, envelopar, lacrar e entregar ao increpado as informações porventura já encaminhadas. (RHC 41.109, Rel. Min. Maria Thereza de Assis Moura, DJ 4.2.2015)

■ **CVM {art. 7º}**

> **Art. 7º** Sem prejuízo do disposto no § 3º do art. 2º, a Comissão de Valores Mobiliários, instaurado inquérito administrativo, poderá solicitar à autoridade judiciária competente o levantamento do sigilo junto às instituições financeiras de informações e documentos relativos a

bens, direitos e obrigações de pessoa física ou jurídica submetida ao seu poder disciplinar.

Parágrafo único. O Banco Central do Brasil e a Comissão de Valores Mobiliários, manterão permanente intercâmbio de informações acerca dos resultados das inspeções que realizarem, dos inquéritos que instaurarem e das penalidades que aplicarem, sempre que as informações forem necessárias ao desempenho de suas atividades.

■ Comprovação das Exigências e Formalidades {art. 8º}

Art. 8º O cumprimento das exigências e formalidades previstas nos artigos 4º, 6º e 7º, será expressamente declarado pelas autoridades competentes nas solicitações dirigidas ao Banco Central do Brasil, à Comissão de Valores Mobiliários ou às instituições financeiras.

■ "Notitia Criminis" {art. 9º}

Art. 9º Quando, no exercício de suas atribuições, o Banco Central do Brasil e a Comissão de Valores Mobiliários verificarem a ocorrência de crime definido em lei como de ação pública, ou indícios da prática de tais crimes, informarão ao Ministério Público, juntando à comunicação os documentos necessários à apuração ou comprovação dos fatos.

§ 1º A comunicação de que trata este artigo será efetuada pelos Presidentes do Banco Central do Brasil e da Comissão de Valores Mobiliários, admitida delegação de competência, no prazo máximo de quinze dias, a contar do recebimento do processo, com manifestação dos respectivos serviços jurídicos.

§ 2º Independentemente do disposto no caput deste artigo, o Banco Central do Brasil e a Comissão de Valores Mobiliários comunicarão aos órgãos públicos competentes as irregularidades e os ilícitos administrativos de que tenham conhecimento, ou indícios de sua prática, anexando os documentos pertinentes.

Enunciados FONACRIM

Enunciado 57. É constitucional a utilização de informações sobre operações que envolvam recursos provenientes de quaisquer atividades criminosas, obtidas pelas instituições financeiras e Banco Central, independente de autorização judicial (art. 1º, § 3º, IV e art. 9º da LC 105).

Jurisprudência complementar (STJ)

(...). Crimes contra a ordem tributária e o sistema financeiro. Lavagem de dinheiro. Investigação criminal. Diligencias preliminares. Informações protegidas por sigilo. Fornecimento ao ministério público federal. Lc n. 105/2001. Sigilo bancário. Quebra. Decisão judicial. Legalidade. Compete ao Ministério Público, no exercício de suas funções, em defesa do interesse público, requisitar diligências investigatórias e, ainda, a instauração de inquérito policial, indicados os fundamentos jurídicos de suas manifestações processuais (art. 129, inciso VIII, da Constituição Federal). É obrigação do Banco Central do Brasil comunicar, às autoridades competentes, a prática de ilícitos penais ou administrativos, abrangendo o fornecimento de informações sobre operações que envolvam recursos provenientes de qualquer prática criminosa, sem que tal mister importe em quebra de sigilo (artigo 9º, da Lei Complementar n. 105/2001). Os sigilos bancário e fiscal não constituem direito absoluto e devem ceder quando razões de interesse público, devidamente fundamentadas, demonstrarem a conveniência de sua quebra, mediante ordem judicial. O "habeas corpus" constitui ação constitucional destinada ao resguardo do direito do paciente quanto a ir, vir e permanecer, desde que ameaçados por coação ilegal ou abuso de poder. Na espécie, os informes requeridos pela Procuradoria Regional da República em Pernambuco decorrem de autorização legal, foram fornecidas ex lege e o sigilo bancário foi quebrado por decisão judicial devidamente fundamentada. (...). (HC 24.577, Rel. Min. Paulo Medina, DJ 1.3.2004)

■ Crime {art. 10}

Art. 10. A quebra de sigilo, fora das hipóteses autorizadas nesta Lei Complementar, constitui crime e sujeita os responsáveis à pena de reclusão, de um a quatro anos, e multa, aplicando-se, no que couber, o Código Penal, sem prejuízo de outras sanções cabíveis.

Jurisprudência complementar (STJ)

Conflito negativo de competência. Furto mediante fraude, formação de quadrilha, quebra de sigilo bancário e lavagem de dinheiro. Crime contra o sistema financeiro. Competência da Justiça Federal prevista expressamente no art. 26 da Lei 7.492/86. Competência do Juízo Federal do Tocantins, ora suscitante. 1. O art. 109, VI da Constituição Federal estipula que, nos casos previstos em lei, compete à Justiça Federal processar e julgar os crimes contra o Sistema Financeiro e a Ordem Econômico-financeira. 2. A lei que define os crimes contra o Sistema Financeiro Nacional (Lei 7.492/86) previu expressamente, em seu art. 26, a competência da Justiça Federal para processar e julgar os crimes nela elencados. 3. A LC 105/2001, em seu art. 10, não estabeleceu nova conduta ilícita a exigir nova definição da competência, mas apenas regulamentou as hipóteses de quebra de sigilo bancário previstas no art. 18 da Lei 7.492/86; assim, permanece a competência da Justiça Federal para processar e julgar os crimes de quebra de sigilo bancário, nos termos do art. 26 da Lei 7.492/86. 4. Aplicável ao caso, ainda, o disposto na Súmula 122/STJ, segundo a qual compete à Justiça Federal o processo e julgamento unificado dos crimes conexos de competência federal e estadual. (...). (CC 86.558, Rel. Min. Napoleão Nunes Maia Filho, DJ 4.8.2008)

(...). Furto qualificado. Estelionato. Quadrilha. Violação de sigilo bancário. Fraudes por meio da internet. Prisão preventiva. Possibilidade concreta de reiteração criminosa. Necessidade da custódia demonstrada. Presença dos requisitos autorizadores. (...). I. Hipótese na qual o paciente foi denunciado pela suposta prática dos crimes de furto qualificado, estelionato, formação de quadrilha e violação de sigilo bancário, pois seria membro importante, com grande conhecimento em informática, de grupo hierarquicamente organizado com o fim de praticar fraudes por meio da Internet, concernentes na subtração de valores de contas bancárias, em detrimento de diversas vítimas e instituições financeiras. II. Não há ilegalidade na decretação da custódia cautelar do paciente, tampouco no acórdão confirmatório da segregação, pois a fundamentação encontra amparo nos termos do art. 312 do Código de Processo Penal e na jurisprudência dominante. III. As peculiaridades concretas das práticas supostamente criminosas e o posto do acusado na quadrilha revelam que a sua liberdade poderia ensejar, facilmente, a reiteração da atividade delitiva, indicando a necessidade de manutenção da custódia cautelar. IV. As eventuais fraudes podem ser perpetradas na privacidade da residência, do escritórios ou, sem muita dificuldade, em qualquer lugar em que se possa ter acesso à rede mundial de computadores. V. A real possibilidade de reiteração criminosa, constatada pelas evidências concretas do caso em tela, é suficiente para fundamentar a segregação do paciente para garantia da ordem pública. (...). (HC 54.544, Rel. Min. Gilson Dipp, DJ 1.8.2006)

Conduta Equiparada {art. 10, p. ú.}

Parágrafo único. Incorre nas mesmas penas quem omitir, retardar injustificadamente ou prestar falsamente as informações requeridas nos termos desta Lei Complementar.

Jurisprudência complementar (STF)

Sigilo de dados – afastamento. Conforme disposto no inciso XII do artigo 5º da Constituição Federal, a regra é a privacidade quanto à correspondência, às comunicações telegráficas, aos dados e às comunicações, ficando a exceção – a quebra do sigilo – submetida ao crivo de órgão equidistante – o Judiciário – e, mesmo assim, para efeito de investigação criminal ou instrução processual penal. Sigilo de dados bancários – Receita Federal. Conflita com a Carta da República norma legal atribuindo à Receita Federal – parte na relação jurídico-tributária – o afastamento do sigilo de dados relativos ao contribuinte. (RE 389808, Rel. Min. Marco Aurélio, Pleno, 2011 DJ 10.5.2011)

Responsabilização do Servidor Público {art. 11}

Art. 11. O servidor público que utilizar ou viabilizar a utilização de qualquer informação obtida em decorrência da quebra de sigilo de que trata esta Lei Complementar responde pessoal e diretamente pelos danos decorrentes, sem prejuízo da responsabilidade objetiva da entidade pública, quando comprovado que o servidor agiu de acordo com orientação oficial.

Vigência {art. 12}

Art. 12. Esta Lei Complementar entra em vigor na data de sua publicação.

■ Revogações {art. 13}

> **Art. 13**. Revoga-se o art. 38 da Lei n. 4.595, de 31 de dezembro de 1964.
>
> Brasília, 10 de janeiro de 2001; 180º da Independência e 113º da República.
>
> Fernando Henrique Cardoso

Jurisprudência complementar (STF)

(...). Tribunal de Contas da União. Quebra de sigilo bancário. Impossibilidade. Segurança concedida. O Tribunal de Contas da União, a despeito da relevância das suas funções, não está autorizado a requisitar informações que importem a quebra de sigilo bancário, por não figurar dentre aqueles a quem o legislador conferiu essa possibilidade, nos termos do art. 38 da Lei 4.595/1964, revogado pela Lei Complementar 105/2001. Não há como admitir-se interpretação extensiva, por tal implicar restrição a direito fundamental positivado no art. 5º, X, da Constituição. (MS 22934, Rel. Min. Joaquim Barbosa, 2ª T., DJ 9.5.2012)

SISTEMA FINANCEIRO NACIONAL (LEI 7.492/86)

Lei n. 7.492, de 16 de junho de 1986.

Define os crimes contra o Sistema Financeiro Nacional, e dá outras providências.

O Presidente da República: faço saber que o Congresso Nacional decreta e eu sanciono a seguinte lei:

■ Conceito de Instituição Financeira {art. 1º}

Art. 1º Considera-se instituição financeira, para efeito desta lei, a pessoa jurídica de direito público ou privado, que tenha como atividade principal ou acessória, cumulativamente ou não, a captação, intermediação ou aplicação de recursos financeiros (vetado) de terceiros, em moeda nacional ou estrangeira, ou a custódia, emissão, distribuição, negociação, intermediação ou administração de valores mobiliários.

Parágrafo único. Equipara-se à instituição financeira:

I – a pessoa jurídica que capte ou administre seguros, câmbio, consórcio, capitalização ou qualquer tipo de poupança, ou recursos de terceiros;

II – a pessoa natural que exerça quaisquer das atividades referidas neste artigo, ainda que de forma eventual.

Jurisprudência complementar (STF)

(...). A norma inscrita no art. 1º e respectivo parágrafo único da Lei 7.492/86 traduz verdadeira interpretação autêntica dada pelo próprio legislador quando edita diplomas legislativos de caráter geral, inclusive aqueles de conteúdo eminentemente penal. Essa cláusula normativa, em realidade, objetiva explicitar, mediante autêntica interpretação emanada do próprio legislador, o âmbito de incidência material da Lei 7.492/86, vinculando a compreensão e a incidência dos tipos penais nela definidos ao sentido claramente abrangente da expressão "instituição financeira", inclusive para efeito de adequação de condutas aos elementos que compõem as estruturas típicas constantes do art. 4º e do art. 16 de referido diploma legislativo. Consequente legitimidade do enquadramento, na figura típica do art. 4º da Lei 7.492/86 (crime de gestão fraudulenta), da conduta de pessoas físicas ou de pessoas jurídicas que operem sem autorização do Banco Central do Brasil (hipótese em que também haverá concurso formal com o delito tipificado no art. 16 de referido diploma legislativo), em razão da equiparação legal de tais pessoas, para fins penais, à instituição financeira (Lei 7.492/86, art. 1º, parágrafo único). (...). (RHC 117270 AgR, Rel. Min. Celso de Mello, 2ª T., DJ 20.10.2015)

(...). I. Na acusação por lavagem de dinheiro (art. 1º da Lei 9.613/98), tendo a denúncia narrado em detalhes o crime antecedente (art. 22, parágrafo único, parte final da Lei 7.492/86), é possível acolher, em sede de alegações finais, proposta do Ministério Público para que julgamento final ocorra apenas em vista do delito antecedente. II. Aplicação do art. 383 do Código de Processo Penal. III. Ausência de prejuízo aos réus que por mais de uma oportunidade teceram considerações escritas acerca da não materialização do crime antecedente. IV. Inviabilidade de concessão de "habeas corpus" de ofício, dada a complexidade das provas a serem examinadas. (...). (AP 461 AgR-terceiro, Rel. Min. Ricardo Lewandowski, Pleno, DJ 22.8.2011)

A gestão temerária dos recursos dos consorciados alcança o próprio sistema financeiro, em termos de credibilidade, no que, segundo o inciso I do artigo 1º da Lei 7.492/86, as empresas do ramo são equiparadas às financeiras. (HC 113631, Rel. Min. Marco Aurélio, 1ª T., DJ 16.5.2013)

Jurisprudência complementar (STJ)

(...). 2. As operadoras de planos de saúde não consubstanciam instituições financeiras em sentido próprio – pois não captam, intermedeiam ou aplicam recursos financeiros de terceiros – nem instituições financeiras atuantes no mercado de capitais – dado que não realizam atividade de custódia, emissão, distribuição, negociação, intermediação ou administração de valores mobiliários. Podem, em tese, apenas ser enquadradas como instituições financeiras por equiparação, com fulcro no artigo 1º, parágrafo único, da Lei 7.492/86. 3. Operadoras de plano de assistência à saúde não possuem natureza jurídica uniforme, podendo assumir a forma de cooperativas, sociedades simples, sociedades empresárias ou entidades de autogestão. 4. Sociedades seguradoras podem atuar como operadoras de plano de assistência à saúde "desde que estejam constituídas como seguradoras especializadas nesse seguro", de acordo com os artigos 1º e 2º da Lei 10.185/2001. 5. Portanto, as seguradoras especializadas em saúde são apenas uma das modalidades de pessoas jurídicas autorizadas a atuar como operadoras de plano de assistência à saúde. A diferença fundamental entre tais seguradoras e as demais operadoras de plano de assistência à saúde consiste na possibilidade que lhes é franqueada de negociarem – captarem e administrarem – seguro-saúde, produto inconfundível com as demais formas de planos privados de assistência à saúde. 6. No caso concreto, a operadora de plano de saúde que teria sido objeto das fraudes não é uma sociedade seguradora, pois não comercializa seguros-saúde e não está constituída sob a forma de sociedade anônima. 7. No direito penal, é vedada a analogia in malan partem, por afronta ao princípio da legalidade (artigo 5º, XXXIX, Constituição, e artigo 1º do Código Penal), de modo que não é legítima a equiparação das demais operadoras de planos privados de assistência à saúde às seguradoras. 8. As condutas narradas podem caracterizar crimes contra o patrimônio – como estelionato e apropriação indébita – ou crimes falimentares, mas não crime contra o Sistema Financeiro Nacional. (...). (CC 148.110, Rel. p/ ac. Min. Maria Thereza de Assis Moura, 3ª S., DJ 13.12.2016)

(...). 1. As operações denominadas de "pirâmide financeira", sob o disfarce de "marketing multinível", caracterizam-se por oferecer a seus associados uma perspectiva de lucros, remuneração e benefícios futuros irreais, cujo pagamento depende do ingresso de novos investidores ou de aquisição de produtos para uso próprio, em vez de vendas para consumidores que não são participantes do esquema. 2. Nesse sentido, a captação de recursos decorrente de "pirâmide financeira" não se enquadra no conceito de "atividade financeira", para fins da incidência da Lei 7.492/1986, amoldando-se mais ao delito previsto no art. 2º, IX, da Lei 1.521/1951 (crime contra a economia popular). (...). (CC 146.153, Rel. Min. Reynaldo Soares da Fonseca, 3ª S., DJ 17.5.2016)

(...). Conflito de competência. Compra premiada. Crime contra o sistema financeiro. Não caracterização. Prejuízo dos particulares. Competência da Justiça Estadual. 1. "As operações denominadas compra premiada ou venda premiada – caracterizadas pela promessa de aquisição de bens, mediante formação de grupos, com pagamentos de contribuições mensais e sorteios, cujos contemplados ficam exonerados de adimplir as parcelas restantes – não constituem atividades financeiras para fins de incidência da Lei 7.492/1986" (STJ, CC 121146). Salvo se essas operações forem realizadas em "detrimento de bens, serviços ou interesse da União" (CF, art. 109, inc. IV), a competência para processar e julgar a ação penal é da Justiça estadual. (...). (CC 133.274, Rel. Min. Newton Trisotto, 3ª S., DJ 29.5.2015)

(...). I. Cuida-se de Inquérito Policial, instaurado para investigar delito atribuído aos representantes legais de empresa autorizada, à época, a administrar grupos de consórcio – como tal, equiparada a instituição financeira, na forma do art. 1º, I, da Lei 7.492/86 –, em que figura, com uma das vítimas, consorciado que não teve garantido o pagamento de Carta de Crédito, pela aludida administradora de consórcio, cuja liquidação extrajudicial foi posteriormente decretada. II. Conquanto a empresa detivesse, à época da adesão da vítima ao consórcio, autorização para funcionar como administradora de grupos de consórcios, conforme informação prestada pelo Banco Central do Brasil, o seu representante legal, ao não repassar, injustificadamente, o pagamento do valor constante da Carta de Crédito, praticou, em princípio e em tese, a conduta tipificada no mencionado art. 5º da Lei 7.492/86, de competência da Justiça Federal, nos termos do art. 26 da Lei 7.492/86 e do art. 109, VI, da CF/88. III. Consoante a jurisprudência da Terceira Seção do STJ, "a Lei 7.492/86 equipara ao conceito de instituição financeira a pessoa jurídica que capta ou administra seguros, câmbio, consórcio, capitalização ou qualquer tipo de poupança, ou recursos de terceiros. Encontrando-se a conduta tipificada, ainda que em tese, em dispositivo da Lei 7.492/86, a ação penal deve ser julgada na Justiça Federal. Havendo interesse da União na higidez, confiabilidade e equilíbrio do sistema financeiro, tem-se que a prática ilícita configura matéria de competência da Justiça Federal" (STJ, CC 41915). (...). (CC 108.105, Rel. Min. Assusete Magalhães, 3ª S., DJ 30.10.2013)

(...). 1. A concessão de empréstimos a juros abusivos por empresas de factoring caracteriza crime de usura, previsto nos arts. 4º da Lei 1.521/51 e 13 do Decreto n. 22.626/33, e não delito contra o Sistema Financeiro Nacional, sendo, portanto, da competência da Justiça Estadual. (...). 2. Na hipótese, constatou-se que os sócios da Ourofacto Factoring Ltda. realizavam, sem autorização legal, a captação, intermediação e aplicação de recursos financeiros de terceiros, sob a promessa de que receberiam, em contrapartida, rendimentos superiores aos aplicados no mercado, em torno de 1,5% a 2,5% ao mês, operando como verdadeira instituição financeira, o que configura, em tese, o crime previsto no art. 16 da Lei 7.492/86, cuja competência é da Justiça Federal. 3. Embora a factoring não se confunda com instituição financeira nos termos da legislação, nada impede que determinadas operações realizadas por essas empresas possam ser tipificadas na Lei 7.492/86, como na espécie, em que se verificou a prática de atividades típicas de instituições financeiras, exorbitando-se das atividades próprias do faturamento mercantil. (...). (CC 115.338, Rel. Min. Marco Aurélio Bellizze, 3ª S., DJ 13.8.2013)

Dos Crimes contra o Sistema Financeiro Nacional

■ Falsa Emissão de Título {art. 2º}

Art. 2º Imprimir, reproduzir ou, de qualquer modo, fabricar ou pôr em circulação, sem autorização escrita da sociedade emissora, certificado, cautela ou outro documento representativo de título ou valor mobiliário:

Pena – Reclusão, de 2 (dois) a 8 (oito) anos, e multa.

Parágrafo único. Incorre na mesma pena quem imprime, fabrica, divulga, distribui ou faz distribuir prospecto ou material de propaganda relativo aos papéis referidos neste artigo.

Jurisprudência complementar (STJ)

(...). 1. O artigo 4º da Lei 7.492/1986 prevê como crime contra o Sistema Financeiro Nacional a gestão fraudulenta de instituição financeira, cumprindo definir o seu conceito para fins de caracterização do ilícito em comento. 2. Para tanto, deve-se recorrer à própria Lei dos Crimes contra o Sistema Financeiro Nacional que, no parágrafo único do artigo 1º da Lei 7.492/1986 equipara às instituições financeiras "a pessoa jurídica que capte ou administre seguros, câmbio, consórcio, capitalização ou qualquer tipo de poupança, ou recursos de terceiros", bem como "a pessoa natural que exerça quaisquer das atividades referidas neste artigo, ainda que de forma eventual". 3. Assim, tendo a própria Lei dos Crimes contra o Sistema Financeiro Nacional estabelecido no que se constitui instituição financeira para efeitos de sua aplicação, não se pode excluir de seu âmbito de incidência os corretores de seguros, que, à toda evidência, são responsáveis por captar recursos financeiros envolvidos na atividade securitária, estando, por conseguinte, inseridos no conceito contido no artigo 1º da Lei 7.492/1986. Doutrina. 4. Em arremate, é imperioso destacar que o fato de as corretoras de seguro não terem sido mencionadas pela Lei 4.595/1964, que dispõe sobre a Política e as Instituições Monetárias, Bancárias e Creditícias, é irrelevante para o deslinde da controvérsia, já que o referido diploma legal apresenta conceito mais restrito do que o fornecido pela Lei 7.492/1986, que é a legislação a ser considerada para se definir o que são instituições financeiras para fins de caracterização dos crimes contra o Sistema Financeiro Nacional. (...). (HC 164.216, Rel. Min. Jorge Mussi, 5ª T., DJ 3.12.2012)

Informação Falsa {art. 3º}

Art. 3º Divulgar informação falsa ou prejudicialmente incompleta sobre instituição financeira:
Pena – Reclusão, de 2 (dois) a 6 (seis) anos, e multa.

Jurisprudência complementar (STJ)

(...). Penal. Art. 3º da Lei 7.492/86. Crime de divulgar informação falsa ou prejudicialmente incompleta sobre instituição financeira. Tese de atipicidade da conduta por imunidade parlamentar. Necessidade de análise de provas. "Writ" impetrado após o transito em julgado da sentença condenatória. Via eleita inadequada. Trancamento da ação penal. Preclusão. (...). 1. A inviolabilidade civil e penal das opiniões, palavras e votos dos membros das Casas Legislativas está adstrita ao efetivo exercício do cargo, ainda que fora da tribuna, desde que tenham sido proferidas em razão função parlamentar. Evidenciado o dolo de se valer do mandato para divulgar informações falsas sobre instituição financeira, tal garantia não se presta a impedir a responsabilização pelo crime previsto no art. 3º da Lei 7.492/86. 2. Reconhecer a ausência de justa causa na persecução criminal, porque o Paciente agiu sob o manto da imunidade parlamentar, nesse diapasão, demandaria, necessariamente, um exame acurado da prova, incabível na via estreita do "habeas corpus", sobretudo após sentença condenatória, confirmada em sede de apelação e transitada em julgado. 3. Preclusa a tese de atipicidade da conduta pois, agora, acolhê-la implica desconstituir todo o material probatório utilizado para fundamentar a condenação, reconhecendo que não existe elemento indiciário para justificar a ação penal julgada procedente pelas instâncias ordinárias, o que não se admite. (...). (HC 238.481, Rel. Min. Laurita Vaz, 5ª T., DJ 30.11.2012)

Gestão Fraudulenta {art. 4º}

Art. 4º Gerir fraudulentamente instituição financeira:
Pena – Reclusão, de 3 (três) a 12 (doze) anos, e multa.
Parágrafo único. Se a gestão é temerária:
Pena – Reclusão, de 2 (dois) a 8 (oito) anos, e multa.

Informativos (STJ)

Conteúdo do dolo no crime de gestão temerária.

Está presente o dolo do delito de gestão temerária (art. 4º, parágrafo único, da Lei 7.492/86) na realização, por alguma das pessoas mencionadas no art. 25 da Lei 7.492/86, de atos que transgridam, voluntária e conscientemente, normas específicas expedidas pela CVM, CMN ou Bacen. REsp 1.613.260, Rel. Min. Maria Thereza de Assis Moura, DJ 24.8.2016. 6ª T. (Info 588)

Jurisprudência complementar (STF)

(...). 8. No crime de gestão fraudulenta de instituição financeira (art. 4º, caput, da Lei 7.492/86), a magnitude dos prejuízos causados pode ser valorada negativamente, na primeira fase da dosimetria da pena, a título de "consequências" do crime, haja vista que não constitui elementar do tipo penal. (...). Inexistência de flagrante ilegalidade ou teratologia que justifique a concessão, de ofício, da ordem de "habeas corpus". (RHC 124192, Rel. Min. Dias Toffoli, 1ª T., DJ 8.4.2015)

A denúncia narra a prática de atos que, em tese, tipificam o crime de gestão temerária de instituição financeira (art. 4º da Lei 7.492/86). Condutas de "aprovar e conceder créditos" sem o devido apego a normas administrativas do Banco Central e sem os elementares cuidados de controle e recuperação das quantias mutuadas, eventualmente inadimplidas. Em se tratando de crime de mera conduta, não há indagar se visou com isso a este ou àquele resultado desastroso para a instituição financeira. A conclusão pela não-existência do elemento subjetivo do tipo penal há que se fazer mediante análise dos elementos probatórios. Análise incabível no espectro processual deste "writ". (...). (HC 87440, Rel. Min. Carlos Britto, 1ª T., DJ 2.3.2007)

Jurisprudência complementar (STJ)

(...). Sistema Financeiro Nacional. Art. 4º da Lei 7.492/1986. Gestão fraudulenta. Tipo penal dirigido aos agentes autorizados a atuar no mercado financeiro pátrio. Empresa com sede em país estrangeiro não regulada pelo bacen. Inexistência de delito. Ausência de prequestionamento. Súmula 211/STJ. 1. O delito de gestão fraudulenta pressupõe, como elemento normativo do tipo legal, a atuação do agente, no mercado financeiro pátrio, na qualidade de instituição financeira formal e materialmente constituída, em atenção ao princípio da taxativamente penal (art. 4º da Lei 7.492/1986). 2. Instituição com sede em país estrangeiro – sem autorização do Banco Central do Brasil (Bacen) para atuar no Sistema Financeiro Nacional – que, por meio de seu agentes, supostamente comete o delito de gestão fraudulenta não se subsume ao disposto no art. 4º da Lei n. 7.492/1986; tal conduta encontra tipificação no art. 16 da referida lei. 3. Ausência de prequestionamento, incidência da Súmula 211/STJ. (...). (REsp 1181572, Rel. Min. Sebastião Reis Júnior, 6ª T., DJ 28.11.2012)

(...). Conflito negativo de competência. Crime contra o sistema financeiro. Consórcio. Estelionato. Representante comercial. 1. A ausência de imputação de conduta delitiva a empresa administradora de consórcio, afasta a competência da Justiça Federal, por inaplicável a Lei 7.492/86. 2. Auferindo vantagem ilícita na intermediação dos negócios, os denunciados, conquanto não integrantes da empresa de consórcio, supostamente incorrem na prática do crime de estelionato, cuja ação criminal tem processamento e julgamento realizado pela Justiça Estadual. (...). (CC 29.682, Rel. Min. Maria Thereza de Assis Moura, 3ª S., DJ 26.3.2007)

(...)3. A conduta qualificada pelo descaso ao patrimônio da instituição financeira, com risco, inclusive, de "quebra" do banco é elemento que desborda o normal do delito de gestão temerária, apto, portanto, à elevação da pena-base. 4. O agir contrário a normas que regulamentam as concessões de crédito é elemento ínsito do crime de gestão temerária, não se prestando tal conduta a fundamentar a exasperação da pena-base pelas circunstâncias do crime. 5. O prejuízo expressivo constitui fundamento idôneo ao desvalor das consequências do delito, sobretudo se se considerar que o crime do parágrafo único do art. 4º, da Lei 7.492/86, não exige, para a sua consumação, qualquer resultado naturalístico, bastando o agir voluntário em desacordo com as regras da administração da instituição financeira. (...). (HC 317.330, Rel. Min. Nefi Cordeiro, 6ª T., DJ 3.2.2017)

(...). 1. O fato de que o ora recorrente, à época dos fatos, exercia cargo de gerência na instituição financeira não foi objeto de debate pela instância ordinária, o que inviabiliza o conhecimento do recurso especial, no ponto, por ausência de prequestionamento. 2. A jurisprudência desta Corte Superior de Justiça é no sentido de que, tratando-se de vários tipos de fraudes, tanto para a liberação de créditos vinculados à aquisição de material de construção (Construcard), como para a liberação de recursos sem qualquer vinculação, devidamente caracterizada a pluralidade de desígnios, adequada a capitulação empregada em sentença no art. 19 da Lei 7.492/1986 e art. 171 do CP, não podendo se falar na prática do delito previsto no art. 4º da Lei 7.492/86. 3. Ademais, a pretensão do recorrente de modificar o entendimento firmado pelas instâncias ordinárias, no sentido da desclassificação da conduta para a figura do art. 4º da Lei 7.492/86, demandaria reexame de provas, o que é inviável na via do recurso especial, segundo dispõe a Súmula 7/STJ.

(...). (AgRg nos EDcl no REsp 1317791, Rel. Min. Reynaldo Soares da Fonseca, Quinta TurmaDJe 05.12.2016)

(...). 2. O fato de o crime previsto no art. 4º da Lei 7.492/1986 ser próprio não impede a participação de pessoa despida da condição especial prevista no tipo (incidência do art. 29 do CP). Nesse particular, a denúncia descreve que o agravante tinha o domínio final do fato sobre os ilícitos de gestão fraudulenta. (...). (AgRg no HC 115.151, Rel. Min. Rogerio Schietti Cruz, 6ª T., DJ 17.10.2016)

Questões de concursos

856. **(Cespe/PC/GO/Agente/2016)** De acordo com a Lei n. 7.492/1986, o indivíduo que gerir fraudulentamente determinada instituição financeira

   a) não poderá ser vítima da decretação de prisão preventiva no curso do processo.
   b) cometerá crime cuja ação penal será promovida pelo MPF.
   c) terá sua pena aumentada de um terço, se a gestão tiver sido temerária.
   d) responderá por crime, ainda que tenha agido culposamente.
   e) cometerá crime que deverá ser processado e julgado pela justiça estadual.

857. **(Vunesp/Prefeitura_São_José_do_Rio_Preto/Auditor/2014)** Gerir fraudulentamente e gerir temerariamente instituição financeira trata-se de

   a) condutas criminosas, sendo que a primeira é punida mais gravemente do que a segunda
   b) condutas delituosas, sendo que a primeira é punida mais brandamente que a segunda
   c) infrações penais, punidas exclusivamente com multa
   d) ilícitos penais, punidos exatamente com a mesma pena.
   e) ilícitos administrativos que não geram responsabilidade penal.

■ Apropriação Indevida {art. 5º}

Art. 5º Apropriar-se, quaisquer das pessoas mencionadas no art. 25 desta lei, de dinheiro, título, valor ou qualquer outro bem móvel de que tem a posse, ou desviá-lo em proveito próprio ou alheio:

Pena – Reclusão, de 2 (dois) a 6 (seis) anos, e multa.

Parágrafo único. Incorre na mesma pena qualquer das pessoas mencionadas no art. 25 desta lei, que negociar direito, título ou qualquer outro bem móvel ou imóvel de que tem a posse, sem autorização de quem de direito.

Jurisprudência complementar (STF)

(...). 1. A competência da Justiça Federal para julgar crimes contra o Sistema Financeiro Nacional tem assento constitucional. A alegação de que o prejuízo decorrente do delito foi suportado exclusivamente por instituição financeira privada não afasta tal regra constitucional. Interesse da União na segurança e na confiabilidade do Sistema Financeiro Nacional. 2. Na concreta situação dos autos, a imputação do delito do art. 5º da Lei 7.492/86 está embasada em procedimentos investigatórios e na sinalização de que um dos pacientes detinha poderes de gestão e gerência de operações. (...). (HC 93733, Rel. Min. Carlos Britto, 1ª T., DJ 3.4.2009)

(...). 1. O crime de apropriação indébita do artigo 5º da Lei 7.492/86 é crime próprio; somente pode ser praticado pelo controlador e pelos administradores de instituição financeira, assim considerados os diretores e gerentes. Daí não se cogitar, no caso, de conflito de normas. Se existisse, a circunstância de tratar-se de crime próprio importaria em que fosse tomada como específica a norma incriminadora da Lei 7.492/86. E não guardaria relevância o fato de a pena ser mais elevada do que a cominada para os crimes dos artigos 168-A, do Código Penal, e 2º, II, da Lei 8.137/90, o que resulta de opção do legislador no sentido de reprimir com mais rigor o crime de apropriação indébita quando praticado pelas pessoas referidas no artigo 25 da Lei 7.492/86. 2. O não-acolhimento da tese do enquadramento da conduta do paciente nos artigos 168-A, do Código Penal, e 2º, II, da Lei 8.137/90, implica prejudicialidade da pretensão de suspensão ou extinção da punibilidade pelo parcelamento ou quitação do débito, visto que o crime tipificado no artigo 5º da Lei 7.492/86 não consta do rol taxativo do artigo 9º da Lei 10.684/2003. (...). (HC 89227, Rel. Min. Eros Grau, 2ª T., DJ 27.4.2007)

(...). Responsabilidade penal e administrativa – independência. A independência das esferas administrativa e penal é conducente a não repercutir, nesta última, óptica de setor administrativo quanto a fatos, como é a conclusão do Banco Central sobre o que contido no artigo 6º da Lei 7.492/86. Apropriação – artigo 5º da Lei 7.492/86. Tem-se como fato de início configurador da apropriação prevista no artigo 5º da Lei 7.492/86 desvio de recursos que deveriam ser aplicados, pouco importando que o fenômeno haja se restringido à unidade de tempo "dia". (...). (HC 86568, Rel. Min. Marco Aurélio, 1ª T., DJ 2.12.2005)

Jurisprudência complementar (STJ)

(...). 6. Somente podem ser sujeitos ativos dos crimes de gestão temerária de instituição financeira (Lei 7.492/1986, art. 4º, p. ún.) e de negociação não autorizada de títulos alheios (Lei 7.492/1986, art. 5º, p. ún.) as pessoas mencionadas no artigo 25 da mesma lei, mostrando-se inviável considerar elevada a culpabilidade do agente por ocupar umas das funções ali mencionadas. 7. Também é vedado o agravamento da pena com base na ganância, na violação das regras regentes da atividade financeira ou, de modo não especialmente fundamentado, no abalo à credibilidade do sistema financeiro, pois essas circunstâncias são, todas elas, intrínsecas aos tipos penais examinados. 8. O prejuízo acarretado à instituição financeira decorrente dos atos de gestão temerária, não exigido para a consumação do delito, é fundamento apto a justificar a negativação das consequências do crime. (...). (REsp 1613260, Rel. Min. Maria Thereza de Assis Moura, 6ª T., DJ 24.8.2016)

1. Os tipos previstos nos arts. 4º e 5º da Lei 7.492/1986 constituem crimes de mão própria, que somente podem ser praticados pelo controlador e pelos administradores de instituição financeira, assim considerados os diretores, os gerentes, os interventores, os liquidantes ou os síndicos das referidas instituições, nos moldes do art. 25 da referida Lei. 2. Hipótese em que a acusação foi oferecida contra corretores de empréstimo, proprietário de correspondente bancário do Banco BNG S.A. e funcionário dessa instituição financeira, por supostamente celebrarem empréstimos bancários em afronta a normas internas de instituição bancária e cobrarem "comissões" e "taxas bancárias" dos mutuários, em nome da instituição, as quais, posteriormente, eram revertidas a eles próprios. 3. Não havendo entre os acusados qualquer das pessoas elencadas no art. 25 da Lei 7.492/1986, que define os crimes contra o Sistema Financeiro Nacional, não há a configuração dos crimes previstos nos arts. 4º e 5º da referida Lei, devendo ser afastada a incidência da legislação especial. 4. Remanescendo, em tese, o crime de estelionato, compete à Justiça comum o processamento e julgamento do feito. (...). (CC 139.742, Rel. Min. Gurgel de Faria, 3ª S., DJ 1.2.2016)

1. A Lei 7.492/86 em seu art. 25 elenca como sujeitos penalmente responsáveis o controlador e os administradores de instituição financeira, assim considerados os diretores e gerentes e, dos art. 2º ao 23, as condutas que são consideradas crimes contra o Sistema Financeiro Nacional. Resguarda as instituições quanto ao poder delegado a esses sujeitos em razão de seus cargos e, consequentemente, estabelece as suas responsabilidades. 2. A prática da conduta tipificada no art. 5º da Lei 7.492/86 por um dos sujeitos considerados controladores e administradores de instituição financeira, no caso, apropriar-se de dinheiro de que tem a posse, ou des-

viá-lo em proveito próprio ou alheio, atrai a competência da Justiça Federal para o julgamento do feito, a teor do art. 26 da lei em epígrafe. Isto porque, há interesse da União na higidez, confiabilidade e equilíbrio do sistema financeiro (art. 109, inciso VI, da Carta Magna). Precedentes desta Corte Superior de Justiça. 3. Na hipótese dos autos, o acusado de apropriação da quantia de R$ 73.000,00 (setenta e três mil reais) do cofre e do caixa eletrônico da agência do Banco Santander, em proveito próprio, à época dos fatos, era gerente administrativo da agência bancária, o que firma a competência da Justiça Federal para o caso, a teor dos arts. 5º, 25 e 26 da Lei 7.492/86. (...). (CC 125.468, Rel. Min. Alderita Ramos de Oliveira, 3ª S., DJ 15.5.2013)

Sistema Financeiro Nacional (crime). Liquidação extrajudicial (hipótese). Recursos financeiros (gestão). Apropriação de dinheiro, título, valor ou bem móvel (imputação). Honorários (recebimento). 1. Não há falar em crime contra o Sistema Financeiro Nacional – apropriação de dinheiro, título valor ou bem móvel – na hipótese em que advogado contratado pelo liquidante extrajudicial de instituição bancária recebe honorários advocatícios. 2. A gestão de recursos financeiros é, em casos tais, praticada pelo liquidante, que dos referidos bens detém a posse. 3. Tais as circunstâncias, falta justa causa para o exercício da ação penal. (...). (HC 67.447, Rel. Min. Nilson Naves, Sexta Turma. DJe 07.6.2010)

(...). I. O art. 4º da Lei 7.492/86 descreve o crime de gestão fraudulenta de instituição financeira, tutelando o Sistema Financeiro Nacional e sua credibilidade pública. Já o art. 5º da mesma lei protege a relação de confiança dos negócios jurídicos desta área e o patrimônio dos investidores. II. Se os dispositivos tutelam objetos jurídicos diversos, não há que se falar em conflito aparente de normas, mas de concurso formal, caso em que o agente, mediante uma só ação ou omissão, pratica dois ou mais crimes. (...). (REsp 585.770, Rel. Min. Gilson Dipp, 5ª T., DJ 16.11.2004)

■ Fraude Operacional {art. 6º}

Art. 6º Induzir ou manter em erro, sócio, investidor ou repartição pública competente, relativamente a operação ou situação financeira, sonegando-lhe informação ou prestando-a falsamente:

Pena – Reclusão, de 2 (dois) a 6 (seis) anos, e multa.

Informativos (STJ)

Diferença entre estelionato e crime contra o Sistema Financeiro Nacional.

Configura o crime contra o Sistema Financeiro do art. 6º da Lei 7.492/86 – e não estelionato, do art. 171 do CP – a falsa promessa de compra de valores mobiliários feita por falsos representantes de investidores estrangeiros para induzir investidores internacionais a transferir antecipadamente valores que diziam ser devidos para a realização das operações. REsp 1.405.989, Rel. p/ ac. Min. Nefi Cordeiro, DJ 23.9.15. 6ª T. (Info 569)

Hipótese que não caracteriza continuidade delitiva.

Não há continuidade delitiva entre os crimes do art. 6º da Lei 7.492/86 (Lei dos Crimes contra o Sistema Financeiro Nacional) e os crimes do art. 1º da Lei 9.613/98 (Lei dos Crimes de "Lavagem" de Dinheiro). REsp 1.405.989, Rel. p/ ac. Min. Nefi Cordeiro, DJ 23.9.15. 6ª T. (Info 569)

Sujeito ativo de crime contra o Sistema Financeiro Nacional.

Podem ser sujeitos ativos do crime previsto no art. 6º da Lei 7.492/86 pessoas naturais que se fizeram passar por membro ou representante de pessoa jurídica que não tinha autorização do Bacen para funcionar como instituição financeira. REsp 1.405.989, Rel. p/ ac. Min. Nefi Cordeiro, DJ 23.9.15. 6ª T. (Info 569)

Jurisprudência complementar (STF)

1. A denúncia, como peça primeira da ação penal que baliza a defesa a ser apresentada pelo acusado é essencialmente técnica, por isso que não pode descumprir o imperativo contido no art. 41 do CPP, dela devendo constar, com precisão, a exposição do fato criminoso. 2. Relatado na exordial acusatória que os denunciados fizeram inserir no balanço semestral do Banco, "dados relativos a depósitos interfinanceiros", cuja peça contábil foi publicada e aprovada pelo Banco Central, infere-se ausentes as figuras essenciais à caracterização do delito definido no art. 6º da Lei 7.492/86: sonegação de informação ou informação falsa. As informações acerca da captação de recursos financeiros junto a outros bancos não foram sonegadas, porque prestadas, como não são falsas, porque mencionados os nomes dos estabelecimentos, as datas e os montantes que teriam sido depositados em operações casadas", cujas captações foram registradas na Central de Custódia e Liquidação Financeira de Títulos do Banco Central, com a expedição de certificados de depósitos inter-bancários. 3. Diante da inexistência de instauração de inquérito

policial e do arquivamento do processo administrativo por decisão do Conselho de Recursos do Sistema Financeiro Nacional, não se constata a presença do elemento crime, que da denúncia não restou tipificado. (...). (HC 72101, Rel. p/ ac. Min. Maurício Corrêa, 2ª T., DJ 11.4.1997)

Jurisprudência complementar (STJ)

(...). Crime contra o sistema financeiro. Art. 6º da Lei 7.492/86. Induzir ou manter em erro investidor. Estelionato. (...)1. O art. 6º da Lei 7.492/86 prevê como crime contra o Sistema Financeiro Nacional a conduta de induzir ou manter em erro sócio, investidor ou repartição pública competente, relativamente a operação ou situação financeira, sonegando-lhes informação ou prestando-a falsamente. 2. Há clara distinção em relação ao delito de estelionato. O delito do art. 6º da Lei 7.492/86 constitui crime formal (não é necessária a ocorrência de resultado, eventual prejuízo econômico caracteriza mero exaurimento), e não material; não prevê o especial fim de agir do sujeito ativo (para si ou para outrem); não exige, como elemento obrigatório, o meio fraudulento (artifício, ardil, etc.), apenas a prestação de informação falsa ou omissão de informação verdadeira. (...). (REsp 1405989, Rel. p/ ac. Min. Nefi Cordeiro, 6ª T., DJ 23.9.2015)

(...). 1. O art. 6º da Lei 7.492/86 prevê como crime contra o Sistema Financeiro Nacional a conduta de induzir ou manter em erro sócio, investidor ou repartição pública competente, relativamente a operação ou situação financeira, sonegando-lhes informação ou prestando-a falsamente. 2. Há clara distinção em relação ao delito de estelionato. O delito do art. 6º da Lei 7.492/86 constitui crime formal (não é necessária a ocorrência de resultado, eventual prejuízo econômico caracteriza mero exaurimento), e não material; não prevê o especial fim de agir do sujeito ativo (para si ou para outrem); não exige, como elemento obrigatório, o meio fraudulento (artifício, ardil, etc.), apenas a prestação de informação falsa ou omissão de informação verdadeira. 3. Eventual conflito aparente de normas penais resolve-se pelo critério da especialidade do delito contra o Sistema Financeiro (art. 6º da Lei 7.492/86) em relação ao estelionato (art. 171 do CP). 4. Patente o dano ao Sistema Financeiro Nacional, pois abalada a confiança inerente às relações negociais no mercado mobiliário, induzindo em erro investidores que acreditaram na existência e na legitimidade de quem se apresentou como instituição financeira. 5. O art. 59 do CP elenca oito circunstâncias a balizar a atividade do magistrado na primeira fase de dosimetria da pena. 6. A conduta social constitui o comportamento do réu na comunidade, ou seja, entre a família, parentes e vizinhos. Não se vincula ao próprio fato criminoso, mas à inserção do agente em seu meio social, não se confundindo com seu modo de vida no crime. 7. A valoração negativa da personalidade do agente exige a existência de elementos concretos e suficientes nos autos que demonstrem, efetivamente, a maior periculosidade do réu aferível a partir de sua índole, atitudes, história pessoal e familiar, etapas de seu ciclo vital e social, etc (AgRg no REsp 1301226...). 8. O fato de os delitos terem sido praticados em diversos países (Brasil, Argentina e Uruguai), com vítimas espalhadas pelo mundo, por meio de organização altamente estruturada, denota maior gravidade das circunstâncias e consequências dos crimes. 9. O mero fato de ser estrangeiro não pressupõe o desconhecimento da lei, desautorizando a aplicação da atenuante prevista no art. 65, II, do CP. 10. Na atenuante inominada, circunstância relevante, anterior ou posterior ao delito, não disposta em lei, mas que influencia no juízo de reprovação do autor, não são avaliados os antecedentes criminais, já previstos como circunstância judicial do art. 59 do CP. 11. Há continuidade delitiva quando o agente, mediante mais de uma ação ou omissão, pratica crimes da mesma espécie e, em razão das condições de tempo, lugar, maneira de execução e outras semelhantes, devam os delitos seguintes ser havidos como continuação do primeiro (art. 71 do CP). 12. Não sendo os delitos dos arts. 6º da Lei 7.492/86 e 1º da Lei 9.613/98 da mesma espécie, inviável a incidência da regra do crime continuado. 13. Superveniência da prescrição da pretensão punitiva quanto ao delito do art. 288 do CP. 14. Recurso especial parcialmente conhecido e, nessa extensão, provido. Extinta a punibilidade dos três recorrentes, pela prescrição da pretensão punitiva, em relação ao delito do art. 288 do CP. (REsp 1405989, Rel. p/ ac. Min. Nefi Cordeiro, 6ª T., DJ 23.9.2015)

(...). 5. Foi descrita e imputada ao paciente a conduta de ter formalizado operações financeiras por meio da lavratura dos instrumentos contratuais de Instrumento Particular de Negociação de Contratos Futuros de Taxa de Câmbio de Reais por Dólar Comercial, Instrumento Particular de Promessa de Compra e Venda de Contratos Futuros de Taxas de Depósito Interbancário de Um Dia e Instrumento Particular de Compra e Venda a Termo e de não ter registrado nenhum deles na Central de Custódia e de Liquidação de Títulos – CETIP, ou em outros sistemas de registro, de custódia e de liquidação. 6. Tal conduta amolda-se ao tipo penal de manter em erro o órgão responsável pela fiscalização da instituição, por meio da sonegação de informação a respeito de operação financeira, previsto no art. 6º da Lei 7.492/1986. Não se exige, para a consumação do delito em apreço, que ocorra efetivo prejuízo, uma vez que se trata de crime formal. Precedente. 7. Apesar de existir correlação entre as condutas imputadas ao paciente nas ações penais instauradas para a apuração de crime contra a ordem tributária e crime contra o Sistema Financeiro Nacional, em razão de referidas condutas terem por base as operações financeiras realizadas pela instituição de que o paciente figura como diretor, consubstanciadas em operações day trade, realizadas por meio de contratos de liquidação futura, não se vislumbra, na via estreita do "writ" e dos documentos constantes dos autos, a ocorrência de "bis in idem". 8. Na ação penal em que se imputa o crime contra o Sistema Financeiro, observa-se que as condutas consistem, em geral, na sonegação de informações a respeito das operações realizadas pela instituição financeira ao órgão competente, a fim de manter em erro a entidade fiscalizadora, enquanto na ação penal em que se atribui a prática do crime contra a ordem tributária, existe toda uma narrativa que visa demonstrar a realização de operações destinadas a reduzir o pagamento de determinados tributos, donde se infere que, embora os fatos estejam correlacionados, não são atribuídas condutas idênticas em ações penais distintas. 9. Não se pode olvidar que da mesma situação fática pode decorrer a suposta prática de mais de um crime, idênticos ou não, sendo esta a regra prevista no art. 70 do Código Penal, em relação ao concurso formal. 10. Não há falar em julgamento ultra petita pelo Tribunal de origem, em razão de este ter condenado o paciente por crime não pleiteado nas razões do recurso de apelação ajuizado pelo Ministério Público, quando evidenciado o acolhimento de pedido subsidiário formulado pelo Parquet federal. 11. Verificado que entre o recebimento da denúncia e a publicação do acórdão condenatório recorrível não decorreu lapso superior a 8 anos, prazo prescricional da pena de 3 anos e 9 meses, aplicada ao paciente em razão da condenação pelo crime contra o Sistema Financeiro Nacional, não há como acolher o pedido de extinção da punibilidade pelo advento da prescrição da pretensão punitiva. (...). (HC 153.205, Rel. Min. Sebastião Reis Júnior, 6ª T., DJ 1.8.2013)

(...). 1. O art. 6º da Lei 7.492/1986 tutela, especificamente, a inviolabilidade e a credibilidade do mercado de capitais, protegendo o Sistema Financeiro Nacional da disseminação de informações fraudulentas, potencialmente lesivas a sua estabilidade. 2. Na espécie, a eventual conduta do empresário que emite e desconta títulos fraudulentos não o qualifica como sujeito ativo do tipo, já que se trata de crime próprio, que só poderia ser cometido, via de regra, por aqueles que, detendo informação relevante, administram ou controlam instituição financeira. 3. Excluída a hipótese de crime contra o sistema financeiro, afasta-se a competência da Justiça Federal, sobretudo porque a suposta fraude foi praticada em detrimento do Banco do Brasil (sociedade de economia mista), sem que ocorresse lesão a bens, serviços ou interesses da União. Inteligência da Súmula 42/STJ. (...). (CC 111.961, Rel. Min. Sebastião Reis Júnior, 3ª S., DJ 9.11.2011)

(...). 1. A Lei 7.492/86 busca a preservação das instituições públicas e privadas que compõem o sistema financeiro, de modo a viabilizar a transparência, a licitude, a boa-fé, a segurança e a veracidade, que devem reger as relações entre estas e aplicadores, poupadores, investidores, segurados e consorciados. 2. Os delitos dos arts. 4º, 6º e 10 da Lei 7.492/86 são formais, ou seja, não exigem resultados decorrentes das condutas, e consumam-se com a prática dos atos de gestão (art. 4º), no momento em que se presta a falsa informação ou a oculta (art. 6º) e quando é formalizado o demonstrativo contábil falso (art. 10). 3. Os eventuais crimes previstos nos arts. 4º, 6º e 10 da Lei 7.492/86 consumam-se onde articuladas as possíveis operações fraudulentas praticadas nas Bolsas de Valores, independentemente do local onde as transações são realizadas, consoante o art. 70 do CPP. (...). (CC 91.162, Rel. Min. Arnaldo Esteves Lima, 3ª S., DJ 2.9.2009)

■ Gestão Fraudulenta {art. 7º}

Art. 7º Emitir, oferecer ou negociar, de qualquer modo, títulos ou valores mobiliários:

I – falsos ou falsificados;

II – sem registro prévio de emissão junto à autoridade competente, em condições divergentes das constantes do registro ou irregularmente registrados;

III – sem lastro ou garantia suficientes, nos termos da legislação;

IV – sem autorização prévia da autoridade competente, quando legalmente exigida:

Pena – Reclusão, de 2 (dois) a 8 (oito) anos, e multa.

Informativos (STJ)

Configuração do crime de gestão fraudulenta de instituição financeira.

A absolvição quanto ao crime de emissão, oferecimento ou negociação de títulos fraudulentos (art. 7º da Lei 7.492/86) não ilide a possibilidade de condenação por gestão fraudulenta de instituição financeira (art. 4º, caput, da Lei 7.492/86). HC 285.587, Rel. Rogerio Schietti Cruz, DJ 28.3.2016. 6ª T. (Info 580)

Jurisprudência complementar (STF)

(...). Falsidade ideológica e uso de documentos falsos. Art. 7º, inciso I, da Lei 7.492/86. Notas promissórias falsas. CP, art. 304 c/c o art. 299. Preliminar formal de repercussão geral. Ausência de fundamentação. Artigo 543-A, § 2º, do Código de Processo Civil c. c. Art. 327, § 1º, do RISTF. Não-conhecimento do recurso.

1. A repercussão geral como novel requisito constitucional de admissibilidade do recurso extraordinário demanda que o reclamante demonstre, fundamentadamente, que a indignação extrema encarta questões relevantes do ponto de vista econômico, político, social ou jurídico que ultrapassem os interesses subjetivos da causa (artigo 543-A, § 2º, do Código de Processo Civil, introduzido pela Lei 11.418/06, verbis: O recorrente deverá demonstrar, em preliminar do recurso, para apreciação exclusiva do Supremo Tribunal Federal, a existência de repercussão geral). 2. A jurisprudência do Supremo tem-se alinhado no sentido de ser necessário que o recorrente demonstre a existência de repercussão geral nos termos previstos em lei, conforme assentado no julgamento do AI 797.515-AgR: "Agravo regimental em agravo de instrumento. Recurso extraordinário. Deficiência na fundamentação relativa à preliminar de existência de repercussão geral da matéria constitucional invocada no recurso. Intimação do acórdão recorrido posterior a 03.05.2007. De acordo com a orientação firmada neste Tribunal, é insuficiente a simples alegação de que a matéria em debate no recurso extraordinário tem repercussão geral. Cabe à parte recorrente demonstrar de forma expressa e clara as circunstâncias que poderiam configurar a relevância – do ponto de vista econômico, político, social ou jurídico – das questões constitucionais invocadas no recurso extraordinário. A deficiência na fundamentação inviabiliza o recurso interposto". 3. O momento processual oportuno para a demonstração das questões relevantes do ponto de vista econômico, político, social ou jurídico, que ultrapassem os interesses subjetivos das partes, é em tópico exclusivo, devidamente fundamentado, no recurso extraordinário, e não nas razões do agravo regimental, como deseja a recorrente. Incide, aqui, o óbice da preclusão consumativa. 4. Ademais, a agravante não trouxe nenhum argumento capaz de infirmar a decisão hostilizada, razão pela qual a mesma deve ser mantida por seus próprios fundamentos. 5. "in casu", o acórdão originariamente recorrido assentou: "Penal e processual. Falsidade ideológica e uso de documentos falsos. Certificado de depósito bancário. Título. Artigo 7º, inciso I, da Lei 7.492/86. Notas promissórias falsas. Tipificação. Art. 304 c/c o art. 299, ambos do Código Penal. Apelo. Assistente de acusação. Conhecimento. Prova. Princípio da consunção. Penas dosemetria. 1. O recurso do assistente de acusação (Banestado) merece acolhimento para que os denunciados sejam condenados pela prática do delito contra o sistema financeiro previsto no artigo 7º, inciso I da Lei 7.492/86, pois a prova dos autos indica terem efetivamente participado das condutas de 'oferecer ou negociar, de qualquer modo, títulos ou valores mobiliários falsos ou falsificados', "in casu", certificado de depósito bancário. 2. A materialidade delitiva restou amplamente evidenciada, sendo inquestionável a falsidade do referido título, porquanto demonstrada no laudo pericial e corroborada pelo conjunto probatório. 3. Em face do princípio da consunção, os crimes de falsificação das procurações, reconhecimento de firmas e documentos do Banco Central do

Brasil encontram-se subsumidos ao crime-fim (negociação do título falso). 4. O ato de apresentar à instituição bancária falsas notas promissórias, objetivando conferir aparência de veracidade a negócios jurídicos não realizados, caracteriza o delito insculpido no art. 304, com as penas do art. 299, ambos do Estatuto Repressivo. 5. As penas aplicáveis ao crime de falsidade ideológica situam-se ente um e cinco anos de reclusão, eis que as notas promissórias são consideradas documentos públicos, por expressa disposição legal (art. 297, § 2º, do CP). 6. Redimensionamento das penas, pela análise das circunstâncias judiciais elencadas no artigo 59 do Estatuto Repressivo, bem como por incidirem, na hipótese, circunstâncias agravantes previstas no mesmo Diploma. 7. Para o réu Pedro aplicam-se cumulativamente as sanções relativas aos crimes contra o sistema financeiro e falsidade de documento público, pela regra do concurso material. 8. No tocante ao acusado Lindolfo, considerando que as penas fixadas não ultrapassam 2 (dois) anos de reclusão, ocorreu a prescrição retroativa, nos termos do voto-médio." (...). (AI 854295 AgR, Rel. Min. Luiz Fux, 1ª T., DJ 5.9.2012)

(...). Crime societário (artigos 7 , inc. III, e 10 da Lei 7.492/86). Denúncia: descrição da conduta de cada um dos denunciados. Inépcia. Ampla defesa. "habeas corpus". 1. Não é inepta a denúncia, só por não descrever a conduta individual de cada um dos sócios denunciados, se a todos, indistintamente, atribui a prática do delito societário, afirmando-lhes a condição de administradores que respondiam pelos atos a eles imputados, e estes, na impetração do "writ", não o negam, podendo, em tal circunstância, apresentar ampla defesa no processo criminal. (...). (HC 74813, Rel. Min. Sydney Sanches, 1ª T., DJ 29.08.1997)

Jurisprudência complementar (STJ)

(...)1. A compreensão que se exige do sistema financeiro, que mereceu relevante destaque na Constituição Federal, ao lhe conferir capítulo próprio (Capítulo VI), ganha um viés peculiar quando se analisam possíveis práticas ou condutas de pessoas que possam resvalar (ou que resvalem) na credibilidade desse sistema, constituindo-se, por isso mesmo, objeto de tutela penal. 2. A complexidade do sistema financeiro implica a atuação de diversos entes especializados, direcionados a proporcionar o desenvolvimento equilibrado do país (art. 192 da CF). A ideia de sistema financeiro, portanto, perpassa pela necessária concordância de que é com a atuação ética, proba e responsável de todo esse segmento (conjunto dessas instituições e do mercado) que se propiciam condições satisfatórias para a manutenção de um consistente fluxo de recursos no mercado financeiro. 3. A proteção penal visa resguardar a inter-relação existente nesse complexo sistema e é sob tal perspectiva que tipos penais previstos na Lei 7.492/1986 devem ser interpretados.

A referida lei objetiva repelir, por conseguinte, eventual agressão ou ameaça de agressão perpetrada contra o Sistema Financeiro Nacional, caracterizada pela conduta do agente que coloca em risco a credibilidade do sistema e que produz ou tenha o potencial de produzir real ameaça à sua estabilidade. 4. A Suprema Corte forneceu diretrizes importantes para a correta interpretação do art. 4º da Lei 7.492/1986, podendo-se afirmar que a configuração do delito ali previsto necessita que, na conduta do agente, haja a utilização de ardil ou de astúcia, imbricada com a má-fé, no intuito de dissimular o real objetivo de um ato ou negócio jurídico, cujo propósito seja o de ludibriar as autoridades monetárias ou mesmo aquelas com quem mantém eventual relação jurídica. A má-fé, nesse contexto, é elemento essencial para a configuração da fraude. 5. A realização do crime de gestão fraudulenta de instituição financeira não possui relação de dependência com o delito de oferecimento ou negociação de títulos fraudulentos, previsto no art. 7º da Lei 7.492/1986. Logo, o fato de um agente ser absolvido do crime de oferecimento ou negociação de títulos fraudulentos não ilide a possibilidade de ser condenado por gestão fraudulenta, nos moldes do que ocorreu no caso, notadamente porque este último delito, não se relaciona, necessariamente, com a colocação de títulos eivados de irregularidades no mercado. (...). (HC 285.587, Rel. Min. Rogerio Schietti Cruz, 6ª T., DJ 28.3.2016)

■ Comissionamento Indevido {art. 8º}

> **Art. 8º** Exigir, em desacordo com a legislação (vetado), juro, comissão ou qualquer tipo de remuneração sobre operação de crédito ou de seguro, administração de fundo mútuo ou fiscal ou de consórcio, serviço de corretagem ou distribuição de títulos ou valores mobiliários:
>
> Pena – Reclusão, de 1 (um) a 4 (quatro) anos, e multa.

■ Fraude {art. 9º}

> **Art. 9º** Fraudar a fiscalização ou o investidor, inserindo ou fazendo inserir, em documento comprobatório de investimento em títulos ou valores mobiliários, declaração falsa ou diversa da que dele deveria constar:
>
> Pena – Reclusão, de 1 (um) a 5 (cinco) anos, e multa.

Jurisprudência complementar (STJ)

(...). 1. Toda e qualquer empresa que capte ou administre seguros, câmbio, consórcio, capitalização ou qualquer tipo de poupança, ou recursos de terceiros, é por efeito da Lei 7.492/86, equiparada a instituição financeira, sendo este último o caso da empresa vítima. Se a empresa AEROS – Fundo de Pensão Multipatrocinado é pertencente ao Sistema Financeiro Nacional, a competência, "ratione materiae", para o julgamento do processo é da Justiça Federal. 2. A delimitação legal do âmbito da autoria nos delitos especiais, tanto próprios quanto impróprios, por si só, não impede o surgimento do concurso de pessoas e a responsabilização penal, pela mesma figura de delito, de sujeito não qualificado – extraneus –, havendo pelo menos um qualificado – intraneus – interveniente, na condição de autor, e conhecendo os demais sua condição pessoal – aplicação da regra contida no artigo 30, do CP, pela interpretação a "contrario sensu", segundo a qual comunicam-se as circunstâncias de caráter pessoal se elementares do tipo, não havendo razão, de lógica ou de justiça, para que as normas penais de caráter geral deixem de incidir tão-somente em face dos crimes definidos na Lei 7.492/86 que, juntamente com inúmeras outras figuras previstas no ordenamento jurídico-penal brasileiro, integram o gênero dos chamados delitos especiais. 3. Se a decisão revela 'como' e 'porquê' o Recorrente se faz corresponsável pelos delitos definidos nos artigos 4º, caput; 5º, caput; 7º, inciso IV; e 9º, da Lei 7.492/86, não há como se admitir a inexistência de fundamento fático à condenação. Todo partícipe por omissão é garantidor, mas nem todo garantidor é partícipe: existência da necessária explicitação de bases fáticas à condenação. Acórdão que não se mostra absurdo no que respeita aos seus explícitos fundamentos de ordem fática, inclusive no quanto à responsabilidade por omissão do Recorrente. A apreciação quanto à justiça ou injustiça da decisão refoge totalmente ao âmbito e aos limites do especial. Improcedência da alegação de contrariedade aos artigos 13 e 29, do código penal. 4. No ordenamento penal em vigor, não há obrigatoriedade de redução de pena para o partícipe, em relação à pena do autor, considerada a participação em si mesma, ou seja; como forma de concorrência diferente da autoria (ou coautoria). A redução obrigatória da pena para o partícipe se dá apenas em face daquela que a Lei chama de "menor importância" – o que já está a revelar que nem toda participação é de menor importância e que, a princípio, a punição do partícipe é igual a do autor. A diferenciação está "na medida da culpabilidade" e, nessa linha, o partícipe pode, em tese, vir até mesmo a merecer pena maior que a do autor, como exemplo, no caso do inciso IV, do artigo 62, do CP. Sem o reexame do conjunto probatório, impossível nesta via, não há como aferir-se o grau de importância da participação do Recorrente em relação a cada um dos delitos. Improcedência da alegação de contrariedade aos artigos 13 e 29, do código penal. 5. Indeferimento de diligência probatória tida por desnecessária não representa violação ao disposto nos artigos 155 e 499, do Código de Processo Penal, e não implica também desatenção ao direito de defesa. A verificação quanto à necessidade ou não da providência é, por seu turno, algo que esbarra na vedação quanto ao reexame do conjunto fático--probatório (Súmula 7, STJ). 6. Consunção do post factum pelo crime anterior mais grave e como resultado dele – sem ser o único resultado – é idéia, parece-me, mais adequada à interpretação valorativa. Procedência das razões do primeiro e segundo recorrentes. Lei 7.492/86: delitos consumptos: art. 5º, caput (desvio/apropriação); e art. 9º (fraude à fiscalização ou ao investidor); delito consumptivo: art. 4º, caput (gestão fraudulenta). A norma do artigo 4º, caput, da Lei 7.492/86, não incrimina resultado material, naturalístico, que porventura venha a ocorrer e que, por lógico, diz respeito à obtenção de alguma vantagem indevida – patrimonial, ainda que indireta. Se, porém, a vantagem patrimonial indevida é consequência da própria gestão, o resultado material não demandaria outra classificação de conduta, sendo suficiente para a punição a norma definidora da gestão fraudulenta. O crime definido no artigo 4º, "in casu", absorveu os delitos de apropriação/desvio e de fraude a investidor. A mesma relação consuntiva há de ser negada entre a norma do artigo 4º e a do artigo 7º, inciso IV. 7. Recurso parcialmente provido para reconhecimento quanto à absorção dos delitos de desvio/apropriação (art. 5º, caput) e fraude à fiscalização ou ao investidor (art. 9º) pela norma incriminadora da gestão fraudulenta (artigo 4º, caput) e consequente modificação no quantum de pena aplicada a cada um dos recorrentes. (REsp 575.684, Rel. p/ ac. Min. Paulo Medina, 6ª T., DJ 23.4.2007)

■ Inserção ou Omissão Indevida {art. 10}

Art. 10. Fazer inserir elemento falso ou omitir elemento exigido pela legislação, em demonstrativos contábeis de instituição financeira, seguradora ou instituição integrante do sistema de distribuição de títulos de valores mobiliários:

Pena – Reclusão, de 1 (um) a 5 (cinco) anos, e multa.

Jurisprudência complementar (STJ)

(...). 1. A gestão temerária, como crime próprio, apenas poderá ser imputada a sujeito que não detém as qualidades exigidas pelo tipo (gerência, administração, direção) se em associação com outrem que as detenha. Sobre o auditor independente externo só podem recair as penas do delito em questão se proceder em conluio com gestor da instituição financeira, fato não apresentado, sequer em tese, pela acusação. 2. Para que se verifique o elemento volitivo do tipo – o dolo eventual próprio da gestão temerária – é necessária a demonstração de que os acusados anteviram e aceitaram o risco lesivo, o que não ocorreu na espécie, uma vez que os pacientes, no curso da auditoria externa a que procediam, contratados para realizá-la por amostragem, identificaram possíveis irregularidade na gestão bancária da área internacional e comunicaram os gestores do Banco sobre a necessidade de revisão dos procedimentos de conciliação bancária em agências externas, como consignado na sentença cível. 4. Se não eram penalmente responsáveis pela fraude, alegadamente perpetrada por funcionários da própria Instituição Financeira, com muito mais razão aos auditores externos independentes não se pode imputar sua escrituração ou documentação. Não é plausível, portanto, sua incriminação pelo tipo correspondente ao art. 10 da Lei 7.492/85, que prevê apenação para omissão de elemento exigido pela legislação em demonstrativos contábeis. 5. A finalidade precípua da autonomia entre o juízo cível e o penal é permitir a este perscrutar a verdade real além dos limites dentro dos quais se satisfaria aquele. Não se presta à petrificação de versões colidentes sobre o mesmo fato. 6. A acusação, para pretender demonstrar a verossimilhança da versão que defende, precisa, ao menos em tese, apresentar rastros de desacerto na tese que terminou vencedora no Juízo Cível em que o mesmo fato foi esquadrinhado, com a conclusão pela ausência total de qualquer responsabilidade dos auditores independentes externos pelo rombo financeiro encontrado na área internacional, circunstância aqui não verificada. 7. Parecer ministerial pela denegação da ordem. 8. Ordem concedida, no entanto, para trancar a Ação Penal em relação aos ora pacientes. (HC 125.853, Rel. Min. Napoleão Nunes Maia Filho, 5ª T., DJ 1.3.2010)

■ "Caixa Dois" {art. 11}

Art. 11. Manter ou movimentar recurso ou valor paralelamente à contabilidade exigida pela legislação:

Pena – Reclusão, de 1 (um) a 5 (cinco) anos, e multa.

Jurisprudência complementar (STJ)

(...). 1. Conquanto se admita o delito de gestão fraudulenta no âmbito de instituição financeira clandestina (cf. STF: HC 93368 e RHC 117270 AgR), é certo que a gestão fraudulenta é crime próprio, cometido apenas pelas pessoas referidas no art. 25 da Lei 7.492/86. 2. Não se tipifica o delito de gestão fraudulenta se as instâncias ordinárias são unívocas em afirmar, quanto à instituição financeira estrangeira Tupi Câmbios, que a empresa era gerenciada pelos réus exclusivamente no Paraguai e, quanto à instituição financeira brasileira, que as contas correntes em nome de 'laranjas' eram administradas pelos gerentes brasileiros. 3. Não havendo ilegalidade manifesta na fixação da pena-base e estando concretamente fundamentada e individualizada a decisão, não pode esta Corte Superior proceder à alteração da dosimetria, seja para majorá-la, seja para reduzi-la, sem revolver o acervo fático-probatório dos autos, o que é inviável na sede do recurso especial, nos termos do que preceitua o enunciado 7 da Súmula desta Corte. (...). (AgRg no REsp 1455581, Rel. Min. Maria Thereza de Assis Moura, 6ª T., DJ 2.2.2016)

Sistema Financeiro Nacional (crimes). Recursos (movimentação)/instituição financeira (autorização): arts. 11 e 16 da Lei 7.492/86. Lei 10.303/01 (lei nova/incompatibilidade). Pena-base (cálculo). 1. Como se pressupõe contabilidade exigida pela legislação, o art. 11 pressupõe instituição financeira formal e materialmente constituída. Se incompossíveis, em tese, os arts. 11 e 16, também e principalmente no caso concreto, impõe-se se reconheça sem configuração o ilícito previsto no art. 11. Se se fazia operar, sem autorização, instituição financeira, do operador não se poderiam exigir, ao mesmo tempo, escorreita contabilidade e declarações fiscais também escorreitas. Implicaria a admissão da autoacusação. 2. Não há incompatibilidade entre os arts. 16, de 1986, e 27-E, de 2001. Admitindo-se, no particular, o conflito (Leis n.s 7.492 e 10.303), a incompatibilidade é puramente formal, vindo, então, a pêlo a interpretação chamada corretiva. Caso em que se justifica a condenação pelo art. 16. 3. Admitindo-se se tenha atendido a duas das circunstâncias judiciais, é desproporcional, mesmo assim, a pena-base calculada acima da metade da soma do mínimo com o máximo – pena antigamente destinada ao reincidente específico. (...). (HC 50.399, Rel. Min. Nilson Naves, 6ª T., DJ 5.5.2008)

■ Omissão de Informação {art. 12}

Art. 12. Deixar, o ex-administrador de instituição financeira, de apresentar, ao interventor, liquidante, ou síndico, nos prazos e condições estabelecidas em lei as informações, declarações ou documentos de sua responsabilidade:

Pena – Reclusão, de 1 (um) a 4 (quatro) anos, e multa.

■ Subtração Indevida {art. 13}

Art. 13. Desviar (vetado) bem alcançado pela indisponibilidade legal resultante de intervenção, liquidação extrajudicial ou falência de instituição financeira.

Pena – Reclusão, de 2 (dois) a 6 (seis) anos, e multa.

Parágrafo único. Na mesma pena incorra o interventor, o liquidante ou o síndico que se apropriar de bem abrangido pelo caput deste artigo, ou desviá-lo em proveito próprio ou alheio.

■ Falsa Declaração {art. 14}

Art. 14. Apresentar, em liquidação extrajudicial, ou em falência de instituição financeira, declaração de crédito ou reclamação falsa, ou juntar a elas título falso ou simulado:

Pena – Reclusão, de 2 (dois) a 8 (oito) anos, e multa.

Parágrafo único. Na mesma pena incorre o ex-administrador ou falido que reconhecer, como verdadeiro, crédito que não o seja.

■ Falsa Manifestação {art. 15}

Art. 15. Manifestar-se falsamente o interventor, o liquidante ou o síndico, (vetado) à respeito de assunto relativo a intervenção, liquidação extrajudicial ou falência de instituição financeira:

Pena – Reclusão, de 2 (dois) a 8 (oito) anos, e multa.

■ Gestão Irregular {art. 16}

Art. 16. Fazer operar, sem a devida autorização, ou com autorização obtida mediante declaração (vetado) falsa, instituição financeira, inclusive de distribuição de valores mobiliários ou de câmbio:

Pena – Reclusão, de 1 (um) a 4 (quatro) anos, e multa.

Jurisprudência complementar (STF)

1. O entendimento do Tribunal é no sentido de que a superveniência de sentença condenatória após a impetração do "writ" não gera a perda de objeto do "habeas corpus" (conforme HC 70.290, rel. Min. Sepúlveda Pertence). 2. Não é inepta a renúncia que descreve a existência de fortes indícios da prática do crime contra o Sistema Financeiro Nacional, como, por exemplo, empréstimo de vultosas quantias com cobranças de juros, ausentes quaisquer dos elementos caracterizadores da atividade de factoring. 3. Não se pode exigir da denúncia prova cabal e definitiva da prática do crime, uma vez que tal exigência não é compatível com o disposto no art. 41 do CPP e com a existência de uma fase probatória no processo penal. 4. A absolvição do acusado quanto ao crime que atraiu a competência da justiça federal não gera a nulidade do processo, tampouco extingue a competência da jurisdição penal da União. Incidência do art. 81 do CPP. (...). (HC 83266, Rel. p/ ac. Min. Joaquim Barbosa, 1ª T., DJ 4.6.2004)

(...). Revestem-se de caráter autônomo as condutas tipificadas no art. 4º e no art. 16, ambos da Lei 7.492/86, que define os crimes contra o Sistema Financeiro Nacional, de tal modo que o comportamento do agente que comete o delito de gestão fraudulenta de instituição financeira (art. 4º) mostra-se também compatível com a prática do crime de operação de instituição financeira não autorizada (art. 16). É que o delito de gestão fraudulenta tanto pode ser cometido em instituição financeira autorizada quanto em instituição financeira não autorizada pelo Branco Central do Brasil (Bacen), sob pena de atribuir-se inadmissível tratamento privilegiado àquele – não importando se pessoa física ou jurídica – que atua, ilegalmente, sem a necessária e prévia autorização do Bacen, nos diversos segmentos abrangidos pelo Sistema Financeiro Nacional: (a) mercado monetário, (b) mercado de crédito, (c) mercado de câmbio e (d) mercado de capitais. (RHC 117270 AgR, Rel. Min. Celso de Mello, 2ª T., DJ 20.10.2015)

(...). Suposta revogação do art. 16, Lei 7.492/86 pelo art. 27-E, Lei 10.303/01. Inocorrência. Diferentes elementos dos tipos penais. Denegação. 1. A questão de direito tratada neste "habeas corpus" diz respeito à alegada nulidade do acórdão do TRF da 3ª Região que não reconheceu a revogação do art. 16, da Lei 7.492/86, pelo art. 27-E, da Lei 10.303/01. 2. Não houve revogação do art. 16, da Lei 7.492/86 pelo art. 27-E, da Lei 10.303/01, eis que, além da objetividade jurídica dos tipos penais ser distinta, há elementos da estrutura dos dois tipos que também não se confundem. 3. Com efeito, o paciente teria supostamente captado, intermediado e aplicado recursos financeiros (e não valores mobiliários) de terceiros, funcionando como instituição financeira (fora do mercado de valores mobiliários) sem a devida autorização do órgão competente para operar enquanto tal

(Banco Central do Brasil). Tal conduta apresenta os elementos do tipo penal previsto no art. 16, da Lei 7.492/86, e não da norma contida no art. 27-E, da Lei 10.303/01. 4. O bem jurídico tutelado na Lei 7.492/86 é a higidez do Sistema Financeiro Nacional, considerando-se instituição financeira aquela que tenha por atividade principal a captação, intermediação ou aplicação de recursos financeiros de terceiros. A seu turno, a Lei 10.303/01 objetiva tutelar a higidez do mercado de valores mobiliários que, no caso relacionado ao paciente, sequer foi ameaçado pelas práticas apuradas e provadas nos autos da ação penal. (...). (HC 94955, Rel. Min. Ellen Gracie, 2ª T., DJ 7.11.2008)

Jurisprudência complementar (STJ)

(...). 1. O crime de fazer operar instituição financeira sem autorização é delito autônomo, que se consuma com o mero funcionamento da instituição financeira e não compartilha do mesmo fim da conduta de evadir divisas, não tendo invocação o princípio da consunção. (AgRg no REsp 1455581, Rel. Min. Maria Thereza de Assis Moura, 6ª T., DJ 2.2.2016)

(...). 1. A alegada existência de autorização do Banco Central do Brasil para que a empresa Midas realizasse operações de câmbio foi expressamente analisada pela Corte Regional, circunstância que impede a pretendida cassação do édito repressivo no tocante ao crime previsto no artigo 16 da Lei 7.492/1986, por se tratar de questão que demanda aprofundada análise de provas, providência vedada na via estreita do remédio constitucional, em razão do seu rito célere e desprovido de dilação probatória. (HC 231.274, Rel. Min. Jorge Mussi, 5ª T., DJ 3.12.2014)

(...). 1. Verifica-se que não houve a obtenção de financiamento propriamente dito mas sim de empréstimo. Com efeito, houve o saque dos valores disponibilizados a título de limite bancário, não se verificando a vinculação do dinheiro a destinação específica. Trata-se, portanto, de mero empréstimo fraudulento, o que configura crime de estelionato e não contra o Sistema Financeiro Nacional. 2. Conheço do conflito para reconhecer a competência do Juízo de Direito do Departamento de Inquéritos Policiais e Polícia Judiciária de São Paulo DIPO, o suscitado. (CC 116.160, Rel. Min. Walter de Almeida Guilherme, 3ª S., DJ 30.10.2014)

(...). 1. As operações denominadas compra premiada ou venda premiada – caracterizadas pela promessa de aquisição de bens, mediante formação de grupos, com pagamentos de contribuições mensais e sorteios, cujos contemplados ficam exonerados de adimplir as parcelas restantes – não constituem atividades financeiras para fins de incidência da Lei 7.492/1986. 2. Embora a prática não configure crime contra o Sistema Financeiro Nacional, o eventual dano causado a particulares pode ser tipificado como crime de estelionato, de competência da Justiça estadual. (...). (CC 121.146, Rel. Min. Sebastião Reis Júnior, 3ª S., DJ 25.6.2012)

(...). 1. A caracterização do crime previsto no art. 16, da Lei n° 7.492/86, exige que as operações irregulares tenham sido realizadas por instituição financeira. 2. As empresas popularmente conhecidas como factoring desempenham atividades de fomento mercantil, de cunho meramente comercial, em que se ajusta a compra de créditos vencíveis, mediante preço certo e ajustado, e com recursos próprios, não podendo ser caracterizadas como instituições financeiras. 3. "in casu", comprovando-se a abusividade dos juros cobrados nas operações de empréstimo, configura-se o crime de usura, previsto no art. 4°, da Lei n° 1.521/51, cuja competência para julgamento é da Justiça Estadual. (...). (CC 98.062, Rel. Min. Jorge Mussi, 3ª S., DJ 6.9.2010)

■ Concessão Indevida {art. 17}

Art. 17. Tomar ou receber, qualquer das pessoas mencionadas no art. 25 desta lei, direta ou indiretamente, empréstimo ou adiantamento, ou deferi-lo a controlador, a administrador, a membro de conselho estatutário, aos respectivos cônjuges, aos ascendentes ou descendentes, a parentes na linha colateral até o 2° grau, consanguíneos ou afins, ou a sociedade cujo controle seja por ela exercido, direta ou indiretamente, ou por qualquer dessas pessoas:

Pena – Reclusão, de 2 (dois) a 6 (seis) anos, e multa.

Parágrafo único. Incorre na mesma pena quem:

I – em nome próprio, como controlador ou na condição de administrador da sociedade, conceder ou receber adiantamento de honorários, remuneração, salário ou qualquer outro pagamento, nas condições referidas neste artigo;

II – de forma disfarçada, promover a distribuição ou receber lucros de instituição financeira.

Jurisprudência complementar (STF)

Rejeitada a alegação de que o crime tipificado no art. 17 da Lei 7.492/1986 é próprio quanto ao sujeito ativo. Aplicação do art. 30 do Código Penal. Pedido indeferido. (HC 84238, Rel. Min. Joaquim Barbosa, 2ª T., DJ 10.9.2004)

Jurisprudência complementar (STJ)

(...). Crime do Colarinho Branco (lei 7.492/86). Art. 17. Empréstimo vedado a coligada. Crime de mera conduta. Inexistência de recurso de terceiros. Fundamento inidôneo para afastar a hipótese típica. Outras circunstâncias de exclusão da culpa que dependem da prova. Segundo reiterada jurisprudência desta Corte, o crime tipificado no art. 17 da Lei 7.492/86 se conforma com a mera conduta do agente, isto é, se aperfeiçoa com o simples empréstimo realizado por instituição financeira a empresa coligada do mesmo grupo econômico, razão por que a assertiva de utilização de recursos próprios não afasta a indicação delitiva, podendo servir, ao contrário, para a análise da culpabilidade em momento próprio. Inexistindo elementos seguros de constatação da exclusão da culpa, é de se reconhecer a inviabilidade do trancamento da ação por meio da via estreita do "habeas corpus". (...). (REsp 466.168, Rel. Min. Maria Thereza de Assis Moura, 6ª T., DJ 22.2.2010)

(...). 4. As operações financeiras realizadas podem ocasionar a prática de dois delitos, sem que represente ofensa ao princípio do "ne "bis in idem"". O primeiro diz respeito ao empréstimo vedado, tipificado no art. 17 da Lei 7.492/86, em que prevê expressamente o impedimento de empréstimos às pessoas ali especificadas. E o segundo, refere-se à gestão temerária, prevista no art. 4º, parág. único da Lei 7.492/86. 5. São delitos autônomos o empréstimo vedado (art. 17 da Lei 7.492/86) e a gestão temerária (art. 4º, parág. único da mesma norma incriminadora); havendo ofensa aos dois dispositivos legais, não se afigura ilegal o processamento por ambas as condutas, ainda que originárias de uma só operação bancária, porquanto neste caso, não ocorre a absorção de uma figura típica pela outra. 6. A revisão da pena imposta pelas instâncias ordinárias na via do "Habeas corpus", segundo a jurisprudência pacífica desta Corte, somente é admitida em situações excepcionais, quando constatado evidente abuso ou ilegalidade, passível de conhecimento sem maiores digressões sobre aspectos subjetivos, especialmente quando não se aponta, de forma objetiva, qualquer malferimento às normas legais norteadoras da dosimetria da pena (art. 59 e 68 do CPB), mas, tão-somente, aduz-se injusta e desproporcional aquela fixada. 7. Levando-se em consideração os parâmetros delineados no art. 4º, parág. único da Lei 7.492/86, que prevê pena de 2 a 8 anos de reclusão, a fixação da pena-base em 3 anos e 4 meses para o delito não se mostra desproporcional, em vista da existência de circunstâncias judiciais desfavoráveis, notadamente as circunstâncias do crime em questão, que apresentou um número expressivo de operações e movimentação de valores altos manipulados pelos acusados. 8. O exame em conjunto das circunstâncias judiciais de todos os denunciados não macula a dosimetria da pena, posto que as circunstâncias consideradas negativas dizem respeito a dados concretos e objetivos, tais como, a gravidade do fato, o número expressivo das operações realizadas e dos valores manipulados e a audácia dos acusados. Precedente. 9. Esta Corte já decidiu que o crime de gestão fraudulenta, consoante a doutrina, pode ser visto como crime habitual impróprio, em que uma só ação tem relevância para configurar o tipo, ainda que a sua reiteração não configure pluralidade de crimes (HC 39.908...). 10. Ordem parcialmente concedida apenas para afastar o aumento da pena relativo à continuidade delitiva. (HC 132.510, Rel. Min. Napoleão Nunes Maia Filho, 5ª T., DJ 3.5.2011)

(...). Segundo reiterada jurisprudência desta Corte, o crime tipificado no art. 17 da Lei 7.492/86 se conforma com a mera conduta do agente, isto é, se aperfeiçoa com o simples empréstimo realizado por instituição financeira a empresa coligada do mesmo grupo econômico, razão por que a assertiva de utilização de recursos próprios não afasta a indicação delitiva, podendo servir, ao contrário, para a análise da culpabilidade em momento próprio. (...). (REsp 466.168, Rel. Min. Maria Thereza de Assis Moura, 6ª T., DJ 22.2.2010)

(...). Crime contra o Sistema Financeiro Nacional (art. 17, da Lei 7.492/86). Trancamento da ação penal. Atipicidade. Impossibilidade. 1. A denúncia, baseada em documentos elaborados quando da Inspeção Global Consolidada, realizada pelo Departamento de Supervisão Direta do Banco Central, junto ao Banco Boavista S/A., demonstra, de forma clara, o registro de operações financeiras irregulares realizadas na época em que o Paciente dirigia aquela Instituição Financeira. 2. O tipo penal incide nas operações de empréstimo ou adiantamento de valores que envolvam os administradores ou controladores de empresa como pessoa física ou jurídica, mormente quando demonstrado que o denunciado exerce indiretamente o controle das instituições que foram beneficiadas com os empréstimos que configuraram a operação financeira triangular, prevista como crime pelo art. 17 da Lei 7.492/86. 3. Não há como se acolher a tese de falta de justa causa à instauração da ação penal, vez que a conduta atribuída ao Paciente se amolda, ao menos em tese, à prevista na segunda parte do art. 17 da Lei 7.492/86, onde se incrimina a ação do diretor da instituição financeira que defere empréstimo ou adiantamento a controlador da sociedade. (...). (HC 64.604, Rel. Min. Laurita Vaz, 5ª T., DJ 3.3.2008)

■ Violação de Sigilo {art. 18}

Art. 18. Violar sigilo de operação ou de serviço prestado por instituição financeira ou integrante do sistema de distribuição de títulos mobiliários de que tenha conhecimento, em razão de ofício:

Pena – Reclusão, de 1 (um) a 4 (quatro) anos, e multa.

Jurisprudência complementar (STJ)

(...). 1. O art. 109, VI da Constituição Federal estipula que, nos casos previstos em lei, compete à Justiça Federal processar e julgar os crimes contra o Sistema Financeiro e a Ordem Econômico-financeira. 2. A lei que define os crimes contra o Sistema Financeiro Nacional (Lei 7.492/86) previu expressamente, em seu art. 26, a competência da Justiça Federal para processar e julgar os crimes nela elencados. 3. A LC 105/2001, em seu art. 10, não estabeleceu nova conduta ilícita a exigir nova definição da competência, mas apenas regulamentou as hipóteses de quebra de sigilo bancário previstas no art. 18 da Lei 7.492/86; assim, permanece a competência da Justiça Federal para processar e julgar os crimes de quebra de sigilo bancário, nos termos do art. 26 da Lei 7.492/86. Precedente desta Corte. 4. Aplicável ao caso, ainda, o disposto na Súmula 122/STJ, segundo a qual compete à Justiça Federal o processo e julgamento unificado dos crimes conexos de competência federal e estadual. (...). (CC 86.558, Rel. Min. Napoleão Nunes Maia Filho, 3ª S., DJ 4.8.2008)

(...). Quebra de sigilo de operação bancária. Divulgação de operações e débitos bancários de parlamentares. Trancamento da ação penal. Impossibilidade. Exclusão de depoimentos prestados pelos funcionários do banco. Alegação de violação ao art. 207, do CPP. Inocorrência. Depreende-se dos autos que a conduta dos pacientes, como descrita na denúncia, é, em tese, penalmente típica. Não há, nesta oportunidade, como contrariar o fato de haver sido colhido dados protegidos pelo sigilo bancário de parlamentares, tendo esses dados sido publicados, sem qualquer autorização, em instrumento de grande veiculação (Revista "Veja"). Tal fato, aliás, encontra respaldo nos documentos acostados. Destarte, não há que se falar em inépcia da denúncia ou ausência de justa causa, porquanto a peça vestibular, devidamente lastreada em indícios de autoria e materialidade comprovada, descreve fatos criminosos que necessitam ser esclarecidos. Por outro lado, os empregados da referida Instituição Financeira, que depuseram no procedimento policial, apenas relataram, de forma genérica, até que ponto contribuíram na elaboração da listagem ilegal que foi publicada. Tratou-se de ato procedimental para saber o autor do fato criminoso. A lei, em seu art. 207, do CPP, objetiva, em última análise, proteger fatos que, em razão da profissão, deva guardar sigilo. O caso "sub judice" é diverso. (...). (HC 20.408, Rel. Min. Jorge Scartezzini, 5ª T., DJ 24.3.2003)

■ **Empréstimo Fraudulento {art. 19}**

Art. 19. Obter, mediante fraude, financiamento em instituição financeira:

> Pena – Reclusão, de 2 (dois) a 6 (seis) anos, e multa.
>
> Parágrafo único. A pena é aumentada de 1/3 (um terço) se o crime é cometido em detrimento de instituição financeira oficial ou por ela credenciada para o repasse de financiamento.

Jurisprudência complementar (STF)

Competência penal. Falsidade material e ideológica. Documentos federais. Certidão de dados da receita federal e guia de recolhimento do itr/darf. 1. Cuidando-se de falsidade de documentos federais, a competência é da Justiça Federal. Releva, ainda, na hipótese, que a falsidade visou a obtenção de financiamento em instituição financeira, que é crime federal (Lei 7.492/96, arts. 19 e 26). (...). (RE 411690, Rel. Min. Ellen Gracie, 2ª T., DJ 3.9.2004)

1. Não se trata aqui de Recurso Ordinário, contra denegação de "Habeas Corpus", e que tenha vindo desacompanhado de razões. Cuida-se, isto sim, de "Habeas Corpus" impetrado, perante esta Corte, contra acórdão do Superior Tribunal de Justiça, denegatório do "writ" lá impetrado. Para julgar o pedido tem o Supremo Tribunal Federal competência originária (art. 102, I, "i", da Constituição Federal). Pouco importa que, na inicial, sejam invocados, para o deferimento da ordem, por esta Corte, os mesmos fundamentos deduzidos diante do Superior Tribunal de Justiça. É que o impetrante se vale deles, para insistir na alegação de constrangimento ilegal, e para pleitear, com a cassação do aresto impugnado, a abertura do procedimento previsto no art. 384, parágrafo único. Não há, pois, qualquer obstáculo ao conhecimento do pedido. 2. Quanto ao mérito da impetração: ao paciente, José Geraldo Nonino, se imputou coautoria, na prática de atos fraudulentos contra a Caixa Econômica Federal, que viabilizaram um financiamento por esta concedido a Vitaliano Fiori. A classificação incorreta do delito, na denúncia, como previsto nos artigos 171, § 3º, e 29 do CP (coautoria em estelionato praticado contra "entidade de direito público ou de instituto de economia popular, assistência social ou beneficência") não obscurecia a clara imputação de coautoria em fraude na obtenção de financiamento em instituição financeira, crime descrito no art. 19 da Lei 7.492, de 16.06.1986, que define os delitos contra o Sistema Financeiro Nacional. Tanto que o réu, ora paciente, se defendeu quanto aos fatos imputados. 3. Nada obstava, pois, que o Ministério Público corrigisse a classificação do delito contida na denúncia. E foi o que fez. 4. E nada igualmente era empecilho a que o Juiz admitisse o aditamento, como simples "emendatio libelli", com base no art. 383 do Código de Processo Penal, sem necessidade de observância do parágrafo único do art. 384, pois não há, no caso, inclusão, na imputação, de "circunstância ele-

mentar não contida, explícita ou implicitamente na denúncia" ("mutatio libelli"). (...). (HC 79388, Rel. Min. Sydney Sanches, 1ª T., DJ 25.8.2000)

Jurisprudência complementar (STJ)

(...). Estelionato. Crime contra o Sistema Financeiro Nacional (art. 19 da Lei 7.492/1986). Destinação específica do crédito. Desclassificação da conduta. Impossibilidade. Súmula 7/STJ. 1. O fato de que o ora recorrente, à época dos fatos, exercia cargo de gerência na instituição financeira não foi objeto de debate pela instância ordinária, o que inviabiliza o conhecimento do recurso especial, no ponto, por ausência de prequestionamento. 2. A jurisprudência desta Corte Superior de Justiça é no sentido de que, tratando-se de vários tipos de fraudes, tanto para a liberação de créditos vinculados à aquisição de material de construção (Construcard), como para a liberação de recursos sem qualquer vinculação, devidamente caracterizada a pluralidade de desígnios, adequada a capitulação empregada em sentença no art. 19 da Lei 7.492/1986 e art. 171 do CP, não podendo se falar na prática do delito previsto no art. 4º da Lei 7.492/86. 3. Ademais, a pretensão do recorrente de modificar o entendimento firmado pelas instâncias ordinárias, no sentido da desclassificação da conduta para a figura do art. 4º da Lei 7.492/86, demandaria reexame de provas, o que é inviável na via do recurso especial, segundo dispõe a Súmula 7/STJ. (...). (AgRg nos EDcl no REsp 1317791, Rel. Min. Reynaldo Soares da Fonseca, 5ª T., DJ 5.12.2016)

(...). 1. Conforme orientação desta Corte, a prática de fraude para obtenção de recursos em instituição financeira, recursos estes que serviriam para aquisição de bem específico (ou com destinação específica), caracteriza o crime do art. 19 da Lei 7.492/1986. (...). (CC 140.184, Rel. Min. Rogerio Schietti Cruz, 3ª S., DJ 19.4.2016)

(...). Crime contra o sistema financeiro. Financiamento para aquisição de automóvel obtido mediante fraude. Princípio da insignificância. Inaplicabilidade. (...). 1. Não é aplicável o princípio da insignificância aos crimes contra o Sistema Financeiro Nacional, haja vista a necessidade de maior proteção à sua estabilidade e higidez. (...). (AgRg no REsp 1370235, Rel. Min. Leopoldo de Arruda Raposo, 5ª T., DJ 1.10.2015)

(...). Conflito de competência. 1. Compra de veículo por meio de financiamento. Destinação específica do crédito. Crime contra o sistema financeiro. Art. 19 da Lei 7.492/1986. (...). 1. Caracteriza-se o crime do art. 19 da Lei 7.492/1986 nos casos em que os recursos obtidos junto à instituição financeira possuem destinação específica. Nesse contexto, a competência é da Justiça Federal, nos termos do art. 109, inciso VI, da Constituição Federal, c/c o art. 26 da Lei 7.492/1986. (...). (CC 140.381, Rel. Min. Reynaldo Soares da Fonseca, 3ª S., DJ 1.7.2015)

Questões de concursos

858. **(Vunesp/PC/CE/Escrivão/2015)** O crime de "obter, mediante fraude, financiamento em instituição financeira" (art. 19 da Lei n. 7.492/86) tem pena aumentada de 1/3 se cometido

   a) em momento de grave recessão

   b) por agente público.

   c) em detrimento de instituição financeira oficial.

   d) com intuito de causar risco sistêmico.

   e) por intermédio de pessoa jurídica.

■ Aplicação Indevida de Recurso Público {art. 20}

> **Art. 20**. Aplicar, em finalidade diversa da prevista em lei ou contrato, recursos provenientes de financiamento concedido por instituição financeira oficial ou por instituição credenciada para repassá-lo:
> Pena – Reclusão, de 2 (dois) a 6 (seis) anos, e multa.

Jurisprudência complementar (STF)

Ação Penal. Senador da República. Artigo 20 da Lei 7.492/86. Absolvição. 1. O delito do art. 20 da Lei 7.492/86 consuma-se no momento da aplicação do recurso em finalidade diversa da prevista no contrato. 2. À falta de prova suficiente de que o réu concorreu para o crime, impõe-se a absolvição na forma do art. 386, V, do Código de Processo Penal. 3. Pretensão acusatória julgada improcedente. (AP 554, Rel. Min. Roberto Barroso, 1ª T., DJ 8.6.2015)

Inquérito. Arquivamento. Manifestação do Ministério Público. É irrecusável o pedido, formulado pelo chefe do Ministério Público, o Procurador-Geral da República, de arquivamento do inquérito. Denúncia. Fase de recebimento, rejeição ou improcedência da acusação. Artigo 6º da Lei 8.038/90. Ausência de resposta. Descabe observar, na fase do artigo 6º da Lei 8.038/90, as regras dos artigos 261,

263 e 366 do Código de Processo Penal. O silêncio do acusado, não apresentando resposta, muito embora notificado, é tomado como estratégia. Recebida a denúncia, há de seguir-se a citação para conhecimento, aí sim, da ação penal, com o atendimento das normas instrumentais, inclusive das constantes – instrumental e material – do artigo 366 do Código de Processo Penal. Denúncia. Artigos 19 da Lei 7.492/86 e 299 do CP. Duplicidade afastada pela maioria. Na dicção da ilustrada maioria, entendimento em relação ao qual guardo reservas, na fase de recebimento, ou não, da denúncia, não se há de afastar a duplicidade de acusação, tendo em conta os crimes de obter, mediante fraude, financiamento em instituição financeira. Artigo 19 da Lei 7.492/86. E de falsidade ideológica. Artigo 299 do CP. Denúncia. Duplicidade. Artigos 20 da Lei 7.492/86 e 299 do CP. Ambiguidade. O tipo do artigo 20 da Lei 7.492/86 não exige a ocorrência de fraude, deixando de ficar configurada, de início e para efeito de recebimento da denúncia, duplicidade, considerada também a imputação da prática de falsidade ideológica – artigo 299 do Código Penal. Denúncia. Recebimento. Pressupostos. O recebimento da denúncia prescinde de demonstração, pelo titular da ação penal, da procedência da acusação, sendo suficiente o respeito à forma prevista no artigo 41 do Código de Processo Penal, o enquadramento dos fatos em tipo penal e os indícios da autoria. Tal procedência é ônus do Ministério Público, que dele deve desincumbir-se na tramitação da ação penal. (Inq 1608, Rel. Min. Marco Aurélio, Pleno, DJ 6.8.2004)

Jurisprudência complementar (STJ)

(...). 2. A obtenção fraudulenta e posterior emprego em finalidade diversa de recursos oriundos do Fundo de Investimento do Nordeste (FINOR), administrado pela Superintendência do Desenvolvimento do Nordeste (SUDENE), se subsume à conduta tipificada no artigo 2º, inciso IV, da Lei 8.137/90 e não àquelas previstas nos artigos 19 e 20 da Lei 7.492/86. (...). Em razão da desclassificação das condutas atribuídas ao paciente, imperioso o reconhecimento da prescrição da pretensão punitiva estatal (HC 280992...). (AgRg no AREsp 300.065, Rel. Min. Sebastião Reis Júnior, 6ª T., DJ 13.10.2014)

(...). Crime contra o Sistema Financeiro Nacional. Pleito de desclassificação da conduta para o tipo penal previsto no art. 2º, inc. Iv, da lei de crimes contra a ordem tributária. Procedência. Ordem concedida. I. Hipótese na qual o paciente foi condenado nos termos do art. 20 da Lei 7.492/86 por malversação de incentivos fiscais provenientes de convênio firmado entre a PLASTICOL e a SUDAM. II. Tratando-se, a SUDAM, de autarquia destinada à promoção do desenvolvimento da área prevista na Lei que a instituiu e, não, de instituição que visa captar, intermediar ou aplicar recursos financeiros de terceiros, não se enquadra na descrição de instituição financeira. III. Fato típico que corresponde ao previsto no inc. IV, do art. 2º, da Lei 8.137/90, segundo o qual comete crime contra a ordem tributária aquele que "deixar de aplicar, ou aplicar em desacordo com o estatuído, incentivo fiscal ou parcelas de imposto liberadas por órgão ou entidade de desenvolvimento". IV. Pleito de desclassificação da conduta que se acolhe, por tratar-se de ilegalidade flagrante, devendo os autos retornarem ao TRF para a adequação da pena ao termos do tipo penal descrito no art.2º, inc IV da Lei n.8.137/90. VI. Ordem concedida, nos termos do voto do Relator. (HC 178.011, Rel. Min. Gilson Dipp, 5ª T., DJ 26.3.2012)

(...). O delito do art. 20 da Lei 7.492/86 consuma-se no momento da aplicação do recurso em finalidade diversa da constante no contrato celebrado. (AgRg no Ag 1241175, Rel. Min. Napoleão Nunes Maia Filho, 5ª T., DJ 12.5.2011)

(...). 2. O tipo penal descrito no art. 20 da Lei 7.492/86 tem, como objetivo principal, evitar que os recursos provenientes de financiamento concedido por instituição financeira oficial ou credenciada para repassá-los sejam destinados a finalidade diversa daquela que serviu de fundamento – em lei ou contrato – para a liberação do numerário. 3. Não há, em relação a tal crime, especificidade quanto a qualidade do sujeito ativo – que pode ser o tomador ou qualquer outra pessoa a quem seja disponibilizada a verba – bastando, para sua configuração, que seja aplicado, com desvio de finalidade, o numerário obtido mediante financiamento público. Trata-se, portanto, de crime comum. 4. Assim, conquanto o paciente não tenha contraído diretamente o financiamento público, o fato é que a denúncia revela que sua utilização se deu com destino diverso daquele contratualmente pactuado. (...). (HC 109.447, Rel. Min. Og Fernandes, 6ª T., DJ 6.12.2010)

(...). Consumação do crime contra o Sistema Financeiro Nacional previsto no artigo 20 da Lei 7.492/86. Crime instantâneo, que se consuma no momento em que o recurso é aplicado em finalidade diversa da constante da lei ou do contrato. 1. A Terceira Seção deste Superior Tribunal de Justiça já firmou o entendimento no sentido de que o delito previsto no artigo 20 da Lei 7.492/86 é instantâneo e se consuma no momento em que o recurso é aplicado em finalidade diversa da constante no contrato celebrado (CC 81.987): este entendimento se aplica a situações em que, como no caso dos autos, os recursos são entregues em parcelas, mas provenientes de um único financiamento. 2. No caso, o crime se consumou no momento em que os recursos – ainda que referentes a uma ou algumas das parcelas – foram aplicados em finalidade diversa da que foi estabelecida no contrato, o que se deu em data anterior a março de 1988: correta, pois, a conclusão do Tribunal de origem, ao reconhecer a prescrição retroativa da pretensão punitiva, uma vez que a pena máxima privativa de liberdade cominada ao crime é de 6 (seis) anos de reclusão, situação em que a prescrição ocorre em 12 (doze) anos (Código Penal, artigo 109, inciso III), tempo transcorrido antes da decisão de recebimento da denúncia, proferida somente em fevereiro de 2001. (...). (REsp 422.635, Rel. Min. Celso Limongi, 6ª T., DJ 23.8.2010)

■ Falsa Identidade {art. 21}

> **Art. 21**. Atribuir-se, ou atribuir a terceiro, falsa identidade, para realização de operação de câmbio:
>
> Pena — Detenção, de 1 (um) a 4 (quatro) anos, e multa.
>
> Parágrafo único. Incorre na mesma pena quem, para o mesmo fim, sonega informação que devia prestar ou presta informação falsa.

Jurisprudência complementar (STF)

Pena. Dosimetria. Circunstâncias judiciais. Bem protegido pelo tipo. Descabe considerar como circunstância judicial negativa o bem protegido pelo próprio tipo penal. Pena – dosimetria – circunstância judicial – crime societário – dirigente. O fato de o acusado ser dirigente da pessoa jurídica atrai a responsabilidade penal, não podendo servir, a um só tempo, à exacerbação da pena presentes as circunstâncias judiciais. (HC 106380, Rel. p/ ac. Min. Marco Aurélio, 1ª T., DJ 1.8.2013)

Jurisprudência complementar (STJ)

(...). 1. Somente podem ser considerados agentes de crimes contra o Sistema Financeiro Nacional o controlador e os administradores de instituição financeira, assim considerados os diretores, os gerentes, os interventores, os liquidantes ou os síndicos das referidas instituições. 2. O tipo penal previsto no art. 21, parágrafo único, da Lei 7.492/1986 tem por objetivo impedir a conduta daquele que sonega informação que devia prestar ou presta informação falsa com o especial fim de realizar operação de câmbio. 3. No caso, a conduta delituosa sob apuração não se amolda, ao menos em tese, aos arts. 5º e 21, parágrafo único, da Lei 7.492/1986. De um lado, porque a investigada, então mera funcionária do banco, não ocupava lugar de administração na instituição; de outro, porque o "modus operandi" supostamente utilizado por ela não guardou nenhuma relação com operação de câmbio. 4. Excluída a hipótese de crime contra o sistema financeiro, afasta-se a competência da Justiça Federal para conhecer da matéria. (...). (AgRg no CC 115.383, Rel. Min. Sebastião Reis Júnior, 3ª S., DJ 9.11.2011)

1. O tipo do art. 21, parágrafo único da Lei 7492/86, embora preveja o dolo específico, consubstanciado na realização de operações de câmbio, exige para a sua consumação apenas o ato de prestar informação falsa, não sendo, pois, ilegal arrolar como circunstâncias judiciais desfavoráveis a maior reprovabilidade da conduta (culpabilidade) dos pacientes, em face de suas específicas atuações no caso concreto, bem como os vultosos prejuízos causados ao erário (consequências). 2. Devidamente exarcebada a pena-base, correta se apresenta a fixação de regime inicial mais gravoso (semiaberto) e também a negativa em substituir a privativa de liberdade por restritivas de direitos. 3. Da mesma forma, não se mostra desproporcional se fixada com elementos concretos e específicos dos autos, discorrendo o édito condenatório, de forma pormenorizada, sobre a conduta de cada réu para encontrar o montante de reprimenda adequado. Ausente, pois, ilegalidade flagrante, não se mostra a irresignação própria ao veio angusto do "habeas corpus". 4. Segundo entendimento desta Corte, o aumento referente à continuidade delitiva deve ser diretamente proporcional ao número de crimes praticados, devendo, então, ser de 1/4 (um quarto) quando for quatro vezes e de 1/5 (um quinto) quando for três vezes. 5. Ordem parcialmente concedida apenas para reduzir as penas dos pacientes nos termos preconizados, no tocante à continuidade delitiva, julgando prejudicada, em consequência, a MC 17.150. (HC 137.626, Rel. Min. Maria Thereza de Assis Moura, 6ª T., DJ 4.10.2010)

■ Operação de Câmbio com Vistas à Evasão {art. 22}

> **Art. 22**. Efetuar operação de câmbio não autorizada, com o fim de promover evasão de divisas do País:
>
> Pena – Reclusão, de 2 (dois) a 6 (seis) anos, e multa.
>
> Parágrafo único. Incorre na mesma pena quem, a qualquer título, promove, sem autorização legal, a saída de moeda ou divisa para o exterior, ou nele mantiver depósitos não declarados à repartição federal competente.

Informativos (STJ)

Complexidade do esquema criminoso como circunstância negativa na dosimetria da pena do crime de evasão de divisas.

Na fixação da pena do crime de evasão de divisas (art. 22, par. ún., da Lei 7.492/86), o fato de o delito ter sido cometido por organização criminosa complexa e bem estrutura pode ser valorado de forma negativa a título de circunstâncias do crime. REsp 1.535.956, Rel. Min. Maria Thereza de Assis Moura, DJ 9.3.2016. 6ª T. (Info 578)

Jurisprudência complementar (STF)

(...). 6. O crime de evasão de divisas, previsto no caput do art. 22 da Lei 7.492/1986, tem como uma de suas elementares operação de câmbio não autorizada, o que, inocorrente, segundo a defesa, impediria o deferimento da extradição por ausência de tipicidade. 7. Todavia, na dicção do parágrafo único do referido art. 22 da Lei 7.492/1986, incorre nas mesmas penas quem "... a qualquer título, promove, sem autorização legal, a saída de moeda ou divisa para o exterior, ou nele mantiver depósitos não declarados à repartição federal competente (grifei), sendo relevante, para expungir qualquer dúvida, a observação de Guilherme de Souza Nucci no sentido de que "... no parágrafo único do art. 22, há o crime de evasão de divisas, independentemente do dinheiro ter origem em operação de câmbio"(grifei). (...). (Ext 1413, Rel. Min. Luiz Fux, 1ª T., DJ 20.5.2016)

Jurisprudência complementar (STJ)

(...). 1. Conceitualmente, a denominada operação dólar-cabo envolve transações com moeda estrangeira à margem do conhecimento dos órgãos oficiais. Em outros termos, trata-se de um sistema alternativo e paralelo ao sistema bancário ou financeiro chamado de tradicional, de remessa de valores, por intermédio de um sistema de compensações, o qual tem por base a fidúcia. 2. A realização de operação dólar-cabo, com a entrega de moeda estrangeira (sistema de compensação) no exterior em contrapartida a prévio pagamento de reais no Brasil, caracteriza o crime previsto no art. 22, parágrafo único, da Lei 7.492/1986. 3. Na transferência eletrônica de dólares (sistema de compensação), mesmo em parcelas inferiores a U$ 10.000,00 – saída meramente escritural da moeda – a norma de regência exige, de forma exclusiva, o processamento por meio do sistema bancário, com perfeita identificação do cliente ou beneficiário (Lei 9.069/1995, art. 65, caput). 4. Não se exige autorização específica para cada ato concreto de remessa de numerário ao exterior, mas que as operações sejam efetuadas na forma dos atos normativos do Banco Central do Brasil, realizadas por meio de instituições autorizadas e com o registro no Sisbacen. 5. Na via especial, o Superior Tribunal de Justiça não é sucedâneo das instâncias ordinárias, sobretudo quando envolvida, para a resolução da controvérsia, a apreciação do acervo de provas dos autos, o que é incabível em tema de recurso especial, a teor da Súmula 7/STJ. (...). (REsp 1501852, Rel. Min. Sebastião Reis Júnior, 6ª T., DJ 13.10.2016)

(...). 3. A conduta tipificada na primeira parte do parágrafo único do artigo 22, da Lei 7.492/86, diversamente daquela descrita no caput do artigo 22 da Lei dos Crimes contra o Sistema Financeiro Nacional, não exige elemento subjetivo próprio para que consumado o delito, bastando o envio de moeda para o exterior sem a devida autorização legal. (...). (AgRg no REsp 1543200, Rel. Min. Maria Thereza de Assis Moura, 6ª T., DJ 13.11.2015)

(...). Evasão de divisas. Art. 22, parágrafo único, da Lei 7.492/1986. Criação de disponibilidade de divisas no exterior. Verificação. Inviabilidade. Matéria fático-probatória. Súmula 7/STJ. Circunstâncias e consequências do crime. Negativação. Fundamentação idônea. Crime continuado. "Bis in idem". Ausência. Confissão espontânea. Aplicação. Descabimento. 1. Inexiste ofensa ao princípio da correlação, porque, no aditamento da denúncia, mencionou-se expressamente que os valores remetidos para a Casa de Câmbio Imperial foram posteriormente transferidos para contas CC-5 do Banco Integración. Não caracteriza malferimento aos arts. 383 e 384 do Código de Processo Penal o simples fato de a denúncia não ter feito a distinção dos tipos de conta CC-5 para os quais as divisas foram transferidas nos dois momentos distintos que teriam feito parte da prática delitiva (tipos 2 e 3). 2. O julgado combatido, a partir da análise dos elementos probatórios dos autos, inclusive os laudos periciais, concluiu ter havido a criação de disponibilidade de divisas no exterior. Para rever a conclusão do Tribunal a quo, seria necessário o reexame de matéria fático-probatória, vedado em recurso especial, por força da Súmula 7/STJ. 3. O elaborado "modus operandi" da prática delitiva, que incluiu a criação de empresa com falsidade ideológica, a abertura de contas com o manejo de documentação inverídica, bem como a elaboração de uma sistemática para a transferência de divisas e constituição das disponibilidades financeiras no exterior, autoriza a negativação das circunstâncias do crime. 4. O elevado montante das divisas objeto da evasão, cerca de R$ 1.609.207,77 (um milhão, seiscentos e nove mil, duzentos e sete reais e setenta e sete centavos), em valores de 1997, justifica o desvalor atribuído às consequências do crime, não se podendo dizer que seria elemento ínsito ao tipo penal. 5. Segundo precedente da Sexta Turma desta Corte (HC 301.655), por constituir a figura do crime continuado uma ficção jurídica, é possível a utilização, na negativação das consequências do delito no crime de evasão de divisas, do montante total desviado nos crimes praticados em continuidade, sem que haja "bis in idem" entre essa elevação e a posterior majoração da pena, pelo crime continuado. 6. Se declarações dos recorrentes não serviram como suporte da conclusão no sentido da autoria delitiva mas, pelo contrário, foram consideradas imprestáveis pelas instâncias ordinárias, por serem contraditórias, é descabida a postulação da incidência da atenuante da confissão espontânea. (...). (REsp 1511068, Rel. Min. Sebastião Reis Júnior, 6ª T., DJ 29.6.2015)

■ Omissão {art. 23}

Art. 23. Omitir, retardar ou praticar, o funcionário público, contra disposição expressa de lei, ato de ofício necessário ao regular funcionamento do Sistema Financeiro Nacional, bem como a preservação dos interesses e valores da ordem econômico-financeira:
Pena – Reclusão, de 1 (um) a 4 (quatro) anos, e multa.
Art. 24. (vetado).

Da Aplicação e do Procedimento Criminal

■ Responsabilidade Penal {art. 25}

Art. 25. São penalmente responsáveis, nos termos desta lei, o controlador e os administradores de instituição financeira, assim considerados os diretores, gerentes (vetado).

§ 1º Equiparam-se aos administradores de instituição financeira (vetado) o interventor, o liquidante ou o síndico.

§ 2º Nos crimes previstos nesta Lei, cometidos em quadrilha ou coautoria, o coautor ou partícipe que através de confissão espontânea revelar à autoridade policial ou judicial toda a trama delituosa terá a sua pena reduzida de um a dois terços. (Incluído pela Lei nº 9.080, de 19.7.1995)

Informativos (STF)

RISTF: emenda regimental e modificação de competência

Os sujeitos ativos dos delitos contra o Sistema Financeiro Nacional são aqueles definidos no art. 25 da Lei 7.492/86; vale dizer: "São penalmente responsáveis, nos termos desta lei, o controlador e os administradores de instituição financeira, assim considerados os diretores, gerentes". O crime de gestão fraudulenta de instituição financeira tem por fim a proteção do sistema financeiro brasileiro contra gestões que comprometam "a lisura, correção e honestidade das operações atribuídas e realizadas pelas instituições financeiras e assemelhadas. Consectariamente, o bom e regular funcionamento do sistema financeiro repousa na confiança que a coletividade lhe acredita. A credibilidade é um atributo que assegura o regular e exitoso funcionamento do sistema financeiro como um todo, protegendo-se, igualmente, os bens, valores, enfim, o patrimônio da coletividade, representada pelos investidores diretos que destinam suas economia, ou ao menos parte delas, às operações realizadas pelas instituições financeiras exatamente por acreditarem na lisura, correção e oficialidade do sistema." (Bittencourt, Breda, 2011, p. 36). Inq 2589, Rel. Min. Luiz Fux, 16.9.14. 1ª T. (Info 759)

Jurisprudência complementar (STF)

(...). 1. Os sujeitos ativos dos delitos contra o Sistema Financeiro Nacional são aqueles definidos no art. 25 da Lei 7.492/86; vale dizer: "São penalmente responsáveis, nos termos desta lei, o controlador e os administradores de instituição financeira, assim considerados os diretores, gerentes". 2. O crime de gestão fraudulenta de instituição financeira tem por fim a proteção do sistema financeiro brasileiro contra gestões que comprometam "a lisura, correção e honestidade das operações atribuídas e realizadas pelas instituições financeiras e assemelhadas. 3. Consectariamente, o bom e regular funcionamento do sistema financeiro repousa na confiança que a coletividade lhe acredita. A credibilidade é um atributo que assegura o regular e exitoso funcionamento do sistema financeiro como um todo, protegendo-se, igualmente, os bens, valores, enfim, o patrimônio da coletividade, representada pelos investidores diretos que destinam suas economia, ou ao menos parte delas, às operações realizadas pelas instituições financeiras exatamente por acreditarem na lisura, correção e oficialidade do sistema." (Bittencourt, Breda, 2011, p. 36). (...). (Inq 2589, Rel. Min. Luiz Fux, 1ª T., DJ 14.10.2014)

1. São figuras inconfundíveis a do liquidante, órgão de sociedade comercial em liquidação e, por isso, equiparado ao falido pelo art. 91 da Lei de Falências, e a do liquidante, órgão do Banco Central na liquidação extrajudicial de instituições financeiras, que o art. 34 da L. 6.024/74 adequadamente equipara, não ao falido, mas ao sindico da falência. 2. Também no art. 25, parag. único, da Lei 7.492/86, para o efeito de atribuir-lhes responsabilidade penal pelos crimes nela definidos, o que se contem e a assimilação, logicamente congruente, do liquidante das financeiras ao sindico, não a sua equiparação ao falido, substancialmente arbitraria; por outro lado, a regra e de incidência restrita a lei penal extravagante em que inserida e a imputação das infrações criminais nela definidas, campo normativo

que não cabe estender ao problema, de todo diverso, da atribuição ao liquidante administrativo de instituição financeira de crimes falimentares próprios do falido ou a imposição de deveres e sanções processuais a ele, falido, também exclusivamente dirigida. (HC 70743, Rel. Min. Sepúlveda Pertence, 1ª T., DJ 1.7.1994)

Jurisprudência complementar (STJ)

(...). Gestão fraudulenta. Sujeito ativo. Crime próprio. Art. 25 da Lei 7.492/86. Dosimetria. Pena-base. Fixação motivada e individualizada. 1. Conquanto se admita o delito de gestão fraudulenta no âmbito de instituição financeira clandestina (cf. STF: HC 93368e RHC 117270 AgR), é certo que a gestão fraudulenta é crime próprio, cometido apenas pelas pessoas referidas no art. 25 da Lei 7.492/86. 2. Não se tipifica o delito de gestão fraudulenta se as instâncias ordinárias são unívocas em afirmar, quanto à instituição financeira estrangeira Tupi Câmbios, que a empresa era gerenciada pelos réus exclusivamente no Paraguai e, quanto à instituição financeira brasileira, que as contas correntes em nome de 'laranjas' eram administradas pelos gerentes brasileiros. 3. Não havendo ilegalidade manifesta na fixação da pena-base e estando concretamente fundamentada e individualizada a decisão, não pode esta Corte Superior proceder à alteração da dosimetria, seja para majorá-la, seja para reduzi-la, sem revolver o acervo fático-probatório dos autos, o que é inviável na sede do recurso especial, nos termos do que preceitua o enunciado 7 da Súmula desta Corte. (...). (AgRg no REsp 1455581, Rel. Min. Maria Thereza de Assis Moura, 6ª T., DJ 2.2.2016)

Conflito negativo de competência. Inquérito policial. Inexistência de crime contra o Sistema Financeiro Nacional. Sujeito ativo. Art. 25 da Lei 7.492/86. Crimes próprios. Estelionato. Competência da justiça estadual comum. 1. Nos termos do art. 25 da Lei 7.492/86, os sujeitos ativos para o cometimento de crimes contra o Sistema Financeiro Nacional serão os controladores e os administradores de instituição financeira, assim considerados os diretores e gerentes. 2. Na hipótese vertente, o acusado é corretor de uma empresa de previdência privada, sem poderes de gerência ou administração, restando afastada a imputação do art. 3º da Lei 7.492/86. 3. A conduta delituosa em tese perpetrada se subsume ao art. 171 do Código Penal, pois o acusado mantinha os clientes em erro, denegrindo a imagem da empresa onde antes trabalhava, obtendo vantagem patrimonial, em virtude de receber um percentual pelos novos contratos, e gerando prejuízo para a empresa concorrente difamada. 4. "No crime de estelionato pode haver um sujeito passivo, que é enganado e outro que sofre o prejuízo patrimonial" (RHC 2265). (...). (CC 37.215, Rel. Min. Laurita Vaz, 3ª S., DJ 24.10.2005)

(...). 4. O crime de gestão temerária (Lei 7.492/1986, art. 4º, p. ún.) somente admite a forma dolosa. (...). 5. A temeridade da gestão é elemento valorativo global do fato (Roxin) e, como tal, sua valoração é de competência exclusiva da ordem jurídica e não do agente. Para a caracterização do elemento subjetivo do delito não é necessária a vontade de atuar temerariamente; o que se exige é que o agente, conhecendo as circunstâncias de seu agir, transgrida voluntariamente as normas regentes da sua condição de administrador da instituição financeira. 6. Somente podem ser sujeitos ativos dos crimes de gestão temerária de instituição financeira (Lei 7.492/1986, art. 4º, p. ún.) e de negociação não autorizada de títulos alheios (Lei 7.492/1986, art. 5º, p. ún.) as pessoas mencionadas no artigo 25 da mesma lei, mostrando-se inviável considerar elevada a culpabilidade do agente por ocupar umas das funções ali mencionadas. 7. Também é vedado o agravamento da pena com base na ganância, na violação das regras regentes da atividade financeira ou, de modo não especialmente fundamentado, no abalo à credibilidade do sistema financeiro, pois essas circunstâncias são, todas elas, intrínsecas aos tipos penais examinados. 8. O prejuízo acarretado à instituição financeira decorrente dos atos de gestão temerária, não exigido para a consumação do delito, é fundamento apto a justificar a negativação das consequências do crime. (...). (REsp 1613260, Rel. Min. Maria Thereza de Assis Moura, 6ª T., DJ 24.8.2016)

(...). Conflito de competência. Art. 25 da Lei 7.492/1986. Gerente de instituição financeira. Venda de cota contemplada de consórcio. Ocorrência, em tese, de crime contra o sistema financeiro. Competência da justiça federal. 1. Nos termos do art. 25 da Lei 7.492/1986, os sujeitos ativos para o cometimento de crimes contra o Sistema Financeiro Nacional serão os controladores e os administradores de instituição financeira, assim considerados os diretores e gerentes. 2. Hipótese em que um dos acusados exerça o cargo de gerente da filial da instituição financeira, em Santo André/SP, e as outras duas, supervisoras, todos funcionários do Banco PanAmericano Consórcios Nacional Ltda, formularam contrato de cessão de cota de consórcio com clientes da referida instituição, o que evidencia a possibilidade de os indiciados figurarem no polo passivo da ação penal. 3. A conduta dos indiciados, conquanto integrantes da empresa de consórcio, supostamente incorrem na prática de crime previsto da Lei 7.492/1986, cuja ação criminal tem processamento e julgamento realizado pela Justiça Federal. 4. A jurisprudência desta Terceira Seção firmou-se no sentido de que "a Lei 7.492/86 equipara ao conceito de instituição financeira a pessoa jurídica que capta ou administra seguros, câmbio, consórcio, capitalização ou qualquer tipo de poupança, ou recursos de terceiros. Encontrando-se a conduta tipificada, ainda que em tese, em dispositivo da Lei 7.492/86, a ação penal deve ser julgada na Justiça Federal. Havendo interesse da União na higidez, confiabilidade e equilíbrio do sistema financeiro, tem-se que a prática ilícita configura matéria de competência da Justiça Federal" (CC 41.915, Rel. Min. Arnaldo Esteves Lima, 3ª S., DJU de 1/2/2005). (...). (CC 115.911, Rel. Min. Ribeiro Dantas, 3ª S., DJ 19.5.2016)

■ Ação Penal {art. 26}

> **Art. 26.** A ação penal, nos crimes previstos nesta lei, será promovida pelo Ministério Público Federal, perante a Justiça Federal.
>
> Parágrafo único. Sem prejuízo do disposto no art. 268 do Código de Processo Penal, aprovado pelo Decreto-lei nº 3.689, de 3 de outubro de 1941, será admitida a assistência da Comissão de Valores Mobiliários – CVM, quando o crime tiver sido praticado no âmbito de atividade sujeita à disciplina e à fiscalização dessa Autarquia, e do Banco Central do Brasil quando, fora daquela hipótese, houver sido cometido na órbita de atividade sujeita à sua disciplina e fiscalização.

Súmulas TRF'S

TRF-3 34. O inquérito não deve ser redistribuído para vara federal criminal especializada enquanto não se destinar a apuração de crime contra o sistema financeiro (Lei 7.492/86) ou delito de lavagem de ativos (Lei 9.613/98).

Jurisprudência complementar (STF)

(...). Crime contra o Sistema Financeiro Nacional. Lei 7.492/86. Interesse da União. Competência da Justiça Federal. Artigo 109, VI, da Constituição do Brasil. Compete à Justiça Federal processar e julgar os crimes previstos no artigo 26 da Lei 7.492/86. O prejuízo não se restringiu aos particulares, mas atingiu também o Sistema Financeiro Nacional, o que atrai a competência da Justiça Federal (artigo 109, VI, da Constituição do Brasil). (...). (RE 603463 AgR, Rel. Min. Eros Grau, 2ª T., DJ 21.5.2010)

(...). 2. Competência. 3. Consórcio. 4. O prejuízo não se restringiu aos particulares, mas também atingiu o Sistema Financeiro Nacional. 5. Crime contra o Sistema Financeiro Nacional (Lei no 7.492/86). 6. Competência da Justiça Federal (art. 109, VI, CF). (...). (HC 84111, Rel. Min. Gilmar Mendes, 2ª T., DJ 20.8.2004)

1. Compete à Justiça Federal o processo e julgamento de ação penal por crime contra o Sistema Financeiro Nacional, nos casos determinados em lei (art. 109, VI, da CF), como é o caso da obtenção de financiamento em instituição financeira, mediante fraude (artigos 19 e 26 da Lei n 7.492, de 16.06.1986... 2. Quanto a ser imputável, em tese, ao paciente, no caso, o crime de duplicata simulada (art. 172 do Código Penal) – e não o de obtenção de financiamento em instituição financeira, mediante fraude –, como se sustenta na inicial, é questão que não pode ser dirimida por esta Corte, mediante supressão da instância própria do Tribunal Regional Federal da 4ª Região, ao menos em face dos termos claros da denúncia, que descrevem e atribuem ao denunciado a prática do delito previsto no art. 19 da Lei n 7.492, de 16.06.1986, e não simplesmente o uso de duplicatas simuladas. Eventual desclassificação e suas consequências hão de ser consideradas inicialmente na instância regional, em face das provas que lá foram colhidas. 3. E, em se tratando de Deputado Estadual, que está sendo acusado de prática de crime contra o Sistema Financeiro Nacional, da competência da Justiça Federal, sua prerrogativa de foro submete-o ao Tribunal Regional Federal – e não ao Tribunal de Justiça do Estado, como vem decidindo esta Corte, em inúmeros precedentes (inclusive de Prefeitos Municipais). (...). (HC 80612, Rel. Min. Sydney Sanches, DJ 4.5.2001)

Jurisprudência complementar (STJ)

(...). 1. A jurisprudência desta Corte Superior de Justiça é no sentido de que compete à Justiça Federal processar e julgar os crimes praticados contra o Sistema Financeiro Nacional – "ex vi" art. 26 da Lei 7.492/1986 e art. 109, VI, da Constituição. (...). (AgRg no AREsp 830.806, Rel. Min. Reynaldo Soares da Fonseca, 5ª T., DJ 16.5.2016)

(...). 1. Caracteriza-se o crime do art. 19 da Lei 7.492/1986 nos casos em que os recursos obtidos junto à instituição financeira possuem destinação específica. Nesse contexto, a competência é da Justiça Federal, nos termos do art. 109, inciso VI, da Constituição Federal, c/c o art. 26 da Lei 7.492/1986. 2. Conheço do conflito para reconhecer a competência do Juízo Federal da 14ª Vara Criminal da Seção Judiciária do Estado do Paraná, o suscitante. (CC 140.381, Rel. Min. Reynaldo Soares da Fonseca, 3ª S., DJ 1.7.2015)

(...). Gestão fraudulenta de instituição financeira. Crime contra o Sistema Financeiro Nacional. Lei 7.492/86. Competência da justiça federal. "in casu", os gerentes, ora interessados, da agência do Banco Mercantil do Brasil, procederam a descontos indevidos nas contas correntes de clientes da entidade financeira durante o período compreendido entre 1982 e 1998. As autorizações forjadas eram feitas através de papéis assinados em branco pelos correntistas, obtidos quando da abertura de contas ou contratação de empréstimos. A atividade investigada está relacionada à gestão, controle e administração de instituição financeira, situando-se o fato, em tese, na moldura do art. 4º da Lei 7.492/86. Encontrando-se a conduta em apuração tipificada, ainda que em tese, em dispositivo da Lei 7.492/86, cabe à Justiça Federal o processamento e julgamento do caso dos autos, consoante o disposto no art. 26 da aludida legislação. (...). (AgRg no CC 128.601, Rel. Min. Ericson Maranho, 3ª S., DJ 15.4.2015)

(...). 1. A jurisprudência do STJ firmou entendimento no sentido de que, a depender espécie da operação realizada, pode ou não configurar-se o crime contra o sistema financeiro. Dessa forma, caracteriza-se o crime do art. 19 da Lei 7.492/1986 "quando os recursos obtidos junto à instituição financeira possuem destinação específica, não se confundindo, assim, com mútuo obtido a título pessoal, conduta que caracteriza o crime de estelionato". (CC 122.257). No caso, verifica-se que houve a obtenção de financiamento, haja vista ter ficado estabelecida destinação específica para o dinheiro – aquisição de uma moto. 2. A definição da competência em casos como o que se apresenta, em que ainda não se iniciou a instrução probatória, deve ser firmada de forma apriorística. Dessa forma, definida a espécie da operação realizada – financiamento – e diante do contexto apresentado até o momento, o qual se subsume, em tese, ao delito do art. 19 da Lei 7.492/1986, deve se dar prevalência à investigação pela Justiça Federal, nos termos do art. 26 da Lei 7.492/1986. Após a instrução processual, acaso não fique caracterizada a obtenção fraudulenta do financiamento, não há óbice ao declínio da competência para o Juízo competente para analisar o ilícito residual. (...). (CC 130.795, Rel. Min. Walter de Almeida Guilherme, 3ª S., DJ 30.10.2014)

Questões de concursos

859. **(Vunesp/DesenvolveSP/Advogado/2014)** Nos termos do art. 26, da Lei n. 7.492/86, os crimes lá definidos serão de competência da

   a) Justiça Federal, sempre.

   b) Justiça Estadual, sempre.

   c) Justiça Federal ou da Justiça Estadual, definindo-se a questão pela regra da prevenção.

   d) Justiça Federal ou da Justiça Estadual, definindo-se a questão pela regra intuitu personae.

   e) Justiça Estadual, como regra, mas da Justiça Federal caso se trate de delito transnacional.

■ Representação ao PGR {art. 27}

> **Art. 27**. Quando a denúncia não for intentada no prazo legal, o ofendido poderá representar ao Procurador-Geral da República, para que este a ofereça, designe outro órgão do Ministério Público para oferecê-la ou determine o arquivamento das peças de informação recebidas.

■ Representação ao MPF {art. 28}

> **Art. 28**. Quando, no exercício de suas atribuições legais, o Banco Central do Brasil ou a Comissão de Valores Mobiliários – CVM, verificar a ocorrência de crime previsto nesta lei, disso deverá informar ao Ministério Público Federal, enviando-lhe os documentos necessários à comprovação do fato.
>
> Parágrafo único. A conduta de que trata este artigo será observada pelo interventor, liquidante ou síndico que, no curso de intervenção, liquidação extrajudicial ou falência, verificar a ocorrência de crime de que trata esta lei.

Jurisprudência complementar (STJ)

(...). II. Ressalte-se, ainda, que, quando o Banco Central do Brasil, no exercício de suas atribuições, verificar a ocorrência de eventual crime contra o Sistema Financeiro Nacional, deverá informar ao Ministério Público Federal, enviando os documentos necessários à comprovação do fato, ex vi do art. 28 da Lei 7.492/86 (HC 117733) III. Ademais, não obstante a mencionada autorização legal concedida ao Banco Central do Brasil, retratada no v. acórdão do e. Tribunal a quo, verifico que o recorrente não impugnou especificamente tal fundamento utilizado e suficiente à manutenção do julgado, incidindo, na hipótese, a Súm. 283/STF. (...). (REsp 1161830, Rel. Min. Felix Fischer, 5ª T., DJ 4.10.2010)

(...). Sonegação fiscal, de informação à Receita Federal e ao Banco Central e evasão de divisas. Nulidade da ação penal. Ilegalidade da quebra dos sigilos fiscal e bancário. Constrangimento ilegal não-configurado. (...). 1. No âmbito de suas atribuições, o Banco Central tem o dever de comunicar eventual indício da prática de ilícito penal que ocorra no âmbito de sua fiscalização, não caracterizando constrangimento ilegal o envio de informações à Receita Federal e ao Ministério Público Federal acerca de movimentações financeiras suspeitas de irregularidades. (...). (HC 117.733, Rel. Min. Arnaldo Esteves Lima, 5ª T., DJ 15.6.2009)

■ Requisições do MPF {art. 29}

> **Art. 29**. O órgão do Ministério Público Federal, sempre que julgar necessário, poderá requisitar, a qualquer autoridade, informação, documento ou diligência, relativa à prova dos crimes previstos nesta lei.
>
> Parágrafo único O sigilo dos serviços e operações financeiras não pode ser invocado como óbice ao atendimento da requisição prevista no caput deste artigo.

Jurisprudência complementar (STJ)

(...). Quebra de sigilos bancário e fiscal. Decisão devidamente fundamentada. Investigação levada a efeito para apurar a suposta prática dos crimes de lavagem de dinheiro, contra o Sistema Financeiro Nacional e formação de quadrilha. Período de quebra condizente com a complexidade do caso. Apresentação de dados pelo acusado que não afasta a necessidade da decretação da medida. 1. O fato de o patrono do recorrente ter apresentado a documentação que julgava ser a necessária para o deslinde da questão dias antes da decretação da medida não afasta a pretensão de quebra dos sigilos bancário e fiscal. 2. De se ver que "se toda a documentação requerida com a quebra do sigilo estiver realmente nos autos, conforme alega a recorrente, o atacado ato judicial não há de trazer-lhe qualquer prejuízo ou alteração no desfecho do inquérito instaurado e 'possivelmente o banco dirá ao juiz que tudo que lhe está sendo solicitado já foi remetido, ou então vai remeter em duplicata" (trecho extraído do parecer ministerial). 3. Ademais, o período de quebras solicitado é condizente com a complexidade do feito, devendo ser lembrado que a investigação levada a efeito nas instâncias ordinárias gira em torno da possível prática dos crimes de lavagem de dinheiro, crimes contra o Sistema Financeiro Nacional e formação de quadrilha, sendo que a ora agravante teria sido utilizada num esquema criminoso para a introdução fraudulenta no país de recursos financeiros obtidos no Uruguai através de empréstimos simulados. (...). (AgRg no RMS 19.363, Rel. Min. OG Fernandes, 6ª T., DJ 12.4.2010)

■ Prisão Preventiva {art. 30}

> **Art. 30**. Sem prejuízo do disposto no art. 312 do Código de Processo Penal, aprovado pelo Decreto-lei nº 3.689, de 3 de outubro de 1941, a prisão preventiva do acusado da prática de crime previsto nesta lei poderá ser decretada em razão da magnitude da lesão causada (vetado).

Jurisprudência complementar (STJ)

(...). I. A prisão preventiva deve ser considerada exceção, já que, por meio desta medida, priva-se o réu de seu jus libertatis antes do pronunciamento condenatório definitivo, consubstanciado na sentença transitada em julgado. É por isso que tal medida constritiva só pode ser decretada se expressamente for justificada sua real indispensabilidade para assegurar a ordem pública, a instrução criminal ou a aplicação da lei penal, ex vi do artigo 312 do Código de Processo Penal. II. A simples referência ao art. 7º da Lei 9.034/95 não é justificativa idônea para a decretação da custódia cautelar...). III. O art. 30 da Lei 7.492/86, ao mencionar a magnitude da lesão supostamente causada pela prática, em tese, criminosa, não dispensa, para a imposição da custódia cautelar, os requisitos do art. 312 do Código de Processo Penal. (...). (REsp 772.504, Rel. Min. Felix Fischer, 5ª T., DJ 20.11.2006)

(...). Quadrilha. Falsificação de selo ou sinal público. Crimes contra a ordem tributária e Sistema Financeiro Nacional. Prisão preventiva. Observância do princípio da presunção de inocência ou da não culpabilidade. Interpretação restritiva dos requisitos. Ausência de concreta fundamentação. Gravidade dos delitos. Circunstâncias subsumidas no tipo. Prova da materialidade e autoria. Motivação inidônea a respaldar a custódia. Magnitude da lesão. Falta de vínculo com os requisitos cautelares. Necessidade da custódia não demonstrada. Condições pessoais favoráveis. Ordem concedida. I. A prisão preventiva é medida excepcional e deve ser decretada apenas quando devidamente amparada pelos requisitos legais, em observância ao princípio constitucional da presunção de inocência ou da não culpabilidade, sob pena de antecipar a reprimenda a ser cumprida quando da condenação. II. Cabe ao Julgador, ao avaliar a necessidade de decretação da custódia cautelar, interpretar restritivamente os pressupostos do art. 312 do Código de Processo Penal, fazendo-se mister a configuração empírica dos referidos requisitos. III. O juízo valorativo sobre a gravidade genérica dos delitos imputados ao paciente, bem como a existência de prova da autoria e materialidade dos crimes, não constituem fundamentação idônea a autorizar a prisão para garantia da ordem pública, se desvinculados de qualquer fator concreto. IV. Aspectos que devem permanecer alheios à avaliação dos pressupostos da prisão preventiva. V. As afirmações a respeito da gravidade do delito trazem aspectos já subsumidos no próprio tipo penal. VI. O art. 30 da Lei 7.492/86, ao mencionar a magnitude da lesão supostamente causada pela prática, em tese, criminosa, não dispensa, para a imposição da custódia cautelar, os requisitos do art. 312 do Código de Processo Penal. VII. A existência de indícios de autoria e prova da materialidade e a gravidade do crime não são dotadas de cautelaridade, motivo pelo qual não configuram o requisito "garantia da ordem pública", como já anteriormente ressaltado. VIII. A magnitude da lesão, por si só e sem vínculo com os requisitos do art. 312 da Lei Processual Adjetiva, não é capaz de respaldar a custódia cautelar. IX. Precedentes do STF e do STJ. X. Condições pessoais favoráveis, mesmo não sendo garantidoras de eventual direito à liberdade provisória, devem ser devidamente valoradas, quando não demonstrada a presença de requisitos que justifiquem a medida constritiva excepcional. XI. Deve ser cassado o acórdão recorrido, bem como o decreto prisional, para revogar a prisão preventiva do paciente, determinando-se a imediata expedição de alvará de soltura em seu favor, se por outro motivo não estiver preso, sem prejuízo de que venha a ser decretada novamente a custódia, com base em fundamentação concreta. (...). (HC 47.712, Rel. Min. Gilson Dipp, 5ª T., DJ 1.2.2006)

■ Fiança e Apelação {art. 31}

Art. 31. Nos crimes previstos nesta lei e punidos com pena de reclusão, o réu não poderá prestar fiança, nem apelar antes de ser recolhido à prisão, ainda que primário e de bons antecedentes, se estiver configurada situação que autoriza a prisão preventiva.

Art. 32. (Vetado).

Jurisprudência complementar (STJ)

(...). Crime de gestão fraudulenta contra instituição financeira. Pena de detenção. Fiança. Concessão. Lei 7.492/86 – art. 31. 1. A Lei 7.492, de 16 de junho de 1986 – art. 31, veda a prestação de fiança apenas no caso dos crimes punidos com reclusão e estiver configurada situação que autorize a prisão preventiva. Não ocorrendo estas hipóteses e presentes as demais condições, a concessão da fiança se impõe, mesmo diante de recurso de natureza extraordinária, sem efeito suspensivo. (...). (HC 11.778, Rel. Min. Fernando Gonçalves, 6ª T., DJ 22.5.2000)

Fixação de Multas {art. 33}

Art. 33. Na fixação da pena de multa relativa aos crimes previstos nesta lei, o limite a que se refere o § 1º do art. 49 do Código Penal, aprovado pelo Decreto-lei nº 2.848, de 7 de dezembro de.1940, pode ser estendido até o décuplo, se verificada a situação nele cogitada.

Vigência {art. 34}

Art. 34. Esta lei entra em vigor na data de sua publicação.

Revogações {art. 35}

Art. 35. Revogam-se as disposições em contrário.

Brasília, 16 de junho de 1986; 165º da Independência 98º da República.

José Sarney

TORTURA (LEI 9.455/97)

Lei n. 9.455, de 7 de abril de 1997.
Define os crimes de tortura e dá outras providências.

O Presidente da República: faço saber que o Congresso Nacional decreta e eu sanciono a seguinte Lei:

■ Tortura Própria {art. 1º}

Art. 1º Constitui crime de tortura:

I – constranger alguém com emprego de violência ou grave ameaça, causando-lhe sofrimento físico ou mental:

a) com o fim de obter informação, declaração ou confissão da vítima ou de terceira pessoa;

b) para provocar ação ou omissão de natureza criminosa;

c) em razão de discriminação racial ou religiosa;

II – submeter alguém, sob sua guarda, poder ou autoridade, com emprego de violência ou grave ameaça, a intenso sofrimento físico ou mental, como forma de aplicar castigo pessoal ou medida de caráter preventivo.

Pena – reclusão, de dois a oito anos.

Informativos (STJ)

Ausência de "bis in idem" na dosimetria da pena de crime de tortura.

No caso de crime de tortura perpetrado contra criança em que há prevalência de relações domésticas e de coabitação, não configura "bis in idem" a aplicação conjunta da causa de aumento de pena prevista no art. 1º, § 4º, II, da Lei 9.455/97 (Lei de Tortura) e da agravante genérica estatuída no art. 61, II, f, do Código Penal. HC 362.634, Rel. Min. Maria Thereza de Assis Moura, 6ª T., DJ 29.8.2016. 6ª T. (Info 589)

Jurisprudência complementar (STF)

(...). 1. É imperiosa a manutenção da sentença que condenou os acusados como incursos nas penas do art. 1º, inc. I, a, da Lei 9.455/97, pois, comprovada a materialidade, restou demonstrado, pelo conteúdo probatório, que eles constrangeram a vítima com o desferimento de tapas e socos, causando-lhe lesões, com o fim de obter a confissão do furto de alguns objetos da Polícia Rodoviária Federal. 2. Em sendo desfavoráveis aos acusados algumas das circunstâncias judiciais previstas no art. 59 do CP, é razoável a fixação da pena acima do mínimo legal." (...). (AI 845838 ED, Rel. Min. Luiz Fux, Public. 21.6.2012)

Jurisprudência complementar (STJ)

(...). Crime de tortura. Omissão (art. 1º, § 2º, II, da Lei 9.455/1997). Falta de justa causa. Insuficiência de provas. Impossibilidade de verificação. Inépcia da denúncia. Ausência de individualização da conduta omissiva. Constrangimento ilegal evidenciado. 1. É vedado em "habeas corpus" o revolvimento e o aprofundado exame de provas com o objetivo de se concluir pela falta de justa causa para a persecução penal. 2. Há, no Superior Tribunal de Justiça, a compreensão de que, nos chamados crimes de autoria coletiva, embora a vestibular acusatória não possa ser de todo genérica, é válida quando, apesar de não descrever minuciosamente as atuações individuais dos acusados, demonstra um liame entre o agir do paciente e a suposta prática delituosa, estabelecendo a plausibilidade da imputação e possibilitando o exercício da ampla defesa, caso em que se entende preenchidos os requisitos do artigo 41 do Código de Processo Penal (HC 164.239). 3. No caso, a denúncia, apenas quanto àqueles denunciados pelo crime previsto no inciso II do § 2º do art. 1º da Lei 9.455/1997, não atende aos pressupostos legais, pois não descreve de que maneira teria o recorrente se omitido, se teria presenciado a tortura e nada fez, em que medida tinha o dever jurídico de agir, ou mesmo, tendo a possibilidade e o dever jurídico de evitar ou apurar a prática do crime de tortura, como se quedou inerte, compactuando com o delito. Não serve, para tanto, a mera referência ao dispositivo legal tido por violado. 4. Recurso em "habeas corpus" parcialmente provido para declarar a deficiência formal da acusação e determinar a anulação, "ab initio", da ação penal, ressalvada a possibilidade de oferecimento de outra denúncia, desde que preenchidas as exigências legais. (...). (RHC 28.328, Rel. Min. Sebastião Reis Júnior, DJ 10.11.2014)

(...). Tortura (artigo 1º, inciso I, letra a, da Lei 9.455/1997). Apontada inexistência de sofrimento agudo por parte da vítima. Laudo pericial que teria constatado apenas a presença de lesões de natureza leve. Alegada atipicidade da conduta. Necessidade de revolvimento aprofundado de matéria fático-probatória. Impossibilidade na via estreita do "writ". 1. O crime previsto no artigo 1º, inciso I, letra a, da Lei 9.455/1997 pressupõe o suplício físico ou mental da vítima, não se podendo olvidar que a tortura psicológica não deixa vestígios, não podendo, consequentemente, ser comprovada por meio de laudo pericial, motivo pelo qual a materialidade delitiva depende da análise de todo o conjunto fático-probatório constante dos autos, principalmente do depoimento da vítima e de eventuais testemunhas. (...). 2. Considerando-se que o ilícito em tela caracteriza-se pela infligição de dores ou sofrimentos agudos, físicos ou mentais, em qualquer pessoa, com a finalidade de dela obter informação ou confissão, tendo em conta que na denúncia o órgão acusatório narrou que a vítima teria sido submetida a intenso sofrimento físico e mental, pois agredida com murros, tapas e golpes de cassetete, bem como asfixiada com um saco plástico, e que o aresto objurgado considerou provadas nos autos tais agressões, não se pode falar em atipicidade da conduta imputada ao paciente. 3. A pretendida absolvição do paciente ante a alegada atipicidade de sua conduta por falta de comprovação de que a vítima teria sido submetida a sofrimento agudo é questão que demanda aprofundada análise de provas, o que é vedado na via estreita do remédio constitucional, que possui rito célere e desprovido de dilação probatória. 4. No processo penal brasileiro vigora o princípio do livre convencimento, em que o julgador, desde que de forma fundamentada, pode decidir pela condenação, não cabendo, na angusta via do "writ", o exame aprofundado de prova no intuito de reanalisar as razões e motivos pelos quais as instâncias anteriores formaram convicção pela prolação de decisão repressiva em desfavor do paciente. (...). (HC 214.770, Rel. Min. Jorge Mussi, DJ 19.12.2011)

Questões de concursos

860. **(Funcab/PC/PA/Delegado/2016)** Crisóstomo, policial militar, e Elesbão, agente da Polícia Civil, agindo em comunhão de esforços e desígnios, buscando a confissão de um crime, provocaram intenso sofrimento físico a Nicanor. Posteriormente, Vitorino, delegado de polícia, ao saber do ocorrido, mesmo possuindo atribuição investigativa, opta por não apurar o caso, visando a abafá-lo. Nesse contexto é correto afirmar que:

   a) todos praticaram crimes da Lei n. 9.455, contudo a conduta do delegado não é equiparada a crime hediondo.

   b) o policial militar cometeu crime militar, equiparado a hediondo; o agente cometeu crime previsto na Lei n. 9.455, também equiparado a hediondo; e o delegado cometeu crime de prevaricação, não hediondo.

   c) O policial militar e o agente cometeram crime previsto na Lei n. 9.455, equiparado a hediondo; e o delegado cometeu crime de prevaricação, não hediondo.

   d) todos praticaram crimes equiparados a hediondo, previstos na Lei n. 9.455.

   e) o policial militar cometeu crime militar, não hediondo; o agente cometeu crime previsto na Lei n. 9.455, equiparado a hediondo; e o delegado cometeu crime de prevaricação, não hediondo.

861. **(Cespe/PC/PE/Agente_de_Polícia/2016)** Rui e Jair são policiais militares e realizam constantemente abordagens de adolescentes e homens jovens nos espaços públicos, para verificação de ocorrências de situações de uso e tráfico de drogas e de porte de armas. Em uma das abordagens realizadas, eles encontraram José, conhecido por efetuar pequenos furtos, e, durante a abordagem, verificaram que José portava um celular caro. Jair começou a questionar a quem pertencia o celular e, à medida que José negava que o celular lhe pertencia, alegando não saber como havia ido parar em sua mochila, começou a receber empurrões do policial e, persistindo na negativa, foi derrubado no chão e começou a ser pisoteado, tendo a arma de Rui direcionada para si. Como não respondeu de forma alguma a quem pertencia o celular, José foi colocado na viatura depois de apanhar bastante, e os policiais ficaram rodando por horas com ele, com o intuito de descobrirem a origem do celular, mantendo-o preso na viatura durante toda uma noite, somente levando-o para a delegacia no dia seguinte. Nessa situação hipotética, à luz das leis que tratam dos crimes de tortura e de abuso de autoridade e dos crimes hediondos,

   a) os policiais cometeram o crime de tortura, que, no caso, absorveu o crime de lesão corporal.

   b) os policiais cometeram somente crime de abuso de autoridade e lesão corporal.

   c) o fato de Rui e Jair serem policiais militares configura causa de diminuição de pena.

d) os policiais cometeram o tipo penal denominado tortura-castigo.

e) caso venham a ser presos cautelarmente, Rui e Jair poderão ser soltos mediante o pagamento de fiança.

862. **(MPE/GO/Promotor/2016)** De acordo com a Lei de Tortura, assinale a alternativa correta:

a) Há crime de tortura quando o constrangimento, exercido mediante violência que causa intenso sofrimento físico, se opera em razão de discriminação pela orientação sexual (art. 1º, inc. I, alínea c).

b) Movido por instinto de vingança e sadismo, Josef K., funcionário de um banco, constrangeu, com o emprego de violência, o juiz que outrora havia decretado sua injusta prisão e causou-lhe intenso sofrimento físico. A conduta de Josef K. não constitui crime de tortura.

c) Conforme o § 5º do art. 1º da Lei de Tortura, a condenação criminal transitada em julgado, acarretará, automaticamente, a perda do cargo, função ou emprego público, a cassação da aposentadoria e a interdição para seu exercício pelo dobro do prazo da pena aplicada.

d) Compete à Justiça Castrense o processo e o julgamento do crime de tortura praticado por policial militar em serviço.

863. **(IBFC/Embasa/Assistente/2015)** Assinale a alternativa correta considerando as disposições da Lei Federal n. 9.455, de 07.4.1997, que define os crimes de tortura e dá outras providências.

a) Constitui crime de tortura, punível com reclusão de dois a seis anos, constranger alguém com emprego de violência ou grave ameaça, causando-lhe sofrimento físico ou mental para provocar ação ou omissão de natureza criminosa.

b) Constitui crime de tortura, punível com reclusão de dois a seis anos, submeter pessoa presa ou sujeita a medida de segurança a sofrimento físico ou mental, por intermédio da prática de ato não previsto em lei ou não resultante de medida legal.

c) Constitui crime de tortura, punível com reclusão de dois a oito anos, submeter alguém, sob sua guarda, poder ou autoridade, com emprego de violência ou grave ameaça, a intenso sofrimento físico ou mental, como forma de aplicar castigo pessoal ou medida de caráter preventivo.

d) O crime de tortura é afiançável por decisão da autoridade policial.

864. **(Funiversa/SEAP/DF/Agente_Penitenciário/2015)** Pratica crime de tortura o agente que expõe a perigo a saúde de pessoa sob sua autoridade, para fim de educação, ensino, tratamento ou custódia, sujeitando-a a trabalho excessivo ou abusando de meios de correção ou disciplina.

865. **(Cespe/DPU/Defensor/2015)** Caracteriza uma das espécies do crime de tortura a conduta consistente em, com emprego de grave ameaça, constranger outrem em razão de discriminação racial, causando-lhe sofrimento mental.

866. **(MPE/GO/Promotor/2014)** No que tange aos crimes de tortura, tipificados na Lei n. 9.455/97, assinale a alternativa incorreta:

    a) Segundo dispõe a lei especial, aquele que se omite em face da conduta de tortura praticada por outrem, quando tinha o dever de evitá-la ou apurá-la, responde por crime próprio, tratando-se de uma exceção pluralística à teoria unitária do Código Penal.

    b) No crime de tortura será admissível a tentativa e a desistência voluntária, quando, no último caso, o agente interromper voluntariamente sua conduta, antes que a vítima tenha algum sofrimento físico ou psíquico. Nesse último caso, poderá subsistir a prática de crime de constrangimento ilegal. Não é admissível no crime de tortura o arrependimento eficaz.

    c) A Lei 9.455/97 determina a chamada extraterritorialidade condicionada e incondicionada, além de adotar o princípio da jurisdição cosmopolita, quando disciplina ser aplicável a lei penal brasileira ainda quando o crime não tenha sido cometido em território nacional, sendo a vítima brasileira ou encontrando-se o agente em local sob jurisdição brasileira.

    d) Se o crime é praticado mediante sequestro, incorre o autor na prática do crime de tortura e, ainda, do crime de sequestro previsto no Código Penal (art. 148).

867. **(Funcab/SEDS/TO/Técnico/2014)** Submeter alguém, sob sua guarda, poder ou autoridade, com emprego de violência ou grave ameaça, a intenso sofrimento físico ou mental, conforme a legislação brasileira, constitui:

    a) modalidade disciplinar.
    b) infração administrativa.
    c) crime de tortura.
    d) sanção disciplinar.

868. **(Acafe/PC/SC/Delegado/2014)** De acordo com a legislação em vigor, assinale a alternativa correta.

    a) Deixar de observar as cautelas necessárias para impedir que menor de 21 (vinte e um) anos ou pessoa portadora de deficiência motora se apodere de arma de fogo que esteja sob sua posse ou que seja de sua propriedade, sujeita o agente a uma pena de um a dois anos de detenção e multa.

    b) Violar direitos de autor de programa de computador que consista na reprodução, por qualquer meio, de programa de computador, no todo ou em parte, para fins de comércio, sem autorização expressa do autor ou de quem o represente, sujeita o agente a uma pena de seis meses a dois anos de detenção ou multa.

c) Constitui crime de tortura constranger alguém com emprego de violência ou grave ameaça, causando-lhe sofrimento físico ou mental, com o fim de obter informação, declaração ou confissão da vítima ou de terceira pessoa.

d) Não constitui crime publicar anúncio de publicidade de estabelecimentos autorizados a realizar transplantes e enxertos, relativo a estas atividades.

e) Ocultar ou dissimular a natureza, origem, localização, disposição, movimentação ou propriedade de bens, direitos ou valores provenientes, direta ou indiretamente, de infração administrativa, sujeita o agente a uma pena de três a dez anos de reclusão e multa.

Condutas Equiparadas {art. 1º, § 1º}

> § 1º Na mesma pena incorre quem submete pessoa presa ou sujeita a medida de segurança a sofrimento físico ou mental, por intermédio da prática de ato não previsto em lei ou não resultante de medida legal.

Questões de concursos

869. **(UFMT/TJ/MT/Analista/2016)** Em relação aos crimes de tortura, marque V para as afirmativas que correspondam ao tipo de crime descrito e F àquelas que não correspondem.

   I. Constranger alguém com emprego de violência ou grave ameaça, causando-lhe sofrimento físico ou mental, para provocar ação ou omissão de natureza criminosa.

   II. Submeter alguém, sob sua guarda, poder ou autoridade, com emprego de violência ou grave ameaça, a intenso sofrimento físico ou mental, como forma de aplicar castigo pessoal ou medida de caráter preventivo.

   III. Constranger alguém com emprego de violência ou grave ameaça, causando-lhe sofrimento físico ou mental, em razão de discriminação racial ou religiosa.

   IV. Constranger alguém com emprego de violência ou grave ameaça, causando-lhe sofrimento físico ou mental, com o fim de obter informação, declaração ou confissão da vítima ou de terceira pessoa.

Assinale a sequência correta.

   a) V, V, V, V.

b) F, V, F, V.
c) F, F, F, F.
d) V, F, V, F.

870. **(Cespe/Depen/Agente_Penitenciário/2015)** Situação hipotética: Um servidor público federal, no exercício de atividade carcerária, colocou em perigo a saúde física de preso em virtude de excesso na imposição da disciplina, com a mera intenção de aplicar medida educativa, sem lhe causar sofrimento. ASSERTIVA: Nessa situação, o referido agente responderá pelo crime de tortura.

871. **(IBFC/SEDS/MG/Agente_Penitenciário/2014)** De acordo com a Lei Federal n. 9.455/1997, não será considerada causa de aumento da pena para o crime de tortura, se o delito for cometido:

   a) Contra pessoa presa ou sujeita a medida de segurança, impondo-lhe sofrimento físico ou mental, por intermédio da prática de ato não previsto em lei ou não resultante de medida legal.
   b) Por agente público.
   c) Contra criança, gestante, portador de deficiência, adolescente ou maior de 60 (sessenta) anos de idade.
   d) Mediante sequestro.

872. **(Funcab/PC/MT/Investigador/2014)** Acrásio encontrava-se detido em uma delegacia da polícia civil por ter ameaçado a vida de um terceiro. Lá, apresentou comportamento violento e incontido: debatia-se contra as grades, agredia outros detentos e dirigia impropérios contra os policiais. Após os outros detentos serem retirados da cela, Acrásio foi algemado, momento em que passou a provocar e a ofender Sinfrônio, policial que o guardava, que, em seguida, adentrou a cela e lhe desferiu vários golpes de cassetete, causando em Acrásio graves lesões (constatadas por laudo pericial), agressão que somente cessou após a intervenção de outro policial. Logo, a conduta do policial Sinfrônio:

   a) não configurou crime, haja vista estar sob a exclusão de ilicitude exercício regular do direito, em face das provocações e agressões verbais proferidas pelo detido.
   b) não configurou crime, haja vista estar sob a exclusão de ilicitude estado de necessidade, em face das provocações e agressões verbais proferidas pelo detido.
   c) configurou o crime de tortura previsto no artigo 1°, § 1°, da Lei n. 9.455/1997.
   d) não configurou crime, haja vista estar sob a exclusão de ilicitude legítima defesa, em face das provocações e agressões verbais proferidas pelo detido.

e) não configurou crime, haja vista estar sob a exclusão de ilicitude estrito cumprimento do dever legal, em face das provocações e agressões verbais proferidas pelo detido.

■ Tortura Imprópria {art. 1°, § 2°}

§ 2° Aquele que se omite em face dessas condutas, quando tinha o dever de evitá-las ou apurá-las, incorre na pena de detenção de um a quatro anos.

Jurisprudência complementar (STJ)

(...). Delito da lei de tortura (omissão criminosa). Alegação de que a conduta não foi praticada pelo paciente. Reavaliação dos elementos de autoria e materialidade. Via eleita inadequada. Infração prevista no § 2°, do art. 1°, da Lei 9.455/97. Crime próprio. Impossibilidade de aumento da sanção devido à incidência da circunstância agravante prevista no art. 61, inciso II, alínea g, do Código Penal, e da majorante de pena estabelecida no art. 1°, § 4°, inciso I, da lei de tortura. Perda do cargo público. Efeito automático da condenação nos crimes da Lei 9.455/97. Substituição da pena privativa de liberdade por sanções restritivas de direitos. Impossibilidade. Art. 44, inciso i, do código penal. Ordem de "habeas corpus" parcialmente conhecida e, nessa extensão, parcialmente concedida. 1. Não compete a este Superior Tribunal de Justiça, na via estreita do "habeas corpus", reavaliar juízo sobre a conjuntura fático-probatória – análise em que são soberanas as instâncias ordinárias –, por se tratar a referida via processual de remédio constitucional de rito célere e cognição sumária. 2. A figura típica prevista no § 2°, do art. 1°, da Lei de Tortura, constitui-se em crime próprio, porquanto exige condição especial do sujeito. Ou seja, é um delito que somente pode ser praticado por pessoa que, ao presenciar tortura, omite-se, a despeito do "dever de evitá-las ou apurá-las" (como é o caso do carcereiro policial). Em tais casos, a incidência da circunstância agravante prevista no art. 61, inciso II, alínea g, do Código Penal, e da majorante de pena estabelecida no art. 1°, § 4°, inciso I, da Lei 9.455/1997 ("se o crime é cometido por agente público"), constitui evidente "bis in idem" na valoração da condição pessoal do sujeito ativo. (...). (HC 131.828, Rel. Min. Laurita Vaz, DJ 2.12.2013)

Questões de concursos

873. **(Cespe/PC/GO/Agente_de_Polícia/2016)** À luz das disposições da Lei n. 9.455/1997, que trata dos crimes de tortura, assinale a opção correta.

    a) O fato de o agente constranger um indivíduo mediante violência ou grave ameaça, em razão da orientação sexual desse indivíduo, causando-lhe sofrimento físico ou mental, caracteriza o crime de tortura na modalidade discriminação.

    b) O delegado que se omite em relação à conduta de agente que lhe é subordinado, não impedindo que este torture preso que esteja sob a sua guarda, incorre em pena mais branda do que a aplicável ao torturador.

    c) A babá que, mediante grave ameaça e como forma de punição por mau comportamento durante uma refeição, submeter menor que esteja sob sua responsabilidade a intenso sofrimento mental não praticará crime de tortura por falta de tipicidade, podendo ser acusada apenas de maus tratos.

    d) O crime de tortura admite qualquer pessoa como sujeitos ativo ou passivo; assim, pelo fato de não exigirem qualidade especial do agente, os crimes de tortura são classificados como crimes comuns.

    e) Crimes de tortura são classificados como crimes próprios porque exigem, para a sua prática, a qualidade especial de os agentes serem agentes públicos.

874. **(Vunesp/TJ/RJ/Juiz/2016)** Maximilianus constantemente agredia seu filho Ramsés, de quinze anos, causando-lhe intenso sofrimento físico e mental com o objetivo de castigá-lo e de prevenir que ele praticasse "novas artes". Na última oportunidade em que Maximilianus aplicava tais castigos, vizinhos acionaram a polícia ao ouvirem os gritos de Ramsés. Ao chegar ao local os policiais militares constataram as agressões e conduziram ao Distrito Policial Maximilianus, Ramsés e Troia, mãe de Ramsés que presenciava todas as agressões mas, apesar de não concordar, deixava que Maximilianus "cuidasse" da educação do filho sem se "intrometer". Diante da circunstância descrita, é correto afirmar que

    a) Maximilianus e Troia incorreram, nos termos da Lei n. 9.455/97, na prática do crime de tortura na qualidade de coautores.

    b) Maximilianus incorreu, nos termos da Lei n. 9.455/97, na prática do crime de tortura na qualidade de autor, e que Troia, porém, não poderá ser responsabilizada, pois não concorreu para a prática do crime.

    c) Maximilianus incorreu, nos termos da Lei n. 9.455/97, na prática do crime de tortura na qualidade de autor, assim como Troia também teria incorrido no mesmo crime mas com base na omissão penalmente relevante prevista no Código Penal.

    d) Maximilianus incorreu, nos termos da Lei n. 9.455/97, na prática do crime de tortura na qualidade de autor, sendo que Troia será responsabilizada pela prática do crime de omissão em face da tortura praticada por Maximilianus, também previsto na Lei n. 9.455/97, tendo em vista que tinha o dever de evitá-la.

e) Maximilianus incorreu, nos termos da Lei n. 9.455/97, na prática do crime de tortura na qualidade de autor, e que Troia também será responsabilizada pela prática do mesmo crime, porém na condição de partícipe.

875. **(FCC/DPE/RS/Defensor/2014)** Sobre a Lei n. 9.455/97 (Crimes de Tortura), é correto afirmar que

a) se a vítima da tortura for criança, a Lei n. 9.455/97 deve ser afastada para incidência do tipo penal específico de tortura previsto no Estatuto da Criança e do Adolescente (art. 233 do ECA).

b) há previsão legal de crime por omissão.

c) é inviável a suspensão condicional do processo para qualquer das modalidades típicas previstas na lei.

d) o regramento impõe, para todos os tipos penais que prevê, que o condenado inicie o cumprimento da pena em regime fechado.

e) há vedação expressa, no corpo da lei, de aplicação do sursis para os condenados por tortura.

■ Tortura Preterdolosa {art. 1º, § 3º}

§ 3º Se resulta lesão corporal de natureza grave ou gravíssima, a pena é de reclusão de quatro a dez anos; se resulta morte, a reclusão é de oito a dezesseis anos.

Questões de concursos

876. **(Vunesp/PC/CE/Delegado/2015)** Pode-se afirmar sobre o crime de tortura, regulado pela Lei n. 9.455/97, que

a) será sempre de competência da Justiça Federal, independentemente do lugar do crime.

b) é crime equiparado ao hediondo, caso ocorra o resultado morte.

c) quando praticado pelo militar, ele será julgado pela Justiça Militar.

d) o condenado por crime de tortura poderá perder o cargo, função ou emprego público, desde que este efeito seja expressamente declarado na sentença.

e) as lesões leves suportadas pela vítima serão absorvidas pelo crime de tortura.

■ Causas Especiais de Aumento de Pena {art. 1º, § 4º}

§ 4º Aumenta-se a pena de um sexto até um terço:

I – se o crime é cometido por agente público;

II – se o crime é cometido contra criança, gestante, portador de deficiência, adolescente ou maior de 60 (sessenta) anos;

III – se o crime é cometido mediante sequestro.

Jurisprudência complementar (STF)

(...). Crime de tortura praticado por agente público. Dosimetria. Causa especial de aumento da pena. Artigo 1º, § 4º, inciso I, da Lei 9.455/1997. Elevação acima do patamar mínimo. Falta de fundamentação. Perda do cargo público e interdição para exercício de cargo público. Efeitos automáticos da condenação. (...). 2. A aplicação da causa de aumento de pena prevista no inc. I do § 4º do art. 1º da Lei 9.455/1997 em patamar superior ao mínimo legal (1/6) não prescinde de fundamentação própria, observadas as peculiaridades do caso concreto. Hipótese de elevação acima da fração mínima, precisamente em 1/4 (um quarto), desprovida da necessária fundamentação. 3. Crime de tortura cometido por agente público enseja a perda do cargo ocupado e a interdição para o exercício de cargo público, em prazo fixado, como efeitos automáticos da condenação. 4. "Habeas corpus" extinto sem resolução de mérito, mas com a concessão da ordem de ofício para que o Tribunal Regional Federal da 3ª Região proceda a nova dosimetria da pena, mediante aplicação da causa de aumento do inc. I do § 4º do art. 1º da Lei 9.455/1997 no mínimo legal de 1/6 (um sexto). (HC 120711, Rel. Min. Rosa Weber, 1ª T., 07.8.2014)

Jurisprudência complementar (STJ)

(...). Crime de tortura. Praticado por policiais militares. Causa de aumento de pena. Art. 1º, § 4º, inciso I, da Lei 9.455/97. Cabimento. (...). 2. Sendo maior a reprobabilidade da tortura cometida por agente público, a quem competia justamente cumprir a lei e respeitar os direitos individuais, mostra-se razoável e proporcional a aplicação da majorante inserta no art. 1º, § 4º, I, da Lei 9.455/97. (...). (HC 279.328, Rel. Min. Nefi Cordeiro, DJ 22.9.2014)

Questões de concursos

877. **(Consulplan/TRF/2R/Técnico/2017)** Os crimes previstos na Lei de Tortura (Lei n. 9.455, de 7 de abril de 1997) não terão a sua pena aumentada de um sexto até um terço se o crime for cometido:
    a) por agente público.
    b) mediante sequestro.
    c) contra vítima de 55 anos.
    d) contra portador de deficiência.

878. **(Consulplan/TJ/MG/Cartórios/2016)** Segundo a Lei n. 9.455/1997, que define os crimes de tortura e dá outras providências, aumenta-se a pena de um sexto até um terço, se o crime é cometido contra maior de
    a) 45 anos.
    b) 50 anos.
    c) 55 anos.
    d) 60 anos.

879. **(Funiversa/Secretaria_Criança/DF/Atendente/2015)** Mara, atendente de reintegração socioeducativo, foi acusada de submeter um adolescente infrator sob sua autoridade, com emprego de grave ameaça, a intenso sofrimento mental como forma de aplicar medida de caráter preventivo e Dario, superior imediato de Mara, tendo conhecimento dessa conduta, não tomou providências. A partir dessa situação hipotética e do que dispõe a Lei n. 9.455/1997, assinale a alternativa correta.
    a) Mara teria praticado crime de tortura, sendo que a pena de reclusão de dois a oito anos deveria ser aumentada por ter sido o crime cometido por agente público e contra adolescente.
    b) Dario teria sido omisso em relação à conduta a qual teria o dever de evitar ou apurar e deveria, por isso, responder pelo mesmo crime e incorrer nas mesmas penas que Mara.
    c) A condenação criminal de Mara acarretaria sua interdição para o exercício do cargo pelo prazo da pena aplicada.
    d) O crime praticado por Mara seria inafiançável e, caso fosse condenada, o cumprimento da pena seria integralmente em regime fechado, sendo insuscetível de indulto, graça ou anistia.
    e) Na hipótese de o menor infrator atentar contra sua própria vida influenciado pela conduta de Mara, a pena de Mara seria de reclusão de oito a dezesseis anos caso houvesse lesão corporal gravíssima ou morte.

880. **(Vunesp/PC/CE/Inspetor/2015)** Sobre a Lei n. 9.455/97, que dispõe sobre a tortura, é correto afirmar que

   a) os casos de tortura com o fim de obter informação, declaração ou confissão da vítima ou de terceira pessoa e para provocar ação ou omissão de natureza criminosa, o crime somente se consuma quando o agente obtém o resultado almejado.

   b) o crime de tortura é próprio, uma vez que só pode ser cometido por policiais civis ou militares.

   c) privar de alimentos pessoa sob sua guarda, poder ou autoridade é uma das formas de tortura previstas na lei, na modalidade "tortura-castigo"

   d) se o agente tortura a vítima para com ele praticar um roubo, responderá por crime único, qual seja, o crime de roubo, por este ter penas maiores.

   e) quando o sujeito ativo do crime de tortura for agente público, as penas são aumentadas de um sexto a um terço

881. **(Vunesp/PC/CE/Escrivão/2015)** O crime de tortura (Lei n. 9.455/97) tem pena aumentada de um sexto até um terço se for praticado

   a) ininterruptamente, por período superior a 24 h.

   b) em concurso de pessoas

   c) por motivos políticos.

   d) contra mulher

   e) por agente público.

882. **(Aroeira/PC/TO/Escrivão/2014)** No tocante aos crimes de tortura previstos na Lei n. 9.455/1997,

   a) a causa de aumento de pena será aplicada quando o crime for cometido por agente público, se cometido contra criança, gestante, portador de deficiência, adolescente, maior de sessenta anos ou se cometido mediante sequestro.

   b) a condenação acarretará a perda do cargo, função ou emprego público e a interdição para o exercício de novo cargo, função ou emprego público, pelo mesmo prazo da pena.

   c) o crime de tortura é inafiançável, insuscetível de graça, indulto ou anistia, sendo o cumprimento da pena integralmente em regime fechado.

   d) o disposto nessa lei aplica-se aos crimes que tenham sido cometidos em território nacional, sendo irrelevante ser a vítima brasileira ou o agente encontrar-se em local sob jurisdição brasileira.

883. (Vunesp/PC/SP/Escrivão/2014) Marlene, na qualidade de cuidadora de dona Ana Rosa, uma senhora de 77 anos de idade e que necessita de cuidados especiais, foi filmada, por câmeras colocadas no quarto da idosa, causando-lhe sofrimento físico durante vários dias, consistindo em puxões de cabelo, beliscões, arranhões, tapas e outras barbáries. Havendo condenação por crime de tortura, é correto afirmar que Marlene

a) terá sua pena aumentada de um sexto até um terço.

b) durante a execução da pena poderá ser beneficiada pelo instituto da graça.

c) durante a execução da pena poderá ser beneficiada, apenas, pelo instituto da anistia

d) poderá, nos termos da sentença condenatória, iniciar o cumprimento da pena no regime semiaberto.

e) estará sujeita à pena máxima de seis anos de detenção

Efeitos da Condenação {art. 1º, § 5º}

> § 5º A condenação acarretará a perda do cargo, função ou emprego público e a interdição para seu exercício pelo dobro do prazo da pena aplicada.

Jurisprudência complementar (STF)

Segundo agravo regimental no recurso extraordinário com agravo. Penal e Processual Penal. Crime de tortura. Policiais militares. Perda do posto e da patente como consequência da condenação. Aplicabilidade do artigo 1º, § 5º, da Lei 9.455/1997. Alegada violação do artigo 125, § 4º, da Constituição Federal. Inocorrência. (...). 1. A condenação de policiais militares pela prática do crime de tortura, por ser crime comum, tem como efeito automático a perda do cargo, função ou emprego público, por força do disposto no artigo 1º, § 5º, da Lei 9.455/1997. É inaplicável a regra do artigo 125, § 4º, da Carta Magna, por não se tratar de crime militar. (...). 2. "in casu", o acórdão recorrido assentou: "Penal e Processual Penal. Recurso do Ministério Público. Tortura. Autoria e materialidade comprovadas quantum satis. Condenação dos apelados que se impõe. Prescrição da pretensão punitiva, modalidade retroativa, artigo 109, inciso V, c/c artigo 110, ambos do Código Penal, em relação aos apelantes Antônio Marcos de França e Elenilson Nunes da Silva. Conhecimento e provimento parcial do recurso." (...). (ARE 799102 AgR-segundo, Rel. Min. Luiz Fux, 1ª T., DJ 9.2.2015)

Jurisprudência complementar (STJ)

(...). Tortura. Perda de cargo público, como efeito da condenação. Pena acessória efetivamente aplicada, em 1º grau. Alegação de "reformatio in pejus". Inexistência. (...). I. A pena acessória de perda de cargo público, ao contrário do afirmado pelo agravante, foi devidamente aplicada, em 1º Grau, sendo, ademais, efeito da condenação pela prática do crime de tortura, conforme previsto no art. 1º, § 5º, da Lei 9.455/97. II. Não há "reformatio in pejus", tendo em vista que o Tribunal de origem, ao apreciar a Apelação defensiva, apenas manteve a sentença, que já havia determinado a perda do cargo público, em desfavor do condenado. (...). (AgRg nos EDcl no REsp 1255032, Rel. Min. Assusete Magalhães, DJ 11.3.2014)

(...). Lei 9.455/97. Perda do cargo público. Efeito automático e obrigatório da condenação. Desnecessidade de fundamentação específica. A Lei 9.455/97, em seu art. 1º, § 5º, evidencia que a perda do cargo público é efeito automático e obrigatório da condenação pela prática do crime de tortura, sendo desnecessária fundamentação específica para tal. (...). (HC 106.995, Rel. Min. Felix Fischer, DJ 23.3.2009)

Questões de concursos

884. **(Fepese/SJC/SC/Agente_de_Segurança/2016)** Assinale a alternativa correta sobre o crime de tortura praticado por agente público.

   a) A pena deverá ser reduzida de um sexto até um terço.

   b) A fiança somente poderá ser arbitrada pela autoridade judiciária.

   c) Somente será punível quando houver sido praticado de forma culposa.

   d) Quando praticado com o fim de se obter informação, declaração ou confissão da vítima ou de terceira pessoa não constitui crime.

   e) A condenação acarretará a perda do cargo, função ou emprego público e a interdição para seu exercício pelo dobro do prazo da pena aplicada.

885. **(FCC/Segep/MA/Procurador/2016)** No que toca aos efeitos da condenação, correto afirmar que

   a) nos crimes de licitações, desde que consumados, os autores, quando servidores públicos, além das sanções penais, estão sujeitos à perda do cargo, emprego, função ou mandato eletivo.

   b) constitui efeito genérico e automático a perda de cargo, função ou mandato eletivo.

c) não constitui infração penal, mas meramente administrativa, o exercício de função de que privado o agente por decisão judicial.

d) a reabilitação atinge os efeitos da condenação, vedada reintegração na situação anterior apenas quando aplicada, em qualquer crime, pena privativa de liberdade superior a 4 (quatro) anos.

e) para os crimes de tortura, além da perda do cargo, função ou emprego público, igualmente prevista a interdição de seu exercício por prazo determinado em lei.

886. (Vunesp/TJM/SP/Juiz/2016) Considere a seguinte situação hipotética: João, agente público, foi processado e, ao final, condenado à pena de reclusão, por dezenove anos, iniciada em regime fechado, pela prática do crime de tortura, com resultado morte, contra Raimundo. Nos termos da Lei n. 9.455, de 7 de abril de 1997, essa condenação acarretará a perda do cargo, função ou emprego público

a) e a interdição para seu exercício pelo dobro do prazo da pena aplicada.

b) e a interdição para seu exercício pelo triplo do prazo da pena aplicada.

c) e a interdição para seu exercício pelo tempo da pena aplicada.

d) desde que o juiz proceda à fundamentação específica.

e) como efeito necessário, mas não automático.

887. (Funiversa/SEAP/DF/Agente_Penitenciário/2015) A condenação por crime de tortura acarretará a perda do cargo, da função ou do emprego público e a interdição, para seu exercício, pelo triplo do prazo da pena aplicada.

888. (Cespe/MPE/AC/Promotor/2014) A respeito dos crimes de tortura e de abuso de autoridade, assinale a opção correta.

a) A tortura, o racismo e as ações de grupos armados contra a ordem constitucional e o Estado democrático são delitos imprescritíveis, de acordo com previsão constitucional.

b) O crime de tortura, na modalidade de constranger alguém com emprego de violência ou grave ameaça, causando-lhe sofrimento físico e mental com o fim de obter informação, declaração ou confissão da vítima, é delito próprio, que só pode ser cometido por quem possua autoridade, guarda ou poder sobre a vítima.

c) A condenação de agente público por delito previsto na Lei de Tortura acarreta, como efeito extrapenal automático da sentença condenatória, a perda do cargo, função ou emprego público e a interdição para seu exercício pelo dobro do prazo da pena aplicada, segundo entendimento do STJ.

d) A representação dirigida ao MP, com a exposição do fato com todas as suas circunstâncias, prevista na Lei de Abuso de Autoridade, constitui autorização do ofendido ou de seu representante legal para a propositura da ação penal pública, ou seja, é condição de procedibilidade, sem a qual o MP está impedido de oferecer a denúncia

e) Deve responder pelo delito de abuso de autoridade o juiz que, sem justa causa, deixar de ordenar a imediata liberação de adolescente ilegalmente apreendido

■ Vedações à Tortura {art. 1º, § 6º}

> § 6º O crime de tortura é inafiançável e insuscetível de graça ou anistia.

Súmulas (STJ)

Súmula 471. Os condenados por crimes hediondos ou assemelhados cometidos antes da vigência da Lei 11.464, de 2006, sujeitam-se ao disposto no art. 112 da Lei 7.210, de 1984 para a progressão do regime prisional.

Jurisprudência complementar (STF)

O regime inicial fechado é imposto por lei nos casos de crimes hediondos, não dependendo da pena aplicada. (STF, HC 91360, Rel. Min. Joaquim Barbosa, 2ª T., DJ 20.6.2008)

Relativamente aos crimes hediondos e equiparados cometidos antes da vigência da Lei 11.464/07, como no caso em apreço, a progressão de regime carcerário deve observar o requisito temporal previsto no artigo 112 da Lei de Execuções Penais, aplicando-se, portanto, a lei mais benéfica. (STF, HC 98679, Rel. Min. Dias Toffoli, 1ª T., DJ 22.10.2010)

Questões de concursos

889. (Cespe/MC/Direito/2013) A concessão de anistia a criminoso estrangeiro, mediante critérios pré-estabelecidos, independe do crime que o estrangeiro tenha cometido em seu país de origem.

890. (Vunesp/TJ/RJ/Juiz/2013) Considerando o texto expresso da Constituição da República, assinale a alternativa que contempla somente crimes que a lei considerará inafiançáveis e insuscetíveis de graça ou anistia.

a) O terrorismo; o crime político; a tortura; e os definidos como hediondos.

b) A prática do racismo; o tráfico ilícito de entorpecentes e drogas afins; o terrorismo; e os definidos como hediondos.

c) O tráfico ilícito de entorpecentes e drogas afins; o terrorismo; e os definidos como hediondos.

d) A ação de grupos armados, civis ou militares, contra a ordem constitucional e o Estado Democrático; a prática da tortura; e o terrorismo.

■ Regime Inicial {art. 1º, § 7º}

> § 7º O condenado por crime previsto nesta Lei, salvo a hipótese do § 2º, iniciará o cumprimento da pena em regime fechado.

Súmulas (STF)

Súmula 698. Não se estende aos demais crimes hediondos a admissibilidade de progressão no regime de execução da pena aplicada ao crime de tortura.

Informativos (STF)

Crime de tortura e regime inicial de cumprimento da pena

O condenado por crime de tortura iniciará o cumprimento da pena em regime fechado, nos termos do disposto no § 7º do art. 1º da Lei 9.455/97 – Lei de Tortura. HC 123316, Rel. Min. Marco Aurélio, 9.6.15. 1ª T. (Info 789)

Informativos (STJ)

Regime inicial de cumprimento de pena no crime de tortura.

Não é obrigatório que o condenado por crime de tortura inicie o cumprimento da pena no regime prisional fechado. HC 286.925, Rel. Min. Laurita Vaz, 13.5.14. 5ª T. (Info 540)

Jurisprudência complementar (STJ)

(...). Crime de tortura. Fixação de regime inicial fechado. Obrigatoriedade. Art. 1º, § 7º, da Lei 9.455/97. Dispositivo inconstitucional. "Habeas corpus" concedido de ofício. (...). II. A obrigatoriedade do regime inicial fechado prevista na Lei do Crime de Tortura foi superada pela Suprema Corte, de modo que a mera natureza do crime não configura fundamentação idônea a justificar a fixação do regime mais gravoso para os condenados pela prática de crimes hediondos e equiparados, haja vista que, para estabelecer o regime prisional, deve o magistrado avaliar o caso concreto de acordo com os parâmetros estabelecidos pelo artigo 33 e parágrafos do Código Penal. (...). (AgRg no AREsp 272.656, Rel. Min. Ericson Maranho, DJ 4.9.2015)

Questões de concursos

891. (FGV/TJ/PI/Analista/2015) Ressalvada a situação daquele que se omite, quando tinha dever de evitar ou apurar, os condenados por crime de tortura, na forma da Lei n. 9.455/97, devem cumprir a pena em regime:

   a) integralmente fechado.
   b) inicialmente fechado.
   c) inicialmente semiaberto.
   d) inicialmente semiaberto, no caso de tortura vindicativa.
   e) aberto.

■ Extraterritorialidade {art. 2º}

Art. 2º O disposto nesta Lei aplica-se ainda quando o crime não tenha sido cometido em território nacional, sendo a vítima brasileira ou encontrando-se o agente em local sob jurisdição brasileira.

Jurisprudência complementar (STJ)

(...). Tortura. Crime cometido fora do território nacional por agentes estrangeiros com vítimas brasileiras. Extraterritorialidade da lei brasileira. Ausência de elementos que fixem a competência federal. 1. A lei penal brasileira pode ser aplicada ao crime de tortura cometido no exterior, por agentes estrangeiros, contra vítimas brasileiras, tanto por força do art. 7º, II, a, § 2º, do Código Penal, como por força do art. 2º, da Lei 9.455/97. 2. A competência da jurisdição federal se dá em caso de crime à distância previsto em tratado internacional, o que não ocorre quando o crime por inteiro se verifica no estrangeiro. 3. Tampouco se tem provocação e hipótese de grave violação a direitos humanos, ou danos diretos a bens ou serviços de entes federais. (...). (CC 107.397, Rel. Min. Nefi Cordeiro, DJ 1.10.2014)

Questões de concursos

892. **(FCC/DPE/PB/Defensor/2014)** Com relação à tortura, cabe afirmar:

   a) Genericamente trata-se de crime próprio.

   b) Não está tipificada distintamente a conduta cometida com finalidade puramente discriminatória.

   c) Na versão especificamente omissiva, trata-se de cri- me comum.

   d) Trata-se de crime insuscetível de graça, porém não de anistia.

   e) Pode ser aplicada a lei brasileira ao crime praticado por brasileiro no estrangeiro.

893. **(FCC/MPE/PE/Promotor/2014)** Quanto aos crimes de tortura, correto afirmar que

   a) punível aquele que se omite em face da tortura, ainda que sem o dever legal de evitá-la ou apurá-la.

   b) todos são classificados como próprios, segundo expressa disposição legal.

   c) o condenado sempre iniciará o cumprimento da pena em regime fechado.

   d) sujeito à jurisdição penal brasileira o estrangeiro que venha a torturar brasileiro fora do território nacional.

   e) a condenação acarretará a interdição de cargo, função ou emprego público pelo triplo do prazo da pena aplicada.

894. **(IBFC/SEDS/MG/Agente_de_Segurança/2014)** Indique a alternativa correta, de acordo com a Lei Federal n. 9.455/1997, que define os crimes de tortura:

   a) A pena prevista para o crime de tortura é aumentada de um sexto até um terço se houver resultado morte

   b) Aplica-se a lei dos crimes de tortura mesmo que o delito tenha sido praticado fora do Brasil, desde que a vítima seja brasileira.

c) Se da conduta resulta lesão de natureza grave, a pena será de reclusão, de dois a oito anos; se resulta em lesão de natureza gravíssima, a pena será de reclusão de quatro a dez anos.

d) O crime de tortura é imprescritível, inafançável e insuscetível de graça ou anistia.

■ Vigência {art. 3º}

Art. 3º Esta Lei entra em vigor na data de sua publicação.

■ Revogação {art. 4º}

Art. 4º Revoga-se o art. 233 da Lei n. 8.069, de 13 de julho de 1990 – Estatuto da Criança e do Adolescente.

Brasília, 7 de abril de 1997; 176º da Independência e 109º da República.

Fernando Henrique Cardoso

TRÁFICO DE DROGAS (LEI 11.343/06)

Lei 11.343, de 23 de agosto de 2006.

> *Institui o Sistema Nacional de Políticas Públicas sobre Drogas – Sisnad; prescreve medidas para prevenção do uso indevido, atenção e reinserção social de usuários e dependentes de drogas; estabelece normas para repressão à produção não autorizada e ao tráfico ilícito de drogas; define crimes e dá outras providências.*

O Presidente da República: faço saber que o Congresso Nacional decreta e eu sanciono a seguinte Lei:

Título I – **Disposições Preliminares**

■ Objetivos da Lei {art. 1º}

Art. 1º Esta Lei institui o Sistema Nacional de Políticas Públicas sobre Drogas – Sisnad; prescreve medidas para prevenção do uso indevido, atenção e reinserção social de usuários e dependentes de drogas; estabelece normas para repressão à produção não autorizada e ao tráfico ilícito de drogas e define crimes.

Questões de concursos

895. **(Ieses/TJ/PA/Cartórios/2016)** O Sistema Nacional de Políticas Públicas sobre Drogas – SISNAD, foi instituído pela Lei 11.343/06 e prescreve medidas para prevenção do uso indevido, atenção e reinserção social de usuários e dependentes de drogas. Sobre os princípios definidos pelo SISNAD pode-se afirmar:

   I.   Promover a construção e a socialização do conhecimento sobre drogas no país.

   II. Respeito aos direitos fundamentais da pessoa humana, especialmente quanto à sua autonomia e à sua liberdade.

   III. Reconhecimento da intersetorialidade dos fatores correlacionados com o uso indevido de drogas, com a sua produção não autorizada e o seu tráfico ilícito.

   IV. Observância às orientações e normas emanadas do Conselho Nacional Antidrogas – CONAD.

A sequência correta é:

   a) Apenas as assertivas I e III estão corretas.
   b) Apenas a assertiva II está correta.
   c) Apenas as assertivas I, III e IV estão corretas.
   d) As assertivas I, II, III e IV estão corretas.

Substâncias Consideradas Drogas – Norma Penal em Branco Heterogênea {art. 1º, p. ú.}

> Parágrafo único. Para fins desta Lei, consideram-se como drogas as substâncias ou os produtos capazes de causar dependência, assim especificados em lei ou relacionados em listas atualizadas periodicamente pelo Poder Executivo da União.

Súmulas (STM)

Súmula 14. Tendo em vista a especialidade da legislação militar, a Lei 11.343 / 06 não se aplica à Justiça Militar da União.

Informativos (STJ)

Classificação de substância como droga para fins da Lei n. 11.343/2006.

Classifica-se como "droga", para fins da Lei 11.343/2006 (Lei de Drogas), a substância apreendida que possua canabinoides – característica da espécie vegetal "cannabis sativa" –, ainda que naquela não haja tetrahidrocanabinol (THC). REsp 1.444.537, Rel. Min. Rogerio Schietti Cruz, DJ 25.4.2016. 6ª T. (Info 582)

Jurisprudência complementar (STF)

(...). Tráfico ilícito de drogas. Prescrição de substâncias elencadas na lista 'C1' da portaria 344/1998 da Secretaria de Vigilância Sanitária do Ministério da Saúde (SVS/MS), que trata das substâncias sujeitas a controle especial. Trancamento de ação penal. Alegação de atipicidade da conduta. Medida excepcional cuja pertinência não restou demonstrada. Impossibilidade de substituição do processo de conhecimento pela via estreita do "habeas corpus". Não ocorrência de absorção do crime de tráfico pelo de exercício ilegal da medicina. (...). I. Não há falar em falta de justa causa para a persecução penal, uma vez que a mera prescrição de substâncias sujeitas ao controle do Ministério da Saúde, como se deu na espécie, permite o oferecimento de denúncia pela prática, em tese, do crime de tráfico de drogas. II. O potencial lesivo da droga ministrada pelo paciente já foi previamente aferido no momento da sua inclusão na referida portaria do Ministério da Saúde, dispensando, para fins penais, qualquer exame pericial com esse objetivo. (...). IV. As alegações de que as substâncias prescritas não são capazes de gerar dependência e de que o paciente não agiu com a intenção (dolo) de praticar o crime de tráfico ilícito de drogas extrapola os limites da via estreita do "habeas corpus", que não admite discussão aprofundada de fatos e provas, como tem consignado esta Corte por meio de remansosa jurisprudência. (...). VI. Não se exige, para a configuração do exercício ilegal da medicina, a prescrição de substância tida como droga para os fins da Lei 11.343/2006, o que afasta a alegação de absorção do crime de tráfico pelo primeiro delito citado. (...). (HC 104382, Rel. Min. Ricardo Lewandowski, 1ª T., DJ 9.11.2010)

Jurisprudência complementar (STJ)

(...). 1. O laudo provisório, como o próprio nome indica, serve apenas para comprovar precariamente a existência de substância capaz de gerar dependência física ou psíquica, para fim de oferecimento da denúncia e durante a fase de instrução do processo. 2. O laudo de constatação não se presta para comprovar a materialidade do delito quando da sentença condenatória. 3. Se a sentença foi proferida sem o laudo definitivo, impõem-se a sua nulidade para que previamente seja juntado o exame toxicológico e dada vista às partes para que sobre ele se manifestem. 4. Ordem concedida para anular parcialmente a decisão, no que se refere ao delito de tráfico de drogas, determinando a juntada do exame toxicológico definitivo, com vista às partes e consequente possibilidade do paciente aguardar em liberdade essa diligência e a nova sentença. (HC 118.666, Rel. Min. Jane Silva, DJ 2.3.2009)

■ **Substâncias e suas Vedações {art. 2º}**

> **Art. 2º** Ficam proibidas, em todo o território nacional, as drogas, bem como o plantio, a cultura, a colheita e a exploração de vegetais e substratos dos quais possam ser extraídas ou produzidas drogas, ressalvada a hipótese de autorização legal ou regulamentar, bem como o que estabelece a Convenção de Viena, das Nações Unidas, sobre Substâncias Psicotrópicas, de 1971, a respeito de plantas de uso estritamente ritualístico-religioso.

■ **Fins Medicinais {art. 2º, p. ú.}**

> Parágrafo único. Pode a União autorizar o plantio, a cultura e a colheita dos vegetais referidos no caput deste artigo, exclusivamente para fins medicinais ou científicos, em local e prazo predeterminados, mediante fiscalização, respeitadas as ressalvas supramencionadas.
>
> (...)
>
> *Capítulo III* – **Dos Crimes e das Penas**

■ **Penas {art. 27}**

> **Art. 27**. As penas previstas neste Capítulo poderão ser aplicadas isolada ou cumulativamente, bem como substituídas a qualquer tempo, ouvidos o Ministério Público e o defensor.

Questões de concursos

896. **(Cespe/PC/PE/Delegado/2016)** O ordenamento penal brasileiro adotou a sistemática bipartida de infração penal – crimes e contravenções penais –, cominando suas respectivas penas, por força do princípio da legalidade. Acerca das infrações penais e suas respectivas reprimendas, assinale a opção correta.

   a) O crime de homicídio doloso praticado contra mulher é hediondo e, por conseguinte, o cumprimento da pena privativa de liberdade iniciar-se-á em regime fechado, em decorrência de expressa determinação legal.

   b) No crime de tráfico de entorpecente, é cabível a substituição da pena privativa de liberdade por restritiva de direitos, bem como a fixação de regime aberto, quando preenchidos os requisitos legais.

   c) Constitui crime de dano, previsto no CP, pichar edificação urbana. Nesse caso, a pena privativa de liberdade consiste em detenção de um a seis meses, que pode ser convertida em prestação de serviços à comunidade.

   d) O STJ autoriza a imposição de penas substitutivas como condição especial do regime aberto.

   e) O condenado por contravenção penal, com pena de prisão simples não superior a quinze dias, poderá cumpri-la, a depender de reincidência ou não, em regime fechado, semiaberto ou aberto, estando, em quaisquer dessas modalidades, obrigado a trabalhar.

■ Porte para Consumo Pessoal {art. 28}

> **Art. 28.** Quem adquirir, guardar, tiver em depósito, transportar ou trouxer consigo, para consumo pessoal, drogas sem autorização ou em desacordo com determinação legal ou regulamentar será submetido às seguintes penas:
>
> I – advertência sobre os efeitos das drogas;
>
> II – prestação de serviços à comunidade;
>
> III – medida educativa de comparecimento a programa ou curso educativo.

Informativos (STJ)

Inaplicabilidade do princípio da insignificância ao crime de porte de substância entorpecente para consumo próprio.

Não é possível afastar a tipicidade material do porte de substância entorpecente para consumo próprio com base no princípio da insignificância, ainda que ínfima a quantidade de droga apreendida. RHC 35.920, Rel. Min. Rogerio S. Cruz, 20.5.14. 6ª T. (Info 541)

Reincidência decorrente de condenação por porte de drogas para consumo próprio.

A condenação por porte de drogas para consumo próprio (art. 28 da Lei 11.343/06) transitada em julgado gera reincidência. Isso porque a referida conduta foi apenas despenalizada pela nova Lei de Drogas, mas não descriminalizada ("abolitio criminis"). HC 275.126, Rel. Min. Nefi Cordeiro, 18.9.14. 6ª T. (Info 549)

Jurisprudência complementar (STF)

(...). Tráfico de drogas nas dependências de estabelecimento prisional (art. 33, caput, c/c o art. 40, inciso III, da Lei 11.343/06). Pretendida absolvição ou desclassificação para o uso de drogas (art. 28 da Lei 11.343/06). Questões não analisada pelo Superior Tribunal de Justiça. Supressão de instância configurada. (...). 1. Por entender necessário o reexame de fatos e provas, inadmissível, por força do enunciado da Súmula 7/STJ, aquela Corte de Justiça deixou de analisar os temas trazidos à apreciação do Supremo Tribunal. Portanto, sua análise, de forma originária, pela corte, configuraria inadmissível supressão de instância. (...). (HC 125452, Rel. Min. Dias Toffoli, 1ª T., DJ 8.4.2015)

(...). Imposição de medida socioeducativa de internação a adolescente que praticou ato infracional equiparado ao delito previsto no art. 28 da Lei 11.343/2006, para o qual não se comina pena privativa de liberdade, mas, tão só, pena meramente restritiva de direitos. Situação de injusto constrangimento configurada. (...). A criança e o adolescente recebem especial amparo que lhes é dispensado pela própria Constituição da República, cujo texto consagra, como diretriz fundamental e vetor condicionante da atuação da família, da sociedade e do Estado (CF, art. 227), o princípio da proteção integral. O sistema de direito positivo, ao dispor sobre o menor adolescente em situação de conflito com a lei, nas hipóteses em que venha ele a cometer ato infracional – a cuja prática se estende o princípio da insignificância (HC 102.655, v. g.) –, objetiva implementar programas e planos de atendimento socioeducativo, cuja precípua função – entre aquelas definidas na Lei 12.594/2012 – consiste em promover a integração social do adolescente, garantindo-lhe a integridade de seus direitos, mediante execução de plano individual de atendimento, respeitados, sempre, o estágio de desenvolvimento e a capacidade de compreensão do menor inimputável. Revela-se contrário ao sistema jurídico, por subverter o princípio da proteção integral do menor inimputável, impor ao adolescente – que eventualmente pratique ato infracional consistente em possuir drogas para consumo próprio – a medida extraordinária de internação, pois nem mesmo a pessoa maior de dezoito anos de idade, imputável, pode sofrer a privação da liberdade por efeito de transgressão ao art. 28 da Lei 11.343/2006. (...). (HC 124682, Rel. Min. Celso de Mello, 2ª T., DJ 26.2.2015)

(...). Súmula 691/STF. Ato infracional análogo ao crime de uso de drogas. Impossibilidade de aplicação de medida socioeducativa de semiliberdade. Ordem concedida de ofício. 1. Não compete ao Supremo Tribunal Federal examinar questão de direito não apreciada definitivamente pelo Superior Tribunal de Justiça (Súmula 691/STF), salvo nas hipóteses de manifesta ilegalidade ou abuso de poder, bem como nos casos de decisões manifestamente contrárias à jurisprudência do Supremo Tribunal Federal ou de decisões teratológicas. 2. É vedada a submissão de adolescente a tratamento mais gravoso do que aquele conferido ao adulto. 3. Em se tratando da criminalização do uso de entorpecentes, não se admite a imposição ao condenado de pena restritiva de liberdade, nem mesmo em caso de reiteração ou de descumprimento de medidas anteriormente aplicadas. Não sendo possível, por ato infracional análogo ao delito do art. 28 da Lei de drogas, a internação ou a restrição parcial da liberdade de adolescentes. (...). Ordem concedida de ofício. (HC 119160, Rel. Min. Roberto Barroso, 1ª T., DJ 16.5.2014)

(...). Inquérito. Crime contra a honra: calúnia e difamação. Declarações proferidas em programa radiofônico por parlamentar federal. Imunidade. Inexistência. Queixa-crime. Recebimento. 1. O crime de calúnia, para a sua configuração, reclama a imputação de fato específico, que seja criminoso, e a intenção de ofender à honra; enquanto para o delito de difamação pressupõe-se, para a concretização, a existência de ofensa à honra, objetivo do querelante. 2. "in casu", em programa radiofônico, o parlamentar federal teria imputado ao querelante a prática do delito de ameaça de morte a repórter, fazendo-o de modo concreto, indicando o local, a data e o móvel da suposta conduta delituosa, bem como a imputação do crime previsto no artigo 28 da Lei 11.343/2006 – uso de drogas. Afirmou, também, "ter o querelante praticado falcatruas durante as eleições municipais, bem como realizado transações ilícitas, agressões à imprensa e às pessoas que não lhe fossem simpáticas politicamente, realçando que o prefeito/querelante é pessoa que se dá a bebedeiras, é moleque e vagabundo, agindo com desrespeito em relação às mulheres residentes na comarca". 3.

O animus calumniandi presente naquele que imputa a outrem, falsamente, as condutas de ameaça de morte e de consumo de drogas, delitos previstos no artigo 147 do Código Penal e no artigo 28 da Lei 11.343/2006, respectivamente, configura a prática do crime de calúnia. 4. O delito de difamação considera-se perpetrado por quem, afirmando fato certo e definido, ofende a honra de outrem, ainda que se repisem fatos sobre aquilo que os outros reputam a respeito da cidadão, no tocante a seus atributos físicos, intelectuais e morais. 5. Imunidade parlamentar. Inexistência, quando não se verificar liame entre o fato apontado como crime contra a honra e o exercício do mandato parlamentar pelo ofensor. Os atos praticados em local distinto do recinto do Parlamento escapam à proteção absoluta da imunidade, que abarca apenas manifestações que guardem pertinência, por um nexo de causalidade, com o desempenho das funções do mandato. 6. Os indícios da prática dos crimes de calúnia e difamação nas declarações prestadas pelo querelado em programa radiofônico no caso sub judice, impõem o recebimento da queixa-crime. (Inq 2915, Rel. Min. Luiz Fux, Pleno, DJ 31.5.2013)

Jurisprudência complementar (STJ)

(...). Tráfico de drogas. Dosimetria. Condenação transitada em julgado pelo crime do art. 28 da Lei 11.343/2006. Agravante da reincidência. Legalidade. Progressão de regime. Necessidade da reiteração delitiva em crime hediondo para incidir o lapso temporal de 3/5. Requisito não previsto em lei. Constrangimento ilegal não configurado. (...). 2. A condenação transitada em julgado pela prática do tipo penal inserto no art. 28 da Lei 11.343/2006 gera reincidência, sendo fundamento legal idôneo para agravar a pena na segunda fase da dosimetria. 3. Nos termos da legislação de regência, mostra-se irrelevante que a reincidência seja específica em crime hediondo para a aplicação da fração de 3/5 na progressão de regime, pois não deve haver distinção entre as condenações anteriores (se por crime comum ou por delito hediondo). (...). (HC 231.856, Rel. Min. Gurgel de Faria, DJ 23.6.2015)

(...). Prática de falta de natureza grave. Posse de drogas para consumo próprio. Art. 28 da Lei 11.343/2006. Apuração em âmbito administrativo. Materialidade. Presença de vestígios. Ausência de laudo de constatação. Indícios insuficientes acerca da natureza e da quantidade da substância apreendida. Indispensabilidade da elaboração do laudo pericial. Nulidade do procedimento administrativo disciplinar. Constrangimento ilegal evidenciado. (...). Ordem concedida de ofício. 1. A instauração de Procedimento Administrativo Disciplinar (PAD) pelo diretor do estabelecimento prisional, com a finalidade de se apurar a prática de falta grave, é medida que está em consonância com a jurisprudência deste Tribunal Superior. 2. É pacífica a orientação do Superior Tribunal de Justiça de que o cometimento de crime doloso no curso da execução caracteriza falta grave conforme disposto no art. 52 da LEP, independentemente do trânsito em julgado de eventual sentença penal condenatória. 3. A conduta de possuir de drogas para consumo próprio, prevista no art. 28 da Lei 11.343/2006, demanda a elaboração do laudo de constatação preliminar da natureza e da quantidade da droga apreendida para que se proceda à lavratura do auto de prisão em flagrante. 4. Na espécie, apurada a falta de natureza grave consistente na prática do delito de posse de drogas para consumo próprio, é necessária a elaboração do laudo de constatação, de maneira a fornecer indícios de materialidade da prática delitiva, mesmo que dispensável o trânsito em julgado de eventual sentença penal condenatória. (...). Ordem concedida, de ofício, para cassar a decisão do Juízo das Execuções Criminais, que reconheceu a prática de falta grave e determinou a regressão de regime do paciente. (HC 295.387, Rel. Min. Rogerio Schietti Cruz, DJ 29.5.2015)

(...). Ato infracional equiparado ao crime de porte de substância entorpecente para consumo próprio. Princípio da insignificância. Inaplicabilidade. 1. A jurisprudência desta Corte firmou entendimento de que o crime de posse de drogas para consumo pessoal (art. 28 da Lei 11.343/06) é de perigo presumido ou abstrato e a pequena quantidade de droga faz parte da própria essência do delito em questão, não lhe sendo aplicável o princípio da insignificância (RHC 34.466). (AgRg no AREsp 620.033, Rel. Min. Sebastião Reis Júnior, DJ 23.4.2015)

(...). Consumo de drogas majorado pela associação eventual. Lei 6.368/76, art. 16 c/c art. 18, III. Pena em abstrato superior 02 anos. Competência. Justiça Comum. Despenalização. Lei 11.343/06. "Habeas corpus" concedido de ofício. 1. O crime de consumo de drogas, majorado pela associação eventual, previsto no art. 16 c/c art. 18, III, ambos da revogada Lei 6.368/76, possui pena superior a 02 anos fixando-se, assim, a competência da Justiça Comum e não dos Juizados Especiais Criminais. 2. A Lei 11.343/2006 operou a despenalização do crime de consumo próprio de drogas ao estabelecer, no art. 28, a incidência apenas de advertência sobre os efeitos das drogas, prestação de serviços à comunidade e medida educativa de comparecimento a programa ou curso educativo. 3. "Habeas corpus" não conhecido, mas concedida a ordem de ofício para extinguir a pena privativa de liberdade restante e determinar, ao juízo da execução, que fixe nova reprimenda, dentro das balizas trazidas pelo art. 28 da Lei 11.343/06. (HC 65.242, Rel. Min. Nefi Cordeiro, DJ 27.8.2014)

(...). Porte de substância entorpecente para consumo próprio. Princípio da insignificância. Impossibilidade. Constrangimento ilegal não evidenciado. 1. Independentemente da quantidade de drogas apreendidas, não se aplica o princípio da insignificância aos delitos de porte de substância entorpecente para consumo próprio e de tráfico de drogas, sob pena de se ter a própria revogação, contra legem, da norma penal incriminadora. (...). 2. O objeto jurídico tutelado pela norma do artigo 28 da Lei 11.343/2006 é a saúde pública, e não apenas a do usuário, visto que sua conduta atinge não somente a sua esfera pessoal, mas toda a coletividade, diante da potencialidade ofensiva do delito de porte de entorpecentes. 3. Para a caracterização do delito descrito no artigo 28 da Lei 11.343/2006, não se faz necessária a ocorrência de efetiva lesão ao bem jurídico protegido, bastando a realização da conduta proibida para que se presuma o perigo ao bem tutelado. Isso porque, ao adquirir droga para seu consumo, o usuário realimenta o comércio nefasto, pondo em risco a saúde pública e sendo fator decisivo na difusão dos tóxicos. 4. A reduzida quantidade de drogas integra a própria essência do crime de porte de substância entorpecente para consumo próprio, visto que, do contrário, poder-se-ia estar diante da hipótese do delito de tráfico de drogas, previsto no artigo 33 da Lei 11.343/2006. (...). (RHC 35.920, Rel. Min. Rogerio Schietti Cruz, DJ 29.5.2014)

(...). Uso de drogas. Substituição da pena anteriormente aplicada ao réu por advertência. "Novatio legis in melius". Inaplicabilidade na hipótese. Réu que cumpriu totalmente a pena antes da vigência da Lei 11.343/2006. Desconto da pena nas condenações pendentes. Impossibilidade. (...). I. Hipótese na qual o Juízo da Execução, atendendo pleito defensivo, substituiu a pena privativa de liberdade anteriormente imposta ao paciente, pela prática do delito de uso de entorpecentes, por advertência, nos termos da Lei 11.343/2006. II. A Lei 11.343/2006, por se tratar de novatio legis in melius, no tocante ao uso de drogas deve, de fato, retroagir para beneficiar os condenados pelo art. 16 da Lei 6.368/76 que estejam cumprindo pena em razão da conduta despenalizada. III. Evidenciado, na hipótese, o cumprimento total da pena pelo paciente, com sua extinção em 06.12.2002, não há que se falar em retroação da "novatio legis in melius". IV. Incabível o pleito defensivo de que o tempo de pena privativa de liberdade cumprido pelo paciente em razão do delito de uso de drogas possa ser descontado de suas outras condenações pendentes de cumprimento, se sequer pode ser aplicada ao caso a advertência prevista no inciso I do art. 28 da Lei 11.3434/2006. V. (...). (HC 165.922, Rel. Min. Gilson Dipp, DJ 3.11.2010)

Questões de concursos

897. **(Cespe/PC/PE/Delegado/2016)** Se determinada pessoa, maior e capaz, estiver portando certa quantidade de droga para consumo pessoal e for abordada por um agente de polícia, ela

    a) estará sujeita à pena privativa de liberdade, se for reincidente por este mesmo fato.

b) estará sujeita à pena privativa de liberdade, se for condenada a prestar serviços à comunidade e, injustificadamente, recusar a cumprir a referida medida educativa.

c) estará sujeita à pena, imprescritível, de comparecimento a programa ou curso educativo.

d) poderá ser submetida à pena de advertência sobre os efeitos da droga, de prestação de serviço à comunidade ou de medida educativa de comparecimento a programa ou curso educativo.

e) deverá ser presa em flagrante pela autoridade policial.

898. **(Funcab/PC/PA/Delegado/2016)** Sobre a Lei de Drogas (Lei n. 11.343/2006) e as normas que a complementam, assinale a resposta correta.

a) O crime previsto no art. 28 da lei especial tem prazo prescricional fixado em dois anos.

b) A destruição de plantações ilícitas não pode se dar de forma imediata pelo Delegado de Polícia, exigindo-se autorização judicial para tal.

c) Não pode o poder público autorizar o uso de plantas psicotrópicas para exclusiva finalidade ritualística-religiosa.

d) Não há a previsão de condutas culposas na Lei n. 11.343, de 2006.

e) O analgésico morfina foi retirado das listas anexas à Portaria n. 344/ANVISA, de 1998, de modo que não mais pode ser considerado uma droga para fins de aplicação da Lei n. 11.343.

899. **(Vunesp/TJ/RJ/Juiz/2016)** "X", flagrado portando maconha para uso próprio, pode

a) ser conduzido ao Distrito Policial, livrando-se solto, haja vista tratar-se de infração de menor potencial ofensivo.

b) ignorar a determinação policial no sentido de que se conduza ao Distrito Policial, uma vez que esta conduta não prevê pena privativa de liberdade.

c) ser conduzido ao CAPS – Centro de Atenção Psicossocial –, para ser submetido a tratamento compulsório, dado que a lei prevê medidas alternativas à prisão.

d) ser preso, em flagrante delito.

e) ser liberado, mediante pagamento de fiança.

900. **(FCC/TJ/SE/Juiz/2015)** Ocorrendo a prática de ato infracional, análogo ao delito do artigo 28 da Lei de Drogas, e concluindo o juiz pela aplicação de medida socioeducativa.

a) não poderá aplicar a restritiva de liberdade.

b) não poderá aplicá-las, exceto a de advertência.

c) poderá aplicar a de restrição da liberdade somente em caso de descumprimento de medida anteriormente aplicada.

d) poderá aplicar qualquer uma, exceto a de internação.

e) poderá aplicar qualquer uma das previstas no artigo 112 do Estatuto da Criança e do Adolescente.

901. **(Consulplan/TJ/MG/Cartórios/2015)** "Tício guardou, para consumo pessoal, maconha sem autorização." Tício pode ser submetido às seguintes penas, exceto:

    a) Advertência sobre os efeitos das drogas.

    b) Medida educativa de comparecimento a programa ou curso educativo.

    c) Prisão domiciliar.

    d) Prestação de serviços à comunidade.

902. **(Funiversa/PC/DF/Perito/2015)** Eduardo adquiriu e transportou, para consumo pessoal, cocaína, sem autorização legal. Com base nesse caso hipotético, assinale a alternativa correta.

    a) A conduta de Eduardo é atípica.

    b) Eduardo não poderá ser condenado à prestação de serviços à comunidade, pois, por se tratar de usuário de drogas, a única pena a que pode ser submetido é a de advertência sobre os efeitos das drogas.

    c) Eduardo poderá ser submetido à pena de detenção.

    d) Eduardo poderá ser submetido à pena de reclusão.

    e) Eduardo poderá ser submetido à medida educativa de comparecimento a programa ou curso educativo.

903. **(FCC/MPE/PA/Promotor/2014)** Com relação ao controle penal das drogas, segundo o entendimento hoje dominante no

    a) Superior Tribunal de Justiça, todas as pessoas que foram condenadas por tráfico de drogas têm que cumprir 3/5 (três quintos) da pena privativa de liberdade respectiva, se reincidentes, para postularem sua progressão de regime prisional.

    b) Supremo Tribunal Federal, não há como ser aplicado o chamado princípio da insignificância penal na conduta de portar ínfima quantidade de maconha para uso exclusivamente próprio, quando cometida por militar no ambiente castrense.

c) Superior Tribunal de Justiça, o reconhecimento da causa de diminuição específica do tráfico de drogas (Lei n. 11.343/2006, artigo 33, parágrafo 4º) afasta, de regra, a hediondez do crime cometido.

d) Superior Tribunal de Justiça, é incabível a aplicação retroativa, aos crimes cometidos anteriormente a sua vigência, da causa de diminuição específica do tráfico de drogas trazida pelo artigo 33, parágrafo 4º da Lei n. 11.343/2006.

e) Superior Tribunal de Justiça, é cabível a aplicação retroativa, aos crimes cometidos anteriormente a sua vigência, da causa de diminuição específica do tráfico de drogas trazida pelo artigo 33, parágrafo 4º da Lei n. 11.343/2006, de sorte que a redução respectiva incida sobre o montante de pena apurado segundo as margens cominadas pela Lei n. 6.368/1976.

904. (Vunesp/TJ/PA/Juiz/2014) Assinale a alternativa que apresenta o atual posicionamento do Supremo Tribunal Federal com relação à posse de droga para consumo pessoal, prevista no art. 28 da Lei n. 11.343/2006, no qual, para a Corte Suprema, tal conduta foi

a) descriminalizada.

b) transformada em contravenção penal.

c) transformada em ilícito administrativo.

d) despenalizada

e) atenuada.

905. (Vunesp/PC/SP/Desenhista/2014) Nos termos do artigo 28 da Lei n. 11.343/2006 – Lei de Drogas – aquele que adquirir, guardar, tiver em depósito, transportar ou trouxer consigo, para consumo pessoal, drogas sem autorização ou em desacordo com determinação legal ou regulamentar, poderá.

a) receber advertência sobre os efeitos das drogas.

b) ser punido com a pena de reclusão.

c) ser punido com a pena de detenção.

d) ser punido com a pena de prisão simples.

e) ter a conduta considerada atípica.

906. (FCC/TJ/AP/Juiz/2014) Estritamente em vista do advento da Lei n. 11.343/2006, precisamente no seu artigo 28, surgiu o forte entendimento de que nosso sistema normativo, desde então, teria descriminalizado a conduta de trazer consigo drogas ilícitas destinadas exclusivamente para consumo pessoal, eis que

a) assim passou a entender pacificamente a jurisprudência do Supremo Tribunal Federal.

b) se trata de conduta que não agride a saúde de outrem, senão aquela do próprio agente, de sorte que não há, no caso, ofensa ao bem jurídico "saúde pública" a ser tutelada pelo direito penal.

c) se trata de criminalização puramente invasiva da privacidade e da intimidade do indivíduo, bens estes tutelados no artigo 5°, inc. X da Constituição Federal, em face do qual não há de prosperar a lei ordinária.

d) a Lei de Introdução ao Código Penal dispõe expressamente que crime é aquela conduta a que a lei comina pena de reclusão ou detenção, o que não ocorre em relação à conduta em foco.

e) assim passou a entender pacificamente a jurisprudência do Tribunal de Justiça do Amapá e do Superior Tribunal de Justiça.

907. **(Vunesp/PC/SP/Investigador/2014)** Roberval Taylor consumiu droga sem autorização ou em desacordo com determinação legal ou regulamentar. Essa conduta, segundo a Lei sobre Drogas (Lei n. 11.343/06), pode submeter Roberval, entre outras, às seguintes penas:

a) prisão e prestação de serviços à comunidade.

b) advertência sobre os efeitos das drogas e prestação de serviços à comunidade

c) medida educativa de comparecimento a programa ou curso educativo e detenção

d) cassação dos direitos políticos e advertência sobre os efeitos das drogas.

e) multa e reclusão.

908. **(Vunesp/PC/SP/Escrivão/2014)** Dentre as penas previstas pela Lei n. 11.343/2006, para quem adquirir, guardar, tiver em depósito, transportar ou trouxer consigo, para consumo pessoal, drogas sem autorização ou em desacordo com determinação legal ou regulamentar, encontra-se a:

a) prisão domiciliar.

b) advertência sobre os efeitos das drogas

c) prisão civil

d) prisão preventiva

e) detenção de 6 meses a um ano e multa.

909. **(Vunesp/TJ/PA/Juiz/2014)** Assinale a alternativa que apresenta o atual posicionamento do Supremo Tribunal Federal com relação à posse de droga para consumo pessoal, prevista no art. 28 da Lei n. 11.343/2006, no qual, para a Corte Suprema, tal conduta foi:

a) descriminalizada.

b) transformada em contravenção penal.

c) transformada em ilícito administrativo.

d) despenalizada.

e) atenuada.

910. (Vunesp/TJ/RJ/Juiz/2013) A respeito do agente que traz consigo drogas sem autorização ou em desacordo com determinação legal ou regulamentar, é correto afirmar que

a) será isento de pena se, em razão da dependência da droga, ao tempo da ação não possuía plena capacidade de entender o caráter ilícito do fato.

b) incidirá causa de diminuição de pena se oferecer droga, eventualmente e sem objetivo de lucro, a pessoa de seu relacionamento, para juntos consumirem.

c) se for para consumo pessoal, será submetido, dentre outras, à pena de prestação de serviços à comunidade, pelo prazo máximo inicial de cinco meses.

d) de acordo com entendimento jurisprudencial do Superior Tribunal de Justiça, se for adolescente deverá obrigatoriamente receber medida socioeducativa de internação.

911. (UEG/PC/GO/Escrivão/2013) Sobre o crime de posse de drogas para consumo pessoal, previsto no art. 28 da Lei n. 11.343/2006, tem-se que

a) a admoestação verbal é medida prevista como pena principal a ser aplicada nos casos de posse para consumo pessoal.

b) a pena de prestação de serviços à comunidade poderá ter a duração máxima de 10 (dez) meses, em caso de reincidência.

c) a prescrição ocorrerá em 3 (três) anos, ou seja, no prazo mínimo previsto para essa causa extintiva de punibilidade prevista no Código Penal.

d) em caso de descumprimento injustificado pelo agente, o juiz poderá converter diretamente a pena de prestação de serviços à comunidade em multa.

912. (Cespe/PRF/Policial_Rodoviário/2013) Caso uma pessoa injete em seu próprio organismo substância entorpecente e, em seguida, seja encontrada por policiais, ainda que os agentes não encontrem substâncias entorpecentes em poder dessa pessoa, ela estará sujeita às penas de advertência, prestação de serviço à comunidade ou medida educativa de comparecimento a programa ou curso educativo.

Condutas Equiparadas {art. 28, § 1º}

> § 1º Às mesmas medidas submete-se quem, para seu consumo pessoal, semeia, cultiva ou colhe plantas destinadas à preparação de pequena quantidade de substância ou produto capaz de causar dependência física ou psíquica.

Jurisprudência complementar (STF)

I. Posse de droga para consumo pessoal: (art. 28 da L. 11.343/06 – nova lei de drogas): natureza jurídica de crime. 1. O art. 1º da LICP – que se limita a estabelecer um critério que permite distinguir quando se está diante de um crime ou de uma contravenção – não obsta a que lei ordinária superveniente adote outros critérios gerais de distinção, ou estabeleça para determinado crime – como o fez o art. 28 da L. 11.343/06 – pena diversa da privação ou restrição da liberdade, a qual constitui somente uma das opções constitucionais passíveis de adoção pela lei incriminadora (CF/88, art. 5º, XLVI e XLVII). 2. Não se pode, na interpretação da L. 11.343/06, partir de um pressuposto desapreço do legislador pelo "rigor técnico", que o teria levado inadvertidamente a incluir as infrações relativas ao usuário de drogas em um capítulo denominado "Dos Crimes e das Penas", só a ele referentes. (L. 11.343/06, Título III, Capítulo III, arts. 27/30). 3. Ao uso da expressão "reincidência", também não se pode emprestar um sentido "popular", especialmente porque, em linha de princípio, somente disposição expressa em contrário na L. 11.343/06 afastaria a regra geral do C. Penal (CP, art. 12). 4. Soma-se a tudo a previsão, como regra geral, ao processo de infrações atribuídas ao usuário de drogas, do rito estabelecido para os crimes de menor potencial ofensivo, possibilitando até mesmo a proposta de aplicação imediata da pena de que trata o art. 76 da L. 9.099/95 (art. 48, §§ 1º e 5º), bem como a disciplina da prescrição segundo as regras do art. 107 e seguintes do C. Penal (L. 11.343, art. 30). 6. Ocorrência, pois, de "despenalização", entendida como exclusão, para o tipo, das penas privativas de liberdade. 7. Questão de ordem resolvida no sentido de que a L. 11.343/06 não implicou "abolitio criminis" (CP, art. 107). II. Prescrição: consumação, à vista do art. 30 da L. 11.343/06, pelo decurso de mais de 2 anos dos fatos, sem qualquer causa interruptiva. III. Recurso extraordinário julgado prejudicado. (RE 430105 QO, Relator(a): Min. Sepúlveda Pertence, 1ª T., DJ 27.4.2007)

Critérios Objetivos para a Determinação do Consumo Pessoal {art. 28, § 2°}

> § 2º Para determinar se a droga destinava-se a consumo pessoal, o juiz atenderá à natureza e à quantidade da substância apreendida, ao local e às condições em que se desenvolveu a ação, às circunstâncias sociais e pessoais, bem como à conduta e aos antecedentes do agente.

Jurisprudência complementar (STJ)

(...). Porte de drogas para uso pessoal reconhecido na origem. Pleito de condenação por tráfico. Impossibilidade. Quantidade e natureza da droga. Fatores não determinantes que devem ser valorados com os demais indicativos do § 2º do art. 28 da Lei 11.343/2006. Inversão do julgado. Enunciado 7/STJ. (...).1. O Tribunal de origem concluiu, após percuciente exame do arcabouço probatório, que, apesar da quantidade (70,7 gramas de cocaína), a substância entorpecente apreendida era destinada ao uso do agravado. 2. O legislador, ao redigir o § 2º do art. 28 da Lei 11.343/2006, indicou ao intérprete critérios objetivos e subjetivos para determinar, no caso concreto, a correta subsunção do comportamento do agente. Destarte, a quantidade e natureza da substância entorpecente são fatores relevantes para delimitação do destino da droga, não tendo, contudo, o poder de suprimir os demais critérios designados – local e condições em que se desenvolveu a ação, circunstâncias sociais e pessoais, conduta e antecedentes do agente. 4. Emanando a classificação da conduta do agravado do exame das provas carreadas aos autos e das circunstâncias do delito, não pode esta Corte Superior proceder à alteração da conclusão firmada nas instâncias ordinárias sem revolver o acervo fático-probatório, providência incabível em recurso especial, consoante o óbice contido no verbete sumular n. 7/STJ. (...). (AgRg no REsp 1395205, Rel. Min. Marco Aurélio Bellizze, DJ 18.8.2014)

Prazo Máximo das Penas {art. 28, § 3°}

> § 3º As penas previstas nos incisos II e III do caput deste artigo serão aplicadas pelo prazo máximo de 5 (cinco) meses.

Jurisprudência complementar (STF)

(...). Substituição de pena privativa de liberdade por restritiva de direitos. Art. 44, III, do Código Penal. Análise dos requisitos. Fundamentação quanto à aplicação do art. 44 do Código Penal. Necessidade. Caracterizada, no caso, ofensa ao princípio da individualização da pena. Ordem concedida. I. Toda a vez que alguém é condenado por crime doloso à pena não superior a quatro anos, o julgador deve manifestar-se, fundamentadamente, se é ou não o caso de substituição da sanção corporal pela restritiva de direitos. Estando presentes os seus pressupostos, a substituição torna-se imperativa. II. É necessário, pois, que o juízo fundamente a não aplicação do art. 44 do Código Penal, sob pena de ofensa ao princípio da individualização da pena. (...). III. Ordem concedida. (HC 94874, Rel. Min. Ricardo Lewandowski, 1ª T., DJ 12.12.2008)

Jurisprudência complementar (STJ)

(...). Porte de substância entorpecente. Dosimetria. Reprimenda. Prestação de serviços à comunidade. Imposição do prazo máximo. Discricionariedade vinculada. Personalidade. Revelia. Negatividade. Ausência de fundamentação. Nulidade. Constrangimento ilegal evidenciado. 1. O § 3º do art. 28 da Lei 11.343/06 não estabelece o mínimo da pena a ser aplicada em casos de violação ao caput do citado dispositivo, mas apenas o quantum máximo. 2. Ainda que se possa admitir um certo arbítrio do juiz ao aplicar a pena ao caso concreto, a fixação da sanção no grau máximo legalmente permitido exige fundamentação ampla, sob pena de permitir-se o estabelecimento em todos os casos de idêntica pena – a máxima – violando-se duplamente o princípio da individualização da pena. 3. Não constitui fundamento idôneo a autorizar a imposição máxima da pena o fato de o paciente ser revel. 4. Constitui evidente constrangimento ilegal a fixação da reprimenda, no caso prestação de serviços à comunidade, no prazo máximo previsto pelo § 3º do art. 28 da Lei 11.343/06 para o crime previsto no caput do citado dispositivo legal, sem a devida fundamentação. 5. Ordem concedida para anular a sentença no tocante à dosimetria da pena, determinando seja outra proferida nesse ponto, de forma fundamentada. (HC 131.336, Rel. Min. Jorge Mussi, DJ 15.3.2010)

■ Reincidência {art. 28, § 4º}

§ 4º Em caso de reincidência, as penas previstas nos incisos II e III do caput deste artigo serão aplicadas pelo prazo máximo de 10 (dez) meses.

Questões de concursos

913. (FCC/TJ/GO/Juiz/2015) De acordo com a Lei de Drogas:

a) a pena de prestação de serviços à comunidade, no caso de condenação por posse de droga para consumo pessoal, pode ser aplicada pelo prazo máximo de dez meses, se reincidente o agente.

b) configura crime associarem-se mais de três pessoas, no mínimo, para o fim de praticar, reiteradamente, o tráfico de drogas.

c) é de três anos o prazo de prescrição no crime de posse de droga para consumo pessoal, adotado o menor prazo previsto no Código Penal.

d) constitui crime a organização de manifestação favorável à legalização do uso de drogas.

e) vedada a substituição da pena privativa de liberdade por restritivas de direitos no caso de condenação por tráfico de drogas, ainda que se trate da chamada figura privilegiada do delito.

■ Prestação de Serviços à Comunidade {art. 28, § 5º}

> § 5º A prestação de serviços à comunidade será cumprida em programas comunitários, entidades educacionais ou assistenciais, hospitais, estabelecimentos congêneres, públicos ou privados sem fins lucrativos, que se ocupem, preferencialmente, da prevenção do consumo ou da recuperação de usuários e dependentes de drogas.

Jurisprudência complementar (STF)

(...). I. Toda a vez que alguém é condenado por crime doloso à pena não superior a quatro anos, o julgador deve manifestar-se, fundamentadamente, se é ou não o caso de substituição da sanção corporal pela restritiva de direitos. Estando presentes os seus pressupostos, a substituição torna-se imperativa. II. É necessário, pois, que o juízo fundamente a não aplicação do art. 44 do Código Penal, sob pena de ofensa ao princípio da individualização da pena. (...). (HC 94874, Rel. Min. Ricardo Lewandowski, 1ª T., DJ 12.12.2008)

Questões de concursos

914. **(Funiversa/SapejusGO/Agente_Penitenciário/2015)** Uma das principais inovações trazidas pela Lei n. 11.343/2006 foi a criação do chamado Sistema Nacional de Políticas sobre Drogas (SISNAD). Vislumbrou-se que, com a criação do referido sistema, deu-se por rompida uma política considerada obsoleta no tratamento e na recuperação do usuário dependente de drogas. Nesse viés, com o advento da nova lei, deverá ser realizado um tratamento multidisciplinar, em que a prevenção é o principal instrumento. Com relação ao tema, à luz da Lei n. 11.343/2006, assinale a alternativa correta.

   a) A Lei n. 11.343/2006 fez referência genérica à expressão "droga", devendo por isso ser complementada por outra norma. É correto afirmar que se trata de norma penal em branco homogênea.

   b) Segundo a lei, configura-se princípio do SISNAD o respeito à autonomia da pessoa humana e à sua liberdade, portanto não há que se falar em crime na conduta de trazer consigo drogas para o consumo pessoal.

   c) Para determinar se a droga destina-se a consumo pessoal, o juiz deverá atender à natureza, à quantidade da substância apreendida, ao local e às condições em que se desenvolveu a ação; a lei veda expressamente que as circunstâncias pessoais e os antecedentes do agente sejam levados em consideração para tais fins

   d) Segundo a lei, quando imposta a pena de prestação de serviços à comunidade, ela será cumprida em programas comunitários, entidades educacionais ou assistenciais, hospitais, estabelecimentos congêneres, públicos ou privados, sem fins lucrativos, que se ocupem, preferencialmente, da prevenção do consumo ou da recuperação de usuários e dependentes de drogas.

   e) Prescrevem em 5 anos a imposição e a execução das penas impostas ao portador de drogas para o consumo pessoal.

■ Medidas Educativas {art. 28, § 6º}

> § 6º Para garantia do cumprimento das medidas educativas a que se refere o caput, nos incisos I, II e III, a que injustificadamente se recuse o agente, poderá o juiz submetê-lo, sucessivamente a:
>
> I – admoestação verbal;
>
> II – multa.

Jurisprudência complementar (STJ)

(...). Tráfico de entorpecentes. Ausência de justa causa para a ação penal e atipicidade material da conduta. Questão preliminar. Superveniente desclassificação para a conduta prevista no artigo 28 da Lei 11.343/06. Inexistência e impossibilidade de aplicação de pena privativa de liberdade. Ausência de ameaça de violência ou coação à liberdade de locomoção. Prejudicialidade do "writ". 1. O delito de porte de substância entorpecente para consumo próprio, previsto no artigo 28 da Lei 11.343/06, é insuscetível de ser apenado por sanção privativa de liberdade, razão pela qual não há falar na utilização do "habeas corpus" para a análise de eventual constrangimento ilegal. 2. Constatando-se a superveniência de decisão que desclassificou o delito de tráfico de entorpecentes atribuído ao paciente para a conduta prevista no aludido dispositivo legal, é inviável a análise dos pleitos formulados na impetração (alegação de ausência de justa causa para a ação penal e reconhecimento da atipicidade material da conduta), já que cessada a ameaça de restrição ao bem jurídico tutelado pelo remédio heroico, qual seja, o direito ambulatório do indivíduo. 3. "Habeas corpus" julgado prejudicado. (HC 181.878, Rel. Min. Jorge Mussi, DJ 3.5.2012)

(...). Inocorrência. Crime de posse de substância entorpecente para consumo pessoal. Não incidência de pena privativa de liberdade. Ocorrência de despenalização. Novatio legis in mellius. Retroatividade. (...). II. A superveniência da Lei 11.343/2006, mais especificamente em seu art. 28 (posse de droga para consumo pessoal) ensejou verdadeira despenalização, "cuja característica marcante seria a exclusão de penas privativas de liberdade como sanção principal ou substitutiva da infração penal" (cf. consignado no Informativo n. 456/STF, referente a questão de ordem no RE 430105, Rel. Min. Sepúlveda Pertence). III. Vale dizer, a prática do crime de posse de substância entorpecente para consumo pessoal, em razão da lex nova, não mais está sujeita a pena de prisão, mas sim às seguintes penas: advertência sobre os efeitos das drogas, prestação de serviços à comunidade e medida educativa de comparecimento a programa ou curso educativo (art. 28 e incisos, da Lei 11.343/2006). IV. Insta frisar, ainda, que a multa somente poderá ser exigida no caso de descumprimento das medidas anteriormente mencionadas e, ainda assim, após a realização de admoestação verbal (ex vi do art. 28, § 6º). Ou seja, cumprida a pena imposta, não há que se falar em aplicação da pena de multa. V. Dessa forma, tratando-se, ao menos neste ponto, de novatio legis in mellius, deve ela retroagir (art. 5, XL, da CF e art. 2º, parágrafo único, do CP), a fim de que o paciente não mais se sujeite à pena de multa visto que já cumpriu integralmente a pena privativa que lhe foi imposta. Embargos acolhidos com efeitos infringentes para declarar a extinção da punibilidade do recorrido. (EDcl no REsp 904.011, Rel. Min. Felix Fischer, DJ 13.10.2008)

Tratamento de Saúde {art. 28, § 7º}

§ 7º O juiz determinará ao Poder Público que coloque à disposição do infrator, gratuitamente, estabelecimento de saúde, preferencialmente ambulatorial, para tratamento especializado.

Questões de concursos

915. **(Cespe/TRT/8R/Analista/2016)** Maria, com setenta e cinco anos de idade, viúva, com diversos problemas de saúde, reside com a filha Ana, de quarenta e oito anos de idade, e com o filho José, de cinquenta e dois anos de idade. Frequentemente, Maria e Ana são vítimas de situações de violência praticadas por José, dependente de álcool há mais de vinte anos. Mãe e filha, cansadas de serem agredidas física e verbalmente, foram à polícia e fizeram uma denúncia contra José. Considerando essa situação hipotética, assinale a opção correta com base na Lei Maria da Penha – Lei n. 11.340/2006 – e no Estatuto do Idoso – Lei n. 10.741/2003.

   a) O juiz somente poderá determinar o afastamento de José da residência da mãe após a conclusão do inquérito policial.

   b) Após o registro da ocorrência, a autoridade policial deve conceder, no prazo de vinte e quatro horas, medida protetiva de urgência.

   c) Tanto Maria quanto Ana pode entregar a José a intimação para comparecimento deste perante o juiz.

   d) O Ministério Público poderá determinar que José seja incluído em programa oficial de tratamento de usuários dependentes de drogas lícitas.

   e) A prisão preventiva de José somente poderá ser decretada pelo juiz quando o inquérito policial estiver concluído.

Medida Educativa {art. 29}

Art. 29. Na imposição da medida educativa a que se refere o inciso II do § 6º do art. 28, o juiz, atendendo à reprovabilidade da conduta, fixará o número de dias-multa, em quantidade nunca inferior a 40 (quarenta) nem superior a 100 (cem), atribuindo depois a cada um, segundo a capacidade econômica do agente, o valor de um trinta avos até 3 (três) vezes o valor do maior salário mínimo.

■ Fundo Nacional de Drogas {art. 29, p. ú.}

Parágrafo único. Os valores decorrentes da imposição da multa a que se refere o {art., § 6°}

§ 6° do art. 28 serão creditados à conta do Fundo Nacional Antidrogas.

■ Prazo Prescricional {art. 30}

Art. 30. Prescrevem em 2 (dois) anos a imposição e a execução das penas, observado, no tocante à interrupção do prazo, o disposto nos arts. 107 e seguintes do Código Penal.

Jurisprudência complementar (STJ)

(...). Tráfico de drogas. Uso próprio. Desclassificação operada pelo tribunal de origem. Pretendido restabelecimento da sentença condenatória. Reexame de matéria fático-probatória. Impossibilidade. Súmula 7/STJ. Prescrição da pretensão punitiva. Consumação. Extinção da punibilidade. 1. Considerando-se que o Tribunal de origem desclassificou a conduta do agente por concluir que não há nos autos provas suficientes da destinação à difusão ilícita, inclusive, embasando sua decisão na prova oral colhida, o revolvimento desse entendimento esbarraria no óbice da Súmula 7/STJ, porque seria imprescindível reexaminar o contexto fático-probatório dos autos. 2. Mantida a condenação do acusado como incurso no art. 28 da Lei 11.343/2006, forçoso reconhecer a prescrição da pretensão punitiva, uma vez que, desde o último marco interruptivo, consistente na publicação da sentença condenatória, em 13/6/2012, transcorreu prazo superior ao lapso de 2 anos, previsto no art. 30 da referida Lei. Ressalta-se que o acórdão que deu provimento à apelação defensiva para desclassificar a conduta de tráfico para posse de drogas para uso próprio não pode ser considerado marco interruptivo da prescrição. (...). (AgRg no AREsp 491.040, Rel. Min. Sebastião Reis Júnior, 6ª T., DJ 24.6.2015)

Embargos de declaração no agravo regimental nos embargos de declaração no agravo em recurso especial. Penal. Posse de substância entorpecente para uso próprio. Arts. 28 e 30 da Lei 11.343/06. Prazo prescricional de 2 anos. Lapso temporal ocorrente. Declaração, de ofício, da prescrição da pretensão punitiva superveniente. Extinção da punibilidade estatal. Embargos de declaração prejudicados. 1. O art. 30 da Lei 11.343/06 estabelece em 2 (dois) anos o prazo prescricional referente à infração prevista no art. 28 do mesmo diploma legal. 2. Verifica-se a ocorrência da extinção da punibilidade estatal pela prescrição da pretensão punitiva superveniente, porquanto restou transcorrido o lapso temporal superior aos 2 anos exigidos, contados da publicação da sentença condenatória em 08.11.2010. 3. Declaração, de ofício, da extinção da punibilidade estatal quanto ao crime previsto no art. 28 da Lei 11.343/2006, em face da ocorrência superveniente da prescrição da pretensão punitiva. Embargos de declaração prejudicados. (EDcl no AgRg nos EDcl no AREsp 220.092, Rel. Min. Laurita Vaz, DJ 22.8.2014)

Questões de concursos

916. **(FCC/DPE/PB/Defensor/2014)** Em vista do direito vigente:

   a) o crime de posse de drogas ilícitas para consumo pessoal tem prazo prescricional ordinário de dois anos.

   b) o crime de associação para fins de tráfico reclama a composição mínima de 3 agentes.

   c) no tráfico de drogas é vedada a conversão em penas restritivas de direitos, mesmo se cabível à luz dos critérios da parte geral do Código Penal.

   d) no tráfico de drogas com causa específica de diminuição é, em tese, viável a suspensão condicional da pena.

   e) a oferta gratuita de drogas não caracteriza a traficância.

Título IV – **Da Repressão à Produção não Autorizada e ao Tráfico Ilícito de Drogas**

Capítulo I – **Disposições Gerais**

■ Licença Prévia {art. 31}

Art. 31. É indispensável a licença prévia da autoridade competente para produzir, extrair, fabricar, transformar, preparar, possuir, manter em depósito, importar, exportar, reexportar, remeter, transportar, expor, oferecer, vender, comprar, trocar, ceder ou adquirir, para qualquer fim, drogas ou matéria-prima destinada à sua preparação, observadas as demais exigências legais.

Destruição das Plantações Ilícitas {art. 32}

Art. 32. As plantações ilícitas serão imediatamente destruídas pelo delegado de polícia na forma do art. 50-A, que recolherá quantidade suficiente para exame pericial, de tudo lavrando auto de levantamento das condições encontradas, com a delimitação do local, asseguradas as medidas necessárias para a preservação da prova.

§§ 1º e 2º (Revogados).

Cautelas no caso de Queimada {art. 32, § 3º}

§ 3º Em caso de ser utilizada a queimada para destruir a plantação, observar-se-á, além das cautelas necessárias à proteção ao meio ambiente, o disposto no Decreto n. 2.661, de 8 de julho de 1998, no que couber, dispensada a autorização prévia do órgão próprio do Sistema Nacional do Meio Ambiente – Sisnama.

Expropriação {art. 32, § 4º}

§ 4º As glebas cultivadas com plantações ilícitas serão expropriadas, conforme o disposto no art. 243 da Constituição Federal, de acordo com a legislação em vigor.

Capítulo II – Dos Crimes

Tráfico de Drogas {art. 33}

Art. 33. Importar, exportar, remeter, preparar, produzir, fabricar, adquirir, vender, expor à venda, oferecer, ter em depósito, transportar, trazer consigo, guardar, prescrever, ministrar, entregar a consumo ou fornecer drogas, ainda que gratuitamente, sem autorização ou em desacordo com determinação legal ou regulamentar:

> Pena – reclusão de 5 (cinco) a 15 (quinze) anos e pagamento de 500 (quinhentos) a 1.500 (mil e quinhentos) dias-multa.

Súmulas (STJ)

Súmula 528. Compete ao juiz federal do local da apreensão da droga remetida do exterior pela via postal processar e julgar o crime de tráfico internacional.

Súmula 512. A aplicação da causa de diminuição de pena prevista no art. 33, § 4º, da Lei 11.343/2006 não afasta a hediondez do crime de tráfico de drogas.

Súmula 440. Fixada a pena-base no mínimo legal, é vedado o estabelecimento de regime prisional mais gravoso do que o cabível em razão da sanção imposta, com base apenas na gravidade abstrata do delito.

Súmula 269. É admissível a adoção do regime prisional semi-aberto aos reincidentes condenados a pena igual ou inferior a quatro anos se favoráveis as circunstâncias judiciais.

Súmulas (STF)

Súmula 718. A opinião do julgador sobre a gravidade em abstrato do crime não constitui motivação idônea para a imposição de regime mais severo do que o permitido segundo a pena aplicada.

Súmula 719. A imposição do regime de cumprimento mais severo do que a pena aplicada permitir exige motivação idônea.

Súmula 522. Salvo ocorrência de tráfico para o Exterior, quando, então, a competência será da Justiça Federal, compete à Justiça dos Estados o processo e julgamento dos crimes relativos a entorpecentes.

Enunciados FONACRIM

Enunciado 60. A aplicação do princípio da insignificância é incompatível com o crime de tráfico internacional de drogas e figuras equiparadas.

Informativos (STF)

Causa de diminuição e Lei de Drogas

Na espécie, o paciente foi condenado pela prática de tráfico de entorpecentes (art. 33, "caput", da Lei de Drogas), com a incidência da causa de aumento prevista no art. 40, V, do referido diploma legal. Na análise das circunstâncias judiciais (art. 59 do CP), a quantidade de entorpecente não foi observada para a dosimetria da pena-base, fixada no mínimo legal. Não é crível que o paciente – surpreendido com 500 kg de maconha – não esteja integrado, de alguma forma, a organização criminosa, circunstância que justifica o afastamento da incidência da causa de diminuição prevista no art. 33, § 4º, da Lei de Drogas. HC 130981, Rel. Min. Marco Aurélio, 18.10.2016. 1ª T. (Info 844)

Lei 11.343/06 e regime inicial fechado

"Habeas corpus". Direito penal e execução penal. Tráfico de entorpecentes privilegiado. Fixação de regime prisional inicial diverso do fechado. Inadmissibilidade. Enquanto não haja o pronunciamento definitivo do Plenário sobre o tema (HC 101284), mantém-se a fidelidade ao posicionamento consoante o texto da lei, qual seja, pela impossibilidade de estabelecer-se regime inicial diverso do fechado. HC 111510, Rel. Min. Dias Toffoli, 24.4.12. 1ª T. (Info 663)

Informativos (STJ)

Autonomia de conduta subsumida ao crime de possuir maquinário destinado à produção de drogas.

Responderá pelo crime de tráfico de drogas art. 33 da Lei 11.343/06 em concurso com o crime de posse de objetos e maquinário para a fabricação de drogas art. 34 da Lei 11.343/06 o agente que, além de ter em depósito certa quantidade de drogas ilícitas em sua residência para fins de mercancia, possuir, no mesmo local e em grande escala, objetos, maquinário e utensílios que constituam laboratório utilizado para a produção, preparo, fabricação e transformação de drogas ilícitas em grandes quantidades. AgRg no AREsp 303.213, Rel. Min. Marco Aurélio Bellizze, 8.10.13. 5ª T. (Info 531)

Consumação do crime de tráfico de drogas na modalidade adquirir.

A conduta consistente em negociar por telefone a aquisição de droga e também disponibilizar o veículo que seria utilizado para o transporte do entorpecente configura o crime de tráfico de drogas em sua forma consumada – e não tentada –, ainda que a polícia, com base em indícios obtidos por interceptações telefônicas, tenha efetivado a apreensão do material entorpecente antes que o investigado efetivamente o recebesse. HC 212.528, Rel. Min. Nefi Cordeiro, DJ 23.9.15. 6ª T. (Info 569)

Hipótese de consunção do crime do art. 33 da Lei de Drogas pelo crime do art. 273 do CP.

Ainda que alguns dos medicamentos e substâncias ilegais manipulados, prescritos, alterados ou comercializados contenham substâncias psicotrópicas capazes de causar dependência elencadas na Portaria 344/98 da SVS/MS – o que, em princípio, caracterizaria o tráfico de drogas –, a conduta criminosa dirigida, desde o início da empreitada, numa sucessão de eventos e sob a fachada de uma farmácia, para a única finalidade de manter em depósito e vender ilegalmente produtos falsificados destinados a fins terapêuticos ou medicinais enseja condenação unicamente pelo crime descrito no art. 273 do CP – e não por este delito em concurso com o tráfico de drogas (art. 33, caput, da Lei de Drogas). REsp 1.537.773, Rel. p/ ac. Min. Rogerio Schietti Cruz, DJ 19.9.2016. 6ª T. (Info 590)

Inconstitucionalidade do preceito secundário do art. 273, § 1º-B, V, do CP.

É inconstitucional o preceito secundário do art. 273, § 1º-B, V, do CP – "reclusão, de 10 (dez) a 15 (quinze) anos, e multa" devendo-se considerar, no cálculo da reprimenda, a pena prevista no caput do art. 33 da Lei 11.343/06 (Lei de Drogas), com possibilidade de incidência da causa de diminuição de pena do respectivo § 4º AI no HC 239.363, Rel. Min. Sebastião Reis Júnior, DJ 10.4.15. Corte Especial. (Info 559)

Jurisprudência complementar (STF)

(...). 2. Ato infracional equiparado a tráfico e associação para tráfico ilícito de entorpecentes (arts. 33 e 35 da Lei 11.343/2006). 3. Imposição de medida socioeducativa de internação. 4. Ausência de prévia manifestação das instâncias precedentes. Dupla supressão de instância. Superação. 5. Conduta que não se amolda a nenhuma das situações descritas no art. 122 do ECA. Ausência de violência ou grave ameaça ou reiteração. 6. Concessão da ordem, confirmando a liminar deferida para substituir a internação por liberdade assistida. Extensão da decisão colegiada ao outro adolescente em razão da identidade da situação processual (art. 580 do CPP). (HC 126910, Rel. Min. Gilmar Mendes, 2ª T., DJ 13.5.2015)

(...). Tráfico transnacional de drogas. Afastamento da causa especial de redução de pena. Fundamentação inidônea. Restabelecimento da sentença condenatória que concedeu o benefício na fração de 1/3. (...). 1. A não aplicação da minorante prevista no § 4º do art. 33 da Lei 11.343/2006 pressupõe a demonstração pelo juízo sentenciante da existência de um conjunto probatório apto a afastar pelo menos um dos critérios, que são autônomos, descritos no preceito legal: (a) primariedade; (b) bons antecedentes; (c) não dedicação a atividades criminosas; e (d) não integração à organização criminosa. Nesse juízo, não se pode ignorar que a norma em questão tem a clara finalidade de apenar com menor grau de intensidade quem pratica de modo eventual as condutas descritas no art. 33, caput e § 1º, em contraponto ao agente que faz do crime o seu modo de vida, o qual, evidentemente, não goza do referido benefício (cf. justificativa ao Projeto de Lei 115/2002 apresentada à Comissão de Constituição e Justiça e de Redação). 2. No caso, o Tribunal de apelação afastou a referida minorante com base em argumentos genéricos e teóricos, desprovidos de qualquer elemento contido nos autos, senão no fato de a paciente ter sido condenada pela prática do crime de tráfico transnacional de drogas. Por outro lado, a sentença condenatória afirmou, de forma segura, a inexistência de prova apta a justificar a negativa da causa de diminuição. (...). 3. Ordem parcialmente concedida. (HC 124022, Rel. Min. Teori Zavascki, 2ª T., DJ 14.4.2015)

Extradição instrutória fundada em tratado. Extraditando que possui esposa e filhos brasileiros. Súmula 421. Delito de tráfico de entorpecentes. Dupla tipicidade e dupla punibilidade. Requisitos atendidos no caso. Deferimento. 1. Por força do sistema de contenciosidade limitada consagrado no Estatuto do Estrangeiro (art. 85, § 1º) e placitado pela jurisprudência desta Corte, compete ao Supremo Tribunal Federal exclusivamente o exame dos pressupostos formais do pedido de extradição. (...). 2. No caso dos autos, incide o verbete 421 da Súmula do Supremo Tribunal Federal: "Não impede a extradição a circunstância de ser o extraditando casado com brasileiro ou ter filho brasileiro." 3. O crime de tráfico de entorpecentes previsto na legislação alienígena encontra correspondência, no caso, no tipo penal do art. 33 da Lei 11.343/2006. 4. Extradição deferida. (Ext 1356, Rel. Min. Teori Zavascki, 2ª T., DJ 11.11.2014)

Jurisprudência complementar (STJ)

(...). Tráfico de entorpecentes. Prisão cautelar. Elementos concretos a justificar a medida. Motivação idônea. Ocorrência. Recurso a que se nega provimento. 1. A prisão provisória é medida odiosa, reservada para os casos de absoluta imprescindibilidade, demonstrados os pressupostos e requisitos de cautelaridade. 2. Na hipótese, não se vislumbra ilegalidade na prisão cautelar do recorrente, decretada para o resguardo da ordem pública, na medida em que as circunstâncias do caso concreto apontam, na dicção do juízo, que "o conduzido possivelmente se encontrava a serviço do tráfico", o que indica a "possibilidade de continuação da prática criminosa", a conferir lastro de legitimidade à medida extrema. (...). (RHC 58.376, Rel. Min. Maria Thereza de Assis Moura, DJ 30.6.2015)

(...). Tráfico de entorpecentes. Flagrante convertido em preventiva. Segregação fundada no art. 312 do CPP. Circunstâncias do delito. Natureza, quantidade e variedade de drogas. Gravidade. Potencialidade lesiva da infração. Garantia da ordem pública. Custódia fundamentada e necessária. Condições pessoais favoráveis. Irrelevância. Medidas cautelares diversas. Supressão. Coação ilegal não demonstrada. (...). 2. Não há coação na manutenção da prisão preventiva quando demonstrado, com base em fatores concretos, que se mostra necessária, dada a gravidade da conduta incriminada e o risco efetivo de continuidade no cometimento do tráfico de drogas. 3. A variedade, a natureza altamente lesiva e a quantidade dos tóxicos capturados, somados à forma de acondicionamento – em porções individuais, prontas para revenda – bem como à apreensão de apetrechos comumente utilizados no preparo para comercialização e de certa quantia em dinheiro, são fatores que indicam envolvimento maior com a traficância, autorizando a preventiva. 4. Condições pessoais favoráveis não têm, em princípio, o condão de, isoladamente, revogar a prisão cautelar, se há nos autos elementos suficientes a demonstrar a sua necessidade. 5. Inviável a apreciação, diretamente por esta Corte Superior de Justiça, da aventada possibilidade de substituição da medida extrema por cautelares diversas, tendo em vista que tal questão não foi analisada pelo Tribunal impetrado no aresto combatido. (...). (HC 321.634, Rel. Min. Leopoldo de Arruda Raposo , DJ 25.6.2015)

(...). Tráfico de drogas. Desclassificação para uso. Reexame de prova. Impossibilidade. Pena. Reincidência. Redução do aumento. Não cabimento. (...). 2. O Tribunal coator, ao reconhecer que o paciente cometeu o crime descrito no art. 33, caput, da Lei 11.343/06, fundamentou seu posicionamento nos elementos fáticos e probatórios constantes dos autos. 3. Mostra-se incabível na via eleita a desclassificação do crime de tráfico para o de uso de entorpecentes, pois imprescindível para tanto a revaloração probatória. 4. Inocorrência de ilegalidade no aumento da agravante de reincidência em 6 meses, inferior inclusive a um patamar de razoabilidade de 1/6, inexistindo desproporção na majoração fixada. (...). (HC 212.307, Rel. Min. Nefi Cordeiro, DJ 18.6.2015)

(...). 1. Não há ilegalidade na manutenção da prisão preventiva quando demonstrado, com base em fatores concretos, que se mostra necessária, dada a forma como ocorrido o delito, indicativa de dedicação a narcotraficância. 2. A diversidade –

maconha e crack –, a quantidade de porções apreendidas desta última substância e sua natureza altamente lesiva – somadas à apreensão de apetrechos comumente utilizados na comercialização de entorpecentes, denotam a periculosidade social do acusado e o risco de continuidade na prática criminosa, caso seja solto, autorizando a preventiva. 3. Condições pessoais favoráveis não têm, em princípio, o condão de, isoladamente, revogar a prisão cautelar, se há nos autos elementos suficientes a demonstrar a sua necessidade. 4. Inviável a apreciação, diretamente por esta Corte Superior de Justiça, da aventada possibilidade de substituição da medida extrema por cautelares diversas, tendo em vista que tal questão não foi analisada pelo Tribunal impetrado no aresto combatido. (...). (RHC 58.880, Rel. Min. Jorge Mussi, DJ 28.5.2015)

Questões de concursos

917. **(FCC/DPE/BA/Defensor/2016)** Segundo a jurisprudência dominante do STF, é correto:

    a) não configura constrangimento ilegal o cumprimento de pena em regime mais gravoso do que o fixado na sentença em virtude da falta de vagas, pois se aplica o princípio da reserva do possível.

    b) a hediondez do tráfico de drogas em todas as suas modalidades impede a aplicação do indulto.

    c) o delito previsto no artigo 33 da Lei de Drogas, por ser crime de ação múltipla, faz com que o agente que, no mesmo contexto fático e sucessivamente, pratique mais de uma ação típica, responda por crime único em função do princípio da alternatividade.

    d) o porte de munição de arma de fogo de uso restrito constitui crime de perigo concreto, necessitando da presença da arma de fogo para sua tipificação.

    e) a circunstância judicial da personalidade do agente, por ser própria do direito penal do autor, não foi recepcionada pela Constituição de 1988.

918. **(Cespe/PC/PE/Delegado/2016)** Na análise das classificações e dos momentos de consumação, busca-se, por meio da doutrina e da jurisprudência pátria, enquadrar consumação e tentativa nos diversos tipos penais. A esse respeito, assinale a opção correta.

    a) Conforme orientação atual do STJ, é imprescindível para a consumação do crime de furto com a posse de fato da res furtiva, ainda que por breve espaço de tempo, a posse mansa, pacífica e desvigiada da coisa, caso em que se deve aplicar a teoria da ablatio.

b) A extorsão é considerada pelo STJ como crime material, pois se consuma no momento da obtenção da vantagem indevida.

c) O crime de exercício ilegal da medicina, previsto no CP, por ser crime plurissubsistente, admite tentativa, desde que, iniciados os atos executórios, o agente não consiga consumá-lo por circunstâncias alheias a sua vontade.

d) Por ser crime material, o crime de corrupção de menores consuma-se no momento em que há a efetiva prova da prática do delito e a efetiva participação do inimputável na empreitada criminosa. Assim, se o adolescente possuir condenações transitadas em julgado na vara da infância e da juventude, em decorrência da prática de atos infracionais, o crime de corrupção de menores será impossível, dada a condição de inimputável do corrompido.

e) Segundo o STJ, configura crime consumado de tráfico de drogas a conduta consistente em negociar, por telefone, a aquisição de entorpecente e disponibilizar veículo para o seu transporte, ainda que o agente não receba a mercadoria, em decorrência de apreensão do material pela polícia, com o auxílio de interceptação telefônica.

919. **(Nucepe/Sejus/PI/Agente_Penitenciário/2016)** Durante escutas telefônicas com autorização judicial há a descoberta de um sequestro, com reféns, e de que estes serão mortos em 2 dias. No local do cativeiro também existe um depósito com 500 quilos de drogas que causam dependência. Caio, um dos autores do crime, é preso, mas os reféns continuam no cativeiro em poder de outros sequestradores. Marque a alternativa correta.

a) Caio, que confessou o sequestro, pode ser constrangido mediante ameaça e ter um sofrimento mental, a fim de dar a informação sobre o local do cativeiro.

b) Caso um funcionário que tenha o dever de evitar a tortura se omita, deve responder por prevaricação.

c) Caso os demais criminosos sejam presos, é possível como forma de aplicar castigo pessoal submetê-los a intenso sofrimento mental.

d) O fato de ter em depósito 500 quilos de drogas que causam dependência configura crime de tráfico de entorpecentes, sendo perante a Constituição de 1988 um crime inafiançável e insuscetível de graça ou anistia.

e) Após a prisão dos sequestradores, familiar de um deles adentra a penitenciária e entrega gratuitamente pequena quantidade de drogas a um dos presos, este responderá por crime de porte de entorpecentes.

920. **(MPE/RS/Promotor/2016)** Assinale a alternativa incorreta.

a) Constituem crimes previstos no ECA os seguintes casos hipotéticos: (1) Ernesto, numa sala de bate-papo na internet, sabendo que a interlocutora é uma criança, tenta aliciá-la a praticar ato libidinoso; (2) Hugo, por puro prazer, recorta o rosto de um adolescente de uma fotografia sem qualquer conotação sexual, e depois o insere, mediante colagem, numa imagem, ainda que grosseira, que retrata uma orgia; (3) Edinho, sem qualquer interesse em contraprestação, repassa, por e-mail, ao seu grupo de amigos, material pornográfico envolvendo adolescente.

b) Constituem crimes eleitorais as seguintes hipóteses: (1) oferecer dinheiro a eleitor para abster-se de votar, mesmo que a oferta não seja aceita; (2) fazer propaganda pela imprensa escrita em língua estrangeira; (3) deixar o órgão do Ministério Público de promover a execução de sentença condenatória.

c) Em virtude da colisão de trem, um cadete ficou aprisionado entre os destroços, vendo avançar em sua direção as chamas, que o consumiam, e sem esperança nenhuma de ser libertado. Quando começava a sofrer as primeiras queimaduras, foi morto com um disparo por um de seus chefes, ante os seus pedidos insistentes e pungente sofrimento. Neste fato verídico ocorrido no Chile, poder-se-ia enquadrar o comportamento do agente no tipo do homicídio privilegiado pela relevância moral do motivo determinante.

d) A polícia, no cumprimento de mandado judicial, apreendeu na casa de Antonio, guardadas em lugares distintos, cem gramas de cocaína e uma balança de precisão para venda de cocaína, configurando-se, nessa hipótese, mais de um crime de tráfico de entorpecentes.

e) Não configura início da conduta de matar alguém, e, portanto, não há tentativa de homicídio, na ação da empregada doméstica que, desejando matar o patrão, coloca veneno no alimento que deixa guardado na geladeira, para consumo a noite, tendo ela o dever de permanecer no emprego para servir-lhe o jantar.

921. **(FMP/MPE/AM/Promotor/2015)** Sobre o crime de tráfico de drogas (artigo 33 da Lei n. 11.343/2006), considere as seguintes assertivas:

I. Segundo o entendimento do Supremo Tribunal Federal, o crime de tráfico de drogas, conforme o caso concreto, enseja a possibilidade de fixação de regime inicial diferente do fechado, devendo o magistrado atentar à regra do artigo 33 do Código Penal.

II. No crime de associação para o tráfico, em razão do seu caráter não hediondo, a progressão de regime segue o mesmo critério temporal dos crimes comuns.

III. A modalidade privilegiada prevista no artigo 33, § 4°, da Lei n. 11.343/2006 somente incide se o acusado comprovar o exercício de atividade lícita.

IV. A distinção entre traficante e usuário está vinculada estritamente aos maus antecedentes do agente, em razão do Direito Penal do autor.

V. Não é possível a substituição da pena privativa de liberdade por pena restritiva de direitos, pois se trata de crime equiparado a hediondo, segundo a orientação do Supremo Tribunal Federal.

Quais das assertivas acima estão corretas?

a) Apenas a II.

b) Apenas a III.

c) Apenas a I e V.

d) Apenas a II e IV.

e) Apenas a I e II.

922. **(Funiversa/PC/DF/Delegado/2015)** Em relação à Lei n. 11.343/2006, que dispõe sobre o tráfico ilícito e o uso indevido de substâncias entorpecentes, assinale a alternativa correta.

a) Na mencionada lei, não se prevê como típica a conduta do sujeito viciado que oferece droga eventualmente, sem intuito de lucro, a um amigo, a fim de juntos a consumirem.

b) Segundo essa lei, não configura causa de aumento de pena a transnacionalidade do delito de tráfico ilícito de entorpecentes.

c) A referida lei promoveu a descriminalização do uso indevido de substâncias entorpecentes.

d) Consoante a referida norma, não é típica a conduta de induzimento ao uso indevido de droga.

e) De acordo com essa lei, as plantações ilícitas serão imediatamente destruídas pelo delegado de polícia, que recolherá quantidade suficiente para exame pericial.

923. **(Vunesp/PC/CE/Delegado/2015)** Com relação ao crime previsto no artigo 33 da Lei n. 11.343/2006 (Drogas), pode-se afirmar que:

a) é crime material, pois exige a produção de resultado.

b) prevê várias condutas incriminadoras, tendo o agente que incorrer em pelo menos mais de duas delas para a caracterização do delito de tráfico de drogas.

c) traz a possibilidade de o juiz reduzir até 2/3 da pena do agente caso ele seja primário, de bons antecedentes e não se dedique a atividades criminosas e nem integre organizações criminosas.

d) foi excluído do rol dos delitos equiparados aos hediondos, em razão da alteração legal que passou a admitir progressão do regime.

e) estabeleceu penas maiores de prisão – comparadas à legislação anterior – para a conduta daquele que porta drogas para consumo pessoal.

TRÁFICO DE DROGAS (LEI 11.343/06) Art. 33

924. **(Funiversa/PC/DF/Delegado/2015)** A respeito do tráfico ilícito de drogas e do uso indevido de substância entorpecente, assinale a alternativa correta à luz da lei que rege a matéria.

   a) A lavratura do auto de prisão em flagrante do autor de crime de tráfico e o estabelecimento da materialidade do delito prescindem de laudo de constatação da natureza e da quantidade da droga.

   b) É cabível a prisão em flagrante do usuário de substância entorpecente, havendo, ou não, concurso de crime com o delito de tráfico ilícito de entorpecentes.

   c) É vedado à autoridade policial, ao encerrar inquérito relativo a crime de tráfico, indicar a quantidade e a natureza da substância ou do produto apreendido.

   d) O inquérito policial relativo ao crime de tráfico de substância entorpecente será concluído no prazo de trinta dias se o indiciado estiver preso e, no de noventa dias, se estiver solto.

   e) A destruição das drogas apreendidas somente poderá ser executada pelo juiz de direito ou pela pessoa indicada pelo respectivo tribunal, vedando-se tal conduta ao delegado de polícia.

925. **(Ieses/TJ/MS/Cartórios/2014)** Com relação ao crime de tráfico de drogas, é certo afirmar:

   a) O cumprimento da pena no crime de Tráfico de Drogas, por ser crime equiparado a hediondo, deverá iniciar-se no regime fechado, vedada a conversão em penas restritivas de direitos, segundo entendimento majoritário do Supremo Tribunal Federal.

   b) João, primário e de bons antecedentes, praticou crime de Tráfico de Drogas, em 27.3.2007, foi condenado a uma pena de 5 (cinco) anos de reclusão, em regime fechado, deverá cumprir 1/6 (um sexto) da pena para progredir para o regime semiaberto.

   c) Na Lei de Drogas, o Ministério Público, no prazo de 10 (dez) dias, poderá oferecer denúncia e arrolar até 10 (dez) testemunhas para provar o fato descrito na peça vestibular.

   d) Para ter a pena reduzida de 1/6 (um sexto) a 2/3 (dois terços), (art. 33, § 4º da Lei 11.343/03) o agente que pratica Tráfico de Drogas deverá ser primário, não se dedicar a atividades criminosas, nem integrar organização criminosa e não ser reincidente específico em tráfico de drogas.

926. **(Cespe/Câmara_Deputados Consultor/2014)** De acordo com o entendimento do STJ, aquele que importar e vender substância entorpecente no mercado interno e utilizar os recursos assim arrecadados para financiar a própria atividade praticará os crimes de tráfico ilícito de drogas e financiamento ao tráfico, em concurso material.

927. **(Cespe/DPF/Escrivão/2009)** É atípica, por falta de previsão na legislação pertinente ao assunto, a conduta do agente que simplesmente colabora, como informante, com grupo ou associação destinada ao tráfico ilícito de entorpecentes.

928. **(FGV/TJ/AM/Juiz/2013)** Paulo foi preso com 1 kg de crack, sendo denunciado pela prática do injusto do Art. 33 da Lei n. 11.343/06 (tráfico de entorpecentes). Acabou condenado nos termos do pedido vestibular, sendo reconhecida a reincidência, bem como sua semi-imputabilidade. Confessou o fato no curso da instrução, o que foi valorado pelo Juiz na sentença respectiva. Observado o texto acima, assinale a afirmativa incorreta.

    a) A quantidade e a natureza da droga serão consideradas pelo Juiz no calibre da pena base.
    b) A reincidência deve ser considerada na fase intermediária.
    c) A semi-imputabilidade autoriza a redução da pena final de 1/6 a 1/3.
    d) Segundo a jurisprudência majoritária do Superior Tribunal de Justiça, é possível, em tese, compensar a reincidência com a confissão.
    e) A pena deve ser aplicada em três etapas distintas, na forma do art. 68 do Código Penal.

929. **(Funcab/PC/ES/Escrivão/2013)** Cleverson, vulgarmente conhecido como Pão com Ovo, antigo traficante de drogas ilícitas, continuou a dar as ordens a sua quadrilha, mesmo estando encarcerado em um presídio de segurança máxima. Logo, Pão com Ovo:

    a) deve responder como autor intelectual do crime de tráfico de drogas, mesmo não praticando atos de execução deste crime.
    b) deve responder como partícipe por cumplicidade material do crime de tráfico de drogas, em face de não praticar atos de execução deste crime.
    c) deve responder como autor direito do crime de tráfico de drogas, mesmo não praticando atos de execução deste crime.
    d) deve responder como partícipe por cumplicidade intelectual do crime de tráfico de drogas, em face de não praticar atos de execução deste crime.
    e) não pode responder por crime algum, em face de estar preso.

930. **(Cespe/TJ/SE/Cartórios/2014)** Com base no que dispõe a Lei Antidrogas (Lei n. o 11.343/2006), assinale a opção correta.

    a) Um agente pode ser processado e condenado por tráfico privilegiado, em concurso material com associação para o tráfico, por serem autônomos os crimes.
    b) Se uma substância psicotrópica for retirada da lista de uso proscrito da autoridade sanitária competente, o princípio da aplicação da retroatividade da lei penal

mais benéfica levaria atipicidade da conduta no caso de crime de porte e tráfico de drogas cometido antes da exclusão da substância da lista mencionada.

c) Considere que um traficante de drogas tenha sido preso em flagrante delito e posteriormente tenha confessado espontaneamente seu crime. Suponha ainda que ele tenha sido condenado e recebido a pena base no mínimo legal. Nesse caso, a possibilidade de aplicação da atenuante de confissão espontânea está afastada.

d) Em relação ao crime de tráfico de drogas, é necessária a efetiva transposição da fronteira estadual para a incidência da causa de aumento de pena.

e) O porte de entorpecente é crime de perigo real, e sua tipificação visa tutelar a integridade da ordem social no que diz respeito à preservação da saúde pública, razão por que não há que se falar em ausência de periculosidade social da ação.

931. (Acafe/PC/SC/Delegado/2014) De acordo com a Constituição Federal de 1988, a Lei de Drogas (Lei n. 11.343/06) e a Lei dos crimes hediondos (Lei n. 8.072/90) no Brasil é correto afirmar:

a) O tráfico ilícito de entorpecentes está entre as condutas mais criminalizadas pelo sistema penal brasileiro, conforme estatísticas oficiais da clientela prisional realizadas pelo Ministério da Justiça em 2013.

b) O tráfico ilícito de entorpecentes é crime hediondo punido com pena de reclusão de 5 (cinco) a 15 (quinze) anos.

c) O tráfico ilícito de entorpecentes é crime insuscetível de anistia, graça e indulto, mas suscetível de fiança.

d) O porte de drogas para consumo pessoal é tipificado no artigo 28 da lei de drogas mas não é mais punido com pena de prisão nem submetido à prisão em flagrante, mas à medida de internação compulsória.

e) Divide-se a doutrina sobre a natureza jurídica da atual redação do artigo 28 da lei de drogas: (i) o porte de drogas para consumo próprio foi descriminalizado, não sendo mais considerado crime; (ii) foi despenalizado; (iii) foi descarcerizado e (iv) é inconstitucional. A posição adotada pelo Supremo Tribunal Federal é a da letra "i".

■ Condutas Equiparadas {art. 33, § 1º}

§ 1º Nas mesmas penas incorre quem:

I – importa, exporta, remete, produz, fabrica, adquire, vende, expõe à venda, oferece, fornece, tem em depósito, transporta, traz consigo ou guarda, ainda que gratuitamente, sem autorização ou em desacordo com determinação legal ou regulamentar, matéria-prima, insumo ou produto químico destinado à preparação de drogas;

II – semeia, cultiva ou faz a colheita, sem autorização ou em desacordo com determinação legal ou regulamentar, de plantas que se constituam em matéria-prima para a preparação de drogas;

III – utiliza local ou bem de qualquer natureza de que tem a propriedade, posse, administração, guarda ou vigilância, ou consente que outrem dele se utilize, ainda que gratuitamente, sem autorização ou em desacordo com determinação legal ou regulamentar, para o tráfico ilícito de drogas.

Informativos (STF)

Lei de drogas e princípio da consunção

É possível a aplicação do princípio da consunção, que se consubstancia pela absorção dos delitos tipificados nos artigos 33, § 1º, I, e 34 da Lei 11.343/06, pelo delito previsto no art. 33, "caput", do mesmo diploma legal. Ambos os preceitos buscam proteger a saúde pública e tipificam condutas que – no mesmo contexto fático, evidenciam o intento de traficância do agente e a utilização dos aparelhos e insumos para essa mesma finalidade – podem ser consideradas meros atos preparatórios do delito de tráfico previsto no art. 33, "caput", da Lei 11.343/06. HC 109708, Rel. Min. Teori Zavascki, 23.6.15. 2ª T. (Info 791)

Jurisprudência complementar (STF)

(...). Tráfico transnacional de drogas. Causa especial de diminuição de pena do art. 33, § 4º , da Lei 11.343/2006. Incidência. Inviabilidade. Revolvimento de fatos e provas. (...). 1. A não aplicação da causa de diminuição da pena do § 4º do art. 33 da Lei 11.343/2006 pressupõe a demonstração pelo juízo sentenciante da existência de um conjunto probatório apto a afastar pelo menos um dos critérios, que são autônomos, descritos no preceito legal: (a) primariedade; (b) bons antecedentes; (c) não dedicação a atividades criminosas; e (d) não integração à organização criminosa. Nesse juízo, não se pode ignorar que a norma em questão tem a clara finalidade de apenar com menor grau de intensidade quem pratica de modo eventual as condutas descritas no art. 33, caput e § 1º, em contraponto ao agente que faz do crime o seu modo de vida, o qual, evidentemente, não goza do referido benefício. 2. As instâncias ordinárias concluíram, com base nos elementos de provas colhidos sob o crivo do contraditório, que a recorrente dedica-se a atividades criminosas, circunstância que não pode contraditada em sede de "habeas corpus", instrumento que não se presta para o revolvimento do conjunto fático-probatório. (...). (RHC 122335, Rel. Min. Teori Zavascki, 2ª T., DJ 14.11.2014)

(...). Crime tipificado no art. 12, § 2º, inciso III, da Lei 6.368/76 (contribuição para o tráfico, como "fogueteiro"). Revogação da Lei 6.368/76 pela Lei 11.343/06. "Abolitio criminis". Inexistência. Continuidade normativo-típica. Conduta tipificada no art. 37 da Lei revogadora. Lex mitior. Retroação. Art. 5º, inc. Xl, da CF. 1. A conduta do "fogueteiro do tráfico", antes tipificada no art. 12, § 2º, da Lei 6.368/76, encontra correspondente no art. 37 da Lei que a revogou, a Lei 11.343/06, não cabendo falar em "abolitio criminis". 2. O informante, na sistemática anterior, era penalmente responsável como coautor ou partícipe do crime para o qual colaborava, em sintonia com a teoria monística do art. 29 do Código Penal: "Quem, de qualquer modo, concorre para o crime incide nas penas a este cominadas, na medida de sua culpabilidade". 3. A nova Lei de Entorpecentes abandonou a teoria monística, ao tipificar no art. 37, como autônoma, a conduta do colaborador, aludindo ao informante (o "fogueteiro", sem dúvida, é informante), e cominou, em seu preceito secundário, pena de 2 (dois) a 6 (seis) anos de reclusão, e o pagamento de 300 (trezentos) a 700 (setecentos) dias-multa, que é inferior à pena cominada no art. 12 da Lei 6.368/76, expressando a mens lege que a conduta a ser punida mais severamente é a do verdadeiro traficante, e não as periféricas. 4. A revogação da lei penal não implica, necessariamente, descriminalização de condutas. Necessária se faz a observância ao princípio da continuidade normativo-típica, a impor a manutenção de condenações dos que infringiram tipos penais da lei revogada quando há, como "in casu", correspondência na lei revogadora. 5. Reconhecida a dupla tipicidade, é imperioso que se faça a dosimetria da pena tendo como parâmetro o quantum cominado abstratamente no preceito secundário do art. 37 da Lei 11.343/06, de 2 (dois) a 6 (seis) anos de reclusão, lex mitior retroativa por força do art. 5º, XL, da Constituição Federal, e não a pena in abstrato cominada no art. 12 da Lei 6.368/76, de 3 (três) a 15 (quinze) anos de reclusão. 6. Ordem denegada nos termos em que requerida, mas concedida, de ofício, para determinar ao juízo da execução que proceda à nova dosimetria, tendo como baliza a pena abstratamente cominada no art. 37 da Lei 11.343/06, observando-se os consectários da execução decorrentes da pena redimensionada, como progressão de regime, livramento condicional etc. (HC 106155, Rel. p/ ac. Min. Luiz Fux, 1ª T., DJ 17.11.2011)

Jurisprudência complementar (STJ)

(...). Associação para o narcotráfico e posse de produto químico de uso controlado destinado à preparação de drogas. Art. 33, § 1º, i, da lei de entorpecentes.

Prisão em flagrante convertida em preventiva. Excesso de prazo na formação da culpa. Matéria não debatida na origem. Supressão. Segregação fundada no art. 312 do CPP. Circunstâncias do crime. Elevada quantidade do material tóxico capturado. Potencialidade lesiva das condutas. Gravidade. Garantia da ordem pública. Segregação justificada e necessária. Coação ilegal não demonstrada. (...). 2. Impossível a apreciação, diretamente por esta Corte Superior de Justiça do alegado excesso de prazo na instrução criminal, tendo em vista que tal questão não foi analisada no aresto recorrido. 3. Não há ilegalidade na manutenção da prisão preventiva quando demonstrado, com base em fatores concretos, que se mostra necessária, dada a forma como ocorridos os delitos, indicativa de dedicação a atividade criminosa e do risco de reiteração. 4. A natureza e a elevadíssima quantidade do material apreendido – 137,10kg (cento e trinta e sete quilogramas e dez centigramas) de cloreto de metileno – substância química altamente tóxica e inflamável, de uso controlado, comumente utilizada para preparação de aerosóis, como o "lança-perfume", somada à apreensão de diversos frascos utilizados para o armazenamento e distribuição da droga que seria produzida, são indicativas de periculosidade social do acusado e de risco concreto de continuidade na prática criminosa, caso libertado, autorizando a preventiva. (...). (HC 307.644, Rel. Min. Jorge Mussi, DJ 19.3.2015)

(...). Tráfico de drogas. Prisão em flagrante convertida em preventiva. Garantia da ordem pública. Apreensão de significativa quantidade de droga. Possibilidade de reiteração criminosa. Fundamentação idônea. Condições pessoais favoráveis. Irrelevância. (...). 1. O decreto de prisão preventiva, mantido pelo acórdão vergastado, demonstrou a pertinência da segregação preventiva sub judice, como forma de garantir à ordem pública e interromper a atividade criminosa. Narram os autos que o Recorrente foi preso em flagrante, no dia 08 de agosto de 2013, como incurso no art. 33, § 1º, inciso III, da Lei 11.343/06, na posse de mais de 01 kg de maconha. Consoante narra a denúncia, teria consentido que os corréus utilizassem residência da qual detinha a posse para o tráfico de drogas, demonstrando envolvimento com o comércio ilícito. 2. "Não traduz manifesta arbitrariedade a decretação de prisão cautelar de acusado com quem foi apreendida expressiva quantidade de drogas, a revelar profundo envolvimento na atividade de tráfico de drogas, com risco de reiteração delitiva e à ordem pública." (HC 109111...). (...). (RHC 42.855, Rel. Min. Laurita Vaz, DJ 31.3.2014)

(...). Associação para o tráfico. Absolvição. Pleito não condizente com o "writ". Causa especial de diminuição. Inaplicabilidade à espécie. Substituição da pena privativa de liberdade por restritivas de direitos. Matéria não decidida na origem. Não conhecimento. (...). 3. A causa especial de diminuição é aplicável, por expressa dicção legal, somente ao crime de tráfico, nas figuras definidas no caput e no §

1º do art. 33 da Lei 11.343/2006, não tendo, por conseguinte, incidência ao caso concreto, que é de associação para o tráfico. 4. Não decidida pelo acórdão atacado a substituição da privativa de liberdade por restritivas de direitos, não merece o tema conhecimento, sob pena de supressão de instância. (...). (HC 227.910, Rel. Min. Maria Thereza de Assis Moura, DJ 12.6.2013)

(...). Crimes previstos nos arts. 33 e 35, ambos da Lei 11.343/2006. Negativa de liberdade provisória. Garantida da ordem pública. Gravidade do crime demonstrada. Existência de organização criminosa voltada para o tráfico ilícito de drogas. Periculosidade dos pacientes. Excesso de prazo na formação da culpa. Sentença condenatória proferida e recurso de apelação parcialmente provido. Questão superada. Réus que permaneceram presos durante toda a instrução criminal por força de prisão em flagrante. (...). 1. Encerrada a instrução criminal e proferida sentença penal condenatória, eventual constrangimento ilegal, consubstanciado no excesso de prazo da custódia cautelar, encontra-se superado. 2. A negativa do benefício de liberdade provisória, mantida pelo decreto condenatório, foi satisfatoriamente justificada na garantia da ordem pública, em razão da periculosidade do Paciente, concretamente demonstrada, em se considerando, sobretudo, a existência de indicativos nos autos no sentido de que a atividade delituosa era organizada, o que evidencia a perniciosidade da ação ao meio social. (...). 3. Embora a condenação não tenha transitado em julgado, em face a oposição de embargos de declaração do acórdão que julgou o apelo defensivo, a superveniente de prolação de sentença condenatória, seguida de julgamento do recurso de apelação, torna temerário desconstituir a custódia cautelar dos Pacientes, presos em flagrante desde o início da instrução. 4. Não comportam conhecimento por esta Corte as teses concernentes à negativa de autoria e à subsunção dos fatos narrados na denúncia ao delito descrito no art. 33, § 1º, inciso I, da Lei 11.343/06, pois dependem do reexame de matéria fático probatória, imprópria em sede de "habeas corpus", remédio de rito célere e de cognição sumária. (...). (HC 175.932, Rel. Min. Laurita Vaz, DJ 28.6.2012)

■ Apologia às Drogas {art. 33, § 2º}

> § 2º Induzir, instigar ou auxiliar alguém ao uso indevido de droga:
> Pena – detenção, de 1 (um) a 3 (três) anos, e multa de 100 (cem) a 300 (trezentos) dias-multa.

Jurisprudência complementar (STF)

Ação Direta de Inconstitucionalidade. Pedido de "interpretação conforme à constituição" do § 2º do art. 33 da Lei 11.343/2006, criminalizador das condutas de "induzir, instigar ou auxiliar alguém ao uso indevido de droga". 1. Cabível o pedido de "interpretação conforme à Constituição" de preceito legal portador de mais de um sentido, dando-se que ao menos um deles é contrário à Constituição Federal. 2. A utilização do § 3º do art. 33 da Lei 11.343/2006 como fundamento para a proibição judicial de eventos públicos de defesa da legalização ou da descriminalização do uso de entorpecentes ofende o direito fundamental de reunião, expressamente outorgado pelo inciso XVI do art. 5º da Carta Magna. Regular exercício das liberdades constitucionais de manifestação de pensamento e expressão, em sentido lato, além do direito de acesso à informação (incisos IV, IX e XIV do art. 5º da Constituição Republicana, respectivamente). 3. Nenhuma lei, seja ela civil ou penal, pode blindar-se contra a discussão do seu próprio conteúdo. Nem mesmo a Constituição está a salvo da ampla, livre e aberta discussão dos seus defeitos e das suas virtudes, desde que sejam obedecidas as condicionantes ao direito constitucional de reunião, tal como a prévia comunicação às autoridades competentes. 4. Impossibilidade de restrição ao direito fundamental de reunião que não se contenha nas duas situações excepcionais que a própria Constituição prevê: o estado de defesa e o estado de sítio (art. 136, § 1º, inciso I, alínea "a", e art. 139, inciso IV). 5. Ação direta julgada procedente para dar ao § 2º do art. 33 da Lei 11.343/2006 "interpretação conforme à Constituição" e dele excluir qualquer significado que enseje a proibição de manifestações e debates públicos acerca da descriminalização ou legalização do uso de drogas ou de qualquer substância que leve o ser humano ao entorpecimento episódico, ou então viciado, das suas faculdades psicofísicas. (ADI 4274, Rel. Min. Ayres Britto, Pleno, DJ 2.5.2012)

Jurisprudência complementar (STJ)

(...). Induzimento, instigação ou auxílio ao uso de entorpecentes. 1. Recebimento da incoativa. Motivação. Existência. 2. Trancamento da ação penal. Falta de justa causa. 3. Denúncia. Fatos adequadamente narrados. Ocorrência. Exercício da ampla defesa. Possibilidade. 4. Atipicidade material. Instigação. Perigo abstrato. Efetivo uso de entorpecente. Dispensabilidade. Lesão concreta. Despicienda. 5. Tipicidade formal. Ocorrência. Situações particulares. Esfera pessoa e íntima. Afastamento. Saúde pública. Objeto jurídico. Pessoa determinada. Sujeito passivo mediato. 6. Artigo 33, § 2º, da Lei 11.343/06. Viabilidade. Sanção prevista no subsequente § 3º. Perseguição das instituições estatais. Exame aprofundado do contexto fático-probatório. Necessidade. Matérias incabíveis na via eleita. (...). 1. Não há falar em carência de fundamentação na decisão que, ao receber a denúncia, elencou as teses defensivas e pontuou que aspectos próprios do mérito da ação penal seriam enfrentados oportunamente, quando da prolação da análise do mérito. (...). 3. De se notar que a descrição da pretensa conduta delituosa foi feita de forma suficiente ao exercício do direito de defesa, com a narrativa de todas as circunstâncias relevantes, permitindo a leitura da peça acusatória a compreensão da acusação, com base no artigo 41 do Código de Processo Penal. 4. A alegada atipicidade material não se verificou na espécie, eis que o tipo penal previsto no artigo 33, § 2º, da Lei 11.343/06 abrange múltiplas ações, primando a incoativa por empregar o verbo "instigar", cuja doutrina de escol entende ser delito de perigo abstrato, não se exigindo o efetivo consumo das substâncias estupefacientes, e em sendo despicienda a demonstração da potencialidade lesiva da conduta. 5. Não obstante a menção defensiva de que os fatos descritos abordam a esfera íntima e pessoal do recorrente e de seus amigos, tratando-se de assuntos particulares, conquanto moralmente discutíveis, a tipicidade formal sobressai na espécie, pois, partindo da premissa que o objeto jurídico tutelado é a saúde pública, evitando-se o dano que o emprego das substâncias estupefacientes podem causar, independentemente de qualquer lesão concreta decorrente das drogas, a pessoa determinada é atingida de forma mediata pela ação delitiva, não obstante o Estado e/ou a coletividade figurem como sujeitos passivos imediatos do delito. 6. Demais digressões sobre a viabilidade do tipo penal previsto no § 2º do artigo 33 da Lei 11.343/06, o fato de o seu apenamento ser maior do que o descrito para o § 3º, bem como deliberações sobre eventual perseguição das instituições estatais ao recorrente, demandam inexoravelmente revolvimento de matéria fático-probatória, não condizente com a via angusta do "writ", devendo, pois, serem avaliadas pelo Juízo a quo por ocasião da prolação da sentença, após a devida e regular instrução criminal, sob o crivo do contraditório. (...). (RHC 41.369, Rel. Min. Maria Thereza de Assis Moura, DJ 21.5.2014)

Questões de concursos

932. **(Funcab/Codeba/Guarda_Portuário/2016)** Constitui crime previsto na lei de drogas (Lei n. 11.343, de 2006):

    a) induzir, instigar ou auxiliar alguém ao uso indevido de droga.

    b) associarem-se duas ou mais pessoas para uso reiterado de drogas.

    c) conduzir automóvel após o consumo de drogas, expondo a dano potencial a incolumidade de outrem.

d) vender, fornecer, servir, ministrar ou entregar, ainda que gratuitamente, de qualquer forma, à criança ou ao adolescente, bebida alcoólica ou, sem justa causa, outros produtos cujos componentes possam causar dependência física ou psíquica.

e) deixar, a autoridade policial, dolosamente, de investigar crime previsto na Lei n. 11.343/2006.

■ Tráfico pelo Oferecimento Eventual (Privilegiado) {art. 33, § 3º}

§ 3º Oferecer droga, eventualmente e sem objetivo de lucro, a pessoa de seu relacionamento, para juntos a consumirem:

Pena – detenção, de 6 (seis) meses a 1 (um) ano, e pagamento de 700 (setecentos) a 1.500 (mil e quinhentos) dias-multa, sem prejuízo das penas previstas no art. 28.

Jurisprudência complementar (STF)

(...). Impetração dirigida contra decisão monocrática do relator de "habeas corpus" no Superior Tribunal de Justiça. Decisão não submetida ao crivo do colegiado. Ausência de interposição de agravo interno. Não exaurimento da instância antecedente. (...). Extinção do "writ". Tráfico de drogas. Regime inicial fechado. Imposição, na sentença, com fundamento exclusivamente no art. 2º, § 1º, da Lei 8.072/90. Incidência desse dispositivo afastada, em grau de apelação, pelo Tribunal de Justiça. Hipótese, todavia, em que o regime prisional mais gravoso foi mantido, em sede de recurso exclusivo da defesa, com fundamentos inovadores, em substituição à motivação adotada em primeiro grau de jurisdição. Ratificação desse entendimento pelo Superior Tribunal de Justiça. Inadmissibilidade. (...). Ilegalidade flagrante. Constrangimento ilegal manifesto. Ordem concedida de ofício. 1. A jurisprudência contemporânea do Supremo Tribunal não vem admitindo a impetração de "habeas corpus" que se volte contra decisão monocrática do relator da causa no Superior Tribunal de Justiça que não tenha sido submetida ao crivo do colegiado por intermédio do agravo interno, por falta de exaurimento da instância antecedente (HC 118.189...). 2. É vedada, em recurso exclusivo da defesa, a utilização de fundamentos inovadores, após o afastamento daquele adotado na decisão recorrida, para justificar a adoção do regime prisional mais gravoso, sob pena de "reformatio in pejus". 3. A sentença que condenou o paciente à pena de 4 (quatro) anos e 2 (dois) meses de reclusão, como incurso nas sanções do art.

33, caput, da Lei 11.343/06, fixou o regime inicial fechado com fundamento exclusivamente no art. 2º, § 1º, da Lei 8.072/90. Logo, não poderia o Tribunal, ao reconhecer, em recurso exclusivo da defesa, a inconstitucionalidade daquele dispositivo, afirmar que não seria razoável nem socialmente recomendável a fixação do regime semiaberto, "com base na expressiva quantidade e natureza extremamente nociva da droga apreendida (408 buchas de crack)". 4. "habeas corpus" extinto, por inadequação da via eleita. Ordem, todavia, concedida de ofício. (HC 121449, Rel. Min. Dias Toffoli, 1ª T., DJ 7.10.2014)

Questões de concursos

933. **(Vunesp/TJ/MS/Juiz/2015)** Assinale a alternativa correta.

   a) A indução ou a instigação de alguém ao uso indevido de droga não é considerado crime.

   b) Responde às mesmas penas do crime previsto no art. 33, caput, da Lei n. 11.343/2006 o agente que custeia ou financia o crime de tráfico.

   c) Responde por delito autônomo ao do tráfico o agente que oferecer droga, eventualmente e sem objetivo de lucro, a pessoa de seu relacionamento, para juntos a consumirem.

   d) A associação criminosa prevista no art. 35, caput, da Lei n. 11.343/2006 exige a constatação da reiteração permanente da associação de duas ou mais pessoas para prática constante do tráfico.

   e) A causa de redução da pena, prevista no § 4º do art. 33 da Lei n. 11.343/2006, só será aplicável se o agente for primário e de bons antecedentes.

934. **(Cespe/DPU/Defensor/2015)** Considerando que Carlo, maior e capaz, compartilhe com Carla, sua parceira eventual, substância entorpecente que traga consigo para uso pessoal, Carlo responderá pela prática do crime de oferecimento de substância entorpecente, sem prejuízo da responsabilização pela posse ilegal de droga para consumo pessoal.

935. **(Cespe/DPU/Defensor/2015)** Considerando que Carlo, maior e capaz, compartilhe com Carla, sua parceira eventual, substância entorpecente que traga consigo para uso pessoal, a conduta de Carlo configura crime de menor potencial ofensivo.

936. **(Vunesp/PC/CE/Escrivão/2015)** Aquele que oferece droga, eventualmente e sem objetivo de lucro, à pessoa de seu relacionamento, para juntos a consumirem, pratica

   a) contravenção penal.

b) crime equiparado ao uso de drogas.
c) crime, mas que não está sujeito à pena privativa de liberdade.
d) crime de menor potencial ofensivo.
e) conduta atípica.

937. **(Cespe/DPF/Delegado/2013)** Na Lei de Drogas, é prevista como crime a conduta do agente que oferte drogas, eventualmente e sem objetivo de lucro, a pessoa do seu relacionamento, para juntos a consumirem, não sendo estabelecida distinção entre a oferta dirigida a pessoa imputável ou inimputável.

■ Tráfico Privilegiado Segundo o STF {art. 33, § 4º}

> § 4º Nos delitos definidos no caput e no § 1º deste artigo, as penas poderão ser reduzidas de um sexto a dois terços, desde que o agente seja primário, de bons antecedentes, não se dedique às atividades criminosas nem integre organização criminosa.

Súmulas (STJ)

Súmula 471. Os condenados por crimes hediondos ou assemelhados cometidos antes da vigência da Lei 11.464, de 2006, sujeitam-se ao disposto no art. 112 da Lei 7.210, de 1984 para a progressão do regime prisional.

Súmula 512. A aplicação da causa de diminuição de pena prevista no art.33, parágrafo 4º, da Lei 11.343, de 2006, não afasta a hediondez do crime de tráfico de drogas.

Informativos (STF)

Aplicação da minorante do art. 33, § 4º da Lei 11.343/06.

O magistrado não pode deixar de aplicar a minorante prevista no § 4º do art. 33 da Lei 11.343/06 se utilizando exclusivamente dos elementos descritos no núcleo do referido tipo penal para concluir que o réu se dedicava à atividade criminosa. HC 253.732, Rel. Min. Jorge Mussi, 6.12.12. 5ª T. (Info 514)

Art. 33, § 4º, da Lei 11.343/06 e dosimetria da pena

A dosimetria da pena, bem como os critérios subjetivos considerados pelos órgãos inferiores para a sua realização, não são passíveis de aferição na via estreita do "habeas corpus". 2. Nada obstante, a patente desproporcionalidade no "quantum" da reprimenda fixada, em razão da insuficiência de motivos declarados para majorar a sanção, justifica a concessão da ordem para sanar flagrante ilegalidade. 3. O tráfico privilegiado, com minorante aplicável na terceira fase da dosimetria, pode ter sua extensão definida à luz do montante da droga apreendida, permitindo ao magistrado movimentar a redução dentro da escala penal de um sexto a dois terços, mediante o reconhecimento do menor ou maior envolvimento do agente com a criminalidade. HC 115979, Rel. Min. Luiz Fux, 3.9.13. 1ª T. (Info 718)

Art. 33, § 4º, da Lei 11.343/06 e fundamentação

Não agiu bem o Tribunal estadual, uma vez que fixou a pena-base no mínimo legal, e, em seguida, aplicou a fração de redução prevista no art. 33, § 4º, da Lei 11.343/06 em 1/6, sem apresentar a devida fundamentação. O STF já declarou a inconstitucionalidade do § 1º do art. 2º da Lei 8.072/90, que determinava o cumprimento de pena dos crimes hediondos, de tortura, de tráfico ilícito de entorpecentes e de terrorismo no regime inicial fechado. HC 114830, Rel. Min. Ricardo Lewandowski, 12.3.13. 2ª T. (Info 698)

Causa de diminuição da pena e quantidade de droga apreendida

Embora o juízo de 1º grau tenha reconhecido a presença de todos os requisitos do art. 33, § 4º, da Lei 11.343/06 (primariedade, bons antecedentes, ausência de dedicação a atividades criminosas e de integração a organização criminosa), a quantidade de entorpecente foi o único fundamento utilizado para afastar a aplicação do redutor do art. 33, § 4º, da Lei 11.343/06. Por essa razão, a quantidade de drogas não constitui isoladamente fundamento idôneo para negar o benefício da redução da pena. HC 138138, Rel. Min. Ricardo Lewandowski, j. 29.11.2016. 2ª T. (Info 849)

Dosimetria: tráfico de droga e "bis in idem"

Caracteriza "bis in idem" considerar, na terceira etapa do cálculo da pena do crime de tráfico ilícito de entorpecentes, a natureza e a quantidade da substância ou do produto apreendido, quando essas circunstâncias já tiverem sido apontadas na fixação da pena-base, ou seja, na primeira etapa da dosimetria, para graduação da minorante prevista no art. 33, § 4º, da Lei 11.343/06. Por outro lado, não há impedimento a que essas circunstâncias recaiam, alternadamente, na primeira ou na terceira fase da dosimetria, a critério do magistrado, em observância ao princípio da individualização da pena. HC 112776, HC 109193, Rel. Min. Teori Zavascki, 19.12.13. (Info 733)

"Mula" e aplicação da minorante do art. 33, § 4º, da Lei 11.343/06

Pertinente à dosimetria da pena, encontra-se a aplicação da causa de diminuição da pena objeto do § 4º do art. 33 da Lei 11.343/06. Inobstante a gravidade dos delitos imputados ao Recorrente, os elementos disponíveis estão a aconselhar, à falta de dados empíricos embasadores da exclusão da causa de diminuição da pena prevista no § 4º do art. 33 da Lei 11.346/06, o restabelecimento da sentença de primeiro grau que a aplicou. Tudo indica tratar-se, o Recorrente, de "mula" ou pequeno traficante, presentes apenas ilações ou conjecturas de envolvimento com grupo criminoso ou dedicação às atividades criminosas. RHC 118008, Rel. Min. Rosa Weber, 24.9.13. 1ª T. (Info 721)

"Mula" e causa de diminuição de pena

Para a concessão do benefício previsto no § 4º do art. 33 da Lei 11.343/06, é necessário que o agente, cumulativamente, seja primário, tenha bons antecedentes, não se dedique a atividades criminosas nem integre organização criminosa. No caso em análise, o reconhecimento de que a paciente integra organização criminosa, considerando-se os concretos elementos probatórios coligidos nos autos, é circunstância suficiente a obstar a incidência da causa de diminuição de pena prevista no art. 33, § 4º, da Lei 11.343/06. HC 101265, Red. p/ ac. Min. Joaquim Barbosa, 10.4.12. 2ª T. (Info 661)

Tráfico de drogas: dosimetria e "bis in idem"

A natureza e a quantidade dos entorpecentes foram utilizadas na primeira fase da dosimetria, para a fixação da pena-base, e na terceira fase, para a definição do patamar da causa de diminuição do § 4º do art. 33 da Lei 11.343/06 em um sexto. "Bis in idem". Patamar de dois terços a ser observado. São inconstitucionais a vedação à substituição da pena privativa de liberdade por restritiva de direitos e a imposição do regime fechado para o início do cumprimento da pena, em caso de tráfico de entorpecente. RHC 122684, Rel. Min. Cármen Lúcia, 16.9.14. 2ª T. (Info 759)

Tráfico de drogas e dosimetria da pena

Ante empate na votação, a 1ª Turma deferiu "habeas corpus" para que magistrado apreciasse a percentagem de causa de diminuição da pena, prevista no art. 33, § 4º, da Lei 11.343/06, a condenado pela prática de tráfico de drogas. Alegava-se que as instâncias ordinárias ter-se-iam fundamentado em presunções quanto às suas ligações com a criminalidade. Consideraram-se a menoridade do paciente, a ausência de registro de antecedentes e a aplicação da pena básica no mínimo legal. Asseverou-se não haver na sentença, nem no acórdão, qualquer dado concreto que mostrasse a integração do paciente a grupo criminoso. Destacou-se que a circunstância de ele ter sido surpreendido com a droga revelaria o tráfico, mas não a integração à atividade em si, como contido no preceito, atividade criminosa com potencial maior. Os ministros Luiz Fux, relator, e Min. Rosa Weber denegavam a ordem por entenderem que a mercancia de drogas, pelo réu, em lugar conhecido pelo comércio clandestino de entorpecente, por si só, constituiria prova robusta de sua participação na atividade criminosa. Aduziam que o tribunal de origem teria procedido a irrepreensível atividade intelectiva, porquanto a apreensão de grande quantidade de droga seria fato que permitiria concluir, mediante raciocínio dedutivo, pela sua dedicação ao tráfico. HC 108280, Red. p/ ac. Min. Marco Aurélio, 10.4.12. 1ª T. (Info 661)

Tráfico de entorpecentes: "mulas" e agentes de organização criminosa

Descabe afastar a incidência da causa de diminuição de pena do art. 33, § 4º, da Lei 11.343/06 com base em mera conjectura ou ilação de que os réus integrariam organização criminosa. O exercício da função de "mula", embora indispensável para o tráfico internacional, não traduz, por si só, adesão, em caráter estável e permanente, à estrutura de organização criminosa, até porque esse recrutamento pode ter por finalidade um único transporte de droga. HC 124107, Rel. Min. Dias Toffoli, 4.11.14. 1ª T. (Info 766)

Tráfico privilegiado e crime hediondo

A Turma acolheu proposição formulada pelo Min. Celso de Mello no sentido de afetar ao Plenário julgamento de "habeas corpus" em que se discute a hediondez no crime de tráfico privilegiado previsto no § 4º do art. 33 da Lei 11.343/06. Na espécie, o paciente fora condenado por tráfico internacional de drogas e a defesa requerera indulto, denegado pelo juízo das execuções penais. Em mutirão carcerário, entendera-se que teria jus ao perdão da pena, já que cumprido 1/3 da reprimenda. Ocorre que, posteriormente, o tribunal local cassara o benefício, a ensejar a presente impetração. Alega-se que o tráfico privilegiado não seria hediondo porque não estaria expressamente identificado no art. 2º da Lei 8.072/90, a prever tão somente a figura do tráfico de entorpecentes do caput do mencionado art. 33 da Lei de Drogas. Sustenta-se, ademais, que esse fato seria bastante para que o paciente não sofresse as restrições impostas pela Lei dos Crimes Hediondos. HC 110884, Rel. Min. Ricardo Lewandowski, 27.11.12. 2ª T. (Info 690)

Informativos (STJ)

"Bis in idem" e tráfico cometido nas dependências de estabelecimento prisional.

É indevido o emprego da circunstância de o crime ter sido cometido nas dependências de estabelecimento prisional para fundamentar tanto o quantum de redução na aplicação da minorante prevista no art. 33, § 4º, da Lei 11.343/06 como a incidência da majorante prevista no art. 40, III, da mesma lei. Isso porque essa situação configura "bis in idem". HC 313.677, Rel. Min. Reynaldo Soares da Fonseca, DJ 29.6.2016. 5ª T. (Info 586)

Causa de diminuição de pena. Art. 33, § 4º, da Lei 11.343/06. Dedicação à atividade criminosa. Utilização de inquéritos e/ou ações penais. Possibilidade.

É possível a utilização de inquéritos policiais e/ou ações penais em curso para formação da convicção de que o réu se dedica a atividades criminosas, de modo a afastar o benefício legal previsto no artigo 33, § 4º, da Lei 11.343/06. EREsp 1.431.091, Rel. Min. Felix Fischer, DJ 1.2.2017. 3ª S. (Info 596)

Inaplicabilidade da minorante prevista no art. 33, § 4º, da Lei de Drogas.

Ainda que a dedicação a atividades criminosas ocorra concomitantemente com o exercício de atividade profissional lícita, é inaplicável a causa especial de diminuição de pena prevista no art. 33, § 4º, da Lei 11.343/2006 (Lei de Drogas). REsp 1.380.741, Rel. Min. Rogerio Schietti Cruz, DJ 25.4.2016. 6ª T. (Info 582)

Tráfico ilícito de drogas na sua forma privilegiada. Art. 33, § 4º, da Lei 11.343/2006. Crime não equiparado a hediondo. Entendimento recente do Supremo Tribunal Federal, no julgamento do HC 118.533-MS. Revisão do tema analisado pela Terceira Seção sob o rito dos recursos repetitivos. Recurso repetitivo. Tema 600.

O tráfico ilícito de drogas na sua forma privilegiada (art. 33, § 4º, da Lei 11.343/2006) não é crime equiparado a hediondo e, por conseguinte, deve ser cancelado o Enunciado 512 da Súmula do Superior Tribunal de Justiça. Pet 11.796, Rel. Min. Maria Thereza de Assis Moura, 3ª S., DJ 29.11.2016. (Info 595)

Jurisprudência complementar (STF)

1. O tráfico de entorpecentes privilegiado (art. 33, § 4º, da Lei 11.313/2006) não se harmoniza com a hediondez do tráfico de entorpecentes definido no caput e § 1º do art. 33 da Lei de Tóxicos. 2. O tratamento penal dirigido ao delito cometi-

do sob o manto do privilégio apresenta contornos mais benignos, menos gravosos, notadamente porque são relevados o envolvimento ocasional do agente com o delito, a não reincidência, a ausência de maus antecedentes e a inexistência de vínculo com organização criminosa. 3. Há evidente constrangimento ilegal ao se estipular ao tráfico de entorpecentes privilegiado os rigores da Lei 8.072/90. 4. Ordem concedida (STF, HC 118,533, Rel. Min. Carmen Lúcia, Pleno, DJ 23.06.2016).

(...). Tráfico de entorpecentes. Dosimetria da pena. Aplicabilidade da minorante do art. 33, § 4º, da Lei 11.343/06. (...). 1. O julgamento monocrático do "habeas corpus" pelo Min. Relator, na linha da jurisprudência da Corte, não viola o princípio da colegialidade. (...). 2. A dosimetria da pena é questão relativa ao mérito da ação penal, estando necessariamente vinculada ao conjunto fático probatório, não sendo possível às instâncias extraordinárias a análise de dados fáticos da causa para redimensionar a pena finalmente aplicada. Nesse sentido, a discussão a respeito da dosimetria da pena cinge-se ao controle da legalidade dos critérios utilizados, restringindo-se, portanto, ao exame da "motivação (formalmente idônea) de mérito e à congruência lógico-jurídica entre os motivos declarados e a conclusão" (HC 69419...). 3. No caso, as instâncias de origem afastaram a aplicação da minorante do art. 33, § 4º, da Lei 11.343/2006 com base em dados fáticos da causa, de modo que não é possível, nesta via, reexaminar o material probatório da ação penal para, eventualmente, concluir-se em sentido diverso. Ao contrário do que sustenta a agravante, não se trata de revaloração da prova, mas sim de análise do acervo fático-probatório dos autos, o que é vedado a este Tribunal. (...). (HC 127063 AgR, Rel. Min. Roberto Barroso, 1ª T., DJ 7.5.2015)

(...). Condenação transitada em julgado. Manejo do "writ" como sucedâneo de revisão criminal. Objetivo. Redimensionar a pena. Descabimento. (...). Inexistência de flagrante ilegalidade, teratologia ou abuso de poder a justificar a concessão do "writ". Tráfico de drogas. Artigo 33, caput, da Lei 11.343/06. Pretendida aplicação do art. 33, § 4º, da Lei de Drogas. Impossibilidade de utilização do "habeas corpus" para revolver o contexto fático-probatório e glosar os elementos de prova em que se amparou a instância ordinária para afastar a causa de diminuição de pena. Paciente primária e de bons antecedentes. Irrelevância. Demonstração de que se dedicava a atividades criminosas. Não conhecimento do "Habeas corpus". 1. A Segunda Turma do Supremo Tribunal Federal admite "habeas corpus" substitutivo de recurso ordinário constitucional (art. 102, II, a, da Constituição Federal). (...). 2. Não se admite o manejo de "habeas corpus" como sucedâneo de revisão criminal para redimensionar a pena imposta. (...). 3. Tendo concluído a instância ordinária, para afastar a causa de diminuição de pena do art. 33, § 4º, da Lei 11.343/06, que a paciente se dedicava a atividades criminosas, torna-se inviável a utilização do "habeas corpus" para revolver o contexto fático-probatório e glosar os elementos de prova que ampararam essa conclusão. (...). 4. "Habeas corpus" do qual não se conhece. (HC 126242, Rel. Min. Dias Toffoli, 2ª T., DJ 17.4.2015)

(...). Insurgência contra a suspensão de direitos políticos e a condenação ao pagamento de custas processuais. Inadequação da via eleita. Inexistência de ameaça à liberdade de locomoção. Tráfico de drogas. Artigo 33, caput, da Lei 11.343/2006. Pretendida aplicação, em seu grau máximo, do redutor previsto no art. 33, § 4º, da Lei de Drogas. Descabimento. Redução de metade justificada pela natureza e pela quantidade da droga apreendida (50 g de cocaína), bem como pela apreensão do material destinado a sua preparação. Impossibilidade de utilização do "habeas corpus" para revolver o contexto fático-probatório e glosar os elementos de prova em que se amparou a instância ordinária. (...). 1. O "habeas corpus" é remédio jurídico destinado exclusivamente à tutela da liberdade de locomoção, razão por que descabe, nessa via, analisar questões que não representem ameaça a esse direito, como a suspensão dos direitos políticos ou a condenação ao pagamento das custas processuais. (...). 2. A jurisprudência do Supremo Tribunal Federal admite, para a aferição do percentual de redução da pena previsto no art. 33, § 4º, da Lei de Drogas, que a natureza e a quantidade da droga apreendida sejam valoradas negativamente na terceira fase da dosimetria da pena, desde que não sejam consideradas cumulativamente na primeira fase. (...). 3. A instância ordinária, para reduzir apenas de metade a pena imposta ao paciente, por força do art. 33, § 4º, da Lei 11.343/06, valorou negativamente a natureza e a quantidade da droga apreendida (50 g de cocaína), bem como a circunstância de terem sido apreendidos em seu poder "materiais utilizados na fabricação dos entorpecentes", motivação suficiente para obstar a redução no máximo legal. 4. O "habeas corpus" não constitui meio idôneo para se revolver o contexto fático-probatório ou glosar os elementos de prova que tenham amparado a conclusão da instância ordinária. (...). (HC 125991, Rel. Min. Dias Toffoli, 2ª T., DJ 28.4.2015)

(...). Tráfico de drogas. Reconhecimento da minorante. Impossibilidade. 1. A causa especial de diminuição de pena do art. 33, § 4º, da Lei 11.343/2006 não pode ser concedida se as instâncias de origem são convergentes no sentido de que o paciente se dedica a atividades criminosas. 2. O juízo de origem não considerou a quantidade de drogas para afastar a minorante, ou seja, não há ocorrência de "bis in idem" na dosimetria da pena. (...). (HC 125429 AgR, Rel. Min. Roberto Barroso, 1ª T., DJ 5.3.2015)

(...). Tráfico privilegiado de entorpecente. Natureza hedionda do delito. Impetração posterior a possível saída da paciente do território nacional pela determinação do juízo de origem. Ausência de objeto e de interesse de agir. Impetração não conhecida. 1. Não há utilidade no prosseguimento do presente "habeas corpus", pois o resultado do julgamento no Plenário quanto ao mérito da questão da hediondez ou não do tráfico de entorpecente previsto no art. 33, § 4º, da Lei 11.343/2006, não poderá ser aplicado ao caso, pois a Paciente, obedecendo a determinação do juízo de origem para concessão do livramento condicional, não está em local certo, podendo ter se ausentado do território nacional. 2. Não conheço da impetração. (HC 113711, Rel. Min. Cármen Lúcia, 2ª T., DJ 19.12.2014)

(...). Tráfico internacional de drogas. Causa de diminuição do art. 33, § 4º, da Lei 11.343/2006. Inaplicabilidade. Paciente envolvido com organização criminosa. Causa de aumento do art. 40, inc. I, da Lei 11.343/2006. Inexistência de "bis in idem" com relação ao tipo penal fixado no art. 33, caput, da Lei 11.343/2006. Regime prisional inicial fechado estabelecido com base em fundamentação idônea. Impossibilidade de substituição da pena privativa de liberdade por restritiva de direito pela pena imposta. 1. Causa de diminuição do § 4º do art. 33 da Lei 11.343/2006 afastada porque, com base no conjunto probatório dos autos, assentou ter o Paciente envolvimento com organização criminosa internacional. Premissa que para ser afastada demandaria o reexame de fatos e de provas, ao que não se presta o "habeas corpus". 2. Inexistência de "bis in idem" na aplicação da causa de aumento pela transnacionalidade do delito prevista no art. 40, inc. I, da Lei 11.343/2006. (...). 3. Regime prisional inicial fechado estabelecido por não guardar o Paciente vínculo com o distrito da culpa e pela quantidade e natureza do entorpecente apreendido. Fundamentação idônea. 4. Pena definitiva fixada em 5 anos e 10 meses de reclusão e 583 dias-multa. Não atendimento do disposto no art. 44, inc. I, do Código Penal. Impossibilidade de substituição da pena privativa de liberdade por restritiva de direitos. (...). (HC 124108, Rel. Min. Cármen Lúcia, 2ª T., DJ 13.11.2014)

(...). Tráfico de drogas. Dosimetria da pena. Quantidade da droga. Pena-base. Causa de diminuição da pena do artigo 33, § 4º, da Lei 11.343/06. "Bis in idem". Ocorrência. Aplicação da minorante. Regime prisional. Substituição da pena privativa de liberdade por restritiva de direitos. Ordem parcialmente concedida. (...). 2. O Plenário do Supremo Tribunal Federal reputou configurado "bis in idem" na consideração cumulativa da quantidade e da espécie da droga apreendida, como indicativos do maior ou menor envolvimento do agente no mundo das drogas, na exasperação da pena-base e no dimensionamento previsto no § 4º do art. 33 da Lei 11.343/2006. Nessa linha, o édito condenatório incide no vício do "bis in idem". 3. A quantidade da droga apreendida não autoriza inferir profundo envolvimento do paciente com o tráfico de drogas. Aplicação da causa de diminuição da pena do § 4º do art. 33 da Lei 11.343/06. 4. A fixação do regime inicial de cumprimento de pena e a substituição da pena privativa de liberdade por restritiva de direitos devem ser apreciadas pelo juiz do processo à luz do preenchimento, ou não, dos requisitos dos artigos 33 e 44 do Código Penal. 5. Ordem parcialmente concedida para que o magistrado de primeiro grau proceda a nova dosimetria da pena, mediante a consideração não cumulativa da circunstância ligada à quantidade da droga apreendida e a aplicação da minorante do art. 33, § 4º, da Lei 11.343/06, no patamar que reputar necessário à repressão e prevenção do crime. (HC 123168, Rel. Min. Rosa Weber, 1ª T., DJ 14.11.2014)

Jurisprudência complementar (STJ)

(...). Tráfico ilícito de entorpecentes. Condenação. Dosimetria. Pena-base acima do mínimo legal. Aplicação da causa especial de diminuição de pena prevista no art. 33, § 4º, da Lei 11.343/06 em patamar inferior ao máximo. "Bis in idem". Não ocorrência. Motivos diversos. Regime fechado fixado com base na hediondez do delito. Impossibilidade. Regime diverso do fechado. Possibilidade em tese. Aferição in concreto. Juízo das execuções. 1. Não há falar em "bis in idem" na dosimetria da pena, haja vista que a exasperação da pena-base em 1/4 deu-se em razão da variedade das substancias entorpecentes apreendidas – crack, cocaína e maconha – e a redução da reprimenda em apenas 1/3 em razão da incidência da causa especial de diminuição de pena prevista no art. 33, § 4º, da Lei 11.343/06, por sua vez, deu-se em razão da expressiva quantidade de drogas – quase 1 kg –, motivos diversos, pois. 2. O regime inicial fechado foi fixado com base, exclusivamente, na hediondez do delito, em manifesta contrariedade ao hodierno entendimento dos Tribunais Superiores. (...). Ordem concedida, de ofício, tão somente para que, afastada a obrigatoriedade do regime inicial fechado no tocante ao crime de tráfico de drogas, o Juízo das Execuções, analisando o caso concreto, avalie a possibilidade de modificação do regime inicial de cumprimento de pena, à luz do art. 33, §§ 2º e 3º, do Código Penal. (HC 312.818, Rel. Min. Maria Thereza de Assis Moura, DJ 9.3.2015)

(...). Tráfico. "Bis in idem" e "reformatio in pejus" na não aplicação do art. 33, § 4º, da lei de drogas. Inocorrência. Existência de circunstâncias caracterizadoras de dedicação à atividade ilícita. 1. Esta Corte Superior, acompanhando precedente do Plenário do Supremo Tribunal Federal, reconhece que a consideração da quantidade ou natureza da droga apreendida em mais de uma fase da dosimetria caracteriza "bis in idem". 2. Hipótese em que as instâncias ordinárias afastaram o redutor previsto no art. 33, § 4º , da Lei 11.343/2006, não só em razão da quantidade da droga, mas também em face de a recorrente se dedicar a atividades ilícitas, sendo certo que o Tribunal a quo apenas explicitou fundamentos para não aplicação do referido redutor já presentes na sentença do MM Juiz de Direito. 3. Mantendo-se a pena como estabelecida na sentença, não se reconhece reforma em prejuízo se não há efetiva piora na situação do réu. 4. No caso dos autos, apesar da primariedade da acusada e da inexistência de antecedentes criminais desabonadores, foram encontrados na posse da recorrente e dos demais corréus petrechos utilizados no comércio ilegal de entorpecentes, bem como armamento e munição desprovidos de autorização estatal e utilizados na segurança da empreitada criminosa, situação caracterizadora de dedicação a atividade ilícita. 5. Afastar as premissas, de modo a se chegar a uma conclusão diversa, exigiria necessário revolvimento de matéria fática, o que é inviável em recurso especial, à luz do óbice contido na Súmula 7 desta Corte. (...). (AgRg no AREsp 507.996, Rel. Min. Gurgel de Faria, DJ 3.8.2015)

(...). Tráfico de entorpecentes. Minorante prevista no § 4º do art. 33 da Lei 11.343/2006. Expressiva quantidade de droga, natureza e transnacionalidade do delito que evidenciam dedicação a atividade criminosa. Possibilidade de afastamento. (...). 1. Não há ilegalidade na negativa de aplicação da causa especial de diminuição prevista no § 4º do art. 33 da Lei 11.343/06 quando a expressiva quantidade da droga, sua natureza e a transnacionalidade do delito permitem aferir que o agente se dedica a atividade criminosa. (AgRg no REsp 1378153, Rel. Min. Reynaldo Soares da Fonseca, DJ 25.6.2015)

(...). Tráfico de entorpecentes. Causa especial de diminuição prevista no § 4º do art. 33 da Lei 11.343/2006. Fração do redutor. Discricionariedade. Alteração do patamar. Impossibilidade. Necessidade de revolvimento de prova. Súmula 7/STJ. Insurgência desprovida. 1. Este Superior Tribunal de Justiça tem entendimento consolidado no sentido de que a dosagem do decréscimo da pena em virtude do reconhecimento da minorante inserta no artigo 33, § 4º da Lei 11.343/2006 depende do juízo de discricionariedade regrada do julgador, pois o Código Penal não estabeleceu limites para tal operação. 2. Na hipótese, a aplicação do redutor se deu no patamar de 1/2 (metade) em razão das circunstâncias do delito como um todo. 3. Desconstituir a conclusão a que chegou a instância ordinária no que tange ao quantum de redução mais adequado ao caso exige revisão de matéria fática, inviável nesta via. Aplicação do verbete n. 7 da Súmula do STJ. (...). (AgRg no REsp 1480765, Rel. Min. Leopoldo de Arruda Raposo , DJ 29.6.2015)

(...). Tráfico de drogas. Minorante do tráfico privilegiado. Fatos criminais pendentes de definitividade. Dedicação a atividades criminosas. Afastamento. Legalidade. Regime inicial fechado. Quantidade de droga apreendida. Legalidade. Penas alternativas. Pena superior à 4 anos. Não aplicação. (...). 2. Fatos criminais pendentes de definitividade, embora não sirvam para a negativa valoração da reincidência e dos antecedentes (Súmula 444 do STJ), podem embasar o afastamento da minorante do tráfico privilegiado quando permitem concluir que o agente se dedica a atividades criminosas. 3. Ante a pena fixada, a quantidade de droga justifica a fixação do imediatamente mais gravoso regime inicial fechado para o cumprimento de pena. 4. Não é cabível a substituição da pena privativa de liberdade por restritiva de direitos nas hipóteses em que a pena fixada foi maior de 4 anos, nos termos dos arts. 44, inc. I, do Código Penal. (...). (HC 196.371, Rel. Min. Nefi Cordeiro, DJ 1.7.2015)

(...). Tráfico de drogas. Pena-base exasperada em razão da quantidade e da natureza da droga apreendida (300 kg de maconha). Legalidade. Reformatio in pejus. Não ocorrência. 1. A quantidade e a natureza da droga apreendida autorizam a exasperação da pena-base. 2. É descabido falar em "reformatio in pejus" na decisão agravada se esta se limitou a manter a pena imposta pelas instâncias ordinárias. 3. Condenado o agravante pelo tráfico internacional de 300 kg de maconha, foi-lhe fixada a pena-base acima do mínimo legal, mas a reprimenda final acabou estabelecida em 2 anos, 1 mês e 20 dias de reclusão e 35 dias-multa em decorrência da aplicação da minorante do art. 33, § 4º, da Lei 11.343/2006, mesmo sendo sua incidência indevida, tendo em vista que a pena-base fora dosada dentro dos parâmetros previstos na Lei 6.368/1976. Tal combinação descabida de leis, feita em benefício do agravante, foi mantida, pela ausência de recurso acusatório. Nesse contexto, constata-se ser totalmente desprovida de razoabilidade a insistente alegação da Defensoria Pública da União de que seria a pena imposta excessiva e desproporcional ao delito praticado. (...). (AgRg no REsp 1366993, Rel. Min. Sebastião Reis Júnior, DJ 3.8.2015)

(...). Tráfico de drogas. Minorante prevista no § 4º do art. 33 da Lei 11.343/2006. Aplicação no patamar máximo. Impossibilidade. Súmula 7 do STJ. Regime prisional diverso do fechado. Observância do art. 33, § 3º, do cp. (...). 1. Consoante jurisprudência desta Corte, devem ser consideradas as circunstâncias do caso concreto para estabelecer a fração de diminuição da pena pela incidência do § 4º do art. 33 da Lei 11.343/2006. 2. O exame da pretensão recursal, de aplicação da minorante no patamar máximo, implica a necessidade de revolvimento do suporte fático-probatório delineado nos autos. Súmula 7 do STJ. 3. Nos crimes de tráfico de entorpecentes, a escolha do regime prisional inicial deve levar em consideração a quantidade da pena imposta, a eventual existência de circunstâncias judiciais desfavoráveis e as demais peculiaridades do caso concreto (como a natureza e a quantidade de drogas apreendidas, por exemplo), para que, então, seja escolhido o regime carcerário que, à luz do disposto no art. 33 e parágrafos do Código Penal, se mostre o mais adequado para a prevenção e a repressão do delito perpetrado. 4. O regime inicial fechado foi devidamente estabelecido pelas instâncias ordinárias, em razão da natureza e da quantidade da droga apreendida – mais de 2 kg de cocaína –, bem como da valoração negativa das consequências do crime. (...). (AgRg no AREsp 642.863, Rel. Min. Rogerio Schietti Cruz, DJ 26.6.2015)

(...). Tráfico de drogas. Dosimetria da pena. Quantidade, natureza e diversidade de droga apreendida consideradas em dois momentos distintos do critério trifásico. Mensuração do maior ou menor envolvimento do acusado com o tráfico de drogas. Coação ilegal evidenciada. Decisão que deve ser mantida por seus próprios fundamentos. 1. Deve ser mantida por seus próprios fundamentos, a decisão monocrática em que se concede ordem de "habeas corpus" de ofício, para reduzir a pena-base ao mínimo legal, quando evidenciado que a quantidade e diversidade da droga apreendida foi considerada tanto para exasperar a pena-base quanto para afastar a minorante prevista no art. 33, § 4º, da Lei 11.343/2006. 2. O entendimento consolidado no âmbito do Superior Tribunal de Justiça, em consonância com a posição adotada no Supremo Tribunal Federal, no sentido da impossibilidade de consideração da natureza e quantidade de droga apreendida em dois momentos distintos do critério trifásico, engloba a consideração do maior ou menor envolvimento do réu com o tráfico de drogas, não servindo referido posicionamento apenas parar evitar a consideração da circunstância no percentual de aumento da pena-base e diminuição, em razão da minorante. (...). (AgRg no HC 308.020, Rel. Min. Sebastião Reis Júnior, DJ 22.6.2015)

(...). Tráfico internacional de drogas. Pretensão de aplicação de redutor. Súmula 7 do STJ. Atenuante. Redução da pena aquém do mínimo legal. Impossibilidade. Súmula 231 do STJ. Substituição da pena privativa de liberdade por restritiva de direitos. Não cabimento. A Corte de origem negou a aplicação do redutor previsto no art. 33, § 4º, da Lei 11.343/2006, concluindo que a agravante integra organização criminosa. Rever essa premissa importa em incursão no conteúdo fático-probatório carreado aos autos, tarefa inviável em recurso especial, a teor da Súmula 7 deste Tribunal. Descabe a redução da pena, na segunda fase da dosimetria, a patamar aquém do mínimo legal em razão da existência de circunstância atenuante, nos termos da Súmula 231 desta Corte. Não preenchido o requisito objetivo previsto no inciso I do art. 44 do Código Penal, não há que se falar em substituição da pena privativa de liberdade por restritiva de direitos. (...). (AgRg no AREsp 647.538, Rel. Min. Gurgel de Faria, DJ 22.6.2015)

Questões de concursos

938. **(FCC/DPE/ES/Defensor/2016)** Quanto aos crimes previstos na Lei de Drogas, é correto afirmar que

   a) a pena de multa pode ser aumentada até o limite do triplo se, em virtude da condição econômica do acusado, o juiz considerá-la ineficaz, ainda que aplicada no máximo.

b) não se tipifica o delito de associação para o tráfico se ausentes os requisitos de estabilidade e permanência, configurando-se apenas a causa de aumento da pena do concurso de pessoas.

c) constitui causa de aumento da pena a promoção do tráfico de drogas nas imediações de estabelecimento de ensino e, consoante expressa previsão legal, a circunstância independe de comprovação de se destinar aos respectivos estudantes.

d) o condenado por tráfico privilegiado poderá ser promovido de regime prisional após o cumprimento de um sexto da pena, segundo entendimento do Supremo Tribunal Federal.

e) cabível a aplicação retroativa da figura do tráfico privilegiado, desde que o redutor incida sobre a pena prevista na lei anterior, pois vedada a combinação de leis.

939. **(TRF/3R/Juiz/2016)** Pensando nas pessoas que se dispõem a transportar drogas, no próprio corpo, durante viagens internacionais, é possível dizer:

a) Se forem primárias, ostentarem bons antecedentes e não integrarem organização criminosa, terão a pena reduzida de um sexto a dois terços;

b) Mesmo se forem primárias, ostentarem bons antecedentes e não integrarem organização criminosa, não farão jus à redução de pena, haja vista tratar-se de tráfico internacional;

c) São isentas de pena, haja vista o fato de estarem submetidas a organizações criminosas que as obrigam a cometer o crime;

d) Mesmo quando obrigadas a proceder dessa forma, devem ser punidas, pois, em Direito Penal, o que importa é o resultado.

940. **(FCC/DPE/MA/Defensor/2015)** No delito de tráfico de entorpecente a pena poderá ser reduzida de um sexto a dois terços desde que o agente seja primário,

a) de bons antecedentes, não se dedique às atividades criminosas e nem integre organização criminosa.

b) não se dedique às atividades criminosas e nem integre organização criminosa.

c) de bons antecedentes, não se dedique às atividades criminosas, não integre organização criminosa e colabore voluntariamente com a investigação policial ou processo criminal.

d) não se dedique às atividades criminosas, não integre organização criminosa e colabore voluntariamente com a investigação policial ou processo criminal.

e) de bons antecedentes, não se dedique às atividades criminosas, não integre organização criminosa e desde que não tenha tido anteriormente conversão em penas restritivas de direitos.

941. (FMP/DPE/PA/Defensor/2015) Em relação aos crimes previstos na Lei Antitóxicos assinale a alternativa incorreta.

a) Na aplicação da pena deverão ser consideradas, com preponderância sobre as circunstâncias previstas no art. 59 do Código Penal, a natureza e a quantidade da substância ou do produto, a personalidade e a conduta social do agente.

b) Conforme entendimento firmado pelo Supremo Tribunal Federal é inconstitucional a vedação da liberdade provisória ao autor de delito de tráfico de drogas.

c) Não caracteriza o crime de associação para o tráfico o fato de duas ou mais pessoas se associarem para o fim de praticar o crime de financiamento ou custeio do tráfico.

d) Constituem requisitos suficientes para a caracterização da forma privilegiada do delito de tráfico de drogas, ser o agente primário e não integrar organização criminosa.

e) O indiciado ou acusado que colabora voluntariamente com a investigação policial e o processo criminal na identificação dos demais coautores ou partícipes do crime e na recuperação total ou parcial do produto do crime, no caso de condenação, terá pena reduzida de um terço a dois terços.

942. (FCC/TJ/PE/Juiz/2015) A figura do chamado tráfico privilegiado, prevista no art. 33, § 4°, da Lei n. 11.343/06,

a) constitui causa de diminuição da pena, podendo o juiz levar em conta a natureza e a quantidade da droga apreendida na escolha do redutor.

b) não admite aplicação retroativa

c) obsta a conversão da pena privativa de liberdade em restritiva de direitos.

d) é aplicável ao condenado reincidente, desde que a agravante não decorra da prática do mesmo crime, segundo expressa disposição.

e) também é aplicável ao crime de associação para o tráfico.

943. (Vunesp/PC/CE/Inspetor/2015) A Lei n. 11.343/06 (Drogas) estabelece que

a) o artigo 28 dessa Lei não mais prevê pena corporal para o usuário de drogas e não mais considera crime a conduta de quem é surpreendido usando drogas.

b) o crime de associação para o tráfico de drogas exige a presença de pelo menos quatro agentes, podendo haver, dentre eles, menores de idade.

c) a conduta daquele que semeia ou cultiva plantas que constituam matéria prima para a preparação de drogas, sem autorização legal, não caracteriza crime regulado por essa Lei, mas sim crime ambiental.

d) o agente que oferece drogas de forma gratuita para terceiro consumir, não pratica o crime do artigo 33 dessa Lei, o qual exige lucro.

e) o agente primário, de bons antecedentes e que não integre organizações criminosas e nem se dedique a atividades criminosas, condenado por tráfico de drogas, poderá ter sua pena reduzida até 2/3.

944. **(IBFC/PC/RJ/Papiloscopista/2014)** Segundo o entendimento sumulado pelo Superior Tribunal de Justiça, a aplicação da causa de diminuição de pena no crime de tráfico ilícito de entorpecentes, pelo fato de o agente ser primário, de bons antecedentes, não se dedicar a atividades criminosas e não integrar organização criminosa, previsto no art. 33, § 4°, da Lei n. 11.343/2006:

   a) Transforma o crime em infração de menor potencial ofensivo.
   b) Torna o crime afiançável, podendo a fiança ser arbitrada pelo Delegado de Polícia.
   c) Torna o crime suscetível de anistia, graça e indulto.
   d) Faz com que a pena do crime seja cumprida integralmente em regime fechado.
   e) Não afasta a hediondez do crime de tráfico de drogas.

945. **(Ieses/TJ/MS/Cartórios/2014)** Com relação ao crime de tráfico de drogas, é certo afirmar:

   a) O cumprimento da pena no crime de Tráfico de Drogas, por ser crime equiparado a hediondo, deverá iniciar-se no regime fechado, vedada a conversão em penas restritivas de direitos, segundo entendimento majoritário do Supremo Tribunal Federal.
   b) João, primário e de bons antecedentes, praticou crime de Tráfico de Drogas, em 27.3.2007, foi condenado a uma pena de 5 (cinco) anos de reclusão, em regime fechado, deverá cumprir 1/6 (um sexto) da pena para progredir para o regime semiaberto.
   c) Na Lei de Drogas, o Ministério Público, no prazo de 10 (dez) dias, poderá oferecer denúncia e arrolar até 10 (dez) testemunhas para provar o fato descrito na peça vestibular.
   d) Para ter a pena reduzida de 1/6 (um sexto) a 2/3 (dois terços), (art. 33, §4° da Lei 11.343/03) o agente que pratica Tráfico de Drogas deverá ser primário, não se dedicar a atividades criminosas, nem integrar organização criminosa e não ser reincidente específico em tráfico de drogas.

946. **(UFG/DPE/GO/Defensor/2014)** Nos crimes definidos no caput e no § 1° do art. 33 da Lei n. 11.343/2006, desde que o agente seja primário, de bons antecedentes, não se dedique às atividades criminosas nem integre organização criminosa, as penas poderão ser reduzidas de:

   a) um sexto a um terço, vedada a concessão de liberdade provisória.

b) um quinto a um terço, permitida a concessão de fiança.

c) um terço à metade, vedada a concessão de progressão de regime.

d) um sexto a dois terços, permitida a conversão em penas restritivas de direitos.

e) um a dois terços, vedada a concessão de livramento condicional.

947. **(MPE/SC/Promotor/2014)** No delito de tráfico ilícito de drogas, artigo 33, caput e § 1º, as penas poderão ser reduzidas de um sexto a dois terços, desde que o agente somente não se dedique às atividades criminosas e nem integre organização criminosa.

■ Apetrechos para o Tráfico {art. 34}

> **Art. 34.** Fabricar, adquirir, utilizar, transportar, oferecer, vender, distribuir, entregar a qualquer título, possuir, guardar ou fornecer, ainda que gratuitamente, maquinário, aparelho, instrumento ou qualquer objeto destinado à fabricação, preparação, produção ou transformação de drogas, sem autorização ou em desacordo com determinação legal ou regulamentar:
>
> Pena – reclusão, de 3 (três) a 10 (dez) anos, e pagamento de 1.200 (mil e duzentos) a 2.000 (dois mil) dias-multa.

Informativos (STJ)

Absorção do crime de posse de maquinário pelo crime de tráfico de drogas.

Responderá apenas pelo crime de tráfico de drogas e não pelo mencionado crime em concurso com o de posse de objetos e maquinário para a fabricação de drogas, previsto no art. 34 da Lei 11.343/06 o agente que, além de preparar para venda certa quantidade de drogas ilícitas em sua residência, mantiver, no mesmo local, uma balança de precisão e um alicate de unha utilizados na preparação das substâncias. REsp 1.196.334, Rel. Min. Marco Aurélio Bellizze, 19.9.13. 5ª T. (Info 531)

Jurisprudência complementar (STF)

(...). Tráfico ilícito de drogas. Indeferimento de liberdade provisória. Alegação de ausência de fundamentação. Decisão lastreada na garantia da ordem pública e na aplicação da lei penal. Pressupostos do art. 312 do Código de Processo Penal. Demonstração. (...). Jurisprudência do STF. I. Presentes os requisitos autorizadores da prisão cautelar previstos no art. 312 do Código de Processo Penal, em especial o da garantia da ordem pública, em virtude da grande quantidade de entorpecente apreendido na propriedade do paciente, ainda mais quando encontrados naquele local petrechos utilizados para embalar e preparar a droga para a venda, o que denota a sua alta periculosidade e o seu envolvimento profundo com o tráfico ilícito de entorpecentes. (...). (HC 113184, Rel. Min. Ricardo Lewandowski, 2ª T., DJ 4.9.2012)

Jurisprudência complementar (STJ)

(...). Tráfico de drogas. Insumos e maquinário. Consunção. Contexto fático único. Incerteza. Valoração de provas descabida no "habeas corpus". Não cabimento. Condutas autônomas. (...). 2. O princípio da consunção incide quando seja um dos crimes etapa necessária ou usual ao crime final pretendido pelo agente. 3. Embora o contexto fático único autorize a absorção dos fatos contidos no art. 33 § 1º e 34, ambos da Lei 11.343/2006, pelo delito descrito no art. 33 da mesma Lei, não restou certa a situação fática exigida de que fossem os insumos e maquinários destinados ao exclusivo fim de preparo da droga comercializada pelos acusados – não cabendo valoração fática na via do "habeas corpus". (...). (HC 266.516, Rel. Min. Nefi cordeiro, DJ 3.2.2015)

(...). Tráfico de drogas e associação para o narcotráfico. Prisão em flagrante. Liberdade provisória. Indeferimento. Natureza, quantidade e diversidade de entorpecente apreendido. Potencialidade lesiva da infração. Gravidade concreta. Necessidade de acautelamento da ordem pública. Vedação legal à concessão do benefício. Fundamentação idônea e constitucional. Condições pessoais favoráveis. Irrelevância. Coação não demonstrada. (...). 1. Demonstrada a gravidade concreta do crime em tese cometido, evidenciada pela quantidade da droga apreendida – 240 cápsulas de cocaína e 300 pedras de crack –, mostra-se necessária a continuidade da segregação cautelar do paciente para a garantia da ordem pública. 2. Não caracteriza constrangimento ilegal a negativa de concessão de liberdade provisória aos flagrados no cometimento em tese do delito de tráfico de entorpecentes praticado na vigência da Lei 11.343/06, notadamente em se considerando o disposto no art. 44 da citada lei especial, que expressamente proíbe a soltura clausulada nesse caso, mesmo após a edição e entrada em vigor da Lei 11.464/2007, por encontrar amparo no art. 5º, XLIII, da Constituição Federal, que prevê a inafiançabilidade de tal infração. 3. Condições pessoais favoráveis não têm, em princípio, o condão de, por si sós, garantirem a concessão de liberdade provisória, se há nos autos elementos suficientes a demonstrar a necessidade da custódia antecipada, como ocorre "in casu". (...). (HC 205.811, Rel. Min. Jorge Mussi, DJ 16.12.2011)

(...). Tráfico de drogas e associação para o narcotráfico. Prisão em flagrante. Liberdade provisória. Indeferimento. Circunstâncias que evidenciam a existência de organização criminosa. Expressiva quantidade de droga apreendida. Potencialidade lesiva das infrações. Gravidade concreta. Necessidade de acautelamento da ordem pública. Fundamentação idônea e constitucional. Condições pessoais favoráveis. Irrelevância. Coação ilegal não demonstrada. (...). 1. As circunstâncias demonstram a existência, em tese, de um grupo criminoso estruturado para a prática do delito de tráfico de drogas, mostrando-se necessária a custódia cautelar para o bem da ordem pública, pois há sérios riscos das atividades ilícitas serem retomadas com a soltura. 2. Evidenciada a gravidade concreta dos crimes em tese cometidos, diante da elevada quantidade de droga apreendida – 200 (duzentos) tijolos de cocaína, pesando cerca de 202,100 kg (duzentos e dois quilos e cem gramas) –, mostra-se necessária a continuidade da segregação cautelar da paciente, para a garantia da ordem pública. 3. Condições pessoais, mesmo que favoráveis, não têm, em princípio, o condão de, por si sós, garantirem a concessão da liberdade provisória, se há nos autos elementos suficientes a demonstrar a necessidade da custódia antecipada, como ocorre "in casu". (...). (HC 195.065, Rel. Min. Jorge Mussi, DJ 1.8.2011)

■ Associação para o Tráfico {art. 35}

> **Art. 35**. Associarem-se duas ou mais pessoas para o fim de praticar, reiteradamente ou não, qualquer dos crimes previstos nos arts. 33, caput e § 1º, e 34 desta Lei:
>
> Pena – reclusão, de 3 (três) a 10 (dez) anos, e pagamento de 700 (setecentos) a 1.200 (mil e duzentos) dias-multa.

Informativos (STJ)

Aplicação de causa de aumento de pena da Lei de Drogas ao crime de associação para o tráfico de drogas com criança ou adolescente.

A participação do menor pode ser considerada para configurar o crime de associação para o tráfico (art. 35) e, ao mesmo tempo, para agravar a pena como causa de aumento do art. 40, VI, da Lei 11.343/06. HC 250.455, Rel. Min. Nefi Cordeiro, DJ 5.2.2016. 6ª T. (Info 576)

Inaplicabilidade da causa de diminuição do § 4º do art. 33 da Lei 11.343/06 no caso de reconhecimento de associação de que trata o art. 35 do mesmo diploma legal.

É inaplicável a causa especial de diminuição de pena prevista no § 4º do art. 33 da Lei 11.343/06 na hipótese em que o réu tenha sido condenado, na mesma ocasião, por tráfico e pela associação de que trata o art. 35 do mesmo diploma legal. REsp 1.199.671, Rel. Min. Maria T. A. Moura, 26.2.13. 6ª T. (Info 517)

Livramento condicional no crime de associação para o tráfico.

O condenado por associação para o tráfico (art. 35 da Lei 11.343/06), caso não seja reincidente específico, deve cumprir 2/3 da pena para fazer jus ao livramento condicional. HC 311.656, Rel. Min. Felix Fischer, DJ 2.9.15. 5ª T. (Info 568)

Requisitos para configuração do delito de associação para o tráfico.

Exige-se o dolo de se associar com permanência e estabilidade para a caracterização do crime de associação para o tráfico, previsto no art. 35 da Lei 11.343/06. Dessa forma, é atípica a conduta se não houver ânimo associativo permanente (duradouro), mas apenas esporádico (eventual). HC 139.942, Rel. Min. Maria T. A. Moura, 19.11.12. 6ª T. (Info 509)

Jurisprudência complementar (STF)

(...). Condenado por associação para o tráfico (art. 35 da Lei 11.343/2006). Todas as circunstâncias do art. 59 do Código Penal favoráveis. Possibilidade de substituição da reprimenda corporal por sanções restritivas de direitos. 1. O Tribunal de Justiça local fixou a pena-base no mínimo legal, com a negativa de conversão da pena privativa de liberdade sob o fundamento genérico da gravidade do delito. Desse modo, e considerando que o exame dos vetores subjetivos para a substituição da reprimenda são basicamente os mesmos descritos no art. 59 do Código Penal, é forçoso concluir que existe descompasso entre o que foi decidido em termos de pena e os fundamentos utilizados para negar a benesse. 2. Ordem concedida para substituir a reprimenda corporal por sanções restritivas de direitos (CP, art. 44, § 2º), com a fixação das condições pelo juízo da execução. (HC 124489, Rel. Min. Teori Zavascki, 2ª T., DJ 25.3.2015)

(...). Associação para o tráfico de drogas (art. 35 da Lei 11.343/06). Substituição da pena privativa de liberdade. Questão não analisada pelo Superior Tribunal de

Justiça. Inadmissível supressão de instância. (...). Fixação de regime mais gravoso. Fundamentação lastreada na mera opinião do julgador sobre a gravidade em abstrato do crime. Impossibilidade. Incidência das Súmulas n. 718 e 719 da Corte. (...). 1. A questão relativa à substituição da pena privativa de liberdade por restritiva de direitos não foi analisada pelo Superior Tribunal de Justiça. Essa circunstância obsta sua apreciação pelo Supremo Tribunal Federal, em razão da indevida supressão de instância. 2. Afigura-se inadmissível, por contrastar com as Súmulas n.s 718 e 719 do Supremo Tribunal Federal, a fixação do regime inicial mais gravoso com base na mera opinião do julgador sobre a gravidade em abstrato do crime. 3. Recurso ordinário provido para se conceder a ordem de "habeas corpus", fixando-se, desde logo, o regime inicial aberto para o cumprimento da pena imposta ao recorrente. (RHC 119893, Rel. Min. Dias Toffoli, 1ª T., DJ 19.12.2014)

Extradição fundada em tratado. Delitos de tráfico internacional de drogas e associação para tráfico. Competência internacional concorrente para julgamento do crime de tráfico transnacional de drogas e correlatos. Extraditando que possui esposa e filho brasileiro. Súmula 421. Dupla tipicidade e dupla punibilidade. Requisitos atendidos no caso. Extraditando condenado pela justiça brasileira. Ressalva dos arts. 89 c/c 67 da Lei 6.815/1980. Deferimento. 1. Por força do sistema de contenciosidade limitada consagrado no Estatuto do Estrangeiro (art. 85, § 1º) e placitado pela jurisprudência desta Corte, compete ao Supremo Tribunal Federal exclusivamente o exame dos pressupostos formais do pedido de extradição. (...). 2. O reconhecimento do concurso de jurisdição penal entre o Brasil e o Estado requerente para julgamento do crime de tráfico internacional de entorpecentes e correlatos não obsta o deferimento do pedido de extradição, sobretudo quando não instaurado procedimento penal no Brasil para apuração do delito em questão. (...). 3. No caso dos autos, incide o verbete 421 da Súmula do Supremo Tribunal Federal: "Não impede a extradição a circunstância de ser o extraditando casado com brasileiro ou ter filho brasileiro." 4. A condenação imposta ao extraditando pela Justiça Brasileira impede a execução da extradição, ressalvada a opção da Presidência da República de efetivar a entrega do estrangeiro (arts. 89 c/c 67 da Lei 6.815/1990). 5. Extradição deferida. (Ext 1329, Rel. Min. Teori Zavascki, 2ª T., DJ 18.11.2014)

Jurisprudência complementar (STJ)

(...). Associação para o tráfico de drogas. Absolvição. Impossibilidade. Estabilidade e permanência da associação. (...). 2. Não há como conceder "habeas corpus", de ofício, para absolver o agravante em relação ao delito de associação para o tráfico de drogas, visto que o Juiz sentenciante, de forma fundamentada, apontou elementos concretos constantes dos autos que, efetivamente, evidenciam a estabilidade e a permanência exigidas para a configuração de crime autônomo, previsto no art. 35 da Lei 11.343/2006. (...). (AgRg no AREsp 559.766, Rel. Min. Rogerio Schietti Cruz, DJ 22.6.2015)

(...). 1. Proferida sentença, resta prejudicada a alegação de excesso de prazo na formação da culpa, pois entregue a prestação jurisdicional. 2. Não há ilegalidade na manutenção da prisão preventiva quando demonstrado, com base em fatores concretos, que se mostra necessária, dada a forma como ocorridos os delitos imputados, indicativa de envolvimento profundo com a narcotraficância. 3. A diversidade, a natureza altamente lesiva e a expressiva quantidade dos entorpecentes apreendidos em poder do grupo criminoso – mais de 2 kg (dois quilogramas) de maconha, 200 g (duzentos) de cocaína e 0,5 kg (meio quilo) de crack – somadas à forma de acondicionamento de algumas drogas – já fracionadas –, bem como à apreensão de balanças de precisão e de elevada quantia de dinheiro, é indicativa de profundo envolvimento na narcotraficância, da periculosidade social dos acusados e do risco de continuidade na prática criminosa, caso libertados, autorizando a preventiva. 4. A orientação pacificada nesta Corte Superior é no sentido de que não há lógica em deferir ao condenado o direito de recorrer solto quando permaneceu preso durante a persecução criminal, se presentes os motivos para a segregação preventiva. 5. Condições pessoais favoráveis não têm, em princípio, o condão de, isoladamente, revogar a prisão cautelar, se há nos autos elementos suficientes a demonstrar a sua necessidade. (...). (RHC 55.244, Rel. Min. Jorge Mussi, DJ 19.5.2015)

(...). Art. 35, da Lei 11.343/2006. Necessidade de estabilidade e permanência da associação para caracterização do crime. Ausência de comprovação. Mero concurso de agentes. Absolvição. Ordem concedida. 1. A jurisprudência deste Superior Tribunal firmou o entendimento de que, para a subsunção da conduta ao tipo previsto no art. 35 da Lei 11.343/2006, é imprescindível a demonstração concreta da estabilidade e da permanência da associação criminosa. 2. O acórdão impugnado, ao concluir pela condenação do paciente e do corréu pelo crime previsto no art. 35 da Lei 11.343/2006, em momento algum fez referência ao vínculo associativo estável e permanente porventura existente entre eles, de maneira que, constatada a mera associação eventual entre os acusados para a prática do tráfico de drogas – sem necessidade de revaloração probatória ou exame de fatos –, devem ser absolvidos do delito em questão. 3. Ordem não conhecida. "Habeas corpus" concedido, de ofício, para absolver o paciente do crime previsto no art. 35 da Lei 11.343/2006, com extensão dos efeitos desse "decisum" para o corréu, a teor do art. 580 do CPP. (HC 270.837, Rel. Min. Rogerio Schietti Cruz, DJ 30.3.2015)

Questões de concursos

948. (Funcab/PC/PA/Delegado/2016) Jeremias integra de forma estável e permanente a estrutura da facção criminosa instalada em determinada comunidade, exercendo dupla função: é responsável por manter droga em depósito para revenda e, em outras oportunidades, serve como "fogueteiro", em razão do que aciona fogos de artifício toda vez que percebe a ação de policiais ou de grupos rivais naquela localidade, a fim de alertar os demais integrantes de sua facção. Nesse contexto, é correto afirmar que Jeremias pratica o(s) crime(s) previsto(s) no(s)artigo(s):

a) 33, da Lei n. 11.343, de 2006.

b) 33, 35 e 37, da Lei n. 11.343, de 2006.

c) 33 e 35, da Lei n. 11.343, de 2006.

d) 33 e 37, da Lei n. 11.343, de 2006.

e) 35, da Lei n. 11.343, de 2006.

949. (FGV/MPE/RJ/Analista/2016) Em ação penal, Patrick foi condenado pela prática do crime de tráfico de drogas, aplicada a causa de diminuição do artigo 33, §4° da Lei n. 11.343/06, sendo fixada a pena de 01 ano e 08 meses de reclusão, não admitida a substituição da pena privativa de liberdade por restritiva de direitos, enquanto Lucas foi absolvido em razão de trazer consigo entorpecente para fins de consumo pessoal. No mesmo processo, Marcel foi condenado unicamente pelo delito de associação para o tráfico, sendo aplicada a pena mínima de 03 anos a ser cumprida em regime inicialmente fechado, apenas pelo fato de o delito praticado ser hediondo. As partes apresentaram recurso de apelação e o Procurador de Justiça tem que apresentar seu parecer. De acordo com a posição pacificada e atual dos Tribunais Superiores, é correto afirmar que:

a) diante do reconhecimento da causa de diminuição do artigo 33, §4° da Lei n. 11.343/06, o tráfico perde a natureza de crime equiparado ao hediondo;

b) os fundamentos apresentados para fixação do regime de cumprimento de pena do crime de associação para o tráfico foram válidos e corretos;

c) não cabe substituição da pena privativa de liberdade por restritiva de direitos, ainda que preenchidos os requisitos do artigo 44 do Código Penal, em razão de expressa e válida previsão legal;

d) a Lei n. 11343/06 descriminalizou a conduta de porte de substância entorpecente para consumo pessoal, tratando-se de infração meramente administrativa, não sendo possível a imposição de prisão ou eventual condenação ser considerada para efeito de reincidência;

e) exige-se estabilidade e permanência para configuração do crime de associação para o tráfico.

950. **(FCC/TJ/RR/Juiz/2015)** Segundo a lei antidrogas:

   a) é isento de pena o agente que, em razão da dependência de droga, era, ao tempo da ação ou omissão relacionada apenas aos crimes previstos na própria lei, inteiramente incapaz de entender o caráter ilícito do fato ou de determinar-se de acordo com esse entendimento.

   b) incide nas penas do crime de associação para o tráfico quem se associa para a prática reiterada de financiamento ou custeio do tráfico de drogas.

   c) é de dois anos o prazo de prescrição do crime de posse de droga para consumo pessoal, não se observando as causas interruptivas previstas no Código Penal.

   d) o concurso de agentes é causa de aumento da pena no crime de tráfico de drogas.

   e) a aplicação da causa de diminuição de pena prevista no art. 33, § 4°, da Lei n. 11.343/06, conhecida como tráfico privilegiado, afasta a hediondez do crime de tráfico de drogas, de acordo com entendimento sumulado o Superior Tribunal de Justiça.

951. **(UFPR/DPE/PR/Defensor/2014)** Em 26.06.2013, Paulo, primário, foi preso em flagrante sob a acusação de venda de drogas, em estável associação com outros quatro indivíduos, estando incurso nos crimes de tráfico de drogas (art. 33, caput, da Lei n. 11.343/06, sem a diminuição prevista no §4° do mesmo artigo) e associação para o tráfico (art. 35 da Lei n. 11.343/06). Na data de hoje, foi simultaneamente condenado, em decisão definitiva, por ambos os delitos. Você, Defensor Público em exercício junto à Vara de Execuções Penais, atuando na defesa dos interesses de Paulo, deverá requerer a concessão da progressão de regime após o cumprimento de:

   a) 2/5 do total da pena aplicada.

   b) 3/5 do total da pena aplicada.

   c) 2/5 da pena pelo crime de associação para o tráfico de drogas (art. 35 da Lei n. 11.343/06), mais 1/6 da pena pelo crime de tráfico de drogas (art. 33, caput, da Lei n. 11.343/06).

   d) 1/4 do total da pena aplicada.

   e) 2/5 da pena pelo crime de tráfico de drogas (art. 33, caput, da Lei n. 11.343/06), mais 1/6 da pena pelo crime de associação para o tráfico de drogas (art. 35 da Lei n. 11.343/06).

952. **(Cespe/TJ/SE/Cartórios/2014)** Assinale a opção correta à luz das disposições da Lei Antidrogas (Lei n. 11.343/2006).

   a) O juiz poderá conceder o perdão judicial ou reduzir a pena pela delação premiada, se o réu colaborar de forma efetiva e voluntária e a relevância da informação prestada contribuir, de fato, com as investigações ou com o processo, por meio da identificação dos corréus e partícipes do crime de tráfico de drogas.

b) A transnacionalidade do delito é circunstância agravante que se aplica ao tráfico de drogas, desde que a substância entorpecente seja proveniente de outro país ou a outro país se destine, sendo irrelevante o fato de ter sido produzida ou não no Brasil.

c) A segregação cautelar do preso acusado da prática dos crimes atinentes ao tráfico ilícito de entorpecentes não pode ser afastada, haja vista o impeditivo legal previsto na referida lei, que veda a liberdade provisória.

d) O agente não poderá ser processado e condenado pela prática de tráfico privilegiado em concurso material com associação para o tráfico, ainda que esses crimes sejam considerados crimes autônomos.

e) Em caso de crime de tráfico de drogas, não se admite a substituição da pena privativa de liberdade por restritiva de direitos, ainda que o réu seja primário, com bons antecedentes e não se dedique a atividade criminosa nem integre organização criminosa.

953. (FCC/TJ/AP/Juiz/2014) Por todo o catálogo do direito comparado, uma das figuras que hoje mais preocupam e inquietam acadêmicos, legisladores e operadores do campo criminal é, certamente, aquela da associação criminosa. Nosso ordenamento cuidou de tipificar nada menos que duas modalidades diferenciadas e mais importantes de tratamento legal para essa conduta. Uma delas está voltada para crimes de traficância de drogas ou práticas assemelhadas, encontrando-se disposta no âmbito da Lei n. 11.343/2006. A segunda está voltada para a prática genérica de crimes de outra natureza, inserindo-se, portanto, no âmbito mais amplo do Código Penal. Respectivamente, essas figuras hoje reclamam uma composição mínima de

a) dois e quatro agentes.

b) dois e três agentes.

c) três e dois agentes.

d) três e quatro agentes.

e) quatro e três agentes.

954. (Fundep/TJ/MG/Juiz/2014) Analise as seguintes afirmativas, assinalando com V as verdadeiras e com F as falsas.

I. Sempre que houver a reparação do dano no crime de peculato culposo ocorrerá a extinção da punibilidade do agente.

II. A Lei n. 9.455/97, que trata dos crimes de tortura, revogou tacitamente a qualificadora relativa ao emprego de tortura no delito de homicídio, uma vez que prevê o crime de tortura com resultado morte.

III. É possível a formação de organização criminosa com o intuito de praticar infração cuja pena máxima cominada seja inferior a quatro anos.

IV. O crime de associação para o tráfico previsto no Artigo 35 da Lei n. 12.343/2006 é equiparado a hediondo, por força do Artigo 5º inciso XLIII da CF, bem como do Artigo 2º, caput, da Lei n. 8.052/90.

Assinale a alternativa que apresenta a sequência correta.

a) F, V, F, V.
b) V, V, F, F.
c) F, F, V, V.
d) F, F, V, F.

■ Associação para o Financiamento {art. 35, p. ú.}

> Parágrafo único. Nas mesmas penas do caput deste artigo incorre quem se associa para a prática reiterada do crime definido no art. 36 desta Lei.

Jurisprudência complementar (STF)

(...). Tráfico de drogas e associação para o tráfico. Dosimetria. Pena-base. Majoração. Impossibilidade. Circunstâncias inerentes à conduta criminosa. Ordem concedida. I. A circunstância judicial – mal causado pelo tóxico – valorada negativamente pelo juízo sentenciante é ínsita à conduta delituosa, incorporada ao próprio tipo penal, não podendo, pois, ser utilizada como elemento hábil a proporcionar a majoração da reprimenda, sob pena de indesejado "bis in idem". II. No caso sob exame, o intuito de obter lucro fácil também está contido na conduta de comercializar a droga, de modo que não cabe invocá-lo para o fim de majorar a pena-base, ante a possibilidade de, novamente, incorrer-se em "bis in idem". III. Ordem concedida apenas para determinar a realização de nova dosimetria da pena. (HC 107532, Rel. p/ ac. Min. Ricardo Lewandowski, 2ª T., DJ 21.2.2013)

■ Financiamento do Tráfico {art. 36}

> **Art. 36.** Financiar ou custear a prática de qualquer dos crimes previstos nos arts. 33, caput e § 1º, e 34 desta Lei:
>
> Pena – reclusão, de 8 (oito) a 20 (vinte) anos, e pagamento de 1.500 (mil e quinhentos) a 4.000 (quatro mil) dias-multa.

Informativos (STJ)

Autofinanciamento para o tráfico de drogas.

Na hipótese de autofinanciamento para o tráfico ilícito de drogas, não há concurso material entre os crimes de tráfico (art. 33, caput, da Lei 11.343/06) e de financiamento ao tráfico (art. 36), devendo, nessa situação, ser o agente condenado às penas do crime de tráfico com incidência da causa de aumento de pena prevista no art. 40, VII. REsp 1.290.296, Rel. Min. Maria T. A. Moura, 17.12.13. 6ª T. (Info 534)

Jurisprudência complementar (STF)

Extradição instrutória. Crimes de rapto agravado, de ofensa à integridade física qualificada, de ameaça e de tráfico de estupefacientes. Correspondência com os crimes dos arts. 148, § 2º, 129 e 147, do Código Penal e do art. 36 da Lei 11.343/2006. Dupla incriminação configurada. Delitos de ofensa à integridade física e de ameaça não extraditáveis. Art. 77, IV, da Lei 6.815/80. Crimes remanescentes não prescritos. Inexistência de óbices legais. Deferimento parcial da extradição. Entrega condicionada à assunção de compromisso quanto à detração da pena. 1. Pedido de extradição formulado pelo Governo de Portugal que atende aos requisitos da Lei 6.815/1980 e da Convenção de Extradição entre os Estados Membros da Comunidade dos Países de Língua Portuguesa firmado em 23.11.2005, promulgado pelo Decreto 7.935, de 19.02.2013. 2. Crimes de rapto agravado, de ofensa à integridade física qualificada, de ameaça e de tráfico de estupefacientes que correspondem aos delitos previstos nos arts. 148, § 2º, 129 e 147, do Código Penal e no art. 36 da Lei 11.343/2006, respectivamente. Dupla incriminação atendida. 4. Os crimes de ofensa à integridade física qualificada e de ameaça, por terem penas não superiores a um ano, não são extraditáveis, conforme art. 77, IV, da Lei 6.815/1980. 5. Irrelevância da ausência do texto legal estrangeiro referente à prescrição, quando, excepcionalmente, demonstrada sua inocorrência. (...). 6. Inocorrência de prescrição ou óbice legais quanto aos delitos remanescentes. 7. O compromisso de detração da pena, considerando o período de prisão decorrente da extradição, deve ser assumido antes da entrega do preso, não obstando a concessão da extradição. O mesmo é válido para os demais compromissos previstos no art. 91 da Lei 6.815/1980. 8. Extradição parcialmente deferida. (Ext 1305, Rel. Min. Rosa Weber, 1ª T., DJ 23.10.2014)

Jurisprudência complementar (STJ)

(...). Penal. Tráfico ilícito de drogas. Art. 33, caput, da Lei 11.343/2006. Financiamento para o tráfico. Incidência da causa de aumento do art. 40, inciso VII, da mesma lei. Impossibilidade de condenação, em concurso material, pela prática dos crimes do art. 33, caput, e do art. 36 da lei de drogas. 1. O financiamento ou custeio ao tráfico ilícito de drogas (art. 36 da Lei 11.343/2006) é delito autônomo aplicável ao agente que não tem participação direta na execução do tráfico, limitando-se a fornecer os recursos necessários para subsidiar a mercancia. 2. Na hipótese de autofinanciamento para o tráfico ilícito de drogas não há falar em concurso material entre os crimes de tráfico e de financiamento ao tráfico, devendo ser o agente condenado pela pena do artigo 33, caput, com a causa de aumento de pena do artigo 40, inciso VII, da Lei de Drogas. (...). (REsp 1290296, Rel. Min. Maria Thereza de Assis Moura, DJ 3.2.2014)

Questões de concursos

955. (Cespe/Câmara_Deputados/Analista_Legislativo/2014) De acordo com o entendimento do STJ, aquele que importar e vender substância entorpecente no mercado interno e utilizar os recursos assim arrecadados para financiar a própria atividade praticará os crimes de tráfico ilícito de drogas e financiamento ao tráfico, em concurso material.

■ Informante Colaborador {art. 37}

Art. 37. Colaborar, como informante, com grupo, organização ou associação destinados à prática de qualquer dos crimes previstos nos arts. 33, caput e § 1º, e 34 desta Lei:

Pena – reclusão, de 2 (dois) a 6 (seis) anos, e pagamento de 300 (trezentos) a 700 (setecentos) dias-multa.

Informativos (STJ)

Subsidiariedade do tipo do art. 37 em relação ao do art. 35 da Lei 11.343/06.

Responderá apenas pelo crime de associação do art. 35 da Lei 11.343/06 – e não pelo mencionado crime em concurso com o de colaboração como informante, previsto no art. 37 da mesma lei – o agente que, já integrando associação que se destine à prática do tráfico de drogas, passar, em determinado momento, a colaborar com esta especificamente na condição de informante. HC 224.849, Rel. Min. Marco Aurélio Bellizze, 11.6.13. 5ª T. (Info 527)

Jurisprudência complementar (STF)

(...). Penal. Crime de tráfico de drogas. Envolvimento de adolescente. Causa especial de aumento de pena. Art. 40, VI, da Lei 11.343/2006. Menoridade do adolescente. Reconhecimento pelo juízo sentenciante. Comprovação nos autos. Revolvimento do conjunto fático-probatório. Impossibilidade. (...). I. Após o encerramento da instrução criminal, o magistrado de piso condenou o paciente pela prática do crime de tráfico de drogas, ocasião em que, à luz do conjunto de fatos e provas dos autos, entendeu comprovada a menoridade do adolescente envolvido na prática do delito e aplicou a majorante prevista no inciso VI do art. 40 da Lei de Drogas. Esse entendimento foi mantido pelo Tribunal de Justiça do Estado de Minas Gerais, com fulcro no acervo probatório da ação penal. II. O adolescente foi encaminhado ao Juízo da Vara Infracional da Infância e da Juventude da Comarca da Capital/MG, onde foi instaurado procedimento para apurar a prática de atos infracionais análogos aos delitos previstos no art. 16, parágrafo único, I, da Lei 10.826/2003 e no art. 37 da Lei 11.343/2006, que resultou na imposição de medida socioeducativa de prestação de serviços comunitários pelo período de 6 (seis) meses. III. Não há como acolher a alegação de ausência de comprovação da menoridade do adolescente, divergindo do entendimento adotado pelas instâncias ordinárias – e ratificado no acórdão impugnado –, em especial nesta via estreita do "habeas corpus", que, como se sabe, é instrumento destinado à proteção de direito demonstrável de plano, que não admite dilação probatória. (...). (HC 122541, Rel. Min. Ricardo Lewandowski, 2ª T., DJ 15.8.2014)

Jurisprudência complementar (STJ)

(...). Modificação de entendimento jurisprudencial. Restrição do remédio constitucional. Exame excepcional que visa privilegiar a ampla defesa e o devido processo legal. 2. Delito de colaboração como informante. Art. 37 da Lei 11.343/2006. Pressuposição de inexistência de qualquer outro envolvimento com o grupo, associação ou organização criminosa. Manutenção de vínculo. Divisão de tarefas. Função interna de sentinela, fogueteiro ou informante. Configuração de tipo penal mais abrangente. Tráfico ou associação. 3. Crime de associação para o tráfico e de colaboração com a associação. Arts. 35 e 37 da Lei 11.343/2006. Agente que exerce função de informante dentro da associação da qual participa. Concurso material. Impossibilidade. Dupla apenação indevida. Princípio da subsidiariedade. 4. Regime fechado. Imposição legal. Inconstitucionalidade. Crime não equiparado a hediondo. Constrangimento ilegal evidenciado. (...). Ordem concedida de ofício para cassar a condenação pelo delito do art. 37 da Lei 11.343/2006 e alterar o regime de cumprimento da pena para o aberto. (...). 2. A norma incriminadora do art. 37 da Lei 11.343/2006 tem como destinatário o agente que colabora como informante com grupo (concurso eventual de pessoas), organização criminosa (art. 2º da Lei 12.694/12) ou associação (art. 35 da Lei 11/343/2006), desde que não tenha ele qualquer envolvimento ou relação com as atividades daquele grupo, organização criminosa ou associação para as quais atua como informante. Se a prova indica que o agente mantém vínculo ou envolvimento com esses grupos, conhecendo e participando de sua rotina, bem como cumprindo sua tarefa na empreitada comum, a conduta não se subsume ao tipo do art. 37 da Lei de Tóxicos, mas sim pode configurar outras figuras penais, como o tráfico ou a associação, nas modalidades autoria e participação, ainda que a função interna do agente seja a de sentinela, fogueteiro ou informante. 3. O tipo penal trazido no art. 37 da Lei de Drogas se reveste de verdadeiro caráter de subsidiariedade, só ficando preenchida a tipicidade quando não se comprovar a prática de crime mais grave. De fato, cuidando-se de agente que participa do próprio delito de tráfico ou de associação, a conduta de colaborar com informações para o tráfico já é inerente aos mencionados tipos. Considerar que o informante possa ser punido duplamente, pela associação e pela colaboração com a própria associação da qual faz parte, além de contrariar o princípio da subsidiariedade, revela indevido "bis in idem". 4. Além de o § 1º do art. 2º da Lei 8.072/1990 ter sido considerado inconstitucional pelo Supremo Tribunal Federal, o crime de associação nem sequer é equiparado a hediondo, não havendo se falar, portanto, em regime fechado decorrente de imposição legal. Fixada a reprimenda no mínimo legal, ante a inexistência de circunstâncias negativas, mostra-se adequada a aplicação do regime aberto, nos termos do que disciplina o art. 33, § 2º, alínea c, do Código Penal. (...). Ordem concedida de ofício para cassar a condenação pelo delito descrito no art. 37 da Lei 11.343/2006, mantendo apenas o édito condenatório pelo crime de associação, alterando-se, no mais, o regime de cumprimento da pena para o aberto. (HC 224.849, Rel. Min. Marco Aurélio Bellizze, DJ 19.6.2013)

(...). Prisão preventiva. Colaborar com organização destinada ao tráfico ilícito de drogas. Mãe de corréu. Informante. Atipicidade da conduta. Inviabilidade da análise. Fundamentos da custódia cautelar. Gravidade abstrata. Ilegalidade manifesta. Ordem concedida de ofício. Aplicação de medidas cautelares diversas da prisão. (...). 2. O "habeas corpus" não se apresenta como a via adequada à análise da alegada atipicidade da conduta da paciente, tida como informante de organização criminosa associada para o tráfico ilícito de drogas, porquanto, de um lado, não tratou o Tribunal estadual da questão, de outro, o intento, em tal caso, demanda aprofundado revolvimento do contexto fático-probatório. 3. Diante de situação excepcional, em que evidente constrangimento ilegal, é viável a concessão de "habeas corpus" de ofício. 4.

No caso, mesmo que a paciente seja acusada de ser informante de articulada organização criminosa voltada ao tráfico ilícito de drogas, associada à facção identificada por Comando Vermelho, não é razoável mantê-la sob a tutela cautelar do Estado, por haver, em duas oportunidades, alertado seu filho (acusado na mesma ação penal de traficar drogas ilícitas, de estar associado para o tráfico interestadual e de portar ilegalmente arma de fogo de uso restrito) da chegada da polícia à comunidade, sobretudo porque não existe nenhuma referência ao acesso da paciente a informação porventura sigilosa ou efetivamente privilegiada. A prisão preventiva da paciente, na verdade, está fundada na gravidade abstrata do delito. 5. A acusação descrita no art. 37 da Lei 11.363/2006, caso acolhida, já sugeriria regime diverso do fechado, e a atual prisão cautelar – que perdura por quase 1 ano – vem sendo cumprida em regime estritamente fechado. (...). Ordem concedida de ofício para garantir à paciente o direito de aguardar em liberdade o desenrolar da ação penal em questão se por outro motivo não estiver presa e sem prejuízo de nova prisão cautelar ser decretada, caso sobrevenham motivos concretos para tanto. Aplicação de medidas cautelares diversas da prisão. (HC 246.462, Rel. Min. Sebastião Reis Júnior, DJ 16.11.2012)

Questões de concursos

956. **(MPE/GO/Promotor/2016)** No que importa à Lei de Drogas, é correto afirmar:

   a) Para o STJ (REsp 1290296), na hipótese de autofinanciamento para o tráfico ilícito de drogas, não há falar em concurso material entre os crimes de tráfico e de financiamento ao tráfico. Nesse caso, o art. 33 é mero "post factum" impunível. Dessarte, se o agente já expôs a perigo o bem jurídico tutelado pelo crime do art. 36, e depois resolve incrementar essa lesão precedente contra o mesmo bem jurídico, concorrendo para o tráfico por ele financiado, há de ser aplicado o princípio da consunção. Quem concorre para o tráfico por ele mesmo financiado não responde por dois crimes.

   b) Os veículos, embarcações, aeronaves e quaisquer outros meios de transporte, os maquinários, utensílios, as armas, instrumentos e objetos de qualquer natureza, utilizados para a prática dos crimes definidos na Lei de Drogas, após a sua regular apreensão, mediante autorização judicial, ouvido o Ministério Público, poderão ficar sob custódia da autoridade de polícia judiciária, desde que comprovado o interesse público na utilização de qualquer desses bens.

   c) Para o STJ (HC 224.849), o tipo penal trazido no art. 37 da Lei de Drogas se reveste de verdadeiro caráter de subsidiariedade, só ficando preenchida a tipicidade quando não se comprovar a prática de crime mais grave. Considerar, pois, que o informante possa ser punido duplamente, pela associação e pela colaboração com a própria associação da qual faz parte, além de contrariar o princípio da subsidiariedade, revela indevido "bis in idem".

d) Exclusivamente na primeira fase da persecução criminal relativa aos crimes previstos na Lei 11.343/2006, mediante autorização judicial e ouvido o Ministério Público, além de outros, são permitidos os seguintes procedimentos investigatórios: a infiltração policial e a entrega vigiada suja.

■ Prescrição Culposa {art. 38}

> **Art. 38.** Prescrever ou ministrar, culposamente, drogas, sem que delas necessite o paciente, ou fazê-lo em doses excessivas ou em desacordo com determinação legal ou regulamentar:
>
> Pena – detenção, de 6 (seis) meses a 2 (dois) anos, e pagamento de 50 (cinquenta) a 200 (duzentos) dias-multa.

■ Comunicação ao Conselho Federal {art. 38, p. ú.}

> Parágrafo único. O juiz comunicará a condenação ao Conselho Federal da categoria profissional a que pertença o agente.

■ Conduzir Embarcação ou Aeronave {art. 39}

> **Art. 39.** Conduzir embarcação ou aeronave após o consumo de drogas, expondo a dano potencial a incolumidade de outrem:
>
> Pena – detenção, de 6 (seis) meses a 3 (três) anos, além da apreensão do veículo, cassação da habilitação respectiva ou proibição de obtê-la, pelo mesmo prazo da pena privativa de liberdade aplicada, e pagamento de 200 (duzentos) a 400 (quatrocentos) dias-multa.

■ Penas {art. 39, p. ú.}

> Parágrafo único. As penas de prisão e multa, aplicadas cumulativamente com as demais, serão de 4 (quatro) a 6 (seis) anos e de 400 (quatrocentos) a 600 (seiscentos) dias-multa, se o veículo referido no caput deste artigo for de transporte coletivo de passageiros.

■ Causas Especiais de Aumento {art. 40}

> **Art. 40.** As penas previstas nos arts. 33 a 37 desta Lei são aumentadas de um sexto a dois terços, se:
>
> I – a natureza, a procedência da substância ou do produto apreendido e as circunstâncias do fato evidenciarem a transnacionalidade do delito;
>
> II – o agente praticar o crime prevalecendo-se de função pública ou no desempenho de missão de educação, poder familiar, guarda ou vigilância;
>
> III – a infração tiver sido cometida nas dependências ou imediações de estabelecimentos prisionais, de ensino ou hospitalares, de sedes de entidades estudantis, sociais, culturais, recreativas, esportivas, ou beneficentes, de locais de trabalho coletivo, de recintos onde se realizem espetáculos ou diversões de qualquer natureza, de serviços de tratamento de dependentes de drogas ou de reinserção social, de unidades militares ou policiais ou em transportes públicos;
>
> IV – o crime tiver sido praticado com violência, grave ameaça, emprego de arma de fogo, ou qualquer processo de intimidação difusa ou coletiva;
>
> V – caracterizado o tráfico entre Estados da Federação ou entre estes e o Distrito Federal;
>
> VI – sua prática envolver ou visar a atingir criança ou adolescente ou a quem tenha, por qualquer motivo, diminuída ou suprimida a capacidade de entendimento e determinação;
>
> VII – o agente financiar ou custear a prática do crime.

Súmulas TRF'S

TRF-4 126. Não configura "bis in idem" a aplicação, ao tráfico transnacional de drogas, da causa de aumento relativa à transnacionalidade, prevista no artigo 40, inciso I, da Lei 11.343/06.

Informativos (STF)

Pureza da droga e dosimetria da pena

O grau de pureza da droga é irrelevante para fins de dosimetria da pena. HC 132909, Rel. Min. Cármen Lúcia, 15.3.2016. 2ª T. (Info 818)

Tráfico: causa de aumento e transporte público

O reconhecimento de atenuante não autoriza a redução da pena para aquém do mínimo legal. O inc. III do art. 40 da Lei 11.343/06 visa a punir com maior rigor a comercialização de drogas em determinados locais, como escolas, hospitais, teatros e unidades de tratamento de dependentes, entre outros. Pela inserção da expressão "transporte público" nesse mesmo dispositivo, evidencia-se que a referência há de ser interpretada na mesma perspectiva, vale dizer, no sentido de que a comercialização da droga em transporte público deve ser apenada com mais rigor. Logo, a mera utilização de transporte público para o carregamento da droga não leva à aplicação da causa de aumento do inc. III do art. 40 da Lei 11.343/06. HC 109538, Red. p/ ac. Min. Rosa Weber, 15.5.12. 1ª T. (Info 666)

Tráfico de drogas: transporte público e aplicação do art. 40, III, da Lei 11.343/06

A mera utilização do transporte público para o carregamento do entorpecente não é suficiente para a aplicação da causa de aumento de pena prevista no inc. III do art. 40 da Lei 11.343/06. A teleologia da norma é conferir maior reprovação ao traficante que pode atingir um grande número de pessoas, as quais se encontram em particular situação de vulnerabilidade. HC 120624, Red. p/ ac. Min. Ricardo Lewandowski, 3.6.14. 2ª T. (Info 749)

Tráfico de entorpecente e transposição de fronteira

A incidência da causa de aumento de pena prevista na Lei 11.343/06 (Art. 40, V) não demanda a efetiva transposição da fronteira da unidade da Federação. Seria suficiente a reunião dos elementos que identificassem o tráfico interestadual, que se consumaria instantaneamente, sem depender de um resultado externo naturalístico. HC 122791, Rel. Min. Dias Toffoli, 17.11.15. 1ª T. (Info 808)

Informativos (STJ)

Aplicação da mesma causa de aumento de pena da Lei de Drogas a mais de um crime.

A causa de aumento de pena do art. 40, VI, da Lei 11.343/06 pode ser aplicada tanto para agravar o crime de tráfico de drogas (art. 33) quanto para agravar o de associação para o tráfico (art. 35) praticados no mesmo contexto. HC 250.455, Rel. Min. Nefi Cordeiro, DJ 5.2.2016. 6ª T. (Info 576)

Aplicação de causa de aumento de pena da Lei de Drogas acima do patamar mínimo.

O fato de o agente ter envolvido um menor na prática do tráfico e, ainda, tê-lo retribuído com drogas, para incentivá-lo à traficância ou ao consumo e dependência, justifica a aplicação, em patamar superior ao mínimo, da causa de aumento de pena do art. 40, VI, da Lei 11.343/06, ainda que haja fixação de pena-base no mínimo legal. HC 250.455, Rel. Min. Nefi Cordeiro, DJ 5.2.2016. 6ª T. (Info 576)

Causa de aumento da pena do crime de tráfico de drogas em transporte público.

A utilização de transporte público com a única finalidade de levar a droga ao destino, de forma oculta, sem o intuito de disseminá-la entre os passageiros ou frequentadores do local, não implica a incidência da causa de aumento de pena do inciso III do artigo 40 da Lei 11.343/06. REsp 1.443.214, Rel. Min. Sebastião Reis Júnior, 4.9.14. 6ª T. (Info 547)

Causa de aumento de pena prevista na primeira parte do art. 18, III, da Lei 6.368/1976.

Com o advento da nova Lei de Tóxicos (Lei 11.343/06), não subsiste a causa de aumento de pena prevista na primeira parte do art. 18, III, da Lei 6.368/1976, cujo teor previa o concurso eventual de agentes como majorante. HC 202.760, Rel. Min. Maria T. A. Moura, 26.11.13. 6ª T. (Info 532)

Hipótese de inaplicabilidade simultânea de transnacionalidade e de interestadualidade em tráfico de drogas.

No tráfico ilícito de entorpecentes, é inadmissível a aplicação simultânea das causas especiais de aumento de pena relativas à transnacionalidade e à interestadualidade do delito (art. 40, I e V, da Lei 11.343/06), quando não comprovada a intenção do importador da droga de difundi-la em mais de um estado do território nacional, ainda que, para chegar ao destino final pretendido, imperativos de ordem geográfica façam com que o importador transporte a substância através de estados do país. HC 214.942, Rel. Min. Rogerio Schietti Cruz, DJ 28.6.2016. 6ª T. (Info 586)

Substituição da pena no crime de tráfico de drogas.

O fato de o tráfico de drogas ser praticado com o intuito de introduzir substâncias ilícitas em estabelecimento prisional não impede, por si só, a substituição da pena privativa de liberdade por restritivas de direitos, devendo essa circunstância ser ponderada com os requisitos necessários para a concessão do benefício. AgRg no REsp 1.359.941, Rel. Min. Sebastião Reis Júnior, 4.2.14. 6ª T. (Info 536)

Tráfico de drogas e corrupção de menores. Causa de aumento de pena do art. 40, VI, da Lei de Drogas e crime de corrupção de menores. Princípio da especialidade.

Na hipótese de o delito praticado pelo agente e pelo menor de 18 anos não estar previsto nos arts. 33 a 37 da Lei de Drogas, o réu poderá ser condenado pelo crime de corrupção de menores, porém, se a conduta estiver tipificada em um desses artigos (33 a 37), não será possível a condenação por aquele delito, mas apenas a majoração da sua pena com base no art. 40, VI, da Lei 11.343/2006. REsp 1.622.781, Rel. Min. Sebastião Reis Júnior, DJ 12.12.2016. 6ª T. (Info 595)

Utilização de transporte público para conduzir droga ilícita.

O simples fato de o agente utilizar-se de transporte público para conduzir a droga não atrai a incidência da majorante prevista no art. 40, III, da Lei de Drogas (11.343/06), que deve ser aplicada somente quando constatada a efetiva comercialização da substância em seu interior. AgRg no REsp 1.295.786, Rel. Min. Regina Helena Costa, 18.6.14. 5ª T. (Info 543)

Jurisprudência complementar (STF)

(...). Interrogatório. Alegado abalo emocional do paciente, em razão do falecimento da esposa ou companheira na data do interrogatório. Nulidade. Inexistência. Paciente que se entrevistou prévia e reservadamente com seu defensor constituído, o qual acompanhou o ato. Ausência de registro, no termo de audiência, do suposto abalo psicológico e de postulação do adiamento do ato. Preclusão. Questão, outrossim, não suscitada em alegações finais. Eventual nulidade que, se existente, seria imputável à própria defesa (art. 565, CPP). Paciente, ademais, que negou a prática dos crimes. Ausência de qualquer prejuízo a sua defesa. "Habeas corpus" extinto. (...). 3. Descabe anular-se o interrogatório do paciente em razão de suposto abalo emocional derivado da morte de esposa ou companheira, pois isso não foi invocado quando da realização do ato. 4. O paciente, antes do interrogatório, entrevistou-se reservadamente com seu defensor constituído, o qual acompanhou a realização do ato e deixou de postular seu adiamento, operando-se a preclusão. 5. Nulidade que, se existente, além de não ter sido suscitada em alegações finais, teria sido causada pela própria defesa, que, por essa razão, não poderia invocá-la (art. 565, CPP). 6. Inexistência, ademais, de qualquer prejuízo à defesa, uma vez que o paciente apresentou, sem qualquer restrição, a sua versão para os fatos e negou a prática dos crimes pelos quais veio a ser condenado. (...). (HC 126254, Rel. Min. Dias Toffoli, 1ª T., DJ 8.4.2015)

(...). Tráfico internacional de drogas. Causa de diminuição do art. 33, § 4º, da Lei 11.343/2006. Inaplicabilidade. Paciente envolvido com organização criminosa. Causa de aumento do art. 40, inc. I, da Lei 11.343/2006. Inexistência de "bis in idem" com relação ao tipo penal fixado no art. 33, caput, da Lei 11.343/2006. Regime prisional inicial fechado estabelecido com base em fundamentação idônea. Impossibilidade de substituição da pena privativa de liberdade por restritiva de direito pela pena imposta. 1. Causa de diminuição do § 4º do art. 33 da Lei 11.343/2006 afastada porque, com base no conjunto probatório dos autos, assentou ter o Paciente envolvimento com organização criminosa internacional. Premissa que para ser afastada demandaria o reexame de fatos e de provas, ao que não se presta o "habeas corpus". 2. Inexistência de "bis in idem" na aplicação da causa de aumento pela transnacionalidade do delito prevista no art. 40, inc. I, da Lei 11.343/2006. (...). 3. Regime prisional inicial fechado estabelecido por não guardar o Paciente vínculo com o distrito da culpa e pela quantidade e natureza do entorpecente apreendido. Fundamentação idônea. 4. Pena definitiva fixada em 5 anos e 10 meses de reclusão e 583 dias-multa. Não atendimento do disposto no art. 44, inc. I, do Código Penal. Impossibilidade de substituição da pena privativa de liberdade por restritiva de direitos. (...). (HC 124108, Rel. Min. Cármen Lúcia, 2ª T., DJ 13.11.2014)

(...). Tráfico transnacional de drogas. Artigo 33, caput, c/c o art. 40, I, da Lei 11.343/2006. "Mula". Aplicação da causa de diminuição de pena do art. 33, § 4º, da Lei de Drogas. Admissibilidade. Inexistência de prova de que o recorrente integre organização criminosa. Impossibilidade de negar a incidência da causa de diminuição de pena com base em ilações ou conjecturas. (...). 1. Descabe afastar a incidência da causa de diminuição de pena do art. 33, § 4º, da Lei 11.343/06 com base em mera conjectura ou ilação de que o réu integre organização criminosa. (...). 2. O exercício da função de "mula", embora indispensável para o tráfico internacional, não traduz, por si só, adesão, em caráter estável e permanente, à estrutura de organização criminosa, até porque esse recrutamento pode ter por finalidade um único transporte de droga. 3. Recurso provido para o fim de, reconhecida a incidência da causa de diminuição de pena em questão, determinar ao juízo das execuções criminais que fixe o quantum de redução pertinente. (RHC 123119, Rel. Min. Dias Toffoli, 1ª T., DJ 17.11.2014)

(...). Tráfico de drogas. Dosimetria da pena. Exasperação da pena-base. Causa de diminuição do art. 33, § 4º, da Lei 11.343/06. Causa de aumento de pena dos incisos II e III do art. 40 da Lei 11.343/06. Regime inicial de cumprimento de pena. Substituição da pena. Circunstâncias desfavoráveis. 1. A dosimetria da pena é matéria sujeita a certa discricionariedade judicial. O Código Penal não estabelece rígidos esquemas matemáticos ou regras absolutamente objetivas para a fixação da pena. Cabe às instâncias ordinárias, mais próximas dos fatos e das provas, fixar as penas. Às Cortes Superiores, no exame da dosimetria das penas em grau recursal, compete o controle da legalidade e da constitucionalidade dos critérios empregados, bem como a correção de eventuais discrepâncias, se gritantes ou arbitrárias, nas frações de aumento ou diminuição adotadas pelas instâncias anteriores. 2. Pertinente à dosimetria da pena, encontra-se a aplicação da causa de diminuição da pena objeto do § 4º do art. 33 da Lei 11.343/2006. Cabe às instâncias anteriores decidir sobre a aplicação ou não do benefício e, se aplicável, a fração pertinente, não se mostrando hábil o "habeas corpus" para revisão, salvo se presente manifesta ilegalidade ou arbitrariedade. 3. O quantum da pena aplicada não enseja possibilidade de imposição de regime inicial mais brando que o fechado, nem tampouco a substituição da pena privativa por restritiva de direitos, à luz dos requisitos legais gerais dos arts. 33, § 2º, a, e 44, ambos do Código Penal. (...). (HC 116531, Rel. Min. Rosa Weber, 1ª T., DJ 11.6.2013)

(...). Tráfico de drogas. Dosimetria da pena. Causa de aumento de pena. Aplicação do artigo 40, inciso III, da Lei 11.343/2006. Ordem concedida. 1. A aplicação da causa de aumento de pena prevista no inciso III do artigo 40 da Lei 11.343/2006 visa a punir com maior rigor a distribuição de drogas nas dependências ou imediações de determinados locais, como escolas, hospitais, teatros, unidades de tratamento de dependentes e transportes públicos, entre outros. 2. A mera utilização de transporte público para o carregamento da droga não induz à aplicação da causa de aumento do inciso III do artigo 40 da Lei 11.343/2006. 3. Ordem de "habeas corpus" concedida para afastar a majorante prevista no artigo 40, III, da Lei 11.343/2006, com o restabelecimento do acórdão do Tribunal Regional Federal da 3ª Região no tópico. (HC 122258, Rel. Min. Rosa Weber, 1ª T., DJ 2.9.2014)

(...). Tráfico de drogas. Causa de aumento de pena prevista no art. 40, III, da Lei de drogas (transporte público). Não incidência no caso. Pena inferior a quatro anos. Fixação de regime inicial fechado. Viabilidade. Substituição da pena privativa de liberdade por restritiva de direitos. Circunstâncias judiciais desfavoráveis. Quantidade da droga apreendida. Não cumprimento do requisito subjetivo previsto no art. 44, III, do CP. Ordem parcialmente concedida. 1. O entendimento de ambas as Turmas do STF é no sentido de que a causa de aumento de pena para o delito de tráfico de droga cometido em transporte público (art. 40, III, da Lei 11.343/2006) somente incidirá quando demonstrada a intenção de o agente praticar a mercancia do entorpecente em seu interior. Fica afastada, portanto, na hipótese em que o veículo público é utilizado unicamente para transportar a droga. (...). 2. O acórdão impugnado restabeleceu o regime inicial fechado imposto pelo magistrado de primeiro grau em razão da presença de circunstâncias judiciais desfavoráveis do art. 59 do CP (quantidade de droga). Assim, não há razão para reformar a decisão, já que, na linha de precedentes desta Corte, os fundamentos utilizados são idôneos para impedir a fixação de um regime prisional mais brando do que o fixado no acórdão atacado. 3. Não é viável proceder à substituição da pena privativa de liberdade por restritivas de direito, pois, embora preenchido o requisito objetivo previsto no inciso I do art. 44 do Código Penal (= pena não superior a 4 anos), as instâncias ordinárias concluíram que a conversão da pena não se revela adequada ao caso, ante a existência de circunstâncias judiciais desfavoráveis (= quantidade da droga apreendida). (...). 4. Ordem concedida, em parte, apenas para afastar a incidência da majorante prevista no art. 40, III, da Lei 11.343/2006. (HC 119811, Rel. Min. Teori Zavascki, 2ª T., DJ 1.7.2014)

(...). Tráfico de drogas e associação para o tráfico. Artigo 33, caput, e art. 35, c/c o art. 40, IV, todos da Lei 11.343/06. Processo. Nulidade. Reconhecimento pretendido. Alegação de que a persecução penal se iniciou, ilicitamente, com base em denúncia anônima. Questão não analisada pelo Superior Tribunal de Justiça. Apreciação "per saltum". Impossibilidade. Supressão de instância configurada. (...). Prisão preventiva. Decretação por força da mera gravidade da imputação, sem base em elementos fáticos concretos. Inadmissibilidade. Medida que exige, além do alto grau de probabilidade da materialidade e da autoria ("fumus commissi delicti"), a indicação concreta da situação de perigo gerada pelo estado de liberdade do imputado ("periculum libertatis") e a efetiva demonstração de que essa situação de risco somente poderá ser evitada com a máxima compressão da liberdade do imputado. Necessidade, portanto, de indicação dos pressupostos fáticos que autorizam a conclusão de que o imputado, em liberdade, criará riscos para os meios ou o resultado do processo. Inidoneidade, na espécie, dos fundamentos adotados para a decretação da custódia. Superação, nesse ponto, do enunciado da Súmula 691 do Supremo Tribunal Federal. Ordem parcialmente concedida para revogar a prisão preventiva do paciente, com extensão aos corréus. 1. O Supremo Tribunal Federal não pode, em exame "per saltum", analisar questão não apreciada pelo Superior Tribunal de Justiça, sob pena de supressão de instância. (...). 2. Ausente situação de flagrante constrangimento ilegal, segundo o enunciado da Súmula 691, não compete ao Supremo Tribunal Federal conhecer de "habeas corpus" contra decisão de relator que, em "habeas corpus" requerido a Tribunal Superior, indefere liminar. 3. Entretanto, o caso evidencia situação de flagrante ilegalidade, apta a ensejar o afastamento, excepcional, do referido óbice processual. 4. A prisão preventiva exige, além do alto grau de probabilidade da materialidade e da autoria (fumus commissi delicti), a indicação concreta da situação de perigo gerada pelo estado de liberdade do imputado (periculum libertatis) e a efetiva demonstração de que essa situação de risco somente poderá ser evitada com a máxima compressão da liberdade do imputado. 5. Constitui manifesto constrangimento ilegal a decretação da prisão preventiva com base na mera gravidade da imputação, sem a indicação concreta dos pressupostos fáticos que autorizam a conclusão de que o imputado, em liberdade, criará riscos para os meios ou o resultado do processo. 6. Ordem concedida para revogar a prisão preventiva do paciente, estendendo-se seus efeitos aos corréus que se encontram na mesma situação. (HC 122057, Rel. Min. Dias Toffoli, 1ª T., DJ 10.10.2014)

(...). Ausência de provas indicadoras da transposição de fronteira entre estados da Federação. Aferição das circunstâncias judiciais do art. 59 do CP. Inviabilidade. Exasperação da pena-base justificada pela quantidade e pela natureza da droga apreendida. Possibilidade. (...). 1. A sentença condenatória registrou que as provas constantes da ação penal indicam o envolvimento do paciente com a prática do crime de tráfico interestadual. Assim, a decisão do Superior Tribunal de Justiça está em perfeita consonância com o entendimento firmado por esta Corte, no sentido de que para afastar tal conclusão seria necessário o revolvimento de fatos e provas, o que é inviável em sede de "habeas corpus". Como se sabe, cabe às instâncias ordinárias proceder ao exame dos elementos probatórios colhidos sob o crivo do contraditório e conferirem a definição jurídica adequada para os fatos que restaram devidamente comprovados. (...). 2. A jurisprudência desta Corte firmou-se no sentido de ser desnecessária a efetiva transposição das fronteiras interestaduais para a incidência da majorante prevista no inciso V do art. 40 da Lei de Drogas, "bastando a comprovação inequívoca de que a droga adquirida num estado teria como destino outro estado da Federação" (HC 115893, Relator(a): Min. Ricardo Lewandowski, 2ª T., DJ de 4/6/2013). 3. Não é viável, na via estreita do "habeas corpus", o reexame dos elementos de convicção considerados pelo magistrado sentenciante na avaliação das circunstâncias judiciais previstas no art. 59 do Código Penal. O que está autorizado é apenas o controle da legalidade dos critérios utilizados, com a correção de eventuais arbitrariedades. No caso, entretanto, não se constata qualquer vício apto a justificar o redimensionamento da pena-base. (...). 4. A quantidade e a natureza da droga apreendida constituem fundamentos idôneos para fixar a pena-base acima do mínimo legal. (...). (RHC 122598, Rel. Min. Teori Zavascki, 2ª T., DJ 31.10.2014)

(...). 2. Tráfico interestadual de entorpecentes (art. 33, caput, c/c 40, inciso V, da Lei 11.343/2006). Condenação. Regime inicial fechado. 3. A Corte estadual, ao julgar o apelo defensivo, manteve a pena-base no mínimo legal. Na terceira fase, considerando quantidade e natureza do entorpecente apreendido, aplicou a minorante prevista no art. 33, § 4º, da Lei 11.343/06 no patamar de 1/6, estabelecendo a pena final em 4 anos, 10 meses e 10 dias de reclusão. 4. O Superior Tribunal de Justiça, considerando que a apreensão de grande quantidade de droga é fato que permite concluir, mediante raciocínio dedutivo, pela dedicação do agente a atividades criminosas, deu provimento ao recurso especial interposto pelo Parquet e, assim, afastou a causa de diminuição de pena aplicada pelo Tribunal a quo. 5. Motivação inidônea. Tão somente a quantidade de entorpecente não é elemento apto a sinalizar que o acusado dedicava-se a atividades delitivas, pois ausentes outros elementos fáticos conducentes a essa conclusão. 6. Pedido de aplicação da causa de diminuição de pena prevista no § 4º do art. 33 da Lei de Drogas, em seu patamar máximo (2/3). 7. Concessão parcial da ordem para restabelecer o acórdão proferido pelo TJ/MG (com a minorante aplicada no quantum de 1/6). Determinação, ainda, ao Tribunal de origem para que, afastando o disposto no art. 2º, § 1º, da Lei 8.072/90, proceda a nova fixação do regime inicial de cumprimento de pena, segundo os critérios previstos no art. 33, §§ 2º e 3º do CP. (HC 117185, Rel. Min. Gilmar Mendes, 2ª T., DJ 28.11.2013)

(...). Tráfico ilícito de drogas (art. 33 c/c o art. 40, inciso VI, da Lei 11.343/06). Dosimetria da pena. Reexame que implicaria a análise de prova, vedada na via processual eleita. (...). Uso pelo magistrado da quantidade e da natureza da droga para majorar a pena acima do mínimo somente na primeira fase da dosimetria. Não caracterização do "bis in idem". (...). 1. É firme a jurisprudência da Corte no sentido de que "a dosimetria da pena e os critérios subjetivos considerados pelos órgãos inferiores para a sua realização não são passíveis de aferição em "habeas corpus" por necessitar reexame de provas" (RHC 119.086...). 2. O uso pelo magistrado da quantidade e da natureza da droga para majorar a pena tão somente na primeira fase da dosimetria não atrai o fenômeno jurídico do "bis in idem". (...). (RHC 122491, Rel. Min. Dias Toffoli, 1ª T., DJ 18.11.2014)

Jurisprudência complementar (STJ)

(...). 1. Não há ilegalidade quando a prisão preventiva, mantida na sentença condenatória, está fundada na necessidade de se acautelar a ordem pública, diante das circunstâncias em que ocorrido o delito. 2. A expressiva quantidade e a natureza altamente danosa da droga capturada com o recorrente – mais de três quilogramas de cocaína –, que seria destinada à disseminação internacional, bem demonstram a gravidade concreta do delito, justificando a preservação da segregação. 3. A condição de estrangeiro do condenado, sem vínculos com o país, tem sido considerado fundamento idôneo a autorizar a ordenação e preservação da prisão preventiva para assegurar a aplicação da lei penal. 4. A orientação pacificada nesta Corte Superior é no sentido de que não há lógica em deferir ao condenado o direito de recorrer solto quando permaneceu preso durante a persecução criminal, se presentes os motivos para a constrição processual. 5. Indevida a aplicação de cautelares diversas quando a segregação encontra-se justificada e mostra-se necessária. (...). (RHC 54.238, Rel. Min. Jorge Mussi, DJ 19.3.2015)

(...). Tráfico internacional de drogas. Incidência da causa de aumento da pena prevista no art. 40, I, da lei de drogas. "Bis in idem". Não ocorrência. 1. O crime previsto no art. 33 da Lei 11.343/2006 configura-se com a realização de qualquer uma das 18 (dezoito) ações típicas ali descritas, identificadas por diversos verbos nucleares. No caso, o agravante foi condenado por transportar 10kg (dez quilos) de cocaína do Paraguai para o Brasil, sendo surpreendido na Aduana da Ponte Internacional da Amizade no momento em que ingressava em território nacional. 2. Assim, não procede o argumento de ocorrência de "bis in idem" na incidência da causa de aumento do art. 40, I, da Lei 11.343/2006, visto que o legislador, em observância aos princípios da proporcionalidade e da individualização da pena, objetivou punir mais severamente a traficância entre países distintos, não havendo, portanto, como afastar o reconhecimento do caráter transnacional do delito. (...). (AgRg no AREsp 532.642, Rel. Min. Gurgel de Faria, DJ 26.3.2015)

(...). Tráfico internacional de entorpecentes. Apelação interposta pelas partes. Alegado excesso de prazo para o julgamento do recurso. Ofensa ao princípio da razoabilidade. Réu que permaneceu segregado durante toda a instrução criminal. Reincidência reconhecida na sentença. Circunstâncias do delito. Gravidade. Quantidade e natureza da droga apreendida. Transporte do material tóxico em veículo coletivo. Soltura indevida do condenado. Coação em parte demonstrada. Ordem parcialmente concedida. 1. Os prazos para a finalização dos atos processuais não são peremptórios, podendo ser flexibilizados diante das peculiaridades do caso concreto, em atenção e dentro dos limites da razoabilidade. 2. Apesar de restar evidenciada certa demora na apreciação do apelo defensivo, não há como, diante dos elementos colacionados aos autos, se concluir que a referida delonga deva ensejar a soltura do condenado, que permaneceu segregado durante toda a tramitação do processo. 3. O paciente, reincidente, foi condenado pela prática de delito gravíssimo, dado o fato de ter sido flagrado na posse de mais de 1 Kg de cocaína, trazida do Paraguai, que estava sendo transportada dentro de ônibus coletivo em território brasileiro, circunstâncias que, somadas, desautorizam a sua soltura nesse momento processual. 4. Além disso, o Ministério Público também apelou em face do édito condenatório, viabilizando eventual aumento na reprimenda imposta inicialmente ao agente, fator a mais a desaconselhar a liberdade. 5. "Habeas corpus" concedido apenas para determinar que o Tribunal impetrado julgue, com a máxima urgência, o recurso de apelação lá aforado em favor do paciente. (HC 304.625, Rel. Min. Jorge Mussi, DJ 2.2.2015)

(...). Tráfico de drogas. Funcionário público. Causa de aumento de pena não reconhecida pelo Tribunal de Origem. Súmula 7 do STJ. (...). 1. Alterar a conclusão do Tribunal de origem de que, pelo exame do acervo probatório dos autos, o réu não se utilizou do cargo público para a prática do tráfico de drogas, importaria em revolvimento de fatos e provas, o que encontra óbice na Súmula 7 do STJ. 2. Hipótese, ademais, em que a respectiva causa de aumento prevista no art. 40, II, da Lei 11.343/2006, não pode ser considerada decorrência lógica e automática do exercício de cargo público, como bem fundamentado no acórdão recorrido. (...). (AgRg no AREsp 590.953, Rel. Min. Gurgel de Faria, DJ 2.2.2015)

(...). Tráfico de drogas. Causa de aumento prevista no art. 40, III, da Lei 11.343/2006. Utilização de transporte público. Necessidade da efetiva comercialização da droga no interior do veículo. (...). A jurisprudência do Superior Tribunal de Justiça era firmada no sentido de que, para a incidência da majorante prevista no art. 40, III, da Lei 11.343/2006, bastava a utilização de transporte público na prática delitiva, sendo irrelevante a prova da efetiva comercialização da droga em seu interior. Entretanto, na esteira do recente posicionamento do Supremo Tribunal Federal (HC 119.811 e HC 118.676), esta Corte Superior passou a adotar a orientação de que, para a aplicação da majorante prevista no art. 40, III, da Lei 11.343/2006, é necessária a efetiva comercialização da droga. (...). (AgRg no REsp 1490456, Rel. Min. Ericson Maranho, DJ 5.6.2015)

(...). Tráfico de drogas em estabelecimento prisional. Causa de aumento (art. 40, III, da Lei 11.343/2006). Acréscimo em metade (1/2) com base em elementos inerentes à própria majorante. Ilegalidade. (...). 2. A elevação da pena pelo fato de o tráfico de drogas ter sido praticado no interior de unidade prisional (art. 40, III, da Lei 11.343/2006) obedece a escala de 1/6 a 2/3 de acréscimo e exige do magistrado sentenciante que a escolha da fração seja fundamentada nas características do caso. 3. O aumento da sanção em metade (1/2) baseado na simples afirmação de que o delito foi perpetrado em estabelecimento prisional, sem qualquer fundamentação idônea, caracteriza constrangimento ilegal e impõe a reforma do "decisum", para reduzir a fração de aumento ao patamar mínimo (1/6). (...). Ordem concedida, de ofício, para reduzir a fração da causa de aumento do art. 40, III, da Lei 11.343/2006, para 1/6. (HC 309.766, Rel. Min. Gurgel de Faria, DJ 19.5.2015)

(...). Pretensão de desconsideração da causa de aumento (art. 40, III, da Lei 11.343/2006). Requisitos para aplicação preenchidos. Súmula 7 do STJ. 1. Presentes os requisitos para a aplicação do princípio da fungibilidade, os embargos declaratórios opostos pela defesa devem ser recebidos como agravo regimental, em face do nítido intuito infringencial. 2. Para a incidência da causa especial de aumento de pena do art. 40, III, da Lei 11.343/2006, basta que a atividade delitiva venha a ocorrer em localidade próxima aos estabelecimentos de ensino, dispensando-se a comprovação de que a clientela constitui-se de estudantes. O aumento decorre, conforme posição pacífica desta Corte Superior, exclusivamente da localidade em que praticado o delito, em razão da exposição de pessoas que merecem especial proteção ao risco inerente à atividade delitiva. (...). 3. O Tribunal ordinário entendeu pela incidência da causa especial de aumento após análise aprofundada dos fatos e provas, o que torna a sua desconstituição inviável em sede de recurso especial por óbice da Súmula 7 do STJ. (...). (AgRg no REsp 1398519, Rel. Min. Gurgel de Faria, DJ 14.5.2015)

(...). Associação para o tráfico. Incidência das causas de aumento previstas no art. 40, IV e V, da Lei 11.343/2006. Quantum de aumento fundamentado. Regime inicial fechado. Possibilidade. Integrantes da organização criminosa (comando vermelho). Decisão fundamentada. Substituição da pena privativa de liberdade por restritiva de direitos. Ausência do requisito objetivo. Circunstâncias do caso concreto que não recomendam a aplicação do benefício. Parecer acolhido. (...). 2. O agravamento da pena-base em 3/6, em razão da incidência das causas de aumento previstas no art. 40, IV e V, da Lei de Drogas, é perfeitamente possível quando justificado em circunstâncias concretas do crime, tais como emprego de duas armas de fogo de uso restrito e envolvimento de um menor com 15 anos de idade. A inversão do julgado implicaria o reexame da matéria fática probatória, inviável na sede estreita do "habeas corpus". 3. É certo que o comando legal do art. 33, §§ 2º e 3º, do Código Penal não determina que o regime inicial tenha por baliza a pena-base fixada, e sim que o magistrado deva fundamentar sua sentença apoiado nas circunstâncias elencadas no art. 59 do mesmo Estatuto. 4. O regime inicial fechado de cumprimento da pena encontra-se corretamente fundamentado, visto que os pacientes pertencem à organização criminosa do Comando Vermelho. 5. Ainda que a jurisprudência das Cortes Superiores seja no sentido de que a vedação à substituição da pena privativa de liberdade por restritiva de direitos para o crime de tráfico de drogas é inconstitucional, matéria esta já pacificada, tal substituição só poderá ocorrer se forem preenchidos os requisitos objetivos e subjetivos previstos no art. 44 do Código Penal, quais sejam: pena privativa de liberdade não superior a 4 anos, crime cometido sem violência ou grave ameaça à pessoa, réu não reincidente em crime doloso e circunstâncias judiciais favoráveis. "in casu", impossível a substituição da pena privativa de liberdade pela restritiva ante a quantidade da pena imposta (4 anos e 6 meses de reclusão) e, ainda, em razão das circunstâncias concretas que rodearam o crime (tiros disparados pela contenção da boca de fumo, apreensão de duas armas de fogo de uso restrito, envolvimento de menor e participação em organização criminosa). (...). (HC 295.232, Rel. Min. Sebastião Reis Júnior, DJ 9.3.2015)

(...). Associação para o tráfico ilícito de drogas. Alegação de insuficiência do conjunto probatório para a condenação. Inocorrência. Estabilidade e permanência comprovadas. Causa especial de aumento de pena pelo uso de arma de fogo. Dispensabilidade de apreensão e perícia. Potencialidade lesiva comprovada por gravação ambiental. Inexistência de constrangimento ilegal. (...). As gravações de imagens acostadas aos autos em que o paciente aparece, em plena via pública na Vila Cruzeiro, portando um fuzil e uma pistola, e distribuindo drogas aos seus comparsas em motocicletas, fortemente armados, aliadas às informações colhidas pelo Serviço de Inteligência da Polícia do Rio de Janeiro, dando conta de sua função de gerente do tráfico, são dados suficientes para demonstrar sua participação na associação criminosa responsável pelo comércio ilícito de drogas naquela localidade. É pacífico o entendimento dessa Corte Superior, no sentido de que a incidência a majorante do uso de arma de fogo prescinde de apreensão e perícia, quando comprovado por outros meios sua potencialidade lesiva, tais como a palavra da vítima, das testemunhas ou mesmo pela captação de imagens. Na espécie, a gravação ambiental mostra, de forma clara e irrefutável, que ao proceder a distribuição de drogas aos seus comparsas, o paciente buscava assegurar o sucesso da mercancia ilícita mediante o porte de um fuzil e uma pistola. (...). (HC 259.509, Rel. Min. Marilza Maynard, DJ 14.6.2013)

(...). Novos argumentos hábeis a desconstituir a decisão impugnada. Inexistência. Tráfico interestadual. Causa de aumento de pena. Art. 40, inciso V, da Lei 11.343/06. Efetiva transposição de fronteira. Prescindibilidade. (...). I. É assente nesta Corte Superior de Justiça que o agravo regimental deve trazer novos argumentos capazes de alterar o entendimento anteriormente firmado, sob pena de ser mantida a r. decisão vergastada pelos próprios fundamentos. II. Na linha dos precedentes desta Corte, "para a incidência da majorante prevista no art. 40, inciso V, da Lei 11.343/06 é desnecessária a efetiva comprovação da transposição de fronteiras entre estados da federação, sendo suficiente a demonstração inequívoca da intenção de realizar o tráfico interestadual" (HC 313.006...). (AgRg no HC 309.417, Rel. Min. Felix Fischer, DJ 24.6.2015)

(...). Revolvimento da matéria fático-probatória. Não conhecimento. Tráfico de drogas. Cumprimento da pena. Dosimetria. Pena-base. Exasperação. Maus antecedentes. Natureza e quantidade da droga. Legalidade. Majoração em 1 ano. Razoabilidade. Majorante. Envolvimento de adolescente. Legalidade. Revolvimento fático-probatório. Pena de multa. Razoabilidade. (...) 6. A majorante, prevista no art. 40, inc. VI, da Lei 11.343/2006, deve ser aplicada nas hipóteses em que o crime de tráfico de drogas envolver ou visar a atingir criança ou adolescente, sendo desnecessária a demonstração de que o menor não tinha envolvimento anterior com o tráfico ou de que adulto tenha corrompido o menor a cometer o crime, circunstâncias que ensejam a imputação pelo crime previsto no art. 244-B do ECA. 7. A fixação da pena de multa em 600 dias-multa, na fração de 1/30 do maior salário mínimo vigente à época do cometimento do crime, patamar mínimo previsto no art. 49, § 2º, do Código Penal, é razoável, tendo-se em vista que o art. 33 da Lei de Drogas prevê o pagamento de 500 a 1.500 dias-multa, respeitados os limites da discricionariedade dos magistrados. (...). (HC 174.005, Rel. Min. Nefi Cordeiro, DJ 19.5.2015)

(...). Tráfico ilícito de drogas. Art. 33, caput, da Lei 11.343/2006. Financiamento para o tráfico. Incidência da causa de aumento do art. 40, inciso VII, da mesma lei. Impossibilidade de condenação, em concurso material, pela prática dos crimes do art. 33, caput, e do art. 36 da lei de drogas. 1. O financiamento ou custeio ao tráfico ilícito de drogas (art. 36 da Lei 11.343/2006) é delito autônomo aplicável ao agente que não tem participação direta na execução do tráfico, limitando-se a fornecer os recursos necessários para subsidiar a mercancia. 2. Na hipótese de autofinanciamento para o tráfico ilícito de drogas não há falar em concurso material entre os crimes de tráfico e de financiamento ao tráfico, devendo ser o agente condenado pela pena do artigo 33, caput, com a causa de aumento de pena do artigo 40, inciso VII, da Lei de Drogas. (...). (REsp 1290296, Rel. Min. Maria Thereza de Assis Moura, DJ 3.2.2014)

Questões de concursos

957. **(MPE/PR/Promotor/2016)** Consoante o artigo 40 da Lei de Drogas (Lei n. 11.343/2006): "As penas previstas nos arts. 33 a 37 desta Lei são aumentadas de um sexto a dois terços, se: (...). III – a infração tiver sido cometida nas dependências ou imediações de estabelecimentos prisionais, de ensino ou hospitalares, de sedes de entidades estudantis, sociais, culturais, recreativas, esportivas, ou beneficentes, de locais de trabalho coletivo, de recintos onde se realizem espetáculos ou diversões de qualquer natureza, de serviços de tratamento de dependentes de drogas ou de reinserção social, de unidades militares ou policiais ou em transportes públicos; (...). V – caracterizado o tráfico entre Estados da Federação ou entre estes e o Distrito Federal; (...)". Sobre as causas de aumento de pena, previstas nos incisos III e V do artigo 40 da Lei n. 11.343/2006, assinale a alternativa correta, de acordo com a interpretação atual e assente no Superior Tribunal de Justiça:

    I.   Para incidência da causa de aumento de pena, prevista no artigo 40, III, da Lei n.11.343/2006, basta o agente transportar no bagageiro ou trazer a droga consigo, em veículo de transporte público, independentemente de comercialização.

    II.   É desnecessária a efetiva transposição de fronteiras entre estados da federação para incidência da majorante descrita no artigo 40, V, da Lei 11.343/2006.

    III.   É necessária a efetiva comercialização da droga, no interior do transporte público, para incidência do aumento de pena previsto no artigo 40, III, da Lei 11.343/2006.

IV. É necessária a efetiva transposição de fronteiras entre estados da federação para incidência da majorante descrita no artigo 40, V, da Lei 11.343/2006.

a) Somente as assertivas I e II são corretas;
b) Somente as assertivas I e III são corretas;
c) Somente as assertivas II e III são corretas;
d) Somente as assertivas II e IV são corretas;
e) As assertivas III e IV são corretas.

958. **(Cespe/TRF/5R/Juiz/2015)** Com base na Lei Antidrogas (Lei n. 11.343/2006) e no entendimento sumulado pelo STJ, assinale a opção correta.

a) Caso um juiz considere condenar um réu que colaborou, como informante, com uma organização voltada para o tráfico, como consequência lógica, ele deverá condenar esse réu também pela prática de associação para o tráfico.
b) Um réu condenado por associação para o tráfico não pode ser reconhecido como agente de tráfico privilegiado no mesmo feito, haja vista a incompatibilidade de ordem objetiva preconizada pela Lei Antidrogas.
c) No que diz respeito a crime de tráfico internacional de drogas e conforme entendimento sumulado de tribunal superior, o juiz, ao reconhecer, em sua sentença, que a conduta do réu caracteriza tráfico privilegiado, não poderá impor a esse réu pena abaixo do mínimo legal.
d) O juiz pode aplicar causa majorante de pena de um sexto a dois terços quando o crime de tráfico de drogas tiver sido perpetrado com emprego ostensivo de arma de fogo para a intimidação difusa ou coletiva. Se a arma tiver sido utilizada em contexto diverso do de crime de tráfico, tratar-se-á de concurso material de crimes.
e) O ato infracional análogo ao crime de tráfico de drogas cometido por adolescente, por si só, conduz obrigatoriamente à imposição de medida socioeducativa de internação do jovem, salvo na modalidade de tráfico privilegiado.

959. **(IBFC/PC/SE/Agente_de_Polícia/2014)** Segundo a Lei de Drogas (Lei n. 11.343/06), as penas são aumentadas de um sexto a dois terços se a infração tiver sido cometida em alguns locais específicos. A respeito do tema, analise as assertivas abaixo:

I. Nas dependências ou imediações de estabelecimentos prisionais, de ensino ou hospitalares.
II. Nas dependências ou imediações de sedes de entidades estudantis, sociais, culturais, recreativas, esportivas, ou beneficentes.
III. Nas dependências ou imediações de recintos onde se realizem espetáculos ou diversões de qualquer natureza.
IV. Nas dependências ou imediações de locais de serviços de tratamento de dependentes de drogas ou de reinserção social.

V. No interior de transporte público com a única finalidade de levar a droga ao destino de forma oculta, sem o intuito de disseminá-la entre os passageiros.

São causas de aumento de pena as hipóteses citadas nos itens:

a) I, II, III e IV, apenas.

b) I, II, III e V, apenas.

c) I, II, IV e V, apenas.

d) I, III, IV e V, apenas.

960. **(Funcab/PC/RO/Delegado/2014)** Em relação à Lei n. 11.343/2006 (Lei Antidrogas), no crime de tráfico de drogas, são causas que aumentam a pena do referido delito de um sexto a dois terços, exceto:

a) o agente praticar o crime prevalecendo-se de função pública ou no desempenho de missão de educação, poder familiar, guarda ou vigilância.

b) quando caracterizado o tráfico entre Estados da Federação ou entre estes e o Distrito Federal.

c) o agente oferecer droga, eventualmente e sem objetivo de lucro, à pessoa de seu relacionamento, para juntos a consumirem.

d) o crime tiver sido praticado com violência, grave ameaça, emprego de arma de fogo, ou qualquer processo de intimidação difusa ou coletiva.

e) a natureza, a procedência da substância ou do produto apreendido e as circunstâncias do fato evidenciarem a transnacionalidade do delito.

961. **(Cespe/Câmara_Deputados/Analista_Legislativo/2014)** O comércio de substâncias entorpecentes sem autorização ou em desacordo com determinação regulamentar, praticado por bombeiro militar uniformizado, mediante o uso de sua viatura para o transporte das substâncias e com uso ostensivo de arma de fogo, permite a majoração da pena-base do delito de tráfico de um sexto a dois terços.

■ Colaboração Premiada {art. 41}

Art. 41. O indiciado ou acusado que colaborar voluntariamente com a investigação policial e o processo criminal na identificação dos demais coautores ou partícipes do crime e na recuperação total ou parcial do produto do crime, no caso de condenação, terá pena reduzida de um terço a dois terços.

Jurisprudência complementar (STF)

(...). Tráfico de entorpecentes. Pretensão à diminuição da pena em decorrência da figura privilegiada – em grau máximo (Lei 11.343/06, art. 33, § 4º) – e da delação premiada (Lei 11.343/06, art. 41). Inadmissibilidade. (...). "Writ" concedido de ofício para o recálculo da pena cominada e a determinação de fixação do regime prisional condizente. 1. No que tange ao reconhecimento da minorante, a decisão questionada, além de estar suficientemente fundamentada, está em perfeita consonância com a jurisprudência da Corte Suprema, no sentido de que, havendo a indicação de circunstâncias judiciais desfavoráveis pelas instâncias ordinárias, não é o "habeas corpus" a via adequada para ponderar, em concreto, a suficiência delas para a majoração da pena-base (HC 92.956...). O mesmo vale para a hipótese de pretendida mitigação. (...). 2. Não há "bis in idem", tendo a pena-base, em sua terceira fase, consoante decisão do Tribunal Regional Federal da 5ª Região, sido mitigada em grau mínimo em decorrência do "modus operandi" empreendido pelo réu. 3. A confissão realizada não teve maior alcance e efetividade, implicando, de qualquer modo, sua valoração o revolvimento do acervo fático-probatório, inviável na via eleita, razão pela qual incide no caso apenas a atenuante genérica. 4. O TRF-5, ao reconhecer a incidência da majorante prevista no art. 40, inciso I, da Lei 11.343/06, determinando o acréscimo de 1/6 sobre a pena-base, com sua compensação com igual fração de decréscimo, diante do privilégio previsto no § 4º do art. 33 do mesmo diploma legal, acabou por empreender redução aquém do mínimo legal de um sexto (1/6). Recálculo empreendido. 5. No que toca ao regime prisional cominado, assentou o Plenário da Suprema Corte, no HC 111.840, a inconstitucionalidade do § 1º do art. 2º da Lei 8.072/90, com a redação dada pela Lei 11.464/07. 6. Ordem concedida de ofício, efetuando-se o recálculo da pena e determinando-se ao juízo das execuções criminais competente que fixe, em vista do que dispõe o art. 33, §§ 2º e 3º, do Código Penal, o regime inicial condizente. (HC 118578, Rel. Min. Dias Toffoli, 1ª T., DJ 13.2.2014)

Jurisprudência complementar (STJ)

(...). Tráfico interestadual de drogas. Delação premiada. Ausência de cumprimento dos requisitos legais. Pretensão que demanda análise do conjunto fático-probatório. Impossibilidade. Fixação da pena-base acima do mínimo legal. Art. 59 do Código Penal. Motivação suficiente. Regime fechado. Quantum da pena reclusiva. Circunstâncias desfavoráveis. (...). 1. Para a configuração da delação premiada (art. 41 da Lei de Drogas), é preciso o preenchimento cumulativo dos requisitos legais exigidos. Conforme consignaram as instâncias ordinárias, nenhuma colaboração foi prestada pelo Agravante no sentido de dados acerca do local e da pessoa que lhe forneceu os 21,70 kg de cocaína. 2. A elevação da pena-base foi adequadamente fundamentada nas circunstâncias judiciais desfavoráveis que, de fato, emprestaram especial reprovabilidade à conduta do Acusado, mormente em se considerando a quantidade e qualidade do entorpecente apreendido. Por consequência, mantém-se o regime fechado (art. 33, §§ 2º e 3º, do Código Penal). (...). (AgRg no REsp 1301255, Rel. Min. Laurita Vaz, DJ 2.12.2013)

Questões de concursos

962. **(FCC/TJ/SC/Juiz/2015)** Sobre os crimes relacionados ao tráfico de entorpecentes previstos na Lei n. 11.343/2006, analise as seguintes assertivas:
    I. A quantidade de droga apreendida não é um dos critérios legais que norteiam a atividade do juiz em seu julgamento ao tipificar determinada conduta no tráfico de entorpecentes.
    II. O tráfico de drogas, na modalidade de conduta guardar é considerado crime permanente e com tipo misto alternativo, não havendo necessidade de mandado judicial para prisão em flagrante no interior de residência do traficante.
    III. É isento de pena o agente que, em razão da dependência, ou sob o efeito, proveniente de caso fortuito ou força maior, de droga, era, ao tempo da ação ou da omissão, qualquer que tenha sido a infração penal praticada, inteiramente incapaz de entender o caráter ilícito do fato ou de determinar-se de acordo com esse entendimento.
    IV. O indiciado ou acusado que colaborar voluntariamente com a investigação policial e o processo criminal na identificação dos demais coautores ou partícipes do crime e na recuperação total ou parcial do produto do crime, no caso de condenação, terá pena reduzida de um terço a dois terços.

    É correto o que se afirma apenas em
    a) III e IV.
    b) II, III e IV.
    c) II e IV.
    d) I e III.
    e) I e II.

963. **(Funiversa/PC/GO/Papiloscopista/2015)** A respeito da Lei de Drogas, assinale a alternativa correta.
    a) Terá a pena reduzida o agente que, em razão da dependência, ou sob o efeito, proveniente de caso fortuito ou força maior, de droga, era, ao tempo da ação

ou da omissão, qualquer que tenha sido a infração penal praticada, inteiramente incapaz de entender o caráter ilícito do fato ou de determinar-se de acordo com esse entendimento.

b) Com a entrada em vigor da Lei n. 11.343/2006, houve descriminalização ("abolitio criminis") da conduta de porte de substância entorpecente para consumo pessoal.

c) É atípica a conduta de oferecer droga, eventualmente e sem objetivo de lucro, à pessoa com quem se tem um relacionamento, para juntos a consumirem.

d) Em se tratando dos crimes previstos na Lei de Drogas, na fixação das penas, deve-se considerar, entre outros, a natureza da substância entorpecente, não fazendo a lei referência à quantidade de droga apreendida.

e) Caso o acusado colabore voluntariamente com a investigação policial e com o processo criminal na identificação dos demais coautores do crime e na recuperação total ou parcial do produto do crime, terá pena reduzida de um terço a dois terços, se for condenado.

964. (Vunesp/TJ/SP/Juiz/2014) Assinale a opção que contenha assertiva falsa acerca da Lei n. 11.343/2006 (Lei Antidrogas):

a) Para efeito da lavratura do auto de prisão em flagrante e estabelecimento da materialidade do delito, é suficiente o laudo de constatação da natureza e quantidade da droga, firmado por perito oficial ou, na falta deste, por pessoa idônea.

b) A entrega vigiada prevista na Lei n. 11.343/2006 não se confunde com a "ação controlada" prevista na Lei n. 12.850/2013, eis que não depende do envolvimento de organização criminosa.

c) A lei prevê que, em qualquer fase da persecução criminal relativa aos crimes nela previstos, são permitidas, como procedimentos investigatórios, a infiltração policial e a entrega vigiada.

d) O diploma prevê a delação premiada ao estabelecer que o indiciado ou acusado que colaborar voluntariamente com a investigação policial e o processo criminal na identificação dos demais coautores ou partícipes do crime e na recuperação total ou parcial do produto do crime, no caso de condenação, poderá receber perdão judicial.

■ Circunstâncias Preponderantes {art. 42}

Art. 42. O juiz, na fixação das penas, considerará, com preponderância sobre o previsto no art. 59 do Código Penal, a natureza e a quantidade da substância ou do produto, a personalidade e a conduta social do agente.

Informativos (STF)

Art. 42 da Lei 11.343/06 e "bis in idem"

O art. 42 da Lei 11.343/06 pode ser utilizado tanto para agravar a pena-base quanto para afastar o redutor previsto no art. 33, § 4º, do mesmo diploma normativo. HC 117024, Rel. Min. Rosa Weber, 10.9.13. 1ª T. (Info 719)

Dosimetria da pena: circunstâncias judiciais, pena-base e proporcionalidade

Nenhum condenado tem direito público subjetivo à estipulação da pena-base em seu grau mínimo. Isso, contudo, não autoriza o magistrado sentenciante a proceder a uma especial exacerbação da pena-base, exceto se o fizer em ato decisório adequadamente motivado, que satisfaça, de modo pleno, a exigência de fundamentação substancial evidenciadora da necessária relação de proporcionalidade e de equilíbrio entre a pretensão estatal de máxima punição e o interesse individual de mínima expiação, tudo em ordem a inibir soluções arbitrárias ditadas pela só e exclusiva vontade do juiz. Não se revela legítima, por isso mesmo, a operação judicial de dosimetria penal, quando o magistrado, na sentença, sem nela revelar a necessária base empírica eventualmente justificadora de suas conclusões, vem a definir, mediante fixação puramente arbitrária, a pena-base, exasperando-a de modo evidentemente excessivo, sem apoiar-se em fundamentação juridicamente idônea e que atenda à exigência imposta pelo art. 93, IX, da CF. RHC 122469, Red. p/ ac. Min. Celso de Mello, 16.9.14. 2ª T. (Info 759)

Regime inicial e tráfico de drogas

É legítima a fixação de regime inicial semiaberto, tendo em conta a quantidade e a natureza do entorpecente, na hipótese em que ao condenado por tráfico de entorpecentes tenha sido aplicada pena inferior a 4 anos de reclusão. HC 133308, Rel. Min. Cármen Lúcia, 29.3.2016. 2ª T. (Info 819)

Tráfico de drogas e qualificação jurídica dos fatos

Concedido HC de ofício para absolver condenado pela prática dos crimes de tráfico e associação para o tráfico de drogas. O paciente fora condenado pela posse de 1,5g de maconha para alegados fins de tráfico. Ausente a prova da existência do fato. A pequena apreensão de droga e a ausência de outras diligências investigatórias teria demonstrado que a instauração da ação penal com consequente condenação representara medida nitidamente descabida. Determinou-se o encaminhamento de ofício ao CNJ para que seja avaliada a uniformização do procedimento da Lei 11.343/06, em razão da reiteração de casos idênticos aos dos presentes autos nos quais a inadequada qualificação jurídica dos fatos teria gerado uma resposta penal exacerbada. HC 123221, Rel. Min. Gilmar Mendes, 28.10.14. 1ª 2ª T. (Info 765)

Tráfico de entorpecentes: fixação do regime e substituição da pena

Não se tratando de réu reincidente, ficando a pena no patamar de quatro anos e sendo as circunstâncias judiciais positivas, cumpre observar o regime aberto e apreciar a possibilidade da substituição da pena privativa de liberdade pela restritiva de direitos. HC 130411, Red. p/ ac. Min. Edson Fachin, 12.4.2016. 1ª T. (Info 821)

Tráfico de entorpecentes: fixação do regime e substituição da pena

Não sendo o paciente reincidente, nem tendo contra si circunstâncias judiciais desfavoráveis (CP, art. 59), a gravidade em abstrato do crime do art. 33, "caput", da Lei 11.343/06, não constitui motivação idônea para justificar a fixação do regime mais gravoso. HC 133028, Rel. Min. Gilmar Mendes, 12.4.2016. 2ª T. (Info 821)

Jurisprudência complementar (STF)

(...). Tráfico transnacional de drogas. Artigo 33, caput; c/c o art. 40, I, da Lei 11.343/2006. Pena-base. Majoração. Valoração negativa da natureza e da quantidade da droga. Admissibilidade. Vetores a serem considerados na dosimetria, nos termos do art. 42 da Lei 11.343/06. Pretendida aplicação do art. 33, § 4º, da Lei de Drogas. Impossibilidade de utilização do "habeas corpus" para revolver o contexto fático-probatório e glosar os elementos de prova em que se amparou a instância ordinária para afastar essa causa de diminuição de pena. (...). Regime inicial fechado. Imposição, na sentença, com fundamento exclusivamente no art. 2º, § 1º, da Lei 8.072/90. Manutenção do regime prisional mais gravoso pelo Tribunal Regional Federal, em recurso exclusivo da defesa, com base nas circunstâncias do crime. Utilização de fundamentos inovadores. Reformatio in pejus caracterizada. Ratificação desse entendimento pelo Superior Tribunal de Justiça, com outros fundamentos. Inadmissibilidade. (...). Ilegalidade flagrante. Ordem parcialmente concedida, para determinar ao juízo das execuções criminais que fixe, de forma fundamentada, nos termos do art. 33, § 3º, do Código Penal, e do art. 42 da Lei 11.343/06, o regime inicial condizente de cumprimento da pena. 1. A natureza e a quantidade de droga apreendida justificam, nos termos do art. 42 da Lei 11.343/06, a majoração da pena-base, ainda que as demais circunstâncias judiciais sejam favoráveis ao agente. (...). 2. Tendo a instância ordinária concluído, para afastar a causa de diminuição de pena do art. 33, 4º, da Lei 11.343/06, que o paciente integrava organização criminosa, torna-se inviável a utilização do "habeas corpus" para revolver o contexto fático-probatório e glosar os elementos de prova que ampararam essa conclusão. (...). 3. É vedada, em recurso exclusivo da defesa, a utilização de fundamentos inovadores para justificar a adoção do regime prisional mais gravoso, sob pena de "reformatio in pejus". (...). 4. A sentença que condenou o paciente à pena de 6 (seis) anos, 2 (dois) meses e 20 (vinte) dias de reclusão, como incurso nas sanções do art. 33, caput, c/c art. 40, I, ambos da Lei 11.343/06, fixou o regime inicial fechado com fundamento exclusivamente no art. 2º, § 1º, da Lei 8.072/90, cuja inconstitucionalidade foi reconhecida pelo Supremo Tribunal Federal (HC 111.840). 5. Diante da inconstitucionalidade daquele dispositivo, não poderiam o Tribunal Regional Federal e o Superior Tribunal de Justiça, em recursos exclusivos da defesa, manter o regime mais gravoso com base nas circunstâncias e na gravidade do crime, por se tratar de fundamentos inovadores. 6. Ordem de "habeas corpus" parcialmente concedida, para determinar ao juízo das execuções criminais competente que fixe, de forma fundamentada, nos termos do art. 42 da Lei de Drogas e do art. 33, § 3º, do Código Penal, o regime inicial condizente para o cumprimento da pena. (HC 125781, Rel. Min. Dias Toffoli, 2ª T., DJ 28.4.2015)

(...). Tráfico internacional de drogas. Artigo 12, caput, c/c o art. 18, I, da Lei 6.368/76. Três toneladas e meia de maconha. Pena-base. Majoração. Valoração negativa da quantidade de droga. Admissibilidade. Circunstâncias e consequências do crime (art. 59, CP). Vetores a serem considerados na dosimetria. Pena inferior a 8 (oito) anos de reclusão. Regime inicial fechado. Imposição com fundamento exclusivamente no art. 2º, § 1º, da Lei 8.072/90, cuja inconstitucionalidade foi reconhecida pelo Plenário do Supremo Tribunal Federal. Inadmissibilidade. Constrangimento ilegal manifesto. (...). Ordem concedida de ofício. 1. Mesmo sob a égide da Lei 6.368/76, a grande quantidade de droga apreendida (3.520 kg de maconha) justifica a majoração da pena-base. 2. O art. 42 da Lei 11.343/06, ao prever que "o juiz, na fixação das penas, considerará, com preponderância sobre o previsto no art. 59 do Código Penal, a natureza e a quantidade da substância ou do produto, a personalidade e a conduta social do agente", não inovou no ordenamento jurídico. 3. A natureza e a quantidade da droga sempre constituíram vetores da dosimetria da pena, a título de "circunstâncias" e "consequências" do crime (art. 59, CP). 4. Não obstante se trate de condenação por tráfico de drogas a pena inferior a 8 (oito) anos de reclusão, o regime inicial fechado foi fixado com fundamento exclusivamente no art. 2º, § 1º, da Lei 8.072/90, cuja inconstitucionalidade foi reconhecida pelo Plenário do Supremo Tribunal Federal (HC 111.840...). Ordem de "habeas corpus" concedida, de ofício, para se determinar ao Tribunal Regional Federal que fixe, de forma fundamentada, nos termos do art. 33, §§ 2º e 3º, do Código Penal, o regime inicial de cumprimento da pena condizente. (RHC 123367, Rel. Min. Dias Toffoli, 1ª T., DJ 21.11.2014)

Jurisprudência complementar (STJ)

(...). Tráfico de drogas. Regime prisional fechado. Fixação. Possibilidade. Circunstâncias judiciais desfavoráveis. (...). 2. A Suprema Corte, ao julgar o HC 111.840, declarou incidentalmente a inconstitucionalidade do § 1º do art. 2º da Lei 8.072/1990, com a redação dada pela Lei 11.464/2007, afastando a obrigatoriedade do regime inicial fechado aos condenados por crimes hediondos e equiparados, devendo-se observar o disposto no art. 33, c/c o art. 59, ambos do Código Penal. 3. No caso, mesmo sendo a pena estipulada em 5 anos e 10 meses de reclusão, o Tribunal de origem, sem desconhecer aquela jurisprudência, manteve o regime mais gravoso em razão da natureza e quantidade da substância apreendida (2.100g de cocaína), a evidenciar a existência de circunstâncias judiciais desfavoráveis ao paciente, ex vi do disposto no art. 42 da Lei 11.343/2006, em consonância com orientação pretoriana. (...). (HC 308.890, Rel. Min. Gurgel de Faria, DJ 3.8.2015)

(...). Tráfico de drogas. Dosimetra. Pena-base acima do mínimo legal. Quantidade da droga. Minorante do tráfico privilegiado. Variedade da droga. Regime inicial mais rigoroso. Legalidade. Penas alternativas. Pena superior à 4 anos. Não aplicação. (...). 2. Não se presta o remédio heróico à revisão da dosimetria das penas estabelecidas pelas instâncias ordinárias. Contudo, a jurisprudência desta Corte admite, em caráter excepcional, o reexame da aplicação das penas, nas hipóteses de manifesta violação aos critérios dos arts. 59 e 68, do Código Penal, sob o aspecto da ilegalidade, nas hipóteses de falta ou evidente deficiência de fundamentação ou ainda de erro de técnica. 3. A quantidade de droga justifica a exasperação da pena-base acima no mínimo legal, nos termos do art. 42 da Lei 11.343/06. 4. O aumento da pena em 2 anos para o crime previsto no art. 33 da Lei de Drogas, cuja pena em abstrato varia de varia de 5 a 15 anos, tendo-se em vista a elevada quantidade de droga apreendida, é razoável, respeitados os limites da discricionariedade dos magistrados. 5. A variedade de droga justifica a não aplicação da minorante do tráfico privilegiado no patamar máximo. 6. Ante a pena fixada, a quantidade de droga justifica a fixação do imediatamente mais gravoso regime inicial fechado para o cumprimento de pena. 7. Não é cabível a substituição da pena privativa de liberdade por restritiva de direitos nas hipóteses em que a pena fixada foi maior de 4 anos, nos termos dos arts. 44, inc. I, do Código Penal. (...). (HC 203.872, Rel. Min. Nefi Cordeiro, DJ 1.7.2015)

(...). Tráfico de drogas. Associação para o tráfico. Porte ilegal de arma de fogo. Porte ilegal de munição de uso restrito. Dosimetria. Elevação da pena-base do crime de associação. Quantidade de drogas. Possibilidade. Impossibilidade de reconhecimento de crime único entre as condutas dos arts. 14 e 16 da Lei 10.826/2003. 1. Deve ser mantida, por seus próprios fundamentos, a decisão agravada. 2. A elevação da pena-base do crime de associação para o tráfico de drogas não ocorreu de maneira desmotivada. No acórdão atacado, salientou-se a grande quantidade de droga apreendida (285 kg de cocaína), tudo em conformidade com o art. 42 da Lei 11.343/2006. Ademais, a fração de aumento não se mostra desarrazoada, tendo em vista as peculiaridades do caso concreto. 3. Tem-se reconhecido a existência de crime único quando são apreendidos, no mesmo contexto fático, mais de uma arma ou munição, tendo em vista a ocorrência de uma única lesão ao bem jurídico protegido. Sucede que referido entendimento não pode ser aplicado no caso dos autos, porquanto a conduta praticada pelo réu se amolda a tipos penais diversos, sendo que um deles, o do artigo 16, além da paz e segurança públicas também protege a seriedade dos cadastros do Sistema Nacional de Armas, razão pela qual é inviável o reconhecimento de crime único e o afastamento do concurso material (HC 211.834...). (AgRg no HC 288.476, Rel. Min. Sebastião Reis Júnior, DJ 3.8.2015)

(...). Tráfico internacional de drogas. Dosimetria. Pena-base fixada acima do mínimo legal. Quantidade e natureza da droga. Art. 42 da Lei 11.343/2006. Possibilidade. Constrangimento ilegal não configurado. (...). 2. Somente em hipóteses excepcionais o Superior Tribunal de Justiça procede ao reexame da individualização da sanção penal, notadamente quando houver flagrante ofensa a critérios legais que regem a dosimetria da resposta penal, ausência de fundamentação ou flagrante injustiça. 3. O art. 42 da Lei 11.343/2006 estabelece que o magistrado, na fixação das penas, considerará, com preponderância sobre o previsto no art. 59 do Código Penal, a natureza e a quantidade da substância entorpecente, a personalidade e a conduta social do agente. 4. No caso em exame, o Juiz sentenciante exasperou a pena-base em 1 ano, em virtude da natureza da droga apreendida (10Kg de crack), o que não se mostra desproporcional ou desarrazoado. Portanto, a reprimenda encontra-se fundamentada de forma escorreita, com base em elementos concretos e dentro do critério da discricionariedade vinculada do julgador. (...). (HC 306.299, Rel. Min. Gurgel de Faria, DJ 3.8.2015)

Questões de concursos

965. **(Funiversa/SEAP/DF/Agente_Penitenciário/2015)** De acordo com a jurisprudência do STJ, a quantidade e a variedade de entorpecentes apreendidos em poder do acusado de traficar drogas constituem circunstâncias hábeis a denotar a dedicação às atividades criminosas, podendo impedir a aplicação da causa de diminuição de pena prevista na lei de combate às drogas.

966. **(Vunesp/DPE/MS/Defensor/2014)** Assinale a alternativa correta.

    a) O disposto no art. 34 da lei de entorpecentes tipifica, em separado, a conduta de quem colabora como informante com grupo criminoso destinado ao tráfico de drogas.

b) Segundo entendimento sumulado pelo Superior Tribunal de Justiça, a incidência da causa de diminuição da pena prevista no art. 33, § 4º, da Lei n. 11.343/2006 retira a hediondez do crime de tráfico de drogas.

c) Na Lei n. 11.343/2006, o legislador elegeu como circunstâncias preponderantes para fixação da pena, dentre aquelas prevista no art. 59 do CP, a natureza e a quantidade da substância ou do produto, a personalidade e a conduta social do agente.

d) A Lei n. 11.343/2006 prevê o aumento de pena de um sexto até um terço para o crime de tráfico quando o agente financiar a prática do delito.

Multa {art. 43}

Art. 43. Na fixação da multa a que se referem os arts. 33 a 39 desta Lei, o juiz, atendendo ao que dispõe o art. 42 desta Lei, determinará o número de dias-multa, atribuindo a cada um, segundo as condições econômicas dos acusados, valor não inferior a um trinta avos nem superior a 5 (cinco) vezes o maior salário-mínimo.

Jurisprudência complementar (STJ)

(...). "Habeas corpus". Tráfico de entorpecentes. Regime inicial de cumprimento da pena. Exasperação. Fundamentação idônea. Possibilidade. Caráter substitutivo do "writ". Ausência de impugnação. Preclusão. (...). I. Trata-se de "habeas corpus" substitutivo de Recurso Especial, pois se pretende a reforma do acórdão prolatado pela 3ª Câmara Criminal do Tribunal de Justiça do Estado de Santa Catarina que conheceu parcialmente do recurso e lhe negou provimento. II. Ocorre que, acompanhando o entendimento firmado pela 1ª Turma do Supremo Tribunal Federal, nos autos do HC 109.956..., a 5ª Turma deste Superior Tribunal de Justiça passou a adotar orientação no sentido de não mais admitir o uso do "writ" como substituto do recurso próprio (apelação, agravo em execução ou recurso especial), ou sucedâneo de revisão criminal, sob pena de frustrar a celeridade e desvirtuar a essência do remédio constitucional. III. O presente "habeas corpus" foi impetrado posteriormente à mudança do entendimento, o que reforça sua inadmissibilidade. IV. Contudo, frente a situações excepcionais, quando constatada a existência de constrangimento ilegal, abre-se a possibilidade de que esta Corte Superior de Justiça conceda ordem de "habeas corpus" de ofício. V. Em outro dizer, embora não tenha sido utilizado o recurso legalmente previsto, em observância ao princípio da inafastabilidade do controle jurisdicional e prestígio aos postulados inscritos nos incisos LXVIII, LIV e LV, do artigo 5º da Constituição Federal, foram analisadas as alegações apresentadas na inicial do presente "habeas corpus". VI. "in casu", a controvérsia cinge-se aos critérios para fixação do regime inicial de cumprimento de pena do Paciente, condenado pelo crime previsto no art. 33, caput, § 4º, da Lei 11.343/06, à pena de 1 (um) ano e 8 (oito) meses de reclusão, bem como ao pagamento de 166 (cento e sessenta e seis) dias-multa, esta fixada no patamar mínimo previsto no art. 43 do mesmo diploma legal. VII. Para exasperação do regime fixado em lei é necessária motivação idônea, consoante os enunciados sumulares 718 e 719 do Supremo Tribunal Federal e 440 desta Corte. VIII. A análise das circunstâncias do crime revela que, em razão da quantidade da droga, quase 54g (cinquenta e quatro gramas), e da natureza do estupefaciente apreendido (cocaína), bem como pelas informações de que o réu já vinha sendo investigado pelo delito de tráfico de drogas, não se mostra socialmente recomendável a fixação de regime inicial aberto, devendo ser mantida a modalidade fechada. IX. Ausência de inconformismo em relação ao fundamento relativo ao caráter substitutivo do "habeas corpus". Manutenção do "decisum" impugnado. Preclusão. X. (...). (AgRg no HC 281.802, Rel. Min. Regina Helena Costa, DJ 13.12.2013)

(...). Tráfico de entorpecentes. Denunciação caluniosa. Dosimetria da pena. Regime prisional. Tramitação concomitante ao recurso de apelação. Impetração que deve ser compreendida dentro dos limites recursais. Ausência de flagrante ilegalidade na dosimetria da pena base. Pleito de absolvição e desclassificação de conduta. Necessidade de revolvimento detido do conjunto fático-comprobatório. Impropriedade do "writ". (...). I. Hipótese na qual se infere que os autos foram encaminhados à instância ad quem, para processamento de apelação criminal, instrumento ordinariamente previsto no ordenamento jurídico para que os Tribunais estaduais reexaminem os fundamentos da condenação do paciente, sendo que o exame do presente "writ" acarretaria, à evidência, uma circunstância reveladora de certo desprestígio das instâncias institucionais de julgamento em Segundo Grau de Jurisdição. II. Não se infere flagrante ilegalidade na condenação do paciente, sendo que a análise da dosimetria da pena, pela natureza diretamente afeta às instâncias ordinárias e sujeitas à jurisdição de cognição ampla, por evidente não pode ser objeto de exame na via estreita e sem contraditório da impetração mandamental. III. Eventual concessão da ordem aqui pleiteada poderia acarretar na perda do objeto da apelação em trâmite na Corte de origem, este sim instrumento processual legalmente previsto no ordenamento jurídico para julgamento das irresignações trazidas no presente "writ". IV. Após o julgamento do inconformismo aos termos da sentença de primeiro grau, outros aspectos podem ser levantados no julgamento colegiado, ampliando o leque de matérias a serem trazidas pela Defesa ao âmbito de apreciação deste Superior Tribunal de Justiça e ainda do Supremo Tribunal Federal. V. O reexame da dosimetria em sede de "mandamus" somente é possível quando evidenciado eventual desacerto na consideração de circunstância judicial, errônea aplicação do método trifásico ou violação a literal dispositivo da norma, acarretando flagrante ilegalidade. VI. A exasperação da pena base em 10 (dez) meses no tocante ao crime de tráfico de drogas e em 4 (quatro) meses no que refere à denunciação caluniosa não se mostra desmotivada ou desproporcional, já que o Juízo processante fixou a sanção corporal acima do piso legal considerando, de forma motivada, a personalidade do agente, assim como as consequências e circunstâncias das práticas delitivas, máxime se levado que o conta o quantum das penas abstratamente previstas para tais crimes pela Lei n 11.3423/06 e pelo Código Penal. VII. A análise das alegações concernentes ao pleito de absolvição do réu em relação ao crime de denunciação caluniosa e de desclassificação do delito de tráfico para uso de entorpecentes demandaria detida análise do conjunto fático-probatório, inviável em sede de "habeas corpus". (HC 240.755, Rel. Min. Gilson Dipp, DJ 14.8.2012)

■ Concurso de Crimes e Multa {art. 43, p. ú.}

> Parágrafo único. As multas, que em caso de concurso de crimes serão impostas sempre cumulativamente, podem ser aumentadas até o décuplo se, em virtude da situação econômica do acusado, considerá-las o juiz ineficazes, ainda que aplicadas no máximo.

■ Vedações ao Tráfico de Drogas {art. 44}

> **Art. 44.** Os crimes previstos nos arts. 33, caput e § 1º, e 34 a 37 desta Lei são inafiançáveis e insuscetíveis de sursis, graça, indulto, anistia e liberdade provisória, vedada a conversão de suas penas em restritivas de direitos.

Jurisprudência complementar (STF)

(...). Prisão em flagrante. Crimes de tráfico de drogas. Artigo 33, caput, da Lei 11.343/06. Liberdade provisória. Possibilidade. Inconstitucionalidade incidenter tantum do art. 44, caput, da Lei 11.343/06 reconhecida. Necessidade de comprovação da presença dos requisitos previstos no art. 312 do Código de Processo Penal. Inidoneidade dos fundamentos justificadores da custódia no caso concreto. Superação do enunciado da Súmula 691 do Supremo Tribunal. Ordem concedida. 1. Em princípio, se o caso não é de flagrante constrangimento ilegal, segundo o enunciado da Súmula 691, não compete ao Supremo Tribunal Federal conhecer de "habeas corpus" contra decisão de relator que, em "habeas corpus" requerido a Tribunal Superior, indefere liminar. 2. Entretanto, o caso evidencia situação de flagrante ilegalidade, apta a ensejar o afastamento, excepcional, do referido óbice processual. 3. Diante do que foi decidido pelo Plenário da Corte no HC 104.339, está reconhecida a inconstitucionalidade incidenter tantum do art. 44, caput, da Lei 11.343/06, o qual vedava a possibilidade de concessão de liberdade provisória nos casos de prisão em flagrante pelo delito de tráfico de entorpecentes, sendo necessário, portanto, averiguar se o ato prisional apresenta, de modo fundamentado, os pressupostos autorizadores da constrição cautelar, nos termos do art. 312 do Código de Processo Penal. 4. Na hipótese em análise, ao determinar a custódia do paciente, o Tribunal estadual não indicou elementos concretos e individualizados que comprovassem a necessidade da sua decretação, conforme a lei processual de regência, calcando-a em considerações a respeito da gravidade em abstrato do delito, que, segundo a jurisprudência da Corte, não a justificam. 5. Ordem concedida. (HC 119934, Rel. Min. Dias Toffoli, 1ª T., DJ 7.4.2015)

(...). Tráfico de drogas. Liberdade provisória. Inadequação da Via Processual. Ordem de ofício concedida. 1. As decisões que indeferiram os pedidos de liberdade provisória do paciente limitaram-se a fazer afirmações genéricas a respeito da gravidade abstrata do delito de tráfico de drogas, em contrariedade à firme orientação jurisprudencial do STF. 2. Hipótese em que a prisão cautelar não está embasada em dados objetivos reveladores da gravidade concreta da conduta ou mesmo em elementos que evidenciem risco efetivo de reiteração delitiva. 3. O Plenário do Supremo Tribunal Federal declarou a inconstitucionalidade da vedação legal à concessão de liberdade provisória para réu preso em flagrante por tráfico de entorpecentes, enunciada no art. 44 da Lei 11.343/2006 (HC 104.339...). 4. "Habeas corpus" extinto, sem resolução de mérito, por inadequação da via processual. 5. Ordem concedida de ofício. (HC 106691, Rel. Min. Roberto Barroso, 1ª T., 2014 DJ 6.11.2014)

(...). Tráfico e associação para o tráfico de drogas. Prisão preventiva decretada com base na gravidade concreta dos fatos. Fuga empreendida pelo paciente. Ausência de ilegalidade flagrante, abuso de poder ou teratologia. 1. A jurisprudência do Supremo Tribunal Federal considera que a gravidade concreta dos fatos e a fuga do distrito da culpa constituem fundamentos idôneos para a decretação da prisão preventiva. (...). 2. Hipótese em que a prisão foi determinada pela gravidade concreta das condutas, reforçada pela quantidade de droga apreendida (365,3g de cocaína e 1kg de maconha) e pela fuga do paciente do distrito da culpa. 3. "Habeas corpus" extinto, sem resolução de mérito, por inadequação da via processual. (HC 113203, Rel. Min. Roberto Barroso, 1ª T., DJ 22.8.2014)

(...). Tráfico de entorpecentes. Causa de diminuição de pena (art. 33, § 4º, da Lei 11.343/06). Conversão da pena privativa de liberdade em pena restritiva de direitos. Possibilidade. (...). 1. A jurisprudência da Suprema Corte admite a possibilidade de substituição da pena privativa de liberdade por pena restritiva de direitos, mesmo quando se trata do delito de tráfico ilícito de entorpecentes. 2. Com o advento da nova Lei de Drogas (Lei 11.343/06), vedou-se, por efeito do que dispõe o seu art. 44, a possibilidade de conversão das penas privativas de liberdade em penas restritivas de direitos precisamente em casos como o ora em exame, relativos à prática de tráfico ilícito de entorpecentes. Dita vedação, aplicável apenas aos delitos perpetrados na vigência do novo texto legal, todavia, foi recentemente afastada pelo Plenário desta Suprema Corte no HC 97.256, com declaração incidental de inconstitucionalidade da proibição de substituição da pena privativa de liberdade por restritiva de direitos. 3. O simples fato de o recorrente haver sido condenado concomitantemente por um crime patrimonial, cuja somatória de penas corporais não excedeu a quatro (4) anos, não é fundamento apto a demonstrar a ausência dos requisitos subjetivos exigidos para a substituição da pena privativa de liberdade por restritivas de direitos. (...). (RHC 119832, Rel. Min. Dias Toffoli, 1ª T., DJ 3.6.2014)

Jurisprudência complementar (STJ)

(...). Tráfico de drogas. Prisão preventiva mantida na sentença condenatória. Negativa de recurso em liberdade. Motivação genérica e abstrata. Inidoneidade. Impossibilidade de o tribunal local complementar fundamentação. Réu respondeu preso a todo o processo. Vedação do art. 44 da Lei 11.343/2006. Constrangimento ilegal evidenciado. Liminar confirmada. 1. A prisão cautelar só pode ser decretada ou mantida com fundamentação baseada em dados concretos relacionados com os pressupostos do art. 312 do Código de Processo Penal, e não apenas na gravidade abstrata do crime ou em considerações genéricas acerca da conveniência da instrução criminal, sobre a credibilidade do Poder Judiciário e a repercussão social gerada pelo suposto delito. 2. Não é dado ao Tribunal local, em "habeas corpus" – meio exclusivo de defesa do cidadão –, inovar na motivação e suplementar, em termos de fundamentos, o ato atacado. 3. No caso, o Juiz adotou fundamentação que se distancia da exigência de justificativa idônea, porquanto traduz juízo genérico acerca das circunstâncias que envolvem o tráfico em si. E o Tribunal local agregou fundamento ao mencionar a vedação inscrita no art. 44 da Lei 11.343/2006 (regra incompatível com o princípio constitucional da presunção de inocência e do devido processo legal, entre outros princípios) e o fato de ter o réu permanecido preso durante a instrução criminal, motivação que, na verdade, reforça o constrangimento ilegal sofrido pelo paciente. 4. Ordem de "habeas corpus" concedida para, diante da peculiaridade do caso, substituir a prisão preventiva pela medida cautelar prevista no art. 319, I, do Código de Processo Penal, devendo o Juízo de Direito estabelecer as condições, sem prejuízo de serem fixadas outras cautelas pelo magistrado de primeiro grau. (HC 321.042, Rel. Min. Sebastião Reis Júnior, DJ 15.6.2015)

(...). Tráfico de entorpecentes. Prisão preventiva. Segregação fundada no art. 312 do CPP. Circunstâncias do delito. Gravidade. Potencialidade lesiva da infração. Periculosidade concreta do acusado. Garantia da ordem pública. Condições pessoais favoráveis. Irrelevância. Custódia fundamentada e necessária. Coação ilegal não demonstrada. 1. Sabe-se que a prisão cautelar é medida excepcional que só deve ser decretada quando devidamente amparada pelos requisitos legais, em observância ao princípio constitucional da não culpabilidade, sob pena de antecipação da pena a ser cumprida quando da eventual condenação. 2. É certo que a gravidade abstrata do delito de tráfico de drogas não serve de fundamento para a negativa do benefício da liberdade provisória, tendo em vista a declaração de inconstitucionalidade de parte do art. 44 da Lei 11.343/2006 pelo Supremo Tribunal Federal. 3. Forçoso convir que, no caso, a decisão do Magistrado de primeiro grau e o acórdão recorrido encontram-se fundamentados na garantia da ordem pública, considerando a variedade e a razoável quantidade das drogas apreendidas – 61 gramas de maconha, 32 gramas de cocaína e 3, 3 gramas de crack, divididos em buchas, pinos e invólucros plásticos, circunstâncias que demonstram a gravidade da conduta perpetrada e a periculosidade social do acusado. 4. As condições subjetivas favoráveis do paciente, tais como primariedade, bons antecedentes, residência fixa e trabalho lícito, por si sós, não obstam a segregação cautelar, quando presentes os requisitos legais para a decretação da prisão preventiva. 5. Mostra-se indevida a aplicação de medidas cautelares diversas da prisão, quando a segregação encontra-se fundada na gravidade efetiva do delito e na periculosidade social do paciente, bem demonstradas no caso dos autos, e que levam à conclusão pela sua insuficiência para acautelar a ordem pública da reprodução de fatos criminosos. (...). (RHC 57.699, Rel. Min. Leopoldo de Arruda Raposo , DJ 11.5.2015)

(...). Tráfico de drogas. Penas alternativas. Vedação genérica e apriorística. Inconstitucionalidade. "Habeas corpus" de ofício. Individualização. (...). 2. A vedação genérica e apriorística de substituição da pena privativa de liberdade por restritiva de direitos, nas condenações por crime hediondos ou equiparados, como é o caso do tráfico ilícito de entorpecentes, restou superada em face da declaração de inconstitucionalidade do art. 44 da Lei 11.343/2006. 3. Em se tratando de réu primário condenado a 3 anos de reclusão e fixada a pena-base no mínimo legal, deve ser substituída a pena privativa de liberdade por duas restritivas de direitos, a serem especificadas pelo juízo de execuções, ex vi o art. 44, § 2º, do Código Penal. 4. "Habeas corpus" não conhecido, mas concedida a ordem de ofício, para determinar a substituição da pena privativa de liberdade por duas restritivas de direitos, a serem especificadas pelo juízo de execuções. (HC 204.883, Rel. Min. Nefi Cordeiro, DJ 24.4.2015)

Questões de concursos

967. **(Vunesp/TJ/RJ/Juiz/2013)** Considerando o texto expresso da Constituição da República, assinale a alternativa que contempla somente crimes que a lei considerará inafiançáveis e insuscetíveis de graça ou anistia.

   a) O terrorismo; o crime político; a tortura; e os definidos como hediondos.

   b) A prática do racismo; o tráfico ilícito de entorpecentes e drogas afins; o terrorismo; e os definidos como hediondos.

   c) O tráfico ilícito de entorpecentes e drogas afins; o terrorismo; e os definidos como hediondos.

   d) A ação de grupos armados, civis ou militares, contra a ordem constitucional e o Estado Democrático; a prática da tortura; e o terrorismo.

■ Livramento Condicional {art. 44, p. ú.}

> Parágrafo único. Nos crimes previstos no caput deste artigo, dar-se-á o livramento condicional após o cumprimento de dois terços da pena, vedada sua concessão ao reincidente específico.

Súmulas (STF)

Súmula 715. A pena unificada para atender ao limite de trinta anos de cumprimento, determinado pelo art. 75 do Código Penal, não é considerada para a concessão de outros benefícios, como o livramento condicional ou regime mais favorável de execução.

Súmula 716. Admite-se a progressão de regime de cumprimento da pena ou a aplicação imediata de regime menos severo nela determinada, antes do trânsito em julgado da sentença condenatória.

Súmulas (STJ)

Súmula 441. A falta grave não interrompe o prazo para obtenção de livramento condicional.

Informativos (STF)

Tráfico de drogas e liberdade provisória

O Plenário deferiu parcialmente "habeas corpus" impetrado em favor de condenado pela prática do crime descrito no art. 33, caput, c/c o art. 40, III, ambos da Lei 11.343/06, e determinou que sejam apreciados os requisitos previstos no art. 312 do CPP para que, se for o caso, seja mantida a segregação cautelar do paciente. Incidentalmente, também por votação majoritária, declarou a inconstitucionalidade da expressão "e liberdade provisória", constante do art. 44, caput, da Lei 11.343/06. HC 104339, Rel. Min. Gilmar Mendes, 10.5.12. Pleno. (Info 665)

Tráfico internacional de drogas: "mula" e organização criminosa

Para a concessão do benefício previsto no § 4º do art. 33 da Lei 11.343/06, é necessário que o réu seja primário, tenha bons antecedentes, não se dedique a atividades criminosas nem integre organização criminosa. II. Neste caso, o magistrado de primeiro grau, ao fixar a reprimenda, enfatizou que o referido benefício não poderia ser concedido em virtude de as provas dos autos terem evidenciado a participação do paciente em organização criminosa. III. A discussão sobre o acerto ou desacerto da sentença condenatória, confirmada pelo TRF-3 e pelo STJ, exige o exame aprofundado de fatos e provas, o que não se mostra possível na via do "habeas corpus", por se tratar de instrumento destinado à proteção de direito demonstrável de plano, que não admite dilação probatória. IV. Mantida a reprimenda, tal como aplicada em segundo grau de jurisdição, fica superado o pedido de substituição da pena privativa de liberdade por restritivas de direitos, por vedação do inciso I do art. 44 do CP. HC 110551, Rel. Min. Ricardo Lewandowski, 13.3.12. 2ª T. (Info 658)

Tráfico privilegiado e crime hediondo

O crime de tráfico privilegiado de drogas não tem natureza hedionda. Por conseguinte, não são exigíveis requisitos mais severos para o livramento condicional (Lei 11.343/2006, art. 44, parágrafo único) e tampouco incide a vedação à progressão de regime (Lei 8.072/1990, art. 2º, § 2º) para os casos em que aplicada a causa de diminuição prevista no art. 33, § 4º, Lei 11.343/2006. HC 118533, Rel. Min. Cármen Lúcia, 23.6.2016. Pleno. (Info 831)

Jurisprudência complementar (STF)

(...). 2. Crime de associação para o tráfico (art. 35 da Lei 11.343/2006). 3. O Tribunal a quo, embora não tenha declarado expressamente a inconstitucionalidade do parágrafo único do art. 44 da Lei de Drogas (necessidade de cumprimento de 2/3 da pena para concessão de livramento condicional), afastou sua aplicação, sem observar o disposto no art. 97 da Constituição Federal e na Súmula Vinculante n. 10. 4. Violação ao princípio da reserva de plenário. (...). (Rcl 17411 AgR, Rel. Min. Gilmar Mendes, Pleno, DJ 4.8.2014)

Jurisprudência complementar (STJ)

(...). Associação para o tráfico. Lapso para obtenção do livramento condicional. 2/3. Condição objetiva que independe da hediondez, ou não, do delito. Inteligência do art. 44, parágrafo único, da Lei 11.343/2006. 1. Para o crime de associação para o tráfico, há expressa previsão legal da aplicação da fração para o livramento condicional em 2/3. Não se trata de atribuir ou não caráter hediondo ao delito previsto no art. 35 da Lei 11.343/2006, mas sim de se aplicar o parágrafo único do art. 44 do citado dispositivo legal. (...). (AgRg no REsp 1484138, Rel. Min. Sebastião Reis Júnior, DJ 15.6.2015)

(...). Associação para o tráfico de drogas. Livramento condicional. Inviabilidade. Requisito objetivo. Cumprimento de 2/3 da pena. Imposição legal. Constrangimento ilegal não evidenciado. (...). "Na condenação pelo crime de associação para o tráfico, perpetrado sob a égide da Lei 11.343/2006, faz-se necessário o desconto de 2/3 da pena para obtenção do livramento condicional, (ressalvados os casos de reincidência específica, em que há vedação), na condenação por associação para o tráfico, em prestígio da programação normativa do art. 44, parágrafo único, de tal diploma normativo" (HC 292.882...). (HC 311.642, Rel. Min. Ericson Maranho, DJ 29.4.2015)

Questões de concursos

968. **(FGV/TJ/PI/Analista/2015)** No crime de associação para o tráfico (artigo 35 da Lei n. 11.343/2006), para fazer jus ao livramento condicional o condenado deve cumprir:

   a) 2/3 da pena, caso seja reincidente.

   b) 1/5 da pena, caso não seja reincidente.

   c) 1/3 da pena, caso seja reincidente.

d) 2/3 da pena, caso não seja reincidente.
e) 1/5 da pena, caso seja reincidente.

■ Isenção de Pena – Excludente de Culpabilidade {art. 45}

> **Art. 45**. É isento de pena o agente que, em razão da dependência, ou sob o efeito, proveniente de caso fortuito ou força maior, de droga, era, ao tempo da ação ou da omissão, qualquer que tenha sido a infração penal praticada, inteiramente incapaz de entender o caráter ilícito do fato ou de determinar-se de acordo com esse entendimento.

Jurisprudência complementar (STF)

(...). Execução. Condenação a pena de reclusão, em regime aberto. Semi-imputabilidade. Medida de segurança. Internação. Alteração para tratamento ambulatorial. Possibilidade. Recomendação do laudo médico. Inteligência do art. 26, caput e § 1º do Código Penal. Necessidade de consideração do propósito terapêutico da medida no contexto da reforma psiquiátrica. Ordem concedida. Em casos excepcionais, admite-se a substituição da internação por medida de tratamento ambulatorial quando a pena estabelecida para o tipo é a reclusão, notadamente quando manifesta a desnecessidade da internação. (HC 85401, Rel. Min. Cezar Peluso, 2ª T., DJ 12.2.2010)

Jurisprudência complementar (STJ)

(...). Roubo simples. Dependência química reconhecida pelas instâncias ordinárias, com base em laudo pericial. Art. 46 da Lei 11.343/2006. Causa de diminuição de pena que se aplica a qualquer crime, caso comprovada a semi-imputabilidade. Inteligência do art. 45 da mesma lei. Ordem de "habeas corpus" não conhecida. "Writ" concedido de ofício. (...). 3. O Tribunal de origem, ao examinar laudo pericial produzido nos autos, reconheceu a condição de semi-imputável do Paciente (dependência química), mas deixou de aplicar a minorante prevista no art. 46 da Lei 11.343/2006 ao argumento de que referida causa de diminuição de pena só incide em crimes previstos na Lei de Drogas. 4. O art. 45 da Lei 11.343/2006, que repete exatamente o mesmo critério previsto pelo art. 26 do Código Penal, estabelece como exculpante, para qualquer que tenha sido a infração penal praticada (litteris), o fato de o agente, em razão de dependência de droga ou de efeito proveniente de caso fortuito ou força maior, ser, ao tempo da ação ou da omissão, inteiramente incapaz de entender o caráter ilícito do ato ou de determinar-se de acordo com esse entendimento. Disso se segue que, pelo princípio lógico a maiori, ad minus (o que é válido para o mais, deve necessariamente sê-lo para o menos), também o redutor da pena previsto no art. 46 do mesmo estatuto legal para os casos de semi-imputabilidade não possui âmbito de incidência restrito aos crimes previstos na legislação de entorpecentes, podendo ser aplicado a toda e qualquer infração penal. 5. Ordem de "habeas corpus" não conhecida. "Writ" concedido de ofício para o fim de, mantida a condenação, anular a dosimetria da pena estabelecida no acórdão combatido, determinando que outra seja realizada com a aplicação da minorante prevista no art. 46 da Lei 11.343/2006, em patamar a ser aferido à luz dos elementos constantes dos autos. (HC 246.439, Rel. Min. Laurita Vaz, DJ 28.2.2014)

(...). Tráfico de drogas. Realização de exame toxicológico. Indeferimento do pedido. Motivação inidônea. Constrangimento ilegal. Inexistência. 1. Diz o art. 45 da Lei 11.343/06 ser isento de pena o agente que, em razão da dependência, ou sob o efeito, proveniente de caso fortuito ou força maior, de droga, era, ao tempo da ação ou da omissão, qualquer que tenha sido a infração penal praticada, inteiramente incapaz de entender o caráter ilícito do fato ou de determinar-se de acordo com esse entendimento. 2. É certo que o pedido de diligências – no caso, realização de exame de dependência toxicológica – pode ser indeferido pelo Magistrado, desde que o faça em decisão devidamente motivada. 3. Na hipótese, carece de efetiva fundamentação a decisão do Juízo singular, principalmente diante dos elementos que evidenciam a necessidade da perícia. 4. Ordem concedida com o fim de anular o processo-crime originário, com a determinação de realização do exame de dependência toxicológica. (HC 118.320, Rel. p/ Ac. Min. OG Fernandes, DJ 8.9.2011)

Questões de concursos

969. **(Funcab/PC/PA/Escrivão/2016)** Sobre a Lei de Drogas, Lei n. 11.343, de 2006, é correto afirmar que:

   a) apenas durante a fase do inquérito policial instaurado para apurar o crime de tráfico de substância entorpecente, é permitida, além dos previstos em lei, mediante autorização judicial e ouvido o Ministério Público, o procedimento investigatório da infiltração por agentes de polícia, em tarefas de investigação, constituída pelos órgãos especializados pertinentes.

b) ocorrendo prisão em flagrante, a destruição das drogas será executada pela autoridade sanitária no prazo de 15 (quinze) dias na presença do delegado de polícia competente.

c) é isento de pena o agente que, em razão da dependência, ou sob o efeito, proveniente de caso fortuito ou força maior, de droga, era, ao tempo da ação ou da omissão, qualquer que tenha sido a infração penal praticada, inteiramente incapaz de entender o caráter ilícito do fato ou de determinar-se de acordo com esse entendimento.

d) o perito que subscrever o laudo de constatação da natureza e quantidade da droga, para efeito da lavratura do auto de prisão em flagrante e estabelecimento da materialidade do delito, ficará impedido de participar da elaboração do laudo definitivo.

e) recebida cópia do auto de prisão em flagrante, o juiz, no prazo de 5 (cinco) dias, certificará a regularidade formal do laudo de constatação e determinará a destruição das droga s apreendidas, guardando-se amostra necessária à realização do laudo definitivo.

970. **(Cespe/TJ/DFT/Juiz/2015)** Assinale a opção correta à luz da Lei n. 11.343/2006 (Lei de Drogas), do CP e da jurisprudência do STF.

a) O crime de associação para o tráfico, caracterizado pela associação de duas ou mais pessoas para a prática de alguns dos crimes previstos na Lei de Drogas, é delito equiparado a crime hediondo.

b) O crime de porte de entorpecentes para consumo pessoal, sem autorização ou em desacordo com determinação legal ou regulamentar, está sujeito aos prazos prescricionais do CP.

c) instigar ou auxiliar alguém ao uso indevido de droga, poderá ser aplicada causa de redução de pena se o agente for primário, tiver bons antecedentes e não se dedicar a atividades criminosas ou integrar organização criminosa.

d) Quanto aos crimes previstos na Lei de Drogas, será isento de pena o agente que, por ser dependente de drogas, for, ao tempo do fato, totalmente incapaz de entender o caráter ilícito da ação praticada.

e) Os crimes previstos na Lei de Drogas são insuscetíveis de anistia, graça e indulto, sendo impossível, àqueles que os praticarem, a concessão de liberdade provisória.

■ Medida de Segurança Ambulatorial {art. 45, p. ú.}

Parágrafo único. Quando absolver o agente, reconhecendo, por força pericial, que este apresentava, à época do fato previsto neste artigo, as condições referidas no caput deste artigo, poderá determinar o juiz, na sentença, o seu encaminhamento para tratamento médico adequado.

Semi-imputabilidade do Dependente {art. 46}

> **Art. 46**. As penas podem ser reduzidas de um terço a dois terços se, por força das circunstâncias previstas no art. 45 desta Lei, o agente não possuía, ao tempo da ação ou da omissão, a plena capacidade de entender o caráter ilícito do fato ou de determinar-se de acordo com esse entendimento.

Informativos (STJ)

Necessidade de gradação da causa de diminuição de pena prevista no art. 46 da Lei 11.343/06 conforme o grau de incapacidade do réu.

Reconhecida a semi-imputabilidade do réu, o Juiz não pode aplicar a causa de diminuição de pena prevista no art. 46 da Lei 11.343/06 em seu grau mínimo (1/3) sem expor qualquer dado substancial, em concreto, que justifique a adoção dessa fração. HC 167.376, Rel. Min. Gurgel de Faria, 23.9.14. 5ª T. (Info 547)

Jurisprudência complementar (STF)

(...). Tráfico de entorpecentes. Exame de dependência toxicológica. Facultatividade. Ausência de requerimento da defesa. Utilização de "habeas corpus" como sucedâneo de revisão criminal. Impossibilidade. Recurso ordinário em "habeas corpus" a que se nega provimento. Ordem concedida de ofício para que o restante da pena seja cumprida em regime aberto. 1. O juízo da instrução é competente para analisar, no caso concreto, a necessidade, ou não, da realização de exame de dependência toxicológica requerido pela defesa a fim de comprovar eventual inimputabilidade do acusado. 2. "in casu", o juiz singular condenou o paciente a 7 (sete) anos e 6 (seis) meses de reclusão, pela prática do crime de tráfico de entorpecentes, tendo reduzido a reprimenda em 2/3, com fundamento no artigo 46 da Lei 11.343/06, em razão da semi-imputabilidade do agente. Destarte, a pena foi definitivamente fixada em 2 (dois) anos e 6 (seis) meses de reclusão, em regime inicial fechado. 3. A Corte Estadual, contudo, em sede de apelação, afastou a causa de diminuição de pena prevista no artigo 46 da nova Lei de Drogas, sob o fundamento de que "o único elemento de prova utilizado para fundamentar a conclusão da semi-imputabilidade do recorrido são suas próprias declarações de que era viciado". 4. O Superior Tribunal de Justiça, no julgamento do "writ" lá impetrado, destacou que "a defesa sequer pediu a realização do sobredito laudo de dependência, somente mencionando a possibilidade de incidência da causa de diminuição de pena descrita no art. 46 da Lei 11.343/2006 nas alegações finais, omissão que retira a plausibilidade jurídica da pretensão apontada na inicial" – Sem grifos no original. 5. O "habeas corpus" não pode ser utilizado como sucedâneo de revisão criminal. 6. "in casu", a condenação transitou em julgado em 28.03.12 (informação obtida no site do Tribunal de Justiça do Estado do Mato Grosso do Sul). 7. Por outro lado, o paciente foi preso em 23 de outubro de 2010, não havendo nos autos informação de que tenha sido posto em liberdade após esta data. Destarte, tendo ele sido condenado a 6 (seis) anos de reclusão pela prática do crime de tráfico de entorpecentes, já teria cumprido, em tese, metade da reprimenda no regime fechado. 8. Recurso ordinário em "habeas corpus" a que se nega provimento. Ordem concedida de ofício para que o restante da pena seja cumprida em regime aberto. (RHC 120411, Rel. Min. Luiz Fux, 1ª T., DJ 14.2.2014)

Jurisprudência complementar (STJ)

(...). Tráfico de drogas. Afastamento da causa de diminuição de pena, prevista no art. 33, § 4º, da Lei 11.343/2006. Recorrente que fazia do tráfico seu meio de vida. Desconstituição do entendimento das instâncias ordinárias. Reexame de provas. Súmula 7/STJ. Art. 46 da lei de drogas. Quantum de redução. Súmula 7/STJ. (...). Se as instâncias ordinárias entenderam que o recorrente dedicava-se ao tráfico não há como rever tal entendimento na via do recurso especial, uma vez que a desconstituição do que lá ficou decidido implicaria, necessariamente, no revolvimento do conjunto fático-probatório. Súmula 7/STJ. O quantum de redução previsto no art. 46 da Lei 11.343/06 constitui matéria que não se altera em recurso especial ante a necessidade de revolvimento do conteúdo fático-probatório. Súmula 7/STJ. (...). (AgRg no AREsp 539.907, Rel. Min. Ericson Maranho, DJ 5.3.2015)

(...). Latrocínio. Condenação confirmada em sede de apelação. Impetração substitutiva de recurso especial. Impropriedade da via eleita. Causa especial de diminuição de pena prevista no art. 46 da Lei 11.343/2006. Negativa. Manifesta ilegalidade. Não ocorrência. Paciente que possuía plena capacidade de compreender o caráter ilícito do fato a ele imputado e de determinar-se consoante tal entendimento. Conclusão diversa. Revolvimento fático- probatório. Inviabilidade. (...). 1. É imperiosa a necessidade de racionalização do emprego do "habeas corpus", em prestígio ao âmbito de cognição da garantia constitucional, e, em louvor à lógica do sistema recursal. "in casu", foi impetrada indevidamente a ordem como substitutiva de recurso especial. 2. As instâncias de origem negaram a aplicação da causa especial de diminuição de pena prevista no art. 46 da Lei 11.343/2006 à espécie por entenderem que o paciente ostentava plena capacidade de entendimento do caráter ilícito do fato a ele imputado e de determinar-se consoante esse entendimento, apesar da dependência química constatada, não se havendo falar, pois, em reconhecimento da semi-imputabilidade. Para concluir em sentido diverso, há necessidade de revolvimento do acervo fático-probatório, providência incabível na via estreita do "habeas corpus". (...). (HC 273.879, Rel. Min. Maria Thereza de Assis Moura, DJ 13.10.2014)

(...). Tráfico ilícito de entorpecentes. Condenação confirmada em sede de apelação. Impetração substitutiva de recurso especial. Impropriedade da via eleita. Pleito de redução da pena-base. Tema não enfrentado na origem. Cognição. Impossibilidade. Supressão de instância. Causa especial de redução de pena. Quantum de incidência. Ilegalidade manifesta. Ausência. Regime diverso do fechado. Impossibilidade. Paciente reincidente. Não conhecimento. 1. É imperiosa a necessidade de racionalização do emprego do "habeas corpus", em prestígio ao âmbito de cognição da garantia constitucional, e, em louvor à lógica do sistema recursal. "in casu", foi impetrada indevidamente a ordem como substitutiva de recurso especial. 2. A matéria referente à redução da pena base ao mínimo legal sequer foi ventilada nas razões do recurso de apelação, razão pela qual não foi apreciada pelo Tribunal a quo, o que impede sua cognição por esta Corte, sob pena de indevida supressão de instância. 3. Devidamente fundamentada a aplicação da causa especial de diminuição de pena prevista no art. 46 da Lei 11.343/2006 com base no laudo pericial, o quantum de redução aplicado fica indene ao crivo do "habeas corpus", pois é matéria que demanda revolvimento fático-probatório. 4. "in casu", o Colegiado estadual manteve o regime inicial fechado em razão da reincidência do paciente, o que impede a fixação do regime intermediário, nos termos do art. 33, § 2º, alínea "b", do Código Penal. Devidamente fundamentada a negativa de abrandamento do regime inicial de cumprimento de pena, em razão da reincidência, não há constrangimento ilegal a ser sanado. (...). (HC 275.560, Rel. Min. Maria Thereza de Assis Moura, DJ 15.5.2014)

■ Tratamento {art. 47}

Art. 47. Na sentença condenatória, o juiz, com base em avaliação que ateste a necessidade de encaminhamento do agente para tratamento, realizada por profissional de saúde com competência específica na forma da lei, determinará que a tal se proceda, observado o disposto no art. 26 desta Lei.

Jurisprudência complementar (STJ)

(...). Tráfico ilícito de substância entorpecente. Tratamento ambulatorial. Semi-imputabilidade. Retardo mental não associado ao uso da droga. Art. 26 da Lei 11.343/06. Inaplicabilidade. (...). 1. O tratamento ambulatorial de que se referem os arts. 26 e 47 da Lei 11.343/06 se destina a combater a redução da capacidade de entendimento decorrente do uso de substância entorpecente. Assim, o retardo mental dissociado do consumo de droga não constitui causa à concessão do benefício. (...). (HC 81.198, Rel. Min. Arnaldo Esteves Lima, DJ 7.2.2008)

Capítulo III – Do Procedimento Penal

■ Aplicação Subsidiária do CP e do CPP {art. 48}

Art. 48. O procedimento relativo aos processos por crimes definidos neste Título rege-se pelo disposto neste Capítulo, aplicando-se, subsidiariamente, as disposições do Código de Processo Penal e da Lei de Execução Penal.

Informativos (STF)

Porte de entorpecente e princípio da insignificância

A aplicação do princípio da insignificância, de modo a tornar a conduta atípica, exige sejam preenchidos, de forma concomitante, os seguintes requisitos: (i) mínima ofensividade da conduta do agente; (ii) nenhuma periculosidade social da ação; (iii) reduzido grau de reprovabilidade do comportamento; e (iv) relativa inexpressividade da lesão jurídica. 2. O sistema jurídico há de considerar a relevantíssima circunstância de que a privação da liberdade e a restrição de direitos do indivíduo somente se justificam quando estritamente necessárias à própria proteção das pessoas, da sociedade e de outros bens jurídicos que lhes sejam essenciais, notadamente naqueles casos em que os valores penalmente tutelados se exponham a dano, efetivo ou potencial, impregnado de significativa lesividade. O direito penal não se deve ocupar de condutas que produzam resultado cujo desvalor – por não importar em lesão significativa a bens jurídicos relevantes – não represente, por isso mesmo, prejuízo importante, seja ao titular do bem jurídico tutelado, seja à integridade da própria ordem social. HC 110475, Rel. Min. Dias Toffoli, 14.2.12. 1ª T. (Info 655)

Tráfico de drogas e liberdade provisória

O magistrado de primeiro grau decidiu fundamentadamente pela concessão de liberdade provisória com fiança (art. 310, III, do CPP), porquanto inexistentes os elementos concretos indicativos de fuga do paciente, de interferência indevida na instrução processual ou de ameaça à ordem pública. Na dicção dos arts. 325 e 326 do CPP, a situação econômica do réu é o principal elemento a ser considerado no arbitramento do valor da fiança. Diante da incapacidade econômica do paciente, aplicável a concessão de liberdade provisória com a dispensa do pagamento da fiança, "sujeitando-o às obrigações constantes dos arts. 327 e 328 deste Código e a outras medidas cautelares, se for o caso", nos termos do art. 325, § 1º, I, c/c art. 350, do CPP. HC 129474, Rel. Min. Rosa Weber, 22.9.15. 1ª T. (Info 800)

Jurisprudência complementar (STJ)

(...). Tráfico de entorpecentes (artigo 33 da Lei 11.343/2006). Nulidade. Rito adotado em audiência de instrução e julgamento. Inexistência de disposição específica na lei de drogas acerca do procedimento a ser seguido na tomada de depoimentos das testemunhas. Aplicação subsidiária do código de processo penal. 1. Ao tratar da fase instrutória do rito previsto para a apuração dos crimes de tóxicos, o artigo 57 da Lei 11.343/2006 não descreveu a forma como as inquirições de testemunhas devem ser feitas. 2. Assim, nos termos do artigo 48 da Lei de Drogas, inexistindo disposição específica na legislação especial acerca do procedimento a ser seguido na tomada de depoimentos das testemunhas, o Código de Processo Penal deve ser aplicado subsidiariamente quanto ao ponto. (...). (HC 143.968, Rel. Min. Jorge Mussi, DJ 3.11.2011)

■ Usuário e a Aplicação da Lei 9.099/95 {art. 48, § 1º}

> § 1º O agente de qualquer das condutas previstas no art. 28 desta Lei, salvo se houver concurso com os crimes previstos nos arts. 33 a 37 desta Lei, será processado e julgado na forma dos arts. 60 e seguintes da Lei n. 9.099, de 26 de setembro de 1995, que dispõe sobre os Juizados Especiais Criminais.

Jurisprudência complementar (STJ)

(...). Porte de entorpecente para uso próprio. Inobservância do rito previsto no art. 55 da Lei 11.343/06. Supressão. Tese não analisada pelo Tribunal de Origem. Nulidade. Inocorrência. Incidência da Lei 9.099/95. Previsão legal. 1. A alegada nulidade da ação penal em razão da não incidência do rito previsto no art. 55 da Lei de Tóxicos não foi analisada pelo Tribunal estadual no prévio "writ", circunstância que impossibilitaria a análise da tese por este Sodalício. 2. Entretanto, conforme expressa previsão legal (artigo 48,§ 1º, da Lei 11.343/06), o crime de porte de entorpecente para uso próprio é processado de acordo com as normas contidas na Lei 9.099/95, circunstância que demonstra a manifesta improcedência do pleito. Crime de perigo abstrato. Pequena quantidade de droga inerente à natureza do delito previsto no art. 28 da Lei 11.343/06. Tipicidade da conduta. Princípio da insignificância. Inaplicabilidade. Constrangimento ilegal não demonstrado. (...). 1. Não merece prosperar a tese sustentada pela defesa no sentido de que a pequena porção apreendida com o recorrente – 1,19 g (um grama e dezenove decigramas) de cocaína – ensejaria a atipicidade da conduta ao afastar a ofensa à coletividade, primeiro porque o delito previsto no art. 28 da Lei 11.343/06 trata-se de crime de perigo abstrato e, além disso, a reduzida quantidade da droga é da própria natureza do crime de porte de entorpecentes para uso próprio. (...). (RHC 36.195, Rel. Min. Jorge Mussi, DJ 6.8.2013)

Questões de concursos

971. **(Cespe/TJ/DFT/Juiz/2016)** A respeito do processo e do julgamento previsto na Lei Antidrogas, assinale a opção correta.

    a) O magistrado, durante a persecução penal em juízo, poderá, independentemente da oitiva do MP, autorizar a infiltração de investigador em meio a traficantes, para o fim de esclarecer a verdade real, ou poderá, ainda, autorizar que não atue diante de eventual flagrante, com a finalidade de identificar e responsabilizar o maior número de integrantes de operações de tráfico e distribuição.

    b) O MP e a defesa poderão arrolar até oito testemunhas na denúncia e na defesa preliminar, respectivamente.

    c) O agente que praticar crime de porte de drogas para consumo pessoal será processado e julgado perante uma das Varas de Entorpecentes do DF, sob o rito processual previsto na Lei Antidrogas, tendo em vista que a lei especial prevalece sobre a lei geral.

    d) O autor do crime de porte de drogas para uso pessoal será processado e julgado perante o Juizado Especial Criminal, sob o rito da Lei n. 9.099/1995.

e) A lavratura do auto de prisão em flagrante e o estabelecimento da materialidade do delito exigem a elaboração do laudo definitivo em substância, cuja falta obriga o juiz a relaxar imediatamente a prisão, que será considerada ilegal.

Não Imposição da Prisão em Flagrante {art. 48, § 2º}

> § 2º Tratando-se da conduta prevista no art. 28 desta Lei, não se imporá prisão em flagrante, devendo o autor do fato ser imediatamente encaminhado ao juízo competente ou, na falta deste, assumir o compromisso de a ele comparecer, lavrando-se termo circunstanciado e providenciando-se as requisições dos exames e perícias necessários.

Lavratura do Termo Circunstanciado {art. 48, § 3º}

> § 3º Se ausente a autoridade judicial, as providências previstas no § 2º deste artigo serão tomadas de imediato pela autoridade policial, no local em que se encontrar, vedada a detenção do agente.

Exame de Corpo de Delito {art. 48, § 4º}

> § 4º Concluídos os procedimentos de que trata o § 2º deste artigo, o agente será submetido a exame de corpo de delito, se o requerer ou se a autoridade de polícia judiciária entender conveniente, e em seguida liberado.

Transação Penal {art. 48, § 5º}

> § 5º Para os fins do disposto no art. 76 da Lei n. 9.099, de 1995, que dispõe sobre os Juizados Especiais Criminais, o Ministério Público poderá propor a aplicação imediata de pena prevista no art. 28 desta Lei, a ser especificada na proposta.

■ Proteção à Testemunha {art. 49}

Art. 49. Tratando-se de condutas tipificadas nos arts. 33, caput e § 1º, e 34 a 37 desta Lei, o juiz, sempre que as circunstâncias o recomendem, empregará os instrumentos protetivos de colaboradores e testemunhas previstos na Lei n. 9.807, de 13 de julho de 1999.

Seção I – Da Investigação

■ Lavratura do Auto de Prisão em Flagrante {art. 50}

Art. 50. Ocorrendo prisão em flagrante, a autoridade de polícia judiciária fará, imediatamente, comunicação ao juiz competente, remetendo-lhe cópia do auto lavrado, do qual será dada vista ao órgão do Ministério Público, em 24 (vinte e quatro) horas.

■ Laudo de Constatação {art. 50, § 1º}

§ 1º Para efeito da lavratura do auto de prisão em flagrante e estabelecimento da materialidade do delito, é suficiente o laudo de constatação da natureza e quantidade da droga, firmado por perito oficial ou, na falta deste, por pessoa idônea.

Jurisprudência complementar (STJ)

(...). Execução penal. Prática de falta de natureza grave. Posse de drogas para consumo próprio. Art. 28 da Lei 11.343/2006. Apuração em âmbito administrativo. Materialidade. Presença de vestígios. Ausência de laudo de constatação. Indícios insuficientes acerca da natureza e da quantidade da substância apreendida. Indispensabilidade da elaboração do laudo pericial. Nulidade do procedimento administrativo disciplinar. Constrangimento ilegal evidenciado. (...). Ordem concedida de ofício. 1. A instauração de Procedimento Administrativo Disciplinar (PAD) pelo diretor do estabelecimento prisional, com a finalidade de se apurar a prática de falta grave, é medida que está em consonância com a jurisprudência deste Tribunal

Superior. 2. É pacífica a orientação do Superior Tribunal de Justiça de que o cometimento de crime doloso no curso da execução caracteriza falta grave conforme disposto no art. 52 da LEP, independentemente do trânsito em julgado de eventual sentença penal condenatória. 3. A conduta de possuir de drogas para consumo próprio, prevista no art. 28 da Lei 11.343/2006, demanda a elaboração do laudo de constatação preliminar da natureza e da quantidade da droga apreendida para que se proceda à lavratura do auto de prisão em flagrante. 4. Na espécie, apurada a falta de natureza grave consistente na prática do delito de posse de drogas para consumo próprio, é necessária a elaboração do laudo de constatação, de maneira a fornecer indícios de materialidade da prática delitiva, mesmo que dispensável o trânsito em julgado de eventual sentença penal condenatória. (...). Ordem concedida, de ofício, para cassar a decisão do Juízo das Execuções Criminais, que reconheceu a prática de falta grave e determinou a perda de 1/3 dos dias eventualmente remidos e o reinício da contagem do requisito temporal para aquisição de novos benefícios. (HC 272.070, Rel. Min. Rogerio Schietti Cruz, DJ 2.6.2015)

(...). Nulidade do laudo de constatação provisória. Inexistência de atestado de que o responsável pela perícia provisória seria pessoa capacitada. Desnecessidade de observâncias às formalidades previstas no código de processo penal. Mácula não caracterizada. 1. De acordo com o artigo 50, § 1º, da Lei 11.343/2006, o laudo de constatação provisória não precisa ser elaborado por perito, podendo ser realizado por pessoa idônea, motivo pelo qual não se pode pretender que a pessoa responsável pelo exame preliminar seja portadora de diploma de curso de nível superior. Doutrina. (...). 2. No caso em tela, a autoridade policial nomeou pessoa para figurar como perito ad hoc, inexistindo nos autos notícias de que não seria idônea, como determinado pela lei, o que impede o reconhecimento do vício aventado no inconformismo. (...). (RHC 52.746, Rel. Min. Jorge Mussi, DJ 26.11.2014)

(...). 1. Falta grave consistente na prática de crime. Desnecessidade do trânsito em julgado. 2. Posse de substância entorpecente. Art. 28 da lei de tóxicos. Imprescindibilidade de laudo para aferir a materialidade. Art. 50, § 1º, da lei de drogas. (...). 1. É pacífica a orientação do Superior Tribunal de Justiça no sentido de que o cometimento de crime doloso no curso da execução caracteriza falta grave – conforme disposto no art. 52 da LEP –, independentemente do trânsito em julgado de eventual sentença penal condenatória. Contudo, o caso guarda particularidades, razão pela qual foi reconsiderada a decisão monocrática no julgamento do primeiro agravo regimental. 2. Cuidando-se de crime de porte de entorpecente para uso próprio, faz-se necessário, no mínimo, o laudo provisório, pois sem este sequer é possível dar início à ação penal. De fato, o art. 50, § 1º, da Lei de Drogas dispõe que para o estabelecimento da materialidade do delito é necessário o laudo de constatação da natureza e quantidade da droga. Portanto, tratando-se de conduta que apenas se configura se efetivamente verificada a existência de substância capaz de causar dependência, mostra-se, a meu ver, temerário reconhecer a prática de falta grave sem que tenha havido qualquer tipo de perícia no material apreendido. Ademais, diante do contexto apresentado pelas instâncias ordinárias, é possível que nem ao menos haja processo penal, porquanto imprescindível a demonstração de justa causa para dar início à ação penal, o que não se verifica ante a ausência de laudo de materialidade. (...). (AgRg no AgRg no AREsp 418.615, Rel. Min. Marco Aurélio Bellizze, DJ 18.6.2014)

Questões de concursos

972. **(Vunesp/PC/SP/Legista/2014)** Conforme dispõe a Lei n. 11.343/2006 (Lei de Tóxicos), para efeito da lavratura do auto de prisão em flagrante e estabelecimento da materialidade do delito,

   a) é suficiente o laudo de constatação da natureza e quantidade da droga, firmado por perito oficial ou, na falta deste, por pessoa idônea.
   b) é necessário o laudo médico a ser elaborado com base no exame de sangue do acusado.
   c) deverão ser elaborados, pelo perito oficial, o exame de corpo de delito, bem como o laudo de constatação da droga.
   d) não será necessário qualquer tipo de laudo pericial.
   e) serão suficientes o testemunho dos policiais envolvidos na prisão em flagrante e a exibição da droga apreendida.

■ Impedimento ao Perito {art. 50, § 2º}

> § 2º O perito que subscrever o laudo a que se refere o § 1º deste artigo não ficará impedido de participar da elaboração do laudo definitivo.

Jurisprudência complementar (STJ)

(...). Tráfico de drogas. Associação para o tráfico. Posse ou porte ilegal de arma de fogo de uso restrito. Porte de objeto destinado à fabricação de entorpecentes. Laudo de constatação e laudo definitivo elaborados em sede policial. Contraditório diferido. Legalidade. Pedido de contraperícia ou nova perícia. Indeferimento fundamentado. Ausência de constrangimento ilegal. 1. É válida a perícia realizada em sede extrajudicial, uma vez que, por se tratar de prova cuja natureza é cautelar, o contraditório é postergado para a fase judicial. 2. O indeferimento fundamentado de pedido de nova perícia ou de contraperícia não caracteriza constrangimento ilegal, pois cabe ao juiz, na esfera de sua discricionariedade, negar motivadamente as diligências que considerar desnecessárias ou protelatórias. 3. Na hipótese, o magistrado de origem indeferiu o pleito de novo exame pericial ou contraprova, mas remeteu os questionamentos levantados pela defesa aos peritos que emitiram o laudo. (...). (HC 113.976, Rel. Min. Jorge Mussi, DJ 9.8.2010)

■ Armazenamento de Amostra {art. 50, § 3º}

> § 3º Recebida cópia do auto de prisão em flagrante, o juiz, no prazo de 10 (dez) dias, certificará a regularidade formal do laudo de constatação e determinará a destruição das drogas apreendidas, guardando-se amostra necessária à realização do laudo definitivo.

Informativos (STJ)

Tráfico. Não apreensão da droga.

A ausência de apreensão da droga não torna a conduta atípica se existirem outros elementos de prova aptos a comprovarem o crime de tráfico. HC 131.455, Rel. Min. Maria T. A. Moura, 2.8.12. 6ª T. (Info 501)

■ Destruição {art. 50, § 4º}

> § 4º A destruição das drogas será executada pelo delegado de polícia competente no prazo de 15 (quinze) dias na presença do Ministério Público e da autoridade sanitária.

Questões de concursos

973. **(FCC/TJ/AL/Juiz/2015)** De acordo com a Lei n. 11.343/2006, o procedimento correto com relação às drogas apreendidas é a sua

   a) conservação em local adequado por constituir prova material do delito, e sua destruição será determinada pela autoridade judicial ao final do processo penal, em homenagem à ampla defesa.

b) destruição total, após a lavratura do auto de prisão e flagrante e elaboração do laudo de constatação, determinada pelo juiz no prazo de 10 dias e realizada pelo delegado de polícia.

c) destruição pelo delegado de polícia competente, na presença do Ministério Público e da autoridade sanitária, lavrando-se auto circunstanciado.

d) destruição imediata após a apreensão, por meio de incineração de todo o volume apreendido, quando não houver prisão em flagrante.

e) incineração, após manifestação do ministério público e decisão judicial, logo após o término do inquérito policial que dará início a um processo penal, inquérito este que terá o prazo de 30 dias se o indiciado estiver preso e 90 se estiver solto.

■ Destruição {art. 50, § 5º}

§ 5º O local será vistoriado antes e depois de efetivada a destruição das drogas referida no § 3º, sendo lavrado auto circunstanciado pelo delegado de polícia, certificando-se neste a destruição total delas.

■ Incineração {art. 50-A}

Art. 50-A. A destruição de drogas apreendidas sem a ocorrência de prisão em flagrante será feita por incineração, no prazo máximo de 30 (trinta) dias contado da data da apreensão, guardando-se amostra necessária à realização do laudo definitivo, aplicando-se, no que couber, o procedimento dos §§ 3º a 5º do art. 50.

Questões de concursos

974. **(Acafe/PC/SC/Delegado/2014)** Com relação à repressão à produção não autorizada e ao tráfico ilícito de drogas, assinale a alternativa correta.

a) As plantações ilícitas serão imediatamente destruídas pelo delegado de polícia, que recolherá quantidade suficiente para exame pericial, de tudo lavrando auto de levantamento das condições encontradas, com a delimitação do local, asseguradas as medidas necessárias para a preservação da prova.

b) Em caso de ser utilizada a queimada para destruir plantação ilícita, observar-se-á, além das cautelas necessárias à proteção ao meio ambiente, a indispensável e prévia autorização do órgão próprio do Sistema Nacional do Meio Ambiente – Sisnama.

c) Feita apreensão em operação de combate às atividades previstas na Lei 11.343/06, que instituiu o Sisnad, e tendo recaído sobre dinheiro ou cheques emitidos como ordem de pagamento, a autoridade de polícia judiciária que presidir o inquérito deverá, de imediato, requerer ao juízo competente a citação do Ministério Público.

d) Os veículos, embarcações, aeronaves, e quaisquer outros meios de transporte, os maquinários, as armas de fogo, utensílios, instrumentos e objetos de qualquer natureza, utilizados para a prática dos crimes definidos na Lei 11.343/06, que instituiu o Sisnad, após a sua regular apreensão, ficarão sob custódia da autoridade de polícia judiciária.

e) A destruição de drogas apreendidas será executada imediatamente pelo delegado de polícia competente, na presença do Ministério Público e da autoridade sanitária.

Prazo do Inquérito Policial {art. 51}

Art. 51. O inquérito policial será concluído no prazo de 30 (trinta) dias, se o indiciado estiver preso, e de 90 (noventa) dias, quando solto.

Jurisprudência complementar (STJ)

(...). Tráfico de drogas e associação para o tráfico. Excesso de prazo para o oferecimento da denúncia. Caracterização. Manifesto constrangimento ilegal. Ordem concedida. 1. É entendimento consolidado nos tribunais que os prazos indicados na legislação processual penal para a conclusão dos atos processuais não são peremptórios, de maneira que eventual demora no término da instrução criminal deve ser aferida dentro dos critérios da razoabilidade, levando-se em conta as peculiaridades do caso concreto. 2. No caso vertente, evidenciou-se a irrazoabilidade do excesso de prazo para o oferecimento da denúncia – apresentada tão somente transcorridos 8 meses depois da decretação da prisão cautelar – após o julgamento, pelo Tribunal a quo, do conflito negativo de competência, não havendo a defesa contribuído, de nenhum modo, para o retardamento do início do processo. 3. "Habeas corpus" concedido, para, confirmada a liminar, relaxar a prisão cautelar dos pacientes Jocerly Bernardino de Oliveira e Juanez Bernardino de Oliveira Júnior. Ordem prejudicada em relação ao paciente Jaci Januário da Silva, uma vez que posto em liberdade. (HC 283.216, Rel. Min. Rogerio Schietti Cruz, DJ 23.2.2015)

(...). Crimes de tráfico e associação para o tráfico de drogas. Trancamento da ação penal. Ação penal instaurada contra os autores do crime presos em flagrante. Decurso dos prazos previsto nos arts 51 e 54 da Lei 11.343/06. Surgimento de provas da participação do paciente no crime. Oferecimento de outra exordial. Possibilidade. Inépcia da denúncia. Inexistência. (...). 1. O decurso dos prazos estabelecido nos arts. 51 e 54 da Lei 11.343/06 não impede o Ministério Público de promover a ação penal contra determinados investigados e, posteriormente, aditar a denúncia ou apresentar outra, quando as investigações trouxerem provas da participação de mais pessoas no crime. 2. Cotejando o tipo penal incriminador indicado pela denúncia com a conduta supostamente atribuível ao Paciente, vê-se que a acusação atende aos requisitos legais do art. 41 do Código de Processo Penal, porquanto descreve, com todos os elementos indispensáveis, a existência dos crimes em tese, sustentando o eventual envolvimento do Paciente com indícios suficientes para a deflagração da persecução penal, sendo-lhe plenamente garantido o livre exercício do contraditório e da ampla defesa. (...). (HC 115.608, Rel. Min. Laurita Vaz, DJ 28.6.2010)

Questões de concursos

975. **(Funiversa/PC/DF/Delegado/2015)** A respeito do tráfico ilícito de drogas e do uso indevido de substância entorpecente, assinale a alternativa correta à luz da lei que rege a matéria.

    a) A lavratura do auto de prisão em flagrante do autor de crime de tráfico e o estabelecimento da materialidade do delito prescindem de laudo de constatação da natureza e da quantidade da droga.

    b) É cabível a prisão em flagrante do usuário de substância entorpecente, havendo, ou não, concurso de crime com o delito de tráfico ilícito de entorpecentes.

    c) É vedado à autoridade policial, ao encerrar inquérito relativo a crime de tráfico, indicar a quantidade e a natureza da substância ou do produto apreendido.

    d) O inquérito policial relativo ao crime de tráfico de substância entorpecente será concluído no prazo de trinta dias se o indiciado estiver preso e, no de noventa dias, se estiver solto.

    e) A destruição das drogas apreendidas somente poderá ser executada pelo juiz de direito ou pela pessoa indicada pelo respectivo tribunal, vedando-se tal conduta ao delegado de polícia.

Duplicação dos Prazos {art. 51, p. ú.}

> Parágrafo único. Os prazos a que se refere este artigo podem ser duplicados pelo juiz, ouvido o Ministério Público, mediante pedido justificado da autoridade de polícia judiciária.

Relatório de Delegado de Polícia {art. 52}

> **Art. 52**. Findos os prazos a que se refere o art. 51 desta Lei, a autoridade de polícia judiciária, remetendo os autos do inquérito ao juízo:
>
> I – relatará sumariamente as circunstâncias do fato, justificando as razões que a levaram à classificação do delito, indicando a quantidade e natureza da substância ou do produto apreendido, o local e as condições em que se desenvolveu a ação criminosa, as circunstâncias da prisão, a conduta, a qualificação e os antecedentes do agente; ou
>
> II – requererá sua devolução para a realização de diligências necessárias.

Jurisprudência complementar (STJ)

(...). Narcotraficância. Prisão em flagrante em 16.12.08. Alegação de inobservância do art. 52 da Lei 11.343/06. Sentença condenatória proferida antes da juntada do laudo pericial definitivo. Inexistência de nulidade. Materialidade demonstrada por outros meios probatórios, inclusive laudo preliminar não contestado. Ausência de prejuízo. Laudo definitivo que identifica como cocaína a substância apreendida. Parecer do mpf pela denegação do "writ". (...). 1. A inobservância do disposto no art. 52 da Lei 11.343/06 não determina a anulação do processo, necessariamente, sob o fundamento de que a sentença condenatória fora proferida antes da juntada aos autos do Laudo Pericial Definitivo, uma vez comprovada a materialidade do delito por outros meios probatórios, inclusive laudo preliminar não contestado pela defesa, cujo conteúdo veio a ser inclusive confirmado pela perícia oficial. 2. Não havendo demonstração do prejuízo experimentado pela defesa, ainda que de forma precária, afasta-se a possibilidade de declaração de nulidade do processo. (...). (HC 136.479, Rel. Min. Napoleão Nunes Maia Filho, DJ 30.11.2009)

Remessa dos Autos {art. 52, p. ú.}

> Parágrafo único. A remessa dos autos far-se-á sem prejuízo de diligências complementares:
>
> I – necessárias ou úteis à plena elucidação do fato, cujo resultado deverá ser encaminhado ao juízo competente até 3 (três) dias antes da audiência de instrução e julgamento;
>
> II – necessárias ou úteis à indicação dos bens, direitos e valores de que seja titular o agente, ou que figurem em seu nome, cujo resultado deverá ser encaminhado ao juízo competente até 3 (três) dias antes da audiência de instrução e julgamento.

Questões de concursos

976. **(FCC/DPE/CE/Defensor/2014)** Em relação ao procedimento previsto na Lei n. 11.343/2006 (lei de drogas), é correto afirmar que

    a) oferecida a denúncia, o juiz ordenará a notificação do acusado para oferecer defesa prévia, por escrito, no prazo de 15 (quinze) dias.

    b) relatado o inquérito policial, é possível a realização de diligências complementares, necessárias ou úteis à plena elucidação do fato, cujo resultado deverá ser encaminhado ao juízo competente até 3 (três) dias antes da audiência de instrução e julgamento.

    c) o perito que subscrever o laudo provisório de constatação da natureza e quantidade da droga ficará impedido de participar da elaboração do laudo definitivo.

    d) para efeito da lavratura do auto de prisão em flagrante e estabelecimento da materialidade do delito, é necessário o laudo de constatação da natureza e quantidade da droga, firmado por dois peritos oficiais.

    e) é permitida, mediante autorização do Ministério Público, a infiltração por agentes de polícia, em tarefas de investigação, constituída pelos órgãos especializados pertinentes.

Meios de Prova {art. 53}

> **Art. 53.** Em qualquer fase da persecução criminal relativa aos crimes previstos nesta Lei, são permitidos, além dos previstos em lei, mediante autorização judicial e ouvido o Ministério Público, os seguintes procedimentos investigatórios:

I – a infiltração por agentes de polícia, em tarefas de investigação, constituída pelos órgãos especializados pertinentes;

II – a não-atuação policial sobre os portadores de drogas, seus precursores químicos ou outros produtos utilizados em sua produção, que se encontrem no território brasileiro, com a finalidade de identificar e responsabilizar maior número de integrantes de operações de tráfico e distribuição, sem prejuízo da ação penal cabível.

Informativos (STJ)

Hipótese de inocorrência de ação controlada.

A investigação policial que tem como única finalidade obter informações mais concretas acerca de conduta e de paradeiro de determinado traficante, sem pretensão de identificar outros suspeitos, não configura a ação controlada do art. 53, II, da Lei 11.343/06, sendo dispensável a autorização judicial para a sua realização. RHC 60.251, Rel. Min. Sebastião Reis Júnior, DJ 9.10.15. 6ª T. (Info 570)

Jurisprudência complementar (STJ)

(...). Tráfico de drogas. Nulidade da ação penal. Flagrante postergado. Inobservância do artigo 53, inciso II, da Lei de drogas. Não ocorrência. Prévia expedição de mandado de prisão e de busca e apreensão. Prorrogação do prazo de validade a pedido da autoridade policial. Efetiva supervisão judicial. Mácula não caracterizada. 1. A postergação do cumprimento dos mandados de prisão preventiva e busca e apreensão expedidos em detrimento do paciente não importa em violação ao disposto no artigo 53, inciso II, da Lei 11.343/06, tendo em vista que a diligência se mostrou inoportuna na data inicialmente estabelecida no bojo da investigação, sendo certo que a prorrogação do ato foi formalmente requerida e deferida pela autoridade judicial competente. (...). (HC 297.450, Rel. Min. Jorge Mussi, DJ 29.10.2014)

■ Flagrante Esperado {art. 53, p. ú.}

Parágrafo único. Na hipótese do inciso II deste artigo, a autorização será concedida desde que sejam conhecidos o itinerário provável e a identificação dos agentes do delito ou de colaboradores.

Seção II – Da Instrução Criminal

■ Denúncia {art. 54}

Art. 54. Recebidos em juízo os autos do inquérito policial, de Comissão Parlamentar de Inquérito ou peças de informação, dar-se-á vista ao Ministério Público para, no prazo de 10 (dez) dias, adotar uma das seguintes providências:

I – requerer o arquivamento;

II – requisitar as diligências que entender necessárias;

III – oferecer denúncia, arrolar até 5 (cinco) testemunhas e requerer as demais provas que entender pertinentes.

Informativos (STF)

Tráfico de drogas: interrogatório do réu e princípio da especialidade

O rito previsto no art. 400 do CPP – com a redação conferida pela Lei 11.719/08. não se aplica à Lei de Drogas, de modo que o interrogatório do réu processado com base na Lei 11.343/06 deve observar o procedimento nela descrito (artigos 54 a 59). HC 121953, Rel. Min. Ricardo Lewandowski, 10.6.14. 2ª T. (Info 750)

Jurisprudência complementar (STF)

(...). Paciente condenado pelo delito de tráfico de drogas sob a égide da Lei 11.343/2006. Pedido de novo interrogatório ao final da instrução processual. Art. 400 do CPP. Impossibilidade. Princípio da especialidade. Ausência de demonstração do prejuízo. Causa de diminuição de pena prevista no art. 33, § 4º, da Lei 11.343/06. Preenchimento dos pressupostos. Questão que demanda revolvimento de elementos fático-probatórios. Impossibilidade. (...). I. Se o paciente foi processado pela prática do delito de tráfico ilícito de drogas, sob a égide da Lei 11.343/2006, o procedimento a ser adotado é o especial, estabelecido nos arts. 54 a 59 do referido diploma legal. II. O art. 57 da Lei de Drogas dispõe que o interrogatório ocorrerá em momento anterior à oitiva das testemunhas, diferentemente do que prevê o art. 400 do Código de Processo Penal. III. Este Tribunal assentou o entendimento de que a demonstração de prejuízo, "a teor do art. 563 do CPP, é essencial à alegação de nulidade, seja ela relativa ou absoluta, eis que (...) o âmbito normativo do dogma fundamental da disciplina das nulidades pas de nullité sans grief compreende as nulidades absolutas" (HC 85.155, Rel. Min. Ellen Gracie). IV. No tocante à incidência da causa de diminuição de pena prevista no art. 33, § 4º, da Lei 11.343/06, as instâncias anteriores entenderam de modo diverso quanto ao preenchimento dos requisitos exigidos no referido diploma legal, de modo que a questão posta não é passível de ser decidida em sede de "habeas corpus", por demandar o revolvimento de elementos fático-probatórios. V. (...). (HC 122229, Rel. Min. Ricardo Lewandowski, 2ª T., DJ 30.5.2014)

(...). Lei 11.343/06. Defesa preliminar apresentada. Decisão pelo recebimento da denúncia. Fundamentação. (...). 1. O exame da inicial acusatória é balizado pelos arts. 41 e 395 do Código de Processo Penal. No art. 41, a lei adjetiva penal indica um necessário conteúdo positivo para a denúncia. É dizer: ela, denúncia, deve conter a exposição do fato normativamente descrito como criminoso (em tese, portanto); as respectivas circunstâncias, de par com a qualificação do acusado; a classificação do crime e o rol de testemunhas (quando necessário). Aporte factual, esse, que viabiliza a plena defesa do acusado, incorporante da garantia processual do contraditório. Já no art. 395, o mesmo diploma processual impõe à peça acusatória um conteúdo negativo. Se, pelo art. 41, há uma obrigação de fazer por parte do Ministério Público, pelo art. 395, há uma obrigação de não fazer; ou seja, a peça de acusação não pode incorrer nas impropriedades que o art. 395 assim enumera: inépcia, falta de pressuposto processual ou de condição de ação e falta de justa causa para a ação penal. 2. Na concreta situação dos autos, a defesa, na fase instaurada por força do art. 54 da Lei 11.343/06, postulou a rejeição da denúncia, aduzindo a falta de indícios de materialidade delitiva. O Juízo, a seu turno, ao receber a inicial acusatória, ressaltou exatamente o oposto: a presença de indícios robustos tanto de autoria quanto de materialidade delitiva. Pelo que não é de se ter como carecedora de fundamento a decisão adversada. 3. Ordem indeferida. (HC 100908, Rel. Min. Carlos Britto, 1ª T., Public)

Jurisprudência complementar (STJ)

(...). Crimes de tráfico e associação para o tráfico de drogas. Trancamento da ação penal. Ação penal instaurada contra os autores do crime presos em flagrante. Decurso dos prazos previsto nos arts 51 e 54 da Lei 11.343/06. Surgimento de provas da participação do paciente no crime. Oferecimento de outra exordial. Possibilidade. Inépcia da denúncia. Inexistência. (...). 1. O decurso dos prazos estabelecido nos arts. 51 e 54 da Lei 11.343/06 não impede o Ministério Público de promover a ação penal contra determinados investigados e, posteriormente, aditar a denúncia ou apresentar outra, quando as investigações trouxerem provas da participação de mais pessoas no crime. 2. Cotejando o tipo penal incriminador indicado pela denúncia com a conduta supostamente atribuível ao Paciente, vê-se que a acusação atende aos requisitos legais do art. 41 do Código de Processo Penal, porquanto descreve, com todos os elementos indispensáveis, a existência dos crimes em tese, sustentando o eventual envolvimento do Paciente com indícios suficientes para a deflagração da persecução penal, sendo-lhe plenamente garantido o livre exercício do contraditório e da ampla defesa. (...). (HC 115.608, Rel. Min. Laurita Vaz, DJ 28.6.2010)

■ Procedimento Especial {art. 55}

Art. 55. Oferecida a denúncia, o juiz ordenará a notificação do acusado para oferecer defesa prévia, por escrito, no prazo de 10 (dez) dias.

Jurisprudência complementar (STF)

(...). Tráfico de entorpecentes. Alegação de nulidade advinda da intimação do paciente, com 15 (quinze) dias de antecedência, em lugar da citação, para a audiência de instrução e julgamento. Exercício da ampla defesa. Princípio da instrumentalidade das formas. Ausência de prejuízo. (...). 1. O processo penal rege-se pelo princípio da instrumentalidade das formas, do qual se extrai que as formas, ritos e procedimentos não encerram fins em si mesmos, mas meios de se garantir um processo justo e equânime, que confira efetividade aos postulados constitucionais da ampla defesa, do contraditório e do devido processo legal. 2. É cediço na Corte que: a) o princípio que vige no processo penal é o de que a nulidade de um ato processual somente deve ser declarada quando há a efetiva demonstração de prejuízo, nos termos do que dispõe o art. 563 do CPP, verbis: Nenhum ato será declarado nulo, se da nulidade não resultar prejuízo para a acusação ou para a defesa; b) o enunciado da Súmula 523 do Supremo Tribunal Federal é nesse mesmo sentido, verbis: No processo penal, a falta de defesa constitui nulidade absoluta, mas a sua deficiência só o anulará se houver prova de prejuízo para o réu; c) precedentes: HC 93.868, Rel. Min. Cármen Lúcia, 1ª T., Julgamento em 28.10.2008; HC 98.403, Rel. Min. Ayres Britto, 2ª T., Julgamento em 24/8/2010, HC 94.817, Rel. Min. Gilmar Mendes, 2ª T., Julgamento em 3/8/2010. 3. "in casu", o paciente foi preso em flagrante por tráfico de entorpecentes, apresentou defesa prévia e foi intimado, e não citado, como deveria, com 15 (quinze) dias de antecedência para a audiência de instrução e julgamento. 4. Na hipótese vertente, o acolhimento da alegação de nulidade em razão da ausência de citação pessoal traduz apego desmedido à forma, consoante observado pelo órgão do Parquet federal oficiante no STJ, verbis: Só mesmo um apego exagerado às formas legais (num verdadeiro fetichismo das formas) é que poderia conduzir à nulidade da ação penal em apreço, razão pela qual entendemos que a ordem deve ser denegada." Isto porque, repita-se, o paciente foi preso em flagrante, apresentou defesa prévia e foi intimado com 15 (quinze) dias de antecedência para a audiência de instrução e julgamento, restando incontroverso que tinha plena ciência da acusação que lhe pesava, circunstâncias que autorizam a conclusão, por ora, de que lhe foi garantido o exercício da ampla defesa. (...). (HC 111472, Rel. Min. Luiz Fux, 1ª T., DJ 14.8.2013)

(...). Crime de tráfico de entorpecentes. Defesa prévia. Não localização do réu. Notificação da Defensoria Pública. Observância do rito procedimental do art. 55 da Lei 11.343/06. Constrangimento ilegal não caracterizado. (...). 1. Descabe o argumento relativo à nulidade do processo em virtude da determinação de intimação da Defensoria Pública para fins de apresentação de defesa preliminar ao réu, que se encontrava em local incerto e não sabido, máxime quando veio a ser posteriormente preso, citado e intimado dos atos processuais, tendo constituído defensor e, em seguida, postulado a nomeação da Defensoria Pública da União para sua assistência. 2. Como é cediço, o princípio do pas de nullité sans grief requer a demonstração de prejuízo concreto à parte que suscita o vício, independentemente da sanção prevista para o ato, pois não se declara nulidade por mera presunção. (...). (RHC 99779, Rel. Min. Dias Toffoli, 1ª T., DJ 13.9.2011)

(...). Direito ao contraditório prévio (Lei 10.409/2002, art. 38). Revogação desse diploma legislativo. Irrelevância. Exigência mantida na novíssima Lei de Tóxicos (Lei 11.343/2006, art. 55). Inobservância dessa fase ritual pelo juízo processante. Nulidade processual absoluta. Ofensa ao postulado Constitucional do "due process of law". Pedido deferido, em parte. A inobservância do rito procedimental previsto na (revogada) Lei 10.409/2002 configurava típica hipótese de nulidade processual absoluta, sendo-lhe ínsita a própria idéia de prejuízo, eis que o não cumprimento do que determinava, então, o art. 38 do diploma legislativo em causa comprometia o concreto exercício, pelo denunciado, da garantia constitucional da plenitude de defesa. (...). Subsistência, na novíssima Lei de Tóxicos (Lei 11.343/2006, art. 55), dessa mesma fase ritual de contraditório prévio, com iguais consequências jurídicas, no plano das nulidades processuais, se descumprida pelo magistrado processante. A exigência de fiel observância, por parte do Estado, das formas processuais estabelecidas em lei, notadamente quando instituídas em favor do acusado, representa, no âmbito das persecuções penais, inestimável garantia de liberdade, pois o processo penal configura expressivo instrumento constitucional de salvaguarda dos direitos e garantias assegurados ao réu. (...). (HC 101474, Rel. Min. Celso de Mello, 2ª T., DJ 10.11.2010)

Jurisprudência complementar (STJ)

(...). Tráfico de drogas. Rito especial. Inobservância. Nulidade. Não ocorrência. Prejuízo não demonstrado. Manifesto constrangimento ilegal não evidenciado. (...). 1. Para a declaração de nulidade de determinado ato processual, deve haver a demonstração de eventual prejuízo concreto suportado pela parte, não sendo suficiente a mera alegação da ausência de alguma formalidade, mormente quando se alcança a finalidade que lhe é intrínseca, consoante o disposto no art. 563 do Código de Processo Penal. 2. Embora seja certo que o princípio do devido processo legal compreenda também a observância ao procedimento previsto em lei, não se admitindo a inversão da ordem processual ou a substituição de um rito por outro, este Superior Tribunal firmou o entendimento de que a inobservância ao rito previsto no art. 55 da Lei 11.343/2006, que determina o recebimento da denúncia após a apresentação da defesa preliminar, constitui nulidade relativa, de modo que somente enseja o reconhecimento da nulidade do processo se demonstrados, concretamente, eventuais prejuízos suportados pela defesa, o que não ocorreu. 3. Em momento nenhum, os acusados estiveram privados da oportunidade de arrolar testemunhas, especificar as provas que seriam produzidas, apresentar documentos, requerer diligências ou desempenhar outros atos relativos ao exercício da ampla defesa, o que reforça a impossibilidade de reconhecimento da aventada nulidade do processo. (...). (HC 132.869, Rel. Min. Rogerio Schietti Cruz, DJ 26.6.2015)

■ Procedimento Especial {art. 55, § 1º}

> § 1º Na resposta, consistente em defesa preliminar e exceções, o acusado poderá arguir preliminares e invocar todas as razões de defesa, oferecer documentos e justificações, especificar as provas que pretende produzir e, até o número de 5 (cinco), arrolar testemunhas.

Informativos (STJ)

Interrogatório na Lei de Drogas.

No julgamento dos crimes previstos na Lei 11.343/06, é legítimo que o interrogatório do réu seja realizado antes da oitiva das testemunhas. HC 245.752, Rel. Min. Sebastião Reis Júnior, 20.2.14. 6ª T. (Info 535)

■ Exceções {art. 55, § 2º}

§ 2º As exceções serão processadas em apartado, nos termos dos arts. 95 a 113 do Decreto-Lei n. 3.689, de 3 de outubro de 1941 – Código de Processo Penal.

■ Defensor Dativo {art. 55, § 3º}

§ 3º Se a resposta não for apresentada no prazo, o juiz nomeará defensor para oferecê-la em 10 (dez) dias, concedendo-lhe vista dos autos no ato de nomeação.

■ Procedimento Especial {art. 55, § 4º}

§ 4º Apresentada a defesa, o juiz decidirá em 5 (cinco) dias.

Jurisprudência complementar (STJ)

(...). Drogas. Excesso de prazo na formação da culpa. Não ocorrência. Informações da autoridade coatora. Feito em regular andamento. 1. O excesso de prazo foi afastado na origem porque a demora na tramitação foi provocada pela própria defesa, que, além de ter postulado exame pericial no acusado, não teria respeitado os prazos para a apresentação de defesa prévia, sendo necessárias a imposição de multa ao advogado e a nomeação de novo defensor. Destaca-se a complexidade da ação penal, que demandou a expedição de diversas cartas precatórias, a justificar uma maior demora na instrução. 2. Processo em regular tramitação, dentro do prazo de razoabilidade, pois foram tomadas pelo Juízo a quo as providências cabíveis, não havendo desídia. Peculiaridades do caso concreto que afastam o alegado excesso de prazo. (...). (HC 317.093, Rel. Min. Sebastião Reis Júnior, DJ 28.5.2015)

■ Apresentação do Preso {art. 55, § 5º}

§ 5º Se entender imprescindível, o juiz, no prazo máximo de 10 (dez) dias, determinará a apresentação do preso, realização de diligências, exames e perícias.

Jurisprudência complementar (STJ)

(...). Nulidade por ausência do exame de dependência toxicológica. Não ocorrência. Violação ao art. 212 do Código de Processo Penal. Inquirição das testemunhas diretamente pelo juízo processante. Nulidade relativa. Não arguição em audiência de instrução. Preclusão. Ausência de demonstração de prejuízo. Inteligência do art. 563 do Código de Processo Penal. Prisão cautelar. Superveniência do trânsito em julgado da sentença condenatória. Perda do interesse processual. Ordem parcialmente prejudicada e, no mais, denegada. 1. O exame de dependência toxicológica do Réu somente será indispensável se existir dúvida razoável quanto à sua integridade mental, o que não se verificou no caso dos autos. 2. A inquirição das testemunhas pelo Juiz antes que seja oportunizada às partes a formulação das perguntas, com a inversão da ordem prevista no art. 212 do Código de Processo Penal, constitui nulidade relativa. Assim, sem a demonstração do prejuízo, nos termos exigidos pelo art. 563 do mesmo Estatuto, não se procede à anulação do ato. 3. O pleito de concessão do direito de responder ao processo em liberdade está prejudicado, ante a superveniência do trânsito em julgado da sentença penal condenatória. (...). (HC 150.663, Rel. Min. Laurita Vaz, DJ 19.12.2011)

■ Procedimento Especial {art. 56}

> **Art. 56**. Recebida a denúncia, o juiz designará dia e hora para a audiência de instrução e julgamento, ordenará a citação pessoal do acusado, a intimação do Ministério Público, do assistente, se for o caso, e requisitará os laudos periciais.

Jurisprudência complementar (STF)

(...). 2. Ausência de citação do paciente para audiência de interrogatório. Réu apenas requisitado à autoridade carcerária. 3. Vício sanado com o comparecimento do acusado em juízo. 4. Nulidade suscitada em sede de embargos de declaração opostos contra acórdão formalizado em apelação. Nulidade não configurada. (...). (RHC 106461, Rel. Min. Gilmar Mendes, 2ª T., DJ 11.9.2013)

Jurisprudência complementar (STJ)

(...). Tráfico de entorpecentes (artigo 33, caput, da Lei 11.343/2006). Juntada de laudo de exame toxicológico definitivo de ofício pelo juiz. Alegada violação ao princípio acusatório. Possibilidade de o magistrado determinar a produção de provas necessárias à formação do seu livre convencimento. Ilegalidade não caracterizada. 1. Embora o juiz seja um órgão do Estado que deve atuar com imparcialidade, acima dos interesses das partes, o certo é que o próprio ordenamento jurídico vigente permite que, na busca da verdade real, ordene a produção de provas necessárias para a formação do seu livre convencimento, sem que tal procedimento implique qualquer ilegalidade. 2. Nesse sentido é o inciso II do artigo 156 do Código de Processo Penal, que faculta ao magistrado, de ofício, "determinar, no curso da instrução, ou antes de proferir sentença, a realização de diligências para dirimir dúvida sobre ponto relevante." 3. Por sua vez, o artigo 56 da Lei 11.343/2006, prevê que o togado, ao receber a denúncia, requisite os laudos periciais referentes ao ilícito em tese praticado. 4. Assim, a determinação de juntada aos autos do laudo de exame toxicológico de ofício pelo togado singular, ao contrário do que sustentado na inicial do "writ", não caracterizou ofensa aos princípios do contraditório, da ampla defesa e do devido processo legal, pois conquanto a mencionada prova tenha sido utilizada para corroborar a tese da acusação, foi considerada indispensável pelo Juízo para analisar o mérito da causa, estando a atuação jurisdicional, no caso em apreço, em consonância com as regras constitucionais e processuais penais pertinentes. Anexação de exame pericial comprobatório da materialidade delitiva após a audiência de instrução e julgamento, ocasião em que as partes ofertaram alegações orais. Aventada impossibilidade de juntada tardia do citado laudo. Documento juntado antes da prolação de sentença. Abertura de vista às partes. Nulidade inexistente. 1. Apesar de o artigo 56 da Lei 11.343/2006 determinar que, "recebida a denúncia, o juiz designará dia e hora para audiência de instrução e julgamento, ordenará a citação pessoal do acusado, a intimação do Ministério Público, do assistente, se for o caso, e requisitará os laudos periciais", nada impede que os exames técnicos sejam incorporados ao processo após a instrução criminal, desde que se possibilite às partes sobre eles se manifestar, exatamente como ocorreu na espécie. 2. Com efeito, em que pese a materialidade delitiva do crime previsto no artigo 33 da Lei 11.343/2006 ser comprovada apenas com o laudo toxicológico definitivo, não há óbices, quer na própria Lei de Drogas, quer na legislação processual penal existente, a que a referida perícia seja juntada aos autos após o debates orais, pois as partes podem se pronunciar acerca do seu conteúdo, permitindo que o juiz analise os seus argumentos antes de proferir decisão no feito. (...). Pedido de aplicação da causa de diminuição prevista no § 4º do artigo 33 da Lei 11.343/2006 no patamar máximo, fixando-se o regime aberto para o início do cumprimento da pena, e substituindo-se a sanção privativa de liberdade por restritiva de direitos. Superveniência de decisão extinguindo a punibilidade da paciente. "Mandamus" prejudicado no ponto. 1. Os pedidos de aplicação da causa de diminuição prevista no artigo 33, § 4º, da Lei 11.343/2006 no patamar máximo, modificando-se o regime de cumprimento da pena imposta à paciente para o aberto, e substituindo-se a sanção corporal por pena restritiva de direitos, encontram-se prejudicados pois, em consulta ao sítio da Corte de origem, verificou-se que em 14.2.2012 foi extinta a punibilidade da paciente em razão do cumprimento da reprimenda a ela imposta, o que ocorreu em 14.12.2011. (...). (HC 192.410, Rel. Min. Jorge Mussi, DJ 18.9.2012)

(...). Tráfico de drogas. Réu preso. Ausência de citação pessoal. Requisição e regular comparecimento ao interrogatório. Inexistência de prejuízo. (...). 1. Não há nulidade na falta de citação pessoal do paciente, que estava preso, foi requisitado e compareceu ao interrogatório, não se demonstrando qualquer prejuízo ao acusado, notadamente se a referida irregularidade somente veio a ser alegada em sede embargos de declaração opostos após o julgamento da apelação criminal. 2. Nossa legislação processual penal consagra o princípio do pás de nullité sans grief, segundo o qual não se declara nulidade se da preterição da formalidade não resultou prejuízo para a parte, nos termos do art. 563 do Código de Processo Penal. (...). (HC 151.513, Rel. Min. Haroldo Rodrigues, DJ 4.10.2010)

■ Afastamento Cautelar do Funcionário Público {art. 56, § 1º}

> § 1º Tratando-se de condutas tipificadas como infração do disposto nos arts. 33, caput e § 1º, e 34 a 37 desta Lei, o juiz, ao receber a denúncia, poderá decretar o afastamento cautelar do denunciado de suas atividades, se for funcionário público, comunicando ao órgão respectivo.

■ Procedimento Especial {art. 56, § 2º}

> § 2º A audiência a que se refere o caput deste artigo será realizada dentro dos 30 (trinta) dias seguintes ao recebimento da denúncia, salvo se determinada a realização de avaliação para atestar dependência de drogas, quando se realizará em 90 (noventa) dias.

■ Debates Orais {art. 57}

> **Art. 57**. Na audiência de instrução e julgamento, após o interrogatório do acusado e a inquirição das testemunhas, será dada a palavra,

> sucessivamente, ao representante do Ministério Público e ao defensor do acusado, para sustentação oral, pelo prazo de 20 (vinte) minutos para cada um, prorrogável por mais 10 (dez), a critério do juiz.

Jurisprudência complementar (STF)

(...). 3. Momento do interrogatório nas ações penais relativas ao crime de tráfico ilícito de entorpecentes. Adoção do procedimento previsto na Lei de Drogas (Lei 11.343/2006) ofenderia o art. 5º, LV, da CF (ampla defesa). 4. Necessidade de rever interpretação da origem à legislação infraconstitucional. Providência vedada no âmbito do recurso extraordinário. Ofensa reflexa. 5. Rito especial da Lei 11.343/2006. O art. 57 da Lei de Drogas dispõe que o interrogatório inaugura a audiência de instrução e julgamento, ocorrendo em momento anterior à oitiva das testemunhas, diferentemente do que dispõe o artigo 400 do CPP. (...). (ARE 823822 AgR, Rel. Min. Gilmar Mendes, 2ª T., DJ 1.9.2014)

(...). Paciente processada pelo delito de associação para o tráfico sob a égide da Lei 11.343/2006. Pedido de novo interrogatório ao final da instrução processual. Art. 400 do CPP. Impossibilidade. Princípio da especialidade. Ato praticado conforme a lei vigente à época. Ausência de demonstração do prejuízo. (...). I. Se a paciente foi processada pela prática do delito de associação para o tráfico, sob a égide da Lei 11.343/2006, o procedimento a ser adotado é o especial, estabelecido nos arts. 54 a 59 do referido diploma legal. II. O art. 57 da Lei de Drogas dispõe que o interrogatório ocorrerá em momento anterior à oitiva das testemunhas, diferentemente do que prevê o art. 400 do Código de Processo Penal. III. O princípio processual do tempus regit actum impõe a aplicação da lei vigente à época em que o ato processual deve ser praticado, como ocorreu, não havendo razão jurídica para se renovar o interrogatório da ré, como último ato da instrução. IV. Este Tribunal assentou o entendimento de que a demonstração de prejuízo, "a teor do art. 563 do CPP, é essencial à alegação de nulidade, seja ela relativa ou absoluta, eis que, (...) o âmbito normativo do dogma fundamental da disciplina das nulidades pas de nullité sans grief compreende as nulidades absolutas" (HC 85.155...). V. (...). (HC 113625, Rel. Min. Ricardo Lewandowski, 2ª T., DJ 1.2.2013)

Jurisprudência complementar (STJ)

"Habeas corpus". Impetração posterior ao adequado agravo em recurso especial. Impropriedade da via eleita. Tráfico de drogas. Diversas nulidades. Ausência de ilegalidade flagrante. Não conhecimento. 1. Tratando-se de "habeas corpus" posterior ao adequado agravo em recurso especial, já julgado, inviável o seu conhecimento. Por não ter sido examinado o mérito do recurso, cabe avaliar a existência de ilegalidade flagrante. 2. Não há nulidade na busca e apreensão que se iniciou às 18 horas. E, diante do flagrante de crime permanente, o mandado seria até dispensável. (...). 3. É adequado o interrogatório realizado no início da instrução, conforme preconiza o art. 57 da Lei 11.343/06. E o magistrado afastou a alegada inconstitucionalidade de tal dispositivo, não sendo de falar em falta de fundamentação. 4. Não se constata ilegalidade na dosimetria da pena, pois o juiz indicou concretamente a existência de circunstâncias judiciais desfavoráveis (antecedentes e circunstâncias do crime) e fixou a pena acima do mínimo legal. Não se exigia que ele especificasse quanto aumentava por cada circunstância judicial. E a conduta social não foi valorada por falta de elementos, o que se afigura correto. 5. Não há falar em medida cautelar alternativa se tal tese não foi objeto do acórdão, vedada a supressão de instância. Ademais, a condenação já transitou em julgado. (...). (HC 302.461, Rel. Min. Maria Thereza de Assis Moura, DJ 15.5.2015)

(...). Tráfico de drogas. Defesa preliminar e interrogatório do réu. Inobservância do rito previsto na Lei 11.343/2006. Nulidade. Inocorrência. (...). 2. A inobservância do rito previsto na Lei 11.343/2006, pela falta de oportunidade para oferecimento de defesa preliminar, antes do recebimento da inicial acusatória (art. 55), constitui nulidade relativa que deve ser arguida oportunamente, sob pena de preclusão, com a demonstração de efetivo prejuízo à defesa (HC 238.170...). 3. Hipótese em que o vício, arguido apenas por ocasião das alegações finais e nas razões do apelo, não trouxe qualquer prejuízo, já que apresentada, após o oferecimento da denúncia, aquela peça (a defesa preliminar) sem que fosse suscitada nenhuma irregularidade. 4. Na visão do Pretório Excelso e deste Superior Tribunal, ainda que não tenha sido obedecido o aludido procedimento, a superveniência de sentença condenatória, que denota a viabilidade da ação penal, prejudica o reconhecimento da preliminar de nulidade. 5. Demonstrada a observância à ordem de inquirição dos réus e das testemunhas na audiência (art. 57 da Lei 11.343/2006), descabe falar em nulidade por desrespeito ao rito legal apenas pela inversão de juntada, por parte da serventia do Juízo, dos termos ali lavrados. (...). (HC 293.675, Rel. Min. Gurgel de Faria, DJ 23.3.2015)

(...). Crime de tráfico de drogas. Art. 33, da Lei 11.343/2006. Alegada nulidade processual. Inobservância do rito previsto no art. 400 do Código de Processo Penal. Oitiva do acusado antes das testemunhas. Rito especial previsto na Lei 11.343/2006. Prevalência da lei especial sobre o regramento geral. Ausência de flagrante ilegalidade. (...). I. A ordem dos atos processuais, para a apuração de crimes relacionados ao tráfico de drogas, observa o regramento específico estabelecido no art. 57 da Lei 11.343/2006 e não o estatuto geral do Código de Processo Penal. É legítimo o interrogatório do Réu antes da ouvida das testemunhas de acusação. (AgRg no RHC 40.647, Rel. Min. Regina Helena Costa, DJ 18.3.2014)

■ Encerramento {art. 57, p. ú.}

> Parágrafo único. Após proceder ao interrogatório, o juiz indagará das partes se restou algum fato para ser esclarecido, formulando as perguntas correspondentes se o entender pertinente e relevante.

■ Sentença {art. 58}

> **Art. 58.** Encerrados os debates, proferirá o juiz sentença de imediato, ou o fará em 10 (dez) dias, ordenando que os autos para isso lhe sejam conclusos.

■ Apelação {art. 59}

> **Art. 59.** Nos crimes previstos nos arts. 33, caput e § 1º, e 34 a 37 desta Lei, o réu não poderá apelar sem recolher-se à prisão, salvo se for primário e de bons antecedentes, assim reconhecido na sentença condenatória.

Jurisprudência complementar (STF)

(...). Prisão em flagrante por tráfico de drogas. Inexistência de prejuízo em razão da superveniência de sentença condenatória. Pretensão de concessão de liberdade provisória: inadmissibilidade. Decisão que manteve a prisão. Grande quantidade de droga apreendida e real possibilidade de fuga do paciente. Circunstâncias suficientes para a manutenção da custódia cautelar. Pedido para que o juízo de primeiro grau manifeste-se sobre a possibilidade de aplicação de medidas cautelares diversas da prisão. Matéria não suscitada no tribunal regional federal e no superior tribunal de justiça: dupla supressão de instância. 1. A superveniência de sentença condenatória não prejudica a pretensão do paciente de ver concedida a liberdade provisória para desconstituir a prisão em flagrante por tráfico de entorpecente, pois a solução dessa controvérsia tem influência direta na discussão quanto à possibilidade de apelar em liberdade. 2. Ao contrário do que se afirma na petição inicial, a custódia cautelar do Paciente foi mantida com fundamento em outros elementos concretos, que apontam a grande quantidade de droga apreendida e a real possibilidade de fuga do distrito da culpa como circunstâncias suficientes para a manutenção da prisão processual. 3. Pedido para que o juízo de primeiro grau manifeste-se sobre a possibilidade de aplicação de medidas cautelares diversas da prisão. Matéria não suscitada nas instâncias precedentes: inviabilidade do seu conhecimento por este Supremo Tribunal sob pena de dupla supressão de instância. (...). (HC 111773, Rel. Min. Cármen Lúcia, 2ª T., DJ 21.3.2013)

(...). 2. Tráfico de drogas. Necessidade de o réu recolher-se à prisão para apelar (Lei 11.343/2006, art. 59). Decisão superveniente do Superior Tribunal de Justiça que determinou o cancelamento do trânsito em julgado da sentença penal condenatória, a fim de permitir o processamento e o julgamento da apelação. Perda de objeto do "writ" nesta parte. 3. Revogação da prisão cautelar. Pleito não analisado pela Corte de Justiça. Constrangimento ilegal patente. Superação da Súmula 691. 4. Ordem parcialmente concedida para determinar ao Juízo de Direito da 2ª Vara de Delitos de Tráfico e Uso de Substâncias Entorpecentes da Comarca de Fortaleza o reexame da necessidade de o paciente recorrer preso, considerado o teor do art. 312 do CPP. (HC 104855, Rel. Min. Gilmar Mendes, 2ª T., DJ 17.10.2011)

(...). Prisão em flagrante por tráfico de drogas. 1. Inexistência de prejuízo em razão da superveniência de sentença condenatória. 2. Pretensão de concessão de liberdade provisória: fundamento cautelar autônomo e idôneo para a manutenção da prisão: necessidade de garantia da ordem pública em razão da possibilidade de reiteração delitiva e da periculosidade do paciente. 1. A superveniência de sentença condenatória não prejudica a pretensão do paciente de concessão de liberdade provisória para desconstituir a prisão em flagrante por tráfico de entorpecente, pois a solução dessa controvérsia tem influência direta na discussão quanto à possibilidade de apelar em liberdade. Tendo o paciente respondido ao processo preso em razão do flagrante e sendo correta a tese sustentada de que deveria ter sido concedida a liberdade provisória, ele, ao tempo da sentença, estaria em liberdade e, portanto, poderia, em princípio, suscitar a aplicação do art. 59 da Lei 11.343/2006 e pleitear o benefício de apelar em liberdade. (...). 2. Fundamento cautelar autônomo e idôneo para a manutenção da prisão apresentado nas instâncias antecedentes: necessidade de garantia de ordem pública, consideradas a possibilidade de reiteração delitiva e a periculosidade do Paciente. (...). (HC 108436, Rel. Min. Cármen Lúcia, 1ª T., DJ 5.9.2011)

Jurisprudência complementar (STJ)

(...). Tráfico de drogas. Paciente que respondeu preso ao processo em virtude de decisão fundamentada. Sentença condenatória. Impossibilidade de apelo em liberdade. 1. Havendo o paciente permanecido preso cautelarmente durante o processo, com amparo em decisão suficientemente fundamentada na garantia da ordem pública, e não sobrevindo algum fato posterior apto a alterar tal quadro processual, incongruente se torna conferir-lhe o direito de recorrer solto. 2. Ademais, a decisão que negou a liberdade no curso do processo esteve devidamente justificada na garantia da ordem pública, evidenciada principalmente pela quantidade de droga apreendida com o paciente que trazia consigo 14 (quatorze) unidades de maconha e também tinha em depósito e guardava 4 (quatro) tabletes da mesma erva, totalizando 1,640 Kg (um quilo seiscentos e quarenta gramas), tudo a indicar a presença de periculosidade social reveladora da necessidade da prisão. 3. "A apelação em liberdade prevista no art. 59 da Lei 11.343/2006 pressupõe a cumulação dos pressupostos da primariedade e da inexistência de antecedentes com o fato de ter o réu respondido em liberdade à ação penal, tanto pela inocorrência de prisão oriunda de flagrante delito quanto pela inexistência de decreto de prisão preventiva" (HC-AgR 94.521, Rel. Min. Ricardo Lewandowski, 1ª T., DJ de 1º/8/2008). 4. Por fim, a alegação de uso injustificado de algemas não foi debatido nas instâncias ordinárias, assim, não pode o Superior Tribunal de Justiça, na hipótese, examiná-la sob pena de incorrer em vedada supressão de instância. (...). (HC 222.721, Rel. Min. OG Fernandes, DJ 25.4.2012)

(...). Tráfico de drogas. Sentença condenatória. Negativa do direito de recorrer em liberdade. Ausência de fundamentação concreta. Paciente primário e de bons antecedentes. Constrangimento ilegal evidenciado. (...). 1. Muito embora tenha sido reconhecida a primariedade e os bons antecedentes do paciente, foi-lhe negado o direito de recorrer em liberdade sob o argumento de ter respondido preso ao processo e da gravidade abstrata do delito, sem que fosse apresentado fundamento concreto a demonstrar a imprescindibilidade da medida extrema, revelando-se, a meu ver, manifesto o constrangimento ilegal. 2. "Habeas corpus" concedido para assegurar ao paciente o direito de recorrer em liberdade, se por outro motivo não estiver preso. (HC 196.462, Rel. Min. Haroldo Rodrigues, DJ 15.6.2011)

Capítulo IV – Da Apreensão, Arrecadação e Destinação de Bens do Acusado

■ Medidas Assecuratórias {art. 60}

Art. 60. O juiz, de ofício, a requerimento do Ministério Público ou mediante representação da autoridade de polícia judiciária, ouvido o Ministério Público, havendo indícios suficientes, poderá decretar, no

> curso do inquérito ou da ação penal, a apreensão e outras medidas assecuratórias relacionadas aos bens móveis e imóveis ou valores consistentes em produtos dos crimes previstos nesta Lei, ou que constituam proveito auferido com sua prática, procedendo-se na forma dos arts. 125 a 144 do Decreto-Lei n. 3.689, de 3 de outubro de 1941 – Código de Processo Penal.

Jurisprudência complementar (STJ)

(...). Tráfico de drogas. Causa de diminuição. Art. 41 da Lei 11.343/2006. Devolução de automóvel apreendido. Art. 60 da Lei 11.343/2006. Reexame de matéria fático-probatória. Súmula 7/STJ. Análise. Dispositivos constitucionais. Via inadequada. 1. A pretensão do agravante não é a revaloração das provas, mas sim a análise do seu conteúdo, sendo correta a aplicação da Súmula 7/STJ. 2. Valorar juridicamente a prova é aferir se, diante da legislação pertinente, um determinado meio probatório é apto para provar algum fato, ato, negócio ou relação jurídica. 3. No caso concreto, não se debate se determinado tipo de prova pode ser juridicamente utilizado como meio probatório para dar suporte a uma condenação criminal. O que se pretende é que esta Corte verifique se o conteúdo do conjunto probatório autorizaria a aplicação da causa de diminuição do art. 41 da Lei 11.343/2006, bem como o cabimento da incidência art. 60 do mesmo diploma legal. Isso não é valoração jurídica da prova, mas reexame do acervo de provas, vedado pela Súmula 7/STJ. 4. Em recurso especial, é descabida a análise da alegação de ofensa a dispositivo da Constituição da República, ainda que para fins de prequestionamento. (...). (AgRg no REsp 1350782, Rel. Min. Sebastião Reis Júnior, DJ 20.8.2015)

■ Comprovação da Origem Lícita {art. 60, § 1º}

> § 1º Decretadas quaisquer das medidas previstas neste artigo, o juiz facultará ao acusado que, no prazo de 5 (cinco) dias, apresente ou requeira a produção de provas acerca da origem lícita do produto, bem ou valor objeto da decisão.

Decisão Judicial {art. 60, § 2º}

> § 2º Provada a origem lícita do produto, bem ou valor, o juiz decidirá pela sua liberação.

Jurisprudência complementar (STJ)

(...). Art. 60, § 2º, da Lei 11.363/06. Restituição de bem. Prova da origem lícita do bem. Necessidade de dilação probatória. Súmula 7/STJ. No presente caso, para apreciar a tese de que há nos autos prova suficiente da origem lícita do bem e as condições pessoais favoráveis do recorrente possibilitam a restituição do veículo apreendido seria necessário o exame do conteúdo fático-probatório dos autos, o que é inviável em razão da incidência da Súmula 7 desta Corte. (...). (REsp 1.000.149, Rel. Min. Felix fischer, DJ 3.11.2008)

Comparecimento Pessoal {art. 60, § 3º}

> § 3º Nenhum pedido de restituição será conhecido sem o comparecimento pessoal do acusado, podendo o juiz determinar a prática de atos necessários à conservação de bens, direitos ou valores.

Suspensão {art. 60, § 4º}

> § 4º A ordem de apreensão ou sequestro de bens, direitos ou valores poderá ser suspensa pelo juiz, ouvido o Ministério Público, quando a sua execução imediata possa comprometer as investigações.

Utilização dos Bens Apreendidos na Repressão às Drogas {art. 61}

> **Art. 61.** Não havendo prejuízo para a produção da prova dos fatos e comprovado o interesse público ou social, ressalvado o disposto no art. 62 desta Lei, mediante autorização do juízo competente, ouvido o

> Ministério Público e cientificada a Senad, os bens apreendidos poderão ser utilizados pelos órgãos ou pelas entidades que atuam na prevenção do uso indevido, na atenção e reinserção social de usuários e dependentes de drogas e na repressão à produção não autorizada e ao tráfico ilícito de drogas, exclusivamente no interesse dessas atividades.

Informativos (STJ)

Utilização por órgão público de bem apreendido.

É possível a aplicação analógica dos arts. 61 e 62 da Lei 11.343/06 para admitir a utilização pelos órgãos públicos de aeronave apreendida no curso da persecução penal de crime não previsto na Lei de Drogas, sobretudo se presente o interesse público de evitar a deterioração do bem. REsp 1.420.960, Rel. Min. Sebastião Reis Júnior, DJ 2.3.15. 6ª T. (Info 556)

Jurisprudência complementar (STJ)

(...). Inexistência. Nomeação como depositário do bem apreendido. Deficiência de fundamentação. Súmula 284/STF. Origem lícita dos bens. Impossibilidade de reexame de matéria fático-probatória. Súmula 7/STJ. Utilização, por órgão público, de bem apreendido. Possibilidade. Analogia. (...). 2. O conteúdo do dispositivo tido como violado (art. 139 do CPP) não guarda pertinência com a pretensão manifestada – nomeação do recorrente como depositário do bem apreendido. Assim, tem aplicação a Súmula 284/STF, em razão da falta de delimitação da controvérsia, decorrente da não indicação de artigo de lei federal cuja interpretação seja capaz de modificar a conclusão do julgado. Ademais, o Tribunal de origem manteve o entendimento manifestado pelo Juízo de primeiro grau no sentido de que o recorrente realmente pode ser nomeado depositário do imóvel e do veículo apreendidos, mas não da aeronave, por não se encontrar presente a boa fé, sobretudo porque o bem servia de eficiente e ágil meio de transporte aos integrantes da quadrilha. E tal conclusão não deve ser alterada, pois, havendo motivo justo, como o é aquele apresentado pelas instâncias ordinárias, é possível a recusa da nomeação do réu como depositário. (...). 3. Uma vez que a Corte de origem afirmou não ter o recorrente se desincumbido do ônus de comprovar cabalmente as origens lícitas dos bens, resulta claro que a modificação do entendimento, para fins de deferimento do pedido de restituição, demanda reexame do contexto fático-probatório, o que é vedado em sede de recurso especial (Súmula 7/STJ). (...). 4. Observada, de um lado, a inexistência, no Código de Processo Penal, de norma condizente à utilização de bens apreendidos por órgãos públicos e verificada, de outro lado, a existência, no ordenamento jurídico, de norma neste sentido – art. 61 da Lei 11.343/2006 –, é possível o preenchimento da lacuna por meio da analogia, sobretudo se presente o interesse público em evitar a deterioração do bem. Ademais, a existência, no projeto do novo Código de Processo Penal (PL n. 8.045/2010), de seção específica a tratar do tema, sob o título "Da utilização dos bens por órgãos públicos", demonstra a efetiva ocorrência de lacuna no Código atualmente em vigor, bem como a clara intenção de supri-la. (...). (REsp 1420960, Rel. Min. Sebastião Reis Júnior, DJ 2.3.2015)

■ Veículos {art. 61, p. ú.}

> Parágrafo único. Recaindo a autorização sobre veículos, embarcações ou aeronaves, o juiz ordenará à autoridade de trânsito ou ao equivalente órgão de registro e controle a expedição de certificado provisório de registro e licenciamento, em favor da instituição à qual tenha deferido o uso, ficando esta livre do pagamento de multas, encargos e tributos anteriores, até o trânsito em julgado da decisão que decretar o seu perdimento em favor da União.

■ Custódia dos Bens {art. 62}

> Art. 62. Os veículos, embarcações, aeronaves e quaisquer outros meios de transporte, os maquinários, utensílios, instrumentos e objetos de qualquer natureza, utilizados para a prática dos crimes definidos nesta Lei, após a sua regular apreensão, ficarão sob custódia da autoridade de polícia judiciária, excetuadas as armas, que serão recolhidas na forma de legislação específica.

Jurisprudência complementar (STJ)

(...). Tráfico de entorpecentes. Perdimento de bens. Demonstração da utilização habitual ou da preparação específica dos bens para a prática da atividade ilícita. Necessidade. (...). 2. A tese sustentada pelo agravante não é inédita nesta Corte

Superior, que firmou o entendimento de que o perdimento de bens utilizados para tráfico ilícito de entorpecentes, depende da demonstração de que tal bem seja utilizado habitualmente, ou que seja preparado, para a prática da atividade ilícita. 3. Tendo o Tribunal de origem consignado, expressamente, que "não restando demonstrado, "in casu", que o veículo e os celulares apreendidos foram adquiridos com o produto do tráfico de drogas, tampouco que se destinavam precipuamente, para atividade ilícita", impossível autorizar a ordem de confisco, com fulcro na simples circunstância de apreensão das drogas no veículo, desacompanhada de qualquer outro elemento de convicção quanto a sua origem ou destinação. (...). (AgRg no AREsp 175.758, Rel. Min. Marco Aurélio Bellizze, DJ 14.11.2012)

■ Interesse Público {art. 62, § 1º}

> § 1º Comprovado o interesse público na utilização de qualquer dos bens mencionados neste artigo, a autoridade de polícia judiciária poderá deles fazer uso, sob sua responsabilidade e com o objetivo de sua conservação, mediante autorização judicial, ouvido o Ministério Público.

■ Intimação do Ministério Público {art. 62, § 2º}

> § 2º Feita a apreensão a que se refere o caput deste artigo, e tendo recaído sobre dinheiro ou cheques emitidos como ordem de pagamento, a autoridade de polícia judiciária que presidir o inquérito deverá, de imediato, requerer ao juízo competente a intimação do Ministério Público.

■ Conversão Cautelar {art. 62, § 3º}

> § 3º Intimado, o Ministério Público deverá requerer ao juízo, em caráter cautelar, a conversão do numerário apreendido em moeda nacional, se for o caso, a compensação dos cheques emitidos após a instrução do inquérito, com cópias autênticas dos respectivos títulos, e o depósito das correspondentes quantias em conta judicial, juntando-se aos autos o recibo.

Alienação Cautelar dos Bens {art. 62, § 4º}

§ 4º Após a instauração da competente ação penal, o Ministério Público, mediante petição autônoma, requererá ao juízo competente que, em caráter cautelar, proceda à alienação dos bens apreendidos, excetuados aqueles que a União, por intermédio da Senad, indicar para serem colocados sob uso e custódia da autoridade de polícia judiciária, de órgãos de inteligência ou militares, envolvidos nas ações de prevenção ao uso indevido de drogas e operações de repressão à produção não autorizada e ao tráfico ilícito de drogas, exclusivamente no interesse dessas atividades.

Relação dos Bens Apreendidos {art. 62, § 5º}

§ 5º Excluídos os bens que se houver indicado para os fins previstos no § 4º deste artigo, o requerimento de alienação deverá conter a relação de todos os demais bens apreendidos, com a descrição e a especificação de cada um deles, e informações sobre quem os tem sob custódia e o local onde se encontram.

Ação Incidental {art. 62, § 6º}

§ 6º Requerida a alienação dos bens, a respectiva petição será autuada em apartado, cujos autos terão tramitação autônoma em relação aos da ação penal principal.

Conclusão {art. 62, § 7º)

§ 7º Autuado o requerimento de alienação, os autos serão conclusos ao juiz, que, verificada a presença de nexo de instrumentalidade entre o delito e os objetos utilizados para a sua prática e risco de perda de valor econômico pelo decurso do tempo, determinará a avaliação dos bens relacionados, cientificará a Senad e intimará a União, o Ministério Público e o interessado, este, se for o caso, por edital com prazo de 5 (cinco) dias.

Homologação do Valor {art. 62, § 8º}

§ 8º Feita a avaliação e dirimidas eventuais divergências sobre o respectivo laudo, o juiz, por sentença, homologará o valor atribuído aos bens e determinará sejam alienados em leilão.

Leilão {art. 62, § 9º}

§ 9º Realizado o leilão, permanecerá depositada em conta judicial a quantia apurada, até o final da ação penal respectiva, quando será transferida ao Funad, juntamente com os valores de que trata o § 3º deste artigo.

Efeito Devolutivo dos Recursos {art. 62, § 10}

§ 10. Terão apenas efeito devolutivo os recursos interpostos contra as decisões proferidas no curso do procedimento previsto neste artigo.

Veículos {art. 62, § 11}

§ 11. Quanto aos bens indicados na forma do § 4º deste artigo, recaindo a autorização sobre veículos, embarcações ou aeronaves, o juiz ordenará à autoridade de trânsito ou ao equivalente órgão de registro e controle a expedição de certificado provisório de registro e licenciamento, em favor da autoridade de polícia judiciária ou órgão aos quais tenha deferido o uso, ficando estes livres do pagamento de multas, encargos e tributos anteriores, até o trânsito em julgado da decisão que decretar o seu perdimento em favor da União.

■ Efeitos Secundários da Sentença {art. 63}

> **Art. 63.** Ao proferir a sentença de mérito, o juiz decidirá sobre o perdimento do produto, bem ou valor apreendido, sequestrado ou declarado indisponível.

Jurisprudência complementar (STJ)

(...). Tráfico ilícito de entorpecentes. Flagrante preparado. Nulidade da ação penal. Matéria não apreciada pela corte estadual. Supressão de instância. Não conhecimento. 1. A questão acerca do flagrante preparado não foi apreciada pelo Tribunal de origem, circunstância que impede qualquer manifestação deste Sodalício sobre o tópico, evitando-se, com tal medida, a ocorrência de indevida supressão de instância. Perdimento de bem. Efeito da sentença condenatória. Prática de tráfico ilícito de entorpecentes. Art. 243 da Constituição Federal e 63 da Lei 11.343/06. Restituição. Impossibilidade. Eventual absolvição. Via inadequada. Constrangimento ilegal não evidenciado. 1. O perdimento de bens em favor da União pela prática de tráfico ilícito de entorpecentes tem previsão em foro constitucional (art. 243) e decorre da sentença condenatória, conforme regulamentado no art. 63 da Lei 11.343/06. 2. "in casu", o perdimento do veículo foi decretado como efeito da condenação, não havendo falar em constrangimento ilegal. 3. A restituição do veículo só poderia decorrer de eventual absolvição, pretensão, contudo, inviável em sede de "habeas corpus", pois necessário o exame aprofundado de provas, providência que é inadmissível por meio do "habeas corpus", mormente pelo fato de que vigora no processo penal brasileiro o princípio do livre convencimento, em que o julgador pode decidir pela condenação, desde que fundamentadamente. (...). (HC 164.682, Rel. Min. Jorge Mussi, DJ 21.9.2011)

■ Reversão {art. 63, § 1º}

> § 1º Os valores apreendidos em decorrência dos crimes tipificados nesta Lei e que não forem objeto de tutela cautelar, após decretado o seu perdimento em favor da União, serão revertidos diretamente ao Funad.

SENAD {art. 63, §§ 2º a 4º}

> § 2º Compete à Senad a alienação dos bens apreendidos e não leiloados em caráter cautelar, cujo perdimento já tenha sido decretado em favor da União.
>
> § 3º A Senad poderá firmar convênios de cooperação, a fim de dar imediato cumprimento ao estabelecido no § 2º deste artigo.
>
> § 4º Transitada em julgado a sentença condenatória, o juiz do processo, de ofício ou a requerimento do Ministério Público, remeterá à Senad relação dos bens, direitos e valores declarados perdidos em favor da União, indicando, quanto aos bens, o local em que se encontram e a entidade ou o órgão em cujo poder estejam, para os fins de sua destinação nos termos da legislação vigente.

Jurisprudência complementar (STJ)

(...). Conflito de competência. Inquérito policial. Crime de apropriação indébita. Aeronave declarada perdida em favor da União. Trânsito em julgado da condenação. Bem incorporado ao patrimônio da união. Competência da Justiça Federal. 1. Consoante o disposto no art. 109, IV, da Constituição Federal, compete à Justiça Federal processar e julgar as infrações penais praticadas em detrimento de bens da União. 2. No caso, trata-se de inquérito policial em que se apura o crime de apropriação indébita de aeronave que, embora desaparecida, passou a integrar o patrimônio da União, por força de sentença penal condenatória transitada em julgada. (...). (CC 113.419, Rel. Min. Sebastião Reis Júnior, DJ 18.4.2012)

SENAD {art. 64}

> **Art. 64**. A União, por intermédio da Senad, poderá firmar convênio com os Estados, com o Distrito Federal e com organismos orientados para a prevenção do uso indevido de drogas, a atenção e a reinserção social de usuários ou dependentes e a atuação na repressão à produção não autorizada e ao tráfico ilícito de drogas, com vistas na liberação de equipamentos e de recursos por ela arrecadados, para a implantação e execução de programas relacionados à questão das drogas.

Cooperação Internacional {art. 65}

Título V – Da Cooperação Internacional

Art. 65. De conformidade com os princípios da não-intervenção em assuntos internos, da igualdade jurídica e do respeito à integridade territorial dos Estados e às leis e aos regulamentos nacionais em vigor, e observado o espírito das Convenções das Nações Unidas e outros instrumentos jurídicos internacionais relacionados à questão das drogas, de que o Brasil é parte, o governo brasileiro prestará, quando solicitado, cooperação a outros países e organismos internacionais e, quando necessário, deles solicitará a colaboração, nas áreas de:

I – intercâmbio de informações sobre legislações, experiências, projetos e programas voltados para atividades de prevenção do uso indevido, de atenção e de reinserção social de usuários e dependentes de drogas;

II – intercâmbio de inteligência policial sobre produção e tráfico de drogas e delitos conexos, em especial o tráfico de armas, a lavagem de dinheiro e o desvio de precursores químicos;

III – intercâmbio de informações policiais e judiciais sobre produtores e traficantes de drogas e seus precursores químicos.

Título VI – Disposições Finais e Transitórias

Norma Penal em Branco Heterogênea {art. 66}

Art. 66. Para fins do disposto no parágrafo único do art. 1º desta Lei, até que seja atualizada a terminologia da lista mencionada no preceito, denominam-se drogas substâncias entorpecentes, psicotrópicas, precursoras e outras sob controle especial, da Portaria SVS/MS no 344, de 12 de maio de 1998.

Jurisprudência complementar (STF)

Crime Militar. Substância entorpecente ou que determine dependência física ou psíquica. Regência especial. O tipo previsto no artigo 290 do Código Penal Militar não requer, para configuração, o porte de substância entorpecente assim declarada por portaria da Agência Nacional de Vigilância Sanitária. (RHC 98323, Rel. Min. Marco Aurélio, 1ª T., 2012 DJ 22.3.2012)

(...). Tráfico ilícito de drogas. Prescrição de substâncias elencadas na lista 'CL' da Portaria 344/1998 da Secretaria de Vigilância Sanitária do Ministério da Saúde (SVS/MS), que trata das substâncias sujeitas a controle especial. Trancamento de ação penal. Alegação de atipicidade da conduta. Medida excepcional cuja pertinência não restou demonstrada. Impossibilidade de substituição do processo de conhecimento pela via estreita do "habeas corpus". Não ocorrência de absorção do crime de tráfico pelo de exercício ilegal da medicina. (...). I. Não há falar em falta de justa causa para a persecução penal, uma vez que a mera prescrição de substâncias sujeitas ao controle do Ministério da Saúde, como se deu na espécie, permite o oferecimento de denúncia pela prática, em tese, do crime de tráfico de drogas. II. O potencial lesivo da droga ministrada pelo paciente já foi previamente aferido no momento da sua inclusão na referida portaria do Ministério da Saúde, dispensando, para fins penais, qualquer exame pericial com esse objetivo. (...). IV. As alegações de que as substâncias prescritas não são capazes de gerar dependência e de que o paciente não agiu com a intenção (dolo) de praticar o crime de tráfico ilícito de drogas extrapola os limites da via estreita do "habeas corpus", que não admite discussão aprofundada de fatos e provas, como tem consignado esta Corte por meio de remansosa jurisprudência. (...). VI. Não se exige, para a configuração do exercício ilegal da medicina, a prescrição de substância tida como droga para os fins da Lei 11.343/2006, o que afasta a alegação de absorção do crime de tráfico pelo primeiro delito citado. (...). (HC 104382, Rel. Min. Ricardo Lewandowski, 1ª T., DJ 9.11.2010)

Jurisprudência complementar (STJ)

(...). 1. Violação aos arts. 1º, parágrafo único, e 66, ambos da Lei 11.343/2006. Não ocorrência. Alegação de inexistência da sigla do princípio ativo "tetrahidrocanabinol" no laudo. Presença de elementos que comprovam a existência da cannabis sativa (maconha). (...). 1. Mesmo com a ausência, no laudo, da sigla do chamado tetrahidrocanabinol, componente da maconha capaz de causar dependência física e psíquica, as instâncias ordinárias constataram que o material analisado se tratava da espécie vegetal cannabis sativa, que possui controle especial. Sendo assim, não há se falar em atipicidade da conduta, tendo em vista que a materialidade ficou demonstrada por meios probatórios contundentes, inclusive por meio de exame de urina. (...). (AgRg no AREsp 413.139, Rel. Min. Marco Aurélio Bellizze, DJ 19.12.2013)

(...). Associação para o tráfico. Lei 11.343/06. Atipicidade da conduta. Cetamina. (1) substância que não causa dependência química. Verificação. Impossibilidade. (2) norma penal em branco. Lista de substâncias proibidas. Art. 66 da Lei

11.343/06. 1. É inviável, nos estreitos limites do "habeas corpus", definir se a cetamina causa, ou não, dependência química. 2. De acordo com art. 66 da Lei 11.343/06, ampliou-se o rol de substâncias abarcadas pela criminalidade de tóxicos, incluindo-se aquelas sob controle especial. A verificação da inserção da cetamina no referido elenco e, via de consequência, da tipicidade do comportamento, deve ser destinada ao juízo ordinário. (...). (HC 86.215, Rel. Min. Maria Thereza de Assis Moura, DJ 8.9.2008)

■ Liberação {art. 67}

> **Art. 67**. A liberação dos recursos previstos na Lei n. 7.560, de 19 de dezembro de 1986, em favor de Estados e do Distrito Federal, dependerá de sua adesão e respeito às diretrizes básicas contidas nos convênios firmados e do fornecimento de dados necessários à atualização do sistema previsto no art. 17 desta Lei, pelas respectivas polícias judiciárias.

■ Estímulos Fiscais {art. 68}

> **Art. 68**. A União, os Estados, o Distrito Federal e os Municípios poderão criar estímulos fiscais e outros, destinados às pessoas físicas e jurídicas que colaborem na prevenção do uso indevido de drogas, atenção e reinserção social de usuários e dependentes e na repressão da produção não autorizada e do tráfico ilícito de drogas.

■ Destinação {art. 69}

> **Art. 69**. No caso de falência ou liquidação extrajudicial de empresas ou estabelecimentos hospitalares, de pesquisa, de ensino, ou congêneres, assim como nos serviços de saúde que produzirem, venderem, adquirirem, consumirem, prescreverem ou fornecerem drogas ou de qualquer outro em que existam essas substâncias ou produtos, incumbe ao juízo perante o qual tramite o feito:

I – determinar, imediatamente à ciência da falência ou liquidação, sejam lacradas suas instalações;

II – ordenar à autoridade sanitária competente a urgente adoção das medidas necessárias ao recebimento e guarda, em depósito, das drogas arrecadadas;

III – dar ciência ao órgão do Ministério Público, para acompanhar o feito.

■ Destinação {art. 69, § 1º}

§ 1º Da licitação para alienação de substâncias ou produtos não proscritos referidos no inciso II do caput deste artigo, só podem participar pessoas jurídicas regularmente habilitadas na área de saúde ou de pesquisa científica que comprovem a destinação lícita a ser dada ao produto a ser arrematado.

■ Destinação {art. 69, § 2º}

§ 2º Ressalvada a hipótese de que trata o § 3º deste artigo, o produto não arrematado será, ato contínuo à hasta pública, destruído pela autoridade sanitária, na presença dos Conselhos Estaduais sobre Drogas e do Ministério Público.

■ Destinação {art. 69, § 3º}

§ 3º Figurando entre o praceado e não arrematadas especialidades farmacêuticas em condições de emprego terapêutico, ficarão elas depositadas sob a guarda do Ministério da Saúde, que as destinará à rede pública de saúde.

Competência da Justiça Federal no Ilícito Transnacional {art. 70}

> **Art. 70**. O processo e o julgamento dos crimes previstos nos arts. 33 a 37 desta Lei, se caracterizado ilícito transnacional, são da competência da Justiça Federal.

Súmulas (STF)

Súmula 522. Salvo ocorrência de tráfico para o Exterior, quando, então, a competência será da Justiça Federal, compete à Justiça dos Estados o processo e julgamento dos crimes relativos a entorpecentes.

Jurisprudência complementar (STF)

(...). Tráfico internacional de entorpecentes. Droga oriunda do exterior. Crime permanente. Competência penal da Justiça Federal definida pela internacionalidade do crime de tráfico de drogas e, ainda, pelo fato de o delito haver sido alegadamente praticado a bordo de aeronave. Atuação, no caso, de magistrado local investido de Jurisdição Federal (Lei 6.368/76, art. 27, hoje derrogado pelo art. 70 da Lei 11.343/2006). Sujeição ao controle recursal do respectivo Tribunal Regional Federal. Delegação constitucional de Jurisdição Federal a magistrado local (CF, art. 109, §§ 3º, "in fine", e 4º). Inocorrência de ofensa ao postulado constitucional do juiz natural (...). (HC 87078 AgR, Rel. Min. Celso de Mello, 2ª T., DJ 30.10.2014)

Vara Federal {art. 70, p. ú.}

> Parágrafo único. Os crimes praticados nos Municípios que não sejam sede de vara federal serão processados e julgados na vara federal da circunscrição respectiva.
>
> **Art. 71**. (Vetado).

■ Destruição {art. 72}

Art. 72. Encerrado o processo penal ou arquivado o inquérito policial, o juiz, de ofício, mediante representação do delegado de polícia ou a requerimento do Ministério Público, determinará a destruição das amostras guardadas para contraprova, certificando isso nos autos.

■ Convênios {art. 73}

Art. 73. A União poderá estabelecer convênios com os Estados e o com o Distrito Federal, visando à prevenção e repressão do tráfico ilícito e do uso indevido de drogas, e com os Municípios, com o objetivo de prevenir o uso indevido delas e de possibilitar a atenção e reinserção social de usuários e dependentes de drogas.

■ Vigência {art. 74}

Art. 74. Esta Lei entra em vigor 45 (quarenta e cinco) dias após a sua publicação.

■ Revogações {art. 75}

Art. 75. Revogam-se a Lei n. 6.368, de 21 de outubro de 1976, e a Lei n. 10.409, de 11 de janeiro de 2002.

Brasília, 23 de agosto de 2006; 185º da Independência e 118º da República.

Luiz Inácio Lula da Silva

TRÂNSITO (LEI 9.503/97)

Lei n. 9.503, de 23 de setembro de 1997.

Institui o Código de Trânsito Brasileiro.

O Presidente da República: faço saber que o Congresso Nacional decreta e eu sanciono a seguinte Lei:

(...)

Capítulo XIX – Dos Crimes de Trânsito

Seção I – Disposições Gerais

Aplicação Subsidiária do CP, do CPP e vedações à Lei 9.099/95 {art. 291}

Art. 291. Aos crimes cometidos na direção de veículos automotores, previstos neste Código, aplicam-se as normas gerais do Código Penal e do Código de Processo Penal, se este Capítulo não dispuser de modo diverso, bem como a Lei n. 9.099, de 26 de setembro de 1995, no que couber.

§ 1º Aplica-se aos crimes de trânsito de lesão corporal culposa o disposto nos arts. 74, 76 e 88 da Lei n. 9.099, de 26 de setembro de 1995, exceto se o agente estiver:

I – sob a influência de álcool ou qualquer outra substância psicoativa que determine dependência;

II – participando, em via pública, de corrida, disputa ou competição automobilística, de exibição ou demonstração de perícia em manobra de veículo automotor, não autorizada pela autoridade competente;

III – transitando em velocidade superior à máxima permitida para a via em 50 km/h (cinquenta quilômetros por hora).

§ 2º Nas hipóteses previstas no § 1º deste artigo, deverá ser instaurado inquérito policial para a investigação da infração penal.

Jurisprudência complementar (STF)

(...). Condenação. Concurso formal. Arts. 302 e 303 do Código de Trânsito Brasileiro (Lei 9.503/97). Transação penal. Inaplicabilidade. 1. Condenado o paciente, em concurso formal, pela prática dos crimes de homicídio culposo e lesões corporais culposas no trânsito, inviável a aplicação da transação penal ao caso. (...). (HC 85427, Rel. Min. Ellen Gracie, 2ª T., DJ 15.4.2005)

(...). Trânsito. Apreensão e suspensão da habilitação. Princípio da retroatividade da norma mais benéfica de natureza eminentemente penal. Aplicação subsidiária ao código de trânsito brasileiro somente no que diz respeito a condutas tipificadas enquanto crime. (...). 1. A aplicação subsidiária das normas de direito material penal se restringe "Aos crimes cometidos na direção de veículos automotores" (art. 291 do CTB), e não às infrações de trânsito. 2. No entanto, a norma constante no art. 218, III, do Código de Trânsito Brasileiro diz respeito à infração de cunho administrativo consistente na direção em velocidade superior à máxima permitida, não sendo tipificada, naquele dispositivo, enquanto crime (os quais estão dispostos nos arts. 291 e seguintes do Código de Trânsito Brasileiro. Assim, não há que se falar na aplicação retroativa do referido dispositivo. (...). (AgRg nos EDcl no REsp 1281027, Rel. Min. Mauro Campbell Marques, DJ 8.2.2013)

Jurisprudência complementar (STJ)

(...). Lesão corporal culposa na direção de veículo automotor, sob a influência de álcool. Representação. Desnecessidade. Ação penal pública incondicionada. Art. 291, § 1º, inc. I, do Código de Trânsito Brasileiro. 1. Em regra, o delito de lesão corporal culposa na direção de veículo automotor é considerado de menor potencial ofensivo, conforme dispõe o art. 291, § 1º, do Código de Trânsito Brasileiro. 2. No entanto, a aplicação da regra prevista no art. 88 da Lei 9.099/95 – necessidade de representação da vítima nos casos de lesões corporais leves e lesões culposas – é excepcionada quando ocorrerem as hipóteses elencadas nos incisos do § 1º do art. 291 do Código de Trânsito Brasileiro, dentre elas, quando o delito é cometido sob a influência de álcool. 3. "in casu", tendo a denúncia narrado que o recorrente estaria sob a influência de álcool quando da prática do fato delituoso, a ação penal será pública incondicionada, não havendo que se falar em representação da vítima. (...). (RHC 33.478, Rel. Min. Jorge Mussi, DJ 24.4.2013)

Questões de concursos

977. **(Vunesp/PC/SP/Agente_Polícia/2013)** Ao condutor de veículo, nos casos de acidentes de trânsito de que resulte vítima, não se imporá a prisão em flagrante, nem se exigirá fiança, se:

   a) tentou a todo custo evitar o acidente

   b) confessou a autoria à autoridade policial

   c) não teve a intenção de causar o acidente

   d) prestou pronto e integral socorro à vítima

   e) evadiu-se do local do acidente para descaracterizar o flagrante.

978. **(Vunesp/PC/SP/Perito/2013)** Sobre os crimes previstos no Código de Trânsito Brasileiro, é correto afirmar que:

   a) A participação do condutor em corrida, disputa ou competição automobilística não autorizada, ainda que não resulte dano potencial à incolumidade pública, configura crime de trânsito

   b) O condutor do veículo que, na ocasião do acidente, deixar de socorrer a vítima, desde que de morte instantânea, não responderá por crime de trânsito.

   c) O Código pune a prática de homicídio doloso ao volante.

   d) A direção de veículo automotor, em via pública, sem a devida Permissão para Dirigir ou Habilitação ou, ainda, se cassado o direito de dirigir, mesmo que não gere perigo de dano, configura crime de trânsito.

   e) O condutor do veículo que, na ocasião do acidente, deixar de socorrer a vítima, ainda que com ferimentos leves, responderá por omissão de socorro.

979. **(Vunesp/PC/SP/Investigador/2013)** Com relação aos crimes em espécie previstos no Código de Trânsito Brasileiro, é correto afirmar que

   a) Não será considerado crime a mera conduta de afastar-se o condutor do veículo do local do acidente, para fugir à responsabilidade civil que lhe possa ser atribuída.

   b) No homicídio culposo cometido na direção de veículo automotor, a pena é aumentada se o agente, no exercício de sua profissão ou atividade, estiver conduzindo veículo de transporte de passageiros.

   c) Será considerado crime participar, na direção de veículo automotor, em via pública, de corrida, disputa ou competição automobilística não autorizada pela autoridade competente, mesmo que não resulte dano potencial à incolumidade pública ou privada.

d) É crime conduzir veículo automotor, na via pública, estando com concentração de álcool por litro de sangue igual ou superior a 2 (dois) decigramas, ou sob a influência de qualquer outra substância psicoativa que determine dependência.

e) O juiz deixará de aplicar a pena no crime de omissão de socorro se restar provado que a omissão foi suprida por terceiros ou que se tratou de vítima com morte instantânea ou com ferimentos leves.

■ Sanção de Suspensão/Proibição de Dirigir {art. 292}

Art. 292. A suspensão ou a proibição de se obter a permissão ou a habilitação para dirigir veículo automotor pode ser imposta isolada ou cumulativamente com outras penalidades.

Jurisprudência complementar (STJ)

(...). Homicídio culposo na direção de veículo automotor (art. 302 do Código de Trânsito Brasileiro). Suspensão da habilitação pelo mesmo prazo da pena privativa de liberdade. Prazo razoável e proporcional à gravidade do fato típico e ao grau de censura merecido pelo agente. (...). A suspensão da habilitação para dirigir veículo automotor constitui uma penalidade que pode ser aplicada isolada ou, como no caso concreto, cumulada com pena privativa de liberdade (art. 292 do CTB). O prazo de duração dessa suspensão varia de 2 meses a 5 anos (art. 293 do CTB), devendo ser proporcional à gravidade do fato típico e ao grau de censura merecido pelo agente. Levando-se em consideração esses elementos, na hipótese dos autos, em que um pedestre morreu em decorrência da imprudência do paciente na direção do veículo automotor, delito de extrema gravidade, não se mostra desproporcional ou irrazoável a suspensão da habilitação por 2 anos, mesmo prazo da pena privativa de liberdade. Aliás, essa suspensão representa de forma mais considerável a finalidade preventiva da resposta estatal, resguardando a integridade física de terceiros. (...). (HC 71.366, Rel. p/ Ac. Min. Ericson Maranho, DJ 10.3.2015)

(...). Artigo 302 da Lei 9.503/97. Pena de suspensão de habilitação para dirigir veículo automotor. Artigo 293, do Código de Trânsito Brasileiro. Quantum fixado acima do mínimo legal. Ausência de fundamentação. Pena privativa de liberdade fixada no mínimo legal. I. A pena de suspensão de habilitação para dirigir veículo automotor deve guardar proporcionalidade com a pena corporal. II. "in casu", inexistindo circunstâncias desfavoráveis ao condenado, tanto é que a pena foi fixada em seu mínimo legal, deve a suspensão de habilitação para dirigir veículo automotor ser fixada, também, em seu patamar mínimo, nos moldes da pena corporal. (REsp 657.719, Rel. Min. Felix Fischer, DJ 14.2.2005)

■ Duração {art. 293}

> **Art. 293.** A penalidade de suspensão ou de proibição de se obter a permissão ou a habilitação, para dirigir veículo automotor, tem a duração de dois meses a cinco anos.
>
> § 1º Transitada em julgado a sentença condenatória, o réu será intimado a entregar à autoridade judiciária, em quarenta e oito horas, a Permissão para Dirigir ou a Carteira de Habilitação.
>
> § 2º A penalidade de suspensão ou de proibição de se obter a permissão ou a habilitação para dirigir veículo automotor não se inicia enquanto o sentenciado, por efeito de condenação penal, estiver recolhido a estabelecimento prisional.

Jurisprudência complementar (STJ)

(...). "Habeas corpus". Delitos de trânsito. Suspensão da habilitação para conduzir veículo automotor. Viabilidade da análise do tema na via eleita. Reprimenda cumulativa. Ofensa à liberdade de locomoção em seu sentido amplo. Aplicação da pena. Desproporcionalidade do quantum em relação à privativa de liberdade. Ofensa ao art. 293 do Código de Trânsito Brasileiro. Sanção redimensionada. Decisão agravada em conformidade com entendimento firmado no STJ. Mantido o "decisum" pelos próprios fundamentos. 1. Como a suspensão da habilitação de conduzir veículo automotor se trata de reprimenda aplicada cumulativamente com a privativa de liberdade, nos casos de delitos de trânsito, devido o conhecimento do "mandamus" no ponto em que sustenta a ilegalidade no montante irrogado, por guardar estreita correlação com a pena reclusiva ao qual está atrelada e também por afetar a liberdade do paciente, assim entendida em seu sentido amplo, já que restringida, ao menos parcialmente, a locomoção do condenado. 2. A pena de suspensão ou de proibição de se obter habilitação ou permissão para dirigir veículo automotor, por se cuidar de sanção cumulativa, e não alternativa, deve guardar proporcionalidade com a detentiva aplicada, observados os limites fixados no art.

293 do Código de Trânsito Brasileiro. 3. Evidenciando-se que a decisão agravada espelha o entendimento firmado por este Sodalício sobre a matéria impugnada, deve a mesma ser mantida, pelos seus próprios fundamentos. (...). (AgRg no HC 271.383, Rel. Min. Jorge Mussi, DJ 25.2.2014)

(...). Dosimetria. Homicídio e lesão corporal culposos. Direção de veículo automotor. Suspensão da habilitação para conduzir. Reprimenda cumulativa. Sustentada ilegalidade no seu montante. Ofensa à liberdade de locomoção em seu sentido amplo. (...). 1. Como a suspensão da habilitação de conduzir veículo automotor se trata de reprimenda aplicada cumulativamente com a privativa de liberdade, nos casos de delitos de trânsito, devido o conhecimento do "mandamus" no ponto em que sustenta a ilegalidade no montante irrogado, por guardar estreita correlação com a pena reclusiva ao qual está atrelada e também por afetar a liberdade do paciente, assim entendida em seu sentido amplo, já que restringida, ao menos parcialmente, a locomoção do condenado. Delitos de trânsito. Aplicação da pena. Suspensão da habilitação para conduzir veículo. Desproporcionalidade do quantum em relação à privativa de liberdade. Ofensa ao art. 293 do Código de Trânsito Brasileiro. Constrangimento ilegal evidenciado. Sanção redimensionada. 1. A pena de suspensão ou de proibição de se obter habilitação ou permissão para dirigir veículo automotor, por se cuidar de sanção cumulativa, e não alternativa, deve guardar proporcionalidade com a detentiva aplicada, observados os limites fixados no art. 293 do Código de Trânsito Brasileiro. 2. Verificado que a reprimenda básica foi fixada no mínimo legalmente previsto, ante a inexistência de quaisquer circunstâncias judiciais desfavoráveis, de rigor a redução da pena de suspensão da habilitação para o mínimo legalmente previsto. 3. Ordem conhecida e concedida para reduzir o prazo da reprimenda de suspensão da habilitação para dirigir veículo automotor para 3 (três) meses e 3 (três) dias, mantidos, no mais, a sentença condenatória e o acórdão objurgado. (HC 140.750, Rel. Min. Jorge Mussi, DJ 17.12.2010)

Questões de concursos

980. **(FCC/TJ/PI/Juiz/2015)** A suspensão da habilitação para dirigir veículo automotor prevista no Código de Trânsito Brasileiro

a) tem a duração máxima de cinco anos.

b) não pode ser decretada cautelarmente.

c) deve ser fixada pelo mesmo tempo de duração da pena privativa de liberdade, por força de expressa previsão legal.

d) não pode ser imposta como penalidade principal.

e) não pode ser imposta cumulativamente com outras penalidades.

981. (IDHTEC/CRQ/1R/Motorista/2015) Segundo o CTB, Capítulo XIX – Dos Crimes De Trânsito é incorreto afirmar:

a) Aplica-se aos crimes de trânsito de lesão corporal culposa o disposto nos arts. 74, 76 e 88 da Lei n. 9.099, de 26 de setembro de 1995, exceto se o agente estiver: I – sob a influência de álcool ou qualquer outra substância psicoativa que determine dependência; II – participando, em via pública, de corrida, disputa ou competição automobilística, de exibição ou demonstração de perícia em manobra de veículo automotor, não autorizada pela autoridade competente; III – transitando em velocidade superior à máxima permitida para a via em 50 km/h (cinquenta quilômetros por hora).

b) A suspensão ou a proibição de se obter a permissão ou a habilitação para dirigir veículo automotor pode ser imposta isolada ou cumulativamente com outras penalidades.

c) A penalidade de suspensão ou de proibição de se obter a permissão ou a habilitação, para dirigir veículo automotor, tem a duração de seis meses a dois anos.

d) Transitada em julgado a sentença condenatória, o réu será intimado a entregar à autoridade judiciária, em quarenta e oito horas, a Permissão para Dirigir ou a Carteira de Habilitação.

e) A penalidade de suspensão ou de proibição de se obter a permissão ou a habilitação para dirigir veículo automotor não se inicia enquanto o sentenciado, por efeito de condenação penal, estiver recolhido a estabelecimento prisional.

■ Medida Cautelar {art. 294}

Art. 294. Em qualquer fase da investigação ou da ação penal, havendo necessidade para a garantia da ordem pública, poderá o juiz, como medida cautelar, de ofício, ou a requerimento do Ministério Público ou ainda mediante representação da autoridade policial, decretar, em decisão motivada, a suspensão da permissão ou da habilitação para dirigir veículo automotor, ou a proibição de sua obtenção.

Parágrafo único. Da decisão que decretar a suspensão ou a medida cautelar, ou da que indeferir o requerimento do Ministério Público, caberá recurso em sentido estrito, sem efeito suspensivo.

Jurisprudência complementar (STF)

(...). Matéria criminal. Falta de pertinência com a questão debatida nos autos. O presente feito trata da possibilidade de se aplicar a medida preventiva de suspensão da habilitação para dirigir veículo automotor (art. 294 do Código de Trânsito Brasileiro). No presente agravo regimental, a parte ora agravante, invocando ofensa à garantia da ampla defesa, tratou de questão relativa ao indeferimento do pedido de oitiva de testemunha pelo juízo de primeiro grau, matéria de que não se ocupou a decisão ora atacada. (...). (AI 563402 AgR, Rel. Min. Joaquim Barbosa, 2ª T., DJ 5.6.2009)

■ Comunicação {art. 295}

Art. 295. A suspensão para dirigir veículo automotor ou a proibição de se obter a permissão ou a habilitação será sempre comunicada pela autoridade judiciária ao Conselho Nacional de Trânsito – CONTRAN, e ao órgão de trânsito do Estado em que o indiciado ou réu for domiciliado ou residente.

■ Reincidência {art. 296}

Art. 296. Se o réu for reincidente na prática de crime previsto neste Código, o juiz aplicará a penalidade de suspensão da permissão ou habilitação para dirigir veículo automotor, sem prejuízo das demais sanções penais cabíveis.

Jurisprudência complementar (STJ)

(...). Crime de trânsito. Homicídio culposo. Violação ao art. 296 da Lei 9.503/97. Não-ocorrência. 1. A sanção penal estabelecida pelo art. 302, do Código de Trânsito Brasileiro, de suspender ou proibir a permissão ou a habilitação para dirigir veículo automotor, deve ser aplicada conjuntamente com a pena corporal, não sendo necessário a reincidência do Réu. Inaplicabilidade do art. 296 da Lei 9.503/97. (...). (REsp 556.928, Rel. Min. Laurita Vaz, DJ 13.9.2004)

Multa Reparatória {art. 297}

Art. 297. A penalidade de multa reparatória consiste no pagamento, mediante depósito judicial em favor da vítima, ou seus sucessores, de quantia calculada com base no disposto no § 1º do art. 49 do Código Penal, sempre que houver prejuízo material resultante do crime.

§ 1º A multa reparatória não poderá ser superior ao valor do prejuízo demonstrado no processo.

§ 2º Aplica-se à multa reparatória o disposto nos arts. 50 a 52 do Código Penal.

§ 3º Na indenização civil do dano, o valor da multa reparatória será descontado.

Agravantes {art. 298}

Art. 298. São circunstâncias que sempre agravam as penalidades dos crimes de trânsito ter o condutor do veículo cometido a infração:

I – com dano potencial para duas ou mais pessoas ou com grande risco de grave dano patrimonial a terceiros;

II – utilizando o veículo sem placas, com placas falsas ou adulteradas;

III – sem possuir Permissão para Dirigir ou Carteira de Habilitação;

IV – com Permissão para Dirigir ou Carteira de Habilitação de categoria diferente da do veículo;

V – quando a sua profissão ou atividade exigir cuidados especiais com o transporte de passageiros ou de carga;

VI – utilizando veículo em que tenham sido adulterados equipamentos ou características que afetem a sua segurança ou o seu funcionamento de acordo com os limites de velocidade prescritos nas especificações do fabricante;

VII – sobre faixa de trânsito temporária ou permanentemente destinada a pedestres.

Art. 299. (Vetado).

Art. 300. (Vetado).

Jurisprudência complementar (STJ)

(...). Crime de trânsito. Dosimetria. Homicídio culposo cometido por motorista profissional dedicado ao transporte de cargas. Agravante do art. 298, V, da Lei 9.503/97. Incidência. Ausência de cargas no momento do acidente. Irrelevância. (...). 1. A agravante descrita no art. 298, V, do Código de Trânsito Brasileiro, tem incidência aos motoristas profissionais que se dedicam ao transporte de cargas ou de passageiros, diante da maior reprovabilidade de sua conduta. 2. Prescindível para a incidência da agravante do art. 298, V, do CTB que o motorista profissional esteja efetivamente transportando passageiros ou cargas no momento do acidente diante da própria natureza do veículo automotor que exige, por si só, o emprego de maiores diligências, atenção e cuidado por parte do seu condutor, bem como das condições especiais legais exigidas do condutor para a sua habilitação à direção de veículos destinado ao transporte de cargas. 2. Recurso especial a que se dá provimento para reconhecer a incidência da agravante descrita no art. 298, V, do Código de Trânsito Brasileiro, redimensionando a pena do recorrido para 3 (três) anos, 1 (um) mês e 10 (dez) dias de detenção, mantendo-se os demais termos da sentença e do acórdão recorridos. (REsp 1321468, Rel. Min. Maria Thereza de Assis Moura, DJ 4.8.2014)

Questões de concursos

982. **(MPE/SC/Promotor/2016)** Segundo o disposto no art. 298 do Código de Trânsito Brasileiro, são circunstâncias que sempre agravam as penalidades, entre outras, ter o condutor do veículo cometido a infração com permissão para dirigir ou carteira de habilitação de categoria diferente da do veículo.

■ Não Imposição da Prisão em Flagrante {art. 301}

Art. 301. Ao condutor de veículo, nos casos de acidentes de trânsito de que resulte vítima, não se imporá a prisão em flagrante, nem se exigirá fiança, se prestar pronto e integral socorro àquela.

Seção II – Dos Crimes em Espécie

■ Homicídio Culposo {art. 302}

> **Art. 302.** Praticar homicídio culposo na direção de veículo automotor:
> Penas – detenção, de dois a quatro anos, e suspensão ou proibição de se obter a permissão ou a habilitação para dirigir veículo automotor.

Informativos (STJ)

Aplicabilidade do perdão judicial no caso de homicídio culposo na direção de veículo automotor.

O perdão judicial não pode ser concedido ao agente de homicídio culposo na direção de veículo automotor (art. 302 do CTB) que, embora atingido moralmente de forma grave pelas consequências do acidente, não tinha vínculo afetivo com a vítima nem sofreu sequelas físicas gravíssimas e permanentes. REsp 1.455.178, Rel. Min. Rogerio S. Cruz, 5.6.14. 6ª T. (Info 542)

Inaplicabilidade do arrependimento posterior em homicídio culposo na direção de veículo.

Em homicídio culposo na direção de veículo automotor (art. 302 do CTB), ainda que realizada composição civil entre o autor do crime e a família da vítima, é inaplicável o arrependimento posterior (art. 16 do CP). REsp 1.561.276, Rel. Min. Sebastião Reis Júnior, DJ 15.9.2016. 6ª T. (Info 590)

Inépcia de denúncia que impute a prática de crime culposo.

É inepta a denúncia que imputa a prática de homicídio culposo na direção de veículo automotor (art. 302 da Lei 9.503/97) sem descrever, de forma clara e precisa, a conduta negligente, imperita ou imprudente que teria gerado o resultado morte, sendo insuficiente a simples menção de que o suposto autor estava na direção do veículo no momento do acidente. HC 305.194, Rel. Min. Rogerio S. Cruz, DJ 1.12.14. 6ª T. (Info 553)

Jurisprudência complementar (STF)

(...). Homicídio culposo. Prisão preventiva. Não cabimento. Ilegalidade da medida. Relativização do óbice previsto na súmula 691/stf. Ordem concedida. I. Homicídio culposo na direção de veículo automotor, sem prestação de socorro à vitima. Conduta tipificada no art. 302, parágrafo único, III, da Lei 9.503/97. II. Acusado que, citado por edital, não comparece em Juízo nem indica advogado para apresentação de defesa preliminar. Decreto de prisão preventiva do paciente, com fundamento no art. 366, parte final, do Código de Processo Penal, para garantia da aplicação da lei penal. III. Ilegalidade da medida. Consoante o disposto no art. 313 do referido código, somente se admite a imposição de prisão preventiva em face de imputação da prática de crimes dolosos. IV. Hipótese em que, consoante jurisprudência iterativa da Corte, admite-se a relativização do óbice previsto na Súmula 691/STF. V. Ordem de "habeas corpus" concedida, para cassar a decisão mediante a qual foi decretada a prisão cautelar do paciente. (HC 116504, Rel. Min. Ricardo lewandowski, 2ª T., DJ 21.8.2013)

(...). Crime de homicício praticado na condução de veículo automotor. Pleito de desclassificação para o delito previsto no artigo 302 do Código de Trânsito Brasileiro. Debate acerca do elemento volitivo do agente. Culpa consciente x dolo eventual. Condenação pelo tribunal do júri. Circunstância que obsta o enfrentamento da questão. Reexame de prova. (...). I. O órgão constitucionalmente competente para julgar os crimes contra a vida e, portanto, apreciar as questões atinentes ao elemento subjetivo da conduta do agente aqui suscitadas – o Tribunal do Júri – concluiu pela prática do crime de homicídio com dolo eventual, de modo que não cabe a este Tribunal, na via estreita do "habeas corpus", decidir de modo diverso. II. A jurisprudência desta Corte está assentada no sentido de que o pleito de desclassificação de crime não tem lugar na estreita via do "habeas corpus" por demandar aprofundado exame do conjunto fático-probatório da causa. (...). III. Não tem aplicação o precedente invocado pela defesa, qual seja, o HC 107.801, por se tratar de situação diversa da ora apreciada. Naquela hipótese, a Primeira Turma entendeu que o crime de homicídio praticado na condução de veículo sob a influência de álcool somente poderia ser considerado doloso se comprovado que a embriaguez foi preordenada. No caso sob exame, o paciente foi condenado pela prática de homicídio doloso por imprimir velocidade excessiva ao veículo que dirigia, e, ainda, por estar sob influência do álcool, circunstância apta a demonstrar que o réu aceitou a ocorrência do resultado e agiu, portanto, com dolo eventual. (...). (HC 115352, Rel. Min. Ricardo Lewandowski, 2ª T., DJ 30.4.2013)

(...). Tribunal do Júri. Pronúncia por homicídio qualificado a título de dolo eventual. Desclassificação para homicídio culposo na direção de veículo automotor. Embriaguez alcoólica. Actio libera in causa. Ausência de comprovação do elemento volitivo. Revaloração dos fatos que não se confunde com revolvimento do conjunto fático-probatório. Ordem concedida. 1. A classificação do delito como doloso, implicando pena sobremodo onerosa e influindo na liberdade de ir e vir, mercê de alterar o procedimento da persecução penal em lesão à cláusula do due process of law, é reformável pela via do "habeas corpus". 2. O homicídio na forma culposa na direção de veículo automotor (art. 302, caput, do CTB) prevalece se a capitulação atribuída ao fato como homicídio doloso decorre de mera presunção ante a embriaguez alcoólica eventual. 3. A embriaguez alcoólica que conduz à responsabilização a título doloso é apenas a preordenada, comprovando-se que o agente se embebedou para praticar o ilícito ou assumir o risco de produzi-lo. 4. "in casu", do exame da descrição dos fatos empregada nas razões de decidir da sentença e do acórdão do TJ/SP, não restou demonstrado que o paciente tenha ingerido bebidas alcoólicas no afã de produzir o resultado morte. 5. A doutrina clássica revela a virtude da sua justeza ao asseverar que "O anteprojeto Hungria e os modelos em que se inspirava resolviam muito melhor o assunto. O art. 31 e §§ 1º e 2º estabeleciam: 'A embriaguez pelo álcool ou substância de efeitos análogos, ainda quando completa, não exclui a responsabilidade, salvo quando fortuita ou involuntária. § 1º Se a embriaguez foi intencionalmente procurada para a prática do crime, o agente é punível a título de dolo; § 2º Se, embora não preordenada, a embriaguez é voluntária e completa e o agente previu e podia prever que, em tal estado, poderia vir a cometer crime, a pena é aplicável a título de culpa, se a este título é punível o fato". (Guilherme Souza Nucci, Código Penal Comentado, 5. ed. São Paulo: RT, 2005, p. 243) 6. A revaloração jurídica dos fatos postos nas instâncias inferiores não se confunde com o revolvimento do conjunto fático-probatório. 7. A Lei 11.275/06 não se aplica ao caso em exame, porquanto não se revela lex mitior, mas, ao revés, previu causa de aumento de pena para o crime sub judice e em tese praticado, configurado como homicídio culposo na direção de veículo automotor (art. 302, caput, do CTB). 8. Concessão da ordem para desclassificar a conduta imputada ao paciente para homicídio culposo na direção de veículo automotor (art. 302, caput, do CTB), determinando a remessa dos autos à Vara Criminal da Comarca de Guariba/SP. (HC 107801, Rel. p/ ac. Min. Luiz Fux, 1ª T., DJ 13.10.2011)

Jurisprudência complementar (STJ)

(...). Homicídio culposo na direção de veículo automotor. Trancamento da ação penal. Inépcia da inicial configurada. Denúncia que não atende aos requisitos legais. Manifesta ilegalidade configurada. (...) 3. O simples fato de o paciente estar na direção de veículo automotor no momento do acidente não autoriza a instauração de processo criminal pelo delito de homicídio culposo, porquanto o órgão ministerial não narrou a inobservância do dever objetivo de cuidado e a sua relação com a morte da vítima, de forma bastante para a deflagração da ação penal. 4. A imputação, da forma como foi feita, representa a imposição de indevido ônus do processo ao paciente, ante a ausência da descrição de todos os elementos necessários à responsabilização penal decorrente da morte do operário. 5. Ordem não conhecida. "Habeas corpus" concedido, de ofício, para declarar a inépcia denúncia e anular, "ab initio", o processo, sem prejuízo de que seja oferecida nova denúncia em desfavor do paciente, com estrita observância dos ditames previstos no art. 41 do Código de Processo Penal. (HC 305.194, Rel. Min. Rogerio Schietti Cruz, DJ 1.12.2014)

(...). Homicídio culposo na direção de veículo automotor. Dever objetivo de cuidado. Inépcia da denúncia. Ausência de descrição mínima da conduta. Trancamento da ação penal. (...). 1. O homicídio culposo se caracteriza com a imprudência, negligência ou imperícia do agente, modalidades da culpa que devem ser descritas na inicial acusatória, sob pena de se reconhecer impropriamente a responsabilidade penal objetiva. 2. O simples fato de o réu estar na direção do veículo automotor no momento do acidente não autoriza a instauração de processo criminal por crime de homicídio culposo se não restar narrada a inobservância do dever objetivo de cuidado e sua relação com a morte da vítima, com indícios suficientes para a deflagração da ação penal. 3. A inexistência absoluta de elementos individualizados que apontem a relação entre o resultado morte e a conduta do acusado, ofende o princípio constitucional da ampla defesa, tornando, assim, inepta a denúncia. (...). (RHC 44.320, Rel. Min. Laurita Vaz, DJ 1.7.2014)

(...). Homicídio culposo no trânsito. Esclarecimentos ao laudo pericial assinado por um único perito oficial. Validade. Falta de provas. Absolvição. 1. Mesmo quando o art. 159 do CPP, com a redação dada pela Lei 8.862/94, exigia que o laudo fosse assinado por dois peritos oficiais, não gerava nulidade o fato de serem os esclarecimentos ao laudo pericial assinados por um único perito oficial. 2. A condenação pelo crime de homicídio culposo na direção de veículo automotor requer a demonstração, acima de uma dúvida razoável, de que o acusado violou o dever de cuidado objetivo, norma geral que fundamenta a proibição de resultados lesivos decorrentes da execução inadequada de ações socialmente perigosas, como é o trânsito de automóveis. 3. Não fornecendo a prova produzida elementos suficientes para efetivamente demonstrar que uma conduta culposa do acusado tenha sido a causa da morte da vítima, a absolvição do acusado é medida que se impõe. (...). (APn 593, Rel. Min. Humberto Martins, 07.2.2013)

Questões de concursos

983. **(Funcab/PC/PA/Delegado/2016)** Ao manobrar veículo automotor no interior de uma garagem particular, Felisberto, descuidadamente, atropela a amiga Marinalva, que orientava a manobra, a qual sofre lesões corporais de natureza leve. Durante a investigação do fato, descobre-se que Felisberto não possuía permissão ou habilitação para dirigir veículos automotores. Contudo, logo depois, a vítima comparece à Delegacia de Polícia e se retrata da representação anteriormente oferecida. Passados seis meses, é correto afirmar que Felisberto:

   a) poderá ser criminalmente responsabilizado por lesão corporal culposa na direção de veículo automotor (art. 303 da Lei n. 9.503).

   b) não poderá ser criminalmente responsabilizado.

   c) poderá ser criminalmente responsabilizado por contravenção penal de dirigir veículo sem habilitação (art. 32 do Decreto-Lei n. 3.688).

   d) poderá ser criminalmente responsabilizado por dirigir veículo automotor sem permissão ou habilitação, ou quando cassado o direito de dirigir (art. 309 da Lei n. 9.503).

   e) poderá ser criminalmente responsabilizado por lesão corporal culposa na direção de veículo automotor majorada (art. 303, parágrafo único, da Lei n. 9.503).

984. **(Faurgs/TJ/RS/Juiz/2016)** Em se tratando dos crimes previstos na legislação extravagante, assinale a alternativa correta.

   a) No crime de sonegação fiscal, o parcelamento administrativo do débito tributário é causa de extinção da pretensão punitiva, desde que seja realizado em momento anterior ao oferecimento da denúncia.

   b) Segundo a legislação atualmente em vigor, o motorista que causa um acidente automobilístico com vítima fatal exclusivamente em decorrência de estar dirigindo sob a influência de bebidas alcoólicas comete o crime de homicídio culposo na direção de veículo automotor.

   c) Segundo a legislação atualmente em vigor, o emprego do proveito econômico do crime de associação para o tráfico de drogas não caracteriza a prática de lavagem de dinheiro, haja vista que o referido tipo penal não integra o dispositivo legal que estabelece o rol de crimes antecedentes para a configuração da lavagem.

   d) Segundo a atual jurisprudência do Supremo Tribunal Federal, as pessoas jurídicas de direito privado somente poderão responder pela prática de crimes ambientais quando preenchido o requisito da dupla imputação, ou seja, quando também identificadas e denunciadas as pessoas físicas responsáveis pela tomada de decisão e efetiva realização da conduta delitiva.

e) Segundo a atual jurisprudência do Supremo Tribunal Federal, o crime de tráfico de drogas não admite a aplicação da substituição da pena privativa de liberdade por penas restritivas de direitos, devendo a sanção imposta, independentemente do tempo de reclusão fixado na sentença, ser cumprida em regime inicial fechado, tendo em vista a hediondez do crime.

985. **(Funcab/PC/PA/Delegado/2016)** Analisando as hipóteses a seguir, assinale aquela que contempla uma conduta incriminada pelo Código de Trânsito Brasileiro (Lei n. 9.503, de 1997).

a) Ao não conseguir acionar motor de seu automóvel, Oldemário resolve empurrá-lo em via pública. Todavia, não percebe que o veículo está próximo a uma pequena ladeira, o que faz com que ele desça desgovernado. Assim, o automóvel acaba por atingir uma pessoa que caminhava pela via, ferindo-a.

b) Marinalva, ao conduzir seu automóvel em via pública, é parada por policiais militares, que a viram ingerindo bebidas alcoólicas em um bar pouco antes de assumir a direção do veículo. Mesmo percebendo que Marinalva não apresenta qualquer alteração da capacidade psicomotora, o que é posteriormente comprovado pericialmente, os policiais submetem a motorista ao teste do etilômetro, que constata concentração de álcool superior a 0,3 miligrama por litro de ar alveolar. Saliente-se que, devido ao horário, as vias por que Marinalva passou estavam desertas e esta não praticou qualquer ato de direção em desacordo com as leis de trânsito, salvo a ingestão alcoólica.

c) Pafúncio, dirigindo seu automóvel em determinada via pública, percebe a colisão de um outro carro contra uma árvore, evento no qual Pafúncio não teve qualquer participação. Percebe, ainda, que o condutor do outro carro está ferido e precisa de imediato auxílio. Contudo, não querendo envolvimento com o fato, Pafúncio segue seu caminho, omitindo-se.

d) Regilson se envolve em um acidente de trânsito para o qual não concorreu sequer culposamente e em que ocorreu a produção unicamente de danos patrimoniais. Instado a apresentar a carteira de habilitação pelo agente público que esteve no local da ocorrência, Regilson revela não ter permissão ou habilitação para dirigir, embora ocupasse a direção de veículo automotor quando do acidente.

e) Menelau, usando uma motocicleta para transitar em via interna do condomínio onde mora, descuidadamente atropela Aquiles, causando sua morte.

986. **(Cespe/PC/ES/Delegado/2011)** Cláudia, penalmente responsável, ao dirigir veículo automotor sem habilitação, em via pública, atropelou e matou um pedestre. Nessa situação hipotética, Cláudia responderá por homicídio culposo em concurso material com o delito de falta de habilitação.

■ Causas de Aumento de Pena {art. 302, § 1º}

> § 1º No homicídio culposo cometido na direção de veículo automotor, a pena é aumentada de 1/3 (um terço) à metade, se o agente:
>
> I – não possuir Permissão para Dirigir ou Carteira de Habilitação;
>
> II – praticá-lo em faixa de pedestres ou na calçada;
>
> III – deixar de prestar socorro, quando possível fazê-lo sem risco pessoal, à vítima do acidente;
>
> IV – no exercício de sua profissão ou atividade, estiver conduzindo veículo de transporte de passageiros.

Informativos (STJ)

Homicídio culposo cometido no exercício de atividade de transporte de passageiros.

Para a incidência da causa de aumento de pena prevista no art. 302, parágrafo único, IV, do CTB, é irrelevante que o agente esteja transportando passageiros no momento do homicídio culposo cometido na direção de veículo automotor. AgRg no REsp 1.255.562, Rel. Min. Maria T. A. Moura, 4.2.14. 6ª T. (Info 537)

Inaplicabilidade da causa de aumento descrita no art. 302, § 1º, I, do CTB em virtude de CNH vencida.

O fato de o autor de homicídio culposo na direção de veículo automotor estar com a CNH vencida não justifica a aplicação da causa especial de aumento de pena descrita no § 1º, I, do art. 302 do CTB. HC 226.128, Rel. Min. Rogerio Schietti Cruz, DJ 20.4.2016. 6ª T. (Info 581)

Jurisprudência complementar (STJ)

(...). Homicídio culposo cometido no exercício de atividade de transporte de passageiros. Causa de aumento pena do art. 302, parágrafo único, IV, do Código de Trânsito Brasileiro. Incidência. Ausência de passageiros no interior do veículo quando da colisão fatal. Irrelevância. (...). 1. A majorante do art. 302, parágrafo único, inciso IV, do Código de Trânsito Brasileiro, exige que se trate de motorista profissional, que esteja no exercício de seu mister e conduzindo veículo de transporte de passageiros, mas não refere à necessidade de estar transportando clientes no momento da colisão e não distingue entre veículos de grande ou pequeno porte. (...). (REsp 1358214, Rel. Min. Campos Marques, DJ 15.4.2013)

Questões de concursos

987. **(Consulplan/TJ/MG/Cartórios/2016)** De acordo com a Lei n. 9.503/1997, no homicídio culposo cometido na direção de veículo automotor, a pena é aumentada de 1/3 (um terço) à metade, se o agente

   a) possuir Carteira de Habilitação.
   b) praticá-lo em faixa de pedestres.
   c) possuir Permissão para Dirigir.
   d) prestar socorro à vítima do acidente.

988. **(Cetrede/PGM/Itapipoca/Procurador/2016)** Marque a opção CORRETA em relação aos crimes de trânsito.

   a) No homicídio doloso cometido na direção de veículo automotor, a pena será aumentada se o agente não possuir permissão para dirigir ou carteira de habilitação.
   b) A prática de crime consistente em conduzir veículo automotor, com capacidade psicomotora alterada em razão da influência de álcool ou de outra substância psicoativa que determine dependência, será constatada por concentração igual ou superior a 3 decigramas de álcool por litro de sangue ou igual ou superior a 0,6 miligramas de álcool por litro de ar alveolar.
   c) São circunstâncias que sempre agravam as penalidades dos crimes de trânsito ter o condutor do veículo cometido a infração com permissão para dirigir ou carteira de habilitação de categoria diferente da do veículo.
   d) Ao condutor de veículo, nos casos de acidentes de trânsito de que resulte vítima se, imporá a prisão em flagrante, ainda que prestar pronto socorro àquela.
   e) Transitado em julgado a sentença condenatória, o réu será intimado a entregar à autoridade judiciária, em setenta e duas horas, a permissão para dirigir ou a carteira de habilitação.

989. **(Cespe/TRE/MT/Analista/2015)** Com base no disposto na legislação penal especial, assinale a opção correta.

   a) Segundo a Lei n. 12.850/2013, não é permitido ao juiz conceder perdão judicial ao réu colaborador que tenha identificado os demais coautores e partícipes da organização criminosa e das infrações penais por ele praticadas.

b) Segundo o entendimento do STJ, o réu condenado, pela prática do crime de tortura, a reprimenda de dois anos de reclusão deve, por expressa previsão legal, iniciar o cumprimento da pena em regime fechado.

c) A perda do cargo ou função pública constitui efeito automático da condenação de funcionário público que tiver cometido crimes de racismo no exercício de suas funções, independentemente de motivação específica na sentença.

d) Conforme entendimento do STJ, tendo sido o motorista, com base no previsto no Código de Trânsito Brasileiro (CTB), condenado por homicídio culposo por ter matado alguém ao conduzir imprudentemente, no exercício de sua profissão ou atividade, veículo de transporte de passageiros, aplica-se causa de aumento de pena prevista no CTB, independentemente de ele estar efetivamente transportando passageiros no momento do delito.

e) Indivíduo que guarda, em sua residência, arma de fogo de uso restrito comete o crime de posse irregular de arma de fogo.

990. **(Funiversa/PC/DF/Papiloscopista/2015)** Marcelo praticou homicídio culposo na direção de veículo automotor. Considerando esse caso hipotético, a pena de Marcelo será aumentada se ele

a) estiver conduzindo veículo de transporte de passageiros, não sendo essa a sua profissão ou atividade.

b) praticar o crime em rodovia com trânsito intenso.

c) possuir permissão para dirigir ou carteira de habilitação vencida.

d) praticar o crime em faixa de pedestres ou na calçada.

e) deixar de prestar socorro, ainda que correndo risco pessoal, à vítima do acidente.

991. **(Cespe/TRE/MT/Analista/2015)** Com base no disposto na legislação penal especial, assinale a opção correta.

a) Segundo a Lei n. 12.850/2013, não é permitido ao juiz conceder perdão judicial ao réu colaborador que tenha identificado os demais coautores e partícipes da organização criminosa e das infrações penais por ele praticadas.

b) Segundo o entendimento do STJ, o réu condenado, pela prática do crime de tortura, a reprimenda de dois anos de reclusão deve, por expressa previsão legal, iniciar o cumprimento da pena em regime fechado.

c) A perda do cargo ou função pública constitui efeito automático da condenação de funcionário público que tiver cometido crimes de racismo no exercício de suas funções, independentemente de motivação específica na sentença.

d) Conforme entendimento do STJ, tendo sido o motorista, com base no previsto no Código de Trânsito Brasileiro (CTB), condenado por homicídio culposo por ter matado alguém ao conduzir imprudentemente, no exercício de sua profissão ou atividade, veículo de transporte de passageiros, aplica-se causa de aumento de pena prevista no CTB, independentemente de ele estar efetivamente transportando passageiros no momento do delito.

e) Indivíduo que guarda, em sua residência, arma de fogo de uso restrito comete o crime de posse irregular de arma de fogo.

992. **(IBFC/PC/RJ/Papiloscopista/2014)** Todos os enunciados abaixo correspondem a causas que aumentam a pena de um terço à metade do crime de homicídio culposo na direção de veículo automotor, exceto:

a) Não possuir Permissão para Dirigir ou Carteira de Habilitação.

b) Transitar em velocidade superior à máxima permitida para a via em 50 km/h (cinquenta quilômetros por hora).

c) Praticá-lo em faixa de pedestres ou na calçada.

d) Deixar de prestar socorro, quando possível fazê-lo sem risco pessoal, à vítima do acidente.

e) Praticá-lo no exercício de profissão ou atividade de condutor de veículo de transporte de passageiros.

Qualificadora pela Ingestão de Substância Alcoólica/Psicoativa {art. 302, § 2º}

> § 2º Se o agente conduz veículo automotor com capacidade psicomotora alterada em razão da influência de álcool ou de outra substância psicoativa que determine dependência ou participa, em via, de corrida, disputa ou competição automobilística ou ainda de exibição ou demonstração de perícia em manobra de veículo automotor, não autorizada pela autoridade competente:
>
> Penas – reclusão, de 2 (dois) a 4 (quatro) anos, e suspensão ou proibição de se obter a permissão ou a habilitação para dirigir veículo automotor.

Questões de concursos

993. **(MPE/PR/Promotor/2016)** Assinale a única alternativa correta, relativa aos crimes previstos no Código de Trânsito Brasileiro (Lei n. 9503/1997):

a) Não se configura a conduta típica prevista no artigo 304, "caput" do Código de Trânsito Brasileiro ("Art. 304. Deixar o condutor do veículo, na ocasião do acidente, de prestar imediato socorro à vítima, ou, não podendo fazê-lo diretamente, por justa causa, deixar de solicitar auxílio da autoridade pública: Penas – detenção, de seis meses a um ano, ou multa, se o fato não constituir elemento de crime mais grave") se a omissão for justificada ou suprida por terceiros;

b) Somente se aplicam as disposições Lei n. 9.099/1995 aos crimes de lesão corporal culposa, embriaguez ao volante e participação em competição não autorizada, se não houver riscos de dano ou à incolumidade pública ou de terceiros;

c) Aplicam-se a todos os crimes previstos no Código de Trânsito Brasileiro as disposições da Lei 9.099/1995;

d) As penalidades de suspensão ou a proibição de se obter a permissão ou a habilitação para dirigir veículo somente podem ser imposta cumulativamente com outras penalidades;

e) Deverá ser instaurado inquérito policial para a investigação da infração penal de lesão corporal culposa se o agente estiver sob a influência de álcool ou qualquer outra substância psicoativa que determine dependência; participando, em via pública, de corrida, disputa ou competição automobilística, de exibição ou demonstração de perícia em manobra de veículo automotor, não autorizada pela autoridade competente; transitando em velocidade superior à máxima permitida para a via em 50 km/h (cinquenta quilômetros por hora).

994. (Faurgs/TJ/RS/Juiz/2016) Em se tratando dos crimes previstos na legislação extravagante, assinale a alternativa correta.

a) No crime de sonegação fiscal, o parcelamento administrativo do débito tributário é causa de extinção da pretensão punitiva, desde que seja realizado em momento anterior ao oferecimento da denúncia.

b) Segundo a legislação atualmente em vigor, o motorista que causa um acidente automobilístico com vítima fatal exclusivamente em decorrência de estar dirigindo sob a influência de bebidas alcoólicas comete o crime de homicídio culposo na direção de veículo automotor.

c) Segundo a legislação atualmente em vigor, o emprego do proveito econômico do crime de associação para o tráfico de drogas não caracteriza a prática de lavagem de dinheiro, haja vista que o referido tipo penal não integra o dispositivo legal que estabelece o rol de crimes antecedentes para a configuração da lavagem.

d) Segundo a atual jurisprudência do Supremo Tribunal Federal, as pessoas jurídicas de direito privado somente poderão responder pela prática de crimes ambientais quando preenchido o requisito da dupla imputação, ou seja, quando também identificadas e denunciadas as pessoas físicas responsáveis pela tomada de decisão e efetiva realização da conduta delitiva.

e) Segundo a atual jurisprudência do Supremo Tribunal Federal, o crime de tráfico de drogas não admite a aplicação da substituição da pena privativa de liberdade por penas restritivas de direitos, devendo a sanção imposta, independentemente do tempo de reclusão fixado na sentença, ser cumprida em regime inicial fechado, tendo em vista a hediondez do crime.

995. **(Cespe/TJ/DFT/Analista/2015)** Para a caracterização do delito de embriaguez ao volante, é necessária a demonstração do efetivo perigo de dano ao bem jurídico protegido pela norma, no caso, a incolumidade do trânsito, não bastando, para tanto, a mera constatação de concentração de álcool por litro de sangue do condutor do veículo acima do limite legal permitido.

996. **(FCC/MPE/PE/Promotor/2014)** Nos crimes de trânsito de lesão corporal culposa,

   a) admissíveis, em qualquer situação, a transação penal e a suspensão condicional do processo.

   b) dispensável a representação do ofendido, se o agente estiver sob a influência de álcool.

   c) sempre cabível a composição civil.

   d) inadmissível a transação penal.

   e) incabível a suspensão condicional do processo, mas sempre necessária a representação do ofendido.

■ Lesão Corporal {art. 303}

> **Art. 303**. Praticar lesão corporal culposa na direção de veículo automotor:
>
> Penas – detenção, de seis meses a dois anos e suspensão ou proibição de se obter a permissão ou a habilitação para dirigir veículo automotor.

Jurisprudência complementar (STJ)

(...). Art. 303 da Lei 9.503/1997. CTB. Lesões corporais culposas. Ação pública condicionada à representação da ofendida. Representação da vítima. Pedido de arquivamento seguido de renovação da representação dentro do prazo decadencial. Possibilidade. Acórdão a quo em consonância com a jurisprudência deste tribunal. Incidência da súmula 83/STJ. 1. A reconsideração da retratação dentro do período decadencial é possível e permite o regular curso da ação penal condicionada (art. 303 da Lei 9.503/1997). 2. Poderá o ofendido se retratar da representação, ou melhor, se arrepender de ter representado em desfavor do ofensor até o momento antes de ser oferecida pelo Ministério Público a denúncia, que é o início da ação penal. 3. A doutrina e a jurisprudência admitem a retração de retratação dentro do prazo decadencial. Em outros termos, a decisão de arquivamento não implica extinção da punibilidade do autor da conduta delitiva, inclusive não faz coisa julgada material, podendo o órgão ministerial, diante da reconsideração da vítima, antes do termo final do prazo decadencial, requerer o desarquivamento. 4. Incidência da Súmula 83/STJ. (...). (AgRg no REsp 1131357, Rel. Min. Sebastião Reis Júnior, 6ª T., DJ 28.11.2013)

Questões de concursos

997. **(Cespe/Detran/DF/Advogado/2009)** Considere que Gustavo conduza o seu veículo à velocidade de 110 km/h, quando a sinalização do local aponta como limite máximo a velocidade de 50 km/h e, de forma culposa, tenha atropelado Maria, que teve lesão corporal leve. Nesse caso, Gustavo deverá responder por crime de lesão corporal culposa, desde que haja representação da vítima.

■ Causas de Aumento de Pena {art. 303, p. ú.}

> Parágrafo único. Aumenta-se a pena de 1/3 (um terço) à metade, se ocorrer qualquer das hipóteses do § 1º do art. 302.

Jurisprudência complementar (STJ)

(...). Lesão corporal de trânsito. Dosimetria da pena. Pena base. Referência a elementares e ao teor de majorante. Incremento indevido. Constrangimento ilegal. Reconhecimento. 1. A fixação da pena é uma operação lógica, formalmente estruturada, sendo imperioso promover-se a fundamentação em todas as suas etapas. A referência a elementares do tipo e ao teor de causa de aumento de pena não autorizam a exasperação da reprimenda penal. (...). (HC 88.724, Rel. Min. Maria Thereza de Assis Moura, DJ 16.8.2010)

■ Omissão de Socorro {art. 304}

> **Art. 304.** Deixar o condutor do veículo, na ocasião do acidente, de prestar imediato socorro à vítima, ou, não podendo fazê-lo diretamente, por justa causa, deixar de solicitar auxílio da autoridade pública:

Penas – detenção, de seis meses a um ano, ou multa, se o fato não constituir elemento de crime mais grave.

Parágrafo único. Incide nas penas previstas neste artigo o condutor do veículo, ainda que a sua omissão seja suprida por terceiros ou que se trate de vítima com morte instantânea ou com ferimentos leves.

Questões de concursos

998. **(MPE/SC/Promotor/2016)** O Código de Trânsito Brasileiro, em seu art. 304 e parágrafo único, penaliza criminalmente o condutor do veículo que, na ocasião do acidente, deixar de prestar imediato socorro à vítima, ou, não podendo fazê-lo diretamente, por justa causa, não solicitar auxílio da autoridade pública, ainda que a sua omissão seja suprida por terceiros ou que se trate de vítima com morte instantânea ou com ferimentos leves.

999. **(FCC/DPE/PB/Defensor/2014)** Segundo a lei brasileira, tratando-se de condução de veículo automotor,

   a) no homicídio culposo, incide causa de aumento quando o crime é praticado em faixa de pedestre, na calçada ou área de estacionamento de veículos.

   b) não se aplicam as disposições da Lei n. 9.099/95 ao crime de lesão corporal culposa.

   c) constata-se o crime de conduta sob embriaguez com a concentração de álcool por litro de sangue igual ou superior a 4 decigramas.

   d) afastar-se do local do acidente para fugir à responsabilidade civil ou penal é uma faculdade do agente, desde que não haja vítimas fisicamente lesionadas.

   e) poderá haver crime de omissão de socorro ainda que a vítima tenha sofrido morte instantânea.

Fuga do Motorista {art. 305}

Art. 305. Afastar-se o condutor do veículo do local do acidente, para fugir à responsabilidade penal ou civil que lhe possa ser atribuída:

Penas – detenção, de seis meses a um ano, ou multa.

Jurisprudência complementar (STJ)

(...). Art. 305 do Código de Trânsito. Princípio do nemo tenetur se detegere. Violação. Inexistência. (...). 1. O art. 305 do Código de Trânsito, que tipifica a conduta do condutor de veículo que foge do local do acidente, para se furtar à responsabilidade penal ou civil que lhe possa ser atribuída, não viola a garantia da não auto-incriminação, que assegura que ninguém pode ser obrigado por meio de fraude ou coação, física e moral, a produzir prova contra si mesmo. (...). (HC 137.340, Rel. Min. Laurita Vaz, DJ 3.10.2011)

(...). Delito de trânsito. Afastamento do local. Crime comissivo próprio. Ausência de justa causa. 1. Conquanto não seja possível a coautoria no delito de afastamento do local do acidente (CTB, art. 305), posto tratar-se de crime próprio do condutor do veículo, é perfeitamente admissível a participação, nos termos do Código Penal, art. 29. (...). (HC 14.021, Rel. Min. Edson Vidigal, DJ 18.12.2000)

■ Embriaguez ao Volante {art. 306}

> **Art. 306**. Conduzir veículo automotor com capacidade psicomotora alterada em razão da influência de álcool ou de outra substância psicoativa que determine dependência:
>
> Penas – detenção, de seis meses a três anos, multa e suspensão ou proibição de se obter a permissão ou a habilitação para dirigir veículo automotor.

Informativos (STF)

Art. 306 do CTB: condução sob efeito de álcool e prova

A taxatividade objetiva determinada pela nova redação do art. 306 do CTB, que fixou como indesejável a dosagem igual ou superior a 6 decigramas de álcool por litro de sangue, deve ser atendida mediante a realização de um dos testes de alcoolemia previstos no Dec. 6.488/08, que são: exame de sangue ou teste em aparelho de ar alveolar pulmonar (etilômetro). Constatada a realização do chamado "teste do bafômetro", não há que se falar em falta de justa causa para a ação penal. HC 110905, Rel. Min. Joaquim Barbosa, 5.6.12. 2ª T. (Info 669)

Jurisprudência complementar (STF)

(...). Crimes praticados na condução de veículo automotor (arts. 306 e 303 do Código de Trânsito). Trancamento da ação penal. Excepcionalidade. Dilação probatória em sede de "habeas corpus". Vedação. (...). 2. "in casu", o recorrente, segundo a denúncia, teria conduzido veículo automotor com concentração de álcool por litro de sangue superior à permitida e, por conseguinte, colidido com um outro automóvel, causando lesões corporais na passageira deste. Destarte, a conduta descrita na peça acusatória amolda-se, em tese, ao tipo penal dos artigos 306, caput, e 303, caput, do Código de Trânsito Brasileiro, eventual dilação probatória ocorrerá durante o curso da ação penal. 3. A competência desta Corte para a apreciação de recurso ordinário em "habeas corpus" contra ato do Superior Tribunal de Justiça (CRFB, artigo 102, inciso II, alínea "a") somente se inaugura com a prolação de decisão do colegiado, salvo as hipóteses de exceção à Súmula 691 do STF, sendo descabida a flexibilização desta norma, máxime por tratar-se de matéria de direito estrito, que não pode ser ampliada via interpretação para alcançar autoridades – no caso, membros de Tribunais Superiores – cujos atos não estão submetidos à apreciação do Supremo. 4. "in casu", o recurso ordinário em "habeas corpus" foi interposto contra decisão monocrática de Relator do STJ que indeferiu liminarmente a impetração lá formalizada. 5. Inexiste, "in casu", excepcionalidade que justifique a concessão da ordem "ex officio". (...). (RHC 118100 AgR, Rel. Min. Luiz Fux, 1ª T., 2014 DJ 24.3.2014)

(...). Paciente denunciado pelo crime previsto no art. 306 da Lei 9.503/2007. Embriaguez comprovada por meio de teste de etilômetro. Suspensão condicional do processo. Posterior pedido de trancamento da persecução criminal. Suposta utilização de equipamento em desconformidade com os requisitos regulamentares. Não comprovação. Medida excepcional cuja pertinência não restou demonstrada. Impossibilidade de substituição do processo de conhecimento pela via estreita do "habeas corpus". (...). I. A denúncia descreve conduta que, em tese, configura o tipo então previsto no art. 306 da Lei 9.503/1997, uma vez comprovada a embriaguez do paciente por meio de teste de etilômetro. II. Embora a impetrante tenha questionado a validade do teste de alcoolemia efetuado no paciente, aduzindo que o equipamento encontrava-se com a sua verificação periódica anual vencida, não trouxe nenhuma prova nesse sentido, nem mesmo algum documento que comprovasse tal irregularidade. (...). (HC 114597, Rel. Min. Ricardo Lewandowski, 2ª T., DJ 17.4.2013)

(...). Embriaguez ao volante (art. 306 da Lei 9.503/97). Alegada inconstitucionalidade do tipo por ser referir a crime de perigo abstrato. Não ocorrência. Perigo concreto. Desnecessidade. Ausência de constrangimento ilegal. (...). 1. A jurisprudência é pacífica no sentido de reconhecer a aplicabilidade do art. 306 do Código de Trânsito Brasileiro – delito de embriaguez ao volante –, não prosperando a alegação de que o mencionado dispositivo, por se referir a crime de perigo abstrato, não é aceito pelo ordenamento jurídico brasileiro. 2. Esta Suprema Corte entende que, com o advento da Lei 11.705/08, inseriu-se a quantidade mínima exigível de álcool no sangue para se configurar o crime de embriaguez ao volante e se excluiu a necessidade de exposição de dano potencial, sendo certo que a comprovação da mencionada quantidade de álcool no sangue pode ser feita pela utilização do teste do bafômetro ou pelo exame de sangue, o que ocorreu na hipótese dos autos. (...). (RHC 110258, Rel. Min. Dias Toffoli, 1ª T., DJ 24.5.2012)

Jurisprudência complementar (STJ)

(...). 1. No caso dos autos, o Tribunal local expressamente consignou que o laudo de exame de dosagem alcoólica comprovou que o ora agravante apresentava concentração de álcool de 1,6g/L, bem acima do tolerado, destacando que, embora não se exija o perigo concreto para a tipificação do delito, só o fato de o recorrente ter colidido o veículo logo no início do seu trajeto já seria suficiente para caracterizá-lo, pois tal fato demonstra que estava sob a influência do álcool a ponto de não conseguir sequer iniciar seu trajeto sem bater em outro automóvel. 2. O entendimento adotado pela Corte a quo de que, para os fatos dos autos, que datam de 2010, basta o perigo abstrato para a incidência do tipo previsto no art. 306 do CTB não destoa da orientação jurisprudencial do STJ. (...). 3. Conquanto ao réu, condenado pela prática do crime de embriaguez ao volante, tenha sido aplicada pena inferior a 4 anos de reclusão, o fato de ser reincidente impede a aplicação do regime aberto para início de cumprimento da pena. (...). (AgRg nos EDcl no AREsp 607.973, Rel. Min. Reynaldo Soares da Fonseca, DJ 29.6.2015)

(...). Embriaguez ao volante. Trancamento da ação penal. Falta de demonstração do perigo concreto que teria decorrido da conduta do acusado. Desnecessidade de comprovação de direção anormal ou perigosa. Crime de perigo abstrato. Constrangimento ilegal não evidenciado. 1. O crime de embriaguez ao volante é de perigo abstrato, dispensando-se a demonstração da efetiva potencialidade lesiva da conduta daquele que conduz veículo em via pública com capacidade psicomotora alterada em razão da influência de álcool ou de outra substância psicoativa que determine dependência. 2. Na hipótese dos autos, a conduta imputada ao recorrente se amolda, num primeiro momento, ao tipo do artigo 306 do Código de Trânsito Brasileiro, pelo que se mostra incabível o pleito de trancamento da ação penal. (RHC 58.893, Rel. Min. Jorge Mussi, DJ 28.5.2015)

(...). Embriaguez ao volante. Art. 306 da Lei 9.503/97. (1) fato posterior à alteração normativa cristalizada na Lei 12.760/12. (2) estado de embriaguez apurado por outros meios de prova. Possibilidade. (3) trancamento da ação penal. Revolvimento fático-probatório. Constrangimento ilegal não evidenciado. (...). 1. A Lei n. 12.760/12 modificou o artigo 306 do Código de Trânsito Brasileiro, a fim de dispor ser despicienda a avaliação realizada para atestar a gradação alcóolica, acrescentando ser viável a verificação da embriaguez mediante vídeo, prova testemunhal ou outros meios de prova em direito admitidos, observado o direito à contraprova, de modo a corroborar a alteração da capacidade psicomotora. 2. No caso em apreço, praticado o delito na vigência da última modificação normativa, fato ocorrido em 12.12.2013, torna-se possível apurar o estado de embriaguez da acusada por outros meios de prova em direito admitidos. (...). (RHC 49.296, Rel. Min. Maria Thereza de Assis Moura, DJ 17.12.2014)

Questões de concursos

1000. (Funcab/PC/RO/Delegado/2009) Em relação à embriaguez alcoólica, assinale a alternativa incorreta.

a) De acordo com a Lei n. 11.705, de 19.6.2008 (Código de Trânsito Brasileiro) dirigir sob a influência de álcool ou de qualquer outra substância psicoativa que determine dependência" constitui infração gravíssima.

b) É o conjunto de manifestações neuropsicossomáticas resultantes da intoxicação etílica aguda, de caráter episódico e passageiro.

c) São fases da embriaguez: excitação, confusão e do sono ou comatosa.

d) Para se dosar o álcool no organismo humano podem ser utilizados: saliva, urina, humor vítreo, bílis, ar expirado e sangue.

e) Se a embriaguez é absoluta e por força maior, acidental, patológica ou em caso fortuito, a responsabilidade não existe. Na embriaguez habitual (alcoolismo) e na preterdolosa, a pena é atenuada de um a dois terços.

■ Constatação da Alcoolemia {art. 306, § 1º}

§ 1º As condutas previstas no caput serão constatadas por:

I – concentração igual ou superior a 6 decigramas de álcool por litro de sangue ou igual ou superior a 0,3 miligrama de álcool por litro de ar alveolar; ou

II – sinais que indiquem, na forma disciplinada pelo Contran, alteração da capacidade psicomotora.

Jurisprudência complementar (STF)

(...). Condução de veículo automotor sob efeito de álcool. Art. 306 da Lei 9.503/97. Advento da Lei 11.705/2008. Inclusão de parâmetro objetivo à elementar do tipo penal. Necessidade de realização de teste de alcoolemia previsto no Decreto n. 6.488/2008 para a adequação típica. Ocorrência. (...). A taxatividade objetiva determinada pela nova redação do art. 306 do Código de Trânsito Brasileiro, que fixou como indesejável a dosagem igual ou superior a 6 decigramas de álcool por litro de sangue, deve ser atendida mediante a realização de um dos testes de alcoolemia previstos no Decreto n. 6.488/08, que são: exame de sangue ou teste em aparelho de ar alveolar pulmonar (etilômetro). Constatada a realização do chamado "teste do bafômetro", não há que se falar em falta de justa causa para a ação penal. (...). (HC 110905, Rel. Min. Joaquim Barbosa, 2ª T., DJ 25.6.2012)

Jurisprudência complementar (STJ)

(...). Art. 306 do CTB. Alteração promovida pela Lei 12.760/2012. "Abolitio criminis". Não ocorrência. Continuidade normativo-típica. 1. A ação de conduzir veículo automotor, na via pública, estando o motorista com concentração de álcool por litro de sangue igual ou superior a 6 (seis) decigramas (art. 306 da Lei 9.503/1997, na redação dada pela Lei 11.705/2008) não foi descriminalizada pela alteração promovida pela Lei 12.760/2012. 2. A nova redação do tipo legal, ao se referir à condução de veículo automotor por pessoa com capacidade psicomotora alterada em razão da influência de álcool, manteve a criminalização da conduta daquele que pratica o fato com concentração igual ou superior a 6 decigramas de álcool por litro de sangue, nos termos do § 1º, I, do art. 306 da Lei 9.503/1997. (...). 3. O crime de que ora se trata é de perigo abstrato, o que dispensa a demonstração de potencialidade lesiva da conduta, razão pela qual se amolda ao tipo a condução de veículo automotor por pessoa em estado de embriaguez, aferida na forma indicada pelo referido art. 306, § 1º, I, da Lei 9.503/1997. 4. Trata-se da aplicação do princípio da continuidade normativo-típica, o que afasta a "abolitio criminis" reconhecida no acórdão recorrido. (...). (REsp 1492642, Rel. Min. Sebastião Reis Júnior, DJ 15.6.2015)

(...). Impetração substitutiva de recurso ordinário. Impropriedade da via eleita. Embriaguez ao volante. Meio como deve ser realizada a demonstração da alteração da capacidade psicomotora. Disposição de ordem processual penal. Trancamento da ação penal. Impossibilidade. Ausência de ilegalidade patente. Não conhecimento. 1. É imperiosa a necessidade de racionalização do emprego do "habeas corpus", em prestígio ao âmbito de cognição da garantia constitucional, e, em louvor à lógica do sistema recursal. "in casu", foi impetrada indevidamente a ordem como substitutiva de recurso ordinário. 2. A descrição típica do art. 306 do Código de Trânsito Brasileiro é a de "Conduzir veículo automotor com capacidade psicomotora alterada em razão da influência de álcool ou de outra substância psicoativa que determine dependência" que, no caso concreto, já se encontrava em vigor ao tempo dos fatos imputados contra o ora paciente, na denúncia. 3. O inciso II do § 1º do art. 306 do CTB, com a redação dada pela Lei 12.760/2012, não é condição da ação penal, mas regra de conteúdo processual relativo à prova, não havendo, pois, que se falar em "vacatio legis" do mencionado tipo penal e tão pouco em trancamento da ação penal. 4. Falta de flagrante ilegalidade, na espécie, apta a fazer relevar a impropriedade da via eleita. (...). (HC 280.785, Rel. Min. Maria Thereza de Assis Moura, DJ 14.11.2014)

Questões de concursos

1001. (Vunesp/PC/SP/Legista/2014) O Código de Trânsito Brasileiro, com suas alterações posteriores, dispõe que é crime "conduzir veículo automotor com capacidade psicomotora alterada em razão da influência de álcool ou de outra substância psicoativa que determine dependência". Assim, considerando o que estabelece essa lei a respeito do referido crime, é correto afirmar que a conduta delituosa será feita pela constatação de concentração igual ou superior a

a) 3 decigramas de álcool por litro de sangue ou igual ou superior a 6 decigramas de álcool por litro de ar alveolar.

b) 5 decigramas de álcool por litro de sangue ou igual ou superior a 0,5 miligrama de álcool por litro de ar alveolar.

c) 8 decigramas de álcool por litro de sangue ou igual ou superior a 0,2 miligrama de álcool por litro de ar alveolar.

d) 6 decigramas de álcool por litro de sangue ou igual ou superior a 0,3 miligrama de álcool por litro de ar alveolar.

e) 3 decigramas de álcool por litro de sangue ou igual ou superior a 0,1 miligrama de álcool por litro de ar alveolar.

■ Amplitude Probatória {art. 306, § 2º}

§ 2º A verificação do disposto neste artigo poderá ser obtida mediante teste de alcoolemia ou toxicológico, exame clínico, perícia, vídeo, prova testemunhal ou outros meios de prova em direito admitidos, observado o direito à contraprova.

Jurisprudência complementar (STF)

(...). Delito de embriaguez ao volante. Art. 306 do Código de Trânsito Brasileiro. Alegação de inconstitucionalidade do referido tipo penal por tratar-se de crime de perigo abstrato. Improcedência. (...). I. A objetividade jurídica do delito tipificado na mencionada norma transcende a mera proteção da incolumidade pessoal, para alcançar também a tutela da proteção de todo corpo social, asseguradas ambas pelo incremento dos níveis de segurança nas vias públicas. II. Mostra-se irrelevante, nesse contexto, indagar se o comportamento do agente atingiu, ou não, concretamente, o bem jurídico tutelado pela norma, porque a hipótese é de crime de perigo abstrato, para o qual não importa o resultado. (...). III. No tipo penal sob análise, basta que se comprove que o acusado conduzia veículo automotor, na via pública, apresentando concentração de álcool no sangue igual ou superior a 6 decigramas por litro para que esteja caracterizado o perigo ao bem jurídico tutelado e, portanto, configurado o crime. IV. Por opção legislativa, não se faz necessária a prova do risco potencial de dano causado pela conduta do agente que dirige embriagado, inexistindo qualquer inconstitucionalidade em tal previsão legal. V. (...). (HC 109269, Rel. Min. Ricardo Lewandowski, 2ª T., DJ 11.10.2011)

Jurisprudência complementar (STJ)

(...). Embriaguez ao volante (artigo 306 do Código de Trânsito Brasileiro). Apontada ausência de comprovação da materialidade delitiva. Acusada que se recusou a se submeter ao teste do bafômetro. Crime praticado na vigência da Lei 12.760/2012. Possibilidade de aferição da embriaguez por outros meios. Constrangimento ilegal não caracterizado. Desprovimento do reclamo. 1. Com o advento da Lei 12.760/2012, o combate à embriaguez ao volante tornou-se ainda mais rígido, tendo o legislador previsto a possibilidade de comprovação do crime por diversos meios de prova, conforme se infere da redação do § 2º incluído no artigo 306 do Código de Trânsito Brasileiro. 2. No caso dos autos, o crime imputado à recorrente ocorreu em 14.09.2013, quando já vigorava o § 2º do artigo 306 do Código de Trânsito Brasileiro, com a redação dada pela Lei 12.760/2012, de modo que, diante da sua recusa em se submeter ao teste do bafômetro, admite-se a prova da embriaguez por meio de testemunhos, circunstância que evidencia a dispensabilidade do exame pretendido na insurgência. (...). (RHC 51.528, Rel. Min. Jorge Mussi, DJ 13.11.2014)

Certificação do Etilômetro {art. 306, § 3º}

> § 3º O Contran disporá sobre a equivalência entre os distintos testes de alcoolemia ou toxicológicos para efeito de caracterização do crime tipificado neste artigo.

Jurisprudência complementar (STF)

(...). Impossibilidade de se extrair qualquer conclusão desfavorável ao suspeito ou acusado de praticar crime que não se submete a exame de dosagem alcoólica. Direito de não produzir prova contra si mesmo: nemo tenetur se detegere. Indicação de outros elementos juridicamente válidos, no sentido de que o paciente estaria embriagado: possibilidade. Lesões corporais e homicídio culposo no trânsito. Descrição de fatos que, em tese, configuram crime. Inviabilidade do trancamento da ação penal. 1. Não se pode presumir que a embriagues de quem não se submete a exame de dosagem alcoólica: a Constituição da República impede que se extraia qualquer conclusão desfavorável àquele que, suspeito ou acusado de praticar alguma infração penal, exerce o direito de não produzir prova contra si mesmo. 2. Descrevendo a denúncia que o acusado estava "na condução de veículo automotor, dirigindo em alta velocidade" e "veio a colidir na traseira do veículo" das vítimas, sendo que quatro pessoas ficaram feridas e outra "faleceu em decorrência do acidente automobilístico", e havendo, ainda, a indicação da data, do horário e do local dos fatos, há, indubitavelmente, a descrição de fatos que configuram, em tese, crimes. (...). (HC 93916, Rel. Min. Cármen Lúcia, 1ª T., DJ 27.6.2008)

Violação à Proibição de Dirigir {art. 307}

> **Art. 307.** Violar a suspensão ou a proibição de se obter a permissão ou a habilitação para dirigir veículo automotor imposta com fundamento neste Código:
>
> Penas – detenção, de seis meses a um ano e multa, com nova imposição adicional de idêntico prazo de suspensão ou de proibição.
>
> Parágrafo único. Nas mesmas penas incorre o condenado que deixa de entregar, no prazo estabelecido no § 1º do art. 293, a Permissão para Dirigir ou a Carteira de Habilitação.

TRÂNSITO (LEI 9.503/97) Art. 308

Questões de concursos

1002. (MPE/SC/Promotor/2014) Violar a suspensão ou a proibição de se obter a permissão ou a habilitação para dirigir veículo automotor imposta com fundamento no Código de Trânsito Brasileiro (Lei n. 9.503/97) é conduta atípica, punível exclusivamente na esfera administrativa, com multa, aplicada pelo órgão de trânsito competente.

■ Crime de "Racha" {art. 308}

> **Art. 308.** Participar, na direção de veículo automotor, em via pública, de corrida, disputa ou competição automobilística não autorizada pela autoridade competente, gerando situação de risco à incolumidade pública ou privada:
>
> Penas – detenção, de 6 (seis) meses a 3 (três) anos, multa e suspensão ou proibição de se obter a permissão ou a habilitação para dirigir veículo automotor.
>
> § 1º Se da prática do crime previsto no caput resultar lesão corporal de natureza grave, e as circunstâncias demonstrarem que o agente não quis o resultado nem assumiu o risco de produzi-lo, a pena privativa de liberdade é de reclusão, de 3 (três) a 6 (seis) anos, sem prejuízo das outras penas previstas neste artigo.
>
> § 2º Se da prática do crime previsto no caput resultar morte, e as circunstâncias demonstrarem que o agente não quis o resultado nem assumiu o risco de produzi-lo, a pena privativa de liberdade é de reclusão de 5 (cinco) a 10 (dez) anos, sem prejuízo das outras penas previstas neste artigo.

Jurisprudência complementar (STF)

(...). Homicídio. "pega" ou "racha" em via movimentada. Dolo eventual. Pronúncia. Fundamentação idônea. Alteração de entendimento de desembargadora no segundo julgamento do mesmo recurso, ante a anulação do primeiro. Ausência de ilegalidade. Excesso de linguagem no acórdão confirmatório da pronúncia não configurado. Dolo eventual x culpa consciente. Participação em competição não autorizada em via pública movimentada. Fatos assentados na origem. Assentimento que se dessume das circunstâncias. Dolo eventual configurado. Ausência de revolvimento do conjunto fático-probatório. Revaloração dos fatos. (...) 16. A cognição empreendida nas instâncias originárias demonstrou que o paciente, ao lançar-se em práticas de expressiva periculosidade, em via pública, mediante alta velocidade, consentiu em que o resultado se produzisse, incidindo no dolo eventual previsto no art. 18, inciso I, segunda parte, verbis: ("Diz-se o crime: I. doloso, quando o agente quis o resultado ou assumiu o risco de produzi-lo" – grifei). 17. A notória periculosidade dessas práticas de competições automobilísticas em vias públicas gerou a edição de legislação especial prevendo-as como crime autônomo, no art. 308 do CTB, in verbis: "Art. 308. Participar, na direção de veículo automotor, em via pública, de corrida, disputa ou competição automobilística não autorizada pela autoridade competente, desde que resulte dano potencial à incolumidade pública ou privada:". 18. O art. 308 do CTB é crime doloso de perigo concreto que, se concretizado em lesão corporal ou homicídio, progride para os crimes dos artigos 129 ou 121, em sua forma dolosa, porquanto seria um contra-senso transmudar um delito doloso em culposo, em razão do advento de um resultado mais grave. Doutrina de José Marcos Marrone (Delitos de Trânsito Brasileiro: Lei 9.503/97. São Paulo: Atlas, 1998, p. 76). 19. É cediço na Corte que, em se tratando de homicídio praticado na direção de veículo automotor em decorrência do chamado "racha", a conduta configura homicídio doloso. 20. A conclusão externada nas instâncias originárias no sentido de que o paciente participava de "pega" ou "racha", empregando alta velocidade, momento em que veio a colher a vítima em motocicleta, impõe reconhecer a presença do elemento volitivo, vale dizer, do dolo eventual no caso concreto. 21. A valoração jurídica do fato distingue-se da aferição do mesmo, por isso que o exame da presente questão não se situa no âmbito do revolvimento do conjunto fático-probatório, mas importa em mera revaloração dos fatos postos nas instâncias inferiores, o que viabiliza o conhecimento do "habeas corpus". 22. Assente-se, por fim, que a alegação de que o Conselho de Sentença teria rechaçado a participação do corréu em "racha" ou "pega" não procede, porquanto o que o Tribunal do Júri afastou com relação àquele foi o dolo ao responder negativamente ao quesito: "Assim agindo, o acusado assumiu o risco de produzir o resultado morte na vítima?", concluindo por prejudicado o quesito alusivo à participação em manobras perigosas. 23. Parecer do MPF pelo indeferimento da ordem. 24. (...). (HC 101698, Rel. Min. Luiz Fux, 1ª T., DJ 30.11.2011)

Jurisprudência complementar (STJ)

(...). "Racha". Crime de perigo concreto. Demonstração da potencialidade lesiva. Ocorrência. Substituição da pena privativa de liberdade por restritiva de direitos. Lei 9.714/98. Ausência de requisito subjetivo. I. O delito de racha previsto no art. 308 da Lei 9.503/97, por ser de perigo concreto, necessita, para a sua configuração, da demonstração da potencialidade lesiva, o que restou indicada na condenação guerreada. II. Para que o réu seja beneficiado com a substituição da pena privativa de liberdade por restritiva de direitos, é indispensável o preenchimento dos requisitos objetivos e subjetivos constantes do art. 44 do Código Penal. (...). (REsp 585.345, Rel. Min. Felix Fischer, DJ 16.2.2004)

(...). Homicídios. "Racha". Pronúncia. Desclassificação pretendida. I. É de ser reconhecido o prequestionamento quando a questão, objeto da irresignação rara, foi debatida no acórdão recorrido. II. Se plausível, portanto, a ocorrência do dolo eventual, o evento lesivo – no caso, duas mortes – deve ser submetido ao Tribunal do Júri. Inocorrência de negativa de vigência aos arts. 308 do CTB e 2º, parágrafo único do C. Penal. III. Não se pode generalizar a exclusão do dolo eventual em delitos praticados no trânsito. Na hipótese de "racha", em se tratando de pronúncia, a desclassificação da modalidade dolosa de homicídio para a culposa deve ser calcada em prova por demais sólida. No iudicium accusationis, inclusive, a eventual dúvida não favorece os acusados, incidindo, aí, a regra exposta na velha parêmia in dubio pro societate. IV. O dolo eventual, na prática, não é extraído da mente do autor mas, isto sim, das circunstâncias. Nele, não se exige que resultado seja aceito como tal, o que seria adequado ao dolo direto, mas isto sim, que a aceitação se mostre no plano do possível, provável. V. O tráfego é atividade própria de risco permitido. O "racha", no entanto, é – em princípio – anomalia extrema que escapa dos limites próprios da atividade regulamentada. (...). (REsp 249.604, Rel. Min. Felix Fischer, DJ 21.10.2002)

■ Dirigir sem a devida habilitação {art. 309}

Art. 309. Dirigir veículo automotor, em via pública, sem a devida Permissão para Dirigir ou Habilitação ou, ainda, se cassado o direito de dirigir, gerando perigo de dano:
Penas – detenção, de seis meses a um ano, ou multa.

Informativos (STF)

Crime de dirigir sem habilitação e lesão corporal culposa na direção de veículo

Incide o princípio da consunção entre os crimes de direção sem habilitação (CTB, art. 309) e, lesão corporal (CTB, art. 303). O crime de dirigir sem habilitação é absorvido pelo delito de lesão corporal. HC 128921, Rel. Min. Gilmar Mendes, 25.8.15. 2ª T. (Info 796)

Jurisprudência complementar (STF)

I. Infração de trânsito: direção de veículos automotores sem habilitação, nas vias terrestres: crime (CTB, art. 309) ou infração administrativa (CTB, art. 162, I), conforme ocorra ou não perigo concreto de dano: derrogação do art. 32 da Lei das Contravenções Penais (precedente: HC 80.362, Pl., 7.2.01, Inf. STF 217). 1. Em tese, constituir o fato infração administrativa não afasta, por si só, que simultaneamente configure infração penal. 2. No Código de Trânsito Brasileiro, entretanto, conforme expressamente disposto no seu art. 161 – e, cuidando-se de um código, já decorreria do art. 2º, § 1º, in fine, LICC – o ilícito administrativo só caracterizará infração penal se nele mesmo tipificado como crime, no Capítulo XIX do diploma. 3. Cingindo-se o CTB, art. 309, a incriminar a direção sem habilitação, quando gerar "perigo de dano", ficou derrogado, portanto, no âmbito normativo da lei nova – o trânsito nas vias terrestres – o art. 32 LCP, que tipificava a conduta como contravenção penal de perigo abstrato ou presumido. 4. A solução que restringe à órbita da infração administrativa a direção de veículo automotor sem habilitação, quando inexistente o perigo concreto de dano – já evidente pelas razões puramente dogmáticas anteriormente expostas –, é a que melhor corresponde ao histórico do processo legislativo do novo Código de Trânsito, assim como às inspirações da melhor doutrina penal contemporânea, decididamente avessa às infrações penais de perigo presumido ou abstrato. II. Recurso extraordinário prejudicado: "habeas corpus" de ofício. 5. Prejudicado o RE do Ministério Público, dado o provimento do recurso especial com o mesmo objeto, é de deferir-se "habeas corpus" de ofício, se a decisão do STJ – no sentido da subsistência integral ao CTB do art. 32 LCP, é ilegal, conforme precedente unânime do plenário do Supremo Tribunal. (RE 319556, Rel. Min. Sepúlveda Pertence, 1ª T., DJ 12.4.2002)

Jurisprudência complementar (STJ)

Conflito negativo de competência. Justiça Federal. Justiça Estadual. Carteira nacional de habilitação falsa apresentada à polícia rodoviária federal. Lesão de bem jurídico tutelado pela União. (...). Competência da Justiça Federal. 1. Apresentar carteira nacional de habilitação falsa à autoridade da Polícia Rodoviária Federal constitui lesão a bem jurídico tutelado pela União. (...). 2. Neste caso, a carteira nacional de habilitação falsa foi apresentada a policiais rodoviários federais, em abordagem de rotina. 3. Reconhecimento de competência da Justiça federal, nos termos do art. 109, IV, da Constituição Federal. (...). (CC 131.113, Rel. Min. Rogerio Schietti Cruz, DJ 17.12.2013)

Questões de concursos

1003. (FGV/TJ/PI/Analista/2015) Aristharco conduzia seu VW Karmann-Guia 1969, em via pública, nas proximidades da Praça Desembargador Edgard Nogueira, Centro Cívico, Teresina/PI, sem documento, vindo a colidir, por imprudência, com o Audi TT, de Rico, provocando-lhe escoriações diversas. Por ter reservado um camarote numa boate, Rico disse que não queria fazer qualquer tipo de registro policial, declarando expressamente sua vontade de não representar criminalmente contra Aristharco. Ainda assim, Policiais Militares conduzem todos à Delegacia de Polícia, onde Rico reitera sua vontade, terminando a autoridade policial por registrar todo o fato, encaminhando o procedimento ao Ministério Público. A conduta de Aristharco deve configurar:

a) lesão corporal culposa na direção de veículo automotor e crime de dirigir sem habilitação.

b) lesão corporal culposa na direção de veículo automotor.

c) crime de dirigir sem habilitação.

d) lesão corporal culposa na direção de veículo automotor, agravada pela ausência de habilitação.

e) crime algum, diante da extinção da punibilidade, pela renúncia à representação, absorvida a direção sem habilitação.

1004. (FCC/TJ/PE/Juiz/2015) No tocante aos crimes de trânsito, correto afirmar que

a) a suspensão ou a proibição de se obter a permissão ou a habilitação para dirigir veículo automotor não pode ser imposta cumulativamente com outras penalidades.

b) imprescindível o perigo de dano para a tipificação do delito de direção de veículo automotor, em via pública, sem a devida Permissão para Dirigir ou Habilitação ou, ainda, se cassado o direito de dirigir.

c) a circunstância de o agente não possuir carteira de habilitação constitui causa de aumento da pena tão-somente no crime de homicídio culposo na direção de veículo automotor

d) a penalidade de multa reparatória consiste no pagamento, mediante depósito judicial em favor da vítima, ou seus sucessores, de quantia fixada em salários mínimos.

e) a lei já não prevê a concentração de álcool por litro de sangue necessária para a configuração do delito de embriaguez ao volante.

Entregar Direção a não Capacitado {art. 310}

Art. 310. Permitir, confiar ou entregar a direção de veículo automotor a pessoa não habilitada, com habilitação cassada ou com o direito de dirigir suspenso, ou, ainda, a quem, por seu estado de saúde, física ou mental, ou por embriaguez, não esteja em condições de conduzi-lo com segurança:

Penas – detenção, de seis meses a um ano, ou multa.
Art. 310-A. (Vetado).

Informativos (STJ)

Caracterização do crime de entrega de direção de veículo automotor a pessoa não habilitada. Recurso repetitivo. Tema 901.

É de perigo abstrato o crime previsto no art. 310 do Código de Trânsito Brasileiro. Assim, não é exigível, para o aperfeiçoamento do crime, a ocorrência de lesão ou de perigo de dano concreto na conduta de quem permite, confia ou entrega a direção de veículo automotor a pessoa não habilitada, com habilitação cassada ou com o direito de dirigir suspenso, ou ainda a quem, por seu estado de saúde, física ou mental, ou por embriaguez, não esteja em condições de conduzi-lo com segurança. REsp 1.485.830, Rel. p/ ac. Min. Rogerio S. Cruz, 3ª Seção, DJ 29.5.15. (Info 563)

Caracterização do crime de entrega de direção de veículo automotor a pessoa não habilitada.

Para a configuração do crime consistente em "permitir, confiar ou entregar a direção de veículo automotor a pessoa não habilitada, com habilitação cassada ou com o direito de dirigir suspenso" (art. 310 do CTB), não é exigida a demonstração de perigo concreto de dano. REsp 1.468.099, Rel. Min. Nefi Cordeiro, DJ 15.4.15. 6ª T. (Info 559)

Crime do art. 310 do CTB. Exigência de perigo concreto de dano.

Para a configuração do crime previsto no art. 310 do CTB, é exigida a demonstração de perigo concreto de dano. Segundo a jurisprudência do STJ, o delito descrito no art. 309 do Código de Trânsito Brasileiro (CTB) – conduzir veículo automotor sem habilitação – necessita da existência de perigo concreto para sua configuração. No mesmo sentido segue a posição do STF, que, inclusive, editou a Súm. 720 sobre o tema. O mesmo entendimento deve ser aplicado ao delito previsto no art. 310 do CTB – permitir, confiar ou entregar a direção de veículo automotor a pessoa não habilitada. Assim, não basta a simples entrega do veículo a pessoa não habilitada para a caracterização do crime, fazendo-se necessária a demonstração de perigo concreto de dano decorrente de tal conduta. HC 118.310, Rel. Min. Og Fernandes, 18.10.12. 6ª T. (Info 507)

Jurisprudência complementar (STJ)

(...). Crime de trânsito. Art. 310 do CTB. Crime de perigo abstrato. Ausência de justa causa. Não ocorrência. 1. Nos termos dos precedentes desta Corte, o crime tipificado no art. 310 do Código de Trânsito Brasileiro é de perigo abstrato, sendo desnecessária a demonstração da efetiva potencialidade lesiva da conduta daquele que permite, confia ou entrega a direção de veículo automotor a pessoa não habilitada, com habilitação cassada ou com o direito de dirigir suspenso, ou, ainda, a quem, por seu estado de saúde, física ou mental, ou por embriaguez, não esteja em condições de conduzi-lo em via pública com segurança. (...). 2. Narrando a denúncia fato que amolda-se ao tipo do art. 310 do CTB, considerado de perigo abstrato, mostra-se incabível o trancamento da ação penal. 3. Negado provimento ao recurso ordinário em "habeas corpus". (RHC 47.447, Rel. Min. Nefi Cordeiro, DJ 29.4.2015)

(...). Permitir, confiar ou entregar a direção de veículo automotor a pessoa não habilitada (art. 310 do CTB). Atipicidade da conduta descrita na inicial. Trancamento da ação penal. Falta de demonstração do perigo concreto decorrente da conduta do acusado. Necessidade. (...). 2. O crime do art. 310 do Código de Trânsito Brasileiro não dispensa a demonstração da efetiva potencialidade lesiva da conduta. 3. O mero fato de confiar a direção do veículo a pessoa não habilitada é insuficiente para tipificar a conduta, porquanto o rebaixamento do nível de segurança no trânsito não pode ser simplesmente presumido. 4. A Sexta Turma já decidiu que o mesmo entendimento adotado pela jurisprudência dos Tribunais Superiores quanto ao delito descrito no art. 309 do Código de Trânsito Brasileiro (registrado inclusive na Súmula 720/STF), de que se exige a existência do perigo concreto para a configuração do crime, deve ser aplicado em relação ao delito previsto no art. 310 desse diploma legal. (...). Ordem expedida de ofício, para trancar a ação penal. (HC 278.784, Rel. Min. Sebastião Reis Júnior, DJ 18.8.2014)

Questões de concursos

1005. (Vunesp/PC/SP/Investigador/2014) Apolo e Afrodite estão em um bar, e Apolo decide ir para casa de madrugada. Apolo está visivelmente embriagado e Afrodite, mesmo sabendo disso, entrega seu automóvel para Apolo, que conduz o veículo até o condomínio em que ambos residem, mas não causa qualquer acidente e obedece a todas as regras de trânsito no trajeto. Nessa situação, e conforme estabelece o Código de Trânsito Brasileiro, é correto afirmar que:

a) apenas Apolo cometeu crime por dirigir embriagado

b) apenas Afrodite cometeu crime por emprestar seu automóvel a Apolo.

c) Apolo e Afrodite cometeram crimes

d) Afrodite teria cometido crime apenas e tão somente se Apolo tivesse se envolvido em acidente de trânsito com vítima.

e) nenhum dos dois cometeu crime algum, já que ninguém sofreu qualquer dano físico ou material

■ Direção Perigosa {art. 311}

Art. 311. Trafegar em velocidade incompatível com a segurança nas proximidades de escolas, hospitais, estações de embarque e desembarque de passageiros, logradouros estreitos, ou onde haja grande movimentação ou concentração de pessoas, gerando perigo de dano:

Penas – detenção, de seis meses a um ano, ou multa.

Questões de concursos

1006. (MPE/SC/Promotor/2016) O Código de Trânsito Brasileiro, em seu art. 311, prevê pena de detenção ou multa sempre que o condutor trafegar em velocidade incompatível com a segurança nas proximidades de escolas, hospitais, estações de embarque e desembarque de passageiros, logradouros estreitos, ou onde haja grande movimentação ou concentração de pessoas.

1007. (Funiversa/PC/DF/Delegado/2015) Em relação à Lei n. 9.503/1997, que trata dos crimes de trânsito, assinale a alternativa correta.

a) De acordo com a referida lei, constitui crime de trânsito punido com detenção a conduta do agente que trafegue em velocidade incompatível com a segurança nas proximidades de escolas, gerando perigo de dano.

b) Não há, na lei, previsão de pena de reclusão, sendo os crimes previstos puníveis com detenção e(ou) multa.

c) Não é prevista, entre as penalidades constantes na lei, multa reparatória.

d) Consoante essa norma, é circunstância que pode agravar a penalidade do crime de trânsito, conforme a apreciação subjetiva do juiz, ter o condutor do veículo cometido a infração sobre faixa de trânsito destinada a pedestre.

e) Uma das críticas que a doutrina faz ao legislador em relação aos crimes de trânsito se relaciona à ausência de previsão legal de benefício ao condutor do veículo que, após a prática da infração, preste pronto e integral socorro à vítima.

Fraude Processual em Crimes de Trânsito {art. 312}

Art. 312. Inovar artificiosamente, em caso de acidente automobilístico com vítima, na pendência do respectivo procedimento policial preparatório, inquérito policial ou processo penal, o estado de lugar, de coisa ou de pessoa, a fim de induzir a erro o agente policial, o perito, ou juiz:

Penas – detenção, de seis meses a um ano, ou multa.

Parágrafo único. Aplica-se o disposto neste artigo, ainda que não iniciados, quando da inovação, o procedimento preparatório, o inquérito ou o processo aos quais se refere.

(...)

Jurisprudência complementar (STF)

(...). Homicídio na direção de veículo automotor. Dolo eventual. Culpa consciente. Pronúncia. Tribunal do Júri. 1. Admissível, em crimes de homicídio na direção de veículo automotor, o reconhecimento do dolo eventual, a depender das circunstâncias concretas da conduta. (...). 2. Mesmo em crimes de trânsito, definir se os fatos, as provas e as circunstâncias do caso autorizam a condenação do paciente por homicídio doloso ou se, em realidade, trata-se de hipótese de homicídio culposo ou mesmo de inocorrência de crime é questão que cabe ao Conselho de Sentença do Tribunal do Júri. 3. Não cabe na pronúncia analisar e valorar profundamente as provas, pena inclusive de influenciar de forma indevida os jurados, de todo suficiente a indicação, fundamentada, da existência de provas da materialidade e autoria de crime de competência do Tribunal do Júri. (...). (RHC 116950, Rel. Min. Rosa Weber, 1ª T., DJ 14.2.2014)

VIOLÊNCIA DOMÉSTICA E FAMILIAR (LEI 11.340/06)

Lei 11.340, de 7 de agosto de 2006.

> *Cria mecanismos para coibir a violência doméstica e familiar contra a mulher, nos termos do § 8º do art. 226 da Constituição Federal, da Convenção sobre a Eliminação de Todas as Formas de Discriminação contra as Mulheres e da Convenção Interamericana para Prevenir, Punir e Erradicar a Violência contra a Mulher; dispõe sobre a criação dos Juizados de Violência Doméstica e Familiar contra a Mulher; altera o Código de Processo Penal, o Código Penal e a Lei de Execução Penal; e dá outras providências.*

O Presidente da República: faço saber que o Congresso Nacional decreta e eu sanciono a seguinte Lei:

Título I – **Disposições Preliminares**

■ Objetivos da Lei {art. 1º}

Art. 1º Esta Lei cria mecanismos para coibir e prevenir a violência doméstica e familiar contra a mulher, nos termos do § 8º do art. 226 da Constituição Federal, da Convenção sobre a Eliminação de Todas as Formas de Violência contra a Mulher, da Convenção Interamericana para Prevenir, Punir e Erradicar a Violência contra a Mulher e de outros tratados internacionais ratificados pela República Federativa do Brasil; dispõe sobre a criação dos Juizados de Violência Doméstica e Familiar contra a Mulher; e estabelece medidas de assistência e proteção às mulheres em situação de violência doméstica e familiar.

Informativos (STF)

Princípio da insignificância e violência doméstica

Inadmissível a aplicação do princípio da insignificância aos delitos praticados em situação de violência doméstica. RHC 133043, Rel. Min. Cármen Lúcia, 10.5.2016. 2ª T. (Info 825)

Jurisprudência complementar (STF)

(...). 2. Extorsão com emprego de arma de fogo. Condenação. Fixação de regime inicial fechado. 3. Pedidos de redução da pena-base ao mínimo legal, exclusão da agravante de crime praticado contra mulher (Lei Maria da Penha) e da majorante do emprego de arma de fogo, e, ainda, de fixação de regime inicial semiaberto. 4. Dosimetria. 4.1. Elevação da pena-base justificada na existência de circunstâncias judiciais desfavoráveis. 4.2. Agravantes devidamente justificadas. 4.2.1. A pretensão do réu foi obrigar a ex-companheira a transmitir um bem imóvel para seu nome, utilizando-se de violência física e moral, inclusive retirando do lar da vítima pertences pessoais e domésticos. 4.2.2. A jurisprudência do STF é no sentido de ser prescindível a apreensão de arma de fogo e a perícia para fins de majoração da pena quando comprovado o uso por outros meios de prova colhidos na instrução criminal. 5. As circunstâncias do crime, o quantum da pena fixado e a reincidência do sentenciado autorizam a manutenção do regime inicial fechado. 6. Ausência de constrangimento ilegal. (...). (RHC 113274, Rel. Min. Gilmar Mendes, 2ª T., DJ 10.9.2013)

Violência doméstica. Lei 11.340/06. Gêneros masculino e feminino. Tratamento diferenciado. O artigo 1º da Lei 11.340/06 surge, sob o ângulo do tratamento diferenciado entre os gêneros – mulher e homem –, harmônica com a Constituição Federal, no que necessária a proteção ante as peculiaridades física e moral da mulher e a cultura brasileira. Competência – violência doméstica – Lei 11.340/06 – juizados de violência doméstica e familiar contra a mulher. O artigo 33 da Lei 11.340/06, no que revela a conveniência de criação dos juizados de violência doméstica e familiar contra a mulher, não implica usurpação da competência normativa dos estados quanto à própria organização judiciária. Violência doméstica e familiar contra a mulher – regência – Lei 9.099/95 – afastamento. O artigo 41 da Lei 11.340/06, a afastar, nos crimes de violência doméstica contra a mulher, a Lei 9.099/95, mostra-se em consonância com o disposto no § 8º do artigo 226 da Carta da República, a prever a obrigatoriedade de o Estado adotar mecanismos que coíbam a violência no âmbito das relações familiares. (ADC 19, Rel. Min. Marco Aurélio, Pleno, 2014 DJ 29.4.2014)

Jurisprudência complementar (STJ)

(...). Competência. Violência doméstica e familiar contra a mulher. Relação íntima de afeto entre autores e vítima. Coabitação. Desnecessidade. Incidência da Lei Maria da Penha. Manifesto constrangimento ilegal não evidenciado. (...). 3. A Terceira Seção deste Superior Tribunal afirmou que o legislador, ao editar a Lei Maria da Penha, teve em conta a mulher numa perspectiva de gênero e em condições de hipossuficiência ou inferioridade física e econômica em relações patriarcais. Ainda, restou consignado que o escopo da lei é a proteção da mulher em situação de fragilidade/vulnerabilidade diante do homem ou de outra mulher, desde que caracterizado o vínculo de relação doméstica, familiar ou de afetividade (CC 88.027...). 4. A intenção do legislador, ao editar a Lei Maria da Penha, foi de dar proteção à mulher que tenha sofrido agressão decorrente de relacionamento amoroso, e não de relações transitórias, passageiras, sendo desnecessária, para a comprovação do aludido vínculo, a coabitação entre o agente e a vítima ao tempo do crime. 5. No caso dos autos, mostra-se configurada, em princípio, uma relação íntima de afeto entre autores e ofendida, pois, além de os agressores já terem convivido com a vítima, o próprio paciente (pai da vítima) declarou, perante a autoridade policial, que a ofendida morou com ele por algum tempo, tendo inclusive montado um quarto em sua residência para ela. 6. Para a incidência da Lei Maria da Penha, faz-se necessária a demonstração da convivência íntima, bem como de uma situação de vulnerabilidade da mulher, que justifique a incidência da norma de caráter protetivo, hipótese esta configurada nos autos. 7. Para efetivamente verificar se o delito supostamente praticado pelos pacientes não guarda nenhuma motivação de gênero nem tenha sido perpetrado em contexto de relação íntima de afeto, seria necessário o revolvimento de matéria fático-probatória, o que, conforme cediço, não é cabível no âmbito estrito do "writ". (...). (HC 181.246, Rel. Min. Sebastião Reis Júnior, DJ 6.9.2013)

Questões de concursos

1008. (Exatus/Ceron/Analista/2016) Assinale a alternativa correta no que tange a Lei Maria da Penha:

a) A coabitação entre os sujeitos ativo e passivo é condição para a aplicação da Lei n. 11.340/20006.

b) O Superior Tribunal de Justiça entende que não há a necessidade de coabitação para a aplicação da lei, bastando que se configure relação íntima de afeto entre agressor e vítima para atrair o rigor maior da lei.

c) O parentesco entre os sujeitos ativo e passivo é condição para a aplicação da lei.

d) O Superior Tribunal de Justiça, na ADIn n. 4.424/2012, estabeleceu a natureza incondicionada da ação penal nos crimes de ameaça praticados contra a mulher no ambiente doméstico.

1009. (FCC/DPE/MA/Defensor/2015) A "reintrodução da vítima no bojo do discurso jurídico-penal representa um grave retrocesso, dado que os interesses das vítimas, vingativos por excelência, são instrumentalizados para encabeçar campanhas de Lei e Ordem em detrimento de garantias penais e processuais penais do Direito Penal liberal". (Callegari; Wermuth, 2010, p. 77). O autor faz referência

a) à lei de tortura.

b) ao Estatuto do Desarmamento.

c) à lei "Maria da Penha".

d) à lei de drogas.

e) à lei contra abuso de autoridade.

■ Norma Explicativa {art. 2º}

> **Art. 2º** Toda mulher, independentemente de classe, raça, etnia, orientação sexual, renda, cultura, nível educacional, idade e religião, goza dos direitos fundamentais inerentes à pessoa humana, sendo-lhe asseguradas as oportunidades e facilidades para viver sem violência, preservar sua saúde física e mental e seu aperfeiçoamento moral, intelectual e social.

Direitos da Mulher {art. 3º}

Art. 3º Serão asseguradas às mulheres as condições para o exercício efetivo dos direitos à vida, à segurança, à saúde, à alimentação, à educação, à cultura, à moradia, ao acesso à justiça, ao esporte, ao lazer, ao trabalho, à cidadania, à liberdade, à dignidade, ao respeito e à convivência familiar e comunitária.

§ 1º O poder público desenvolverá políticas que visem garantir os direitos humanos das mulheres no âmbito das relações domésticas e familiares no sentido de resguardá-las de toda forma de negligência, discriminação, exploração, violência, crueldade e opressão.

§ 2º Cabe à família, à sociedade e ao poder público criar as condições necessárias para o efetivo exercício dos direitos enunciados no caput.

Jurisprudência complementar (STJ)

(...). Violência doméstica. Lesão corporal simples ou culposa praticada contra mulher no âmbito doméstico. Proteção da família. Proibição de aplicação da Lei 9.099/1995. Ação penal pública incondicionada. Recurso provido para cassar o acórdão e restabelecer a sentença. 1. A família é a base da sociedade e tem a especial proteção do Estado; a assistência à família será feita na pessoa de cada um dos que a integram, criando mecanismos para coibir a violência no âmbito de suas relações. (Inteligência do artigo 226 da Constituição da República). 2. As famílias que se erigem em meio à violência não possuem condições de ser base de apoio e desenvolvimento para os seus membros, os filhos daí advindos dificilmente terão condições de conviver sadiamente em sociedade, daí a preocupação do Estado em proteger especialmente essa instituição, criando mecanismos, como a Lei Maria da Penha, para tal desiderato. 3. Somente o procedimento da Lei 9.099/1995 exige representação da vítima no crime de lesão corporal leve e culposa para a propositura da ação penal. 4. Não se aplica aos crimes praticados contra a mulher, no âmbito doméstico e familiar, a Lei 9.099/1995. (Artigo 41 da Lei 11.340/2006). 5. A lesão corporal praticada contra a mulher no âmbito doméstico é qualificada por força do artigo 129, § 9º do Código Penal e se disciplina segundo as diretrizes desse Estatuto Legal, sendo a ação penal pública incondicionada. 6. A nova redação do parágrafo 9º do artigo 129 do Código Penal, feita pelo artigo 44 da Lei 11.340/2006, impondo pena máxima de três anos a lesão corporal qualificada, praticada no âmbito familiar, proíbe a utilização do procedimento dos Juizados Especiais, afastando por mais um motivo, a exigência de representação da vítima 7. Recurso provido para cassar o acórdão e restabelecer a decisão que recebeu a denúncia. (REsp 1000222, Rel. Min. Jane Silva, DJ 24.11.2008)

Questões de concursos

1010. (Exatus/Ceron/Técnico/2016) A Lei Maria da Penha assegura às mulheres as condições para o exercício efetivo dos seguintes direitos:

a) Direito à vida, à segurança, à saúde, à alimentação, à educação, à cultura, à moradia, ao acesso à justiça, ao esporte, ao lazer, ao trabalho, à cidadania, à liberdade, à dignidade, ao respeito e à convivência familiar e comunitária.

b) Direito à educação, à saúde, à alimentação, ao trabalho, à moradia, ao transporte, ao lazer, à segurança, à previdência social, a proteção à maternidade e à infância, e à assistência aos desamparados

c) Direito à educação, à saúde, à alimentação, ao trabalho, à moradia, ao lazer, à segurança, à previdência social, a proteção à maternidade e à infância, e à assistência aos desamparados.

d) Direito à vida, à segurança, à saúde, à alimentação, à educação, à moradia, ao acesso à justiça, ao lazer, ao trabalho, à cidadania, à liberdade, à dignidade, ao respeito e à convivência familiar e comunitária.

1011. (AMEOSC/Prefeitura_Palma_Sola/Assistente_Social/2016) Assinale a alternativa incorreta. Configura violência doméstica e familiar contra a mulher qualquer ação ou omissão baseada no gênero que lhe cause morte, lesão, sofrimento físico, sexual ou psicológico e dano moral ou patrimonial:

a) No sentido psíquico e metafísico.

b) No âmbito da unidade doméstica, compreendida como o espaço de convívio permanente de pessoas, com ou sem vínculo familiar, inclusive as esporadicamente agregadas.

c) No âmbito da família, compreendida como a comunidade formada por indivíduos que são ou se consideram aparentados, unidos por laços naturais, por afinidade ou por vontade expressa.

d) Em qualquer relação íntima de afeto, na qual o agressor conviva ou tenha convivido com a ofendida, independentemente de coabitação.

■ Condições Peculiares das Mulheres {art. 4º}

Art. 4º Na interpretação desta Lei, serão considerados os fins sociais a que ela se destina e, especialmente, as condições peculiares das mulheres em situação de violência doméstica e familiar.

Jurisprudência complementar (STJ)

(...). Lei Maria da Penha. Lesão corporal praticada pelo recorrente contra a ex-mulher. Pretensão de trancamento da ação penal por falta de justa causa. Medida excepcional. Ausência de justa causa não evidenciada de plano. Exame de provas incompatível com a via eleita. Alegação de incompetência absoluta do juízo especializado. Reciprocidade agressiva não delineada nos autos. Vulnerabilidade ínsita à condição da mulher. (...). 2. A conduta do recorrente foi perfeitamente descrita e subsumida no art. 129, § 9º, do Código Penal. 3. O argumento de que o fato narrado não passou de mero entrevero entre a vítima e o paciente, com lesões ínfimas e recíprocas, somente pode ser verificado mediante o amplo exame dos elementos fático-probatórios, providência inadmissível na via estreita do "habeas corpus", mormente nessa fase embrionária da ação penal. 4. A própria Lei 11.340/2006, ao criar mecanismos específicos para coibir e prevenir a violência doméstica praticada contra a mulher, buscando a igualdade substantiva entre os gêneros, fundou-se justamente na indiscutível desproporcionalidade física existente entre os gêneros, no histórico discriminatório e na cultura vigente. Ou seja, a fragilidade da mulher, sua hipossuficiência ou vulnerabilidade, na verdade, são os fundamentos que levaram o legislador a conferir proteção especial à mulher e por isso têm-se como presumidos.. 5. A análise das peculiaridades do caso concreto quanto ao fato de haver, ou não, demonstração da vulnerabilidade da vítima, numa perspectiva de gênero, mais uma vez esbarra na impossibilidade de se examinar o conjunto fático-probatório na via estreita do "writ". 6. Destarte, da forma como posta, a conduta praticada pelo ora paciente, qual seja, lesão corporal perpetrada contra sua ex-mulher, enquadra-se perfeitamente no tipo de injusto que exige a aplicação da norma protetiva, firmando, portanto, a competência do Juizado de Violência Doméstica e Familiar da Comarca do Rio de Janeiro/RJ para processar e julgar o feito. Exame probatório após a instrução devida. (...). (RHC 55.030, Rel. Min. Reynaldo Soares da Fonseca, DJ 29.6.2015)

(...). Lesão corporal. Lei Maria da Penha. Qualificadora prevista no § 9º do art. 129 do CP. Pretendida exclusão. Impossibilidade. (...). 1. A análise acerca da pretendida exclusão da qualificadora prevista no § 9º do art. 129 do Código Penal não implica antecipação do juízo de mérito que, após apreciação de todo o conjunto fático-probatório amealhado aos autos, caberá ao juiz de primeiro grau, que concluirá pela condenação ou pela absolvição do agente. Isso porque, para decidir pela competência de um ou de outro juízo, precisa-se, necessariamente, analisar, de forma objetiva, a possibilidade de incidência da qualificadora em questão no caso sub examine. 2. No âmbito do Direito Penal, o simples fato de a infração penal ser perpetrada no âmbito de relações extraconjugais não pode ensejar o afastamento da Lei Maria da

Penha. Na verdade, o diploma legal deve ser interpretado ante os fins sociais a que se destina, considerando-se, principalmente, as condições peculiares das mulheres em situação de violência doméstica e familiar, conforme se depreende do art. 4º da Lei 11.340/2006. 3. Para a incidência da Lei Maria da Penha, basta a comprovação de que a violência contra a mulher tenha sido exercida no âmbito da unidade doméstica, da família ou de qualquer relação íntima de afeto, na qual o agressor conviva ou tenha convivido com a ofendida, hipóteses que devem ser analisadas caso a caso. 4. Não há provas inequívocas nos autos acerca do momento em que autor e vítima mantiveram relação doméstica, familiar ou mesmo afetiva, de modo que não há como afastar a contemporaneidade entre tal relação e a prática ilícita relatada. 5. Visto que que o "habeas corpus" não admite o revolvimento de matéria fático-probatória e que o feito ainda está em fase de instrução, não há como ilidir, pela via eleita, a alegação de que o delito de lesão corporal em tese praticado pelo recorrente não se amolda aos requisitos exigidos pela Lei 11.340/2006 e que, consequentemente, seria competente o Juizado Especial para o processamento e o julgamento do feito. (...). (RHC 43.927, Rel. Min. Rogerio Schietti Cruz, DJ 7.5.2015)

Título II – Da Violência Doméstica e Familiar contra a Mulher

Capítulo I – Disposições Gerais

■ Espécies de Violência Doméstica e Familiar {art. 5º}

Art. 5º Para os efeitos desta Lei, configura violência doméstica e familiar contra a mulher qualquer ação ou omissão baseada no gênero que lhe cause morte, lesão, sofrimento físico, sexual ou psicológico e dano moral ou patrimonial:

I – no âmbito da unidade doméstica, compreendida como o espaço de convívio permanente de pessoas, com ou sem vínculo familiar, inclusive as esporadicamente agregadas;

II – no âmbito da família, compreendida como a comunidade formada por indivíduos que são ou se consideram aparentados, unidos por laços naturais, por afinidade ou por vontade expressa;

III – em qualquer relação íntima de afeto, na qual o agressor conviva ou tenha convivido com a ofendida, independentemente de coabitação.

Parágrafo único. As relações pessoais enunciadas neste artigo independem de orientação sexual.

Informativos (STJ)

Aplicação da Lei Maria da Penha na relação entre mãe e filha.

É possível a incidência da Lei 11.340/06 (Lei Maria da Penha) nas relações entre mãe e filha. HC 277.561, Rel. Min. Jorge Mussi, 6.11.14. 5ª T. (Info 551)

Lei Maria da Penha. Briga entre irmãos.

A hipótese de briga entre irmãos – que ameaçaram a vítima de morte – amolda-se àqueles objetos de proteção da Lei 11.340/06 (Lei Maria da Penha). HC 184.990, Rel. Min. Og Fernandes, 12.6.12. 6ª T. (Info 499)

Lei Maria da Penha. Crime de ameaça entre irmãos.

Estabelecida a competência de uma das varas do Juizado de Violência Doméstica e Familiar contra a Mulher para examinar processo em que se apura a prática do crime de ameaça. Na hipótese, o recorrido foi ao apartamento da sua irmã, com vontade livre e consciente, fazendo várias ameaças de causar-lhe mal injusto e grave, além de ter provocado danos materiais em seu carro, causando-lhe sofrimento psicológico e dano moral e patrimonial, no intuito de forçá-la a abrir mão do controle da pensão que a mãe de ambos recebe. A relação existente entre o sujeito ativo e o passivo deve ser analisada em face do caso concreto, para verificar a aplicação da Lei Maria da Penha, tendo o recorrido se valido de sua autoridade de irmão da vítima para subjugar a sua irmã, com o fim de obter para si o controle do dinheiro da pensão, sendo desnecessário configurar a coabitação entre eles. REsp 1.239.850, Rel. Min. Laurita Vaz, 16.2.12. 5ª T. (Info 491)

Qualificadora. Lesão corporal contra homem. Violência doméstica.

O aumento de pena do § 9º do art. 129 do CP, alterado pela Lei 11.340/06, aplica-se às lesões corporais cometidas contra homem no âmbito das relações domésticas. Apesar da Lei Maria da Penha ser destinada à proteção da mulher, o referido acréscimo visa tutelar as demais desigualdades encontradas nas relações domésticas. RHC 27.622, Rel. Min. Jorge Mussi, 7.8.12. 5ª T. (Info 501)

Jurisprudência complementar (STF)

Ação penal. Violência doméstica contra a mulher. Lesão corporal – natureza. A ação penal relativa a lesão corporal resultante de violência doméstica contra a mulher é pública incondicionada – considerações (ADI 4424 / DF, Rel. Min. Marco Aurélio).

Jurisprudência complementar (STJ)

Civil. Relação homossexual. União estável. Reconhecimento. Emprego da analogia. 1. "A regra do art. 226, § 3º da Constituição, que se refere ao reconhecimento da união estável entre homem e mulher, representou a superação da distinção que se fazia anteriormente entre o casamento e as relações de companheirismo. Trata-se de norma inclusiva, de inspiração anti-discriminatória, que não deve ser interpretada como norma excludente e discriminatória, voltada a impedir a aplicação do regime da união estável às relações homoafetivas". 2. É juridicamente possível pedido de reconhecimento de união estável de casal homossexual, uma vez que não há, no ordenamento jurídico brasileiro, vedação explícita ao ajuizamento de demanda com tal propósito. Competência do juízo da vara de família para julgar o pedido. 3. Os arts. 4º e 5º da Lei de Introdução do Código Civil autorizam o julgador a reconhecer a união estável entre pessoas de mesmo sexo. 4. A extensão, aos relacionamentos homoafetivos, dos efeitos jurídicos do regime de união estável aplicável aos casais heterossexuais traduz a corporificação dos princípios constitucionais da igualdade e da dignidade da pessoa humana. 5. A Lei Maria da Penha atribuiu às uniões homoafetivas o caráter de entidade familiar, ao prever, no seu artigo 5º, parágrafo único, que as relações pessoais mencionadas naquele dispositivo independem de orientação sexual. (REsp 827.962, Rel. Min. João Otávio de Noronha, DJ 8.8.2011)

(...). Violência doméstica e familiar contra a mulher. Maus tratos e injúria supostamente praticados contra genitora. Incidência da lei maria da penha. Inexistente manifesto constrangimento ilegal. (...). 2. A Lei Maria da Penha objetiva proteger a mulher da violência doméstica e familiar que, cometida no âmbito da unidade doméstica, da família ou em qualquer relação íntima de afeto, cause-lhe morte, lesão, sofrimento físico, sexual ou psicológico, e dano moral ou patrimonial. 3. Estão no âmbito de abrangência do delito de violência doméstica e podem integrar o polo passivo da ação delituosa as esposas, as companheiras ou amantes, bem como a mãe, as filhas, as netas do agressor e também a sogra, a avó ou qualquer outra parente que mantém vínculo familiar ou afetivo com ele. 4. No caso dos autos, não há ilegalidade evidente a ser reparada, pois mostra-se configurada a incidência da Lei 11.343/2006, nos termos do art. 5º, I, ante os relatados maus tratos e injúria em tese sofridos pela mãe do suposto agressor. (...). (HC 310.154, Rel. Min. Sebastião Reis Júnior, DJ 13.5.2015)

(...). Vias de fato. Lei Maria da Penha. Conduta praticada contra irmã. Inexistência de coabitação. Irrelevância. Vulnerabilidade ínsita à condição da mulher hodierna. Ausência de constrangimento ilegal. 1. Esta Corte Superior de Justiça tem entendimento consolidado no sentido de que a caracterização da violência doméstica e familiar contra a mulher não depende do fato de agente e vítima conviverem sob o mesmo teto, sendo certo que a sua hipossuficiência e vulnerabilidade é presumida pela Lei 11.340/06. (...). 2. Na hipótese, depreende-se que os fatos atribuídos ao paciente, não obstante tenham ocorrido em local público, foram nitidamente influenciados pela relação familiar que mantém com a vítima, sua irmã, circunstância que dá ensejo à incidência da norma contida no artigo 5º, inciso II, da Lei Maria da Penha. (...). (HC 280.082, Rel. Min. Jorge Mussi, DJ 25.2.2015)

(...). Lei Maria da Penha. Ameaça e lesão corporal. Nulidades. Incompetência do juízo. Inocorrência. Nulidade da citação. Vício sanado pelas instâncias ordinárias. Decretação da prisão preventiva. Ausência de contraditório e ampla defesa. Desnecessidade. Laudo pericial realizado com base em exame particular. Supressão de instância. (...). I. "A Lei 11.340/2006, denominada Lei Maria da Penha, em seu art. 5º, inc. III, caracteriza como violência doméstica aquela em que o agressor conviva ou tenha convivido com a ofendida, independentemente de coabitação" (CC 100654). II. No que se refere à nulidade da citação, o juízo de origem reconheceu o equívoco em relação à realização da citação por hora certa, anulando o ato e determinando a citação por edital, não se constatando prejuízo para a defesa. III. Ao juiz é dado decretar a prisão preventiva, inclusive de ofício, quando no curso do processo, consoante se depreende da leitura do art. 311, do Código de Processo Penal, não havendo que se falar em ofensa ao devido processo legal pela ausência de intimação da defesa. IV. Quanto à nulidade do laudo pericial, realizado com base em exame particular, não houve pronunciamento sobre o tema por parte do eg. Tribunal a quo, de modo que não é possível ao Superior Tribunal de Justiça conhecer pela vez primeira de matéria não debatida nas instâncias ordinárias, sob pena de indevida supressão de instância. (...). (RHC 51.303, Rel. Min. Felix Fischer, DJ 18.12.2014)

Questões de concursos

1012. (FGV/OAB/XX_Exame/2016) A Lei Maria da Penha objetiva proteger a mulher da violência doméstica e familiar que lhe cause morte, lesão, sofrimento físico, sexual ou psicológico, e dano moral ou patrimonial, desde que o crime seja cometido no âmbito da unidade doméstica, da família ou em qualquer relação íntima de afeto. Diante deste quadro, após agredir sua antiga companheira, porque ela não quis retomar o relacionamento encerrado, causando-lhe lesões leves, Jorge o(a) procura para saber se sua conduta fará incidir as regras da Lei n. 11.340/06. Considerando o que foi acima destacado, você, como advogado(a) irá esclarecê-lo de que:

   a) o crime em tese praticado ostenta a natureza de infração de menor potencial ofensivo.

b) a violência doméstica de que trata a Lei Maria da Penha abrange qualquer relação íntima de afeto, sendo indispensável a coabitação.

c) a agressão do companheiro contra a companheira, mesmo cessado o relacionamento, mas que ocorra em decorrência dele, caracteriza a violência doméstica e autoriza a incidência da Lei n. 11.340/06.

d) ao contrário da transação penal, em tese se mostra possível a suspensão condicional do processo na hipótese de delito sujeito ao rito da Lei Maria da Penha.

1013. (Exatus/Ceron/Agente/2016) Para os efeitos da Lei Maria da Penha, configura-se violência doméstica e familiar contra a mulher:

a) Toda e qualquer ação baseada no gênero que lhe cause morte, lesão, sofrimento físico, sexual ou psicológico, ressalvadas as hipóteses de dano patrimonial.

b) Qualquer ação ou omissão baseada no gênero que lhe cause morte, lesão, sofrimento físico, sexual ou psicológico, ressalvadas as hipóteses de dano patrimonial.

c) Toda e qualquer ação baseada no gênero que lhe cause morte, lesão, sofrimento físico ou sexual, não incluindo o dano moral ou patrimonial.

d) Qualquer ação ou omissão baseada no gênero que lhe cause morte, lesão, sofrimento físico, sexual ou psicológico e dano moral ou patrimonial.

1014. (Cespe/DPU/Assistente_Social/2016) A violência doméstica e familiar contra a mulher é caracterizada pela ação ou omissão que ocasione morte, lesão, sofrimento físico, sexual ou psicológico, além de dano moral ou patrimonial, ocorrido em espaço de convívio permanente ou esporádico de pessoas, com ou sem vínculo familiar.

1015. (FCC/DPE/SP/Assistente_Social/2015) De acordo com a Lei n. 11.340, de 7 de agosto de 2006 – Lei Maria da Penha, configura-se como violência doméstica e familiar qualquer ação baseada em gênero que cause morte, lesão, sofrimento físico, sexual, psicológico e dano moral e/ou patrimonial. Sendo assim, considera-se violência familiar aquela que ocorre no âmbito

a) doméstico, composto pelo convívio de pessoas, com ou sem vínculo familiar, inclusive as esporadicamente agregadas.

b) doméstico entre indivíduos que não possuem vínculos naturais, apenas afinidade ou por vontade expressa.

c) doméstico, entre indivíduos e que se consideram aparentados pela proximidade, apesar de não possuem vínculos naturais.

d) da família, composta por indivíduos que são aparentados, que possuem vínculos naturais e afinidades.

e) da família, composta por indivíduos que são ou se consideram aparentados, que possuem vínculos naturais, de afinidade ou por vontade expressa.

1016. (FGV/DPE/RO/Analista/2015) O jovem Pedro, 18 anos, foi denunciado na Delegacia de Polícia após bater em sua avó Ana, 70 anos. Em sede policial, o jovem admitiu que havia fumado maconha e que agrediu e xingou a avó porque ela se recusou a levantar da cama de madrugada para preparar comida para ele. Considerando a legislação que trata da violência doméstica familiar e contra a mulher, é correto afirmar que:

a) não se aplica na situação a Lei Maria da Penha, porque cabe medida educativa para o porte de droga para consumo pessoal.

b) aplica-se no caso exposto apenas o Estatuto do Idoso, considerando a idade da mulher vítima.

c) aplica-se aí a Lei Maria da Penha, considerando a relação de parentesco e convivência doméstica entre avó e neto.

d) não se aplica no caso a Lei Maria da Penha, porque o agressor tem idade inferior a 21 anos e faz jus à proteção do ECA.

e) aplica-se no caso apresentado a Lei Maria da Penha, porque uma mulher integra o polo ativo da ação delituosa.

1017. (MPE/PR/Promotor/2014) A Lei n. 11.340/06 criou mecanismos para coibir a violência doméstica e familiar contra a mulher, regulamentando o § 8º, do art. 226, da CF, de acordo com as previsões da Convenção sobre a Eliminação de Todas as Formas de Discriminação contra as Mulheres e da Convenção Interamericana para Prevenir, Punir e Erradicar a Violência contra a Mulher. Quanto aos seus dispositivos de natureza penal, assinale a alternativa incorreta:

a) O conceito de violência doméstica e familiar utilizado para fins de definição de conduta típica trazido pela Lei é o de ação ou omissão baseada no gênero (art. 5º, caput), que cause morte, lesão, sofrimento físico, sexual ou psicológico e ainda, dano moral ou patrimonial.

b) Para a configuração das agravantes penais trazidas pela Lei, prevê-se que a violência praticada contra a mulher haja ocorrido dentro da família ou unidade doméstica, exigindo-se para tanto a constatação da existência de convivência presente ou passada em uma relação de coabitação.

c) Segundo a Lei, considera-se família a comunidade formada por indivíduos que são ou se consideram aparentados, unidos por laços naturais, por afinidade ou por vontade expressa, conceito este que merece interpretação restritiva para fins penais, sob pena de ofensa ao princípio da taxatividade e, consequentemente, da legalidade.

d) Conforme dispõe a Lei, violência física é a lesão corporal praticada contra a mulher no âmbito doméstico ou familiar, sendo que nesse caso já existe tipo penal incriminador próprio (art. 129, §§ 9º e 10, do Código Penal), o que necessariamente afasta a aplicação da agravante prevista no art. 61, inc. II, alínea "f", do mesmo "Codex", em razão da vedação da prática de "bis in idem".

e) O dispositivo legal que traz a previsão da possibilidade de ocorrência de violência patrimonial contra a mulher, sendo esta descrita como qualquer conduta que configure retenção, subtração, destruição parcial ou total de seus objetos, instrumentos de trabalho, documentos pessoais, bens, valores e direitos ou recursos econômicos, incluindo os destinados a satisfazer suas necessidades, encontra verdadeira limitação de aplicação em razão das imunidades fixadas pelos arts. 181 e 182 do Código Penal.

1018. **(Funcab/Prefeitura_RioBranco/Agente_Administrativo/2014)** A Lei Federal n. 11.340/2006, conhecida como Lei Maria da Penha, cria mecanismos para coibir e prevenir a violência contra a mulher, dispõe sobre a criação de juizados especiais para atendimento à mulher violentada e estabelece medidas de assistência e proteção às mulheres em situação de violência. Os mecanismos a que se refere essa lei visam protegera mulher que sofra violência:

a) no âmbito religioso.

b) no âmbito profissional.

c) em qualquer âmbito.

d) no âmbito doméstico e familiar.

e) no âmbito escolar ou universitário.

1019. **(MPE/SC/Promotor/2014)** O crime de lesão corporal com violência doméstica somente pode ser praticado contra cônjuge ou companheira, com quem o autor da agressão conviva ou tenha convivido na época dos fatos.

1020. **(AOCP/UFC/Assistente_Social/2014)** Configura violência doméstica e familiar contra a mulher qualquer ação ou omissão baseada no gênero que lhe cause morte, lesão, sofrimento físico, sexual ou psicológico e dano moral ou patrimonial. Sobre o âmbito que configura a violência doméstica e familiar contra a mulher, analise as assertivas e assinale a alternativa que aponta as corretas.

I. No âmbito da unidade doméstica, compreendida como o espaço de convívio permanente de pessoas, com ou sem vínculo familiar, inclusive as esporadicamente agregadas.

II. No âmbito da família, compreendida como a comunidade formada por indivíduos que são ou se consideram aparentados, unidos por laços naturais, por afinidade ou por vontade expressa.

III. Em qualquer relação íntima de afeto, na qual o agressor conviva ou tenha convivido com a ofendida, independentemente de coabitação.

IV. A violência doméstica e familiar contra a mulher constitui uma das formas de violação dos direitos sociais.

a) Apenas I, II e III.

b) Apenas I, II e IV.

c) Apenas II, III e IV.

d) Apenas II e IV.

e) Apenas III e IV.

1021. (Fundep/CAU-MG/Assistente_Administrativo/2014) São previstas na Lei Maria da Penha (Lei n. 11.340/2006), que cria mecanismos para coibir a violência contra a mulher, as formas de violência doméstica e familiar contra a mulher. A forma que se manifesta em "qualquer conduta que configure calúnia, difamação, ou injúria" é, legalmente classificada como violência:

a) sexual.

b) moral.

c) institucional.

d) física.

1022. (Cespe/PC/BA/Delegado/2013) A violência psicológica, uma das espécies de violência contra a mulher previstas na Lei Maria da Penha, resulta de conduta que cause, entre outros problemas, dano emocional e diminuição da autoestima da vítima.

1023. (Cespe/DPE/RR/Defensor/2013) Com base no disposto na Lei Maria da Penha Lei n. 11.340/2006 , assinale a opção correta.

a) A lei em pauta estabelece a habitualidade das condutas como requisito configurador das infrações nela contempladas, ou seja, como elemento constitutivo do tipo.

b) Caso uma empregada doméstica, maior e capaz, ao receber a notícia que será despedida, sob a suspeita da prática de furtos, agrida seu patrão — este com sessenta e sete anos de idade e fuja, tal conduta da empregada em face do patrão caracterizará violência doméstica expressamente tipificada na lei em questão.

c) A violência familiar, assim considerada para efeitos da lei em pauta, engloba a praticada entre pessoas unidas por vínculo jurídico de natureza familiar ou por vontade expressa.

d) O conflito entre vizinhas de que resulte violência física e agressões verbais constitui evento que integra a esfera da violência doméstica e familiar de que trata a lei em apreço.

e) Para a caracterização de violência doméstica e familiar é imprescindível a existência de vínculo familiar entre o agente e o paciente.

1024. (Cespe/TJ/RR/ Cartórios/2013) À luz do disposto na Lei n. 11.340/2006 (Lei Maria da Penha), assinale a opção correta.

a) A referida lei não prevê, como forma de violência doméstica e familiar contra a mulher, a violência patrimonial.

b) Na ação relativa à prática de crimes mediante violência doméstica e familiar contra a mulher, independentemente da pena prevista, é vedado o oferecimento de transação penal, sendo permitida, entretanto, a suspensão condicional do processo.

c) Para que seja configurada violência doméstica e familiar contra a mulher, é indispensável que o agressor e a vítima coabitem o mesmo lar.

d) De acordo com o entendimento consolidado do STF e do STJ, o crime de lesão corporal leve ou culposa praticado contra a mulher no âmbito das relações domésticas deve ser processado mediante ação penal pública condicionada à representação da vítima.

e) Conforme entendimento do STJ, embora a Lei Maria da Penha vise à proteção da mulher, o aumento da pena nela prevista para a prática do crime de lesão corporal praticada mediante violência doméstica, tipificado no Código Penal, aplica-se também no caso de a vítima ser do sexo masculino.

1025. (Cespe/PRF/Policial_Rodoviário/2013) Considerando que, inconformado com o término do namoro de mais de vinte anos, José tenha agredido sua ex-namorada Maria, com quem não coabitava, ele estará sujeito à aplicação da lei de combate à violência doméstica e familiar contra a mulher, conhecida como Lei Maria da Penha.

1026. (Cespe/PC/DF/Agente/2013) Nos termos da Lei n. 11.340/2006 – Lei Maria da Penha –, a empregada doméstica poderá ser sujeito passivo de violência praticada por seus empregadores.

1027. (Cespe/PC/AL/Escrivão/2012) A Lei Maria da Penha incide apenas nos casos em que a violência doméstica e familiar contra a mulher, que consiste em ação ou omissão, baseada no gênero, que resulte em morte, lesão, sofrimento físico, sexual ou psicológico e dano moral ou patrimonial, é praticada no âmbito da unidade doméstica.

1028. (Cespe/TJ/RO/Oficial_Justiça/2012) A respeito da lei que versa sobre a violência doméstica e familiar contra a mulher e dos crimes contra a pessoa, assinale a opção correta.

a) O agente que ofender à integridade corporal da companheira, no ambiente doméstico e familiar, responderá pela lesão corporal perpetrada, com a incidência da agravante, em virtude de a ofensa ter-se concretizado em ambiente doméstico e com o uso de violência.

b) É vedado expressamente ao juiz aplicar o perdão judicial à prática de lesão corporal culposa ou dolosa ocorrida no ambiente doméstico e familiar contra a mulher.

c) A norma em questão considera violência patrimonial contra a mulher qualquer conduta que configure retenção, subtração, destruição de seus objetos, instrumentos de trabalho, documentos pessoais e bens.

d) Se a vítima da violência doméstica e familiar for do sexo feminino e portadora de deficiência física, a pena do agressor será aumentada da metade.

e) Configura-se como violência doméstica e familiar contra a mulher a ação ocorrida no âmbito doméstico e familiar que tenha sido praticada por agressor que conviva ou tenha convivido com a ofendida, sendo imprescindível a coabitação de agressor e ofendida para a configuração desse tipo de violência.

1029. (Officium/TJ/RS/Juiz/2012) Relativamente aos delitos de violência doméstica previstos na Lei n. 11.340/2006 (Lei Maria da Penha), considere as assertivas abaixo.

I. As agressões perpetradas de irmão contra irmã e de nora contra sogra se subsumem à Lei Maria da Penha.

II. Processar e julgar maus-tratos cometidos pelos pais adotivos contra a filha criança não é de competência do Juizado Especial de Violência Doméstica e Familiar contra a Mulher.

III. Aplica-se aos crimes praticados com violência doméstica contra a mulher a Lei n. 9.099/1995 (Lei dos Juizados Especiais Criminais), quando a pena máxima prevista for inferior a 2 (dois) anos.

Quais são corretas?

a) Apenas I.
b) Apenas II.
c) Apenas III.
d) Apenas I e II.
e) I, II e III.

1030. (Cespe/MPE/PI/Promotor/2012) Considerando as disposições contidas no CP e na doutrina, bem como nas Leis n. 11.340/2006 Lei Maria da Penha e n. 7.716/1989, que trata dos crimes resultantes de preconceitos de raça ou de cor, etnia, religião ou procedência nacional, assinale a opção correta.

a) Considere que Mauro, irritado com a demora no andamento da fila do caixa de um supermercado, tenha proferido xingamentos direcionados à atendente do caixa, atribuindo a demora no atendimento à inferioridade intelectual que, segundo ele, era característica intrínseca da raça a que a moça pertencia. Nessa situação, Mauro deve ser acusado de crime de racismo, previsto na legislação específica, por ter negado à funcionária, por motivo racial, o direito de trabalho no comércio.

b) Ficará isento de pena o querelado que, antes do trânsito em julgado da sentença condenatória, ainda que após a sentença de primeiro grau, se retrate cabalmente de calúnia ou difamação.

c) O MP não deve intervir nas causas cíveis decorrentes de violência doméstica e familiar contra a mulher, salvo quando for parte, sendo, contudo, obrigatória sua intervenção nas causas criminais que envolvam violência contra a mulher.

d) Suponha que, durante uma discussão, Josefa agrida fisicamente Joana, com quem mantenha relacionamento amoroso durante longo tempo. Suponha, ainda, que Joana sofra lesões leves e que Josefa seja processada e condenada pelo crime, com base no CP, a pena privativa de liberdade de dois anos. Nessa situação, sendo a pena inferior a quatro anos e presentes os demais requisitos legais, cabe, a critério do juiz, a substituição da pena privativa de liberdade por pena de doações mensais de cestas básicas, se o entender suficiente para a reprovação da conduta.

e) Pratica o denominado crime exaurido o agente que, mesmo após atingir o resultado pretendido, continua a agredir o bem jurídico protegido pela norma penal.

Questões de concursos

1031. **(Faurgs/TJ/RS/Psicólogo/2016)** Conforme descrito no art. 5º da Lei Maria da Penha (Lei n. 11.340, de 7 de agosto de 2006), não configura violência doméstica e familiar contra a mulher qualquer ação ou omissão baseada no gênero que cause

a) morte ou lesão.

b) sofrimento físico, sexual ou psicológico.

c) negligência.

d) dano moral.

e) dano patrimonial.

1032. **(MSConcursos/Cassems/Técnico/2016)** Tendo em mente a Lei n. 11.340/2006 (Lei Maria da Penha), analise as alternativas e marque a incorreta.

a) As relações pessoais enunciadas no art. 5º da Lei Maria da Penha dependem de orientação sexual.

b) A violência doméstica e familiar contra a mulher constitui uma das formas de violação dos direitos humanos.

c) São formas de violência doméstica e familiar contra a mulher, entre outras a violência moral, entendida como qualquer conduta que configure calúnia, difamação ou injúria.

d) O juiz determinará, por prazo certo, a inclusão da mulher em situação de violência doméstica e familiar no cadastro de programas assistenciais do governo federal, estadual e municipal.

1033. (Vunesp/TJ/MS/Juiz/2015) Dulce mantém relacionamento afetivo com Ana por cerca de dez anos, sendo diariamente ofendida, por meio de palavras e gestos. Deprimida, Dulce perdeu o emprego e assinou procuração à companheira Ana, que vem dilapidando o patrimônio comum do casal e bens particulares da companheira, sem prestação de contas ou partilha. Dulce se dirigiu à Delegacia de Defesa da Mulher, onde:

a) foi lavrado Termo Circunstanciado pela possível prática de delito de menor potencial ofensivo, regido pela Lei dos Juizados Especiais Criminais (Lei no 9.099/99).

b) foi lavrado Boletim de Ocorrência, após notícia dos fatos, porque Dulce foi vítima de violência patrimonial e psicológica, por condição de gênero feminino.

c) não foi lavrado Boletim de Ocorrência, após notícia dos fatos, porque Ana, autora dos fatos, é mulher, e, portanto, Dulce não está em situação de vulnerabilidade.

d) não foi lavrado Boletim de Ocorrência, após notícia dos fatos, porque a violência patrimonial implica ilícito civil, não contemplado pela Lei Maria da Penha (Lei no 11.340/06).

e) recebeu notificação para entrega à companheira Ana comparecer, na condição de averiguada, perante a Autoridade Policial, para prestar esclarecimentos.

1034. (FGV/Susam/Advogado/2014) Segundo a jurisprudência majoritária dos Tribunais Superiores, com relação à Lei n. 11.340/2006 (Lei Maria da Penha), assinale a afirmativa incorreta.

a) A Lei Maria da Penha tem aplicação quando se trata de briga de ex-namorados decorrente do anterior relacionamento.

b) Não se aplica a suspensão do processo no crime de lesão corporal envolvendo marido e mulher, ainda que a vítima seja do sexo masculino.

c) O crime de ameaça envolvendo marido e mulher é de ação penal pública condicionada à representação.

d) Nos casos de violência doméstica e familiar contra a mulher, é vedada a aplicação de penas de cesta básica ou outras de prestação pecuniária, bem como a substituição de pena que implique o pagamento isolado de multa.

e) Nas ações penais públicas condicionadas à representação da ofendida, de que trata a Lei n. 11.340/2006, só será admitida a renúncia à representação perante o juiz, em audiência especialmente designada com tal finalidade, antes do recebimento da denúncia, devendo ser ouvido o Ministério Público.

Violação aos Direitos Humanos {art. 6º}

Art. 6º A violência doméstica e familiar contra a mulher constitui uma das formas de violação dos direitos humanos.

Questões de concursos

1035. (UFPI/Prefeitura_Teresina/Guarda_Municipal/2015) No que tange à violência contra a mulher, considerando o estatuído na Lei Maria da Penha, é correto afirmar, exceto:

a) Não configura violação aos direitos humanos a violência doméstica e familiar contra a mulher.

b) Configura violência doméstica e familiar contra a mulher, qualquer ação ou omissão baseada no gênero que lhe cause lesão, praticada por agressor com o qual conviva, em relação íntima de afeto, independentemente de coabitação.

c) Configura violência doméstica e familiar contra a mulher qualquer ação ou omissão baseada no gênero que lhe cause sofrimento físico verificada no âmbito da família, compreendida esta como comunidade de indivíduos que são ou se consideram aparentados, unidos por laços naturais, por afinidade ou por vontade expressa.

d) Cabe à autoridade policial garantir proteção à mulher em situação de violência doméstica e familiar, quando necessário, comunicando imediatamente ao Ministério Público e ao Poder Judiciário.

e) Cabe à autoridade policial fornecer transporte para a mulher em situação de violência doméstica e familiar e a seus dependentes para abrigo ou local seguro, quando houver risco de vida.

1036. (Vunesp/PC/SP/Desenhista/2014) À luz da Lei n. 11.340/2006 – Lei Maria da Penha, é correto afirmar que

a) a violência doméstica e familiar contra a mulher constitui uma das formas de violação dos direitos humanos.

b) tal norma não é aplicável aos crimes praticados com violência doméstica e familiar contra crianças e adolescentes de sexo feminino.

c) não caracteriza violência moral a conduta que configure calúnia, difamação ou injúria contra a mulher.

d) é permitida a aplicação, nos casos de violência doméstica e familiar contra a mulher, de penas de cesta básica ou outras de prestação pecuniária, bem como a substituição de pena que implique o pagamento isolado de multa.

e) aplica-se a Lei n. 9.099/1995 – Juizados Especiais Cíveis e Criminais – aos crimes praticados com violência doméstica e familiar contra a mulher.

> *Capítulo II* – **Das Formas de Violência Doméstica e Familiar contra a Mulher**

Formas de Violência {art. 7º}

Art. 7º São formas de violência doméstica e familiar contra a mulher, entre outras:

I – a violência física, entendida como qualquer conduta que ofenda sua integridade ou saúde corporal;

II – a violência psicológica, entendida como qualquer conduta que lhe cause dano emocional e diminuição da auto-estima ou que lhe prejudique e perturbe o pleno desenvolvimento ou que vise degradar ou controlar suas ações, comportamentos, crenças e decisões, mediante ameaça, constrangimento, humilhação, manipulação, isolamento, vigilância constante, perseguição contumaz, insulto, chantagem, ridicularização, exploração e limitação do direito de ir e vir ou qualquer outro meio que lhe cause prejuízo à saúde psicológica e à autodeterminação;

III – a violência sexual, entendida como qualquer conduta que a constranja a presenciar, a manter ou a participar de relação sexual não desejada, mediante intimidação, ameaça, coação ou uso da força; que a induza a comercializar ou a utilizar, de qualquer modo, a sua sexualidade, que a impeça de usar qualquer método contraceptivo ou que a force ao matrimônio, à gravidez, ao aborto ou à prostituição, mediante coação, chantagem, suborno ou manipulação; ou que limite ou anule o exercício de seus direitos sexuais e reprodutivos;

IV – a violência patrimonial, entendida como qualquer conduta que configure retenção, subtração, destruição parcial ou total de seus objetos, instrumentos de trabalho, documentos pessoais, bens, valores e direitos ou recursos econômicos, incluindo os destinados a satisfazer suas necessidades;

V – a violência moral, entendida como qualquer conduta que configure calúnia, difamação ou injúria.

Jurisprudência complementar (STF)

Ação penal. Violência doméstica contra a mulher. Lesão corporal. Natureza. A ação penal relativa a lesão corporal resultante de violência doméstica contra a mulher é pública incondicionada – considerações (ADI 4424, Rel. Min. Marco Aurélio).

Jurisprudência complementar (STJ)

(...). Lei Maria da Penha. Medidas protetivas. Constrangimento ilegal. Ausência de fundamentação. Inocorrência. Excesso de prazo para a instauração do inquérito policial. Supressão de instância. (...). I. A manutenção da medida protetiva combatida encontra fundamento, precipuamente, na necessidade de garantia da segurança pessoal da ora recorrida, em razão, principalmente, da suposta ameaça de morte que estaria sofrendo. II. "in casu", foram aplicadas ao recorrente as medidas protetivas de urgência previstas no art. 22, incisos II e III, da Lei 11.340/06 (Lei Maria da Penha), uma vez que teria praticado, em tese, o delito tipificado no art. 7º do mesmo diploma legal. III. Dessa forma, devidamente fundamentada a manutenção da medida protetiva ora imposta (afastamento do lar), pelo que não se vislumbra, na hipótese e por ora, configurado constrangimento ilegal. IV. Impossibilidade de análise do alegado excesso de prazo para instauração de inquérito policial, sob pena de supressão de instância (precedente). (...). (RHC 41.826, Rel. Min. Felix Fischer, DJ 21.5.2015)

Questões de concursos

1037. **(Cespe/PC/GO/Agente_de_Polícia/2016)** De acordo com as disposições da Lei n. 11.340/2006 – Lei Maria da Penha –, assinale a opção correta.

   a) No caso de mulher em situação de violência doméstica e familiar, quando for necessário o afastamento do local de trabalho para preservar a sua integridade física e psicológica, o juiz assegurará a manutenção do vínculo trabalhista por prazo indeterminado.

   b) Para a proteção patrimonial dos bens da sociedade conjugal ou daqueles de propriedade particular da mulher, o juiz determinará a proibição temporária da celebração de atos e contratos de compra, venda e locação de propriedade em comum, salvo se houver procurações previamente conferidas pela ofendida ao agressor.

   c) A referida lei trata de violência doméstica e familiar em que, necessariamente, a vítima é mulher, e o sujeito ativo, homem.

d) Na hipótese de o patrão praticar violência contra sua empregada doméstica, a relação empregatícia impedirá a aplicação da lei em questão.

e) As formas de violência doméstica e familiar contra a mulher incluem violência física, psicológica, sexual e patrimonial, que podem envolver condutas por parte do sujeito ativo tipificadas como crime ou não.

1038. (Nucepe/Sejus/PI/Agente_Penitenciário/2016) No domingo TÍCIO reuniu-se com amigos, passando dia no quintal de sua residência, ingeriu durante esse tempo duas cervejas. Por volta das 22h, ingere uma dose de cachaça. Mesmo não estando embriagado, começou a ameaçar sua esposa, MARIA, bem como sua filha de 19 anos e sua sogra que mora na mesma casa. Durante a discussão, ele quebrou a televisão da residência, rasgou todos os documentos pessoais da sogra e chamou sua filha de prostituta. A esposa, então, liga para polícia que o conduz até à delegacia. Marque a alternativa correta.

a) A Lei Maria da Penha não deve ser aplicada à condição de sogra de José.

b) A Lei Maria da Penha não deve ser aplicada à filha de José, já que é maior de idade.

c) A violência psicológica de que trata a Lei que coíbe violência doméstica e familiar contra a mulher pode se dar quando o autor tem conduta que lhe cause dano emocional e diminuição da autoestima.

d) A violência patrimonial de que trata a Lei que coíbe violência doméstica e familiar contra a mulher pode se dar quando o autor limita seu direito de ir e vir.

e) A violência moral de que trata a Lei que coíbe violência doméstica e familiar contra a mulher são admitidos nos casos de crime de sedução. A filha de José no caso foi vítima de calúnia.

1039. (Exatus/Ceron/Agente/2016) A Lei Maria da Penha prevê as formas de violência doméstica e familiar contra a mulher. Dentre as hipóteses apresentadas pela Lei n. 11.340/2006, assinale a alternativa correta:

a) Violência contra a honra, entendida como qualquer conduta que configure calúnia, difamação ou injúria.

b) Violência corporal, entendida como qualquer conduta que ofenda sua integridade ou saúde corporal.

c) Violência sexual, entendida como qualquer conduta que a constranja a presenciar, a manter ou a participar de relação sexual desejada, mediante intimidação, ameaça, coação ou uso da força.

d) Violência psicológica, entendida como qualquer conduta que lhe cause dano emocional e diminuição da autoestima.

1040. (Prefeitura_Fortaleza/Psicólogo/2016) De acordo com a Lei n. 11.340, de 7 de agosto de 2006, a Lei Maria da Penha, assinale a alternativa que corresponde a forma de violência doméstica e familiar contra a mulher: "qualquer conduta que configure retenção, subtração, destruição parcial ou total de seus objetos, instrumentos de trabalho, documentos pessoais, bens, valores e direitos ou recursos econômicos, incluindo os destinados a satisfazer suas necessidades".

a) Violência Física.
b) Violência Sexual.
c) Violência Patrimonial.
d) Violência Psicológica.

1041. (Cespe/TJ/AM/Juiz/2016) Com relação às disposições da Lei n. 11.340/2006 – Lei Maria da Penha –, assinale a opção correta.

a) Para os efeitos da referida lei, a configuração da violência doméstica e familiar contra a mulher depende da demonstração de coabitação da ofendida e do agressor.
b) Os juizados especiais de violência doméstica e familiar contra a mulher têm competência exclusivamente criminal.
c) É tido como o âmbito da unidade doméstica o espaço de convívio permanente de pessoas, com ou sem vínculo familiar, salvo as esporadicamente agregadas.
d) A ofendida poderá entregar intimação ou notificação ao agressor se não houver outro meio de realizar a comunicação.
e) Considera-se violência sexual a conduta de forçar a mulher ao matrimônio mediante coação, chantagem, suborno ou manipulação, assim como a conduta de limitar ou anular o exercício de seus direitos sexuais e reprodutivos.

1042. (Funrio/IF/BA/Assistente_Social/2016) Para os efeitos da Lei n. 11.340 de 07.8.2006, configura violência doméstica e familiar contra a mulher qualquer ação ou omissão baseada no gênero que lhe cause morte, lesão, sofrimento físico, sexual ou psicológico e dano moral ou patrimonial. Para tal podemos considerar em suas disposições preliminares que a mesma ocorre

a) no âmbito da unidade doméstica, compreendida como o espaço de convívio permanente de pessoas, com vínculo familiar, inclusive as esporadicamente agregadas.
b) no âmbito da família, compreendida como a comunidade formada por indivíduos que são ou se consideram aparentados, unidos por laços naturais exclusivamente.
c) em qualquer relação íntima de afeto, na qual o agressor conviva ou tenha convivido com a ofendida, independentemente de coabitação.

d) nas relações pessoais enunciadas e dependem de orientação sexual, reconhecidos legalmente.

e) na violência moral, entendida como qualquer conduta que configure na retenção, subtração, destruição parcial ou total de seus objetos, instrumentos de trabalho, documentos pessoais.

1043. (Objetiva/Prefeitura_Venâncio_Aires/Agente_Comunitário/2015) Em conformidade com a Lei n. 11.340/06, são, entre outras, formas de violência doméstica e familiar contra a mulher:

I. Física.

II. Psicológica.

III. Sexual.

Está(ão) correto(s):

a) Somente o item I.

b) Somente os itens I e II.

c) Somente os itens II e III

d) Todos os itens.

1044. (AMEOSC/Prefeitura_São_Miguel_D'Oeste/Assistente_Social/2015) Dentre as formas de violência doméstica e familiar contra a mulher, há a violência moral, que é entendida como:

a) Qualquer conduta que ofenda sua integridade ou saúde corporal.

b) Qualquer conduta que configure calúnia, difamação ou injúria.

c) Qualquer conduta que lhe cause dano emocional e diminuição da autoestima ou que lhe prejudique e perturbe o pleno desenvolvimento ou que vise degradar ou controlar suas ações, comportamentos, crenças e decisões, mediante ameaça, constrangimento, humilhação, manipulação, isolamento, vigilância constante, perseguição contumaz, insulto, chantagem, ridicularização, exploração e limitação do direito de ir e vir ou qualquer outro meio que lhe cause prejuízo à saúde psicológica e à autodeterminação.

d) Qualquer conduta que configure retenção, subtração, destruição parcial ou total de seus objetos, instrumentos de trabalho, documentos pessoais, bens, valores e direitos ou recursos econômicos, incluindo os destinados a satisfazer suas necessidades.

1045. (FMP/MPE/AM/Promotor/2015) Considere as seguintes assertivas em relação à violência doméstica e familiar:

I. De acordo com a jurisprudência do Supremo Tribunal Federal, os crimes de ameaça e de lesões corporais leves admitem a aplicação dos institutos despenalizadores da Lei n. 9.099/95.

II. O crime de ameaça admite a concessão de transação penal pelo Ministério Público.

III. A violência doméstica e familiar pode ser de natureza psicológica.

IV. Aplica-se a Lei Maria da Penha ao homem na condição de sujeito passivo do crime em atenção ao princípio constitucional da igualdade.

V. Não é cabível a concessão da transação penal e da suspensão condicional do processo aos crimes de ameaça e de lesões corporais leves no âmbito da violência doméstica, conforme o entendimento do Supremo Tribunal Federal.

Quais das assertivas acima estão corretas?

a) Apenas a I e II.
b) Apenas a II e III.
c) Apenas a III e IV.
d) Apenas a III e V.
e) Apenas a IV e V.

1046. (Consulplan/CRESS-PB/Assistente_Social/2015) A Lei n. 11.340/2006 prevê as formas de violência doméstica e familiar contra a mulher, entre outras como:

a) A violência moral, entendida como qualquer conduta que configure calúnia, difamação ou injúria ao agressor.

b) A violência sexual, entendida como qualquer conduta que a constranja a presenciar, a manter relação sexual desejada, sem impedimento de qualquer método contraceptivo, que desenvolva seus direitos sexuais.

c) A violência física, entendida como qualquer conduta que ofenda sua integridade ou saúde psicológica, crenças e decisões.

d) A violência psicológica, entendida como qualquer conduta que lhe cause dano emocional e diminuição da autoestima.

1047. (IBFC/SAEB/BA/Técnico/2015) Assinale a alternativa correta sobre o que a Lei Federal n. 11.340, de 7 de agosto de 2006 (Lei Maria da Penha) estabelece como qualquer conduta que configure destruição parcial ou total de objetos da mulher pelo seu agressor.

a) Violência física.
b) Violência psicológica.
c) Violência sexual.
d) Violência patrimonial.
e) Violência moral.

1048. (FCC/TJ/SC/Juiz/2015) Sobre os crimes de que tratam a Lei n. 11.340/2006 (cria mecanismos para coibir a violência doméstica e familiar contra a mulher), é incorreto afirmar:

a) As formas de violência doméstica e familiar contra a mulher estão taxativamente previstas no art. 7º da Lei n. 11.340/2006, não sendo objeto de medidas protetivas de urgência outras senão aquelas elencadas nesse dispositivo

b) Nas ações penais públicas condicionadas à representação da ofendida de que trata a Lei n. 11.340/2006, só será admitida a renúncia à representação perante o juiz, em audiência especialmente designada com tal finalidade, antes do recebimento da denúncia.

c) O crime de lesão corporal leve ou culposa, praticado mediante violência doméstica (CP, art. 129, § 9º), é de ação penal pública incondicionada.

d) É vedada a aplicação, nos casos de violência doméstica e familiar contra a mulher, de penas de cesta básica ou outras de prestação pecuniária, bem como a substituição de pena que implique o pagamento isolado de multa.

e) Vínculos afetivos que refogem ao conceito de família e de entidade familiar nem por isso deixam de ser marcados pela violência. Assim, namorados e noivos, mesmo que não vivam sob o mesmo teto, mas resultando a situação de violência do relacionamento, faz com que a mulher mereça o abrigo da Lei Maria da Penha.

1049. (FGV/DPE/RO/Analista/2015) Carla e Mariana vivem relacionamento conjugal há sete anos. Recentemente Carla vem sendo agredida física e moralmente pela companheira em função de ciúmes. Com relação aos dispositivos da Lei n. 11.340/2006 (Lei Maria da Penha), o caso descrito:

a) não poderá ser enquadrado na Lei Maria da Penha, posto que a norma é orientada para as agressões perpetradas por homens contra mulheres.

b) não poderá ser enquadrado na Lei Maria da Penha, posto que Carla não foi vítima de violência grave tal como definida pela lei.

c) somente poderá ser tipificado como violência doméstica, nos termos da Lei Maria da Penha, caso Carla assim se manifeste.

d) poderá ser enquadrado na Lei Maria da Penha, pois a conduta de Mariana é reconhecida como violenta segundo disposto na lei, independente da orientação sexual das duas.

e) poderá ser enquadrado como violência doméstica nos termos da Lei n. 11.340/2006, desde que assim seja entendido pela equipe psicossocial que atender Carla.

> *Título III* – Da Assistência à Mulher em Situação de Violência Doméstica e Familiar
>
> *Capítulo I* – Das Medidas Integradas de Prevenção

■ Políticas Públicas {art. 8º}

Art. 8º A política pública que visa coibir a violência doméstica e familiar contra a mulher far-se-á por meio de um conjunto articulado de ações da União, dos Estados, do Distrito Federal e dos Municípios e de ações não-governamentais, tendo por diretrizes:

I – a integração operacional do Poder Judiciário, do Ministério Público e da Defensoria Pública com as áreas de segurança pública, assistência social, saúde, educação, trabalho e habitação;

II – a promoção de estudos e pesquisas, estatísticas e outras informações relevantes, com a perspectiva de gênero e de raça ou etnia, concernentes às causas, às consequências e à frequência da violência doméstica e familiar contra a mulher, para a sistematização de dados, a serem unificados nacionalmente, e a avaliação periódica dos resultados das medidas adotadas;

III – o respeito, nos meios de comunicação social, dos valores éticos e sociais da pessoa e da família, de forma a coibir os papéis estereotipados que legitimem ou exacerbem a violência doméstica e familiar, de acordo com o estabelecido no inciso III do art. 1º, no inciso IV do art. 3º e no inciso IV do art. 221 da Constituição Federal;

IV – a implementação de atendimento policial especializado para as mulheres, em particular nas Delegacias de Atendimento à Mulher;

V – a promoção e a realização de campanhas educativas de prevenção da violência doméstica e familiar contra a mulher, voltadas ao público escolar e à sociedade em geral, e a difusão desta Lei e dos instrumentos de proteção aos direitos humanos das mulheres;

VI – a celebração de convênios, protocolos, ajustes, termos ou outros instrumentos de promoção de parceria entre órgãos governamentais ou entre estes e entidades não-governamentais, tendo por objetivo a implementação de programas de erradicação da violência doméstica e familiar contra a mulher;

VII – a capacitação permanente das Polícias Civil e Militar, da Guarda Municipal, do Corpo de Bombeiros e dos profissionais pertencentes aos órgãos e às áreas enunciados no inciso I quanto às questões de gênero e de raça ou etnia;

VIII – a promoção de programas educacionais que disseminem valores éticos de irrestrito respeito à dignidade da pessoa humana com a perspectiva de gênero e de raça ou etnia;

IX – o destaque, nos currículos escolares de todos os níveis de ensino, para os conteúdos relativos aos direitos humanos, à equidade de gênero e de raça ou etnia e ao problema da violência doméstica e familiar contra a mulher.

Questões de concursos

1050. **(Exatus/Ceron/Agente/2016)** A política pública que visa coibir a violência doméstica e familiar contra a mulher far-se-á por meio de um conjunto articulado de ações da União, dos Estados, do Distrito Federal e dos Municípios e de ações não-governamentais, tendo por diretrizes:

   a) O destaque, nos currículos escolares de todos os níveis de ensino, para os conteúdos relativos aos direitos humanos, à equidade de gênero e de raça ou etnia e ao problema da violência doméstica e familiar contra a mulher.

   b) A celebração de convênios, protocolos, ajustes, termos ou outros instrumentos de promoção de parceria entre empresas privadas, tendo por objetivo a implementação de programas de erradicação da violência doméstica e familiar contra a mulher.

   c) A promoção e a realização de campanhas educativas de prevenção da violência doméstica e familiar contra a mulher, voltadas as universidades públicas e à sociedade em geral, e a difusão dos instrumentos de proteção aos direitos humanos das mulheres.

   d) A promoção de programas educacionais que disseminem valores culturais de irrestrito respeito à dignidade da pessoa humana com a perspectiva de gênero e de raça ou etnia.

1051. **(Funrio/IF/PA/Assistente_Social/2016)** A Lei n. 11.340 de 07.8.2006 (Lei Maria da Penha) tem por intuito criar mecanismos para prevenir, punir e erradicar a Violência contra a Mulher e estabelece medidas de assistência e proteção às mulheres em situação de violência doméstica e familiar. Podemos citar como uma das medidas integradas de proteção:

   a) A promoção de estudos e pesquisas, estatísticas e outras informações relevantes, com a perspectiva de gênero e de raça ou etnia, concernentes às causas, às consequências e à frequência da violência doméstica e familiar contra a mulher, para a sistematização de dados, a serem unificados nacionalmente, e a avaliação periódica dos resultados das medidas adotadas.

b) Respeito, nos meios de comunicação social, dos valores éticos e sociais da pessoa e da família, de forma a estimular os papéis estereotipados que legitimem ou exacerbem a violência doméstica e familiar.

c) O atendimento em delegacias de amplo atendimento sem necessidade de atendimento policial especializado para as mulheres.

d) O destaque, nos currículos escolares universitários somente, para os conteúdos relativos aos direitos humanos, à equidade de gênero e de raça ou etnia e ao problema da doméstica e familiar contra a mulher.

e) A capacitação permanente das Polícias Civil e Militar, da Guarda Municipal, do Corpo de Bombeiros e dos profissionais pertencentes aos órgãos, para o atendimento a situações de violência doméstica somente quando ocorrer vítimas.

1052. **(Fepese/MPE/SC/Analista/2014)** De acordo com a Lei n. 11.340, de 7 de agosto de 2006 (Lei Maria da Penha), a política pública que visa a coibir a violência doméstica e familiar contra a mulher far-se-á por meio de um conjunto articulado de ações:

a) Da União, dos Estados, do Distrito Federal, dos Municípios e de ações não-governamentais.

b) Da integração operacional dos Poderes Executivo, Judiciário e do Ministério Público.

c) Da União, da Defensoria Pública e da Delegacia de Proteção à Mulher.

d) Do Ministério Público, da Defensoria Geral da União, dos Estados e Municípios.

e) Dos princípios e diretrizes da Lei Orgânica da Assistência Social, do Sistema Único de Saúde, de organizações da sociedade civil e de políticas públicas de proteção social.

Capítulo II – **Da Assistência à Mulher em Situação de Violência Doméstica e Familiar**

■ Assistência à Mulher {art. 9º}

Art. 9º A assistência à mulher em situação de violência doméstica e familiar será prestada de forma articulada e conforme os princípios e as diretrizes previstos na Lei Orgânica da Assistência Social, no Sistema Único de Saúde, no Sistema Único de Segurança Pública, entre outras normas e políticas públicas de proteção, e emergencialmente quando for o caso.

§ 1º O juiz determinará, por prazo certo, a inclusão da mulher em situação de violência doméstica e familiar no cadastro de programas assistenciais do governo federal, estadual e municipal.

§ 2º O juiz assegurará à mulher em situação de violência doméstica e familiar, para preservar sua integridade física e psicológica:

I – acesso prioritário à remoção quando servidora pública, integrante da administração direta ou indireta;

II – manutenção do vínculo trabalhista, quando necessário o afastamento do local de trabalho, por até seis meses.

§ 3º A assistência à mulher em situação de violência doméstica e familiar compreenderá o acesso aos benefícios decorrentes do desenvolvimento científico e tecnológico, incluindo os serviços de contracepção de emergência, a profilaxia das Doenças Sexualmente Transmissíveis (DST) e da Síndrome da Imunodeficiência Adquirida (AIDS) e outros procedimentos médicos necessários e cabíveis nos casos de violência sexual.

Questões de concursos

1053. (Ieses/Bahiagás/Técnico/2016) A lei federal 1340/2006 cria mecanismos para coibir a violência doméstica e familiar contra a mulher, nos termos do § 8º do art. 226 da Constituição Federal. Nos termos da lei assinale a resposta certa.

   a) Agressão contra a mulher, praticada por outra mulher, em que não haja relação afetiva ou fora do âmbito familiar não configura situação protegida pela Lei Maria da Penha.

   b) A assistência à mulher em situação de violência doméstica e familiar será prestada de forma articulada e conforme os princípios e as diretrizes previstos na Lei Orgânica da Assistência Social, no Sistema Único de Saúde, no Sistema Único de Segurança Pública, entre outras normas e políticas públicas de proteção, e emergencialmente quando for o caso.

   c) A lei Maria da Penha somente se aplica a agressões perpetradas por parentes, contra mulheres, no ambiente familiar.

   d) Qualquer agressão ocorrida no âmbito familiar em que a mulher seja a vítima é albergada pela Lei Maria da Penha.

   e) A mulher ofendida, deverá contratar advogado que acompanhe todos os atos processuais, desde a denúncia.

> *Capítulo III* – Do Atendimento pela Autoridade Policial

■ **Medidas Assecuratórias {art. 10}**

> **Art. 10**. Na hipótese da iminência ou da prática de violência doméstica e familiar contra a mulher, a autoridade policial que tomar conhecimento da ocorrência adotará, de imediato, as providências legais cabíveis.
>
> Parágrafo único. Aplica-se o disposto no caput deste artigo ao descumprimento de medida protetiva de urgência deferida.

■ **Medidas Assecuratórias {art. 11}**

> **Art. 11**. No atendimento à mulher em situação de violência doméstica e familiar, a autoridade policial deverá, entre outras providências:
>
> I – garantir proteção policial, quando necessário, comunicando de imediato ao Ministério Público e ao Poder Judiciário;
>
> II – encaminhar a ofendida ao hospital ou posto de saúde e ao Instituto Médico Legal;
>
> III – fornecer transporte para a ofendida e seus dependentes para abrigo ou local seguro, quando houver risco de vida;
>
> IV – se necessário, acompanhar a ofendida para assegurar a retirada de seus pertences do local da ocorrência ou do domicílio familiar;
>
> V – informar à ofendida os direitos a ela conferidos nesta Lei e os serviços disponíveis.

Jurisprudência complementar (STJ)

(...). Crime de lesão corporal leve. Lei Maria da Penha. Natureza da ação penal. Representação da vítima. Necessidade. Ordem concedida. 1. A Lei Maria da Penha (Lei 11.340/06) é compatível com o instituto da representação, peculiar às ações penais públicas condicionadas e, dessa forma, a não aplicação da Lei 9.099, prevista no art. 41 daquela lei, refere-se aos institutos despenalizadores nesta previstos, como a composição civil, a transação penal e a suspensão condicional do processo. 2. O princípio da unicidade impede que se dê larga interpretação ao art. 41, na medida em que condutas idênticas praticadas por familiar e por terceiro, em concurso, contra a mesma vítima, estariam sujeitas a disciplinas diversas em relação à condição de procedibilidade. 3. A garantia de livre e espontânea manifestação conferida à mulher pelo art. 16, na hipótese de renúncia à representação, que deve ocorrer perante o magistrado e representante do Ministério Público, em audiência especialmente designada para esse fim, justifica uma interpretação restritiva do art. 41 da Lei 11.340/06. 4. O processamento do ofensor, mesmo contra a vontade da vítima, não é a melhor solução para as famílias que convivem com o problema da violência doméstica, pois a conscientização, a proteção das vítimas e o acompanhamento multidisciplinar com a participação de todos os envolvidos são medidas juridicamente adequadas, de preservação dos princípios do direito penal e que conferem eficácia ao comando constitucional de proteção à família. (...). (HC 157.416, Rel. Min. Arnaldo Esteves Lima, DJ 10.5.2010)

Questões de concursos

1054. **(Funcab/PC/PA/Delegado/2016)** Riobaldo, que se apresenta na Delegacia de Polícia com nome social de Diadorim Julieta, por ser travesti e apresentar-se vestida como mulher, dá notícia ao delegado de polícia que, por razões de ciúmes, seu companheiro Joca Ramiro, lhe agrediu com uma cabeçada que lhe fez cair ao chão. Em seguida foi agredida com chutes e pontapés. Não obstante, conseguiu fugir e se abrigar na casa de uma amiga. Tal fato ocorreu de manhã, e Diadorim permaneceu na casa de sua amiga durante todo o dia até que tomou coragem e, à noite, buscou a unidade de polícia judiciária. Narra ainda que no caminho recebeu ligações de Joca Ramiro dizendo que iria lhe matar porque não admitia que ela ficasse com outro homem. Ao delegado, Diadorim Julieta informa que não tem para onde ir, que a casa que constitui a residência do casal foi adquirida no curso da união e com esforço comum e que seus pertences pessoais e documentos encontram-se retidos no imóvel. Qual o procedimento adequado do Delegado de Polícia diante do quadro narrado?

   a) O delegado lavra o registro de ocorrência e representa a autoridade policial pela prisão preventiva para a garantia da ordem pública.

   b) O delegado de polícia lavra o registro de ocorrência, encaminha a vítima para o exame de corpo de delito e representa, no juízo de violência doméstica, pela aplicação das medidas protetivas de afastamento do lar e proibição de aproximação e contato, e subsidiariamente, pela busca e apreensão dos pertences da vítima e colocação em abrigo.

   c) O delegado não pode representar pelas medidas protetivas de urgência, vez que Diadorim Julieta, sendo travesti, não é mulher, portanto, não pode ter a proteção da Lei Maria da Penha.

d) O delegado lavra o registro de ocorrência, encaminha a vítima para exame de corpo de delito.

e) Lavra o registro de ocorrência, encaminha a vítima a exame de corpo de delito e requer busca e apreensão para saber se o autor do fato possui arma de fogo.

1055. (Exatus/Ceron/Agente/2016) No atendimento à mulher em situação de violência doméstica e familiar, a autoridade policial deverá, entre outras providências:

a) Fornecer transporte para a ofendida e seus dependentes para abrigo ou local seguro, quando houver risco de vida.

b) Sempre acompanhar a ofendida para assegurar a retirada de seus pertences do local da ocorrência ou do domicílio familiar.

c) Garantir proteção policial, quando necessário, comunicando no prazo de 48 (quarenta e oito) horas ao Ministério Público e ao Poder Judiciário.

d) Se necessário, encaminhar a ofendida ao hospital ou posto de saúde e ao Instituto Médico Legal.

1056. (Funiversa/PC/DF/Papiloscopista/2015) Assinale a alternativa correta acerca da Lei Maria da Penha.

a) No atendimento à vítima de violência doméstica e familiar, a autoridade policial deverá encaminhar a ofendida ao hospital ou posto de saúde e ao Instituto Médico Legal.

b) São inadmissíveis, como meios de prova, os laudos ou prontuários médicos fornecidos por postos de saúde.

c) No atendimento à vítima de violência doméstica e familiar, a autoridade policial deverá simplesmente determinar que se proceda ao exame de corpo de delito da ofendida, ficando a cargo do juiz e do promotor requisitar outros exames periciais necessários.

d) As medidas protetivas de urgência não poderão ser concedidas de ofício pelo juiz, isto é, independentemente de requerimento da ofendida.

e) É defeso ao juiz aplicar, de imediato, ao agressor, a medida protetiva de suspensão da posse ou restrição do porte de armas.

■ Medidas Assecuratórias {art. 12}

Art. 12. Em todos os casos de violência doméstica e familiar contra a mulher, feito o registro da ocorrência, deverá a autoridade policial adotar, de imediato, os seguintes procedimentos, sem prejuízo daqueles previstos no Código de Processo Penal:

I – ouvir a ofendida, lavrar o boletim de ocorrência e tomar a representação a termo, se apresentada;

II – colher todas as provas que servirem para o esclarecimento do fato e de suas circunstâncias;

III – remeter, no prazo de 48 (quarenta e oito) horas, expediente apartado ao juiz com o pedido da ofendida, para a concessão de medidas protetivas de urgência;

IV – determinar que se proceda ao exame de corpo de delito da ofendida e requisitar outros exames periciais necessários;

V – ouvir o agressor e as testemunhas;

VI – ordenar a identificação do agressor e fazer juntar aos autos sua folha de antecedentes criminais, indicando a existência de mandado de prisão ou registro de outras ocorrências policiais contra ele;

VII – remeter, no prazo legal, os autos do inquérito policial ao juiz e ao Ministério Público.

§ 1º O pedido da ofendida será tomado a termo pela autoridade policial e deverá conter:

I – qualificação da ofendida e do agressor;

II – nome e idade dos dependentes;

III – descrição sucinta do fato e das medidas protetivas solicitadas pela ofendida.

§ 2º A autoridade policial deverá anexar ao documento referido no § 1º o boletim de ocorrência e cópia de todos os documentos disponíveis em posse da ofendida.

§ 3º Serão admitidos como meios de prova os laudos ou prontuários médicos fornecidos por hospitais e postos de saúde.

Informativos (STF)

Lei Maria da Penha e ação penal condicionada à representação

O Plenário julgou procedente ação direta, proposta pelo Procurador Geral da República, para atribuir interpretação conforme a Constituição aos arts. 12, I; 16 e 41, todos da Lei 11.340/06, e assentar a natureza incondicionada da ação penal em caso de crime de lesão corporal, praticado mediante violência doméstica e familiar contra a mulher. ADI 4424, Rel. Min. Marco Aurélio, 9.2.12. Pleno. (Info 654)

Jurisprudência complementar (STJ)

(...). Lesão corporal. Violência doméstica. Absolvição imprópria. Medida de internação. Apelação criminal julgada. "Writ" substitutivo de recurso especial. Inviabilidade. Via inadequada. Infração não transeunte. Vestígios. Exame pericial. Não determinado. Materialidade delitiva. Comprovação por documento e testemunhos. Laudo elaborado por médico municipal. Princípio da instrumentalidade das formas. Flagrante ilegalidade. Inexistência. (...). 1. É imperiosa a necessidade de racionalização do emprego do "habeas corpus", em prestígio ao âmbito de cognição da garantia constitucional e em louvor à lógica do sistema recursal. "in casu", foi impetrada indevidamente a ordem como substitutiva de recurso especial. 2. Embora tratar-se de infração não transeunte, não se fez exame de corpo de delito por peritos oficiais na época do crime, conquanto houvessem vestígios, inexistindo qualquer menção acerca da não realização da perícia no momento próprio. 3. Na espécie, inexiste flagrante ilegalidade, pois a materialidade delitiva foi comprovada ao ser a vítima submetida a exame direto, logo após o delito, primando o médico, servidor municipal de saúde, por elaborar um sucinto laudo, pautando-se o magistrado sentenciante não somente em depoimentos testemunhais, mas também em conteúdo probatório outro, qual seja, documento subscrito por profissional de saúde, nos termos do artigo 12, § 3º, da Lei 11.340/06. 4. Ademais, sob o manto do brocardo da instrumentalidade das formas, inviável o reconhecimento da alegada nulidade, diante do cumprimento da meta circunscrita a comprovação da materialidade do delito. (...). (HC 265.208, Rel. Min. Maria Thereza de Assis Moura, DJ 14.11.2014)

(...). Lei Maria da Penha. Art. 16 da Lei 11.340/2006. Violência doméstica. Natureza incondicionada da ação penal. Retratação da vítima. Manutenção da persecução estatal. Reforma do acórdão a quo. 1. A violação de preceitos, dispositivos ou princípios constitucionais revela-se quaestio afeta à competência do Supremo Tribunal Federal, provocado pela via do extraordinário; motivo pelo qual não se pode conhecer do recurso especial nesse aspecto, em função do disposto no art. 105, III, da Constituição Federal. 2. O Supremo Tribunal Federal, no julgamento da ADIn 4424, deu interpretação conforme aos arts. 12, I, 16 e 41 da Lei 11.340/2006, estabelecendo que, nos casos de lesão corporal no âmbito doméstico, seja leve, grave ou gravíssima, dolosa ou culposa, a ação penal é sempre pública incondicionada. 3. No julgamento do agravo regimental, incabível a sustentação oral, conforme o teor do art. 159 do RISTJ. 4. Em observância à segurança jurídica, está evidenciada a preclusão temporal "in casu", em função de a defesa não apontar oportunamente o suposto vício processual (inércia processual). (...). (AgRg no REsp 1442015, Rel. Min. Sebastião Reis Júnior, DJ 12.12.2014)

Questões de concursos

1057. (Funcab/PC/PA/Delegado/2016) Sobre a Lei de Violência Doméstica e Familiar contra a Mulher, é correto afirmar que:

a) a fim de conferir celeridade à investigação, o Delegado de Polícia pode solicitar que a agredida entregue intimação ao agressor.

b) ao atender um caso de violência doméstica ou familiar contra a mulher, o Delegado de Polícia poderá, de imediato, determinar o afastamento do agressor do local de convivência com a agredida.

c) nas relações intimas de afeto, a aplicação da Lei n. 11.340/2006 exige coabitação entre agressor e agredida.

d) o crime de furto não pode ser considerado uma das formas de violência doméstica ou familiar contra a mulher.

e) a representação por medidas protetivas de urgência deverá seguir a juízo em expediente apartado, no prazo de 48 horas.

1058. (Funcab/PC/PA/Escrivão/2016) No atendimento à mulher em situação de violência doméstica e familiar, nos termos da Lei n. 11.340, de 2006, é correto afirmar como procedimento a ser adotado pela autoridade policial, sem prejuízo daqueles previstos no Código de Processo Penal:

a) Determinar a suspensão da posse ou restrição do porte de armas do agressor.

b) Determinar a proibição ao agressor de aproximação da ofendida, de seus familiares e das testemunhas, fixando o limite mínimo de distância entre estes e o agressor.

c) Determinar ao agressor o afastamento do lar, domicílio ou local de convivência com a ofendida.

d) Determinar a proibição ao agressor o contato com a ofendida, seus familiares e testemunhas por qualquer meio de comunicação.

e) Determinar que se proceda o exame de corpo de delito da ofendida e requisitar outros exames periciais necessários.

1059. (Reis&Reis/Prefeitura_Cipotânea/Psicólogo/2016) De acordo com a Lei Maria da Penha, no atendimento à mulher em situação de violência doméstica e familiar, a autoridade policial deverá, entre outras providências, exceto:

a) Remeter, no prazo de 48 (quarenta e oito) horas, expediente apartado ao delegado com o pedido do agressor, para a concessão de medidas protetivas de urgência.

b) Garantir proteção policial, quando necessário, comunicando de imediato ao Ministério Público e ao Poder Judiciário.

c) Encaminhar a ofendida ao hospital ou posto de saúde e ao Instituto Médico Legal.

d) Fornecer transporte para a ofendida e seus dependentes para abrigo ou local seguro, quando houver risco de vida.

1060. (Idecan/Prefeitura_Duque_de_Caxias/Assistente_social/2014) A Lei Maria da Penha (Lei n. 11.340/2006) é um dispositivo legal brasileiro que visa aumentar o rigor das punições das agressões contra as mulheres, quando ocorridas no âmbito doméstico ou familiar, e estabelece que o pedido da ofendida será tomado a termo pela autoridade policial, em caso de violência contra a mulher. Assinale um dos elementos obrigatórios que deve constar no termo a ser registrado pela autoridade policial, conforme a legislação citada.

a) Nome, CPF e sexo dos dependentes.

b) Antecedentes criminais do agressor, se houver.

c) Descrição dos sinais da agressão sofrida pela ofendida.

d) Identificação do Distrito Policial competente à apuração do caso

e) Descrição sucinta do fato e das medidas protetivas solicitadas pela ofendida.

Título IV – Dos Procedimentos

Capítulo I – Disposições Gerais

Aplicação Subsidiária do CPP e do CPC {art. 13}

Art. 13. Ao processo, ao julgamento e à execução das causas cíveis e criminais decorrentes da prática de violência doméstica e familiar contra a mulher aplicar-se-ão as normas dos Códigos de Processo Penal e Processo Civil e da legislação específica relativa à criança, ao adolescente e ao idoso que não conflitarem com o estabelecido nesta Lei.

Informativos (STF)

Substituição de pena e lesão corporal praticada em ambiente doméstico

Não é possível a substituição de pena privativa de liberdade por restritiva de direitos ao condenado pela prática do crime de lesão corporal praticado em ambiente doméstico (CP, art. 129, § 9º, na redação dada pela Lei 11.340/06). HC 129446, Rel. Min. Teori Zavascki, 20.10.15. 2ª T. (Info 804)

Jurisprudência complementar (STJ)

(...). Decadência. Suposta ausência de representação regular da vítima. Inexistência de formalidades. Ofendida que registrou boletim de ocorrência na mesma data dos fatos. Lapso decadencial não ultrapassado. Impossibilidade de aplicação subsidiária das disposições do CPC. Natureza criminal do instituto. Ilegalidade não evidenciada. (...). 1. Em que pese o art. 13 da Lei Maria da Penha permita a aplicação das normas dos Códigos de Processo Civil e Penal às causas cíveis e criminais decorrentes da prática de violência doméstica e familiar contra a mulher, resta evidenciada a natureza exclusivamente criminal das questões atinentes à decadência do direito de representação da ofendida – regulado pelo Código Penal e de Processo Penal –, razão pela qual a pretendida aplicação do disposto nos arts. 806 e 808 do Código de Processo Civil – que se referem ao prazo de propositura da ação principal no processo cautelar –, mostra-se incompatível com o referido instituto. 2. Sob pena de se operar o instituto da decadência, o direito de representação do ofendido deve ser exercido dentro do lapso temporal de 6 (seis) meses, cujo termo inicial é a data em que a vítima ou o seu representante legal toma ciência de quem é o autor do delito, nos termos do disposto no art. 103 do Código Penal e no art. 38 do Código de Processo Penal. 3. No caso em exame, a ofendida, no mesmo dia dos fatos (3-8-2008), registrou um boletim de ocorrência relatando as ameaças sofridas – o qual motivou a instauração do inquérito policial –, ou seja, ofereceu a representação tão logo teve ciência dos fatos e do autor da infração, razão pela qual não se vislumbra que tenha ultrapassado o lapso decadencial de 6 (seis) meses entre a ciência da autoria do delito e a manifestação da sua vontade de promover a responsabilização criminal do agente. 4. Doutrina e jurisprudência são uniformes no sentido de que a representação prescinde de qualquer formalidade, sendo suficiente a demonstração do interesse da vítima em autorizar a persecução criminal. 5. Na hipótese, não há que se falar em inexistência de manifestação da ofendida, porquanto restou devidamente comprovada a representação pelos dois registros das ocorrências perante a autoridade policial. (...). (RHC 26.613, Rel. Min. Jorge Mussi, DJ 3.11.2011)

Questões de concursos

1061. **(FCC/TJ/PI/Juiz/2015)** Sobre a violência doméstica familiar contra a mulher, é correto afirmar:

   a) Ao processo, ao julgamento e à execução das causas cíveis e criminais decorrentes da prática de violência doméstica e familiar contra a mulher aplicam-se as normas da legislação específica relativa à criança, ao adolescente e ao idoso que não conflitarem com o estabelecido na chamada Lei Maria da Penha.

b) Os atos processuais poderão realizar-se em qualquer dia da semana, salvo em horário noturno.

c) A representação oferecida na delegacia somente poderá ser renunciada perante o juiz em audiência especialmente designada com tal finalidade, tratando-se de lesão corporal leve.

d) É vedada a aplicação de penas alternativas e de suspensão condicional da pena.

e) Nos termos da lei, o juiz poderá aplicar, de imediato, a perda do registro de arma de fogo em nome do agressor.

1062. **(UFMT/MPE/MT/Promotor/2014)** Considerando os crimes perpetrados com violência doméstica e familiar contra a mulher, observados os termos da Lei n. 11.340/2006, analise as assertivas abaixo.

I. Em relação ao crime de lesão corporal dolosa de natureza leve, o Supremo Tribunal Federal, ao julgar a ADI 4.424, decidiu que, em tal espécie de delito, a ação é incondicionada.

II. A representação é condição de procedibilidade em alguns crimes cometidos com violência doméstica ou familiar contra a mulher, tais como ameaça, perigo de contágio venéreo, estupro contra vítima maior de idade.

III. A vedação do art. 41 da Lei n. 11.340/2006, que impede a proposta de transação penal e veda a suspensão condicional do processo, no âmbito dos crimes com violência doméstica e familiar, foi declarada inconstitucional pelo Supremo Tribunal Federal.

IV. De acordo com o art. 17 da denominada Lei Maria da Penha, o Juiz, ao proferir sentença nos crimes abrangidos pela lei, poderá substituir a pena privativa de liberdade pela entrega de cestas básicas ou outras prestações pecuniárias.

Está correto o que se afirma em:

a) I, II e III, apenas.
b) I, II e IV, apenas.
c) I e II, apenas.
d) II e III, apenas.
e) I, III e IV, apenas.

▪ Competência {art. 14}

Art. 14. Os Juizados de Violência Doméstica e Familiar contra a Mulher, órgãos da Justiça Ordinária com competência cível e criminal, poderão ser criados pela União, no Distrito Federal e nos Territórios, e pelos

Estados, para o processo, o julgamento e a execução das causas decorrentes da prática de violência doméstica e familiar contra a mulher.

Parágrafo único. Os atos processuais poderão realizar-se em horário noturno, conforme dispuserem as normas de organização judiciária.

Jurisprudência complementar (STF)

(...). Paciente denunciado por suposto homicídio praticado contra sua esposa. Processo que teve início em juizado de violência doméstica e familiar contra a mulher. Previsão do art. 14 da Lei 11.340/2006. Instrução encerrada nos termos do art. 412 do CPP (atual art. 421 do CPP). Redistribuição à vara do Tribunal do Júri. Instalação de varas especializadas por meio de resolução do Tribunal de Justiça. Constitucionalidade. Autorização do art. 96, i, "a", da Constituição Federal. Demais questões não suscitadas no STJ. Supressão de instância. (...). 1. A distribuição da ação penal ao Juízo da 3ª Vara Criminal e Juizados de Violência Doméstica e Familiar contra a Mulher ocorreu nos termos da legislação vigente à época em que o ato foi praticado. Quando da homologação da prisão em flagrante, encontrava-se em vigor a Lei Maria da Penha (Lei 11.340/2006), que, no ponto, foi regulamentada pela Resolução 18/2006-TJ/SC, não havendo razão para que a ação penal fosse atribuída à 1ª Vara Criminal da Capital, tal como antes previsto no art. 107 da Lei Estadual 5.624/1979 (Código de Divisão e Organização Judiciárias do Estado de Santa Catarina). Com o julgamento do recurso em sentido estrito, mantendo a sentença de pronúncia, o processo baixou à origem e foi redistribuído à Vara do Tribunal do Júri da Capital, então recém-implantada pela Resolução 46/2008 -TJ/SC. 2. Tanto a anexação dos Juizados de Violência Doméstica e Familiar contra a Mulher à 3ª Vara Criminal da Capital quanto a instalação da Vara do Tribunal do Júri da Capital, ambas por meio de Resoluções do TJ/SC, se deram em conformidade com a Constituição Federal, que, em seu art. 96, I, "a", autoriza aos Tribunais alterar a competência dos seus respectivos órgãos jurisdicionais e administrativos, desde que observadas as normas de processo e as garantias processuais das partes, como ocorreu no caso. (...). 3. Questões que sequer foram objeto de impugnação no STJ, aqui atacado, não podem ser conhecidas em caráter originário pelo STF, mediante "habeas corpus", sob pena de indevida supressão de instância e contrariedade à repartição constitucional de competências (v. g., entre outros, RHC 112236...). (HC 102150, Rel. Min. Teori Zavascki, 2ª T., DJ 11.6.2014)

Jurisprudência complementar (STJ)

(...). Violência doméstica e familiar contra a mulher. Maus tratos e injúria supostamente praticados contra genitora. Incidência da Lei Maria da Penha. Inexistente manifesto constrangimento ilegal. (...). 2. A Lei Maria da Penha objetiva proteger a mulher da violência doméstica e familiar que, cometida no âmbito da unidade doméstica, da família ou em qualquer relação íntima de afeto, cause-lhe morte, lesão, sofrimento físico, sexual ou psicológico, e dano moral ou patrimonial. 3. Estão no âmbito de abrangência do delito de violência doméstica e podem integrar o polo passivo da ação delituosa as esposas, as companheiras ou amantes, bem como a mãe, as filhas, as netas do agressor e também a sogra, a avó ou qualquer outra parente que mantém vínculo familiar ou afetivo com ele. 4. No caso dos autos, não há ilegalidade evidente a ser reparada, pois mostra-se configurada a incidência da Lei 11.343/2006, nos termos do art. 5º, I, ante os relatados maus tratos e injúria em tese sofridos pela mãe do suposto agressor. (...). (HC 310.154, Rel. Min. Sebastião Reis Júnior, DJ 13.5.2015)

(...). 1. Os Juizados de Violência Doméstica e Familiar contra a Mulher, órgãos da justiça ordinária têm competência cumulativa para o julgamento e a execução das causas decorrentes da prática de violência doméstica e familiar contra a mulher, nos termos do art. 14, da Lei 11.340/2006. 2. Negar o julgamento pela Vara especializada, postergando o recebimento dos provisionais arbitrados como urgentes, seria não somente afastar o espírito protetivo da lei, mas também submeter a mulher a nova agressão, ainda que de índole diversa, com o prolongamento de seu sofrimento ao menos no plano psicológico. (...). (REsp 1475006, Rel. Min. Moura Ribeiro, DJ 30.10.2014)

■ Foro Competente {art. 15}

Art. 15. É competente, por opção da ofendida, para os processos cíveis regidos por esta Lei, o Juizado:
 I – do seu domicílio ou de sua residência;
 II – do lugar do fato em que se baseou a demanda;
 III – do domicílio do agressor.

Informativos (STJ)

Competência de juizado de violência doméstica e familiar contra a mulher para julgar execução de alimentos por ele fixados.

O Juizado de Violência Doméstica e Familiar contra a Mulher tem competência para julgar a execução de alimentos que tenham sido fixados a título de medida protetiva de urgência fundada na Lei Maria da Penha em favor de filho do casal em conflito. REsp 1.475.006, Rel. Min. Moura Ribeiro, 14.10.14. 3ª T. (Info 550)

Questões de concursos

1063. **(IBFC/Embasa/Assistente/2015)** Assinale a alternativa correta considerando as disposições da Lei Federal n. 11.340, de 07.8.2006, que criou mecanismos para coibir a violência doméstica e familiar contra a mulher.

   a) É competente, de forma absoluta, para os processos cíveis regidos pela referida lei, o Juizado do lugar do fato em que se baseou a demanda.

   b) É competente, de forma absoluta, para os processos cíveis regidos pela referida lei, o Juizado do domicílio da ofendida.

   c) É competente, por opção da autoridade policial, para os processos cíveis regidos pela referida lei, o Juizado do seu domicílio ou de sua residência, do lugar do fato em que se baseou a demanda ou do domicílio do agressor.

   d) É competente, por opção da ofendida, para os processos cíveis regidos pela referida lei, o Juizado do seu domicílio ou de sua residência, do lugar do fato em que se baseou a demanda ou do domicílio do agressor.

■ Renúncia à Representação {art. 16}

> **Art. 16**. Nas ações penais públicas condicionadas à representação da ofendida de que trata esta Lei, só será admitida a renúncia à representação perante o juiz, em audiência especialmente designada com tal finalidade, antes do recebimento da denúncia e ouvido o Ministério Público.

Jurisprudência complementar (STF)

Ação Penal. Violência doméstica contra a mulher. Lesão corporal. Natureza. A ação penal relativa a lesão corporal resultante de violência doméstica contra a mulher é pública incondicionada – considerações. (ADI 4424, Rel. Min. Marco Aurélio, Pleno, DJ 1.8.2014)

(...). Violência doméstica. Paciente condenado pela prática do crime de lesão corporal (art. 129, § 9º, do Código Penal). Audiência de retratação da representação. Designação. Ausência. Obrigatoriedade. Inexistência. Alegação de ofensa ao devido processo legal. Improcedência. (...). I. A mera declaração de que a própria ofendida teria dado início às agressões não revela o nítido propósito de desistir do prosseguimento da ação. II. O art. 16 da Lei 11.340/2006 prevê que a audiência designada para a vítima expressar o seu desejo de renunciar à representação deve ser realizada em momento anterior ao recebimento da denúncia, o que não se verificou no caso em análise, uma vez que o suposto desejo teria sido manifestado somente na audiência de instrução e julgamento, de modo que não há falar, pois, em ofensa ao devido processo legal. III. Tal disposição legal não visa beneficiar o réu, mas tem por escopo formalizar, perante o magistrado, o ato de retratação, com o objetivo de proteger a vítima, afastando-a, das ingerências do agressor. IV. (...). (HC 109176, Rel. Min. Ricardo Lewandowski, 2ª T., DJ 21.11.2011)

Jurisprudência complementar (STJ)

(...). Art. 147 do código penal. Violência doméstica. Lei Maria da Penha. Retratação da vítima após o recebimento da denúncia. Inviabilidade. (...). 1. Esta Corte firmou entendimento no sentido de que a audiência de retratação, prevista no art. 16 da Lei 11.340/06, apenas será designada no caso de manifestação da vítima, antes do recebimento da denúncia. (...). (RHC 41.545, Rel. Min. Maria Thereza de Assis Moura, DJ 16.9.2014)

Dada a natureza protetiva da Lei Maria da Penha, achou prudente o legislador revestir o juízo de retratação de maior formalidade do que a prevista no art. 25 do Código de Processo Penal e do art. 102 do Código Penal. Trata-se de faculdade que visa proteger a vítima, e não o oposto, ou seja, nova condição de procedibilidade para a ação penal. (REsp 1353534, Rel. Min. Marilza Maynard, DJ 22.3.2013)

(...). Vias de fato perpetradas no âmbito doméstico. Audiência preliminar prevista no art. 16 da Lei 11.340/2006. Obrigatoriedade somente nos casos de manifestação da vítima. (...). 1. O entendimento desta Corte Superior de Justiça é firmado no sentido de que a audiência preliminar prevista no art. 16 da Lei 11.340/06 deve ser realizada se a vítima demonstrar, por qualquer meio, interesse em retratar-se de eventual representação antes do recebimento da denúncia. 2. A "contrario sensu", se a vítima não toma a iniciativa de levar ao conhecimento da autoridade policial ou judiciária sua vontade em se retratar, deve o Magistrado proceder à admissibilidade da acusação. A designação de ofício dessa audiência redunda no implemento de uma condição de procedibilidade não prevista na Lei Maria da Penha, qual seja: a ratificação da representação, o que inquina o ato de nulidade. (...). (AgRg no Ag 1380117, Rel. Min. Laurita Vaz, DJ 5.6.2012)

Questões de concursos

1064. **(FGV/MPE/RJ/Analista/2016)** Penha foi vítima de um crime de lesão corporal leve praticada por seu companheiro Leopoldo, que não aceitou ver a companheira conversando com um ex-namorado na rua. Penha comparece ao Ministério Público para narrar os fatos, sendo oferecida denúncia em face de Leopoldo. Antes do recebimento da denúncia, Penha novamente comparece ao Ministério Público e afirma que não mais tem interesse em ver seu companheiro processado criminalmente. Diante da situação narrada e das previsões da Lei n. 11.340/06, é correto afirmar que:

   a) a retratação de Penha ao direito de representação deverá ser ratificada na presença do magistrado, em audiência especialmente designada para tanto, para gerar a extinção da punibilidade;

   b) a vontade de Penha é irrelevante, pois, uma vez oferecida representação, não cabe sua retratação, independente do crime praticado quando no contexto da Lei n. 11.340/06;

   c) poderá ser aplicado a Leopoldo o benefício da transação penal, em razão da pena prevista ao delito;

   d) não cabe retratação ao direito de representação no contexto da Lei n. 11.340/06 após o oferecimento da denúncia;

   e) a vontade de Penha é irrelevante, tendo em vista que a infração penal praticada é de natureza pública incondicionada.

1065. **(Idecan/Prefeitura_Natal/Advogado/2016)** "Estabelece a Lei n. 11.340, de 7 de agosto de 2006 – Lei Maria da Penha, que nas ações penais públicas condicionadas à representação da ofendida de que trata a referida lei, só será admitida a renúncia à representação perante o juiz, em audiência especialmente designada com tal finalidade, (___) da denúncia e ouvido o (___)." Assinale a alternativa que completa correta e sequencialmente a afirmativa anterior.

   a) antes da defesa / Defensor Público

b) após o recebimento / Defensor Público

c) antes do recebimento / Ministério Público

d) antes do recebimento / Assistente Social do Juízo

1066. **(Cespe/TJ/DFT/Oficial_Justiça/2013)** Consoante o que dispõe a Lei Maria da Penha, a ação penal para apurar qualquer crime perpetrado nas circunstâncias descritas nessa lei será pública incondicionada, devendo o feito tramitar obrigatoriamente em segredo de justiça.

1067. **(FGV/DPE/RO/Técnico/2015)** No dia 30 de abril de 2015, Feliciano praticou crime de ameaça contra sua esposa, Martina, motivado por ciúmes e suspeita de um possível relacionamento extraconjugal. Diante dessa situação, considerando que o crime de ameaça é de ação penal pública condicionada, Martina compareceu à Delegacia e ofereceu representação por tais fatos. De acordo com a Lei n. 11.340/06 (Lei de Violência Doméstica), após o oferecimento da denúncia, mas antes de seu recebimento, Martina, reconciliada com seu marido:

a) não poderá se retratar do direito de representação, pois a retratação não é admissível nos crimes praticados no âmbito de violência doméstica.

b) não poderá se retratar, pois já houve oferecimento da denúncia.

c) poderá se retratar, desde que seja designada audiência especial para esse fim, na presença do magistrado e ouvido o Ministério Público.

d) não poderá se retratar, pois todos os crimes praticados no âmbito da violência doméstica têm a natureza de ação penal pública incondicionada.

e) poderá se retratar ao comparecer na mesma Delegacia em que ofertou a representação e manifestar esse interesse.

1068. **(Cespe/TJ/DFT/Juiz/2014)** Matias, ao chegar a casa depois de um dia de trabalho, irritou-se com sua esposa, Cleusa, porque o jantar não estava pronto, tendo chegado às vias de fato contra ela. Indignada, Cleusa chamou a polícia, que prendeu seu marido em flagrante. Os autos foram distribuídos ao MP, que ofereceu denúncia contra Matias perante o juizado de violência doméstica e familiar contra a mulher, tendo o parquet requerido a designação de audiência para a oferta de suspensão condicional do processo. Contudo, antes mesmo do oferecimento da exordial acusatória, perante a autoridade policial, a vítima manifestou desinteresse no prosseguimento da ação penal contra o marido e renunciou à representação que ofertara. Acerca da situação hipotética acima apresentada, assinale a opção correta.

a) O juiz deverá receber a denúncia, determinar a citação do acusado e, após o oferecimento de resposta, designar audiência de instrução e julgamento, indeferindo o pleito ministerial de agendamento de audiência para a oferta de suspensão condicional do processo, benefício inaplicável ao caso.

b) O juiz deverá receber a denúncia, determinar a citação do acusado e designar audiência para o oferecimento do benefício de suspensão condicional do processo.

c) Dada a renúncia à representação antes ofertada pela vítima, o juiz deverá rejeitar a denúncia por ausência de condição de procedibilidade.

d) Antes de receber a denúncia, o juiz deverá designar audiência específica, com o objetivo de colher a manifestação da vítima a respeito da renúncia à representação, intimando-se o MP a respeito.

e) O juiz deverá receber a denúncia e designar audiência específica, com o escopo de colher a manifestação da vítima a respeito da renúncia à representação, intimando-se o MP a respeito.

1069. (FCC/MPE/PE/Promotor/2014) Nas ações penais abrangidas pela chamada Lei Maria da Penha, admissível a renúncia à representação da ofendida perante o juiz, em audiência especialmente designada com tal finalidade, antes do recebimento da denúncia e ouvido o Ministério Público,

a) nos crimes cometidos sem violência ou grave ameaça à pessoa.

b) em qualquer crime.

c) apenas no crime de lesão corporal leve

d) nos crimes de lesão corporal leve e de ameaça.

e) no crime de ameaça.

1070. (FCC/MPE/PE/Promotor/2014) A respeito da Lei n. 11.340/06, que dispõe sobre a violência doméstica e familiar contra a mulher, é correto afirmar:

a) Por medida de economia processual, a ofendida poderá ser encarregada de entregar intimação ou notificação ao agressor.

b) Considera-se família o espaço de convívio permanente de pessoas, com ou sem vínculo familiar, inclusive as esporadicamente agregadas.

c) Os processos cíveis regidos por esta Lei tramitarão exclusivamente no domicílio da ofendida.

d) Nas ações penais públicas condicionadas à representação da ofendida de que trata esta Lei, só será admitida a renúncia à representação perante o juiz, em audiência especialmente designada para tal finalidade, antes do recebimento da denúncia e ouvido o Ministério Público.

e) É permitida a aplicação, nos casos de violência doméstica e familiar contra a mulher, de penas de cesta básica ou outras de prestação pecuniária, bem como a substituição de pena que implique o pagamento isolado de multa.

Vedação às Medidas Despenalizadoras do JECRIM {art. 17}

> **Art. 17**. É vedada a aplicação, nos casos de violência doméstica e familiar contra a mulher, de penas de cesta básica ou outras de prestação pecuniária, bem como a substituição de pena que implique o pagamento isolado de multa.

Jurisprudência complementar (STJ)

(...). Crime de ameaça. Violência doméstica. Substituição da pena por restritivas de direitos. Vedação legal. Art. 44, I, Código Penal. Recurso Ministerial provido. (...). 1. A decisão agravada deve ser mantida por seu próprios fundamentos, visto que a jurisprudência do Superior Tribunal de Justiça é firme no sentido de ser incabível a substituição da pena privativa de liberdade por restritiva de direitos nos casos de crime cometido mediante violência ou grave ameaça, a teor do disposto no art. 44, I, do Código Penal. 2. No caso, consta dos autos que o agravante ameaçou de morte a sua ex-companheira, após discussão entre ambos, circunstância que impede a substituição da pena privativa de liberdade, em razão das agressões morais e psíquicas sofridas pela vítima. (...). (AgRg no REsp 1463031, Rel. Min. Gurgel de Faria, DJ 9.10.2014)

(...). Dissídio e violação aos art. 44, I, e 17 da Lei 11.340/06. Ocorrência. Violência doméstica. Substituição da pena privativa de liberdade por restritiva de direitos. Impossibilidade. Decisão recorrida em confronto com jurisprudência dominante do stj. (...). 1. A jurisprudência deste Superior Tribunal de Justiça tem se firmado no sentido de que a prática de delito ou contravenção cometido com violência ou grave ameaça no ambiente doméstico impossibilita a substituição da pena privativa de liberdade por restritiva de direitos. (...). (AgRg no REsp 1459909, Rel. Min. Maria Thereza de Assis Moura, DJ 5.9.2014)

(...). Dosimetria. Vias de fato. Violência doméstica. Condenação. Reprimenda. Substituição por pena restritiva de direito. Benefício cassado pelo tribunal originário. Art. 44, I, do CP. Agressão física. Ausência de ofensa à integridade corporal da vítima. Possibilidade da permuta. Coação ilegal demonstrada. 1. Constatando-se que a sanção imposta foi inferior a 4 (quatro) anos e que se cuida da contravenção penal prevista no art. 21 do Decreto-Lei 3.888/41 – vias de fato – infração de natureza menos grave, possível e socialmente recomendável a substituição da sanção privativa de liberdade por restritivas de direitos, desde que não se resuma ao pagamento de cestas básicas, de prestação pecuniária ou de multa, isoladamente, como expressamente determinado no art. 17 da Lei 11.340/06 (Lei Maria da Penha). 2. A concessão da permuta, na espécie, de forma alguma colidiria com a proposta de combate à violência doméstica, tendo em vista a sua adequação às finalidades da aplicação da pena, que são a retribuição e a ressocialização do condenado, servindo ainda para prevenção geral, na medida em que afasta a idéia de impunidade. 3. O deferimento do benefício também não ofenderia o previsto no art. 41 da Lei Maria da Penha, pois aqui o que se impede é a aplicação das medidas benéficas previstas na Lei 9.099/95 aos delitos cometidos no âmbito doméstico ou familiar contra a mulher, independentemente da pena prevista ou efetivamente aplicada. 4. Ordem concedida para restabelecer a sentença no ponto em que substituiu a pena privativa de liberdade imposta ao paciente por uma restritiva de direito, consistente em prestação de serviços à comunidade. (HC 207.978, Rel. Min. Jorge Mussi, DJ 13.4.2012)

Questões de concursos

1071. (Cespe/Suframa/Assistente_Social/2014) Nos casos de comprovada prática de violência psicológica contra a mulher, a Lei Maria da Penha permite a aplicação de penas por meio de pagamento de cesta básica ou de pagamento de multa, desde que o agressor se comprometa a submeter-se a tratamento em serviço que ofereça atendimento psicológico às vítimas de violência.

Capítulo II – Das Medidas Protetivas de Urgência

Seção I – Disposições Gerais

■ Medidas Protetivas de Urgência {art. 18}

Art. 18. Recebido o expediente com o pedido da ofendida, caberá ao juiz, no prazo de 48 (quarenta e oito) horas:

I – conhecer do expediente e do pedido e decidir sobre as medidas protetivas de urgência;

II – determinar o encaminhamento da ofendida ao órgão de assistência judiciária, quando for o caso;

III – comunicar ao Ministério Público para que adote as providências cabíveis.

Informativos (STJ)

Medidas protetivas acautelatórias de violência contra a mulher.

As medidas protetivas de urgência da Lei 11.340/06 (Lei Maria da Penha) podem ser aplicadas em ação cautelar cível satisfativa, independentemente da existência de inquérito policial ou processo criminal contra o suposto agressor. REsp 1.419.421, Rel. Min. Luis Felipe Salomão, 11.2.14. 4ª T. (Info 535)

Questões de concursos

1072. (MPE/SC/Promotor/2016) Segundo o art. 18 da Lei n. 11.340/06 (Maria da Penha), recebido o expediente com o pedido da ofendida, caberá ao juiz, no prazo máximo de vinte e quatro horas: conhecer do expediente e do pedido e decidir sobre as medidas protetivas de urgência; determinar o encaminhamento da ofendida ao órgão de assistência judiciária, quando for o caso; comunicar ao Ministério Público para que adote as providências cabíveis.

1073. (FMP-RS/TJ/MT/Cartórios/2014) Ismália sofreu agressão física e, amparada pela lei que visa coibir a violência doméstica contra mulher, socorreu-se no conselho tutelar. O conselho tutelar deu entrada em termo circunstanciado para ver processado o agressor, momento em que solicitou medida protetiva de urgência. Em relação a esse pedido, observe as assertivas abaixo:

I. Poderá a medida ser concedida de imediato independentemente de audiência das partes e de manifestação do Ministério Público.

II. Uma vez decretada a medida protetiva, fica impedida a decretação de prisão preventiva do agressor até que a medida seja revogada.

III. Recebido o pedido da ofendida, caberá ao juiz conhecer do ofendido e decidir no prazo máximo de 24 horas.

IV. A determinação da medida solicitada não impede a concessão de novas medidas, desde que sejam solicitadas pelo Ministério Público.

V. A ofendida não poderá entregar intimação ou notificação ao agressor.

Assinale as afirmativas incorretas.

a) Apenas I e V.
b) Apenas II, IV e V.
c) Apenas I, IV e V.
d) Apenas II, III e IV.
e) Apenas I e II.

Concessão e Pedido {art. 19}

Art. 19. As medidas protetivas de urgência poderão ser concedidas pelo juiz, a requerimento do Ministério Público ou a pedido da ofendida.

§ 1º As medidas protetivas de urgência poderão ser concedidas de imediato, independentemente de audiência das partes e de manifestação do Ministério Público, devendo este ser prontamente comunicado.

§ 2º As medidas protetivas de urgência serão aplicadas isolada ou cumulativamente, e poderão ser substituídas a qualquer tempo por outras de maior eficácia, sempre que os direitos reconhecidos nesta Lei forem ameaçados ou violados.

§ 3º Poderá o juiz, a requerimento do Ministério Público ou a pedido da ofendida, conceder novas medidas protetivas de urgência ou rever aquelas já concedidas, se entender necessário à proteção da ofendida, de seus familiares e de seu patrimônio, ouvido o Ministério Público.

Jurisprudência complementar (STF)

(...). Prisão preventiva. Tentativa de homicídio. Falta de real fundamentação da prisão cautelar quanto à garantia da ordem pública. Idoneidade do decreto para a conveniência da instrução criminal e aplicação da Lei Penal. Indevida influência no ânimo das testemunhas e fuga do acusado logo após o delito. (...). 1. Em matéria de prisão provisória, a garantia da fundamentação das decisões judiciais implica a assunção do dever de demonstrar que o aprisionamento satisfaz pelo menos um dos requisitos do art. 312 do Código de Processo Penal. Sem o que se dá a inversão da lógica elementar da Constituição, segundo a qual a presunção de não--culpabilidade prevalece até o momento do trânsito em julgado da sentença penal condenatória. 2. No tocante ao fundamento da garantia da ordem pública, não foi atendido o dever jurisdicional de fundamentação real das decisões (inciso IX do art. 93 da CF/88). No particular, nada obstante o uso de palavras de intensa carga emocional e força retórica, a decisão em causa apenas reproduz circunstâncias elementares do delito e reporta-se à gravidade abstrata da suposta conduta de tentativa de homicídio. 3. Idoneidade do decreto prisional para a conveniência da instrução criminal e garantia da aplicação da lei penal. As peças que instruem o processo revelam que o paciente interferiu no ânimo tanto da vítima quanto de testemunhas do processo. Peças que também evidenciam que o acusado se evadiu do distrito da culpa, logo após a prática delituosa. O que representa a clara intenção de frustrar a aplicação da lei penal. A preencher, nesses dois pontos específicos, a finalidade do art. 312 do Código de Processo Penal. (...). (HC 101309, Rel. Min. Ayres Britto, 1ª T., 2010 DJ 7.5.2010)

Jurisprudência complementar (STJ)

(...). Lei Maria da Penha. Medidas protetivas. Decisão. Fundamentação. Ausência. Inadequação das medidas. 1. Toda e qualquer decisão, ainda que de cunho urgente e cautelar, deve ser fundamentada, nos termos do art. 93, IX da Constituição Federal, o que não ocorre no caso concreto, pois as medidas protetivas decretadas, no âmbito da Lei Maria da Penha o foram com simples menção aos dispositivos legais, sem qualquer indicação de fatos concretos. 2. De outra parte, do contexto dos autos, extrai-se que são medidas inadequadas (uma delas inexequível) e que se chocam, em "ultima ratio", com outra decisão proferida em autos de ação de modificação de guarda, onde denotado que já estava o casal separado, há muito. 3. Recurso provido para revogar as medidas. (RHC 24.946, Rel. Min. Maria Thereza de Assis Moura, DJ 13.10.2011)

Lei Maria da Penha. "Habeas corpus". Medida protetiva. Relação de namoro. Decisão da 3ª seção do STJ. Afeto e convivência independente de coabitação. Caracterização de âmbito doméstico e familiar. Legitimidade do ministério público para a medida. Princípio da isonomia. Decurso de trinta dias sem ajuizamento da ação principal. Ausência de manifestação do tribunal a quo. Supressão de instância. (...). 1. A Terceira Seção do Superior Tribunal de Justiça, ao decidir os conflitos n.s. 91980 e 94447, não se posicionou no sentido de que o namoro não foi alcançado pela Lei Maria da Penha, ela decidiu, por maioria, que naqueles casos concretos a agressão não decorria do namoro. 2. Caracteriza violência doméstica, para os efeitos da Lei 11.340/2006, quaisquer agressões físicas, sexuais ou psicológicas causadas por homem em uma mulher com quem tenha convivido em qualquer relação íntima de afeto, independente de coabitação. 3. O namoro é uma relação íntima de afeto que independe de coabitação; portanto, a agressão do namorado contra a namorada, ainda que tenha cessado o relacionamento, mas que ocorra em decorrência dele, caracteriza violência doméstica. 4. O princípio da isonomia garante que as normas não devem ser simplesmente elaboradas e aplicadas indistintamente a todos os indivíduos, ele vai além, considera a existência de grupos ditos minoritários e hipossuficientes, que necessitam de uma proteção especial para que alcancem a igualdade processual. 5. A Lei Maria da Penha é um exemplo de implementação para a tutela do gênero feminino, justificando-se pela situação de vulnerabilidade e hipossuficiência em que se encontram as mulheres vítimas da violência doméstica e familiar. 6. O Ministério Público tem legitimidade para requerer medidas protetivas em favor da vítima e seus familiares. 7. Questão ainda não analisada pela instância a quo não pode ser objeto de análise por este Superior Tribunal de Justiça, sob pena de indevida supressão de instância. (...). (HC 92.875, Rel. Min. Jane Silva, DJ 17.11.2008)

Questões de concursos

1074. (Idecan/Prefeitura_Natal/Advogado/2016) Sobre a Lei n. 11.340, de 7 de agosto de 2006 – Lei Maria da Penha, assinale a afirmativa incorreta.

a) Serão admitidos como meios de prova os laudos ou prontuários médicos fornecidos por hospitais e postos de saúde.

b) As medidas protetivas de urgência poderão ser concedidas pelo juiz, a requerimento do Ministério Público, do Delegado de Polícia Civil, Comandante da Polícia Militar ou a pedido da ofendida.

c) É vedada a aplicação, nos casos de violência doméstica e familiar contra a mulher, de penas de cesta básica ou outras de prestação pecuniária, bem como a substituição de pena que implique o pagamento isolado de multa.

d) A ofendida deverá ser notificada dos atos processuais relativos ao agressor, especialmente dos pertinentes ao ingresso e à saída da prisão, sem prejuízo da intimação do advogado constituído ou do defensor público. A ofendida não poderá entregar intimação ou notificação ao agressor.

■ Prisão Preventiva {art. 20}

Art. 20. Em qualquer fase do inquérito policial ou da instrução criminal, caberá a prisão preventiva do agressor, decretada pelo juiz, de ofício, a requerimento do Ministério Público ou mediante representação da autoridade policial.

Parágrafo único. O juiz poderá revogar a prisão preventiva se, no curso do processo, verificar a falta de motivo para que subsista, bem como de novo decretá-la, se sobrevierem razões que a justifiquem.

Jurisprudência complementar (STJ)

(...). Crimes da Lei Maria da Penha. Custódia cautelar. Requisitos do art. 312 do CPP. Ordem pública. (...). 1. Inexiste constrangimento ilegal quando devidamente fundamentada a custódia cautelar no art. 312 do CPP, reconhecidos os pressupostos autorizadores, tais como inequívoco propósito de se ocultar, reiteração da conduta delituosa e histórico de agressões e violências desferidas contra a companheira. (...). (HC 113.771, Rel. Min. Arnaldo esteves lima, DJ 7.12.2009)

(...). Violência doméstica contra a mulher (Lei Maria da Penha). Prisão preventiva. Constantes ameaças direcionadas a vítima. Periculosidade do paciente. Reiteração delitiva. Risco concreto. Garantia da ordem pública. Necessidade. Descumprimento das medidas protetivas impostas. Hipóteses autorizadoras da segregação antecipada. Presença. Custódia justificada e necessária. Constrangimento ilegal não demonstrado. 1. Nos termos do inciso IV do art. 313 do CPP, com a redação dada pela Lei 11.340/06, a prisão preventiva do acusado poderá ser decretada "se o crime envolver violência doméstica e familiar contra a mulher, nos termos da lei específica, para garantir a execução das medidas protetivas de urgência". 2. Evidenciado que o recorrente, mesmo após cientificado das medidas protetivas de urgência impostas, ainda assim voltou a ameaçar a vítima, demonstrada está a imprescindibilidade da sua custódia cautelar, especialmente a bem da garantia da ordem pública, dada a necessidade de resguardar-se a integridade física e psíquica da ofendida, fazendo cessar a reiteração delitiva, que no caso não é mera presunção, mas risco concreto, e também para assegurar o cumprimento das medidas protetivas de urgência deferidas. Decadência. Suposta ausência de representação regular da vítima. Inexistência de formalidades. Ofendida que registrou boletim de ocorrência na mesma data dos fatos. Lapso decadencial não ultrapassado. Impossibilidade de aplicação subsidiária das disposições do cpc. Natureza criminal do instituto. Ilegalidade não evidenciada. (...). 1. Em que pese o art. 13 da Lei Maria da Penha permita a aplicação das normas dos Códigos de Processo Civil e Penal às causas cíveis e criminais decorrentes da prática de violência doméstica e familiar contra a mulher, resta evidenciada a natureza exclusivamente criminal das questões atinentes à decadência do direito de representação da ofendida – regulado pelo Código Penal e de Processo Penal –, razão pela qual a pretendida aplicação do disposto nos arts. 806 e 808 do Código de Processo Civil – que se referem ao prazo de propositura da ação principal no processo cautelar –, mostra-se incompatível com o referido instituto. 2. Sob pena de se operar o instituto da decadência, o direito de representação do ofendido deve ser exercido dentro do lapso temporal de 6 (seis) meses, cujo termo inicial é a data em que a vítima ou o seu representante legal toma ciência de quem é o autor do delito, nos termos do disposto no art. 103 do Código Penal e no art. 38 do Código de Processo Penal. 3. No caso em exame, a ofendida, no mesmo dia dos fatos (3-8-2008), registrou um boletim de ocorrência relatando as ameaças sofridas – o qual motivou a instauração do inquérito policial –, ou seja, ofereceu a representação tão logo teve ciência dos fatos e do autor da infração, razão pela qual não se vislumbra que tenha ultrapassado o lapso decadencial de 6 (seis) meses entre a ciência da autoria do delito e a manifestação da sua vontade de promover a responsabilização criminal do agente. 4. Doutrina e jurisprudência são uniformes no sentido de que a representação prescinde de qualquer formalidade, sendo suficiente a demonstração do interesse da vítima em autorizar a persecução criminal. 5. Na hipótese, não há que se falar em inexistência de manifestação da ofendida, porquanto restou devidamente comprovada a representação pelos dois registros das ocorrências perante a autoridade policial. (...). (RHC 26.613, Rel. Min. Jorge mussi, DJ 3.11.2011)

(...). Ameaça. Crime praticado contra mulher no âmbito doméstico e familiar. Lei Maria da Penha. Prisão em flagrante regular. Medida protetiva descumprida. Reiteração das ameaças. Perigo para a saúde física e mental da vítima. Prisão preventiva. Excesso de prazo na formação da culpa. Princípio da razoabilidade. (...). 1. Aquele que é pego por policiais em frente à casa da vítima, após a notícia de que transitava no local proferindo ameaças de morte, encontra-se em estado de flagrância. (Inteligência do artigo 302 do CPP). 2. Antes que a condenação transite em julgado, a medida protetiva derivada da Lei Maria da Penha, imposta para a proteção da vítima por decisão judicial, vige e, obrigatoriamente, deve ser cumprida. 3. A ameaça de morte à ex-esposa, depois de ter respondido a processo criminal pelo mesmo motivo, constitui reiteração criminosa e caracteriza a necessidade de garantir a instrução criminal com suporte em dados concretos dos autos. 4. A possibilidade real de o paciente cumprir as ameaças de morte dispensadas a sua ex-esposa basta como fundamento para a sua segregação, sobretudo ante a disciplina protetiva da Lei Maria da Penha, que visa a proteção da saúde mental e física da mulher. 5. À luz do princípio da razoabilidade, o excesso de prazo no término da instrução probatória é justificável em um procedimento complexo, o que impõe o alargamento dos prazos. (...). (HC 101.377, Rel. Min. Jane Silva, DJ 18.8.2008)

Questões de concursos

1075. (Idecan/Prefeitura_Natal/Assistente_Social/2016) A Lei Maria da Penha (Lei n. 11.340, de 7 de agosto de 2006) estabelece a situação relativa aos casos envolvendo a violência doméstica e familiar contra a mulher, em que caberá a prisão preventiva do agressor, decretada pelo juiz, de ofício, a requerimento do Ministério Público ou mediante representação da autoridade policial. Assinale a situação em que caberá a prisão preventiva do agressor, decretada pelo juiz, de ofício, a requerimento do Ministério Público ou mediante representação da autoridade policial, conforme legislação e contexto anterior.

a) Somente em caso de flagrante delito.

b) Em qualquer fase do inquérito policial ou da instrução criminal.

c) Somente na fase conclusiva do inquérito policial ou da instrução criminal.

d) Somente na fase preliminar do inquérito policial ou da instrução criminal.

1076. **(Vunesp/PC/CE/Inspetor/2015)** A Lei n. 11.340/2006, conhecida como "Lei Maria da Penha", estabelece que

a) em qualquer fase do inquérito policial ou da ação penal cabe prisão preventiva contra o agressor.

b) em nenhuma hipótese o sujeito ativo dos crimes previstos nessa Lei poderá ser uma mulher.

c) para efeito dessa Lei são formas de violência a física e a sexual.

d) na ocorrência de uma briga (com agressão física) entre vizinhos, desde que envolvendo um homem e uma mulher e com residências próximas, aplicam-se as disposições da Lei Maria da Penha.

e) se o agressor comprovar que é o proprietário da residência conjugal, não poderá ser determinado o seu afastamento do lar.

■ Notificação da Ofendida {art. 21}

Art. 21. A ofendida deverá ser notificada dos atos processuais relativos ao agressor, especialmente dos pertinentes ao ingresso e à saída da prisão, sem prejuízo da intimação do advogado constituído ou do defensor público.

Parágrafo único. A ofendida não poderá entregar intimação ou notificação ao agressor.

Questões de concursos

1077. **(Exatus/Ceron/Técnico/2016)** No que tange a Lei Maria da Penha, é correto afirmar que:

a) A ofendida deverá ser notificada dos atos processuais relativos ao agressor, especialmente dos pertinentes ao ingresso e à saída da prisão, sem prejuízo da intimação do advogado constituído ou do defensor público.

b) Na concessão de medida judicial de urgência, poderá a ofendida entregar intimação ou notificação ao agressor.

c) Em todos os atos processuais, cíveis e criminais, a mulher em situação de violência doméstica e familiar deverá estar acompanhada de advogado.

d) Poderá a Defensoria Pública, quando necessário, sem prejuízo de outras medidas, encaminhar a ofendida e seus dependentes a programa oficial ou comunitário de proteção ou de atendimento.

1078. (Inst_Pró-Município/Prefeitura_Patos/Advogado/2014) Acerca da Lei n. 11.340 de 07 de agosto de 2006 (Lei Maria da Penha), marque a alternativa correta

a) Em qualquer fase do inquérito policial ou da instrução criminal, caberá a prisão preventiva do agressor, decretada pelo juiz, de ofício, a requerimento do Ministério Público, não sendo permitida representação da autoridade policial.

b) O juiz não poderá revogar a prisão preventiva, ainda que, no curso do processo, verificar a falta de motivo para que subsista.

c) A ofendida deverá ser notificada dos atos processuais relativos ao agressor, especialmente dos pertinentes ao ingresso e à saída da prisão, sem prejuízo da intimação do advogado constituído ou do defensor público.

d) A Lei Maria da Penha aplica-se em qualquer relação íntima de afeto, na qual o agressor conviva ou tenha convivido com a ofendida, fazendo-se necessária a comprovação de coabitação.

e) As medidas protetivas de urgência como separação de corpos, proibição de contato, obrigação alimentar, etc., encontram-se enumeradas em rol taxativo previsto no art. 22, da lei, razão pela qual o juiz não poderá, além das medidas ali descritas, adotar outras que entenda mais conveniente para fazer cessar o risco.

Seção II – Das Medidas Protetivas de Urgência que Obrigam o Agressor

Medidas Protetivas de Urgência {art. 22}

Art. 22. Constatada a prática de violência doméstica e familiar contra a mulher, nos termos desta Lei, o juiz poderá aplicar, de imediato, ao agressor, em conjunto ou separadamente, as seguintes medidas protetivas de urgência, entre outras:

I – suspensão da posse ou restrição do porte de armas, com comunicação ao órgão competente, nos termos da Lei n. 10.826, de 22 de dezembro de 2003;

II – afastamento do lar, domicílio ou local de convivência com a ofendida;

III – proibição de determinadas condutas, entre as quais:

a) aproximação da ofendida, de seus familiares e das testemunhas, fixando o limite mínimo de distância entre estes e o agressor;

b) contato com a ofendida, seus familiares e testemunhas por qualquer meio de comunicação;

c) frequentação de determinados lugares a fim de preservar a integridade física e psicológica da ofendida;

IV – restrição ou suspensão de visitas aos dependentes menores, ouvida a equipe de atendimento multidisciplinar ou serviço similar;

V – prestação de alimentos provisionais ou provisórios.

§ 1º As medidas referidas neste artigo não impedem a aplicação de outras previstas na legislação em vigor, sempre que a segurança da ofendida ou as circunstâncias o exigirem, devendo a providência ser comunicada ao Ministério Público.

§ 2º Na hipótese de aplicação do inciso I, encontrando-se o agressor nas condições mencionadas no caput e incisos do art. 6º da Lei n. 10.826, de 22 de dezembro de 2003, o juiz comunicará ao respectivo órgão, corporação ou instituição as medidas protetivas de urgência concedidas e determinará a restrição do porte de armas, ficando o superior imediato do agressor responsável pelo cumprimento da determinação judicial, sob pena de incorrer nos crimes de prevaricação ou de desobediência, conforme o caso.

§ 3º Para garantir a efetividade das medidas protetivas de urgência, poderá o juiz requisitar, a qualquer momento, auxílio da força policial.

§ 4º Aplica-se às hipóteses previstas neste artigo, no que couber, o disposto no caput e nos §§ 5º e 6º do art. 461 da Lei n. 5.869, de 11 de janeiro de 1973 (Código de Processo Civil).

Informativos (STJ)

Descumprimento de medida protetiva de urgência prevista na Lei Maria da Penha.

O descumprimento de medida protetiva de urgência prevista na Lei Maria da Penha (art. 22 da Lei 11.340/06) não configura crime de desobediência (art. 330 do CP). RHC 41.970, Rel. Min. Laurita Vaz, 7.8.14. 5ª T. (Info 544)

Jurisprudência complementar (STF)

(...). Medida protetiva fixada em ação de separação de corpos. Art. 22, III, a e b, da Lei 11.340/2006. Idoneidade dos fundamentos da decisão de primeiro grau. Necessidade de dilação probatória, não admitida em sede de "habeas corpus". (...). I. O recorrente pretende a revogação da medida protetiva aplicada na ação de separação de corpos movida contra ele, consistente no seu afastamento, por uma distância mínima de trezentos metros, da sua ex-companheira e das testemunhas envolvidas naquele processo. II. A discussão sobre a inidoneidade das provas e a equivocada valoração do conjunto probante exigem aprofundada dilação probatória, a qual não se mostra possível em sede de "habeas corpus", por se tratar de instrumento destinado à proteção de direito líquido e certo, demonstrável de plano. III. Caberá ao juízo natural da causa o exame detido do conjunto fático-probatório dos autos, para, ao fim do procedimento cautelar, decidir pela mantença ou não das medidas restritivas impostas ao recorrente, não podendo esta Suprema Corte substituir-se àquela instância. IV. (...). (RHC 108560, Rel. Min. Ricardo Lewandowski, 1ª T., DJ 15.9.2011)

Jurisprudência complementar (STJ)

(...). Crime de desobediência. Descumprimento de medida protetiva de urgência prevista na lei maria da penha. Cominação de pena pecuniária ou possibilidade de decretação de prisão preventiva. Inexistência de crime. 1. A previsão em lei de penalidade administrativa ou civil para a hipótese de desobediência a ordem legal afasta o crime previsto no art. 330 do Código Penal, salvo a ressalva expressa de cumulação (doutrina e jurisprudência). 2. Tendo sido cominada, com fulcro no art. 22, § 4º, da Lei 11.340/2006, sanção pecuniária para o caso de inexecução de medida protetiva de urgência, o descumprimento não enseja a prática do crime de desobediência. 3. Há exclusão do crime do art. 330 do Código Penal também em caso de previsão em lei de sanção de natureza processual penal (doutrina e jurisprudência). Dessa forma, se o caso admitir a decretação da prisão preventiva com base no art. 313, III, do Código de Processo Penal, não há falar na prática do referido crime. (...). (REsp 1374653, Rel. Min. Sebastião Reis Júnior, DJ 2.4.2014)

(...). Desobediência. Art. 330 do CP. Descumprimento de medida protetiva contida na Lei 11.340/06. Lei Maria da Penha. Atipicidade da conduta. Previsão de sanções específicas na lei de regência. 1. A jurisprudência desta Corte Superior firmou o entendimento de que para a caracterização do crime de desobediência não é suficiente o simples descumprimento de decisão judicial, sendo necessário que não exista cominação de sanção específica. 2. A Lei 11.340/06 determina que, havendo descumprimento das medidas protetivas de urgência, é possível a requisição de força policial, a imposição de multas, entre outras sanções, não havendo ressalva expressa no sentido da aplicação cumulativa do art. 330 do Código Penal. 3. Ademais, há previsão no art. 313, III, do Código de Processo Penal, quanto à admissão da prisão preventiva para garantir a execução de medidas protetivas de urgência nas hipóteses em que o delito envolver violência doméstica. 4. Assim, em respeito ao princípio da intervenção mínima, não se pode falar em tipicidade da conduta imputada ao recorrente, na linha dos precedentes deste Sodalício. 5. Recurso especial provido para absolver o recorrente. (REsp 1492757, Rel. Min. Jorge Mussi, DJ 25.2.2015)

(...). Violência doméstica contra a mulher. Medidas protetivas da Lei 11.340/2006 (Lei Maria da Penha). Incidência no âmbito cível. Natureza jurídica. Desnecessidade de inquérito policial, processo penal ou civil em curso. 1. As medidas protetivas previstas na Lei 11.340/2006, observados os requisitos específicos para a concessão de cada uma, podem ser pleiteadas de forma autônoma para fins de cessação ou de acautelamento de violência doméstica contra a mulher, independentemente da existência, presente ou potencial, de processo-crime ou ação principal contra o suposto agressor. 2. Nessa hipótese, as medidas de urgência pleiteadas terão natureza de cautelar cível satisfativa, não se exigindo instrumentalidade a outro processo cível ou criminal, haja vista que não se busca necessariamente garantir a eficácia prática da tutela principal. "O fim das medidas protetivas é proteger direitos fundamentais, evitando a continuidade da violência e das situações que a favorecem. Não são, necessariamente, preparatórias de qualquer ação judicial. Não visam processos, mas pessoas" (DIAS. Maria Berenice. A Lei Maria da Penha na justiça. 3 ed. São Paulo: Editora Revista dos Tribunais, 2012). (...). (REsp 1419421, Rel. Min. Luis Felipe Salomão, DJ 7.4.2014)

(...). Lei Maria da Penha (lei 11.340/06). Possibilidade de fixação, em unidades métricas, da distância a ser mantida pelo agressor da vítima. Expressa previsão legal (art. 22, III da Lei 11.340/06). Violação legalmente autorizada ao direito de locomoção do suposto agressor. Fixação de alimentos provisionais. Alegação de inexistência de vínculo de parentesco entre acusado e a menor envolvida nos fatos. Inadequação da via do "writ". Parecer do mpf pelo desprovimento do recurso ordinário. (...). 1. Conforme anotado no parecer ministerial, nos termos da do art. 22, III da Lei 11.340/06, conhecida por Lei Maria da Penha, poderá o Magistrado fixar, em metros, a distância a ser mantida pelo agressor da vítima – tal como efetivamente fez o Juiz processante da causa –, sendo, pois, desnecessário nominar quais os lugares a serem evitados, uma vez que, se assim fosse, lhe resultaria burlar essa proibição e assediar a vítima em locais que não constam da lista de lugares previamente identificados. 2. A questão relativa à existência, ou não, de parentesco entre o suposto agressor e a menor envolvida nos fatos demandaria atividade cognitiva incompatível com a via do "writ", visto que não existem elementos suficientes nos autos a comprovar as alegações feitas pelo recorrente, sendo pois, passível de verificação mediante procedimento judicial próprio. 3. Parecer do MPF pelo desprovimento do recurso. (...). (RHC 23.654, Rel. Min. Napoleão Nunes Maia Filho, DJ 2.3.2009)

Questões de concursos

1079. **(Exatus/Ceron/Analista/2016)** Nos termos da Lei Maria da Penha, assinale a assertiva correta quanto as medidas protetivas de urgência a serem aplicas de imediato ao agressor, quando constatada a prática de violência doméstica e familiar contra a mulher:

   a) Restrição ou suspensão de visitas aos dependentes maiores ou menores, ouvida a equipe de atendimento multidisciplinar ou serviço similar.

   b) Prestação de alimentos provisionais ou provisórios.

   c) Afastamento do lar, domicílio ou local de propriedade da ofendida.

   d) Proibição frequentar lugares públicos, a fim de preservar a integridade física e psicológica da ofendida.

1080. **(Consulplan/TJ/MG/Cartórios/2016)** De acordo com a Lei n. 11.340/2006, são medidas protetivas de urgência que obrigam o agressor, exceto:

   a) Proibição de frequentação a determinados lugares a fim de preservar a integridade física do agressor.

   b) Afastamento do local de convivência com a ofendida.

   c) Proibição de contato com familiares da ofendida.

   d) Prestação de alimentos provisórios.

1081. **(Prefeitura_Fortaleza/Psicólogo/2016)** De acordo com a Lei n. 11.340, de 7 de agosto de 2006, a Lei Maria da Penha, assinale a alternativa correta quanto as Medidas Protetivas de Urgência ao Agressor.

   a) Prisão em 48 horas e afastamento temporário do lar, domicílio ou local de convivência com a ofendida.

   b) Restrição ou suspensão de visitas aos dependentes menores, ouvindo a equipe de atendimento multidisciplinar ou serviço similar.

c) Determinação da separação de corpos.

d) Determinação do afastamento da mulher e seus filhos do lar, sem prejuízo dos direitos relativos a bens, guarda dos filhos e alimentos.

1082. **(FGV/TJ/BA/Analista/2015)** O descumprimento de medida protetiva de urgência prevista na Lei Maria da Penha (Art. 22 da Lei n. 11.340/2006) configura:

a) desacato.

b) desobediência.

c) condescendência criminosa.

d) conduta atípica.

e) violência arbitrária.

1083. **(MPE/RS/Assessor/2014)** Nos termos da Lei n. 11.340/06 (Violência Doméstica) e decisões jurisprudenciais, assinale a alternativa que apresenta uma afirmação incorreta.

a) Nos casos de crimes de violência doméstica e familiar contra a mulher não se aplica a suspensão condicional do processo.

b) A medida protetiva de urgência, consistente na suspensão da posse ou restrição do porte de armas do agressor, poderá ser concedida pelo juiz, somente a requerimento do Ministério Público.

c) Não é necessária a coabitação entre os sujeitos ativo e passivo para caracterização da prática de crime de violência doméstica contra a mulher.

d) É vedada a aplicação de penas de cesta básica ou outras de prestação pecuniária, nos casos de violência doméstica e familiar contra a mulher, bem como a substituição de pena que implique o pagamento isolado de multa.

e) A ação penal no crime de ameaça, cuja conduta tenha sido praticada no âmbito doméstico contra a mulher, é pública condicionada à representação.

1084. **(Funcab/PC/PA/Delegado/2016)** Analise as afirmativas a seguir.

I. Em razão da decisão do STF a ação penal no crime de lesão corporal, ainda que leve, no âmbito da violência doméstica contra a mulher, é pública incondicionada, não sendo possível a retratação em sede policial. Não obstante, nos demais crimes de ação penal pública condicionada, como a ameaça no âmbito da violência doméstica, é admissível a renúncia ou retratação da representação pela mulher perante a autoridade policial.

II. No atendimento à mulher em situação de violência doméstica a autoridade policial deverá garantir à vítima proteção policial quando necessário, bem como fornecer transporte para a ofendida para abrigo ou local seguro.

III. Por força da inviolabilidade constitucional do domicílio e dos demais princípios que asseguram um processo penal garantista, a autoridade policial não poderá acompanhar a ofendida para assegurar a retirada de seus pertences do domicílio familiar.

Está correto apenas o que se afirma em:

a) II e III.
b) II.
c) I.
d) III.
e) I e II.

1085. (Cespe/DPE/RN/Defensor/2015) Maria alegou ser vítima de violência doméstica praticada pelo seu ex-companheiro Lucas, com quem conviveu por cinco anos, até dele se separar. Após a separação, Lucas passou a fazer frequentes ligações telefônicas para o aparelho celular da ex-mulher durante o dia, no período em que ela está trabalhando, à noite e de madrugada. Embora Maria já tenha trocado de número telefônico algumas vezes, Lucas consegue os novos números com conhecidos e continua a fazer as ligações. Apavorada e em sofrimento psicológico, Maria procurou auxílio e obteve do juiz competente medida protetiva urgente que obriga Lucas a não manter mais contato com ela por qualquer meio de comunicação, ordem que ele, porém, não obedeceu, pois continua a fazer as ligações. A respeito dessa situação hipotética, assinale a opção correta com base na Lei n. 11.340/2006 e na jurisprudência dos tribunais superiores.

a) A medida protetiva de urgência concedida pelo juiz deverá ser considerada inválida, se Lucas não tiver sido previamente intimado nem ouvido, pois isso caracterizaria flagrante desrespeito ao princípio do contraditório.

b) Para garantir que Lucas cumpra a medida protetiva de urgência, o juiz pode requisitar auxílio da força policial.

c) Ao descumprir a medida protetiva imposta pelo juiz, Lucas pratica o crime de desobediência.

d) Como não houve violência física, não ficou caracterizada violência doméstica que justificasse a aplicação da medida protetiva de urgência imposta a Lucas, que deve ser revogada.

e) Para a aplicação e validade da medida protetiva de urgência, eram imprescindíveis a coabitação e a prática da violência no âmbito da unidade doméstica.

1086. (Cespe/PC/AL/Escrivão/2012) É expressamente previsto na lei o dever de a autoridade policial acompanhar a ofendida, de forma a assegurar-lhe, se houver necessidade, o direito de retirar seus pertences do local da ocorrência ou do domicílio familiar.

Seção III – Das Medidas Protetivas de Urgência à Ofendida

Proteção à Ofendida {art. 23}

Art. 23. Poderá o juiz, quando necessário, sem prejuízo de outras medidas:

I – encaminhar a ofendida e seus dependentes a programa oficial ou comunitário de proteção ou de atendimento;

II – determinar a recondução da ofendida e a de seus dependentes ao respectivo domicílio, após afastamento do agressor;

III – determinar o afastamento da ofendida do lar, sem prejuízo dos direitos relativos a bens, guarda dos filhos e alimentos;

IV – determinar a separação de corpos.

Proteção Patrimonial {art. 24}

Art. 24. Para a proteção patrimonial dos bens da sociedade conjugal ou daqueles de propriedade particular da mulher, o juiz poderá determinar, liminarmente, as seguintes medidas, entre outras:

I – restituição de bens indevidamente subtraídos pelo agressor à ofendida;

II – proibição temporária para a celebração de atos e contratos de compra, venda e locação de propriedade em comum, salvo expressa autorização judicial;

III – suspensão das procurações conferidas pela ofendida ao agressor;

IV – prestação de caução provisória, mediante depósito judicial, por perdas e danos materiais decorrentes da prática de violência doméstica e familiar contra a ofendida.

Parágrafo único. Deverá o juiz oficiar ao cartório competente para os fins previstos nos incisos II e III deste artigo.

Capítulo III – Da Atuação do Ministério Público

Como Parte ou "Custos Legis" {art. 25}

Art. 25. O Ministério Público intervirá, quando não for parte, nas causas cíveis e criminais decorrentes da violência doméstica e familiar contra a mulher.

Atribuições {art. 26}

Art. 26. Caberá ao Ministério Público, sem prejuízo de outras atribuições, nos casos de violência doméstica e familiar contra a mulher, quando necessário:

I – requisitar força policial e serviços públicos de saúde, de educação, de assistência social e de segurança, entre outros;

II – fiscalizar os estabelecimentos públicos e particulares de atendimento à mulher em situação de violência doméstica e familiar, e adotar, de imediato, as medidas administrativas ou judiciais cabíveis no tocante a quaisquer irregularidades constatadas;

III – cadastrar os casos de violência doméstica e familiar contra a mulher.

Questões de concursos

1087. (MPE/SC/Promotor/2016) De acordo com o art. 26 da Lei n. 11.340/06, caberá ao Ministério Público, sem prejuízo de outras atribuições, nos casos de violência doméstica e familiar contra a mulher, quando necessário, requisitar força policial e serviços públicos de saúde, de educação, de assistência social e de segurança, entre outros, fiscalizar os estabelecimentos públicos e particulares de atendimento à mulher em situação de violência doméstica e familiar, adotar, de imediato, as medidas administrativas ou judiciais cabíveis no tocante a quaisquer irregularidades constatadas e cadastrar os casos de violência doméstica e familiar contra a mulher.

1088. (Fauel/Cismepar/Assistente_Social/2016) A Lei Maria da Penha – Lei 11.430/2006 – reconhece que a violência contra a mulher é também um problema de saúde pública e uma questão de direitos humanos. Esta importante lei criou mecanismos para coibir a violência doméstica e familiar contra a mulher, estabelecendo medidas para a prevenção, assistência e proteção às mulheres em situação de violência. Considerando o exposto, é correto afirmar sobre a Lei Maria da Penha que:

a) A lei considera como formas de violência doméstica e familiar mais comuns contra a mulher exclusivamente as seguintes: violência psicológica, violência sexual, violência patrimonial e violência moral.

b) A assistência à mulher em situação de violência doméstica e familiar será prestada de forma individualizada por cada setor, conforme os princípios e as diretrizes previstos na Lei Orgânica da Assistência Social, no Sistema Único de Saúde, no Sistema Único de Segurança Pública, entre outras normas e políticas públicas de proteção.

c) Caberá ao Ministério Público, quando necessário, requisitar força policial e serviços públicos de saúde, de educação, de assistência social e de segurança, entre outros, além de fiscalizar os estabelecimentos públicos e particulares de atendimento à mulher em situação de violência doméstica e familiar.

d) Compete à equipe de atendimento multidisciplinar, fornecer subsídios por escrito ao juiz, ao Ministério Público e à Defensoria Pública, mediante laudos ou verbalmente em audiência. Quando a complexidade do caso exigir avaliação mais aprofundada, o juiz determinar individualmente a manifestação de profissional especializado.

1089. **(MPE/RS/Assistente_Social/2014)** Segundo o artigo 26 da Lei Maria da Penha, Lei n. 11.340/2006, que cria mecanismos para coibir a violência doméstica e familiar contra a mulher, compete ao Ministério Público

a) fiscalizar os estabelecimentos públicos e particulares de atendimento à mulher em situação de violência doméstica e familiar, e adotar, de imediato, as medidas administrativas ou judiciais cabíveis no tocante a quaisquer irregularidades constatadas.

b) disponibilizar uma equipe de atendimento multidisciplinar para desenvolver trabalhos de orientação, encaminhamento e prevenção à mulher vítima de violência.

c) revogar a prisão preventiva do agressor quando verificar a falta de motivo para que subsista.

d) determinar o afastamento da mulher vítima de violência do lar, sem prejuízo dos direitos relativos a bens, guarda dos filhos e alimentos.

e) fornecer subsídios por escrito ao Juiz, mediante laudos com informações sobre a mulher vítima de violência familiar.

VIOLÊNCIA DOMÉSTICA E FAMILIAR (LEI 11.340/06) — Art. 27

Capítulo IV – Da Assistência Judiciária

Da Presença Obrigatória do Advogado {art. 27}

Art. 27. Em todos os atos processuais, cíveis e criminais, a mulher em situação de violência doméstica e familiar deverá estar acompanhada de advogado, ressalvado o previsto no art. 19 desta Lei.

Jurisprudência complementar (STJ)

(...). Lesão corporal cometida no âmbito doméstico. Lei Maria da Penha. Natureza da ação penal. Ação pública incondicionada. ADI 4424. Efeitos "ex tunc". (...). 1. O Supremo Tribunal Federal no julgamento da ADI 4424, reconheceu a natureza incondicionada da ação penal fundada na Lei Maria da Penha. 2. Não tendo o Supremo realizado a modulação dos efeitos daquele julgamento, aplica-se a regra de que eles têm eficácia erga omnes e operam retroativamente ("ex tunc"), nos termos do art. 27, da Lei 9.868/1999. (...). (AgRg no REsp 1428577, Rel. Min. Moura Ribeiro, 5ª T., DJ 14.5.2014)

Questões de concursos

1090. (FCC/DPE/RR/Assistente_Social/2015) Em relação à assistência judiciária prevista na Lei n. 11.340/2006 (Lei Maria da Penha), é correto afirmar:

a) Constitui-se como direito da mulher em situação de violência doméstica estar acompanhada por um advogado exclusivamente nos atos processuais criminais, pois para os cíveis não há necessidade e garantia expressa na legislação.

b) Para todos os casos de violência doméstica e familiar contra a mulher, o registro da ocorrência para a autoridade policial deverá ser realizado mediante a presença do Defensor Público, sendo que o mesmo adotará, de imediato, os procedimentos cabíveis, sem prejuízo daqueles previstos no Código de Processo Penal.

c) As medidas protetivas de urgência devem ser concedidas e aplicadas pelo advogado que compõe a equipe multidisciplinar da Defensoria Pública, a requerimento do Ministério Público ou a pedido da ofendida.

d) Na aplicação de medidas protetivas de urgência concedidas pelo juiz, é obrigatório que a mulher em situação de violência doméstica e familiar seja acompanhada de advogado.

e) Em todos os atos processuais, cíveis e criminais, a mulher em situação de violência doméstica e familiar deverá estar acompanhada de advogado, ressalvado na situação de aplicação de medidas protetivas de urgência concedidas pelo juiz.

1091. (Funcab/PC/AC/Perito/2015) Com base na Lei n. 11.340/2006 (Lei Maria da Penha), assinale a alternativa correta.

a) Em todos os atos processuais, cíveis e criminais, a mulher em situação de violência doméstica e familiar deverá estar acompanhada de advogado, contudo, poderá, excepcionalmente, sem assistência de advogado, pedir ao juiz a concessão de medida protetiva de urgência.

b) A competência para o processo e julgamento dos delitos decorrentes de violência doméstica é determinada exclusivamente pelo domicílio ou pela residência da ofendida por economia processual e objetivando facilitar a prática dos atos processuais.

c) Para concessão de medida protetiva de urgência prevista na Lei Maria da Penha, o juiz deverá colher prévia manifestação do Ministério Público, sob pena de nulidade absoluta do ato.

d) Após registrar a ocorrência de violência doméstica e familiar em uma Unidade de Polícia Judiciária e, em consequência, ter sido instaurado inquérito policial, a vítima, desejando impedir o prosseguimento da investigação criminal, deve manifestar expressamente o seu desejo de renúncia diretamente à autoridade policial.

e) Na hipótese da prática de violência doméstica contra a mulher, somente a autoridade judiciária poderá autorizar o encaminhamento da ofendida ao Instituto Médico Legal, para realização do regular exame de corpo de delito.

■ Assistência Jurídica {art. 28}

Art. 28. É garantido a toda mulher em situação de violência doméstica e familiar o acesso aos serviços de Defensoria Pública ou de Assistência Judiciária Gratuita, nos termos da lei, em sede policial e judicial, mediante atendimento específico e humanizado.

Questões de concursos

1092. (DPE-PE/DPE/PE/Estagiário/2015) Segundo a Lei n. 11.340/2006 (Lei Maria da Penha), é correto afirmar que:

a) As medidas protetivas de urgência poderão ser concedidas de imediato pelo Juiz, desde que haja prévia manifestação do Ministério Público.

b) É garantido a toda mulher em situação de violência doméstica e familiar o acesso aos serviços de Defensoria Pública ou de Assistência Judiciária Gratuita, nos termos da lei, em sede policial e judicial.

c) Enquanto não estruturados os Juizados de Violência Doméstica e Familiar contra a Mulher, as Varas Cíveis acumularão as competências cível e criminal para conhecer e julgar as causas decorrentes da prática de violência doméstica e familiar contra a mulher.

d) As medidas protetivas deferidas, em sede de cognição sumária, impõem à vítima o dever de representar criminalmente no prazo decadencial de 6 (seis) meses, sob pena de revogação das medidas.

e) O Juiz não poderá decretar outras medidas protetivas para a mulher que não estejam previstas na lei

Título V – Da Equipe de Atendimento Multidisciplinar

■ Atendimento Multidisciplinar {art. 29}

Art. 29. Os Juizados de Violência Doméstica e Familiar contra a Mulher que vierem a ser criados poderão contar com uma equipe de atendimento multidisciplinar, a ser integrada por profissionais especializados nas áreas psicossocial, jurídica e de saúde.

Questões de concursos

1093. (IBFC/SAEB/BA/Técnico/2015) Considere as disposições da Lei Federal n. 11.340, de 7 de agosto de 2006 (Lei Maria da Penha) e assinale a alternativa correta sobre o rol exato das áreas que, segundo a referida lei, são indicadas para integrar as equipes de atendimento multidisciplinar ligadas aos Juizados de Violência Doméstica e Familiar contra a Mulher que vierem a ser criados.

a) Jurídica e de Saúde.

b) Religiosa e jurídica.
c) Psicossocial, jurídica e de saúde.
d) Religiosa, jurídica e psicossocial.
e) Psicossocial, religiosa e de saúde.

1094. **(FGV/DPE/RO/Analista/2015)** Com relação ao trazido pela Lei n. 11.340/2006 (Lei Maria da Penha), sobre a equipe de atendimento multidisciplinar, é correto afirmar que:

a) compete à equipe de atendimento multidisciplinar, entre outras atribuições que lhe forem reservadas pela legislação local, decidir sobre as medidas pertinentes à ofendida, ao agressor e aos familiares, com especial atenção às crianças e aos adolescentes.

b) em qualquer situação o juiz poderá determinar a manifestação de profissional especializado, mediante indicação do Conselho Profissional Regional.

c) compete à equipe de atendimento multidisciplinar, se necessário, acompanhar a ofendida para assegurar a retirada de seus pertences do local da ocorrência ou do domicílio familiar.

d) os Juizados de Violência Doméstica e Familiar contra a Mulher que vierem a ser criados poderão contar com uma equipe de atendimento multidisciplinar, a ser integrada por profissionais especializados nas áreas psicossocial, jurídica e de saúde.

e) compete à equipe de atendimento multidisciplinar determinar sobre o afastamento do agressor do lar, domicílio ou local de convivência com a ofendida.

■ Equipe de Atendimento {art. 30}

> **Art. 30.** Compete à equipe de atendimento multidisciplinar, entre outras atribuições que lhe forem reservadas pela legislação local, fornecer subsídios por escrito ao juiz, ao Ministério Público e à Defensoria Pública, mediante laudos ou verbalmente em audiência, e desenvolver trabalhos de orientação, encaminhamento, prevenção e outras medidas, voltados para a ofendida, o agressor e os familiares, com especial atenção às crianças e aos adolescentes.

Questões de concursos

1095. **(Faurgs/TJ/RS/Psicólogo/2016)** Considere as afirmações abaixo sobre a Lei Maria da Penha (Lei n. 11.340, de 7 de agosto de 2006), no que se refere à equipe de atendimento multidisciplinar.

I. Os Juizados de Violência Doméstica e Familiar contra a Mulher contarão com uma equipe de atendimento multidisciplinar, a ser integrada por um ou mais profissionais especializados das respectivas áreas: psicossocial, jurídica, contábil e de saúde.

II. Compete à equipe de atendimento multidisciplinar, entre outras atribuições, reservadas pela legislação local, fornecer subsídios ao juiz, ao Ministério Público e à Defensoria Pública, de forma escrita ou verbal, e desenvolver trabalhos de orientação, encaminhamento, prevenção e outras medidas voltadas para a ofendida, o agressor e os familiares, com especial atenção às crianças e aos adolescentes.

III. Quando a complexidade do caso exigir avaliação mais aprofundada, o juiz poderá determinar a manifestação de profissional especializado, mediante indicação da equipe de atendimento multidisciplinar a ser nomeada pelo Ministério Público.

Quais estão corretas?

a) Apenas II.
b) Apenas III.
c) Apenas I e II.
d) Apenas I e III.
e) Apenas II e III.

■ Atendimento Especializado {art. 31}

Art. 31. Quando a complexidade do caso exigir avaliação mais aprofundada, o juiz poderá determinar a manifestação de profissional especializado, mediante a indicação da equipe de atendimento multidisciplinar.

■ Recursos Orçamentários {art. 32}

Art. 32. O Poder Judiciário, na elaboração de sua proposta orçamentária, poderá prever recursos para a criação e manutenção da equipe de atendimento multidisciplinar, nos termos da Lei de Diretrizes Orçamentárias.

> *Título VI* – Disposições Transitórias

■ **Competência {art. 33}**

> **Art. 33.** Enquanto não estruturados os Juizados de Violência Doméstica e Familiar contra a Mulher, as varas criminais acumularão as competências cível e criminal para conhecer e julgar as causas decorrentes da prática de violência doméstica e familiar contra a mulher, observadas as previsões do Título IV desta Lei, subsidiada pela legislação processual pertinente.
>
> Parágrafo único. Será garantido o direito de preferência, nas varas criminais, para o processo e o julgamento das causas referidas no caput.

Informativos (STF)

ADC e Lei Maria da Penha

Reputou-se que o art. 33 da lei em exame não ofenderia os arts. 96, I, a, e 125, § 1º, ambos da CF, porquanto a Lei Maria da Penha não implicara obrigação, mas faculdade de criação dos Juizados de Violência Doméstica e Familiar contra a Mulher, conforme disposto nos arts. 14, caput, e 29, do mesmo diploma. Lembrou-se não ser inédita no ordenamento jurídico pátrio a elaboração de sugestão, mediante lei federal, para criação de órgãos jurisdicionais especializados em âmbito estadual. Citou-se, como exemplo, o art. 145 do ECA e o art. 70 do Estatuto do Idoso. Ressurtiu-se incumbir privativamente à União a disciplina do direito processual, nos termos do art. 22, I, da CF, de modo que ela poderia editar normas que influenciassem a atuação dos órgãos jurisdicionais locais. Concluiu-se que, por meio do referido art. 33, a Lei Maria da Penha não criaria varas judiciais, não definiria limites de comarcas e não estabeleceria o número de magistrados a serem alocados nos Juizados de Violência Doméstica e Familiar. Apenas facultaria a criação desses juizados e atribuiria ao juízo da vara criminal a competência cumulativa de ações cíveis e criminais envolvendo violência doméstica contra a mulher, haja vista a necessidade de conferir tratamento uniforme, especializado e célere, em todo território nacional, às causas sobre a matéria. ADC 19, Rel. Min. Marco Aurélio, 9.2.12. Pleno. (Info 654)

Jurisprudência complementar (STJ)

(...). Estupro e atentado violento ao pudor. Violência doméstica contra a mulher no âmbito familiar. Lei 11.340/2006. Organização judiciária do distrito federal e dos territórios. Resolução n. 7/2006, do tjdft. Competência do juizado especial criminal. Nulidade da sentença condenatória não evidenciada. Pedido de expedição de alvará de soltura. Constrangimento ilegal não vislumbrado. (...). I. A Lei Federal n. 11.697/2008, editada em conformidade com o disposto no art. 22, inciso XVII, da Constituição Federal, versa sobre a organização judiciária do Distrito Federal e dos Territórios, e estabeleceu, em seu art. 17, § 4º, a possibilidade de o Tribunal de Justiça designar mais de uma competência para uma só Vara, observados os critérios de conveniência e oportunidade. II. A Resolução n. 7/2006, do TJDFT, ampliou a competência dos Juizados Especiais Criminais e dos Juizados Especiais de Competência Geral, com exceção da Circunscrição Especial Judiciária de Brasília e das regiões administrativas do Núcleo Bandeirante e Guará, para abranger o processo, o julgamento e a execução das causas decorrentes de prática de violência doméstica e familiar contra a mulher, de que trata a Lei n.. 11.340/2006. III. Há ressalva expressa no art. 2º, da Resolução n. 7/2006, do TJDFT, relativa à aplicação independente dos ritos previstos na Lei 9.099/1995 e na Lei 11.340/2006, em obediência à impossibilidade de aplicação das disposições da Lei 9.099/95 aos crimes praticados com violência doméstica e familiar contra a mulher. IV. Afastada a alegação de incompetência do juízo singular, não há falar em nulidade da sentença condenatória, tampouco em expedição de alvará de soltura em favor do paciente. V. (...). (HC 187.098, Rel. Min. Gilson Dipp, DJ 27.5.2011)

Questões de concursos

1096. (MPE/SC/Promotor/2016) O Ministério Público intervirá, quando não for parte, nas causas cíveis e criminais decorrentes da violência doméstica e familiar contra a mulher. Nos processos cíveis regidos pela Lei n. 11.340/06 (Violência Doméstica e Familiar), é absoluta a competência do domicílio ou residência da ofendida.

Título VII – Disposições Finais

■ Curadoria {art. 34}

Art. 34. A instituição dos Juizados de Violência Doméstica e Familiar contra a Mulher poderá ser acompanhada pela implantação das curadorias necessárias e do serviço de assistência judiciária.

Programas de Atendimento {art. 35}

Art. 35. A União, o Distrito Federal, os Estados e os Municípios poderão criar e promover, no limite das respectivas competências:

I – centros de atendimento integral e multidisciplinar para mulheres e respectivos dependentes em situação de violência doméstica e familiar;

II – casas-abrigos para mulheres e respectivos dependentes menores em situação de violência doméstica e familiar;

III – delegacias, núcleos de defensoria pública, serviços de saúde e centros de perícia médico-legal especializados no atendimento à mulher em situação de violência doméstica e familiar;

IV – programas e campanhas de enfrentamento da violência doméstica e familiar;

V – centros de educação e de reabilitação para os agressores.

Adaptação {art. 36}

Art. 36. A União, os Estados, o Distrito Federal e os Municípios promoverão a adaptação de seus órgãos e de seus programas às diretrizes e aos princípios desta Lei.

Legitimidade Concorrente {art. 37}

Art. 37. A defesa dos interesses e direitos transindividuais previstos nesta Lei poderá ser exercida, concorrentemente, pelo Ministério Público e por associação de atuação na área, regularmente constituída há pelo menos um ano, nos termos da legislação civil.

Parágrafo único. O requisito da pré-constituição poderá ser dispensado pelo juiz quando entender que não há outra entidade com representatividade adequada para o ajuizamento da demanda coletiva.

Estatísticas {art. 38}

Art. 38. As estatísticas sobre a violência doméstica e familiar contra a mulher serão incluídas nas bases de dados dos órgãos oficiais do Sistema de Justiça e Segurança a fim de subsidiar o sistema nacional de dados e informações relativo às mulheres.

Parágrafo único. As Secretarias de Segurança Pública dos Estados e do Distrito Federal poderão remeter suas informações criminais para a base de dados do Ministério da Justiça.

Lei de Diretrizes Orçamentária {art. 39}

Art. 39. A União, os Estados, o Distrito Federal e os Municípios, no limite de suas competências e nos termos das respectivas leis de diretrizes orçamentárias, poderão estabelecer dotações orçamentárias específicas, em cada exercício financeiro, para a implementação das medidas estabelecidas nesta Lei.

Obrigações {art. 40}

Art. 40. As obrigações previstas nesta Lei não excluem outras decorrentes dos princípios por ela adotados.

Vedação a Aplicação das Medidas Despenalizadoras da Lei 9.099/95 {art. 41}

Art. 41. Aos crimes praticados com violência doméstica e familiar contra a mulher, independentemente da pena prevista, não se aplica a Lei n. 9.099, de 26 de setembro de 1995.

Jurisprudência complementar (STF)

(...). Estupro e atentado violento ao pudor contra filhas menores. Violência doméstica. Lei 11.340/06. Cumulação de competências. Resolução do Tribunal de Justiça do Distrito Federal e Territórios. Art. 17, § 4º, da Lei 11.697/08. Rito processual. Art. 41 da Lei 11.340/06. Regularidade da ação penal. Decisões convergentes. Prejuízo processual não demonstrado. (...). 1. A competência do juízo de primeira instância para julgar os processos-crime decorrentes da prática de violência doméstica e familiar contra a mulher se mostra legalmente fundamentada, não havendo, portanto, como se reconhecer o constrangimento, notadamente se considerada a possibilidade do Tribunal de Justiça do Distrito Federal e dos Territórios cumular competências em uma única vara. 2. A simples tramitação do processo em vara mista não significa, necessariamente, que tenham sido preteridas as formalidades previstas no Código de Processo Penal para os crimes imputados ao Impetrante/Paciente ou mesmo que tenham sido violadas as determinações contidas no art. 41 da Lei 11.340/06, que afasta a aplicação da Lei 9.099/1995 aos processos referentes a crimes de violência contra a mulher. 3. O indeferimento de prova pericial, enquanto constatação isolada, não traduz cerceamento de defesa, porque decisões dessa natureza não se subordinam à qualidade do rito, podendo ocorrer nos mais diversos procedimentos. 4. Tratando-se de "habeas corpus", teria sido preciso que o Impetrante/Paciente apontasse, especificamente, o suposto prejuízo experimentado no curso da ação penal, o que não empreendeu. Apesar de existir entendimento deste Supremo Tribunal no sentido de que o prejuízo de determinadas nulidades seria de "prova impossível", o princípio do pas de nullité sans grief exige, em regra, a demonstração de prejuízo concreto à parte que suscita o vício, independentemente da sanção prevista para o ato, podendo ser ela tanto a de nulidade absoluta quanto a relativa, pois não se decreta nulidade processual por mera presunção. (...). (HC 110160, Rel. Min. Cármen Lúcia, 2ª T., DJ 28.2.2013)

(...). Violência cometida por ex-namorado. Imputação da prática do delito previsto no art. 129, § 9º, do Código Penal. Aplicabilidade da Lei Maria da Penha (Lei 11.430/2006). Impossibilidade de julgamenot pelo juizado especial. 1. Violência cometida por ex-namorado; relacionamento afetivo com a vítima, hipossuficiente; aplicação da Lei 11.340/2006. 2. Constitucionalidade da Lei 11.340/2006 assentada pelo Plenário deste Supremo Tribunal Federal: constitucionalidade do art. 41 da Lei 11.340/2006, que afasta a aplicação da Lei 9.099/1995 aos processos referentes a crimes de violência contra a mulher. 3. Impossibilidade de reexame de fatos e provas em recurso ordinário em "habeas corpus". (RHC 112698, Rel. Min. Cármen Lúcia, 2ª T., 2012 DJ 2.10.2012)

Jurisprudência complementar (STJ)

(...). Posse irregular de arma de fogo de uso permitido. Lesão corporal e ameaça. Violência doméstica. Lei Maria da Penha. Ação penal pública incondicionada. Adi n. 4424. Efeitos ex tunc. Não provimento. 1. O Supremo Tribunal Federal, no julgamento da ADI 4424, em 9.2.2012, conferiu interpretação conforme à Constituição ao art. 41 da Lei 11.340/06, para assentar a natureza incondicionada da ação penal em caso de crime de lesão corporal praticado mediante violência doméstica e familiar contra a mulher. 2. Não tendo o Excelso Pretório realizado a modulação dos efeitos daquele julgamento, nos termos do art. 27 da Lei 9.868/1999, aplica-se ao caso a regra segundo a qual a decisão, além de ter eficácia erga omnes, tem efeitos retroativos (ex tunc), aplicando- se aos casos ocorridos anteriormente ao à prolação do referido aresto. (...). (RHC 42.228, Rel. Min. Maria Thereza de Assis Moura, DJ 24.9.2014)

(...). Lesão corporal cometida no âmbito doméstico. Art. 41 da Lei Maria da Penha. Substituição da pena privativa de liberdade por restritivas de direitos. Crime cometido com violência ou grave ameaça à pessoa. Impossibilidade de aplicação do benefício. Não conhecimento. 1. Não se mostra possível a substituição da pena privativa de liberdade por medidas restritivas de direito, apesar de estabelecida a pena corporal em patamar inferior a 4 anos de reclusão, pois se trata de delito cometido com violência, o que impossibilita a pretendida substituição. (...). (HC 199.928, Rel. Min. Campos Marques, DJ 15.10.2012)

(...). Lei Maria da Penha. Violência praticada em desfavor de ex-namorada. Conduta criminosa vinculada à relação íntima de afeto. Caracterização de âmbito doméstico e familiar. Constitucionalidade do art. 41 da Lei 11.340/06. Vedação legal. Impossibilidade de aplicação da suspensão condicional do processo. 1. A Terceira Seção deste Superior Tribunal de Justiça, analisando o tema em voga, vem manifestando seu entendimento jurisprudencial no sentido da configuração de violência doméstica contra a mulher, ensejando a aplicação da Lei 11.340/06, à agressão cometida por ex-namorado. 2. A jurisprudência do Superior Tribunal de Justiça firmou-se no sentido da inaplicabilidade da Lei 9.099/95 aos crimes praticados com violência doméstica ou familiar, em razão do disposto no art. 41 da Lei 11.340/06. "in casu", por expressa vedação legal, não pode ser concedida a suspensão condicional do processo. (...). (HC 182.411, Rel. Min. Adilson Vieira Macabu , DJ 3.9.2012)

Questões de concursos

1097. (Exatus/Ceron/Agente/2016) No que tange a Lei n. 11.340/2006, assinale a alternativa correta:

a) É permitida a aplicação, nos casos de violência doméstica e familiar contra a mulher, de penas de cesta básica ou outras de prestação pecuniária, bem como a substituição de pena que implique o pagamento isolado de multa.

b) Em qualquer fase do inquérito policial ou da instrução criminal, caberá a prisão definitiva do agressor, decretada pelo juiz, de ofício, a requerimento do Ministério Público ou mediante representação da autoridade policial.

c) Caberá ao Poder Judiciário, sem prejuízo de outras atribuições, nos casos de violência doméstica e familiar contra a mulher, requisitar força policial e serviços públicos de saúde, de educação, de assistência social e de segurança.

d) Aos crimes praticados com violência doméstica e familiar contra a mulher, independentemente da pena prevista, não se aplica a Lei n. 9.099/1995.

1098. (Cespe/Câmara_Deputados/Analista_Legislativo/2014) Cabe a aplicação das sanções previstas na lei dos juizados especiais criminais para os casos de violência doméstica contra a mulher, desde que comprovada a culpa, e não o dolo, na conduta do autor do fato.

1099. (Cespe/Câmara_Deputados/Consultor_Legislativo/2014) Conforme a Lei Maria da Penha, ao condenado por crime praticado contra a mulher é vedada a aplicação de prestação pecuniária como sanção isolada.

1100. (FGV/PC/MA/Escrivão/2012) Criada com o objetivo de coibir de forma mais rigorosa a violência cometida contra a mulher em seu ambiente doméstico, familiar e afetivo, a Lei Maria da Penha foi amplamente aceita pela sociedade, tendo o Supremo Tribunal Federal reconhecido a sua constitucionalidade. Com relação ao tema, assinale a afirmativa incorreta.

a) a violência física e o comportamento violento do agente que cause dando emocional e diminuição da autoestima da vítima são formas de violência doméstica e familiar.

b) As medidas protetivas de urgência poderão ser concedidas pelo juiz, a requerimento do Ministério Público ou a pedido da ofendida.

c) Constatada a prática de violência doméstica e familiar contra a mulher, o juiz poderá determinar que o agressor seja afastado do lar, bem como fixar alimentos provisionais ou provisórios.

d) Segundo a jurisprudência majoritária dos Tribunais Superiores, tratando-se de agressão entre cunhadas que residem na mesma casa, a competência para o julgamento respectivo é da Vara da Violência Doméstica e Familiar contra a mulher.

e) Segundo a jurisprudência majoritária dos Tribunais Superiores, não é cabível a suspensão do processo quando incidente a Lei n. 11.340/2006.

■ Alteração ao Código de Processo Penal {art. 42}

Art. 42. O art. 313 do Decreto-Lei n. 3.689, de 3 de outubro de 1941 (Código de Processo Penal), passa a vigorar acrescido do seguinte inciso IV:

"Art. 313. (...)."

"IV – se o crime envolver violência doméstica e familiar contra a mulher, nos termos da lei específica, para garantir a execução das medidas protetivas de urgência. (NR)."

■ Alteração ao Código Penal {art. 43}

Art. 43. A alínea f do inciso II do art. 61 do Decreto-Lei n. 2.848, de 7 de dezembro de 1940 (Código Penal), passa a vigorar com a seguinte redação:

"Art. 61. (...)."

"II – (...)."

"f) com abuso de autoridade ou prevalecendo-se de relações domésticas, de coabitação ou de hospitalidade, ou com violência contra a mulher na forma da lei específica; (...). (NR)."

■ Alteração ao Código Penal {art. 44}

Art. 44. O art. 129 do Decreto-Lei n. 2.848, de 7 de dezembro de 1940 (Código Penal), passa a vigorar com as seguintes alterações:

"Art. 129. (...)."

"§ 9º Se a lesão for praticada contra ascendente, descendente, irmão, cônjuge ou companheiro, ou com quem conviva ou tenha convivido,

> ou, ainda, prevalecendo-se o agente das relações domésticas, de coabitação ou de hospitalidade:"
> "Pena – detenção, de 3 (três) meses a 3 (três) anos."
> "(...)."
> "§ 11. Na hipótese do § 9º deste artigo, a pena será aumentada de um terço se o crime for cometido contra pessoa portadora de deficiência. (NR)."

Jurisprudência complementar (STJ)

Conflito negativo de competência. Juizado especial e juiz de direito. Violência doméstica. Lesões corporais leves praticadas contra descendente. Art. 129, § 9º, do CP, com a redação dada pela Lei 11.340/06. Pena máxima superior a 2 anos. Perda do caráter de crime de menor potencial ofensivo. Parecer do MPF pela competência do Juiz de direito. Conflito conhecido, para declarar competente o juízo de direito da 1a. Vara criminal de ponta grossa/pr, o suscitado. 1. A Lei 11.340/06 (Lei Maria da Penha), por seu art. 44, aumentou para três anos de detenção a pena máxima referente ao crime de lesão corporal qualificada, prevista no § 9º do artigo 129 do Código Penal. 2. Assim, retirou-se a possibilidade de o crime em questão ser julgado pelo Juizado Especial Criminal, ainda que se trate de lesão leve ou culposa (porquanto não há qualquer ressalva nesse sentido no dispositivo supra citado), em face do disposto no art. 61 da Lei 9.099/90, que define como de menor potencial ofensivo apenas os crimes e as contravenções penais a que a lei comine pena máxima não superior a 2 (dois) anos, cumulada ou não com multa. 3. Parecer do MPF pela competência do Juízo suscitado. (...). (CC 101.272, Rel. Min. Napoleão Nunes Maia Filho, DJ 20.3.2009)

■ Alteração à Lei das Execuções Penais {art. 45}

> **Art. 45.** O art. 152 da Lei n. 7.210, de 11 de julho de 1984 (Lei de Execução Penal), passa a vigorar com a seguinte redação:
> "Art. 152. (...)."
> "Parágrafo único. Nos casos de violência doméstica contra a mulher, o juiz poderá determinar o comparecimento obrigatório do agressor a programas de recuperação e reeducação." (NR).

Jurisprudência complementar (STJ)

(...). Vias de fato. Agressão. Âmbito das relações domésticas. Pena privativa de liberdade. Substituição. Restritivas de direitos. Possibilidade. 1. É razoável concluir que a violência impeditiva da substituição da pena privativa de liberdade por restritivas de direitos, seja aquela de maior gravidade e não simplesmente, como no caso, mera contravenção de vias de fato, chamado por alguns até mesmo de "crime anão" dada a sua baixa ou quase inexistente repercussão no meio social. 2. Conclusão, de outra parte, consentânea com o escopo maior da Lei Maria da Penha, que não se destina precipuamente à caracterização dos autores de condutas puníveis no âmbito das relações domésticas, mas que visa, sobretudo, promover a paz no núcleo familiar, em ordem a concretizar os princípios constitucionais atinentes. (...). (HC 180.353, Rel. Min. Maria Thereza de Assis Moura, DJ 29.11.2010)

■ Vigência {art. 46}

> **Art. 46**. Esta Lei entra em vigor 45 (quarenta e cinco) dias após sua publicação.
>
> Brasília, 7 de agosto de 2006; 185° da Independência e 118° da República.
>
> *Luiz Inácio Lula da Silva*

GABARITOS

1-A	2-C	3-D	4-D	5-E	6-B	7-C	8-B	9-C	10-D
11-A	12-C	13-E	14-E	15-E	16-C	17-D	18-A	19-E	20-A
21-C	22-A	23-E	24-A	25-D	26-B	27-B	28-E	29-D	30-C
31-D	32-D	33-D	34-C	35-B	36-A	37-C	38-C	39-C	40-C
41-C	42-C	43-B	44-E	45-C	46-E	47-C	48-C	49-C	50-C
51-A	52-E	53-B	54-A	55-C	56-A	57-C	58-C	59-C	60-C
61-B	62-A	63-C	64-B	65-D	66-B	67-D	68-A	69-C	70-B
71-A	72-B	73-E	74-E	75-E	76-A	77-A	78-E	79-B	80-B
81-A	82-A	83-B	84-E	85-C	86-B	87-C	88-D	89-C	90-B
91-C	92-C	93-C	94-C	95-C	96-C	97-C	98-D	99-B	100-E
101-D	102-C	103-C	104-A	105-D	106-C	107-E	108-C	109-C	110-C
111-C	112-A	113-B	114-C	115-C	116-B	117-E	118-C	119-E	120-C
121-E	122-C	123-D	124-E	125-B	126-E	127-A	128-B	129-B	130-C
131-B	132-C	133-C	134-C	135-E	136-D	137-E	138-C	139-D	140-B

GABARITOS

141-C	142-E	143-B	144-D	145-E	146-E	147-D	148-D	149-D	150-E
151-D	152-C	153-D	154-D	155-B	156-A	157-E	158-A	159-C	160-C
161-C	162-A	163-A	164-E	165-B	166-D	167-E	168-B	169-C	170-E
171-A	172-A	173-B	174-D	175-C	176-E	177-A	178-E	179-C	180-B
181-A	182-E	183-A	184-E	185-C	186-C	187-A	188-A	189-C	190-C
191-C	192-C	193-B	194-C	195-B	196-A	197-E	198-C	199-A	200-B
201-C	202-B	203-D	204-E	205-C	206-C	207-A	208-A	209-E	210-B
211-D	212-C	213-D	214-C	215-A	216-A	217-C	218-D	219-C	220-B
221-A	222-A	223-E	224-D	225-D	226-B	227-C	228-E	229-C	230-C
231-A	232-D	233-C	234-D	235-C	236-B	237-C	238-C	239-D	240-B
241-E	242-D	243-C	244-E	245-B	246-C	247-C	248-C	249-A	250-B
251-E	252-D	253-C	254-E	255-A	256-B	257-D	258-E	259-B	260-B
261-D	262-E	263-C	264-A	265-C	266-A	267-E	268-A	269-C	270-E
271-A	272-C	273-C	274-B	275-C	276-E	277-C	278-D	279-C	280-A
281-E	282-E	283-A	284-E	285-D	286-E	287-C	288-C	289-E	290-E
291-E	292-E	293-C	294-B	295-A	296-A	297-B	298-B	299-C	300-B
301-D	302-E	303-D	304-E	305-E	306-C	307-E	308-C	309-C	310-E
311-C	312-B	313-A	314-D	315-E	316-E	317-D	318-D	319-C	320-B
321-C	322-A	323-C	324-B	325-B	326-C	327-C	328-C	329-C	330-A

GABARITOS

331-C	332-C	333-A	334-E	335-C	336-C	337-C	338-B	339-E	340-E
341-E	342-B	343-C	344-A	345-C	346-A	347-D	348-C	349-E	350-A
351-A	352-E	353-C	354-C	355-B	356-C	357-C	358-D	359-B	360-C
361-C	362-A	363-D	364-E	365-B	366-B	367-A	368-D	369-B	370-B
371-D	372-D	373-A	374-D	375-E	376-C	377-D	378-A	379-B	380-A
381-B	382-C	383-B	384-C	385-A	386-E	387-B	388-E	389-C	390-C
391-E	392-E	393-E	394-C	395-C	396-B	397-A	398-B	399-D	400-C
401-B	402-E	403-B	404-C	405-C	406-B	407-D	408-A	409-B	410-D
411-A	412-D	413-D	414-B	415-E	416-A	417-C	418-A	419-A	420-A
421-B	422-E	423-C	424-E	425-C	426-B	427-E	428-C	429-A	430-C
431-A	432-E	433-C	434-B	435-C	436-B	437-B	438-B	439-C	440-C
441-C	442-C	443-E	444-E	445-C	446-E	447-C	448-A	449-E	450-E
451-A	452-D	453-A	454-D	455-B	456-B	457-D	458-A	459-E	460-C
461-B	462-B	463-C	464-B	465-B	466-A	467-E	468-E	469-B	470-E
471-D	472-A	473-A	474-E	475-A	476-E	477-E	478-A	479-C	480-D
481-E	482-C	483-E	484-C	485-E	486-C	487-C	488-C	489-D	490-A
491-D	492-A	493-B	494-E	495-C	496-C	497-A	498-B	499-E	500-C
501-D	502-D	503-A	504-A	505-A	506-C	507-C	508-E	509-D	510-C
511-B	512-A	513-C	514-A	515-C	516-B	517-B	518-C	519-A	520-B

GABARITOS

521-A	522-B	523-D	524-C	525-D	526-D	527-C	528-D	529-A	530-B
531-C	532-D	533-E	534-D	535-B	536-C	537-C	538-A	539-B	540-A
541-B	542-A	543-E	544-C	545-D	546-C	547-C	548-A	549-D	550-A
551-A	552-E	553-A	554-D	555-E	556-B	557-B	558-E	559-E	560-E
561-A	562-B	563-A	564-B	565-D	566-C	567-C	568-C	569-C	570-E
571-D	572-E	573-B	574-C	575-C	576-C	577-E	578-A	579-E	580-C
581-D	582-C	583-C	584-D	585-B	586-D	587-C	588-B	589-A	590-E
591-E	592-B	593-C	594-B	595-D	596-B	597-A	598-A	599-E	600-C
601-D	602-B	603-A	604-A	605-C	606-D	607-C	608-E	609-B	610-A
611-B	612-A	613-C	614-C	615-C	616-E	617-C	618-C	619-E	620-A
621-A	622-E	623-C	624-C	625-A	626-D	627-E	628-E	629-E	630-A
631-C	632-E	633-B	634-D	635-E	636-B	637-D	638-C	639-E	640-B
641-B	642-E	643-C	644-B	645-B	646-B	647-C	648-B	649-D	650-A
651-E	652-C	653-A	654-A	655-C	656-A	657-C	658-C	659-D	660-C
661-E	662-A	663-D	664-A	665-E	666-D	667-D	668-A	669-B	670-B
671-A	672-A	673-E	674-E	675-C	676-B	677-C	678-E	679-A	680-B
681-D	682-C	683-A	684-A	685-C	686-A	687-C	688-E	689-A	690-B
691-D	692-D	693-C	694-C	695-D	696-C	697-A	698-E	699-C	700-E
701-E	702-E	703-C	704-C	705-D	706-A	707-B	708-C	709-D	710-E

GABARITOS

711-E	712-C	713-E	714-C	715-B	716-B	717-A	718-B	719-E	720-A
721-C	722-B	723-E	724-D	725-E	726-C	727-E	728-B	729-B	730-A
731-C	732-C	733-B	734-C	735-D	736-D	737-B	738-E	739-E	740-C
741-E	742-A	743-A	744-C	745-E	746-A	747-D	748-B	749-C	750-A
751-A	752-A	753-A	754-B	755-A	756-E	757-E	758-E	759-E	760-D
761-D	762-C	763-B	764-B	765-C	766-B	767-C	768-D	769-E	770-C
771-E	772-C	773-C	774-A	775-D	776-B	777-E	778-D	779-E	780-A
781-C	782-C	783-B	784-A	785-E	786-C	787-E	788-C	789-D	790-E
791-D	792-E	793-A	794-C	795-C	796-C	797-C	798-E	799-B	800-E
801-B	802-E	803-A	804-A	805-D	806-A	807-B	808-D	809-D	810-D
811-E	812-B	813-C	814-E	815-E	816-E	817-C	818-A	819-C	820
821-C	822-E	823-D	824-D	825-D	826-A	827-C	828-D	829-C	8
831-B	832-E	833-A	834-C	835-E	836-A	837-C	838-D	839-E	
841-D	842-A	843-C	844-A	845-B	846-C	847-D	848-B	849-C	
851-C	852-C	853-C	854-C	855-C	856-B	857-A	858-C	859-	-A
861-A	862-B	863-C	864-E	865-C	866-D	867-C	868-C	86	870-E
871-A	872-C	873-B	874-D	875-B	876-E	877-C	878-D	8	880-E
881-E	882-A	883-A	884-E	885-E	886-A	887-E	888-C	E	890-C
891-B	892-E	893-D	894-B	895-D	896-B	897-D	898-A	99-A	900-A

GABARITOS

901-C	902-E	903-B	904-D	905-A	906-D	907-B	908-B	909-D	910-C
911-B	912-E	913-A	914-D	915-D	916-A	917-C	918-E	919-D	920-D
921-E	922-E	923-C	924-D	925-B	926-E	927-E	928-C	929-A	930-C
931-A	932-A	933-C	934-C	935-C	936-D	937-C	938-D	939-A	940-A
941-D	942-A	943-E	944-E	945-B	946-D	947-E	948-C	949-E	950-B
951-E	952-D	953-B	954-D	955-E	956-C	957-C	958-D	959-A	960-C
961-C	962-B	963-E	964-D	965-C	966-C	967-C	968-D	969-C	970-D
971-D	972-A	973-C	974-A	975-D	976-B	977-D	978-E	979-B	980-A
981-C	982-C	983-B	984-B	985-E	986-E	987-B	988-C	989-D	990-D
991-D	992-B	993-E	994-B	995-E	996-B	997-E	998-C	999-E	1000-E
1001-	1002-E	1003-E	1004-B	1005-C	1006-E	1007-A	1008-B	1009-C	1010-A
1011-	1012-C	1013-D	1014-C	1015-E	1016-C	1017-B	1018-D	1019-E	1020-A
1021-	1022-C	1023-C	1024-E	1025-C	1026-C	1027-E	1028-C	1029-D	1030-E
1031-	1032-A	1033-B	1034-B	1035-A	1036-A	1037-E	1038-C	1039-D	1040-C
1041-	1042-C	1043-D	1044-B	1045-D	1046-D	1047-D	1048-A	1049-D	1050-A
1051-A	1052-A	1053-B	1054-B	1055-A	1056-A	1057-E	1058-E	1059-A	1060-E
1061-A	1062-	1063-D	1064-E	1065-C	1066-E	1067-C	1068-A	1069-E	1070-D
1071-E	1072-	1073-D	1074-B	1075-B	1076-A	1077-A	1078-C	1079-B	1080-A
1081-B	1082-	1083-B	1084-B	1085-B	1086-C	1087-C	1088-C	1089-A	1090-E
1091-A	1092-B	1093-C	1094-D	1095-A	1096-E	1097-D	1098-E	1099-C	1100-D

EDITORA jusPODIVM
www.editorajuspodivm.com.br

Impressão e Acabamento
Intergraf Indústria Gráfica Eireli